Um Christi Geburt war Europa zweigeteilt in den hochentwickelten Süden der Mittelmeerkulturen und den unentwickelten Norden germanisch und slawisch sprechender Stammeskulturen. Diese kannten weder die Schrift noch den steinernen Siedlungsbau, ein stehendes Heer oder die Geldwirtschaft, geschweige denn Städte mit Feuerwehr und Müllabfuhr. Wie konnte der »Ansturm der Barbaren« dem römischen Imperium den Todesstoß versetzen? Peter Heather stellt diese alte Frage im Licht der Erkenntnisse zur Ethnogenese und der modernen Migrationsforschung neu.

Vom Hunnensturm bis zu den Wikingern untersucht er die Dynamik der europäischen Wanderungsbewegungen. Die sozialen und wirtschaftlichen Wechselwirkungen zwischen beiden Kulturräumen veränderten diese von Grund auf und ließen sie langfristig zu einer neuen kulturellen Einheit werden: dem Europa, das wir in weiterentwickelter Form noch heute kennen.

PETER HEATHER, geboren 1960, ist einer der international renommiertesten Historiker. Er studierte Geschichte am New College Oxford, unterrichtete dort mittelalterliche Geschichte am Worcester College, lehrte am University College, London, und der Yale University. Zurzeit ist er Professor für mittelalterliche Geschichte am King's College in London.

PETER HEATHER

INVASION DER BARBAREN

DIE ENTSTEHUNG EUROPAS IM
ERSTEN JAHRTAUSEND NACH CHRISTUS

Aus dem Englischen
von Bernhard Jendricke, Rita Seuß und Thomas Wollermann,
Kollektiv Druck-Reif

KLETT-COTTA

Die deutsche Ausgabe ist eine leicht gekürzte Fassung
des englischen Originals.

Mit 29 Abbildungen zwischen Seite 160 und 161.

Klett-Cotta
www.klett-cotta.de
J. G. Cotta'sche Buchhandlung Nachfolger GmbH
Rotebühlstraße 77, 70178 Stuttgart
Fragen zur Produktsicherheit: produktsicherheit@klett-cotta.de

Die Originalausgabe erschien unter dem Titel »Empires and Barbarians«
im Verlag Macmillan, London
© 2009 by Peter Heather
Für die deutsche Ausgabe
© 2011, 2019 by J. G. Cotta'sche Buchhandlung Nachfolger GmbH,
gegr. 1659, Stuttgart
Alle deutschsprachigen Rechte sowie die Nutzung des Werkes
für Text und Data Mining i. S. v. § 44b UrhG vorbehalten
Schutzumschlag: Rothfos und Gabler, Hamburg
Unter Verwendung des Bildes »Der Kampf auf der Brücke« von Arnold Böcklin
Foto: akg-images/Erich Lessing
Gesetzt von Eberl & Koesel Studio, Kempten
Gedruckt und gebunden von GGP Media GmbH, Pößneck
ISBN 978-3-608-96426-4

Vierte Auflage, 2026

Bibliografische Information der Deutschen Nationalbibliothek
Die Deutsche Nationalbibliothek verzeichnet diese Publikation in der
Deutschen Nationalbibliografie; detaillierte bibliografische
Daten sind im Internet über <http://dnb.d-nb.de> abrufbar.

Meinem Vater und meinem Schwiegervater

Allan Frederick Heather
28. 2. 1923 – 14. 1. 2008

Richard Miles Sawyer
30. 7. 1917 – 3. 9. 2007

INHALT

Vorwort 11
Prolog 14

1 MIGRANTEN UND BARBAREN 19
Die Besiedlung Europas 21
Die große Migrationsdebatte 29
Migration und Invasion 38

2 DIE GERMANEN UND DIE GLOBALISIERUNG 50
Der Wandel im germanischen Europa 51
Krieger, Könige und soziale Ungleichheit 65
Die Rom-Connection 80
Globalisierung 96

3 NICHT ALLE WEGE FÜHREN NACH ROM 98
Von der Ostsee bis ans Schwarze Meer 99
Migration und die Germanen 122
Räuber unterwegs 144

4 MIGRATION UND GRENZKOLLAPS 146
»Der ehemalige Soldat« 148
Völker in Bewegung 165
Kampf ums Überleben 178

5 DIE HUNNEN KOMMEN 194

»Die Saat des ganzen Verderbens« 195
Kommen und Gehen an der Donau 207
Identität im Hunnenreich 212
Migration und Hunnenreich 227

6 FRANKEN UND ANGELSACHSEN: ELITETRANSFER ODER »VÖLKERWANDERUNG«? 247

Eliten und Massen 248
Die Franken und das römische Gallien 281
Massenmigration und Statusdemonstration 301

7 EIN NEUES EUROPA 305

Das Imperium fällt 307
Die neue Ordnung 328
Systemkollaps und die Geburt Europas 347

8 DIE ENTSTEHUNG DES SLAWISCHEN EUROPA 350

Auf der Suche nach den Slawen 351
Die Slawisierung Europas 361
Die Migration und die Slawen 380
Migration und das slawische Europa 405

9 DIE WIKINGER IN DER DIASPORA 411

Die Wikinger und der Westen 412
Russlands Wikinger 423
Migrationsströme 437
Die skandinavische Expansion 452
Migration und Entwicklung 461

10 DIE ERSTE EUROPÄISCHE UNION 467

Politik und Entwicklung 469

Der Aufstieg des Staates 499

Zentrum und Peripherie 514

**11 DAS ENDE DER MIGRATION UND
DIE GEBURT EUROPAS** 518

Migration 519

Migration und Entwicklung 536

Das dritte Newtonsche Gesetz der imperialen Herrschaft 551

KARTEN 555

ANMERKUNGEN 580

BIBLIOGRAPHIE 627

Primärquellen 627

Sekundärliteratur 630

ABBILDUNGSNACHWEIS 650

REGISTER 651

VORWORT

An diesem Buch habe ich sehr lange gearbeitet. Bei Unterzeichnung des Verlagsvertrags war mein Sohn William noch nicht geboren. Wenn das Buch erscheint, wird er die Mittlere Reife ablegen, also sechzehn Jahre alt sein. Es hat auch deshalb so lange gedauert, weil ich gleichzeitig mit anderen Dingen beschäftigt war. Aber dieses Projekt nahm allein vier Freisemester und damit mehr Zeit in Anspruch, als ich je zuvor auf irgendetwas verwendet habe. Vielleicht kann man daran ermessen, wie schwierig die Aufgabe war, die ich mir gestellt hatte. Zeitlich und räumlich ist mein Thema weit gespannt und umfasst ein breites Spektrum unterschiedlicher wissenschaftlicher Disziplinen. Ich erhebe keineswegs den Anspruch, sie alle bis ins Letzte zu beherrschen. Daher bin ich dankbar, dass die Forschungsergebnisse führender Wissenschaftler insbesondere im Bereich der slawischen Geschichte und Archäologie auch in westeuropäischen Sprachen vorliegen. Auf diese und viele andere Fachgebiete habe ich mich gestürzt, obwohl jeder vernünftige Mensch die Finger davon gelassen hätte. Das ist der zweite Grund, warum ich so lange gebraucht habe.

Die vergleichende Auseinandersetzung mit so vielen unterschiedlichen Disziplinen ist jedoch grundlegend für die Konzeption dieses Buches. Ursprünglich wollte ich die Transformationsprozesse des barbarischen Europa im 1. Jahrtausend aus zwei unterschiedlichen Perspektiven beschreiben. Zum einen sah ich zwischen den Entwicklungsmustern germanischer Gesellschaften am Rand des römischen Weltreichs in der ersten Hälfte des 1. Jahrtausends und denen slawischer Gesellschaften am Rand des Fränkischen und des Byzantinischen Reiches in dessen zweiter Hälfte große Ähnlichkeiten. Das konnte kein Zufall sein. Zum anderen fand ich, dass bestimmte neuere Forschungsansätze die in der Vergangenheit stark überbetonte barbarische Migration viel zu entschieden ablehnten und damit die Bedeutung dieses Phänomens allzu sehr in den Hintergrund drängten. Mir schien es sinnvoll, die Migration des 1. Jahrtausends im Licht neuerer, sehr viel besser dokumentierter Migrationen zu betrachten. Daraus entstand schließlich das Konzept des vorliegenden Buches. Die vergleichende Migrationsforschung öffnete mir die Augen dafür, dass erstens die Migrationsmuster und -formen in der Regel eng an die gängigen Grundmuster der sozialen und wirtschaftlichen Entwicklung gekoppelt und zweitens oft entscheidend durch den politischen Kontext geprägt sind. Anders gesagt: Die beiden Stränge meines ursprünglichen Ansatzes zum barbarischen Europa des 1. Jahrtausends waren keineswegs getrennte, sondern eng aufeinander bezogene Aspekte eines umfassenderen Transformationsprozesses. Form und Verlauf der Migration der Barbaren im 1. Jahrtausend wurden maßgeblich durch die sozioökonomischen und politischen Transformationen der Gesellschaften des barbarischen Europa und ihrer Interaktion mit den imperialen Mächten ihrer Zeit bestimmt. So lautet die Kernthese meines Buches. Es bleibt freilich dem Urteil des Lesers überlassen, ob die Vorzüge einer solchen Methode die zwangsläufigen Defizite im Detail aufwiegen.

Im Übrigen möchte ich all jenen danken, die mir bei diesem Projekt über die langen Jahre hinweg zur Seite gestanden haben. Meinem Aufenthalt an der Universität Yale, Fachbereich Altphilologie und Geschichte, von 1999 bis 2000 verdanke ich meine Kenntnisse über die Grundmuster der modernen Migration. Im Herbst 2004 gewährte mir der britische Arts and Humanities Research Council (AHRC) ein weiteres Forschungssemester und somit insgesamt acht Monate, in denen ich die meisten späteren Kapitel dieses Buches schrieb. Einen Teil dieser Zeit verbrachte ich in der äußerst angenehmen Atmosphäre von Dumbarton Oaks in Washington, wo man, umgeben von zahllosen Büchern und in anregender Gesellschaft, so wunderbar arbeiten kann. Mein aufrichtiger Dank gilt dem Direktor und den Kuratoren für die Zuerkennung eines Forschungsstipendiums im Wintersemester 2004. Ein kleineres Stipendium im Rahmen des Projekts »Migration und Diaspora« des AHRC erlaubte mir im Frühjahr und Sommer 2005 die Durchführung eines Seminars zur Migration im 1. Jahrtausend, das für mich – und hoffentlich auch für die anderen Teilnehmer – sehr fruchtbar war.

Die speziellere akademische Schuld, die ich in den vergangenen sechzehn Jahren angehäuft habe, ist gewaltig, aber ich kann nicht jedem Einzelnen danken. Am Anfang meiner Beschäftigung mit dem Thema hatte ich das Glück, zur Teilnahme an einer Untergruppe des Projekts »Transformation der römischen Welt« eingeladen zu werden, das die European Science Foundation finanzierte. Hier habe ich viel gelernt, und ich vermag nicht einmal ansatzweise darzulegen, wie viel ich dem regen Gedanken- und Informationsaustausch verdanke, der mir auch in der Folgezeit zugute kam. Besonders danken möchte ich Przemysław Urbańczyk, der mich nach Polen einlud, wo ich meine Kenntnisse der frühmittelalterlichen Slawen über mein damals doch sehr oberflächliches Niveau hinaus vertiefen konnte. Ich danke allen, die dazu beitrugen, dass das vom AHRC finanzierte Seminar zum Thema Migration zu einer solch anregenden und angenehmen Erfahrung wurde. Von den zahlreichen Kollegen, die mir auf die eine oder andere Weise ihre Gedanken und Publikationen zuteil werden ließen, danke ich insbesondere Paul Barford, Andrzej Buko, James Campbell, David Dumville, Guy Halsall, Wolfgang Haubrichs, Lotte Hedeager, Agnar Helgason, Christian Lübke, Walter Pohl, Mark Shchukin, Mark Thomas, Bryan Ward-Perkins, Mike Whitby, Mark Whittow, Chris Wickham, Ian Wood und Alex Woolf. Diese Aufzählung ist alles andere als vollständig, sie soll nur symbolisch die große intellektuelle Schuld verdeutlichen, in der ich stehe.

Schließlich danke ich meiner Lektorin Georgina Morley, meinen Korrektoren Sue Phillpott und Nick de Somogyi sowie meiner Projektmanagerin Tania Adams. Ich habe ihnen das Leben wahrlich nicht leicht gemacht. Sie alle haben einen großen Beitrag zu diesem Buch geleistet, und ich bin dankbar für alles, was sie an Unstimmigkeiten, Fehlern und unglücklichen Formulierungen entdeckt und verbessert haben. Alle noch vorhandenen Fehler gehen natürlich allein auf mein Konto. Mein Dank gilt auch Neil McLynn und anderen Freunden und Kollegen, die meine verschiedenen Entwürfe gelesen haben. Ich danke ihnen für ihre Geduld, ihre ermunternden Worte und ihre Hilfe. Und wie stets schulde ich meiner Familie unendlichen Dank für ihre Geduld in den vergangenen Monaten. Bongo und Tookey nahmen klaglos hin, dass ich nicht mit ihnen gespielt habe, und William und Nathaniel haben mir meine Zerstreutheit und schlechte Laune großherzig vergeben. Vor allem jedoch danke ich Gail, die neben ihrer logistischen und emotionalen Unterstützung gleichfalls lange und unermüdlich an der Fertigstellung dieses Buches mitwirkte. Ich stehe unermesslich in ihrer Schuld, doch unermesslich ist auch meine Dankbarkeit und die Liebe, die ich zu ihr empfinde.

PROLOG

Im Sommer des Jahres 882 nahmen Zwentibald, Herzog der Mähren, und seine Männer nahe der Großen Ungarischen Tiefebene, wo zwischen Alpen und Karpaten die Donau fließt, Werinher, »den mittleren der drei Söhne des Engischalk, und ihren Verwandten Graf Wezilo gefangen und schnitten ihnen die rechte Hand ab, die Zunge und – schrecklich, dies zu berichten – die Geschlechtsteile, so dass keine Spur mehr von [den Geschlechtsteilen] übrig blieb«. Vor dem Hintergrund der europäischen Geschichte des 1. Jahrtausends n. Chr. sind zwei Aspekte dieses Vorfalls bemerkenswert.

Erstens sprachen die Mähren Slawisch. Mähren lag nördlich der Donau etwa im Gebiet der heutigen Slowakei. Aus unserer Sicht scheint nichts Besonderes daran zu sein, dass dieser Teil Mitteleuropas von Slawisch sprechenden Menschen beherrscht wurde. Das ist schließlich heute noch so. Zu Beginn des 1. Jahrtausends und in den folgenden 500 Jahren jedoch wurden die Slowakei und weite Teile der benachbarten Gebiete von Germanisch sprechenden Menschen dominiert. Woher also waren die slawischsprachigen Mähren gekommen?

Zweitens ist der Vorfall an sich schon erstaunlich. Trotz der Tatsache, dass ein nichtmährischer, fränkischer Geschichtsschreiber davon erzählt und trotz der entsetzlichen Verstümmelungen äußert sich unsere Quelle nicht unfreundlich über die Slawen. Für die Mähren, so wird berichtet, war diese drastische Maßnahme Präventivschlag und Racheakt zugleich. Sie rächten sich für die ungerechte Behandlung, die ihnen durch Werinhers Vater Engischalk und seinen Onkel Willihelm widerfahren war, als die beiden auf der fränkischen Seite der Grenze das Kommando führten. Es war aber auch ein Präventivschlag, da die Mähren verhindern wollten, dass Engischalks Söhne das Amt, das ihr Vater innegehabt hatte, einem neuen Bevollmächtigten entrissen. Die Mähren waren grausam, zweifellos, aber sie waren keine blindwütig losschlagenden Barbaren, so dass selbst ein fränkischer Kommentator hinter ihrer Brutalität eine klar umrissene und schlüssige Absicht erkennen konnte. Sie wollten ihren Teil der Grenze ihren Vorstellungen entsprechend verwaltet wissen. Archäologische Funde verdeutlichen, was damit gemeint sein könnte. Ende des 1. Jahrtausends war Mähren das erste slawische Reich von ansehnlicher Größe und Stabilität, und seine materiellen Hinterlassenschaften sind beeindruckend. In der einstigen Hauptstadt Mikulčice entdeckte man bei Ausgrabungen massive steinerne Umfassungsmauern und die Überreste einer eindrucksvollen Kathedrale. Mit ihrer Grundfläche von 400 Quadratmetern übertraf sie alles, was zu dieser Zeit anderswo gebaut wurde, selbst in den Regionen Europas, die vermutlich damals technisch fortschrittlicher waren.[1] Betrachtet man das 1. Jahrtausend als Ganzes, ist all dies ungeheuer faszinierend. Denn noch zur Zeitenwende dominierten in Mähren germanischsprachige Gruppen, die meist in kleinen Stammesfürstentümern organisiert waren und nie etwas Bedeutenderes errichteten als Holzhütten mittlerer Größe.

Der Vorfall an der mährischen Grenze Ende des 9. Jahrhunderts illustriert somit das Problem, um das es in diesem Buch geht: die grundlegende Transformation des barbarischen Europa im 1. nachchristlichen Jahrtausend. »Barbarisch« wird hier und im Folgenden in einem sehr spezifischen Sinne verwendet, der nur einen Teil der Bedeutung des griechischen *barbaros* umfasst. Denn für die Griechen und später auch für die Römer war »barbarisch« meist gleichbedeutend mit »minderwertig«, und zwar in sämtlichen Lebensbereichen, von der Moral bis zu den Tischsitten. »Barbarisch« bedeutete das Entgegengesetzte, das »Andere«, das Gegenbild zum zivilisierten, im Römischen Reich geeinten Mittelmeerraum. Ich verwende den Begriff jedoch nur in einem engeren, von moralischen Konnotationen freien Sinn: das barbarische Europa als die nichtrömische Welt des Ostens und des Nordens. Denn trotz der erstaunlichen Kultiviertheit, die der Mittelmeerraum in allen Bereichen von der Philosophie bis zur Technik entwickelt hatte, war dies auch eine Welt, die nichts dabei fand, rein zur Unterhaltung Menschen von wilden Tieren zerfleischen zu lassen. Daher fiele es mir ohnehin schwer, das römische Europa mit dem nichtrömischen anhand moralischer Kriterien auch nur ansatzweise zu vergleichen.

Die europäische Landschaft bot zur Zeit von Christi Geburt ein Bild extremer Gegensätze. Im Mittelmeerraum, unter der Herrschaft des Römischen Reiches erst kurz zuvor geeint, war eine politisch, wirtschaftlich und kulturell hochentwickelte Zivilisation entstanden – mit Philosophie, Bankenwesen, Berufsarmeen, Literatur, eindrucksvollen Bauwerken und einem System der Müllentsorgung. Abgesehen von kleineren Gebieten westlich des Rheins und südlich der Donau, wo man allmählich anfing, einen mediterranen Lebensstil zu entwickeln, war das übrige Europa von bäuerlichen Bevölkerungen bewohnt, die Subsistenzwirtschaft betrieben und kleine politische Einheiten bildeten. Ein Großteil dieses Europa wurde von germanischsprachigen Gruppen beherrscht, die zwar auch Werkzeuge und Waffen aus Eisen besaßen, das meiste aber aus Holz fertigten, über so gut wie keine Schriftkultur verfügten und nicht in Stein bauten. Je weiter man nach Osten kam, desto primitiver wurde alles: noch weniger Eisenwerkzeuge, eine noch geringere landwirtschaftliche Produktivität und eine noch geringere Bevölkerungsdichte. Die Römer im Mittelmeerraum waren die beherrschende Macht des westlichen Eurasien, die das unentwickelte Hinterland im Norden unter ihrer Kontrolle hatten.

Tausend Jahre später hatte sich diese Welt grundlegend verändert. In einem Großteil des barbarischen Europa dominierten jetzt Slawisch sprechende anstelle von Germanisch sprechenden Menschen, und in anderen Gebieten hatten germanischsprachige Gruppen die Römer und Kelten verdrängt. Aber auch die mediterrane Vorherrschaft war gebrochen. Im einstigen nördlichen Hinterland waren größere und stabilere politische Gemeinwesen entstanden, wie das Beispiel der Mähren zeigt. Doch nicht nur politisch, auch kulturell hatte der Mittelmeerraum seine Vorherrschaft eingebüßt. Bis zum Jahr 1000 hatte sich viel von der mediterranen Kultur – nicht zuletzt das Christentum, die Schriftkultur und die Steinarchitektur – nach Norden und Osten ausgebreitet, was zu einer größeren Homogenität der politischen und kulturellen Strukturen in ganz Europa führte. Das barbarische Europa war nicht mehr barbarisch.

Die überragende Bedeutung dieser massiven Machtverlagerung manifestiert sich schon darin, dass viele Länder des modernen Europa ihre historischen Wurzeln auf politische Gemeinwesen zurückführen, die irgendwann zwischen Mitte und Ende des 1. Jahrtausends entstanden. Diese Herleitung erscheint manchmal allzu gezwungen, doch kaum eine europäische Nation könnte ihren Gründungsmythos in die Zeit von Christi Geburt oder noch weiter zurück datieren. In einem sehr grundsätzlichen Sinn sind die politischen und kulturellen Transformationen des 1. Jahrtausends tatsächlich die Geburtswehen des modernen Europa, denn dieses Europa ist weniger ein geographisches als vielmehr ein kulturelles, wirtschaftliches und politisches Gebilde. Geographisch gesehen ist es bloß der westliche Teil der großen eurasischen Landmasse. Seine eigentliche historische Identität jedoch verdankt Europa der Entstehung von Gesellschaften, die auf politischer, wirtschaftlicher und kultureller Ebene so intensiv miteinander kommunizierten, dass sich signifikante Gemeinsamkeiten entwickeln konnten. Und dass solche Gemeinsamkeiten überhaupt entstehen konnten, war eine unmittelbare Folge der Transformation des barbarischen Europa im 1. Jahrtausend.

Aufgrund seiner überragenden Bedeutung für die Entstehung von Nationen und Regionen hat das 1. Jahrtausend Wissenschaftler seit jeher in seinen Bann gezogen. Es kursieren allerlei Versionen über den Ursprung der verschiedenen Nationen, und seit Einführung der allgemeinen Schulpflicht gibt es wohl nur wenige Europäer, die nicht zumindest mit den Grundzügen der Sage vom Entstehen ihrer Nation einigermaßen vertraut sind. Doch genau an diesem Punkt wird es problematisch.

Bis vor kurzem neigten Forschung und Öffentlichkeit dazu, den Einwanderern unterschiedlicher Art, die an verschiedenen Orten und zu verschiedenen Zeitpunkten des 1. Jahrtausends auftauchten, eine Hauptrolle zuzuschreiben. Mitte des 1. Jahrtausends zerstörten germanischsprachige Einwanderer das Römische Reich und gründeten eine Reihe von Nachfolgereichen. Ihnen folgten weitere Germanen und vor allem Slawen, deren Aktivitäten dem Nationenpuzzle Europas weitere Teile hinzufügten. Gegen Ende des Jahrtausends traten dann auch noch Einwanderer aus Skandinavien und der osteuropäischen Steppe auf den Plan. Auch wenn zuweilen erbittert über manche Details gestritten wurde, bezweifelte niemand auch nur ansatzweise, dass die Massenmigration von Männern und Frauen, Alten und Jungen bei der Entstehung Europas eine entscheidende Rolle gespielt hat.

Seit einer Generation jedoch besteht unter Forschern in diesen Fragen kein Konsens mehr, denn es hat sich gezeigt, dass diese Ansätze allzu vereinfachend sind. Bisher gibt es noch keine neue Überblicksdarstellung, aber in einer Vielzahl von Arbeiten wurde die Bedeutung der Migration für die Herausbildung zumindest einiger Vorläufer der heutigen Nationen Europas entscheidend relativiert. So gehen inzwischen viele Historiker davon aus, dass es überhaupt keine massenhafte Migration gab, sondern dass sich immer nur wenige Menschen auf Wanderung begaben. Während man früher von großen sozialen Gruppen ausging, die zielstrebig durch Europa zogen, sind heute viele Experten überzeugt, dass sich hinter dem kulturellen Banner der Wenigen, die tatsächlich auf Wanderung waren, viele andere sammelten und sich dadurch eine neue Gruppenidentität herausbildete. Wichtiger als jede Migration waren für die Neuordnung des barbarischen Europa in den 1000 Jahren seit Christi Geburt jedoch die inneren wirtschaftlichen, sozialen und politischen Wandlungsprozesse. Das versuche ich in diesem Buch zu zeigen.

Invasion der Barbaren möchte die fehlende Überblicksdarstellung zur Entstehung Europas liefern, indem es die positiven Aspekte der revisionistischen Geschichtsschreibung aufnimmt und gleichzeitig deren Fallstricken ausweicht. Wie uns der oben geschilderte Vorfall aus Mähren eindringlich vor Augen führt, spielt die Staatenbildung im bis dahin unentwickelten barbarischen Europa – das Entstehen größerer und kohärenterer politischer Gebilde – in der

Geschichte des 1. Jahrtausends n. Chr. eine mindestens ebenso große Rolle wie die Migration. Als in der politischen Landschaft Mittel- und Nordeuropas politische Gebilde wie Mähren entstanden und sich behaupteten, war es dem zum Mittelmeerraum orientierten Römischen Reich nicht mehr möglich, die überregionale Hegemonie auszuüben, die es 1000 Jahre lang praktiziert hatte. Dennoch ist es wichtig, nicht alles über den Haufen zu werfen und von ständig sich wandelnden Identitäten und einer geringen Zahl von Migranten auszugehen. Es geht mir nicht darum, die Bedeutung der Migration von mitunter sogar recht großen Gruppen zu bestreiten, sondern ihre verschiedenen Grundmuster im Zuge der Transformation des barbarischen Europa zu erörtern.

Mein Anliegen erschöpft sich nicht darin, die Bedeutung von Massenmigrationen im Kontext der anderen Phänomene des 1. Jahrtausends hervorzuheben. Vielmehr möchte ich zeigen, dass dem breiten Bild der Transformation des barbarischen Europa so etwas wie eine einheitliche Feldtheorie zugrunde liegt. Beim Prozess der Staatenbildung wie der Migration in all ihren Formen handelt es sich nicht um zwei verschiedene Arten der Transformation, sondern um verschiedene Reaktionen auf ein und dieselben Impulse: die massive Ungleichheit zwischen den mehr und den weniger entwickelten Gebieten Europas zu Beginn des 1. Jahrtausends. Meiner Ansicht nach haben Staatenbildung und Migration zur Beseitigung dieser Ungleichheit entscheidend beigetragen. Es sind eng miteinander verwandte Phänomene, die der Dominanz des Mittelmeerraums ein Ende setzten und den Grundstein für die Entstehung des modernen Europa legten.

KAPITEL 1
MIGRANTEN UND BARBAREN

Im April 1994 flohen rund 250000 Menschen aus Ruanda im östlichen Zentralafrika ins benachbarte Tansania, im Juli suchten eine Million Ruander Schutz in Zaïre. Sie alle flüchteten vor einer Welle blutiger Gewalt, ausgelöst durch einen der folgenreichsten Mordanschläge der jüngeren Geschichte. Am 6. April 1994 waren der ruandische Präsident Juvénal Habyarimana und sein burundischer Amtskollege Cyprien Ntaryamira ums Leben gekommen, als ihre Maschine beim Landeanflug auf die ruandische Hauptstadt Kigali von zwei Raketen getroffen wurde. Damit waren die beiden wichtigsten moderaten Politiker in der Region zum Schweigen gebracht worden. Andere Gemäßigte in der ruandischen Regierung, Verwaltung und Justiz wurden ebenfalls ausgeschaltet, und in den Städten und auf dem Land begann das Morden. Nach einer Schätzung der Vereinten Nationen kamen allein im April 100000 Menschen gewaltsam ums Leben, insgesamt vermutlich rund eine Million. Männer, Frauen und Kinder retteten nicht mehr als das nackte Leben und standen plötzlich ohne Hab und Gut, ohne Zugang zu Nahrung und sauberem Trinkwasser da. Die Folgen waren vorhersehbar: Im ersten Monat der Massenflucht nach Zaïre starben 50000, insgesamt fast 100000 Menschen – ein Zehntel aller Flüchtlinge – an Cholera und Ruhr.

In der jüngeren Geschichte ist Ruanda lediglich das dramatischste Beispiel dafür, wie politische Konflikte Migrationsbewegungen in Gang setzen können. Nicht lange nach dem Blutvergießen in Ruanda flohen 750000 Kosovo-Albaner aus dem ehemaligen Jugoslawien vor der eskalierenden Gewalt in benachbarte Länder. Die Massenflucht vor einer Gefahr ist jedoch nur eine Form der Migration. Weit mehr Menschen kehren ihrer Heimat den Rücken, um in einem »reicheren« Land bessere Lebensbedingungen zu finden. In den 1980er Jahren wanderten 200000 der rund 3,5 Millionen Iren aus, meist in wirtschaftlich dynamischere Länder Europas. Allerdings kehrten mit dem wirtschaftlichen Aufschwung in Irland viele von ihnen wieder zurück, und zwischenzeitlich wurde Irland selbst zu einem Hauptziel für Arbeitsmigranten. Noch dramatischer ist die wirtschaftlich motivierte Migration aus Ländern mit einem niedrigen Lebensstandard. Arbeitsmigranten aus Schwarzafrika findet man heute weltweit in hoher Zahl: jeweils 15 Millionen im Nahen Osten, in Süd- und Südostasien sowie in Nordamerika, weitere 13 Millionen in Westeuropa. Ursache hierfür ist die eklatante Ungleichheit bei der Verteilung des Reichtums. Das Durchschnittseinkommen in Bangladesch beispielsweise beträgt ein Hunderstel dessen, was in Japan Standard ist. Ein Bangladeschi, der in Japan für die Hälfte des dortigen Durchschnittslohns arbeitet, verdient somit in nur zwei Wochen genauso viel wie in Bangladesch in zwei Jahren. Aufgrund politischer Gewalt und wirtschaftlicher Ungleichheit ist heute die Migration ein weltweites Problem.

In der Vergangenheit war es nicht viel anders. »Die Geschichte der Menschheit ist die Geschichte der Migration«[1] – eine Plattitüde, aber wie die meisten Plattitüden im Großen und Ganzen zutreffend. Nach heutigen Erkenntnissen entwickelten sich dank einer vorteilhaften Umwelt auf dem afrikanischen Kontinent verschiedene Hominidengattungen, die ihre durch höhere Intelligenz erworbene Anpassungsfähigkeit nutzten, um fast sämtliche Landstriche auf unserem Planeten zu besiedeln. Im Grunde ist die ganze Welt mit den Nachkommen von Einwanderern und Asylsuchenden bevölkert.

Auch die Geschichte des vergangenen Jahrtausends ist von zahlreichen Migrationsbewegungen geprägt. Manche sind erstaunlich gut dokumentiert, insbesondere die aus Europa. Ohne Immigranten wären die heutigen Vereinigten Staaten gar nicht vorstellbar. Zwischen 1820 und 1940 wanderten fast 60 Millionen Europäer aus, davon 38 Millionen allein nach Nordamerika. Bis heute wandern vor allem Menschen aus Lateinamerika in die Vereinigten Staaten ein, so dass die Geschichte der US-amerikanischen Immigration noch lange nicht abgeschlossen ist. Im 16. Jahrhundert emigrierten eine viertel Million Spanier in die Neue Welt, weitere 200 000 kamen in der ersten Hälfte des 17. Jahrhunderts. Zur selben Zeit überquerten 80 000 bzw. eine halbe Million Briten den Atlantik in Richtung Nordamerika. Für noch frühere Jahrhunderte gibt es zwar nur bruchstückhafte Belege, aber zweifellos war die Migration in allen Epochen ein bedeutsames Phänomen. So zogen im 12. Jahrhundert 200 000 germanischsprachige Bauern über die Elbe nach Osten, um in Holstein, im westlichen Brandenburg und in den sächsischen Marken zu siedeln.[2]

DIE BESIEDLUNG EUROPAS

Dieses Buch handelt von einer noch ferneren Epoche, dem Europa des 1. Jahrtausends n. Chr., einer Welt zwischen Geschichte und Vor- und Frühgeschichte. Erschließen lässt sie sich teils durch schriftliche Quellen, teils mit Hilfe der materiellen Relikte, die von den Archäologen erforscht werden. Bandbreite und Verschiedenartigkeit der historischen Zeugnisse stellen die Forschung vor besondere Herausforderungen, dennoch besteht kein Zweifel, dass es während der 1000 Jahre nach Christi Geburt in Europa Migranten aller Art gegeben hat. In den ersten beiden Jahrhunderten n. Chr. zogen Römer nach Norden, um die Segnungen des Stadtlebens und die Zentralheizung nach Westeuropa zu bringen. Doch es ist die Migration der sogenannten Barbaren von jenseits der Grenzen des Römischen Reiches, die lange als ein wesentliches Merkmal des 1. Jahrtausends galt.

Wer waren diese Barbaren, wo und wie lebten sie zur Zeit von Christi Geburt?

Das barbarische Europa

Zu Beginn des 1. Jahrtausends erstreckte sich das römisch dominierte, von römischen Legionen besetzte Europa grob vom Mittelmeer nach Norden bis zur Donau und ostwärts bis zum Rhein. Jenseits dieser Grenzen lebten die Barbaren in Teilen der europäischen Mittelgebirge und in weiten Teilen der Nordeuropäischen Tiefebene, dem größten der vier großen Landschaftsräume Europas (Karte 1, Abb. 1). Zwar teilen diese ausgedehnten Gebiete ihre geologische Struktur mit den typischen schweren Lehmböden, aber ausgeprägte Unterschiede im Klima und folglich in der Vegetation und der Fruchtbarkeit der Böden verhinderten, dass sie für die landwirtschaftliche Nutzung allerorts gleich gut geeignet waren. In den westlichen Regionen, insbesondere im südlichen Großbritannien, in Nordfrankreich und in den Benelux-Ländern, herrscht ein atlantisches Klima mit milden, feuchten Wintern und eher kühlen Sommern mit reichlich Regen. Die mittleren und östlichen Teile der Nordeuropäischen Tiefebene haben ein eher kontinentales Klima mit kälteren Wintern und heißeren, trockeneren Sommern. Nach Osten hin sinken die winterlichen Durchschnittstemperaturen, während die sommerlichen Regenfälle nach Südosten hin abnehmen. Historisch gesehen hatte das enorme Auswirkungen auf die Landwirtschaft, insbesondere vor Beginn der Neuzeit, als die landwirtschaftlichen Techniken noch nicht so ausgereift waren. Im Südosten, selbst in der für ihre fruchtbare schwarze Erde bekannten Region der Ukraine, waren die Ernteerträge infolge der spärlichen sommerlichen Regenfälle nur gering; Siedlungen wurden bevorzugt in Flusstälern errichtet. Im Norden und Osten dagegen war die winterliche Kälte ein großes Hindernis. Hier trat an die Stelle der Laub- und Mischwälder – in den meisten Regionen der Tiefebene die natürliche Vegetation – die Taiga mit reinen Nadelwäldern bzw. die arktische Tundra (Abb. 3). Die Nordgrenze der Mischwaldzone markiert das Ende jenes europäischen Landschaftsraums, in dem sich in ferner Vergangenheit genügend Humus gebildet hatte, so dass normaler Ackerbau oder eine entsprechend angepasste Form davon möglich war.

Zu Beginn des 1. Jahrtausends n. Chr. war ein Großteil der Nordeuropäischen Tiefebene noch dicht bewaldet und Nordeuropa weit davon entfernt, sein volles landwirtschaftliches Potential auszuschöpfen. Das lag nicht allein an den Wäldern, sondern auch am Boden. Die potentiell höchst ertragreichen Lehmböden der Nordeuropäischen Tiefebene erforderten schwere Pflüge, die nicht nur Furchen zogen, sondern das Erdreich wendeten, damit die Nährstoffe im Unkraut und in den Getreideresten vom Boden aufgenommen werden und der nächsten Wachstumsperiode zugute kommen konnten. Im Früh- und Hochmittelalter wurde dieses Problem durch die *carruca* gelöst, den vierrädrigen eisenbeschlagenen Pflug, der von bis zu acht Ochsen gezogen wurde. Zu Beginn des Jahrtausends jedoch waren die meisten Barbaren zu kaum mehr in der Lage, als buchstäblich an der Oberfläche zu kratzen. So erreichte der Ackerbau bei den Bewohnern der Tiefebene bestenfalls das Niveau der Subsistenzwirtschaft, und die Bevölkerung war auf isolierte, kultivierte Inseln inmitten eines Meeres aus Grün verteilt.

Mediterrane Kommentatoren waren stets viel stärker an sich selbst als an den barbarischen »Anderen« jenseits der Grenze interessiert, aber selbst sie erkannten, dass es, je weiter man nach Westen kam, immer mehr dieser urbar gemachten Inseln und eine entsprechend dichtere Besiedlung gab. Sie teilten die barbarischen Bewohner der Nordeuropäischen Tiefebene in Germanen und Skythen ein. Zuvor hatte es dort auch Kelten – *Keltoi* – gegeben, aber das ehemals keltisch dominierte westliche und mittlere Südeuropa war größtenteils der römischen Expansion zum Opfer gefallen. So befanden sich diese Gebiete schon zu Beginn des 1. Jahrtausends auf einem nichtbarbarischen Entwicklungsweg, der ihnen die lateinische Sprache, Stadtgründungen und die Müllentsorgung brachte. Archäologische Funde lassen vermuten, dass die neue Grenzziehung des von Rom beherrschten Europa kein bloßer Zufall war. Die materielle Kultur der Kelten ist berühmt für ihr ausgeprägtes Dekor, das insbesondere in schön gestalteten Metallarbeiten zum Ausdruck kam. Auch in anderen Bereichen der materiellen Kultur zeigte sich diese Verfeinerung – unter anderem bei der technisch hochentwickelten scheibengedrehten Keramik, den solide gebauten und oft befestigten Siedlungen (den sogenannten *oppida*) und der großen Verbreitung von Eisenwerkzeug, das eine vergleichsweise ertragreiche Landwirtschaft ermöglichte.[3]

Im Unterschied dazu sind die materiellen Überreste germanischsprachiger Bevölkerungsgruppen desselben Zeitraums von viel geringerer Vielfalt und Kunstfertigkeit. Typische Funde aus dem germanischen Europa sind Brandbestattungen in Urnen mit nur wenigen oder keinerlei Beigaben, handgeformte statt scheibengedrehter Keramik und schlichte, kunstlose Metallarbeiten. Die Germanen kannten keine *oppida*, und die landwirtschaftlichen Erträge waren deutlich geringer. Da die Landwirtschaft im germanischen Europa geringere Überschüsse produzierte als in den benachbarten keltischen Regionen, gab es natürlich auch weniger Bedarf an Schmieden und Kunsthandwerkern zur Herstellung aufwendiger Metallarbeiten. Die Römer verfolgten zwar nie die Strategie, sich nur das keltische Europa einzuverleiben, aus erzählenden Texten über Eroberungsversuche geht jedoch hervor, dass römische Kommandeure vor Ort die minder entwickelte Ökonomie des germanischen Europa nicht für eroberungswürdig hielten. In herkömmlichen Berichten über die gescheiterten Versuche Roms, die *Germani,* wie man diese Gruppen jetzt oft nannte, zu unterwerfen, wird gern hervorgehoben, dass es den Germanen im Jahr 9 n. Chr. in der Varusschlacht gelungen war, drei römische Legionen zu vernichten. Doch die Wirklichkeit sah deutlich nüchterner aus. In den Jahren danach rächten sich die Römer bitter für diese Niederlage, was aber nicht darüber hinwegtäuschen konnte, dass die potentiellen Steuereinnahmen aus einem unterworfenen germanischen Europa weder die Kosten der Eroberung noch die der damit verbundenen Truppenstationierung aufgewogen hätten.

Folglich beließ man germanischsprachigen Bevölkerungsgruppen kurz nach Christi Geburt die Kontrolle über weite Teile Europas zwischen Rhein und Weichsel (Karte 1). Die sozialen und politischen Verbände dieser Germanen waren typischerweise klein. Tacitus im 1. und Ptolemäus im 2. Jahrhundert listen eine verwirrende Fülle von Gruppen dieser Art auf. Auch wenn sie sich auf einer Landkarte nur annäherungsweise verorten lassen, wird eines klar: Es gab so viele solcher politischer Einheiten (»Stämme«, wenn man so will, aber der Begriff impliziert zahlreiche unangebrachte Konnotationen), dass jede für sich äußerst klein gewesen sein muss.

Das ganze Gebiet war weder seit jeher noch sehr lange zuvor der Lebensraum der Germanen gewesen. Griechisch-römische Quellen besagen, dass das germanische Europa regelmäßig an Größe zunahm, auch wenn sie kaum Details liefern, wie dies geschah. Die germanischsprachigen Bastarner zogen Ende des 3. Jahrhunderts v. Chr. in das Gebiet südöstlich der Karpaten und wurden zur dominierenden Kraft nordwestlich des Schwarzen Meeres. Und um die Jahrtausendwende vertrieben die germanischsprachigen Markomannen die keltischen Boier aus dem Böhmischen Becken. Wenn wir daher vom germanischen Europa sprechen, meinen wir in Wirklichkeit das germanisch *dominierte* Europa, und es gibt keinen Grund anzunehmen, dass die gesamte Bevölkerung dieses wahrlich riesigen Gebiets – das teilweise erst kurz zuvor militärisch unterworfen worden war – in ihren Glaubensvorstellungen und sozialen Gepflogenheiten kulturell homogen war oder dass alle dieselbe Sprache sprachen.[4]

»Skythen« lautete der Sammelbegriff griechisch-römischer Geographen für die Bewohner der östlichen Regionen der Nordeuropäischen Tiefebene in einem Gebiet von der Weichsel und den Ausläufern der Karpaten bis zur Wolga und zum Kaukasus (Karte 1). In den geographischen und ethnographischen Texten der Griechen wurde dieses Gebiet oft als frostige Wildnis bezeichnet, als das archetypische »Andere«, das Gegenbild zur griechischen Zivilisation. Dementsprechend schrieb man seinen Bewohnern jedes erdenkliche unzivilisierte Verhalten zu: sie würden ihren Gegnern die Augen ausstechen, sie skalpieren und ihnen die Haut abziehen, sich tätowieren und sogar Wein unverdünnt trinken. In Wahrheit umfasste dieses »skythische« Territorium eine Vielzahl unterschiedlicher Lebensräume. In den Tälern der großen Flüsse, die von den Osträndern der Nordeuropäischen Tiefebene Richtung Süden flossen, gab es fruchtbaren Boden, zumindest in den gemäßigten Zonen mit ihrer Waldsteppe. Südlich davon lag die deutlich trockenere eigentliche Steppe, deren ausgedehntes Grasland den Herden der Nomaden einen natürlichen Lebensraum bot. Weiter nach Norden und Osten nahm der Ackerbau immer mehr ab, und die Landschaft blieb den Jägern und Sammlern des Polarkreises überlassen.[5]

Von diesen Bevölkerungsgruppen spielen in unserer Geschichte der Transformation des barbarischen Europa im 1. Jahrtausend die Nomaden eine Hauptrolle, wenn auch nur indirekt, so dass ihre Welt nicht im Einzelnen erklärt zu werden braucht. Es genügt zu wissen, dass zu Beginn dieses Zeitraums nomadische Gruppen die Landstriche südöstlich der Karpaten und nördlich des Schwarzen Meeres bereits seit langem durchstreiften. Geologisch gehört diese Landschaft zur Nordeuropäischen Tiefebene, doch die spärlichen sommerlichen Regenfälle machen die Landwirtschaft unsicher oder ganz unmöglich. Östlich des Don regnet es nicht genug, um Ackerbau ohne künstliche Bewässerung zu betreiben. Dieser setzte sich im Altertum in dieser Gegend nicht durch, so dass die natürliche Vegetation, das Grasland der Steppe, erhalten blieb. In einigen Flusstälern westlich des Don ist zwar ausreichend Wasser für Ackerbau vorhanden, aber diese Täler grenzen an ein ausgedehntes Territorium direkt am Schwarzen Meer, das gleichfalls Steppengebiet ist. Daher überrascht es kaum, dass die politische Herrschaft über diese Landschaft im Altertum oft zwischen nomadischen und eher sesshaften, Landwirtschaft betreibenden Bevölkerungsgruppen wechselte. Um Christi Geburt hatten hier die germanischsprachigen Bastarner und Peukiner, die im 3. Jahrhundert v. Chr. eingewandert waren, zwar immer noch die Vorherrschaft inne, sie sollten aber bald von den nomadischen Sarmaten abgelöst werden, die im 1. Jahrhundert n. Chr. in das Gebiet kamen.[6]

Nördlich der Waldsteppe sind die Ränder der Nordeuropäischen Tiefebene vorwiegend von Nadelwäldern bestanden. Aufgrund der noch niedrigeren winterlichen Durchschnittstemperaturen und der noch dünneren Humusschicht herrschen hier noch schlechtere Bedingungen für die Landwirtschaft. Diese Welt war den Menschen des Mittelmeerraums zu Beginn des 1. Jahrtausends kaum bekannt. In seiner *Germania* verortet Tacitus die Jäger und Sammler der *Fenni* (Fennen) im hohen Norden und eine weitere Gruppe, die *Veneti* oder *Venetii* (Veneder) zwischen ihnen und den germanischen Peukinern, am Rand der Karpaten:

> Die Veneder haben sich viel von den sarmatischen Sitten angeeignet; denn das ganze waldreiche und gebirgige Gebiet zwischen Peukinern und Fennen durchstreifen sie auf ihren Raubzügen. Sie sollte man dennoch besser zu den Germanen zählen, weil sie sowohl Häuser bauen als auch Schilde führen und sich über den Einsatz und die Schnelligkeit ihres Fußvolks freuen.

Etwas früher hatte Plinius Ähnliches über die *Venedae* (Veneder) gehört, wie er sie nennt, aber keine weiteren Einzelheiten berichtet, und selbst der Geograph Ptolemäus im 2. Jahrhundert wusste kaum mehr über sie als einige ihrer Gruppennamen. Die Gegend war kaum weniger geheimnisvoll als das Gebiet jenseits davon, wo die Bewohner »Antlitz und Mienen von Menschen, Gestalt und Gliedmaßen dagegen von wilden Tieren« hatten.

Archäologisch ist das Bild der Bewohner dieser bewaldeten Zonen Osteuropas zur Zeit von Christi Geburt ziemlich klar. Wie aus Tacitus' Bemerkungen über die dauerhaften Siedlungen hervorgeht, waren es Ackerbauern, jedoch mit einer äußerst schlichten materiellen Kultur, die noch weniger entwickelt war als die weiter westlich im germanischen Europa. Die Überreste ihrer Keramik, Werkzeuge und Siedlungen sind so einfach und bis zur zweiten Hälfte des

1. Jahrtausends n. Chr. nahezu unverändert, dass jeder Versuch einer stilistischen oder zeitlichen Einordnung zum Scheitern verurteilt ist. Aus den archäologischen Funden ergibt sich das Bild kleiner isolierter bäuerlicher Siedlungen, die auf einem niedrigeren Subsistenzniveau als die Germanen wirtschafteten, kaum Ernteüberschüsse erzielten und keine Handelsbeziehungen zur reicheren Welt des Mittelmeerraums unterhielten. Die Frage der ethnischen und sprachlichen Identität dieser waldbewohnenden Veneder wurde in der Forschung kontrovers diskutiert, besonders ihre – angebliche – Verwandtschaft zu den slawischsprachigen Bevölkerungsgruppen, die in der europäischen Geschichte nach 500 n. Chr. eine prominente Rolle spielten. Wir werden in Kapitel 8 darauf zurückkommen, hier sei nur gesagt, dass der wahrscheinlichste Ort, an dem man um Christi Geburt Slawen oder deren unmittelbare Vorfahren vermuten darf, irgendwo unter diesen anspruchslosen bäuerlichen Populationen am östlichsten Rand der Nordeuropäischen Tiefebene ist.[7]

Es ist daher nur eine geringfügige Vereinfachung, das barbarische Europa zu Beginn unseres Zeitraums in drei Hauptzonen zu unterteilen: Am weitesten westlich und in größter Nähe zum Mittelmeer lag die am höchsten entwickelte Zone mit der größten landwirtschaftlichen Produktivität und einer materiellen Kultur, deren Keramik und Metallwaren bereits vielfältig und raffiniert gestaltet waren. Diese Region war lange Zeit von einer größtenteils keltischsprachigen Bevölkerung beherrscht worden, und ausgedehnte Gebiete waren erst kurz zuvor unter römische Oberhoheit gelangt. Weiter östlich lag das germanisch dominierte Europa mit einer weniger intensiven Landwirtschaft und infolgedessen weniger ausgeprägten materiellen Kultur. Doch sogar das germanische Europa praktizierte eine relativ intensive Landwirtschaft, verglichen mit den Waldbewohnern im Osten Europas, von deren materieller Kultur entsprechend wenig erhalten ist. An diesem kurzen Überblick ist nichts wirklich umstritten, außer vielleicht die Frage, wo die Slawen anzutreffen waren. Höchst kontrovers diskutiert wird jedoch die Rolle der Migration bei der erstaunlichen Transformation des barbarischen Europa in den folgenden 1000 Jahren.

Die Migration der Barbaren und das 1. Jahrtausend

Dass es im 1. Jahrtausend innerhalb des barbarischen Europa und darüber hinaus Wanderungsbewegungen gab, steht außer Frage. Umstritten ist jedoch, welche Rolle ihnen zuzuschreiben ist. Vor dem Zweiten Weltkrieg galt Migration für die Transformation des barbarischen Europa als ein Phänomen von überragender Bedeutung, als das Rückgrat, das dem Jahrtausend seinen unverwechselbaren Charakter verlieh. Germanische Wanderungsbewegungen großen Stils im 4. und 5. Jahrhundert führten zum Untergang des Weströmischen Reiches und etablierten im Norden neue sprachliche und kulturelle Strukturen. Damals zogen die Goten – über einen Zeitraum von 35 Jahren (ca. 376–411 n. Chr.) hinweg – von der Nordküste des Schwarzen Meeres mehr als 2000 Kilometer weit in drei getrennten Wellen in den Südwesten Frankreichs. Vandalen aus Mitteleuropa legten fast die doppelte Entfernung zurück und überquerten das Mittelmeer, um sich, gleichfalls in drei Wellen, in den Hauptprovinzen des römischen Nordafrika anzusiedeln. Dies dauerte 33 Jahre (ca. 406–439), einschließlich eines längeren Zwischenaufenthalts in Spanien (411– ca. 430). Im selben Zeitraum bewirkte die Ankunft angelsächsischer Einwanderer aus Dänemark und Norddeutschland auf den Britischen Inseln eine grundlegende Veränderung.

Von noch größerer Bedeutung dürfte die slawische Migration gewesen sein. Der Ursprung der Slawen ist seit jeher heftig umstritten; aber woher sie auch stammen mögen, vom 6. Jahrhundert an breiteten sich slawischsprachige Gruppen in den folgenden 200 Jahren über Mittel- und Osteuropa aus. Große Teile dieser Regionen waren zuvor von germanischsprachigen Bevölkerungsgruppen dominiert gewesen, der Aufstieg der Slawen bewirkte einen enormen kulturellen und politischen Wandel. So entstand neben den romanischen und germanischen Sprachen die dritte große Sprachenzone des modernen Europa; diese Sprachgrenzen haben sich seit ihrer Entstehung kaum verschoben. Den Abschluss der Massenmigration bildeten die skandinavischen Wanderungsbewegungen im 9. und 10. Jahrhundert. Während auf Island und den Färöer-Inseln völlig neue Siedlungsgebiete erschlossen wurden, zogen die Wikinger nach Westeuropa und gründeten in England ihr Reich Danelag und auf dem Kontinent das Herzogtum der Normandie. Weiter östlich spielten erneut skandinavische Siedler eine Schlüsselrolle bei der Gründung des ersten russischen Großreichs der Kiewer Rus, das bis in die Neuzeit die Ostgrenze Europas markierte.[8]

Viele Aspekte all dieser Migrationsbewegungen waren, wie wir in den folgenden Kapiteln sehen werden, seit jeher höchst umstritten, was sich so schnell nicht ändern wird. Europäische Historiker waren sich bis 1945 lediglich darin einig, dass die Migration der Barbaren für Europa im 1. Jahrtausend eine prägende Rolle spielte. Die Migranten des 1. Jahrtausends wurden als diejenigen betrachtet, die die drei großen Sprachräume des heutigen Europa schufen. Sie galten aber auch als verantwortlich für die Schaffung so langlebiger, großräumiger politischer Gebilde wie England, Frankreich, Polen und Russland, ganz zu schweigen von all den slawischen Staaten, die sich im 19. und 20. Jahrhundert mühsam ihre Befreiung aus den Vielvölkerreichen erkämpften. In der Zeit zwischen den beiden Weltkriegen führten erstaunlich viele europäische Nationalstaaten ihren Ursprung auf Migranten des 1. Jahrtausends zurück. Diese Sicht der Vergangenheit wird in der Forschung heute als »Große Erzählung« bezeichnet. Unterschiedliche Positionen zu Detailfragen blieben letztlich unerheblich. Entscheidend war, dass so viele Bevölkerungsgruppen im modernen Europa ihre Eigenheit in einem Geschichtsverlauf begründet sahen, der bis zu einer Wanderungsbewegung irgendwann in jenem Jahrtausend zurückreichte.[9]

Fester Bestandteil dieser Großen Erzählung war eine bestimmte Vorstellung vom Wesen der Bevölkerungsgruppen, die sich auf den Weg gemacht hatten. Viele Migrationsbewegungen waren in den Quellen schlecht dokumentiert, manche gar nicht. In den Quellen ist bisweilen von großen kompakten Verbänden aus Männern, Frauen und Kindern die Rede, die gezielt von einem Siedlungsraum zum nächsten gezogen seien. Diese Deutung fand starken Widerhall. Da die Migrantengruppen als der Beginn von etwas Großem galten – als Gemeinschaften mit einer langen Zukunft fortdauernder Unverwechselbarkeit, die unweigerlich zur Entstehung der Nationen im modernen Europa geführt habe –, lag es nahe, diese Sicht pauschal auf alle zu übertragen. So wurden sämtliche Migrantengruppen des 1. Jahrtausends als große, kulturell unverwechselbare und biologisch sich selbst reproduzierende Bevölkerungsgruppen angesehen, die – erfreulich unberührt vom Wanderungsprozess an sich – von Punkt A auf der Landkarte nach Punkt B zogen, ob es dafür Belege gab oder nicht. Diese fernen Vorfahren mussten so zahlreich und so unverwechselbar sein, dass sich mit ihnen die Existenz ihrer vielen und nunmehr politisch selbstbewussten Nachfahren der modernen Zeit erklären ließ. Eine gute Analogie für diesen Migrationsprozess ist die Bewegung der Kugeln auf einem Billardtisch: Ein Impuls bringt die Kugeln dazu, von einem Bereich des Tisches zu einem anderen zu rollen – meist wurde Übervölkerung als Ausgangspunkt der Wanderung vermutet –, aber jede einzelne Kugel ist immer noch dieselbe, wenn ihre Bewegung endet, auch wenn sie jetzt an einer anderen Stelle liegt. Diese Auffassung galt insbesondere für germanische Gruppen, die an den Wanderungsbewegungen vom 4. bis zum 6. Jahrhundert beteiligt waren, aber auch für Slawen und Skandinavier. Heutige slawische Bevölkerungsgruppen wie die Serben, Kroaten und Slowenen führten ihre Geschichte auf kohärente Migrationspopulationen des 1. Jahrtausends zurück.[10]

Diese Große Erzählung über das 1. Jahrtausend war selbst Teil einer noch größeren Erzählung, die die gesamte Besiedlung Europas in prähistorischer

Zeit umfasste. Seit der Geburt Christi waren für große Teile Europas nördlich der Alpen schriftliche historische Zeugnisse mehr oder weniger verfügbar. Bei der Rekonstruktion der ferneren Vergangenheit musste man sich dagegen voll und ganz auf archäologische Zeugnisse stützen und neigte – vor 1945 – zu der Ansicht, dass eine Abfolge von »höher entwickelten« Bevölkerungsgruppen einander als dominierende Kraft in Europa abgelöst habe. Die ersten Ackerbauern der späten Steinzeit seien aus dem Osten gekommen, um die Gesellschaften der Jäger und Sammler zu verdrängen; die Menschen der Kupfersteinzeit hätten diejenigen abgelöst, die sich noch mit Steinwerkzeugen abplagten; die bronzezeitlichen Menschen wiederum hätten die der Kupfersteinzeit verdrängt und so weiter, bis in die Eisenzeit und somit ins 1. Jahrtausend n. Chr. Die Details dieser Geschichte brauchen uns hier nicht zu kümmern. Festzuhalten ist jedoch, dass ein auf Texten aus dem 1. Jahrtausend basierendes Migrationsmodell pauschal auf die fernere Vergangenheit projiziert wurde, um die Entwicklung des prähistorischen Europa zu erklären. Ausgehend von dem, was man über die Migrationsbewegungen im 1. Jahrtausend zu wissen glaubte, nahm man an, dass die ersten Ackerbauern und nachfolgend jene Gruppen, die Kupfer, Bronze und Eisen bearbeiteten, von außen nach Europa eingedrungen seien, um dort die Herrschaft zu übernehmen.[11] Innerhalb dieser größten aller Großen Erzählungen über die Besiedlung Europas stellt der von uns betrachtete Zeitabschnitt ein Ende und einen Anfang dar. Hier soll sich die letzte einer Abfolge von Migrationsbewegungen großen Stils vollzogen haben, die für die Geschichte des Kontinents seit der letzten Eiszeit prägend gewesen seien. Und zugleich markiert sie den Beginn eines Europa, das bis in die Gegenwart von Gemeinschaften mit einer fortlaufenden Geschichte bevölkert sei – Gruppierungen, die von weiteren Migrationen weitgehend unberührt blieben. Diese Erzählung lieferte auch das Migrationsmodell, mit dessen Hilfe sich die gesamte europäische Geschichte gliedern ließ. Ihre übermächtige Kraft ist ein Grund, warum die wissenschaftliche Diskussion darüber so scharf geführt wurde.

DIE GROSSE MIGRATIONSDEBATTE

Seit 1945 wurden so viele Kernelemente dieser Erzählung der europäischen Vergangenheit in Frage gestellt, dass die alten Gewissheiten nicht mehr gelten. Zwar hat sie in manchen Teilen Europas immer noch Bestand, aber besonders in englischsprachigen Wissenschaftlerkreisen spielte die Migration nur eine Statistenrolle in einem historischen Drama, in dem es vorrangig um eine von innen gesteuerte Transformation geht. Diese geistesgeschichtliche Revolution war so dramatisch und ihre Auswirkung auf die jüngere Forschung zur Migration des 1. Jahrtausends so grundlegend, dass die Kenntnis ihrer Grundzüge für das Verständnis dieses Buches unverzichtbar ist. Der entscheidende Ausgangspunkt ist ein in der Nachkriegszeit entwickeltes völlig neues Verständnis dessen, wie Menschen sich zu größeren sozialen Einheiten zusammenfinden.

Identitätskrise

Es mag seltsam anmuten, sich dem Thema Migration über den Ansatzpunkt Gruppenidentität zu nähern, aber in der alten Großen Erzählung der europäischen Geschichte waren Migration und Identität unauflöslich miteinander verknüpft, zumindest wenn es das 1. Jahrtausend n. Chr. betraf. Dafür gibt es zwei Gründe: Erstens ging das Billardkugel-Modell, das dieser Erzählung zugrunde lag, davon aus, dass die Menschen stets in kompakten Gruppen von Männern, Frauen und Kindern auftraten, die Außenstehenden im Großen und Ganzen verschlossen waren und sich durch Endogamie (Heirat unter Angehörigen ein und derselben Gruppe) reproduzierten. Zweitens – das ist die langfristige Perspektive – vermutete man eine unmittelbare Kontinuität zwischen Einwanderergruppen des 1. Jahrtausends und ähnlich benannten Nationen des modernen Europa. So galten die Polen als direkte Nachfahren der slawischen Polanen, die Engländer als Nachfahren der Angelsachsen und so weiter. Nationale Identitäten wurden als althergebrachte, unveränderliche »Tatsachen« angesehen, und ihre lange Überlieferung verlieh ihnen eine Legitimität, die alle anderen Überlegungen zum Ursprung der politischen Organisation ausblendete. Und wenn in einem Land keine nationale Identität als Ursprungsform der politischen Organisation vorhanden war, sah man den Grund dafür in anderen, zwischenzeitlich gewaltsam errichteten Machtstrukturen (etwa den ehemaligen Vielvölkerstaaten Mittel- und Osteuropas), die überwunden werden mussten. Beide Annahmen haben sich als falsch erwiesen.

Nach den im Namen der deutschen Nation verübten Greueltaten des nationalsozialistischen Deutschland überdachten Historiker die These von der schon immer währenden Existenz der Nationen und der Legitimität ihrer gemeinschaftsbildenden Kraft. Diese These stammte aus der Blütezeit des europäischen Nationalismus Ende des 19. und Anfang des 20. Jahrhunderts. Unter den Nationalsozialisten mündete sie geradewegs in die Forderung nach *Lebensraum* und in das Schreckenssystem der Vernichtungslager; die Nationalsozialisten beriefen sich auf die Vorherrschaft der Germanen in Europa und deren angebliche rassische Überlegenheit. Bei genauer Untersuchung erwies sich die Annahme, antike und neuzeitliche Sprecher einander verwandter Sprachen hätten eine gemeinsame, kontinuierliche politische Identität, als unhaltbar. Die Art nationaler Identität, die im Europa des 19. Jahrhunderts propagiert wurde, war ein historisches Konstrukt. Ohne die effektiven Verkehrsverbindungen, die im 18. und 19. Jahrhundert entstanden, hätte man riesige und geographisch weit verteilte Populationen unmöglich als nationale Gemeinschaften verstehen können. In früheren Epochen, in denen es keine Schifffahrtsstraßen, Eisenbahnen und Zeitungen gab, funktionierte diese Art von Gruppenidentität nicht. Dies war eine Welt, in der für die große Mehrheit der britischen Bevölkerung »country« und »county«, das Heimatland und die Grafschaft, ein und dasselbe waren. Der moderne Nationalismus wäre auch nicht möglich gewesen ohne die gezielte Förderung durch eine geistige Elite, die nationale Wörterbücher verfasste, Nationaltrachten entdeckte und volkstümliche Tänze und Erzählungen sammelte, mittels derer die Volkszugehörigkeit »gemessen« wurde. Diesen Gelehrten sind auch die Erziehungs- und Bildungsprogramme zu verdanken, in denen die zuvor entdeckten Elemente der Nationalkultur zu einem sich selbst reproduzierenden kulturellen System zusammenflossen. Es konnte in der Schule unterrichtet werden, und damit erreichte man einen noch größeren Teil der Bevölkerung zu einer Zeit, in der sich erstmals in Europa eine allgemeine Grundschulbildung durchsetzte. Das Aufkommen des Nationalismus ist eine eigenständige Große Erzählung, mit der sich die wissenschaftliche Forschung seit einer Generation intensiv beschäftigt. Für uns ergibt sich daraus eine einfache Erkenntnis: Europa wurde seit dem 1. Jahrtausend nicht in großen Bevölkerungsschüben von Gruppen besiedelt, die sich einer unverwechselbaren, ihr Leben und Handeln bestimmenden nationalen Zugehörigkeit bewusst gewesen wären. Das Nationalgefühl des 19. und frühen 20. Jahrhunderts lässt sich nicht auf die ferne Vergangenheit übertragen.[12]

Zur Revision des nationalistischen Denkens trugen auch bahnbrechende Arbeiten aus den Sozialwissenschaften bei, die der Frage nachgingen, wie und wie stark sich Individuen an Gruppenidentitäten gebunden fühlen. Bei seinen Forschungen im Hochland von Burma in den 1950er Jahren fand der Anthropologe Edmund Leach heraus, dass die Gruppenidentität eines Individuums nicht zwangsläufig an messbare kulturelle Merkmale gekoppelt ist, seien sie materiell (z.B. die Bauweise von Häusern oder eine bestimmte Keramikgestaltung) oder nichtmateriell (gemeinsame soziale Werte, Glaubenssysteme usw.). Menschen mit denselben messbaren kulturellen Merkmalen (inklusive der Sprache, dem großen Symbol für Gruppenidentität in der Epoche des Nationalismus) können sich durchaus unterschiedlichen sozialen Gruppen zugehörig fühlen; und Menschen unterschiedlicher Kultur können sich einer gemeinsamen Gruppe verbunden fühlen. Grundsätzlich ist Identität also eine Frage der Wahrnehmung und keine abzuhakende Liste mit messbaren Kriterien. Es zählt die Selbstwahrnehmung des Individuums und die Wahrnehmung, die andere von ihm haben. Kulturelle Kriterien können Ausdruck einer Identität sein, aber sie definieren sie nicht. Ein Schotte mag einen Kilt tragen, aber er bleibt auch dann ein Schotte, wenn er keinen trägt.

Hatte bis 1945 Identität als eine unveränderliche Gegebenheit gegolten, die das Leben jedes Einzelnen definierte, konnten Untersuchungen in der Nachfolge von Leach zeigen, dass sich die Gruppenidentität eines Individuums durchaus verändern kann und dass dieses Individuum gleichzeitig mehrere Gruppenidentitäten besitzen kann, zwischen denen es je nach Vorteilserwartung wechselt. In unserer postnationalen Welt kann dies weniger überraschen als noch vor 60 Jahren. Meine Söhne werden später einmal einen US-amerikanischen und einen britischen Pass besitzen, während sie sich vor 1991 mit achtzehn für einen hätten entscheiden müssen; und EU-Bürger besitzen gleichzeitig die Identität ihres Heimatlandes und eine europäische Identität. Der Gruppenidentität wird heute für grundlegende Lebensentscheidungen nicht mehr die alles überragende Bedeutung zugeschrieben. Von großem Einfluss auf die Forschungen zum 1. Jahrtausend waren die Untersuchungen des norwegischen Anthropologen Fredrick Barth von 1969, so dass heute die Identität nur noch als eine Strategie zur persönlichen Entwicklung betrachtet wird. Unter veränderten Umständen wird ein Einzelner seine Gruppenidentität entsprechend wechseln und die für ihn vorteilhaftere wählen. In der Einleitung zu seinen Aufsätzen bezeichnete Barth Gruppenidentität als ein »flüchtiges situationsbedingtes Konstrukt und nicht als solides dauerhaftes Faktum«.[13]

Barth widerlegt die These einer einzigen grundlegenden Identität, durch die ein Individuum sein Leben lang definiert ist. Das auf der Analogie der Billardkugeln beruhende Migrationsmodell ging davon aus, dass die Wanderungen in geschlossenen, für Außenstehende unzugänglichen sozialen Gruppen stattfanden, dass sich die Migranten durch Endogamie reproduzierten und dass sie eine unverwechselbare Kultur besaßen, die sich von der aller anderen Gruppen, denen sie unterwegs begegneten, klar unterschied. Diese Vorstellung beruhte hauptsächlich auf einem bestimmten Verständnis der Organisationsweise von Gruppen. Und mit dem nationalistischen Verständnis von Gruppenidentität geriet plötzlich auch die alte Große Erzählung ins Wanken, die von diesen Grundannahmen ausging.

Das neue Jahrtausend?

Bei der Neubewertung der fernen europäischen Vergangenheit aus postnationalistischer Perspektive übernahmen die Archäologen die Führungsrolle. Der traditionelle Ansatz der europäischen Archäologie bestand darin, Funde aus ein und derselben Epoche innerhalb eines Gebiets nach bestimmten Mustern von Ähnlichkeiten und Unterschieden zusammenzufassen, so dass sich bestimmte Subgebiete – Archäologen sprechen von Kulturen – definieren ließen. Ursprünglich erfolgten solche Definitionen fast ausschließlich anhand von Keramiktypen, da Tonscherben über die Jahrhunderte erhalten bleiben und relativ leicht zu finden sind. Grundsätzlich wurden aber auch andere Arten von Ähnlichkeit berücksichtigt: Bestattungsbräuche, Haustypen, Metallbearbeitung. Mit dem Aufstieg der Archäologie als wissenschaftlicher Disziplin im 19. Jahrhundert begann man zwischen archäologisch homogenen und archäologisch inhomogenen Gebieten zu differenzieren. Im geistigen und politischen Kontext der Blütezeit des europäischen Nationalismus konnte man der Versuchung nicht widerstehen, die auf den Karten verzeichneten Kulturen mit alten »Völkern« gleichzusetzen, denen man jeweils eine eigene materielle und nichtmaterielle Kultur zuschrieb. Mit etwas Glück konnte man vielleicht sogar den Trägern der Kultur, deren Relikte man freilegte, anhand von historischen Texten wie Tacitus' *Germania* einen Namen zuordnen.

Dieser heute oft als »kulturhistorische Archäologie« bezeichnete Ansatz ist eng mit dem Namen Gustaf Kossinna (1858–1931) verknüpft. Kossinna, der sehr viel differenzierter vorging, als manchmal angenommen wird, setzte nicht sämtliche archäologisch ähnliche Zonen mit voneinander unabhängigen alten Völkern gleich, sondern tat das nur dann, wenn sich archäologische Zonen klar voneinander abgrenzen ließen und es innerhalb einer bestimmten Zone ausgeprägte und eindeutige Ähnlichkeiten gab. Aber über Begriffe wie »klar«, »ausgeprägt« und »eindeutig« konnte man sich schon immer trefflich streiten, und die archäologische Forschung jener Zeit ging davon aus, klar zuordenbare Relikte in klar voneinander unterschiedenen »Kulturen« vorzufinden, die die Überreste von »Völkern« seien.

Kossinnas kulturhistorischer Ansatz untermauerte die Große Erzählung. Ordnet man archäologische Kulturen bestimmten »Völkern« zu, so liegt es nahe, größere archäologische Veränderungen mit Hilfe von Wanderungsbewegungen zu erklären. Wenn bestimmte und eindeutige Konzentrationen materieller Überreste – archäologische »Kulturen« also – mit frühen »Völkern« gleichgesetzt wurden, die wiederum als Basiseinheit der sozialen Organisation galten, war es nur folgerichtig, jede Veränderung eines bestehenden Grundmusters mit dem Auftauchen eines neuen »Volkes« in Verbindung zu bringen. Besaß jedes Volk seine eigene »Kultur« und fand man bei Ausgrabungen plötzlich eine neue »Kultur«, drängte sich der Schluss auf, ein »Volk« habe ein anderes ersetzt. Die Migration, insbesondere in Form der massenhaften Verdrängung einer Bevölkerungsgruppe durch eine andere, wurde damit zum gängigen Erklärungsmodell für Veränderungen archäologischer Funde. Um einen modernen Begriff zu gebrauchen, der allerdings in diesem Zusammenhang noch nicht verwendet worden ist, sah man als treibende Kraft hinter der Besiedlung Europas eine Aufeinanderfolge massiver ethnischer Säuberungen. Man sprach in diesem Zusammenhang von der »Invasionshypothese«.[14]

Die neuen Erkenntnisse über Gruppenidentität hatten für dieses Denkmuster weitreichende Folgen. Materielle Relikte wurden nun nicht mehr als ordentlich gebündelte, von frühen »Völkern« hinterlassene »Kulturen« betrachtet. Je mehr Material zum Vorschein kam und je genauer vorhandene Funde untersucht wurden, desto mehr verschwammen die Grenzen zwischen angeblich unterschiedlichen Kulturen. Zugleich weckte die Entdeckung bedeutender lokaler Varianten Zweifel an der Homogenität vermeintlich einheitlicher Kulturen. Vielleicht noch wichtiger war eine weitere Erkenntnis: Ähnlichkeiten verweisen zwar in der Regel auf etwas Bedeutsames, aber eine einfache Gleichung (»Kulturen« = »Völker«) lässt sich daraus nicht ableiten. Was ein spezifisches Muster von Ähnlichkeiten und Unterschieden genau bedeutet, hängt vielmehr davon ab, was ähnlich und was unterschiedlich ist. Eine erkennbare archäologische »Kultur« in Form von materiellen Relikten kann auf vieles verweisen: auf ein Gebiet des sozialen und wirtschaftlichen Austauschs, auf gemeinsame religiöse Überzeugungen (etwa bei Bestattungsbräuchen) und in manchen Fällen sogar auf politische Bündnisse, wie Kossinna annahm. Der methodische Unterschied liegt meines Erachtens darin, dass Kossinna die archäologischen Kulturen als Überreste sozialer Gemeinschaften – »Völker« – ansah, während heutige Archäologen sie als Relikte von Interaktionssystemen betrachten, wobei die Art und Weise dieser Interaktionen unterschiedlich sein konnte.[15]

Dieses Umdenken ermöglichte den Archäologen den Nachweis, dass selbst ein tiefgreifender Wandel der materiellen Kultur nicht immer auf Invasionen zurückgeführt werden muss. Da Muster feststellbarer archäologischer Ähnlichkeit verschiedene Ursachen haben können – Handel, sozialen Austausch, gemeinsame religiöse Überzeugungen etc. –, können Veränderungen in einem oder mehreren dieser Bereiche den Wandel der materiellen Kultur hervorgebracht haben. Er dokumentiert aber nicht zwangsläufig das Auftauchen einer neuen sozialen Gruppe, sondern kann ebenso gut durch tiefgreifende Veränderungen des Systems verursacht worden sein, aus dem diese soziale Gruppe hervorging. Es war das tiefe Unbehagen an der Beschränktheit der Invasionshypothese, das eine ganze Generation von Archäologen der englischsprachigen Welt in den 1960er Jahren dazu brachte, dieses überstrapazierte monolithische Erklärungsmodell abzulehnen.

Seither suchen Archäologen nach neuen, durchaus produktiven Erklärungsmustern, die die alte Große Erzählung ins Wanken bringen. Bis in die 1960er Jahre wurde die europäische Frühgeschichte als eine Abfolge von Bevölkerungsgruppen angesehen, die ihre höher entwickelten Fertigkeiten in der Landwirtschaft oder Metallbearbeitung dazu nutzten, ein bestimmtes Territorium zu dominieren und dessen Bewohner zu verdrängen. Heute lässt sich die Entwicklung der Gesellschaften Mittel- und Westeuropas zwischen der Bronzezeit und der Eisenzeit (in etwa die beiden letzten Jahrtausende v. Chr.) großenteils auch ohne Rückgriff auf Massenmigrationen und ethnische Säuberungen überzeugend erklären. Statt mit einander ablösenden Invasoren ist die europäische Vergangenheit nun mit Menschen bevölkert, die in der Lage waren, neue Fertigkeiten zu erlernen und im Lauf der Zeit neue wirtschaftliche, soziale und politische Strukturen auszubilden.[16]

Die Revolutionierung der wissenschaftlichen Forschung war aber in einer weiteren Hinsicht von enormem Einfluss auf die Sicht der Geschichte, die in diesem Buch erzählt wird. Im Zuge der Befreiung aus der Tyrannei von Kulturgeschichte und Invasionshypothese gingen Archäologen insbesondere in Großbritannien und den USA dazu über, Migration als Triebfeder signifikanter Veränderungen nahezu vollständig zu verwerfen. Das kollektive erleichterte Aufatmen nach der Befreiung aus Kossinnas Zwangsjacke war bei einigen Archäologen so groß, dass sie nie wieder etwas mit Migration zu tun haben wollten. Für sie ist Migration mit einer fernen, wissenschaftlich zurückgebliebenen Epoche verknüpft, als die Archäologie der Geschichtswissenschaft noch untergeordnet war.

Inzwischen halten manche Archäologen jedes Modell der Vergangenheit, das Bevölkerungsbewegungen einschließt, für wissenschaftlich naiv. Einer kürzlich erschienenen Einführung zu mittelalterlichen Friedhöfen zufolge bedeutet der Verzicht auf Migration als Erklärung für archäologischen Wandel, »sich einer durchwegs simplifizierenden und in der Regel haltlosen Annahme zu entledigen und sie durch eine besser durchdachte Interpretation der Epoche zu ersetzen«. Man beachte die Ausdrucksweise, insbesondere den Gegensatz zwischen »simplifizierend«/»haltlos« (die von Migration bestimmte Welt) einerseits und »besser durchdacht« (jede andere Art von Erklärung) andererseits. Die Botschaft ist klar: Wer sich mit der archäologisch beobachtbaren geographischen Verlagerung von Artefakten oder Gepflogenheiten beschäftigt und die Vergangenheit in »besser durchdachter« oder »komplexer« Weise beschreiben möchte, sollte die Migration tunlichst außen vor lassen. Das Blatt hat sich gewendet. Während die Migration bis Anfang der 1960er Jahre unangefochten das Feld beherrschte, ist sie inzwischen zum Buhmann der archäologischen Theorie geworden.[17]

Eine derart krasse wissenschaftliche Kehrtwende musste für die historische Erforschung des 1. Jahrtausends, die auf archäologische Zeugnisse angewiesen ist, weitreichende Folgen haben. Natürlich hatten die Historiker inzwischen auch selbst über die Relevanz der großen Identitätsdebatte nachgedacht. Den Paradigmenwechsel in der Geschichtswissenschaft läutete das 1961 veröffentlichte Werk *Stammesbildung und Verfassung* von Reinhard Wenskus ein. Es bildete den Ausgangspunkt für alle späteren Ansätze zu Identität und Migration im 1. Jahrtausend n. Chr. Wenskus verwies darauf, dass schon der römische Geschichtsschreiber Tacitus im 1. Jahrhundert von der vollständigen Vernichtung mancher germanischer Gruppen und dem Auftauchen vollkommen neuer Gruppen berichtete. Und hinsichtlich der großen Wanderungsbewegungen vom 4. bis zum 6. Jahrhundert gibt es sehr viel mehr Nachweise für Diskontinuität. Wie wir noch sehen werden, können alle germanischen Gruppen, die Nachfolgereiche des römischen Imperiums gründeten – Goten, Franken, Vandalen usw. –, als neue politische Einheiten betrachtet werden. Sie entstanden erst im Verlauf der Wanderungsbewegung und bestanden oft aus Menschen ganz unterschiedlicher Herkunft, darunter auch nichtgermanischsprachige Gruppen. Die von den Germanen im 1. Jahrtausend gebildeten politischen Gemeinschaften waren demnach nicht in sich geschlossene Gruppen mit einer fortlaufenden Geschichte, sondern Gebilde, die geschaffen und zerstört werden konnten und je nach historischen Umständen mal größer und mal kleiner waren. Seit Wenskus' grundlegenden Untersuchungen wurde viel darüber diskutiert, wie die Gruppenidentität unter den Germanen des 1. Jahrtausends beschaffen und wie bindend sie gewesen sein könnte; darauf werden wir noch zurückkommen.[18]

Wenskus' Untersuchungen lösten für das Verständnis der germanischen Migration eine Kettenreaktion aus. Geht man von unveränderlichen, in sich geschlossenen Gruppenidentitäten aus, muss man annehmen, dass die gesamte Gruppe weitergewandert ist, wenn Gruppe X plötzlich an Ort B und nicht mehr an Ort A angetroffen wird. Akzeptiert man jedoch, dass Gruppenidentitäten wandelbar sind, bedurfte es im Prinzip nur weniger – vielleicht sogar sehr weniger – Gruppenmitglieder, die weiterwanderten und einen Kern bildeten, um den herum sich eine aus verschiedenen Quellen gespeiste Population entwickelt haben könnte. Die Billardkugeln wurden somit durch langsam wachsende Schneebälle ersetzt. Viele Forscher gehen inzwischen nicht mehr von großen, kompakten, aus Männern, Frauen und Kindern bestehenden Gruppen aus, die zielstrebig durchs Land zogen, sondern halten das Konzept der demographischen Schneebälle für wahrscheinlicher: kleine Gruppierungen, anfangs vermutlich hauptsächlich Krieger, die aufgrund ihres Erfolgs während ihrer Wanderschaft eine große Zahl von Rekruten anzogen.

Diese postnationalistische Interpretation der Quellen zum barbarischen Europa des 1. Jahrtausends hatte eigene, aber ähnliche Wurzeln wie der gleichzeitige Paradigmenwechsel in der Archäologie. Doch die neuen Ansätze der Archäologie beflügelten die Bereitschaft, die Geschichte der Barbarenmigration aus historischen Quellen neu zu schreiben. Mittlerweile sind manche Historiker so fest davon überzeugt, dass es große, gemischte Migrantengruppen niemals gegeben hat, dass sie die Handvoll Quellen, die explizit das Gegenteil belegen – und auf die sich das Migrationsmodell der Invasionshypothese stützt – für falsch erachten. Griechisch-römische Quellen, so ihre Vermutung, seien mit einem Migrationstopos infiziert, einem kulturellen Reflex, der die mediterranen Autoren verleitet habe, unterschiedslos alle Barbaren auf Wanderschaft als »Völker« zu betrachten. Die Auffassung, wonach große Populationen weite Distanzen zurücklegten, wird allmählich durch die Vorstellung kleinteiliger mobiler Gruppierungen ersetzt, die im Lauf ihrer Wanderschaft immer mehr Gefolgsleute an sich banden. Auch wenn der Begriff heute nur noch selten verwendet wird, bleibt die Migration Teil dieser Geschichte. Aber wenn man die Zahl der an den Wanderungen Beteiligten nach unten korrigiert, ist der entscheidende historische Prozess nicht mehr die Migration an sich, sondern die Vergrößerung der Gruppen durch immer neue Anhänger.[19]

Hier zeigt sich eine schöne Symmetrie: Die alte Große Erzählung ordnete die Archäologie den Interessen der Geschichtswissenschaft unter, fasste archäologische Kulturen als »Völker« auf und entwickelte aus historischen Quellen des 1. Jahrtausends ein Migrationsmodell, das die Ausbreitung dieser Kulturen in eine historische Erzählung einfügte, durchsetzt mit Episoden von Wanderungsbewegungen großen Stils und massenhaften ethnischen Säuberungen. Heute ist die Glaubwürdigkeit dieser Quellen durch die Infragestellung des Migrationskonzepts erschüttert, die mit der entschiedenen Ablehnung der kulturhistorischen Betrachtungsweise und der Invasionshypothese durch die Archäologen einsetzte. Die Geschichtswissenschaft hatte gegenüber der Archäologie stets die Führungsrolle inne. Jetzt ist es umgekehrt. Im Zuge dieser Entwicklung wurde eine Interpretation der frühen europäischen Geschichte, die von einem Eindringen von außen ausging, durch eine andere abgelöst, derzufolge eine geringe Zahl von Einwanderern eine große Zahl von Menschen dazu brachte, diese Anregungen von außen zu übernehmen. Die Entwicklungsprozesse wären somit im Wesentlichen intern verlaufen. Heute bietet sich das Spiegelbild dessen, was vor 50 Jahren galt. Eine schöne Symmetrie, aber ist es auch ein überzeugendes Geschichtsverständnis? Darf die Migration auf eine bloße Statistenrolle in der Geschichte des barbarischen Europa im 1. Jahrtausend n. Chr. herabgestuft werden?

MIGRATION UND INVASION

Die Invasionshypothese ist tot und begraben. Wir möchten das Europa der Frühgeschichte und des 1. Jahrtausends nicht mehr mit alten »Völkern« besiedelt sehen, die sich mittels Massenwanderungen und ethnischen Säuberungen ihre Nischen eroberten. Zumindest die ethnische Säuberung, von der die alte Große Erzählung handelt, lässt sich kaum durch Quellen belegen. Das Scheitern der Invasionshypothese bedeutet jedoch nicht, dass die Migration überhaupt keine Rolle mehr spielt. Selbst wenn man bei den mediterranen Autoren einen Migrationstopos annimmt, müssen ihre kulturellen Phantasien von Bevölkerungsbewegungen irgendwelcher Art untermauert gewesen sein. Einige archäologische Zeugnisse lassen auf Wanderungen schließen. Folgerichtig sind zwei Alternativen zu dem aus der Invasionshypothese gespeisten Modell einer Massenmigration entstanden.

Zum einen das Modell der »wave of advance«, einer immer weiter vorrückenden Welle der Verbreitung, das sich zur Beschreibung kleiner Migrationseinheiten eignet, die als von außen kommende Bevölkerungsgruppen ein Gebiet übernommen haben könnten. Mit diesem Modell wurde insbesondere die Ausbreitung der jungsteinzeitlichen Ackerbauern über ganz Europa erklärt und gezeigt, wie bäuerliche Populationen trotz individuell zielloser Wanderungsbewegungen es geschafft haben, alle für sie geeigneten Landstriche zu besetzen. Es verwirft die Vorstellung, die Ackerbauern der Jungsteinzeit seien in Massen eingetroffen und hätten im Zuge einer Invasion die Jäger und Sammler verdrängt. Vielmehr habe die Fähigkeit der Ackerbauern, wesentlich größere Mengen an Nahrungsmitteln zu produzieren, dazu geführt, dass im

Lauf der Zeit ihre Population schneller wuchs als die der Jäger und Sammler und sie diese einfach überschwemmten und von ihren ersten Siedlungsstätten aus allmählich das ganze Land bevölkerten. Das Modell der »wave of advance« eignet sich für die Darstellung von Wanderungsbewegungen kleiner Gruppen, Familien und Familienverbände sowie als Modell für die unbeabsichtigte Landnahme. Es schließt auch nicht aus, dass manche der alteingesessenen Jäger und Sammler im Lauf der Zeit selbst die Fertigkeiten der Ackerbauern erlernt haben.[20]

Unter Archäologen noch beliebter, da es erheblich mehr Anwendungsmöglichkeiten bietet, ist das Modell des »Elitetransfers«, bei dem die eindringende Bevölkerung ebenfalls nicht sehr groß ist, jedoch ein Territorium auf aggressive Weise erobert. Sie verdrängt die alteingesessene Elite der Zielgesellschaft und besetzt deren Machtpositionen, lässt aber die von der alten, nunmehr vertriebenen oder degradierten Führungsschicht geschaffenen sozialen und wirtschaftlichen Strukturen weitgehend intakt. Das klassische Beispiel hierfür ist die mittelalterliche Eroberung Englands durch die Normannen. Dank einer erstaunlichen Fülle an Informationen aus dem *Doomsday Book* wissen wir, dass es im 11. Jahrhundert wenigen tausend normannischen landbesitzenden Familien gelang, ihre zahlenmäßig leicht überlegenen angelsächsischen Vorgänger von der Spitze der englischen Gesellschaft zu vertreiben. Auch in diesem Fall zeichnet das neue Modell ein weniger dramatisches Bild vom Ablauf der Migration als die Invasionshypothese. Zwar ist auch hier von Absicht und Gewalt die Rede, aber weil wir nur davon sprechen, dass eine Elite eine andere ersetzt, die grundlegenden sozialen Strukturen jedoch unangetastet bleiben, ist es ein weniger hässlicher Vorgang als die Hypothese einer ethnischen Säuberung des alten Modells. Und da nur die eine Elite mit der anderen die Plätze tauscht, ist das Ergebnis viel weniger dramatisch und in gewisser Hinsicht weniger bedeutsam, denn die bestehenden sozialen und wirtschaftlichen Grundstrukturen bleiben unangetastet.[21]

Die Zurückweisung der Invasionshypothese und ihrer schlichten Erklärungsmuster hat somit zur Entwicklung zweier neuer Modelle geführt, die auf unterschiedliche Weise die Migration relativieren: indem sie von einer niedrigeren Zahl der Migranten oder einem geringeren Ausmaß der Gewalt ausgehen oder indem sie die Folgen dieser Migration für weniger bedeutsam erachten bzw. anzweifeln, ob es sich überhaupt um eine Migration mit der Absicht einer Invasion handelt. Im Gegensatz zur Invasionshypothese sind diese beiden Modelle viel leichter mit jenen Konzepten von Gruppenidentität zu vereinbaren, die in Abrede stellen, dass große kompakte Gruppen zielgerichtet von einem Siedlungsraum zum nächsten gezogen seien. Doch obwohl diese Modelle sicherlich durchdachter und somit ein Schritt in die richtige Richtung sind, bieten sie selbst in Kombination keine zufriedenstellende Antwort auf die Frage nach der Migration im Europa des 1. Jahrtausends. Die Diskussion auf das von den beiden Modellen vorgegebene Grundgerüst zu beschränken birgt drei spezifische Probleme und wirft eine grundsätzliche Frage auf.

Falsche Identität?

Das erste Problem erwächst aus der Tatsache, dass die Historiker und Archäologen, die sich mit dem 1. Jahrtausend beschäftigen, in ihrer Begeisterung über die Erkenntnis, dass Menschen nicht immer in sich selbst reproduzierenden, geschlossenen Bevölkerungsgruppen organisiert sind, tendenziell nur die eine Hälfte der zeitgenössischen sozialwissenschaftlichen Identitätsforschung zur Kenntnis nehmen. Zur selben Zeit, als Leach, Barth und andere ihr Hauptaugenmerk auf das Gruppenverhalten richteten und den Loyalitätswandel von Individuen entsprechend ihrer unmittelbaren Vorteilserwartung untersuchten, beschäftigten sich andere Ethnologen und Sozialwissenschaftler mit dem Verhalten von Individuen. Für diese »Primordialisten« war die Zugehörigkeit zu einer Gruppe seit jeher ein fundamentaler Bestandteil menschlichen Verhaltens. Manche ihrer Schlussfolgerungen schienen den Ergebnissen von Leach und Barth zu widersprechen, etwa die Feststellung, dass in manchen Fällen das ererbte Gefühl der Gruppenidentität nicht willkürlich beeinflusst werden kann, sondern Individuen in Verhaltensmuster zwängt, die ihren unmittelbaren Interessen zuwiderlaufen. Unterschiede in der äußeren Erscheinung, der Sprache, dem Sozialverhalten, den moralischen Werten und dem Verständnis der eigenen Vergangenheit können zu erheblichen Hemmnissen für Individuen werden, die sich um des eigenen Vorteils willen einer anderen Gruppe anschließen möchten.[22]

Meiner Ansicht nach widersprechen die beiden Forschungsrichtungen einander keineswegs. Vielmehr stellen sie die beiden Endpunkte eines Spektrums an Möglichkeiten dar. Je nach den spezifischen Umständen, zu denen nicht zuletzt die Geschichte gehört, kann eine ererbte Gruppenidentität dem Individuum mehr oder weniger starke Beschränkungen auferlegen und ein stärkeres oder schwächeres Bedürfnis nach gemeinsamem Handeln wecken. Um ein Beispiel für Gruppenidentität in größerem Maßstab zu nehmen: In der aktuellen EU-Debatte stößt die Rede von der britischen Wesensart in Großbritannien auf viel größere Resonanz als etwa die von der luxemburgischen Wesensart in Luxemburg, das zwischen Deutschland, Frankreich und Belgien liegt. Das Gleiche gilt auf der Ebene des Individuums: Jedes Mitglied einer größeren Gruppe zeigt ausgeprägte Unterschiede im Ausmaß seiner Loyalität zu ihr. Die Tatsache, dass Gruppenidentität im Leben der Menschen manchmal eine stärkere und manchmal eine schwächere Kraft darstellt, widerspricht jedoch keineswegs dem, was Barth sagte (auch wenn er selbst dies anders sehen würde). Seinem berühmten Aphorismus zufolge muss Identität als »situatives Konstrukt« verstanden werden. Aber nicht alle Situationen sind gleich. Barth selbst interessierte sich hauptsächlich für Situationen, die schwache Gruppenbindungen bewirken. Dies impliziert jedoch, dass es auch Situationen geben kann, die stärkere Gruppenbindungen hervorbringen, und die sogenannte primordialistische Forschung hat einige davon untersucht.

Unterschiedliche Arten von Zwang können die Gruppenbildung hemmen: Einerseits gibt es die informellen Zwänge des »Normalen«, das sich an Ernährung, Kleidung oder an moralischen Werten festmacht. In den frühesten Lebensjahren nimmt ein Individuum viele dieser gruppendefinierenden Eigenschaften in sich auf – manchmal mit weitreichenden Folgen: Der Einzelne fühlt sich außerhalb der Normen der eigenen Gesellschaft so unwohl, dass er sich ein Leben außerhalb ihrer gar nicht vorstellen kann. Andererseits kann es – manchmal parallel zu diesem Unbehagen – auch wesentlich formellere Barrieren geben. Dem Einzelnen steht es theoretisch frei, eine beliebige Identität für sich zu beanspruchen. Das bedeutet jedoch nicht, dass diese Identität auch anerkannt wird. In der heutigen Welt definiert sich Gruppenzugehörigkeit im Allgemeinen darüber, dass man den entsprechenden Pass besitzt, also die Kriterien erfüllt, die für seinen Erwerb vorausgesetzt werden. In der Vergangenheit gab es zwar noch keine Pässe, doch auch damals kontrollierten manche Gesellschaften den Zugang sehr genau. Das Recht auf Erhalt der römischen Staatsbürgerschaft beispielsweise wurde eifersüchtig gehütet, und wer Anspruch darauf erhob, wurde von einem ganzen bürokratischen Apparat überprüft. Die griechischen Stadtstaaten verfolgten eine ähnliche Strategie. Solche bürokratischen Verfahren setzen die Fähigkeit zum Lesen und Schreiben voraus, aber es gibt keinen Grund zu der Annahme, dass nicht auch antike Gesellschaften ohne Schriftkultur strenge Zugangskriterien hatten. Möglich sind auch unterschiedliche Grade an Gruppenzugehörigkeit. Man denke nur an die großen Gemeinschaften von Gastarbeitern in den Industrieländern, die dort mehr oder weniger offiziell akzeptiert sind, ohne notwendigerweise die vollen Bürgerrechte zu erhalten. Hier liegt nach meiner Ansicht der Schlüssel zu einem umfassenden Verständnis der Identitätsfrage: Wenn die volle Zugehörigkeit zu einer Gruppe einen rechtlich oder materiell wertvollen Vorteil birgt, ist zu erwarten, dass sie streng begrenzt wird.[23]

Die Schlussfolgerungen aus der Identitätsdebatte sind daher komplexer, als zuweilen erkannt wurde. Individuen, die nicht in die allerbescheidensten Verhältnisse hineingeboren werden, bilden ihre Gruppenidentität in Schichten aus. Da ist zunächst die Familie im engeren Sinn, dann der größere Verwandtschaftskreis, die Stadt, die Region, das Land und heutzutage auch internationale Zugehörigkeiten wie etwa die EU-Bürgerschaft. Hinzu kommen persönliche Lebensentscheidungen, beispielsweise der Wunsch, ganz woanders zu leben. All diese Faktoren eröffnen dem Individuum Ansprüche auf die Zugehörigkeit zu einer größeren Gruppe, aber jeder dieser Ansprüche muss anerkannt werden, und je nach Zusammenhang können diese möglichen Zugehörigkeiten eine mehr oder weniger starke Bindung bewirken. Im Grunde stellt Barths berühmter Aphorismus einen falschen Gegensatz her. Sämtliche Gruppenidentitäten sind »situative Konstrukte« – sie werden geschaffen, verändern sich und können völlig verschwinden –, aber einige sind »flüchtiger« als andere.

Daraus ergibt sich ein erstes Problem für die aktuellen Ansätze zur Untersuchung der Migration im 1. Jahrtausend. Sie gehen davon aus, dass die Identität großer Gruppen immer ein schwaches Phänomen ist. Doch damit wird man der Identitätsdebatte nur teilweise gerecht. Wenn man von vornherein Position bezieht – gleichgültig, ob man Identität wie in der Zeit des Nationalismus als stark einschätzt oder nach heutigem Konsens eher als schwach –, werden gegenteilige Befunde ignoriert oder wegdiskutiert. Meiner Ansicht nach ist es aber wichtig, die historischen Zeugnisse für die Migration im 1. Jahrtausend unvoreingenommen zu prüfen, ohne davon auszugehen, dass die beteiligten Bevölkerungsgruppen nur von schwachen inneren Bindungskräften zusammengehalten wurden.

Ein zweites Problem entsteht, wenn Migration als Motor für Veränderungen von einigen – besonders englischsprachigen – Archäologen entschieden negiert wird, während sich im archäologischen Befund klare Hinweise darauf abzeichnen. In der Neuzeit ist es nicht üblich, dass sich soziale Gruppen en bloc auf Wanderung begeben, und wie wir in den folgenden Kapiteln sehen werden, gilt dies auch für die hier zu untersuchende Epoche. Tatsächlich gibt es keine oder nur spärliche Belege für ethnische Säuberungen im 1. Jahrtausend. Migration im 1. Jahrtausend verlief fast immer so, dass sich ein Teil einer Bevölkerung von Punkt A nach Punkt B bewegte, wobei zumindest ein Teil der alteingesessenen Bevölkerung von Punkt B an Ort und Stelle blieb; die einzige Ausnahme ist Island, das unbevölkert war, als im 9. Jahrhundert Auswanderer aus Norwegen dort landeten. Daher kann man nie erwarten, den Transfer einer kompletten materiellen Kultur vorzufinden. Wahrscheinlicher ist, dass nur bestimmte Elemente der alten materiellen Kultur nach Punkt B gebracht wurden: jene Elemente, die für die Subgruppe der Bevölkerung, die tatsächlich auf Wanderschaft ging, von besonderer Bedeutung waren. Zugleich blieb vermutlich ein mehr oder weniger großer Teil der materiellen Kultur der alteingesessenen Bevölkerung von Punkt B erhalten, und durch den Austausch zwischen der zugewanderten und der einheimischen Bevölkerung könnten sich eine ganz neue materielle Kultur oder neue Bräuche entwickelt haben. Die archäologischen Befunde zu vielen Migrationsprozessen im 1. Jahrtausend sind schlichtweg mehrdeutig, da sich allein anhand der Funde nicht absolut sicher sagen lässt, ob eine Migration stattgefunden hat.[24]

Wenn die einzigen archäologischen Belege für eine mögliche Migration mehrdeutig statt eindeutig sind, dann ist dies zu akzeptieren. Immer noch besser, als die europäische Geschichte mit Phantominvasionen zu bevölkern. Dies wird jedoch dann zu einem Problem, wenn die Migrationsthese als »durchweg simplifizierend« und »in der Regel haltlos« beschrieben wird. Stellt man eine Veränderung im archäologischen Befund fest, die auf einen Migrationsprozess schließen lassen könnte, ist es wichtig, genau dies zu sagen – nicht mehr und nicht weniger. Da aber manche Archäologen (zumindest in Großbritannien und in Nordamerika) Migration als Erklärungsmodell für Veränderungsprozesse ganz ausschließen möchten,[25] genügt manchmal schon der Nachweis, dass eine Veränderung auch ohne Migration zustande gekommen sein *könnte*, um dies als erwiesen zu betrachten. Dass aufgrund der zwangsläufigen Mehrdeutigkeit archäologischer Befunde so gut wie jede archäologische Veränderung auch mit einer anderen Ursache erklärt werden *kann*, bedeutet jedoch nicht, dass sie auf diese Weise erklärt werden *muss*. Die korrekte Analyse besteht nicht darin, aufgrund von Mehrdeutigkeit eine Migration auszuschließen, sondern diese Mehrdeutigkeit hinzunehmen und herauszufinden, ob vielleicht andere historische Belege klarere Antworten geben.

Es genügt also nicht, Schätzungen zum Ausmaß der Migration im 1. Jahrtausend auf die Annahme zu gründen, Gruppenidentitäten seien stets schwach gewesen. Ebenso wenig kann man die Migration an sich und ihre Bedeutung bestreiten, wenn die archäologischen Funde uneindeutig sind. Daraus ergibt sich ein drittes Problem: der mutmaßliche Migrationstopos. Mit dem Hinweis, mediterrane Autoren hätten aus einem kulturellen Reflex heraus alle Barbaren auf Wanderschaft als »Völker« angesehen, wurden zuweilen historische Berichte über große, kompakte und gemischte Migrationsgruppen als irrelevant abgetan. Doch bis heute wurde die Existenz dieses Topos nie triftig nachgewiesen. Er erscheint nur dann plausibel, wenn man davon ausgeht, dass keine Gruppenidentität stark genug sein konnte, um die Migration von Großgruppen zu bewirken, die in den Quellen behauptet wird. Doch wenn gar nichts anderes als die Mehrdeutigkeit archäologischer Befunde zu erwarten ist und wenn man nicht mit Sicherheit davon ausgehen kann, dass alle Gruppenidentitäten im 1. Jahrtausend zwangsläufig schwach waren, steht die These eines Migrationstopos auf äußerst schwachen Füßen. Wir werden daher im Folgenden in jedem Einzelfall zu prüfen haben, ob die historischen Quellen über die Migration von Großgruppen tatsächlich ohne Weiteres ignoriert werden können.

Diese drei Probleme allein rechtfertigen eine kritische Neubewertung der Migration im 1. Jahrtausend. Es gibt jedoch noch einen vierten und viel allgemeineren Grund, weshalb das Thema einer gründlichen Revision bedarf.

Migration und Entwicklung

Die vergleichende Migrationsforschung hat eine lange Tradition. Wie viele andere Disziplinen ist sie von einfachen zu immer komplexeren und interessanteren Modellen fortgeschritten. Ihr ursprüngliches Interesse galt den wirtschaftlichen Motiven zur Erklärung von Bevölkerungsbewegungen, wobei eine maßgebliche Studie den Nachweis führte, dass die Einwanderung in die Vereinigten Staaten mit Konjunkturzyklen in den USA korrelierte.[26] Die Untersuchungen zur Migration im 1. Jahrtausend könnten von dieser sich rasch entwickelnden Disziplin wichtige Anregungen erhalten, beispielsweise durch das Konzept der »Push and Pull«-Faktoren, d.h. der Kräfte, die im positiven wie negativen Sinn einen Migrationsdruck erzeugen. Die vergleichende Migrationsforschung stellte auch klar, wie wichtig exakte Informationen zur Bestimmung von Migrationsströmen sind und dass einer Massenmigration zuweilen die Pionierleistung wegbereitender Individuen (»Kundschafter«) vorausgeht, deren Erfahrungen der Migration Schwungkraft verleihen. Doch im Allgemeinen finden die Studien der vergleichenden Migrationsforschung bei denjenigen, die sich mit der Migration im 1. Jahrtausend beschäftigen, wenig Beachtung.[27]

Ein merkwürdiges Versäumnis, da die vergleichende Migrationsforschung zahlreiche gut dokumentierte Fallstudien vorgelegt hat, mit denen sich die Befunde aus dem 1. Jahrtausend vergleichen ließen und die die Bandbreite der möglichen Migrationsmodelle über die Grenzen des »wave of advance«- und Elitetransfer-Modells hinaus erweitern könnten. Unter anderem zeigt uns die jüngere Geschichte wirtschaftlich motivierte Migrantenströme, die unorganisiert in dem Sinne sind, dass alle daran Beteiligten individuelle Entscheidungen treffen. Dennoch können solche Wanderungsbewegungen, insbesondere wenn ein Bevölkerungszuwachs am Zielort damit verbunden ist, selbst Regionen von der Größe der Vereinigten Staaten füllen. Das 20. Jahrhundert hat auch gezeigt, dass politische Konflikte zu den stärksten Auslösern von Migrationen gehören. Dass Einzelne vor gewalttätigen Regimen flüchten, ist ein weit verbreitetes Phänomen; politische Wirren können aber auch viel massivere Migrationsströme auslösen. Neben Ruanda sind zu nennen: die ethnischen Säuberungen im ehemaligen Jugoslawien, die Ausweisung von 88 000 Ausländern innerhalb von nur drei Monaten aus Saudi-Arabien 1973, die 25 Millionen Flüchtlinge in Mittel- und Osteuropa am Ende des Zweiten Weltkriegs, die Flucht und das andauernde Elend der Palästinenser.

Durch die vergleichende Migrationsforschung erweitert sich nicht nur der wissenschaftliche Bezugsrahmen; deutlich wird auch, dass es notwendig ist, die einzelnen Migrationsprozesse des 1. Jahrhunderts detaillierter als bisher zu untersuchen. Durch Fallstudien zur frühen Neuzeit und Moderne konnte nicht nachgewiesen werden, dass eine gesamte Population von Punkt A nach Punkt B gewandert wäre, die Migration war vielmehr auf bestimmte Subgruppen beschränkt. Daraus ergibt sich eine weiterführende Fragestellung: Was veranlasst manche Individuen, zu Hause zu bleiben, wenn sich ihre Mitmenschen, die mehr oder weniger in denselben Verhältnissen leben, auf den Weg machen? Entsprechende Forschungen ergaben interessante Muster: Wirtschaftsmigranten sind zumeist jüngeren Alters, männlichen Geschlechts und besitzen ein höheres Bildungsniveau als der gesellschaftliche Durchschnitt. Auch neigen eher diejenigen zur Migration, die ohnehin bereits mobil sind. Bei genauerer Analyse der holländischen Migranten, die das spätere New York gründeten, stellte sich heraus, dass die Hälfte von ihnen zuvor aus anderen Teilen Europas in die Niederlande emigriert war. Ähnlich verhält es sich mit den »Iren« während der frühen Kolonisierung Nordamerikas. Sie stammten oft aus schottischen Familien, die erst eine Generation zuvor nach Irland ausgewandert waren.[28] Migrationsströme über große Entfernungen sind daher von den bekannten Mustern interner Bevölkerungsverschiebungen abzugrenzen. Wer sich zu einer solchen internen Wanderung entschließt, ist mit hoher Wahrscheinlichkeit auch bereit, größere Strecken zurückzulegen.

Selbst innerhalb dieser vielfältigen Muster beruht die Entscheidung zur Migration nicht einfach auf einer rationalen ökonomischen Abwägung. Weitere Faktoren komplizieren den individuellen Entscheidungsprozess. Eine wichtige

Variable ist die Information sowohl über das angestrebte Migrationsziel als auch über die Wege dorthin. Massenhafte Migrationsströme beginnen erst, wenn die Vor- und Nachteile der Route und des potentiellen neuen Zuhauses allgemein bekannt sind. Bis dahin ist die Migration über eng begrenzte Kanäle entsprechend weit verbreitet. Es bedeutet, dass Bevölkerungsgruppen aus einem eng begrenzten Gebiet an einen Zielort wandern, wo sie sich erneut gemeinsam ansiedeln. Natürlich spielen für einen potentiellen Migranten auch die Transportkosten und der psychologische Preis eine Rolle. Auch die Fremdheit eines neuen Ortes und der Verlust der emotionalen Beziehungen zu Familie und Freunden beeinflussen die Entscheidung zum Aufbruch. Daher ist bei allen gut dokumentierten Bevölkerungsverschiebungen ein erheblicher Rückfluss von Migranten zu verzeichnen.[29]

Auch die politische Situation am Aufbruchs- und/oder Zielort spielt eine wichtige Rolle. Seit den 1970er Jahren haben die westeuropäischen Staaten den Zuzug legaler Arbeitsmigranten aus bestimmten Ländern der Dritten Welt, der seit dem Ende des Zweiten Weltkriegs allgemein üblich war, mehr oder weniger unterbunden. Dies war eher eine politische als eine wirtschaftliche Entscheidung. Die Nachfrage nach billigen Arbeitskräften war weiterhin groß, doch die Regierungen bemühten sich, die Feindseligkeit mancher Teile der Gesellschaft gegenüber den Migrantengemeinschaften abzubauen. Dieser Migrationsstrom geht weiter, wenngleich in der modifizierten Form der Familienzusammenführung und nicht mehr als Zuzug neuer ausländischer Arbeitskräfte. Dies führte zu einem Wandel in der Zusammensetzung von Geschlechts- und Altersgruppen unter den Migranten. Die Zuwanderung von Ehefrauen und versorgungsbedürftigen älteren Angehörigen der ursprünglichen Migranten hat den Zuzug von jungen Männern abgelöst. Das ist nur ein Beispiel dafür, dass politische Strukturen stets den Rahmen vorgeben, anhand dessen potentielle Migranten ihre Entscheidungen treffen.[30]

Migrationsstudien weisen auch neue Wege, die Konsequenzen der Migration und deren tatsächliche Bedeutung zu bewerten. Dank der Invasionshypothese wird diese Frage im Hinblick auf das 1. Jahrtausend heute oft mit der Zahl der Migranten verbunden: Haben wir es mit einer »Massenmigration« oder mit einem Phänomen von geringerem Ausmaß zu tun, mit einer Art Elitetransfer? Da die Quellen zum 1. Jahrtausend jedoch keine verlässlichen Zahlen liefern, sofern sie sich überhaupt dazu äußern, überrascht es kaum, dass solche Überlegungen nicht selten in eine Sackgasse führen. Aus diesem Grund greift die vergleichende Migrationsforschung oft auf die relative statt auf die statistische Definition von Massenmigration zurück. Wodurch nun zeichnet sich eine »Massenmigration« aus? Durch die Ankunft einer Einwanderergruppe, die zehn Prozent der Bevölkerung des Zielorts ausmacht? Oder 20 Prozent? Oder 40? In jedem Fall muss ein Migrationsstrom aus der Perspektive aller Beteiligten betrachtet werden. Theoretisch könnte ein Migrantenstrom nur einen kleinen Prozentsatz der Bevölkerung des Zielorts, aber einen großen Prozentsatz der Bevölkerung des Ausgangsorts ausmachen. Was der Bevölkerung am Zielort wie ein Elitetransfer erscheint, könnte für die Einwanderer selbst eine beträchtliche demographische Verschiebung sein. Um dieses ganze Spektrum zu erfassen und numerische Spitzfindigkeiten zu vermeiden, ist die Migrationsforschung dazu übergegangen, »Massenmigration« als einen Strom von Menschen (wie groß deren Zahl auch sein mag) zu definieren, der am Ausgangs-, am Zielort oder an beiden Orten die räumliche Verteilung der Population verändert bzw. »dem politischen oder sozialen System einen Schock versetzt«.[31]

Das alles bedeutet nicht, dass man Informationen und Erkenntnisse aus moderneren Zeiten automatisch auf das 1. Jahrtausend übertragen kann. Migrationsstudien beschäftigten sich meist mit dem 20. Jahrhundert, mit aktuellen Beispielen oder mit der Besiedlung Nord- und Südamerikas durch die Europäer vom 16. bis zum frühen 20. Jahrhundert.[32] Es bestehen große strukturelle Unterschiede zwischen diesen Welten und dem Europa des 1. Jahrtausends. Dessen Ökonomie war hauptsächlich agrarisch geprägt und erreichte lediglich Subsistenzniveau. Es gab keine Massenproduktion, so dass sich die Muster aus dem 19. und 20. Jahrhundert, als das industrielle Europa Arbeitsmigranten zuerst aus dem agrarischen Europa und später auch von außerhalb aufnahm, schlichtweg nicht übertragen lassen.[33] Im Europa des 1. Jahrtausends war zudem die Bevölkerung erheblich kleiner als in der Neuzeit, und noch um 1800 beschränkten europäische Staaten die Auswanderung viel stärker als die Einwanderung. Entsprechend geringer ausgeprägt waren auch die staatlichen und bürokratischen Möglichkeiten des 1. Jahrtausends, sofern man überhaupt von Staaten sprechen kann.

Ähnliches gilt für das Transportwesen und die Verfügbarkeit von Informationen. Beides war zwar im 1. Jahrtausend vorhanden, aber die Transportkosten waren im Vergleich zu heute immens. Die vielleicht berühmteste Wirtschaftsstatistik der antiken Welt ist Kaiser Diokletians *Preisedikt* (ca. 300 n. Chr.), aus dem hervorgeht, dass sich die Kosten für eine Fuhre Weizen alle 50 Meilen Wegstrecke verdoppelten. Die mancherorts bis ins späte 19. Jahrhundert hohen Transportkosten waren für Migrationswillige ein großes Problem, das allerdings manchmal durch staatliche Unterstützung behoben wurde.[34] In einer

Welt, die weitgehend des Lesens und Schreibens unkundig war, verbreiteten sich Informationen in ganz anderem (d.h. beschränkterem) Umfang und auf völlig andere Weise als in unserer Welt der Massenmedien, was es Migrationswilligen ebenfalls erschwerte, sich Auskunft über mögliche Zielorte zu verschaffen.[35]

Dennoch kann uns die moderne Welt vor allem über die Ursachen der Migration im 1. Jahrtausend Aufschluss geben. Aus vergleichenden Studien ergeben sich zwei Grundmuster: die eher freiwillige, wirtschaftlich motivierte und die eher unfreiwillige, politisch motivierte Migration. Eine verlässliche Unterscheidung zwischen wirtschaftlicher und politischer Migration lässt sich in der Regel nicht treffen. Politische Gründe können in eine Entscheidung einfließen, die wirtschaftlich motiviert erscheint, wenn etwa die politische Diskriminierung einen für alle gleichen Zugang zu Ressourcen und Arbeitsplätzen verhindert. Dasselbe gilt auch für den umgekehrten Fall: wirtschaftliche Zwänge können genauso hemmend sein wie politische. Ist es ein wirtschaftliches oder ein politisches Problem, wenn man erlebt, wie die eigene Familie verhungert, weil man keine Arbeit findet? Aufgrund dieser Komplexität wird der Entscheidungsprozess eines potentiellen Migranten heute meist nicht mehr mit Push- and Pull-Faktoren beschrieben, sondern in einer Matrix dargestellt, deren eine Achse den Grad des wirtschaftlichen bzw. politischen Zwangs anzeigt, während die andere Achse den Grad der Freiwilligkeit bzw. Unfreiwilligkeit wiedergibt. Zumeist ist die individuelle Motivation eines Migranten eine komplexe Kombination aller vier Elemente.[36] Salopp gesagt, könnte man einen potentiellen Migranten als jemanden bezeichnen, der eine Art Investitionsentscheidung trifft. Die Entscheidung zu migrieren impliziert verschiedene Anfangskosten – für den Transport, den Einkommensausfall während der Arbeitssuche, den psychischen Stress infolge des Verlusts von Freunden und Angehörigen –, die gegen mögliche spätere Gewinne am angestrebten Zielort abgewogen werden. Je nach persönlicher Abwägung entscheidet sich das Individuum zu gehen oder zu bleiben oder zeitweilig zu emigrieren mit der Maßgabe, genügend Gewinn zu machen, um ins Heimatland zurückzukehren und dort ein komfortableres Leben als zuvor zu führen – eine weitere wichtige Ursache für die Rückwanderung.

Ökonomische Faktoren zählen nach wie vor zu den fundamentalen Auslösern von Migrationsbewegungen. Ungleichheiten im wirtschaftlichen Entwicklungsniveau zweier Gebiete oder im Zugang zu natürlichen Ressourcen lassen, wie wiederholt nachgewiesen wurde, einen Migrationsstrom zwischen diesen Gebieten wahrscheinlich werden. Das ist eine der elementaren Erkenntnisse aus den sogenannten Weltsystemtheorien, die sich mit dem Verhältnis zwischen wirtschaftlich höher entwickelten Zentren und geringer entwickelten Peripherien befassen und die Migration als einen Faktor dieses Verhältnisses erkennen.[37]

Daraus ergeben sich zwei Schlussfolgerungen: Erstens erfordert eine zufriedenstellende Untersuchung der Migration die Kombination aus einer allgemeineren Analyse und aus den Antworten auf folgende Fragen: Wer genau nahm an der Migration teil? Wie und wodurch begann der Migrationsprozess und wie entwickelte er sich?[38] Noch wichtiger ist es zweitens, den engen Zusammenhang zwischen Migration und wirtschaftlicher Entwicklung zu berücksichtigen. Infolge der Invasionshypothese wird in Studien zum 1. Jahrtausend zwischen den internen Antriebskräften des sozialen Wandels und den externen Auswirkungen der Migration traditionell eine klare Trennlinie gezogen. Seit den 1960er Jahren wurde zur Erklärung von Veränderungen im archäologischen Fundmaterial die interne Transformation betont und die Migration als Faktor missachtet. Die vergleichende Migrationsforschung dagegen zeigte, dass es eine so klare Abgrenzung gar nicht gibt. Migrationsprozesse werden hauptsächlich vom ungleichen Entwicklungsstand zwischen verschiedenen Regionen hervorgerufen, variieren dementsprechend und sind sowohl Ursache als auch Folge weiteren Wandels. So gesehen sind Migration und interner Wandel keine konkurrierenden Erklärungsmuster mehr, sondern zwei Seiten ein und derselben Medaille.

Die alten Sichtweisen auf das 1. Jahrtausend mündeten in eine Große Erzählung darüber, wie im Lauf von Invasionen und ethnischen Säuberungen aus der antiken, mediterran dominierten Weltordnung ein mehr oder weniger erkennbares Europa hervorging. Neue Erkenntnisse über Gruppenidentität und Migration haben mit den alten Vorstellungen gründlich aufgeräumt, und es ist an der Zeit, sie durch etwas Neues zu ersetzen. Dazu möchte dieses Buch beitragen.

KAPITEL 2
DIE GERMANEN UND DIE GLOBALISIERUNG

Im Sommer des Jahres 357 sammelte sich ein großes, von alamannischen Königen angeführtes germanisches Heer westlich des Rheins auf römischem Reichsgebiet nahe der heutigen Stadt Straßburg. Der Geschichtsschreiber Ammian berichtet darüber in seinem Werk, dem ausführlichsten, das aus spätrömischer Zeit erhalten ist:

> Alle ihre kampfbegierigen und wilden Scharen führten Chnodomar und Serapion an; denn ihre Macht überragte die der anderen Könige. Chnodomar, der unheilvolle Anstifter dieses ganzen Krieges, trug einen flammendroten Helmbusch und ritt vor dem linken Flügel [...] ein tüchtiger Kriegsmann und ein Feldherr, der anderen an Tüchtigkeit überlegen war. Den rechten Flügel führte Serapion [...] der Sohn des Mederich, eines Bruders des Chnodomar [...] Ihr Gefolge bildeten die an Macht am nächsten stehenden Könige, an Zahl fünf, dazu zehn Königssöhne *[regales]* und eine stattliche Reihe von Adligen *[optimates]*, danach 35 000 Bewaffnete, die man aus verschiedenen Völkern teils durch Sold, teils unter der Bedingung angeworben hatte, seinerseits die Hilfe zu erwidern.

Ammians Schilderung zeigt, dass die germanischen Alamannen, die zur Zeit des späten Kaiserreichs den südlichen Abschnitt der römischen Rheingrenze beherrschten, keinen gemeinsamen König hatten. Deshalb gingen manche Historiker davon aus, in der germanischen Welt habe sich seit dem 1. Jahrhundert n. Chr., als Tacitus sein ethnographisches Werk *Germania* verfasste, kaum etwas geändert. Denn Tacitus ließ keinen Zweifel daran, dass die germanische Welt zu jener Zeit politisch enorm zersplittert war. Er nennt über 50 verschiedene politische Gruppierungen und wird darin von Ptolemäus' *Geographia* aus dem 2. Jahrhundert bestätigt. Ein Blick auf eine Landkarte mit den – geographisch nur ungefähr zuzuordnenden – Namen dieser Gruppen genügt, um die politische Zersplitterung Germaniens im 1. Jahrhundert zu erkennen (Karte 2).[1] Es wäre jedoch ein Irrtum anzunehmen, dass sich seither nichts verändert habe, nur weil im 4. Jahrhundert die Alamannen eine Vielzahl von Königen hatten.

DER WANDEL IM GERMANISCHEN EUROPA

Um die Mitte des 4. Jahrhunderts zeigt die Karte des germanischen Europa ein gänzlich anderes Bild als zu Tacitus' Zeit (Karte 3). Der Südosten ist vom Aufstieg gotischer Gruppen im Gebiet der Karpaten geprägt. Im Westen beherrschen jetzt statt der vielen kleinen Gruppen, von denen Tacitus und Ptolemäus berichteten, vier größere Gruppen das Gebiet entlang der römischen Rheingrenze: Alamannen und Franken direkt an der Grenzlinie, Sachsen und Burgunder unmittelbar dahinter. Da sich die römischen Geschichtsschreiber für die Angelegenheiten der Barbaren in der Regel nicht sonderlich interessierten, wissen wir wenig über diese Gruppen. Lediglich Ammian gibt uns einige Auskunft, insbesondere über die Alamannen.

Politischer Wandel

In den erhalten gebliebenen Büchern seines Geschichtswerks, die den Zeitraum zwischen 354 und 378 detailliert behandeln, geht Ammian nicht näher auf die politischen Beziehungen zwischen den Alamannen oder auf ihre Herrschaftsstrukturen ein. Er schildert jedoch mehr oder weniger zusammenhängend die Unternehmungen der alamannischen Konföderation während dieses Zeitraums. Demnach hatte sich die germanische Politik in diesem Abschnitt der Rheingrenze seit Tacitus in zweierlei Hinsicht grundlegend verändert. Erstens – und das ist unumstritten – besaß die Führung der verschiedenen Gruppen von Alamannen, die sich unter dem Kommando von Königen und Fürsten bei Straßburg sammelten (und die auch an anderen Stellen bei Ammian auftauchen), eine größere Stabilität als im 1. Jahrhundert. Nicht nur in der *Germania*, sondern auch in den *Annalen* und *Historien* berichtet Tacitus ausführlich über diese Regionen Germaniens im 1. Jahrhundert. Manche germanische Gruppen wie die Usipeter und Tenkterer kamen sehr gut ohne Könige zurecht. Die Belange der Gruppe wurden von einer Oligarchie der Führenden (lateinisch *principes*) in einer Ratsversammlung entschieden. Und selbst wenn sich innerhalb einer Gruppe einer zu königlicher Macht aufschwang, regte sich Widerstand. Diese Macht wurde nicht vererbt und war daher nicht von Dauer. Die beiden herausragenden germanischen Könige im 2. Jahrzehnt des 1. Jahrhunderts waren Arminius bei den Cheruskern und Marbod bei den Markomannen. Arminius hatte im Jahre 9 n. Chr. als Anführer der Varusschlacht drei römische Legionen besiegt. Das verschaffte ihm kurzzeitig eine Vorrangstellung, die jedoch nicht unangefochten blieb. Der Cheruskerführer Segestes zum Beispiel machte sogar mit den Römern gemeinsame Sache. Arminius' Macht schwand lange vor seinem Tod im Jahr 21 n. Chr., als sich ein Teil seiner Anhänger gegen ihn stellte. Marbods Herrschaft ruhte auf einem solideren Fundament, aber auch er wurde schließlich durch die Interventionen Roms und von internen Rivalen zu Fall gebracht, so dass an der Wende zum 2. Jahrhundert die Markomannen nicht mehr von Marbods Erben regiert wurden.[2]

Im Unterschied dazu war das politische Leben bei den Alamannen des 4. Jahrhunderts von Königen *(reges)* und Fürsten bestimmt. Aus den Quellen geht hervor, dass das von Ammian als Alamannia bezeichnete Gebiet in Subregionen oder *Gaue* (wie vermutlich schon damals das germanische Wort dafür lautete) unterteilt war. Über diese Gaue herrschte jeweils ein *rex* oder *regalis*. Die Königsmacht scheint zumindest teilweise erblich gewesen zu sein, wenngleich sie nicht zwingend vom Vater auf den Sohn, sondern auch innerhalb des königlichen Clans weitergegeben werden konnte. Chnodomarius und Serapion, die wichtigsten Führer bei Straßburg, waren Onkel und Neffe. Und Serapions Vater Mederich hatte einen so hohen Rang, dass er von den Römern längere Zeit als Geisel festgehalten wurde. Während seiner Geiselhaft entwickelte er eine Vorliebe für den Kult der ägyptischen Gottheit Serapis, daher der verblüffend ungermanische Name seines Sohnes. Einmal spricht Ammian davon, dass Vadomarius und dann sein Sohn Vithicabius König waren. Doch man sollte nicht vorschnell verallgemeinern. Alamannische Könige konnten gestürzt werden. So wurde Gundomadus von seinen eigenen Gefolgsleuten umgebracht, weil er sich dem bei Straßburg kämpfenden Heer nicht anschließen wollte. In der alamannischen Gesellschaft hatten aber nicht nur die Könige Gewicht, sondern auch die *optimates*, wie Ammian hervorhebt. Doch insgesamt war bei den Alamannen des 4. Jahrhunderts das Königtum weit mächtiger und beständiger als in der Zeit der frühesten alamannisch-römischen Kontakte.[3]

Außerdem bildete die alamannische Konföderation eine wesentlich stabilere politische Einheit als die Zusammenschlüsse im 1. Jahrhundert. Dieser Punkt ist jedoch nicht unumstritten, da die Alamannen nicht als zentral organisierte Einheit mit einem einzigen unangefochtenen Führer auftraten. Im 4. Jahrhundert gab es zu keinem Zeitpunkt einen alleinigen König der Alamannen. Und auch im Germanien des 1. Jahrhunderts hatte es bereits Zusammenschlüsse kleinerer politischer Gruppen zu größeren Bündnissen gegeben. Daher bezweifeln manche Historiker einen grundlegenden Wandel. Doch die stammesübergreifenden Bündnisse des 1. Jahrhunderts waren entweder beständiger (aber nicht unveränderlich) und ihrer Funktion nach primär religiös oder, wenn sie politischen Zwecken dienten, nicht von Dauer. Tacitus nennt drei »Kultverbände« (Stammesgruppen, die neben ihrem eigenen noch einen gemeinsamen religiösen Kult pflegten): die Ingwäonen an der Nordsee, die Herminonen weiter im Landesinnern und die Istwäonen im Westen. Wir wissen nicht viel über sie, aber man sollte ihre Bedeutung nicht unterschätzen, da auch Ptolemäus über sie berichtete und sie folglich im 2. Jahrhundert noch existierten. Jedoch fungierten die Kultverbände nie als Sammelbecken für politischen oder militärischen Widerstand gegen Angriffe von außen, wie den Berichten über gescheiterte oder erfolgreiche römische Eroberungsversuche in der Region zu entnehmen ist. Wenn der Widerstand gegen Rom oder – zeitlich etwas früher – der germanische Expansionsversuch in die keltisch dominierte Welt zur Bildung einer Konföderation führte, scharte man sich um eine Führungsfigur: das gilt für Ariovist zur Zeit Caesars ebenso wie für Arminius und Marbod während des geplanten römischen Vorstoßes in das Gebiet zwischen Rhein und Elbe oder für den großen Aufstand unter Führung des Batavers Julius Civilis. Alle diese Führer schmiedeten durch eine Mischung aus Charisma, Überredungskunst und Einschüchterung große Konföderationen, die Krieger aus weit entfernten Teilen Germaniens anzogen – aus vielen jener kleinen politischen Gruppierungen, die Tacitus und später Ptolemäus aufzählte. Diese Konföderationen lösten sich jedoch mit der Niederlage ihrer Führer ausnahmslos auf. Marbods Konföderation war zwar beständiger, aber auch sie ging nach seinem Tod rasch unter.[4]

Für die Frage nach der Stabilität dieser Konföderationen ist ein Vergleich zwischen dem 1. und dem 4. Jahrhundert aufschlussreich. Die Schlacht von Straßburg endete für die Alamannen mit einer verheerenden Niederlage:

> In dieser Schlacht fielen auf römischer Seite 243 Mann und vier Truppenführer […]. Von den Alamannen zählte man 6000 Tote auf dem Schlachtfeld. Außerdem wurden unzählige Tote von den Wogen des Stroms [des Rheins] mitgerissen.

Chnodomarius wurde gefangen genommen, als er über den Rhein zu fliehen versuchte. Julian, der im Namen seines Vetters Augustus Constantius II. als Caesar in Westrom regierte, nutzte seinen Sieg, um den überlebenden alamannischen Königen seine Bedingungen zu diktieren. Chnodomarius hatte seine Streitkräfte nur deshalb so ungehindert sammeln können, weil ein römischer Bürgerkrieg an der Rheingrenze ein Machtvakuum geschaffen hatte. Dennoch bedeutete Chnodomarius' Niederlage – und darin unterscheidet sich das 4. Jahrhundert grundsätzlich vom 1. – nicht das Ende der von ihm geführten Allianz, wie es bei den Niederlagen von Arminius und Marbod drei Jahrhunderte zuvor der Fall gewesen war. Nicht nur beließ Julian vielen der alamannischen Kleinkönige, die an der Schlacht teilgenommen hatten, ihren Status, es dauerte auch keine zehn Jahre, bis ein neuer Anführer, Vadomarius, den Römern abermals Schwierigkeiten bereitete. Zwar konnte Vadomarius durch einen Mordanschlag ausgeschaltet werden, aber statt seiner trat Macrianus auf den Plan. Ammian berichtet über den dreimaligen Versuch Valentinians I., dem Nachfolger Julians, Macrianus durch Gefangennahme bzw. Ermordung unschädlich zu machen. Aufgrund von Ereignissen im Osten gab der Kaiser schließlich auf. Römer und Alamannen verabredeten sich zu einem Gipfeltreffen mitten auf dem Rhein, wo der Kaiser Macrianus' Vorrangstellung unter den Alamannen anerkannte.[5] Anders als im 1. Jahrhundert reichte nicht einmal mehr eine schwere militärische Niederlage, um die große alamannische Konföderation zu zerstören.

Die politische Identität dieser Konföderation muss sehr viel stärker gewesen sein als die der Bündnisse im 1. Jahrhundert, und sie war nicht vom politischen Schicksal einzelner Führungsfiguren abhängig. Der innere Zusammenhalt der Gruppen wird auch aus Ammians Bemerkungen über den Gaukönig Gundomadus deutlich, der von seinen eigenen Gefolgsleuten getötet wurde, weil er nicht am Feldzug der Konföderation teilnahm. Für sie war die Gruppenidentität ein stärkeres Motiv ihres politischen Handelns als die Loyalität gegenüber ihrem König. Worin diese Gruppenidentität genau bestand, verrät uns Ammian nicht. Er berichtet zwar von Festgelagen und Beistandsabkommen der alamannischen Könige; wie solche Abkommen oder königlichen Bankette im Detail aussahen, lässt er leider offen.

Wie viele spätantike und frühmittelalterliche Konföderationen waren vermutlich auch die Alamannen durch ein festes politisches und diplomatisches Regelwerk miteinander verbunden, das die Rechte und Pflichten des seinen Gau weitgehend autonom beherrschenden Unterkönigs gegenüber dem Oberkönig definierte. In diesem System konnte es keine politische Kontinuität im strengen Sinn geben. In der Regel konnte kein Oberkönig die politischen Strukturen seines Vorgängers direkt übernehmen und damit dessen Macht uneingeschränkt weiterführen. Die Hackordnung, die die Beziehungen zwischen den Königen regelte, musste immer wieder neu festgelegt werden. Wie effizient dieses System der Alamannen im 4. Jahrhundert war, zeigt die diplomatische Strategie Roms an diesem Grenzabschnitt: Sobald die Aufmerksamkeit der Römer abgelenkt war – zu Ammians Zeit gewöhnlich durch Ereignisse an der persischen Front –, trat ein alamannischer Oberkönig auf den Plan. Daher konzentrierte sich die römische Politik am Rhein vor allem darauf, solche Führungsfiguren auszuschalten.[6]

Leider verrät Ammian uns nicht, ob auch die anderen großen Bündnisse an der Rheingrenze – die der Franken, Sachsen und Burgunder – ähnlich strukturiert waren. Zwar hatten die Franken des 4. Jahrhunderts wie ihre alamannischen Nachbarn eine Vielzahl von Königen, aber diese treten einfach nicht deutlich genug in Erscheinung, dass man sagen könnte, ob sie über eine politische Identität als Basis kollektiven Handelns verfügten, die sogar den Schock einer schweren militärischen Niederlage verkraftete. Es gibt keinen Grund anzunehmen, dass die germanischen Gruppen des 4. Jahrhunderts ausnahmslos ein und dieselbe politische Struktur hatten – ebenso wenig wie ihre Vorläufer 300 Jahre zuvor, die manchmal, aber nicht immer von Königen angeführt wurden, wie Tacitus berichtet. Dass im 4. Jahrhundert nicht nur die Alamannen über eine politisch stabilere Gruppenidentität verfügten, belegen die Terwingen, eine gotisch dominierte Konföderation an der östlichsten europäischen Grenze Roms an den Ausläufern der Karpaten. Neben den Alamannen sind die Terwingen die einzigen germanischen Nachbarn Roms, über die es umfangreichere historische Zeugnisse gibt.

Die Konföderation der Terwingen weist in ihrem politischen Handeln und ihrer Beständigkeit drei charakteristische Merkmale auf, die stark an die Alamannen erinnern und durch die sie sich von allen anderen Bündnissen des 1. Jahrhunderts unterscheiden. Erstens scheint zwischen 330 und 370 die zentrale Führungsmacht der Terwingen über mindestens drei Generationen hinweg in den Händen ein und derselben Dynastie gelegen zu haben, die offiziell die Funktion eines »Richters« ausübte. Wie bei den alamannischen Gaukönigen wurde also bei diesen Ostgermanen die Macht innerhalb einer Familie weitervererbt. Zweitens herrschten diese Richter – erneut wie bei den Alamannen – über eine Konföderation aus Königen und Fürsten. Und drittens war der Zusammenhalt so stark, dass die Konföderation sogar schwere Niederlagen verkraften konnte. Die Koalition trat erstmals in den frühen 330er Jahren in Erscheinung, als sie von Kaiser Konstantin vernichtend geschlagen wurde. Die Dynastie hielt sich jedoch an der Macht und versuchte eine Generation später, die härtesten Bedingungen von Konstantins Friedensvertrag abzuschütteln.[7] Da die Alamannen und die Terwingen die einzigen germanischen Bündnisse des 4. Jahrhunderts sind, über die wir Genaueres wissen, kann man nicht davon ausgehen, dass jede große germanische Gruppierung jener Zeit dieselben Strukturen aufwies. Die beiden Fälle verdeutlichen jedoch, dass sich im Germanien des 4. Jahrhunderts größere und kohärentere Gruppenidentitäten entwickelt hatten als in den drei Jahrhunderten zuvor. Wie war es dazu gekommen?

Der Aufstieg des Militärkönigtums

Aus der Zeit zwischen dem 1. und 4. Jahrhundert sind keine historischen Zeugnisse überliefert, die über die römisch-germanischen Beziehungen in dieser entscheidenden Periode umfassend Auskunft geben könnten. Selbst ein so folgenschweres Ereignis wie die Markomannenkriege im 2. Jahrhundert kann nur aus bruchstückhaften Belegen rekonstruiert werden. In den Quellen aus dem 1. Jahrhundert ist von allerlei Machtkämpfen zwischen verschiedenen Stämmen, von ihrer Entstehung und ihrem Untergang die Rede. Die Bataver beispielsweise spalteten sich von den Chatten ab, und römische Autoren berichten vom Untergang der Brukterer. Bei Tacitus ist von einem Kampf auf Leben und Tod zwischen den Chatten und den Hermunduren und vom Untergang der vertriebenen, landlosen Ampsivarier zu lesen.[8] Manchmal wird auch von Machtkämpfen innerhalb eines Stammes berichtet, etwa zwischen Arminius und Segestes um die Vorherrschaft bei den Cheruskern. Doch nichts in diesen fragmentarischen Überlieferungen weist darauf hin, dass die politischen Strukturen der Germanen auf die Bildung größerer Verbände und auf stärkere Kohärenz ausgerichtet gewesen wären. Der entscheidende Schlüssel zur Erklärung dieser Entwicklung wurde an einem Ort entdeckt, wo man ihn am wenigsten vermutete.

Im Jahr 1955 stießen dänische Arbeiter bei Haderslev im südlichen Jütland bei Aushebungsarbeiten für einen Entwässerungsgraben auf einen erstaunlichen Fund: 600 Metallgegenstände, davon viele aus der Römerzeit. Die tief gelegene Wiese, durch die der Graben verlief, war in der Antike ein relativ flacher See gewesen. In den folgenden neun Jahren wurden 1700 Quadratmeter Wiese archäologisch erforscht und weitere verblüffende Objekte ans Tageslicht gebracht, darunter die Überreste eines Bootes. Die Gegenstände waren zu verschiedenen Zeiten im See versenkt worden, oft körbeweise. Es war keineswegs die erste germanische Müllhalde, die von Archäologen freigelegt wurde. Schon im späten 19. Jahrhundert hatte man in nordeuropäischen Mooren, vor allem in Dänemark, Ansammlungen dieser Art gefunden. Doch Ejsbøl Mose, wie die Ausgrabungsstätte von Haderslev heißt, wurde erstmals mit modernen archäologischen Methoden untersucht, so dass die bei anderen Grabungen dieser Art offene Frage beantwortet werden konnte: Waren die Objekte in vielen kleineren oder in wenigen großen Schüben hier abgelagert worden? Die stratigraphischen Untersuchungen ergaben ein klares Bild. Die Objekte von Ejsbøl Mose waren zu verschiedenen Zeitpunkten versenkt worden, doch an manchen Stellen hatte man auf einen Schlag große Mengen in den See gekippt. Hierzu gehörte die militärische Ausrüstung eines kleinen Heeres von etwa 200 Mann, die um 300 n. Chr. dort im Wasser verschwand. Die mehrere hundert Einzelteile umfassende Ausrüstung gehörte einer gut organisierten Streitmacht mit einer klaren Führungshierarchie. Jeder der bis zu 200 Speerträger war mit einem mit Widerhaken versehenen Wurfspieß und einer Lanze bewaffnet; es wurden 193 Speerspitzen mit und 187 ohne Widerhaken gefunden. Etwa ein Drittel der Männer trug zudem Seitenwaffen. Hinzu kamen 63 Gürtelschnallen sowie 60 Schwerter und 62 Dolche, die am Gürtel getragen wurden. Die Truppe war von zehn oder mehr berittenen Kommandeuren angeführt worden, wie man aus zehn Zaumzeugen und sieben Sporenpaaren schlussfolgerte.

Interessanterweise waren sämtliche Gegenstände zerstört worden, bevor man sie im See versenkte. Die Schwerter wurden verbogen, die Speerschäfte zerbrochen, so dass von ihnen nur noch Holzsplitter übrig waren. Dieses Zerstörungswerk lässt auf rituelle Handlungen schließen, von denen auch in historischen Quellen berichtet wird: Die Waffen des Feindes wurden den Göttern als Opfer dargebracht.[9] Einem oder zwei Berittenen mag die Flucht zu Fuß gelungen sein, oder vielleicht sind die fehlenden Sporen auch nur verlorengegangen. Alles in allem handelt es sich um die materiellen Überreste einer Streitmacht, die in einer längst vergessenen, durch keine historische Quelle dokumentierten »Vernichtungsschlacht« an der Wende zum 4. Jahrhundert ausgelöscht worden ist.

Allein schon als archäologische Schatztruhe ist Ejsbøl Mose faszinierend, doch der Fund hat eine noch viel weiter reichende Bedeutung: Das Bild einer professionellen, gut organisierten Streitmacht mit einer klaren Hierarchie deckt sich mit zahlreichen schriftlichen Zeugnissen, wonach im 4. Jahrhundert germanische Führer von königlichem Rang über eine persönliche dauerhafte und bewaffnete Gefolgschaft dieser Größenordnung verfügten. Als die Römer nach der Schlacht von Straßburg Chnodomarius in die Enge trieben, ergab sich mit ihm auch sein bewaffnetes Gefolge; es zählte 200 Mann. Solche Gefolgschaften hatten zweifellos eine militärische Funktion, aber sie wurden auch als Instrument der sozialen Macht eingesetzt: Nachdem die Führung der Terwingen Anfang der 370er Jahre beschlossen hatten, einen einheitlichen religiösen Kult einzuführen, schickten sie Mitglieder des königlichen Gefolges in die gotischen Dörfer, um ihre Anweisungen durchzusetzen. Bemerkenswert ist, dass es im 1. Jahrhundert offenbar noch keine solche Einrichtung gab; bei Tacitus ist jedenfalls nichts darüber zu lesen. Zwar gab es auch zu seiner Zeit schon Gefolgschaften und Kriegerverbände, aber sie waren keine dauerhafte Gebilde, und herausragende Führungsgestalten erhielten zum Unterhalt der Männer in ihrem Dienst nur gelegentlich und auf freiwilliger Basis Naturalspenden. Auch ist unter den archäologischen Funden aus dem 1. Jahrhundert nichts, was mit der professionellen, reichhaltigen Bewaffnung von Ejsbøl Mose vergleichbar wäre. Demnach begannen die germanischen Könige im 2. und 3. Jahrhundert, sich einen permanenten militärischen Machtapparat aufzubauen.[10] Das erklärt natürlich auch, weshalb das Königtum in den Quellen aus dem 4. Jahrhundert als eine viel dauerhaftere und dominantere Einrichtung der germanischen Gesellschaft beschrieben wird, als es noch zu Tacitus' Zeit der Fall war.

Bestätigt wird diese Entwicklung von ganz anderer Seite. Zu den eher exotischen und anspruchsvollen Disziplinen innerhalb der Geisteswissenschaften gehört die komparative Philologie – die Erforschung der linguistischen Ursprünge von Wörtern und Bedeutungen und ihres Transfers zwischen verschiedenen Sprachgruppen. Wie eine neuere Studie darlegt, leiten sämtliche germanische Sprachen ihre Bezeichnungen für »König« bzw. »Führer« von lediglich drei Stammwörtern ab: *thiudans* (»Herrscher eines Volkes«), *truthin* und *kuning*. Von diesen dreien ist *thiudans* mit Sicherheit das älteste und das einzige Wort mit Parallelen in anderen indoeuropäischen Sprachen. Seine Verbreitung in den verschiedenen Zweigen der germanischen Sprachfamilie zeigt aber auch, dass es in spätrömischer Zeit außer Gebrauch kam oder bereits gekommen war und durch *truthin* ersetzt wurde; *kuning* wurde erst später allgemein verwendet. Entscheidend dabei ist, dass *truthin* ursprünglich »Führer eines Kriegerverbands« bedeutete, aber in spätrömischer Zeit hauptsächlich als Bezeichnung für »König« bzw. »Führer« in der gesamten germanischen Welt benutzt wurde. Es geht dabei allerdings um weit mehr als nur um den Sprachgebrauch. *Thiudans* bedeutete Herrscher eines Volkes, und seine militärische Funktion war nur ein Teil seines Aufgabenbereichs, vermutlich sogar ein relativ kleiner. Tacitus' berühmte Formulierung über germanische Gesellschaften des 1. Jahrhunderts – »Könige wählen sie aufgrund ihrer adligen Abstammung, Heerführer aufgrund ihrer Tapferkeit« – scheint genau dies zu implizieren. Die im 4. Jahrhundert gebräuchliche neue Bezeichnung für den Führer verweist darauf, dass die frühere Unterscheidung aufgehoben und das militärische Kommando zur Hauptfunktion der germanischen Führer dieser Zeit geworden war. Man kann sich kaum einen besseren Beleg für den Aufstieg dieses neuen Führertypus in spätrömischer Zeit vorstellen, der seine Stärke daraus bezog, dass ihm ein Kriegerheer zur Verfügung stand.[11]

So schuf zwischen dem 1. und 4. Jahrhundert eine Klasse von Militärführern ein neues Machtinstrument, um sich in ihrer sozialen Macht stärker abzugrenzen. Freilich vollzog sich dieser Prozess, in dessen Verlauf sich eine kleine Elite die Dominanz über die übrige Gemeinschaft sicherte, nicht ohne Konflikte – und das könnte eine Erklärung für die Ereignisse sein, die in der Versenkung der Waffen von Ejsbøl Mose kulminierten. Und da diese Waffen so gründlich vernichtet wurden, kann man davon ausgehen, dass den Männern, denen sie gehörten, dasselbe Schicksal widerfuhr. Bei der Sicherung ihrer sozialen Dominanz gingen die neuen Militärkönige ein hohes Risiko ein, und Ejsbøl Mose zeigt, dass für jede Gruppe, die sich durchsetzte, eine oder mehrere andere scheiterten. Zwei Szenarien sind denkbar: Der hier unbeabsichtigt unsterblich gewordene Kriegerverband wurde entweder von einer konkurrierenden Gruppe oder von nichtmilitärischen Germanen vernichtet, die sich deren Vorherrschaft nicht beugen wollten.[12] Jedenfalls erfolgte der Aufstieg der Militärkönige im Zuge einer zeitweilig gewalttätigen Auseinandersetzung mit rivalisierenden Anführern von Kriegerverbänden bzw. mit denjenigen, die sie zu dominieren versuchten.

Expansion und Entwicklung

Das ist jedoch nur ein Aspekt dieser Geschichte. Eine militärische Gefolgschaft, wie sie in Ejsbøl Mose vernichtet oder auch von Chnodomarius eingesetzt wurde, war ausgesprochen kostenintensiv. Da Berufskrieger ihre Nahrungsmittel nicht selbst produzierten, mussten sie entsprechend versorgt werden. Alle Belege über germanische Kriegerverbände – die meist aus der späteren Heldendichtung abgeleitet sind, jedoch durch Hinweise bei Ammian und anthropologische Parallelen aus besser dokumentierten, vergleichbaren Zusammenhängen gestützt werden – lassen auf eine Versorgung von wahrhaft epischen Ausmaßen mit Unmengen gebratenem Fleisch und Strömen von Alkohol schließen. Auch die militärische Ausrüstung war keineswegs billig. Zwar wurden in Ejsbøl Mose keine Körperharnische gefunden, die in der Antike und im Mittelalter zu den teuersten militärischen Accessoires gehörten. Bei Ammian heißt es, Chnodomarius sei aufgrund seiner Rüstung auf dem Schlachtfeld leicht auszumachen gewesen, was darauf hindeutet, dass selbst im 4. Jahrhundert Rüstungen bei germanischen Kriegern noch nicht allgemein üblich waren. Dennoch besaßen rund ein Drittel der Krieger von Ejsbøl Mose Schwerter. Der Großteil der Ausrüstung eines Kriegers wurde von hochspezialisierten Handwerkern aus teuren Rohstoffen hergestellt.[13] Demnach konnten sich die Gefolgschaften, denen die neuen Militärkönige im 4. Jahrhundert ihre herausragende Stellung verdankten, nur unter zwei Bedingungen bilden: Erstens musste ein Überschuss an Nahrungsmitteln und/oder anderen Formen übertragbaren Reichtums produziert werden. Und zweitens mussten die Könige in der Lage sein, diesen Überschuss ganz oder teilweise für sich zu beanspruchen.

Dabei darf man nicht vergessen, dass bis zur Zeitenwende nirgendwo im germanischen Europa nennenswerte Überschüsse dieser Art erzielt wurden. Das lag vor allem an den geringen Erträgen einer vorwiegend agrarischen Ökonomie. Allerdings gibt es produktive und weniger produktive Formen der Landwirtschaft. Archäologische Forschungen seit dem Zweiten Weltkrieg haben gezeigt, dass sich im germanischen Europa in den 400 Jahren direkter Nachbarschaft zum Römischen Reich im Westen und Süden eine Agrarrevolution vollzog.

Zu Beginn dieses Zeitraums wurde östlich des Rheins eine extensive Landwirtschaft betrieben: Zur Ernährung einer Bevölkerung benötigte man relativ große Anbauflächen, da die Erträge gering waren. Die Bevölkerungen des germanischen Europa konnten oder wollten die Fruchtbarkeit ihrer Felder nicht erhalten, um die Getreideproduktion zu maximieren oder einen Acker längerfristig zu bestellen. Das war auch gar nicht nötig. Sanken die Erträge unter ein akzeptables Niveau, zog man einfach weiter. Dafür gibt es zahlreiche Belege.

In großen Teilen des nördlichen Mitteleuropa sind noch heute die Umrisse der seinerzeit vorherrschenden »Keltischen Felder« zu erkennen, die von niedrigen, aus Feldsteinen aufgeschichteten Wällen umgrenzt waren. Die Größe dieser Äcker verdeutlicht, dass riesige Flächen benötigt wurden, um eine einzige Familie zu ernähren. Das wird auch durch die bis heute erforschten Siedlungen aus den beiden ersten nachchristlichen Jahrhunderten bestätigt. In der frühen Germanenzeit waren die Siedlungen im Allgemeinen klein und bestanden nicht lang, die Bewohner investierten deshalb nicht viel Zeit und Mühe in ihre Errichtung. Es gab zwar eine große Anzahl solcher Siedlungen, aber aufgrund ihrer provisorischen Bauweise sind kaum Überreste erhalten. Deswegen waren der Forschung lange Zeit vor allem die Gräberfelder bekannt, die zugehörigen Siedlungen hingegen nicht. Den einzigen direkten Nachweis über die Ackerbautechniken jener Zeit haben wir einem Zufall zu verdanken: Das germanische Gräberfeld bei Odry im heutigen Polen lag direkt über einem solchen alten »Keltischen Feld«. Unter einem seiner Grabhügel fand man Belege für die damals praktizierten Methoden des Pflügens und Düngens. Beide waren unterentwickelt: Gepflügt wurde in schmalen, kreuz und quer verlaufenden Furchen, die den Boden nur oberflächlich aufkratzten, statt die Scholle zu wenden. Unkraut und Getreiderückstände konnten nicht verrotten und dem Erdreich lebenswichtige Nährstoffe, insbesondere Stickstoff, zurückgeben. Das einzig nachweisbare Düngemittel war Asche. Mit solchen Techniken ließ sich die Fruchtbarkeit des Bodens nicht lange aufrechterhalten.[14]

Seit den 1950er Jahren jedoch wurden schlüssige Nachweise erbracht, dass sich im Lauf der Römerzeit die germanischen Agrartechniken grundlegend verändert haben. Erste Funde stammten aus den Seemarschen in der holländischen und deutschen Küstenregion. Zur Zeit der spektakulären Entdeckung von Ejsbøl Mose richtete sich das archäologische Interesse hauptsächlich auf die Siedlungen. Daher konzentrierten sich die ersten großen Ausgrabungen frühgermanischer Dörfer auf die charakteristischen Hügel in diesen Küstengebieten – niederländisch *terpen*, deutsch *Wierden* genannt –, die durch jahrhundertelange Besiedlung ein und desselben, ursprünglich tiefer gelegenen Ortes entstanden waren. Die im Lauf der Zeit verrotteten Abfälle, Holzreste von Wohnstätten und andere Hinterlassenschaften türmten sich Schicht um Schicht und erhöhten das Bodenniveau.

Am gründlichsten erforscht ist das frühgeschichtliche Dorf Feddersen Wierde an der Wesermündung. Grabungen zwischen 1955 und 1963 erlauben aufgrund der gut dokumentierten Stratigraphie eine lückenlose Rekonstruktion der Siedlungsgeschichte dieses Ortes. Das Dorf wurde Mitte des 1. nachchristlichen Jahrhunderts von fünf Familien gegründet, die insgesamt rund 50 Personen zählten. Sie betrieben Ackerbau und hielten Nutztiere. Ausgehend von der Anzahl der Ställe in der ersten Siedlungsphase verfügten die fünf Familien über etwa hundert Kühe. Aber das war erst der Anfang. Während der folgenden drei Jahrhunderte wuchs das Dorf und erreichte seine größte Ausdehnung im späten 3. Jahrhundert, als es 300 Einwohner zählte, die mehr als 450 Kühe besaßen. Zahllose Aspekte des Alltagslebens in dieser Siedlung wurden inzwischen erforscht, aber für unseren Zusammenhang ist vor allem ihre Größe und Beständigkeit aufschlussreich, denn darin spiegelt sich eine Revolution der Bodenbewirtschaftung. Unter den Bedingungen der extensiven Landwirtschaft in frühgermanischer Zeit wäre es undenkbar gewesen, dass so viele Menschen auf derart engem Raum mehr als 300 Jahre lang überlebten. Weder hätten die Erträge dafür gereicht, noch hätte die Fruchtbarkeit des Bodens so lange erhalten werden können. Die Bewohner von Feddersen Wierde betrieben also eine intensive Landwirtschaft, deren Erträge eine wachsende Bevölkerung über viele Generationen hinweg mit Nahrung versorgten. Die Details dieser Agrarrevolution lassen sich nicht mehr rekonstruieren, aber eine wichtige Rolle spielte die Verwendung von Viehdung zur Erhaltung der Fruchtbarkeit des Bodens.[15]

Es wäre jedoch verfehlt, aus diesem einen Beispiel verallgemeinernde

Schlüsse zu ziehen oder anzunehmen, dass Feddersen Wierde mit seiner Mischwirtschaft aus Viehhaltung und Ackerbau das einzig mögliche Modell für die Intensivierung der Landwirtschaft gewesen sei. Allerdings bestätigen weitere Ausgrabungen germanischer Siedlungen aus der Römerzeit, dass Feddersen Wierde kein Einzelfall war. Fast ebenso bedeutend ist Wijster, ebenfalls im nordwestlichen Germanien gelegen. Wijster entstand Mitte des 1. Jahrhunderts v. Chr. durch die Ansiedlung einer Ackerbau betreibenden Familie. Durch landwirtschaftliche Nutzung in moderner Zeit wurden große Teile dieses Fundorts zu sehr zerstört, um sie fachgerecht erforschen zu können. Bis zum 4. Jahrhundert n. Chr. wuchs Wijster zu einem großflächigen Dorf mit 50 bis 60 Familien. Weitere große Siedlungen der Römerzeit in diesem Gebiet jenseits der Rheingrenze sind Hodde, Vorbasse, Ginderup, Mariesminde und Nørre Fjand.

Nicht an allen Fundorten ist die Intensivierung der Landwirtschaft so zweifelsfrei nachzuweisen, dennoch wissen wir, dass der Fortschritt der Agrartechniken im römerzeitlichen Germanien ein generelles Phänomen war. Zwar sind die Siedlungsstrukturen im heutigen Mitteldeutschland und an den östlichen und südöstlichen Rändern Germaniens jenseits der Karpaten weniger gut erforscht, aber selbst dort lassen große Siedlungen wie Bärhorst 50 Kilometer westlich von Berlin mit 30 Familien oder die zahlreichen Siedlungen der gotisch dominierten Tschernjachow-Kultur des 4. Jahrhunderts den Schluss zu, dass im Lauf der Römerzeit in ganz Germanien eine Intensivierung der Landwirtschaft stattfand. Das belegen auch Einzelfunde von landwirtschaftlichen Geräten aus dem 4. Jahrhundert: eiserne Pflugscharen und -messer, mit denen sich der Boden effektiver aufbrechen und wenden ließ.[16]

Das führt zu zwei Schlussfolgerungen: Zum einen erklärt die Ausweitung der Nahrungsmittelproduktion infolge der Agrarrevolution, wie die neuen Militärkönige ihre Gefolgschaften versorgen konnten. Und zum anderen muss die Bevölkerung im germanischen Europa in diesem Zeitraum exponentiell gewachsen sein. Genaue Zahlen lassen sich zwar nicht ermitteln, aber die demographische Forschung hat gezeigt, dass die Größe einer Population von der Verfügbarkeit von Nahrungsmitteln abhängig ist. Stratigraphische Untersuchungen von germanischen Gräberfeldern aus der Römerzeit ergaben, dass im 3. und 4. Jahrhundert mehr Menschen bestattet wurden als in den beiden vorausgegangenen Jahrhunderten. Zudem bestätigen Pollenanalysen, dass in den ersten vier Jahrhunderten n. Chr. der Anteil an Getreidepollen im Vergleich zu Gräser- und Baumpollen zunahm – ein weiterer Hinweis auf eine Intensivierung der Landwirtschaft.

Der Zuwachs an landwirtschaftlichen Erträgen muss auch eine Hauptquelle des neuen Reichtums in der germanischen Gesellschaft jener Epoche gewesen sein. Dieser Wohlstand spiegelt sich in der kostspieligen militärischen Ausrüstung der Gefolgschaften wider. Nahrungsmittelüberschüsse konnten gegen andere begehrte Güter getauscht werden. Doch obwohl von zentraler Bedeutung, war die Landwirtschaft keineswegs die einzige Quelle des neuen Reichtums. Funde der letzten Jahre zeigen, dass der Wohlstand im germanischen Europa im Lauf der ersten vier nachchristlichen Jahrhunderte durch eine deutlich diversifizierte Güterproduktion und damit verbunden durch eine Zunahme des Tauschhandels enorm stieg.

Die Metallgewinnung und -bearbeitung lässt den Schluss zu, dass hier eine ähnliche Expansion wie in der Landwirtschaft stattfand. Zwei große Produktionszentren allein im Gebiet des heutigen Polen – im Kielcer Bergland und im südlichen Masowien – lieferten im Lauf der Römerzeit schätzungsweise mehr als 8000 Tonnen Roheisen und in späteren Jahrhunderten noch wesentlich mehr. Für die Metallbearbeitung hingegen gibt es nur vereinzelte Nachweise, die aber sehr aufschlussreich sind. Die 60 Schwerter von Ejsbøl Mose hielt man zunächst für den größten Einzelfund von römischen Schwertern, der je gemacht wurde. Später stellte sich jedoch heraus, dass diese Schwerter nach römischem Vorbild im germanischen Europa geschmiedet wurden. Somit muss es um 300 n. Chr. zumindest eine Waffenschmiede gegeben haben, die standardisiertes Militärgerät in angemessen hohen Stückzahlen lieferte. Die germanischen Schwerter aus früherer Zeit waren allesamt Einzelanfertigungen.[17]

Für die Bearbeitung von Edelmetallen haben wir ebenfalls erstaunliche Zeugnisse. Ende des 19. Jahrhunderts wurde im rumänischen Pietroasa ein Schatz von erlesenen Gold- und Silbergefäßen geborgen (Abb. 11). Viele der Stücke stammen aus dem 5. Jahrhundert, aber zumindest eine der Silberschalen aus diesem Fund wurde bereits im 4. Jahrhundert außerhalb des Römischen Reiches, im germanischen Europa, angefertigt. Zudem fand man auf germanischem Boden Gussformen für derartige Objekte aus dem 4. Jahrhundert. Während der Römerzeit nahm die Verbreitung persönlicher Schmuckstücke aus Edelmetall weithin zu. Im 4. Jahrhundert waren kunstvolle, aus Silber gefertigte Gewandnadeln, sogenannte *fibulae*, allgemein gebräuchlich. An einem alamannischen Königssitz wurden die Überreste von Werkstätten entdeckt, in denen Gegenstände dieser Art produziert wurden. Noch in den ersten beiden nachchristlichen Jahrhunderten bestanden die Fibeln zumeist aus Bronze oder Eisen. Ab Mitte des 3. Jahrhunderts veränderte sich auch die Produktion germanischer Keramik. Im 3. und 4. Jahrhundert verwendeten germanische Töpfer – wenngleich nicht überall und nicht alle zur selben Zeit – erstmals die Töpferscheibe. Parallel dazu wurde auch die Brenntechnik verbessert. Jetzt war es möglich, Tonwaren bei weit höheren Temperaturen zu brennen und damit höherwertige, handelstaugliche Keramik in großer Stückzahl zu produzieren. In der von den Goten dominierten Tschernjachow-Kultur nördlich des Schwarzen Meeres wurde im 4. Jahrhundert scheibengedrehte Keramik zur Norm, die sich von dem Geschirr in den römischen Provinzen kaum unterschied. Zur gleichen Zeit experimentierten auch die Alamannen mit scheibengedrehter Keramik, aber die Waren fanden nicht genügend Absatz, was möglicherweise an der Konkurrenz durch die benachbarten Römer lag. Jedenfalls vollzog sich auch hier ein bedeutender Wandel, denn bis in spätrömische Zeit stammte die hochwertige, scheibengedrehte Keramik, die in germanischen Fundstätten entdeckt wurde, ausschließlich aus römischer Produktion.[18]

Zunehmend professionelle Herstellungsmethoden setzten sich nicht nur in der Metallbearbeitung und Keramikproduktion durch, sondern auch in anderen Bereichen wie der Glasherstellung. Vor dem 4. Jahrhundert kannte man im nichtrömischen Europa Glas nur als römische Importware. Irgendwann nach 300 jedoch entstand bei Komárov im Hinterland der Karpaten ein Zentrum für Glasherstellung, dessen Erzeugnisse sich in ganz Mittel- und Osteuropa verbreiteten (Karte 3). Die Fundorte dieser Glaswaren lassen darauf schließen, dass sie der gesellschaftlichen Elite vorbehalten waren und als Statussymbol dienten. Die Glasproduktion wird kaum viele Menschen beschäftigt haben, war aber gewiss eine einträgliche Ergänzung der lokalen Ökonomie. Ein ebenso faszinierendes, wenngleich völlig anderes Beispiel für die wirtschaftliche Diversifikation kam bei Ausgrabungen in einem gotischen Dorf aus dem 4. Jahrhundert zum Vorschein. Bei Birlad-Valea Seaca im heutigen Rumänien entdeckten Archäologen nicht weniger als 16 Hütten zur Herstellung eines einzigen Produkts, das in allen Gräbern aus dieser Zeit gefunden wurde: Kämme aus Hirschgeweih. Manche germanischen Gruppen demonstrierten durch ihren Haarschmuck ihre politische Zugehörigkeit und ihren Status. Das berühmteste Beispiel ist der sogenannte Suebenknoten, den schon Tacitus beschrieb und der bei einer frühgermanischen Moorleiche gut erhalten ist (Abb. 4). Kämme waren also ein wertvoller Besitz. Da in dem gotischen Dorf Kämme aus verschiedenen Herstellungsstadien gefunden wurden, lässt sich ihr Produktionsprozess genau rekonstruieren. Offenbar war bei Birlad-Valea Seaca eine ganze Siedlung mit der Fabrikation einer einzigen Handelsware beschäftigt.[19]

Ganz Germanien erlebte in den ersten nachchristlichen Jahrhunderten eine enorme Wirtschaftsentwicklung und einen rasanten Wohlstandszuwachs. Und wie in der heutigen globalisierten Welt war dieser Wohlstand auch damals ungleich verteilt. Es gab Gewinner und Verlierer, und zu den Gewinnern gehörten vorrangig die Militärkönige und ihre Gefolgschaften. Abnehmer von Naturalien und vielen anderen Waren waren die Militärkönige und ihr bewaffneter Anhang. Eisen wurde für die Herstellung von Waffen benötigt, doch zumindest ein Teil der Glas- und der wertvollen Metallobjekte und auch der höherwertigen Keramik wurde eigens für die Elite hergestellt. Gegenstände dieser Art wurden als Beigaben in Gräbern der germanischen Elite aus spätrömischer Zeit gefunden.[20] Doch wie groß war die soziale und politische Umwälzung, die durch die wirtschaftliche Entwicklung in Gang gesetzt wurde?

KRIEGER, KÖNIGE UND SOZIALE UNGLEICHHEIT

Im romantisch-nationalistischen Überschwang des 19. Jahrhunderts begeisterte man sich für die Idee einer germanischen »Freiheit«. Im Germanien vor Christi Geburt hätten freie und edle Wilde in sozialer Gleichheit gelebt, ohne eine privilegierte Adelsschicht, aber mit Königen, die der Versammlung der Freien rechenschaftspflichtig waren. Ein großer Irrtum. Schon zu Tacitus' Zeit gab es in den germanischen Gesellschaften Sklaven, die allerdings eigene Felder bewirtschafteten und lieber einen Teil ihrer Erträge ablieferten, statt als unfreie Arbeitskräfte unter der Knute eines Herrn auf dessen Anwesen zu leben. Auch wenn die materiellen Relikte der germanischen Welt aus den letzten vorchristlichen Jahrhunderten keinen Hinweis auf Statusunterschiede geben, heißt das noch lange nicht, dass keine vorhanden waren. Im 3. Jahrhundert v. Chr. standen den Germanen im nördlichen Mitteleuropa zur Demonstration von Standesunterschieden lediglich mehr oder weniger kunstvolle Fibeln zur Verfügung. Ein höherer Status manifestierte sich nicht im Besitz wertvoller Güter, sondern bedeutete, dass man mehr zu essen hatte als andere, körperlich nicht so schwer arbeiten musste und größere Chancen besaß, die eigenen Gene erfolgreich weiterzugeben. Daher bezweifle ich, dass die von Tacitus erwähnten Statusunterschiede in der germanischen Welt des 1. Jahrhunderts n. Chr. etwas Neues waren, auch wenn archäologische Nachweise dafür fehlen.[21]

Fest steht jedenfalls, dass sich die soziale Ungleichheit in der Phase der Kontakte mit dem Römischen Reich dramatisch verschärfte. Archäologisch bestätigen lässt sich der Aufstieg der Militärkönige und ihrer Gefolgschaften durch Bestattungsriten und durch Siedlungsreste. Zwischen reichen Grabbeigaben und dem sozialen Status des Verstorbenen besteht allerdings kein einfacher Zusammenhang. Opulent ausgestattete Gräber, sogenannte Fürstengräber, häufen sich am Ende des 1. Jahrhunderts (die sogenannte Lübsow-Gruppe) sowie im späten 3. Jahrhundert (die sogenannte Leuna-Haßleben-Gruppe). Da es unwahrscheinlich ist, dass es nur zu dieser Zeit eine soziale Elite gab, wurde die These aufgestellt, die Fürstengräber kennzeichneten Perioden sozialer Spannungen, in denen neue Ansprüche auf einen höheren sozialen Status erhoben wurden. Die sich verändernden Bestattungspraktiken spiegelten jedenfalls langfristig die Folgen des neuen Wohlstands wider. In den letzten Jahrhunderten vor der Zeitenwende scheinen die germanischen Bestattungsriten für alle Verstorbenen nahezu identisch gewesen zu sein. Bei Brandbestattungen wurden üblicherweise nur einige wenige handgetöpferte Keramikgefäße und manchmal persönliche Gegenstände beigegeben. In der Römerzeit hingegen häufen sich die überaus reich ausgestatteten Fürstengräber, und zugleich steigt die nicht unerhebliche Zahl von Gräbern mit immer mehr Beigaben: bei männlichen Toten oft Waffen, bei weiblichen Schmuck. Die Monumentalisierung von Gräbern war in manchen Teilen Germaniens ebenfalls ein Mittel der Statusdemonstration, insbesondere im heutigen Polen, wo sich bestimmte Gruppen von Gräbern dadurch auszeichnen, dass sie zu Hügeln aufgeschüttet und einzelne Gräber mit Grabsteinen *(stelae)* ausgestattet wurden. Das Gräberfeld von Wielbark bei Odry beispielsweise umfasst 500 Flach- und 29 Hügelgräber.[22]

Auch die Siedlungsarchäologie bestätigt diesen Wandel. Besonders genau erforscht wurden die Höhensiedlungen der alamannischen Könige und Fürsten. Eine der bekanntesten Höhensiedlungen ist der Runde Berg bei Bad Urach, wo sich Ende des 3. oder Anfang des 4. Jahrhunderts ein 70 mal 50 Meter großes Areal befand, umgeben von einem aus Holz und Erde errichteten Wall. Innerhalb der Umfriedung standen etliche Holzgebäude, darunter wahrscheinlich ein Festsaal zur Bewirtung von Gefolgsleuten und/oder befreundeten Königen. An den Hängen lagen weitere Häuser, u. a. mit Werkstätten für Handwerker und möglicherweise Unterkünften für Bedienstete. Auf dem Runden Berg fanden sich deutlich mehr importierte römische Keramik und andere Objekte, die der Elite vorbehalten waren. Große Wohnbauten aus der Zeit vor den ersten Kontakten zu den Römern wurden auf germanischem Gebiet bisher nicht entdeckt, sie verbreiteten sich erst nach der Zeitenwende. Eines der Gebäude aus dem frühen 2. Jahrhundert in Feddersen-Wierde, das allerdings nicht so prächtig war wie jenes auf dem Runden Berg, zeichnet sich dadurch aus, dass es wesentlich größer und mit Holzpalisaden umfriedet war. Die Archäologen deuteten es als Sitz eines örtlichen Anführers. Ähnliche Beispiele besonders großer Wohnbauten findet man auch in den Siedlungen Haldern bei Wesel und Kablow 30 Kilometer südöstlich von Berlin; alle datieren aus der Römerzeit. In den besonders gründlich erforschten Territorien der Alamannen wurden nicht weniger als 62 Wohnstätten der Elite aus dem 4. und 5. Jahrhundert identifiziert, zehn davon wurden ausgegraben. Ähnliche Gebäude gab es überall in Germanien, sogar weit östlich in der von den Goten beherrschten nördlichen Schwarzmeerregion.[23]

Das alles fügt sich zu einem klaren Bild: Siedlungen und Grabbeigaben belegen eine zunehmende soziale Ungleichheit, und man kann sich leicht vorstellen, dass militärische Macht den Königen und damit auch ihren Gefolgsleuten privilegierten Zugang zu dem neuen Wohlstand ermöglichte. Eine unmittelbare Folge war, verglichen mit dem 1. Jahrhundert, eine stärkere soziale Schichtung in der germanischen Welt des 4. Jahrhunderts und zumindest mancherorts stabilere politische Organisationsstrukturen. Dass beide Phänomene gemeinsam auftraten, kann nicht überraschen. Soziale Schichtung und Staatenbildung werden in vergleichenden Studien zur Entwicklung sozialer Ordnung schon seit langem als untrennbar angesehen. Doch wie groß war diese Ungleichheit im 4. Jahrhundert, und wie können wir die neu entstandenen politischen Gebilde beschreiben? Waren sie bereits in einem gewissen Sinne »Staaten«?

Der Versuch, Gesellschaften und ihre politischen Systeme zu kategorisieren, reicht mindestens bis Aristoteles zurück. Neue Impulse kamen durch Marx und Engels, die dem Staat und seiner Entwicklung große Bedeutung beimaßen. Im klassischen Marxismus ist der Staat Summe und Garant der sozialen, politischen und rechtlichen Strukturen, mit deren Hilfe sich die herrschende Klasse der jeweiligen Epoche die Kontrolle über die primären Mittel der Produktion von Reichtum sichert: in der antiken Welt Grund und Boden, in der jüngeren Vergangenheit die Schwerindustrie und heute die digitale Soft- und Hardware. Diese brutale Realität wird dieser Betrachtungsweise zufolge stets ideologisch verbrämt, indem die Elite vorgibt, der Staat diene dem Wohl aller, während er in Wirklichkeit nur dazu da ist, den Privilegierten ihre Macht zu sichern. Die jüngere Forschung ist über diese simple marxistische Interpretation weit hinausgegangen und beschreibt frühe Staatsformen entsprechend ihrer jeweiligen Größe und ihres Entwicklungsstands als »Stamm«, »einfaches Stammesfürstentum«, »komplexes Stammesfürstentum« oder »frühen Staat«. Statt zu versuchen, die alamannischen und gotischen Konföderationen auf dieser Skala einzuordnen, betrachten wir lieber die vier Kriterien, die für das Funktionieren eines politischen Systems eine entscheidende Rolle spielen.[24]

Erstens die Größe. Welche Bevölkerungsgröße entspricht dem jeweiligen politischen System? Wie ist – zweitens – dieses System verwaltungstechnisch aufgebaut? Gibt es Beamte und staatliche Funktionsträger und über welche Befugnisse verfügen sie? Drittens das Niveau der wirtschaftlichen Entwicklung und damit verbunden die soziale Schichtung. Ob man die marxistische Auffassung teilt oder nicht – Tatsache ist, dass bestimmte politische Systeme an bestimmte Formen der wirtschaftlichen Organisation geknüpft sind. Große, zentralisierte Regierungssysteme haben nur dann Bestand, wenn ihre Wirtschaft ausreichend Überschüsse produziert, um die Funktionsträger zu ernähren, die nicht im primären Agrarsektor tätig sind.[25] Und schließlich viertens die politischen Beziehungen innerhalb der Gesellschaft: Wie werden Führer bestimmt und legitimiert, durch welche Mechanismen verschaffen und erhalten sie sich ihre Autorität? Dabei geht es vor allem um das Gleichgewicht zwischen Gewalt und Konsens und darum, was die Herrscher ihren Untertanen als Gegenleistung und zur Rechtfertigung der wirtschaftlichen und sonstigen Unterstützung zurückgeben müssen, in welcher Form auch immer.[26]

Diese vier Kriterien auf die germanische Welt des 4. Jahrhunderts anzuwenden ist angesichts der spärlichen Belege nicht immer einfach. Am besten dokumentiert sind die Alamannen und die gotischen Terwingen, was die Frage aufwirft, wie legitim es ist, aus diesen beiden politischen Gruppen Verallgemeinerungen abzuleiten. Aber zumindest stecken sie in der germanischen Welt des 4. Jahrhunderts die Grenzen des Möglichen ab, und es gibt genügend Vergleichspunkte zwischen ihnen, die verallgemeinernde Schlussfolgerungen zulässig erscheinen lassen.

Die Macht und der König

Trotz der spärlichen historischen Dokumente kann man davon ausgehen, dass sowohl die Alamannen als auch die Terwingen über eine militärische Streitmacht – junge Männer im kriegstauglichen Alter – mit einer Stärke von mehr als 10000 Mann verfügten. Ammian berichtet, Chnodomarius habe ein Heer von 35000 Kriegern für die Schlacht bei Straßburg aufgestellt. Doch nicht alle von ihnen waren Alamannen, und römische Angaben über die Stärke der Barbarenheere sind stets fragwürdig, selbst wenn sie – wie in diesem Fall – nicht offensichtlich übertrieben klingen. Die römische Armee zählte 12000 Soldaten – eine recht sichere Zahl –, und entsprechend kann man Chnodomarius' Streitmacht auf mehr als 10000 Mann beziffern. Im 4. Jahrhundert hatten die Römer jedoch noch immer einen beträchtlichen taktischen Vorteil gegenüber den Germanen, vor allem weil die wenigsten Germanen über Rüstungen verfügten, so dass Chnodomarius ohne eine zahlenmäßige Überlegenheit wohl kaum in die Schlacht gezogen wäre. Die Zahlen zu den Terwingen sind weniger einfach zu ermitteln, aber wir wissen, dass sie mindestens drei Mal ein Kontingent von jeweils 3000 Mann zur Unterstützung Roms in den Kriegen gegen die Perser entsandten. Es ist unwahrscheinlich, dass diese Kontingente bereits ein Drittel ihrer gesamten militärischen Schlagkraft ausmachten. Die Terwingen waren auch stark genug, zwischen 367 und 369 den Angriffen durch Kaiser Valens standzuhalten, und ich verstehe Ammian so, dass selbst nach dem Zerbrechen der terwingischen Konföderation der größere Teil noch mindestens 10000 Krieger in den Kampf schicken konnte. All das lässt darauf schließen, dass sowohl die Alamannen als auch die Terwingen zwischen 10000 und 20000 kampftaugliche Männer aufbieten konnten. Schätzungen über die Gesamtgröße der beiden Konföderationen hängen natürlich davon ab, welches Verhältnis man zwischen Kriegern und nicht kämpfender Bevölkerung zugrunde legt. In der Regel geht man von einem Verhältnis von 1 zu 4 oder 5 aus; damit läge die Gesamtbevölkerung bei 50000 bis 100000 Personen. Meines Erachtens ist diese Zahl jedoch zu niedrig angesetzt.[27]

Auch über die politischen Strukturen dieser Konföderationen geben die römischen Quellen keine Auskunft. Aussagen über ihre Konsistenz als politisches Gemeinwesen sind daher nur indirekt möglich. Auf manchen Gebieten bewiesen die Alamannen und Terwingen eine eindrucksvolle Behauptungskraft. Trotz der römischen Übermacht gelang es beiden Gruppen, zumindest an einem Konzept territorialer Integrität festzuhalten. Wann immer sie in der Lage waren, die gröbsten römischen Interventionen abzuwehren, trafen sich die alamannischen und terwingischen Führer mit den römischen Kaisern. Diese Gipfeltreffen fanden auf Schiffen auf dem Rhein bzw. auf der Donau statt – eine symbolische Geste, die verdeutlichen sollte, dass diese Flüsse klare Grenzen zwischen ihnen und dem Römischen Reich markierten. Ob die Grenzen zu benachbarten Germanen theoretisch und praktisch genauso klar definiert waren, wissen wir nicht, es ist aber durchaus möglich. Der Dnjestr scheint die Grenze zwischen den Terwingen und den ebenfalls gotischen Greutungen markiert zu haben. Und zwischen den Alamannen und ihren burgundischen Nachbarn herrschte eine so große Feindseligkeit, dass beide Seiten ihre Territorien sorgsam abgrenzten. Laut Ammian markierten sie ihre Grenzen durch ehemals römische Grenzsteine.[28]

Der römische Druck veranlasste die germanischen Anführer auch dazu, eine gewisse kulturelle Homogenität innerhalb ihrer Gruppe anzustreben. Im

4. Jahrhundert manifestierte sich die kulturelle Hegemonie der Römer an der Donau nicht zuletzt im Versuch, die Grenzgebiete zu christianisieren. Die Führung der Terwingen widersetzte sich diesem Vorhaben aber mindestens zwei Mal mit aller Entschiedenheit. Im Jahr 348 vertrieben sie die christlich-römischen Missionare aus ihrem Territorium, und nach 369 wurden gotische Christen gezielt verfolgt und getötet – und damit eine stattliche Zahl Märtyrer geschaffen. Das territoriale Selbstverständnis der Terwingen beruhte demnach auf einer kulturell, ökonomisch und militärisch aktiven Strategie.[29]

Darüber hinaus prägte sich die Macht in bestimmten festen Institutionen aus. Besonders eindrucksvoll sind meiner Ansicht nach die Belege für eine klar definierte militärische Dienstpflicht der Terwingen. Die terwingischen Soldaten erhielten vom römischen Staat zwar eine finanzielle Entschädigung, dennoch deutet alles darauf hin, dass dieser Dienst – an einer mehr als 1500 Kilometer entfernten Grenze – als eine üble Zumutung galt. Die Gotenführer versuchten denn auch, sich dieser Verpflichtung zu militärischen Hilfsdiensten, die sie als Klienten zu leisten hatten, zu entziehen, sobald sich die Gelegenheit dazu bot. Ungeachtet dessen war die Führung der Terwingen in der Lage, derartige Kontingente aufzubieten. Sie verfügten also über Krieger, die sie zu diesem Dienst zwingen konnten. Auch die Alamannen stellten den Römern gelegentlich Truppenkontingente zur Verfügung, aber die Details sind nicht bekannt, und die Soldaten wurden auch nicht in so großer Entfernung eingesetzt. Interessanterweise ist das germanische Wort für »Militärdienst leisten« aus dem Lateinischen entlehnt – vielleicht ein Hinweis darauf, dass mit der Forderung des römischen Staates bei den Germanen, die solche Kontingente bereitstellen mussten, eine Art Wehrpflicht entstand.[30]

Die Führung der Alamannen und Terwingen hatte zudem das Recht auf eine wirtschaftliche Grundversorgung, vermutlich in Form von Besteuerung der landwirtschaftlichen Erträge. Im 4. Jahrhundert konnte es sich kein König mit einer Berufsarmee leisten, sich allein auf die freiwillige Abgabe von Nahrungsmitteln zu verlassen, wie es im 1. Jahrhundert üblich gewesen war. Die vielen römischen Importe, nicht zuletzt in Form von Weinamphoren, die in Siedlungen der Elite aus dem 4. Jahrhundert gefunden wurden, zeigen gleichfalls, dass die Könige einen Teil der produzierten Güter für sich abzweigten, um sie gegen römische Waren für den eigenen Konsum einzutauschen. Vermutlich hatten die germanischen Führer mindestens eine weitere wichtige Einnahmequelle. Wie bereits erwähnt, war der Handel mit dem Römischen Reich im 4. Jahrhundert zu einem bedeutenden Wirtschaftsfaktor geworden. Und nicht nur die römischen Behörden, sondern wahrscheinlich auch die germanischen Könige erhoben Handelszölle. Für die Alamannen und Terwingen fehlen zwar direkte Belege, aber für andere germanische Könige der Grenzregion waren Zölle bereits im 1. Jahrhundert gängige Praxis, wie das Beispiel des Markomannenkönigs Vannius zeigt, dessen Reichtum mit der Anwesenheit römischer Händler an seinem Hof zusammenhing. Es erscheint äußerst unwahrscheinlich, dass die Könige des 4. Jahrhunderts auf solche Einnahmen verzichteten. Andernfalls wäre es schwer zu erklären, weshalb die Regulierung des Handels im diplomatischen Austausch zwischen der Führung der Terwingen und dem Oströmischen Reich eine so große Rolle spielte. Und auch Chnodomarius verfügte über Quellen des Reichtums, die es ihm ermöglichten, in Straßburg neben dem üblichen Truppenaufgebot auch noch Söldner anzuheuern.[31]

In beiden Konföderationen hatte die Führung zudem das Recht, Teile der Bevölkerung zu Frondiensten heranzuziehen. Die alamannischen Könige konnten ihre Untertanen zum Bau von Befestigungen wie etwa dem Runden Berg verpflichten, aber auch zu Diensten, um Verpflichtungen zu erfüllen, wie sie Kaiser Julian im Friedensvertrag nach der Schlacht bei Straßburg diktierte. Ähnlich bei den Terwingen: In den 370er Jahren versuchte der Richterkönig Athanarich, den Hunneneinfall abzuwehren, indem er eine Reihe von Befestigungen errichten ließ; Ammian bezeichnet sie als »Schutzwehr«. Wahrscheinlich wollte man eine alte römische Befestigungslinie entlang des Flusses Aluta (Olt) wiederherstellen, was jedoch scheiterte. Die Tatsache aber, dass ein solches Vorhaben überhaupt ins Auge gefasst wurde, zeigt, dass es ein Recht gab, Arbeitskräfte zum Frondienst heranzuziehen. Das bestätigen auch Funde aus gotischen Elitesitzen, die dem Runden Berg vergleichbar sind.[32] In der römischen Welt und später in den weitgehend germanisch dominierten Nachfolgereichen des Weströmischen Reiches wurden Frondienste üblicherweise nur dem gemeinen Volk abverlangt, das keinen Kriegsdienst leistete. Dass die Alamannen und Terwingen ebenso verfuhren, ist zwar nirgends belegt, aber recht wahrscheinlich.

Germanische Führer des 4. Jahrhunderts hatten also in wichtigen Schlüsselbereichen klar definierte Rechte. Sie konnten bestimmen, wer Kriegsdienst oder Fronarbeit zu leisten hatte, und sie konnten einen bestimmten Teil der landwirtschaftlichen Erträge für sich beanspruchen. Auch wenn historische Belege fehlen, ist davon auszugehen, dass die Führer auch zur Schlichtung von Rechtsstreitigkeiten befugt waren, zumindest in wichtigen Fällen. Dass sich kein Führer dieses Recht nehmen ließ, ist aus anderen geschichtlichen Zusammenhängen klar belegt, und es gibt keinen Grund, warum die terwingischen und alamannischen Könige darauf hätten verzichten sollen.³³ Wie diese Rechte ausgeübt wurden, ist nicht bekannt; soweit wir wissen, verfügte keine der beiden Konföderationen über eine Beamtenschaft. Zudem findet sich in keiner Quelle auch nur ein Hinweis darauf, dass es in der germanischen Welt des 4. Jahrhunderts solche Beamte mit obrigkeitlichen Befugnissen gab. Doch sicherlich standen den Königen Bedienstete zur Seite, die nicht zwangsläufig lese- und schreibkundig sein mussten, um administrative Aufgaben auszuführen. Die Germanen des 4. Jahrhunderts kannten bereits die Schrift. Man verwendete die Runenschrift, einige Germanen beherrschten aber auch Latein, und Mitte des 4. Jahrhunderts wurde im Zuge der christlichen Missionierung das Gotische schnell verschriftlicht und damit zur ersten germanischen Schriftsprache. Es ist jedoch nicht belegt, dass die Erhebung und Einziehung von Naturalsteuern unter Zuhilfenahme schriftlicher Dokumente durchgeführt wurde.

Das muss nicht bedeuten, dass die Steuereintreibung keinem System folgte. Wie sie auf regelmäßiger, aber schriftloser Basis funktioniert haben könnte, geht aus frühen Zeugnissen für eine funktionierende Verwaltung aus dem angelsächsischen England hervor. Zur Besteuerung der Landwirtschaft wurde hier im 7. Jahrhundert das Land in Steuerbezirke eingeteilt, die jeweils alljährlich eine bestimmte Menge ihrer landwirtschaftlichen Produktion abliefern mussten. Es erforderte zwar einen beträchtlichen Aufwand, die Steuerbezirke festzulegen, Lagermöglichkeiten für die Lebensmittel einzurichten und ein entsprechendes Kontrollsystem zu entwickeln. Aber man benötigte dafür nicht viele Beamte, und sie mussten auch nicht unbedingt lesen und schreiben können. Es gibt so viele historische Beispiele für einfache Verfahren zur Eintreibung von Naturalsteuern, dass kein Grund zu der Annahme besteht, die Terwingen und Alamannen wären zu einer solchen Systematik nicht fähig gewesen.³⁴ Das alamannische Territorium war in Gaue unterteilt, wahrscheinlich nicht zuletzt aus fiskalischen Gründen. Bei den Alamannen gab es eine Vielzahl von Königen, darunter nicht wenige, die über einen eigenen Gau herrschten und vermutlich auch eigene Steuern erhoben, von denen sie aber wohl einen Teil an den Oberkönig abtreten mussten.

Im angelsächsischen England und in anderen frühmittelalterlichen Gesellschaften, wo Steuern vor allem in Form von schwer transportierbaren Naturalien entrichtet wurden, funktionierte das Steuersystem nur, weil es ein sogenanntes Reisekönigtum gab. Der König hatte keine feste Residenz, sondern reiste mit seinen wichtigsten Beratern und seinem Gefolge durch das Reich und machte an regelmäßig wechselnden Orten Halt. Hier lagen zugleich die Sammelpunkte für die Naturalabgaben. Die logistischen Probleme eines Steuersystems, das auf voluminösen, schwergewichtigen Nahrungsmitteln statt auf relativ leicht transportablen Münzen basierte, ließen sich damit erheblich reduzieren. Dass die germanischen Könige des 4. Jahrhunderts von einem Ort zum anderen reisten, ist zwar nirgends explizit belegt, liegt aber nahe. Für ein germanisches Reisekönigtum spricht außerdem die Tatsache, dass die Römer nie genau wussten, wo sich ein alamannischer König gerade aufhielt, aber auch die Vielzahl königlicher Residenzen, über die die Alamannen offenbar verfügten. Es gab nicht mehr als 25 Gaue und somit maximal 25 Könige, dennoch wurden 62 Wohnstätten der Elite entdeckt, allesamt befestigt und auf Hügeln gelegen. In schriftlichen Quellen ist zudem von weiteren (bisher unentdeckten) Wohnstätten im Flachland die Rede.³⁵

»Staat« und Gesellschaft

Welche Folgen diese wirtschaftliche Entwicklung für die Verteilung der sozialen Macht unter den Germanen hatte, ist schwer einzuschätzen. Aber es lassen sich zwei Feststellungen treffen: Dank der Intensivierung der Landwirtschaft und der zumindest moderaten Diversifizierung der übrigen Ökonomie stieg die Gesamtbevölkerung des germanischen Europa im Lauf der Kontakte mit dem Römischen Reich deutlich an, doch die Könige und die Kriegerverbände profitierten überproportional vom neuen Reichtum. Allerdings zeigt eine Fülle von Belegen, dass das Ausmaß des Wandels nicht überschätzt werden darf. Aus schriftlichen Quellen und archäologischen Zeugnissen geht hervor, dass in der germanischen Gesellschaft des 4. Jahrhunderts neben den Königen und ihrem Gefolge andere soziale Gruppen weiterhin eine bedeutende Rolle spielten.

Besonders aufschlussreich sind die Berichte über die politischen Strategien der Germanen. Dem Historiker Edward Thompson zufolge belegen Ammians Schilderungen, dass die Könige ihre Krieger nicht einfach herumkommandieren konnten, sondern sie »drängen« und »überreden« mussten, ihren Wünschen Folge zu leisten. Erinnert sei erneut an den alamannischen König, der von seinen eigenen Leuten gestürzt wurde, weil er sich Chnodomarius' Kriegszug nicht anschließen wollte. Ammian stellt ausdrücklich fest, dass der König vom »Volk« – *plebs, populus* – seines Gaus entmachtet wurde. Ammians Formulierung zum Trotz könnte es sich dabei um einen engen politischen Kreis der königlichen Gefolgschaft gehandelt haben. Bei Straßburg hatte sich aber eine militärisch-politische Gemeinschaft versammelt, die weit über diesen kleinen Kreis hinausreichte. Wie gesagt, zählte die alamannische Streitmacht angeblich

35 000, gewiss aber deutlich mehr als 10 000 Krieger. Königliche Gefolgschaften, sogar jene von Oberkönigen, bestanden aus nur ein paar hundert Mann. Ammian spricht von 16 Königen und Fürsten, die bei Straßburg Stellung bezogen, und selbst wenn wir jedem von ihnen ein Gefolge von 200 Mann zugestehen (obwohl die meisten per definitionem kleiner gewesen sein müssen, da Chnodomarius der mächtigste dieser Könige war), wären es insgesamt nicht mehr als 3200 Krieger. Die Teilnahme an Militäraktionen war also keineswegs auf Könige und deren kleines militärisches Gefolge beschränkt und auch nicht das Zeichen für einen gehobenen sozialen Status. Archäologisch gesehen beschränkt sich die Zunahme von Grabbeigaben in der Zeit der germanisch-römischen Kontakte nicht auf die sehr geringe Zahl reich ausgestatteter germanischer Fürstengräber. Neben diesen außergewöhnlichen wurden zahlreiche Gräber entdeckt, die keinerlei Beigaben enthielten, aber auch solche mit persönlichen Gegenständen in bescheidenem Umfang. Die erstaunliche Zunahme von Waffenbeigaben in Gräbern aus spätrömischer Zeit – wenngleich nicht überall in Germanien – stützt die Vermutung, dass der kriegerische Aspekt im Leben der männlichen Bevölkerung an Bedeutung gewann, je wichtiger die Gefolgschaften wurden. Die Waffenbeigaben lassen zudem darauf schließen, dass außer dem König und seinen Gefolgsleuten noch andere Personen auf diese Weise ihren sozialen Rang festigten oder steigerten.[36]

Zahlreiche Rechtsdokumente aus dem 6. und 7. Jahrhundert geben Anhaltspunkte, wer diese Personen gewesen sein könnten. Die Rechtsquellen und Gesetzbücher aus den Nachfolgereichen des Weströmischen Reiches erlauben erstmals einen umfassenden Einblick in die soziale Hierarchie germanisch dominierter Gesellschaften. Es handelt sich allerdings um germanische Gesellschaften, die mit den – nach dem Zusammenbruch des Weströmischen Reiches noch vorhandenen – wirtschaftlichen, administrativen und sozialen Institutionen längere Zeit im Austausch standen. Man kann sie also nicht ohne weiteres mit der germanischen Gesellschaft des 4. Jahrhunderts gleichsetzen. Dass diese Kontakte die bereits bestehende ungleiche Verteilung von Reichtum und Status in der germanischen Welt verstärkten, ist in der Forschung unumstritten. Denn mit der Übernahme ehemals römischer Territorien eigneten sich die Könige und ihr engstes Gefolge unverhältnismäßig viel von dem neuen Reichtum an. Und deshalb tendieren diese späten Rechtsdokumente auch dazu, die politische Bedeutung von sozialen Gruppen zu unterschätzen, die nicht unmittelbar in königlichem Dienst standen. Aus den Dokumenten lässt sich daher lediglich das *maximale* Ausmaß an Ungleichheit erschließen, das vermutlich im 4. Jahrhundert herrschte.

Die Beschreibungen von Statusgruppen in den Rechtstexten sind erstaunlich gleichförmig. Der König genoss einen Sonderstatus, und wer in seinen Diensten stand, erhielt einen höheren Status. Außerdem ist in den Gesetzbüchern oft von einer Klasse der Vornehmen die Rede, die vermutlich dem König des 4. Jahrhunderts und seinem Gefolge entsprechen. Aber in allen Gesetzbüchern (die aus zahlreichen Nachfolgereichen des Römischen Reiches überliefert sind) wird auch eine Klasse unterhalb der Vornehmen erwähnt, nämlich die Freien, die nach wie vor beträchtliche Rechte und Pflichten innehatten. Diese Freien standen über zwei weiteren Klassen: den dauerhaft Freigelassenen und den Sklaven. Die Freien mussten Militärdienst leisten (genauso wie Freigelassene, nicht jedoch Sklaven), bei Rechtsstreitigkeiten galt ihr Zeugnis als glaubwürdig, und ihr Status war dadurch gesichert, dass Sklaven und Freigelassene ihn nicht ohne Weiteres erreichen konnten.[37]

Die Bedeutung dieser Klasse der Freien wurde in Schilderungen der germanischen Gesellschaft im 19. Jahrhundert romantisch überhöht. Nichts deutet darauf hin, dass sie innerhalb der männlichen Bevölkerung die Mehrheit bildeten. Privilegien werden Minderheiten eingeräumt, nicht Mehrheiten. Einige nicht sehr sichere Belege über die Ostgoten und die Langobarden lassen den Schluss zu, dass im 6. Jahrhundert die Freien ein Viertel oder ein Fünftel der waffentragenden Männer in diesen Gesellschaften ausmachten. Somit bildeten die Freien einen recht kleinen Prozentsatz der Gesamtbevölkerung. Dennoch sind sie keineswegs eine bloße Erfindung der Autoren dieser Gesetzestexte. In Rechtsdokumenten aus dem gesamten nachrömischen Westen werden die Freien als bedeutende soziale Akteure auf lokaler Ebene dargestellt. Und auch in Quellen über Kriegshandlungen zwischen germanisch dominierten Gruppen und Ostrom finden sie Erwähnung.[38] Die Freien spielten also bereits im 4. Jahrhundert und nicht erst in den Nachfolgereichen des Römischen Reiches eine wichtige Rolle, als die größere Verfügbarkeit von Reichtum die Ungleichheit verstärkte. Mit anderen Worten: Wir sollten nicht davon ausgehen, dass aus der stärkeren sozialen Differenzierung der germanischen Gesellschaft, wie sie im Lauf der Kontakte mit dem Römischen Reich entstand, am Ende nur die kleine Schicht der Könige und ihres Gefolges als soziopolitisch wichtiger Akteur hervorging. Vielmehr konnte die größere Schicht der Freien mit den sich verändernden wirtschaftlichen Gegebenheiten ihre sozialen und ökonomischen Privilegien bewahren oder sogar erst entwickeln. Vielleicht waren es Freie, denen die großen, von Wohlstand zeugenden Wohnstallhäuser in manchen neuen Dörfern Germaniens aus dem 3. und 4. Jahrhundert gehörten und die in den vielen gut ausgestatteten, aber nicht überreichen Gräbern bestattet waren.

Dieser reichlich komplexe Befund zur sozialen Schichtung der Germanen des 4. Jahrhunderts hat natürlich Auswirkungen auf den letzten Schlüsselbereich unser Analyse: das Verhältnis zwischen Gewalt und Konsens in der germanischen Politik.

Dass ein gewisses Ausmaß an Gewalt herrschte, ist klar belegt. Die Könige verfügten über ein Gefolge von Kriegern, mit dessen Hilfe sie sich die Erblichkeit ihrer Herrschaft gesichert hatten. Die Gefolgschaft vollstreckte aber auch soziale Sanktionen, wie wir am Beispiel der Christenverfolgung unter den Terwingen gesehen haben. In diesem Fall widersprach die Verfolgung sogar dem Willen der Dorfgemeinschaft.[39] Die Führung der Terwingen war außerdem mächtig genug, militärische Kontingente aufzustellen und sie auf die beschwerliche und gefährliche Reise in die Kriege Roms gegen die Perser zu schicken. Und was könnte besser verdeutlichen, dass der Aufstieg der Militärkönige nicht immer im Konsens geschah, als der Waffenfund von Ejsbøl Mose?

Da die Könige und ihr Gefolge die größere privilegierte Klasse (der Freien?) nicht vollständig verdrängt hatten, musste bei politischen Entscheidungen diese größere privilegierte Gruppe gelegentlich berücksichtigt und ihre Zustimmung gewonnen werden. Könige konnten gestürzt werden, wenn ihre Politik auf Ablehnung stieß. Der Alamannenkönig, der sich Chnodomarius nicht anschließen wollte, könnte von seinem eigenen Gefolge ausgeschaltet worden sein, wahrscheinlich aber stürzte ihn die sehr viel größere Klasse der Freien in seinem Gau. Und Athanarich, der letzte König aus der alten terwingischen Herrscherdynastie, wurde entthront, als der Widerstand gegen seine Pläne zur Hunnenabwehr in politischen Dissens mündete.[40]

Die historischen Quellen lassen gewisse Rückschlüsse zu, wie das im Einzelnen ausgesehen hat. Erstens sollten wir zwischen Freien und königlichen Gefolgsleuten keine zu klare Linie ziehen. In der germanischen Gesellschaft waren Männer wie Frauen in Altersklassen unterteilt. Übergangsriten markierten die einzelnen Lebensabschnitte, denen jeweils bestimmte Rechte und Pflichten zugeordnet waren. Ältere Männer, selbst von hohem Rang, wurden nie mit ihren Waffen bestattet, was darauf schließen lässt, dass es für den Militärdienst ein Höchstalter gab. Und Rechtsdokumente belegen, dass Frauen im gebärfähigen Alter, unabhängig von ihrem sozialen Status, das höchste soziale Ansehen genossen. Noch nicht geschlechtsreife Kinder wiederum scheinen in Gräberfeldern nur selten neben Erwachsenen bestattet worden zu sein, was ebenfalls vermuten lässt, dass Alter und sozialer Status direkt korrelierten.[41] Das Quellenmaterial gibt zwar keine Details preis, aber es ist alles andere als unwahrscheinlich, dass zumindest einige junge Männer aus der Klasse der Freien im Kriegergefolge ihres Königs dienten. Über weitere mögliche Beziehungen zwischen den freien Bauern und dem königlichen Gefolge besitzen wir keine gesicherten Informationen. Die Dörfer lieferten die Versorgungsgüter für den König und sein Gefolge, aber von dem König wurde gewiss erwartet, dass er nicht nur für sein unmittelbares Gefolge, sondern auch für die größere Klasse der Freien Festgelage veranstaltete, die womöglich die Beziehungen zwischen dem König und den Freien bis weit ins 4. Jahrhundert hinein festigten. Diese Praxis hielt sich zum Teil noch in den späteren, weitaus stärker von sozialer Ungleichheit geprägten germanischen Nachfolgereichen des Römischen Reiches, und damit steigt die Wahrscheinlichkeit, dass sie in die spätrömische Zeit zurückgeführt werden kann. Im frühen angelsächsischen England wurde von den von Residenz zu Residenz ziehenden Königen erwartet, dass sie als Gegenleistung für die Naturalien, die sie erhielten, die lokalen Feste mit ihrer Anwesenheit beehrten – eine wichtige Gelegenheit für den sozialen und politischen Austausch. Die alamannischen Gaue waren so klein, dass ihre Könige notgedrungen mit der Bevölkerung in Kontakt treten mussten. Festgelage und ähnliche Zusammenkünfte waren wohl ein fester Bestandteil des sozialen Austauschs in der germanischen Welt; dies lässt sich durch Zeugnisse aus ähnlichem Kontext belegen.[42]

Auch durch Versammlungen wurde die Macht der Könige begrenzt. Germanische Gruppen debattierten und entschieden in Ratsversammlungen über die politische Strategie der Gemeinschaft. Tacitus betont immer wieder den Stellenwert dieser Institution, die ganz gewiss keine Ausgeburt seiner stets regen Phantasie war. Die ansonsten dürftigen Quellen aus dem 1. und 2. Jahrhundert belegen, dass solche Versammlungen von den römischen Behörden entweder verboten oder nur unter Aufsicht der Römer gestattet wurden. Damit versuchten die Römer, Aufstände zu bestrafen oder zu verhindern. Wir wissen nicht, in welchem Umfang solche Versammlungen noch im 4. Jahrhundert stattfanden, Dorfversammlungen allerdings gab es mit Sicherheit weiterhin. Die Entscheidung der gotischen Terwingen, anno 376 Aufnahme ins Römische Reich zu erbitten, wurde erst nach einer langen Debatte getroffen, an der vermutlich alle wichtigen Mitglieder der Gemeinschaft teilnahmen. Die gesetzlichen Regelungen zur Schlichtung von Rechtsstreitigkeiten in den Nachfolgereichen des Römischen Reiches sehen gleichfalls entsprechende regelmäßige Zusammenkünfte vor. Aus all diesen Gründen gehe ich davon aus, dass auch die Konföderationen des 4. Jahrhunderts Versammlungen kannten, die der Willkür der Könige Schranken setzten.[43]

Für die These, dass die germanischen Könige uneingeschränkte Herrschaft ausübten und durch eine machtvolle Ideologie rechtfertigten, gibt es keine Belege. Es wurde behauptet, sie hätten sich mit einer Aura des Sakralen umgeben, um bestimmte Clans als von den Göttern auserwählt hervorzuheben, was den Widerstand gegen ihre Machtansprüche erschwert hätte. Keine der drei in den germanischen Sprachen gebräuchlichsten Bezeichnungen für »König« hat religiöse Konnotationen. Sie sind vielmehr zutiefst pragmatisch: »Herrscher über ein Volk«, »Herrscher über einen Kriegerverband«, »Herrscher über eine Konföderation«. Die germanischen Könige kannten zwar den Gedanken der göttlichen Erwählung – ausgedrückt in dem Wort *heilag* und seinen verschiedenen Ableitungen in den germanischen Sprachen –, aber er ergab sich aus der politischen Praxis, gewissermaßen post factum: Wer Schlachten und damit Macht gewann, hatte gezeigt, dass er *heilag* war. Nichts deutet jedoch darauf hin, dass allein die Behauptung, *heilag* zu sein, jemandem Macht verschaffte oder ihn davon abhielt, die Macht eines anderen anzufechten.

Nur in einem einzigen Fall wurde die göttliche Auserwähltheit einer Herrscherdynastie lautstark propagiert: Am Hof Theoderichs, des aus dem Amalergeschlecht stammenden Führers der Ostgoten, der im Italien des frühen 6. Jahrhunderts über eines der ersten Nachfolgereiche des Weströmischen Reiches herrschte. In seinen *Variae* betont Cassiodor, diese Dynastie sei göttlich erwählt, und Jordanes griff dies in den *Getica* später indirekt auf. Diesen Anspruch an der realen Geschichte der Amaler-Dynastie zu messen ist höchst aufschlussreich: Die Dynastie hatte erst etwa eine Generation vor Theoderich weitreichende Macht unter den Goten errungen (mehr dazu in Kapitel 5), und als sie nach dessen Tod keine geeigneten männlichen Erben mehr hervorbrachte, verschwand sie rasch von der Bildfläche. Theoderich selbst hatte mit seinen erstaunlichen Eroberungen – nicht zuletzt jener Italiens – bewiesen, dass er *heilag* war. Das ganze Wortgeklingel, entstanden aus Theoderichs Bemühen, seinem unmündigen Enkel[44] die Thronfolge zu sichern, war eben nichts als Propaganda.

Die Belege für die Existenz von Altersklassen, Festgelagen, Ratsversammlungen und für das Fehlen ideologisch verbrämter königlicher Machtansprüche sind bruchstückhaft und geben wenig Auskunft über die politische Wirklichkeit innerhalb der germanischen Gemeinwesen. Dennoch erlauben sie eindeutige Schlussfolgerungen. Auch wenn eine neue Elite die wirtschaftliche Entwicklung nutzte, um ihre soziale Vorrangstellung zu festigen und in einigen Gebieten des germanischen Europa die größeren und stabileren politischen Gebilde des 4. Jahrhunderts zu schaffen, dürfen wir ihre Macht nicht überschätzen. Eine über den engsten Umkreis des Königs und seiner Gefolgschaft hinausreichende größere soziale Gruppe spielte sozial und wirtschaftlich weiterhin eine Rolle und musste in die Prozesse der politischen Entscheidungsfindung einbezogen werden. Ihre Unterstützung wichtiger militärischer Unternehmungen blieb von entscheidender Bedeutung, ganz abgesehen davon, dass es zwischen der Klasse der Freien und der militärischen Gefolgschaft des Königs vielfältige Beziehungen gab.

Ohne den Konsens der Freien wäre die Bildung neuer und weit größerer Konföderationen der spätrömischen Zeit niemals möglich gewesen. Das lässt sich auch aus der Tatsache ersehen, dass die alten politischen Bündnisse des 1. Jahrhunderts nicht alle durch die Entstehung neuer Allianzen im 3. und 4. Jahrhundert verschwanden. Lediglich die Franken gliederten ihrer Konföderation einige der alten Gruppen – insbesondere die Chatten, Bataver, Brukterer und Ampsivarier – ein, wie wir aus spätrömischen Quellen wissen: ein Prozess, der gewiss schwieriger verlief als ein durch Abstimmung vollzogener Beitritt einer älteren Gruppe zu einem neuen regionalen Bündnis. Ammian erwähnt als Beispiel dafür die Salier.[45]

Die vergleichende Forschung hat gezeigt, dass die Konföderationen des 4. Jahrhunderts noch keine »frühen Staaten«, aber auch keine »komplexen Stammesfürstentümer« mehr waren. Sie waren zu groß und zu stabil und sozial viel zu sehr differenziert, um noch als »Stämme« oder »einfache Stammesfürstentümer« zu gelten. Genau genommen bestehen zwischen frühen Staaten und komplexen Stammesfürstentümern nur graduelle Unterschiede, wobei Erstere über einen etwas höheren Organisationsgrad und etwas mehr Stabilität, Macht usw. verfügen. Die schlechte Quellenlage erschwert eine genaue Beschreibung der Konföderationen des 4. Jahrhunderts, und die vorhandenen Zeugnisse führen mitunter zu widersprüchlichen Schlussfolgerungen. Die administrative Organisation und – insbesondere bei den Terwingen – die Etablierung einer dynastischen Macht deutet zwar auf so etwas wie einen Staat hin, aber da es keine Beamtenschaft gab und jeder Nachweis für das Überleben einer relativ breiten sozialen Elite (von Freien?) fehlt, denkt man eher an ein komplexes Stammesfürstentum. An dieser Frage sollte man sich jedoch nicht festbeißen. Entscheidend ist, dass der wirtschaftliche und soziale Wandel in den germanischen Gesellschaften oder zumindest in einigen Territorien an der römischen Grenze die Möglichkeit von Konföderationen entstehen ließ, in denen sich für einen bestimmten Zweck Zehntausende Menschen zusammenschließen konnten. Politisch gründeten diese neuen Gebilde auf alten, bereits existierenden sozialen Gruppen und integrierten diese mitunter, aber ihre Macht und Festigkeit bedeutete einen entschiedenen Bruch mit der germanischen Vergangenheit.

Eine große Frage bleibt jedoch unbeantwortet: Wodurch wurde der diesen Konföderationen zugrunde liegende ökonomische Wandel überhaupt in Gang gesetzt, und wie prägte die wirtschaftliche Entwicklung die neuen politischen Gemeinwesen im Einzelnen?

DIE ROM-CONNECTION

Um 30 n. Chr. kaufte der römische Händler Gargilius Secundus einem gewissen Stelus eine Kuh ab. Stelus, ein Nichtrömer, lebte nahe der heutigen holländischen Stadt Franeker jenseits des Rheins. Der Kaufvertrag, der sich auf 115 silberne *nummi* belief und von zwei römischen Zenturionen bezeugt wurde, blieb zufällig erhalten. Ein heutiger Historiker bezeichnete ihn zu Recht als »banal«. Solche Transaktionen fanden an Roms europäischen Grenzen unzählige Male statt. Vor allem in der Zeit der ersten Kontakte mit dem Römischen Reich, aber auch später wurde eine große Zahl römischer Soldaten an der Reichsgrenze stationiert. Sie stellten ein riesiges wirtschaftliches Potential dar. Allein in der nördlichen Rheinregion waren im 1. Jahrhundert n. Chr. rund 22 000 römische Soldaten (Legionäre und Hilfstruppen) stationiert – auf einem Gebiet, in dem nur etwa 14 000 Cananefaten lebten. Die einheimische Bevölkerung konnte den Bedarf der Soldaten an Nahrungsmitteln, Viehfutter, Bau- und Brennholz oder auch Leder unmöglich allein befriedigen. Eine Legion von 5000 Mann benötigte täglich etwa 7500 Kilo Getreide und 450 Kilo Viehfutter, das sind auf den Monat gerechnet 225 bzw. 13,5 Tonnen. Ein Teil davon wurde direkt aus Rom geliefert, aber das war mühsam und logistisch schwierig. Die römischen Behörden bevorzugten Lieferanten vor Ort, die sie bar bezahlten.[46]

Handel und Kontrolle

Während der gesamten Römerzeit hatte die Grenzregion einen immensen Bedarf an landwirtschaftlichen Erzeugnissen aller Art. Man darf daher mit gutem Grund annehmen, dass nichtrömische Lieferanten bei der Befriedigung dieser Nachfrage eine wichtige Rolle spielten. Daran hatte sich auch im 4. Jahrhundert nicht viel geändert, und Ammians Berichte über die Alamannen liefern dazu interessante Details. Nach seinem Sieg bei Straßburg konnte Kaiser Julian den besiegten alamannischen Königen seine Bedingungen diktieren. Die entsprechenden Verträge unterschieden sich zwar in Einzelheiten, aber alle sahen die Bereitstellung von Nahrungsmitteln, Rohmaterialien wie Holz für Bauzwecke und Fuhrwerke sowie Arbeitskräfte für den Wiederaufbau vor. Dank seines militärischen Sieges konnte Julian diese Güter und Leistungen einfach requirieren, aber sie wurden von der römischen Armee auch in Friedenszeiten benötigt und mussten dann vermutlich bezahlt werden.

Keines der in den Verträgen Kaiser Julians aufgeführten Güter hat archäologische Spuren hinterlassen. Ein indirekter Beweis ist allerdings die gewaltige Expansion der landwirtschaftlichen Produktion, die während der Römerzeit im germanischen Europa stattfand. Einen Teil der zusätzlichen Ernteerträge beanspruchten die neuen Könige und deren Gefolge für sich, ein anderer Teil wurde für die wachsende Bevölkerung Germaniens benötigt. Doch ein weiterer wichtiger Impuls für diese Produktionssteigerung – vielleicht sogar der ursprüngliche – ging von der römischen Armee aus. Zum einen besteht eine enge zeitliche Übereinstimmung zwischen dem Beginn der römischen Nachfrage an den Rändern Germaniens und der Intensivierung der Landwirtschaft. Die ersten neuen Dörfer wie Feddersen Wierde und Wijster entstanden in Regionen, von denen aus man relativ leicht landwirtschaftliche Erzeugnisse per Schiff an die Rheinmündung und von dort stromaufwärts zu den militärischen Befestigungen transportieren konnte. Wie die jüngere Forschung hervorhob, hatte die Rheingrenze – wie im Übrigen alle römischen Grenzen – mehr die Funktion einer Kontaktzone als einer Demarkationslinie, die das Reich gegenüber seinen Nachbarn abschottete.[47]

Für die Germanen waren die römischen Nachbarn vermutlich nicht nur potentielle Kunden, sondern auch eine Quelle von Ideen und Techniken, die die Intensivierung der Landwirtschaft erst ermöglichten. In Wijster und Feddersen Wierde waren die höheren Ernteerträge einer systematischeren Kombination von Ackerbau und Viehhaltung zu verdanken. Auch anspruchsvollere Techniken des Pflügens und die entsprechenden Geräte spielten eine Rolle. Wo und wie sich diese Innovationen verbreiteten, ist noch nicht erforscht, aber sowohl die effizienteren Pflüge als auch die verbesserten Anbaumethoden waren im Europa der Römerzeit und der keltischen Latène-Kultur weithin bekannt. Von der Latène-Kultur hatte das Römische Reich im 1. Jahrhundert v. Chr. vieles übernommen (siehe Kapitel 1), lange bevor sich diese Techniken in Germanien verbreiteten. Womöglich gaben diese Regionen sogar den Anstoß zur germanischen Agrarrevolution.

Auch an anderen in Germanien produzierten Gütern herrschte in der römischen Welt Bedarf. Durch Lehnwörter und Erwähnungen in Texten kennen wir einige dieser Produkte wie Gänsefedern für Kissen und ein rotes Haarfärbemittel. Noch größer war allerdings die Nachfrage nach Rohstoffen, unter anderem nach Eisen. Zwar fehlen konkrete Belege dafür, dass große Mengen

Roheisen aus dem germanischen Europa nach Süden und Westen über die Grenze geliefert wurden, aber zwei Produktionsstätten im heutigen Polen, deren enorme Kapazitäten den lokalen Bedarf bei weitem überstiegen, legen diesen Schluss nahe. Möglicherweise wurde dieses Eisen gar nicht exportiert, doch es ist durchaus vorstellbar, dass es die Nachfrage im Römischen Reich befriedigte. Ein anderer Rohstoff jedoch wurde mit Sicherheit exportiert: Bernstein, das erstarrte Harz von im Meer versunkenen Bäumen, das an der Ostseeküste angeschwemmt wurde. Wir wissen, dass die Römer an Bernstein zur Schmuckherstellung sehr interessiert waren. Zur Zeit Neros reiste sogar eine Abordnung des Senats in den Norden, um den Ursprüngen des Bernsteins nachzuspüren. Und die Bernsteinstraße, die von der Ostsee in zwei Hauptrouten zum einen südwärts die mittlere Donau entlang zur Legionärsfestung Carnuntum, zum anderen ostwärts Richtung Karpaten bis zu den Häfen am Schwarzen Meer (Karte 2) verlief, war römischen Autoren wohlbekannt.[48]

Mindestens ebenso wichtig, obwohl in den Quellen seltener erwähnt, war der Bedarf an germanischen Arbeitskräften, und zwar vor allem in zwei Bereichen. Die römische Armee benötigte unablässig Rekruten. Die sogenannte Barbarisierung der römischen Armee wird oft als ein Hauptgrund für den Niedergang des Römischen Reiches angeführt. Das ist bestenfalls teilweise richtig. Seit Kaiser Augustus bestand die römische Armee mindestens zur Hälfte – nämlich sämtliche Hilfstruppen – aus Nichtrömern, und ein großer Teil der Soldaten stammte aus Germanien. Im späten Kaiserreich fand lediglich eine Neugliederung der Militäreinheiten statt, in deren Gefolge die Unterscheidung zwischen Legionären mit römischem Bürgerrecht und Hilfstruppen ohne Bürgerrecht teilweise hinfällig wurde. Auch weist nichts darauf hin, dass im 4. Jahrhundert prozentual mehr Germanen in der römischen Armee dienten als zuvor oder dass die Armee weniger zuverlässig geworden wäre. Aber wahrscheinlich haben sich die Anwerber zeitweise über die Vorschrift hinweggesetzt, ausschließlich freie römische Bürger als Legionäre einzuziehen. Demnach herrschte ein enormer Bedarf an germanischen Rekruten; ihre Namen tauchen oft in Inschriften auf. Schriftliche Quellen berichten über zwei Arten der Anwerbung: Manche Rekruten waren Freiwillige, die eine lukrative Karriere in der römischen Armee anstrebten. Vielen anderen jedoch blieb gar keine andere Wahl. Auch hierzu äußert sich Ammian eindeutig. Die Zwangsaushebung von Rekruten war Ammian zufolge Bestandteil der meisten Friedensverträge zwischen dem Römischen Reich und den Barbarengruppen. Die Germanen mussten dem Imperium nach einer Niederlage nicht nur Arbeitskräfte und Naturalien, sondern auch einen Teil ihrer jungen Männer für den Dienst in der römischen Armee überlassen.[49]

Germanische Arbeitskräfte kamen aber auch als Sklaven ins Römische Reich. Über den Sklavenhandel zur Römerzeit ist im Vergleich zu dem des 9. und 10. Jahrhunderts, den arabische Autoren beschreiben (siehe Kapitel 10), wenig bekannt. Weder weiß man, wer diesen Handel betrieb, noch woher die Sklaven kamen und ob es – wie später – in Germanien große Sklavenmärkte gab, auf denen die Sklaven direkt oder über Mittelsmänner an römische Händler verkauft wurden. Für die Bedeutung des Sklavenhandels während der gesamten Zeit der germanisch-römischen Kontakte gibt es einen eindrucksvollen Beleg: In den germanischen Sprachen leitet sich einer der Wortstämme für »Handel« und »Händler« aus dem lateinischen *mango* ab. *Mango* bezeichnet jedoch nicht einen Kaufmann allgemein, sondern einen Sklavenhändler. Die ersten und am häufigsten anzutreffenden römischen Kaufleute, denen die germanischsprachigen Bevölkerungen begegneten, handelten vermutlich mit menschlicher Ware.[50]

Es spricht also vieles dafür, dass die neuen Handelsmöglichkeiten mit dem weitaus wohlhabenderen Römischen Reich, die sich um die Zeitenwende durch die römische Expansion nach Norden plötzlich eröffneten, die wirtschaftliche Entwicklung Germaniens in den ersten nachchristlichen Jahrhunderten entscheidend beförderten. Mitte des 1. Jahrhunderts v. Chr. schrieb Julius Caesar, die Germanen seiner Zeit zeigten wenig Interesse am Handel mit römischen Kaufleuten und ließen sie überhaupt nur deshalb auf ihr Territorium, weil sie hofften, ihnen Kriegsbeute verkaufen zu können. Wenn dies zutrifft, hat zwischen Mitte und Ende des 1. Jahrhunderts eine rasante Entwicklung stattgefunden. Ende des 1. Jahrhunderts n. Chr. war der Handel über die Rheingrenze hinweg dermaßen üblich, dass römische Silbermünzen, sogenannte *denarii*, von den germanischen Stämmen östlich des Rheins bereits als Zahlungsmittel benutzt wurden. Mit hoher Wahrscheinlichkeit handelte es sich bei vielen Silberfunden aus dem Germanien der Römerzeit – beispielsweise den kunstvoll gestalteten Fibeln – um Umarbeitungen solcher Münzen, die zum Teil bis ins 4. Jahrhundert im Umlauf blieben. Nicht alle, aber durchaus einige grenznahen germanischen Gruppen pflegten also mit dem Imperium zeitweilig so intensive Handelsbeziehungen, dass sie römische Münzen verwendeten. Das beweist die relativ große Funddichte geringwertiger römischer Münzen in Grenznähe, etwa die Funde aus dem 4. Jahrhundert entlang der alten Römerstraßen östlich des Rheins in den *Agri Decumates*, einem Gebiet zwischen dem Oberrhein und der oberen Donau, das damals unter alamannischer Herrschaft stand. Ähnliche Funde wurden weiter östlich entlang der Donau in Regionen gemacht, die an die römische Provinz *Moesia Superior* angrenzten.[51]

Gleichermaßen bemerkenswert ist, dass die unmittelbaren Nachbarn des Römischen Reiches immer bestrebt waren, Handelsprivilegien zu erhalten, die jedoch in der Regel nur sehr zurückhaltend gewährt wurden. Als im 4. Jahrhundert die gotischen Terwingen ihre Bindungen zum Römischen Reich lockern wollten, wurde im Vertrag der Fortbestand zweier Handelsplätze festgelegt. Eine Fülle archäologischer Zeugnisse bestätigt die schriftlichen Quellen. In den meisten germanischen Siedlungen aus den ersten vier Jahrhunderten n. Chr. wurden große Mengen römischer Waren aller Art gefunden.

Chronologisch und geographisch zeigen die Funde ein klares Muster. In den ersten beiden Jahrhunderten n. Chr. häuften sich römische Waren in den grenznahen Gebieten Germaniens auf einem etwa 100 Kilometer breiten Streifen. In Siedlungen und Gräberfeldern wurden neben den bereits erwähnten Münzen feines Tafelgeschirr *(terra sigillata)*, Schmuckstücke aus Bronze und Glasobjekte in beträchtlicher Menge entdeckt. In Westrich zum Beispiel waren in Schichten des 1. und 2. Jahrhunderts ein Drittel der Keramik- und Metallfunde römische Erzeugnisse. Anders in den Regionen an der nördlichen Rheingrenze zwischen Rhein und Weser, wo zu dieser Zeit römische Waren viel weniger verbreitet waren. Und in den Gebieten jenseits des unmittelbaren Grenzgebiets bis hinauf zur Elbe wurden zwar gleichfalls große Mengen römischer Waren gefunden, aber sie konzentrieren sich in bestimmten Zonen, beispielsweise entlang der Saale im heutigen Thüringen, an den Nebenflüssen der oberen Elbe in Böhmen, südlich der unteren Elbe, an der mittleren und unteren Weser sowie entlang der Nordseeküste. Noch weiter von der Grenze entfernt sind römische Waren nur mehr in kleineren Mengen nachweisbar, große Funde wurden nur an wenigen Stellen wie im südpolnischen Jakuszowice, im dänischen Gudme/ Lundeborg und im östlichen Dänemark gemacht.[52] Alles in allem belegen die archäologischen Funde, dass die germanische Wirtschaft in den ersten nachchristlichen Jahrhunderten teilweise auch deshalb angekurbelt wurde, um die begehrten römischen Waren in großen Mengen importieren zu können. Aber wie lassen sich die Häufungen erklären?

Zum einen mit der Logistik. Die Tatsache, dass sich der Preis für eine Wagenladung Weizen alle 50 römische Meilen verdoppelte, zeigt, wie schwierig und teuer der Transport auf dem Landweg damals war. Weniger wertvolle Güter wie Keramik, Bronze und Glas wurden deshalb wohl über vergleichsweise kurze Entfernungen befördert, sofern nicht Transportmöglichkeiten per Schiff oder andere kostengünstigere Möglichkeiten zur Verfügung standen.

Dass römische Waren nur im unmittelbaren Grenzgebiet gleichmäßig verteilt waren, kann also nicht überraschen. Gute Transportmöglichkeiten könnten auch die Erklärung dafür sein, dass ein so relativ abgelegener Ort wie Feddersen Wierde sich aufgrund seiner Lage an der Wesermündung an der Versorgung der römischen Grenztruppen beteiligen konnte. Und die Verteilung der Münzen zeigt, dass das alte römische Straßennetz der *Agri Decumates* noch im 4. Jahrhundert den Handel erleichterte, selbst nachdem dieses Gebiet unter alamannische Herrschaft gefallen war. Die Logistik erklärt jedoch nicht alles.

Betrachten wir, wie der Handel im Einzelnen aussah und welche Bedeutung römische Waren für die germanische Gesellschaft hatten. Wenn wir Caesar glauben können, regte sich in Germanien anfangs Widerstand gegen Handelsbeziehungen mit dem Imperium. Dieser Widerstand legte sich aber rasch, als der Besitz römischer Waren mit einem hohen sozialen Status gleichgesetzt wurde. Vom späten 1. Jahrhundert an finden sich in den reich ausgestatteten Gräbern als Beigaben nicht nur Alltagsgegenstände und kostspielige Objekte aus lokaler Produktion, sondern auch römische Importwaren, die schnell zum Mittel der Statusdemonstration wurden. Auch das überrascht nicht. Römische Importartikel waren etwas Exotisches und verliehen dem Besitzer ein gewisses Prestige. Wie in unserer heutigen globalisierten Welt kamen auch in der germanischen Gesellschaft die Gewinne aus der wirtschaftlichen Entwicklung nicht allen Mitgliedern gleichmäßig zugute, sondern hauptsächlich den Königen und ihren Gefolgschaften. Ein Großteil der römischen Importe landete vermutlich in ihren Händen.

Dieser Punkt, der uns aus heutiger Perspektive völlig plausibel erscheint, verdient nähere Betrachtung, gibt er doch Aufschluss über die Funktionsweise der neuen Handelsnetze. Dass die Könige und ihre Entourage die aus der wirtschaftlichen Entwicklung anfallenden Gewinne einstreichen konnten, verdankten sie ihrer militärischen Stärke. Sie erlaubte ihnen, einen bestimmten Prozentsatz der landwirtschaftlichen Überschüsse einzufordern, den sie nicht nur für den Unterhalt ihres Gefolges, sondern auch für den Handel mit der römischen Welt benötigten, um dafür wertvolle Münzen, Wein, Olivenöl etc. einzutauschen.

Militärische Stärke war jedoch auch nötig, um sich den Löwenanteil der Gewinne aus anderen neuen Handelsströmen zu sichern, zum Beispiel aus dem Sklavenhandel. Die Sklaven stellten sich natürlich nicht freiwillig zur Verfügung. Mitglieder der germanischen Gesellschaft mussten ihrer Freiheit beraubt werden, um sie an römische Händler zu verkaufen. Darin liegt eine weitere mögliche Erklärung für das Massaker von Ejsbøl Mose: Wenn die Getöteten

Sklavenhändler waren, könnte man sich den Zorn, der sich gegen sie entlud, leicht erklären. Und nicht einmal die Bernsteingewinnung war ein müheloser Vorgang, bei dem die Menschen einfach die Ostseeküste entlang schlenderten und auflasen, was das Meer an Land gespült hatte. Zu den erstaunlichsten Funden der letzten Jahre gehören die in Nordpolen entdeckten Holzstege, die über viele Kilometer hinweg ein Wegenetz durch sumpfiges Gelände nahe der Ostsee bildeten. Radiokarbondatierung und dendrochronologische Untersuchungen ergaben, dass die Stege aus der Zeit um Christi Geburt stammten und rund 200 Jahre in Gebrauch waren. Man deutete sie korrekt als den nördlichen Endpunkt der Bernsteinstraße. Ihre Errichtung war enorm aufwendig. Wer auch immer diese Mühe auf sich nahm, verlangte als Gegenleistung sicherlich einen beträchtlichen Teil des Handelsgewinns, vermutlich in Form von Zoll. Interessanterweise ist »Zoll« ein weiteres Lehnwort aus dem Lateinischen, was darauf hindeutet, dass die Germanen den Begriff erst durch ihre Kontakte mit dem Römischen Reich kennenlernten. Und wenn ein Handelssektor so hohe Gewinne abwarf, wollten sich bestimmt auch andere ihren Anteil sichern. Auch hier zählte also militärische Stärke. Man konnte sie einsetzen, um Menschen niedrigeren Rangs zum Bau und zur Instandhaltung der Stege zu zwingen oder andere bewaffnete Gruppen davon abzuhalten, selbst die Profite abzuschöpfen.[53]

Entgegen den neoklassischen Plattitüden der Trickle-down-Theorie (derzufolge der Wohlstand von den oberen zu den unteren sozialen Schichten »durchsickert«) aus den 1980er Jahren ist wirtschaftliche Entwicklung nicht immer oder zumindest nicht für alle Betroffenen von Vorteil. Der zunehmende Wohlstand in der germanischen Gesellschaft während der Römerzeit führte zu großen und manchmal äußerst gewaltsamen Verteilungskämpfen. In manchen sich neu entwickelnden Wirtschaftszweigen waren die negativen Folgen vielleicht nicht ganz so krass. Die landwirtschaftliche Produktion steuerlich zu taxieren ist immer schwierig, und zumindest aus dem Ackerbau ließen sich höhere Erträge nur dann erzielen, wenn dafür ausreichend Arbeitskräfte zur Verfügung standen. Daher waren die Abgaben an die Könige und ihre Krieger, von denen manche ohnehin aus reicheren Bauerngeschlechtern gestammt haben dürften, vielleicht keine allzu schwere Belastung. In anderen Wirtschaftsbereichen jedoch hatte die ökonomische Entwicklung für diejenigen, die auf der Schattenseite standen, existentiell gravierende Folgen: nicht nur der Sklavenhandel, sondern auch die Erzgewinnung zur Eisenproduktion, da – zumindest in der römischen Welt – eine Verurteilung zur Bergwerksarbeit der Todesstrafe gleichkam. Und selbst an der Spitze der Gesellschaft hatte der

Kampf um die Kontrolle des neuen Wohlstands ernste Konsequenzen. Ejsbøl Mose ist nur einer von mehr als 30 Orten in den nordeuropäischen Mooren, wo Waffen insbesondere aus der Zeit zwischen 200 und 400 n. Chr. gefunden wurden – ein deutlicher Hinweis auf das Ausmaß der Gewalt in der germanischen Welt beim Ringen um die Kontrolle über den beginnenden Wohlstand. Dass die Funde, die gewaltsame Konflikte belegen, auf Gebiete an der Nordsee beschränkt sind, ist sicher dem Zufall der archäologischen Überlieferung zu verdanken und nicht einer besonderen Streitlust der dort lebenden Germanen.[54]

Es ist keine neue Idee, den Handel mit dem Römischen Reich mit dem Wandel der germanischen Gesellschaft in den ersten nachchristlichen Jahrhunderten in Verbindung zu bringen. Aber der Handel kann nicht die einzige Erklärung für diesen Wandel sein, da nicht überall in Germanien große Mengen römischer Waren nachzuweisen sind. Die Bedeutung des Handels wird erst dann ersichtlich, wenn man nicht nur den dadurch entstandenen neuen Reichtum betrachtet, sondern auch die Kämpfe um dessen Kontrolle. Es war mehr diese Folgewirkung als der neue Reichtum selbst, was den Wandel bewirkte. Verschiedene Gruppen der germanischen Welt erkannten, dass es darum ging, sich die Gewinne aus dem neuen Reichtum zu sichern, und trugen so zur soziopolitischen Umgestaltung ihrer Gesellschaft bei.

Dieser Aspekt wird in postkolonialen Studien als »agency«, als Handlungsfähigkeit der kolonisierten Subjekte, bezeichnet. Die ältere Forschung neigte dazu, den Einfluss höher entwickelter Gesellschaften auf geringer entwickelte zu sehr als ein passives Aufnehmen anzusehen. Der Begriff »agency« nun beschreibt die spezifische Reaktion indigener Gruppen auf Reize von außen: Aus ureigenen Gründen und entsprechend ihren Prioritäten ergreifen sie bestimmte (und keine anderen) Möglichkeiten des Handelns. Die wirtschaftlichen Chancen, die sich durch den Kontakt mit Rom eröffneten, wurden von unterschiedlichen Gruppen auf unterschiedliche Weise ergriffen. Manche intensivierten die landwirtschaftliche Produktion, andere exportierten Eisen oder Bernstein, wieder andere beteiligten sich am Sklavenhandel. Die daraus erwachsende Ungleichheit schuf die ökonomische Basis für die Bildung größerer politischer Konföderationen im 4. Jahrhundert – und sie zeigt sich eben auch in der geographisch ungleichmäßigen Verteilung der römischen Waren. Die auffällige Häufung solcher Waren speziell im Gebiet bis zur Elbe geht vermutlich auf germanische Gruppen zurück, die es verstanden, bestimmte Handelsbeziehungen mit dem römischen Imperium zu dominieren, und sich daher die römischen Waren leisten konnten. Die Nutznießer des Sklavenhandels im

9. und 10. Jahrhundert beispielsweise lassen sich nicht nur anhand historischer Texte, sondern auch durch archäologische Funde identifizieren. Nichts spricht dagegen, dasselbe Prinzip bei den Germanen und ihren Handelsbeziehungen mit dem Römischen Reich anzunehmen.⁵⁵ Doch welche Rolle spielte Rom bei der Transformation der germanischen Welt? Wie versuchte das Römische Reich, langfristige Stabilität entlang seiner Grenzen aufrechtzuerhalten?

Die Kunst, über Klienten zu herrschen

Im Jahr 1967 entdeckte man bei Baggerarbeiten im Rhein nahe der alten römischen Stadt Civitas Nemetum (dem heutigen Speyer) einen Beuteschatz aus einer römischen Villa. Durch archäologische Untersuchungen der folgenden 16 Jahre ließ sich ermitteln, woher das Diebesgut stammte. Im späten 3. Jahrhundert hatten alamannische Plünderer versucht, ihre Beute über den Rhein zu schaffen, waren aber von römischen Patrouillenbooten gestellt und versenkt worden. Diese sogenannten *lusoriae* waren leichte, von Ruderern angetriebene Kriegsschiffe, ausgestattet mit Rammböcken und einer gut bewaffneten Mannschaft. Im Grunde ein ganz alltäglicher Grenzzwischenfall, abgesehen von der außergewöhnlichen Menge an geraubten Gegenständen. Die Alamannen hatten nicht weniger als 700 Kilo Beutegut bei sich, verladen auf drei oder vier Karren, die sie ans Ostufer des Rheins befördern wollten. Vermutlich stammte alles aus einer einzigen römischen Villa. Die Räuber hatten sämtliche Metallgegenstände mitgenommen, derer sie habhaft werden konnten; es fehlten nur Schmuck und Tafelsilber. Entweder hatten die Besitzer des Hauses vor dem Überfall fliehen können und die Wertgegenstände in Sicherheit gebracht, oder Schmuck und Tafelsilber wurden getrennt transportiert. Die Karren enthielten jedoch zahlreiche Silberteller aus dem Speisezimmer, die gesamte Küchenausstattung (darunter 51 große Kessel, 25 Schüsseln und Schalen und 20 eiserne Schöpfkellen), landwirtschaftliches Gerät vom Rebmesser bis zum Amboss – genug, um damit einen ganzen Bauernhof auszustatten –, einige Kultgegenstände aus dem Hausschrein und 39 Silbermünzen von guter Qualität.⁵⁶

Diese außergewöhnliche Beute verdeutlicht, dass das Römische Reich in den Beziehungen zu seinen Nachbarn vor einem schwerwiegenden Problem stand. Ist von räuberischen Barbaren die Rede, denkt man natürlich, sie hätten es vor allem auf Gold und Silber abgesehen, und tatsächlich wurden im Lauf der Jahre bei verschiedenen Funden aus der Römerzeit große Mengen entsprechender Gegenstände entdeckt. Doch die Bandbreite der begehrten Güter war weitaus größer. Da die Wirtschaft der germanischen Welt sehr viel geringer entwickelt war als die der Römer, waren für unsere Räuber auch ganz gewöhnliche Objekte entweder von direktem Nutzen, oder sie wurden an alamannische Bauersleute bzw. Schmiede zur Umarbeitung verkauft. Historische Quellen belegen zweifelsfrei, dass entlang der römischen Grenzen das Banditentum gang und gäbe war, auch wenn die Beute wohl oft bescheidener ausfiel.

Der Vormarsch der römischen Legionen war im 1. Jahrhundert an verschiedenen Stellen zum Stillstand gekommen, hauptsächlich an Rhein und Donau – was aber nicht bedeutet, dass die Römer das Territorium jenseits der Grenze sich selbst überlassen konnten. Überfälle über die Grenze hinweg waren keine Seltenheit, sondern die natürliche Folge des unterschiedlichen Entwicklungsniveaus. Das Römische Reich ging aber auch nicht auf einen Schlag vom Angriff zur Verteidigung über, wie manchmal behauptet wurde. Die Grenzen mussten aktiv verteidigt werden, und solange das Römische Reich als solches existierte, gelang ihm dies auch mit Hilfe einer aggressiven Diplomatie. Damit wurden die unmittelbaren Nachbarn Roms praktisch zu dessen Klientelstaaten.[57]

Die Methoden der römischen Grenzsicherung blieben über die Jahrhunderte hinweg weitgehend konstant – mit weitreichenden Folgen für die soziopolitische Entwicklung Germaniens. Ammian schildert diese Methoden am Beispiel Kaiser Constantius' II. und dessen Reaktion auf die Konflikte an der mittleren Donau in den Jahren 358/359. Als Erstes sorgte Constantius, wie alle anderen Kaiser vor ihm, für die militärische Überlegenheit Roms. Unmittelbar nach der Frühlingstagundnachtgleiche, als sich die räuberischen Barbaren noch in Sicherheit wähnten, ließ er eine Pontonbrücke über die Donau schlagen und führte einen Überraschungsangriff gegen die Sarmaten. Das Ergebnis war verheerend:

> Viele wurden niedergemacht, denen die Furcht die Beine gelähmt hatte. Aber manche hatte ihre Schnelligkeit vor dem Tode gerettet. Jetzt verbargen sie sich in den an Schlupfwinkeln reichen Talkesseln des Gebirges und mussten zusehen, wie ihr Vaterland dem Untergang durch das Schwert anheimfiel.

In den Wochen danach wurde der Feldzug rasch ausgeweitet und auch gegen die benachbarten Quaden und sämtliche anderen Gruppen an der Grenze geführt. Schließlich nutzte der Kaiser seine militärische Überlegenheit, um Bedingungen zu diktieren, von denen er hoffte, dass sie zu einer dauerhaften Beilegung des Konflikts führen würden. Die Gruppen und ihre Führer kamen, freiwillig oder erzwungen, einzeln zu ihm, um seine Entscheidung entgegenzunehmen.

Nicht alle Gruppen wurden auf die gleiche Weise behandelt; einigen gewährte Constantius sein Wohlwollen. Der Sarmatenfürst Zizais hatte begriffen, wie er sich verhalten musste:

> Angesichts des Kaisers legte er die Waffen ab und warf sich der Länge nach auf den Boden, wie entseelt hingestreckt. Aus Furcht versagte ihm die Stimme; er hätte zwar bitten müssen, aber so erregte er größeres Mitleid. Mehrmals versuchte er, etwas zu sagen, aber ein Schlucken hinderte ihn daran.

Von Barbaren wurde erwartet, dass sie gegenüber der gottgegebenen Macht Roms ihre Unterwürfigkeit demonstrierten, was Zizais sehr genau zu wissen schien. Die Darstellung der Barbaren auf römischen Münzen und Denkmälern spiegelt diese Erwartungshaltung wider. Die Barbaren wurden stets unterwürfig auf dem Boden liegend abgebildet, oft buchstäblich unter dem Fuß eines Kaisers (Abb. 7). Die Geste des Sarmatenfürsten erzielte die gewünschte Wirkung. Constantius beschloss, Zizais' Gruppe die politische Unabhängigkeit wiederzuschenken und ihn als Juniorpartner in eine ungleiche Koalition aufzunehmen; dazu verlieh er ihm den Status eines unabhängigen Königs. Das Hauptanliegen des Kaisers war es, die politischen Bündnissysteme an diesem Grenzabschnitt entsprechend den Interessen Roms neu zu ordnen. Übermäßig große und daher – aus römischer Sicht – gefährliche Bündnisse mussten zerschlagen werden. Was Zizais gewann, mussten andere verlieren. Dem Quadenkönig Araharius wurde trotz seiner Proteste die Herrschaft über den sarmatischen Unterkönig Usafer entzogen, der wie Zizais wieder seine Unabhängigkeit erhielt. Zuweilen verliefen solche Interventionen auch wesentlich gewalttätiger. Im Lauf der 24 Jahre, die Ammians Bericht umfasst, wurde mehrfach die Taktik angewandt, potentiell problematische Herrscherdynastien an der Grenze zu einem Gelage einzuladen, um sie bei dieser Gelegenheit entweder zu ermorden oder zu entführen.[58]

Interventionen beschränkten sich nicht auf die politische Umstrukturierung. Es wurden auch Entschädigungsforderungen für die Kosten des Militäreinsatzes erhoben und scharfe Ermahnungen ausgesprochen, die getroffenen Vereinbarungen nach dem Abzug der Legionen tunlichst einzuhalten. Einige Maßnahmen waren Standard, beispielsweise die Zwangsrekrutierung junger Männer aus den unterworfenen Gruppen für den römischen Militärdienst. Die unterworfenen Gruppen mussten zudem Geiseln stellen, zumeist junge Männer von hohem Rang. Sie wurden auf römischem Boden zwar nicht wie Gefangene behandelt, konnten aber bei Nichteinhaltung der Verträge ihr Leben verlieren. Sämtliche Gefangenen wurden nach Rom gebracht. In manchen Einzelheiten unterschieden sich die Verträge jedoch voneinander. Je nach Schwere der Schuld, die der Kaiser einer bestimmten Gruppe am jeweiligen Konflikt zuschrieb, musste sie Arbeitskräfte stellen und Rohstoffe sowie Naturalien abliefern. Traf sie hingegen keine oder nur eine geringe Schuld, wurde ihr zuweilen ein privilegierter Handelsstatus eingeräumt. Finanzielle Beihilfen waren ebenfalls fester Bestandteil des diplomatischen Arsenals Roms. Manche Historiker zweifelten dies in der Vergangenheit an und betrachteten die Subsidienzahlungen an die Barbarenführer als ein Zeichen militärischer Schwäche in der Spätphase des Römischen Reiches. Das ist ein Irrtum. Heute würden wir solche Subsidien als Entwicklungshilfe bezeichnen, und sie flossen während der gesamten römischen Geschichte, selbst nach großen Siegen. Nachdem Julian die Alamannen bei Straßburg bezwungen hatte, gewährte er beispielsweise den unterlegenen Königen jährliche Subsidien. Das geschah aus einem einfachen Grund: Die Gelder halfen den Königen, mit denen Rom soeben Verträge geschlossen hatte, an der Macht zu bleiben – aus römischer Sicht eine lohnende Investition.[59]

Constantius verfolgte noch einen weiteren Zweck: Er wollte eine zu dichte Besiedlung des Grenzhinterlands verhindern, und zwar aus zwei Gründen. Erstens hätten sonst zu viele Gruppen die Möglichkeit gehabt, in römisches Territorium einzudringen. Und zweitens bewiesen die ständigen Machtkämpfe zwischen den vielen Ober- und Unterkönigen, dass die Gruppen an der Grenze permanent in politischer Konkurrenz zueinander standen. Je mehr Gruppen daran beteiligt waren, desto größer die Gefahr, dass ihr Kampf um die Vormachtstellung auf römisches Territorium übergriff. Deshalb entschieden Constantius und seine Berater, die Limiganten, eine Untergruppe der Sarmaten und selbst eine Koalition, aus der unmittelbaren Grenzregion zu entfernen. Da die Limiganten dazu freiwillig nicht bereit waren, griffen die Römer erneut zu militärischen Mitteln. Nachdem zwei Untergruppen der Limiganten, die Amicenser und Picenser, niedergemetzelt worden waren, gaben sich die Übrigen geschlagen und zogen ab. Die Region schien befriedet, aber der Schein trog. Bereits ein Jahr später, 359, kehrten einige der Limiganten zurück und wollten als Tributpflichtige ins Römische Reich aufgenommen werden, statt weiterhin auf dem ihnen zugewiesenen Land fernab der Grenze zu siedeln.

Was dann geschah, ist ziemlich rätselhaft. Ammian unterstellt den Limiganten Arglist. Eine prinzipielle Einigung schien erreicht: Den Sarmaten sollte erlaubt werden, den Fluss zu überqueren, um ins römischen Reichsgebiet aufgenommen zu werden, sobald Constantius mit seiner Armee in die Region zurückgekehrt wäre. Im entscheidenden Moment jedoch ging etwas schief. Statt sich zu ergeben, griffen Ammian zufolge die Sarmaten den Kaiser an, worauf die Römer entsprechend reagierten:

> Weil die Menge der Unsrigen [...] in brennender Wut hervorbrach, ließ sie gleichzeitig ihrem Zorn gegen den treulosen Feind freien Lauf und machte alles nieder, was ihr in den Weg kam. Ohne jede Rücksicht zertrat sie Lebende, Halbtote und Tote. Bevor sie ihre Hände am Blut der Barbaren gesättigt hatten, häuften sich Berge von Erschlagenen.

Vielleicht handelten die Limiganten tatsächlich arglistig, oder Constantius wollte ein klares Zeichen setzen – oder aber, was ebenso wahrscheinlich ist, die Tragödie war das Ergebnis von Misstrauen und Verwirrung. Die Aufnahme barbarischer Volksgruppen war für das Römische Reich bisweilen eine grenzsichernde Maßnahme. Das Imperium gewann dadurch nicht nur neue Steuerzahler und potentielle Soldaten, sondern verhinderte zugleich eine möglicherweise gefährliche Übervölkerung in Grenznähe.[60]

Rom schöpfte das volle Spektrum seiner Mittel aus: gelegentliche Feldzüge mit anschließenden diplomatischen Abkommen zur Zerschlagung unliebsamer Koalitionen, Belohnung von Freunden und Bestrafung von Feinden. Eine Kombination aus Zuckerbrot und Peitsche – einerseits Strafaktionen und Geiselnahmen zur Einschüchterung, andererseits finanzielle Zuwendungen und Handelsvorteile – sorgte dafür, dass die neuen Abkommen nicht nur kurzfristig Bestand hatten. Die Maßnahmen waren effektiv, aber natürlich nicht perfekt. Aus römischer Sicht ließ sich ihr Erfolg an der Dauerhaftigkeit der Abkommen messen. Nach meinen Berechnungen hielten im 4. Jahrhundert die nach einer militärischen Großintervention getroffenen Vereinbarungen an den Grenzen von Rhein und Donau durchschnittlich 20 bis 25 Jahre, also rund eine Generation. Gemessen am Aufwand war das wahrscheinlich ein guter Ertrag; mehr durfte man nicht erwarten. Doch das ganze System beruhte auf dem gelegentlichen, aber entschiedenen militärischen Vorgehen der Römer. Die Barbarengruppen an der Grenze waren Teil eines römischen Weltsystems, doch die Vertragsbedingungen wurden nicht in freiem und gegenseitigem Einvernehmen festgelegt.

Mit ihren Maßnahmen trug die römische Diplomatie zur Umgestaltung der germanischen Gesellschaft bei, das gilt besonders für die jährlichen Subsidienzahlungen. Sie bestanden nicht immer nur aus Geld oder Edelmetallen, sondern manchmal auch aus hochgeschätzten römischen Konsumgütern wie kunstvollem Schmuck oder wertvollen Stoffen. Zweck der Subsidien war die

Festigung der Macht eines hinreichend gefügigen Königs an der Grenze, so dass er ein echtes Interesse an der Erhaltung des Friedens hatte. Subsidien dienten also meist der Stärkung bestehender Monarchien. Aber wie der Handel mit Bernstein und Sklaven brachten auch diese Subsidien neuen Reichtum in die germanische Welt, was erneut zu Rivalitäten unter den potentiellen Empfängern führte. Jede quantitative und qualitative Minderung der jährlichen Geschenke konnte eine Krise auslösen, wie das Beispiel der Alamannen zeigt, deren Subsidien Valentinian im Jahr 364 eigenmächtig kürzte. Es gab Gruppen, die nur deshalb in die Grenzregionen zogen, um die bisherigen Empfänger der Subsidien zu vertreiben und an deren Stelle zu treten. Das Gerangel um den Erhalt der Subsidienzahlungen verstärkte also den Wandel in den germanischen Gesellschaften. Rom blieb manchmal gar nichts anderes übrig, als die Sieger solcher Konflikte mit Geschenken zu belohnen.[61]

Subsidien waren jedoch nur Teil einer diplomatischen Gesamtstrategie Roms, deren übrige Aspekte ebenfalls weitreichende Auswirkungen hatten. Nehmen wir die regelmäßigen militärischen Interventionen, die im 4. Jahrhundert mit einer durchschnittlichen Häufigkeit von einem Feldzug pro Generation an jedem Grenzabschnitt stattfanden. In der Regel brannten die Römer alles nieder, bis die lokalen Könige sich unterwarfen. Anschließend begannen das diplomatische Taktieren und die Zuteilung von Subsidien. Die wirtschaftlichen Folgen dieser Politik der verbrannten Erde lohnen eine genauere Betrachtung. Präzise Informationen über das 4. Jahrhundert fehlen, aber mittelalterliche Kataster aus Gebieten, die ähnlicher Gewalt ausgesetzt waren, erlauben interessante Rückschlüsse. Dokumente über die Ländereien des Erzbischofs von York, die im 14. Jahrhundert von Schottland aus geplündert wurden, zeigen, dass der frühere Lebensstandard erst nach einer ganzen Generation wieder erreicht war. Das lag daran, dass die Plünderer nicht nur bewegliche, leicht zu ersetzende Dinge mitnahmen, sondern es auch auf wertvolle und teure Investitionsgüter wie Zugtiere abgesehen hatten, ganz zu schweigen von Haushaltsgeräten und anderen elementaren Gegenständen. Bezieht man die wirtschaftlichen Folgen in die Betrachtung der römischen Grenzpolitik mit ein, so war insbesondere in Zeiten und Gebieten mit ständigen Konflikten die Nachbarschaft zum Römischen Reich ein eklatantes Hemmnis für die wirtschaftliche Entwicklung. Das wird durch archäologische Funde bestätigt. Unter den Grenzgebieten stellt die Rhein-Weser-Region eine Ausnahme dar. Sie wurde nicht, wie die anderen Gebiete in der Zeit der ersten Kontakte mit dem Römischen Reich, reichlich mit römischen Importen beliefert. Hier blieb auch bis Ende des 2. Jahrhunderts die Siedlungsdichte geringer als andernorts. Grund dafür war die besondere Feindseligkeit zwischen vielen dort ansässigen Gruppen und dem Römischen Reich. Schließlich war die Rhein-Weser-Region das Kernland der Cherusker und Schauplatz des Aufstands, dem im Jahr 9 n. Chr. Varus' Legionen zum Opfer fielen. Das einzige Gebiet, das in jener Zeit des Niedergangs der weströmischen Wirtschaft im 5. Jahrhundert eine wirtschaftliche Expansion erlebte, war das Territorium der Alamannen. Dort wurden nachweislich Rodungen durchgeführt, Landwirtschaft und Siedlungen expandierten, und die Bevölkerung wuchs. Im 5. Jahrhundert schlossen sich die Alamannen auch politisch zusammen, mit einem einzigen, unangefochtenen König. Auch das war eine direkte Folge der Unfähigkeit Roms, durch militärische Interventionen unliebsame Führungsgestalten auszuschalten.[62]

Man versetze sich einmal in die Lage der Alamannen – oder überhaupt eines grenznahen Klienten: Die regelmäßige Zerstörung von Dörfern kann nur Hass und Verbitterung hervorgerufen haben, und so vermerkt auch Ammian oft, dass die Barbaren jenseits der Grenze auf Rom nicht gut zu sprechen waren. Selbst die weniger gewaltsamen Aspekte der römischen Interventionen müssen auf Seiten der Verlierer mit Groll quittiert worden sein. Die kriecherische Unterwürfigkeit, die bei öffentlichen Zeremonien erwartet und von Zizais so meisterhaft vorgeführt wurde, war denjenigen, denen man sie abverlangte, sicher alles andere als angenehm. Mochte Zizais froh gewesen sein, dadurch seine politische Unabhängigkeit gewonnen zu haben – der frühere Oberkönig, der seine alten Ansprüche an Zizais Gruppe verloren hatte, war gewiss höchst erbost. Ammian beschreibt auch, wie der einstige Oberkönig Araharius in Zorn geriet, als man ihm seine Untertanen wegnahm. Die Umsiedlung missliebiger Barbarengruppen – etwa der Limiganten – von ihren alten Wohnsitzen wurde vom Römischen Reich oft mit brutaler Gewalt durchgeführt. Valentinian I. beispielsweise änderte willkürlich Vereinbarungen ab, kürzte unangekündigt die Zuwendungen an die alamannischen Führer und ließ trotz anderslautender Abkommen Wehranlagen errichten. Manche Kaiser ordneten sogar die Eliminierung von Grenzkönigen an, wenn sie ihnen als zu gefährlich erschienen.

Aus nichtrömischer Sicht übten somit die Römer eine erdrückende Dominanz aus, die von den zahlreichen Betroffenen mit Abwehr und Feindseligkeit quittiert wurde. Das ist in den Quellen vielfach belegt. Auf der untersten Ebene manifestierte sich die Animosität gegen die Römer in kleineren und größeren Raubzügen auf römisches Territorium. Solche Überfälle geschahen tagtäglich und verstärkten natürlich den Zustrom an neuen Reichtümern, um deren Besitz sich Streit entzündete – mit entsprechenden politischen Auswirkungen in der germanischen Welt. Noch deutlicher zeigt sich diese Animosität in der Entschlossenheit mancher nach Herrschaft strebender Germanenführer, einen groß angelegten Aufstand zu wagen – wie etwa Arminius im 1. Jahrhundert (dessen unmittelbarer Auslöser Tributforderungen waren) oder Chnodomarius im 4. Jahrhundert.

Für die Militarisierung der Germanen während der Römerzeit, die sich an der steigenden Zahl von Waffenfunden ablesen lässt, werden neuerdings zwei Erklärungen angeboten: die wachsende Zahl von Germanen in den römischen Hilfstruppen sowie der höhere soziale Status germanischer Krieger infolge der römischen Feldzüge östlich des Rheins. Obwohl beide Deutungsansätze von unterschiedlichen Reaktionen auf die Macht Roms ausgehen – einerseits die Chancen, die Rom den Germanen bot, andererseits die Bedrohung, die Rom darstellte –, sind sie nicht völlig inkompatibel. Gewiss gab es etliche Germanen, auf die eine der beiden Erklärungen zutrifft, vielleicht sogar beide, wenn auch in verschiedenen Abschnitten ihres Lebens.[63] Die negative Reaktion auf die Macht Roms dürfte jedenfalls für die politische Konsolidierung der Germanen eine wichtige Rolle gespielt haben.

Diese Militarisierung manifestierte sich, wie wir gesehen haben, nicht nur in der Bestattung der Toten mit ihren Waffen. In der Zeit der germanisch-römischen Kontakte entwickelten sich völlig neue Bezeichnungen für das politische Führertum, die die große Bedeutung des Kriegerischen verraten. Aus Herrschern wurden buchstäblich und erklärtermaßen Militärführer, und dieser Wandel wurde nicht nur durch Gewalt erzwungen. Die politische Gemeinschaft der Germanen in spätrömischer Zeit umfasste neben den Königen und ihrem Gefolge auch viele andere Personen, und der Prozess der politischen Konsolidierung, die sich am Aufstieg des Militärkönigtums ablesen lässt, konnte nicht ohne die Zustimmung dieser Gemeinschaft (der Freien?) erfolgen. Positive wie negative Aspekte wirkten hier zusammen. Ein militärisch schlagkräftiger König wurde von den Römern vermutlich eher als guter Partner bei der Grenzsicherung anerkannt und daher mit entsprechenden Subsidien und Geschenken bedacht. Aber er verfügte zugleich auch über die Mittel, sich unerhörten Forderungen und Interventionen der römischen Staatsmacht zu widersetzen. Athanarich und Macrianus sind dafür gute Beispiele. Beide zeigen, wie stark die Antipathie gegen Rom war und welche Grenzen ihr im 4. Jahrhundert gesetzt waren. Beide Könige gewannen Ansehen und Macht in ihren Gesellschaften, als sie sich den Römern widersetzten, und dennoch kooperierten sie mit den Römern, als das Imperium – aus welchem Grund auch immer – einlenkte und akzeptablere Bedingungen bot.[64] Athanarich und Macrianus verdeutlichen den Drahtseilakt, den selbst die primären Nutznießer einer beginnenden politischen Zentralisierung unter den Germanen vollführen mussten.

GLOBALISIERUNG

Der Kontakt mit Rom auf vielen Ebenen – Handel, Technologietransfer, militärische Hilfsdienste etc. – förderte den Wandel der germanischen Welt. Ebenso wichtig wie all der neue Reichtum, der in der germanischen Welt Einzug hielt, war der Umstand, dass der Handel mit Sklaven und Bernstein neue, komplexere Formen der Organisation erforderte. Ein schlichter Kaufakt zwischen römischem Käufer und germanischem Verkäufer war nicht mehr ausreichend. Die nördliche Bernsteinstraße und das Netz des Sklavenhandels zeigen, dass der neue Reichtum nicht gleichmäßig allen Teilen der germanischen Gesellschaft zugute kam. Bestimmte Gruppen taten sich – oft auch militärisch – zusammen, um sich an den neuen wirtschaftlichen Möglichkeiten, die sich mit der Präsenz römischer Legionäre an Rhein und Donau eröffneten, einen überproportionalen Anteil zu sichern. Mit Handelsprivilegien und Subsidienzahlungen flossen weitere Reichtümer nach Germanien, die die Könige dank ihrer militärischen Stärke zu ihrem eigenen Vorteil zu nutzen verstanden.

Diese Subsidienzahlungen wurden nicht ohne Gegenleistung gewährt und waren Teil einer Vielzahl römischer Strategien der Grenzsicherung. Die an der Grenze siedelnden Germanengruppen wurden von den Römern bisweilen unter militärischen Druck gesetzt. Sie mussten hinnehmen, dass sich das Römische Reich in ihre Angelegenheiten einmischte und ihnen vorschrieb, wo sie zu siedeln hatten, mit wem sie Bündnisse schließen durften und wer über sie herrschte. Und es wurde ihnen die Lieferung von Waren, Dienstleistungen und sogar von Menschen abverlangt. Ihr Leben stand unter dem Zeichen der demütigenden Unterwerfung unter die römische Vorherrschaft. Die daraus erwachsende Feindseligkeit dieser Klientelstaaten fand ihren Ausdruck in regelmäßigen Raubzügen geringeren Ausmaßes über die Grenzen hinweg. Ein sehr viel bedeutenderer Effekt dieser Feindseligkeit war die Legitimation eines neuen Militärkönigtums bei den Germanen, das mit der Bildung neuer Konföderationen zum Ausgangspunkt einer stärkeren politischen Konsolidierung wurde. Die mächtigen Militärkönige hatten größeren Zugriff auf die Ressourcen als andere Mitglieder der Gesellschaft und profitierten mehr von diesem neuen Reichtum, aber sie boten ihren Untertanen auch mehr Schutz vor den Übergriffen der Römer.

Mit anderen Worten: Die »positiven« und »negativen« Kontakte der germanischen Welt zu ihren römischen Nachbarn hatten denselben Effekt der politischen Konsolidierung. Wir sehen hier ein frühes Beispiel der Globalisierung. Eine weitgehend schwach entwickelte, im Wesentlichen auf Subsistenzwirtschaft ausgerichtete Agrarökonomie mit mäßiger Diversifizierung der Produktion und des Handels und geringer sozialer Schichtung sah sich plötzlich mit der hochentwickelten Ökonomie und den effizienten staatlichen Strukturen des römischen Kaiserreichs konfrontiert. Aus diesem Zusammenspiel zwischen dem Römischen Reich und der germanischen Bevölkerung entstand das neue Germanien der spätrömischen Zeit.

Das bedeutet nicht, dass die germanische Gesellschaft vor den ersten Kontakten zu den Römern in einem Zustand paradiesischer Glückseligkeit lebte. Bekanntlich gab es große Entwicklungsunterschiede zwischen der hauptsächlich germanisch dominierten Jastorf-Kultur im nördlichen Mitteleuropa und der vorwiegend keltisch geprägten Latène-Kultur in Westeuropa, lange bevor die Legionen aus dem Mittelmeerraum anrückten. Und schon damals hatten die relativ unentwickelten Jastorf-Gesellschaften begonnen, sich zu reorganisieren, um sich einen größeren Anteil am Wohlstand ihrer höher entwickelten Latène-Nachbarn zu sichern. Und diese Wirkungen zeigten sich schon, bevor Rom ins Spiel kam. In den ersten nachchristlichen Jahrhunderten wurde das Europa der Latène-Kultur von dem noch reicheren, politisch einheitlicheren und militärisch sehr viel mächtigeren Römischen Reich abgelöst – mit der Folge, dass sich die Stimuli von außen und die Reaktion darauf (»agency«) dramatisch verstärkten.

Die Entwicklungsunterschiede innerhalb der germanischen Gesellschaften hätten vermutlich ausgereicht, um größere und stabilere politische Einheiten entstehen zu lassen. Die dynamischen Kontakte mit dem Römischen Reich beschleunigten diesen Prozess jedoch um viele Jahrhunderte. Doch all dies kann die Umgestaltung Germaniens nur unzureichend erklären. Wir müssen auch die Migrationsbewegungen betrachten, die zur selben Zeit in Teilen Germaniens einsetzen.

KAPITEL 3
NICHT ALLE WEGE FÜHREN NACH ROM

Im Sommer des Jahres 172 n. Chr. war Kaiser Marc Aurel in arger Bedrängnis. Seit 166 brannte es an allen europäischen Grenzen des Römischen Reiches, besonders aber an der mittleren Donau, wo Marc Aurel zu diesem Zeitpunkt selbst im Kampf stand. Schon war einer seiner wichtigsten Heerführer, der Prätorianerpräfekt Vindex, im Kampf gegen die germanischen Markomannen Böhmens nördlich der Donau gefallen. Der Kaiser selbst führte einen zweiten Angriff gegen die Quaden der Slowakei. Es war ein glutheißer Sommer, und bei ihrem Zug durch feindliches Territorium blieb den Römern nichts anderes übrig, als in schwerer Rüstung und in geordneten Schlachtreihen zu marschieren. Die Quaden kannten die Gegend und wussten, dass die Römer kamen. Statt sich dem Kampf zu stellen, lockten sie sie weiter ins Landesinnere, um sie von ihrem Nachschub abzuschneiden, und kesselten sie ein. Die Quaden stellten den Kampf ein in der Erwartung,

> ihre Feinde durch Hitze und Durst leicht bezwingen zu können. Sie riegelten zu diesem Zweck – auch zahlenmäßig den Römern weit überlegen – die ganze Umgebung ab und hinderten sie daran, von irgendwoher Wasser zu bekommen. Während sich die Römer infolge Erschöpfung, Wunden, Sonnenhitze und Durst in einer höchst üblen Lage befanden und daher weder zu kämpfen noch sich irgendwie von der Stelle zu rühren vermochten, sondern durch die Glut fast versengt in Reih und Glied und an ihren Posten standen, ballten sich plötzlich zahlreiche Wolken und – nicht ohne göttliches Eingreifen – rauschte ein gewaltiger Wolkenbruch nieder [...] Des weiteren berichtet noch Dio, dass in dem Augenblick, da der Wolkenbruch niederging, zunächst alle ihr Gesicht nach oben richteten und das Wasser mit ihrem Mund aufnahmen, dann aber die einen ihre Schilde, die anderen ihre Helme zum Auffangen hinhielten und sowohl selbst tiefe Züge taten, als auch ihren Pferden zum Trinken gaben. Wie nun die Barbaren angriffen, da tranken und kämpften sie gleichzeitig.

Vom Regenguss erquickt, erwachte der Kampfgeist der Römer, und die Quaden mussten zu den Waffen greifen. Unter Donner und Blitzen, von denen zahlreiche auf die Barbaren niedergingen, gelang es Marc Aurel, sich aus der Falle zu befreien. Mit einem intakten Heer errang er einen ruhmreichen Sieg.

Das Regenwunder des Marc Aurel – unter diesem Namen ging das rettende Unwetter in die Geschichte ein – galt in der Antike als Beweis dafür, dass dem Römischen Reich göttlicher Beistand sicher war. Cassius Dio, unsere Hauptquelle, führte das Wunder auf den ägyptischen Magier Arnuphis zurück, christliche Verfasser dagegen reklamierten es für sich und behaupteten, die Gebete einer christlichen Legion aus Syrien hätten es bewirkt. Der Kaiser stellte an den europäischen Grenzen Roms die Ordnung wieder her, was allerdings das ganze restliche Jahrzehnt in Anspruch nahm. Das Regenwunder und andere Ereignisse des Kriegs sind in den Reliefs der Siegessäule Marc Aurels in der Hauptstadt Rom verewigt (Abb. 5).[1] Aber wie war Marc Aurel überhaupt in diese prekäre Lage geraten?

VON DER OSTSEE BIS ANS SCHWARZE MEER

Die römische Expansion in das weitgehend von den Germanen beherrschte, klimatisch gemäßigte Europa kam im 1. Jahrhundert n. Chr. an einer durch Rhein und Donau grob markierten Grenze zum Stillstand. Dies bedeutete keineswegs, dass Rom auf eine defensive Strategie umgeschwenkt wäre. Wie im vorigen Kapitel dargelegt, stand hinter der militärischen Überlegenheit Roms eine aggressive Diplomatie, die bestrebt war, die politischen Gemeinschaften in Grenznähe zu römischen Klientelstaaten zu machen. Überfälle, Bedrohungen, militärische Machtdemonstrationen und Unterwerfungen von Barbarengruppen waren an der Tagesordnung, direkte Konfrontationen dagegen eher selten. Die Erfahrung hatte die Barbaren gelehrt, dass ein offen ausgetragener Konflikt mit den technisch überlegenen römischen Truppen für sie gewöhnlich kein gutes Ende nahm. Mitte des 2. Jahrhunderts hatten die Markomannen und Quaden hundert Jahre lang zu diesen Klienten an Roms Grenzen gehört, was den Krieg, der Marc Aurel fast das Leben gekostet hätte, umso rätselhafter erscheinen lässt. Warum suchten langjährige Klienten nach 100 Jahren kleinerer Scharmützel jetzt plötzlich eine große militärische Konfrontation?

Das Regenwunder steht im Zusammenhang mit einer ganzen Reihe von Auseinandersetzungen, die unter der Bezeichnung Markomannenkriege zusammengefasst werden. An den Kämpfen waren jedoch noch viele andere Gruppen beteiligt, auch wenn die böhmischen Markomannen im Mittelpunkt der bekanntesten Episoden stehen. Die Rekonstruktion dieser kriegerischen Auseinandersetzungen ist gleichfalls alles andere als einfach. Der Historiker

Cassius Dio hat die Ereignisse ausführlich und detailreich geschildert, doch seine Erzählung ist nur in Fragmenten überliefert, und andere Quellen sind kaum vorhanden. Infolgedessen verfügen wir über viele Momentaufnahmen, die Zusammenhänge jedoch bleiben oft unklar. Besonders über das Ausmaß dieser Kriege und ihre Ursachen ist wenig bekannt. Die römischen Quellen konzentrieren sich auf Gewaltausbrüche, die auf römisches Reichsgebiet übergriffen. Historische und archäologische Quellen jedoch zeigen, dass einer der destabilisierenden Faktoren das Auftauchen neuer germanischer Gruppen an der römischen Reichsgrenze war.

Die Markomannenkriege

In den ersten Jahren nach seinem Regierungsantritt im Jahr 161 musste sich Marc Aurel mit der Bedrohung durch die Parther an der mesopotamischen Grenze Roms auseinandersetzen. Unter anderem galt es, drei vollständige Legionen – 18 000 Mann – von Rhein und Donau in den Osten zu verlegen. Mitte des Jahrzehnts kam es auch im Westen zu Unruhen. Im Winter 166/167 fielen Berichten zufolge 6000 Langobarden und Ubier in die römische Provinz Pannonien ein, das heutige Ungarn südlich der Donau und südlich und westlich der Karpaten. Die Invasoren wurden zwar zurückgeschlagen, aber das Gebiet an der mittleren Donau blieb ein Unruheherd. Im Jahr 168 baten Markomannen und Viktualen, seit langem Klienten Roms auf dieser Seite der Grenze, um Aufnahme ins Reich – ein durchaus nicht ungewöhnlicher Vorgang, und manchmal wurde solchem Ersuchen stattgegeben. Diesmal jedoch lehnte Marc Aurel ab.

Anno 170 zog der Kaiser seine Truppen in Pannonien zusammen. Die Quellen deuten darauf hin, dass er beabsichtigte, die Territorien der Markomannen und Quaden formell zu annektieren, doch sein Feldzug endete in einem Desaster. Die Römer wurden vernichtend geschlagen, und da für die Offensive viele Legionäre von den militärischen Stützpunkten abgezogen worden waren, konnten die Barbaren sogar in Italien einfallen. Uderzo wurde geplündert, Aquileia belagert. Das römische Italien erlebte damit seine größte Katastrophe seit dem 3. Jahrhundert v. Chr., und es sollte bis Ende 171 dauern, ehe die Eindringlinge vollständig zurückgeschlagen werden konnten. Inzwischen hatten die Unruhen den ganzen Donauraum erfasst. Die Jazygen (nomadische Sarmaten) und die germanischen Quaden sorgten an der mittleren Donau westlich der Karpaten für Probleme, während zwei Gruppen von Vandalen, die Asdingen und die Lakringer, die nördlichen Grenzen des transsylvanischen Dakien bedrohten (Karte 4). Die Kostoboken im nordöstlichen Dakien fielen in Thrakien, Makedonien und Griechenland ein, nachdem sie vermutlich entlang des östlichen und nicht des westlichen Randes der Karpaten nach Süden gezogen waren. Auch an der nördlichen Rheingrenze kam es zu größeren Übergriffen. Alle diese Zwischenfälle verzögerten die Pläne des Kaisers, einen Rachefeldzug zu führen; erst 172 konnte Marc Aurel wieder in die Offensive gehen. Nach zwei Jahren intensiver Kriegführung an der mittleren Donau, in deren Verlauf sich das Regenwunder ereignete, brachte er die Markomannen, die Quaden und die Jazygen wieder unter seine Kontrolle. Böhmen, die Slowakei und die Große Ungarische Tiefebene wurden befriedet, doch waren militärische und diplomatische Manöver das ganze restliche Jahrzehnt hindurch vonnöten, um die kurzfristigen militärischen Siege in einen dauerhaften Frieden umzumünzen.[2]

Cassius Dios Textfragmente vermitteln zumindest einen Eindruck von den Geschehnissen. Die Parallelen zu der Politik, die zwei Jahrhunderte später Constantius II. verfolgte, sind verblüffend. Aufsässige Könige wurden durch gefügigere ersetzt, besonders bei den Quaden und Sarmaten, wo es nach Absetzung der vom Kaiser ernannten Herrscher (Furtius und Zanticus) zu einer offen feindseligen Politik gegenüber dem Römischen Reich gekommen war. Die Markomannen und Quaden mussten die Stationierung von 20000 römischen Soldaten in einer Reihe von Befestigungen auf ihrem Gebiet hinnehmen. Einige Gruppen wie die Asdingen erhielten ein neues Siedlungsgebiet zugewiesen, andere wie die Quaden wurden an der Ansiedlung gehindert, und wieder andere wie die 3000 Naristen durften sich sogar auf römischem Boden niederlassen. Die Naristen waren eine sehr viel kleinere Gruppe als die Markomannen, und jetzt, nach seinem Sieg, diktierte Marc Aurel die Bedingungen. Je nachdem, wie er die Loyalität der Gruppe einschätzte, gewährte oder entzog er ihnen Handelsprivilegien, und es wurden neue neutrale Zonen geschaffen. Die gefährlichen sarmatischen Jazygen etwa mussten, wie die Limiganten im Jahr 358, in einem doppelt so großen Abstand vom Donauufer wie bisher siedeln. War das Misstrauen des Kaisers groß, ließ er römische Garnisonen errichten und verbot die bei den Stämmen üblichen Versammlungen zur Regelung ihrer politischen Angelegenheiten. War die Ordnung wiederhergestellt und durch willfährige Könige gesichert, wurden die Bedingungen gelockert. Die Jazygen durften in die alte neutrale Zone zurückkehren und durch die Provinz des römischen Dakien ziehen, um wieder mit den gleichfalls sarmatischen Roxolanen Verbindung aufzunehmen. Durch seine ausgedehnten Feldzüge festigte Marc Aurel also ein kompliziertes Geflecht diplomatischer Vereinbarungen und Allianzen in der Tradition römischer Klientelbeziehungen. Doch wie Cassius Dio bemerkte, war das Problem so groß, dass es beim Tod des Kaisers im Jahr 180 immer noch ungelöst war.[3]

Bleibt die entscheidende Frage: Wodurch wurden diese Unruhen ausgelöst?

Einer unserer Hauptquellen zufolge war der Grund das Vordringen – und teilweise auch die Wanderungsbewegung – germanischer Gruppen aus Nordmitteleuropa:

> Viktualen und Markomannen versetzten alles in Unruhe, und auch andere Völker, die dem Druck der nördlichen Barbaren hatten weichen müssen, drohten mit einem Angriff, falls man ihnen nicht Einlass gewähre.

Nach der klassischen Großen Erzählung wurde diese Passage als Beleg dafür verstanden, dass die Markomannenkriege die erste Phase einer großräumigen Migration aus Germanien waren, an deren Ende der Untergang des Römischen Reiches stand. Aber die Zuverlässigkeit der *Historia Augusta*, aus der dieses Zitat stammt, ist äußerst fragwürdig. Trotz der Fülle an historischen Informationen, insbesondere aus dem 2. Jahrhundert, ist der Text eine Fälschung aus der Zeit um 400 n. Chr., dessen Verfasser, wahrscheinlich ein Angehöriger des senatorischen Adels in Rom, sich als jemand aus der Zeit um 300 ausgab. Wie wir im folgenden Kapitel sehen werden, hätte ein zu dieser Zeit schreibender Autor ein exzellentes Beispiel für die Einwanderung gotischer Barbaren vor Augen gehabt, die in großer Zahl ins Römische Reich strömten, auf der Flucht vor den »nördlichen Barbaren« in Gestalt der Hunnen. Man muss daher die Darstellung der Ursachen von Marc Aurels Bedrängnis in der *Historia Augusta* mit größter Vorsicht betrachten. Vor nicht allzu langer Zeit wurde sogar die Meinung vertreten, die dort dargelegte Sicht der Ursachen und Bedeutung der Kriege müsse ganz verworfen werden. Die Markomannenkriege könnten nicht als die erste Welle eines gewaltigen »germanischen Tsunami« betrachtet werden, der über die römische Welt hereinbrach. Marc Aurel, der gerade erst die Partherkriege hinter sich hatte, habe im Gegenteil seine Oberhoheit an den europäischen Grenzen Roms wiederherstellen wollen, wo die zeitweilige Verlegung von Truppen in den Osten zu vermehrten Plünderungen geführt hätte. Auslöser für die Grenzunruhen sei demnach die Vehemenz der geplanten Gegenoffensive gewesen, mit anderen Worten: die römische Aggression. In Panik hätten die Markomannen und die Quaden schnellstmöglich Vergeltung üben wollen.[4]

Einige Aspekte dieser Rekonstruktion der Ereignisse sind durchaus plausibel. Man muss sich zwar vor Anachronismen hüten, aber die Angst vor der römischen Aggression spielte bei den Barbaren gewiss keine geringe Rolle. Gestärkt durch den gerade errungenen Sieg, diktierte Rom die Bedingungen an seinen Grenzen, und die barbarischen Klienten machten sich wohl keine Illusionen über den »gerechten« oder »angemessenen« Charakter römischer Vergeltungsaktionen. Die römischen Kaiser hatten es nötig, sich gegenüber den Barbaren wie gegenüber den Ursachen der Barbarei unerbittlich zu zeigen. All dies vorausgeschickt, halte ich jedoch die These, die Ereignisse der 160er und 170er Jahre seien nicht ungewöhnlich gewesen, für wenig überzeugend. Sowohl eine Betrachtung der Kriege als Beginn des großen Gegenschlags der Germanen gegen den römischen Imperialismus wie auch die Ansicht, es habe sich um einen ganz normalen Grenzkonflikt gehandelt, wäre allzu vereinfachend. Selbst wenn man möglicherweise irreführende Parallelen zum 4. Jahrhundert beiseite schiebt, kam es im Verlauf der Kriege zu Grenzkonflikten bisher ungekannten Ausmaßes, und die Rekonstruktion der Ursachen legt nahe, dass starke Kräfte im Spiel waren.

Geographisch waren die Angriffe extrem breit gestreut. Anfang der 170er Jahre waren die nördliche Rheingrenze, die Ebene an der mittleren Donau und der nördliche und östliche Rand Dakiens betroffen, also fast das gesamte europäische Grenzgebiet des Römischen Reiches. Selbst der größte Aufstand des 1. Jahrhunderts war auf das Rheingebiet und die mittlere Donau begrenzt gewesen; und auch Chnodomarius' ehrgeizige Vorstöße in einen bestimmten Grenzabschnitt im 4. Jahrhundert sind mit diesem Konflikt nicht zu vergleichen. Zudem dauerten die kriegerischen Auseinandersetzungen fast 15 Jahre. Im 4. Jahrhundert erschöpften sich die meisten der gut dokumentierten Grenzstreitigkeiten innerhalb von zwei bis drei Jahren, und auch Chnodomarius' Übergriffe endeten nach fünf Jahren.

Am schwersten zu bestimmen ist die Zahl der an den Auseinandersetzungen beteiligten Personen. Wie viele Menschen waren in diesen eineinhalb Jahrzehnten in die Kämpfe verwickelt? Direkte Zeugnisse gibt es kaum. Einzig Cassius Dio nennt eine konkrete Zahl: Beim ersten Angriff auf Pannonien sollen 6000 Langobarden und Ubier beteiligt gewesen sein. Das wäre eine große, aber keineswegs eine massive Streitmacht (verglichen etwa mit der Zahl der Alamannen vor Straßburg). Aus anderen Zeugnissen lassen sich Zahlen nur indirekt erschließen, sofern sie nicht rein subjektive Eindrücke wiedergeben. Doch zumindest die Zahl der römischen Soldaten, die an den Feldzügen im mittleren Donauraum teilnahmen, ist beträchtlich: Für seine große Gegenoffensive hob Marc Aurel zwei völlig neue Legionen (12 000 Mann) aus.

Nicht nur in Italien kam es zu schweren Verwüstungen, sondern auch westlich der niederrheinischen Grenze, von der belgischen Küste bis zur Somme, wo die römischen Städte Tarvenna (Thérouanne), Bagacum (Bavay) und Samarobriva (Amiens) dem Erdboden gleichgemacht wurden. Dass die Markomannen und Quaden über eine Streitmacht verfügten, die groß genug war, um einen Präfekten zu töten und sogar das Leben des Kaisers in Gefahr zu bringen, deutet ebenso wie die Tatsache, dass Marc Aurel in Rom seinen Triumph mit einem gewaltigen Siegesmonument feierte, auf eine größere kriegerische Auseinandersetzung hin. Die propagandistische Absicht dieser Siegessäule ist unmissverständlich: Sie diente der öffentlichen Darstellung eines Sieges in einem großen Krieg. Will man die Bedeutung der Ereignisse herunterspielen, kann man sich zwar an diesen einzelnen Belegen vorbeimogeln, zusammengenommen jedoch führen sie unausweichlich zu dem Schluss, dass die Markomannenkriege in den Beziehungen zwischen Rom und seinen barbarischen Nachbarn etwas Außergewöhnliches waren.[5]

Dasselbe ergibt sich aus der geographischen Bevölkerungsverschiebung – bisweilen in Form von Migration –, die ein wichtiges Unterkapitel dieser Kriege ist. Auch hier gibt es deutliche Unterschiede zu den Grenzkonflikten des 1. Jahrhunderts. Die Langobarden und die Ubier, deren Angriffe auf Pannonien den Auftakt bildeten, waren offensichtlich erst eine halbe Generation vor Kriegsbeginn von der unteren Elbe, wo sie Tacitus Ende des 1. Jahrhunderts und Ptolemäus Mitte des 2. Jahrhunderts lokalisierte, etwa 800 Kilometer weit nach Süden gezogen. Welchen Weg sie nahmen, ist nicht überliefert, doch die naheliegendste Route ist elbabwärts nach Böhmen, bevor sie durch das Marchtal in die Ebene an der mittleren Donau weiterzogen (Karte 4). Damit wären sie einer der großen nord-südlich verlaufenden Routen durch Mitteleuropa und damit demselben Weg gefolgt, den 250 Jahre zuvor die Kimbern und Teutonen genommen hatten. Wir wissen nicht, ob die Langobarden und Ubier nur auf Plünderungen aus waren oder ob sie sich dauerhaft im Grenzgebiet niederlassen wollten. Bei anderen Gruppen ist das Bestreben eines endgültigen Aufbruchs deutlicher, etwa bei den Vandalenverbänden, die im Verlauf der Kriege gleichfalls nach Süden zogen, nur ein kürzeres Stück von Zentralpolen entfernt, und die – mit einem gewissen Einverständnis der Römer – versuchten, das Territorium der Kostoboken am Rand Dakiens zu erobern. Um die Lage zu entschärfen, ließen die Römer, wie wir gesehen haben, auch die Ansiedlung von Naristen auf ihrem Staatsgebiet zu. Die Neuansiedlung hatte keineswegs immer die römische Grenzregion zum Ziel. So verhinderte Marc Aurel, dass die Quaden geschlossen nach Norden in das Gebiet der Semnonen an der mittleren Elbe zogen.[6]

An diesem Punkt ist es wichtig, keine voreiligen Schlüsse zu ziehen. Nichts deutet darauf hin, dass sich von Norden ein unaufhaltsamer Strom barbarischer Migranten heranwälzte. Trotzdem gibt es Hinweise darauf, dass die germanischen Gruppen der Grenzregion, größtenteils halbunterworfene Klientelkönigtümer und keineswegs eingeschworene Feinde des Römischen Reiches, auch deshalb in das Kriegsgeschehen verwickelt wurden, weil andere Gruppen einfielen und sie deshalb tatsächlich den Beistand der Römer brauchten. Angesichts dieser Bedrohung ihres Lebensraums an der Reichsgrenze trat der Markomannenkönig Ballomarius als Verhandlungsführer einer Delegation von elf Gruppen aus dem Grenzgebiet vor Kaiser Marc Aurel.[7] Müsste man die Diskussion der Markomannenkriege damit bewenden lassen, hätte man eine zwar sehr faszinierende, aber letztlich auch unbefriedigende Geschichte. Die Quellen vermitteln kein Gesamtbild der Geschehnisse, von denen Marc Aurels kriegerische Auseinandersetzungen mit den Markomannen und Quaden nur ein Teil sind. Seit den 1970er Jahren kam jedoch eine Vielzahl neuer archäologischer Funde ans Licht, die unsere Kenntnisse der Ereignisse im Norden Germaniens im 2. Jahrhundert beträchtlich erweitern.

Dass diese Zeugnisse überhaupt existieren, ist ein Nebenprodukt des Kalten Krieges. Von den zahlreichen Funden, die vor 1939 in Mittel- und Osteuropa ausgegraben wurden, gingen so viele durch den Krieg verloren, dass die Wissenschaft anschließend praktisch wieder bei Null anfangen musste. Die neuen Ostblockstaaten steckten viel Arbeitskraft und Geld in die archäologische Forschung. Sie verknüpften damit zwei Anliegen, die einander auf den ersten Blick zu widersprechen scheinen: Auf der einen Seite stand ein dezidierter Nationalismus. Mit Hilfe der Archäologie sollte bewiesen werden, dass die heutigen Bewohner die Nachfahren einer alteingesessenen Bevölkerung sind, die dieses Territorium seit grauer Vorzeit ununterbrochen besiedelt hatte. Auf der anderen Seite hatte man ein starkes Interesse daran, die von Marx und Engels im 19. Jahrhundert skizzierte historische Entwicklung zu belegen. Einige der Publikationen aus den 1950er und 1960er Jahren sind so stark ideologisch gefärbt, dass einem heute die Haare zu Berge stehen. Viele Wissenschaftler widersetzten sich allerdings standhaft dem offiziellen marxistisch-nationalistischen Druck und bekannten sich entweder nur formell zur offiziellen Linie oder ignorierten sie ganz.[8]

So verfügen wir heute über ein sehr viel klareres Bild der materiellen Kultur im germanisch dominierten Europa in der Zeit der Kontakte mit dem Römischen Reich. Besonders die Wielbark-Kultur Nordpolens konnte als eigenständig von der unmittelbar südlich benachbarten Przeworsk-Kultur abgegrenzt werden, die bereits in der Zwischenkriegszeit identifiziert und gut erforscht worden war. Zwischen beiden Kulturen gibt es neben vielen Gemeinsamkeiten auch Unterschiede – etwa beim Dekor der Keramik oder bei der Waffenherstellung. In Männergräbern der Wielbark-Kultur finden sich nie Waffen, bei der Przeworsk-Kultur dagegen oft. In Gräberfeldern der Wielbark-Kultur kommen häufig Brand- und Körperbestattung nebeneinander vor, während Przeworsk-Gruppen ausschließlich die Brandbestattung praktizierten – Besonderheiten, die auf unterschiedliche Vorstellungen von einem Leben nach dem Tod verweisen.

Dass die Fülle neuer Funde auch zur Entwicklung zuverlässiger archäologischer Datierungssysteme führte, ist für die Geschichte der Markomannenkriege von Bedeutung. Gustaf Kossinna und seine Kollegen hatten als Erste die stilistische Entwicklung als Verfahren zur chronologischen Bestimmung innerhalb einer bestimmten »Kultur« etabliert. Raffiniertere Formen eines Musters wurden zeitlich später eingestuft als einfachere Formen. Ursprünglich für die Keramiktypologie entwickelt, kann diese Methode grundsätzlich auf jedes Objekt angewandt werden. Um die relative Abfolge einer stilistischen Entwicklung in einer absoluten Chronologie zu verankern, nutzt die archäologische Forschung genauer datierbare Objekte, zum Beispiel römische Münzen, die an germanischen Fundorten auftauchten. Wenn eine Münze aus dem Jahr 169 n. Chr. zusammen mit einem bestimmten Keramiktyp gefunden wird, muss dieser Typus eindeutig nach diesem Zeitpunkt entstanden sein. Doch der Zeitraum, der zwischen der Herstellung und der endgültigen Deponierung datierbarer Objekte vergangen ist, lässt sich nur bedingt bestimmen. So wissen wir heute, dass qualitativ hochwertige römische Silbermünzen aus dem 1. und 2. Jahrhundert unter den Barbaren in Europa noch im 4. Jahrhundert in Umlauf waren.

Übertragen auf die sehr viel größere Fülle von Material aus Osteuropa, das um 1970 zur Verfügung stand, konnte man nun die Abfolgen der stilistischen Entwicklung für ein sehr viel breiteres Spektrum von Objekten bestimmen: unter anderem für Waffen, Gürtelschnallen, Schmuck und Kämme. Die Datierung von Funden wurde auch dadurch auf eine sicherere Grundlage gestellt, dass man sich nicht mehr bloß auf ein einzelnes Objekt, sondern auf alle beziehen konnte, so dass die großen, germanisch dominierten kulturellen Systeme nun in einzelne Phasen unterteilt werden konnten, die jeweils durch die Verbindung eines bestimmten Waffentyps mit bestimmten Formen von Fibeln, Gürtelschnallen, Keramik oder Kämmen definiert sind. Damit wurde es erheblich einfacher, die Objekte herauszufiltern, die aus einer früheren Zeit noch in

Gebrauch waren, deren späteres Auftauchen etwa bei einer Bestattung Datierungsversuche bis dahin in die Irre geleitet hatte.[9]

In Bezug auf die Markomannenkriege ergab sich aus diesen neuen Datierungsmöglichkeiten die Erkenntnis, dass sich in den germanischen oder germanisch dominierten materiellen Kulturen im Gebiet des heutigen Polen seit etwa der Mitte des 2. Jahrhunderts n. Chr. eine dramatische Veränderung vollzogen hatte: Insbesondere die Wielbark-Kultur begann, sich von Pommern aus nach Süden in das Gebiet des nördlichen Großpolen (zwischen den Flüssen Netze und Warthe) und nach Südosten über die Weichsel nach Masowien auszubreiten (Karte 4). Früher war die Identität der Bevölkerungsgruppen, von denen diese Funde stammen, aufgrund ihrer Bedeutung für die strittige Frage der slawischen Ursprünge Gegenstand erbitterter Debatten. Heute herrscht Einigkeit darüber, dass die Wielbark-Kultur Gebiete einschloss, die in den ersten zwei Jahrhunderten n. Chr. von Goten, Rugiern und anderen Germanen dominiert wurden, obwohl die Bevölkerung dieser Gebiete ursprünglich nicht (oder noch nicht) durchgehend Germanisch sprach. Die neuen Territorien, in denen sich die Wielbark-Kultur etwa ab 150 n. Chr. auszubreiten begann, waren zuvor von einer Bevölkerung besiedelt gewesen, deren materielle Relikte der Przeworsk-Kultur zuzurechnen sind. Diese wird traditionell mit den Vandalen in Verbindung gebracht, schloss aber mit Sicherheit auch andere Bevölkerungsgruppen ein. Das Kulturgebiet war so großräumig, dass auch mehrere der bei Tacitus und Ptolemäus erwähnten kleinen germanischen Gruppen des 1. und 2. Jahrhunderts dort lokalisiert werden müssen.

Das Entscheidende aber ist die schlichte Tatsache der Wielbark-Expansion. Der zeitliche Zusammenhang ist zu frappierend, als dass man ihn einfach abtun könnte: Die Wielbark-Expansion vollzog sich etwa zur selben Zeit wie die Markomannenkriege – und damit standen die Grenzkonflikte, wie sie in römischen Quellen thematisiert werden, mit größeren Erschütterungen weiter Teile des germanisch dominierten Europa in Zusammenhang. Von der Archäologie nicht geklärt werden kann die Frage, ob es hier einen kausalen Zusammenhang gibt. Auch mit einer Feinchronologie auf der Basis der stilistischen Entwicklung sind die archäologischen Funde nur auf etwa 25 Jahre genau bestimmbar – mit beträchtlichen zeitlichen Überlappungen zwischen aufeinanderfolgenden Phasen. Bei einem Zeitfenster von 25 Jahren kommt die Wielbark-Expansion aber sowohl als Ursache wie auch als Folge der Markomannenkriege in Frage. Solange genauere Radiokarbondatierungen oder dendrochronologische Untersuchungen fehlen, muss diese Frage offen bleiben.[10]

Unklar ist auch, welche historischen Ereignisse sich hinter der Wielbark-Expansion verbergen. Die Expansion einer archäologischen Kultur in den geographischen Raum einer anderen muss nicht zwangsläufig ein Akt der Eroberung sein, wie Kossinna automatisch angenommen hätte. Ebenso gut könnte sie auf der Ausbreitung von Handelsstrukturen, Glaubensvorstellungen etc. beruhen. Höchstwahrscheinlich lässt sich die Wielbark-Expansion bis zu einem gewissen Grad durch Akkulturation erklären, d.h., die Przeworsk-Populationen übernahmen die neuen Normen der Wielbark-Kultur und wurden nicht vollständig durch Wielbark-Zuwanderer ersetzt. In einigen Przeworsk-Gräberfeldern traten Objekte der Wielbark-Kultur übergangslos an die Stelle von Przeworsk-Objekten – ohne Anzeichen für eine Diskontinuität. Irgendetwas muss die Przeworsk-Bevölkerungen veranlasst haben, ausgeprägte Lebensgewohnheiten bzw. Bestattungsbräuche aufzugeben. Meiner Ansicht nach sind politische Einflüsse die plausibelste Erklärung dafür.

Gleichermaßen wichtig und die Akkulturation stets begleitend waren Bevölkerungsverschiebungen aus Nordpolen in Richtung Süden. Das belegen die historischen Quellen. So rekrutierte die römische Armee um 200 n. Chr. auch Goten – eine der alten Wielbark-Gruppen – von den Rändern Dakiens. Hundert Jahre zuvor waren die gotischen Territorien dafür noch zu weit von der Grenze entfernt gewesen. Doch auch die archäologischen Funde sind aufschlussreich. Die Dichte der Wielbark-Siedlungen nahm mit Beginn des 1. Jahrtausends rasch zu. In den ersten beiden nachchristlichen Jahrhunderten wurden einzelne Siedlungen schnell wieder aufgegeben, was darauf hindeutet, dass die Fruchtbarkeit des Bodens nicht erhalten werden konnte. Aber insgesamt zeichnet sich eine klare Entwicklung ab: Mit jeder 25-Jahres-Spanne stieg die Zahl der Siedlungen in den Wielbark-Gebieten stetig. Das spricht für ein kontinuierliches Bevölkerungswachstum, was die Verlagerung nach Süden in Richtung Karpaten (Voraussetzung für die Rekrutierung gotischer Soldaten durch die Römer) sowie den steigenden Druck der Wielbark-Kultur auf die unmittelbar benachbarten Przeworsk-Gebiete in Zentralpolen erklären könnte. Wenn dieses Bild zutrifft, stellte die wachsende Wielbark-Bevölkerung ihre Przeworsk-Nachbarn womöglich vor die Wahl, entweder in der Wielbark-Kultur aufzugehen oder sich andere Siedlungsgebiete zu suchen.[11]

Freilich bleiben immer noch viele Fragen offen, beispielsweise, ob die Wielbark-Expansion den Grenzkonflikten, die Marc Aurel das Leben schwer machten, vorausging oder nicht. Geschichte und Archäologie ergänzen sich hier dennoch gut genug, um zeigen zu können, dass das Ausmaß der kriegerischen Auseinandersetzungen und deren Dauer höchst ungewöhnlich waren, und dass ein Grund dafür Bevölkerungsgruppen gewesen sein könnten, die aus größerer

Entfernung in das Grenzgebiet zogen. Nicht nur das ziemlich dürftige Zeugnis der *Historia Augusta* deutet also darauf hin, dass eine Vielzahl von Menschen auf Wanderschaft in die Markomannenkriege verwickelt war. Einige der weitaus zuverlässigeren Textfragmente von Cassius Dios *Römischer Geschichte* lassen denselben Schluss zu, wobei die Wielbark-Expansion unserem Verständnis der Ereignisse eine weitere Dimension hinzufügt. Deswegen sind die Markomannenkriege nicht nur als ein etwas aus den Fugen geratener Grenzkonflikt zu betrachten. Die Vermutung, dass es sich um einen markanten Einschnitt handelt, wird erhärtet, wenn wir das 3. Jahrhundert betrachten, als sich die Wielbark-Expansion verstärkte und sich die Situation in den römischen Grenzgebieten durch weitere germanische Migranten grundlegend veränderte.

Ans Schwarze Meer und darüber hinaus

Marc Aurels Maßnahmen konnten die Krise der 160er Jahre so nachhaltig entschärfen, dass an den europäischen Grenzen Roms fast zwei Generationen lang Frieden einkehrte. Doch durch den Aufstieg der Sassaniden-Dynastie, einer mit Rom rivalisierenden Großmacht im Nahen Osten im Gebiet des heutigen Irak und Iran, flammten im 3. Jahrhundert die Konflikte erneut auf. Die Sassaniden vernichteten die Armeen dreier römischer Kaiser und nahmen den letzten von ihnen, Valerian, gefangen. Schapur I., der sassanidische Schah-in-Schah, führte ihn in Ketten hinter sich her und ließ ihm nach seinem Tod die Haut abziehen und gerben – als Trophäe seines Sieges (Abb. 8). Diese neue Bedrohung zwang die Römer, Truppen in den Osten zu verlagern, und in diesem Kontext müssen die Ereignisse an Rhein und Donau gesehen werden. Erst die Tatsache, dass sich die Sassaniden so eindrucksvoll zu Wort meldeten, verschaffte den europäischen Gegenspielern Roms im 3. Jahrhundert einen solchen Handlungsspielraum.[12]

In Westeuropa, an den Grenzen des Rheins und der oberen Donau, führte die Krise des 3. Jahrhunderts zu einer Migration begrenzten Ausmaßes und zu einer umfassenden politischen Umgestaltung. In dieser Zeit entstanden die neuen germanischen Bündnisse, die im vorigen Kapitel betrachtet wurden. Die Alamannen traten als Feinde Roms erstmals 213 in Erscheinung, als Kaiser Caracalla einen Feldzug gegen sie führte, den man als Strafexpedition oder als Präventivschlag interpretieren kann. Unsere Quellen, so begrenzt sie auch sind, zeigen, dass die Bedrohung durch die Alamannen in den 230er Jahren dramatisch wuchs. 242 führten sie einen besonders heftigen Angriff, und in den 240er und 250er Jahren kam es fast regelmäßig zu solchen Attacken: ein Szenario, das sich allerdings auf fragmentarische, rein archäologische Quellen stützt, vor allem auf Münzfunde. Spätestens um 260 machten die Alamannen und andere Gruppen der Region den Römern schwer zu schaffen. Einige erhielten bereits Subsidienzahlungen aus Rom, und ein in Augsburg gefundener berühmter Votivaltar erinnert an einen römischen Gegenschlag, bei dem Tausende Gefangene befreit wurden, die bei einem Überfall auf Italien gemacht worden waren. Von seinen Niederlagen dagegen machte der römische Staat nie viel Aufhebens. Um 261 gaben die Römer die *Agri Decumates* auf, die sie seit Anfang des 1. Jahrhunderts besetzt gehalten hatten (Karte 5).

Die Besiedlung der *Agri Decumates* durch die Alamannen war weniger eine alamannische Eroberung im eigentlichen Sinn, sondern stand vielmehr im Zusammenhang mit der Entscheidung des damaligen weströmischen Kaisers Postumus, Truppen aus der Region abzuziehen, die dringend zur Verteidigung strategisch wichtigerer Gebiete benötigt wurden. Mit dem Rückzug der Römer war dieses Problem aber keineswegs gelöst. Ende der 260er und Mitte der 270er Jahre erfolgten weitere Angriffe der Alamannen. Die Situation an der neuen Grenze stabilisierte sich schließlich durch weitere römische Feldzüge im späten 3. und frühen 4. Jahrhundert, wodurch dauerhaftere Klientelbeziehungen geschaffen wurden, wie Kapitel 2 darlegt.[13]

Zwar wurde diese Krise im Wesentlichen durch die gewachsene militärische Stärke ausgelöst, die ein Ergebnis der gesamtgermanischen Entwicklung und der sich daraus ergebenden neuen politischen Bündnisse war, doch spielten auch zwei Migrationsschübe eine wichtige Rolle. Erstens zogen die Alamannen nach dem Abzug der Römer in die *Agri Decumates*, wo sie sich im 4. Jahrhundert dauerhaft niederließen. Was genau es bedeutete, im 3. Jahrhundert ein Alamanne zu sein, ist umstritten. Die archäologischen Fundstücke aus den *Agri Decumates* zeigen, dass die neuen germanischen Herren aus dem elbgermanischen Dreieck westlich der Elbe kamen, einem zwischen Böhmen im Süden und Mecklenburg im Norden gelegenen Gebiet (Karte 5).

Östlich der Alamannen, aber noch im Einflussbereich der römischen Diplomatie, lag im 4. Jahrhundert das Territorium der Burgunder. Anders als die Alamannen, die in spätrömischer Zeit als eine neue politische Formation in Erscheinung traten, waren die Burgunder im 1. bzw. 2. Jahrhundert Tacitus und Ptolemäus bereits bekannt, als sie noch weiter östlich (im heutigen Polen) siedelten. Sie gehörten einst zu den Vandalen und lebten irgendwo zwischen Oder und Weichsel. Bis zum 4. Jahrhundert zogen burgundische Gruppen rund 500 Kilometer nach Westen. Die historischen Quellen bezeugen, dass sie sich zu der Zeit irgendwo am Mittellauf des Mains niedergelassen hatten; dafür gibt es auch archäologische Belege. Zahlreich sind die Materialfunde nicht, es sind aber mehrere Gräber mit Schwertbeigaben darunter. Die Objekte in diesen Gräbern ähneln denen, die man aus früherer Zeit in ostgermanischen Territorien fand, und unterscheiden sich deutlich vom Material der Gruppen aus dem elbgermanischen Dreieck. Dennoch muss die geringe Zahl der Belege betont werden. Bis zum 3. Jahrhundert, ja noch darüber hinaus verbrannten die ostgermanischen Völkerschaften ihre Toten, dagegen handelt es sich bei den Schwertgräbern am Main um Körperbestattungen. Historische Quellen lokalisieren die Burgunder des 4. Jahrhunderts definitiv im Kochertal, aber bisher wurden dort noch keine ostgermanischen Funde gemacht. Sowohl die Alamannen als auch die Burgunder waren also auf Wanderschaft, aber Art, Ausmaß und Ursache dieser Migration müssen erst noch genauer untersucht werden.[14]

Wenn die Krise des 3. Jahrhunderts am Rhein deutlich zu spüren war, dann war die Situation weiter östlich sehr viel explosiver. Während sich die Markomannenkriege vornehmlich auf die Ebene an der mittleren Donau konzentrierten, fanden jetzt die schwersten Kämpfe östlich der Karpaten statt, in dem weiträumigen Territorium an der nördlichen Schwarzmeerküste. Es begann 238 mit einem gut dokumentierten gotischen Angriff auf die Stadt Histria unweit der Mündung der Donau ins Schwarze Meer (Karte 6) – Auftakt mehrerer vorwiegend gotischer Angriffe auf das Römische Reich, die alle von jenseits der Reichsgrenze am Unterlauf der Donau zwischen den Karpaten und dem Schwarzen Meer geführt wurden. Eine genaue Rekonstruktion dieser Angriffe ist unmöglich, sie erreichten jedoch um 250 ihre größte Intensität. 249 wurde im Osten des Balkans die Stadt Marcianopel von den Anhängern der Gotenführer Argaith und Gunderich geplündert, und die Gewalt eskalierte schnell.

Im Frühjahr 250 überschritt der Gotenkönig Cniva die Grenze zum Römischen Reich bei der alten Legionsfestung Oescus, die zum Schutz eines der besten Donauübergänge errichtet worden war. Er stieß in den Balkan vor und nahm Philippopolis (das heutige bulgarische Plowdiw) südlich des Haemusgebirges ein, wo er überwinterte. Im Jahr darauf versuchte Kaiser Decius, die zurückweichenden Goten zu stellen, wurde aber bei Abrittus besiegt und getötet.[15] Dies war eine Katastrophe für das römische Weltreich, in gewisser Hinsicht schlimmer als die weit berühmtere Varusschlacht, da zum ersten Mal ein regierender Kaiser von den Barbaren besiegt worden war. Doch in anderer Hinsicht war die Lage weniger ernst, als es den Anschein hatte. Als Decius starb, befand sich das Römische Reich innenpolitisch im Aufruhr. Decius hatte nur einen Teil des römischen Europa und des römischen Nordafrika beherrscht und einen relativ kleinen Teil der kaiserlichen Armee in die Schlacht geführt.

Es war eine empfindliche Niederlage gewesen, aber der Bestand des Imperiums war durch den relativ geringen Truppenverlust nicht gefährdet. Weitere Angriffe über die Donau hinweg in den Jahren 253 und 254 richteten wenig aus, und danach gaben die Goten ihre Angriffe an der Donau auf. Decius' Nachfolger müssen diese Grenze also wirksam abgeriegelt haben.

Wenig später fielen gemischte Gruppen von Plünderern über eine zweite Angriffslinie ein und stießen in den Jahren 255–257 mit Schiffen übers Schwarze Meer bis nach Kleinasien vor.[16] Die erste, erfolglose Expedition führten sie gegen Pityus am südöstlichen Schwarzen Meer, bei der zweiten, erfolgreichen, plünderten sie Pityus und Trapezus (das heutige Trabzon). Diese ersten Überfälle wurden von den »Boranoi« geführt, was vielleicht so viel wie »Nordländer« bedeutet. Die dritte, offensichtlich massivere Expedition von 257, an der explizit Goten beteiligt waren, richtete in Bithynien und der Propontis mit den Städten Chalcedon, Nicomedia, Nicaea, Apamea und Prusa schwere Verwüstungen an. Danach weisen unsere Quellen eine Lücke auf – was auf eine Abschwächung der Angriffe hindeutet –, bis 268 eine große Expedition von der nördlichen Schwarzmeerküste übers Meer aufbrach. Auch an ihr nahmen Goten teil, aber ebenso andere Germanen wie die Heruler. Die neue Expedition kam nicht direkt über das Schwarze Meer, sondern fuhr an der Nord- und Westküste entlang, stets in Sichtweite des Landes. Dabei wurden Küstenstädte wie Anchialus geplündert; Angriffe auf Tomi, Marcianopel, Kyzikos und Byzantium konnten abgewehrt werden. Die Plünderer durchzogen sodann die Dardanellen und fuhren weiter in die Ägäis, womit erstmals Piraten aus dem Norden in das römisch beherrschte Mittelmeer eingedrungen waren. Hier teilte sich die Expedition in drei Hauptgruppen, die den nördlichen Balkan um Thessaloniki, Attika und das Hinterland der kleinasiatischen Küste angriffen. Kaiser Gallienus unternahm einen Gegenangriff auf dem Balkan, aber es war sein Nachfolger Claudius, der 269 den Balkangruppen eine schwere Niederlage bereitete und dafür den Beinamen Gothicus (»Sieger über die Goten«) erhielt. Den Kampf gegen die Heruler um Athen führte unter anderem der Historiker Dexippos an, während die dritte Gruppe mit den Stammesführern Respa, Veduc und Thuruar 269 ins Schwarze Meer zurückgedrängt werden konnte. Vorher verwüsteten sie allerdings die Inseln Rhodos und Zypern und die Städte Side und Ilium auf dem Festland. Auch der legendäre Dianatempel in Ephesos fiel den Plünderern zum Opfer.[17]

Die Römer reagierten unerbittlich. Sie schlugen die Angreifergruppen eine nach der anderen so entschieden, dass kein größerer Angriff mehr über die Dardanellen geführt wurde. Damit war aber das Gotenproblem keineswegs erledigt. 270 erfolgte ein neuer Angriff über die Donau. Anchialus und Nikopolis wurden geplündert, doch im Jahr 271 besiegte der frisch gekürte Kaiser Aurelian nördlich der Donau den Gotenkönig Cannabaudes, der für einige der brutalsten Übergriffe verantwortlich war. Aurelians Gegenoffensive erstickte die neue Bedrohung im Keim. Mitte der 270er Jahre gab es mehrere Angriffe übers Schwarze Meer und besonders in der Pontus-Region, aber keine weiteren Angriffe über die Donau und den römischen Balkan. Der Sieg über die Goten verschaffte dem Kaiser Luft, gleichzeitig organisierte er die Räumung des transsylvanischen Dakien.[18]

Über die Räumung Dakiens wissen wir genauso wenig wie über den parallel erfolgten Rückzug aus den *Agri Decumates* im Westen. Aber sowohl Schriftquellen als auch Münzfunde zeigen, dass die meisten Angriffe des 3. Jahrhunderts an Dakiens Grenzen vorbei auf den Balkan gerichtet waren oder über das Schwarze Meer nach Kleinasien, nicht unmittelbar gegen die Provinz selbst. Es scheint also eher ein strategisch geplanter als ein überstürzter Rückzug nach einem militärischen Desaster gewesen zu sein. Einerseits wollte Aurelian wohl seine Grenzlinien verkürzen, da Dakien eine exponierte Region nördlich der Donau war und nach drei Seiten verteidigt werden musste. Mit dem Abzug aus Dakien konnte die römische Grenze in Südosteuropa um rund 800 Kilometer verkürzt werden. Die Eindringlinge konnten sich damit um eine neue Beute streiten, was sie von weiteren Angriffen auf römisches Territorium abhielt. Eutropius schrieb im 4. Jahrhundert, Dakien sei »nunmehr« (369) zwischen Taifalen, Viktohalen und Terwingen aufgeteilt. Aurelians Taktik, eine Kombination aus militärischem Erfolg und strategischem Rückzug, schränkte die Grenzübergriffe ein, aber es sollte noch eine ganze Generation dauern, bis an der römischen Donaugrenze wieder vollständig Ruhe eingekehrt war.[19] Ähnlich wie am Rhein mussten die Tetrarchen und Konstantin weitere Feldzüge unternehmen, um die Goten und andere Gruppen in den Status halbunterworfener Klienten zu zwingen.

Aber wer genau waren die Goten, die im 3. Jahrhundert eine so wichtige Rolle spielten, und was steckt hinter diesen zwei bis drei Generationen dauernden massiven Unruhen an den osteuropäischen Grenzen des Römischen Reiches?

Zweifellos erreichte mit der gotischen Dominanz die Bedrohung des Römischen Reiches von jenseits seiner Grenze an der unteren Donau eine neue Dimension. Im 1. und 2. Jahrhundert hatte Rom es hier hauptsächlich mit iranischsprachigen Sarmaten und angesiedelten, Dakisch sprechenden Gruppen zu tun. Im 4. Jahrhundert konzentrierten sich die Feldzüge und die Diplomatie der Römer dann auf als »Goten« bezeichnete Gruppen. Die gotischen Terwingen wurden jenseits des Unterlaufs der Donau zu den wichtigsten Klienten des römischen Weltreichs, und wie die gerade skizzierten Ereignisse zeigen, nahm die militärische Bedrohung zu Wasser und zu Land in dem dazwischen liegenden Jahrhundert enorm zu. Im 1. und 2. Jahrhundert waren keine Angriffe vergleichbaren Ausmaßes über Dakien, das Schwarze Meer und die Dardanellen erfolgt.

Traditionell wurde aus diesen Beobachtungen bisher stets der Schluss gezogen, dass die Migration der Germanen ein Kernelement dieser strategischen Revolution war. Im 1. und 2. Jahrhundert n. Chr. gab es nördlich des Schwarzen Meeres keine »Goten«. Die einzigen Gruppen, die in dieser Region erwähnt werden, sind Sarmaten und Daker – Goten sind aus dieser Zeit nur in Nordpolen bekannt. Kommt also nur Migration in Frage? Nicht unbedingt. Wie Michael Kulikowski jüngst darlegte, wurde in diesem Fall die Deutung der archäologischen Funde dadurch verfälscht, dass man sie mit den Textquellen in Einklang zu bringen suchte. Es handelt sich um Jordanes' Gotengeschichte aus dem 6. Jahrhundert, die von der Migration der Goten ans Schwarze Meer unter ihrem König Filimer erzählt. Kulikowski zufolge ist diese Geschichte nicht nur wenig glaubwürdig, sie beeinflusste auch die historische und archäologische Interpretation aller anderen Quellen. Ohne diesen historischen Text käme auf der Grundlage der anderen archäologischen und historischen Zeugnisse niemand auf die Idee einer Migration. Hinter den Unruhen des 3. Jahrhunderts und der gotischen Dominanz im 4. Jahrhundert, so Kulikowski, stecke demnach keine Migration, sondern die soziale und politische Reorganisation der Bevölkerungen dieser Region, die mit jener der neuen Bündnisse der Germanen im spätrömischen Westen vergleichbar seien.[20] Hat er recht?

Zwei Punkte seiner Argumentation sind überzeugend. Erstens: Es gibt nicht den leisesten Zweifel, dass die sozioökonomische und politische Reorganisation – die »Entwicklung« – ein wichtiger Aspekt der ganzen Geschichte ist. Die gotischen Terwingen des 4. Jahrhunderts verfügten über komplexe politische Bündnisbeziehungen, eine ausgeprägte soziale Hierarchie sowie Wirtschafts- und Handelsstrukturen, die über das hinausgingen, was im Germanien des 1. Jahrhunderts üblich war. Der König wurde durch Erbfolge bestimmt, und die politischen Strukturen waren robust genug, um auch größere Niederlagen zu überstehen und kohärente Strategien zur Abwendung der schlimmsten Folgen dieser Niederlagen zu entwickeln. Zweitens zweifelt Kulikowski Jordanes' Glaubwürdigkeit zu Recht an. Jordanes schrieb aus einem zeitlichen Abstand von 300 Jahren und vertrat nachweislich eine anachronistische Sicht der gotischen Welt des 4. Jahrhunderts.[21] Berechtigte Zweifel an seiner Geschichte der Goten im 4. Jahrhundert machen aber auch seine Beschreibungen zum 3. Jahrhundert fragwürdig, auch wenn wir nicht über genügend zeitgenössische Quellen verfügen, um dies systematisch zu prüfen. Trotzdem gibt es ausreichend Belege für die These, dass die germanische Migration aus dem Norden bei der strategischen Revolution des 3. Jahrhunderts eine maßgebliche Rolle spielte.

Zunächst muss betont werden, dass hinter dem Auftauchen neuer Kräfte an Roms Grenze am Unterlauf der Donau mehr steckte als nur eine Umetikettierung. In den beiden ersten nachchristlichen Jahrhunderten lebten an den östlichen Ausläufer der Karpaten – im Gebiet des heutigen Moldawien und der Walachei – dakische Gruppen, die Trajan bei seiner Eroberung Transsylvaniens nicht unter direkte römische Herrschaft gebracht hatte. Im Lauf des 3. Jahrhunderts formierten sie sich zu einer neuen politischen Einheit und wurden unter der Sammelbezeichnung Karpen bekannt. Die größte sarmatische Gruppe nördlich des Schwarzen Meeres waren die Roxolanen, die zusammen mit den Jazygen Anfang des 1. Jahrhunderts n. Chr. die Dominanz der germanischsprachigen Bastarner in der Region beendeten. Während die Jazygen in die Große Ungarische Tiefebene westlich der Karpaten weiterzogen, blieben die Roxolanen im Osten und übten die Hegemonie über die alten griechischen Städte des Pontusgebiets aus, die sich bis ins 3. Jahrhundert eine gewisse Unabhängigkeit bewahren konnten. Nach Trajans Eroberung des transsylvanischen Dakien erhielten die Sarmaten ebenso wie die Daker immerhin den Status halbunterworfener römischer Klienten, auch wenn sie nicht formell ins Römische Reich eingegliedert wurden. Die plötzliche Dominanz von Goten und anderen germanischsprachigen Gruppen war deshalb eine bedeutende kulturelle Veränderung in der Region. Und es kann kein Zweifel bestehen, dass die neuen gotischen Herren in diesem Gebiet Germanisch sprachen. Für einige von ihnen fertigte Wulfila, dessen römische Vorfahren von den Goten aus Kleinasien verschleppt worden waren, seine Übersetzung der Bibel ins Gotische an, das wichtigste Zeugnis einer germanischen Sprache (Abb. 6). Das Auftauchen der Goten bedeutete also eine massive Veränderung in der Beschaffenheit und Identität der Kräfte an Roms nordöstlicher Grenze.[22]

Freilich bildeten nicht zum ersten Mal germanischsprachige Gruppen die dominierende Bevölkerungsschicht in der Region. Die Bastarner, die zu Beginn des 1. Jahrtausends von den Sarmaten unterworfen worden waren, waren gleichfalls Germanen. Theoretisch könnte man daher den Beginn der gotischen Dominanz nördlich des Schwarzen Meeres im 3. Jahrhundert als das

Wiederauftauchen jener germanischen Gruppen erklären, die hier im 1. Jahrhundert eine eher zweitrangige Rolle gespielt hatten. Eine Vielzahl von Zeugnissen lässt jedoch den Schluss zu, dass im Gegenteil die Einwanderung neuer germanischsprachiger Gruppen von entscheidender Bedeutung war.

In der Zeit, als die Daker und Sarmaten den Ton angaben, siedelten gotische Gruppen – auch als »Gotonen« oder »Gutonen« bezeichnet – in Gebieten weit im Nordwesten an der Ostsee. Tacitus lokalisierte sie hier Ende des 1. und Ptolemäus Mitte des 2. Jahrhunderts; Ptolemäus benannte sie ausdrücklich als eine jener Gruppen, die an der Weichselmündung siedelten. Trotz der unterschiedlichen griechischen und lateinischen Schreibweisen haben Philologen keinen Zweifel, dass hinter diesen Bezeichnungen dieselbe Gruppe steckt, die ihren Schwerpunkt im 3. Jahrhundert so plötzlich von Nordpolen ans Schwarze Meer verlagerte. Aber sie waren nicht die Einzigen. Die Goten stehen in unseren Quellen und in der wissenschaftlichen Diskussion im Vordergrund, aber es waren noch andere germanische Gruppen beteiligt. Neben den Herulern berichten Quellen des späten 3. und frühen 4. Jahrhunderts von germanischsprachigen Gepiden, Vandalen, Taifalen und Rugiern in der Karpatenregion. Wie die Goten hatten auch die Rugier zu Tacitus' Zeit einen Teil der Ostseeküste besetzt, und die Vandalen siedelten zur selben Zeit im nördlichen Zentralpolen, südlich der Goten und Rugier. Die Präsenz von Vandalen und Rugiern in der Karpatenregion bedeutet, dass auch sie ihr Siedlungsgebiet verließen und von Polen aus südlich und östlich in Richtung Pontus zogen. Die Heruler werden bei Tacitus nicht erwähnt, doch im 4. und 5. Jahrhundert lebte eine zweite Gruppe von Herulern erneut weit entfernt von der Donau im Nordwesten – was darauf hindeutet, dass unsere Donau-Heruler durch Migration dorthin kamen. Den Gepiden und den Taifalen begegnen wir, wie den Herulern, erstmals am Ende des 3. Jahrhunderts.

Bei allen Mängeln sprechen die historischen Zeugnisse in ihrer Gesamtheit dafür, dass hinter der strategischen Verschiebung eine Welle germanischer Expansion stand, die sich grob von Nordwesten nach Südosten bewegte und Kaiser Aurelian veranlasste, das transsylvanische Dakien aufzugeben. Es gibt allerdings keine explizite Beschreibung der germanischen Migration in zeitgenössischen römischen Quellen, die sich auf die Beschreibung ihrer Auswirkungen beschränkt, also die Angriffe dieser neuen Gruppen über die Grenzen hinweg auf römisches Territorium. Wenn die Bezeichnung »Goten« der einzige germanische Gruppenname in Nordmitteleuropa war, der in diesen Jahren seinen Ort verlagerte, könnte man eine zufällige Namensgleichheit annehmen. Aber es waren ja nicht nur »Goten«, und deshalb gibt es keinen Grund, den historischen Zeugnissen nicht zu folgen. Mit der Zuwanderung von Goten, Rugiern, Herulern und anderen im 3. Jahrhundert wurde die Hegemonie germanischsprachiger Gruppen östlich der Karpaten wiederhergestellt, die mit der Unterwerfung der Bastarner und deren Verbündeten durch die sarmatischen Nomaden im 1. Jahrhundert n. Chr. zu Ende gegangen war.[23]

Diese vorläufige Schlussfolgerung wird durch zwei allgemeinere Aspekte der historischen Zeugnisse bestätigt. Erstens führte der Aufstieg der Goten zur beherrschenden Macht nördlich des Schwarzen Meeres dazu, dass alteingesessene Gruppen die Region ganz verließen. Wie wir noch genauer sehen werden, erlaubten die Römer einer großen Zahl Dakisch sprechender Karpen (wenngleich nicht allen) von den Ausläufern der Karpaten im Vierteljahrhundert nach 290 n. Chr. die Ansiedlung auf ihrem Staatsgebiet. Zwar könnte die wachsende Rivalität zwischen alteingesessenen Gruppen der Region eine solche Abwanderung verursacht haben, doch ist es plausibler, diese Erscheinung als Nachwirkung einer größeren germanischen Einwanderung zu interpretieren. Zweitens blieben die neuen gotischen Bevölkerungen der Region auch nach ihrer Wanderung in die süd- und ostkarpatischen Ebenen nach dem Exodus der Karpen ausgesprochen mobil. In den 330er Jahren brachen die gotischen Terwingen mit Sack und Pack in das Gebiet der mittleren Donau auf und siedelten ab den 370er Jahren mit den gleichfalls gotischen Greutungen auf dem Territorium des Römischen Reiches. Vergleichende Studien haben gezeigt, dass Migration in manchen Bevölkerungsgruppen zu einer kulturellen Gewohnheit werden kann. Die Mobilität der gotischen Populationen im 4. Jahrhundert lässt daher den Schluss zu, dass sie – oder ihre Vorfahren – auch schon im 3. Jahrhundert diese Mobilität aufwiesen. Keiner dieser Punkte wäre für sich genommen ein schlüssiger Beweis, aber beide zusammen bekräftigen, dass die gotische Migration für die strategische Neuordnung der Region nördlich des Schwarzen Meeres im 3. Jahrhundert von entscheidender Bedeutung war.[24]

Zwischen 150 und 220/230 n. Chr. expandierte die Wielbark-Kultur erneut nach Südosten, insbesondere nach Polesien und Podlachien und später weiter nach Wolhynien und in die nördliche Ukraine, und zwar in einem Ausmaß, das mit der sehr viel geringeren Wielbark-Expansion zur Zeit der Markomannenkriege nicht zu vergleichen ist. Gleichzeitig wurden Siedlungen und Friedhöfe der Wielbark in Westpommern aufgegeben. Die Schwerpunktverlagerung der Wielbark-Kultur war also beträchtlich (Karte 6). Geht man davon aus, dass die Goten – und sehr wahrscheinlich auch die Rugier – unter den neuerdings dominanten germanischen Gruppen der Schwarzmeerregion diejenigen waren, die ihren Ursprung in der Wielbark-Kultur des 1. und 2. Jahrhunderts hatten, so sind diese Funde ein überzeugender Beleg für die Route, der einige dieser germanischsprachigen Gruppen ans Schwarze Meer folgten. Wie ein Band erstrecken sich die Wielbark-Gräberfelder aus dieser Zeit entlang des Oberlaufs der Weichsel in Richtung Süden und dann weiter bis zum Oberlauf des Dnjestr. Zeitlich stimmt dies mit dem Auftauchen gotischer Angreifer vor den Mauern der Stadt Histria im Jahr 238 überein.[25]

Das eigentlich Verblüffende an der archäologischen Entwicklung im nördlichen Pontus jener Zeit ist jedoch nicht die weitere Ausbreitung der Wielbark-Kultur selbst, sondern die Entstehung einer Reihe neuer kultureller Systeme, die Merkmale der Wielbark-Kultur aufweisen. Am wichtigsten war die Tschernjachow-Kultur, die sich bis Mitte des 4. Jahrhunderts über ein riesiges Areal zwischen Donau und Don ausgebreitet hatte (Karte 6). Auch hier waren Datierung und Identität der Kultur lange Zeit umstritten. Mehr als 5000 Siedlungen wurden identifiziert und viele Gräber mit Brand- und Körperbestattung freigelegt. Die Funde belegen zweifelsfrei die Blütezeit dieser Kultur von der 2. Hälfte des 3. Jahrhunderts bis etwa ins Jahr 400. Zeitlich wie geographisch decken sich diese Funde mit der gotischen Vorherrschaft in spätrömischer Zeit, wie sie zuverlässige zeitgenössische Quellen beschreiben. Heute herrscht Konsens darüber, dass diese Kultur die Lebenswelt der Goten nördlich des Schwarzen Meeres – und wahrscheinlich auch der anderen germanischsprachigen Gruppen – spiegelt.

In bestimmten Elementen zeigt sie starke Anklänge an die Wielbark-Kultur im Nordwesten, die jedoch, das muss betont werden, selbständig weiterexistierte; es kam nicht zu einer vollständigen Abwanderung aus Nordpolen. Einige Keramikarten sind identisch, und handgeformte, schalenförmige Wielbark-Keramik ist besonders in der Frühzeit der Tschernjachow-Kultur zu finden. Andererseits sind viele Fibeltypen und die Frauentracht (mit paarweise an den Schultern getragenen Fibeln) mit denen in Wielbark-Gebieten identisch. Die sogenannten Wohnstallhäuser finden sich ebenfalls in bestimmten Gebieten beider Kulturen. Auffällig ist außerdem, dass die Bräuche, durch die sich Wielbark-Gräberfelder von anderen in Nordmitteleuropa unterscheiden, auch im Gebiet der Tschernjachow-Kultur zu finden sind: In den Friedhöfen existierten Brand- und Körperbestattung nebeneinander, und beide Bevölkerungsgruppen bestatteten die männlichen Toten ohne Waffen und andere Eisenobjekte.

Weitere Merkmale der Tschernjachow-Kultur haben einen anderen Ursprung. Außer der traditionell verwendeten handgeformten Wielbark-Keramik fand rasch auch die technisch aufwendigere scheibengedrehte Keramik

Verbreitung, die auch in den römischen Provinzen vorherrschte. Neben dem Wohnstallhaus, das typisch für die germanisch dominierten Kulturen Nordmitteleuropas ist, war auch der Typus des eingetieften Grubenhauses in vielen Gebieten der Tschernjachow-Kultur beheimatet. Grubenhäuser waren an den östlichen Ausläufern der Karpaten und darüber hinaus schon lange üblich, nicht jedoch in Wielbark- oder anderen nordgermanischen Siedlungen des 1. und 2. Jahrhunderts. In Tschernjachow-Gräberfeldern wurden gelegentlich auch Beispiele für typisch sarmatische Bestattungsbräuche festgestellt, bei denen man die Besitztümer des Toten auf einer in das Grab eingearbeiteten Ablage platzierte. Eine sarmatische Bevölkerungsgruppe scheint also in dem neuen Mix nach der nordgermanischen Einwanderung ans Schwarze Meer gleichfalls eine Rolle gespielt zu haben.[26]

Die Deutung dieser Funde war lange Zeit umstritten. Als 1906 die ersten archäologischen Funde der Tschernjachow-Kultur gemacht wurden, erkannte man die Ähnlichkeit mit typisch germanischem Material aus Nordmitteleuropa besonders bei Metallarbeiten, und zwar lange bevor die Wielbark-Kultur identifiziert war. Sie wurden rasch mit der aus historischen Quellen bekannten Wanderung der Goten in Verbindung gebracht. Die Nationalsozialisten nutzten sie als groteske Rechtfertigung ihrer Gebietsansprüche in Osteuropa, sie gingen sogar so weit, Städte in der Schwarzmeerregion nach großen gotischen Königen umzubenennen, zum Beispiel Theoderichshafen (nach einem großen Gotenführer des 5./6. Jahrhundert, siehe Kapitel 7) für Sewastopol auf der Krim. Das Material wurde bedenkenlos in Richtung Invasionshypothese zurechtgebogen. Da Metallarbeiten desselben Typs an der Ostsee und am Schwarzen Meer gefunden wurden, müssen Bevölkerungsgruppen von der Ostsee jene am Schwarzen Meer verdrängt haben – eine Ansicht, die durch Zeugnisse zum Aufbruch der Karpen in gewisser Weise gestützt wird.

Doch war dies – auch wenn man die Politik beiseite lässt – eine allzu vereinfachende Antwort auf die vielschichtigen Funde. Die kulturelle Prägung ist offenkundig, doch die Funde der Tschernjachow-Kultur enthalten auch viele Elemente, die nicht der Wielbark-Kultur entstammen. Und Objekte und Bräuche können von einem auf ein anderes Gebiet übergehen, ohne dass man von einer großen Bevölkerungsbewegung – einer Migration – als Ursache ausgehen muss. Mit Gegenständen kann man handeln, und Techniken und Traditionen können übernommen werden oder sich sogar unabhängig voneinander entwickeln. Die Entstehung der Tschernjachow-Kultur an sich kann deshalb trotz offenkundiger Ähnlichkeiten zur benachbarten Wielbark-Kultur kein Beleg für eine Migration sein. Und ein Hauptargument der Gegner der Migrationshypothese ist ja, dass die Parallelen zwischen den Funden aus beiden Kulturen allein nicht ausreichen, um die Migrationshypothese zu belegen, wenn insbesondere Jordanes' Schilderung des Gotenzugs nicht existieren würde.

Auch wenn man Jordanes beiseite lässt, sind meiner Ansicht nach die historischen Belege mehr als ausreichend, um die These zu stützen, dass Migration eine Schlüsselrolle für die Umgestaltung der pontischen Küste spielte. Außerdem sind die archäologischen Befunde überzeugender, als es die Gegner der Migrationshypothese wahrhaben wollen. Abgesehen von dem seltenen Fall einer Bevölkerungsgruppe, die eine andere mehr oder weniger vollständig verdrängt, und abgesehen von einer erstmaligen Besiedlung, hinterlässt eine Migration stets nur schwache archäologische Spuren. Vermischen sich die Zuwanderer mit der einheimischen Bevölkerung, übernehmen sie in der Regel nur wenige Elemente von deren materieller Kultur, hauptsächlich jene, die bewusst oder unbewusst mit Glaubensüberzeugungen oder Verhaltensmustern verbunden sind. Andere Elemente der einheimischen Kultur werden in aller Regel von den Migranten übernommen (wie es auch heute oft der Fall ist) – oder es findet eine kulturelle Verschmelzung statt, deren einzelne Bestandteile nicht mehr identifizierbar sind. Mit anderen Worten: Archäologische Artefakte können immer nur ein unklares Bild von Migration liefern, so dass die Archäologie selbst die Möglichkeit einer Migration niemals ganz ausschließen kann.

In unserem Fall legen die archäologischen Funde jedoch eine Migration in beträchtlichem Umfang nahe. Dies entspricht der einhelligen Ansicht von Experten, die sich in der letzten Generation – unbelastet von Ideologie – eingehend mit den Materialien beschäftigt haben. Die beiden wichtigsten, der polnische Archäologe Kazimierz Godłowski und der Russe Mark Shchukin, hatten anfangs gegen ein intellektuelles Establishment zu kämpfen, das andere Ansichten vertrat als sie. Godłowski trug wesentlich dazu bei, die alte Doktrin, Slawen hätten seit jeher gleichsam verdeckt in polnischem Territorium gesiedelt, in Frage zu stellen (wir kommen in Kapitel 8 darauf zurück). Und Shchukin datierte die Tschernjachow-Kultur schlüssig ins späte 3. und 4. Jahrhundert und stellte damit den Zusammenhang zu den Goten her, erneut gegen fest verwurzelte Ansichten des sowjetischen Wissenschaftsbetriebs, der lange Zeit bestrebt war, seine für eine spätere Entwicklungsstufe sprechenden Funde zu Belegen für eine frühe slawische Besiedlung hinzubiegen. Nach dem Zweiten Weltkrieg hatten weder Polen noch Russen ein besonderes Interesse daran, ausgerechnet die Rolle germanischsprachiger Gruppen in Mittel- und Südosteuropa herauszustreichen.

Vergleicht man die sich entwickelnde Wielbark-Kultur des 1. und 2. Jahrhunderts mit den neuen Kulturen, die im 3. Jahrhundert östlich der Karpaten und nördlich des Schwarzen Meeres entstanden, entdeckt man verblüffende Ähnlichkeiten. Es geht nicht darum, dass einzelne Objekte oder Techniken, sondern dass ausgeprägte kulturelle Merkmale übernommen wurden: Sitten und Gebräuche, die soziale Normen (Frauentracht), sozioökonomische Lebensstrategien (Wohnstallhäuser) und Glaubensvorstellungen (Bestattungsriten) reflektieren. Auffallend ist auch, dass Wielbark-Keramik in den frühen Phasen der Tschernjachow-Entwicklung dominierte und dass sich die Wielbark-Kultur in den vorausgehenden Generationen rapide nach Südosten ausgebreitet hatte – bis an die Grenzen der Region, wo dann ihr Pendant, die Tschernjachow-Kultur, entstand.[27]

Damit sind aber keineswegs alle Fragen geklärt. Wünschenswert wäre ein umfassender Vergleich zwischen Brandbestattungen und Körperbestattungen in den Gräberfeldern der beiden Kulturen unter Berücksichtigung regionaler Unterschiede sowie eine detaillierte, regional differenzierte Erörterung unterschiedlicher Strategien der Bodenbewirtschaftung in den riesigen Gebieten der Tschernjachow-Kultur. Wo gibt es Wohnstallhäuser und wo Grubenhäuser? Da sich Migration so lange nur in engen Bahnen vollzieht, bis die Auswanderungswilligen über ein dichtes Netz von Informationen verfügen, können vermutlich beide Forschungsstränge dazu beitragen, dichtere Konzentrationen von Zuwanderern und damit – durch Schlussfolgerungen – auch andere Gebiete zu identifizieren, in denen die alteingesessene Bevölkerung die Mehrheit bildete. Doch selbst beim gegenwärtigen Forschungsstand sind die Parallelen groß genug, um sagen zu können, dass archäologische Funde die historischen Quellen stützen, denen zufolge die Migration aus dem Nordwesten eine Schlüsselrolle für jene Umwälzung spielte, die sich im 3. Jahrhundert nördlich des Schwarzen Meeres vollzog.

Die Beweislage für Migrationen im 3. Jahrhundert ist ebenso mangelhaft wie die für die Markomannenkriege, und einzelne Punkte können durchaus in Frage gestellt werden. Dennoch spricht einiges dafür, dass die germanische Migration in Richtung der Grenzflüsse des Römischen Reiches seit Mitte des 2. Jahrhunderts und verstärkt im 3. Jahrhundert zur politischen und sozioökonomischen Umgestaltung des von den Barbaren bewohnten Teils Europas beitrug. Durch die Wanderungen nach Westen und mehr noch nach Osten entstanden unter anderem neue Bündnisse im Germanien des 4. Jahrhunderts. Welcher Art und welchen Ausmaßes war nun diese germanische Migration des 3. Jahrhunderts? Wie vollzog sie sich im Einzelnen, und wodurch wurde sie letztlich ausgelöst?

MIGRATION UND DIE GERMANEN

Es ist keine zeitgenössische Quelle überliefert, die die Bevölkerungsbewegungen im Zusammenhang mit den Markomannenkriegen ausführlich schildert. In seiner Geschichte der Goten aus dem 6. Jahrhundert beschreibt Jordanes (selbst halb gotischer Herkunft) jedoch eine gotische Migration des 3. Jahrhunderts, nämlich den Zug der Goten ans Schwarze Meer:

> Als nun die Zahl des Volkes immer mehr zunahm und ungefähr der fünfte König nach Berig herrschte, nämlich Filimer, der Sohn des Gadarich [...] fasste dieser den Entschluss, in bewaffnetem Zug mit Weib und Kind auszuwandern. Als er nach geeigneten Wohnsitzen und passenden Örtern suchte, kam er in die Lande von Skythien, welche in ihrer Sprache Oium heißen. Die fruchtbaren Gegenden gefielen dem Heer. Da brach jedoch, nachdem schon die Hälfte die Brücke überschritten hatte, welche über den Fluss führte, diese zusammen, und man konnte sie nicht wiederherstellen; so konnte niemand mehr hinüber oder herüber. Denn jene Gegend ist, wie erzählt wird, von einem Abgrund mit unsicherem Moor umgeben, und die Natur hat sie so auf doppelte Art unwegsam gemacht. [...] Der Theil der Gothen also, der unter Filimer über den Fluss setzte und nach Oium kam, bemächtigte sich des ersehnten Bodens. Gleich darauf kamen sie zu dem Volk der Spaler, lieferten ihnen eine Schlacht und gewannen den Sieg. Im Siegeslauf gelangten sie dann bis an den entferntesten Theil Skythiens, der an den Pontus grenzt.[28]

Jordanes' Bericht ist geradezu ein Lehrbuchbeispiel für die Invasionshypothese: Ein König bricht mit seinem ganzen Volk auf, um eine neue Heimat zu suchen; sie besiegen die alteingesessene Bevölkerung und nehmen das Land in Besitz. Doch wie viel von dem, was im zeitlichen Abstand von 300 Jahren geschrieben wurde, entspricht der Wirklichkeit des 3. Jahrhunderts?

Der Migrationsstrom

Andere, zeitnähere Quellen belegen, dass die Wanderungsprozesse jener Zeit weit komplexer waren, als Jordanes es darstellt. Zum einen waren neben den Goten viele weitere germanische Gruppen daran beteiligt. Interessanterweise – und abweichend von Jordanes – operierten die Goten und andere Gruppen keineswegs als kompakte Einheiten nach dem Modell »ein König – ein Volk«. Das lässt sich am besten am Beispiel der Goten illustrieren, über die die zeitnahen Zeugnisse am dichtesten sind. Den Quellen zufolge operierten gotische Gruppen in einem ausgedehnten geografischen Raum zu Land und zu Wasser: von der Donaumündung, wo Kaiser Decius getötet wurde, bis zur Krim (fast 1000 Kilometer entfernt) und noch darüber hinaus. An diesen weitgestreuten Aktionen waren eine ganze Reihe gotischer Herrscher beteiligt: Cniva, Argaith, Gunderich, Respa, Veduc, Thuruar und Cannabaudes. Einige waren miteinander verbündet, aber in zuverlässigen zeitgenössischen Quellen wird kein einziger Gotenkönig erwähnt, schon gar nicht Jordanes' Filimer.[29]

Das Ergebnis all dieser Aktivitäten des 3. Jahrhunderts war also nicht die Schaffung eines gotischen Königreichs im 4. Jahrhundert, was die natürliche Konsequenz einer gut organisierten gemeinsamen Landnahme gewesen wäre, sondern mehrerer solcher Königreiche. Unter Berufung auf Jordanes wurde oft behauptet, nördlich des Schwarzen Meeres seien zwei große politische Gemeinwesen entstanden: das Westgotische und das Ostgotische Reich. Aber Jordanes hat die politischen Strukturen der Goten, wie er sie zu seinen Lebzeiten im 6. Jahrhundert kannte, auf das 4. Jahrhundert projiziert. Die West- und die Ostgoten – Gruppierungen, die Nachfolgereiche des Römischen Reiches gründeten – waren, wie wir sehen werden, Formationen erst des 5. Jahrhunderts. Keine zeitgenössische Quelle gibt uns einen vollständigen Überblick über den von den Goten beherrschten Nordpontus im 4. Jahrhundert. Doch in den rund 50 Jahren nach 375 tauchen in historischen Quellen mindestens sechs größere Gotenverbände als voneinander unabhängige Akteure auf. Jeder dieser Verbände ging wahrscheinlich aus einer politisch unabhängigen gotischen Gruppe des 4. Jahrhunderts hervor. Deshalb sollte man von einem halben Dutzend oder mehr gotischen Gemeinwesen ausgehen, nicht nur von zweien. Dies deckt sich mit dem, was wir von den sehr unterschiedlichen Aktivitäten der Goten im 3. Jahrhundert wissen. Für die Goten ist dieser Sachverhalt gut belegt, er trifft aber auch auf andere Gruppen zu. Bei dem großen Seeangriff 268/269 teilten sich die Heruler in zwei Gruppen: die eine operierte zusammen mit den Goten in Attika, die andere belagerte Thessaloniki in Makedonien. Die Migration des 3. Jahrhunderts verlief beileibe nicht so geradlinig, wie Jordanes es nahelegt.[30]

Auch bei der Interpretation der Ereignisse des 3. Jahrhunderts ging man von der Invasionshypothese aus, wobei bis dahin unbekannte germanische Gruppen jetzt erstmals in den Quellen auftauchen. Heruler, Gepiden und Taifalen betraten im 3. oder frühen 4. Jahrhundert die Bühne der Geschichte. Vielleicht existierten sie ja schon vorher und waren einfach nur übersehen worden, doch die Liste der Namen bei Tacitus und Ptolemäus im 1. bzw. 2. Jahrhundert ist so vollständig, dass man davon ausgehen kann, dass ihre Nichterwähnung etwas zu bedeuten hat. Es überrascht auch nicht, dass sich im Verlauf der turbulenten

Ereignisse neue germanische Gruppen bildeten. Alamannen und Juthungen traten im Westen genau zu diesem Zeitpunkt in Erscheinung, und wir wissen, dass germanische Gruppen auftauchten und wieder verschwanden. Im 1. Jahrhundert beschreibt Tacitus die Entstehung der Bataver. Ursprünglich ein Zweig der Chatten, trennten sie sich von der Hauptgruppe, nahmen einen eigenen Namen an und gingen eigene Wege. Tacitus beschreibt auch die Vernichtung dreier anderer Gruppen: der Ampsivarier, der Chatten und der Brukterer. All dies macht es plausibel, dass die Gepiden, Heruler und Taifalen neue Gruppen des 3. Jahrhunderts waren.[31]

Diese komplizierten Verhältnisse klingen auch noch bei Jordanes' Beschreibung der gotischen Migration an. Alle seine Schilderungen gotischer Wanderungen beinhalten eine Aufspaltung: Bei Filimers Wanderung stürzte eine Brücke ein und trennte einen Teil der Goten von der Hauptgruppe. Jordanes erzählt auch die Geschichte einer früheren gotischen Migration mit drei Schiffen aus Skandinavien. Auch hier blieb ein Schiff zurück, und so soll das Volk der Gepiden entstanden sein. Trotz der großen Skepsis in Teilen der Forschergemeinde darf man die Möglichkeit nicht verwerfen, dass in beiden Geschichten mündliche Überlieferungen der Goten nachklingen – und dass politische Diskontinuität und nicht der Transfer festgefügter sozialer Einheiten von Punkt A nach Punkt B ein Hauptmerkmal der Wanderungsbewegungen war.[32]

Dies spiegelt sich auch in den archäologischen Funden wider. Obwohl die starken Ähnlichkeiten zwischen der Wielbark- und der Tschernjachow-Kultur auf einen beträchtlichen Bevölkerungstransfer zwischen beiden Gruppen hindeuten, verschwand die Wielbark-Kultur nicht einfach von der Bildfläche, sondern lebte bis ins 5. Jahrhundert mehr oder weniger in ihren alten Grenzen nordwestlich des späteren Tschernjachow-Territoriums. Archäologen identifizierten eine ganze Reihe von materiellen Kultursystemen, die geographisch zwischen beiden angesiedelt sind. Ob diese als vollständig unabhängig von den beiden Hauptkulturen oder als lokale Varianten zu betrachten sind, ist noch umstritten, und man muss der Versuchung widerstehen, sie mit einer in den Quellen des 3. und 4. Jahrhunderts genannten Gruppe zu identifizieren. Materielle Kulturgrenzen können, müssen aber nicht unbedingt politische Grenzen spiegeln. Es könnte jedenfalls sein, dass bei genauerer Betrachtung die gesamte Tschernjachow-Kultur in einzelne untereinander verbundene regionale Gruppierungen untergliedert werden muss. Die Masłomecz-Gruppe (entstanden um 180–220 n. Chr.) und die Ruzycankan- und Wolhynien-Gruppen (entstanden um 220–260 n. Chr.) zeigen in aller Deutlichkeit, dass die von den Einwanderern geschaffene materielle Kultur, die die neue politische Ordnung spiegelte, kein monolithischer Block war. Nicht alle Wielbark-Gruppen, die an dem Zug in Richtung Süden teilnahmen, durchliefen dieselbe historische Entwicklung. Einige waren an der Schaffung der Tschernjachow-Kultur und anderer neuer Gruppen beteiligt; andere machten mehr oder weniger weiter wie bisher, wenngleich in einer neuen Umgebung, und einige blieben in ihren Ausgangsgebieten zurück.[33]

Im 3. Jahrhundert machten sich also nicht ganze Bevölkerungsgruppen geschlossen auf den Weg, sondern verschiedene Untergruppen, die bis zu einem gewissen Grad unabhängig voneinander operierten, was dem Grundmuster vieler moderner Migrationsströme entspricht (Kapitel 1). Einige Wanderungen im Zusammenhang mit den Markomannenkriegen nahmen wahrscheinlich einen ähnlichen Verlauf. An dem Angriff auf Pannonien, Auftakt der kriegerischen Auseinandersetzungen, waren keine Langobarden beteiligt. Langobarden in großer Zahl zogen definitiv erst 350 Jahre später in dieses Gebiet an der mittleren Donau, die meisten blieben wahrscheinlich in der nördlichen Elbregion. Dasselbe gilt im Wesentlichen für germanische Wanderungen nach Westen im 3. Jahrhundert. Hierfür gibt es noch weniger erzählende Quellen, doch archäologische Funde zeigen, dass die *Agri Decumates* nicht auf einen Schlag in Besitz genommen wurden. Wie wir im vorigen Kapitel sahen, blieb die politische Macht der Alamannen im 4. Jahrhundert dezentral – wahrscheinlich ein Nachhall jener Epoche, als einzelne Gruppen nach und nach in diesen neuen Landstrich einsickerten. Einige kamen, kurz nachdem die Römer das Territorium um 260 geräumt hatten, anderswo verlief der Prozess sehr viel langsamer. Am Mittellauf des Mains zum Beispiel löste elbgermanisches Material das Rhein-Weser-Material erst im frühen 4. Jahrhundert ab, also fast zwei Generationen später.[34] Im Osten wie im Westen gab es also im 3. Jahrhundert unabhängige und unterschiedliche Migrationsströme, keine massive Landnahme durch »ganze« Völker. Aber wie sollen wir uns die Gruppen vorstellen, die sich auf den Weg machten?

Einige waren Trupps aus mehreren hundert jungen Männern unter Führung eines angesehenen Kriegers, die auf Beute aus waren. Kleine, organisierte und bewaffnete Gruppen (wie die von Ejsbøl Mose) waren typisch für die germanische Gesellschaft. Sie lebten unter der Führung eines Königs oder in eher egalitären Gemeinschaften zusammen. Archäologische Funde deuten darauf hin, dass an den Migrationen im 3. Jahrhundert solche Gruppen beteiligt waren. Östlich der Karpaten wurden Gräberfelder aus der frühen Tschernjachow-Zeit (Cozia-Iasi, Todireni und Braniste) freigelegt, wo – anders als in der Tschernjachow- und Wielbark-Kultur – die männlichen Erwachsenen mit Waffen bestattet wurden. Alle anderen Funde deuten darauf hin, dass die in diesen Friedhöfen Bestatteten germanische Eindringlinge aus dem Norden waren. Die Waffenfunde jedoch suggerieren, dass sie von außerhalb der Wielbark-Kultur stammten, wahrscheinlich aus den Przeworsk-Gebieten weiter südlich. Die Gräberfelder sind nicht groß und entsprechen dem Bild kleiner bewaffneter Przeworsk-Gruppen, die auszogen, um ihr Glück zu machen.[35] Bis heute fehlt eine umfassende Studie über Alter und Geschlecht der Bevölkerungen in dem Band von Wielbark-Gräberfeldern, das sich entlang der oberen Weichsel und des Dnjestr erstreckt. Auch bei den dort Bestatteten könnte es sich um kleine Untergruppen auf Wanderschaft gehandelt haben, die in Alter und Geschlecht keinen normalen Bevölkerungsquerschnitt repräsentieren.

Aber nicht alle Migrationsbewegungen des 3. Jahrhunderts gehen auf kleine Gruppen von einigen hundert Personen zurück. Der Gotenkönig Cniva hätte Kaiser Decius niemals besiegen können, wenn er nicht Tausende Bewaffnete in seiner Gefolgschaft gehabt hätte. Die Goten und Heruler, die Claudius bei Thessaloniki schlug, sollen in dieser Schlacht mehrere tausend Mann verloren haben. Man kann diese Zahlen anzweifeln, aber Claudius hatte mit Sicherheit kein leichtes Spiel, und der große Angriff vom Meer her in den Jahren 268–271 hätte nicht so große Verwüstungen anrichten können, wenn die Zahl der Krieger sehr viel kleiner gewesen wäre, als es die hohen, in die Tausende gehenden Verluste nahelegen.[36] Die Zeugnisse aus den Markomannenkriegen weisen in eine ähnliche Richtung. Einige, aber längst nicht alle Unternehmungen lassen sich durch Kriegerverbände erklären. Cassius Dio etwa berichtet, Langobarden und Ubier hätten für ihren Angriff auf Pannonien zusammen 6000 Mann mobilisiert, und die Quaden hätten versucht, »geschlossen in das Land der Semnonen [weiter nördlich zwischen Elbe und Oder] auszuwandern«, um sich Marc Aurels Strafexpeditionen zu entziehen.[37] Die Römer vereitelten den Aufbruch. Wir wissen nicht mit Sicherheit, ob alle Mitglieder der Gruppe nach Norden ziehen wollten, aber den Quellen zufolge waren mehrere tausend Personen dazu bereit.

Dass zumindest einige größere Germanengruppen unterwegs waren, lässt sich aus den Ereignissen am Zielpunkt ihrer Reise schließen. Doch die Goten und andere, die ans Schwarze Meer zogen, kamen nicht in ein Machtvakuum. Im Jahr 238, nach ihrem Angriff auf Histria, gewährten die Römer den angreifenden Goten eine jährliche Subsidienzahlung unter der Bedingung, dass sie sich aus der Stadt zurückziehen und die Gefangenen übergeben würden. Die Folge waren heftige Proteste der alteingesessenen Karpen, die erklärten, sie seien »mächtiger« als die Goten. Die Karpen waren, wie schon erwähnt, sogenannte freie Daker im moldawischen Hinterland der Karpaten – halbunterworfene Klienten, die formell nicht dem Römischen Reich unterstanden. Die Goten und andere germanischsprachige Gruppen, die in das Grenzgebiet vordrangen, gerieten in Konkurrenz zu diesen dakischen Gruppen, und im Lauf der Zeit verloren die Karpen ihre politische Unabhängigkeit vollständig. Viele von ihnen – römischen Quellen zufolge Hunderttausende – wurden um 300 innerhalb des Reiches neu angesiedelt.[38] Auch hier fehlen genaue Zahlen, aber wir können uns durchaus ein Gesamtbild machen. Die Karpen verschwanden seit dem frühen 4. Jahrhundert als unabhängige politische Kraft, und wir haben klare Belege dafür, dass sie südlich der Donau angesiedelt wurden. Auch gibt es keinen Zweifel, dass germanischsprachige Goten einheimische, Dakisch sprechende Gruppen als beherrschende Kraft in den Karpaten ablösten.

Wie wir wissen, entschärfte Rom die Rivalitäten in der Grenzregion in der Regel dadurch, dass es gefügige Einwanderer ins Imperium aufnahm. So wurden während der Markomannenkriege die Naristen auf römischen Boden angesiedelt, und genauso verfuhr Constantius II. im Jahr 359 mit einigen Limiganten. Es gibt also keinen Grund, Berichte anzuzweifeln, denen zufolge um 300 eine große Zahl von Karpen aus dem Grenzgebiet umgesiedelt wurden. Weiter östlich unterwarfen germanische Einwanderer die sarmatischen Königreiche und die alten griechischen Städte des Pontus, und eine weitere Folge ihrer Ankunft war die Räumung des transsylvanischen Dakien.[39] Nicht alle Karpen wurden in das Gebiet südlich der Donau umgesiedelt. Ein Großteil der einheimischen Bevölkerung Transsylvaniens und der pontischen Küste blieb an ihren alten Wohnsitzen. Trotzdem sind großflächige Umsiedlungen in der Region ein klarer Hinweis darauf, dass das Vordringen nichteinheimischer, germanischsprachiger Bevölkerungen das System der römischen Grenzsicherung unterminierte. Wir müssen daher von germanischsprachigen Gruppen ausgehen, die jederzeit in der Lage waren, mehrere tausend Krieger für den Kampf zu mobilisieren.

Im Westen stellte sich die Situation etwas anders dar. Konflikte vergleichbaren Ausmaßes sind nicht belegt, und weil die *Agri Decumates*, die die Alamannen in Besitz nahmen, geräumt waren, mussten sie niemanden vertreiben. Außerhalb der *Agri Decumates* konnten sich die Alamannen gegenüber anderen einheimischen Germanen durchsetzen, etwa gegenüber den Rhein-Weser-Gruppen, die am Mittellauf des Mains den Kürzeren zogen. Dafür bedurfte es gewiss konzertierten Handelns. Wie wir gleich sehen werden, waren die Burgunder als Gruppe groß genug, um ihren ausgeprägten ostgermanischen Dialekt zu bewahren. Im 4. Jahrhundert standen sich Burgunder und Alamannen zeitweilig rivalisierend gegenüber – diese Konkurrenz könnte bereits im 3. Jahrhundert begonnen haben. Das wiederum könnte für die Alamannen ein weiterer Grund für einen Zusammenschluss gewesen sein.

Andererseits war die Konföderation der Alamannen das Ergebnis einer langen politischen Entwicklung. Die Juthungen gehörten erst ab Mitte des 4. Jahrhunderts dazu, nicht schon im 3. Jahrhundert, wo wir den Alamannen zum ersten Mal begegnen. Um die Mitte des 4. Jahrhunderts bildeten sie einen der Gaue, in denen die Beziehungen zwischen Unter- und Oberkönigen durch ein festes politisches Regelwerk definiert waren. Dieser Prozess zeichnete sich bereits Anfang des 3. Jahrhunderts ab. Eine Zeitlang ging man davon aus, dass die erste gesicherte Erwähnung des alamannischen Bündnisses frühestens in die 290er Jahre datiert werden kann. Damit verbuchte man die Plünderungen und Landnahmen in diesem Rheinabschnitt auf das Konto von unabhängigen Kriegerverbänden, die erst nach der Besiedlung der *Agri Decumates* umfassendere Gruppenstrukturen aufbauten. Aber mit dieser Datierung liegt man viel zu spät. Bereits 213 kämpfte Kaiser Caracalla gegen Alamannen. Und auch wenn das Bündnis der Alamannen damals noch nicht alle Untergruppen des 4. Jahrhunderts einschloss, zeigt es doch, dass schon zu Beginn des 3. Jahrhunderts große politische Umwälzungen im Gang waren und man deshalb die Alamannen nicht nur als ein Ensemble von Kriegerverbänden betrachten kann.[40]

Die bewaffnete Expansion erfolgte wahrscheinlich nach einem ganz bestimmten Muster, denn die Geschehnisse im Osten erinnern in wesentlichen Punkten an die sehr viel besser dokumentierte nordische Expansion nach Westeuropa im 9. Jahrhundert. Auch diese begann mit kleinen Vorstößen. An der ersten belegten Unternehmung nahmen nur drei Schiffe mit Norwegern teil, die um 790 die Südküste Englands unsicher machten. Ab den 830er Jahren operierten größere Verbände in westlichen Gewässern. Sie wurden teilweise von »Königen«, manche auch von »Jarls« geführt, Männern also, die in den nordischen Gesellschaften bereits eine wichtige Rolle spielten. Die Tendenz zur Konföderation erreichte ihren Höhepunkt in der Zeit des Großen Heeres in den 860er Jahren, als sich mehrere größere Gruppen mit dem Ziel zusammenschlossen, die Heere der angelsächsischen und fränkischen Königreiche zu besiegen. All dies erinnert stark an die germanische Expansion im 3. Jahrhundert. Auch hier begann es mit kleinen Übergriffen, aber die Plünderung römischer Städte, der Sieg über römische Kaiser und die Aneignung der Besitzungen von Klienten im römischen Grenzgebiet erforderten eine sehr viel größere militärische Kampfkraft.[41]

In welchem Ausmaß auch Frauen und Kinder an diesen Expansionszügen beteiligt waren, muss noch genauer untersucht werden. Doch ein auffälliger Beitrag der Wielbark-Kultur zur Tschernjachow-Kultur war die weibliche Bestattungstracht. Wie bereits erwähnt, wurden in beiden Kulturen Frauenkleider mit zwei ähnlich gestalteten Gewandnadeln *(fibulae)* zusammengehalten, je einer auf beiden Schultern, und auch ähnlich gestaltete Halsketten und Gürtel tauchten auf. Bei Dakisch sprechenden Karpatengruppen ist diese Tracht bereits vor dem 3. Jahrhundert zu finden. Ohne dass eine große Zahl von Frauen (und Kindern) mit nach Süden zog, ist ein so verblüffender Kulturtransfer kaum vorstellbar. Bestätigt wird dieser Befund durch die Tatsache, dass zumindest die Goten bei ihren Wanderungen die germanische Sprache über mehrere Generationen beibehielten: von der Mitte des 3. bis zum späten 4. Jahrhundert. Wenn wir es – wie beim Eindringen der Skandinavier nach Russland im 9. und besonders im 10. Jahrhundert – mit einem Phänomen zu tun haben, an dem hauptsächlich kleine bewaffnete kriegerische Gruppen beteiligt waren, müsste man erwarten, dass die Einwanderer schnell die Sprache der Einheimischen übernahmen. Aber wie Wulfilas gotische Bibelübersetzung eindrucksvoll zeigt, war dies bei den Wanderungen im 3. Jahrhundert nicht der Fall. Wulfila war Mitte des 4. Jahrhunderts unter den gotischen Terwingen tätig, 100 Jahre nach Beginn der Einwanderung ans Schwarze Meer, und die Sprache der Einwanderer war zu diesem Zeitpunkt eindeutig Germanisch.[42] Ohne gotische Mütter, die ihren Kindern die eigene Sprache beibrachten, wäre so etwas undenkbar.

Zeugnisse für die Beteiligung von Frauen und Kindern an anderen Migrationsströmen sind spärlicher, doch es gibt sie selbst für die Zeit der Markomannenkriege in begrenztem Umfang. Glücklicherweise stammen diese Belege von dem sehr viel glaubwürdigeren Cassius Dio und nicht aus der *Historia Augusta*. So war es das gesamte Volk (griechisch *pandemei*) der Markomannen und Quaden, das in das Gebiet der Semnonen einzudringen versuchte. Und die Asdingen-Vandalen unterstellten ihre Frauen und Kinder dem Schutz eines lokalen römischen Militärbefehlshabers, bevor sie das Territorium der freien Dakergruppe der Kostoboken eroberten. An den Markomannenkriegen waren demzufolge keineswegs nur beutegierige junge Männer beteiligt.[43]

Die historischen Quellen für die Ereignisse im Westen im 3. Jahrhundert sind bedauerlicherweise nicht eindeutig, so dass kürzlich ein Forscher meinte, man müsse »vernünftigerweise« davon ausgehen, dass ausschließlich kleine Kriegerverbände aktiv waren. Doch in einigen frühen Gräbern von Frauen und Kindern in den *Agri Decumates* finden sich auch elbgermanische Beigaben, daher wäre ich mit einer solchen These vorsichtig. Unklar ist auch, ob

Kriegerverbände schlagkräftig genug waren oder ob wir nicht bereits das Auftauchen des Namens »Alamannen« in den Quellen als Hinweis für ein Bündnissystem lesen sollten. Wie den Goten gelang es auch den Burgundern, über einen langen Zeitraum hinweg an ihrer Sprache festzuhalten. Dass es sich dabei um einen ostgermanischen Dialekt handelte, ist klar belegt, die Quelle datiert allerdings vom Ende des 5. Jahrhunderts – aus dem unabhängigen burgundischen Königreich, das nach dem Zusammenbruch des Weströmischen Reiches im Rhônetal entstand. Die Burgunder konnten sich ihre Sprache bewahren, obwohl sie schon 200 Jahre lang im Westen lebten. Wie bei den gotischen Terwingen ist das kaum vorstellbar, ohne dass zumindest einige soziale Gruppen samt Frauen und Kindern von östlich der Oder an den Main aufbrachen. Die eher spärlichen Beschreibungen von Wanderungen nach Westen aus dem 3. Jahrhundert gemahnen zu größerer Vorsicht. Zu sagen, man müsse »vernünftigerweise« von Kriegerverbänden ausgehen, ist der unterschiedslosen Anwendung der Invasionshypothese vergleichbar, obwohl es klare zeitgenössische Belege für ein breit gefächertes Muster der Migration aus dem Osten gibt. Die Belege für die Vandalen, Burgunder und Goten liefern uns – jeweils auf ihre Art – ausgezeichnete Argumente dafür, dass wandernde Germanengruppen im 2. und 3. Jahrhundert manchmal auch Frauen und Kinder einschlossen. Und deshalb würde ich im Fall der Alamannen nicht das Gegenteil behaupten wollen.[44]

Die Gesamtzahl der Zuwanderer lässt sich unmöglich bestimmen. Die Quellen hierzu sind so spärlich, dass man über die Größe der einheimischen Bevölkerungsgruppen, die von den Markomannenkriegen und der germanischen Expansion des 3. Jahrhunderts betroffen waren, nur spekulieren kann. Doch aus dieser argumentativen Sackgasse hilft eine qualitative Definition der Massenmigration heraus, wie sie von vergleichenden Untersuchungen bekannt ist. Am Zielpunkt der jeweiligen Migrationsströme wurde das politische Gefüge grundlegend erschüttert. Vor allem im 3. Jahrhundert, als die Römer das transsylvanische Dakien aufgaben, wurden viele Karpen von ihren alten Wohnsitzen ins Römische Reich vertrieben, und wer von ihnen blieb, wurde zusammen mit den unabhängigen sarmatischen Königreichen und den griechischen Städten an der nordpontischen Küste dem neuen, von den germanischsprachigen Einwanderern geschaffenen politischen System einverleibt. Die germanische Dominanz in dieser Region, seit dem 3. Jahrhundert klar belegt, war die Folge bewaffneter Züge mit Tausenden, wahrscheinlich Zehntausenden Menschen. Gemessen an heutigen Migrationsstudien handelte es sich eindeutig um eine »Massenmigration«. Dasselbe gilt natürlich für den Westen. Die Ankunft der Alamannen und der Burgunder, die Räumung der *Agri Decumates*, die Entmachtung der Rhein-Weser-Gruppen und sogar die schon früher erfolgte Auswanderung der Naristen müssen als einschneidende Ereignisse für die jeweiligen Gebiete betrachtet werden.[45]

Sie waren auch für die Zuwanderer selbst von großer Bedeutung, führten sie doch zu neuen politischen Strukturen und sogar zu einigen neuen Gruppierungen. Römische Quellen konzentrieren sich natürlich auf Übergriffe auf das Gebiet des Imperiums: die Plünderung von Städten, Angriffe an der Schwarzmeerküste und die Verdrängung von Gruppen wie den Karpen. Doch kaum waren die einheimischen Gruppen besiegt, begann ein neuer, von regelmäßigen Gewaltausbrüchen begleiteter Prozess, in dem die Einwanderergruppen sich politisch neu formierten. Römische Quellen um 300 berichten von einer Rivalität zwischen Einwanderergruppen, die sich in Dakien niedergelassen hatten.[46] So entstand wohl die Konföderation der Terwingen, in der sich mehrere Könige einem »Richter« unterordneten. Diese Könige waren vermutlich die Nachkommen ursprünglich getrennter Migrantengruppen, die sich – wie und warum auch immer – der herrschenden Terwingen-Dynastie unterwarfen.

Vieles über diese Wanderungsbewegungen im 2. und 3. Jahrhundert wird für immer im Dunkeln bleiben. Es gab mit Sicherheit Bevölkerungsströme, nicht einzelne Wellen, wie es das Modell der Invasionshypothese nahe legt; und besonders in der Anfangsphase spielten Kriegerverbände eine große Rolle. Dass es im Zuge der Migration manchmal auch zum Wechsel von Sprache und materieller Kultur kam, zeigt, dass zu einigen dieser größeren Gruppen auch Frauen und Kinder gehörten. In einigen Charakteristika stimmen die Vorgänge also wenigstens zum Teil mit der alten Invasionshypothese überein, insbesondere die Ausdehnung der Herrschaft bewaffneter germanischsprachiger Gruppen über die Schwarzmeerregion, die nicht geringe Teile der ansässigen Bevölkerung zur Abwanderung zwang. Dieser Übergang vollzog sich nicht so einfach, wie es die alte Invasionshypothese suggeriert, aber auch nicht so aseptisch wie der Transfer einer Elite. Denkbar wäre ein modifiziertes Modell der Invasionshypothese, demzufolge die Einwanderer nicht en bloc, sondern in einem immer breiter werdenden Strom kamen und einem Großteil der einheimischen Bevölkerung ihre angestammten Wohnsitze beließen, während sich gleichzeitig große, gemischte Gruppen von Zuwanderern als die neuen politischen Herren durchsetzten.

Das kann aber nur eine vorläufige Schlussfolgerung sein. Wir müssen weiterfragen: Warum kam es genau zu diesem Zeitpunkt zu diesen Migrationsströmen? Und warum verliefen sie alle in Richtung der römischen Grenze? Gibt es einen zwingenden Grund, warum einigen germanischen Migrationsströmen neben bewaffneten Männern auch Frauen und Kinder angehört haben sollen, wenn es darum ging, sich die Herrschaft über eine neue Landschaft zu sichern?

Innere und äußere Peripherie

Die Richtung der Migrationsströme – zur römischen Grenze hin und aufgrund der Größe des eroberten Territoriums mit sehr viel dramatischeren Folgen im Osten – wird verständlicher, wenn wir das Ganze vor dem Hintergrund zweier Faktoren betrachten, die bei allen modernen Migrationsströmen eine zentrale Rolle spielen: Die Verfügbarkeit von Informationen und der allgemeine Kontext politischer Strukturen. Da die Alamannen über eine so kurze Entfernung in die *Agri Decumates* vordrangen, können wir davon ausgehen, dass sie ihr Ziel kannten oder schnell kennenlernten. Die großen Züge der Ostgermanen sind da schon erklärungsbedürftiger. Wie viel wussten die Zuwanderer eigentlich über den nördlichen Pontus?

Die direkteste Route von den Gebieten der Wielbark- und Przeworsk-Kultur Zentral- und Nordpolens ans Schwarze Meer verlief um den äußeren Karpatenbogen durch das Tal am Oberlauf der Weichsel und des Dnjestr. Wie wir gesehen haben, deutet das Band von Wielbark-Gräberfeldern darauf hin, dass die Migrationsroute entlang der Bernsteinstraße verlief, einer zentralen Verkehrsachse Mittel- und Osteuropas. Wie bereits erwähnt, war das fossile Baumharz in der Mittelmeerwelt als Schmuck sehr begehrt und damit ein Hauptexportartikel Germaniens. Viele Kaufleute benutzten zu jener Zeit regelmäßig den Hauptwanderweg der Goten, und auch Wielbark-Gruppen, die an der Ostsee Holzbrücken und -stege bauten und instand hielten, waren am Handel beteiligt.[47] Germanischsprachige Migranten des späten 2. und 3. Jahrhunderts aus Nordmitteleuropa hatten deshalb Zugang zu umfangreichen Informationen über die süd- und ostkarpatischen Gebiete und die möglichen Routen, die dorthin führten, und sie besaßen Kenntnisse über die Gesellschaften und Verhältnisse im Zielgebiet. Eine genauere Analyse der archäologischen Funde würde jedoch meiner Ansicht nach zeigen, dass dieser ostgermanische Migrationsstrom anfangs über schmale Kanäle verlief und die Zuwanderer sich in relativ wenigen Gebieten des nördlichen Pontus konzentrierten, bis sie mit den Verhältnissen in der Region vertrauter waren.

Waren sie erst einmal in der Schwarzmeerregion angekommen, eröffneten sich ihnen schnell weitere Informationsfelder. Bald lernten sie, profitable Überfälle auf das Gebiet des wirtschaftlich höher entwickelten Römischen

Reiches zu führen, und erfuhren, welche Routen für solche Plünderungen geeignet waren. Einige waren ihnen vielleicht bereits bekannt, da gotische Soldaten schon vor dem Angriff auf Histria im Jahr 238 in römischen Armeen gegen Persien gekämpft hatten. Eine Inschrift, die 30 Jahre vor diesem Angriff datiert wird, erinnert an die Beteiligung wahrscheinlich gotischer Soldaten in der römischen Armee der Provinz Arabia. Doch vor ihrer Ankunft können die Einwanderer keine Kenntnisse von der Geographie des östlichen Mittelmeers und seines Hinterlands gehabt oder gewusst haben, dass das reiche Küstenland Kleinasiens jenseits des Schwarzen Meeres lag. Ab 255 führten sie Überfälle übers Meer. Historischen Quellen zufolge stellten die mit dem Meer vertrauten Bevölkerungen der griechischen Städte an der nördlichen Schwarzmeerküste Schiffe und Matrosen für solche Expeditionen bereit. Was liegt näher, als dass von ihnen auch die Information stammte, dass gut 200 Kilometer jenseits des offenen Meeres zwischen der nördlichen und der südlichen Pontusküste lukrative Beute wartete?[48]

Noch stärker als von den entlang der Bernsteinstraße zirkulierenden Informationen wurden die Entscheidungen der Migranten des 3. Jahrhunderts von den gegebenen politischen Strukturen bestimmt. Heute versuchen Staaten, die Migrationsströme durch Pässe, Grenzkontrollen und einwanderungspolitische Maßnahmen zu lenken, zu ermutigen oder zu beschränken. Antike Staatsstrukturen waren zwar weniger komplex, aber auch das Römische Reich betrieb eine Art Einwanderungspolitik, die nicht ohne Auswirkungen auf die germanischen Migrationsströme des 3. Jahrhunderts blieb.

Die Mitte des 2. Jahrhunderts vom germanischen Nordmitteleuropa ausgehende Expansion war nicht auf Wielbark-Gruppen beschränkt. Langobarden und Ubier aus dem Gebiet der Elbmündung weiter westlich läuteten die Markomannenkriege ein. Die Migration von Alamannen aus dem Elbdreieck und von weiter östlich lebenden Burgundern spielte für die Umgestaltung der politischen Geographie der Grenzregion am Rhein zur selben Zeit eine wichtige Rolle, als sich andere, gemischte Germanengruppen im Gebiet östlich der Karpaten ausbreiteten. Auch die strategische Situation entlang der germanisch dominierten europäischen Grenzen Roms veränderte sich also im Lauf des 3. Jahrhunderts. Hier wie dort war die Migration ein entscheidender Faktor. Doch während im Westen die politische Umgestaltung deutlich ins Auge sticht, die sich in den neuen fränkischen und alamannischen Bündnissen manifestierte, stand im Osten die Migration im Zentrum des Geschehens, weil die germanische Expansion so riesige Räume betraf und zu so gewaltigen kulturellen Veränderungen führte. In der neuen Welt, die nördlich des Schwarzen

Meeres entstand, schufen die Zuwanderer größere und komplexere politische Strukturen, als sie in Nordmitteleuropa jemals existiert hatten.

Doch auch wenn im Westen und im Osten die Gemengelage ähnlich war, so waren die Auswirkungen sehr unterschiedlich. Östlich der Karpaten brachten germanischsprachige Gruppen riesige neue Territorien unter ihre Kontrolle, und mit der weiteren Ausbreitung der Migranten entstand eine große Zahl neuer politischer Gemeinwesen. Im Westen blieb das germanisch dominierte Territorium auf die *Agri Decumates* beschränkt, und die politische Umgestaltung mündete sehr viel direkter in eine Konföderation als nördlich des Schwarzen Meeres. Die Erklärung für diese im Westen und im Osten unterschiedliche Entwicklung liegt darin, dass die germanische Expansion im Westen direkt in die militärischen und politischen Strukturen des Römischen Reiches hinein verlief. Diese waren im 3. Jahrhundert zeitweilig brüchig geworden, hauptsächlich im Zuge des Aufstiegs des sassanidischen Persien, das die Ressourcen der Römer arg strapazierte und beträchtliche Truppenverlagerungen in den Osten erzwang. Dadurch boten sich expansionswilligen germanischen Gruppen um die Mitte des 3. Jahrhunderts vielfältige Möglichkeiten, langfristig jedoch erwiesen sich die imperialen Strukturen Roms als stabil. Anders gesagt, die Schlagkraft der römischen Armee und die militärischen Befestigungen der Römer ermöglichten der germanischen Expansion im Westen nur kleinere Territorialgewinne, so dass die Germanen ihre Kräfte auf eine interne politische Neuordnung und auf kurze Angriffe über die Grenze hinweg konzentrierten. Im Westen konnte sich nicht wiederholen, was nördlich des Schwarzen Meeres geschah, wo die eher zersplitterten Machtstrukturen der römischen Klienten den germanischen Einwanderern die Möglichkeit boten, große Gebiete unter ihre Kontrolle zu bringen. Der entscheidende Grund dafür war das System der römischen Grenzsicherung.[49]

Die Routen der Wanderungen und ihre unterschiedlichen Folgen erweisen sich im Licht moderner Migrationsstudien als durchaus plausibel. Dennoch bleiben zwei wichtige Fragen offen: Was veranlasste eine so große Zahl germanischsprachiger Menschen in Europa dazu, sich ausgerechnet zu diesem Zeitpunkt auf den Weg zu machen? Und wie lassen sich die offenkundig anormalen Migrationsströme erklären, an denen, wie Quellen belegen, auch große, gemischte soziale Gruppen beteiligt waren?

Unser Verständnis wird vor allem durch den Mangel an Informationen aus erster Hand erschwert. Heutige Studien unterscheiden wirtschaftliche und politische Motive der Migranten sowie Komponenten der Freiwilligkeit und Unfreiwilligkeit bei ihrer Entscheidung, wobei in praktisch allen Fällen alle vier Parameter eine Rolle spielen, wenn auch mit dramatischen Unterschieden. Wir können diesen sicherlich ergiebigen Ansatz hier nicht im Detail verfolgen.

In der Summe deuten die Quellen darauf hin, dass zumindest bei einem Teil der Zuwanderer ein unfreiwilliger, politischer Aspekt eine Rolle spielte. Gemeint sind nicht so gewaltige, politisch motivierte Flüchtlingsströme wie in Ruanda Anfang der 1990er Jahre. Aber wie im vorigen Kapitel ausgeführt, ist ein auffälliges Charakteristikum Germaniens im späten 2. und frühen 3. Jahrhundert ein Anstieg gewaltsamer politischer Auseinandersetzungen, wie es die relativ umfangreichen Waffenfunde in dänischen und anderen Mooren belegen. Und es gibt keinen Grund anzunehmen, dass die Ahnen der heutigen Dänen im 3. Jahrhundert besonders kampfeslustig gewesen wären. Klüger ist es, darauf zu setzen, dass sich in den Mooren mehr Belege für die gestiegene Gewalt erhalten haben als anderswo. Zumindest die neuen politischen Bündnisse mit ihrem stärker kriegerisch geprägten Führungsdenken sind ohne eine entsprechende Zunahme von Gewalt kaum vorstellbar. Vor diesem Hintergrund wäre es in der Tat merkwürdig, wenn man die Abwanderung in neue Gebiete nicht als eine Reaktion auf die wachsende existentielle Bedrohung in der alten Heimat betrachten würde. Wachsende Rivalität um die Kontrolle der verfügbaren Reichtümer war schon immer ein wichtiger Grund zur Abwanderung.[50] Aber so wie wachsende politische Rivalität eine Erklärung dafür ist, dass überhaupt so viele Germanen aufbrachen, können wirtschaftliche Motive die geographische Richtung dieser Migration erklären.

Von gelegentlichen Importen aus dem Mittelmeerraum einmal abgesehen, besaß die germanische Welt zu Beginn der Römerzeit nur eine sehr einfache materielle Kultur: handgeformte Keramik, kaum Objekte aus Edelmetallen und relativ wenig Möglichkeiten, den eigenen sozialen Status sichtbar zum Ausdruck zu bringen. Dies änderte sich in den nachfolgenden Jahrhunderten durch die Kontakte der germanischen Welt mit der höher entwickelten Ökonomie des Mittelmeerraums. Durch die neuen Handelsbeziehungen, die römischen Subsidienzahlungen und die Raubzüge der Germanen über die Grenze floss der germanischen Welt neuer Reichtum zu, der allerdings ungleich verteilt war: bestimmte Klassen profitierten mehr als andere. Auch geographisch herrschte Ungleichheit: Die lukrativen Kontakte zum Römischen Reich begünstigten germanische Gruppen in Grenznähe.

Vertraglich ausgehandelte Subsidienzahlungen wurden nur in Grenznähe siedelnden Gruppen gewährt. So lässt sich schwer sagen, wie weit über die Grenze hinweg sich Constantius' neue Grenzpolitik erstreckte, die im vorigen

Kapitel untersucht wurde: gewiss mehr als nur ein paar Kilometer, wahrscheinlich aber nicht mehr als ein paar Tagesmärsche für eine Legion, also rund hundert Kilometer. Grenzübergriffe wurden nicht nur von Grenzbewohnern geführt, die es damit aber naturgemäß gewiss einfacher hatten. Dasselbe gilt für den Handel mit landwirtschaftlichen Produkten und anderen Gütern. Die Grenzbewohner konnten ihre Erzeugnisse leichter zu den römischen Soldaten transportieren, ihren wichtigsten Abnehmern. Das darf jedoch nicht überbewertet werden. Auch Dörfer wie Feddersen Wierde profitierten von der römischen Nachfrage, weil sie über Transportwege zu Wasser verfügten. Und Netzwerke für Waren von hohem Wert, etwa Sklaven oder Bernstein, reichten tief ins Innere Germaniens hinein. Es waren wahrscheinlich räuberische Germanen aus dem Landesinnern, die Sklaven erbeuteten, und die Holzstege im Wielbark-Gebiet zeigen, dass man in Nordpolen am Bernsteinhandel gut verdienen konnte. Trotzdem kamen die Zuflüsse an materiellen Gütern hauptsächlich dem Grenzgebiet zugute, und selbst der Fernhandel war auf Mittelsmänner an der Grenze angewiesen – die Könige erhoben zumindest Zölle. Nicht nur der Markomannenkönig Vannius wird erkannt haben, wie profitabel der wirtschaftliche Austausch germanischer Händler mit römischen Kaufleute für ihn war. Diese antike Form des Monopoly-Spieles war durchaus einträglich und dürfte der Grund gewesen sein, warum Handelsabkommen in diplomatischen Vereinbarungen zwischen Klientelstaaten und dem Römischen Reich eine so große Bedeutung hatten.

Wie neuere Studien zu den Grenzen im Allgemeinen und den Grenzen des Römischen Reiches im Besonderen zeigen, muss man sich Anlagen wie den Hadrianswall als das Zentrum einer Zone des kulturellen und wirtschaftlichen Austauschs beiderseits der Grenzanlage vorstellen, nicht ausschließlich als Verteidigungslinie. Eine Konsequenz dieser Erkenntnis war die Tendenz neuerer Untersuchungen, das Ausmaß der Gewalt und Konfrontation entlang solcher Grenzbefestigungen zu unterschätzen. Die Bevölkerungen beiderseits der Grenze pflegten vielseitige Kontakte, sie saßen nicht einfach nur in der Kuschelecke ihres Siedlungsgebiets, ohne von der Welt um sich herum Notiz zu nehmen.

Das einvernehmliche Zusammenleben im Grenzgebiet konnte beispielsweise durch das Prestigestreben eines römischen Kaisers gestört werden. In den späten 360er Jahren wollte Valentinian I. den römischen Landbesitzern, also den wichtigsten Steuerzahlern, seine Strenge gegenüber den Barbaren demonstrieren. Zu diesem Zweck reduzierte er die alljährlichen Geschenke an die Alamannenkönige – mit verheerenden Folgen. In der Regel gaben die Könige diese Geschenke an ihre Gefolgsleute weiter, um ihr eigenes Ansehen zu stärken, so dass Valentinians Maßnahme ihre Autorität in Frage stellte. Die Folge war eine Welle der Gewalt, die das alamannische Territorium an der Rheingrenze destabilisierte.[51] Sehr viel entscheidender aber war meiner Ansicht nach die Tendenz einer Destabilisierung der Grenzregion von nichtrömischer Seite. Der intensive Kontakt mit der höher entwickelten römischen Welt brachte ganz neue Erfahrungen mit Wohlstand und Luxus. Die Folge war, dass ein »Germanien der zwei Geschwindigkeiten« entstand: Wirtschaft und Gesellschaft florierten umso mehr, je näher man der römischen Grenze kam. Das daraus resultierende Wohlstandsgefälle zwischen dem Grenzgebiet und dem germanischen Hinterland war ein entscheidendes Motiv für die Migrationsströme des 2. und 3. Jahrhunderts. Bewaffnete Gruppen aus den weniger reichen, grenzferneren Gebieten versuchten, sich mit Gewalt einen Anteil an den lukrativen Möglichkeiten zu verschaffen, die Rhein und Donau boten.

Diese Tendenz manifestierte sich bereits im 1. Jahrhundert. Der Klientelkönig Vannius konnte in der ersten Jahrhunderthälfte mit Hilfe römischer Subsidienzahlungen und mit dem Geld, das ihm von römischen, in seinem Königreich ansässigen Kaufleuten zufloss, gut leben. Das änderte sich im Jahr 50 n. Chr., als er von einer Germanengruppe von jenseits des Grenzgebiets überfallen und vertrieben wurde.[52] Dieses Grundmotiv – sich Reichtümer im Grenzgebiet anzueignen – lässt sich für alle Ereignisse des 3. Jahrhundert direkt oder indirekt nachweisen. Die Schwarzmeerregion etwa war reich an beweglichem Beutegut. Märchenhaft reiche Grabbeigaben einschließlich großer Mengen Edelmetalle sind typisch für die sarmatischen Königreiche an der nordpontischen Küste in den ersten nachchristlichen Jahrhunderten. Man darf annehmen, dass die Goten und wer sonst noch auf der Bernsteinstraße unterwegs war von solchem Reichtum magisch angezogen wurden. Sobald die germanischen Einwanderer dort angekommen waren, taten sie alles, um sich in den Besitz dieser Schätze zu bringen.[53]

Die ersten bewaffneten Goten am Schwarzen Meer plünderten im Jahr 238 nicht nur Histria, sondern versprachen auch Frieden gegen jährliche Subsidien von den Römern.[54] Diese Gruppe griff nach allen regelmäßigen Einnahmequellen, die ihr die engere Verflechtung mit der römischen Welt bot. Dasselbe gilt für die Plünderungen. Ob bei Angriffen auf dem Balkan oder übers Schwarze Meer, immer ging es darum, sich bewegliche Reichtümer jeder Art anzueignen, Menschen ebenso wie materielle Güter. Die archäologischen Hinterlassenschaften der neuen, germanisch dominierten Königreiche, die dort entstanden und die sich in der Tschernjachow-Kultur niederschlagen, belegen dies in aller Deutlichkeit, insbesondere im Vergleich mit Wielbark-Funden. Edelmetalle kommen sehr viel häufiger vor. Tschernjachow-Gräber aus dem späten 3. und 4. Jahrhundert enthalten häufig silberne Gewandnadeln, Wielbark-Gräber des 1. und 2. Jahrhunderts dagegen selten. Auch römische Keramik ist in Tschernjachow-Siedlungen und -Gräbern stark verbreitet: edles Essgeschirr ebenso wie Amphoren für Wein oder Olivenöl. Obwohl es keine gotischen Berichte über die Motive der Einwanderer gibt, bin ich daher überzeugt, dass sie sich zu bewaffneten Gruppen zusammenschlossen, um sich Zugang zum Wohlstand im Grenzgebiet zu verschaffen.

Die größtenteils wirtschaftlichen Motive unserer Migranten des 3. Jahrhunderts besaßen also auch eine starke politische Dimension. Es handelte sich nicht um Flucht vor einer politischen Situation wie bei heutigen Flüchtlingsströmen, sondern um die eher »positive« Aussicht auf Beute. An dem Reichtum, den die größtenteils germanischen Gesellschaften am Rand der römischen Welt anhäuften, konnten Individuen nicht wie heutige Wanderarbeiter im Industrie- und Dienstleistungssektor einer modernen Wirtschaft partizipieren. Die neuen Reichtümer wurden nicht in Fabriken generiert, die eine große Zahl von Arbeitskräften benötigten, sondern konzentrierten sich an den Höfen der Klientelkönige, die die Gewinne aus ihren Transaktionen mit dem römischen Staat an ihre wichtigsten Gefolgsleute weitergaben. Diese Könige waren es, die Subsidienzahlungen, Zolleinnahmen, Bezahlung für militärische Dienste und wahrscheinlich auch einen Teil der Beute aus den über die Grenze geführten Plünderungszügen erhielten. Einige Einwanderer traten vermutlich in den militärischen Dienst dieser Könige, doch deren Gefolgschaften waren nicht besonders groß und hatten lediglich Bedarf an Berufskriegern. Größere Einwanderergruppen hatten gar keine andere Wahl, als bewaffnet und in großer Zahl einen Klientelkönig zu stürzen, um sich dessen Reichtümer anzueignen. Einwanderer des 3. Jahrhunderts nutzten die Gelegenheit, einen Klientelkönig zu stürzen, so oft, dass die politische Landkarte entlang der gesamten europäischen Grenze des Römischen Reiches komplett neu geschrieben wurde.

Germanische Voortrekker?

Dadurch erklärt sich auch, warum die germanischen Migranten im späten 2. und 3. Jahrhundert manchmal in großen Verbänden unterwegs waren, obwohl ihre Motive hauptsächlich wirtschaftlicher Art waren und die Wanderung freiwillig erfolgte. Moderne, freiwillige Migration erfolgt dagegen eher in kleinen Einheiten. Es waren Einzelne oder kleine Gruppen, die sich auf den Weg machten. Im 2. und 3. Jahrhundert lag der Schlüssel zum Erfolg darin, dass man Anführer eines Klientelstaats in einem gewinnversprechenden Winkel der römischen Grenzregion oder in die Militärelite aufgenommen wurde. Hier mussten die Einwanderer zahlenmäßig stark sein, wenn sie erfolgreich sein wollten. Seit dem ersten römischen Vorstoß an Rhein und Donau blieb kein wirtschaftlich attraktiver Ort entlang der Grenze jemals unbesetzt. Wer als Außenstehender an dem lukrativen Grenzsystem partizipieren wollte, hatte nur eine Option: mit einer Streitmacht einzufallen, die groß genug war, um die Ansässigen zu vertreiben. Anfangs waren es nur Überfälle kleinerer Gruppen wie der Angriff auf Vannius im 1. Jahrhundert (der allerdings von einer relativ großen Gruppe geführt worden sein muss). Aber um sich auf Dauer in einer Region niederzulassen, brauchte man nicht Hunderte, sondern Tausende Kämpfer.[55]

Dadurch erklärt sich, wenngleich auf etwas paradoxe Weise, die andere Anomalie dieser Migrationsströme: dass mit den Kriegern manchmal auch Frauen und Kinder ins Grenzgebiet aufbrachen. Warum das so war, ergibt sich aus der militärischen Kampfkraft, die man brauchte, um sich eine einträgliche Position im Grenzgebiet zu sichern. Wie wir im letzten Kapitel gesehen haben, war es im Germanien der Römerzeit leicht, plündernde, mehrere hundert Mann starke Kriegerverbände zusammenzustellen, aber Streitkräfte dieser Größenordnung hätten niemals die strukturellen Veränderungen bewirken können, die sich im 3. Jahrhundert an den europäischen Grenzen Roms vollzogen: Überall traten Einwanderer an die Stelle der alten Klienten. Germanische Könige mussten nicht nur ihre Gefolgsleute, sondern auch eine große Zahl bewaffneter Freier für ihre Expeditionen mobilisieren. Wie wir gesehen haben, war die Gesellschaft noch nicht so von Königen und deren Gefolgsleuten beherrscht, dass deren Mobilisierung allein ausgereicht hätte, die Oberhand zu gewinnen. Wäre Chnodomarius vor Straßburg den Römern allein mit den alamannischen Königen und deren Gefolge gegenübergetreten, hätte er nicht einmal eine geringe Chance gehabt.

Dies ist ein wichtiger Aspekt der germanischen Migration im 3. Jahrhundert. Die Größe einer Gefolgschaft war durch den verfügbaren wirtschaftlichen Überschuss begrenzt. Deshalb mussten viele Freie herangezogen werden, was die Wahrscheinlichkeit erhöht, dass zumindest einige Familien an den Expeditionen teilnahmen. Lag das Ziel weiter entfernt und war eine Rückkehr ausgeschlossen, wie beim Zug der Goten und anderer Germanen aus Polen ans Schwarze Meer, so war dies unvermeidlich, wie sich beispielsweise bei den Vandalen in den Markomannenkriegen zeigt.[56] Da die Invasionshypothese in der Vergangenheit arg strapaziert wurde, gibt es heute besonders unter den Archäologen großen Widerstand gegen die These, gemischte Gruppen hätten sich als Streitmacht auf den Weg gemacht, um ein neues Gebiet zu erobern. Sie betrachten diese Sicht der Ereignisse als Mythos, auch wenn sie in zuverlässigen zeitgenössischen Quellen auftaucht. Hilfreich kann hier der Hinweis auf ähnliche Phänomene in modernen Epochen sein.

Um 1800 lebten in der 1652 von den Holländern gegründeten Kapkolonie rund 40000 burische Siedler und ihre Familien von der Landwirtschaft. Unter dem steuerlichen und kulturellen Druck des britischen Imperialismus Anfang des 19. Jahrhunderts begannen sie, sich nach neuem Land umzusehen, und schickten Kundschaftertrupps aus, die das landwirtschaftliche Potential der benachbarten Gebiete sondierten. Einer dieser Trupps brachte enttäuschende Nachrichten über das heutige Namibia, doch ein zweiter entdeckte im nördlichen Transvaal und in Natal jenseits der Soutpansberge vielversprechende Möglichkeiten. Daraufhin machten sich einzelne Gruppen nach Norden auf, die pro Tag zehn bis fünfzehn Kilometer zurücklegten: zuerst Gruppen zwischen 50 und 100 Familien samt Vieh und allem Besitz, den sie auf Ochsenkarren mit sich führten. Im Februar 1836 brach Hendrik Potgieter mit 200 Personen und 60 Wagen auf, gefolgt von weiteren, ähnlich großen Gruppen: Johannes van Rensburg mit 19 Familien, Louis Tregardt mit sieben (unter ihnen der 87-jährige Daniel Pfeffer als Lehrer für die 34 Kinder des Trecks), Andries Pretorius mit 60 Karren sowie Gert Maritz und Piet Retief mit jeweils 100. Alle diese Gruppen bestanden aus Männern, Frauen und Kindern unterschiedlichen Alters (Abb. 9).

Verlockend für die Buren waren neben dem guten Weideland die Berichte der Kundschafter über ausgedehnte Flächen unbewohnten Landes. Das sollte sich als eine Fehlinformation herausstellen. Es gab zwei wehrhafte Königreiche im Zielgebiet, die Matabele unter Mzilikazi und die Zulus unter Dingane, die sich den Buren entgegenstellten. Nach ersten Verhandlungsversuchen, in deren Verlauf Piet Retief sein Leben verlor und es bei einem nächtlichen Angriff von 500 Treckern, unter ihnen 56 Frauen und 185 Kinder, Tote gab, beschlossen die Burenführer, die Macht dieser Könige zu brechen. Sie organisierten sich daher zu größeren, schlagkräftigeren Kampfeinheiten. Mit ihren fünf Fuß langen Steinschlossgewehren, die sie vom Pferd aus mehrmals pro Minute abfeuern konnten, waren die Buren den Einheimischen technisch überlegen. Schon relativ kleine Bureneinheiten konnten dem Gegner verheerende Verluste beibringen. Beim Angriff auf Mzilikazis wichtigstes Machtzentrum töteten ein paar hundert Männer 3000 Matabele und brannten den Kraal des Königs bis auf den

Grund nieder. Auch Dinganes Zulus hatten der Feuerkraft der Buren nichts entgegenzusetzen. Diese militärischen Erfolge ermutigten weitere Trecker, sich der britischen Herrschaft zu entziehen, und schließlich machten sich insgesamt 12 000 Personen in den Norden auf.

Abgesehen von der technischen Überlegenheit entspricht das, was hier geschah, dem, was die Quellen über die Ereignisse nördlich des Schwarzen Meeres im 3. Jahrhundert (und im 9. Jahrhundert im Westen der Wikinger) berichten. Kleine Gruppen von Eindringlingen auf der Suche nach Wohlstand schlossen sich zu größeren Verbänden zusammen, als sich abzeichnete, dass sie sich Reichtum und Land nur dann aneignen konnten, wenn sich auch politisch etwas änderte. Man muss sich vor Augen halten, wie schnell sich ein friedlicher Migrantenstrom in eine gezielte bewaffnete Plünderung verwandeln kann. An den Burentrecks nahmen neben Männern auch Frauen und Kinder teil, was den Quellen des 3. Jahrhunderts zufolge zumindest bei einigen germanischen Gruppen der Fall war. Das zeigt nicht nur, dass grundsätzlich gemischte bewaffnete Gruppen denkbar sind (was von den Gegnern der Invasionshypothese bezweifelt wird), sondern untermauert auch, warum dies zu erwarten ist. Wenn das militärische Potential einer Gruppe, die Land in Besitz nehmen will, entweder nur zum Teil oder gar nicht von spezialisierten Kriegern abhängt, sondern sich auf waffenfähige Bauern stützt, werden Bauern, die sich diesem Migrationsstrom anschließen, ihre Familien mitnehmen. Die männlichen Buren lernten schon früh zu reiten und zu schießen, ebenso die Frauen, die auch ohne ihre Männer im Kampf alles andere als hilflos waren. Diese militärischen Fertigkeiten halfen ihnen, die Matabele und die Zulus zu besiegen. Auch im Germanien des 2. und 3. Jahrhunderts gab es militärische Gefolgschaften, wenn auch kleine. Da die germanischen Gruppen, die in den nördlichen Pontus aufbrachen, den Karpen und Sarmaten militärtechnisch keineswegs überlegen waren, müssen sie sehr viel größer gewesen sein als die Burentrupps und auf die Kampfkraft freier Bauern zurückgegriffen haben, die natürlich ihre Familien mitnahmen.

Um überhaupt eine Chance zu haben, mussten die Anführer solcher Expeditionen möglichst viele freie Krieger rekrutieren. Um 470 n. Chr. stellte der Gotenführer Theoderich eine erste größere militärische Expedition zusammen:

> Dieser Theoderich, der schon das Knabenalter zurückgelegt hatte und in das des Jünglings eingetreten war – er zählte 18 Jahre –, nahm zuverlässige Gefährten seines Vaters, Anhänger aus dem Volk und Gefolgschaftsmannen zu sich, gegen 6000 Mann, mit denen er ohne Wissen des Vaters über die Donau ging.[57]

Diese Expedition war kein endgültiger Wegzug, daher gab es keinen Grund, Angehörige mitzunehmen. Die Episode zeigt jedoch, dass die Germanen auch im 5. Jahrhundert über die eigenen Gefolgsleute hinaus auf breitere soziale Gruppen zurückgreifen mussten. Um zu verstehen, aus welchen Gründen im 2. und 3. Jahrhundert freie Männer und ihre Frauen bereit waren, sich einer bewaffneten Expedition als Schwarze Meer anzuschließen, müssen wir einen weiteren Faktor ins Spiel bringen, der auch in modernen Migrationsstudien eine Rolle spielt: die ihnen eigene Mobilität.

Die Bevölkerungen in den Przeworsk- und Wielbark-Gebieten betrieben, wie alle Germanen jener Zeit, eine gemischte Landwirtschaft. Wie Tacitus berichtet und wie archäologische Funde belegen, waren Kühe ein Statussymbol und Gradmesser des Reichtums, das Grundnahrungsmittel war jedoch Getreide und sein Anbau die vorrangige wirtschaftliche Aktivität. Die Germanen waren keine Nomaden im eigentlichen Sinn. Sie zogen nicht mit ihren Herden zwischen Sommer- und Winterweiden hin und her wie die Steppennomaden jener Zeit. Doch in den ersten nachchristlichen Jahrhunderten verfügten viele germanische Gesellschaften – und mit Sicherheit auch die Wielbark-Gebiete – nicht über das nötige Wissen, um die Fruchtbarkeit ihrer Felder über mehr als eine Generation zu erhalten. Ihre Sesshaftigkeit war also tendenziell von kurzfristiger Natur. Waren die Böden erschöpft, zog die Gruppe weiter. Die Begräbnisfelder hingegen waren ein Element der Stabilität, sie hatten sehr viel länger Bestand. Das von Odry beispielsweise wurde 200 Jahre lang benutzt, während die Siedlungen ständig wechselten, und vielleicht waren die Friedhöfe sogar Zentren des sozialen Lebens. Typisch für Wielbark-Friedhöfe vor dem Jahr 200 n. Chr. sind große Steinkreise ohne Gräber, manchmal mit einem Pfosten in der Mitte. Archäologen stellten die plausible These auf, dass diese Kreise den Raum für Versammlungen der Gemeinschaft absteckten.[58]

Dies ist ein wichtiger Aspekt, haben vergleichende Studien doch immer wieder gezeigt, dass Migration die Überlebensstrategie von Populationen ist, die ohnehin bereits eine Mobilitätsneigung zeigen, und zwar über Generationen hinweg. Statistisch gesehen, ist bei Kindern und Enkeln von Einwanderern die Wahrscheinlichkeit einer erneuten Migration überdurchschnittlich hoch. Ihr Unvermögen, die Fruchtbarkeit der Böden langfristig zu erhalten, führte zur Bereitschaft ganzer Populationen, von den Wielbark- und Przeworsk-Gebieten ans Schwarze Meer zu ziehen. Neuansiedlung war für sie eine vorgeprägte Strategie der Wohlstandssteigerung. Diese Strategie in das Handlungskonzept einer Wanderung über eine relativ große Distanz umzusetzen bedeutete für sie keinen radikaleren Aufbruch als beispielsweise die Landflucht englischer Bauern des 17. Jahrhunderts in die Städte und die anschließende Auswanderung nach Amerika. In anderer Hinsicht war dieser Schritt jedoch viel radikaler.

Die Wanderung von Wielbark-Gruppen bis 200 n. Chr. verlief in Form eines stetigen, aber unspektakulären Zugs nach Süden in ehemaliges Przeworsk-Gebiet. Der Grund könnte ein leichter Bevölkerungsanstieg gewesen sein. Diese Phase der Wielbark-Expansion entspricht dem, was wir von einem »wave-of-advance«-Modell, erwarten dürfen, da die Abwanderung nach Süden das Ergebnis einer unkoordinierten individuellen Entscheidung vor dem Hintergrund einer langsam wachsenden Bevölkerung war und nicht die Folge einer gezielten Migration in großem Stil. Nach Norden setzte die Ostsee eine Grenze, und ohnehin wurde der Boden fruchtbarer, je weiter man sich in südlicher Richtung von den sandigen, felsigen Gletscherablagerungen im Vorfeld der Ostsee entfernte. Der Treck ans Schwarze Meer war dagegen eine ganz andere Unternehmung, bei der in viel kürzeren Zeitabständen bedeutend größere Strecken zurückgelegt wurden. Die Expansion im 2. Jahrhundert verlief innerhalb von 50 bis 75 Jahren über rund 300 Kilometer in südöstliche Richtung, die des 3. Jahrhunderts dagegen in derselben Zeitspanne über mehr als 1000 Kilometer. Dieser zweite Migrationsstrom – oder die zweite Phase desselben Stromes – war deutlich zielgerichteter und musste es auch sein.

Aus der Verlagerung von Siedlungen einer womöglich geringfügig expandierenden Bevölkerung war jetzt ein entschlossenes, bewaffnetes Vordringen um finanzieller Vorteile willen in ein fremdes politisches Gebiet geworden. Auch hier sind die Parallelen zur Geschichte der Buren verblüffend. Zwischen 1652, der ersten Siedlung am Kap, und 1800 zogen einzelne Siedlerfamilien über eine Entfernung von 800 Kilometern bis über den Oranje, die ursprüngliche Grenze der Kapkolonie, während die Bevölkerung immer weiter wuchs. Auch das entspräche dem »wave-of-advance«-Modell. Die Abwanderung in Gebiete jenseits der Koloniegrenze als Reaktion auf ein nachteiliges politisches, wirtschaftliches und kulturelles Klima, verursacht durch die Politik der Briten, vollzog sich vor dem Hintergrund dieser Wanderungstradition, beschleunigte sich aber und weitete sich zu einem Phänomen ganz neuer Qualität aus. Die wandernden Gruppen wurden größer, und wenn die Migranten auf Widerstand stießen, kam es zu militärisch organisierten Plünderungen. So war es auch bei den Germanen des 3. Jahrhunderts: Ihr Zug in Richtung des nördlichen Pontus erforderte eine sorgfältige Planung, vor allem, wenn man in einem unbekannten Gebiet die militärische Vorherrschaft anstrebte. Hätten sich nur einzelne germanische Familien aus dem Norden auf den Weg gemacht, wären sie nicht weit gekommen.

RÄUBER UNTERWEGS

Über die Ursachen und den Verlauf dieser Migrationsströme im 2. und 3. Jahrhundert werden wir vieles nie erfahren. Doch es gibt genügend Quellen, um sagen zu können, dass durch die Migration die Grenzen des römischen Europa ganz neu gezogen wurden. Auch die allgemeine Entwicklung, also Prozesse soziopolitischer und wirtschaftlicher Umgestaltung durch neue Bündnisse in spätrömischer Zeit, spielte dabei eine Rolle. Leugnet man jedoch den Anteil der Migration, muss man nicht nur zu viel archäologisches und historisches Material verwerfen, sondern man scheitert auch bei der Erklärung der kulturellen Veränderungen der wichtigsten Partner Roms jenseits der Grenzen von Donau und Schwarzem Meer.

Die Quellen legen auch einen Zusammenhang zwischen Migration und der allgemeinen Entwicklung nahe, die ja keine alternativen Erklärungsmodelle bilden, wie dies manchmal dargestellt wird, sondern auf vielen Ebenen miteinander verflochten sind. Erstens war die Entwicklung der germanischen Gesellschaft selbst wiederum eine Hauptursache für die Migration – sowohl in negativer Hinsicht (gewaltsam ausgetragene Rivalitäten veranlassten einige, sich anderswo eine sicherere Wohnstätte zu suchen) als auch im positiven Sinn, da der neue Reichtum in der unmittelbaren Grenzregion Gruppen von der äußeren Peripherie dazu ermunterte, weiter vorzudringen und die alteingesessene Bevölkerung zu verdrängen. Der Kontakt zum Römischen Reich führte zu tiefgreifenden, in den verschiedenen geographischen Räumen jedoch unterschiedlichen Entwicklungen in Germanien. Damals wie heute war ein Wohlstandsgefälle ein Motiv für Migration. Zweitens kann die Ursache für diesen neuen Wohlstand – die enge Zusammenarbeit mit den Römern in bestimmten Grenzgebieten – die Besonderheit des Migrationsstroms teilweise erklären. Die alte Invasionshypothese kann hier nicht angewandt werden. Der Prozess wurde vielmehr von zahlreichen, unabhängig voneinander verlaufenden und nur selten bevölkerungsreichen Expeditionen vorangetrieben. Große Teile der einheimischen Bevölkerung sowohl an der Ostsee wie am Schwarzen Meer blieben nach Abschluss des Migrationsprozesses an Ort und Stelle. Es handelte sich also nicht um den Zug einer großen, geschlossenen Gruppe von A nach B, der von einer ethnischen Säuberung begleitet wurde.

Drittens hatten ehrgeizige Könige, die von der Peripherie ins Grenzgebiet ziehen wollten, keine genügend große militärische Gefolgschaft und mussten deshalb auf andere soziale Gruppen zurückgreifen. Das ist der Grund dafür, dass an den Zügen auch Frauen und Kinder teilnahmen. Die Folge war ein

Migrationsstrom, der weder als »wave of advance« noch als Elitetransfer beschrieben werden kann. Mit kleinen Familienverbänden, die aufs Geratewohl durch die Landschaft zogen, hätten Karpen, Sarmaten oder Rhein-Weser-Germanen leichtes Spiel gehabt.

Die Veränderungen in der germanischen Gesellschaft in der Zeit der ersten germanisch-römischen Kontakte führen uns nicht nur ein anderes Migrationsmodell vor Augen, das den grundlegenden Zusammenhang von Migration und Entwicklung betont, sie haben noch eine weitere Dimension. Sie markieren den Beginn eines übergreifenden Prozesses, der letztlich zu massiven regionalen Unterschieden in der wirtschaftlichen und politischen Entwicklung Europas zu Beginn des 1. Jahrtausends führen sollte. Jenseits der Regionen, die direkt von Rom kontrolliert wurden, setzte der Kontakt mit dem Römischen Reich auf allen Ebenen Kräfte frei, die in ihrer Gesamtheit zur Umgestaltung der germanischen Gesellschaft führten. Wie wir gesehen haben, entstanden im 4. Jahrhundert stabilere politische Strukturen, die sehr viel größere Bevölkerungen beherrschen konnten. Diese Kräfte waren in Grenznähe, aber auch jenseits der Grenze zu spüren, vor allem, da sich ausgedehnte wirtschaftliche Netzwerke wie im Bernstein- und Sklavenhandel entwickelten. Der wachsende Wohlstand an der inneren Peripherie des Römischen Reiches veranlasste wandernde Gruppen außerdem immer wieder zu Überfällen. Somit wurde mehr als nur ein schmaler Streifen im Umkreis der europäischen Grenzen Roms von diesem Transformationsprozess erfasst, der schließlich die Vorherrschaft des Mittelmeerraums beenden sollte. Doch noch in spätrömischer Zeit blieben weite Gebiete Ostmittel- und Osteuropas von dieser Entwicklung unberührt. Das änderte sich erst, als die politische Ordnung der Klientelstaaten im späten 4. Jahrhundert ins Wanken geriet. Hatte die Migration bislang im Vergleich mit der allgemeinen Entwicklung nur eine sekundäre Rolle gespielt, so änderte sich jetzt auch dies. Das Zeitalter der Hunnen hatte begonnen.

KAPITEL 4
MIGRATION UND GRENZKOLLAPS

Wahrscheinlich im Spätsommer 376 erschien ein Großteil der gotischen Terwingen, zu der Zeit die wichtigsten Klienten Roms an der unteren Donau, am Nordufer des Flusses, und bat um Aufnahme ins Römische Reich. Ihre Anführer waren Alaviv und Fritigern, die sich von der Konföderation unter Athanarich getrennt hatten. Die gleichfalls gotischen Greutungen, die weiter von der Grenze entfernt aus dem Gebiet östlich des Dnjestr kamen, taten es ihnen wenig später nach. Terwingen und Greutungen siedelten seit mindestens drei Generationen südlich und östlich der Karpaten. Dass ihr plötzlicher Aufbruch in Richtung Donau größeren Aufruhr in der Region verursachte, kann daher kaum überraschen. Nach einigem Zögern beschloss der oströmische Kaiser Valens, die Terwingen aufzunehmen und ihnen über die Donau hinweg Beistand zu leisten, die Greutungen jedoch zurückzuweisen. Die jedoch fanden eine Möglichkeit, ohne Hilfe oder Erlaubnis über die Donau zu setzen, und schon bald folgten weitere ungebetene Gäste ihrem Beispiel: 377 die Taifalen sowie einige Hunnen und Alanen, 378 weitere Alanen und 379 die Sarmaten, Roms Klienten an der mittleren Donau. Langjährige Klienten von der inneren Peripherie des Römischen Reiches wie die Terwingen, Taifalen und Sarmaten, Klienten von der äußeren Peripherie wie die Greutungen und die Alanen sowie bis dahin unbekannte hunnische Invasoren kämpften jetzt um die Kontrolle des Gebiets nördlich der osteuropäischen Grenze Roms, und die Auseinandersetzungen griffen auch auf römisches Territorium über.

Etwa eine Generation später brach die Ordnung jenseits der mitteleuropäischen Grenze Roms – im mittleren Donaubecken westlich der Karpaten – auf nicht minder spektakuläre Weise zusammen. Es gab wahrscheinlich viele kleinere Akteure, aber vier Hauptgruppen von Barbaren standen im Vordergrund: Allen voran eine hauptsächlich gotische Gruppe unter Führung von Radagaisus, die 405/406 die Alpen Richtung Italien überquerte. Ende 406 folgte ihnen ein aus Vandalen, Alanen und Sueben gemischtes Kontingent, das den Rhein überschritt, nach Gallien eindrang und eine Schneise der Verwüstung durch

Spanien schlug. Wenig später gelangte eine Gruppe aus Hunnen und Skiren auf den oströmischen Balkan und eroberte die Festung Castra Martis in der Provinz Dakien. Und schließlich bahnten sich Burgunder ihren Weg vorbei an ihren alamannischen Nachbarn im Westen und ließen sich am Rhein in der Gegend von Speyer und Worms nieder. Das geschah irgendwann zwischen 406 und 413. Genau wie im 4. Jahrhundert handelte es sich auch hier teils um alteingesessene Klienten aus dem Grenzgebiet (Sueben), um Gruppen, die zeitweilig zum diplomatischen Beziehungsgeflecht Roms gehörten (Burgunder und Vandalen), sowie um Gruppen außerhalb der mittleren Donauregion (Alanen), die mit Rom in keinerlei Beziehung standen.[1]

Aus römischer Sicht war der Zusammenbruch der ost- und mitteleuropäischen Reichsgrenze keineswegs das Ende der Misere. Die Terwingen und Greutungen, die im Jahr 376 die Donau überschritten, schlossen 382 eine Art Friedensvertrag mit dem römischen Staat – nach sechs Jahren Krieg, in dem sie am 9. August 378 Kaiser Valens in der Schlacht getötet und zwei Drittel seines Heeres vernichtet hatten. Einige von ihnen schlossen sich ab 395 unter Alarich und seinen Nachfolgern zusammen. Diese Gruppe zog zunächst zweimal durch den Balkan nach Italien und schließlich nach Gallien, wo sie, ab 418 durch einen neuen Vertrag gebunden, in Aquitanien ansässig wurde. Aus diesem Vertrag ging schließlich das westgotische Königreich als erstes Nachfolgereich des Weströmischen Reiches hervor. Auch einige der Gruppen, die den mitteleuropäischen Grenzkollaps mitverursacht hatten, waren unentwegt auf Wanderschaft. Vandalen- und Alanenverbände, die ab 409 in Spanien auftauchten, brachen 20 Jahre später nach Nordafrika auf, wo sie gleichfalls ein unabhängiges Königreich gründeten. In der Zwischenzeit zogen auch die Burgunder weiter, wenngleich auf weniger dramatische Weise. Nach einer schweren Niederlage gegen die Hunnen wurden viele von ihnen Ende der 430er Jahre von den Römern am Genfer See angesiedelt. Daraus ging schließlich ein drittes Nachfolgereich des Weströmischen Reiches hervor.

Die Entfernungen, die diese Gruppen zurücklegten, sind zum Teil beachtlich. Bei dem großen Treck der Terwingen und Greutungen vom Nordwesten des Schwarzen Meeres waren es rund 2500 Kilometer Luftlinie. Die Vandalen zogen aus dem Gebiet etwa der heutigen Slowakei über Spanien und Marokko nach Tunesien, eine Strecke von knapp 4000 Kilometer, und die Alanen, die sie begleiteten, zogen noch weiter. Vor 376 bildete der Don die Westgrenze des Territoriums der Alanen nördlich des Schwarzen Meeres, und von dort bis nach Karthago waren es sage und schreibe 5000 Kilometer.

In der traditionellen Geschichtsschreibung zum 1. Jahrtausend wurden diese tumultuösen Ereignisse an und jenseits der europäischen Grenzen Roms als der Beginn der großen germanischen »Völkerwanderung« verstanden. Goten, Vandalen, Burgunder und viele andere, denen wir in den beiden folgenden Kapiteln begegnen, stellte man sich als geschlossene Verbände von Männern und Frauen aller Altersstufen und mit einer ausgeprägten Gruppenidentität vor, die in festen Formationen zielstrebig von einem Territorium zum nächsten zogen. Im Verlauf ihrer Wanderung, so diese Interpretation, zerschlugen sie die Macht des römischen Staates in Westeuropa, und manche Historiker deuteten die Ereignisse als den Endpunkt eines Kampfes, der im Jahr 9 n. Chr. begonnen hatte, als Arminius mit seinem Bündnis in der Varusschlacht drei römische Legionen vernichtend schlug. Mehr noch: Den Ereignissen um den Zusammenbruch der Grenzen Roms wird eine noch viel größere Bedeutung für die Entstehung Europas zugeschrieben. Das Modell von in sich geschlossen umherziehenden Völkerschaften wurde auf die gesamte Frühgeschichte Europas übertragen, um sie als eine Geschichte von Migration, Invasion und ethnischer Säuberung zu beschreiben. Die Grenzeinfälle in spätrömischer Zeit stellen somit einen entscheidenden Testfall dar. Wurden diese Aktionen von großen, in Alter und Geschlecht gemischten Bevölkerungsgruppen unternommen oder nicht?

»DER EHEMALIGE SOLDAT«

Mehrere zeitgenössische Quellen erwähnen die Ankunft der Goten an der Donau im Jahr 376. Alle sind sich einig, dass letztlich das Auftauchen einer neuen Macht an den Rändern Europas, der geheimnisvollen Hunnen, der Auslöser war. Eine Quelle beziffert die Zahl der gotischen Flüchtlinge am Flussufer auf 200 000: Menschen aller Altersstufen und beiderlei Geschlechts. Unsere Kenntnis der Ereignisse stützt sich besonders auf den römischen Historiker Ammian. Nur er liefert Details über die Niederlage der Goten und ihren nachfolgenden Aufbruch zur römischen Grenze. Und nur er berichtet, dass es irgendwann drei getrennte Gotenverbände am Donauufer gab und dass an den Geschehnissen auch nichtgotische Gruppen beteiligt waren. Nur er erzählt, wie die Greutungen beschlossen, nach dem Tod zweier Könige aufzubrechen, und wie das Bündnis der Terwingen zerbrach, weil sich die Gruppen uneins waren, wie auf die Bedrohung durch die Hunnen zu reagieren sei. Doch in zwei Punkten sind Ammian und die anderen Quellen unmissverständlich: Die Goten kamen in sehr großer Zahl an die Donau. Ammian sagt zwar nur, es seien zu viele gewesen, um sie zählen zu können, aber er berichtet, dass sich Kaiser Valens in Adrianopel deshalb zum Kampf entschloss, weil er von 10 000 Gegnern ausging, also nur einem Teil der militärischen Streitmacht der Goten auf dem Balkan. Und diese Krieger kamen mit ihren Frauen und Kindern.²

Zwar liefert kein spätrömischer Chronist eine genaue Beschreibung irgendeiner barbarischen Migrantengruppe, aber laut Ammian handelte es sich um bewaffnete männliche Migranten, die mit ihren Familien in einem Wagentreck unterwegs waren, der einer mobilen Festung glich und notfalls zu einer schützenden Wagenburg umfunktioniert werden konnte. Es muss ein gewaltiger Zug gewesen sein. Wie gesagt, haben Historiker das Verhältnis zwischen Gesamtbevölkerung und Kriegern oft mit 5:1 angegeben, doch das ist nur eine grobe Schätzung. Welches Verhältnis man auch annimmt: 20 000 Krieger oder mehr samt ihren Familien bedeutet, dass insgesamt mehrere 10 000 Personen unterwegs gewesen sein müssen. Auch wenn nicht alle einem einzigen großen gotischen Verband angehörten, so berichtet doch Ammian von einem auffälligen politischen Zusammenhalt der beiden gotischen Hauptgruppen – der Terwingen und der Greutungen –, die anno 376 die Grenze zum Römischen Reich überschritten. Sie verhandelten vom Donauufer aus jeweils als eigene Gruppe mit dem römischen Staat und agierten danach weitgehend gemeinsam.

Wenn wir die Grundzüge von Ammians Bericht für das Jahr 376 rekapitulieren – in Geschlecht und Alter gemischte gotische Gruppen, mehrere 10 000 Personen auf der Flucht vor den Hunnen und gemeinsames Vorgehen gegen den römischen Staat –, erkennen wir, warum moderne Kommentatoren zögern. All das läuft in beunruhigender Weise auf die alte Invasionshypothese hinaus: ein Volk unter einer gemeinsamen Führung, das eine zielstrebige Wanderung unternimmt einschließlich Invasion und Flucht. Wir haben auch gesehen, dass diese Form der Migration weder auf die plündernd umherziehenden Gruppen des 3. Jahrhunderts und der Wikingerzeit noch auf moderne, besser dokumentierte Migrationsbewegungen zutrifft. Können wir also Ammian Glauben schenken?

Es ist nie einfach, die Glaubwürdigkeit eines antiken, in der klassischen Tradition stehenden Historikers zu beurteilen. In jenen Tagen war die Geschichtsschreibung ein Zweig der Rhetorik, und obwohl sie auf Wahrhaftigkeit zielte, ist diese Wahrheit nicht ausschließlich im wörtlichen Sinn zu verstehen. Das Publikum sollte kunstfertig unterhalten werden, doch die Erzählung stand auch im Dienst einer tieferen Wahrheit über die geschilderten Personen und Ereignisse. Über Ammian selbst wissen wir einige faszinierende Details. Sein Geschichtswerk schloss er mit einer denkwürdigen und im Wesentlichen korrekten, wenn auch äußerst knappen Selbstbeschreibung ab: »Ich, der ehemalige

Soldat und Grieche« *(miles quondam et Graecus)*. Ammian wurde in Antiochia im vorwiegend griechischsprachigen Oströmischen Reich geboren und erhielt eine exzellente Ausbildung in griechischer und lateinischer Sprache und Literatur, bevor er in die Armee eintrat, wo er die Offizierslaufbahn einschlug. Er kämpfte in mehreren Schlachten und unternahm geheime Missionen – einmal hinter die persischen Linien, ein andermal zur Beseitigung eines Usurpators. Soweit wir wissen, hatte er jedoch nie den Oberbefehl über eine Truppe. Nach dem Tod des letzten heidnisch-römischen Kaisers Julian Apostata verließ er, selbst ein Nichtchrist, Mitte der 360er Jahre die Armee. Viel mehr gibt er über sich oder seine Absichten als Geschichtsschreiber nicht preis, er nennt nur ein paar Orte, die er besucht hatte, bevor er Ende der 380er Jahre nach Rom zog, wo er Anfang der 390er Jahre sein Werk zum Abschluss brachte.

Über den Geschichtsschreiber und sein Werk wurde viel geschrieben. Zweierlei tritt dabei deutlich hervor. Erstens: Ammian stellt sein literarisches Können in den Dienst einer subjektiven Wahrheit. Er erlebte die kulturgeschichtlich bedeutsame Christianisierung des Römischen Reiches, erwähnt sie aber in seinem Werk so gut wie nicht, vielleicht, um seine persönliche Aversion unter dem Deckmantel der religiösen Toleranz zu verbergen. Und was für seine Sicht der Religion gilt, gilt wohl gleichermaßen für seine Behandlung anderer Themen, bei denen die mangelnde Aufrichtigkeit weniger ins Auge fällt.[3] Dennoch betrachtete Edward Gibbon Ammian als einen »zuverlässigen und treuen Führer«. Zweitens – und dieser Punkt bestätigt Gibbons Urteil – liefert Ammian die ausführlichste und aufschlussreichste Beschreibung der spätrömischen Zeit. In seiner Detailfülle übertrifft er andere schriftliche Quellen. Er schöpfte teils aus eigener Erfahrung, teils aus Gesprächen mit gut unterrichteten Personen wie dem ehemaligen Palasteunuchen Eucherius, aber auch aus Archivdokumenten. Einmal spricht er von einem »geheimeren« Archiv, das er nicht konsultieren konnte – was darauf hindeutet, dass es andere gab, zu denen er Zugang hatte. An anderer Stelle bemerkt er en passant, dass er in der Regel die offiziellen Dokumente über die Laufbahn von Militärführern zu Rate zog, bevor er über sie schrieb. Ein französischer Historiker belegte eindrucksvoll, dass Ammian die Depeschen kannte, die zwischen den römischen Generälen und ihren Kommandanten hin und her gingen.[4] Mit anderen Worten: Man muss davon ausgehen, dass Ammian eine fast moderne Recherche betrieb, ohne die der Detailreichtum seiner Ausführungen unerklärlich bliebe.

Hinsichtlich der Ereignisse von 376 wurde Ammians Glaubwürdigkeit neuerdings in zwei Punkten in Zweifel gezogen: Erstens ähnele seine Darstellung der alten Invasionshypothese, weil er und andere Verfasser gar nicht anders konnten, als die Ereignisse auf diese Weise zu beschreiben. Klassisch gebildete Autoren bezeichneten umherziehende »Barbaren« und damit alle von außen auf römisches Territorium kommenden Gruppen grundsätzlich als »Völker«. Mit anderen Worten, sie hatten den Migrationstopos so sehr verinnerlicht, dass sie unfähig waren, die umherziehenden Barbaren präzise zu beschreiben. Zweitens sei Ammians Verweis auf die Hunnen als Hauptursache für das Auftauchen der Goten an der Donau falsch. In Wirklichkeit hätten die Maßnahmen der Römer die politischen Strukturen ihrer gotischen Klienten destabilisiert und es den Hunnen ermöglicht, in neue Gebiete vorzudringen, so dass sie nicht die wilden Eindringlinge waren, als die sie in unseren Quellen porträtiert werden.[5] Wichtige Kritikpunkte, aber sind sie überzeugend? Hat Ammian die Rolle der Hunnen falsch verstanden und die Ereignisse von 376 deshalb als eine Massenmigration von Männern, Frauen und Kindern beschrieben, weil ihm das konzeptionelle Instrumentarium fehlte, sie anders wahrzunehmen?

Manchmal geben unsere Quellen tatsächlich Anlass zu der Vermutung, dass in den Köpfen der antiken Autoren ein Migrationstopos herumgeisterte. Jordanes beschrieb im 6. Jahrhundert die gotische Wanderung in die Schwarzmeerregion, die im 3. Jahrhundert stattfand, als Migration eines »Volkes«, während zeitlich nähere Quellen die Ereignisse sehr viel differenzierter schildern. Wir werden noch ein ähnliches Beispiel kennenlernen, eine Quelle aus dem 9. Jahrhundert, die die langobardischen Migrationen des 4. und 5. Jahrhunderts beschreibt. Aber wie steht es mit Ammian und den Ereignissen von 376?

Der Rückgriff auf den Migrationstopos überzeugt mich in diesem Fall ganz und gar nicht. Meiner Ansicht nach betrachtet Ammian die Terwingen oder die Greutungen keineswegs aus einem ideologischen Reflex heraus als »Völker« im Sinn von »Abstammungsgemeinschaften«. Was ihn interessierte – und das gilt für alle Beschreibungen von Barbaren in römischen Quellen –, war die Macht dieser Gruppierungen als militärische und politische Kollektive, die die Sicherheit Roms bedrohten. Wie sie im Einzelnen beschaffen waren, kümmerte ihn nicht weiter. Die Terwingen waren gewiss kein »Volk« im klassischen Wortsinn: keine geschlossene, sich selbst reproduzierende Gruppe, deren Mitglieder weitgehend eine bestimmte kulturelle Identität teilten. Soziale Unterschiede existierten in der germanischen Welt bereits in der ersten Phase der germanisch-römischen Kontakte, und sie nahmen in den nachfolgenden drei Jahrhunderten (Kapitel 2) rasch zu. Alle germanischen Gruppen aus spätrömischer Zeit, über die wir Informationen besitzen, zogen mit zwei hierarchisch gegliederten Einheiten von Kämpfern in die Schlacht, die grundsätzlich unterschiedliche Identitäten besaßen. Unter ihnen waren wahrscheinlich auch Sklaven, denen es gar nicht erlaubt war zu kämpfen. Ammian geht nicht näher auf sie ein, was zwar unser Wissen über die Terwingen beschränkt, aber das ist etwas anderes, als wenn man sagt, er habe für alle externen umherziehenden Gruppen eine einfache Typologie zugrunde gelegt. Tatsächlich – und das ist der springende Punkt – geht aus seinem Geschichtswerk klar hervor, dass er zwischen verschiedenen Arten umherziehender Barbaren sehr wohl zu unterscheiden wusste.

So begegnen wir in seinem Geschichtswerk auch barbarischen Kriegerverbänden auf römischem Boden, die ihrer Lieblingsbeschäftigung nachgingen, dem Plündern. Diese Gruppen identifiziert Ammian immer präzise, ihre Größe gibt er manchmal mit ein paar hundert Mann an. Und er konnte mit Sicherheit zwischen einem Kriegerverband und einer großen gemischten Bevölkerungsgruppe unterscheiden. Schließlich waren diese Kriegerverbände sehr viel kleiner als die gotischen Streitkräfte 376 an der Donau. Ammian zufolge waren an der Schlacht von Straßburg (siehe Kapitel 2) unter Führung von Chnodomarius mindestens 30 000 Alamannen mitsamt ihren Verbündeten beteiligt, die römisches Territorium besetzt hatten. Trotz der Stärke der gegnerischen Militärmacht lässt Ammian keinen Zweifel, dass es sich um eine fortschreitende Annexion handelte, die ausschließlich von Männern betrieben wurde. Ammian unterscheidet auch klar und deutlich zwischen den verschiedenen Rekrutierungsstrategien für Chnodomarius' Heer. Es bestand zu einem guten Teil aus den Gefolgschaften der verschiedenen alamannischen Könige, die an der Schlacht teilnahmen. Einige hatten jedoch ihren König gestürzt, um teilnehmen zu können, andere waren eigens angeheuerte Söldner.[6] Auch wenn eine große Zahl von barbarischen Kämpfern erforderlich war, setzt Ammian keineswegs reflexhaft Barbarenheere mit wandernden Völkerschaften gleich.

Dieser Eindruck bestätigt sich, wenn man seine Beschreibung der Ereignisse nördlich der Donau zur Zeit des Auftauchens der Goten an der Grenze genauer betrachtet. So sind bei ihm keineswegs alle externen Gruppen, die beim Ansturm auf Adrianopel die Donau überschritten, mit ihren Familien unterwegs. Im Herbst 377 war die Lage der Goten auf dem nördlichen Balkan ausweglos; ihre Lebensmittelvorräte wurden knapp. Um die römischen Garnisonen auszuschalten, die im Haemusgebirge sämtliche Passrouten abgeriegelt hatten, warben die Goten eine Streitmacht aus Hunnen und Alanen mit dem Versprechen an, dass ihnen ein großer Teil der Beute zufallen werde. Der Plan ging auf.[7]

Nicht einmal die Terwingen beschreibt Ammian als ein in sich geschlossenes »Volk«, das von seinen alten Siedlungsstätten zur römischen Grenze aufbricht. Die Terwingen erreichten 376 in zwei getrennten Kontingenten die Donau.

Ein größerer Verband unter Führung von Alaviv und Fritigern hatte Athanarichs Führung abgelehnt und die Römer um Aufnahme gebeten. Ein zweiter, kleinerer, aber immer noch starker Verband unter der alten Führung folgte ihnen später. Den ursprünglichen Plan, gleichfalls um Ausnahme zu bitten, verwarf Athanarich. Ammian beschreibt die Terwingen explizit als eine politische Konföderation und nicht als ein »Volk«.[8] Das breite Spektrum selbst großer barbarischer Streitkräfte, über das Ammian berichtet, und die Details seiner Schilderung der krisengeplagten Goten legen dieselbe Schlussfolgerung nahe. Unser griechischer Soldat war gebildet und kenntnisreich genug, um die Ereignisse an der Donau präzise und differenziert wiederzugeben. Seine Feststellung, es seien viele Gotenverbände mit ihren Familien gekommen, wirkt ganz und gar nicht wie ein kultureller Topos. An anderer Stelle porträtiert er große umherziehende Barbarengruppen auf ganz andere Art. Seine Schilderung der Ereignisse des Jahres 376 folgt also keineswegs einem vorgegebenen Stereotyp, darüber herrscht heute weitgehend Konsens. Selbst von den Forschern, die der These von Migrationen in großem Stil in der Regel skeptisch gegenüberstehen, hat nur einer Ammians Zahlenangabe verworfen, und auch er nur unter Verweis auf einen allgemeinen Migrationstopos, nicht mit einem stichhaltigen Argument.[9]

Ammians Glaubwürdigkeit bei seiner Beschreibung der Hunnen als Hauptursache für diese Bevölkerungsverschiebungen wird noch von einer anderen Seite in Frage gestellt: unter Berufung auf Sokrates Scholasticus' *Kirchengeschichte*, wo es heißt, Athanarichs Bündnis sei nicht erst 376 unter den Hunnenangriffen zerbrochen, sondern schon nach Valens' Krieg gegen die Terwingen, der 369 endete. Sokrates zufolge schied Fritigern danach aus dem Verband unter Athanarichs Führung aus. Auf dieser Grundlage argumentierte Guy Halsall, Valens und nicht der Hunnenangriff sei letztlich für das Auftauchen der Goten an der Donau verantwortlich, da Valens' Sieg über Athanarich und die Greutungen die Klientelstaaten Roms am Unterlauf der Donau destabilisierte. Diese Verwerfungen hätten den Hunnen das Vorrücken auf gotisches Territorium ermöglicht. Folgt man diesem Gedankengang, kann man am traditionellen Bild der Hunnen als einer großen externen Militärmacht, die eine bestehende politische Ordnung nördlich des Schwarzen Meeres zerstörte, nicht länger festhalten.[10]

Sokrates' Bericht kann nicht einfach gegen Ammians Beschreibung ins Feld geführt werden. Die beiden Historiker zeichnen ein völlig unterschiedliches Bild von Zeitpunkt und Ursache für das Auseinanderbrechen der Terwingen-Konföderation. Und hier liegt letztlich auch das Grundproblem von Halsalls

Argumentation. Sokrates' Werk behandelt in weiten Teilen die Entwicklung der christlichen Kirche. Nur gelegentlich und am Rande spielen auch andere Ereignisse eine Rolle. Sokrates Scholasticus weiß also sehr viel weniger über die Goten des 4. Jahrhunderts als Ammian. Außerdem schrieb er Mitte des 5. Jahrhunderts in Konstantinopel, war also kein Zeitzeuge der Ereignisse, von denen er berichtet. Bei politischen und militärischen Themen wäre es also methodisch unsolide, Ammians zeitgenössische und sehr viel genauere Schilderung aufgrund von Sokrates' isoliertem Bericht zu korrigieren, es sei denn, es gäbe dafür einen zwingenden Grund; während es bei genauerer Betrachtung leicht ist, Sokrates' Text als eine konfuse Version von Ammians Schilderung der gotisch-römischen Beziehungen zu betrachten (einiges ist in der falschen Reihenfolge erzählt). Valens' Krieg gegen Athanarich, auch das ist bemerkenswert, endete mit einem Patt, das das Ansehen des Gotenführers stärkte, da er zu einem Gipfeltreffen mit dem Kaiser an die Donau eingeladen und mit großem Respekt behandelt wurde. Der Konflikt destabilisierte die Region nördlich der Donau mit Sicherheit sehr viel weniger als der strahlende Sieg Kaiser Konstantins über die Terwingen Anfang der 330er Jahre, als nirgendwo Hunnen in Sicht waren.[11]

Doch in welcher Beziehung stehen die Wanderungsphänomene, die Ammian beschreibt, zu den Massenmigrationen der modernen Welt? In einer Hinsicht sind Art und Ausmaß der Migrationsströme von 376 durchaus mit modernen Phänomenen dieser Art vergleichbar. Wie Ammian und alle anderen Quellen übereinstimmend berichten, war der Zug der Goten an die Donau politisch und damit negativ motiviert. Die Hunnen untergruben die Stabilität der gesamten nordpontischen Region, und die Goten versuchten sich auf sichereres Territorium zurückzuziehen. Bei Ammian heißt es:

> Lange beriet man, welche Sitze man auswählen sollte, und dachte dann an Thrakien als Schlupfwinkel, das aus doppeltem Grund geeignet war: Erstens hat es sehr fruchtbaren Boden, und zweitens wird es durch die Weite der Donauströmung von den Gebieten getrennt, die für die Schrecken eines ausländischen Kriegsgottes offen daliegen.[12]

Ammian zufolge hatten die Goten zwei Motive für ihren Aufbruch: die Verlockung durch das römische Territorium und den Wunsch, der Unsicherheit eines Lebens nördlich der Donau zu entfliehen.

Das zweite Motiv zuerst betrachtend, sind es in der Regel politische Gründe – mit anderen Worten, Angst –, die große gemischte Bevölkerungsgruppen zum Aufbruch drängen. Im April 1994 machten sich in Ruanda

250000 und im Juli 1994 mehr als eine Million Menschen auf den Weg. Das Ausmaß der gleichfalls politisch motivierten gotischen Migration im Jahr 376 ist also durchaus nachvollziehbar. Der Unterschied zu modernen Migrationen liegt jedoch in dem hohen Organisationsgrad zumindest der drei größten Kontingente gotischer Migranten. Es ist unbestreitbar, dass nördlich der Donau viele Gestrandete unterwegs waren, dennoch hatten es die Römer mit drei weitgehend kohärenten Gruppierungen zu tun. Hier liegt ein bedeutsamer Unterschied zu modernen Migrationsbewegungen. Nimmt man Mitteleuropa am Ende des Zweiten Weltkriegs oder in jüngerer Zeit Ruanda und den Kosovo, so waren politische Flüchtlingsströme genau dies: unorganisierte Ströme von Menschen, die um ihr Leben liefen. Kamen die Migranten in Lager, entwickelten sich manchmal Führungs- und Organisationsstrukturen, aber wir kennen kein modernes Beispiel einer geordneten Evakuierung, wie sie Ammian beschreibt. Sollen wir ihm glauben?

Ich finde, im Großen und Ganzen sollten wir es. Die Unterschiede, die wir zwischen der Migration des Jahres 376 und modernen Massenmigrationen beobachten können, werden durch den jeweiligen Kontext verständlich. Eine Erklärung für den besonderen Verlauf der Ereignisse liegt in der Art und Weise der hunnischen Bedrohung, mit der die Goten im Jahr 376 konfrontiert waren. In modernen Untersuchungen werden in der Regel die Goten als Flüchtlinge dargestellt, die in panischer Angst vor den anstürmenden Hunnenhorden flohen, welche ihnen auf den Fersen waren. Der Historiker Zosimos steht für viele andere:

> Sie [die Hunnen] verstanden sich aber wohl auf Umzingelungen, Vorstöße und geschickte Rückzüge und richteten so, indem sie selbst von ihren Pferden aus mit Pfeilen schossen, unter den Skythen ein riesiges Blutbad an. Durch unausgesetzte Anwendung dieser Kampfesweise brachten sie die Skythen schließlich in eine derart schwierige Lage, dass die Überlebenden unter Preisgabe ihrer Wohnsitze, die sie hatten, diese den Hunnen zur Ansiedlung überließen, selbst aber auf das jenseitige Donauufer flüchteten und mit flehentlich erhobenen Händen den Kaiser um Aufnahme baten.[13]

Die Details bei Ammian vermitteln ein anderes Bild. Die Hunnen griffen zuerst die Alanen an, iranischsprachige Nomaden, die östlich der Goten jenseits des Don lebten. Nachdem die Hunnen einen Teil der Alanen auf ihre Seite gebracht hatten, griffen sie die Greutungen an. Nach erbittertem Kampf und dem Tod zweier ihrer Anführer – Ermanarich und Vidimer – zog sich die Gruppe nach Westen zurück, und sie gelangten auf das Territorium der Terwingen-Konföderation. Deren Anführer Athanarich stieß zum Dnjestr vor, gleichermaßen alarmiert von Berichten über die Hunnen wie von der Tatsache, dass jetzt ein großer Verband fremder Goten an seinen Grenzen kampierte. Ein Überraschungsangriff der Hunnen zwang ihn zum Rückzug in Richtung Karpaten, wo er versuchte, eine Defensivlinie zum Schutz seines Herrschaftsgebiets aufzubauen. Aus Ammians geographisch schwer nachvollziehbarer Beschreibung lässt sich ableiten, dass es sich um den von den Römern aufgegebenen Festungswall des *limes transalutanus* handelte, der zur Verteidigung des römischen Dakien nördlich der Donau errichtet worden war. Weitere Angriffe der Hunnen erschütterten jedoch das Vertrauen der Terwingen in Athanarichs Führung, so dass sich schließlich die »Mehrheit« von ihm lossagte und bei den Römern um Aufnahme bat. Ihnen schlossen sich die Greutungen an, die sich weiter auf dem Rückzug befanden.[14]

In welchem Zeitraum vollzog sich das alles? Die Attacke der Hunnen gegen die Goten wird gewöhnlich als »Überraschungsangriff« beschrieben, der mehr oder weniger innerhalb eines Jahres stattfand. Einige Details der Erzählung jedoch deuten auf etwas anderes hin. Von den beiden Greutungen-Königen leistete Ermanarich den Hunnen »lange Zeit« *(diu)* und Vidimer »eine Zeitlang« *(aliquantisper)* Widerstand – mit »vielen Einsätzen« *(multas clades)*. Ein »langer« Widerstand bemisst sich wohl eher in Jahren als in Monaten. Außerdem saßen die Hunnen den Goten selbst dann noch nicht im Nacken, als diese die Donau bereits erreicht hatten. Sie warteten geduldig am Ufer, während eine Gesandtschaft Kaiser Valens persönlich das Asylgesuch überbrachte. Doch Valens hielt sich rund 1500 Kilometer entfernt in Antiochia auf, und auf dem Landweg dauerte es über einen Monat, bis ihn die Gesandtschaft erreichte. Nichts von all dem deutet darauf hin, dass die Hunnen anno 376 in großer Zahl in Donaunähe weilten, auch wenn sie gerade zwei große Angriffe gegen die Terwingen geführt hatten.

Bestätigt wird dieser Befund durch die nachfolgenden Ereignisse, die zeigen, dass viele Hunnen noch im Jahr 400 weit nordöstlich des Schwarzen Meeres operierten. In den meisten modernen Rekonstruktionen durchzogen sie im Jahr 376 oder kurz danach Gebiete weit im Westen an den Karpaten. 395 jedoch, als die Hunnen einen ersten massiven Angriff gegen das Römische Reich führten, zogen sie durch das Kaukasusgebirge und nicht über die Donau. Dies wurde als ein kluger Schachzug betrachtet, bei dem die Hunnen mit ihren Pferden von der Donau aus Tausende Kilometer die nördliche Schwarzmeerküste entlangzogen. Aber Pferde und Reiter wären erschöpft gewesen, noch bevor der Angriff überhaupt begonnen hätte. Was der Angriff tatsächlich zeigt, ist, dass sich die meisten Hunnen noch 395 weit östlich der Karpaten aufhielten, vielleicht im Gebiet zwischen Wolga und Don (Karte 7). Diese Vermutung wird durch andere zuverlässige Zeugnisse gestützt, nach denen weitere Goten und andere Nichthunnen noch 386, also zehn Jahre nach Beginn der gotischen Auswanderung und sehr wahrscheinlich noch darüber hinaus, die Hauptopposition gegen das Römische Reich jenseits der Grenze am Unterlauf der Donau bildeten.[15] Auch wenn die Hunnen sicherlich die Umwälzung nördlich des Schwarzen Meeres auslösten, die sich im Auftauchen der Goten an der Donau anno 376 manifestierte, waren sie selbst zu diesem Zeitpunkt nicht in so großer Zahl so weit nach Westen vorgedrungen. Mit anderen Worten: Die Terwingen wurden nicht sofort von einem hunnischen Pfeilhagel getroffen und konnten auf das Chaos, das sich vor ihren Augen abspielte, gelassener reagieren.[16]

Aber wenn die Terwingen tatsächlich Zeit hatten, einen solchen geordneten Abzug zu organisieren, wie ihn Ammian beschreibt – muss man dann davon ausgehen, dass sie dies tatsächlich auch taten? Dafür hätten sie ein entscheidungsfähiges Gremium haben müssen, das stark genug war, um einen solchen Plan zu entwerfen und auszuführen, und sie müssen sich über die politischen Fähigkeiten und die Identität ihrer Gruppe im Klaren gewesen sein. Dass die Führung der Terwingen weittragende Entscheidungen treffen konnte, ergibt sich aus anderen Quellen. Wie wir in Kapitel 2 gesehen haben, vertrat die Konföderation eine einheitliche Taktik gegenüber dem römischen Staat, besonders hinsichtlich des Ausmaßes der Unterwerfung, die sie als Klienten hinzunehmen bereit waren. Das ging sogar bis zu dem ehrgeizigen Plan der Verfolgung gotischer Christen, weil sie die neue Religion als Ausdruck der kulturellen Vorherrschaft des römischen Imperiums betrachteten.

Wie es im Einzelnen zur Entscheidungsfindung kam und wer in welcher Weise am Entscheidungsprozess beteiligt war, hing von der Verteilung der sozialen Macht in der gotischen Gesellschaft ab. Ganz oben in der sozialen Hierarchie vertraten Anführer wie Athanarich, Alaviv und Fritigern – die sogenannten Richterkönige – aktiv bestimmte politische Strategien, doch wie in Kapitel 2 gezeigt, konnte eine größere Gruppe (von Freien?) ein kollektives Veto gegen die Vorschläge ihrer Führung einlegen, und damit spielten sie zumindest eine passive Rolle. Jedenfalls berichtet Ammian, dass sich die Diskussion über die Entscheidung, die Grenzen zum Römischen Reich zu überschreiten, lange hinzog. Ähnlich »drängte« und »überredete« die neue Führung der Terwingen nach Überschreiten der Donau die Basis zu einer bestimmten politischen Strategie und erteilte nicht einfach nur Befehle.[17]

Das bedeutet natürlich nicht, dass die gesamte Bevölkerung der von den Terwingen beherrschten Gebiete an der Entscheidungsfindung beteiligt war. Archäologische Funde und historische Quellen belegen, dass es eine kulturell komplexe Welt war. Sie war von der Militärmacht germanischsprachiger Zuwanderer geschaffen worden, die das beherrschende Element blieben. Doch trotz der Umsiedlung der Karpen auf römisches Territorium um 300 behielt ein Großteil der alteingesessenen Bevölkerung – Dakischsprachige, Sarmaten und andere – auch unter gotischer Herrschaft ihre alten Wohnsitze. Am schwierigsten zu beantworten ist die Frage nach der Beziehung zwischen den zuströmenden germanischsprachigen Eliten des 3. Jahrhunderts und der restlichen einheimischen Bevölkerung. Weil man die beiden Gruppen anhand der archäologischen Funde nicht leicht auseinanderhalten kann, nimmt man heute an, dass sie sich rasch vermischten, soziopolitisch wie geographisch. Aber diese Annahme ist keineswegs zwingend. Identität ist grundsätzlich subjektiv und im Selbstbewusstsein der Individuen sowie in ihren Beziehungen untereinander verankert, nicht in der materiellen Kultur. Die Vorstellung, dass materielle Kultur Gruppenidentität spiegelt, wird durch vergleichende Studien zwar teilweise gestützt, aber in allen dokumentierten Fällen handelte es sich um ein, zwei besondere Objekte von symbolischer Bedeutung, nicht um größere Gruppen von Artefakten aus einer Region. Und um herauszufinden, welche Objekte diese Bedeutung besaßen, benötigt man genaue ethnographische Informationen.[18] Die Tatsache, dass die Funde der Tschernjachow-Kultur einander durch die Bank sehr ähnlich waren, heißt nicht zwangsläufig, dass es innerhalb der Kultur keine unterschiedlichen Gruppenidentitäten gab.

Darüber hinaus darf man den allgemeinen historischen Kontext nicht außer Acht lassen. Die Goten und andere germanische Gruppen, die im 3. Jahrhundert in die Schwarzmeerregion einwanderten, kamen als Eroberer, die am größeren Wohlstand dieser Grenzregion teilhaben wollten. Vor diesem Hintergrund ist es unwahrscheinlich, dass Identitätsunterschiede zwischen den Eroberern und den Unterworfenen rasch verschwanden. Germanische Identität in einem eroberten Gebiet bedeutete einen höheren sozialen Status, und zuzulassen, dass einheimische Gruppen diesen Status erreichten, bedrohte die Vorrangstellung der Einwanderer. Es handelt sich, kurz gesagt, um eine beinahe koloniale Situation, in der die eindringende Elite gute Gründe hatte, ihre Privilegien gegen einheimische Gruppen zu schützen. Dass die Welt der Goten im 4. Jahrhundert tatsächlich so gestaltet war, lässt der Umgang mit den römischen Gefangenen vermuten, die im 3. Jahrhundert gemacht worden waren. Wulfila war der Nachkomme eines von ihnen, und in ihren Reihen konnte sich über mehrere Generationen hinweg eine christliche Kirche entwickeln. Und als

Wulfila 347/348 aus gotischem Territorium vertrieben wurde, schlossen sich ihm viele an, was darauf hindeutet, dass sie eine eigenständige, vermutlich tiefer stehende Gemeinschaft innerhalb der gotischen Gesellschaft bildeten.[19] Diese Art der Autonomie untergeordneter sozialer Gruppen finden wir auch in anderen komplexen barbarischen Staatsformationen dieser Zeit.

Das bedeutet nicht, dass es nicht auch Einzelnen oder Gruppen von Individuen unter den Einheimischen gelang, sich unter den gotischen Neuankömmlingen einen höheren Status zu erobern. Die Notwendigkeit, militärisches Personal zu rekrutieren, kann durchaus zu eher gleichberechtigten Bündnissen geführt haben wie jenem zwischen den Goten auf der einen sowie Hunnen und Alanen auf der anderen Seite im Jahr 377. Möglich ist auch, dass einheimische Gruppen den Zwischenstatus von Freigelassenen erreichten, die kämpfen durften und gegenüber den Sklaven Privilegien genossen, auch wenn sie persönlich von Freien abhängig waren.

Betrachtet man die Ereignisse von 376 in diesem Licht, so muss an der Entscheidungsfindung der Terwingen auch die Klasse der Freien beteiligt gewesen sein, auf deren Unterstützung die Befürworter bestimmter Strategien angewiesen waren. Am Aufbruch beteiligt waren vermutlich Freie ebenso wie Freigelassene – die beiden sozialen Klassen, die die militärische Streitmacht der Gruppe stellten und denen wir auch in anderen gotischen Gruppen auf Wanderschaft begegnen.[20] Trotzdem blieben wohl viele einheimische Gruppen ausgeschlossen, was durch literarische und archäologische Zeugnisse bestätigt wird. Eine historische Quelle spricht von »Karpo-Dakern« nach 376 nördlich der Donau, als die Terwingen, die die Karpatenregion beherrschten, bereits aufgebrochen waren. Und es gibt keinen Beleg dafür, dass Tschernjachow-Siedlungen und -Gräberfelder zu diesem Zeitpunkt plötzlich aufgegeben wurden.[21] Meine Vermutung ist, dass die komplexe Gesellschaft der Terwingen aus einer herrschenden, germanischsprachigen gotischen Elite bestand, die ihre Ursprünge auf Einwanderer des 3. Jahrhunderts zurückführen konnte, und aus abhängigen Freigelassenen und Sklaven unterschiedlicher Herkunft, die eng mit ihnen verbunden waren. Neben dieser »eigentlichen« gotischen Welt gab es viele Gemeinschaften, die von den alteingesessenen Bevölkerungsgruppen der Region abstammten. Sie waren von den Goten unterworfen worden und mussten Tribute zahlen, waren aber in ihrem Alltagsleben wohl weitgehend autonom und brachen 376 wahrscheinlich nicht mit auf.

Kurz gesagt, was wir über das Bündnis der Terwingen und insbesondere über ihre militärische, politische und kulturelle Selbstbehauptungskraft gegenüber Rom wissen, entspricht im Großen und Ganzen der Vermutung, dass die führenden politischen Gruppen an einem Entscheidungsprozess der Art beteiligt waren, von dem Ammian berichtet. Jedenfalls wirft sein Bericht keine Probleme auf, die es rechtfertigen könnten, ihn zu verwerfen, nur weil man a priori von einer wenig ausgeprägten Gruppenidentität in der germanischen Welt ausgeht. Die Skepsis gegenüber Ammian basiert teilweise auf einer einseitigen Interpretation jüngerer Debatten über Gruppenidentität, die Quellen deuten dagegen darauf hin, dass die Spitze der sozialen Hierarchie der Terwingen zumindest ein starkes politisches Identitätsgefühl teilte.

Schon ein kurzer Blick auf die Migrationsforschung wirft jedoch mehrere Fragen auf: Warum reagierten die Terwingen und die Greutungen von 376 auf die von den Hunnen heraufbeschworene Krise überhaupt mit einem Aufbruch und warum mit dem Überschreiten der römischen Grenze? Ammian liefert keine weiteren Details, so dass unser Wissen über jene hochbrisante Begegnung nördlich der Donau notgedrungen lückenhaft bleibt. Aber die Migrationsforschung kann Auskunft darüber geben, welche Faktoren bei der Entscheidungsfindung von Migranten eine Rolle spielen.

Dass die Terwingen mit einem Aufbruch reagierten, kann kaum überraschen. Ihre politische Führungsschicht stammte hauptsächlich von germanischsprachigen Migranten ab, die sich ihren Platz am Schwarzen Meer erst im 3. Jahrhundert erkämpft hatten. Vergleichende Migrationsstudien haben ergeben, dass sich innerhalb von Bevölkerungsgruppen eine Migrationsgewohnheit herausbilden kann: Ältere Generationen, die sich selbst auf den Weg gemacht haben, vermitteln ihren Nachkommen die Einstellung, dass man, falls nötig, erneut aufbrechen kann, um bessere Lebensbedingungen zu finden. Und der Aufruhr, der hauptsächlich aus römischer Sicht mit dem 3. Jahrhundert verbunden war, setzte sich bis weit ins 4. Jahrhundert hinein in Gebieten jenseits der Grenze fort. Erst nach 300 brachten die Terwingen die Territorien zwischen den Karpaten und der Donau, die zuvor von karpischen Gruppen bewohnt gewesen waren, unter ihre Kontrolle. Mehrere dieser Gruppen waren von den Römern zwischen 290 und 310 in eine Region südlich der Donau umgesiedelt worden, was es den Terwingen überhaupt erst ermöglichte, das Gebiet in Besitz zu nehmen. Doch noch in den 330er Jahren waren die Terwingen auf Wanderschaft. Anno 332 begannen sie auf westkarpatisches Gebiet in das Territorium benachbarter Sarmaten zu ziehen, wurden jedoch von den Römern an den Unterlauf der Donau zurückgedrängt.[22]

Ein weiterer in Migrationsstudien immer wiederkehrender Aspekt, die Informationsgewinnung und -bewertung, spielte bei der Entscheidung für das neue Territorium, das sie innerhalb des Römischen Reiches besiedeln woll-

1. Die Nordeuropäische Tiefebene ist der größte der vier großen Landschaftsräume Europas. Zu Beginn des 1. Jt. n. Chr. war sie dicht bewaldet. Erst um das Jahr 1000 verfügten die Bauern über geeignete Techniken, die schweren Lehmböden effizient zu bewirtschaften.

2. Die Große Eurasische Steppe, die im Westen bis an das Ufer des Don und teilweise darüber hinaus reicht, bildet die östliche Grenze, bis zu der genügend Regen fällt, um Ackerbau ohne künstliche Bewässerung zu betreiben.

3. Die finnische Taiga markiert die Grenze der konventionellen Landwirtschaft in Nordosteuropa. Die winterliche Kälte und der karge Boden machen einen normalen Ackerbau unmöglich.

4. Besonders gut erhaltene Haartracht einer frühgermanischen Moorleiche. Wir wissen, dass die Merowingerkönige als Zeichen ihres Status ihr Haar ungeschoren ließen; Tacitus berichtet von Sueben, für die der Haarknoten Ausdruck ihrer Gruppenidentität war; und ein Dorf im Siedlungsgebiet der Terwingen widmete sich im 4. Jh. ausschließlich der Herstellung von Kämmen.

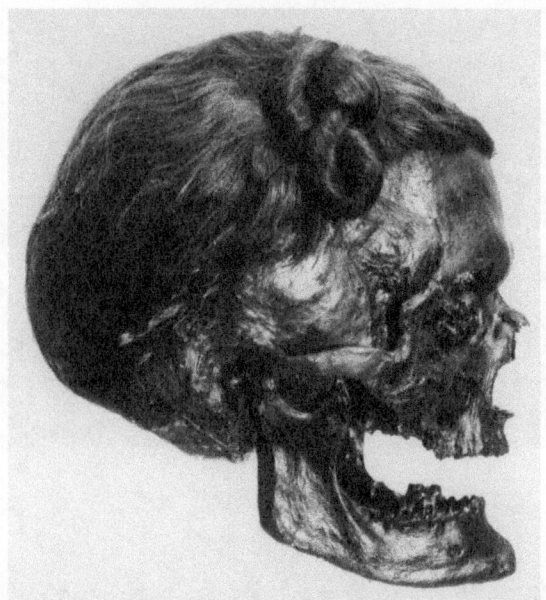

5. Das Regenwunder, dargestellt auf der Marc-Aurel-Säule, die der Kaiser nach seinem Sieg über die germanischen Stämme in den Markomannenkriegen errichten ließ.

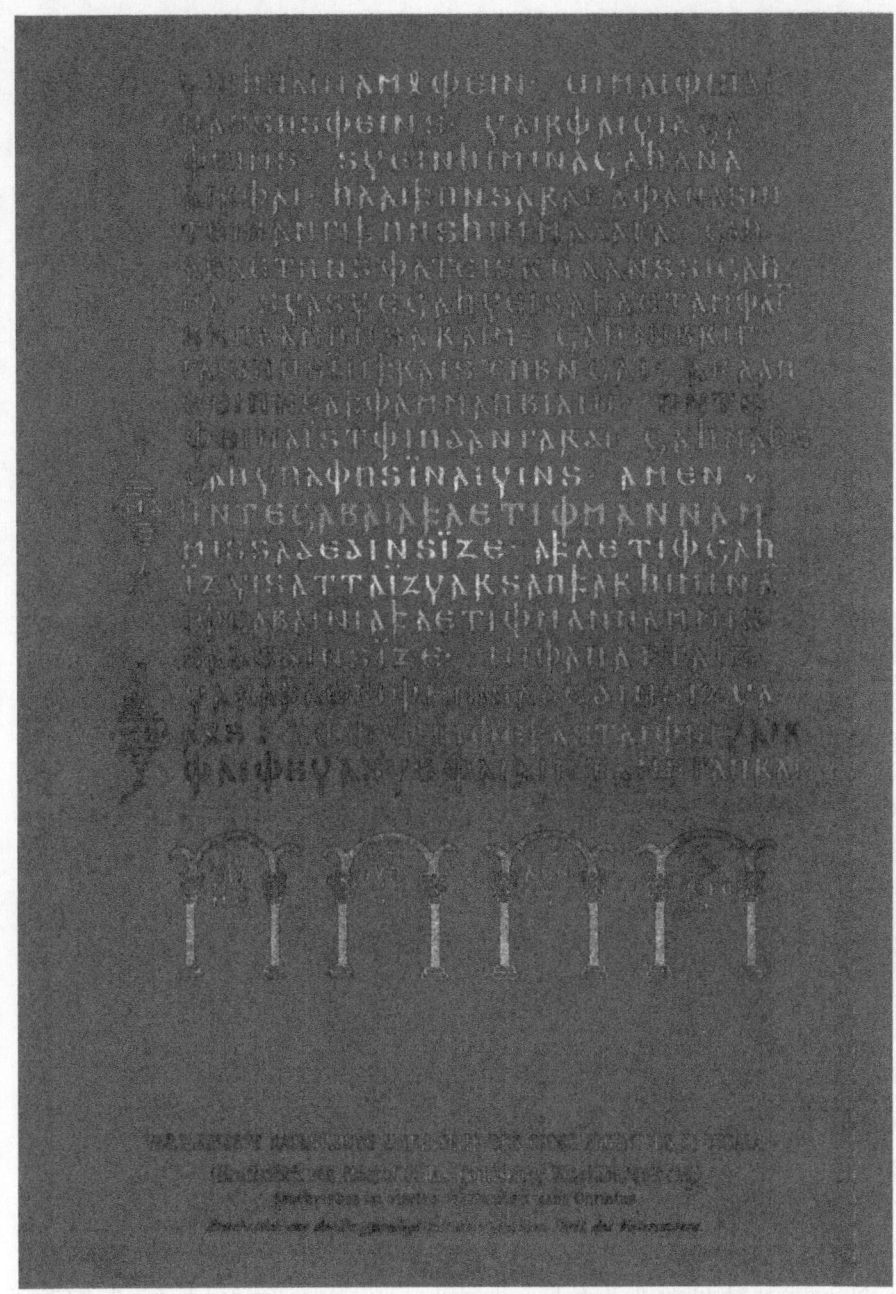

6. Wulfilas Bibelübersetzung aus dem 4. Jh. ist das erste Beispiel für eine schriftliche Fixierung der germanischen Sprache, angefertigt für die zum Christentum übergetretenen Goten. Handschrift in Purpur, Silber und Gold, entstanden in Italien am Hof des Ostgotenkönigs Theoderich im 6. Jh.

7. Rückseite einer Münze, die den Sieg Valentinians III. (419–455) über den Hunnenkönig Attila feiert: Der Kaiser tritt auf den Kopf des Barbarenkönigs und demonstriert so die Überlegenheit Roms.

8. Nichts veranschaulicht die Bedrohung durch das neu erstarkte Perserreich im 3. Jh. n. Chr. besser als dieses Felsrelief mit dem römischen Kaiser Valerian, der gefangen genommen und von dem Sassanidenkönig Schapur I. gedemütigt wurde. Die Perser banden einen beträchtlichen Teil der römischen Streitkräfte im Osten, was die germanische Expansion auf römisches Territorium in Europa erleichterte.

9. In den 1830er Jahren zogen burische Bauern mit ihren Familien und ihrer gesamten Habe vom Kap in Richtung Norden, um sich der britischen Herrschaft zu entziehen. Um den Widerstand der dort ansässigen Stämme zu brechen, organisierten sie sich erfolgreich in großen Gruppen. Diese Form einer auf Beutegewinn ausgerichteten Migration ist mit den Wanderungen im 1. Jt. n. Chr. durchaus vergleichbar.

10. Die dreifachen Mauern Konstantinopels wurden in den 410er Jahren zur Abwehr der Hunnen gebaut, die von nördlich des Schwarzen Meeres in das Herz Mitteleuropas vorstießen. Zahlreiche Bevölkerungsgruppen, die ihren Weg kreuzten, flüchteten zwischen 405 und 408 auf römisches Territorium.

11. Der Schatz von Pietroasa, im Jahr 1837 entdeckt, bestand ursprünglich aus 22 Objekten, von denen nur 12 erhalten sind. Abgebildet ist die berühmte patera, eine runde Opferschale mit einer Göttin, umgeben von orphischen Figuren.

12. Hunnische Schätze aus dem Gebiet an der mittleren Donau um die Mitte des 5. Jh. Erstmals tauchten in dieser Zeit große Mengen Gold als Beigaben in Barbarengräbern auf. Die Abbildung zeigt Schmuck im typischen Cloisonné-Stil mit einzeln in Gold gefassten Granatsteinen in herrscherlichem Purpurrot.

13. Beigaben aus dem berühmten Schiffsgrab von Sutton Hoo, der 1939 entdeckten mutmaßlichen Grablege der Wuffinga-Könige von East Anglia aus dem 7. Jh.

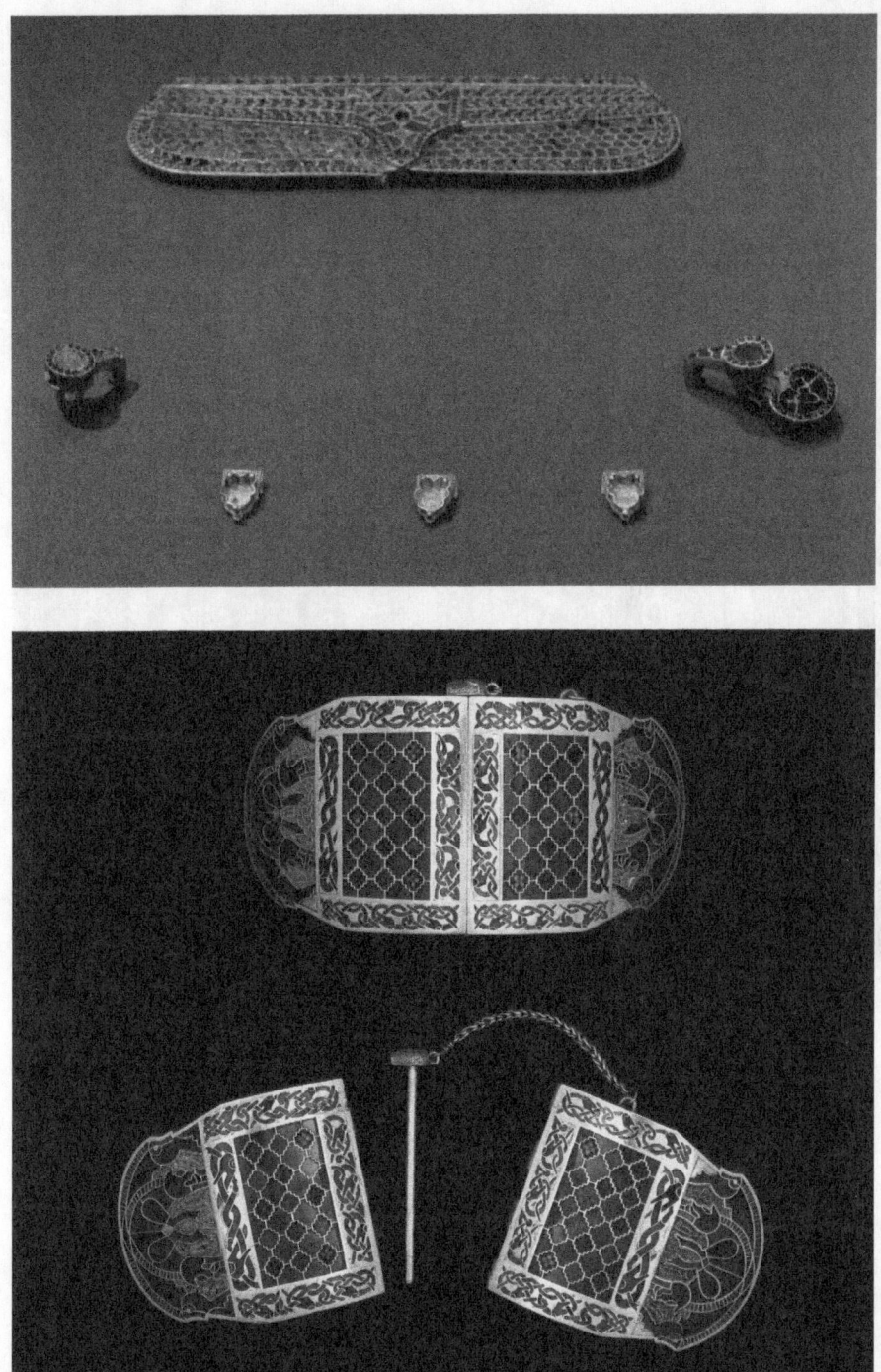

14. Die Kastelle des Kommandanten der »Sachsenküste« Britanniens, die im 4. Jh. errichtet wurden, um die Plünderungen der über die Nordsee kommenden Sachsen abzuwehren; aus der karolingischen Abschrift des spätrömischen Verwaltungshandbuchs *Notitia Dignitatum*.

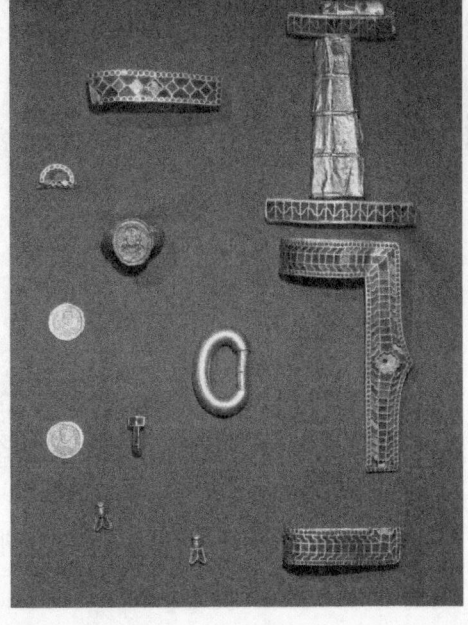

15. Portchester Castle am Fluss Solent, auf Abb. 14 unter seinem lateinischen Namen *Portus Adurni* verzeichnet: Größe und Lage dieser Befestigungsanlage lassen auf das Ausmaß der Bedrohung durch die Sachsen schließen.

16. Nur wenige Objekte aus dem Grabschatz des fränkischen Königs Childerich (gest. 482) sind erhalten. Zusammen mit den Zeichnungen, die nach der Öffnung des Grabes im Jahr 1653 angefertigt wurden, belegen sie den hunnischen Einfluss – der Handwerkskunst wie der Königsgräber.

17. Kaiser Karl der Große nach seiner Krönung am Weihnachtstag des Jahres 800.

18. Der Felsendom in Jerusalem, im Jahr 691 vollendet, ist der älteste islamische Sakralbau weltweit, monumentaler Ausdruck der neuen Religion, die von Arabien aus Mitte des 7. Jh. das Oströmische Reich zur Regionalmacht degradierte.

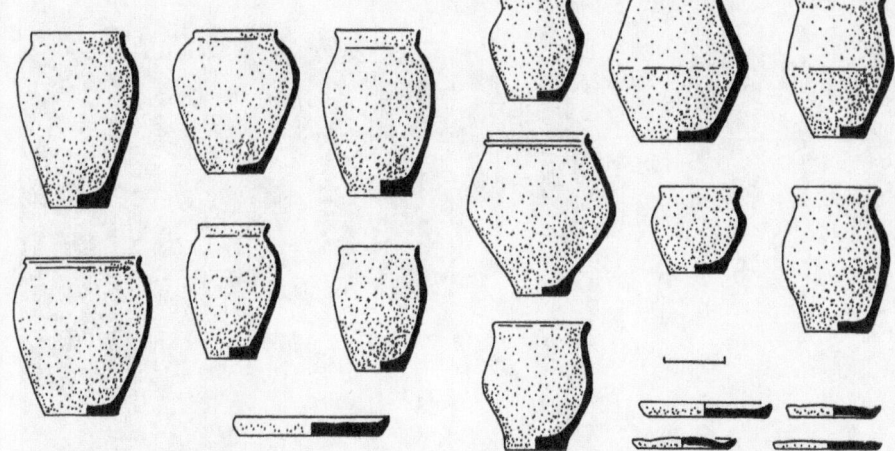

19. Die Ausbreitung der slawischen Migration kleiner, Subsistenzwirtschaft betreibender bäuerlicher Gruppen in Mittel- und Osteuropa lässt sich anhand der Verbreitung handgemachter Keramik des Korčak- (links) und Penkovka-Typs (rechts) nachweisen sowie anhand der Siedlungen, in denen diese Funde gemacht wurden.

20. Das frühslawische Grubenhaus, Wohnstatt der Korčak- und Penkovka-Gemeinschaften, war für die rauhen Winter Mittel- und Osteuropas bestens geeignet.

21. Ein felsiger Küstenabschnitt der Ostsee: Von solchen Küsten brachen die Wikinger auf. Erst durch die Fähigkeit, sich auf Meeren und Flüssen fortzubewegen, und durch das nach und nach erworbene geographische Wissen war die skandinavische Expansion möglich geworden.

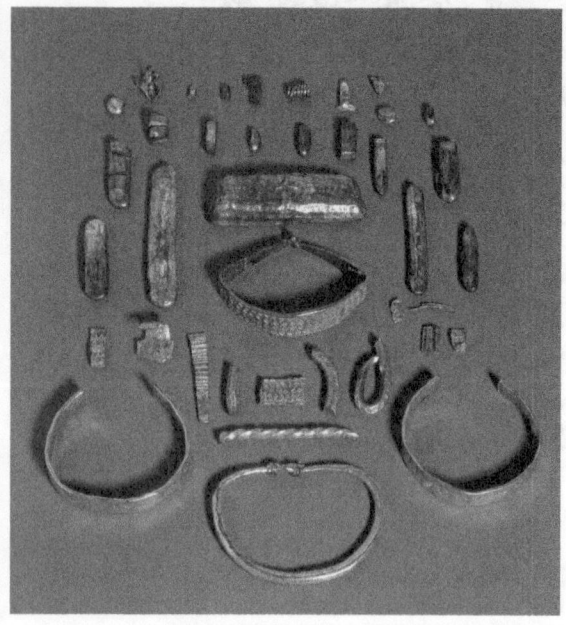

22. Durch die Aktivitäten der Wikinger im Osten und im Westen – Handel, Plünderungen, Erpressung – flossen ungeheure Reichtümer nach Skandinavien. Der hier gezeigte Silberschatz ist nur einer von vielen und keineswegs der größte.

23. Belege für eine skandinavische Hochseeschifffahrt vor dem 8. Jh. gibt es nicht. Schiffswracks und diese berühmten Felszeichnungen aus Gotland zeigen, dass erst der wachsende Wohlstand, der den neuen Handelsemporien an Nord- und Ostsee geschuldet war, den nötigen Impuls zum Bau stabiler Schiffskiele und Segel gab.

24. Das Gokstad-Schiff aus dem späten 9. Jh., das 1880 in einem Schiffsgrab entdeckt wurde, ist ein Paradebeispiel für die Kriegsschiffe der Wikinger und Ergebnis technologischer Experimente seit dem 8. Jh. Es bot Platz für 30 Ruderer, konnte schweren Stürmen auf hoher See trotzen und eignete sich für die Erkundung von Flussläufen.

25. Im Jahr 1000 pilgerte Otto III. nach Gnesen zum Grab des Märtyrers Adalbert. Diese Reise markierte in etwa den Abschluss einer Entwicklung, in deren Verlauf Europa als historische Einheit aus den vormals römisch bzw. barbarisch geprägten Teilen entstand.

26. Unter Wladimir I. (um 958-1015) wurde die Kiewer Rus christianisiert und durch Bauprojekte und politische Veränderungen von einer Handelskompanie in einen frühmittelalterlichen Staat umgestaltet.

27. Die Zehntkirche in Kiew, erbaut von Wladimir I. zwischen 989 und 996, war das bis dahin größte Bauwerk Nord- und Osteuropas.

28. König Wenzel von Böhmen wurde von seinem Bruder Boleslaw I. getötet, nicht zuletzt, weil er gedroht hatte, den Sklavenhandel zu verbieten, die Grundlage für Reichtum und Macht der Přemysliden-Dynastie. Boleslaws Sohn Boleslaw II. vernichtete am St.-Wenzel-Tag 995 die letzten Rivalen seiner Dynastie in Böhmen, das Haus Slavnik.

29. Der berühmte Runenstein Harald Blauzahns in Jelling dokumentiert die Bekehrung des Königs zum Christentum und sein großes Werk der Wiedervereinigung Jütlands mit den benachbarten Küstengebieten.

ten, eine wichtige Rolle. Die Terwingen wussten genug über ihre mächtigen römischen Nachbarn, deren halbunterworfene Klienten sie seit den 320er Jahren waren. Das muss die Wahl des Zielgebiets beeinflusst haben.[23] Bleiben wir kurz bei den Vorteilen, die mit dieser »römischen Option« verbunden waren: Offenbar stellten sich die Goten dem Römischen Reich als Flüchtlinge vor und boten im Gegenzug für Schutz ihre militärischen Dienste an. Aber das Römische Reich verfolgte bei der Ansiedlung von Einwanderungswilligen traditionell eine ganz bestimmte Politik, die den Terwingen bekannt war. Die Umsiedlungen waren nicht immer nur Strafaktionen und erfolgten unter Auflagen, die bisweilen drastisch, ein andermal aber auch großzügig sein konnten. Aber sie basierten stets auf der militärischen Überlegenheit Roms. Diese Voraussetzung war jedoch im Jahr 376 nicht gegeben. Als die Terwingen um Aufnahme ins Römische Reich ersuchten, führte Kaiser Valens gerade einen langwierigen Krieg mit Persien, den er selbst vom Zaun gebrochen hatte, und seine ganze Streitmacht war im Osten gebunden.

Damit wird die Frage des Motivs auf römischer und gotischer Seite sehr viel komplizierter. In mehreren Quellen heißt es übereinstimmend, Valens sei über das Auftauchen der Goten an der Donau sehr erfreut gewesen, weil er jetzt neue Kräfte rekrutieren konnte. Aber ein Grundzug römisch-imperialer Propaganda bestand darin, dass sich kein Kaiser seine politische Strategie von Barbaren diktieren ließ. Die angebliche Freude muss demnach als reine Propaganda betrachtet werden. Nur ein Idiot hätte sich über den Kollaps der politischen Stabilität an einer seiner wichtigsten Grenzen gefreut, wenn er gleichzeitig an einer anderen Grenze in Kämpfe verwickelt war.[24] Dass sich Valens' Begeisterung in Grenzen hielt, wird durch seine vorsichtige Strategie bestätigt. Er gewährte lediglich den Terwingen unter Führung von Alaviv und Fritigern Asyl und zog alle verfügbaren Truppen auf dem Balkan zusammen, um die Greutungen unter Alatheus und Safrax abzuwehren. Da er nicht über genügend Kräfte verfügte, um alle Goten abzuwehren, versuchte er aus einer misslichen Situation das Beste zu machen.[25]

Man kann davon ausgehen, dass die Terwingen genau wussten, in welcher Lage sich Valens befand. Klienten im römischen Grenzgebiet verstanden die römischen Truppenverschiebungen durchaus zu deuten. Ammian erzählt die berühmte Geschichte der Alamannen, die beobachteten, dass von ihrem Grenzabschnitt Soldaten abgezogen wurden. Ihr Verdacht, dass es 376 weiter östlich der Donau kriselte, wurde durch einen alamannischen Soldaten der kaiserlichen Garde bestätigt, der nach seinem Ausscheiden aus dem Dienst nach Hause zurückkehrte.[26] Doch so unwahrscheinlich es war, dass die Terwingen

Valens von Anfang an durchschauten, gibt es klare Hinweise darauf, dass sie ehrgeizigere Ziele verfolgten und nicht bereit waren, die untergeordnete Rolle zu akzeptieren, die das Römische Reich Einwanderern in der Regel aufzwang. Ammian zufolge stand hinter ihrer Bitte um einen Teil Thrakiens nicht nur die Angst vor den Hunnen, sondern auch der fruchtbare Boden jenes Gebiets. Einwanderer in die römische Welt wurden, wie bereits erwähnt, in kleine Gruppen auf bestimmte Siedlungsorte verteilt.

Um die Ambitionen der Terwingen zu verstehen, müssen wir uns die Grundzüge der wirtschaftlichen Entwicklung in und im Umkreis der römischen Welt vor Augen führen. Die Goten und andere germanische Migranten des 3. Jahrhunderts waren in die Schwarzmeerregion gekommen, weil sie die höher entwickelte Peripherie des Römischen Reiches bildete und wirtschaftliche Chancen bot. Allerdings verfügte das Römische Reich selbst über noch viel größere wirtschaftliche Überschüsse. Dieser Reichtum manifestierte sich in den Grenzgebieten für Außenstehende in Form von Städten, Befestigungen, Armeen und sogar Villen, die regelmäßig Plünderer von jenseits der Grenze anlockten. Ammians Bericht über die Motive der Goten – ihre Hoffnung auf Partizipation am Wohlstand – steht im Einklang mit modernen Fallstudien, denen zufolge bei Zuwanderern immer auch wirtschaftliche Überlegungen eine Rolle spielen, selbst wenn sie aus politischen Gründen und somit unfreiwillig emigrieren. Daraus folgt natürlich, dass die Goten anno 376 nicht einfach nur Flüchtlinge waren.

Der zweite Hinweis darauf, dass die Führung der Terwingen weitreichende Ambitionen hatte und sich der möglichen Konsequenzen ihres Tuns sehr wohl bewusst war, liegt in ihrer Reaktion auf Valens' Entscheidung, sie aufzunehmen, nicht jedoch die Greutungen. Statt ihr Glück zu genießen, suchten sie, wie Ammian berichtet, den Kontakt zu den Greutungen, um ein gemeinsames weiteres Vorgehen abzusprechen.[27] Das lässt vermuten, dass die Führung der Terwingen ehrgeizigere Pläne verfolgte, die nur von beiden Gruppen gemeinsam verwirklicht werden konnten. Wie diese Ziele im Einzelnen aussahen, darüber kann man nur spekulieren. Allerdings stammte die Elite der Terwingen direkt von den Migranten des 3. Jahrhunderts ab, die den erzwungenen Rückzug der Römer aus der alten Provinz des transsylvanischen Dakien miterlebt hatten. Dieser langfristige Informationsbestand sowie ihre eigenen unmittelbaren Erfahrungen mit dem römischen Klientelsystem mag sie dazu bewogen haben, im Sommer 376 ihr Augenmerk auf das Römische Reich zu richten. Hinter ihrer Selbstdarstellung als Flüchtlinge steckte vielleicht die Hoffnung, auch einen Rückzug der Römer aus einem Teil Thrakiens bewirken und damit in den Besitz eines fruchtbaren Landstrichs gelangen zu können, der wirtschaftlich höher entwickelt war als die innere Peripherie.

Kein Wunder, dass es langwierige Debatten gab. Valens' militärische Kräfte waren zwar im Sommer 376 gebunden, aber das würde nicht ewig so bleiben, und die Terwingen kannten die Macht dieser Armee aus eigener leidvoller Erfahrung. Das Ersuchen um Aufnahme ins Römische Reich war wohl trotz aller wirtschaftlichen Anreize ein Trick, der nur dann funktionierte, wenn die Migranten eine nicht unerhebliche militärische Streitmacht aufbieten konnten, da sie andernfalls vom Gegenschlag der Römer, der zu gegebener Zeit erfolgen würde, vernichtet würden. Die Macht des römischen Staates lieferte daher einen Hauptgrund für die Art und Weise, wie sich diese Migrationsbewegung formierte – in völligem Einklang mit einem weiteren Schlüsselfaktor, wie er in vergleichenden Migrationsstudien hervorgehoben wird.

Politische Strukturen sind stets ein entscheidender Faktor von Migrationsaktivitäten. Aufgrund ihrer relativ geringen wirtschaftlichen Entwicklung konnten germanische Könige im 4. Jahrhundert lediglich eine militärische Streitmacht von wenigen hundert Mann mobilisieren und hatten damit keine Chance, es mit einem römischen Kaiser und einem Heer aufzunehmen, das darauf bedacht war, die Einwanderung in »normale« Bahnen zu lenken. Das Beste, was sich eine kleine Streitmacht von Zuwanderern erhoffen konnte, war der Einsatz als Hilfstruppe in der römischen Armee. Und einige gotischen Gruppen, die schon zuvor ins Römische Reich gekommen waren, folgten dieser vorgezeichneten Bahn.[28] Doch damit der sehr viel ehrgeizigere Plan der Terwingen von 376 überhaupt eine Chance hatte, musste die Führung der Terwingen eine breitere militarisierte Schicht der gotischen Gesellschaft einbeziehen: die Freien und die von ihnen abhängigen Freigelassenen, wenn meine Definition der beiden Gruppen mit Kriegerstatus korrekt ist. Die genauen terminologischen Differenzierungen spielen dabei eigentlich keine Rolle. Entscheidend ist, dass eine große Zahl von Kämpfern erforderlich war, was wiederum – wie schon im 3. Jahrhundert – die Rekrutierung weiterer waffenfähiger Männer über das eigentliche militärische Gefolge des Königs hinaus bedeutete.

Folglich war es ganz natürlich, dass neben den Kriegern auch Frauen und Kinder zur Gruppe gehörten. Die Goten von 376 machten sich – wie die Einwanderer, die im 3. Jahrhundert aus Polen ans Schwarze Meer kamen – auf eine Reise ohne Wiederkehr, also ohne die Option, ihre Angehörigen auf gut Glück zu Hause zurückzulassen; die Gefahr von Überfällen durch die Hunnen war viel zu groß. Und wie gesagt, war die Migration bei Frauen und Männern eine von ihren Vorfahren ererbte Gewohnheit.

Beim Zug der Terwingen von 376 spricht sehr viel weniger für die alte Invasionshypothese, als es auf den ersten Blick scheint. Die Entscheidung zum Aufbruch spaltete das Bündnis, und in Anbetracht der weiteren Entwicklung seit der Ansiedlung in einem Landstrich der Schwarzmeerregion im 3. Jahrhundert hätte die Entscheidung der germanischsprachigen Elite, weiterzuziehen, die Landschaft nicht entvölkert. Es gab, wie wir gesehen haben, vermutlich vier verschiedene soziale Gruppen: Freie, Freigelassene, in »gotische« Haushalte integrierte Sklaven und weitgehend autonome Tributpflichtige. Die Könige und die Elite (der Freien?) waren die dominierende Gruppe in dieser kulturell komplexen Gesellschaft, und viele Teile der Bevölkerung waren nicht fest genug in die soziopolitischen Strukturen eingebunden, um vom Migrationsstrom erfasst zu werden.[29] Trotzdem gibt es keinen Grund, Ammians Grundprämisse anzuzweifeln, dass diese Terwingen-Elite eine recht große Gruppe war, insgesamt mehrere 10 000 Personen. Nicht nur ist der Bericht in sich stimmig und wird auch durch andere Quellen bestätigt; er passt auch zu den beobachtbaren Migrationsmustern.

Diese Schlussfolgerung ist für sich genommen wichtig, aber es geht hier noch um mehr. Aufgrund der besseren Dokumentation durch Ammian stellen die Ereignisse von 376 einen Testfall dar, der illustriert, was auch in anderen, weniger gut belegten Fällen germanischer Gruppen in spätrömischer Zeit möglich gewesen wäre. Es ist nicht einfach davon auszugehen, dass alle Migrationen jener Zeit auf die gleiche Weise stattfanden. Wenn wir aber das Jahr 376 als die erste Runde der traditionellen »Völkerwanderung« betrachten, muss man logischerweise annehmen, dass dieser große Aufbruch nicht von einem einzelnen »Volk«, sondern von einem Zusammenschluss verschiedener Gruppen unternommen wurde. Genau dies besagt das Bild, das uns ein gut informierter Zeitzeuge zeichnet, der nicht ideologisch verblendet war, wenn es um Barbaren auf Wanderschaft ging. In dieses Bild fügt sich nahtlos die Geschichte der Goten, die selbst das Ergebnis einer Wanderung in die Schwarzmeerregion war, sowie die Verteilung von politischer Macht und militärischer Schlagkraft innerhalb der germanischen Gesellschaften jener Zeit. Neben dem auf Beutezüge ausgerichteten Migrationsstrom, der sich aus kleinteiligen Aktionen zu immer größeren, für das 3. Jahrhundert charakteristischen Unternehmungen formierte, gab es also eine zweite Form auf Beutegewinn ausgerichteter Migration: die Wanderung großer gemischter Gruppen. Dieses wichtige Zwischenergebnis darf man nicht aus den Augen verlieren, wenn man die zweite Phase des römischen Grenzkollapses betrachtet.

VÖLKER IN BEWEGUNG

Rund 30 Jahre nach dem Zusammenbruch der römischen Grenzen in Osteuropa – ein Dominoeffekt der Hunneninvasion – wurden auch Roms Grenzen in Mitteleuropa unsicher. Und anders als 376, als es nur einen größeren Grenzübertritt gab, hatte die zweite Krise mehrere klar definierbare Unruheherde. Erstens führte 405/406 der Germanenkönig Radagaisus eine große, offenkundig erneut hauptsächlich gotische Streitmacht nach Italien. Die Quellen sind bruchstückhaft, aber diese Invasoren kamen eher aus west- als aus ostkarpatischem Gebiet, da sie über die östlichen Alpen vordrangen, ohne durch den Balkan zu ziehen. Im Unterschied zu den Terwingen und den Greutungen bat Radagaisus auch nicht lange um Erlaubnis, sondern drang einfach in Italien ein.[30]

Zweitens brach mehr oder weniger zur selben Zeit eine große, disparate Gruppe von Barbaren aus derselben Gegend wie Radagaisus' Streitmacht auf, zog jedoch den Oberlauf der Donau entlang nach Westen statt nach Süden über die Alpen. Diese Gruppe bestand hauptsächlich aus Vandalen, Alanen und Sueben sowie weiteren, kleineren Bevölkerungsteilen. Die Vandalen waren 401/402 bereits in zwei getrennten Gruppen (Asdingen und Silingen) westlich der Karpaten jenseits der römischen Provinz Rätien (einem Teil der heutigen Schweiz) aufgetaucht. Die iranischsprachigen Alanen, ursprünglich Steppennomaden, hatten um 370 ein Territorium östlich des Don besetzt. Die Identität der Sueben ist hingegen problematischer. Der Name taucht in römischen Quellen der frühen Kaiserzeit auf, zwischen 150 und 400 allerdings aber nicht mehr, und bezeichnet wahrscheinlich Markomannen und Quaden, die zur alten suebischen Konföderation gehört hatten und im frühen 1. Jahrhundert n. Chr. am Mittellauf der Donau und gleichfalls westlich der Karpaten angesiedelt worden waren. Im 5. Jahrhundert kamen weitere Sueben in diese Region, deren Könige sich zeitweilig zu politischen Allianzen zusammenschlossen. Schließlich überschritt die Gruppe die Oberrheingrenze und gelangte auf römisches Territorium. Traditionell wird hierfür der 31. Dezember 406 genannt.[31]

Drittens fanden zur selben Zeit zwei weniger dramatische Einfälle statt. 407/408, kurz nach der Rheinüberschreitung, drangen Hunnen und Skiren unter dem Hunnenführer Uldin auf oströmisches Territorium am Unterlauf der Donau vor. Uldin, ein ehemaliger Verbündeter Roms, war in dieser Region seit etwa 400 ansässig. Und viertens waren die Burgunder bis 413 ein gutes, wenn auch kürzeres Stück weit westlich des Rheins vorgedrungen. Im 3. und 4. Jahrhundert hatten sie im Maingebiet, östlich der Alamannen, eine Machtbasis aufgebaut. Irgendwann zwischen 405/406 und 413 ließen sie sich an und jenseits der römischen Grenze im Gebiet des heutigen Worms und Speyer nieder, 150 Kilometer von ihren Wohnsitzen im 4. Jahrhundert entfernt (Karte 8).[32]

Über diese zweite Phase des Grenzkollapses besitzen wir nur sehr viel spärlichere Informationen als über die erste (376–380), da uns eine so wertvolle historische Quelle wie Ammian fehlt. Wäre das Geschichtswerk des Olympiodor von Theben, eines Diplomaten im Dienst Konstantinopels, vollständig erhalten geblieben, wüssten wir wahrscheinlich mehr, doch leider verfügen wir nur über seine (relativ lückenlose) Schilderung der Zeit zwischen 408 und der Plünderung Roms im August 410.[33] Sie gibt uns Auskunft über einige Folgen des Grenzkollapses, aber nicht über dessen Ursachen. Daher ist es kein Zufall, dass sich die historische Debatte vor allem auf den Beginn der Ereignisse an der Grenze konzentrierte. In jüngerer Zeit jedoch erzielte man einen gewissen Konsens und akzentuierte gleichzeitig die unterschiedlichen Auffassungen stärker.

Traditionell wurden alle diese Invasionen als Teil der »Völkerwanderung« betrachtet. Vandalen, Alanen und Sueben waren jeweils ganze »Völker«, große Gruppen von Männern, Frauen und Kindern. Wie groß genau, blieb immer etwas rätselhaft, aber es handelte sich mit Sicherheit um mehrere 10 000 Personen. Die Asdingen-Vandalen verloren in einer schweren Auseinandersetzung mit den Franken angeblich 20 000 Kämpfer, noch bevor sie über den Rhein setzten. Und geht man davon aus, dass der Anteil der Krieger an der Gesamtbevölkerung 1 zu 5 betrug, kommt man auf eine Gesamtstärke allein der Asdingen-Vandalen von weit über 100 000 Personen. Zwei Quellen nennen für die Koalition aus Vandalen und Alanen bzw. für die Burgunder die Zahl von 70 000 bzw. 80 000 Kriegern, während Radagaisus' Gefolge auf mehrere 100 000 Krieger beziffert wird.[34]

Heute hält niemand mehr diese Angaben für korrekt. Die Streitmacht der Burgunder war stets zweitrangig. Mit einer 80 000 Mann starken Armee wären sie jedoch äußerst mächtig gewesen. Eine andere Quelle nennt diese Zahl nicht für die Krieger, sondern für die Gesamtbevölkerung.[35] Allerdings herrscht allgemeiner Konsens, dass die militärische Schlagkraft dieser einfallenden Gruppen bedeutend gewesen sein muss und mehrere dieser Gruppen über Kontingente von jeweils 10 000 und mehr Kriegern verfügten, ähnlich wie die beiden Hauptgruppen der Goten im Jahr 376. Anders ließe sich das Ausmaß der Zerstörung gar nicht erklären.

Was die Abwehr all dieser Eindringlinge für die römische Seite bedeutete, zeigt sich in einer Truppenliste (der *Distributio numerorum*) von 420. Wie

A.H.M. Jones nachwies, zeigt dieses Dokument, dass zwischen 395 und 410 etwa 80 Regimenter (fast 50 Prozent) der weströmischen Feldarmee vernichtet wurden. Teils wurden die Truppen in den Bürgerkriegen aufgerieben, zum größeren Teil jedoch erlitten sie bei den schweren Gefechten gegen die verschiedenen Invasoren nach 405/406 große Verluste. Stilicho, der befehlshabende General und eigentliche Herrscher des Weströmischen Reiches, musste eine Streitmacht von 30 Regimentern *(numeri)*, mehr als 15 000 Mann, aufbieten, um Radagaisus abzuwehren. In einem der wenigen Fragmente aus dem älteren Teil von Olympiodors Geschichtswerk heißt es, dass Stilicho nach dem Sieg über Radagaisus 12 000 der besseren Krieger aus dem Gefolge des Gotenführers in die römische Armee aufnahm. Daraus ergibt sich, dass an dem Einfall weit über 10 000 Krieger beteiligt waren.[36]

Die einzige, wenngleich zweifelhafte Angabe zu der Koalition, die über den Rhein setzte, liefert Victor von Vita. Ihm zufolge seien die Vandalen und Alanen auf ihrem Zug nach Nordafrika insgesamt 70 Gruppen zu jeweils 1000 Personen (nicht Kriegern) stark gewesen, was einer Gesamtbevölkerung von 70 000 entspricht. Allerdings bemerkt Victor auch, dies sei eine List Geiserichs gewesen, des Königs der Asdingen-Vandalen, um eine größere Gruppenstärke vorzutäuschen. Victor war ein nordafrikanischer Bischof, der wenige Jahrzehnte nach der Eroberung Karthagos durch Geiserich im Jahr 439 schrieb. Er wandte sich jedoch in erster Linie an ein nordafrikanisches Publikum, das mit den Vandalen und Alanen leben musste. Deshalb ist anzunehmen, dass er zum einen genau wusste, wovon er sprach, und zum anderen im Rahmen dessen bleiben musste, was für seine Zeitgenossen plausibel war. Auch eine vandalisch-alanische Gesamtbevölkerung von rund 50 000 Personen – Übertreibung berücksichtigt – würde mehr als 10 000 Krieger bedeuten, und dem Zug nach Nordafrika waren bereits schwere Verluste in Spanien vorausgegangen. Als die Gruppe im Jahr 406 über den Rhein setzte, war sie vermutlich wesentlich größer, nicht zuletzt wegen der beteiligten Sueben.[37] Man kann viele Einwände erheben, aber die Schilderungen der Aktivitäten der Gruppen und die Angaben zur Truppenstärke der Römer und zu den Gruppengrößen, über die wir verfügen, passen recht gut zusammen. Mindestens zwei Gruppen, die am Zusammenbruch der mitteleuropäischen Grenze beteiligt waren, könnten bis zu 20 000 Krieger stark gewesen sein; darüber herrscht heute weitgehend Konsens.[38]

Trotz ihrer Größe waren die Gruppen auf Wanderschaft nicht so einfach strukturiert, wie es deren Charakterisierung als »Völker« nahelegt. Die vandalischen Alanen und die Sueben waren eine neue Allianz, kein Volk, und dasselbe gilt für die Sueben, während die Vandalen ursprünglich zwei verschiedene Untergruppen bildeten: Silingen und Asdingen. Silingen, Asdingen, Alanen und Sueben hatten ihre eigenen Könige. Auch Radagaisus' Gruppe könnte ein neuer Zusammenschluss gewesen sein, auch wenn Radagaisus wohl deren einziger König war. Die Hunnen und Skiren, die unter Uldins Führung ins Römische Reich eindrangen, waren als politische Einheit gleichfalls erst nach 376 entstanden.[39]

Frauen und Kinder werden in so vielen Quellen ausdrücklich erwähnt, dass man von ihrer Beteiligung an den Zügen ausgehen muss. Die Frauen und Kinder von Gefolgsleuten des Radagaisus, die schließlich in der römischen Armee Aufnahme fanden, wurden, so wird berichtet, als Geiseln in verschiedene italienische Städte gebracht. Zu den Vandalen, Alanen und Sueben haben wir keine zeitgenössischen Zeugnisse, die den Beginn ihrer Rheinüberquerung dokumentieren, aber eine Anfang der 410er Jahre in Gallien operierende Gruppe von Alanen hatte Frauen und Kinder dabei. Und als die Vandalen und Alanen im Jahr 429 nach Nordafrika weiterzogen, dann sicherlich als gemischte Gruppe. Frauen und Kinder könnten nach 406 hinzugekommen sein. Doch diese Erklärung ist eher unwahrscheinlich und unnötig kompliziert. Am wahrscheinlichsten ist es daher, dass bereits anno 406 Frauen und Kinder mit unterwegs waren. Dass in den Quellen die Zahl 80 000 einmal für die Streitmacht der Burgunder und ein andermal für ihre Gesamtzahl genannt wird, lässt vermuten, dass für dieses Bündnis dasselbe gilt. Auch wenn es keine Völkerschaften im eigentlichen Sinn gab, spricht vieles dafür, dass wir uns gemischte Gruppen aus mehreren 10 000 Personen vorstellen müssen.[40]

Über zwei weitere Aspekte herrscht heute allgemein Einigkeit. Erstens: Trotz ihrer Vorstöße in die römische Welt – Radagaisus nach Italien, die Vandalen, Alanen, Sueben und Burgunder an den Rhein und darüber hinweg und Uldin in den Nordbalkan – ist es richtig, diese Migranten als eine kompakte Gruppe zu betrachten. Auch wenn sie in verschiedene Richtungen zogen, lebten sie vor ihren Angriffen in oder am Rand der Großen Ungarischen Tiefebene am Mittellauf der Donau westlich der Karpaten.

Zweitens: Kurz nach ihrem Aufbruch zogen die Hunnen zunächst in großer Zahl in die Region am Mittellauf der Donau. Nach traditioneller Interpretation fegte dieser »Hunnensturm« bereits 376 über die westlichen Karpaten hinweg. Doch das ist eine Fehlinterpretation des römischen Dichters Claudian, der von Hunnenangriffen im Jahr 395 nur im Kaukasus und nicht jenseits der Donau berichtet, und beruht auf einer Überschatzung der Rolle des Hunnenführers Uldin für die Ereignisse 405–408. Uldin war eine relativ unbedeutende Gestalt, kein Eroberer vom Format eines Attila. All dies spricht dafür, dass ein Großteil der Hunnen bis etwa 400 n. Chr. nördlich und östlich des Schwarzen Meeres blieb und dass sie sich spätestens 411/412, vielleicht schon 410, westlich der Karpaten niederließen.[41] Damit ist das Problem, das sich aus historischer Sicht nach dem Zusammenbruch von Roms Grenzen in Mitteleuropa im ersten Jahrzehnt des 5. Jahrhunderts stellt, recht gut umrissen. Unter Historikern unumstritten ist die Größe der einfallenden militärischen Streitmacht, und die meisten Experten sind der Ansicht, dass auch Frauen und Kinder dabei waren, dass das Epizentrum der Krise in der Großen Ungarischen Tiefebene lag und dass die Hunnen kurz danach in dieser Tiefebene auftauchten. Trotzdem werden die den Invasionen zugrunde liegenden Ursachen in der Forschung immer noch sehr kontrovers diskutiert.

Bereits 1995 habe ich die These aufgestellt, dass der Zusammenbruch von Roms Grenzen in Mitteleuropa als eine Wiederholung der Ereignisse von 376 betrachtet werden muss, wenn auch diesmal der Schauplatz westlich statt östlich der Karpaten lag. Die Ähnlichkeiten in der Zusammensetzung der wandernden Gruppen und der genaue Zeitablauf des Vorrückens der Hunnen nach Europa legen den Schluss nahe, dass die Krise von 405–408 von einer Vielzahl anderer barbarischer Nachbarn Roms verursacht wurde, die sich aufmachten, um ihr Glück im römischen Imperium zu suchen, statt sich mit den Hunnen auseinanderzusetzen – genau wie bei den gotischen Terwingen und Greutungen im Jahr 376. Mit anderen Worten: Die Ursache der Krise lag nicht im Römischen Reich, sondern außerhalb, in den Entwicklungen im Barbaricum.[42]

Zwei neuere Untersuchungen sehen die Hauptursachen der Reichskrise dagegen in der Kombination einer sich verändernden römischen Politik gegenüber Außenstehenden und den politischen Verwerfungen nach der Teilung des Reiches in eine Ost- und eine Westhälfte. In seinem Buch *Barbarian Tides* trägt Walter Goffart die These vor, Konstantinopel habe Radagaisus zu seiner Invasion Italiens womöglich ermuntert, um Stilicho von seinem Plan abzulenken, die Kontrolle über jene Teile des Balkans (das östliche Illyricum) zurückzugewinnen, die traditionell zum Weströmischen Reich gehört hatten, jetzt aber von Ostrom beherrscht wurden. Eine veränderte Wahrnehmung der römischen Politik und der Macht des römischen Staates durch die Barbaren, nicht aber die Hunnen hätten die Krise ausgelöst, so seine These. Die Goten, die 376 die Donau überschritten, lebten als teilautonome politische Gemeinschaften weiter auf römischem Boden, was die Begehrlichkeiten im Barbaricum beträchtlich erhöhte. Damit stieg auch die Erwartung anderer Gruppen in Grenznähe, Zugang zu wirtschaftlich höher entwickelten Territorien des Römischen

170 | Migration und Grenzkollaps

Reiches zu finden, ohne ihre Gruppenidentität und ihren Zusammenhalt opfern zu müssen. Dazu, so Goffart weiter, seien sie durch die zunehmende Schwäche des Weströmischen Reiches ermutigt worden. Die tatsächliche und die wahrgenommene Schwäche speiste sich aus der Tatsache, dass es nach dem Tod Kaiser Theodosius' I. im Jahr 395 zu einer Trennung der beiden Reichshälften kam, die im Namen der beiden minderjährigen Söhne des Theodosius, Arcadius im Osten und Honorius im Westen, jeweils von einem Vormund regiert wurden. Das weckte bei fremden Gruppen die Hoffung, die Uneinigkeit des Reiches ausnutzen zu können, um ihre Chancen auf Wohlstand und Überleben auf römischem Boden zu verbessern.[43]

Ähnlich argumentiert Guy Halsall, demzufolge die beiden weströmischen Kaiser des späten 4. Jahrhunderts, die Usurpatoren Magnus Maximus (383–387) und Eugenius (392–394), römische Truppen von der nordwestlichen Rheingrenze abzogen, um sie bei ihren letztlich gescheiterten Bürgerkriegen gegen den oströmischen Kaiser Theodosius einzusetzen. Das Weströmische Reich erlitt in diesem Konflikt schwere Verluste, besonders in der Schlacht am Frigidus im Jahr 394. Und nach 395, als der Generalissimus Stilicho Westrom praktisch unter seine Kontrolle gebracht hatte, unternahm er wenig, um die Regionen nördlich der Alpen zu befrieden. Sein Hauptinteresse galt der Auseinandersetzung mit seinen Gegenspielern in Konstantinopel, um die Herrschaft über das gesamte Reich zu gewinnen. Anfang des 5. Jahrhunderts hing deshalb die Verteidigung am Rhein größtenteils vom Wohlwollen lokaler barbarischer Klientelkönige ab. Das war nur ein Aspekt eines allgemeinen Machtverfalls des römischen Staates, und er manifestierte sich nach Eugenius' Niederlage 394 auch in der Schließung der Münze in Trier und in der Verlegung der Gallischen Präfektur von Trier nach Arles. Für Halsall hatte dieser Abzug eine weitere Auswirkung auf die Krise von 405–408. Der Geldverkehr geriet seit Eugenius an einigen Orten im römischen Nordwesten ins Stocken, und Halsall vermutet, dass dies mit einem Rückgang oder sogar mit der Unterbrechung der Subsidien verbunden war, die jahrhundertelang an die halbunterworfenen Klienten des Römischen Reiches geflossen waren. Da ihre eigenen politischen Machtstrukturen bedroht waren, zogen diese Anführer ab 405 auf römisches Territorium, um sich die Reichtümer anzueignen, die sie für ihren Machterhalt brauchten. Goffart und Halsall zufolge veranlassten Entwicklungen im Innern des Römischen Reiches die Barbaren am Mittellauf der Donau, auf römisches Territorium vorzudringen, so dass die Hunnen das auf diese Weise entstandene Machtvakuum füllen konnten.[44]

Einige der hier genannten Faktoren hatten gewiss großen Einfluss auf den

Verlauf der Krise. Es gibt deutliche Hinweise darauf, dass die vorteilhaften Bedingungen, zu denen 382 die Terwingen und Greutungen aufgenommen wurden, die Wahrnehmung dessen veränderten, was für Verträge man mit dem römischen Staat schließen konnte. In den späten 390er Jahren scheint der Aufstand verbündeter gotischer Truppen unter Führung von Tribigild in Kleinasien durch den Groll anderer Barbaren in römischen Diensten ausgelöst worden zu sein, denen man keine so guten Bedingungen zugestanden hatte. So schrieb Synesios von Kyrene bereits 399, der Vertrag von 382 (insbesondere nach seiner Modifizierung im Zuge weiterer Verhandlungen zwischen Alarich und Eutropius im Jahr 397) habe mindestens eine externe Gruppe veranlasst, Aufnahme ins Reich zu ähnlichen Konditionen zu erbitten.[45] Zwistigkeiten zwischen der ost- und der weströmischen Reichshälfte verhinderten eine aufeinander abgestimmte Antwort. Ab Herbst 405 lag Stilicho, faktischer Herrscher im Westen, mit Konstantinopel im Streit um die Kontrolle Illyriens; er drohte sogar mit Krieg. Unter diesen Umständen bestand keine Aussicht auf Hilfe aus dem Osten, als die Grenzen Roms in Mitteleuropa kollabierten, jedenfalls nicht, bevor Stilicho im Sommer 408 entmachtet wurde. Danach kam in begrenztem Umfang militärische und finanzielle Hilfe, aber da hatten sich die Barbaren bereits auf weströmischem Territorium niedergelassen.[46]

De facto gibt es keinen Beleg dafür, dass Radagaisus durch Konstantinopel zum Angriff auf Italien ermutigt wurde, und der Streit zwischen Ost- und Westrom erklärt nur den weiteren Verlauf der Krise, besonders die ausbleibende Unterstützung aus Ostrom bis 409, nicht jedoch, warum die Barbaren überhaupt die Grenze überschritten. Am 31. Dezember 406 überrannten die Vandalen, Alanen und Sueben Roms Oberrheingrenze – trotz Radagaisus' verheerender Niederlage im Sommer zuvor. Es hatte eine Weile gedauert, bis Stilicho eine ausreichend große römische Armee aufstellen konnte, um Radagaisus entgegenzutreten. Die Römer errangen einen strahlenden Sieg. Radagaisus wurde gefangen genommen und hingerichtet, viele (angeblich 12000) seiner vornehmeren Krieger fanden Aufnahme in der römischen Armee, und es wurden so viele Krieger, die weniger Glück hatten, in die Sklaverei verkauft, dass der Marktpreis für Sklaven verfiel.[47] Im ersten Jahrzehnt des 5. Jahrhunderts lag also kein Angebot Westroms auf dem Tisch, wie es 382 den Goten unterbreitet worden war. Dass Vandalen, Alanen und Sueben dennoch beschlossen, über den Rhein zu setzen, deutet darauf hin, dass bei ihrem Kalkül auch andere Überlegungen eine Rolle spielten.

Ich bin jedenfalls überzeugt, dass Halsalls These eines Rückzugs der Römer aus dem Nordwesten nicht die richtige Antwort ist. Erstens gibt es keinen sicheren Beleg für einen solchen Rückzug; es handelt sich um ein *argumentum ex silentio*. Viele Kommentatoren datieren die Verlegung der Gallischen Präfektur nach Arles in die Zeit nach 405 und sehen in ihr nicht die Ursache, sondern die Folge der Rheininvasion.[48] Außerdem waren im Nordwesten so viele römische Truppen stationiert, dass der weströmische Usurpator Konstantin III. Anfang 406 im Verlauf eines Putsches von Britannien bis zu den Alpen zog und 409 kurz davor stand, die Herrschaft über ganz Westrom anzutreten. Es fielen auch nicht die Barbaren ein, denen angeblich die römischen Subsidien gestrichen wurden (und selbst dass sie gestrichen wurden, ist ein *argumentum ex silentio*). Die Geldzahlungen der Römer gingen, wie wir wissen, vor allem an die großen Barbarenverbände direkt an der Grenze: an Franken, Alamannen, Markomannen, Quaden und Sarmaten. Mit den Einfällen der Jahre 405–408 hatten diese barbarischen Grenzbewohner größtenteils nichts zu tun. Die Sueben der Rheinkoalition gehörten wahrscheinlich in diese Kategorie – falls es sich bei ihnen tatsächlich um Markomannen und Quaden handelte –, aber alle anderen stammten entweder aus dem Osten, weit außerhalb des diplomatischen Beziehungsgeflechts des Weströmischen Reiches (Radagaisus' Goten und die Alanen der Rheinkoalition), oder aus Regionen hinter den wichtigsten Klienten an der Grenze (den Burgundern und den beiden Vandalenverbänden). Vom Ausbleiben der Subsidienzahlungen waren also vor allem die Franken und die Alamannen betroffen, die sich jedoch weitgehend ruhig verhielten.[49]

Wenn man annimmt, dass für den Grenzkollaps 405–408 ein Rückzug Roms aus dem Nordwesten verantwortlich war, ergibt sich ein weiteres Problem. Die erste dieser Invasionen, Radagaisus' Angriff 405/406, richtete sich gar nicht gegen den Nordwesten. Er führte vielmehr durch die Alpen nach Oberitalien, wo man nicht von einem Verfall der römischen Zentralmacht sprechen kann. Tatsächlich hätte ein Truppenrückzug aus dem Nordwesten die militärische Macht des Römischen Reiches in Italien nur noch gestärkt. Wenn also der Machtverlust Roms im Nordwesten die Hauptursache der Invasionen von 405–408 gewesen sei, warum hatte dann die erste dieser Invasionen eine andere Zielrichtung?

Aufschlussreicher ist meiner Ansicht nach ein genauerer Blick auf die Identität der Barbaren, die an dieser Krise beteiligt waren. Die verfügbaren Quellen erlauben zwar keine detaillierte Rekonstruktion, wohl aber eine grobe Skizze der Lage an der mittleren Donau im 4. Jahrhundert: Markomannen und Quaden nördlich und westlich des Donaubogens, Sarmaten unterschiedlicher Gruppen (Limiganten und Argaraganten) beiderseits der Theiß, weiter nördlich Vandalen und andere germanische Gruppen, die aber mit den Grenzüberschreitungen des 4. Jahrhunderts nicht unmittelbar etwas zu tun hatten.⁵⁰ Der Vergleich mit den Eindringlingen, die nach 405 aus der Region kamen, zeigt, dass an der mittleren Donau schon länger gewaltige politische und demographische Umwälzungen im Gang waren.

Die Vandalen gerieten erst wenige Jahre vor 405–408 in Stilichos Blickfeld: im Winter 401/402, als sie den Frieden in Rätien (mehr oder weniger die heutige romanische Schweiz) bedrohten. Diese Gegend war Mitte des 4. Jahrhunderts nicht ihre Heimat gewesen, vielmehr befanden sie sich zu diesem Zeitpunkt 600 Kilometer weiter nordöstlich im Gebiet der nördlichen Theiß und der Slowakei, also ganz am Rand der mittleren Donauebene und des alten römischen Dakien.⁵¹ Ihr Zug an die Grenzen Rätiens ist zwar nicht mit ihren späteren Wanderungen nach Spanien und Nordafrika zu vergleichen, umfasste aber dennoch eine beachtliche Strecke.

Dass Radagaisus' Koalition, zu der mit Sicherheit auch Goten gehörten, aus dem Gebiet westlich der Karpaten in Italien einfiel, untermauert diesen Punkt. Eine oder mehrere der zahlreichen gotischen Gruppen, die aus dem 4. Jahrhundert bekannt sind, wurden vermutlich für Radagaisus rekrutiert. Doch zu der Zeit lebten keine Goten westlich der Karpaten. Ähnlich die Alanen: Aus historischen Quellen geht klar hervor, dass sie beim Rheinübertritt die größte Einzelgruppe der gemischten Invasionsstreitmacht waren. Mit anderen Worten: Um 405 hatten viele Alanen Gebiete westlich der Karpaten besetzt, aber im 4. Jahrhundert befanden auch sie sich nicht in dieser Region. Bis etwa 370 lagen die westlichsten von ihnen erreichten Territorien rund 1500 Kilometer weiter östlich auf der anderen Seite des Don.⁵² Verschiedene Untergruppen der Alanen (die sich politisch wohl aus vielen autonomen Gemeinschaften zusammensetzten) wanderten seit Mitte der 370er Jahre hinter den sich zurückziehenden Terwingen und Greutungen nach Westen. Eine mit den Hunnen verbündete Gruppe von Alanen schloss sich im Herbst 377 den Goten im römischen Balkan an und kämpfte sogar in Adrianopel. Weiteren Alanen begegnete der weströmische Kaiser Gratian im Sommer 378 im nordwestlichen Balkan und gliederte sie im Jahr 380 in seine Armee ein.⁵³ Dann beruhigte sich die Lage, jedenfalls unseren Quellen zufolge, doch nach Westen strebende Alanen spielten bei der ersten Grenzkrise in den Jahren nach 376 eine Schlüsselrolle – und sind eine Erklärung dafür, warum sich im Jahr 406 so viele Alanen westlich der Karpaten befanden. Eine Bestätigung dafür ist, dass Uldins gemischte Streitmacht, die irgendwo vom Rand der mittleren Donau aus nach Dakien einfiel, aus Hunnen und Skiren bestand.⁵⁴ Keine dieser Gruppen trat im 4. Jahrhundert in Erscheinung, auch nicht am östlichen Rand der mittleren Donau.

Als alteingesessene Bewohner der mittleren Donauregion bildeten Burgunder und Sueben (falls letztere tatsächlich Markomannen und Quaden waren) eine deutliche Minderheit.

Eine solche gewaltige Bevölkerungsverschiebung im Hinterland der Grenzen war absolut ungewöhnlich. Gruppenbewegungen in der Grenzregion wurden von den Römern in der Regel strengstens kontrolliert. Als sarmatische Limiganten 359 an den Mittellauf der Donau zurückkehrten, von wo sie im Jahr zuvor vertrieben worden waren, reagierte Constantius II. entschlossen, damit die Unruhen nicht auf römisches Territorium übergriffen.[55] Im Vergleich zum Auftauchen so vieler Neuankömmlinge im Gebiet der mittleren Donau unmittelbar vor der Krise 405–408 erscheinen die Unruhen unter Constantius 50 Jahre zuvor geradezu harmlos. Zwei große Gruppen von Vandalen, eine sehr große Zahl von Alanen, zumindest die Goten von Radagaisus' Koalition sowie Uldins Hunnen und Skiren traten an der mittleren Donau jetzt alle zum ersten Mal auf den Plan. Die Grenzübertritte 405–408 waren also das Ergebnis einer größeren Krise jenseits dieser Grenze. Eine tiefgreifende Umwälzung muss alle diese Gruppen veranlasst haben, in Gebiete westlich der Karpaten zu ziehen, noch bevor sie römisches Territorium betraten, was sehr viel besser dokumentiert ist.

Was also war geschehen? Interne Entwicklungen im Römischen Reich können diese Konzentration bewaffneter Gruppen samt ihren Familien in der mittleren Donauregion vor 405–408 nicht hinreichend erklären. Die nach wie vor wahrscheinlichste Erklärung ist meiner Ansicht nach, dass die zweite Welle des Hunnenvorstoßes nach Europa diese Konzentration von Clans westlich der Karpaten auslöste. Nicht nur die zeitliche Übereinstimmung zwischen dem Vorrücken dieser Verbände ins Herz Europas und dem Aufbruch unserer Invasoren von der mittleren Donauebene deutet darauf hin, sondern auch das Migrationsmuster der Hunnen selbst. Denn auch die Hunnen hatten gewichtige Gründe für ihr Vorrücken nach Mitteleuropa, was es höchst unwahrscheinlich macht, dass sie lediglich ein Machtvakuum ausnutzten, das von Vandalen und anderen Gruppen hinterlassen worden war. Und die den Hunnen benachbarten Bevölkerungen hatten gute Gründe, vor ihnen zu fliehen. Es ist daher plausibel, dass eine zweite Verlagerung des Schwerpunkts der hunnischen Operationen vom Schwarzen Meer an die mittlere Donau, die im frühen 5. Jahrhundert unstreitig stattfand, den Effekt hatte, den wir im Vorfeld der Ereignisse von 405–408 beobachten: die Flucht der dort ansässigen Bevölkerung.

Wenn also diese Krise eine Wiederholung jener von 376 war, nur diesmal westlich statt östlich der Karpaten, so kann es nicht überraschen, dass unsere

Quellen den Verlauf der Migrationsprozesse von 405–408 auch in ähnlicher Weise schildern. Viele Migranten dieser zweiten Welle hatten, wie zuvor schon die Goten im 4. Jahrhundert, eine lange Geschichte der Wanderung hinter sich. Die einzige Ausnahme bilden, so scheint es, die Sueben (erneut davon ausgehend, dass dieser Name verschiedene Untergruppen der Markomannen und Quaden bezeichnet), die vor ihrer Teilnahme am Rheinübertritt keine Wanderungen unternommen hatten.

Die Alanen wiederum waren ursprünglich Nomaden – aber dazu müssen wir etwas weiter ausholen. Im Gegensatz zum traditionellen Bild von ziellosen Zügen über weite Entfernungen bewegen sich Nomaden in der Regel in einem relativ beschränkten Umkreis und im zyklischen Wechsel zwischen festen Sommer- und Winterweiden. Das ist etwas ganz anderes als die geographische Verlagerung im späten 4. und frühen 5. Jahrhundert, als sich Familien und Herden Hunderte Kilometer weit von ihren angestammten Wohnsitzen entfernten. Wie bei den Goten im späten 2. und 3. Jahrhundert wird eine ausgeprägte Bereitschaft zur Migration diese Ortsverlagerung mitbedingt haben, da die Art und Weise ihrer Agrarwirtschaft sie nur locker an ein bestimmtes Territorium band. Zu der Zeit jedenfalls, da die verschiedenen, am Rheinübertritt beteiligten Untergruppen der Alanen die mittlere Donau erreicht hatten – Ausgangspunkt für die Ereignisse von 406 –, hatten sie vom Gebiet östlich des Don bereits einen langen Weg hinter sich gebracht.[56]

Dasselbe gilt für Radagaisus' Goten. Sie müssen ähnliche Erfahrungen gemacht haben wie die Terwingen, denn auch sie waren ja eine germanisch dominierte Militärmacht, die durch die Migrationen ans Schwarze Meer im 3. Jahrhundert entstanden war. Da im 4. Jahrhundert westlich der Karpaten keine Goten lebten, müssen Radagaisus und seine gotischen Gefolgsleute vor ihrer verhängnisvollen Wanderung nach Italien mindestens einmal vom Pontus an die mittlere Donau gezogen sein. Die Vandalen waren im 3. Jahrhundert nicht so weit gekommen wie die Goten, aber auch sie hatten seit der Zeit der Markomannenkriege ihr Herrschaftsgebiet vom nördlichen und zentralen Polen auf Teile des ehemals römischen transsylvanischen Dakien im Süden erweitert. Auch sie müssen also von dieser Region am Rand der Alpen Richtung Westen gezogen sein, wo sie 402 auftauchten. An der zweiten Welle der »Völkerwanderung« waren also im Wesentlichen Bevölkerungsgruppen mit einer ausgeprägten Migrationsgewohnheit beteiligt, die auf größere Bedrohungen und die Aussicht auf Wohlstand mit einer erneuten Wanderung reagierten.

Diese späteren Migranten hatten wahrscheinlich ähnliche Motive für ihren Aufbruch wie die Goten im Jahr 376. Da der genaue Zeitpunkt des massenhaften Erscheinens von Hunnen in der mittleren Donauregion unsicher ist, lässt sich schwer sagen, wie stark diese Bedrohung war. Wir wissen nicht, ob sie ihre alten Wohnsitze schneller verlassen mussten als die Terwingen, doch auch sie suchten nach neuen und sichereren Siedlungsgebieten. Der Zustrom einer großen Zahl von Goten, Alanen und Vandalen in die mittlere Donauebene wäre – auch ohne den Druck durch die Hunnen – allein schon Grund genug für politische Unruhen in der Region gewesen. Wenn die Rückkehr einer relativ kleinen Untergruppe von Sarmaten in die Grenzregion zur Destabilisierung der Situation im Jahr 359 ausgereicht hatte, muss ein solcher Massenzustrom ein politisches Chaos angerichtet haben.

Wenn der wachsende Druck durch die Hunnen die Abwanderung erzwang, so richteten sich die Bestrebungen der Migranten auf das Römische Reich mit seinem Versprechen von Wohlstand. Hinzu kamen zwei weitere Überlegungen: Erstens wäre es nicht leicht gewesen, außerhalb des Römischen Reiches einen neuen Wohnsitz zu finden. Die kleineren Gruppen von Terwingen beispielsweise, die sich 376 von der Donau zurückzogen, statt sich weiter um Aufnahme in das Römische Reich zu bemühen, siedelten im transsylvanischen Dakien bzw. an dessen westlichem Rand. Aber um dieses neue Territorium zu sichern, mussten sie dort ansässige Sarmaten vertreiben, die wiederum in römisches Staatsgebiet einsickerten.[57] Auch die Vandalen, die 406 über den Rhein setzten, hatten eine ähnlich verlustreiche Auseinandersetzung mit den Franken. Dabei soll es 20000 Tote gegeben haben – eine unglaubwürdige Zahl, die man jedoch als Reminiszenz an einen schweren Kampf betrachten muss. In Germanien gab es nicht in Hülle und Fülle fruchtbares Land, und wenn man schon um neue Wohnsitze kämpfen musste, versprach römisches Territorium zumindest eine Chance auf wirtschaftliche Weiterentwicklung. Und wie die Terwingen im Jahr 376 besaßen auch die meisten Migranten der zweiten Welle genügend Informationen über das Römische Reich, um sich dieser potentiellen Vorteile bewusst zu sein. Mit anderen Worten: Sie besaßen genügend Informationen über das Römische Reich, um eine Migration dorthin in Erwägung zu ziehen – so wie sich im Jahr 376 die Hoffnung auf wirtschaftlichen Gewinn durch Plünderungen mit der Furcht der Goten vor den Hunnen verband. Zweitens gibt es, wie wir gesehen haben, guten Grund anzunehmen, dass das Überleben der Goten als teilautonome Gemeinschaft auf römischem Boden im Jahr 376 den vertriebenen Gruppen des frühen 5. Jahrhunderts einen weiteren Anreiz bot, die römische Option zu versuchen.

Keine diese Einwanderergruppen jedoch zweifelte daran, dass ihr Streben nach einem Platz an der römischen Sonne auf erbitterten Widerstand stoßen würde. Eventuelle Zweifel dürften durch das Schicksal von Radagaisus' Streitmacht rasch zerstreut worden sein. Um das Römische Reich zu Zugeständnissen zu zwingen, musste jede dieser Gruppen über eine beträchtliche Militärmacht verfügen. Und damit mussten – erneut wie 376 – Freie (oder deren alanische Pendants)[58] rekrutiert werden. Aus denselben Gründen wie 376 müssen es auch diesmal Großgruppen mit mehr als 10 000 Kriegern gewesen sein, vielfach begleitet von ihren Familien. Dass sich die Einwanderer der Gefahren ihres Unternehmens bewusst waren, zeigt sich auch an den Allianzen, die sie zu diesem Zweck schlossen. Die skirischen Fußsoldaten, die nach Uldins Niederlage in die Sklaverei verkauft wurden und als *coloni* (Bauern) arbeiten mussten, hatten wahrscheinlich keine andere Wahl, und die Quellen geben zu wenig Auskunft über Radagaisus' Gefolge, als dass man fundierte Schlussfolgerungen ziehen könnte.[59] Doch die Allianz aus Vandalen, Alanen und Sueben war ein völlig neuartiger Zusammenschluss von Gruppen, die im 4. Jahrhundert nicht einmal Nachbarn gewesen waren. Zu dem Zeitpunkt war es immer noch eine lockere Allianz, aber selbst diese Art der Zusammenarbeit muss von harten Verhandlungen begleitet gewesen sein. Offenbar waren nicht alle davon überzeugt, dass dies der richtige Schritt war. Einer Theorie zufolge seien so viele Silingen-Vandalen an ihren alten Wohnstätten geblieben, dass sie dem heutigen Schlesien seinen Namen gaben, und laut einer anderen – die überzeugender klingt – siedelten noch lange nach Ankunft der suebischen Einwanderer in Nordwestspanien im Jahr 406 Sueben in großer Zahl an der mittleren Donau.

Das römische Imperium setzte sich gegen diese neuen Zuwanderer so entschlossen zur Wehr, dass einige ihre ursprüngliche Strategie änderten. Uldins Streitmacht konnte auf diplomatischem Weg aufgelöst werden, als die oströmischen Unterhändler wichtige Anhänger Uldins kampflos auf ihre Seite zogen. Auch einige von Radagaisus' Anhängern wechselten die Seite und fanden Aufnahme in der römischen Armee. Die 12 000 »besten« Krieger des Radagaisus, die für Stilichos Heer rekrutiert wurden, spielten womöglich von Anfang an mit dem Gedanken, eigene Abmachungen mit den römischen Behörden zu schließen. Aber vielleicht entschlossen sie sich auch erst dann zum Seitenwechsel, als mit Stilichos anrückendem Heer die überwältigende Militärmacht der Römer offenkundig wurde.[60]

Wie die Donauüberquerung im Jahr 376 entspricht auch die Bevölkerungsverschiebung im Zusammenhang mit dem Kollaps von Roms Grenzen in Mitteleuropa nur zum Teil dem traditionellen Bild einer germanischen »Völkerwanderung«. Während der Krise von 405–408 überschritten große gemischte

Gruppen die römische Grenze – aus Gründen, die außerhalb des Römischen Reiches lagen. Und auch wenn einige dieser Gruppen aufgrund ihres hohen Organisationsgrads keine Ähnlichkeit mit modernen Flüchtlingsströmen besitzen, war ihr Aufbruch vielfach auf ähnliche Weise positiv und negativ motiviert und durch politische Strukturen und Informationsflüsse bestimmt. Das heißt, es handelte sich um komplexe politische Zusammenschlüsse, nicht um »Völker« im herkömmlichen Sinn des Wortes. Einige der an den Unternehmungen beteiligten Gruppen hatten bereits eine lange Wanderungsgeschichte hinter sich. Den Asdingen-Vandalen etwa begegnen wir schon bei den Markomannenkriegen im 2. Jahrhundert. Aber bei allen germanischen Gruppen bewirkte der intensive Kontakt untereinander und mit dem römischen Staat über Jahrhunderte hinweg in spätrömischer Zeit eine tiefgreifende Umgestaltung, so dass innerhalb dieser Gruppen ein breites Spektrum sozialer Klassen und Rechte entstand. Hinzu kamen Allianzen, etwa zwischen zwei Vandalengruppen oder zwischen Alanen und Sueben, um auf römischem Boden leichter zu überleben. Das traditionelle Bild muss also durch den Aspekt neuer politischer Zusammenschlüsse und (im Fall der nomadischen, iranischsprachigen Alanen) manchmal massiver kultureller Unterschiede erweitert werden. Trotz enger Kontakte der Gruppen untereinander waren die Verbände, die die Grenze überschritten, improvisierte politische Allianzen und keine festen Zusammenschlüsse.

Kein Wunder also, dass die römischen Behörden einige dieser Verbände dadurch zu vernichten vermochten, dass sie die militärische Elite gezielt aus dem sozialen Gefüge herauslösten. Doch der fehlende innere Zusammenhalt ist nur ein Punkt. Ein weiteres Charakteristikum dieser Gruppen, die die Konfrontation mit dem römischen Staat überlebten, war ihre Fähigkeit, die Wanderung zu wiederholen.

KAMPF UMS ÜBERLEBEN

Alle größeren Gruppen, die im Zuge des Grenzkollapses ins Römische Reich eindrangen, waren mit einer ähnlichen Situation konfrontiert. Nach ihrem – weitgehend unaufgeforderten[61] – Eindringen in römisches Territorium folgte eine Phase der bewaffneten Auseinandersetzung. Sie mussten das Römische Reich davon überzeugen, dass sie nicht besiegt und nicht zu den üblichen Bedingungen unterworfen und eingegliedert werden konnten. Die Terwingen und Greutungen schlossen nach sechs Jahren kriegerischer Auseinandersetzungen einen Friedensvertrag mit dem römischen Staat, der am 3. Oktober 382 in Kraft trat. Dass das Imperium zu einem solchen Handel bereit war, verdankte sich ausschließlich der militärischen Stärke der Goten, insbesondere ihrer Siege über zwei römische Kaiser: über Valens am 9. August 378 in Adrianopel und über Theodosius im Sommer 380 in Makedonien. Andere, kleinere Migrantengruppen jener Zeit – Taifalen, Sarmaten und vereinzelte gotische Untergruppen –, die diese militärische Prüfung nicht bestanden, wurden sehr viel unfreundlicher behandelt. Auf die Niederlage folgten der Verlust ihrer Identität und ein Dasein als unfreie Arbeitskräfte römischer Landbesitzer.[62]

Die Geschichte der Migranten, die an der Krise von 405–408 beteiligt waren, nahm einen ähnlichen Verlauf. Auch sie mussten zunächst um neue Siedlungsgebiete kämpfen, und einige scheiterten. Zumindest anfangs hatten die Vandalen, Alanen und Sueben mehr Glück. Nach brutalen Verheerungen in Gallien zogen sie 409 oder 410 über die Pyrenäen ins römische Spanien, das ihnen neue Möglichkeiten eröffnete. Sechs Jahre später, 412, hatten sie die meisten Provinzen unter sich aufgeteilt. Die Silingen-Vandalen übernahmen Baetica, die Asdingen einen Großteil von Gallaecia, die Sueben das nordwestliche Gallaecia und die Alanen, zu diesem Zeitpunkt die größte Gruppe, die reicheren Provinzen Lusitania und Carthaginensis (Karte 9). Nichts deutet darauf hin, dass diese Aufteilung mit den römischen Zentralbehörden abgesprochen war, doch es handelte sich wohl um eine in relativ geordneten Bahnen verlaufende Ausbeutung wirtschaftlicher Ressourcen, nicht nur um eine Plünderung.[63] Dass zwischen der Invasion und der Ansiedlung – 376 ebenso wie 406 – eine bestimmte Zeit verstrich, ist plausibel. Bei einer so großen bewaffneten und unerwarteten Einwanderung konnte es am Zielort unmöglich sofort zu einem Modus vivendi mit der einheimischen Bevölkerung kommen.

Erklärungsbedürftig jedoch ist, dass sich eine bestimmte Zeit nach dieser Ansiedlung – 382 bzw. 412 – die Zuwanderer offensichtlich erneut auf den Weg machten. Die Goten siedelten sich 382 im Balkan an, rebellierten 395 gegen Alarichs Führung und waren zwei Jahre lang auf einer Odyssee in Griechenland unterwegs, begleitet von ihren Familien und mit einem großen Wagentreck. Sie gelangten nach Athen, durchzogen die Peloponnes und gingen dann wieder nach Norden, nach Epirus am Adriatischen Meer. Nach einer kurzen Rast wanderten sie 401/402 nach Italien, bevor sie 408 in den Balkan zurückkehrten, von wo sie nach Westen zogen und die Jahre zwischen 408 und 411 erneut in Italien verbrachten, um sich schließlich in Gallien niederzulassen. Ähnlich die Vandalen und die Alanen: Nach einem Intermezzo in Spanien überquerten sie 429 die Meerenge von Gibraltar und zogen in zwei Etappen nach Osten in die reichsten römischen Provinzen Nordafrikas. 437 sicherten sie sich per Vertrag kurzzeitig Gebiete in Mauretanien und Numidien, bevor sie zwei Jahre später Karthago und die umliegenden Provinzen eroberten und dauerhaftere Siedlungen gründeten.

Aufs Ganze gesehen ergibt sich also das Muster einer Einwanderung, die immer wieder ins Stocken geriet. In der Vergangenheit wurden diese Unterbrechungen nicht als ein Hindernis dafür angesehen, die zweite Migration als Fortsetzung der Geschichte derselben Gruppen zu betrachten, die zuvor die Grenzen zum Römischen Reich überschritten hatten. In jüngerer Zeit jedoch wurde die zweite Migration als Unternehmungen plündernder Kriegerarmeen verstanden, an denen die ursprünglichen Migranten nur peripher beteiligt waren. Diese These vertraten besonders jene, die überzeugt waren, dass alte Verbände wie die der Invasoren von 376 und 405–408 nie eine derart ausgeprägte Gruppenidentität entwickelt hätten, um über einen so langen Zeitraum hinweg und trotz wiederholter Unruhen nicht den Zusammenhalt zu verlieren.[64]

Worum handelte es sich also: um Armeen oder um Völkerschaften? Und in welcher Weise können Migrationsstudien helfen, die immer wieder neu aktivierbare Mobilität von Vandalen, Goten und anderen zu erklären?

Die Kontroverse um diesen so wesentlichen Punkt ist erneut der schlechten Quellenlage geschuldet; für die Geschichte der Goten nach 382 verfügen wir allerdings über bessere Zeugnisse. Die entscheidende Frage lautet jedoch zunächst, ob die aufständischen Goten unter Alarichs Führung im Jahr 395 tatsächlich weitgehend mit denen identisch waren, die sich 382 nach dem Friedensvertrag mit dem römischen Staat auf dem Balkan ansiedelten. Früher wurde das nicht angezweifelt, aber die Annahme einer grundsätzlich wandelbaren Identität der Barbaren hat in den letzten Jahren die Forderung nach Belegen dafür laut werden lassen, dass die 382 auf dem Balkan angesiedelten Goten mit den Aufständischen unter Alarichs Führung identisch waren. Existiert ein solcher Beweis?

Die Antwort lautet: nein. Kein römischer Kommentator listet detailliert auf, welches militärische Personal Alarich im Jahr 395 rekrutierte, oder beschreibt genau, in welcher Weise er Unterstützung mobilisierte. Mitte des 1. Jahrtausends kann dies nicht weiter überraschen. Die These lautet nicht, dass alle, die sich nach dem Friedensvertrag auf dem Balkan ansiedelten, am Aufstand teilnahmen, sondern dass es zwischen den 382 angesiedelten Goten und Alarichs Gefolgschaft große personelle Überschneidungen gab.

Das bessere Quellenmaterial deutet entschieden darauf hin, dass dies tatsächlich der Fall war. Die beiden frühesten, zeitgenössischen und unabhängigen römischen Kommentatoren zum Aufstand – Claudian im Westen und Synesios in Konstantinopel – beschreiben Alarichs Gefolgsleute in gleicher Weise wie die im Jahr 382 rebellierenden Goten. Überzeugende Gründe, die Glaubwürdigkeit dieser beiden Autoren anzuzweifeln, die in getrennten Reichshälften tätig waren und ein jeweils unterschiedliches Publikum und unterschiedliche Ziele im Blick hatten, wurden bisher nicht vorgetragen.[65] Diese grundsätzliche Beobachtung kann noch weiter untermauert werden: Gegen Synesios und Claudian wurde in den letzten Jahren manchmal eine Passage bei dem griechischen Geschichtsschreiber Zosimos angeführt, der berichtet, Alarich habe zuerst während Eugenius' Feldzug revoltiert, weil Theodosius ihm lediglich den Oberbefehl über einige barbarische Hilfstruppen und nicht über ein römisches Heereskontingent übertragen hatte. Daraus leitete man ab, dass seine Ambitionen und damit auch sein Aufstand im Jahr 395 nicht von der Mehrheit der Goten von 382 mitgetragen wurden. Hier stellen sich drei Hauptprobleme.

Erstens: Die ursprüngliche, zeitgenössische Beschreibung Alarichs durch den Historiker Eunapios wurde durch Zosimos im 6. Jahrhundert in wesentlichen Punkten verfälscht. Die Zeitzeugen Claudian und Synesios aufgrund von (buchstäblich) drei Zeilen des sehr viel späteren Zosimos abzulehnen, dessen Bericht ohnehin problematisch ist – und zwar ohne einen weiteren Beleg dafür, warum die beiden die Ereignisse auf genau dieselbe Art und Weise verzerrt haben sollten –, ist methodisch unlauter.[66]

Zweitens: Alarich zu unterstellen, dass es ihm nur um eine Karriere im römischen Heer ging, ist deshalb problematisch, weil vier Jahre nach Beginn seines Aufstands ein oströmischer General barbarischer Herkunft namens Gainas die Revolte gotischer Hilfstruppen nutzte, um in Konstantinopel die Macht an sich zu reißen. Zosimos zeichnet von Alarich ein ganz ähnliches Bild. Es wird von denen anerkannt, die diese Ansicht vertreten. Synesios hat jedoch kein Problem damit, Gainas präzise zu beschreiben (Claudian erwähnt ihn nicht einmal).[67] Warum sollten sie ein falsches Bild von Alarich vermitteln, wo sie, feindselig gegenüber Gainas, seine Aktivitäten offen und ehrlich beschreiben konnten?

Drittens: Wir können sicher sein, dass Alarichs Gefolge von Anfang an eine starke militärische Streitmacht mit mindestens 10 000 Kriegern darstellte, da sie sich bereits im Jahr 395 einer ganzen römischen Feldarmee entgegengestellt hatte. Wenn wir Claudians und Synesios' Darstellung ablehnen, Alarich habe die unter Vertrag stehenden aufständischen Goten befehligt, müssen wir für die Rekrutierung seiner Kämpfer eine andere Erklärung finden. Und das ist nicht einfach, weil der weströmische Generalissimus Stilicho zu diesem Zeitpunkt ost- und weströmische Feldarmeen unter seinem Kommando hatte.[68]

Es erscheint plausibel, dass sich die Goten von 382 eine genügend starke politische Identität bewahrten, um einen solchen Aufstand zu führen: Das ist der zweite Punkt, der unsere Argumentation stützt. Es geht hier um einen Zeitraum von nicht mehr als 13 Jahren. Inzwischen war zwar eine neue Generation herangewachsen, aber es lebten auch noch viele, die 382 beteiligt gewesen waren. Und auch wenn der Friedensvertrag von 382 im Detail vergessen war: Entscheidend für zeitgenössische Befürworter und Kritiker blieb, dass er den Goten weiterhin eine beispiellose Autonomie garantierte. Obwohl der Rebellion schuldig und verantwortlich für den Tod eines Kaisers, waren sie nicht zerschlagen und über das Territorium des Römischen Reiches verteilt worden. Das ist auch der Grund, warum Themistios, Sprecher und Propagandist von Kaiser Theodosius, sich so schwer tat, dem Senat von Konstantinopel diesen Vertrag schmackhaft zu machen. Warum sollten dieselben Goten nicht 13 Jahre später erneut zu einer konzertierten Aktion fähig gewesen sein?[69]

Der ursprüngliche Vertrag hatte zwei große Probleme in den gotisch-römischen Beziehungen nicht gelöst, die sich mit Alarichs Aufstand von 395 zuspitzten. Erstens hatten die Römer im Friedensvertrag von 382 keinen gesamtgotischen Führer anerkannt, ganz im Einklang mit ihrer Politik, den Zusammenhalt von potentiell bedrohlichen Gruppen zu beschränken; dies war, wie wir wissen, die Standardstrategie gegenüber den alamannischen Oberkönigen im 4. Jahrhundert gewesen. Erleichtert wurde diese Politik auch durch Entwicklungen innerhalb der Konföderationen der Terwingen und Greutungen: Die Entscheidung, auf römisches Territorium zu ziehen, ging in beiden Gruppen mit Aufruhr in den eigenen Reihen und dem Sturz der etablierten Führung einher, sei es durch Tod im Krieg oder durch Putsch.[70] Im Vorfeld der Schlacht von Adrianopel hatte Fritigern versucht, die Lücke zu schließen, und es gibt gute Belege dafür, dass zum einen der Streit nach 382 weiterging und dass zum anderen auch Alarich Rivalen beseitigen musste, die ihm die gesamtgotische Führung streitig machten. 394/395 festigte sich womöglich seine Stellung. Es könnte durchaus sein, dass Alarich ursprünglich mehr an eine Karriere in römischen Diensten dachte, auch wenn dies eher durch Zosimos' verfälschende Übernahme von Eunapios' zeitgenössischem Bericht nahegelegt wird. Am Ende jedoch wählte er die gotische Option, und es gibt einen ausgezeichneten, wenngleich nur indirekten Beleg, dass er dabei mindestens einen Rivalen aus dem Weg räumte. Alarichs weitere Karriere und die seines Schwagers und Nachfolgers Athaulf wurde von einem weströmischen General gotischer Herkunft namens Sarus behindert, der in einem einsamen Kampf versuchte, jeden Friedensvertrag der beiden mit dem Weströmischen Reich zu hintertreiben. Interessant ist dabei, dass Sarus' Bruder Sergerich den Putsch organisierte, bei dem Athaulf und seine Familie getötet wurden und er selber kurzzeitig zum Herrscher von Alarichs Goten aufstieg. Sarus entstammte also einer Familie, die prominent genug war, um die Führung der Goten zu beanspruchen. Und seine eingeschworene Feindseligkeit deutet darauf hin, dass Alarichs Aufstieg der Grund für seinen Wechsel in den römischen Militärdienst war.[71]

Alarichs breiter politischer Erfolg bei den Goten war darüber hinaus eng mit der politischen Strategie verbunden, die er gegenüber dem zweiten ungelösten Problem des Vertrags von 382 vertrat: den militärischen Verpflichtungen der teilautonomen Goten gegenüber dem römischen Staat. Wie bereits bemerkt, verfolgten die Römer mit ihren Friedensverträgen das Ziel, junge Männer für ihre Armee zu rekrutieren. Auch 382 könnten gotische Hilfstruppen in die reguläre römische Armee aufgenommen worden sein. Aber wie schon 332 bei den Terwingen nördlich der Donau wurde vertraglich festgelegt, dass die Goten im Bedarfsfall Hilfstruppen zu stellen und mit größeren, selbständig geführten Kontingenten an bestimmten Feldzügen teilzunehmen hatten. Militärische Kontingente der Terwingen hatten zwischen 332 und 360 auf Seiten der Römer in vier Schlachten gegen die Perser gekämpft. Ähnliche Forderungen an die vertraglich gebundenen Goten wurden vom oströmischen Kaiser Theodosius I. anlässlich seiner beiden Bürgerkriege gegen die weströmischen Usurpatoren Maximus und Eugenius erhoben.[72]

Vieles deutet darauf hin, dass diese militärischen Hilfsdienste den Goten nicht passten. Jeder Feldzug gegen die Usurpatoren war von Aufständen der teilnehmenden Goten begleitet. Theodosius' Aufforderung an die Goten, an seinem zweiten Feldzug teilzunehmen, führte zu einem heftigen Streit innerhalb der gotischen Führung, wie sie darauf reagieren sollte.[73] Das Schicksal der gotischen Kontingente beim zweiten Feldzug erklärt auch, warum diese Teilnahme so problematisch war. In der Schlacht am Frigidus im September 394 standen sie am ersten Tag in vorderster Linie und erlitten schwere Verluste. Ein zeitgenössischer römischer Historiker kommentierte, die Schlacht habe Theodosius zwei Siege gebracht: einen über den Usurpator Eugenius und einen über die Goten. Wenn der teilautonome Status der Goten vom römischen Staat nur deshalb toleriert wurde, weil sie nicht vernichtend geschlagen werden konnten, bestand die reale Gefahr, dass solche Verluste das Gleichgewicht der Kräfte so entscheidend veränderten, dass die Römer die Vertragsbedingungen neu definieren konnten. Es kann daher nicht überraschen, dass die Goten fast sofort nach ihrer Rückkehr von der Schlacht am Frigidus im Winter 394/395 einen Aufstand führten, um die Friedensbedingungen von 382 neu zu formulieren.[74]

Vieles im Zusammenhang mit dem Vertrag und der damit verbundenen Gestaltung der gotisch-römischen Beziehungen wird für immer im Dunkeln bleiben. Aber wie bei so vielen anderen diplomatischen Vereinbarungen handelte es sich auch in diesem Fall um einen praktikablen Kompromiss mit einigen strittigen, noch nicht endgültig geklärten Fragen. Warum machte der Aufstand der Goten zur Durchsetzung besserer Vertragsbedingungen eine weitere Migration erforderlich?

Dass diese Gruppe bereits eine ausgeprägte Migrationsgewohnheit entwickelt hatte, ist ein Teil der Erklärung. Sie löste ihre Probleme, indem sie sich neue Weidegründe suchte. Die Nachkommen derjenigen, die im 3. Jahrhundert aus Polen ans Schwarze Meer und im frühen 4. Jahrhundert in die Walachei gezogen waren und versucht hatten, in den 330er Jahren in das Gebiet westlich der Karpaten einzuwandern und schließlich 376 über die Donau setzten, hatten Erfahrungen mit der Wanderung großer Gruppen über weite Entfernungen und waren bereit, die Migration als Problemlösungsstrategie anzuwenden. Aber auch Gruppen mit einer ausgeprägten Migrationsgewohnheit brechen nicht ohne triftigen Grund auf.

Ein Motiv war schlicht und einfach die Plünderung römischer Ortschaften unterwegs. Alarich musste sich 395 als Gotenführer erst eine Machtbasis schaffen, und ein Mittel dazu war die Zuteilung finanzieller Ressourcen an seine Gefolgsleute. Wir haben keinen Grund anzunehmen, dass unsere Quellen lügen, wenn sie behaupten, die Goten seien raubend und plündernd, aber nicht in allzu großer Eile in Richtung Süden nach Griechenland gezogen.[75] Aber die Raubzüge waren nur ein Aspekt. Alarich musste den römischen Staat zwingen, eine Revision des Vertrags zum Vorteil der Goten zu akzeptieren. Über den Inhalt dieser Verhandlungen wissen wir wenig, aber da, wo die Quellen ausführlicher sind, wie im Falle von Alarichs zweitem Aufenthalt in Italien zwischen 408 und 410, ging es ihm hauptsächlich um die volle Anerkennung seiner Führungsrolle, symbolisch vielleicht dadurch bekräftigt, dass er einen hohen Posten erhielt, vom römischen Staat wirtschaftlich unterstützt wurde und ein geeignetes Siedlungsgebiet für seine Gruppe zugesprochen bekam. Dahinter stand das Bemühen um Anerkennung des Grundrechts seiner Gruppe, als teilautonome Gemeinschaft auf römischem Boden zu leben. Aber die römischen Behörden dachten nicht daran, dies den Goten wirklich zuzugestehen. Als der kaiserliche Sprecher Themistios im Januar 383 vor den Senat trat, um den Vertrag mit den Goten zu rechtfertigen, schloss er mit dem Ausblick auf eine Zukunft, in der alle Spuren gotischer Identität getilgt sein würden.[76]

Alle diese Bedingungen für einen dauerhaften Friedensvertrag mussten einem römischen Staat abgetrotzt werden, dessen militärische Überlegenheit seit Jahrhunderten so groß war, dass er die längerfristige Existenz einer barbarischen Macht auf eigenem Territorium nie zu akzeptieren brauchte. Zugeständnisse waren daher nicht leicht zu erhalten, wie der besser dokumentierte diplomatische Austausch zeigt. Zwischen 408 und 410 tauchte Alarich wiederholt am Rand einer Siedlung auf, nur um zu sehen, ob er von den Römern vertrieben werden würde. Er bewies außerordentliche Geduld und beschränkte seine Forderungen auf ein absolutes Minimum, bevor er seiner Streitmacht erlaubte, Rom zu plündern, nachdem auch diese geringfügigen Forderungen abgelehnt worden waren. Diesmal hatte die Migration den Zweck, römischen Besitzungen Schaden zuzufügen und damit das Imperium zu einer Vereinbarung zu zwingen und außerdem die Goten dorthin zu führen, wo sie bessere Chancen auf einen längerfristigen diplomatischen Erfolg witterten. Alarichs Raubzug nach Griechenland 395-397 war der Versuch, Ostrom zu Verhandlungen zu zwingen, und er hatte schließlich Erfolg. 397 machte ihm die Regierung in Konstantinopel unter dem Eunuchen Eutropius ein akzeptables Angebot. Doch diese Zugeständnisse waren in einigen imperialen Kreisen ausgesprochen unpopulär und eine der Ursachen für Eutropius' Sturz 399. Es folgten Regierungen, die die Übereinkunft mit Alarich für null und nichtig erklärten und weitere Verhandlungen ablehnten.[77] Diese Ablehnung im Osten veranlasste Alarich zu seinem nächsten Abenteuer: dem ersten Einfall der Goten in Italien 401/402. Aber Stilicho gelang es, Alarich militärisch zurückzuschlagen, und die Goten kehrten unverrichteter Dinge in den Balkan zurück.

Die Situation änderte sich erst aufgrund externer Faktoren. Der drohende Zusammenbruch von Roms Grenzen in Mitteleuropa zwang Stilicho, neue militärische Kräfte zu rekrutieren. Im Winter 401/402 hatte er bereits die vandalische Bedrohung Rätiens abgewehrt, und er war sich bewusst, dass sich an der mittleren Donau etwas zusammenbraute, als Goten, Vandalen, Alanen und andere Flüchtlinge vor den Hunnen in das Gebiet westlich der Karpaten zogen. Er wandte sich daher an Alarichs Goten als mögliche Verbündete.[78] Als Stilicho im Sommer 408 abgesetzt wurde (hauptsächlich weil er mit der Invasion und Usurpation nicht fertig wurde, die seit 405 das Weströmische Reich zerriss), hatte Alarich bereits eine Übereinkunft mit ihm ausgehandelt und drängte jetzt seine Anhänger zurück nach Italien, offenkundig um einzufordern, was man ihm schuldig war.

Die Goten blieben die nächsten drei Jahre in Italien und kamen einer Übereinkunft immer wieder recht nahe. Am Ende jedoch siegte die unnachgiebige Imperialmacht, und unter Alarichs Schwager und Nachfolger Athaulf zogen die Goten nach Gallien. Hier kam es zwischen 416 und 418 endlich zum gewünschten Verhandlungserfolg: Die Goten erhielten Land im Tal der Garonne in Aquitanien, das sehr viel fruchtbarer war als der Balkan, aber weiter entfernt von den römischen Machtzentren Oberitaliens, und ihr Anführer wurde von Rom offiziell anerkannt. Sie erhielten jedoch keine Goldzahlungen oder politische Ämter im römischen Staat, wie es Alarich zwischen 408 und 410 gefordert hatte. Geographisch und politisch waren sie an den Rand der römischen Welt verbannt. Wie zuvor übernahmen sie militärische Aufgaben und wurden in Spanien gegen die Rheininvasoren eingesetzt.[79]

So merkwürdig es aus heutiger Sicht auch erscheinen mag, folgten die immer wieder unterbrochenen Wanderungen von Alarichs Goten nach 395 einer eigenen Logik. Hierin – und ganz gewiss nicht im endgültigen Vertrag von 418 – liegt nichts, was uns veranlassen könnte anzunehmen, dass er sich nicht hauptsächlich auf die Goten von 382 stützte. Sie hatten versucht, den römischen Staat – oder zumindest die eine Hälfte – zu einem dauerhaften Vertrag zu bewegen, und mit ihren Wanderungen wollten sie dieses Ziel erzwingen. Erneut zeigt sich hier der Einfluss römischer Strukturen auf den Migrationsprozess der Goten. In diesen fast 20 langen Jahren der Wanderungen ging es ihnen stets darum, das Römische Reich unter Druck zu setzen, damit es seine jahrhundertealte Politik änderte.

Für das Zustandekommen des Vertrags spielte besonders eine Entwicklung eine wichtige Rolle. Während der Odyssee, die die Goten vom Balkan bis nach Aquitanien führte, gab es immer wieder Phasen relativer Stabilität: 397 – 401 und erneut 402 – 407 auf dem Balkan, 408 – 411 in Italien und 412 – 415 im südlichen Gallien. Insgesamt verbrachten sie nur etwa fünfeinhalb der rund 20 Jahre zwischen dem ersten Aufstand und der Ansiedlung an der Garonne auf Wanderschaft über große Entfernungen hinweg. Dennoch war es eine anstrengende und prüfungsreiche Zeit, aus der Alarichs Streitmacht nicht unverändert hervorging. Die langen Märsche und die Nahrungsmittelknappheit, besonders in Italien 410/411 und in Gallien 414/415, aber auch die ständige Gefahr römischer Gegenangriffe (namentlich die Kämpfe in den Jahren 395, 397 und zweimal 402) machten den Ausgang dieser Odyssee ungewiss.

Während ältere Quellen ganz selbstverständlich von einem Fortbestand von Alarichs ursprünglicher Streitmacht ausgehen, betonten jüngere Untersuchungen zu Recht, dass die Zahl der Beteiligten zwischen 395 und 418 erheblich schwankte. Dass die Größe von Alarichs Gruppe je nach Einschätzung der Erfolgsaussichten variierte, ist inzwischen zu einer Plattitüde geworden. In Wirklichkeit jedoch gibt es mehr Belege für eine stetig steigende Zahl von Beteiligten als für einen Rückgang. Durchforstet man die Quellen, so findet man eine Handvoll gotischer Vornehmer, die sich, wahrscheinlich samt ihrem persönlichen militärischen Gefolge, auf die Seite der Römer schlugen, nachdem sie im ständigen Kampf zwischen den Goten um die politische Vorherrschaft besiegt worden waren. Hierzu zählen Sarus und Fravittas, und auch ein gewisser Modares. Sie alle hatten jedoch einen besonderen Status innerhalb der Gruppe und sind kein Beleg dafür, dass die Größe der Gruppe starken Schwankungen unterworfen war. Ansonsten stammt der einzige Hinweis auf eine schwindende Unterstützung Alarichs von einem römischen Berater Stilichos, dem es darauf ankam, den Ruf seines Arbeitgebers zu retten, nachdem es diesem 402 nicht gelungen war, die Goten zu besiegen. Seine Bemerkung, Alarich würden die Anhänger in Scharen davonlaufen, besitzt daher wenig Gewicht.[80]

Trotzdem bleibt unbestreitbar, dass die Migranten ihre Identität neu definierten. Die Einwanderer von 376 waren in getrennten Gruppen (Terwingen und Greutungen) über die Donau gekommen. Diese Unterscheidung wird meiner Ansicht nach 395, anderen zufolge erst 408 hinfällig; der genaue Zeitpunkt ist eine Detailfrage.[81] Die beiden Gruppen schlossen sich zu einer einzigen zusammen, neue Verbände kamen hinzu. Im Jahr 409 bekam Alarich vor Rom weitere Verstärkung. Ein großes barbarisches Kriegerkontingent des römischen Heeres in Italien, das mit Stilicho verbündet gewesen war, schloss sich nach dem Sturz des Generalissimus Alarich an, nachdem ihre in verschiedenen italienischen Städten verteilt lebenden Familien bei einem Pogrom getötet worden waren. Mit hoher Wahrscheinlichkeit handelte es sich größtenteils um die Männer, die vier Jahre zuvor mit Radagaisus nach Italien gekommen waren und im Zuge des diplomatischen Coup, der den Sturz und Tod ihres Anführers nach sich zog, die Seiten wechselten. Alarichs Goten schlossen sich vor den Toren Roms auch eine große Zahl von Sklaven an, von denen vermutlich viele derselben Herkunft waren, da im Jahr 406 viele von Radagaisus' glücklosen Gefolgsleuten in die Sklaverei verkauft worden waren.[82] Von der alten Sicht der gotischen Migration als einer Billardkugel, wie sie in Kapitel 1 erörtert wurde, sind wir jedenfalls sehr weit entfernt.

In den Jahren des erneuten Aufbruchs nach 395 entstand also eine neue und sehr viel größere politische Einheit. Die einstigen militärischen Verbündeten Stilichos schwenkten aufgrund der Feindseligkeiten im Römischen Reich zu Alarich über. Stilicho hatte ihnen ein attraktives Angebot gemacht, vielleicht dem vergleichbar, was Eutropius im Jahr 397 Alarich unterbreitet hatte. Doch nach Stilichos Sturz und dem Ausbruch der tiefen Feindseligkeit der Römer gegenüber den »Barbaren«, die in den Angriffen gegen deren Familien zum

Ausdruck kam, besannen sie sich eines Besseren. Die notwendige Voraussetzung für ein Bündnis der Terwingen mit den Greutungen waren die gemeinsamen Feldzüge gegen den römischen Staat seit 376. Dennoch verlief der Zusammenschluss nicht reibungslos. Nach ihrem gemeinsamen Sieg bei Adrianopel trennten sich die Gruppen im Winter 379/380 wieder, nicht zuletzt aufgrund der Schwierigkeit, eine so große Gruppe zu verpflegen, und wohl auch, weil jede Gruppe ihre eigene Führung hatte, die sich nicht unterordnen wollte.[83] Doch wie die Quellen zeigen, diente dieser neue und sehr viel größere militärisch-politische Verband hauptsächlich dazu, Rom gegenüber Stärke zu demonstrieren. Ohne den militärischen Druck Roms wäre es niemals zu diesem Bündnis gekommen, das den Gruppen ihr Überleben sicherte. Viele andere Gruppen hatten diese Lektion nicht gelernt und mussten dafür büßen. Vereinzelte gotische Plünderergruppen wurden in der Schlacht von Adrianopel vernichtet, sich abspaltende Untergruppen unterworfen und zu den üblichen Bedingungen Roms neu angesiedelt.[84]

Alarichs Goten sind also ein gutes Beispiel für eine sich wandelnde Gruppenidentität. Die meisten Mitglieder der Streitmacht waren wohl Goten, aber die gotische Identität – falls es sie im 4. Jahrhundert überhaupt gab, was durchaus wahrscheinlich ist – bildete keine Voraussetzung für die Mitgliedschaft in der Gruppe. Wir wissen zumindest von einigen Hunnen, die sich eingliederten, und woher die Sklaven stammten, die sich Alarich vor den Toren Roms anschlossen, ist umstritten.[85] Aber selbst von den gotischen Kontingenten hatte kein einziges vor seinem Auftauchen auf römischem Territorium derselben politischen Gemeinschaft angehört. Es war der militärische Druck Roms, der die Terwingen und Greutungen in Adrianopel zusammenbrachte und die vom Glück begünstigteren Gefolgsleute des Radagaisus zu dem Schluss kommen ließ, dass ihre Entscheidung für Rom ein Fehler gewesen und es für sie besser war, sich Alarichs Kommando anzuschließen. Ein klassisches Muster: Der Druck von außen ist oft ein Katalysator für die Herausbildung von Gruppenidentitäten.

Wir wissen nichts über die Verhandlungen zwischen den Gruppen vor ihrem Zusammenschluss, doch in Anbetracht ihrer politischen Vergangenheit können diese Verhandlungen nicht immer einfach gewesen sein, wie die Zahl der aus der Gruppe verdrängten und in römischen Dienst gewechselten hochrangigen Goten belegt. Und gerade deshalb bedurfte es des Drucks von außen, was jedoch nicht bedeutet, dass die daraus erwachsende Gruppenidentität, geschmiedet im Feuer des Krieges, grundsätzlich schwach ausgeprägt war. Denn sonst hätte der römische Staat den Verband sprengen können (wie im Falle der

Streitmacht Uldins und Radagaisus'). Aber selbst diplomatische Niederlagen, Hungersnot und das Erlöschen der ursprünglichen Führungsdynastie konnten den Zusammenhalt der neuen Gruppe nicht zerstören. Und hier liegt ein weiterer Grund, warum der römische Staat letztlich mit sich verhandeln ließ. Die in Gallien zusammengezogene gotische Streitmacht der 410er Jahre war sehr viel größer, und dank der ständigen kriegerischen Auseinandersetzungen mit dem römischen Staat war deren Zusammenhalt auch fester, als es jedes politische Bündnis der Goten bis dahin gewesen war.[86]

Nur mit dieser Argumentation lassen sich meines Erachtens die Besonderheiten der Ereignisse erklären. Die vielschichtigen politischen Zielsetzungen und insbesondere Alarichs Suche nach einem Siedlungsgebiet passen nicht zu der These von Söldnerverbänden. Unbeantwortet bliebe in diesem Fall auch die Frage, woher Alarich eine so große Zahl professioneller Krieger hatte.

Viele Punkte meiner Argumentation gelten auch für jene anderen großen Gruppen, die wiederholt Wanderungen unternahmen: die Rheininvasoren von 406. Zum Glück muss man die These Armee versus Volk für ihre Geschichte nach ihrer Ansiedlung in Spanien im Jahr 412 nicht bemühen. Hier möge der Hinweis genügen, dass in der einzig detaillierten, weitgehend zeitgenössischen und maßgeblichen Quelle, die wir besitzen, die Vandalen und Alanen auf ihrem Zug nach Nordafrika von ihren Frauen und Kindern begleitet wurden.[87] Und wie bei den Goten besteht auch hier kein plausibler Grund, an dieser Darstellung zu zweifeln.

In anderer Hinsicht jedoch entsprechen die Migrationen sowohl der Goten als auch der Rheininvasoren dem, was vergleichende Migrationsstudien erwarten lassen. Die Logistik spielte bei der Formierung der einzelnen Züge eine Schlüsselrolle. Alarichs Goten machten sich mit einem großen Wagentreck auf den Weg. Damit waren sie an das römische Straßennetz gebunden, das besonders im Balkan die Bewegungsfreiheit stark einschränkte und beispielsweise die Kreisbewegung der Goten zwischen 395 und 397 vorgab. Dass ihm der Seeweg versperrt war, vereitelte Alarichs Pläne, nach der Plünderung Roms im Herbst 410 seine Streitmacht nach Nordafrika zu verschiffen. Dadurch konnten die Römer sie im südlichen Gallien aufhalten und von ihrem Nachschub abschneiden. Auch die Vandalen und Alanen zogen mit Wagen umher, schafften aber den Sprung nach Nordafrika, da sie eine längere Vorbereitungszeit zur Verfügung hatten. Alarich erwog den Schritt nach Nordafrika erst, als seine Belagerungen Roms nicht zu dem erhofften Abkommen führten. Schon wenige Monate später, im Spätsommer und Herbst 410, ließ er den Plan fallen. Die Vandalen und Alanen dagegen führten zehn Jahre lang ausgedehnte Feldzüge auf der Iberischen Halbinsel, bevor sie sich nach Nordafrika einschifften, hatten also viel Zeit, sich vorzubereiten. Und anders als Alarich 410 drohte ihnen 429 kein römischer Gegenangriff, weshalb sie mit weniger Schiffen ihren gesamten Verband sukzessive über die Meerenge von Gibraltar setzen konnten, ohne Angriffe der Römer befürchten zu müssen.

Auch die Verfügbarkeit von Informationen spielte eine Rolle. Die Goten hatten an zwei Feldzügen gegen weströmische Usurpatoren teilgenommen, was ihnen ihr späteres Eindringen in das Weströmische Reich erleichterte. Ihre Kenntnisse der europäischen Geographie und ihr Wissen um fruchtbares und leicht zugängliches Land in Oberitalien unweit ihrer Wohnsitze im Balkan waren bis dahin gering gewesen. Es kann auch kein Zweifel bestehen, dass ihr dreijähriger Italienaufenthalt zur Zeit der Plünderung Roms anno 410 den Entschluss reifen ließ, nach Gallien weiterzuziehen. Die Vandalen und Alanen wiederum kannten zwar den Verlauf der römischen Rheingrenze im Jahr 406, hatten aber gewiss nur eine vage Vorstellung davon, wo sich Spanien befand. Und womöglich wussten sie damals gar nicht, dass es von der Südspitze Spaniens bis nach Marokko nur ein Katzensprung war. Während ihres langen Aufenthalts in Spanien organisierten sie nicht nur ihre Überfahrt per Schiff – zweifellos mit Hilfe ortsansässiger römischer Händler –, sondern trugen auch, wahrscheinlich aus derselben Quelle, grundlegende Informationen zusammen, die ihnen die Überfahrt nach Nordafrika überhaupt erst ermöglichten. Zur Vorbereitung auf diese schicksalhafte Überquerung hatten sie einige maritime Vorstöße versucht, unter anderem einen Raubzug auf die Balearen im Jahr 425.[88]

Auch die Motive für die wiederholten Migrationen der Vandalen und Alanen werden aus der vergleichenden Perspektive plausibel. Der Aufbruch der Gruppe von Spanien nach Nordafrika hatte dieselben Gründe wie Alarichs Zug vom Balkan nach Westen. Gewiss reizte sie der Reichtum der Region. Die Hauptprovinzen des römischen Nordafrika – Numidia, Byzacena und Proconsularis – waren die Kornkammer der Stadt Rom, und die nordafrikanischen Händler verkauften ihre Waren im gesamten Mittelmeerraum, auch in Spanien; dies belegen nordafrikanische Keramikfunde. Hier wurde die Begehrlichkeit der Vandalen für den Reichtum Nordafrikas geweckt, das ihnen größere existentielle Sicherheit zu versprechen schien. Während die Wanderzüge der Goten Teil der Strategie waren, diplomatische Zugeständnisse zu erzwingen, hatten die Vandalen und Alanen nie einen Vertrag mit dem Weströmischen Reich abgeschlossen. Im Jahr 409 spielte das keine große Rolle, da Westrom mit Alarich und verschiedenen Usurpatoren beschäftigt war. Doch Mitte der

410er Jahre hatte das Weströmische Reich seine alte Stabilität wiedererlangt. Die Usurpatoren waren abgewehrt, die Goten durch einen neuen Vertrag eingebunden worden. Jetzt galten die Rheininvasoren als Staatsfeind Nummer eins, und in Spanien wurden mehrere Strafexpeditionen römischer und gotischer Truppen gegen sie geführt. Diese Militäreinsätze waren die Unterstützung, die der römische Staat von den Goten einforderte. Zwischen 416 und 418 waren die Silingen-Vandalen und die Alanen so stark dezimiert, dass sie ihre unabhängigen Provinzen aufgaben und die Überlebenden sich den Asdingen-Vandalen und deren Führung anschlossen. In den 420er Jahren brach die politische Stabilität des Weströmischen Reiches erneut zusammen, und auch der Druck ließ nach. Aber selbst diesmal sollte es nur eine kurze Verschnaufpause sein.

Nordafrika versprach den überlebenden Vandalen und Alanen also nicht nur Wohlstand, sondern auch die Aussicht auf größere Sicherheit. Wenn sie sich erst einmal dort angesiedelt hätten, müssten römische Angriffe gegen sie übers Meer erfolgen – eine unverhältnismäßig schwierigere militärische Operation, wie sich zeigen sollte. Seit den frühen 440er Jahren führte Rom drei Feldzüge gegen diese Gruppen in Nordafrika, die alle scheiterten.[89] Wie die Goten hatten auch die Rheininvasoren politische und wirtschaftliche Motive und brachen immer wieder auf, um sich durch die Lücken im politischen und militärischen Gefüge des Römischen Reiches hindurch einen Weg zu Sicherheit und Wohlstand zu bahnen. Wiederholte großräumige Wanderungen waren für Barbarengruppen auf römischem Territorium überlebensnotwenig, und Versuche, deren Bedeutung herunterzuspielen, können nicht überzeugen.

Ein aufschlussreicher Aspekt sind die sich verändernden Gruppenidentitäten. Die Vandalen und Alanen, die 439 Karthago eroberten, wären vom Rhein nicht bis Nordafrika gekommen, hätten sie nicht ihre jeweilige Identität völlig neu definiert, nachdem sie als Einzelgruppen auf römischem Boden ums Überleben gekämpft hatten. In ihrem Fall ging die Umstrukturierung sogar noch weiter. Während Alarichs Streitmacht vorwiegend aus Goten bestand, jedenfalls auf der obersten sozialen Ebene, waren die Rheininvasoren sehr gemischte Gruppen. Die beiden Vandalengruppen der Asdingen und Silingen hatten zwar kulturelle Gemeinsamkeiten, aber die Sueben waren germanischsprachige Gruppen aus einer ganz anderen Region. Und die Alanen, die anno 406 das Hauptkontingent bildeten, waren iranischsprachige Nomaden mit einer völlig anderen Wirtschafts- und Sozialstruktur als die Landwirtschaft treibenden Germanen, mit denen sie jetzt ein Bündnis bildeten. Im Jahr 406 hielt diese Streitmacht nur durch lockere Allianzen zusammen, wie die Aufteilung der spanischen Provinzen unter den verschiedenen Gruppen mit einer jeweils eigenen Führung belegt.

Der spätere, sehr viel engere Zusammenschluss vollzog sich vor demselben Hintergrund wie die Einigung von Alarichs Goten. Auch hier brachte die feindselige römische Staatsmacht viele Invasoren zur Einsicht, dass sie durch Kooperation mehr erreichen würden. Die gotisch-römischen Feldzüge vernichteten die Silingen-Vandalen (deren König nach der Niederlage nach Ravenna verschleppt wurde) und zerschlugen die Unabhängigkeit der Alanen, die sich nach dem Tod ihres Königs auf dem Schlachtfeld den Asdingen anschlossen. Doch nicht alle Invasoren traten dem neuen Bündnis bei. Die Sueben widerstanden beharrlich den Versuchen der Asdingen-Monarchie, eine Unterordnung mit Gewalt zu erzwingen, und einige Alanen blieben lieber da, wo sie waren, und akzeptierten die römische Oberherrschaft; sie wurden schließlich in Gallien angesiedelt.[90]

Glücklicherweise stellen die Migranten von 376 und 405–408, deren Geschichte teilweise gut dokumentiert ist, einen wichtigen Testfall dar, so dass wir nicht erneut so weit ausholen müssen. Ihre Geschichte zeigt, dass sie manchmal als eine massive, gut organisierte militärische Streitmacht in Begleitung ihrer Familien ins Römische Reich kamen. Wenn sie sich nicht mit dem Status von Hilfstruppen (als militärisches Kanonenfutter) oder von landwirtschaftlichen Arbeitskräften begnügen wollten, war ein solcher Zusammenschluss von entscheidender Bedeutung. Nur durch die umfangreiche Rekrutierung von Kriegern außerhalb des eigentlichen militärischen Gefolges konnte eine genügend große Streitmacht aufgestellt werden, deren Aktionen Erfolg hatten. Gleichermaßen wichtig ist, dass die Einwanderer wiederholte Wanderungen unternahmen. Die große Mehrheit von ihnen hatte eine ausgeprägte Migrationsgewohnheit entwickelt, lange bevor sie römisches Territorium überschritten. Die wiederholte Migration sowie eine Veränderung der Gruppenidentität unter dem Druck Roms und damit ein kontinuierlicher Bevölkerungszuwachs waren eine zweigleisige Strategie, die das langfristige Überleben der Gruppe auf römischen Boden begünstigte.

Auch wenn die organisierte Massenmigration großer Gruppen als ein bedeutsamer Aspekt jener dreißig Jahre nach 376 aus der Mottenkiste des Revisionismus geholt und neben den Aspekt eines immer stärker anschwellenden Bevölkerungsstroms gestellt werden muss, der im vorigen Kapitel als ein wichtiges Migrationsphänomen des 1. Jahrtausends erörtert wurde, so fand diese Massenmigration dennoch nicht in der traditionell verstandenen Form statt. Die Gruppen, die die Grenzen zum Römischen Reich überschritten, stammten aus einer barbarischen Welt, die politisch, wirtschaftlich und kulturell durchaus komplex war. Sie waren keine »Völker«, jedenfalls nicht im Sinne von kulturell homogenen, sozial mehr oder weniger gleichen Bevölkerungsgruppen, die mit ihrem Aufbruch einen menschenleeren Landstrich hinterließen. Trotzdem handelte es sich um eine Massenmigration im doppelten Wortsinn. Durch den Einschluss freier Krieger samt ihres Anhangs bestanden diese Gruppen aus mehreren 10 000 Personen. Von Massenmigration kann man aber auch im qualitativen Sinn sprechen, da der Migrationsstrom am Ausgangs- wie am Zielort einen politischen Schock auslöste. Die Migranten verursachten nicht nur den Zusammenbruch der ost- und mitteleuropäischen Grenzen Roms, sondern auch den Tod eines Kaisers und die Niederlage seiner Armee, sie erzwangen eine Revision der traditionellen Politik Roms gegenüber den Migranten und die Übergabe wichtiger römischer Provinzen. Die Erschütterung in den von ihnen verlassenen Gebieten war nicht weniger stark. Diesem Thema – der Zeit der »Völkerwanderung« jenseits der römischen Grenzen – widmet sich das folgende Kapitel.

KAPITEL 5
DIE HUNNEN KOMMEN

Zehn Jahre lang hatte Attila zwischen Konstantinopel und Paris Angst und Schrecken verbreitet, da starb der Hunnenkönig im Jahr 453 überraschend in einer seiner allzu vielen Hochzeitsnächte. Der große Eroberer hatte reichlich dem Alkohol zugesprochen, bevor er sich zu seiner Braut ins Bett begab, wo er einem Blutsturz erlag. Am nächsten Morgen fand man das verängstigte Mädchen neben dem Leichnam. Attilas unerwarteter Tod löste unter seinen Söhnen einen erbitterten Machtkampf aus, der sich rasch zu einem blutigen Krieg zwischen seinen Untertanen ausweitete. Die Ereignisse nahmen bald eine fatale Wendung. Attila war nicht bloß Herrscher über die Hunnen gewesen, ein großer Teil seiner Untertanen waren Nicht-Hunnen, die nun die Gelegenheit beim Schopf ergriffen, die ungeliebte Herrschaft abzuschütteln. Als Anführer des Aufstands tat sich Ardarich hervor, der König der Gepiden. Im Jahr 454 kam es zu einer großen Schlacht am Nedao (um welchen Fluss es sich dabei handelt, ist unklar) in der ehemals römischen Provinz Pannonien.

> Hier stießen die verschiedenen Völker auf einander, welche Attila in seiner Botmäßigkeit gehalten hatte. Die Reiche spalteten sich mit den Völkern, und aus einem Körper wurden verschiedene Glieder, welche nicht mehr das Leid tragen halfen, wenn eines litt, sondern nach Vernichtung des Hauptes gegen einander wütheten; die tapfersten Stämme [...] wollten sich selbst aufreiben [...]. Man sah den mit Spießen kämpfenden Gothen, den mit dem Schwert wüthenden Gepiden, den Rugier, der die Waffe in seiner Wunde zerbricht, den Suaven, der mit seiner Geschwindigkeit, den Hunnen, der mit dem Bogen sich hervorthut, den Alanen, der in schwerer Rüstung, den Heruler, der mit leichter Bewaffnung zum Kampfe schreitet.[1]

Der Aufstieg der Hunnen löste zwei Massenmigrationen ins Römische Reich aus und hatte offensichtlich auch größere Bevölkerungsverschiebungen jenseits der römischen Grenzen zur Folge. Doch da war zunächst die Migration der Hunnen selbst. Vor dem Kollaps der Ostgrenze des Römischen Reiches im Jahr 376 waren sie hauptsächlich nordöstlich des Schwarzen Meeres am

Fuß des Kaukasus anzutreffen. Doch die römische Provinz Pannonien, wo die Schlacht am Nedao stattfand, umfasste das südöstliche Randgebiet der Großen Ungarischen Tiefebene westlich der Karpaten, und Attilas Reich hatte sein Zentrum im Gebiet der mittleren Donau, Tausende Kilometer vom Kaukasus entfernt. Wie die Beschreibung der Schlacht zeigt, kämpften die Hunnen damals nicht allein. Bei ihren ersten Angriffen auf die Goten nördlich des Schwarzen Meeres in den 370er Jahren stand ihnen das iranischsprachige Nomadenvolk der Alanen zur Seite, und zu Uldins Gefolgschaft gehörten auch germanischsprachige Skiren. Nachdem die oströmische Streitmacht im Jahr 427 die Hunnen aus Pannonien vertrieben hatte, mussten sie ihre gotischen Verbündeten in großer Zahl umsiedeln. Eine Generation später hatte Attila seine Herrschaft auf mindestens drei weitere Gruppen von Goten ausgedehnt, hinzu kamen die germanischsprachigen Gepiden, Rugier und Sueben (wahrscheinlich jene, die man 406 zurückgelassen hatte), Skiren und Heruler sowie die iranischsprachigen Alanen und Sarmaten.[2] Die große Mehrheit dieser Nicht-Hunnen lebte wie die Hunnen selbst um 450 an der mittleren Donau und in den angrenzenden Gebieten. Viele von ihnen hatten aber im 4. Jahrhundert dort noch kein Land besiedelt und taten dies auch im 6. Jahrhundert nicht. Die Hunnen drangen nicht nur in die Mitte Europas vor, sondern scheinen in gewisser Weise auch dafür gesorgt zu haben, dass viele weitere Gruppen in die Große Ungarische Tiefebene kamen, die zum großen Teil nach dem Zusammenbruch von Attilas Reich von dort wieder verschwanden.

Was aber hat die Hunnen nach Mitteleuropa geführt, und wie verlief ihre Wanderung? Und wie sollen wir uns die Ortsveränderung der vielen anderen Völkerschaften in Attilas Reich vorstellen? Handelte es sich um einen Elitetransfer oder um Migrationen in größerem Stil?

»DIE SAAT DES GANZEN VERDERBENS«

Von allen in diesem Buch behandelten Migrantengruppen geben die Hunnen wahrscheinlich die meisten Rätsel auf. Sie selbst hinterließen keinerlei schriftlichen Zeugnisse, aber auch aus römischen Quellen ist wenig über sie zu erfahren, jedenfalls bis zur Zeit Attilas oder eine halbe Generation davor. Erste Erwähnungen der Hunnen finden sich in den 420er Jahren, zwei Jahrzehnte später fällt ihr Name dann bereits häufiger. Zu diesem Zeitpunkt hatte sich die Welt der Hunnen gegenüber jener von 370, als die Region nördlich des Schwarzen Meeres ihren ersten Ansturm zu spüren bekam, stark verändert. Dass historische Quellen so wenig Auskunft über die Hunnen geben, lässt sich leicht erklären: Die Römer nahmen vor allem jene Gruppen wahr, die in den Krisenjahren 376–380 und 405–408 auf der Flucht vor den Hunnen über die Grenzen des Römischen Reiches strömten. Die römischen Geschichtsschreiber gingen eher auf diese Gruppen als auf die Hunnen selbst ein, auch wenn Letztere die Probleme verursacht hatten.

Daher weisen unsere Kenntnisse über die Hunnen erhebliche Lücken auf. Wir wissen nicht einmal, welche Sprache sie sprachen. Die linguistischen Zeugnisse beschränken sich im Wesentlichen auf die Eigennamen hunnischer Herrscher und ihrer Gefolgsleute aus der Zeit Attilas. Zu jener Zeit war das Germanische bereits zur lingua franca des Hunnenreichs geworden, so dass viele der überlieferten Namen mit Sicherheit oder zumindest wahrscheinlich germanischen Ursprungs sind. Manches spricht auch für das Iranische, Türkische oder Finno-Ugrische (die Sprache der späteren Magyaren) – aber all das sind nur Mutmaßungen.[3] Auch fehlen uns direkte Belege für Ursache und Verlauf der hunnischen Wanderungsbewegung. Für Ammian gab es da nicht viel zu erklären: »Die Saat des ganzen Verderbens und der Ursprung der verschiedenen Katastrophen […] hatte folgende Ursache, wie ich erfahren habe. Das Volk der Hunnen […] wohnt jenseits des Mäotischen Sees, nahe dem Eismeer, und lebt im Zustand unbeschreiblicher Wildheit.« Es waren eben wilde Kerle, in deren Natur es lag, plündernd und mordend umherzuziehen. Andere Schilderungen zeichnen ein ähnliches Bild. Zosimos, der sich auf den Historiker Eunapios von Sardes stützte, einen Zeitzeugen der Ereignisse, schildert die Panik, die die ersten Angriffe der Hunnen unter den Goten auslösten, während Jordanes im 6. Jahrhundert sie als die Nachkommen vertriebener gotischer Hexen und böser Geister schildert.[4]

Fest steht, dass die Hunnen ursprünglich ein nomadisches Hirtenvolk in der Eurasischen Steppe waren, die sich Tausende Kilometer weit vom Rand Europas bis zur Westgrenze Chinas erstreckt. Aufgrund der regenarmen Sommer und der typischen Grasvegetation war die dortige Bevölkerung stärker von Viehhaltung abhängig als ihre Nachbarn. Entgegen einer weit verbreiteten Vorstellung betrieben die Hunnen aber auch Ackerbau und pflegten Handelsbeziehungen zu sesshafteren Gruppen. Dadurch konnten sie in schlechten Erntejahren den Mangel an ihrem Grundnahrungsmittel Getreide ausgleichen. Dass die Hunnen Nomaden waren, ergibt sich zum einen aus dem Ort ihres ersten Auftauchens östlich des Don, der die Grenze markiert, wo die durchschnittliche Regenmenge großflächigen Ackerbau ohne Bewässerung unmöglich macht, und zum anderen aus einer berühmten Schilderung Ammians, die Gibbon sehr schätzte:[5]

Bei ihrer reizlosen Menschengestalt sind sie durch ihre Lebensweise so abgehärtet, daß sie keines Feuers und keiner gewürzten Speisen bedürfen, sondern von den Wurzeln wilder Kräuter und dem halbrohen Fleisch von jedwedem Getier leben, das sie zwischen ihre Schenkel und den Pferderücken legen und etwas erwärmen. Sie kennen niemals den Schutz von Gebäuden [...]. Auch kann man bei ihnen nicht einmal eine mit Rohr gedeckte Hütte finden. Sondern ruhelos schweifen sie durch Berge und Wälder und sind von klein auf gewöhnt, Kälte, Hunger und Durst zu ertragen [...] wenn sie einmal den Kopf in ein [...] Hemd von schmutziger Farbe gesteckt haben, legen sie es erst ab oder wechseln es, wenn es durch langen Verschleiß in Fetzen aufgelöst und zerfallen ist [...]. Niemand pflügt bei ihnen oder berührt jemals den Pflug. Denn sie alle kennen keine festen Wohnsitze, sondern schweifen umher, ohne Haus, ohne Gesetz und feste Lebensweise, immer wie auf der Flucht mit ihren Wagen, auf denen sie wohnen. Hier nähen ihre Frauen für sie die schmutzigen Kleidungsstücke, hier paaren sie sich mit ihren Männern, gebären ihre Kinder und ziehen sie bis zur Mannbarkeit auf. Niemand bei ihnen kann auf die Frage, woher er stamme, eine Antwort geben, denn irgendwo wurde er gezeugt, weit fort davon geboren und in noch größerer Entfernung erzogen.

Doch die romantische Vorstellung, dass die Hunnen rast- und planlos umherzogen, hat mit der Realität nichts zu tun. Wie viele antike Geschichtsschreiber versuchte Ammian den ersten Auftritt seiner Protagonisten möglichst eindrucksvoll zu gestalten. Das Zielpublikum des 4. Jahrhunderts hatte bestimmte Erwartungen, es verlangte nach anschaulichen Schilderungen und ausführlichen Anspielungen auf die bekannten klassischen Autoren. Ammians wortreiche Beschreibung enttäuschte die Erwartungen gewiss nicht. Aber sie steckt nicht nur voller Rhetorik und Zitate, sondern ist auch in anderer Hinsicht problematisch. In den erhaltenen Büchern seiner *Römischen Geschichte* stellt Ammian seinen Lesern drei Gruppen von Nomaden vor – Alanen, arabische Sarazenen und Hunnen –, und in allen Fällen ist die Beschreibung bis auf wenige Details gleich geraten. Daraus muss man schließen, dass sich Ammian für die Beschreibung von Nomaden eine Art Textbaustein zurechtgelegt hatte, auf den er bei passender Gelegenheit zurückgriff. Das wirft natürlich die Frage auf, welche Aussagekraft bestimmten Einzelheiten jeweils zukommt. Im Fall der Hunnen hat Ammian zu ihrer politischen Führungsstruktur Interessantes beizusteuern. Außerdem berichtet er von deren Sitte, Fleisch zur Vorbehandlung für den Verzehr unter die Sättel ihrer Pferde zu packen. Das wurde lange als falsch verstandene Behandlungsmethode für Sattelwunden abgetan, bis in den 1920er Jahren ein Historiker und Anthropologe herausfand, dass die Mongolen genau dasselbe praktizieren. Demnach ist zumindest manches, was Ammian sagt, durchaus ernst zu nehmen. Andererseits gehört zu den wenigen Besonderheiten, die er von den Sarazenen zu berichten weiß, dass Männer wie Frauen sich einer ausgesprochen lustvollen Sexualität erfreuen, und man fragt sich zwangsläufig, woher er das gewusst haben will. Alles in allem ist daher ein gewisses Misstrauen angebracht, wenn er die Araber aus den Wüsten am Rand des Fruchtbaren Halbmonds mit nahezu denselben Worten beschreibt wie die iranischsprachigen Alanen und die Turkstämme oder finno-ugrische Hunnen aus der Eurasischen Steppe.[6]

Neuere vergleichende anthropologische Studien über die Lebensgewohnheiten von Nomaden rechtfertigen die Skepsis gegenüber Ammians Schilderungen. Die Zahl der Unterschiede zwischen den einzelnen Nomadengruppen ist fast genauso groß wie die Zahl der Nomadengruppen selbst. Je nach Art der Weidewirtschaft und der Tiere gibt es eine Vielfalt von Praktiken und Organisationsformen. Einige Merkmale teilen sie allerdings: Nomaden schweifen in der Regel nicht ziellos umher und legen keine besonders großen Distanzen zurück, da weiträumige Wanderungen eine große Belastung für Mensch und Tier sind. Empirische Studien über eurasische Gruppen aus dem 20. Jahrhundert zeigten beispielsweise, dass sie gewöhnlich zweimal im Jahr eine nicht allzu weite Wanderung zwischen genau begrenzten Sommer- und Winterweiden unternahmen. Bei den Kasachen betrug die Entfernung etwa 75 Kilometer, bevor Stalin ihnen die Sesshaftigkeit aufzwang. Viehzüchtende Untergruppen trieben ihre Herden langsam von einem Weidegrund zum nächsten, und diese Weiden lagen so weit auseinander, dass das Gras Zeit zum Nachwachsen hatte. Andere Teile der Gruppe blieben unterdessen in festen Lagern, wo sie teilweise sogar Ackerbau betrieben. Wanderungen über weitere Strecken dienen in diesem System ausschließlich dem Zweck, zwischen zwei Weidegründen zu wechseln, von denen keiner das ganze Jahr über bewirtschaftet werden kann. So liegen Sommerweiden typischerweise in Bergregionen, wo im Winter kein Gras mehr wächst, Winterweiden dagegen im angrenzenden Tiefland, wo im Sommer Hitze und Trockenheit die Weidemöglichkeiten begrenzen. Wanderungsbewegungen erfüllen also eine bestimmte Funktion. Aufgrund der starken Abhängigkeit von Regenfällen in abgelegenen Landschaften ist das Nomadenleben an sich schon prekär genug. Aufs Geratewohl loszuziehen, ohne zu wissen, ob es am Ziel der Reise genügend ertragreiche oder, was ebenso wichtig ist, überhaupt frei verfügbare Weidegründe gibt, kann rasch in eine existenzbedrohende Lage führen.[7]

Folglich können die Vorstöße der Hunnen in die von Alanen beherrschten

Gebiete nordöstlich des Schwarzen Meeres und von dort aus weiter nach Mitteleuropa nicht, wie dies J.B. Bury in seinen berühmten Vorlesungen aus dem Jahr 1920 behauptete, als natürliche Expansion ihrer Nomadenwirtschaft gesehen werden. Die Hunnen streiften keineswegs einfach durch die Eurasische Steppe, bis sie zufällig an deren Westrand nördlich des Schwarzen Meeres ankamen und entschieden, dass es ihnen dort gefiel. Ihr Entschluss, in zwei aufeinanderfolgenden Etappen im Abstand von einer Generation das Zentrum ihrer Aktivitäten westwärts zu verlagern, wird wohlüberlegte Gründe gehabt haben und sorgfältig geplant worden sein. Ein potentieller Vorteil solcher Wanderungen musste stets gegen die Gefahr abgewogen werden, keine ausreichenden Weidegründe zu finden oder – was wahrscheinlicher war – sich am Zielort die Weiderechte erst erkämpfen zu müssen.[8]

Warum die Hunnen überhaupt westwärts zogen, ist schwer zu sagen. Die verfügbaren Zeugnisse verweisen auf drei mögliche Ursachen für diese Wanderung: Eine Möglichkeit wäre ein Klimawandel. Um das Jahr 400 herrschte in Europa ein klimatisches Optimum mit langen heißen Sommern und viel Sonne. Aber was gut für Westeuropa war, wirkte sich östlich des Don weniger vorteilhaft aus; hier gingen die sommerlichen Regenfälle und damit der Graswuchs zurück. Und so stieg zwangsläufig die Konkurrenz der Nomaden um die Weidegründe. Der Sudan liefert uns heute ein Beispiel dafür, wozu dies führen kann. Ursache des Darfur-Konflikts ist der Klimawandel, der das Weideland der Nomaden in Wüste verwandelt und sie aus ihren angestammten Gebieten vertreibt. Zwar fehlen uns bisher genaue Daten über den Klimawandel im 4. Jahrhundert, aber seine Auswirkungen waren vermutlich eher gering. Denn von Mitte bis Ende des 1. Jahrtausends und darüber hinaus brachte die Steppe eine solche Vielzahl von Nomadengruppen hervor, dass es nicht so aussieht, als hätten die eurasischen Nomaden mit fundamentalen ökologischen Problemen zu kämpfen gehabt.

Eine zweite mögliche Ursache sind politische Umwälzungen. Mindestens zwei der Nomadengruppen, die den Hunnen im späteren 1. Jahrtausend aus der Steppe nach Europa folgten, taten dies teilweise deshalb, weil sie im Osten politisch und militärisch von anderen Nomadengruppen bedrängt wurden. Im 6. Jahrhundert wichen die Awaren vor den Göktürken nach Westen aus, während im 9. Jahrhundert die Magyaren nach Angriffen durch die Petschenegen vom Norden des Schwarzen Meeres in die Große Ungarische Tiefebene zogen. Angesichts unseres Informationsmangels über die Verhältnisse in der westlichen Steppe im 4. Jahrhundert wäre es töricht auszuschließen, dass die Hunnen einem ähnlichen Druck ausgesetzt waren.[9]

Aber selbst wenn man diese negativen Motive – einen möglichen Klimawandel und politische Bedrängnis – einräumt, gab es, wie die Geschichte vieler Migrationsströme lehrt, mit Sicherheit auch positive Anreize für den Zug nach Westen. Die römischen Quellen, die vom Auftauchen der Hunnen am äußeren Rand des Römischen Reiches berichten, bieten keine brauchbaren Erklärungen für die Geschehnisse, spätere Berichte jedoch sind höchst aufschlussreich. Ab etwa 390 und besonders seit den 420er Jahren standen die Hunnen in vielfältiger Beziehung zur römischen Welt. Manchmal gingen sie auf Raubzüge. Ein riesiger Stoßtrupp, der das Persische und das Oströmische Reich bedrohte, zog im Jahr 395 durch den Kaukasus, bevor der Hauptteil der Hunnen weiter Richtung Mitteleuropa wanderte. Es gibt Hinweise auf weitere, kleinere Überfälle zur selben Zeit. Gelegentlich traten Hunnen als Söldner in den Dienst der Römer. Bereits in den 380er Jahren führten die Aktivitäten von Hunnen und Alanen zu diplomatischen Auseinandersetzungen zwischen dem weströmischen Kaiser Valentinian II. und dem Usurpator Maximus. Anfang des 5. Jahrhunderts unterstützte der Hunnenherrscher Uldin mit seinen Kriegern den römischen Heermeister Stilicho, bevor er zu seinem verhängnisvollen Feldzug ins oströmische Dakien aufbrach. Als die Hunnen ab 410 in großer Zahl nach Mitteleuropa strömten, spielten sie als Söldner in römischen Diensten eine wichtige Rolle. Wahrscheinlich stellten sie bereits in den 410er Jahren für den faktischen Herrscher des Weströmischen Reiches, Flavius Constantius, eine wichtige militärische Stütze dar. Zur entscheidenden Schutztruppe des Weströmischen Reiches wurden sie aber in den 420er Jahren, zur Zeit des Aëtius. Mit Hilfe der Hunnen hielt er nicht nur römische Rivalen in Schach, er setzte sie auch gegen andere Barbarengruppen ein, die sich inzwischen auf weströmischem Territorium festgesetzt hatten, insbesondere bei den großen Feldzügen gegen die Westgoten und die Burgunder in den 430er Jahren. Als die Hunnen unter Attila mächtig geworden waren, gaben sie sich allerdings nicht mehr mit Raubzügen und Söldnerdiensten zufrieden, sondern gingen zu großräumigen Invasionen über. Zwei schweren Angriffen auf den oströmischen Balkan in den Jahren 442 und 447 folgten 451 und 452 Invasionen in Gallien und Italien.[10]

All das waren Versuche, am Wohlstand zu partizipieren, den die höher entwickelte Wirtschaft der römischen Welt zu bieten hatte. Die Plünderer wurden von denselben beweglichen, leicht transportierbaren Reichtümern gelockt wie die Söldner. So gut Aëtius' Beziehungen zu den Hunnen auch waren – er hatte drei Jahre lang als Geisel bei ihnen gelebt –, sie kämpften nur gegen eine großzügige Entlohnung für ihn. Auch Attilas Überfälle zielten auf Geld und Gold. Es gibt ausführliche Berichte über die diplomatischen Verhandlungen vor und

»Die Saat des ganzen Verderbens« | 201

nach seinen Angriffen, aus denen hervorgeht, dass Attilas Hauptinteresse stets Geldzahlungen galt. Gebietserweiterungen und andere Zugewinne spielten nur eine untergeordnete Rolle.[11] Legt man dieses Gewinnstreben auch für die 370er Jahre zugrunde – und es spricht nichts dagegen –, leuchtet ihre Entscheidung, in zwei Etappen nach Westen zu ziehen, vollkommen ein: Die größere Nähe zu den politischen Zentren in Oberitalien und zu Konstantinopel erhöhte die Möglichkeit, sich ein Stück aus dem römischen Wohlstandskuchen herauszuschneiden. Mit anderen Worten, die Hunnen taten es den Goten und anderen weitgehend germanischsprachigen Räubern des 3. Jahrhunderts gleich: ihre Migrationen waren eine Reaktion auf ein beträchtliches Wohlstandsgefälle.

Auch zum Verlauf des hunnischen Migrationsstroms lässt sich etwas sagen. Zwar gibt keine unserer Quellen Aufschluss über die Größe der Migrationseinheiten, aber alle zeitgenössischen Zeugnisse deuten darauf hin, dass die ursprüngliche Expansion in den nördlichen Pontus hauptsächlich von Kriegerverbänden – kleinen, vorwiegend aus Männern bestehenden Gruppen – durchgeführt wurde. Vidimer, König der Greutungen, dessen Tod den Zug der Goten an die Donau im Jahr 376 auslöste, kämpfte in zahlreichen Scharmützeln – *multas clades* – gegen die Alanen, die die Hunnen in sein Reich gedrängt hatten. Dies ist ein Hinweis darauf, dass es zwar zu zahlreichen Kämpfen mit einer insgesamt erheblich destabilisierenden Wirkung kam, aber dass zu dieser Zeit keine große Schlacht stattfand. Ammian berichtet weiter, dass Vidimer einige Hunnen dafür gewinnen konnte, ihm bei der Abwehr der Alanen beizustehen. Dies wurde gelegentlich als Abschreibefehler eingeschätzt, doch dafür gibt es keinen triftigen Grund. Sein Bericht passt zu dem Bild, dass zahlreiche kleine Kriegerverbände mehr oder weniger unabhängig voneinander operierten. Dass Vidimers Vorgänger Ermanarich in der Lage war, den Hunnen »lange Zeit« *(diu)* Widerstand zu leisten, lässt eher auf eine Reihe kleinerer Gefechte als auf eine größere Schlacht schließen.

Neben den Hunnen, die für Vidimer kämpften, wird von anderen berichtet, die zweimal das Gebiet der Terwingen heimsuchten, von solchen, die sich als Söldner der Alanen verdingten, um im Jahr 377 gemeinsam mit Terwingen und Greutungen südlich der Donau gegen die Römer zu ziehen, und von einer Gruppe, die Anfang der 380er Jahre auf eigene Faust vom Gebiet nördlich der Donau aus gemeinsam mit Karpo-Dakern ins Römische Reich einfiel.[12] Alles spricht dafür, dass dies die Unternehmungen voneinander unabhängiger Hunnengruppen waren, nicht die einer einzigen, die mal hier, mal da auftauchte, und keiner der Vorfälle, die uns überliefert sind, lässt auf das Auftreten einer größeren Streitmacht schließen. Und tatsächlich bemerkt Ammian über die

Hunnen, dass sie nicht von Königen regiert wurden, sondern sich einer »improvisierten Führung von Häuptlingen« anvertrauten. Es wurde viel darüber gerätselt, was genau damit gemeint ist, aber es passt gut in das Bild kleiner, unabhängig voneinander operierender Gruppen. Es fällt auch auf, dass kein Hunnenführer aus dieser Zeit bedeutend genug war, dass uns sein Name überliefert wäre.[13] Das erinnert an die Frühphase der Raubzüge der Slawen und Wikinger im 6. und 9. Jahrhundert: Erst als die Gruppen der Plünderer größer wurden, traten auch ihre Anführer namentlich hervor.

Während der Vormarsch der Hunnen in den Krisenjahren 376 – 380 hauptsächlich von kriegerischen Kleingruppen vorangetrieben wurde, löste der Zusammenbruch der römischen Reichsgrenze in Mitteleuropa eine Generation später deutlich größere Wanderungsbewegungen aus. Schon aus den Quellen der Zeit vor dieser zweiten Krise wird deutlich, dass die Hunnengruppen, die an den Rändern des Römischen Reiches operierten, immer größer wurden. Um 400 wird in zeitgenössischen römischen Quellen erstmals ein Hunnenführer namentlich erwähnt: Uldin. Mit seiner aus Hunnen und Skiren zusammengesetzten Gefolgschaft war er stark genug, das Römische Reich gelegentlich militärisch zu unterstützen. Großspurig verkündete er, alles Land zu unterwerfen, das die auf- und untergehende Sonne bescheine – ganz so kam es in der Realität nicht. Sein Versuch, oströmisches Territorium zu erobern, scheiterte noch vor dem Beginn des Feldzugs, weil ihn führende Gefolgsleute im Stich ließen. Damit verschwand Uldin im Dunkel der Geschichte; in den Quellen ist nichts weiter von ihm verzeichnet. Mit dieser Karriere ist er gewiss nicht als Vorläufer Attilas anzusehen. Ich kann mir Uldins unvermittelten Versuch, von der Rolle des Verbündeten in die Rolle des Eroberers zu wechseln, nur so erklären, dass seine Machtbasis zu gering war, um sich gegen all die neuen und besser organisierten Hunnengruppen behaupten zu können, die ab 410 auftraten.[14]

Das ist unschwer zu belegen. Als der oströmische Diplomat und Geschichtsschreiber Olympiodor in den Jahren 411 und 412 die frisch an der mittleren Donau eingetroffenen Hunnen aufsuchte, wurden sie von Königen regiert, unter denen eine feste Rangordnung herrschte. Da die Hunnen erst seit ein paar Jahren in Mitteleuropa waren, hatten sie keine Zeit gehabt, aus einem Gemenge unabhängiger Kriegergruppen eine solch komplexe politische Ordnung zu bilden. Tatsächlich ist ein ähnliches System mit vielen Königen von einer anderen Gruppe von Steppennomaden des 5. Jahrhunderts dokumentiert, den Akatziren. Man kann deshalb davon ausgehen, dass die zweite Etappe der hunnischen Westwanderung von jenen Königen angeführt wurde, auf die Olympiodor traf. Auch angesichts der großen Zahl von Germanen und anderen Gruppen, die die Hunnen nach und nach von der mittleren Donau vertrieben – mehrere zehntausend, wie wir gesehen haben –, ist zu bezweifeln, dass sie als unabhängig voneinander agierende Kriegerverbände stark genug waren, dieses neue Gebiet zu erobern. Die Existenz von Königen verdeutlicht, dass sie in größeren und besser organisierten sozialen Einheiten vom Nordosten des Schwarzen Meeres in die Große Ungarische Tiefebene gezogen waren als zur Zeit der ersten Krise 376–380.[15]

Vieles weist also darauf hin, dass der Zug der Hunnen nach Europa den Wanderungsbewegungen des 3. Jahrhunderts in Europa glich, die sich im 9. Jahrhundert wiederholen sollten. In einer ersten Welle kamen plündernde Kriegerscharen, zunächst ohne die Absicht, sich dauerhaft anzusiedeln. Durch den Erfolg ihrer Beutezüge angelockt, strömten immer größere und besser organisierte Gruppen nach, bestrebt, ihren Gewinn dadurch zu maximieren, dass sie das Land unter ihre Kontrolle brachten. Wie die späteren Aktivitäten der Hunnen zeigen, lockte sie die Region am Mittellauf der Donau nicht durch ihr landwirtschaftliches Potential. Sie kamen, weil dieser Landstrich günstig gelegen war, um durch unterschiedliche Kontakte mit den Römern ihren Gewinn zu maximieren. So entstand aus kleinen Überfällen nördlich des Schwarzen Meeres ein stetig anschwellender Bevölkerungsstrom, bis eine Massenzuwanderung als das logische Instrument dieser Gewinnmaximierung erschien, das die Kontrolle über die Große Ungarische Tiefebene erlaubte.

Über die genaue Größe der Hunnengruppen, die an diesen beiden Migrationswellen beteiligt waren, lässt sich kaum etwas sagen. Eine politische Gemeinschaft wie die der Goten, deren Stabilität während der ersten Wanderungsphase in den 370er Jahren durch die Angriffe hunnischer Kriegerverbände und durch vertriebene Alanen erschüttert worden war, konnte insgesamt vielleicht 10 000 Krieger aufbieten. Allerdings kann man aus zwei Gründen auch daraus kaum auf die Stärke der anstürmenden Hunnen schließen. Erstens erfolgte der Angriff der Hunnen indirekt. Die politische Stabilität nördlich des Schwarzen Meeres wurde über einen langen Zeitraum und durch viele nadelstichartige Überfälle geschwächt, nicht durch eine Entscheidungsschlacht. Letztlich waren es die durch die Hunnen verursachten Unruhen unter den Alanen und nicht die Hunnen selbst, die die gotischen Greutungen 375/376 zu der folgenschweren Entscheidung veranlassten wegzuziehen. Es müssen also bei weitem nicht so viele Hunnen beteiligt gewesen sein, wie nötig gewesen wären, um 10 000 Goten in einer großen Schlacht zu schlagen. Zweitens waren die Hunnen ihren Gegnern waffentechnisch überlegen und darin den Buren im 19. Jahrhundert vergleichbar. Typisch war der aus verschiedenen Materialien zusammengesetzte Reflexbogen, wie er in der Steppe schon lange gebräuchlich war. Sie verwendeten jetzt jedoch einen Bogen längerer Bauart, der statt der vorher üblichen 100 Zentimeter bis zu 150 Zentimeter maß, und vergrößerten damit Reichweite und Durchschlagskraft. In römischen Quellen wird eindringlich geschildert, welche verheerende Wirkung die Hunnen damit aus sicherer Distanz in den Reihen ihrer gotischen Gegner erzielten. Die andere typische Waffe der Hunnen war ein langes Hiebschwert, das sie sehr erfolgreich im Nahkampf einsetzten, sobald sie die Phalanx ihrer Gegner aufgebrochen hatten.[16]

Es gibt auch keine direkten Belege dafür, wie groß die stärkeren Streitkräfte waren, die die Hunnenkönige in die Große Ungarische Tiefebene führten. Ähnlich den Mongolen benötigte jeder hunnische Krieger mehrere Pferde. Wenn man davon ausgeht, dass die Große Ungarische Tiefebene Weidefläche für maximal 150000 Pferde bot, lässt sich indirekt eine Maximalstärke der hunnischen Streitmacht von 15 000 bis 30000 Kriegern errechnen, aber das ist reine Spekulation. Mangels besserer Informationen vermute ich, dass die sich nach 370 ausweitenden Angriffe, bei denen sich die Hunnen nie einer direkten Konfrontation mit den Heeren der gotischen Klientelstaaten aussetzten, von jeweils einigen hundert Mann durchgeführt wurden und dass am großen Zug nach Mitteleuropa zu Beginn des 5. Jahrhunderts zwischen 10000 und 20000 Krieger teilnahmen. Aber auch das ist nur der Versuch einer plausiblen Schätzung.

Zahlen helfen uns hier kaum weiter. Immerhin ermöglicht es uns die vergleichende Migrationsforschung, ein paar allgemeine Aussagen über die Expansion der Hunnen nach Mitteleuropa zu treffen. Die erste Phase erinnert an zahlreiche besser dokumentierte Migrationsströme, die durch Kundschafter vorbereitet wurden. Auch wenn man aus neuerer Zeit keine vergleichbare Wanderungsbewegung kennt, entspricht die Migration großer Hunnengruppen in Phase zwei der Expansion einem Grundprinzip der Migration: dass nämlich die Größe und Zusammensetzung der Gruppen stets dem Ziel entspricht, unter den gegebenen Umständen mehr Wohlstand zu erlangen. Aus den bereits erwähnten Gründen gehörten zu der groß angelegten, auf Plünderung ausgerichteten Migration, wie sie die Hunnen schließlich unternahmen, immer auch Frauen und Kinder. Die zahlreichen nichtprofessionellen Kämpfer, die zu einer solchen Streitmacht gehörten, konnten ihren Anhang nicht einfach schutzlos zurücklassen, wenn sie in die Ferne zogen. Wie viele der anderen bereits erwähnten Migrantengruppen hatten auch die Hunnen eine Tradition der Mobilität entwickelt, die ihnen ihre Entscheidung, näher an die Römer heranzurücken, um von deren Wohlstand zu profitieren, sicherlich erleichtert hat; auch das lässt sich durch Vergleiche stützen. Ihre halbjährliche Wanderung, fester Bestandteil des Nomadenlebens, beweist zur Genüge, dass sie gut gerüstet waren, sich als große Gruppe auf den Weg zu machen.

Ein weiterer wichtiger Grund für den erheblichen zeitlichen Abstand zwischen den beiden Hauptphasen des Hunnenzugs nach Europa besteht darin, dass sich die Hunnen – wie auch die Goten, Vandalen und Alanen auf römischem Territorium – erst einmal die nötigen geographischen Kenntnisse aneignen und die Möglichkeiten sondieren mussten, die sich ihnen eröffneten, nachdem sie die Goten und Alanen aus den Gebieten nördlich des Schwarzen Meeres vertrieben hatten. So gesehen, kann man den massiven Ansturm der Hunnen im Jahr 395 auf das Römische und das Persische Reich aus dem Kaukasus heraus als Teil eines Lernprozesses deuten. Die Hunnen sorgten für erhebliche Verwerfungen, von denen in römischen Quellen ausführlich berichtet wird, zumal eine hunnische Kriegsmeute sogar fast bis ins Heilige Land vordrang. Allerdings erlitten die hunnischen Angreifer dort so schwere Verluste, dass sie keinen weiteren Versuch wagten.[17] Das Scheitern dieses Unternehmens führte womöglich zu dem Entschluss, ihr Glück nun weiter westlich in der Großen Ungarischen Tiefebene zu suchen. Die dafür erforderliche Kenntnis der europäischen Geographie stammte mit Sicherheit von kleineren Hunnengruppen, die schon vor 405 westlich der Karpaten operierten, beispielsweise von Söldnern, die dort in den 380er Jahren im Einsatz waren, oder sogar von Uldins Hunnen.

Außerdem führte, wie man dies in vielen anderen Fällen beobachten kann, der Migrationsprozess bei den Hunnen zu erheblichen sozialen und politischen Veränderungen. Als Olympiodor in den Jahren 411/412 als Gesandter zu ihnen kam, wurden sie von Königen befehligt, unter denen eine feste Rangfolge herrschte – eine politische Struktur, die den Bedürfnissen einer nomadischen Gesellschaft perfekt entsprach. Die nomadische Wirtschaftsweise macht es erforderlich, dass sich die Population großflächig verteilt. Zu dicht gedrängte Gruppen würden mit ihren Herden rasch die Weidegründe erschöpfen und sich damit ihrer Existenzgrundlage berauben. Während die einzelnen Untergruppen eigene Strukturen benötigen, um beispielsweise Streitigkeiten zu schlichten, muss die Gesamtgruppe bei Bedarf gemeinsam handeln können, besonders dann, wenn es um die Verteidigung der lebenswichtigen Weiderechte geht. Eine dezentrale Form der politischen Organisation mit hierarchisch gegliederten Königen entspricht also den Bedürfnissen einer nomadischen Gesellschaft.[18]

Doch schon als der nächste oströmische Gesandte, der große Geschichtsschreiber Priskos, Mitte der 440er Jahre die Hunnen aufsuchte, war das System hierarchischer Könige verschwunden. Attila, der anfangs die Macht noch mit seinem Bruder geteilt hatte, umgab sich mit Notabeln, von denen keiner die Königswürde bekleidete. Die Quellen verraten nichts über die Auflösung des Systems von Ober- und Unterkönigen, berichten aber von erheblichen diplomatischen Spannungen zwischen Attila und Konstantinopel, da Ostrom hochrangigen Hunnenführern Asyl gewährt hatte.[19] Das lässt vermuten, dass Attila spätestens seit der Herrschaft seines Onkels Rua in den 430er Jahren bestrebt war, die anderen Könige zu verdrängen oder ihre Macht zu beschneiden. Ähnliches haben wir bereits bei Alarichs Goten beobachtet, und es wird uns bei den Ostgoten und den Franken der Merowingerzeit erneut begegnen.

Diese Entwicklung hängt mit der Migration zusammen. In all diesen Fällen konnte ein Einzelner die gesamte, zuvor auf mehrere Führungsfiguren verteilte Loyalität der Gruppe auf sich vereinen. Das war nur möglich, wenn dieser Führer neue Wohlstandsquellen zu erschließen verstand, mit deren Hilfe er seine Rivalen im Kampf um die Gefolgschaft ausstechen konnte, bis er schließlich alle Gegner entweder aus der Gemeinschaft verdrängt oder dazu gebracht hatte, sich mit einer niedrigeren Position zu begnügen. Neue Quellen des Reichtums sprudelten für die Hunnen jetzt aus den Beziehungen zum Römischen Reich. Der kürzeste Weg zum politischen Erfolg bestand somit darin, sich auf Biegen und Brechen zum Verteiler der Reichtümer zu machen, die eine Mischung aus Überfällen, Söldnerdiensten und Geldzahlungen einbrachte. Auch wenn politische Umwälzungen kein erklärtes Ziel des Zuges der Hunnen an die mittlere Donau waren, so ergaben sie sich doch als ihre natürliche Folge.

Daher muss das Vordringen der Hunnen im späten 4. und frühen 5. Jahrhundert als eine Massenmigration im qualitativen Sinn heutiger Migrationsstudien betrachtet werden, auch wenn sie als stetig wachsender Zustrom und nicht als eine einzige große Wanderungsbewegung verlief. Das Auftauchen der Hunnen löste zuerst nördlich des Schwarzen Meeres und dann in Mitteleuropa schwere politische Erschütterungen aus. Nicht minder schwer war die Erschütterung, die schließlich ihre eigenen politischen Strukturen hinwegfegte. Eine genauere Analyse scheitert an unserer Unkenntnis der Motive für die Wanderung der Hunnen. Römische Quellen sehen den Zufall am Werk und entwerfen eine phantasievolle Saga von Jägern, die durch die Sümpfe irrten, um unversehens auf ein mit Reichtümern gesegnetes Land zu stoßen. Doch das ist nur eine Fabel, nach klassischen Vorbildern gestrickt wie Ammians Charakterisierungen der Barbarenvölker.[20] Da uns genauere Informationen fehlen, ist anzunehmen, dass die Reichtümer an der Peripherie des Römischen Reiches zunächst hunnische Plünderer anlockten, woraus sich allmählich eine regelrechte Migration entwickelte. Neue Erkenntnisse über Klimaveränderungen oder politische Entwicklungen könnten diese These entkräften, doch bis auf Weiteres erscheint sie am plausibelsten.

Die Migration der Hunnenzeit betraf jedoch nicht allein die Hunnen, sondern auch die vielen anderen Völker in Attilas Reich. Alles spricht dafür, dass ihre Motive, zur Zeit der Hunnenherrschaft an den Mittellauf der Donau zu ziehen, und ihre Migrationsmuster ganz andere waren als die der Hunnen.

KOMMEN UND GEHEN AN DER DONAU

Von den nichthunnischen Untertanen Attilas hatten die Gepiden, Sueben und Sarmaten schon im 4. Jahrhundert Land an der mittleren Donau besetzt, lange bevor die Hunnen nach Europa kamen. Die Sueben und Sarmaten tauchen laut Ammians Bericht über den Feldzug des Kaisers Constantius II. im Jahr 358 in der Region auf, und die Gepiden bewohnten anderen Quellen zufolge Landstriche nordwestlich der ehemals römischen Provinz Dakien im heutigen Rumänien. Ihre Präsenz an der mittleren Donau zur Zeit Attilas war völlig unauffällig, ganz im Gegensatz zu den meisten anderen nichthunnischen Gruppierungen in Attilas Reich. Die von den Goten und Alanen bewohnten Gebiete lagen im 4. Jahrhundert östlich, nicht westlich der Karpaten, wie wahrscheinlich auch die der Heruler, Rugier und Skiren. Am genauesten kennen wir noch den Aufenthaltsort der Heruler, die, auch wenn sie in Quellen aus dem 4. Jahrhundert nicht erwähnt werden, im 3. Jahrhundert nördlich des Schwarzen Meeres lebten. Bezogen auf die Skiren steht fest, dass sie um 380, als der Name dieser Gruppe erstmals in römischen Quellen auftaucht, gemeinsam mit den Hunnen die römische Reichsgrenze am Unterlauf – nicht am Mittellauf – der Donau unsicher machten, woraus zu schließen ist, dass sie östlich der Karpaten lebten. Über die Rugier haben wir aus dem 3. und 4. Jahrhundert keine direkten Informationen, aber sie waren wie die Goten im 1. und 2. Jahrhundert Teil der Wielbark-Kultur gewesen. Da sie im 5. Jahrhundert, wiederum gemeinsam mit den Goten, am Mittellauf der Donau anzutreffen sind, ist es gut möglich, dass sie im 3. Jahrhundert auf der gleichen Route ans Schwarze Meer kamen.[21] Und wahrscheinlich zogen auch die Skiren, Rugier und Heruler, wie die Goten und Alanen, erst im späten 4. oder frühen 5. Jahrhundert in das Gebiet westlich der Karpaten an die mittlere Donau.

Wesentlich mehr wissen wir über das gotische Kontingent, das in Form einzelner Gruppen in Attilas Reich kam. Eine Gruppe wurde vom Geschlecht der Amaler und ihren Rivalen beherrscht und erlangte zeitgenössischen Quellen zufolge in den frühen 460er Jahren weitgehende Unabhängigkeit. In einer zweiten regierte Mitte der 460er Jahre der Gotenkönig Bigelis, während eine dritte bis in die späten 460er Jahre von Attilas Sohn Dengizich geführt wurde. Einige dieser gotischen Gruppen – wie die des Radagaisus im Jahr 405 – zogen vielleicht an den Mittellauf der Donau, noch bevor die Hunnen dort um 410 ihre Herrschaft errichteten. Andere wurden womöglich von den Hunnen auf dem Höhepunkt ihrer Macht dort angesiedelt, weitere kamen auf ganz anderen Wegen. Folgt man Jordanes, so zogen die amalischen Goten erst nach dem Tod Attilas Mitte bis Ende der 450er Jahre in das Gebiet westlich der Karpaten, obwohl sie seine Oberhoheit bereits in den 440er Jahren anerkannt hatten.[22] Die Geschichte der Goten zeigt auch, dass die in den Quellen erwähnten Untertanen der Hunnen in unterschiedlichen Gruppen aktiv gewesen sein könnten und dass ihr Zug nach Westen in das Gebiet der mittleren Donau ein entsprechend komplizierter Prozess war.

Wenn schon der Aufstieg der Hunnen mit weitreichenden Bevölkerungsverschiebungen in das Gebiet der mittleren Donau verbunden war, so löste ihr Fall erst recht ein großes Kommen und Gehen aus. Zu den Ersten, die sich davonmachten, gehörten die Hunnen selbst. Als nach dem Sieg der Gepiden in der Schlacht am Nedao Attilas einstige Untertanen immer stärker ihre Unabhängigkeit einforderten, ging die militärische Schlagkraft der Hunnen so stark zurück, dass in den späten 460er Jahren den beiden damals noch lebenden Söhnen Attilas, Dengizich und Hernak, das Gebiet nördlich der Donau zu unsicher wurde und sie nach neuen Siedlungsgebieten auf dem Gebiet des Oströmischen Reiches Ausschau hielten. Hernak wurde wohlwollend aufgenommen und erhielt für sich und seine Gruppe Land in Scythia Minor, doch Dengizich wurde 469 von einer oströmischen Armee geschlagen und getötet, sein Kopf in Konstantinopel zur Schau gestellt. Innerhalb von 17 Jahren nach Attilas Tod hatten die Hunnen also ihre führende Stellung östlich der Donau vollständig verloren. Und natürlich waren Dengizich und Hernak nicht die Ersten, die von der Donau in Richtung Süden zogen. Mehrere Quellen berichten, dass im oder um das Jahr 466 eine andere Gruppe Hunnen unter Führung von Hormidak sowie Goten unter ihrem Anführer Bigelis auf oströmisches Gebiet vordrangen.[23] Die genauen Umstände sind zwar nicht bekannt, doch sind diese Züge eindeutig der Zeit zuzuordnen, in der bereits eine allgemeine Fluchtbewegung vor den Kämpfen in Attilas zerfallendem Reich eingesetzt hatte.

Doch die Bevölkerungsgeschichte im Gebiet der mittleren Donau nach Attilas Tod erschöpft sich nicht in der Abwanderung. Der einzige zusammenhängende Bericht der Ereignisse stammt von Jordanes, geschrieben um 550 in Konstantinopel. Ihm zufolge zogen erst jetzt, Mitte der 450er Jahre, die amalischen Goten unter ihrem König Valamer in das Gebiet westlich der Karpaten. Die Geschichte wurde vermutlich zum ersten Mal am Hof von Valamers Neffen Theoderich dem Großen, dem König des ostgotischen Italien, in den 520er Jahren niedergeschrieben. Theoderich, Mitte der 450er Jahre geboren, lebte zu diesem Zeitpunkt noch, was die Glaubwürdigkeit der Geschichte erhöht. Doch Jordanes offenbart einige Unsicherheit über Valamers frühere Laufbahn, weshalb gewisse Zweifel bleiben.[24] Dass die amalischen Goten Neuankömmlinge waren, könnte eine Erklärung dafür sein, dass sich in den 460er Jahren die anderen Bewohner des Gebiets der mittleren Donau – insbesondere die Skiren, Sueben, Rugier und Gepiden – gegen sie verbündeten. Die Folge dieser Kämpfe war jedenfalls eine verstärkte Abwanderung aus dieser Region. Die Hunnen unterlagen in diesem Konkurrenzkampf und suchten schließlich Zuflucht im Römischen Reich. Aus demselben Grund machten sich auch zahlreiche Skiren auf den Weg, namentlich auch Odoaker, der Sohn des besiegten Skirenkönigs Edekon, der nach einer zweiten schweren Niederlage im Kampf gegen die amalischen Goten 469/470 ins Weströmische Reich aufbrach. Als Nächstes verließen die Goten selbst die Region. Nachdem die Amaler in einer blutigen Schlacht an einem bis heute nicht lokalisierbaren Fluss Pannoniens, bei Jordanes Bolia genannt, eine gegnerische Koalition besiegt hatten, zogen sie 473/474 in den oströmischen Balkan. Hier kam es zu einem fünfzehnjährigen Intermezzo, in dessen Verlauf Theoderich der Große an die Macht kam. Er folgte seinem Vater Thiudimir, der die Führung der Gruppe übernommen hatte, nachdem sein Bruder Valamer im Kampf gegen die Skiren gefallen war. Im Herbst 488 zogen Theoderichs Anhänger nach Italien und gründeten dort das ostgotische Königreich.[25]

Doch selbst nach dem Ende der Hunnenherrschaft, der Vernichtung der Skiren und dem Aufbruch der Goten ging der Machtkampf an der mittleren Donau weiter. Drei Hauptmächte waren 473/474 in der Region verblieben: die Rugier, die Heruler und die Gepiden. Das nächste Opfer dieser Auseinandersetzungen war das Königreich der Rugier, das nördlich der Donau an die ehemalige römische Provinz Noricum angrenzte (im Gebiet des heutigen Niederösterreich). Die Rugier zogen sich den Zorn Odoakers zu, der ab 476 über Italien herrschte. Im Jahr 486 schickte er eine große Armee über die Donau. Die Rugier wurden vernichtend geschlagen, ihr König Feletheus 487 in Ravenna hingerichtet. Dies war das Ende des unabhängigen rugischen Königreichs. Die Überlebenden flohen unter Führung von Feletheus' Sohn Friedrich Richtung Süden auf den Balkan, wo sie sich 487/488 dem Amalerfürsten Theoderich anschlossen, um dann zusammen mit den Ostgoten nach Italien zu ziehen.[26]

Nach dem Ende des rugischen Königreichs verblieben die Heruler und Gepiden als Hauptmächte an der mittleren Donau, doch nun drangen langobardische Gruppen, die von Böhmen und von der mittleren Elbe aus Richtung Süden zogen, in die Region vor, zunächst nur in die Gebiete, die zuvor von den Rugiern beherrscht worden waren. Im 1. Jahrhundert hatte das Kernland der Langobarden an der unteren Elbe südlich der Halbinsel Jütland gelegen. Die heute erhaltenen schriftlichen Berichte über den Marsch, der sie schließlich im 5. Jahrhundert nach Niederösterreich brachte (Karte 10), stammen aus dem 9. Jahrhundert und sind voll mit Ausschmückungen, die erkennen lassen, dass dem Text keine historische Quelle zugrunde liegt. Das erste gesicherte Datum, das wir vom Zug der Langobarden Richtung Süden haben, stammt aus einer römischen Quelle: Demnach zogen sie 488/489 nach Niederösterreich und füllten das Machtvakuum, das durch den Sieg Odoakers über die Rugier entstanden war. Die Langobarden bauten ihre Macht in zwei Schritten aus. 508 besiegten sie die Heruler und vertrieben die wenigen noch verbliebenen Sueben, anschließend besetzten sie die südlich der Donau gelegene einstige römische Provinz Pannonien. Aufgrund der schlechten Quellenlage ist unklar, ob dies schon in den 520er oder erst in den 540er Jahren geschehen ist. Fest steht jedoch, dass die Langobarden im zweiten Viertel des 6. Jahrhunderts zur dominierenden Macht in den westlichen Gebieten an der mittleren Donau aufstiegen.[27] Ihre größten Rivalen waren jetzt ihre Nachbarn im Osten, die Gepiden.

Die Niederlage der Heruler 508 führte rasch zu einer Spaltung der Gruppe. Ein Teil zog von der Donau in den Norden nach Skandinavien. Ein anderer Teil suchte zunächst bei den Gepiden Zuflucht. Doch die Forderungen ihrer neuen Schutzherren waren zu hoch, und so wandten sie sich ins Oströmische Reich, wo ihnen Kaiser Anastasios Anfang der 510er Jahre Land an der Donau zusprach. Hier blieben sie bis in die 540er Jahre, als ihr König ohne Erben starb. Irgendwie müssen sie erfahren haben, dass die andere Gruppe der Heruler bis nach Skandinavien gekommen war, denn sie schickten eine Gesandtschaft aus, um einen geeigneten Thronfolger zu suchen. Deren Rückkehr zog sich hin – unter anderem, weil der zunächst ausgewählte Kandidat unterwegs starb –, so dass Kaiser Justinian (527–565) auf Wunsch der Heruler in der

Zwischenzeit einen Nachfolger bestimmte. Als die Skandinavien-Expedition schließlich zurückkehrte, kam es zu einem blutigen Machtkampf, und die an der Donau verbliebenen Heruler spalteten sich erneut. Ein Teil blieb im Oströmischen Reich, ein anderer kehrte zu den Gepiden zurück. In einem nachfolgenden Krieg zwischen den Langobarden und den Gepiden schickte Byzanz einige der verbliebenen Heruler als Unterstützung der Langobarden in den Kampf, die nun auf einmal ihren früheren, auf Seiten der Gepiden kämpfenden Volksgenossen gegenüberstanden.[28]

Das Schicksal der Heruler ist in diesem Zusammenhang allerdings nur am Rande von Interesse. Mit dem Aufstieg der Langobarden endeten die durch die Hunnen an der mittleren Donau ausgelösten Umwälzungen. Vom Auftauchen der ersten Hunnen westlich der Karpaten, wahrscheinlich um 410, bis zur Niederlage der Heruler im Jahr 508 in den sich lange hinziehenden Machtkämpfen nach Attilas Tod war fast ein Jahrhundert vergangen – ein verwickelter Prozess, der jedoch einer inneren Logik folgt. Einige Gruppen, die nach Attilas Tod um die Macht gekämpft hatten, verließen die Region, so dass die politische Landschaft an der mittleren Donau im 6. Jahrhundert zweigeteilt war: mit einer von Langobarden und einer von Gepiden beherrschten Einflusssphäre. Unser vorrangiges Interesse gilt jedoch den Migrationsbewegungen, die mit diesem Prozess verbunden waren: der Zuwanderung in die Region während des Aufstiegs der Hunnen, und der Abwanderung nach Attilas Tod, wobei (wahrscheinlich) die amalischen Goten und (gesichert) die Langobarden Ausnahmen bildeten.[29]

Die in unseren Quellen verwendeten Bezeichnungen – Goten, Rugier, Heruler, Skiren etc. – werden in den herkömmlichen Darstellungen der Ereignisse als die Namen von »Völkern« betrachtet. Damit meint man geschlossene Gruppen von Männern, Frauen und Kindern, die bestimmte kulturelle Normen teilten, sich im Großen und Ganzen gegen andere Gruppen abgrenzten und bevorzugt innerhalb ihrer eigenen Gruppe heirateten. Die unterschiedlichen Phasen der Migrationen im Zusammenhang mit dem Aufstieg und Fall von Attilas Hunnenreich konnten unter dieser Prämisse als Teil der »Völkerwanderung« aufgefasst werden. Die historischen Belege für all diese Bewegungen sind jedoch ziemlich dünn. Die Berichte der römischen Geschichtsschreiber über die Wanderungen der sogenannten Barbaren lassen viel zu wünschen übrig, selbst dann, wenn diese Wanderungen direkte Auswirkungen auf die römische Welt hatten. Der größte Teil dieser Migrationen vollzog sich fernab der Grenzen Roms. Oft haben wir lediglich die bloße Erwähnung, dass irgendeine Gruppe von A nach B zog, und manchmal lässt sich selbst das nur indirekt erschließen, ohne einen Anhaltspunkt dafür, um welche Bevölkerungsgruppe es sich eigentlich handelte.

Angesichts des schwachen Echos in den schriftlichen Quellen hängt jede Beurteilung von Art und Umfang dieser Bevölkerungsbewegungen – oder der in diesen Quellen festgehaltenen Bewegungen von *Namen* – von der Einschätzung der Gruppen ab, auf die diese Bezeichnungen bezogen sind. Die gesamte Migrationsproblematik ist also eng verknüpft mit dem kontrovers diskutierten Thema der Gruppenidentität der Barbaren. Wer glaubt, dass sich hinter den Namen Bevölkerungsgruppen mit einer jeweils ausgeprägten Identität verbergen, wird das Ausmaß der Migrationsströme in Richtung und aus Richtung der Großen Ungarischen Tiefebene zwischen 410 und 508 entsprechend hoch beziffern. Betrachtet man Gruppenidentitäten dagegen als austauschbare Etiketten, die sich Barbarenpopulationen je nach Vorteilslage zulegten, so sagt die Wanderung von Namen über die Landkarte Europas nicht viel über tatsächlichen Bevölkerungsverschiebungen aus. Nicht viel, aber auch nicht gar nichts, denn auch ein Name kann natürlich nur wandern, wenn es einen Namensträger gibt. Wenn der Name sich in irgendeiner Hinsicht als zweckdienlich erwies, konnten die Wenigen, die sich tatsächlich auf den Weg machten, rasch neue Leute nachholen. Was also sagen unsere Quellen über die Stabilität von Gruppenidentitäten zur Zeit Attilas aus?

IDENTITÄT IM HUNNENREICH

Im Bericht über seine Gesandtschaftsreise zu den Hunnen erzählt der Geschichtsschreiber Priskos, er sei einmal unvermittelt auf Griechisch begrüßt worden, und zwar von einem Mann, der wie ein wohlhabender Hunne aussah. Er war »gut und sorgfältig gekleidet und hatte den Kopf rundherum geschoren«. Auf Nachfrage erzählte ihm der Mann, ein Griechisch sprechender römischer Kaufmann aus Viminacium, einer Stadt an der Donau, seine Lebensgeschichte:

> [...] er habe [...] seinen Wohlstand bei der Eroberung der Stadt verloren und sei als wohlhabender Mann bei der Verteilung der Beute mit all seiner Habe dem Onegesius [einem von Attilas Gefolgsleuten] zugesprochen worden. [...] Später habe er sich im Kampf gegen die Rhomäer [Ostrom] und Akatziren ausgezeichnet, alle seine Kriegsbeute nach Skythenbrauch seinem Herrn abgetreten und dafür die Freiheit wiedererlangt. Auch eine Barbarenfrau habe er geheiratet, die ihm Kinder geboren habe. Am Tisch des Onegesius sei er ein ständiger Gast, und dies Leben behage ihm weit mehr als sein früheres.

Nach dem Beispiel dieses römischen Kaufmanns, der zum Hunnenkrieger wurde, stellt man sich heute die Gruppenidentität in Attilas Reich häufig als durchaus wandelbar vor. Ein anderer bekannter Fall unterstützt dies. Odoakers Vater Edekon begegnen wir zuerst als Gefolgsmann Attilas im Rang jenes Onegesius, unter dessen Schutz sich der erwähnte griechische Kaufmann gestellt hatte. Edekon, obwohl selbst kein Skire, wurde nach dem Tod Attilas König der Skiren. Einen Anspruch auf den Thron erwarb er wahrscheinlich durch seine Vermählung mit einer skirischen Adligen, jedenfalls wird von seinen Kindern Odoaker und Hunulf gesagt, ihre Mutter sei Skirin gewesen. Edekon selbst wird mal als Hunne, mal als Thüringer bezeichnet. Zwei Einzelfälle also, die Attilas Reich als Schmelztiegel von Gruppenidentitäten erscheinen lassen, was auch durch allgemeinere Beobachtungen gestützt wird: Viele der führenden Gefolgsleute Attilas trugen germanische und nicht hunnische Namen. Das gilt mit Sicherheit für Onegesius und Edekon, wahrscheinlich aber auch für Berichus und Scottas. Auch die überlieferten Namen für Attila und seinen Bruder Bleda stammen aus dem Germanischen, bekanntlich die lingua franca in Attilas Reich, da die germanischen Untertanen der Hunnen weit zahlreicher waren als diese selbst.[30] Es spricht also alles dafür, dass die Welt der Hunnen am Mittellauf der Donau multikulturell geprägt war.

Ausgrabungen bestätigen dies. Seit 1945 wurden große Mengen Material aus der Zeit der Hunnenherrschaft zutage gefördert, hauptsächlich von Begräbnisstätten in der Großen Ungarischen Tiefebene. Hinzu kommen einige Schatzfunde. Funde, die ausschließlich den Hunnen zugeordnet werden können, waren jedoch selten. Insgesamt – und das heißt einschließlich der Wolgasteppe nördlich des Schwarzen Meeres – konnten nicht mehr als 200 eindeutig hunnische Bestattungen identifiziert werden. Ihre besonderen Merkmale sind der für die Hunnen typische Bogen, damals in Europa nicht übliche Kleidung und teilweise auch Schädeldeformationen (manche Hunnen bandagierten die Schädel ihrer Neugeborenen, was zu einer auffällig länglichen Kopfform führte) sowie die sogenannten Hunnenkessel. Wenn die Hunnen sich ihrer Toten nicht auf eine Art entledigten, die keine archäologischen Spuren hinterlässt, muss es eine andere Erklärung für die Seltenheit solcher Funde geben. Sterbliche Überreste der germanischen Untertanen der Hunnen – oder was man dafür halten kann – finden sich in den Begräbnisfeldern im Gebiet der mittleren Donau aus dem 5. Jahrhundert dagegen im Überfluss. Als germanisch klassifiziert werden sie, weil sie eine charakteristische Verwandtschaft mit Bestattungsbräuchen aufweisen, wie sie in spätrömischer Zeit vor Ankunft der Hunnen in den von Goten und anderen Germanen dominierten Gebieten in

Mittel- und Osteuropa gepflegt wurden. All diese Funde germanischer Bestattungen aus dem 5. Jahrhundert gehören in eine Reihe datierter Fundhorizonte, die mit dem Aufkommen des »Donaustils« in Verbindung stehen.[31]

Üblich war eher die Körper- als die Brandbestattung,[32] die charakteristischen Grabbeigaben fanden sich in größerem Umfang nur in relativ wenigen Gräbern wohlhabender Persönlichkeiten. Die meisten Toten wurden mit wenigen oder ganz ohne Beigaben bestattet. Auch persönlicher Schmuck gehörte dazu, insbesondere große, halbkreisförmige Gewandnadeln, Gürtelschließen, Ohrringe mit Polyederkapseln und goldene Halsketten. Waffen und andere Gegenstände der militärischen Ausrüstung wurden gleichfalls oft gefunden: Sättel mit Metallapplikationen, lange, gerade Schwerter, wie sie Reiter benutzten, und Pfeile. Eine eigentümliche Sitte war es, den Verstorbenen zerbrochene Metallspiegel ins Grab zu legen. Die Anordnung der Gegenstände in den Gräbern, die Art der Bestattung und vor allem die Art, wie die Frauen die Kleidung trugen (links und rechts an den Schultern von je einer *fibula* zusammengehalten, ergänzt von einer dritten vor der Brust, die das Obergewand schloss), lassen sich direkt aus germanischen Bestattungsbräuchen des 4. Jahrhunderts herleiten. Diese verbreiteten und entwickelten sich dann im 5. Jahrhundert in Attilas Reich weiter, so dass sich nur anhand der archäologischen Befunde die Bestattungen von Hunnen nicht von denen ihrer germanischen Untertanen unterscheiden lassen.[33] Die große Verbreitung der materiellen Kultur germanischen Ursprungs, die keine individuelle Zuordnung ermöglicht, lässt Attilas Reich als einen Schmelztiegel erscheinen; die Lebensgeschichten des oben erwähnten Kaufmanns und Edekons sind Beispiele dafür. Diese kulturelle Verschmelzung ging vielleicht noch einen Schritt weiter: Das Fehlen hunnischer Bestattungen im 5. Jahrhundert könnte auch damit zusammenhängen, dass die Hunnen nicht nur die Sprache, sondern auch die Kleidung ihrer germanischen Untertanen übernommen hatten.

Es gibt also keinen Zweifel, dass relativ viele Individuen in Attilas Reich bereit waren, um materieller Vorteile willen ihre Identität den sich ändernden politischen Gegebenheiten anzupassen. Einige Forscher ziehen aus den historischen und archäologischen Befunden den Schluss einer generell hochflexiblen Gruppenidentität im damaligen multikulturellen Europa: Praktisch jeder, der im späten 4. und frühen 5. Jahrhundert in ihren Einflussbereich geriet, sei schließlich ein vollgültiger Hunne geworden. Die ursprüngliche Kerntruppe der Nomaden und die zumeist Germanisch sprechenden Kontingente, die Attilas Reich die nötige personelle Stärke verliehen, hätten sich in gleicher Weise als Hunnen verstanden, um dann nach dem Tod Attilas ihre Identität neu zu definieren und in die verschiedenen Gruppierungen zu zerfallen, die in den 450er und 460er Jahren nach Unabhängigkeit strebten.³⁴ Ich zweifle nicht daran, dass dieses Modell für Einzelne wie auch für die eine oder andere Gruppe zutreffen mag, aber es lässt doch eine ganze Reihe historischer Belege außer Acht, die zeigen, dass im Hunnenreich die Freiheit der Individuen, ihre Gruppenidentität entsprechend dem materiellen Vorteil zu wählen, durchaus begrenzt war.

Sehen wir uns nur einmal Priskos' griechischen Kaufmann etwas genauer an. Seine persönliche Erfolgsgeschichte beruht darauf, dass er seinem neuen Herrn erfolgreich in der Schlacht diente und sich durch die ihm zugeteilte Beute seine Freiheit erkaufen konnte. Doch wie vielen römischen Gefangenen wird sich wohl eine solche Chance geboten haben, selbst wenn bei Attilas erfolgreichen Raubzügen der 440er Jahre noch so viel Beute gemacht wurde? Falls Onegesius nicht eine riesige Tafel gehalten hat, sicherlich nicht allzu vielen – und wer von den in der Kriegskunst zumeist völlig unerfahrenen römischen Gefangenen hatte überhaupt die Möglichkeit, sich durch Geschick und Glück in der Schlacht auszuzeichnen? Weitaus seltener wird eine andere von Priskos erzählte Geschichte zweier Gefangener angeführt, die ebenfalls zum Kriegsdienst für die Hunnen herangezogen wurden, aber das Schlachtgetümmel nutzten, um eine Rechnung zu begleichen und ihren neuen Herrn zu töten – sie wurden gehängt.³⁵ Deswegen vermute ich, dass das Verhältnis zwischen Herr und Sklave in der Regel nicht die märchenhafte Wendung von Priskos' Kaufmann nahm.

Solche Geschichten schildern außerdem stets das Schicksal einzelner Römer, die in hunnische Gefangenschaft gerieten. Die überwiegende Mehrheit der Nicht-Hunnen wurde in Attilas Reich jedoch in größeren Bevölkerungsblöcken eingegliedert. Die Art dieser Beziehung erleichterte einen schnellen und umfassenden Identitätswechsel nicht unbedingt. Die Nicht-Hunnen wurden durch Unterwerfung und Einschüchterung Teil des Hunnenreichs, wie das Beispiel der Akatziren zeigt, der letzten Opfer der Hunnen zur Zeit Attilas. Nach kurzem diplomatischen Vorgeplänkel kamen die Hunnen unmissverständlich zur Sache: »Attila sandte unverzüglich eine große Streitmacht aus, tötete einige und zwang die übrigen, sich zu unterwerfen.« Die Terwingen und Greutungen waren im Sommer 376 an die Donau gezogen, damit ihnen ein solches Schicksal erspart blieb. Alles weist darauf hin, dass Attila die Reihen seiner Untertanen nicht mit Freiwilligen füllte, sondern mit allen, die sich seinem Zugriff nicht rechtzeitig entziehen konnten.³⁶ Das lässt vermuten, dass die Beziehungen zwischen den Hunnen und den von ihnen unterworfenen Gruppen nicht die allerbesten waren, und der weitere Verlauf der Geschichte bestätigt dies.

Entscheidend für jedes Verständnis des Hunnenreichs ist die Tatsache, dass es durch grundsätzliche Instabilität gekennzeichnet war. Dem wird häufig zu wenig Beachtung geschenkt, da unsere Hauptquelle Priskos das Hunnenreich auf dem Gipfel seiner Macht unter Attila in den 440er Jahren beschrieb. Lässt man den Blick allerdings ein wenig weiter schweifen, wird die Fragilität dieses Gebildes rasch deutlich. Die meisten Gruppen waren nur sehr widerwillige Untertanen, was es den Römern ermöglichte, einzelne unterworfene Völker herauszulösen, die oft bereitwillig die Gelegenheit ergriffen, sich den ungeliebten Herren zu entziehen. So wurde Uldin 408/409 besiegt, als ihm etliche seiner Untertanen den Rücken kehrten. Allerdings wissen wir in diesem Fall nicht, ob es daran lag, dass die Römer die Bruchstelle zwischen den Hunnen und ihren Untertanen ausnutzen konnten.

Doch es gibt andere, sehr viel deutlichere Belege. In den 420er Jahren brachte Ostrom einen großen Teil der Goten dazu, sich der Kontrolle durch die Hunnen zu entziehen, als sie diese aus Teilen Pannoniens vertrieben. Die Goten wurden nach Thrakien umgesiedelt und leisteten dem Oströmischen Reich danach treue Kriegsdienste.[37] Andere unterworfene Gruppen ergriffen bei Gelegenheit selbst die Initiative:

> Als der Hunnenkönig Ruas beschlossen hatte, mit den Amilzuren, Itimaren, Tunsuren, Boiskern und den übrigen am Donauufer wohnenden Stämmen Krieg zu führen, [suchten diese] ihre Zuflucht zu einem Waffenbündnis mit den Rhomäern [Ostrom].[38]

Dies geschah in den 430er Jahren, als Attilas Onkel Rua bereits beachtliche Erfolge aufzuweisen und entsprechend viel Beute zu verteilen hatte – offenbar jedoch nicht genug, um alle seine Untertanen bei Laune zu halten. Wie so oft, war auch bei den Hunnen ein Führungswechsel von Unruhen begleitet:

> Nach dem Friedensschluss [mit Ostrom zu Beginn ihrer Herrschaft um 440] zogen Attilas und Bledas Heerscharen aus, um die skythischen Stämme zu unterwerfen und die Sorosger zu bekriegen.[39]

Wer es geschafft hatte, sich als Hunnenführer durchzusetzen, musste seine Herrschaft auch über die unterworfenen Gruppen sichern. Dazu bedurfte es jedoch der Neutralität der Römer. In dem ersten Vertrag, den Attila und Bleda mit Konstantinopel schlossen, sicherte Ostrom ihnen zu, »mit keinem Barbarenstamm, der gegen die Hunnen zu Felde ziehe, ein Bündnis zu schließen«.[40]

Die massiven Konflikte, die nach Attilas Tod zwischen den Hunnen und den von ihnen unterworfenen Gruppen ausbrachen, waren Ausdruck tief sitzender struktureller Probleme des Hunnenreichs. Das Bild von Frieden und Harmonie, das Priskos mit der Schilderung seines Gesandtschaftsbesuchs bei den Hunnen vermittelt, ist völlig irreführend. Das Hunnenreich war durch Eroberung entstanden und wurde mit eiserner Faust zusammengehalten, und wer seine Freiheit wollte, musste sie sich erkämpfen.

Eine Erklärung für die Feindseligkeiten zwischen Herrschern und Beherrschten liefert ein anderes Fragment des Priskos, das Dengizichs letzten Angriff auf das Römische Reich 467/468 beschreibt, fast 20 Jahre nach der Reise des Geschichtsschreibers zu Attila. Priskos schildert, wie ein römischer Agent provocateur den Zusammenhalt einer Streitmacht aus Goten und Hunnen hintertrieb, indem er die Goten daran erinnerte, wie die Hunnen sich ihnen gegenüber grundsätzlich verhielten:

> Die [Hunnen] vernachlässigten [...] den Ackerbau und würden wie die Wölfe über Hab und Gut der Goten herfallen und es ihnen rauben; sie selbst, die Goten, würden von den Hunnen wie Sklaven gehalten und gezwungen werden, sie zu ernähren [...].[41]

Die Hunnen nahmen ihren Untertanen jedoch nicht nur die Nahrungsvorräte weg, sondern ließen sie in ihren Kriegen auch für sich kämpfen. Der von Priskos geschilderte Kaufmann, der sich erfolgreich als Hunnenkrieger bewährte, war sicherlich eine Ausnahme. Viele fanden in den Gefechten den Tod. Für die meisten dürfte sich die Eingliederung ins Hunnenreich mithin als brutale Eroberung dargestellt haben, gefolgt von skrupelloser Ausbeutung und verbunden mit dem zweifelhaften Vergnügen, sich für Attila abschlachten zu lassen.

Nicht vergessen darf man in diesem Zusammenhang auch, dass das Hunnenreich – im Unterschied zum Römischen Reich – über keinen Regierungsapparat verfügte, der sich um die Angelegenheiten der unterworfenen Völkerschaften hätte kümmern können. Die gesamte Verwaltung der Hunnen bestand aus einem römischen Sekretär, den Aëtius, de facto der Herrscher des Weströmischen Reiches, stellte, und einem römischen Gefangenen, der Briefe in Latein und Griechisch aufsetzen konnte. In der Praxis bedeutete dies, dass man den unterworfenen Gruppen die Führung ihrer Alltagsangelegenheiten mehr oder weniger selbst überlassen musste. Das heißt nicht, dass sich die Hunnen nicht einmischten. Beispielsweise betraute Attila nach dem Sieg über die Akatziren einen seiner Söhne mit der Aufsicht über deren überlebende Oberhäupter, nicht ohne zuvor jene, die nicht kooperationsbereit waren, auszuschalten. Auch die Goten, die zu Dengizichs Invasionsstreitmacht 467/468 gehörten (siehe das oben zitierte Fragment), hatten ihre Führung behalten können, besaßen aber keinen Oberkönig mehr. Zwischen dem 3. und dem 5. Jahrhundert hatten alle uns bekannten unabhängigen gotischen Gruppen einen Oberkönig (wobei die Macht auch auf mehrere Personen verteilt sein konnte, zum Beispiel auf Brüder, wie anfangs bei den amalischen Goten). Bei den größeren der von ihnen unterworfenen Gruppen ließen die Hunnen keinen solchen Gesamtführer mehr zu.[42] Dieselbe Strategie hatten zuvor die Römer gegenüber den Alamannen jenseits der Reichsgrenze und 382 im Vertrag mit den Goten diesseits der Grenze verfolgt. Fehlt ein solcher oberster Herrscher, so entsteht in einer Gruppe eine politische Konkurrenzsituation, die wirksamen Widerstand nach außen verhindert.

Bei den amalischen Goten darf man von ähnlichen Verhältnissen ausgehen. Jordanes ist zu entnehmen, dass Valamer nicht durch Erbfolge an die Macht kam, sondern durch die Ausschaltung rivalisierender Anführer von Kriegerverbänden, mit deren Getreuen er dann seine eigene Machtbasis zu vergrößern suchte. Die Berichte über diese Ereignisse sind nicht datiert, doch fanden sie eher nach als vor Attilas Tod statt, weil sie genau das schufen, was die hunnischen Machtstrategen verhindern wollten: eine gotische Gruppe, die stark genug war, Unabhängigkeit zu beanspruchen. Erst nach ihrem Zusammenschluss waren die Goten in der Lage, in das Gebiet der mittleren Donau vorzudringen oder sich von Konstantinopel ihre Unabhängigkeit bestätigen zu lassen.[43] Wenn sich das auf die Untertanen der Hunnen allgemein übertragen lässt, wird auch klar, warum die Skiren sich unter Attilas Anführern einen König suchen mussten, als das Hunnenreich zusammenbrach.

So glanzvoll Attilas Herrschaft auch war, sein Reich war brüchig. Im Unterschied zu Rom, das seinen Untertanen (zumindest den landbesitzenden Eliten) im Lauf der Jahrhunderte die vollen Bürgerrechte gewährte, wodurch sich feindselige Gefühle aus der Eroberungszeit auflösten, verfügten die Hunnen über keinen bürokratischen Apparat, der ihnen eine direkte Herrschaft über ihre Untertanen ermöglicht hätte. Ich gehe daher davon aus, dass die Hunnen ihre Macht über die einzelnen Gruppen in sehr unterschiedlichem Grad geltend machen konnten. Die Gepiden scheinen zur Zeit von Attilas Tod bereits einen gemeinsamen König gehabt zu haben, womöglich der Grund dafür, dass sie als Erste nach Unabhängigkeit strebten. Andere wie die amalischen Goten mussten sich Mitte bis Ende der 450er Jahre erst auf eine solche Führungsfigur einigen, bevor sie die Hunnen herausfordern konnten. Wieder andere, wie jene Goten, die noch 468 unter Dengizichs Herrschaft standen, schafften dies nie.[44]

Bessere Textquellen könnten wahrscheinlich zeigen, dass das Hunnenreich nach 453 schrumpfte wie ein Zwiebel, die Schale um Schale verliert: Eine nach der anderen, zuerst die weniger, dann auch die stärker unterdrückten, forderten die unterworfenen Gruppen jetzt ihre Unabhängigkeit ein. Zwei eng zusammenhängende Faktoren dürften hierbei eine Schlüsselrolle gespielt haben: erstens die Unversehrtheit ihrer politischen Strukturen und zweitens ihre Entfernung von Attilas Lager, seinem Machtzentrum, das Priskos und seine Gesandtschaft besucht hatten. Gruppen, die in unmittelbarer Nachbarschaft von Attilas Lager siedelten, standen unter strenger Kontrolle. Jeder Versuch, sich unter einem gemeinsamen Führer zu sammeln, wurde gewaltsam unterdrückt. Andere, die in größerem Abstand lebten, konnten sich ihre eigenen Führungsstrukturen eher erhalten. Zu Attilas Lebzeiten lagen die Siedlungsgebiete der Franken am Oberrhein und die der Akatziren nördlich des Schwarzen Meeres an den geographischen Extremen von Attilas Reich. Der Überlieferung nach mischte sich Attila einmal in einen Erbfolgestreit der Franken ein, was zeigt, wie weit sein Arm reichte. Zwischen Franken und Akatziren siedelten Thüringer, Goten, Gepiden, Sueben, Skiren, Heruler, Sarmaten und Alanen, die sämtlich, wenn auch unterschiedlich folgsam, nach Attilas Pfeife tanzten.[45]

Ein weiterer Faktor könnte die Situation noch komplizierter gemacht haben. So wenig wir über die Details von Attilas Reich wissen, gibt es doch eine zuverlässige byzantinische Quelle, die über ein Statusgefälle bei den nomadischen Awaren berichtet, die 200 Jahre später ein vergleichbares Reich schufen. Sie handelt von einer Gruppe oströmischer Gefangener, die in den Norden verschleppt und als Sklaven der Awaren unweit der alten römischen Stadt Sirmium angesiedelt wurden. Nach einiger Zeit wurde ihnen der Status von Freien, wenn auch niederen Ranges, innerhalb des Awarenreichs zugestanden, mitsamt einer eigenen politischen Führung.[46] Attilas Reich könnte ähnlich aufgebaut gewesen sein – mit allen Zwischenstufen von Hunnen mit vollen Rechten bis hin zu Sklaven. Nur weil entsprechende Quellen fehlen, sollte man bestimmte Möglichkeiten nicht von vornherein ausschließen. Allerdings bewirkte kein Statusgewinn der Unterworfenen und ihrer Nachkommen eine so große Identifikation mit der Sache der Awaren, dass sie ihnen bedingungslos Gefolgschaft leisteten. Kaum bot sich eine Gelegenheit, die Kontrolle abzuschütteln, wurde sie auch genutzt.

Daraus lassen sich wichtige Schlussfolgerungen über die Gruppenidentität im Hunnenreich ziehen. Sie war nicht ein für allemal festzementiert, wie Priskos' Kaufmann belegt, der sich erfolgreich vom Sklaven zum freien Hunnen hocharbeitete und damit sämtliche Status- und Identitätsgrenzen überwand.

Allerdings fand zu dieser Zeit auch bei den Hunnen selbst ein tiefgreifender Wandel der Gruppenidentität statt. Wie bereits erwähnt, gründeten sie ihre Identität ursprünglich auf die unbedingte Loyalität zu einer Vielzahl von über- und untergeordneten Königen, aus deren Zusammenschluss die Großgruppe der Hunnen hervorging. Mit der politischen Neuordnung im Zuge des Aufstiegs der Dynastie von Rua und Attila jedoch verschwanden diese Identitäten auf der untersten Ebene. Das blieb nicht ohne Einfluss auf andere, besser dokumentierte Nomadengruppen, die an den westlichen Rand der Eurasischen Steppe oder darüber hinaus zogen. Die sogenannten seldschukischen Türken des 11. Jahrhunderts beispielsweise hatten keine lange Geschichte als politisches Gemeinwesen hinter sich, sondern waren ein Verband turksprachiger Nomaden, die sich – zeitweise zumindest – hinter dem überraschend erfolgreichen namengebenden Clan sammelten, dem es gelungen war, potentielle Konkurrenten auszuschalten und weite Teile des Nahen Ostens zu erobern.[47] Doch ein solcher politischer Prozess hat natürlich seine eigene Dynamik, der Gewinner und Verlierer auch unter den eigenen Leuten hervorbringt. Das mag erklären, warum einige Hunnengruppen es offenkundig vorzogen, ihr Glück mit anderen Führern als den Söhnen Attilas zu versuchen, sobald das Reich ins Wanken geriet.

Für einige hunnische Untertanen wurde diese politische Neuordnung zu einer noch viel dramatischeren Erfahrung. Ihre neuen Herren mischten sich in die politische Organisationsform ihrer unter strenger Kontrolle stehenden Untertanen ein und schafften deren Führungsstrukturen ab. Attila holte sich Männer unterschiedlicher Herkunft in sein Gefolge, deren Aufgabe nicht zuletzt darin bestand, die unterworfenen Gruppen zu überwachen, deren Status, wie wir gesehen haben, sich wohl auch ändern konnte, worüber zeitgenössische Quellen allerdings fehlen. Attilas Reich war ein Flickenteppich aus mehr oder weniger autonomen Gruppen von Untertanen, die er ohne loyale Gefolgsleute nicht zusammenhalten konnte. Bestätigt wird diese Strategie durch die Goldfunde, die sich der Blütezeit des Hunnenreichs zuordnen lassen. Die Archäologen fanden Gold in großen Mengen, jedoch sicher nur einen Bruchteil dessen, was tatsächlich vergraben wurde. Niemand kann sagen, wie viel von diesem Gold in all den folgenden Jahrhunderten geborgen und wieder in Umlauf gebracht wurde. Goldfunde sind in den germanischen Gräbern vor der Hunnenzeit äußerst rar – der neue Reichtum, der aus Attilas Plünderungen im Römischen Reich sprudelte, ist also kaum zu überschätzen. Neben militärischem Druck nutzte er zweifellos auch die erbeuteten Schätze, um sich die Führer der unterworfenen Gruppen gefügig zu machen, so wie die Römer den

Barbarenfürsten, die sie besiegt oder auf andere Weise stillgestellt hatten, jährliche Geldzahlungen zukommen ließen.[48]

Die hohe Konzentration von Kriegern aus allen Winkeln der barbarischen und besonders der germanischsprachigen Welt verwandelte die Große Ungarische Tiefebene in einen kulturellen Schmelztiegel, setzte jedoch gleichzeitig der Auflösung von Gruppenidentitäten bestimmte Grenzen. Die Hunnen hatten die Goten, Gepiden, Heruler und all die anderen schließlich unterworfen, um ihr militärisches und wirtschaftliches Potential zu nutzen und auszubeuten. Die Vorteile, die sich aus der Unterwerfung all dieser Gruppen ergaben, wären zunichte gemacht worden, wenn man die Privilegien, die mit dem Status eines freien Hunnen verbunden waren, vielen gewährt hätte. Das Hunnenreich war ein multikulturelles Gebilde, doch wie so oft in multikulturellen Gesellschaften bedeutete dies nicht, dass Gruppenidentitäten austauschbar waren oder sich einfach auflösten. Hunne zu sein war mit einem höheren Status verbunden, was automatisch eine Abgrenzung gegenüber den anderen Identitäten dieser multikulturellen Gesellschaft bedeutete. Da die Hunnen über keinen bürokratischen Verwaltungsapparat verfügten, beließen sie ihren Untertanen zumindest die mittlere Führungsschicht und damit Strukturen, an denen sich eine Gruppenidentität festmachen und erhalten konnte. Gleichzeitig war die Ausbeutung, unter der diese Untertanen zu leiden hatten, ein Ansporn, an ihrer Gruppenidentität festzuhalten, die ja die einzige Chance bot, irgendwann doch noch die Hunnenherrschaft abzuschütteln. Zersplitterten Gruppen, die ihre Fähigkeit zum gemeinsamen Handeln verloren, standen solche Optionen nicht mehr offen. Es gibt also Grund genug zu der Annahme, dass sich die alten Identitäten unter hunnischer Herrschaft nicht so leicht auflösten.

Das Bild eines durch innere Spannungen zerrissenen Hunnenreichs, wie es sich aus den historischen Quellen ergibt, wird auch durch die archäologischen Befunde nicht in Frage gestellt, selbst wenn wir davon ausgehen, dass die Hunnen durch die Übernahme der Bestattungsriten ihrer germanischen Untertanen gleichsam unsichtbar wurden. Seitdem die Kulturgeschichte ihre Bedeutung als Leitwissenschaft eingebüßt hat, geht man nicht mehr davon aus, dass jeder Gruppe eine eigene materielle Kultur zugeordnet werden kann. Trotzdem nimmt man manchmal an, dass es ohne eine regional unterschiedliche materielle Kultur auch keine klaren Identitätsunterschiede zwischen Gruppen gegeben haben kann. Damit jedoch wiederholt man in umgekehrter Form den alten Irrtum der Kulturgeschichte: dass nämlich unterschiedliche Gruppen auch eine unterschiedliche materielle Kultur haben müssen. Wenn sich aber von regionalen Unterschieden in der materiellen Kultur nicht notwendigerweise auf unterschiedliche politische Identitäten schließen lässt, kann man umgekehrt vom Nichtvorhandensein dieser Unterschiede auch nicht auf das Nichtvorhandensein politischer Unterschiede schließen. Identität manifestiert sich in ideellen und politischen Strukturen – in Ansprüchen von Individuen und der Bereitschaft von Gruppen, diese Ansprüche anzuerkennen –, nicht in der materiellen Kultur. Dies schränkt die Beweiskraft archäologischer Funde für die Identitätsdebatte erheblich ein, sofern nicht besondere Umstände hinzukommen, etwa zusätzliche Informationen über die Bedeutung bestimmter materieller Gegenstände. Die Tatsache, dass der von den Hunnen beherrschte europäische Raum eine weitgehend einheitliche materielle Kultur besaß, bedeutet also nicht, dass es keine ausgeprägten Statusgrenzen oder Gruppenidentitäten gab.[49]

Identitäten im Umbruch

Die Geschichte des Zusammenbruchs des Hunnenreichs bestätigt, wie wichtig diese Gruppenidentitäten waren, auch wenn sie sich im Lauf der Zeit weiter veränderten. Das Reich zerbrach von innen, als die verschiedenen unterworfenen Gruppen sich nach Attilas Tod mit Waffengewalt ihre Unabhängigkeit erkämpften. Das wäre wohl nicht geschehen, wenn sich alle Untertanen in einer gemeinsamen hunnischen Identität wiedergefunden hätten. Gemeinsam hatten sie dem Römischen Reich die gewaltigen Mengen Gold abgerungen, deren Spur sich in den Begräbnisfeldern an der mittleren Donau findet. Raubzüge dieser Größenordnung hätte keiner der beteiligten Gruppen allein zustande gebracht, wie sowohl das Fehlen von Goldfunden in germanischen Gräbern der vorhunnischen Zeit zeigt als auch die Tatsache, dass das Oströmische Reich nach dem Zusammenbruch des Hunnenreichs im späten 5. Jahrhundert wieder die Kontrolle auf dem Balkan übernehmen konnte.[50]

Wollte man die Hunnenherrschaft abschütteln, musste man, wie seinerzeit bei der Eingliederung ins Hunnenreich, die Identität der eigenen Gruppe neu definieren. Wenn bei allen oder zumindest bei vielen der größeren Gruppen im Zuge dieser Eingliederung die oberste Führung ausgeschaltet wurde, muss es überall in Attilas Reich zu einer Rivalität um Macht und Einfluss gekommen sein, die schließlich jemanden wie Edekon an die Spitze der Skiren brachte. Neben den großen, namentlich genannten Bevölkerungsgruppen, die in den späten 450er und frühen 460er Jahren die Nachfolge des Hunnenreichs antraten, gab es auch viele kleinere Gruppierungen, die gelegentlich in den Quellen auftauchen. Die Sorosger, Amilzuren, Itimaren, Tunsuren und Boisker werden in verschiedenen Fragmenten des Priskos erwähnt. Teilweise siedelten sie nach dem Zusammenbruch des Hunnenreichs auf römisches Gebiet um. Der chaotische Ablauf dieser Ansiedlung durch den römischen Staat spiegelt sich in der Landverteilung, von der Jordanes berichtet:

> Die Sauromaten ferner, die wir Sarmaten nennen, die Cemandrer und Theile der Hunnen bewohnten Landstücke, welche sie in Illyricum bei der Stadt Kastramartena erhalten hatten [...] Die Skyren aber, die Sadagarier und einige Alanen [...] bekamen Kleinscythien und das untere Mösien [...] Die Rugier aber und einige andere Stämme baten um die Erlaubnis zur Niederlassung in Bizzis und Arkadiopolis. Auch Hernak, ein jüngerer Sohn des Attila, wählte sich zum Wohnort für die Seinigen die äußersten Theile von Klein-Scythien. Seine Vettern Emnetzur und Ultzindur bemächtigten sich in Uferdacien der Städte Utus, Hiskus und Almus.[51]

Jede dieser Gruppen wurde einem oder mehreren byzantinischen Militärstützpunkten auf dem nördlichen Balkan zugeordnet, keine von ihnen kann also besonders groß gewesen sein. Ähnliche Gruppen wurden vermutlich in die größeren Königreiche eingegliedert, die aus dem Zusammenbruch des Hunnenreichs hervorgingen. Unter den Nachkommen jener, die dem Amaler Theoderich in den späten 540er Jahren nach Italien gefolgt waren, befanden sich beispielsweise auch Bitturguren-Hunnen. Diese hatten einst unter dem Befehl der Söhne Attilas in den 460er Jahren Theoderichs Onkel Valamer bekämpft und müssen in der Zwischenzeit ihre politische Loyalität neu ausgerichtet haben.[52]

Die Geschichte der Rugier, einer sehr viel größeren und länger bestehenden Gruppe, nahm einen ähnlichen Verlauf. Sie gründeten eines der ersten Nachfolgereiche der Hunnen, suchten ihr Glück aber dann bei Theoderich, nachdem ihnen Odoaker die Unabhängigkeit genommen hatte. Die Gepiden und Langobarden setzten die Tradition fort, versprengte Gruppen unter ihre Fittiche zu nehmen. Die besiegten Heruler schlossen sich den Langobarden an (wenngleich zu Bedingungen, die ihnen zumindest anfangs nicht behagten), und als die Langobarden schließlich in den späten 560er Jahren nach Italien zogen, nahmen sie, wie Paulus Diaconus berichtet, Sueben, Heruler, Gepiden, Bajuwaren, Bulgaren, Awaren, Sachsen, Goten und Thüringer mit. Zumindest die ersten drei Namen auf dieser Liste stehen für menschliches Treibgut des hunnischen Schiffbruchs an der mittleren Donau.[53] Die Verschiebung der politischen Identitäten im Zuge der jetzt entstehenden Nachfolgereiche sollte nicht unterschätzt werden. Nicht alle waren kulturell homogene Gruppen, die sich gegen Fremde abschotteten und nur untereinander heirateten, sondern neue

Königreiche, Sammelbecken versprengter Gruppen, deren gemeinsames Interesse darin bestand, die Hunnenherrschaft loszuwerden. Selbst die Gepiden, die zu Attilas Lebzeiten weniger unter der Knute der Hunnen zu leiden gehabt hatten und bereits ihren eigenen König besaßen, scharten offenkundig neue Anhänger um sich, als das Reich zusammenbrach. Das gilt umso mehr für die Skiren und die amalischen Goten, die jetzt ihre Einheit fanden (oder wiederfanden), und wahrscheinlich hatten auch andere, über die wir keine Informationen besitzen – wie die Rugier, Sueben und Heruler –, einen ähnlich komplizierten Ursprung.

Hinter diesen Königreichen standen auch keine »Völker« im wörtlichen Sinn. In den dreihundert Jahren immer komplexer werdender wirtschaftlicher Beziehungen entstanden oder verstärkten sich die sozialen Ungleichheiten in der germanischen Welt. Bei den amalischen Goten etwa gab es Krieger mit unterschiedlichem Status, die man am ehesten mit Freien und Freigelassenen gleichsetzen kann. Dasselbe gilt für die Langobarden, die erst dann in die Region an der mittleren Donau eindrangen, als Attilas Söhne den Kampf bereits aufgegeben hatten. Das ist ein wichtiger Aspekt für das Verständnis von Gruppenidentität. Nur Krieger, die einen höheren Status besaßen, konnten in vollem Umfang die Rechte und Privilegien ihrer Gruppe genießen, und nur sie hatten vermutlich die Gruppenidentität voll und ganz verinnerlicht. Historische Berichte belegen dies. Im Verlauf der byzantinischen Eroberung des ostgotischen Italien in Dalmatien wurden alle Krieger eines gotischen Kontingents, die den höheren Status besaßen, getötet. Die Krieger von niederem Status ergaben sich daraufhin sofort. Gleich mehrfach erwähnt Prokop in seinem Bericht über diesen Krieg, dass Verluste unter den Kriegern mit höherem Status bei den Goten rasch zu Panik und Verzweiflung führten.[54]

Jedenfalls waren die größeren Einheiten, die aus dem Hunnenreich hervorgingen, keine »Völker« im traditionellen Wortsinn. Sie waren weder kulturell homogen noch sozial gleichgestellt, sondern bildeten ein Gefüge aus politischen Bündnissen mit Menschen von unterschiedlichem sozialem Rang; und neben den beiden Klassen von Kriegern gehörten wahrscheinlich auch unbewaffnete Sklaven dazu. Man darf jedoch nicht von einer Vereinfachung in die nächste verfallen und von der alten Sicht dieser Verbände als geschlossene Völkerschaften zum Gegenteil übergehen: dass es sich nämlich nur um zweckdienliche Zusammenschlüsse ohne innere Struktur und Beständigkeit handelte. Hier ist nicht der Ort, dies eingehend zu erörtern, daher nur zwei kurze Anmerkungen: Erstens waren Gruppenidentitäten nicht an Herrscherdynastien gebunden, die eine bestimmte Forschungstradition als den Kitt betrachtet, der inhomogene, ad hoc entstandene Gruppen ohne ethnische Gemeinsamkeiten zusammenhielt. Die Langobarden wählten ihre Könige aus einer ganzen Reihe dynastischer Linien, und es gelang ihnen zeitweise auch, ganz ohne Könige als Gruppe zu bestehen. Oft wird übersehen, dass es bei den Goten ähnlich war, auch wenn es auf den ersten Blick nicht so scheint. Als der Amalerkönig Theoderich, Valamers Neffe, in den 520er Jahren den italienischen Thron für seinen minderjährigen Enkel gegen Rivalen innerhalb und außerhalb seiner Dynastie sichern wollte, ließ er mit großem Pomp verkünden, dass es nur eine wahre Königslinie gäbe, die berechtigt sei, die Goten zu führen, nämlich die seine. Cassiodor half ihm, dies aus der gotischen Geschichte zu »beweisen«, und erstellte einen Stammbaum, der zeigte, dass diese Familie mit Theoderichs Enkel bereits in siebzehnter Generation die Königswürde innehatte. Um solche Herleitungen sind Könige nie verlegen, es gibt also guten Grund zum Misstrauen, besonders wenn, wie in diesem Fall, die Behauptungen nicht durch andere zeitgenössische Quellen gedeckt sind. Cassiodors Amaler-Stammbaum war aus mündlichen gotischen Überlieferungen und römischer Geschichtsschreibung zusammengeschustert und mit biblischen Bezügen ausgeschmückt. In Wahrheit hatten die Amaler ihre Herrschaft über die Goten erst seit etwa 450 n. Chr. aufgebaut. So kann es auch nicht überraschen, dass Theoderichs Zweig buchstäblich mit der Axt von diesem Stammbaum abgeschlagen wurde, als sich erwies, dass er keinen tauglichen männlichen Erben hervorgebracht hatte: Sein Neffe Theodahad wurde wegen seiner Führungsschwäche im Jahr 536 ermordet, ein Jahrzehnt nach dem Tod Theoderichs, den man den Großen nannte.[55]

Zweitens erwiesen sich die Identitäten einiger der größeren Gruppen, auch wenn sie sich erst in den chaotischen Jahren nach Attilas Tod herausbildeten, als erstaunlich stabil. Die Rugier beispielsweise bewahrten sich ihre Unabhängigkeit über zwei Generationen, obwohl sie sich 487/488 Theoderich anschlossen, und waren auch um 540 noch als eigenständiger Verband in Italien auszumachen. Trotz aller Widrigkeiten und Spaltungen behielten auch die Heruler mehr als 40 Jahre nach ihrer Niederlage im Jahr 508, die sie unter die Herrschaft der Langobarden gebracht hatte, einen beachtlichen Sinn für ihre Identität als Gruppe. Sonst hätten sie sich wohl kaum um einen Führer aus der alten Herrscherdynastie jenes Teils ihres Stammes bemüht, der nach Skandinavien gezogen war.[56] Ihrer Geschichte nach zu urteilen waren die Rugier und die Heruler »mittelgroße« Verbände. Sie waren militärisch sicher nicht so stark wie etwa die Konföderationen der Goten, Langobarden oder Gepiden, die als politische Gebilde deutlich länger existierten und schließlich auch Teile der Rugier und Heruler aufnahmen. Die Glaubwürdigkeit dieser Episoden wurde jedoch auch angezweifelt. Die herulische Gesandtschaft nach Skandinavien wurde als »Märchen« abgetan und das Wiederauftauchen der Rugier im Jahr 540 als eine Erfindung von Prokop, dem man bei seiner bekannten Neigung, jede Barbarengruppe als »Volk« zu bezeichnen, ohnehin nicht alles glauben dürfe. Von beiden Ereignissen wird ausführlich nur in einer einzigen Quelle berichtet, was an sich schon Anlass zum Zweifel gibt. Was ist also dran an diesen Einwänden?

Nichts, meiner Meinung nach. Was die Heruler betrifft, so steht die detailreiche Geschichte der skandinavischen Gesandtschaft im Kontext eines Berichts über ihr Schicksal nach ihrer Niederlage gegen die Langobarden. Teile dieser Geschichte werden durch andere Quellen bestätigt, und was Prokop letztlich beschreibt, ist die Auflösung der herulischen Identität. Wenn dann im Jahr 549 zwei Kontingente der Heruler gegeneinander kämpften, eines auf Seiten der Gepiden und eines auf Seiten der Langobarden (die mit dem Oströmischen Reich verbündet waren), kann man daraus nur den Schluss ziehen, dass die Bezeichnung »Heruler« keine reale Basis mehr hatte. Prokops Bericht enthält keine Unstimmigkeiten oder offensichtlichen Irrtümer. Manche Frage bleibt unbeantwortet, trotzdem erfüllt die Erzählung alle Kriterien der Glaubwürdigkeit, die antike und mittelalterliche Geschichtsschreiber als Maßstab anlegten. Ähnliches gilt für die Rugier, von deren weitgehend unabhängiger Rolle bei Theoderichs Eroberung von Italien in den frühen 490er Jahren verschiedene Quellen berichten. Sie wechselten zweimal die Seiten, schlossen sich zunächst Odoaker an und dann wieder den Goten. Es würde uns also nicht wundern, wenn wir ihnen – oder zumindest einigen von ihnen – eine Generation nach der Eroberung Italiens mit intakter Identität wiederbegegnen würden.

Diese Geschichten werden hauptsächlich deshalb bezweifelt, weil sie bestimmten vorgefassten Ansichten über Identität widersprechen. Unter dem Einfluss von Fredrick Barth vertreten manche die Auffassung, dass germanische Gruppen in der Mitte des 1. Jahrtausends keine stabilen Gruppenidentitäten entwickeln konnten. Allerdings stellt Barths Ansicht von der grundsätzlichen Flexibilität von Gruppenidentitäten nur eine Strömung in der modernen Identitätsforschung dar. Es hängt letztlich von den individuellen, situativen Umständen ab, wie stark oder schwach ausgeprägt eine Gruppenidentität ist. Für die Rugier beschreibt Prokop sogar, wie sie sich ihre Gruppenidentität bewahren konnten: Sie versagten sich die Heirat außerhalb der eigenen Gruppe.[57] Diese Quelle ist so stimmig und ausführlich, dass ich sie als Beleg gern akzeptiere. Wahrscheinlich waren Heruler und Rugier keine »Völker« im Sinn des 19. Jahrhunderts. Es gibt keine Zeugnisse dafür, dass sie eine ausgeprägte kulturelle Individualität besaßen (allerdings auch keine für das Gegenteil), und womöglich nahmen sie im Verlauf wechselnder Bündnisse nach dem Zusammenbruch von Attilas Reich auch Leute von außerhalb in ihre Gruppe auf. Doch trotz großer Standesunterschiede, die es bei allen aus jener Zeit bekannten germanischen Gruppen gab, besaßen sie eine Gruppenidentität, die stark genug für einen festen Zusammenhalt war. Bei kleineren und weniger zersplitterten Gruppierungen ist das leichter nachvollziehbar, es gilt aber auch für die Identität größerer Gruppen. Als sich die Byzantiner 536 anschickten, das ostgotische Königreich in Italien zu erobern, schlossen sich eine ganze Reihe von Untergruppen lieber den Invasoren an, als ihren gotischen Verbündeten die Treue zu halten. Ein zufällig erhaltener Papyrus schildert sehr anschaulich die Nöte eines gotischen Gutsherrn namens Gundilas, der sich in dem 20 Jahre dauernden Krieg verzweifelt mal auf die eine, dann wieder auf die andere Seite schlug, um seine Ländereien nicht zu verlieren. Doch weder Abtrünnige noch Leute wie Gundilas repräsentierten die Haltung der Mehrheit von Theoderichs Anhängern und deren Nachkommen gegenüber der byzantinischen Invasion. Andernfalls hätten die Goten nicht 20 Jahre lang Krieg geführt, um sich ihre politische Unabhängigkeit zu erhalten, zumal Ostrom ein Friedensangebot gemacht hatte, das ihnen ihr Territorium im Austausch für politische Unterwerfung garantierte. Was sich allerdings aus Prokops Erzählung und verschiedenen anderen Quellen herausschält, ist die Tatsache, dass jene Krieger höheren Standes, das Rückgrat des Gotenheers, die sich am stärksten mit der Gruppe identifiziert hatten, in diesen Kriegsjahren allmählich dezimiert wurden.[58] Das waren die Männer, die sich vom Erhalt dieser Gruppenidentität am meisten versprechen konnten und folglich auch die größte Bereitschaft besaßen, für deren Fortbestand zu kämpfen. Ich vermute, dass solche höherrangigen Krieger bei den Goten, aber auch bei den germanischen Gruppen jener Zeit das Fundament der Gruppenidentität bildeten und dass die relative Stabilität – oder Instabilität – jeder einzelnen Gruppe stark von ihrem Zusammengehörigkeitsgefühl und ihren Einstellungen abhing. Das bedeutet natürlich nicht, dass auch nur innerhalb dieser höheren Schicht alle den gleichen Grad von Gruppenzugehörigkeit empfunden hätten. So etwas gibt es heute nicht, und es besteht kein Grund anzunehmen, dass es früher anders war.

MIGRATION UND HUNNENREICH

Die Neudefinition der Gruppenidentität im Zuge von Aufstieg und Niedergang des Hunnenreichs blieb freilich auch auf der Ebene der Elitekrieger nicht ohne Auswirkungen. Zum Teil wurde das durch die Mechanismen der

Unterwerfung ausgelöst, die es mit sich brachten, dass die Hunnen jede Führerschaft über größere Gruppen, die ihnen gefährlich werden konnte, unterdrückten. Nach Attilas Tod aber organisierten sich die Gruppen rasch neu, und diejenigen, die stark genug waren, die Hunnenherrschaft abzuschütteln, bekamen Zulauf von kampfbereiten Kriegern. Es gibt jedoch keinen Grund zu der Annahme, dass durch diese Prozesse die Kluft zwischen den Hunnen und ihren Untertanen aufgehoben worden wäre. Die Hunnen selbst hatten ein klares Interesse am Erhalt der Rangunterschiede. Dass Attila sich durch gezielte Bevorzugung eine Riege mehr oder weniger gefügiger Männer aufzubauen suchte, die an der Spitze der unterworfenen Gruppen standen, ist kein Widerspruch. Jedenfalls konnten sich einige Gruppen an der Peripherie des Hunnenreichs, die Gepiden etwa, ihr Königtum erhalten. Hier war also eine Struktur vorhanden, die einem völligen Wandel der Gruppenidentität einen Riegel vorschob. Doch obwohl die nach Attilas Tod entstandenen Königreiche mehr Allianzen als »Völkern« ähnelten und die Identität, die sie stifteten, eher politisch als kulturell definiert war, schafften sie es, ihren zahlreichen Mitgliedern das Gefühl einer starken Gruppenidentität zu geben und sie damit zusammenzuhalten. Nur so lässt sich erklären, dass es erheblicher militärischer Anstrengung bedurfte, sie zu zerschlagen, und dass selbst nach schweren Niederlagen diese Identitäten über Generationen bestehen blieben.

Diesen Schluss legen zumindest die historischen Quellen nahe. Die Zeugnisse, auf die sich meine Darstellung der Ereignisse stützt, bestehen alle gängigen Glaubwürdigkeitstests, und der einzige Grund, sie zu verwerfen, ist die apodiktische Annahme, Identität im 5. Jahrhundert könne so nicht funktioniert haben. Allerdings wird diese Annahme nicht durch das moderne Verständnis von Gruppenidentität gestützt, das von einer in Schichten gelagerten Gruppenidentität ausgeht und dem Individuum eine gewisse Freiheit zuspricht, seine Zugehörigkeit den jeweiligen Umständen anzupassen. Auch wo Namen keine kulturell homogenen »Völker« bezeichneten, müssen sie als Bezeichnungen für große Gruppen von Menschen ernst genommen werden.

Attilas Völker

Die meisten brauchbaren historischen Belege für die Wanderungen der Barbaren betreffen die Goten, insbesondere die amalischen Goten, die unter Führung von Valamer, dem ältesten dreier Brüder, kurz nach Attilas Tod in das Gebiet der mittleren Donau einfielen. Es lohnt, die historischen Belege für diese Goten genauer zu betrachten, weil sie einen zuverlässigen Prüfstein für andere Migrationsbewegungen darstellen, über die wir viel weniger wissen. Bis heute ist unklar, ob die Goten erst nach dem Tod Attilas westlich der Karpaten auftauchten oder ob ihre Vormachtstellung, die sie Mitte bis Ende der 450er Jahre errangen, auf Valamers Geschick zurückgeht, mehrere gotische Kriegergruppen zu einen, die bereits an der mittleren Donau siedelten, als das Hunnenreich zusammenbrach. Fest steht jedenfalls, dass die Goten im Jahr 473, kurz nach ihrem großen Sieg in der Schlacht an der Bolia, von Pannonien in die Balkanprovinzen des Oströmischen Reiches aufbrachen, nunmehr unter der Führung von Valamers Bruder Thiudimir. Komplizierte politische Manöver in den folgenden sechs Jahren veranlassten etliche Trecks über erhebliche Entfernungen. Zunächst zog die Gruppe rund 1000 Kilometer weit vom Plattensee in die Region Eordaia westlich von Thessaloniki. Nach Thiudimirs Tod ging die Macht auf seinen Sohn Theoderich über. In den Jahren 475/476 zogen sie dann 600 Kilometer weiter bis nach Novae an der Donau, dann noch einmal 800 Kilometer von der Donau über Konstantinopel, bis sie schließlich 479 die befestigte Hafenstadt Dyrrhachium an der Adriaküste einnahmen.

Die Verhandlungen zwischen Theoderich und dem oströmischen Kaiser schildert ausführlich der Zeitzeuge Malchus von Philadelphia, durch den wir einiges über diese Gruppe erfahren, die in den sechs Jahren seit ihrem Aufbruch aus Pannonien immerhin 2500 Kilometer zurücklegte. Im Lauf dieser Unterredungen unterbreitete der Gotenführer dem Gesandten Konstantinopels Adamantius das Angebot, sich mit 6000 ausgewählten Kriegern an Feldzügen zu beteiligen. Freilich war das nicht die Gesamtstärke seiner Streitmacht, da die gotischen Zivilisten in Dyrrhachium zurückblieben, das eine Garnison von mindestens 2000 Mann erforderte. Wir können also davon ausgehen, dass die amalischen Goten über eine Kampfstärke von etwa 10000 Mann verfügten. In diesen Verhandlungen verwies Theoderich auf die »große Zahl Nichtkämpfer unter seinen Leuten«. Tatsächlich zogen die Goten später mit Frauen und Kindern im Tross nach Italien. Wenn sie auch kein »Volk« waren in dem Sinne, wie dieser Begriff im 19. Jahrhundert interpretiert wurde, so steht fest: Die Amaler führten einen gemischten Zug von mehreren zehntausend Personen in den Balkan, genau wie im Jahr 376, als gotische Gruppen die Donau überschritten, oder wie im Jahr 406, als große gotische Gruppen den Rhein überquerten.[59]

Dieser zentrale Punkt wurde in einer wichtigen Studie zur Identität der Goten in Italien bestritten. Der Einwand lautet, die Teilnahme von Frauen und Kindern am Gotenzug werde nur von einem einzigen oströmischen Historiker, nämlich Prokop, erwähnt, sein Zeugnis müsse aber kritisch gesehen werden, da seine Schilderung durch einen klassischen Migrationstopos verwässert werde. Theoderichs Truppe sei kein zusammenhängender Verband von Flüchtlingen gewesen, die dem Chaos der nachhunnischen Zeit an der mittleren Donau zu entkommen suchten, sondern eine neue Gruppierung, die sich erst auf dem Balkan aus versprengten Angehörigen des oströmischen Heeres zusammengefunden und hauptsächlich aus Kriegern bestanden habe. Dass zu Theoderichs hochmobiler Truppe auch eine große Zahl von Frauen und Kindern gehörte, wird jedoch in einer ganzen Reihe von Quellen erwähnt, nicht nur bei Prokop. Da ist zum Beispiel Ennodius, der in einer Lobrede auf Theoderich im Jahr 507 vor Teilnehmern des großen, zu diesem Zeitpunkt 18 Jahre zurückliegenden Zuges sprach, und auch in einer Lebensbeschreibung des heiligen Epiphanius, die in Italien zu Lebzeiten Theoderichs verfasst wurde, wird die Teilnahme von Frauen und Kindern am Gotenzug erwähnt.[60] Das Misstrauen gegen Prokop ist ebenso unbegründet wie das gegen Ammian und seine Schilderung der Ereignisse von 376. Und wie Ammian war auch Prokop in der Lage, zwischen verschiedenen Unternehmungen barbarischer Gruppen zu differenzieren. Nicht alle umherziehenden Barbaren werden von ihm als »Völker« bezeichnet. Häufiger werden auch rein männliche Kriegerhorden slawischen oder anderen Ursprungs erwähnt. Außerdem wissen wir, dass den amalischen Goten, wie bereits den Goten im Jahr 376, ein großer Wagenzug folgte. Während Theoderich und Adamantius verhandelten, gelang den Römern ein Überraschungsangriff auf den langsamen Tross, der das sichere Dyrrhachium noch nicht erreicht hatte, bei dem sie 2000 Wagen erbeuteten. Man kann davon ausgehen, dass sich in dieser gewaltigen Nachhut die Frauen und Kinder, die gesamte Habe sowie das Saatgut und landwirtschaftliches Gerät befanden, denn zu den Grundbedingungen jeglicher Verhandlungen Theoderichs mit den byzantinischen Unterhändlern zählte die Zuteilung von unbesiedeltem, landwirtschaftlich nutzbarem Land für seine Goten.[61] Im strengen Sinn kein »Volk«, stellten diese Goten dennoch eine große, gemischte Bevölkerung dar, die in der Landwirtschaft ebenso beschlagen war wie im Kampf. In jüngeren Studien wurde bezweifelt, dass es solche Bauernkrieger gegeben haben könne, doch angesichts der begrenzten Zahl von reinen Kriegern, die die germanische Gesellschaft bei ihrer damaligen Wirtschaftsleistung unterhalten konnte, ist eine solche Doppelfunktion nur zu plausibel. Größere kriegerische Unternehmungen wären für germanische Gruppen undenkbar gewesen, wenn sie nur ihre spezialisierten Krieger ins Feld geführt und nicht auch Bauern, Familienväter und die noch ungebundenen jungen Männern rekrutiert hätten. Bauernkrieger sind ein typisches Phänomen von Agrargesellschaften, die sich ein großes Berufsheer gar nicht leisten können. Die Buren liefern dafür ein moderneres Beispiel.

Doch auch damit ist das Bild des Zuges, den Theoderich nach Italien führte, noch nicht komplett. Während des Balkanaufenthalts verstärkte er sein Gefolge durch ein großes Kontingent frischer Kräfte, die einer ganz anderen gotischen Streitmacht angehörten, welche sich einige Zeit vorher in Thrakien niedergelassen hatte. Einen großen Zufluss gab es, wie bereits erwähnt, in den 420er Jahren, als die Römer mit ihren Militäraktionen zahlreiche Goten aus dem hunnischen Herrschaftsbereich an der mittleren Donau herauslösten. Diese Goten wurden in Thrakien angesiedelt, wo wir diese zweite gotische Streitmacht um 470 finden. Allerdings klafft eine zwei Generationen große Informationslücke zwischen der Ansiedlung und dem Zeitpunkt, zu dem die thrakischen Goten als eigenständige Streitmacht in zeitgenössischen Quellen verzeichnet sind.

Das wirft allerdings auch Fragen auf. Die Verbindung dieser beiden Gruppen setzt voraus, dass sich die thrakischen Goten ein gewisses Maß an Gruppenidentität bewahrt hatten, obwohl sie offensichtlich in dieser Zeit keinen König hatten. Der erste König der thrakischen Goten taucht erst in den frühen 470er Jahren auf, als die Gruppe nach der Ermordung ihres Schutzherrn in Konstantinopel, des Generals Aspar, rebellierte. Vor Aspars Tod hatten diese Goten den Status von *foederati* besessen und sich als solche im oströmischen Heer ihren inneren Zusammenhalt bewahren können. Unter den römischen Truppen auf dem Balkan tauchten zwischen 420 und 470 so viele Goten und gotische Namen tragende Generäle auf, dass man davon ausgehen kann, dass die thrakischen Goten der 470er Jahre tatsächlich die Nachfahren der einst dort Angesiedelten waren. Freilich muss man auch berücksichtigen, dass Attilas Reich weitere Gotengruppen umfasste, von denen nach dem Zusammenbruch einige ins Oströmische Reich zogen. Als Bigelis Mitte der 460er Jahre seine Leute auf oströmischem Territorium in die Niederlage führte, können die überlebenden Goten (vermutlich zusammen mit anderen, die nirgends erwähnt werden) durchaus in einem schon bestehenden Gotenheer aufgegangen sein. Außerdem müssen nicht alle thrakischen »Goten« wirklich Goten gewesen sein, nur weil zeitgenössische Quellen sie als solche bezeichnen.[62]

Wo auch immer ihre Ursprünge liegen mögen, Anfang der 470er Jahre bildeten die thrakischen Goten innerhalb des Militärwesens auf dem Balkan jedenfalls ein eigenständiges Element, gleichfalls mit Frauen und Kindern. Zu diesem Zeitpunkt boten auch sie leicht über 10 000 waffenfähige Männer auf. Im Jahr 478 bezog ihr Heermeister – der ebenfalls den Namen Theoderich trug, doch unter seinem Beinamen Strabon, »der Schieläugige«, bekannt ist – aus Konstantinopel Bezahlung und Verpflegung für 13 000 Männer. Die Streitmacht war auch organisiert genug, um eigenständige Verhandlungen mit dem Oströmischen Reich zu führen, und galt als treuer Bündnispartner. Die thrakischen Goten erhielten beträchtliche Subsidienzahlungen (910 Kilo Gold pro Jahr), wurden unweit der oströmischen Hauptstadt angesiedelt und standen in enger Beziehung zu hohen politischen Persönlichkeiten. Der *magister militum* und Patricius (ein Ehrentitel, den nur engste Vertraute des oströmischen Kaisers trugen) Aspar, ihr Schutzherr bis 471, war der starke Mann in Konstantinopel. Er hatte im Jahr 457 Kaiser Leo auf den Thron gebracht, behielt aber die Zügel Ostroms weitgehend selbst in der Hand. Leo ließ Aspar 471 ermorden, was ihm den Beinamen »der Schlächter« eintrug. Doch auch nach Aspars Tod hielt Strabon Verbindung zur kaiserlichen Familie, und er hatte Vertraute in Konstantinopel, die ihn mit Nachrichten vom Hof versorgten. Die enge Verflechtung der thrakischen Goten mit der oströmischen Politik legt nahe, dass sich zumindest ein Teil von ihnen schon in den 420er Jahren als privilegierte Streitmacht etablieren konnte.[63]

Die Ankunft der amalischen Goten auf dem Balkan führte zunächst zu einem Dreieckskonflikt, da beide gotischen Gruppen ihre Position am oströmischen Kaiserhof zu sichern suchten. Der Amaler Theoderich löste diesen Konflikt 483/484 teilweise dadurch, dass er Strabons Sohn Recitach, den kurz zuvor gewählten Führer der thrakischen Goten, ermorden ließ. Nach Recitachs Tod sahen die meisten thrakischen Goten ihre Zukunft in Theoderich. Zwar gibt es keine Quelle, die dies ausdrücklich sagt; die oströmische Geschichtsschreibung zu dieser Zeit ist nur in mittelalterlichen Auszügen erhalten, die lediglich von der Ermordung und nicht von deren Folgen berichten. Doch genau zu diesem Zeitpunkt verschwinden die thrakischen Goten als eigenständige Gruppe ganz von der Bildfläche. Aus dem 6. Jahrhundert hört man nur noch hier und da von versprengten Goten, die sich nicht den Amalern anschließen wollten. Ein Zusammenschluss der beiden Gruppen lag nahe, denn gemeinsam konnten sie effektiver gegen Konstantinopel operieren, dessen Politik bislang darin bestanden hatte, sie gegeneinander aufzuhetzen. Der Zusammenschluss war folgenschwer. Den verstreuten Angaben über die Truppenstärke beider Streitkräfte zufolge standen Theoderich jetzt 10 000 Mann mehr zur Verfügung, was einer Verdoppelung seiner Streitmacht gleichkam. Gut 20 000 Mann umfasste auch die spätere Streitmacht der Goten in Italien.[64]

Recitachs Ermordung markiert das Ende eines erstaunlichen Verschmelzungsprozesses. Theoderichs Onkel Valamer war wahrscheinlich der Erste in der Familie gewesen, der seine Machtposition durch Ermordung, Unterwerfung oder Verdrängung rivalisierender gotischer Kriegerfürsten konsequent ausgebaut und damit den Einigungsprozess der amalischen Goten eingeleitet hatte. Dies geschah entweder bereits in der Ukraine vor dem Zug der Goten nach Pannonien, oder nach Attilas Tod an der mittleren Donau. Keine dieser Kriegergruppen kann mehr als 1000 Mann gezählt haben, oft werden es auch nur ein paar hundert gewesen sein. Im Lauf zweier Generationen stieg damit das Amalergeschlecht von kleinen Kriegerfürsten zur gotischen Königsdynastie auf, die über eine Streitmacht von mehr als 20000 Kriegern verfügte. Dieses Heer, begleitet von einem Wagentross mit Frauen und Kindern, insgesamt zwischen 50000 und 100000 Personen, machte sich im Herbst 488 auf den Weg nach Italien.

Zwar bleibt vieles im Dunkeln, aber gemessen an der frühen Zeit – Mitte des 1. Jahrtausends – verfügen wir doch über recht gute Quellen. Sie geben sogar Anhaltspunkte über die anderen Gruppen, die mit dem Aufstieg und Fall des Hunnenreichs an der mittleren Donau kamen und gingen, und auf jeden Fall ist klar, dass keine andere Bevölkerungsgruppe, die sich in dieser Zeit auf die Wanderschaft machte, eine so gewaltige Streitmacht aufbieten konnte. Zahlenangaben zu den kleineren Gruppen ehemaliger Hunnen – den Truppen von Hormidak, Bigelis und den beiden noch lebenden Söhnen Attilas –, die in den 460er Jahren auf römisches Gebiet vorstießen, fehlen. Fest steht jedoch, dass keine von ihnen die unabhängige Position von Theoderichs Goten erreichte und dass sie größtenteils als kleine, versprengte Grüppchen entlang der Donau endeten. Keine dieser Gruppen konnte vermutlich mehr als ein- bis zweitausend Kämpfer mobilisieren, die meisten wohl nur einige hundert.[65]

Etwas stärker, aber keinesfalls mit Theoderichs Streitmacht vergleichbar waren die Gruppen, die sich nach der Niederlage der Heruler und Rugier auf den Weg machten. Die einzige verlässlich erscheinende Zahl über die Ereignisse nach Attilas Tod stammt aus dem Jahr 549. In jenem Jahr stand in einer Schlacht ein Kontingent von 1500 Herulern auf der Seite der Gepiden 3000 anderen Herulern gegenüber, die sich mit Byzanz zusammengetan hatten. Dies geschah, nachdem sich die Heruler zuvor geteilt hatten, und zwar bereits zum zweiten Mal – beim ersten Mal war eine unbekannte Zahl Heruler Richtung Skandinavien gezogen. Es ist sehr unwahrscheinlich, dass eine der in der Donauregion verbliebenen Heruler-Gruppen ihre gesamte Streitmacht für einen Verbündeten in den Krieg schickte. Man kann also davon ausgehen, dass die Heruler vor ihrer Spaltung und vor der Niederlage gegen die Langobarden über eine Kampfstärke von 5000 bis 10 000 Mann verfügten und damit nur geringfügig schwächer waren als die amalischen Goten vor dem Zustrom der thrakischen Goten unter Theoderich. Für die Rugier haben wir keine Zahlen, doch die Tatsache, dass Odoaker sie so vernichtend schlagen konnte, zeigt, dass sie an der Donau höchstens zu den mittelstarken Gruppen gehörten.[66]

Ein besonders unscharfes Bild aus dieser Zeit haben wir von den Langobarden. Zwar wissen wir, dass sie eine Zeitlang die dominierende Macht an der mittleren Donau waren, unklar ist aber, wie es dazu kam. Spätere langobardische Quellen stellen es so dar, dass die Eroberung von Rugiland und die nachfolgende Besetzung Pannoniens wie auch die früheren Wanderungen der Langobarden von der Elbmündung nach Süden jeweils von verschiedenen Königen angeführt wurden – also wieder einmal die alte Invasionshypothese. Andererseits lassen zeitgenössische Quellen vermuten, dass die langobardischen Herrscher nicht besonders fest im Sattel saßen. Kaum waren die Langobarden nach Italien gezogen, wurde ihr König von Fürsten aus der zweiten Reihe ermordet, die daraufhin für ein Jahrzehnt ohne König schalteten und walteten. Und sehr wahrscheinlich waren die späteren Erzählungen der Langobarden von demselben Migrationstopos »infiziert« wie Jordanes bei seiner Beschreibung der Goten im 3. Jahrhundert: ein König, ein Volk, eine Wanderung.[67]

Bei ihrem Vormarsch von der Elbe Richtung Süden trafen die Langobarden nie auf ein komplettes Machtvakuum. Als sie schließlich auf das Gebiet der Heruler vordrangen, bewiesen sie erhebliche Kampfstärke. Die Expansion der Langobarden ins Gebiet der mittleren Donau kann daher durchaus mit der Ausbreitung der Germanen in Richtung Schwarzes Meer im 3. Jahrhundert verglichen werden (Kapitel 3). Oft operierten sie als voneinander unabhängige Gruppen, die vor allem anfangs eher klein gewesen sein dürften. Doch wenn es darauf ankam, alle Kräfte für eine größere Schlacht zusammenzuziehen, bildeten sich auch größere Kontingente. Die Ereignisse folgen einem Muster, das man im 3. Jahrhundert bei den Goten, im 9. bei den Skandinaviern und im 19. bei den Buren beobachten kann: Haben die ersten Eindringlinge Erfolg, fühlen sich andere, nicht selten die Anführer größerer Gruppen, ermutigt, gleichfalls das Abenteuer zu wagen. Mangels historischer Quellen wissen wir nichts über die Gesamtzahl derer, die an diesen Zügen beteiligt waren; wir wissen nicht, ob es sich hauptsächlich um rein männliche Kampfverbände handelte oder ob auch Frauen und Kinder mitzogen. In den 560er Jahren, beim Zug nach Italien, waren jedenfalls ganze Familien dabei, und da mindestens seit der Niederlage der Heruler im Jahr 508 stets große Streitkräfte aufgeboten wurden, liegt die Vermutung nahe, dass man mehr Männer unter Waffen benötigte, als spezialisierte Krieger zur Verfügung standen. Und in diesem Fall dürften außer in der ersten Phase der langobardischen Expansion gemischte Gruppen aus Männern, Frauen und Kindern eine bedeutende Rolle gespielt haben.

Die archäologischen Befunde geben wenig Auskunft. Im spätrömischen Böhmen war die Körperbestattung üblich. Im späten 4. und frühen 5. Jahrhundert tauchen jedoch auch Gräberfelder mit Brandbestattungen auf, die starke Ähnlichkeiten mit jenen weiter nördlich im langobardischen Ursprungsgebiet (an der nördlichen Elbe, im nördlichen Harz, in der Altmark und in Mecklenburg) aufweisen. Bedenkt man, dass sich die Langobarden Ende des 5. Jahrhunderts in größerer Zahl Richtung mittlere Donau auf den Weg machten, können wir diese Friedhöfe auch als Wegmarken ihres Zuges deuten.[68] Gewiss, einschlägiges Beweismaterial ist das nicht, die materiellen Kulturen der Bevölkerungsgruppen an der nördlichen Elbe waren einander zu ähnlich, als dass sich kürzere Wanderungsbewegungen allein über Funde mit hinreichender Sicherheit nachvollziehen ließen. Es ist also nicht zu sagen, woher genau die ersten aus dem Norden nach Böhmen eindringenden Gruppen kamen – ganz abgesehen davon, dass die Migrantengruppen auch Zulauf aus den Durchzugsgebieten erhalten haben können.

Wir haben allerdings archäologische Belege von der mittleren Donau aus der Zeit, als die Langobarden dort die Macht errungen hatten: aussagekräftige, gut zu datierende Fundstätten im ehemals römischen Pannonien aus dem 6. Jahrhundert, genau da, wo historischen Quellen zufolge die Langobarden geherrscht haben. Allerdings unterscheiden sie sich nicht sonderlich von anderen Funden aus der Region der mittleren Donau, insbesondere aus den Gebieten, die nach historischen Quellen von den Gepiden beherrscht wurden. Die Ähnlichkeit ist ein Hinweis darauf, dass sich die materielle Kultur der Langobarden des 6. Jahrhunderts wie die der Hunnen im 5. Jahrhundert entwickelte: Sie verlor mit der Zeit ihre ursprünglichen Eigenheiten und glich sich mehr und mehr der herrschenden Norm an der mittleren Donau an, was vielleicht die These erhärtet, dass die Hunnen zur Zeit Attilas archäologisch deshalb nicht zu greifen sind, weil sich auch bei ihnen die materielle Kultur verändert hatte. Die Langobarden gaben die Brandbestattung zugunsten der Körperbestattung auf. Sie begruben ihre Toten in sogenannten Reihengräbern, die in Ost-West-Richtung angelegt waren. Die langobardischen Frauen hielten ihre Gewänder mit je einer Fibel links und rechts an den Schultern zusammen, wie es der damaligen Mode an der Donau entsprach. Handgemachte Keramik in der typischen Machart nordelbischer Gruppen wich scheibengedrehter Ware in den an der mittleren Donau verbreiteten Formen. Am ehesten lässt sich die

Zugehörigkeit zu Langobarden oder Gepiden anhand der Fibeln bestimmen, da sich zwei grundverschiedene Typen mit einem entsprechenden Verbreitungsmuster an der mittleren Donau finden.[69]

Mit dem Aufstieg und Fall des Hunnenreichs sind eine ganze Reihe unterschiedlicher Migrationsphänomene verknüpft. Teils machten sich große, kompakte Gruppen auf den Weg, insbesondere bei den amalischen Goten. Im Jahr 473 verließen Zehntausende Menschen Ungarn in Richtung Balkan, wahrscheinlich dieselben, die 20 Jahre zuvor aus der Ukraine nach Ungarn gezogen waren. Und im Jahr 488 setzte sich eine Gruppe von rund 100000 Menschen (die thrakischen Goten und die rugischen Flüchtlinge mitgerechnet) vom Balkan nach Italien in Bewegung. Kleinere Gruppen, hauptsächlich Verlierer der kriegerischen Auseinandersetzungen, die in den 460er Jahren den Zerfall des bisherigen Machtgefüges begleiteten, machten sich ebenfalls auf die Wanderschaft, insbesondere Hunnen und Skiren in den 460er, Rugier in den 480er Jahren und verschiedene Gruppen von Herulern nach 508.

Auch wenn uns die Quellen keine konkreten Zahlen liefern, können viele dieser bewaffneten Bevölkerungsbewegungen in und aus der Region an der mittleren Donau dennoch mit Fug und Recht als Massenmigration bezeichnet werden – jedenfalls im qualitativen Sinn der heutigen vergleichenden Migrationsforschung. Die Schockwirkung, die Attilas Einigung der Hunnenstämme in der ersten Hälfte des 5. Jahrhunderts auslöste, fand ihren archäologischen Niederschlag im sogenannten Donaustil und manifestierte sich in Berichten von den Raubüberfällen der Hunnen im Mittelmeerraum, bei denen sie eine bis dahin noch nie da gewesene Kampfkraft aufboten. Neue politische und soziale Beziehungen, die in der von den Hunnen beherrschten Region entstanden, sind eine weitere Dimension dieser Schockwirkung. Das knirschende Räderwerk dieser Maschinerie ölte ein durch Kampf und Einschüchterung gesicherter stetiger Nachschub an römischem Gold. Krieg und Kriegsbeute, also eine wirkungsvolle Kombination von Zuckerbrot und Peitsche, hielt die große Masse der bewaffneten hunnischen Untertanen bei der Stange – mit erheblichen politischen und kulturellen Verwerfungen.

Ein großer Teil der nicht oder nur ungenügend dokumentierten Bevölkerungsverschiebungen in der Zeit des kollabierenden Hunnenreichs dürfte ebenfalls die Form einer Massenmigration im qualitativen Sinn angenommen haben. Odoakers Auftauchen war für die Rugier ein schwerer politischer Schlag. Er zerstörte ihr Königreich und zwang die Überlebenden, in zwei Trecks mehrere hundert Kilometer weit auf den römischen Balkan zu flüchten, um dann unter Theoderichs Führung weiter nach Italien zu ziehen. Ähnlich war es bereits den Skiren ergangen, nachdem sie von den amalischen Goten angegriffen worden waren. Unwahrscheinlich, dass sämtliche Skiren und Rugier nach diesen Niederlagen das Gebiet der mittleren Donau verlassen haben, ihre Unabhängigkeit hatten sie jedenfalls verloren, und viele Skiren zogen es vor, sich der Italien-Armee anzuschließen. So wurde Odoaker faktisch zum Herrscher des ersten Nachfolgereichs des Römischen Reiches auf italienischem Boden. Das Auftauchen der Langobarden an der mittleren Donau war ein ähnliches Schockerlebnis für die Heruler, die nun ebenfalls ihre Unabhängigkeit und Einheit einbüßten und sich größtenteils gezwungen sahen wegzuziehen. Auch wenn genaue Angaben fehlen, fest steht, dass fast alle diese Gruppen über eine erhebliche militärische Schlagkraft verfügten und dass ihre durch den Aufstieg und Fall des Hunnenreichs ausgelösten Wanderungsbewegungen zu erheblichen Verwerfungen im politischen Gefüge an der mittleren Donau, aber auch in den angrenzenden Balkanregionen, an der nördlichen Küste des Schwarzen Meeres und sogar in Italien selbst führten. Die detailreichen Schilderungen in schriftlichen Quellen bestätigen im Großen und Ganzen das Bild, das sich aus der Analyse der Gruppenidentitäten im Hunnenreich ergibt. Die Gruppennamen, denen wir in den Quellen begegnen, bezeichneten funktionierende soziale Einheiten, manche mehrere zehntausend Personen stark, deren Leben durch die Wirren des Aufstiegs und Falls der Hunnen in Mitteleuropa aus den Fugen geriet, und die sich in der Folge nicht selten zur Wanderschaft gezwungen sahen.

Von großen, kompakten Vorstößen bis zu einem eher breiten, langsamen Strom gab es alle möglichen Formen der Migration, doch viele gingen deutlich über das hinaus, was mit den Modellen der »wave-of-advance« oder des Elitetransfers beschrieben wird. Nicht alle Migrationen sind so gut dokumentiert wie die der amalischen Goten, man kann jedoch davon ausgehen, dass sie oft von traumatischen Erfahrungen begleitet waren: langen Märsche, Gewalt, Verlust politischer Unabhängigkeit. Aus der Perspektive der Migranten handelte es sich jedenfalls um eine Massenmigration, gibt es doch für viele Gruppen entweder gute (für die amalischen Goten und die Rugier) oder plausible (für die Heruler, Hunnen und Langobarden) Gründe für die Annahme, dass Männer, Frauen und Kinder gemeinsam aufbrachen. Manchmal, wie im Fall der amalischen Goten, machten sich einige zehntausend Menschen auf den Weg, nicht selten, wie in den Jahren 376 und 405/406, in einem kompakten Zug.[70] Keine dieser Gruppen war ein »Volk« im herkömmlichen Sinn des Wortes. Die Migrationszüge standen nicht selten vor schwierigen Entscheidungen über den weiteren Weg, und vieles deutet darauf hin, dass es in solchen Situationen auch zu Aufspaltungen kam. So wollte beispielsweise ein Teil der amalischen Goten im Jahr 473 nicht mit Thiudimir weiter Richtung Süden auf den römischen Balkan ziehen, sondern schloss sich dessen jüngerem Bruder Vidimer an. Sie wandten sich nach Westen, wo sie wahrscheinlich im westgotischen Königreich aufgingen. Andere Gruppen von Goten auf dem Balkan wollten 489 Theoderich nicht nach Italien folgen. Einige zogen es vor, Ostrom die Treue zu schwören. Auch die mehrfache Spaltung der Heruler legt beredtes Zeugnis dafür ab, wie schwierig es oft gewesen sein muss, die richtige Entscheidung zu treffen. So zogen einige nach Skandinavien, während sich andere den Gepiden oder Ostrom unterwarfen, je nach Kriegsglück oder dem, was ein neuer Herr zu bieten hatte.[71] Trotz aller Probleme mit den historischen Belegen kann man aus dem Aufstieg und Fall des Hunnenreichs jedoch nur einen vernünftigen Schluss ziehen: Die dadurch ausgelösten Migrationsbewegungen außerhalb des Römischen Reiches standen jenen der Krisenjahre von 376–380 und 405–408 in nichts nach.

Mittel und Wege

Einige der hier beschriebenen Migrationsprozesse unterscheiden sich grundsätzlich von vergleichbaren heutigen Phänomenen. Nehmen wir zum Beispiel die beiden Wanderungen, die die amalischen Goten 473 auf den oströmischen Balkan und 488/489 nach Italien führten. Beiden lagen starke wirtschaftliche Motive zugrunde, es war also ein freiwilliger Aufbruch. Der erste hatte zum Ziel, die thrakischen Goten als bevorzugte Verbündete Konstantinopels abzulösen. Neben anderen Vergünstigungen erhielten die thrakischen Goten Subsidien, deren Wert sich auf Tausende Kilo Gold pro Jahr belief, während die amalischen Goten in Pannonien nur einige hundert Kilo erhalten hatten. Auch bei seinem Zug nach Italien hatte Theoderich im Sinn, sich und seine Anhänger auf Kosten Odoakers und des noch intakten römischen Steuersystems zu bereichern. Theoderichs rege Bautätigkeit in Ravenna und an anderen Orten ist ein eindrucksvolles Zeugnis für die finanziellen Mittel, die einem Herrscher im Italien des frühen 6. Jahrhunderts zuflossen. Einen Teil des Steueraufkommens verwendete er darauf, treue Gefolgsleute mit Pfründen zu belohnen und sich so ihre Gunst zu sichern. Beide Unternehmungen, der Zug auf den oströmischen Balkan und der nach Italien, wurden um wirtschaftlicher Vorteile willen unternommen. Sie konnten nur gelingen, wenn man über die militärischen Mittel verfügte, eine politische Situation zum eigenen Vorteil zu ändern: also Kaiser Leo davon zu überzeugen, seine gotischen Verbündeten zu wechseln oder Odoakers Armee zu schlagen. Im zweiten Fall kam noch eine besondere politische Dimension hinzu, denn die Beziehungen zwischen dem Amaler Theoderich und Kaiser Zenon hatten einen Tiefpunkt erreicht. Sie misstrauten einander, doch mehrere Scharmützel hatten gezeigt, dass keiner den anderen so leicht loswerden konnte.[72] Wirtschaftliche und politische Motive sind bei all diesen Migrationen eng miteinander verflochten. Nur mit einer schlagkräftigen Armee konnte Theoderich also Erfolg haben. Wie wir jedoch gesehen haben, erlaubten es die wirtschaftlichen Verhältnisse im nichtrömischen Europa nicht, militärische Operationen ausschließlich mit spezialisierten Kriegern im großen Stil durchzuführen, weshalb freie Männer und ihre Familien in das Unternehmen eingebunden wurden.

Ähnliche Motive steckten hinter den Expansionsbemühungen der Langobarden. Soweit wir wissen, wurde ihr Zug an die mittlere Donau nicht durch eine Bedrohung in der alten Heimat ausgelöst, sondern durch die Aussicht auf das, was es in der neuen zu holen gab. Das Gebiet der mittleren Donau hatte als Teil der inneren Peripherie des Römischen Reiches in den ersten vier Jahrhunderten nach der Zeitenwende ein Niveau an Wohlstand und wirtschaftlicher Entwicklung erreicht, das mit dem an der Elbemündung nicht zu vergleichen war. Auf dem Höhepunkt von Attilas Herrschaft zeigte sich dieses Wohlstandsgefälle sehr deutlich. Die Unmengen Gold, die in den Gräbern an der mittleren Donau verschwanden, sind in der germanischen Welt ohne Beispiel. Dabei kann das, was man gefunden hat, nur ein Bruchteil der Gesamtmenge sein, der größte Teil dürfte sich in den Schatztruhen der Könige befunden haben, die nun in dieser Region herrschten. Handfeste Beweise mögen fehlen, dennoch kann man davon ausgehen, dass sich die Langobarden einen Teil dieser Beute sichern wollten, die durch die nach Attilas Tod spärlicher fließenden Subsidienzahlungen Konstantinopels noch vergrößert wurden. Doch um sich ein Stück von diesem Kuchen zu sichern, brauchte man eine entsprechend große Streitmacht, die das bestehende politische Gleichgewicht ins Wanken brachte. Es ist gut möglich, dass die Wanderung der Langobarden zunächst mit kleinen Kriegertrupps begonnen hatte. Doch irgendwann müssen sich die Langobarden und andere Einwanderer, die an diesem Migrationsstrom teilnahmen, zu einer festeren Einheit zusammengeschlossen haben, spätestens, als sie Rugiland hinter sich ließen, um das Königreich der Heruler zu zerstören.[73] Selbst wo diese Migrationen hauptsächlich wirtschaftlich motiviert waren und daher aus freien Stücken erfolgten, hatten sie immer auch eine politische Dimension.

Andere Vorstöße der Migranten waren dagegen rein politischer Natur. Die Skiren, Rugier, Heruler und Hunnen wurden zu unterschiedlichen Zeitpunkten durch schwere politische Rückschläge aus ihren angestammten Gebieten vertrieben. In allen diesen Fällen führten militärische Niederlagen zum Verlust der Unabhängigkeit – Katastrophen, auf die die Betroffenen in unterschiedlicher Weise reagierten. Während Rugier und Heruler größtenteils in andere Gebiete zogen, scheinen die Skiren in kleine Gruppen zerfallen zu sein, die sich einzeln durchzuschlagen versuchten. Die *Vita Sancti Severini* weiß von einer kleinen Schar von Skiren zu berichten, die sich auf den Weg nach Italien machte. Das einzig Bemerkenswerte an dieser Gruppe war, dass ihr Odoaker angehörte.[74] In den 460er Jahren, nach Attilas Tod, begaben sich kleinere Gruppen von Hunnen auf Wanderschaft, zwei größere Kontingente unter Führung von Attilas Söhnen dagegen suchten im oströmischen Kaiserreich Asyl. Wirtschaftliche Erwägungen beeinflussten die Richtung ihrer Wanderung, waren aber nicht der eigentliche Anlass für den Aufbruch.

Der Sold und weitere Belohnungen, die römischen Soldaten immer noch winkten, waren vermutlich der Grund, warum so viele Skiren und andere auf die Südseite der Alpen zogen. Größere Kontingente von Rugiern, Herulern und Hunnen sahen sich nach ihrer Niederlage vor die Wahl gestellt, entweder die Region an der mittleren Donau zu verlassen oder sich in die Abhängigkeit stärkerer Mächte zu begeben. So fanden die Heruler die Gepiden-Herrschaft so drückend, dass sie sich lieber in die Obhut des Oströmischen Reiches begaben, bis der dort ausbrechende Bürgerkrieg um die Thronfolge sie spaltete und ein Teil von ihnen zu den Gepiden zurückkehrte. Von diesen Flüchtlingen wurde selbstverständlich erwartet, dass sie für ihre neuen Schutzherren – sei es das Oströmische Reich oder die Gepiden – in den Kampf zogen. Vielleicht verlangte man von den Flüchtlingen auch Tributzahlungen, gewiss aber weniger, als zuvor die Hunnen gefordert hatten. Die Forderungen, die Theoderich an die Rugier stellte, waren vielleicht geringer. Zwar wechselten sie während der Eroberung Italiens einmal auf die Seite von Odoaker, kehrten aber schnell zu Theoderich zurück und schienen dann bis 540 mit ihrem Status im ostgotischen Königreich recht zufrieden.[75]

Wir wissen nicht, welche Bedingungen Attilas Söhne Dengizich und Hernak in Konstantinopel auszuhandeln versuchten. Ihrem Zug auf oströmisches Territorium ging eine Anfrage an Kaiser Leo voraus, ihnen Zugang zu den dortigen Märkten zu gewähren. Mit dem Niedergang der politischen Hegemonie der Hunnen Mitte der 460er Jahre verringerten sich vermutlich auch ihre Einkünfte aus Tributzahlungen, da mehrere der unterworfenen Gruppen die Unabhängigkeit erlangten. In dieser Situation schien ein Arrangement mit Konstantinopel attraktiv. Für einen der Söhne Attilas führte dieser Weg in den

Untergang – warum, ist nicht ganz klar. Offenbar sah Byzanz in Dengizich eine Bedrohung, in Hernak dagegen nicht. Auffällig ist allerdings, dass sich Hernak mit einem sehr kleinen Territorium im römischen Grenzgebiet der nördlichen Dobrudscha zufrieden gab. Womöglich hatte Dengizich einfach zu hohe Forderungen gestellt.[76] Obwohl im Einzelfall schwer nachzuvollziehen, gab es bei allen Migranten eine Gemengelage von wirtschaftlichen und politischen Gründen. Bei jenen, die sich freiwillig auf den Weg machten, dürften eher wirtschaftliche Motive im Vordergrund gestanden haben. Doch da auch die freiwilligen Migranten gezwungen waren, die politischen Umstände zu ihrem eigenen Vorteil zu beeinflussen, mussten sie in großen und einvernehmlichen Gruppen operieren. So sehr sich diese Migrantengruppen in Größe und Art von modernen Beispielen unterscheiden, so sehr ähneln sich die Motive für ihren Aufbruch.

Andere Aspekte der Wanderungsprozesse in der Hunnenzeit lassen sich eher mit modernen Migrationen vergleichen. Gruppen, die bereits eine starke Mobilitätsneigung zeigten, setzten die Wanderung erstaunlich oft als Strategie ein. Die amalischen Goten, die schließlich nach Italien zogen, waren gar nicht lange vorher von der Ost- auf die Westseite der Karpaten und von dort weiter nach Süden in den oströmischen Balkan gezogen, wo sie weiterhin mobil blieben. Während Theoderich versuchte, die thrakischen Goten als kaiserliche Verbündete durch geographische und politische Manöver auszustechen, legte die Gruppe mindestens weitere 1500 Kilometer zurück. Über den zeitlichen Ablauf der Migration langobardischer Gruppen, die schließlich an der mittleren Donau landeten, wissen wir wenig, aber sie werden von der nördlichen Elbe in mehreren Etappen nach Böhmen gezogen sein, ihrem Ausgangspunkt für den Einfall in das Gebiet der mittleren Donau. Von dort starteten auch die Hauptverlierer des zerfallenden Hunnenreichs: die Hunnen selbst, aber auch die Rugier, Skiren und Heruler. Auch wenn Belege im Detail oft fehlen, kann man davon ausgehen, dass sich alle diese Gruppen im späten 4. oder frühen 5. Jahrhundert auf den Weg an die mittlere Donau machten. Sie folgten einander im Abstand von zwei, drei Generationen. Für alle diese Gruppen war die Migration eine vertraute Strategie, ein tief im kollektiven Bewusstsein sitzender Reflex, der durch bestimmte Umstände ausgelöst wurde. Die Richtung, in der sie sich auf den Weg machten, hing nicht zuletzt von den verfügbaren Informationen ab, wie man beispielhaft an den amalischen Goten zeigen kann. Bis zu seinem 18. Lebensjahr hatte Theoderich zehn Jahre als Geisel in Konstantinopel verbracht. Der Zeitpunkt seiner Rückkehr – um 472 – war günstig, um das dort erworbene Wissen zu nutzen: Aufgrund ihrer guten Beziehungen zum oströmischen Hof verfügten die thrakischen Goten über beträchtlichen Wohlstand, und sie rebellierten gegen Kaiser Leo I., der ihren Schutzherrn Aspar hatte ermorden lassen. Es kann kein Zufall sein, dass sich die amalischen Goten binnen Jahresfrist nach Süden in Bewegung setzten, um die von Konstantinopel bevorzugten Goten zu verdrängen. Dass Theoderichs Goten über ausreichende geographische und politische Kenntnisse verfügten, um später in Italien ein weiteres lohnendes Ziel auszumachen, bedarf keiner großen Erklärung. Ihre alte Heimat Pannonien lag am Rand der östlichen Alpenpässe, über die man nach Oberitalien gelangte, wo Odoaker herrschte, der Sohn eines ehemaligen Feindes der Amaler-Dynastie. Bereits im Jahr 479, zehn Jahre, bevor er sich mit seinen Truppen in Marsch setzte, hatte Theoderich vor Dyrrhachium in seinen Verhandlungen mit dem oströmischen Gesandten Adamantius den Plan erörtert, gemeinsam nach Italien zu ziehen und Odoaker zu stürzen.[77]

Oft hing eine Entscheidung zum Aufbruch von den Informationen ab, über die man verfügte. So nutzten die Langobarden im angrenzenden Böhmen die Chance, in das Machtvakuum vorzustoßen, das Odoaker durch die Vernichtung des Königreichs der Rugier geschaffen hatte. Die Skiren, die unweit der nach Italien führenden Routen siedelten, kannten das Land sehr gut, da sie es 451 gemeinsam mit Attilas Armee geplündert hatten. Und die Heruler, die sich erst den Gepiden und dann Byzanz unterordneten, blieben in dem Gebiet, das sie seit mindestens 50 Jahren besiedelten. Es bleiben zwei interessantere Fälle: die Rugier und die größere herulische Diaspora. Irgendwoher wussten die Rugier, wo Theoderich zu finden war, nachdem ihr Königreich 487 von Odoaker zerstört worden war. Bei der steilen Karriere Theoderichs im Oströmischen Reich, die ihn 484 ins Amt eines Konsuls führte, ist das allerdings nicht allzu verwunderlich, sein Aufenthaltsort dürfte sich herumgesprochen haben. Spannender ist der Fall jener Heruler, die es bis nach Skandinavien verschlug. Prokops Bericht gibt keinen Aufschluss darüber, ob sie wussten, wohin sie ziehen wollten, als sie nach ihrer Niederlage in Richtung Norden aufbrachen. Hatten sie überhaupt ein festes Ziel? Jedenfalls gelang es den Herulern, die an der Donau geblieben waren, sie mehr als 20 Jahre später über eine Entfernung von 1800 Kilometern wiederzufinden, als sie einen Thronfolger suchten. Die Heruler, die Richtung Norden zogen, verfügten vielleicht bereits über Kontakte oder Informationen, die ihnen Skandinavien als attraktives Ziel erscheinen ließen – Informationen, die sie mit den Zurückbleibenden teilten. Möglich ist auch, dass beide Gruppen die ganze Zeit über in losem Kontakt standen. Ein plausibler Anhaltspunkt dafür ist der Fall des Skandinaviers Rodwulf, König der Ranier, der später am Hof Theoderichs in Italien Zuflucht suchte. Auch kleine Begebenheiten wie diese zeigen, dass man allzu leicht unterschätzt, was man jenseits der Grenzen des alten römischen Limes von der Welt wusste.[78]

Kenntnisse über das Ziel der Reise konnten aber nur dort in die Entscheidung zur Migration münden, wo die Bewegung größerer Bevölkerungsgruppen überhaupt eine praktikable Möglichkeit darstellte. Die Quellen geben uns hierüber nur selten Auskunft, doch wir wissen, dass viele Wanderungsbewegungen von der verfügbaren Transportlogistik abhingen. Die amalischen Goten waren in einem großen Wagentreck unterwegs, wie die Goten in den 390er Jahren unter Alarich. Die 2000 gotischen Wagen, die 479 von oströmischen Soldaten erbeutet wurden, waren vermutlich nicht der gesamte Tross. Dies geschah, bevor Theoderich die thrakischen Goten unterworfen hatte, so dass man sich den Wagenzug der vereinigten Goten, die gemeinsam mit den Rugiern nach Italien unterwegs waren, noch imposanter vorstellen muss. Einer an den anderen gereiht, hätten sich die 2000 Wagen allein schon über eine Länge von 15 Kilometern erstreckt. Mit einem solch gewaltigen Fuhrpark waren die amalischen Goten in der Gebirgslandschaft des Balkans natürlich auf das römische Straßennetz angewiesen. Wir wissen, dass ihr erster Treck im Jahr 473 die beiden Strecken der großen Römerstraße von Naissus nach Thessaloniki nutzte. Ihr Aufbruch von den Randgebieten Konstantinopels 478/479 erfolgte Richtung Westen über die Via Egnatia. Vermutlich nutzten sie auch in der Zwischenzeit und in der Folge die römischen Hauptverbindungsstraßen.[79]

Doch vor allem waren es die politischen Strukturen, die den Geschehnissen ihren Stempel aufdrückten, wie auch Beispiele aus heutiger Zeit vermuten lassen. Erst der Aufstieg der Hunnen löste überhaupt eine so massive kriegerische Präsenz an der mittleren Donau aus. Teils waren es Gruppen, die den Hunnen dorthin gefolgt waren, teils Gruppen, die – vergebens – ihrer Kontrolle zu entfliehen versuchten. Ohne das strenge Regiment der Hunnen hätten auch nicht so viele militärisch hochgerüstete Gruppen in so enger Nachbarschaft zusammenleben können, wie die nach Attilas Tod aufflammenden Konflikte zeigen. Der Fortbestand des Oströmischen Reiches als einheitliches Staatsgebilde war ein weiterer wichtiger Faktor – und für die amalischen Goten der Grund, Richtung Süden auf oströmisches Territorium im Balkan zu ziehen. Diese Landschaft lockte nicht durch natürliche Reichtümer – für den Ackerbau war sie ungleich weniger geeignet als die alte Provinz Pannonien, aus der die Goten wegzogen. Der zerklüftete Balkan war dennoch ein attraktives Ziel, weil die Goten von dort aus Druck auf Konstantinopel ausüben und dem Oströmischen Reich etwas von seinem Reichtum abpressen konnten, der ihm in Form von

Steuereinnahmen aus den viel reicheren Regionen Ägyptens und des Nahen Ostens zufloss. Auch das letzte Ziel dieser Goten wurde durch die politische Entwicklung vorgegeben. Hätte das Weströmische Reich in der Zwischenzeit nicht aufgehört zu existieren, hätten sie auf der italienischen Halbinsel nie ein unabhängiges Königreich errichten können, und der oströmische Kaiser Zenon hätte Theoderich auch nicht zu einem solchen Unternehmen ermutigen können. Ähnlich kann man von den Langobarden sagen: Hätte das Hunnenreich weiter Bestand gehabt, wäre ihnen ein Vorstoß an die mittlere Donau nie gelungen.

Wie ich bereits erwähnt habe, ist es seit einiger Zeit in gewissen Forscherkreisen Mode geworden, den Aufstieg und Niedergang des Hunnenreichs als Paradebeispiel dafür anzusehen, dass in dieser Epoche Gruppenidentitäten wandelbar waren und dass diese Wandelbarkeit mit der Migration wenig zu tun hatte. Gewiss, die Beweislage lässt zu wünschen übrig. Dennoch deutet vieles darauf hin, dass hier stärker differenziert werden muss. Die Fakten belegen eindeutig, dass nicht alle, die ins Hunnenreich kamen, zu Hunnen wurden. Es war eine höchst unfreiwillige Konföderation: Die Nicht-Hunnen wurden durch Zwang eingegliedert, sie wurden systematisch ausgebeutet und mussten sich ihren Weg in die Freiheit erkämpfen. Daher kann es kaum überraschen, dass zumindest die größeren Gruppen an ihrer Identität festhielten. Es lag auch im Interesse der Hunnen selbst, diese Identitäten zu erhalten. Die Unterworfenen wiederum sahen im Erhalt ihrer Gruppenidentität die Chance, die Hunnenherrschaft abzuschütteln, sobald sich eine Gelegenheit dazu bot.

Die Quellenlage zu allen diesen Gruppen, besonders zu den Langobarden, ist dürftig. Doch die oben gemachten Bemerkungen zur Gruppenidentität stehen ganz im Einklang mit dem, was wir über die Migrationsprozesse im Zusammenhang mit dem Aufstieg und dem Niedergang des Hunnenreichs wissen. Hier ist die Quellenlage besser. Die amalischen Goten werden durchgehend als große, gemischte Bevölkerungsgruppe beschrieben, die mit mehr als 10000 Kriegern und in Begleitung von Frauen und Kindern und mit mehreren tausend Wagen unterwegs war. Dieses Bild – wie es auch später am Hof des Gotenkönigs in Italien gezeichnet wird – ergibt sich aus zahlreichen zeitgenössischen Quellen. Man kann alle Belege in Zweifel ziehen, sofern man gute Gründe dafür hat, doch in diesem Fall beruht die Skepsis hauptsächlich auf einer selektiven Lektüre der modernen Fachliteratur über die Mechanismen von Gruppenidentität. Mit dem Aufstieg und Niedergang des Hunnenreichs wurden viele Gruppen, die über eine große militärische Kampfkraft verfügten, ins Herz Mitteleuropas gedrängt. In den heftigen Auseinandersetzungen um die Vorherrschaft verloren einige kleinere Gruppen ihre Unabhängigkeit, viele andere jedoch verließen die Region ebenso schnell, wie sie gekommen waren.

Auf den ersten Blick scheinen wirtschaftliche Entwicklungsunterschiede keine so große Rolle gespielt zu haben wie etwa bei der Expansion der Germanen im 3. Jahrhundert. Die Migrationsbewegungen, die wir in diesem Kapitel betrachtet haben, scheinen von Anfang an hauptsächlich politisch motiviert gewesen zu sein, ganz gleich, ob sie mit der Reichsbildung der Hunnen oder mit dem Zerfall ihrer Herrschaft zu tun hatten. Doch oft täuscht der erste Eindruck. Die Hunnen bauten ihre Kriegsmaschinerie gerade wegen des Entwicklungsgefälles an der mittleren Donau auf. Die Region bot ihnen einen günstigen Ausgangspunkt für Plünderungszüge und Schutzgelderpressungen. Auf diese Weise partizipierten sie an den Reichtümern, die das Römische Reich mit seinem Steuersystem im Mittelmeergebiet abschöpfen konnte. Worauf Attila aus war, das hat Priskos in aller Ausführlichkeit geschildert: Geld. Die hunnische Kriegsmaschinerie wäre ohne das Schmiermittel des römischen Goldes rasch zum Stillstand gekommen. Unterschiede in der wirtschaftlichen Entwicklung beeinflussten auch nach Attilas Tod die Zielrichtung jener Gruppen, die sich dem Machtkampf zu entziehen suchten. Die große Mehrheit wandte sich nach Süden, angezogen vom Reichtum des Mittelmeerraums. Doch auch hier gaben die politischen Bedingungen den Rahmen vor. Nur Gruppen, die ihren Zusammenhalt und ihre Unabhängigkeit aufgaben und dem Weg folgten, den Attilas letzter überlebender Sohn mit einigen kleineren Gruppierungen ehemaliger Untertanen vorgegeben hatte, konnten nach Südosten in Richtung des Oströmischen Reiches ziehen, dessen militärische Stärke noch weitgehend ungebrochen war. Theoderichs amalische Goten waren so zahlreich, dass sie sich dort eine Weile halten konnten, aber letztlich doch zu wenige, um mit Konstantinopel zu einer dauerhaften Übereinkunft zu kommen – eine Ausnahme also, die die Regel bestätigt.

Wer größere Ambitionen hatte, machte sich nach Südwesten auf. Die römischen Grenzbefestigungen, die früher dem Drang nach Westen Einhalt geboten hatten, waren mitsamt den dort stationierten Legionären verschwunden. Es kam nicht erneut zu jener Expansion, in deren Verlauf im 3. Jahrhundert die Germanen Richtung Osten aufgebrochen waren, um sich nördlich des Schwarzen Meeres niederzulassen (Kapitel 4). Während der Hunnenherrschaft waren in Mittel- und Südeuropa die Straßen nicht selten von dicht gedrängten Zügen von Kriegern samt ihren Familien verstopft. Mehr oder weniger zur selben

Zeit gab es an den nordwestlichen Rändern des Römischen Reiches verschiedene Arten von Migrationsbewegungen. Um unseren Überblick über die sogenannte Völkerwanderung abzurunden, wenden wir uns nun den Angelsachsen und den Franken zu.

KAPITEL 6
FRANKEN UND ANGELSACHSEN: ELITETRANSFER ODER »VÖLKERWANDERUNG«?

Um 410 fielen Roms britannische Provinzen aus dem imperialen Gefüge heraus und verschwanden in den folgenden 200 Jahren weitgehend von der Bildfläche. Es sind dies die »verschollenen Jahrhunderte« der britischen Geschichte, wie ein Historiker unserer Tage sie treffend kennzeichnete.[1] Als diese Gebiete um 600 n. Chr. wieder ins Blickfeld der Geschichtsschreibung rückten, war im britischen Tiefland (dem heutigen England, Kernland der alten römischen Provinz Britannien) ein Großteil des fruchtbaren Ackerlands Invasoren in die Hände gefallen. Germanischsprachige Angelsachsen, die 200 Jahre zuvor Gebiete jenseits der Nordsee bewohnt hatten, hatten die einheimische, Keltisch und Lateinisch sprechende Elite verdrängt. Ähnlich erging es den Provinzen des römischen Gallien, die unter die politische Herrschaft germanischsprachiger Franken fielen, welche ihre Siedlungsstätten zuvor östlich des Rheins gehabt hatten. Allerdings war der kulturelle Wandel in Gallien nicht ganz so einschneidend wie jenseits des Ärmelkanals. Südlich der Loire waren im 6. Jahrhundert immer noch viele Nachfahren der alten römischen Eliten im Besitz ihrer Landgüter, und die materielle wie die nichtmaterielle Kultur war weiterhin römisch geprägt. Ganz anders nördlich des Pariser Beckens. Hier verbreiteten sich die germanischen Sprachen in Richtung Westen auf Kosten des Lateinischen und Keltischen, und weder historische noch archäologische Quellen deuten darauf hin, dass die römische Aristokratie in dieser Region um 600 n. Chr. immer noch eine Rolle spielte.

Die Landnahme der Franken in Nordgallien wirft zum Teil dieselben Fragen auf wie die angelsächsische Eroberung des britischen Tieflands. Wie zentral war die Migration für den politischen und kulturellen Wandel in diesem nordwestlichen Winkel des Römischen Reiches? Und in welcher Form fand sie statt? In der Vergangenheit wurde die angelsächsische und die fränkische

Expansion im Westen als Teil einer einzigen großen pangermanischen »Völkerwanderung« betrachtet, die mit dem Ende der römischen Kaiserzeit begonnen habe. In neuerer Zeit sieht man in ihr ein Beispiel für das begrenztere Migrationsmodell des Elitetransfers. Wie in Kapitel 1 dargelegt, ist das klassische Beispiel eines solchen Elitetransfers die normannische Eroberung Englands im 11. Jahrhundert. Sie ist umfassend im *Doomsday Book* dokumentiert, das Auskunft gibt, wer welches Stück Land vor der normannischen Eroberung besaß (genauer gesagt, am 5. Januar 1066, »an dem Tag, an dem König Edward [der Bekenner] lebte und starb«, wie es im *Doomsday Book* heißt) und wer zwanzig Jahre später darüber verfügte. Das Dokument lässt keinen Zweifel, dass sich die in geringer, aber politisch bedeutsamer Zahl in England eindringenden Normannen in diesem Zeitraum als die neue Klasse der Gutsbesitzer etablierten. Kann diese begrenzte Migration die Veränderungen im britischen Tiefland und in Nordgallien im 5. und 6. Jahrhundert hinreichend erklären? Eine vergleichende Untersuchung der fränkischen und angelsächsischen Eroberung hilft uns zu verstehen, warum nicht.

ELITEN UND MASSEN

Dass Migration bei der Transformation des römischen Britannien zum angelsächsischen England eine Rolle spielte, kann nicht ernsthaft bezweifelt werden. Doch in der Frage, wie entscheidend dieser Einfluss war, gehen die Meinungen weit auseinander. Im 19. Jahrhundert nahm man an, eine große Zahl angelsächsischer Invasoren habe die alteingesessene romano-britische Bevölkerung keltischen Ursprungs mehr oder weniger verdrängt und die Überlebenden westwärts nach Wales, Devon und Cornwall oder übers Meer in die Bretagne vertrieben. In viktorianischer und edwardianischer Zeit und auch noch später lernten die englischen Kinder in der Schule, die angelsächsische Invasion habe mit der Ankunft von Hengist und Horsa in Kent begonnen und sei immer weiter vorangeschritten. Diese Vorstellung stützte sich vorrangig auf erzählende Quellen, insbesondere auf Gildas' *De Excidio Britanniae* (Über den Untergang Britanniens) und auf die *Angelsächsische Chronik*, die zwar wenig Konkretes zu bieten haben, sich jedoch für eine Herleitung der unversöhnlichen Feindschaft zwischen den angelsächsischen Invasoren und den einheimischen Kelten gut ausschlachten ließen. Um 1900 kamen handfestere Belege hinzu. Man hatte inzwischen herausgefunden, dass die meisten Ortsnamen des heutigen England auf das germanische Idiom der Angelsachsen zurückgehen und nicht auf das Keltische der Romano-Briten, das auch im modernen Englisch kaum Spuren hinterlassen hat. Keltische Wurzeln entdeckte man lediglich in den Namen einiger größerer Flüsse. In der Epoche des Eisenbahnbaus in viktorianischer Zeit wurde diese Argumentation durch einen weiteren Punkt untermauert: Zahlreiche Gräberfelder, die im späten 19. Jahrhundert mit der Erweiterung des Schienennetzes freigelegt wurden, enthielten Relikte einer nachrömischen materiellen Kultur, die die Invasoren vom Festland mitgebracht hatten, jedoch wenig Belege für den Fortbestand einer romano-britischen Bevölkerung. Den Begriff kannte man damals zwar noch nicht, aber man ging davon aus, dass die Angelsachsen eine hocheffiziente »ethnische Säuberung« durchgeführt hatten.

Seit den 1960er Jahren hat sich diese Frage, in der einst ein breiter Konsens herrschte, zu einem bisweilen erbitterten Disput entwickelt. Heute glaubt niemand mehr, dass damals eine ethnische Säuberung im großen Stil stattfand, und es glaubt auch niemand mehr, dass es absolut keine Migration gab. Dazwischen liegt ein breites Spektrum unterschiedlicher Ansichten, die sich in zwei Hauptströmungen gliedern lassen: Viele Historiker und einige Archäologen sehen in der Ausbreitung der angelsächsischen Kultur im britischen Tiefland im 5. und 6. Jahrhundert eine »feindliche Übernahme«, an der eine große Zahl von Zuwanderern aus Norddeutschland und aus dem Gebiet der heutigen Benelux-Länder beteiligt war. Für andere war dieser Prozess von einer nur geringen Zahl von Einwanderern getragen, deren kulturelle Normen sich dann jedoch in großen Teilen der einheimischen Bevölkerung weitgehend gewaltlos ausbreiteten: ein Elitetransfer, gefolgt von kultureller Nachahmung. Diese Ansicht, insbesondere unter Archäologen weit verbreitet, ist stark von der allgemeinen Ablehnung des alten kulturgeschichtlichen Modells der Massenmigration geprägt.[2] Doch warum herrscht hier überhaupt ein so starker Dissens?

Die Quellenlage

Die Abkehr vom nationalistischen Blick auf die Vergangenheit hat immer einen befreienden Effekt, wie sich bei vielen zentralen Themen dieses Buches zeigt. Heute geht niemand mehr davon aus, dass Kelten und Angelsachsen einander allein deshalb feindselig gegenüberstanden, weil sie Kelten bzw. Angelsachsen waren. Tatsächlich zeigen historische Quellen nach 600, dass die Königreiche des angelsächsischen England einander nicht weniger bekämpften als die nachrömischen Reiche Britanniens, ja sich manchmal sogar gegen ihre angelsächsischen Landsleute mit diesen verbündeten. Das westliche und nördliche nachrömische Britannien war zudem in sich äußerst vielgestaltig. Die Untersuchung von Inschriftensteinen ergab, dass sich im westlichen Britannien bis ins 5. und

6. Jahrhundert eine Lateinisch sprechende, im Wesentlichen römische Elite hielt, während die Britannier weiter nördlich nach wie vor Keltisch sprachen. Dies zählt zu den aufregendsten Entdeckungen der letzten Jahre.[3]

Ein weiterer großer Fortschritt der letzten 50 Jahre ist ein besseres Verständnis davon, wie entwickelt das römische Britannien tatsächlich war. Die Untersuchung von Keramikscherben aus Oberflächenfunden und gezielte Grabungen haben gezeigt, dass das spätrömische Britannien vergleichsweise dicht besiedelt war. Eine absolute Zahl kann nicht genannt werden (neuere Schätzungen schwanken zwischen drei und sieben Millionen Menschen), doch die Experten sind sich weitgehend einig, dass England im 4. Jahrhundert landwirtschaftlich stärker genutzt wurde als zu irgendeinem anderen Zeitpunkt vor dem 14. Jahrhundert. Das römische Britannien war kein »Zonenrandgebiet«, wie man in viktorianischer Zeit glaubte, sondern ein prosperierender Teil der römischen Welt. Die These, dass praktisch die gesamte Bevölkerung von den Invasoren nach Westen vertrieben werden konnte, ist damit schwerer aufrechtzuerhalten als noch zu der Zeit, da H.R. Loyn schrieb: »Die Geschichte der angelsächsischen Besiedlung ist bei näherer Betrachtung mehr eine Saga vom Kampf des Menschen gegen den Wald als vom Kampf der Sachsen gegen die Kelten.«[4]

Dass heutige englische Ortsnamen überwiegend angelsächsischen Ursprungs sind, wurde gleichfalls neu gedeutet. Die meisten Namen entstanden erst mehrere Jahrhunderte nach Ankunft der Angelsachsen, als sich dauerhaftere bäuerliche Siedlungsstrukturen entwickelt hatten. Entscheidend war hier die Entstehung von Landgütern *(manors)* und Dörfern – ein Prozess, der sich erst nach 800 beschleunigte und bis ins 11. Jahrhundert fortsetzte. Zu der Zeit war das Angelsächsische längst die Sprache der Grundbesitzer, und so überrascht es nicht, dass deren neue Landgüter angelsächsische Namen erhielten. Da jedoch dieser Prozess erst zwei bis drei Jahrhunderte nach der angelsächsischen Besiedlung begann, sind die Ortsnamen kein hinreichender Beleg dafür, dass die vormals keltischen und römischen Namen durch eine Flut germanischer Siedler gleichsam hinweggespült wurden. Innerhalb von zwei Jahrhunderten hätte sich die germanische Sprache auch allein durch kulturelle Assimilation durchsetzen können.[5]

Diese drei grundlegend neuen Ansätze werden heute allgemein akzeptiert. Auch über Anfangs- und Endpunkt der Etablierung der angelsächsischen Kultur herrscht weitgehend Einigkeit. Das britische Tiefland war um 350 n. Chr. ein hochentwickelter Teil der römischen Welt, doch um 600 wurde es von germanischsprachigen Eliten beherrscht, die sich ihrer Herkunft vom europäischen Festland wohl bewusst waren. Welche Rolle die Migration dabei spielte und wie es der einheimischen Bevölkerung damit erging, ist jedoch Gegenstand lebhafter Debatten.

Der starke Dissens unter den Experten hat seinen Grund in der schlechten Quellenlage. Eine erste zentrale Frage lautet: Welche Verhältnisse herrschten um 400 n. Chr. im römischen Britannien? Kaum jemand bezweifelt, dass es noch 50 Jahre zuvor ein blühendes Land gewesen war. In den Städten gab es zugegebenermaßen nicht im selben Umfang aus privaten Mitteln errichtete öffentliche Bauwerke wie in den Jahrhunderten zuvor. Doch dieses Phänomen lässt sich im gesamten spätrömischen Reich beobachten und muss vor dem Hintergrund der veränderten Lebensverhältnisse der lokalen Eliten gesehen und nicht nur als wirtschaftliches Phänomen gedeutet werden.

Im 4. Jahrhundert verlor für die grundbesitzende römische Elite der Heimatort seine zentrale Bedeutung, und der Dienst für das Römische Reich rückte zunehmend in den Vordergrund. Bis dahin hatte die Förderung öffentlicher Bauten in ihren Heimatstädten ihr Prestige gestärkt. Dies rückte nun in den Hintergrund. Um die Probleme in den Griff zu bekommen, die unter dem Schlagwort »Krise des 3. Jahrhunderts« zusammengefasst werden, insbesondere Persiens Aufstieg zur Großmacht, zog der römische Staat alle lokalen Ressourcen an sich, die bis dahin dem Machtzuwachs der Provinzeliten gedient hatten. Im 4. Jahrhundert war die Ausübung lokaler Macht zwar immer noch mit großer Verantwortung verbunden, doch die Möglichkeiten, Steuergelder auszugeben, waren sehr viel geringer geworden. Mit dem Geld der Steuerzahler prassen konnte nur noch, wer direkt im Dienst des römischen Kaisers stand. Statt nach Machtgewinn in ihrer eigenen Provinz zu streben, investierten die Eliten jetzt zunehmend in eine Karriere in der römischen Verwaltung – ein Dienst, auf den sie auch ihre Kinder vorbereiteten. Dementsprechend litt das Erscheinungsbild der Städte. Aber das war ein grundsätzliches kulturelles und politisches Phänomen, nicht das Zeichen einer wirtschaftlichen Krise.[6]

Die Zeugnisse aus dem ländlichen römischen Britannien entsprechen diesem Bild. Im 4. Jahrhundert prosperierte die Villenwirtschaft Britanniens wie nie zuvor. Dieser Wohlstand spiegelte sich insbesondere in farbigen figürlichen Mosaiken wider, die jetzt die schwarz-weißen, geometrisch gestalteten Muster ablösten, und im Auftauchen christlicher Privatkapellen. Doch wie viel von diesem Reichtum existierte noch im Jahr 400? In 65 der 135 freigelegten Villen mit römischen Münzfunden wurde keine einzige auf etwa 360 n. Chr. datierbare Münze entdeckt. Bedeutet dies, dass die Villenwirtschaft Britanniens – ein sehr viel genauerer Gradmesser für ein florierendes römisches Provinzleben als die Städte – zu diesem Zeitpunkt einen Niedergang erlebte, oder waren damals lediglich weniger Münzen im Umlauf?

Einige Forscher schlossen daraus auf einen wirtschaftlichen Niedergang, was im archäologischen Jargon häufig als »Systemkollaps« bezeichnet wird. Demzufolge wäre das soziale, wirtschaftliche und politische Gefüge Roms um 400 in Britannien zusammengebrochen, so dass es innere und nicht äußere Ursachen waren, die das Ende des römischen Britannien besiegelten – die angelsächsischen Einwanderer hätten nur ein Machtvakuum gefüllt. Diese Argumentation wird durch den mutmaßlichen Abzug der regulären römischen Truppen vom Hadrianswall in den 390er Jahren gestützt. Die Grenzbefestigungen waren zwar noch besetzt, aber die für die römischen Soldaten typischen Metallgegenstände finden sich von da an nur noch im britischen Tiefland. Einige Forscher ziehen daraus den Schluss, dass unabhängige lokale Stammesfürsten die Grenzbefestigungen übernahmen. Doch die Belege dafür sind nicht eindeutig, und die Situation des römischen Britannien um 400 n. Chr. manifestierte sich vor allem im Zusammenbruch der Villenwirtschaft. Hier ist der Mangel an präzisen Daten ein Problem. Wenn die Villenwirtschaft im späten 4. Jahrhundert kollabierte, war der Niedergang des römischen Britannien nicht die Folge der angelsächsischen Invasion. Wenn aber die Villenwirtschaft erst nach 410 zusammenbrach, kommt den Angelsachsen hierbei schon eher eine wichtige Rolle zu.[7]

Für die weitere Entwicklung ist die Quellenlage noch schlechter, insbesondere schriftliche Quellen fehlen. Nur eine einzige Schrift – *De Excidio Britanniae* des Mönchs Gildas – wurde von einem Einheimischen verfasst, der zwischen dem späten 5. und der Mitte des 6. Jahrhunderts lebte und damit halbwegs als Zeitzeuge gelten kann. Das große Handikap dieses Werkes ist jedoch, dass Gildas sich nicht als Geschichtsschreiber verstand, sondern ein moralisches Traktat für die britischen Könige seiner Zeit verfassen wollte, in dem er auf Ereignisse der Vergangenheit hauptsächlich zu dem Zweck Bezug nahm, gegenwärtige Verhältnisse zu veranschaulichen. So entstand eine lückenhafte Skizze der angelsächsischen Landnahme, die großen Interpretationsspielraum lässt. Dementsprechend unterschiedlich wurde dieses Werk gelesen.[8] Neben Gildas gibt es in kontinentalen Quellen einige halbwegs zeitgenössischen Hinweise auf Ereignisse in Britannien sowie vereinzelte, sehr späte, episodenhafte Hinweise in der *Angelsächsischen Chronik*.

Einige Erzählungen der *Angelsächsischen Chronik* spiegeln aktuelle Ereignisse wider. Die meisten Einträge handeln von Königen und ihren Eroberungen, und einige beziehen überblicksartig auch ältere Geschehnisse mit ein. Manche der geschilderten Begebenheiten sind lokalisierbar, wie zum Beispiel die Schlacht von Deorham im Jahr 577, bei der Gloucester, Cirencester und Bath unter angelsächsische Herrschaft gekommen sein sollen. Besucht man den Schauplatz der Schlacht bei Bath, dessen Gelände heute zum Landsitz Dyrham Park gehört, versteht man, wieso: Die Örtlichkeit dominiert das gesamte Umland. Die *Angelsächsische Chronik* handelt eigentlich ausschließlich von den drei Königreichen Wessex, Kent und Sussex, die später, im 9. Jahrhundert, zum Reich König Alfreds des Großen gehörten, unter dessen Regentschaft der Text seine heutige Gestalt erhielt. Große Teile des angelsächsischen England – von Essex bis Northumbria – werden von diesen Annalen, die sich durch einen fast vollständigen Mangel an Details auszeichnen, kaum (Mercia und Northumbria) oder gar nicht (Essex) behandelt. Viele Jahre bleiben zudem unerwähnt oder werden nur auf wenigen Zeilen abgehandelt. Die moderne englische Übersetzung der Einträge zum 5. und 6. Jahrhundert findet auf zwei nicht besonders eng bedruckten DIN-A4-Seiten Platz. Es handelt sich um unverbundene Episoden, nicht um eine zusammenhängende Erzählung. Die Form und die chronologischen Widersprüche des Textes deuten außerdem darauf hin, dass der Verfasser die Daten zu den Geschichten über die großen Heroen der Vergangenheit, die er wahrscheinlich auch nur aus mündlichen Erzählungen kannte, mehr oder weniger erfunden hat. Ähnliches kann man auch bei einigen kontinentalen Quellen des 5. und 6. Jahrhunderts feststellen, die sich teilweise gleichfalls auf mündliche Überlieferung stützten; allerdings waren solche Mutmaßungen nie gänzlich unbegründet. Aus den Stammbäumen und Königslisten, die zum Standardrepertoire der Herrscherdynastien gehörten, konnten chronologische Zusammenhänge abgeleitet werden, was es erlaubte, mündlich überlieferte Ereignisse bestimmten Personen (zum Beispiel siegreichen Königen) zuzuordnen.[9] Dennoch, sicheres Wissen enthalten solche Annalen nicht – ein weiteres Manko, das den praktischen Nutzen der *Angelsächsischen Chronik* beschränkt.[10] Unsere Kenntnis der angelsächsischen Geschichte verbessert sich erst ab 600 n. Chr. mit der Ankunft christlicher Missionare. Ab diesem Zeitpunkt verfügen wir über das detaillierte historische Wissen von Bedas *Kirchengeschichte*. Für die Zeit davor war Beda aber nicht besser dran als wir: Er konnte sich ebenfalls nur auf Gildas stützen.

Mit archäologischen Funden sieht es besser aus. Die meisten Informationen über das römische Britannien liefern 30 000 Gräber aus angelsächsischer Zeit. Diese Begräbnisstätten enthalten die sterblichen Überreste von zehn bis fünfzehn Generationen, die zwischen der Mitte des 5. und dem späten 7. Jahrhundert lebten – einer Zeit, in der selbst konservative Schätzungen von einer

Population von nicht weniger als einer Million ausgehen. Selbst diese vielen Gräber repräsentieren also nur einen kleinen Ausschnitt der ursprünglichen Bevölkerung. Zwei weitere Probleme erschweren die Interpretation: Erstens ist die Datierung alles andere als genau. Nach 400 n. Chr. gelangten keine römischen Münzen mehr nach Britannien. Wissenschaftliche Datierungen (C14 oder Dendrochronologie) sind gleichfalls selten, weil viele Gräber geöffnet wurden, bevor diese Methoden verfügbar waren. Die Datierung muss sich daher zum größten Teil auf die stilistische Entwicklung der Grabbeigaben stützen. Mit dieser Datierungsmethode kann man Funde einigermaßen zuverlässig in eine Zeitspanne von 25 Jahren einordnen – wenn man eine archäologisch nachweisbare Entwicklung mit historischen Ereignissen in Zusammenhang bringen will, ist dieses Zeitraster allerdings viel zu ungenau.[11]

Das zweite Problem ist grundsätzlicher. Die frühen angelsächsischen Bestattungen zeigen zwei Hauptformen: In Mittel- und Südengland entdeckten Archäologen zahlreiche kleinere Gräberfelder mit Körperbestattung, einige mit reichen Beigaben. Weiter östlich, in Teilen East Anglias und entlang der nordöstlichen Küste, wurde eine geringere Zahl sehr viel größerer Friedhöfe mit Brandbestattung (Karte 11) freigelegt. Da die Brandbestattung dem spätrömischen Britannien fremd war, und da sowohl Bestattungsform als auch Beigaben direkte Parallelen in Funden in Südostjütland aus dem 4. und frühen 5. Jahrhundert haben, kann kaum ein Zweifel bestehen, dass die ostenglischen Gräberfelder mit Brandbestattung von germanischsprachigen Einwanderern aus Jütland angelegt wurden.[12]

Problematischer ist die Einordnung der Friedhöfe mit Körperbestattung. Zum einen enthalten zahlreiche Gräber keine Beigaben. Wer waren diese Menschen? Waren es weniger begüterte Angelsachsen, versprengte Romano-Briten, die ihre Toten traditionell ohne Beigaben bestatteten, oder Menschen, die sich ad hoc dafür entschieden, ihren Verstorbenen keine Grabbeigaben mitzugeben? Auch wenn kaum bezweifelt wird, dass viele Objekte aus Gräbern mit Beigaben (Gewandnadeln, Ärmelschließen, Waffen etc.) auf den Britischen Inseln zuerst von kontinentalen, germanischsprachigen Gruppen verwendet wurden, so gilt dies längst nicht für alle. Insgesamt kann man sagen, dass ihr Auftauchen und ihre Verbreitung in England wenig über das Ausmaß der angelsächsischen Zuwanderung aussagt. Anders als bei den Brandgräbern in Ostengland lässt sich der Gewandschmuck in den Körpergräbern nicht einer bestimmten Region des germanischsprachigen Kontinents zuordnen. Bestimmte Kombinationen von Objekten fanden sich ausschließlich in bestimmten Gegenden Englands, während der Ursprung der einzelnen Gegenstände in verschiedenen Gebieten Germaniens liegt. Ärmelschließen zum Beispiel wurden zu einem typischen Element von Kleidungsstücken der frühen Angelsachsen an der Meeresbucht The Wash an der englischen Nordseeküste. Während der Gewandschmuck meist aus den verschiedensten Quellen stammte, wurden Ärmelschließen zuvor nur im westlichen Norwegen gefunden.[13] Mit anderen Worten: Es scheint, als sei die Entwicklung im britischen Tiefland ähnlich verlaufen wie beim sogenannten Donaustil in Attilas Reich (Kapitel 5): Aus einer Vielzahl von Stilen unterschiedlicher Herkunft kristallisierten sich im 5. Jahrhundert im britischen Tiefland neue, typisch angelsächsische Bekleidungssitten heraus.

Wenn Gewandschmuck und Bestattungsbräuche zwischen germanischen Einwanderergruppen weitergegeben wurden, gibt es keinen Grund, warum sie nicht auch von angelsächsischen Einwanderern auf die romano-britischen Bewohner übergegangen sein sollten. In der Forschung herrscht heute weitgehend Konsens darüber, dass unter bestimmten Bedingungen neue Identitäten entstehen können, insbesondere wenn sich alte Identitäten auflösen, was sowohl auf die angelsächsischen Einwanderer als auch auf die romano-britischen Einheimischen des 5. und 6. Jahrhunderts zutrifft. Die politischen Strukturen der neuen angelsächsischen Königreiche unterschieden sich von den vorherigen, und es gibt keinen Grund zu der Annahme, dass sie einfach vom Festland importiert wurden. In der Ahnentafel des Herrscherhauses von Wessex tauchen britannische Namen – Cerdic und Cynric – auf, und in der Rechtssammlung dieses Königreichs, dem Gesetzbuch, das König Ine von Wessex im späten 7. Jahrhundert veröffentlichte, werden ausdrücklich einheimische Landbesitzer nichtangelsächsischer Herkunft erwähnt. Vieles spricht also dafür, dass Wessex im Zuge eines komplizierten angelsächsisch/romano-britischen Austauschs entstand und nicht durch eine schlichte germanische Eroberung. Der Friedhof von Warperton in Warwickshire liefert uns das bisher einmalige Beispiel einer Progression von spätrömischen und angelsächsischen Begräbnissitten innerhalb eines einzigen Gräberfelds. Auch das deutet auf einen Prozess der kulturellen Assimilation hin. Viele Friedhöfe mit Körperbestattung waren noch 200 Jahre, nachdem sich Einwanderer und Einheimische miteinander vermischt hatten, in Gebrauch. Deshalb kann man mit Recht bezweifeln, dass die Funde kontinentaleuropäischen Gewandschmucks in Gräbern tatsächlich Aufschluss über die Herkunft der Toten geben.[14]

Weder archäologische noch schriftliche Quellen geben also auf die Kernfragen zu Ausmaß und Art der angelsächsischen Einwanderung eine eindeutige Antwort. Auch neue Untersuchungsmethoden und Informationsquellen werden diese Lücken nicht so schnell schließen können. DNA- und Isotopenanalyse eröffnen zwar seit zehn Jahren neue Wege, aber auch hier sind keine schnellen Ergebnisse zu erwarten. Bisher ist unklar, ob sich Skeletten aus dem 5. und 6. Jahrhunderts, die sich im feuchten britischen Klima erhalten haben, tatsächlich alte DNA entnehmen lässt. Einen weniger direkten, jedoch aussichtsreicheren Weg weisen bestimmte Genkombinationen im Y-Chromosom heutiger Engländer. Das Y-Chromosom wird über die männliche Linie unverändert vom Vater an den Sohn weitergegeben. So lässt sich eine bestimmte Genkombination plausibel mit einer männlichen Bevölkerungsgruppe in Verbindung bringen, die Mitte des 1. Jahrtausends n. Chr. vom nordeuropäischen Festland ins britische Tiefland kam. Diese Genkombination kann bei gut 75 Prozent aller heutigen männlichen Engländer nachgewiesen werden.

Aber wie soll dieser neue Befund interpretiert werden? Anfangs sahen die Forscher darin eine Bestätigung der alten viktorianischen These, dass im Zuge der angelsächsischen Invasionen eine Art ethnische Säuberung stattgefunden habe, wobei die Quote von 75 Prozent bei der heutigen männlichen Bevölkerung bedeute, dass drei Viertel der männlichen Ursprungsbevölkerung im 5. und 6. Jahrhundert verdrängt worden seien. Da jedoch die angelsächsischen Emporkömmlinge die neue Elite bildeten und ihre männlichen Vertreter daher besseren Zugang zu Nahrung und sicher auch Vorteile bei den Frauen hatten, muss man davon ausgehen, dass sie eine größere Chance hatten, ihre Gene an die nächste Generation weiterzugeben als die alteingesessene romano-britische Bevölkerung. Neuere mathematische Modellrechnungen haben gezeigt, dass unter diesen Umständen ein Anteil von 10 bis 15 Prozent männlicher Invasoren an der gesamten männlichen Bevölkerung im 5. und 6. Jahrhundert ausreichend ist, um zu erklären, dass sich ihre Gene heute bei drei Vierteln der männlichen englischen Bevölkerung finden. Die moderne DNA-Analyse wird also den Streit zwischen den Anhängern der These einer angelsächsischen Massenmigration und jenen eines Elitetransfers und anschließender kultureller Nachahmung nicht schlichten können.[15]

Auch die Isotopenanalyse löst nicht alle Fragen, obwohl sie interessante Einzelergebnisse erzielt. Die Methode basiert darauf, dass der Mineralgehalt der Zähne eines Individuums Aufschluss über die chemische Signatur des Trinkwassers gibt, das es in der Wachstumsphase zu sich genommen hat. Diese chemischen Signaturen können wiederum mit bestimmten Regionen in Verbindung gebracht werden. Auf diese Weise ließe sich feststellen, ob eine in angelsächsischer Tracht bestattete Person tatsächlich vom europäischen Festland kam oder ein Romano-Brite war, der seine Identität gewechselt hatte.

Allerdings ist diese Methode nur bei Einwanderern der ersten Generation anwendbar. Um auf der Grundlage der Isotopenanalyse stichhaltige Ergebnisse erzielen zu können, wären also viele und aufwendige Stichproben notwendig und eine sehr präzise Chronologie. Und da die Nachkommen selbst von angelsächsischen Einwanderern der ersten Generation »britische« Zähne hatten, bezweifle ich den Nutzen dieser Methode. Vorerst zeigt uns also weder die Isotopen- noch die DNA-Analyse einen Weg aus der Sackgasse, ob wir es mit einer Massenmigration oder einem Elitetransfer zu tun haben.[16]

Das Quellenmaterial stellt uns also vor ein Erkenntnisproblem, bietet aber keine Lösung. Die historischen Belege sind viel zu spärlich, um ein detailliertes Bild für die Geschehnisse im 5. und 6. Jahrhundert im britischen Tiefland zu liefern, während sich die allgemeineren Veränderungen der materiellen Kultur ebenso gut mit einer Masseninvasion wie mit einem Prozess der kulturellen Nachahmung erklären lassen. Auch die neuen Erkenntnisse über das spätrömische Britannien zeigen, dass die Bevölkerung der Provinz viel zu groß war, als dass eine ethnische Säuberung auch nur im Ansatz praktikabel gewesen wäre. Die sprachlichen Zeugnisse aus der Zeit nach 600 allerdings zeigen einen nur geringen Einfluss der indigenen Sprache auf das Germanische der angelsächsischen Welt, die aus dem dunklen Zeitalter des nachrömischen Britannien hervorging. Die Positionen in diesem Streit sind festgefahren, aber wenn wir als Erstes die angelsächsische Zuwanderung (und nicht deren Auswirkungen auf Britannien) und anschließend die Frage Massenmigration oder Elitetransfer aus vergleichender Perspektive betrachten, kommt vielleicht Bewegung in die Sache.

Adventus Saxonum

Das Geschichtswerk, das Beda Venerabilis im frühen 8. Jahrhundert im Kloster Jarrow schrieb, liefert zwei Daten für die sächsische Invasion Britanniens: Einmal das Jahr 446, gestützt auf Gildas' Eintrag, die Briten hätten sich um kaiserlichen Beistand an Aëtius gewandt, der Mitte des 5. Jahrhunderts faktisch der Herrscher des Weströmischen Reiches war, und zwar, als dieser »zum dritten Mal Konsul« wurde. Gildas nennt kein Datum, doch Beda verfügte über Konsularlisten, nach denen das dritte Konsulat des Aëtius ins Jahr 446 fiel. Die zweite Datierung (450–455) entnimmt Beda einer zeitgenössischen dynastischen Überlieferung aus Kent, derzufolge sich die Gründer der Dynastie zur Zeit der gemeinsamen Regierung der Kaiser Marcian und Valentinian III. in diesem südöstlichen Winkel Britanniens niederließen.[17] Heutige Forscher sind sich jedoch weitgehend einig, dass die angelsächsische Migration ins britische

Tiefland kein präzise datierbares Ereignis war, sondern ein länger dauernder Prozess.

Die einzige Beschreibung ihrer Anfänge liefert Gildas' *De Excidio Britanniae*. Darin heißt es, die Landnahme der Angelsachsen sei durch die häufigen Angriffe der Pikten und Scoten (aus Irland bzw. Schottland) auf die britannischen Provinzen ausgelöst worden, die begonnen hatten, nachdem diese aus dem römischen Imperium herausgefallen waren. Die Details sind umstritten, fest steht jedenfalls: Um 406 rief die römische Armee in Britannien Konstantin III. zum Gegenkaiser aus, der zur Bekämpfung der Germaneninvasion am Rhein sein Kommando nach Gallien verlegte. Im Jahr 409 meuterten die britannischen Provinzen erneut, diesmal gegen Konstantin. Kurz danach sollen sie ein Schreiben des weströmischen Kaisers Honorius erhalten haben, das ihnen mitteilte, sie müssten sich selbst um ihre Verteidigung kümmern, Honorius jedenfalls könne nichts für sie tun. Damit hatte für die Britannier endgültig die nachrömische Ära begonnen.[18]

Hier nimmt Gildas den Faden auf und schildert, dass die Schwierigkeiten der nunmehr unabhängigen Romano-Briten so groß wurden, dass

> [...] man Rat hielt, wie man am besten und wirksamsten den zahlreichen verheerenden Einfällen und Beutezügen [der Pikten und Scoten] begegnen könne. Da waren denn alle im Rate Sitzende zugleich mit ihrem hochmütigen Tyrannen wie völlig geblendet und fassten einen Beschluss, der dem Vaterlande das Heil bringen sollte und ihm doch zum Unheil werden musste. Sie ließen nämlich die Sachsen, die in einem unsagbar schlechten Rufe stehen und Gott und Menschen verhasst sind, auf unsere Insel wie Wölfe in einen Schafstall kommen, um durch sie die Nordvölker [der Pikten und Scoten] zurückwerfen zu lassen. Wie verfinstert war ihr Verstand, wie verzweifelt, wie dumm und stumpf! [...]
>
> So brach denn die Brut der Barbaren wie eine Löwin aus ihrem Lager hervor. Auf drei Kriegsschiffen [...] fuhren sie zu uns [...]. Zunächst hieb dies Volk auf Veranlassung unseres unseligen Herrschers seine grauenvollen Krallen in die Ostseite der Insel, als wollte es für unser Vaterland kämpfen, in Wirklichkeit aber, um es zu bekämpfen.
>
> Als die Löwin erfuhr, dass die erste Fahrt geglückt sei, entsandte sie eine größere Horde dieser Hunde und Spießgesellen, die hier landeten und sich mit den Hurensöhnen ihrer Rotte vereinigten [...]. Doch erhoben sie [die Sachsen] später Klage, man gäbe ihnen nicht reichlich genug Sold, und suchten absichtlich Vorwände und Anlass zu Misshelligkeiten. Sie versicherten, sie würden die Bundesverträge brechen und alles auf der Insel verheeren, wenn man ihnen nicht mit verschwenderischer Hand reiche Gaben überlasse. Und alsbald setzten sie ihre Drohungen in die Tat um.

Eliten und Massen | 259

> Im Osten ließ die Hand der [sächsischen] Frevler die Gluthitze gerechter Strafe für unsere früheren Verbrechen auflohen, von Meer zu Meer sprang die Flamme, verheerend alle Städte und Felder, und nicht ruhte der Brand, bis seine rote, grauenvolle Zunge, alles auf der Insel niedersengend, zischend das Westmeer beleckte.

Trotz all dieser Niederlagen, die, wie Gildas schreibt, viele Briten veranlassten, sich entweder in die Sklaverei zu ergeben oder übers Meer zu fliehen, waren die Romano-Briten keineswegs am Ende. Auch als Aëtius ihr letztes Gesuch um römischen Beistand ablehnte, gaben sie den Widerstand nicht auf. Berühmt ist die Geschichte von Ambrosius Aurelianus, der das historische Vorbild für die Sagengestalt von König Artus abgab. Er führte einen Gegenangriff in der Schlacht des nicht genauer lokalisierbaren Badon Hill, der den Britanniern einen großen Sieg bescherte. Danach kehrten für lange Zeit, bis zur Niederschrift von Gildas' Werk, glückliche Verhältnisse auf der Insel ein.[19]

Ein Hauptproblem von Gildas' Erzählung ist die Ungenauigkeit der Daten. Gildas gibt keinen Hinweis darauf, wann die verhängnisvolle Anwerbung sächsischer Söldner stattfand. Beda nahm einen zügigen Verlauf der Ereignisse von der Anwerbung bis zum Aufstand und darüber hinaus an und datierte daher die Ankunft der Sachsen auf das Jahr 446, wobei er sich auf das Hilfsersuchen an Aëtius stützte, das in dessen dritte Amtszeit als Konsul fiel. Die meisten Forscher gehen heute davon aus, dass sich die Geschehnisse über einen längeren Zeitraum erstreckten, und ziehen dazu zuverlässige zeitgenössische Quellen heran, die bereits um 410 von massiven sächsischen Angriffen auf Britannien berichten. Somit wären die sächsischen Söldner eine Generation vor dem von Beda genannten Datum abgeworben worden, was nicht in Widerspruch zu Gildas' Beschreibung steht. So betrachtet, wäre Gildas' Schilderung die Kurzfassung der Ereignisse. Nimmt man aber an, dass sich die Ereignisse über einen längeren Zeitraum entwickelten, hat man auch eine Erklärung dafür, dass die frühesten datierbaren sächsischen Funde in England bereits aus der Zeit um 430 stammen.[20]

Den besten Anhaltspunkt für eine Datierung von Gildas' Bemerkung, »die Flamme« des Aufstands sei »von Meer zu Meer« gesprungen, bietet die *Gallische Chronik von 452*, die zu berichten weiß, dass Britannien im Jahr 441/442 an die Sachsen fiel. Diese Chronik entstand nur ein Jahrzehnt nach den Ereignissen, die sie schildert, und da wir wissen, dass die Kontakte zwischen Romano-Briten und römischen Galliern nach 409 nicht abbrachen, ist sie als Beleg wertvoll. Gewiss kann man die Ereignisse auch anders rekonstruieren, aber es scheint naheliegend, Gildas' Söldneraufstand mit den Wirren der frühen

440er Jahre in Zusammenhang zu bringen. Und in den 460er Jahren operierte mindestens ein wichtiger britannischer Anführer in der nordgallischen Loireregion, was mit Gildas' Bemerkung übereinstimmt, dass einige Briten übers Meer flohen. Selbst wenn man hier einen Zusammenhang anzweifelt, müsste man auf Grundlage der *Gallischen Chronik* eine Phase der sächsischen Invasion in die Mitte des 5. Jahrhunderts datieren.[21] Doch das war nicht das Ende der Geschichte. Der triumphale Schluss, den Gildas seinem historischen Exkurs gibt, ist einer der Gründe, warum sein Text manchmal als eine Fälschung aus späterer Zeit betrachtet wurde. Dank des Einsatzes von Ambrosius Aurelianus siegten die Romano-Briten. Bei aller Ungenauigkeit der geographischen Angaben geht aus Gildas' Beschreibung hervor, dass in der vierzigjährigen Friedenszeit nach der Schlacht von Badon Hill die Herrschaft der Sachsen hauptsächlich auf den Osten der Insel beschränkt war. Die meisten Historiker datieren diesen Frieden in die Zeit zwischen 480 und 550 n. Chr.[22]

Zu dem Zeitpunkt jedoch, an dem Beda mit seiner eigentlichen historischen Erzählung beginnt und stärker ins Detail geht, also im Moment der römischen Missionierung Kents im Jahr 597, war praktisch das gesamte britische Tiefland fest in der Hand der Angelsachsen. Entweder hatte es Mitte bis Ende des 6. Jahrhunderts neue massive angelsächsische Vorstöße gegeben, oder der romano-britische Sieg bei Badon Hill war weit weniger entscheidend, als Gildas es uns glauben machen will. Die Quellen deuten auf Ersteres hin. So wie ich die *Angelsächsische Chronik* lese, sieht sie in der Geschichte von Wessex im späten 6. Jahrhundert eine ausgedehnte Expansionsphase, in der unter Führung von Ceawlin und seinem Neffen Ceolwulf ein Großteil von Devon und Somerset unter angelsächsische Herrschaft fiel. Bei aller Problematik dieses Textes könnte dies den Widerhall einer wichtigen späteren Expansionsphase darstellen. Zudem scheinen die meisten Dynastien der angelsächsischen Königreiche im 7. Jahrhundert, die Bedas *Kirchengeschichte* verzeichnet, von einem Ahnen abzustammen, der im letzten Viertel des 6. Jahrhunderts lebte, aber wohl nicht früher.[23] Auch dies deutet darauf hin, dass nach der Abfassung von Gildas' Text etwas Einschneidendes geschah.

Kontinentale Quellen stützen diese These. Sie zeigen, dass die sächsische Bevölkerung bis ins 6. Jahrhundert hinein sehr mobil blieb. Eine große Gruppe sächsischer Migranten, Berichten zufolge 20 000 Personen, zogen Mitte des 6. Jahrhunderts in Richtung Südeuropa und beteiligten sich schließlich an der langobardischen Invasion Italiens. Eine andere Gruppe errichtete etwa zur selben Zeit (in den 560er Jahren) eine Enklave an der Loiremündung.[24] Die Sachsen waren also zweifelsfrei in Bewegung, was es plausibel macht, dass einige auch nach Britannien aufbrachen. Archäologische Funde belegen kontinentalen Einfluss auch aus dem Norden. Kontakte zwischen Skandinavien und East Anglia, insbesondere in Form eines neuen Migrationsstroms aus Norwegen, gab es seit dem späten 5. Jahrhundert, und wir haben Grund zu der Annahme, dass die Königsdynastie von East Anglia skandinavischen Ursprungs war. Bedas Zeugnis stimmt hier mit dem archäologischen Befund überein. Ihm zufolge waren an der germanischen Einwanderung nach Britannien nicht nur Angeln, Sachsen und Jüten beteiligt, die er im ersten Buch seiner *Kirchengeschichte* erwähnt, sondern auch Friesen, Rugier, Dänen und andere.[25] Körperbestattungen in angelsächsischer Manier nehmen auf den Friedhöfen seit dem späten 5. Jahrhundert gleichfalls zu: von einer alle vier Jahre um 500 n. Chr. zu einer alle zwei oder drei Jahre um 600 n. Chr.[26] Das ließe sich ebenso gut mit einer Anpassung der Romano-Briten an die angelsächsische Kultur wie mit einem Bevölkerungszuwachs unter den Einwanderern erklären. Wie auch immer, das Mitte bis Ende des 6. Jahrhunderts am Badon Hill erreichte Gleichgewicht verschob sich zugunsten der germanischsprachigen Einwanderer, zumindest jedoch zugunsten ihres Brauchtums. Aller Wahrscheinlichkeit nach spielte dabei die fortgesetzte Einwanderung vom europäischen Festland eine gewisse Rolle.

So schwierig die Beweislage auch ist, alles deutet darauf hin, dass die Migration nach Britannien im 5. und 6. Jahrhundert nicht in einer einzigen konzentrierten Welle erfolgte wie im Jahr 376, sondern in Form eines stetigen Stroms wie bei den germanischsprachigen Migranten südlich des Schwarzen Meeres im 3., beim Zug der Langobarden an die mittlere Donau im 4. und 5. Jahrhundert (Kapitel 3 und 5) oder der Wikinger nach Westen im 9. Jahrhundert. Die Einwanderungswelle dauerte mindestens von 410 bis 575, vielleicht auch länger. Der Bevölkerungsstrom kam im Zuge der Auseinandersetzung mit der alteingesessenen romano-britischen Bevölkerung immer wieder ins Stocken. Wenn Gildas Ambrosius Aurelianus und seine Laufbahn nicht völlig falsch darstellt – und für diese Annahme gibt es keinen Grund, zumal er sich an ein Publikum wandte, das den Ablauf der Ereignisse selbst beurteilen konnte –, muss die Einwanderung nach Britannien nach dem Sieg der Britannier bei Badon Hill an Attraktivität verloren haben. Interessanterweise erwähnen sowohl Gregor von Tours wie auch Prokop, dass es unter den Franken des europäischen Festlands in der ersten Hälfte des 6. Jahrhunderts auch germanischsprachige Gruppen gab, die aus Regionen nördlich des Ärmelkanals stammten. Dies deutet darauf hin, dass in dieser Zeit, die in den meisten Chronologien nach der Schlacht von Badon Hill eingeordnet wird, eine Rückwanderung stattfand.[27] Außerdem speiste sich der Migrationsstrom aus einem großräumigen Gebiet, wenn man

Bedas Schilderung der Herkunft der Einwanderer und die Ursprünge ihrer materiellen Kultur betrachtet.

Keine Quelle vermittelt uns eine Vorstellung von der Gesamtzahl der Einwanderer. Viele Zuwanderergruppen waren wohl eher klein, besonders am Anfang. Laut Gildas kamen die angelsächsischen Söldner mit nur drei Schiffen und zählten wohl nicht mehr als 100 Mann. Drei Schiffe – das könnte allerdings auch ein folkloristisches Motiv sein, und nicht alle Gruppen müssen so klein gewesen sein.[28] Auf dem europäischen Festland machten sich im 5. und 6. Jahrhundert sächsische Gruppen in einer Stärke von bis zu 20 000 Personen im Familienverband auf den Weg, von denen einige größere Verbände vielleicht bis nach Britannien gelangten. Funde in großen ostenglischen Gräberfeldern mit Brandbestattung zum Beispiel zeichnen das Bild von Migrantengruppen mit einem sehr viel stärkeren Zusammenhalt, als es die kleineren Gräberfelder mit Körperbestattung in Südengland nahelegen, die allerdings mit Sicherheit nicht die Friedhöfe von Gruppen in der Stärke von 20 000 Personen sind. Wahrscheinlich musste sich der Migrationsstrom auch ständig dem flexiblen britischen Widerstand anpassen. Gildas' Erzählung – und die Grundlage seines wenig schmeichelhaften Vergleichs mit den Verhältnissen seiner eigenen Zeit – läuft darauf hinaus, dass Ambrosius Aurelianus eine große Zahl einheimischer Briten gegen die Sachsen mobilisieren konnte, deren Kampfkraft dann jedoch durch Rivalitäten unter seinen weniger bedeutenden Nachfolgern geschwächt wurde. Darauf reagierten die Einwanderer mit der Mobilisierung einer größeren eigenen Streitmacht.

Eine Migration nach dem Muster von Ebbe und Flut wird durch keine schriftliche Quelle belegt, sie könnte sich jedoch in der offenkundig späten Ankunft der Dynastien widerspiegeln, die in den angelsächsischen Königreichen ab 600 herrschten. Vielleicht waren es die Führer dieser Dynastien, die die Kräfte einten und so das Kriegsglück zugunsten der Angelsachsen wendeten. Ein solcher sich flexibel an Hindernisse oder neue, ehrgeizigere Ziele anpassender Migrationsstrom hätte zahlreiche Parallelen, angefangen mit den Goten des 3. über die Wikinger des 9. bis zu den Buren des 19. Jahrhunderts. Dass sich Gruppenidentitäten im Zuge kriegerischer Auseinandersetzungen bilden und festigen, ist eine bekannte Tatsache (Kapitel 1). Dennoch sollte man die militärische Stärke auch eines stärker geeinten Romano-Britannien nicht überbewerten. Die Sachsen hatten es nie mit einem der weströmischen Militärmacht vergleichbaren Gegner zu tun, mit dem Migranten konfrontiert waren, die auf römisches Territorium strebten. Daher überrascht es nicht, dass im Zuge der angelsächsischen Landnahme um 600 eine Vielzahl kleinerer Königreiche entstand, mindestens zehn an der Zahl, vielleicht aber auch einige mehr. Die Streitmacht dieser neuen Königreiche des angelsächsischen England ließ sich gewiss nicht mit ein paar Schiffen transportieren. Da jedoch das Ausmaß der Bedrohung auf britannischem Boden sehr viel geringer war, kam es nicht zu einer politischen Einigung der Angelsachsen, wie sie für die Westgoten, Vandalen, Franken und Ostgoten unabdingbar war, die ohne eine nach Zehntausenden zählende Streitmacht nichts hätten ausrichten können.[29]

Unter den Zuwanderern waren mit Sicherheit auch Frauen und Kinder. Die ersten Söldnergruppen bestanden wohl ausschließlich aus Männern, aber in Gräberfeldern kamen auch Fibeln von Frauengewändern germanischen Ursprungs zutage. Einige dieser Objekte könnten durchaus auch ohne Frauen hierher gelangt und für die romano-britischen Bräute der sächsischen Invasoren bestimmt gewesen sein. Aber die Beteiligung von Frauen grundsätzlich auszuschließen erscheint mir gewagt, nicht zuletzt, weil sächsische Migrantengruppen auf dem Festland ganz sicher mit ihren Familien unterwegs waren. Für die Annahme, dass sächsische Gruppen, die nach Britannien zogen, vorwiegend aus Männern bestanden, werden zwei Gründe angeführt: Der eine ist die geringe Größe einiger dieser Gruppen. Vor Ambrosius Aurelianus konnte ein sächsischer Anführer schon mit einem militärischen Gefolge von ein paar hundert Mann in Britannien erfolgreich ein kleines Stück Land besetzen und war daher nicht darauf angewiesen, Krieger aus breiteren Schichten zu mobilisieren, die ihre Familien mitgebracht hätten. Ein zweiter Grund ist die Logistik. Die großen Gruppen auf dem europäischen Festland, zumindest jene, über die wir Zeugnisse besitzen, waren in riesigen Trecks mit Tausenden von Wagen unterwegs. Eine beschwerliche Reise, gewiss – aber Familien, Tiere und Gepäck über den Ärmelkanal oder die Nordsee nach Britannien zu schaffen, das war zu dieser Zeit nicht denkbar.

Trotzdem legen vergleichende Untersuchungen nahe, dass wir die Auswirkungen dieser beiden Faktoren nicht überbewerten sollten. DNA-Analysen belegen, dass die Nordmänner viele Skandinavierinnen sowie weitere Frauen aus Schottland, Irland und den nördlichen und westlichen Inseln mit nach Island nahmen. Rund ein Drittel der heutigen Isländerinnen hat demnach norwegische Vorfahren. Auch wenn die unmittelbaren Ahnen dieser Vorfahren die Nordsee überquert hatten, so dass die norwegischen Frauen, die nach Island mitgenommen wurden, eigentlich von den Nordseeinseln oder aus dem nördlichen Britannien kamen, würde dies nur belegen, dass zu den ersten nordischen Siedlern in Britannien auch zahlreiche nordische Frauen zählten. Und alle diese Fahrten übers Meer im 9. und 10. Jahrhundert – von Skandinavien zu den nördlichen Britischen Inseln und von da weiter nach Island – waren länger, schwieriger und kostspieliger als jene des 5. und 6. Jahrhunderts, die die Angelsachsen ins südliche Britannien führten. Auch die sprachlichen Veränderungen im südlichen Britannien sind ohne eine starke Beteiligung von Frauen undenkbar. Die Dominanz der germanischen Sprache der Einwanderer, die von der Sprache der britischen Kelten im Wesentlichen unbeeinflusst blieb, ist nur damit erklärbar, dass germanische Mütter sie an ihre Kinder weitergaben.[30]

Obwohl das Ausmaß der angelsächsischen Migration ins britische Tiefland im 5. und 6. Jahrhundert in der Forschung umstritten ist, können wir über die Art und Weise dieser Migration dennoch einige Aussagen treffen. Über einen gewissen Zeitraum hinweg gab es einen breiten Zuwandererstrom, an dem auch Frauen und Kinder beteiligt waren. Die magere Quellenlage erlaubt keine expliziten Schlussfolgerungen über die Beweggründe, ein Hauptmotiv der Migranten war aber wohl der Reichtum, der sich der relativ hochentwickelten romano-britischen Landwirtschaft verdankte. Gildas zufolge war es die Aussicht auf eine hohe Bezahlung, die die sächsischen Söldner nach England lockte. Als ihnen das nicht mehr reichte, begannen sie zu meutern und die Insel auszuplündern.[31] Nachdem sie die Oberherrschaft errungen hatten, übernahmen sie das Land und damit die Quelle des Wohlstands, was ihnen langfristig materielle Sicherheit gewährte. Zwar hatte die romano-britische Wirtschaft ihre Blütezeit Mitte des 4. Jahrhunderts bereits überschritten, aber das Wohlstandsgefälle gegenüber den ländlichen Gebieten der Angelsachsen jenseits der Nordsee war immer noch sehr hoch.

Sächsische Piraten kamen mindestens seit Mitte des 3. Jahrhunderts über die Nordsee ins britische Tiefland. Und auch wenn schriftliche Quellen dafür fehlen – Ammian berichtet ausführlich über einen großen Seeangriff der Sachsen auf Nordgallien, nicht jedoch auf Britannien –, haben wir doch eindrucksvolle indirekte Belege dafür, dass sächsische Piraten für die romano-britischen Güter das gesamte 4. Jahrhundert hindurch eine Bedrohung darstellten. Im späten 3. Jahrhundert richtete die römische Zentralregierung ein Militärkommando ein, das beide Seiten des Ärmelkanals und die Ostküste Britanniens umfasste. Es verfügte über eine Flotte, über Garnisonen und mächtige Befestigungsanlagen, von denen noch Reste erhalten sind. Die massive Festung Portchester (nahe dem heutigen Portsmouth) wurde noch im Mittelalter genutzt und war in den Napoleonischen Kriegen ein Kriegsgefangenenlager für französische Seeleute. Die Bezeichnung *Litus Saxonum* (»Sachsenküste«) für den gesamten Befestigungskomplex, der mit einem gewaltigen Aufwand an Material errichtet wurde und eine starke Bemannung erforderte, sagt deutlich genug, welche

Bedrohung abgewehrt werden sollte (Abb. 14, 15). Dass die Römer eine Investition dieser Größenordnung nicht scheuten, deutet darauf hin, dass Angriffe der Sachsen auf die Küste Britanniens ein Dauerproblem darstellten, auch wenn die einzelnen Überfälle gewöhnlich nicht sehr massiv waren.[32]

In der langen Zeit des Migrationsstroms während des 5. und 6. Jahrhunderts ergaben sich auch ganz neue Gründe, die Heimat zu verlassen. Der Meeresspiegel der Nordsee stieg in dieser Zeit so stark an, dass sich einige Gruppen auf dem Kontinent entschlossen, ihren bedrohten Lebensraum zu verlassen. Viele seit langem bestehende friesische Küstendörfer wurden aufgegeben. Früher nahm man an, der steigende Meeresspiegel sei der Hauptgrund für die angelsächsische Migration gewesen, aber damit würde man das Phänomen überbewerten. Ostengland, wo sich viele Einwanderer niederließen, war gleichfalls vom Anstieg des Meeresspiegels betroffen, und an der Wende vom 5. zum 6. Jahrhundert wurden Landstriche weit jenseits der angelsächsischen Küstenregionen aufgegeben. Der steigende Meeresspiegel kann also nur eine untergeordnete Rolle gespielt haben. Ebenfalls im 6. Jahrhundert begannen die fränkischen Merowinger ihre Macht aggressiv in den angelsächsischen Siedlungsraum hinein auszudehnen. Dieser politische Faktor bewirkte den Wegzug jener 20 000 Sachsen, die sich schließlich den Langobarden anschlossen. Und es gibt keinen Grund, warum der von den Franken ausgeübte Druck nicht auch andere Gruppen veranlasst haben sollte, sich dem Zug ihrer seefahrenden Landsleute über die Nordsee anzuschließen. Dennoch standen hinter dem angelsächsischen Migrationsstrom wahrscheinlich vor allem wirtschaftliche und damit freiwillige Motive, denn er setzte ein, lange bevor die Franken überhaupt in Erscheinung traten.[33] Auch die lange Dauer dieser Migration deutet eher darauf hin, dass die hochentwickelte Wirtschaft Britanniens einen starken Sog ausübte und damit anders motiviert war als etwa der Zug der Goten über die Donau 376, der durch eine schwere politische Krise ausgelöst wurde.

Die Existenz des *Litus Saxonum* zeigt auch, dass die Zuwanderer bereits um 400 über eine Vielzahl von Informationen über das Zielgebiet verfügten – eine wichtige Voraussetzung für jeden Migrationsstrom. Die angelsächsischen Zuwanderer nutzten bekannte Routen, und ihre Migration war eigentlich nur die Fortsetzung einer bereits vorhandenen Tendenz der germanischen Expansion in diese Richtung. Der Reichtum des römischen Britannien war den sächsischen Plünderern des 3. und 4. Jahrhunderts bekannt, und zweifellos kannten sie die besten Routen übers Meer. Sie kannten aber auch das Landesinnere Britanniens, dessen Flüsse sie mit ihren Schiffen erkundeten. Gildas' Schilderung lässt vermuten, dass sich diese Kenntnisse im Lauf des 5. Jahrhundert zunehmend erweiterten, so wie man das auch bei heutigen Migrationsströmen beobachtet. Es kann gut sein, dass die ersten Sachsen als Söldner zur Verteidigung gegen Plünderer zu Hilfe gerufen wurden, wie Gildas berichtet. Ein Vorbild dafür war möglicherweise das Vorgehen des römischen Militärbefehlshabers und Gegenkaisers Carausius: Ursprünglich beauftragt, sächsische und fränkische Seeräuber abzuwehren, entschied er sich dafür, einige dieser Seeräuber in seine Streitmacht aufzunehmen. Seeangriffe waren vom Land aus schwer abzuwehren. Und das Wissen, zu welchem Reichtum die Söldner kamen, brachte ihnen auf der britischen Seite der Nordsee sicher Zulauf. Dazu bedurfte es nicht jener finsteren Verschwörung, von der Gildas ausgeht. Die ersten Söldner verfolgten wahrscheinlich noch keinerlei schlechte Absichten, mit der Zeit jedoch – und je besser sie sich in die Verhältnisse einfanden – wuchsen ihre Ansprüche. Möglich ist auch, dass neue sächsische Gruppen mit noch größeren Erwartungen die Chance erkannten, sich zu bereichern und sich an der Aktion zu beteiligen, ähnlich wie kleine Gruppen von Plünderern in der Wikingerzeit von bedeutenderen Anführern mit einer größeren Gefolgschaft abgelöst wurden.[34]

Der Grund, warum sich im Lauf des 5. Jahrhunderts die sächsischen Plünderungszüge in eine sächsische Migration verwandelten, waren also nicht neue geographische Informationen über das britische Tiefland, sondern ein wachsendes Bewusstsein dafür, dass sich die politische und strategische Situation von Grund auf gewandelt hatte. Solange Britannien zum Römischen Reich gehörte, war jeder Versuch der kontinentalen Sachsen, britannisches Land zu besetzen, zum Scheitern verurteilt. Die große Streitmacht, die den *Litus Saxonum* verteidigte, machte mit Plünderern, die sich nicht schleunigst zurückzogen, kurzen Prozess, genau wie bei den sächsischen Räubern zur Zeit des Ammian in Gallien. Als jedoch Britannien aus dem imperialen Gefüge herausfiel, musste man sich nicht mehr mit Blitzüberfällen begnügen. Wie Gildas berichtet und wie andere Quellen bestätigen, machten sich auch Plünderer und sogar Einwanderer aus Irland und Schottland über die verbliebenen Reichtümer Britanniens her.[35] Die Hauptrolle hierbei spielte die Anziehungskraft der hochentwickelten, römisch geprägten Wirtschaft. Und wie bei anderen Migrationsströmen, die wir untersucht haben, vermischten sich auch hier politische und wirtschaftliche Motive. Nachdem Britannien den Schutz des Römischen Reiches verloren hatte, dauerte es eine ganze Generation, bis die Eindringlinge vom europäischen Festland erkannten, wie schutzlos ihre britischen Zielgebiete inzwischen geworden waren. Die Plünderungen begannen wohl bereits um 410, aber erst um 440 nahmen sie wirklich bedrohliche Ausmaße an, jedenfalls wenn man kontinentalen Chronisten folgt. In diesem Zeitraum lernten die angelsächsischen Plünderer entweder, dass die alten Hindernisse für eine vollgültige Invasion nicht mehr existierten, oder sie entwickelten neue, über bloße Plünderungen hinausgehende Annexionsgelüste.

Die politischen Verhältnisse beeinflussten die weitere Entwicklung auch noch auf einer anderen Ebene. Verglichen mit zeitgleichen Migrationsphänomenen auf dem europäischen Festland fällt auf, wie zahlreich die Belege für solche kleinen Vorstöße sind. Als Endergebnis der Migration war um 600 eine Reihe relativ kleiner angelsächsischer Königreiche entstanden. Angesichts dessen geht eine neuere Studie der Frage nach, warum es auf dem europäischen Festland im 5. Jahrhundert so selten zur Ausbildung lokaler Machtzentren kam.[36]

Die unterschiedliche Entwicklung erklärt sich zum Teil aus der Transportlogistik, die sich nicht nur in einer ungleichen Geschlechterverteilung bei den Migranten niederschlug. Die angelsächsische Migration nach Britannien konnte nur in Form eines kontinuierlichen Bevölkerungsstroms und nicht in einer einzigen großen Welle erfolgen, weil so große Menschenmassen gar nicht auf einen Schlag über die Nordsee transportiert werden konnten. Wir wissen nicht, ob die Bevölkerung Jütlands im 5. Jahrhundert Segelschiffe benutzte; und mit Ruderbooten konnte eine große Zahl von Passagieren nur in eine Richtung transportiert werden, da neben den Ruderern auf den Booten kaum noch Platz blieb. Aber in den römischen Häfen am Ärmelkanal gab es Segelschiffe, und es besteht kein Grund zu bezweifeln, dass deren Kapitäne Angelsachsen gegen Bezahlung nach Britannien transportierten (so wie Goten und andere im 3. Jahrhundert übers Schwarze Meer gelangten und wie die Koalition aus Vandalen und Alanen im Jahr 429 über die Straße von Gibraltar setzte). Andere Sachsen fuhren zur selben Zeit bis zur Loire – für Ruderboote eigentlich zu weit. Wichtiger als die Frage, ob die Angelsachsen über Segelschiffe verfügten oder nicht, ist daher die Tatsache, dass die Transportkapazität der damaligen Schiffe gering und ihre Anzahl begrenzt war.[37]

Auf dem europäischen Kontinent mussten die Migranten in großen Verbänden operieren, da sie sich ohne eine massive militärische Streitmacht weder gegen die römische Imperialmacht behaupten noch sich den Hunnen entziehen konnten. In Britannien bestand dazu keine Notwendigkeit. Die lokale Verwaltung der römischen Provinzen, nicht zuletzt die Besteuerung, stützte sich auf die *civitas*, das Stadtgebiet, und daran änderte sich auch im nachrömischen Britannien nichts. Aus diesen Steuereinnahmen, die nicht mehr nach Rom weitergeleitet wurden, finanzierte man nun offenbar die angelsächsischen

Söldner. Die Grenzen einiger der ganz im Osten gelegenen und damit vermutlich frühesten angelsächsischen Königreiche – East Anglia, Essex, Lindsey und Kent (Karte 11) – entsprechen mehr oder weniger den Grenzen dieser *civitates* (Städte). Man kann daraus schließen, dass sie von Migranten gegründet wurden, die die *civitates* als funktionierende Verwaltungseinheiten übernahmen. Diese *civitas*-Territorien waren jedoch nicht besonders groß und wären niemals in der Lage gewesen, eine große bewaffnete Streitmacht zu finanzieren, wie es vermutlich zur Zeit des Ambrosius Aurelianus notwendig wurde, um den inzwischen besser organisierten Romano-Briten ein attraktives Stück des britischen Tieflands zu entreißen. Dennoch war kein romano-britischer König in der Lage, ein Heer aufzustellen, wie es der römische Staat oder der Hunnenkönig Attila zur Verfügung hatte, weshalb auch ein Angreifer mit einer geringeren Streitmacht auskam. So blieb den militärisch-politischen Einheiten der Britannier nur eine kurze Lebensdauer beschieden.[38]

Soweit heute rekonstruierbar, war daher die angelsächsische Migration keine »Völkerwanderung« und ähnelte auch nicht dem alten kulturhistorischen Modell einer Massenmigration in Kombination mit einer ethnischen Säuberung. Es handelte sich vielmehr um ein länger dauerndes Phänomen, nicht um ein punktuelles Ereignis, wie dies Bedas Datierung des *Adventus Saxonum* suggeriert. Viele der beteiligten Gruppen waren vermutlich klein. Das Motiv für den Aufbruch war der Wunsch, vom Wohlstand der entwickelten Landwirtschaft des britischen Tieflands zu profitieren. Weitere Faktoren beeinflussten die Geschwindigkeit dieser Zuwanderung zu unterschiedlichen Zeiten. Trotz der spärlichen Informationen, über die wir verfügen, können wir jedoch sagen, dass die angelsächsische Migration in das britische Tiefland die Form eines auf Beutegewinn ausgerichteten Bevölkerungsstroms hatte. Und Faktoren wie die Verfügbarkeit von Informationen, die Transportlogistik und der politisch-strategische Kontext spielten bei dieser Migration gleichfalls eine wichtige Rolle.

Aber war nun die angelsächsische Migration ein Elitetransfer, oder müssen wir ein anderes Migrationsmodell zugrunde legen?

Die Grenzen der kulturellen Nachahmung

Führen wir uns noch einmal vor Augen, worum es nun geht. Das Modell des Elitetransfers und der kulturellen Nachahmung geht davon aus, dass eindringende germanischsprachige Gruppen nur einen kleinen Prozentsatz der Gesamtbevölkerung ausmachten, aber teilweise oder ganz an die Stelle der einheimischen romano-britischen, landbesitzenden Elite traten. Ein Großteil der romano-britischen Bevölkerung, gegenüber den Zuwanderern klar in der Überzahl, blieb in den alten Siedlungsgebieten, übernahm aber im Lauf der Zeit die materielle und nichtmaterielle Kultur ihrer neuen Herren, bis schließlich Einwanderer und Einheimische miteinander verschmolzen. Nach dieser Theorie gab die überwältigende Mehrheit der Romano-Briten ihre Gruppenidentität freiwillig auf und wurde zu Angelsachsen. Ziel dieses Modells ist es, den massiven Wandel der einheimischen materiellen und nichtmateriellen Kultur mit einer geringen Zahl angelsächsischer Zuwanderer zu erklären. Es ist zudem Teil eines breiter angelegten Versuchs, die Bedeutung der angelsächsischen Migration als Ursache eines tiefgreifenden Wandels herunterzuspielen. Denn in den meisten Varianten dieser Theorie ist das, was vor der Ankunft der Angelsachsen im römischen Britannien geschah (etwa der Zusammenbruch der römischen Verwaltungsstrukturen) bzw. die Reaktion der Einheimischen auf die Einwanderer (ihre freiwillige Entscheidung, Angelsachsen zu werden) mindestens ebenso wichtig wie der Zuwandererstrom selbst. Das Modell an sich war ursprünglich – und ist in seinen verschiedenen Ausformungen nach wie vor – eine Reaktion auf die überstrapazierte Invasionshypothese.[39]

Die Kehrseite dieser Argumentation ist schwerer zu beschreiben, da heute niemand mehr glaubt, dass die Angelsachsen die alteingesessene Bevölkerung vernichteten oder vertrieben. Salopp gesagt, ist die angelsächsische »Massenmigration« einfach nicht mehr das, was sie einmal war. Sie wird heute bloß noch negativ definiert, als Antithese zum Modell des Elitetransfers. Kurz zusammengefasst, läuft sie auf die Behauptung hinaus, es habe viel zu viele angelsächsische Einwanderer gegeben, um sie alle einer aristokratischen Elite zuordnen zu können, und die Angelsachsen hätten die kulturellen und anderen Veränderungen im britischen Tiefland erzwungen, sie seien somit nicht auf die freie Entscheidung der alteingesessenen Bevölkerung zurückzuführen. Neben der Art und Weise der Beziehung der angelsächsischen Einwanderer zur alteingesessenen Bevölkerung steht also die Zahl der Einwanderer im Mittelpunkt dieser Argumentation. Konnten die Romano-Briten selbst entscheiden, wie sie auf die Ankunft der Angelsachsen reagierten, oder waren die Einwanderer aggressiv und politisch dominant? Auf den ersten Blick scheint die Frage nach der Zahl der Einwanderer schwieriger zu beantworten, da die Quellen keine klare Auskunft geben. Wir verfügen nur über grobe Schätzungen zur Größe der einheimischen romano-britischen Bevölkerung um 400 n. Chr., und auch über den Umfang des angelsächsischen Migrationsstroms wissen wir nicht viel. Doch wenn wir uns nicht auf exakte Zahlen versteifen, lassen sich durchaus einige Aussagen treffen.

Der Ausgangspunkt ist die tiefgreifende Umstrukturierung der Agrarwirtschaft im 5. und 6. Jahrhundert. Das spätrömische Britannien war in große und mittlere Landgüter aufgeteilt, die vielfach von Villen aus bewirtschaftet wurden. Wie überall in der römischen Welt war der Grundbesitz ungleich verteilt: ein Großteil lag in den Händen einer relativ kleinen Klasse. Bis 600 vollzog sich hier ein grundlegender Wandel. Nicht nur wurde die Villenwirtschaft aufgegeben, auch die alten Grenzen der Landgüter verschwanden. In nur ganz wenigen Fällen hat man vermutet, dass die alten römischen Landgüter in angelsächsischer Zeit unangetastet blieben, ein überzeugender Beweis konnte jedoch nicht erbracht werden. Faktisch wurden die Grenzen der Landgüter völlig neu gezogen. Um 600 n. Chr. hatten die angelsächsischen Könige zum Zweck der Steuererhebung größere Areale umrissen, doch die Landwirtschaft wurde in der Regel in sehr viel kleineren Einheiten betrieben als im alten römischen Villensystem. Und erst im 9. Jahrhundert entstanden erneut große, zentral bewirtschaftete Güter: die ersten Landgüter *(manors)*, die zur Zeit des *Doomsday Book* den Charakter des ländlichen England prägten.[40]

Die angelsächsische Landnahme kann also nicht einfach ein Elitetransfer gewesen sein, dessen klassisches Beispiel die 500 Jahre später erfolgte normannische Eroberung ist. Zum Zeitpunkt der Einträge im *Doomsday Book*, 20 Jahre nach der Schlacht von Hastings, war die alteingesessene angelsächsische Aristokratie verschwunden und der Grundbesitz an die engsten Anhänger Wilhelms des Eroberers übertragen, die sogenannten Kronvasallen. Dieser Prozess setzte sich nach unten auf der Ebene der lokalen Eliten und des Landadels fort, weil die Kronvasallen ihrerseits ihre wichtigsten Gefolgsleute mit der wirtschaftlichen Nutzung großer Teile der Ländereien belohnten, die sie selbst erhalten hatten. Dieser sekundäre Prozess war politisch ebenso notwendig wie die Landzuteilung Wilhelms des Eroberers an seine Kronvasallen. Damit wurden die Dienste jener belohnt, die die Eroberung überhaupt erst ermöglicht hatten und die folglich einen Anteil an den Gewinnen der militärischen Unternehmung erwarten konnten. Die Folge war, dass der angelsächsische Landadel und die Aristokratie die Besitzansprüche an ihrem Land verloren, auch wenn einige als Pächter auf ihren ehemaligen Ländereien blieben.

Durch den Besitzerwechsel blieben die Grenzen der Landgüter und die Art ihrer Bewirtschaftung jedoch unverändert. Die angelsächsischen Bauern wurden zwar empfindlich zurückgestuft, doch im Wesentlichen blieben die Landgüter und die agrarische Wirtschaftsweise nach der normannischen Eroberung unangetastet. Das war auch für die normannischen Eroberer die vorteilhafteste Lösung. Mit Hilfe zentral eingesetzter Arbeitskräfte wurde auf diesen Landgütern vor allem Getreide angebaut, doch wichtig für die Wirtschaftsweise war auch, dass man über Weideland und Wald verfügte.[41]

Mit der angelsächsischen Landnahme im 5. und 6. Jahrhundert dagegen war kein unmittelbarer Besitztransfer verbunden. Die neuen angelsächsischen landbesitzenden Eliten übernahmen nicht einfach die bestehenden Villengüter, obwohl das die wirtschaftlich beste Lösung gewesen wäre. Wie die Landgüter des 11. Jahrhunderts waren auch die römischen Villengüter Mischbetriebe, deren Erträge einer ausgesprochen wohlhabenden Klasse von Grundbesitzern zugute kamen. Jede Veränderung der Grenzen dieser Villengüter war ein Eingriff in die Funktionsweise dieser Art von Landwirtschaft und führte zu einem Rückgang der Erträge. Dafür gibt es stichhaltige Belege: Pollenanalysen zeigen, dass sich die landwirtschaftlich genutzte Fläche insgesamt nicht einschneidend veränderte. Allerdings wurden kompliziertere Güterstrukturen aufgegeben. So verfielen in angelsächsischer Zeit die Entwässerungsanlagen an der Themse bei Dorchester, und an die Stelle des schweren römischen Pflugs trat der einfachere Hakenpflug. Die technisch fortschrittlicheren römischen Pflüge waren eine teure Investition, da zusätzliches Futter beschafft werden musste, um die Zugtiere über den Winter zu bringen. Vermutlich konnten sich kleinere landwirtschaftliche Betriebe der frühangelsächsischen Zeit diese Pflüge einfach nicht mehr leisten.[42] Dazu passt, dass die alten Städte des römischen Britannien ihren urbanen Charakter gänzlich verloren. Sie waren keine Zentren gewerblicher Produktion, sondern »Agrostädte«, Landstädte mit bestimmten Funktionen in einer relativ hochentwickelten Agrarwirtschaft, deren Nahrungsmittelüberschüsse die städtische Bevölkerung ernährten. Jede Störung der Organisation dieser bäuerlichen Wirtschaft, insbesondere durch Vereinfachung der Agrartechniken und durch geringere Erträge, entzog dem urbanen Leben den Boden. Und so überrascht es nicht, dass die Städte in spätrömischer Zeit verschwanden, auch wenn sie bisweilen ihre verwaltungstechnische Bedeutung behielten, als hier neue angelsächsische Königspaläste entstanden.[43] Warum also zerbrach mit der angelsächsischen Landnahme das römische Gefüge der Landgüter, obwohl beträchtliche wirtschaftliche Einbußen damit verbunden waren?

Ein Erklärungsansatz sucht die Antwort auf diese schwierige Frage in der Entwicklung Britanniens vor der Ankunft der Angelsachsen. Einige betrachten die britannische Rebellion von 409, von der Zosimos berichtet, als eine Art Bauernaufstand, der nicht nur die Kontrolle der römischen Zentralmacht abschüttelte, sondern auch die soziale Dominanz der Elite jener Villenwirtschaft. Die Villen seien das natürliche Opfer dieses Aufstands gewesen. Guy Halsall vertrat kürzlich die Ansicht, der Niedergang der Villenwirtschaft im britischen Tiefland sei eine unmittelbare Folge des Herausfallens aus dem imperialen Gefüge gewesen, in dem sie entstanden war. Seiner Ansicht nach war die soziale Vorrangstellung der Villenbesitzer von ihren Beziehungen zum Römischen Reich abhängig, und als diese Kontakte nach 410 abbrachen, beeinträchtigte das auch ihren Elitestatus. Die Erträge aus ihren Gütern, die sie bis dahin zum Bau und zur Ausschmückung prächtiger Villen, für Prestigeobjekte oder für den Erwerb wertvoller römischer Manufakturwaren verwendet hatten, mussten jetzt vor Ort investiert werden – als Zuwendungen für ein Unterstützernetzwerk. Diese Netzwerke traten strukturell an die Stelle des Römischen Reiches. Sie erlaubten es den Landbesitzern, auch unter den neuen Vorzeichen ihre Position zu behalten, waren aber relativ kostspielig und ließen ihnen wenig oder gar keinen Überschuss für den Erwerb von Prestigegütern. Die Folge war, dass Villen und Handelsstrukturen schnell verschwanden, sich dafür aber ein Wettbewerb bei den Bestattungsbräuchen entwickelte: Körpergräber mit wertvollen Beigaben als Ausdruck der sozialen Überlegenheit.[44]

Die Annahme eines Bauernaufstands ist jedoch nicht überzeugend. Trotz aller chaotischen Umbrüche kam es im römischen Westen kaum zu solchen Aufständen, wogegen es zahlreiche Belege dafür gibt, dass lokale Eliten nach dem Wegfall der ordnenden Hand der römischen Zentralregierung die Macht in die eigenen Hände nahmen. Im Jahr 409 hatte Konstantin III. seinen Stützpunkt in Britannien aufgegeben und konzentrierte sich ganz auf Italien und Spanien, wo er versuchte, Kaiser Honorius zu stürzen und gleichzeitig mit den Rheininvasoren fertigzuwerden, die inzwischen südlich der Pyrenäen operierten. Meiner Ansicht nach – und hier stimme ich Halsall völlig zu – war der Aufstand in Britannien eher eine Reaktion auf Konstantins Versäumnisse als eine in irgendeiner Weise antirömische soziale Revolution. *Das Leben des heiligen Germanus von Auxerre* beschreibt eine dezidiert römisch geprägte Elite im britischen Tiefland, die sich in den 420er und 430er Jahren von einem nach wie vor römisch dominierten Kontinent Beistand gegen die Invasion und die Häresie erbat. Ein vereinfachtes Latein war bis weit ins 5. Jahrhundert hinein die Verkehrssprache des britischen Tieflands. Ich neige auch zu der Ansicht, dass Gildas' Erwähnung des Hilfsersuchens der Britannier beim römischen Heermeister Aëtius einen historischen Kern hat. Meiner Ansicht nach war die romanisierte Klasse der Gutsbesitzer Britanniens nach wie vor auf Rom orientiert und behielt römische Strukturen teils noch bis in die 440er Jahre bei. Die These eines Klassenkampfs entbehrt somit jeder Grundlage.[45]

Halsalls Diagnose eines internen Systemkollapses bietet eine sehr viel plausiblere Erklärung für zwei zentrale Phänomene im britischen Tiefland im 5. Jahrhundert: das Verschwinden der Villen und das Auftauchen von Körperbestattung mit wertvollen Grabbeigaben. Mit der Ablehnung der Migration als Erklärung für den archäologischen Wandel, so Halsall, »setzt man an die Stelle einer grundsätzlich simplifizierenden und in der Regel nicht fundierten Annahme eine differenziertere Deutung der Epoche«. Er argumentiert rein intern. Demnach verschwanden die Villen in der Folge einer gesellschaftlichen Krise, die zur Entstehung extrem kostspieliger Bestattungsbräuche führte; für diese Entwicklung spielten die angelsächsischen Einwanderer keine Rolle. Aber auch wenn die Invasionshypothese in der Vergangenheit reichlich überstrapaziert wurde, ist die kategorische Ablehnung der Migration als maßgeblichem Faktor keineswegs unproblematisch. Es besteht nämlich die Gefahr, dass ein solches Argument nur allzu leicht Zustimmung bei jenen findet, die ohnehin in diese Richtung tendieren, weil es das historische Schlaglicht von den Migranten nimmt, egal wie überzeugend es im Einzelnen ist.[46] Ich möchte behaupten, dass es eine sehr viel einfachere Erklärung für das Verschwinden der Villengüter gibt, die auch besser mit den verfügbaren Daten übereinstimmt.

Fraglich ist zum Beispiel, ob die Situation im 5. Jahrhundert für den buchstäblichen Zerfall der Villen aufgrund interner Entwicklungen in Britannien überhaupt genügend Spielraum ließ. Der *Gallischen Chronik von 452* zufolge begannen die Angriffe der Angelsachsen bereits um 410, und die Villen – groß und isoliert gelegen – waren für die Invasoren leichte Beute. Überall da, wo die römische Grenzsicherung versagte, wurden die Villen als Erste in Mitleidenschaft gezogen.[47] Deshalb ist meiner Ansicht nach ein lang andauernder Erosionsprozess nach 409, der von äußeren Angriffen unbeeinflusst verlief, eher unwahrscheinlich.

Darüber hinaus sind der Zusammenbruch des Villennetzes und das Aufkommen reich ausgestatteter Körpergräber nicht die einzigen erklärungsbedürftigen Phänomene. Was Halsall (und jede andere Version einer Theorie, die von einem Systemkollaps ausgeht) nicht so leicht erklären kann, ist das Ausmaß des kulturellen Wandels, der die sozioökonomische Revolution des 5. und 6. Jahrhunderts begleitete. Es verschwanden nicht nur die Villengüter des britischen Tieflands. Um 600 n. Chr. waren an die Stelle der Lateinisch sprechenden christlichen Eliten Germanisch sprechende Nichtchristen getreten. Dies erkennt freilich auch Halsall an, und er räumt ein, dass es eine bedeutsame angelsächsische Migration gegeben haben muss, die diesen Wandel erklärt, obwohl er keinen Kausalzusammenhang herstellt und insgesamt versucht, die Migration von dem sehr viel grundlegenderen Prozess des sozioökonomischen Wandels abzukoppeln.

Zwar waren die meisten Grabbeigaben germanischen Ursprungs, aber das ist nur ein Teil der Geschichte der Germanisierung. Das eigentlich Erstaunliche an der geschriebenen angelsächsischen Sprache, die sich in einer Vielzahl von Texten vom Jahr 600 bis zur normannischen Eroberung erhalten hat, ist die Tatsache, dass sie vom Keltisch der Einheimischen kaum beeinflusst wurde. Lehnwörter sind selten, und die grammatischen Strukturen blieben nahezu intakt. Die gesprochene Sprache der neuen Gutsbesitzerelite im britischen Tiefland, die sich um 600 fest etablierte – jene Sprache also, die zur Grundlage der heutigen Schriftsprache wurde –, war nicht nur durch und durch Germanisch, sondern erhielt sich auch unberührt von den keltischen Sprachen Britanniens. Die Sprache wird in der Regel von den Müttern an die Kinder weitergegeben. Dies allein ist ein Grund zu der Annahme, dass an der angelsächsischen Migration eine große Zahl von Frauen beteiligt gewesen sein muss. Nebenbei erklärt es auch, warum sich im späten Mittelalter ein tiefgreifender Sprachwandel durch Migration nur dort vollzog, wo eine bäuerliche Bevölkerung (oder eine Elite freier, wenngleich relativ kleiner Landbesitzer) beteiligt war, nie jedoch allein durch den Transfer einer kleinen aristokratischen Elite wie bei der normannischen Eroberung.[48]

Ein vergleichbarer Wandel vollzog sich auch in anderen Bereichen. Die römische Gesellschaft gliederte sich in Freie und Sklaven, und die Freien zerfielen in *honestiores* (Höherstehende; im Wesentlichen die landbesitzende Klasse) und *humiliores* (Niedrigerstehende). In der angelsächsischen Gesellschaft, wie sie uns aus den Quellen nach 600 entgegentritt, gab es neben Freien und Sklaven noch eine dritte Kategorie: die Halbfreien oder dauerhaft Freigelassenen, eine Klasse von Nichtsklaven, die zu bestimmten Angehörigen der Freien in einem Verhältnis der Leibeigenschaft stand. Die Klasse der Freien war durch die unterschiedliche Höhe des sogenannten Wergelds unterteilt, des Betrags, der im Falle eines Todschlags an die Hinterbliebenen des Opfers zu zahlen war, nach dem sich also der soziale Wert eines Individuums bemaß; doch alle Freien waren Landbesitzer oder zumindest Pächter. Dieselbe soziale Dreiteilung findet sich in nachrömischer Zeit bei allen germanischen Gruppen des Kontinents, während das Konzept der dauerhaft Freigelassenen der römischen Gesellschaft fremd war, dort hatten die Kinder von Freigelassenen den Status von Freien. Die sozialen Klassen im angelsächsischen England gehen daher aller Wahrscheinlichkeit nach auf die germanischen Einwanderer zurück. Nicht ausgeschlossen ist natürlich, dass alle nachrömischen, germanisch dominierten Gesellschaften unabhängig voneinander eine solche Dreiklassengesellschaft entwickelten, aber das erscheint doch eher unwahrscheinlich.[49]

Wenn wir diesen kulturellen Wandel berücksichtigen, können wir das Problem neu beschreiben. Es gilt, den Zusammenbruch des Netzwerks von Villengütern im 5. und 6. Jahrhundert und das Aufkommen von Bestattungsbräuchen mit germanischem Gewandschmuck und Waffen zu erklären. Gleichzeitig gilt es zu berücksichtigen, dass die neue Elite von 600 n. Chr. eine germanische, vom Keltischen unbeeinflusste Sprache sprach und dass eine Neuordnung der Gesellschaft nach germanischem Vorbild erfolgte. Dieses Zusammenspiel unterschiedlicher Phänomene legt, wie ich im Folgenden zeigen werde, für den Zusammenbruch der Villenwirtschaft eine sehr viel einfachere Erklärung nahe, die keine chronologischen Probleme schafft und die sozioökonomische und kulturelle Umwälzung erklärbar macht.

Betrachten wir zunächst den klassischen Fall eines Elitetransfers etwas genauer: die normannische Eroberung Englands. Im 11. Jahrhundert wechselten einzelne Landgüter den Besitzer, wie es das *Doomsday Book* anschaulich illustriert, das bestehende Netz von Gütern blieb jedoch intakt. Die normannische Eroberung verlief aber nur deshalb so reibungslos, weil die normannische Elite gerade groß genug war, um das bestehende Netz von Ländereien in Besitz zu nehmen, ohne die Güter aufteilen zu müssen. Das *Doomsday Book* vermittelt uns ein Bild der Geschehnisse: Anno 1066 gab es in England rund 9500 Landgüter, die unter der neuen normannischen Elite und ihren rund 5000 Familien verteilt wurden. Der König, seine Kronvasallen und kirchliche Institutionen waren im Jahr 1086 im Besitz zahlreicher Ländereien, doch es gab genügend weitere für die neue Elite. Doch was, wenn Wilhelm und sein engster Kreis zu viele Gefolgsleute gehabt hätten, um alle mit einem Landgut belohnen zu können? Was, wenn es im Gefolge des Eroberers 15000 oder auch nur 10000 wichtige Unterstützer gegeben hätte, die für ihre treuen Dienste eine Belohnung in Form von Landbesitz erwarteten? Könige und Grundherren *(Lords),* die die Erwartungen ihrer Gefolgsleute nicht erfüllten, hatten bald ausgespielt. Schließlich war Großzügigkeit – gemessen in Gold und Land – die wichtigste Tugend eines frühmittelalterlichen Grundherrn.[50] Wäre die normannische Elite zu groß gewesen, hätten die Landgüter aus politischen Gründen aufgeteilt werden müssen, trotz der wirtschaftlich nachteiligen Folgen. Die normannische Eroberung muss daher als ein Sonderfall betrachtet werden, bei dem die neue Elite und die verfügbaren landwirtschaftlichen Produktionseinheiten einander quantitativ entsprachen.

Dass das ebenso komplexe wie produktive Netz der römischen Villen von den Angelsachsen nicht intakt belassen wurde, ist daher sehr aufschlussreich. Wirtschaftlich wäre es sehr viel einfacher und besser gewesen, die bereits bestehenden landwirtschaftlichen Produktionseinheiten beizubehalten. Eine produktivere Agrarökonomie hätte den neuen angelsächsischen Königen des britischen Tieflands höhere Steuern eingebracht, und die neue Elite hätte wertvollere Ländereien erhalten. Doch solche Erwägungen waren sekundär gegenüber dem vorrangigen Gebot, loyale Gefolgsleute zu belohnen. Die Belohnung für geleistete Dienste war die Triebfeder auch der angelsächsischen Annexion, und die Fähigkeit eines Königs, Landressourcen für die Verteilung zu erschließen, blieb auch längerfristig für die Entwicklung der angelsächsischen Welt von Bedeutung. Im Lauf des 7. Jahrhunderts konnten die drei Königreiche Wessex, Mercia und Northumbria entlang ihrer offenen Grenzen expandieren. Sie banden damit weitere Krieger an sich und kristallisierten sich schließlich als die großen politischen Kräfte der Vorwikingerzeit heraus.[51] Dass trotz der damit verbundenen wirtschaftlichen Einbußen die ländlichen Gebiete im 5. Jahrhundert komplett neu geordnet wurden, zeigt, dass es zu viele angelsächsische Gefolgsleute gab, als dass sie die grundbesitzende römische Elite eins zu eins hätten ersetzen können.

Diese Erklärung für den Zusammenbruch der Villengüter im britischen Tiefland fügt sich in den größeren Zusammenhang dessen, was wir über die Entwicklungsmuster der römischen und der germanischen Welt Ende des 4. Jahrhunderts wissen. Beide waren durch Landwirtschaft geprägt, befanden sich aber auf einem ganz unterschiedlichen Entwicklungsstand. Die römische Welt einschließlich der britannischen Provinzen wurde von einer relativ kleinen und wohlhabenden Elite beherrscht, während die germanische Wirtschaft eine weniger wohlhabende, aber breitere Elite versorgte. Mit der angelsächsischen Zuwanderung änderte sich diese Situation. Wann und wie die Umgestaltung im Einzelnen vonstatten ging, ist unklar. Einige römische Landgüter scheinen zu Beginn der angelsächsischen Zeit weiterbewirtschaftet worden zu sein. Waren die Einwanderer anfangs noch bereit, sich mit dem zu begnügen, was diese Landgüter an Erträgen abwarfen, so forderten sie mit zunehmender Zahl und wachsender Einsicht in die Tatsache, dass sie die Region langfristig beherrschen konnten, einen Anteil an den Kapitalressourcen des Landes. Jetzt mussten bereits bestehende Grenzen der Landgüter neu gezogen werden – mit der Folge, dass die Erträge rapide zurückgingen.[52]

Wie viel größer die neue angelsächsische Elite im Vergleich mit der römischen war, ist schwer zu sagen. Das Verhältnis von Grundeigentümern zu landlosen Bauern wurde auf maximal 1 zu 10 geschätzt, dürfte tatsächlich aber bedeutend niedriger gewesen sein. Kaum jemand würde sich heute noch Sir Frank Stenton anschließen, der die frühe angelsächsische Gesellschaft als eine

Gemeinschaft von zumeist freien Bauernkriegern schilderte. Allerdings stand in spätrömischer Zeit bei den Germanen des europäischen Kontinents die wirtschaftliche Macht auf einem breiten sozialen Fundament. Erst seit dem 8. Jahrhundert bildete sich mit der Entstehung der Landgüter eine kleinere soziale Elite heraus. Es wurde die These aufgestellt, dass Waffen als Grabbeigaben vom 5. bis zum 7. Jahrhundert auf den sozialen Status von Freien hindeuten, da dieser Bestattungsbrauch nicht nur bei Kriegern zu finden ist. Wenn dies stimmt, machte die Klasse der Freien in der frühangelsächsischen Gesellschaft etwa die Hälfte der männlichen Bevölkerung aus, da die Hälfte der Gräber männlicher Erwachsener Waffenbeigaben verschiedenster Art enthielten. Auf dem europäischen Kontinent hingegen bildete die Klasse der Freien etwa ein Fünftel bis ein Drittel der Gesamtbevölkerung; das belegen Quellen aus dem 6. Jahrhundert. Vielleicht waren die sozialen Strukturen der Angelsachsen egalitärer, oder vielleicht bestattete auch die Klasse der Halbfreien, die gleichfalls militärische Dienste zu leisten hatte, ihre Toten mit Waffen.[53]

Dennoch war die angelsächsische Landnahme Britanniens eine Art Elitetransfer. Eine neuere Schätzung beziffert das Verhältnis von Einwanderern zu Einheimischen – auch nach dem Verschwinden der romano-britischen Bevölkerung – auf höchstens 1 zu 4, was eine ethnische Säuberung, von der man in viktorianischer Zeit ausging, ausschließt.[54] Anders ausgedrückt, die Einwanderer trugen erheblich weniger zum genetischen Mix der neuen, bis 600 entstandenen angelsächsischen Königreiche bei als die Einheimischen. Doch der Vergleich mit der normannischen Eroberung ist aufschlussreich. Anders als ihr normannisches Pendant war die neue germanische Elite des 5. und 6. Jahrhunderts so groß, dass sie das bestehende sozioökonomische Gefüge sprengte und eine grundlegende Neuverteilung der wichtigsten Produktionsmittel erzwang. Der Kontext, in dem sich diese zutiefst unterschiedlichen Entwicklungen vollzogen, muss genauer betrachtet werden. Die Feststellung, dass die Einwanderer hier wie dort in der Minderheit waren, genügt nicht. Beide Gruppen unter dem gemeinsamen Schlagwort des Elitetransfers zu subsumieren verwischt bedeutsame Unterschiede.

Doch wie waren die Beziehungen zwischen Einwanderern und Einheimischen beschaffen? Wie frei konnten die einheimischen Romano-Briten über ihr eigenes Schicksal entscheiden, als die angelsächsischen Könige das Land in Besitz nahmen? Heute geht niemand mehr davon aus, dass es zwischen der alteingesessenen romano-britischen Bevölkerung und den Angelsachsen zwangsläufig zu ethnisch motivierten Feindseligkeiten kam, im Gegenteil, es ist durchaus denkbar, dass Teile der alteingesessenen Bevölkerung ihre Identität neu definierten. Die Gesetzessammlung von König Ine aus dem 7. Jahrhundert zeigt, dass die landbesitzende Elite des angelsächsischen Königreichs Wessex noch in den 690er Jahren eine romano-britische Komponente hatte. Und es spricht nichts dagegen, dass nicht wenigstens einige romano-britische Landbesitzer angesehene Gefolgsleute früherer angelsächsischer Könige gewesen sein sollten. Rufen wir uns in Erinnerung, worin der Hauptzweck der angelsächsischen Migration bestand: Als die angelsächsischen Einwanderer von Plünderungen und Söldnerdiensten dazu übergingen, sich die produktiven Ressourcen des Landes anzueignen, traten sie in unmittelbare Konkurrenz zu den noch bestehenden landbesitzenden Eliten des nachrömischen Britannien. Wir dürfen zwar nicht davon ausgehen, dass alle romano-britischen Landbesitzer mit einem Schlag vernichtet wurden, aber Gildas' von Terror und Gewalt gekennzeichnetes Bild ist sicher keine reine Phantasie. Landnahmen vollziehen sich nie völlig gewaltlos. Auch die normannische Eroberung, die in gewisser Weise relativ aseptisch verlief, war teilweise von äußerster Brutalität geprägt – man denke nur an die sogenannte Plünderung des Nordens *(Harrying of the North)* im Winter 1069/70, bei der gezielt Vorräte vernichtet wurden und Zehntausende starben.[55]

Betrachten wir genauer, unter welchen Bedingungen die alteingesessene landbesitzende Elite im 7. Jahrhundert ihre Position in Wessex halten konnte. Wer die nichtangelsächsischen Landbesitzer waren, ist an sich schon eine interessante Frage. Im 7. Jahrhundert expandierte Wessex in das nach wie vor britannische West Country, und so fragten sich einige Forscher, ob die britannischen Gutsherren nun neu zum Königreich Wessex hinzustießen oder ob sie sich bisher in Hampshire oder Wiltshire durchgeschlagen hatten. Wir wissen es nicht. Auch wenn ihnen ihr Landbesitz nicht sofort weggenommen wurde, wurden sie im Gesetzbuch des Königs Ine nur auf die Hälfte des sozialen Wertes eines Angelsachsen taxiert, der über vergleichbaren Wohlstand verfügte. Das fand seinen Ausdruck im Wergeld, welches ein Gradmesser für den sozialen Status war. Wie eine neuere Untersuchung zeigt, ist die unterschiedliche Höhe des Wergelds von Zuwanderern und alteingesessenen Landbesitzern vergleichbaren Reichtums letztlich sogar die Erklärung für das Verschwinden der nichtangelsächsischen Landbesitzer, die die anfänglichen Gewaltakte überlebt hatten. Aufgrund der unterschiedlichen Höhe des Wergelds war bei Streitigkeiten zwischen Einwanderern und einheimischen Landbesitzern – auch wenn ein Gericht fair urteilte – die langfristige Folge ein Transfer des Reichtums von den Einheimischen auf die Zuwanderer. Das höhere Wergeld des Zuwanderers bedeutete, dass die Entschädigungszahlung, die er erhielt, doppelt so hoch war wie das, was er im Fall eines vergleichbaren Vergehens selbst hätte bezahlen müssen.[56]

Dieses Beispiel ist im Grunde nur eine Bestätigung für das, was wir aus dem politischen Kontext ohnehin ableiten können. Je mehr die angelsächsischen Zuwanderer ihre Dominanz im britischen Tiefland festigten, desto stärker waren die einheimischen Landbesitzer bestrebt, die politische und ethnische Kluft zu überwinden und Angelsachsen zu werden. Langfristig war dies für sie die einzige Chance, an der extrem ungleichen Eigentumsverteilung festzuhalten, die ihnen vorher ihre Macht gesichert hatte. Denn die Anführer der angelsächsischen Zuwanderer[57] hatten allen Grund, diese Bestrebungen zu verhindern oder zumindest ihren Erfolg in Grenzen zu halten, da sie vorrangig ihr eigenes militärisches Gefolge belohnen mussten.

Demgegenüber waren die Beziehungen zwischen den Angelsachsen und den landlosen Mitgliedern der romano-britischen Gesellschaft wohl weniger von Rivalität geprägt. Zwar glaube ich nicht an eine Bauernrevolte, doch teilten die landlosen Klassen mit den Villenbesitzern nicht viele Interessen. Die Villenbesitzer bildeten eine mit zahlreichen Privilegien ausgestattete Oberschicht, die von den Früchten der Arbeit dieser landlosen Klassen lebte. Deshalb können wir davon ausgehen, dass die alteingesessenen landlosen Bevölkerungsgruppen bestrebt waren, als Angelsachsen anerkannt zu werden. Ob dies jedoch vielen gelang, darf bezweifelt werden. Denn die angelsächsischen Einwanderer, die sich das fruchtbare Ackerland des britischen Tieflands aneigneten, brauchten zur Bewirtschaftung der Felder jede Menge Arbeitskräfte. Tatsächlich zeigen Gesetze und Urkunden, dass die Sozialstruktur der neuen angelsächsischen Königreiche eine große Zahl von Sklaven und Halbfreien umfasste, und ich gehe davon aus, dass ein Großteil der alteingesessenen landbesitzenden Bevölkerung des britischen Tieflands diesen untergeordneten Klassen angehörte – auch wenn Einzelnen der soziale Aufstieg gelang.

Aus dieser Perspektive gewinnt der fehlende Einfluss des Keltischen auf die Sprache der ab 600 herrschenden angelsächsischen Elite eine noch viel größere Bedeutung. Hätten dieser Elite viele zu Angelsachsen aufgestiegene Einheimische angehört, wäre zu erwarten, dass sich in der Verkehrssprache dieser Elite Einflüsse ihrer Sprache zeigen. Dass solche Einflüsse gänzlich fehlen, belegt, dass die neue Elite allein von den Einwanderern gestellt wurde.[58]

Wenn man nicht mit dem Vorsatz antritt zu beweisen, dass Migration niemals die Ursache für einen tiefgreifenden Wandel ist, kann man sich wohl kaum der Schlussfolgerung entziehen, dass die angelsächsische Migration für die soziale, politische und wirtschaftliche Umgestaltung des britischen Tieflands im 5. und 6. Jahrhundert eine entscheidende Rolle spielte. Als dieser Landstrich aus dem imperialen Gefüge des Römischen Reiches herausfiel, nahm seine Geschichte eine neue Richtung. Die relativ kleine und begüterte Klasse der Villenbesitzer verdankte ihren Wohlstand diesem alten System und verlor ihren Schutz, als es zerbrach. Meiner Ansicht nach hätten sie – wie Landbesitzer in anderen Teilen der römischen Welt – über genügend soziale Macht verfügt, um auch weiterhin ihre Position zu sichern, wenn sie sich lediglich gegen Ansprüche bis dahin untergeordneter sozialer Klassen in den britannischen Provinzen selbst hätten zur Wehr setzen müssen. Doch es kam anders. Der Reichtum Britanniens hatte schon seit Jahrhunderten die Begehrlichkeit plündernder Nachbarn geweckt, und kaum hatte sich die römische Zentralmacht zurückgezogen, mussten die Villenbesitzer ihren gewiss hohen Anteil an den Reichtümern des Landes gegen die Pikten, Scoten oder Angelsachsen verteidigen.

Selbst wenn der zeitliche Verlauf des Zusammenbruchs der Villenwirtschaft besser dokumentiert und die Schlussfolgerung möglich wäre, dass die römische Gesellschaft bereits vor dem Ansturm der Angelsachsen zerfiel, ergäbe sich damit nur ein teilweise anderes Bild. Denn wie wir im folgenden Kapitel sehen werden, brach die romano-britische landbesitzende Elite nur deshalb zusammen, weil das römisch-imperiale Gefüge nach 405 durch den Einfall von kontinentaleuropäischen Gruppen ins Weströmische Reich erschüttert wurde. Im Verlauf der angelsächsischen Einwanderung trat dann an die Stelle der relativ kleinen eine relativ große Elite, und es vollzogen sich tiefgreifende kulturelle Veränderungen (unter anderem in der Sprache). Alles deutet darauf hin, dass der alteingesessenen Bevölkerung in diesen Jahrhunderten nur begrenzte Möglichkeiten zur Verfügung standen, ihr Schicksal in die eigenen Hände zu nehmen.

Das Modell eines Elitetransfers mit anschließender kultureller Nachahmung kann deshalb den zwischen 400 und 600 erfolgten Wandel im britischen Tiefland nicht hinreichend erklären. Die angelsächsische Landnahme war aber ebenso wenig eine massenhafte Verdrängung der einheimischen Bevölkerung. Betrachten wir deshalb zunächst die Transformationen, die sich zur selben Zeit im nördlichen Gallien vollzogen. Hier geben neuere archäologische Funde Aufschluss darüber, wie eine alteingesessene Bevölkerung auf die Ankunft von Eindringlingen reagierte, die sich – unter ähnlichen Umständen wie im römischen Britannien – das Land aneigneten.

DIE FRANKEN UND DAS RÖMISCHE GALLIEN

Die Ausbreitung der fränkischen Herrschaft im römischen Gallien stellt uns vor ein ähnliches Problem wie der *Adventus Saxonum*. Etwa zur selben Zeit, wie historischen Quellen zufolge die Macht der Franken westlich des Rheins wuchs, setzte sich in weiten Teilen Galliens nördlich der Loire ein neuer Bestattungsbrauch durch. In Gallien wie in anderen römisch geprägten Gebieten wurde über Jahrhunderte hinweg die Körperbestattung ohne Grabbeigaben praktiziert. Um 500 jedoch tauchen auf einmal in der gesamten Region Gräber mit reichen Beigaben auf. Die Männer wurden mit Waffen und persönlichen Gegenständen bestattet, die Frauen mit reichem Gewandschmuck, wie er auch aus Gräbern der frühangelsächsischen Zeit im britischen Tiefland bekannt ist (Karte 12). Die große Frage lautet also auch hier: Bietet der Elitetransfer mit anschließender kultureller Nachahmung eine hinreichende Erklärung für sämtliche beobachtbaren Phänomene?

Der Aufstieg der Merowinger

Der Aufstieg der Franken unter der Merowinger-Dynastie ist eng verknüpft mit dem Zusammenbruch des Römischen Reiches. Die Bezeichnung »Franken« taucht in zeitgenössischen Quellen erstmals Ende des 3. Jahrhunderts auf, ähnlich wie die Bezeichnung Alamannen, doch in späteren Berichten über diese Krise spielen die Franken eine Hauptrolle. Wie wir in Kapitel 2 sahen, ist unklar, ob Untergruppen, die in spätrömischen Quellen als Franken bezeichnet werden (Ampsivarier, Brukterer, Chattuarier, Chamaver und Salier), überhaupt ein politisches Zusammengehörigkeitsgefühl besaßen. Sie lebten so nahe beieinander, dass sie zwangsläufig politische Kontakte pflegten, und vielleicht schlossen sie sich unter mächtigen Anführern sogar zu Bündnissen zusammen. Genaueres lässt sich nicht sagen, weil Ammian über sie sehr viel weniger berichtet als über die Alamannen. Wie andere Germanen an den europäischen Grenzen Roms waren auch die verschiedenen fränkischen Gruppen halb unterworfene Klienten des Römischen Reiches. Einzelne Franken wurden regelmäßig in die römische Armee aufgenommen und stiegen sogar in hohe Führungspositionen auf; und an einigen Feldzügen beteiligten sich fränkische Hilfstruppen. Gleichzeitig aber mussten diese Gruppen immer wieder bekämpft werden, um sie an allzu häufigen Raubzügen ins Römische Reich oder sogar an der Annexion römischen Territoriums zu hindern. Nach der vernichtenden Niederlage des alamannischen Großkönigs Chnodomarius beispielsweise musste Kaiser Julian die salischen Franken abwehren, die auf römisches Territorium vorzudringen suchten.[59] Mit dem Niedergang des Weströmischen Reiches im 5. Jahrhundert geriet das alte Kräftegleichgewicht ins Wanken, und die Franken festigten ihre Macht. Fränkische Gruppen traten ab den 460er Jahren zunehmend in den Vordergrund, allen voran ein Verband unter Childerichs Führung.

Childerichs Vater, der Gründer der Merowinger-Dynastie, trug den Namen Merovech. Die Quellen wollen lediglich wissen, dass er von einem Seeungeheuer abstammte. Auch Childerichs Aufstieg bleibt rätselhaft. Sein Grab in Tournai im heutigen Belgien zählt zu den spektakulärsten Funden der europäischen Archäologie (Abb. 16). Als im Mai 1653 der Grabhügel geöffnet wurde, fand man eine große Menge Gold und Schmuck, unter anderem einen Siegelring mit dem Namen des Bestatteten: *Childirici regis* (König Childerich). Viele dieser Objekte wurden 1831 aus einer Ausstellungsvitrine gestohlen, aber sie waren bereits zwei Jahre nach ihrer Entdeckung ausführlich, wenn auch teils fehlerhaft dokumentiert worden. So hielt man die Nadeln von Childerichs Gewandschließen für Schreibfedern. Die kümmerlichen Überreste des Grabschatzes sind heute im Cabinet des Médailles in Paris ausgestellt. Bei neueren Grabungen entdeckte man noch die Kadaver von mindestens einundzwanzig Pferden in drei separaten Kammern. Unter den Grabbeigaben befand sich auch das Zaumzeug der Pferde, das man teilweise bereits bei der ersten Ausgrabung entdeckt hatte. Zur Zeit Napoleons wurde es als der Besatz eines großen Königsmantels gedeutet, und anlässlich seiner Kaiserkrönung 1801 ließ sich Napoleon auf seinem Krönungsmantel Schmuckwerk nach diesem Vorbild anbringen.[60]

Die prächtige Grabausstattung zeigt Childerich als einen mächtigen Kriegsherrn. Doch es bleiben viele Fragen offen, insbesondere da die Quellen ein schillerndes Bild dieses Herrschers zeichnen. Unter anderem wird erzählt, er sei für acht Jahre in die Verbannung geschickt worden, weil er die Frauen seiner Gefolgsleute verführt habe. Sein Privatleben einmal beiseite gelassen, geht aus den Quellen hervor, dass sich seine Karriere in den 460er Jahren vor dem Hintergrund der Agonie der römischen Imperialmacht in Gallien entwickelte. Zu diesem Zeitpunkt hatte die römische Zentralmacht bereits einen Großteil ihrer Steuerquellen verloren. In Gallien gelang es immer weniger, die Militärbefehlshaber der römischen Armee wie auch die bereits angesiedelten Gruppen (zum Beispiel Alarichs Westgoten) in Schach zu halten. Im Jahr 463 befehligte Childerich ein fränkisches Kontingent im Heer des Aegidius, des Kommandanten der römischen Armee in Gallien, im Kampf gegen die Westgoten. Doch in den

Wirren der Auflösung der römischen Imperialmacht kam es schließlich dazu, dass sich die Westgoten mit Rom gegen den meuternden Aegidius verbündeten. Ob diese Situation darauf hindeutet, dass Childerich gegenüber den Römern loyal war oder nicht, ist umstritten. Klar ist jedenfalls, dass er nie mehr als nur eine Gruppe von Franken regierte, die schon in der nächsten Generation wieder in unabhängige Kriegerverbände zerfiel.

Worauf Childerich seine Macht gründete, wissen wir nicht. War er ein fränkischer Fürst, der die Söldnerdienste seiner Kriegertrupps an den römischen Staat verkaufte, oder machte er Karriere in der römischen Armee am Rhein zu einer Zeit, als diese bereits zerfiel? Die zweite große Unbekannte ist sein Aufstieg von einem untergeordneten Verbündeten des Aegidius in den 460er Jahren zum Herrscher über weite Teile des römischen Gallien. Kurz nach seinem Tod richtete Bischof Remigius von Reims an Childerichs Sohn und Erben Chlodwig ein Schreiben, in dem er ihn als den Herrscher der ehemals römischen Provinz Belgica Inferior beschrieb. Aufgrund dieser Beschreibung und aufgrund von Chlodwigs letzter Ruhestätte in Belgien sah man Childerichs Machtbasis traditionell im Norden. Doch die spärlichen Informationen aus den 460er Jahren lokalisieren ihn weiter südlich im Kontext des römischen Heeres. Kürzlich wurde die These aufgestellt, seine Macht habe auf seinem Kommando über einen großen Teil der alten römischen Feldarmee gegründet, über die die römische Zentralmacht die Kontrolle verloren hatte. Das ist denkbar, allerdings wäre seine Bestattung in Belgien dann recht merkwürdig. Er könnte auch der Anführer eines fränkischen Kriegertrupps gewesen sein, der in der römischen Politik mitmischte, solange sich daraus noch Vorteile ziehen ließen, um später, als der politische Einfluss der römischen Zentralmacht in Gallien immer mehr schwand, eine dezidiert fränkische Politik zu verfechten. So verhielt sich zur selben Zeit der Burgunderkönig Gundobad. Jedenfalls müssen wir uns Childerich als einen der erfolgreichsten Kriegerführer vorstellen, der aus den Trümmern der römischen Herrschaft in Gallien hervorging, eines der größten Kontingente des einstigen römischen Heeres befehligte und Seite an Seite mit Truppen operierte, die unter dem Kommando von Aegidius' Sohn und Erben Syagrius sowie der Grafen Arbogast und Paulus standen.[61]

Der eigentliche Umschwung der fränkischen Geschichte vollzog sich erst unter Childerichs Sohn Chlodwig. Den meisten Geschichtsbüchern zufolge regierte Chlodwig von 482 bis 511, gesichert ist aber nur sein Todesjahr. Der Zeitpunkt seines Herrschaftsantritts kann nur aus Angaben des Geschichtsschreibers Gregor von Tours aus dem späten 6. Jahrhundert erschlossen werden, die jedoch als unzuverlässig gelten.

Chlodwigs politische Laufbahn ist in ihren Grundzügen klar umrissen, viele Details sind allerdings unklar. Der traditionellen Geschichtsschreibung zufolge erweiterte er kurz nach seiner Thronbesteigung seine Herrschaft bis Paris, also weit über die Grenzen von Belgica Inferior hinaus, indem er Syagrius besiegte, der wahrscheinlich geerbt hatte, was von Aegidius' einstigem Kommandogebiet noch übrig war. Die Quellenlage ist dürftig. Gregor von Tours, der als Einziger darüber berichtet, datiert diesen Sieg ins Jahr 485/486. Doch trotz der Zweifel hinsichtlich der Datierung fand der Feldzug selbst wahrscheinlich tatsächlich statt.[62] Weniger umstritten sind die Folgen dieses und weiterer Feldzüge Chlodwigs. Als er im Jahr 511 starb, hatte er einen Großteil des von den Westgoten besetzten südwestlichen Gallien erobert, die Burgunder unter fränkische Herrschaft gebracht und sich östlich des Rheins ausgebreitet, indem er das Siedlungs- und Herrschaftsgebiet der Alamannen seinem Reich einverleibte. Damit vollzog sich eine grundlegende Umgestaltung der fränkischen Macht. Chlodwig eroberte nicht nur einen Großteil des einstigen römischen Territoriums, er besiegte auch viele rivalisierende fränkische Könige. Gregor von Tours erwähnt namentlich: Sigibert und seinen Sohn Chloderich, die sich in Köln niedergelassen hatten; Chararich und seinen Sohn; Ragnachar sowie seine Brüder Richar und Rignomer in Cambrai und Le Mans. Genannt werden »weitere Verwandte«, die vielleicht Herrscher unabhängiger Gebiete waren. An die Stelle eines politischen Flickenteppichs mit vielen unabhängigen Kleinkönigreichen trat damit die uneingeschränkte Herrschaft eines einzigen Königs. Gregor von Tours betont, dass Chlodwig nach der Hinrichtung seiner Gegenspieler nicht nur deren Besitz, sondern auch deren engstes Gefolge an sich zog.[63]

Der genaue Beginn dieser Umgestaltung ist unklar. Erneut ist Gregor von Tours unser einziger Gewährsmann. Er schrieb mindestens 60 Jahre nach Chlodwigs Tod, benutzte eine Vielzahl von Quellen und fügte Geschichten zusammen, zu denen er die Jahreszahlen teilweise nur erraten konnte. Der Feldzug gegen die Westgoten wird von unabhängigen Quellen ins Jahr 507 datiert, für andere Ereignisse fehlt eine solche Bestätigung. Am Bild, das Gregor von Chlodwigs militärischen Erfolgen zeichnet, sind größte Zweifel angebracht, nicht zuletzt, weil er alle größeren Feldzüge im Abstand von fünf Jahren stattfinden lässt. Das könnte freilich auch korrekt sein, wirkt aber, als hätte Gregor (oder ein späterer Bearbeiter) die Ereignisse einfach nur chronologisch gleichmäßig verteilt. Für Skepsis gibt es Gründe genug. So wird Chlodwigs großer Sieg über die Alamannen von Gregor ins 15. Regierungsjahr des Herrschers (496) datiert. Zeitgenössische Quellen berichten jedoch von einem bedeutenden Sieg über die Alamannen etwa zehn Jahre später. Möglicherweise fanden zwei Feldzüge statt, aber falls es nur einen gab, liegt Gregor von Tours falsch. Umstritten ist auch seine Schilderung von Chlodwigs Übertritt zum Christentum. Gregor datiert die Taufe in die Zeit kurz vor dem Angriff auf die arianischen Westgoten und kann damit den Feldzug als einen katholischen Kreuzzug darstellen, den Gott mit Chlodwigs Sieg krönte. Eine andere zeitgenössische Quelle datiert Chlodwigs Taufe in die Zeit nach dem Sieg über die Westgoten, was darauf hindeutet, dass der fränkische Herrscher zumindest mit dem Gedanken spielte, den arianischen Glauben anzunehmen.[64]

Auch die Ausschaltung von Chlodwigs fränkischen Gegenspielern wird traditionell in das Jahr 508 datiert, weil Gregor alle diese Morde in die Zeit nach Chlodwigs Sieg über die Westgoten datiert. Das ist durchaus möglich, aber ebenso gut könnte es sein, dass die Rivalen zu verschiedenen Zeiten beseitigt wurden. Als Grund für die Liquidierung Chararichs wird beispielsweise genannt, er habe Chlodwig nicht gegen Syagrius beigestanden. Aber Syagrius wurde bereits im Jahr 486 geschlagen (zugegebenermaßen nur Gregor von Tours zufolge), und es erscheint merkwürdig, dass Chlodwig mehr als 20 Jahre gewartet haben soll, um diesen Gegner zu beseitigen. Man fragt sich auch, wie es Chlodwig gelungen sein soll, eine Streitmacht aufzustellen, die groß genug war, um die Alamannen und die Westgoten so kurz nacheinander zu besiegen, ohne seine Machtbasis zuvor durch die Eingliederung anderer Kriegerverbände zu verbreitern. Das Gesamtbild ist jedoch klar: Im Verlauf von Ereignissen, wie wir sie bereits von den Ostgotenkönigen Valamer und Theoderich (Kapitel 5) kennen, schuf Chlodwig eines der mächtigsten Nachfolgereiche des Weströmischen Reiches, indem er große Teile des römischen Territoriums annektierte und bis dahin unabhängige fränkische Kriegerverbände einte.[65]

Welche Rolle spielte bei diesem Prozess die fränkische Migration?

Das geteilte Reich

Historische und archäologische Quellen belegen, dass das Fränkische Reich im 6. Jahrhundert in zwei durch die Loire getrennte Hälften zerfiel. Südlich des Flusses hielt man an der römischen Vergangenheit fest. Viele der alten römischen Familien behielten nicht nur ihre Landgüter, sondern weitgehend auch ihre Kultur und die Traditionen der Senatsaristokratie bei und sprachen noch zwei Generationen nach Chlodwig Lateinisch, wie insbesondere die Schriften des Gregor von Tours und des Venantius Fortunatus verdeutlichen. Das heißt aber nicht, dass ihr Leben von den neuen Machtverhältnissen völlig unberührt blieb. Die alten Beamtenlaufbahnen existierten nicht mehr, und über Erfolg oder Misserfolg wurde jetzt am Hof Chlodwigs und seiner merowingischen Nachfolger entschieden, wo weltliche wie religiöse Ämter vergeben wurden. Aber auch wirtschaftlich vollzogen sich bedeutende Entwicklungen: So wurde Arles als Hauptumschlagsplatz des Mittelmeerhandels von Marseille abgelöst. Insgesamt gab es südlich der Loire nur wenige Siedlungen barbarischer Invasoren: einige in der Charente und an der Grenze zu den Westgoten in Aquitanien. Die materielle Kultur und die Bestattungsrituale waren nachrömisch geprägt, das heißt, die Toten wurden ohne Grabbeigaben bestattet. Spuren einer fränkischen Einwanderung gibt es kaum, nicht einmal in Form eines Elitetransfers wie bei der normannischen Eroberung. Die politischen, sozialen und administrativen Einrichtungen der Römerzeit – Städte *(civitates)* und Landgüter – blieben intakt.[66]

Nördlich der Loire bot sich ein völlig anderes Bild. Irgendwann zwischen 400 und 600 n. Chr. etablierte sich eine materielle Kultur, die große Ähnlichkeiten zum angelsächsischen England aufwies. Die *civitas* als Grundeinheit der römischen Verwaltung verschwand von der Bildfläche. Nichts deutet darauf hin, dass der Militärdienst im 6. Jahrhundert auf der Grundlage von *civitas*-Kontingenten organisiert war wie in der südlichen Reichshälfte. Auch die sozialen und wirtschaftlichen Strukturen veränderten sich. Rechtsquellen zeichnen das Bild einer dreigliedrigen Gesellschaft (erneut analog zum angelsächsischen England) aus Freien, dauerhaft Freigelassenen und Sklaven. Auch gibt es Belege dafür, dass die bisher kleine Gruppe von Aristokraten durch eine breitere Elite ersetzt wurde; und die soziale Kluft zu den anderen Schichten war nicht ganz so groß – eine weitere Parallele zum angelsächsischen England. So wird in den Rechtsquellen zwischen der Masse der Freien und der Adelsschicht nicht mittels eines unterschiedlich hohen Wergelds differenziert. In seiner ausführlichen Schilderung des 6. Jahrhunderts bezeichnet Gregor von Tours niemanden aus dem nördlichen Gallien als »Adligen«, während er viele Angehörige alter römischer Familien südlich der Loire durchaus so tituliert. Große Landgüter, Grundlage der sozioökonomischen Dominanz einer echten Aristokratie, tauchten in dieser Region erst im 7. Jahrhundert wieder auf. Bis dahin bezeichnete die *villa* einfach nur ein bestimmtes, geographisch umrissenes Gebiet, nicht eine zentral verwaltete landwirtschaftliche Produktionseinheit.[67]

Das bedeutet nicht, dass es in diesen nördlichen Territorien kein Wohlstandsgefälle gab oder dass die alte römische Elite vollständig verschwunden wäre. Bis weit ins 7. Jahrhundert hinein ließen sich führende Landbesitzer der ehemaligen römischen Regionalhauptstadt Trier in Inschriften als »Senator« verewigen. Von einem römischen Landbesitzer aus frühmerowingischer Zeit ist uns sogar ein Testament überliefert. Es handelt sich um keinen Geringeren als Bischof Remigius von Reims, der in einem Glückwunschschreiben nach Chlodwigs Machtantritt außerdem Schlüsselinformationen über den Aufstieg der Merowinger liefert. Aber Trier bildete eine Ausnahme. Mehr als 800 oder etwa ein Drittel aller nachrömischen Inschriften im nördlichen Gallien wurden in der Umgebung von Trier gefunden. Keine andere alte römische Stadt der Region weist eine vergleichbare Funddichte auf. Und obwohl Remigius' Testament Nachweis genug dafür ist, dass es auch weiterhin so etwas wie eine römische Elite gab, zeigt es auch, dass er im Vergleich mit seinen römischen Vorgängern des 4. Jahrhunderts und den späteren fränkischen Grundbesitzern des 7. und 8. Jahrhunderts nur über sehr bescheidenen Landbesitz verfügte.

Keine dieser Quellen widerlegt also den grundsätzlichen Befund, dass die Sozialstrukturen Nordgalliens bis nach 600 n. Chr. von einer kleinen aristokratischen Elite dominiert wurden – anders als in den Gebieten südlich der Loire, wo die Nachkommen der römischen Aristokratie nach wie vor fest im Sattel saßen. Auch kulturell zeigten sich Verwerfungen. In weiten Teilen des Nordostens waren von spätrömischer Zeit bis ins frühe Mittelalter die Bistümer nicht kontinuierlich besetzt (Karte 12), man kann also davon ausgehen, dass das Christentum in diesen Regionen noch nicht richtig Fuß gefasst hatte. Gleichzeitig verschoben sich die Sprachgrenzen, als sich westlich der alten römischen Rheingrenze germanische Dialekte durchsetzten.[68]

Auch die materielle Kultur nördlich der Loire unterschied sich jetzt grundlegend von den südlichen Gebieten. Im späten 5. und 6. Jahrhundert trat an die Stelle der bei den Römern üblichen Brandbestattung die Körperbestattung mit manchmal opulenten Grabbeigaben. Männer wurden nicht nur mit persönlichen Gegenständen, sondern auch mit Waffen bestattet: in der Regel Langschwert *(spatha),* Lanze *(angon),* Wurfaxt *(francisca)* und Schild (von dem gewöhnlich nur der Schildbuckel erhalten blieb). Frauen wurden in voller Tracht mit ihrem Schmuck und mit einer Gewandspange an jeder Schulter bestattet. Diese Fibeln waren oft in Cloisonné-Technik gearbeitet und mit Halbedelsteinen besetzt. Dieses ursprünglich römische Dekor wurde im barbarischen Europa als typisches Element des »Donaustils« des Hunnenreichs weithin populär. Auch die Gräberfelder selbst zeigten ein neues Bild. Im 6. Jahrhundert setzte sich die Bestattung in beigabenreichen Reihengräberfeldern durch, die abseits der alten Siedlungen zentral angelegt wurden.[69] Diese Friedhöfe spiegeln vermutlich das Gemeinschaftsgefühl einer ansonsten eher verstreut lebenden ländlichen Bevölkerung wider, ähnlich wie die großen Gräberfelder mit Brandbestattung in East Anglia. All dies deutet auf eine neue, nichtrömische Sozialordnung hin. Was waren die Ursachen dafür?

Teile des nordöstlichen Gallien hatten unter den Einfällen des späten 3. Jahrhunderts schwer zu leiden gehabt, und anders als der römische Westen erholten sich die ländlichen Gebiete nicht immer von diesen Verwüstungen. Jedenfalls gilt dies für das Gebiet westlich des Niederrheins. Trier und das gesamte Moseltal blieben im 4. Jahrhundert ein florierendes Zentrum der *romanitas*. Trier selbst war viele Jahre lang eine der wichtigsten Städte des Römischen Reiches. Auch weiter nordwestlich, in der Picardie, scheint eine funktionierende Villenkultur die Verheerungen des 3. Jahrhunderts überdauert zu haben. Gleichzeitig wurden die Grenzen weiterhin von weitläufigen Befestigungsanlagen und zahlreichen Soldaten gesichert. Die Krise des 3. Jahrhunderts hatte zwar zu gewaltigen Umbrüchen geführt, dennoch wurde das Gebiet zwischen Rhein und Loire von Rom niemals aufgegeben, und in weiten Teilen herrschte immer noch ein reges, römisch geprägtes Leben.[70] Eine neue Ordnung musste sich hier erst gegen stabile römische Strukturen durchsetzen.

Eine bestimmte Gruppe von Funden wurde manchmal als Beweis dafür betrachtet, dass für den Niedergang des römischen Lebens in diesen Territorien eine vormerowingische fränkische Einwanderung verantwortlich war. Ausgrabungen spätrömischer Friedhöfe in der Region förderten Körpergräber mit Beigaben aus der Zeit zwischen 350 und 450 n. Chr. zutage. Diese Körpergräber sind im Vergleich zu den späteren merowingischen deutlich seltener. Es handelt sich lediglich um separate Bestattungsplätze innerhalb von Friedhöfen, deren Gräber größtenteils ohne Beigaben sind. Die männlichen Erwachsenen, deren Gräber hier in der Mehrzahl sind, wurden mit Waffen und römischen Militärgürteln bestattet. Eine kleinere Zahl von Frauen wurde mit Schmuck und persönlichen Gegenständen wie Glas und Keramik neben einigen der Männer bestattet. Als zusammengehörige Gruppe wurden diese Bestattungsplätze erstmals von Joachim Werner identifiziert. Er deutet sie als Gräber von Franken, die historischen Quellen zufolge in den 290er Jahren als sogenannte *laeti*, das sind Hörige oder Halbfreie, auf römischem Territorium zwangsangesiedelt worden waren, und wertet das als Zeichen dafür, dass bereits in der ersten Phase der fränkischen Besiedlung die Grundstrukturen des römischen Lebens erschüttert worden seien. Horst Wolfgang Böhme datiert diese Gräber jedoch ein oder zwei Generationen nach der Ansiedlung der in Schriftquellen erwähnten *laeti* und ordnet sie – das ist der entscheidende Punkt – hochrangigen Persönlichkeiten zu, nicht den unfreien *laeti*. Böhme vermutet, dass es sich um die Gräber barbarischer Einwanderer mittleren Ranges, sogenannter *foederati*, handelt, die er mit fränkischen Offizieren in Verbindung bringt, die im 4. Jahrhundert gelegentlich in hohe militärische Positionen aufstiegen.[71] Auch Böhme stellt also einen Zusammenhang zwischen den Gräbern und fränkischen Einwanderern her.

Vor kurzem jedoch stellte Guy Halsall grundsätzlich in Frage, dass es sich um die Gräber von Einwanderern handelte, und verwies darauf, dass in spätrömischer Zeit von den Franken jenseits der Grenze keine Körperbestattung mit Grabbeigaben praktiziert wurde. Tatsächlich wurden im Kernland der Konföderation zwischen Rhein und Weser keine fränkischen Bestattungen aus der Zeit zwischen 350 und 450 (oder sogar früher) entdeckt. Aufgrund des guten Forschungsstands kann man eine Fundlücke ausschließen. Wahrscheinlich verstreuten die Franken die Asche ihrer Toten. Auch die Gürtel und Waffen in den Gräbern der männlichen Erwachsenen auf römischem Territorium sind allesamt römische Produkte. Die These, die Bestattung mit Waffen sei eine germanische Sitte gewesen, ist für Halsall die Rückprojektion einer späteren merowingischen Praxis. Die Funde aus dem 4. und 5. Jahrhundert, so Halsall weiter, belegen nicht, dass es sich um Gräber von Nichtrömern handelte, sondern dass sich unter den sozial aufstrebenden Kräften der Region ein neuer, stärker auf Prestige ausgerichteter Bestattungsbrauch durchsetzte. Je weniger Rückhalt die alten Strukturen des Römischen Reiches boten, desto stärker wurde der Wettstreit um die soziale Vorrangstellung, und das über den Tod hinaus.[72] Ähnliches wurde für Britannien im 5. Jahrhundert angenommen, allerdings ging der neue Bestattungsbrauch in Gallien mit Sicherheit einer umfangreicheren fränkischen Zuwanderung voraus.

Wirklich überzeugend ist keine dieser Interpretationen. Der unterschiedliche Kontext der Gräberfelder – ländliche, städtische, bei einer militärischen Befestigung gelegene – deutet darauf hin, dass die Bestatteten keine einheitliche Gruppe bildeten, sondern in ganz verschiedenen Lebenswelten zu Hause waren. Es ist daher problematisch, sie als eine Art fränkische fünfte Kolonne zu betrachten. Sowohl die Datierung der Gräber als auch die Beigaben für die männlichen Erwachsenen verweisen darauf, dass diese Menschen das Römische Reich nicht bekämpft hatten. Aber auch das Argument des sozialen Wettbewerbs kann nicht ganz überzeugen. Denn dieser Bestattungsbrauch setzte zu früh ein (um 350 n. Chr.), als dass man ihn mit dem Niedergang der römischen Imperialmacht in der Region in Verbindung bringen könnte, den auch Halsall nicht früher als in die späten 380er Jahre datiert. Ich selbst und andere datieren ihn sogar erst in die Zeit nach der Krise von 405–408.

Die Zahl der Gräber ist außerdem relativ gering. Betrachtet man ihre Ausstattung als Ausdruck sozialer Rivalität, dann war diese nur sehr verhalten ausgeprägt. Dass es sich bei den Bestatteten womöglich um germanische Einwanderer handelte (nicht unbedingt um Franken), wird durch einige Paargräber nahegelegt. Zwar lässt sich nicht jedem Männergrab ein Frauengrab zuordnen, doch in der Picardie ist dies immerhin bei etwa der Hälfte der Gräber der Fall: ein überraschend hoher Anteil. Und während die Grabbeigaben der Männergräber zweifellos römischer Herkunft sind, wurden die Frauen mit sogenannten Tutulus-Fibeln bestattet, die sonst nur noch in einer Gruppe reich ausgestatteter germanischer Gräber an der unteren Elbe zu finden sind, weit jenseits des Rheins auf sächsischem Gebiet. Die meisten Gewandnadeln aus dem Elbegebiet unterscheiden sich im Detail von denen in Nordgallien, die wahrscheinlich auch älter sind. In diesem Fall liefern die Gewandnadeln keinen Grund für die Annahme, dass es sich um germanische Gräber handelt, da germanische Eliten jenseits der Grenze oft römische Sitten und Gebräuche übernahmen. Und falls sich herausstellen sollte, dass dieser Gewandnadel-Typ nicht römisch ist, können wir immer noch annehmen, dass es sich um die Gräber von Zuwanderern handelt, die sich im römischen System eingerichtet hatten. So oder so ist Halsalls Argumentation überzeugend, dass die Gräber nicht zwangsläufig mit späteren Bestattungsbräuchen der Merowingerzeit in Verbindung stehen und dass sie, selbst wenn sie germanisch sind, kein zwingender Beleg für eine großräumige spätrömische Ansiedlung von Franken zwischen Rhein und Loire sind, die Chlodwigs spätere Triumphe erleichtert hätte.[73]

Wenn also die Nord-Süd-Teilung des Merowingerreichs im 6. Jahrhundert nicht auf eine bereits in spätrömischer Zeit vorhandene fränkische Ansiedlung nördlich der Loire zurückgeht, so liegt ein Teil der Erklärung in der politischen Entwicklung der Region im 5. Jahrhundert, bei der auch die Franken eine Rolle spielten. Einen großräumigen Rückzug der römischen Zentralmacht gab es hier vor der Krise von 405–408 ebenso wenig wie in Britannien.[74] Doch Invasion und Machtkämpfe der Gegenkaiser erschütterten das Fundament des Weströmischen Reiches, und so verloren zumindest Teile Nordgalliens, wie Britannien eine Grenzregion, ihren Schutz. Beispielsweise erhob sich in den Jahren 409/410, zur selben Zeit wie Britannien, Armorica – die heutige Bretagne – gegen den Usurpator Konstantin III. Während Britannien zu diesem Zeitpunkt bereits nicht mehr Teil des imperialen Gefüges war, versuchten die Römer in den 410er Jahren, Nordgallien wieder unter ihre Kontrolle zu bringen. In der ersten Hälfte des 5. Jahrhunderts bemühte man sich auch, die imperiale Kontrolle nördlich der Loire aufrechtzuerhalten. Man ging gegen abtrün-

Die Franken und das römische Gallien | 291

nige Gruppen vor und behielt reguläre römische Streitkräfte und gelegentlich auch Hilfstruppen in der Region.[75]

Auf längere Sicht jedoch wurden diese Versuche, die römische Oberhoheit in Nordgallien wiederherzustellen, von den Folgen der Krise 405–408 zunichte gemacht. Wie wir im nächsten Kapitel sehen werden, verlor die römische Imperialmacht zunehmend die Kontrolle über die wichtigsten wirtschaftlich produktiven Gebiete und damit die Möglichkeit, eine effiziente militärische Streitmacht zu unterhalten und die militärischen Befehlshaber der Region wirksam zu kontrollieren. Das Ergebnis war, dass zentrale Einrichtungen des römischen Lebens bald nicht mehr geschützt werden konnten. Diese Situation verschärfte sich Mitte der 450er Jahre nach dem Zusammenbruch von Attilas Reich (Kapitel 5) und nach dem Aufstieg Childerichs in den 460er Jahren. Der politische Weg Nordgalliens von der römischen Vergangenheit in eine fränkische Zukunft war lang und steinig. Er begann mit dem Rheinübertritt am 31. Dezember 406 und endete eigentlich erst mit der Konsolidierung von Chlodwigs Herrschaft in den Jahrzehnten vor und nach 500. Um die Macht in der Region kämpften neben der römischen Zentralmacht auch lokale »Selbsthilfegruppen« (oft nach räuberischen Banden im 3. Jahrhundert *Bagaudae*, Bagauden, genannt), barbarische Invasoren und Siedler und schließlich fränkische Streitkräfte. Es ist daher nicht verwunderlich, dass auch die römischen Gutsherren von tiefgreifenden Veränderungen betroffen waren. Ihre reichen Güter waren leichte Beute, und hier wie überall, wo die römische Armee keinen Schutz mehr gewährleisten konnte, ging das System der Villenwirtschaft im allgemeinen Zusammenbruch unter.[76]

Die Franken scheinen bei dieser Entwicklung eine bedeutende, wenn auch keine führende Rolle gespielt zu haben. Wie wir gesehen haben, werden fränkische Streitkräfte erstmals in den 460er Jahren fassbar – ganz im Unterschied zum britischen Tiefland, wo zeitgleich mit dem Verschwinden der römischen Schutzmacht angelsächsische Plünderer, Söldner und Zuwanderer auf den Plan traten. Daher können die Franken auch nicht unmittelbar für den Niedergang des römischen Lebens nördlich der Loire verantwortlich gemacht werden. Dieser Niedergang begann lange bevor die Franken als Militärmacht in Erscheinung traten. Da die römische Einmischung in die fränkische Politik, ähnlich wie bei den Alamannen, das Ziel hatte, größere und gefährlichere Koalitionen zwischen den Gruppen zu verhindern (Kapitel 2), muss man die Einheit der Franken als ein Phänomen der nachrömischen Zeit betrachten: Chlodwigs Aufstieg wäre nicht möglich gewesen, wenn die römische Imperialmacht ihre militärischen und politischen Funktionen weiterhin erfüllt hätte.[77] Doch wenn es gute Gründe gibt, die Erosion des römischen Lebens in Nordgallien vom Auftauchen der Franken in dieser Region abzukoppeln – welche Rolle spielte dann die fränkische Einwanderung nach Gallien im merowingischen 6. Jahrhundert?

Schädel und Sarkophage

Bei der Suche nach einer Antwort auf diese Frage sind wir weitgehend auf archäologische Zeugnisse angewiesen. Gregor von Tours gibt keine Auskunft über fränkische Siedlungen, und die Archäologie steht vor denselben methodischen Schwierigkeiten wie im britischen Tiefland. Die neuen Bestattungsbräuche im nördlichen Gallien decken sich zeitlich mit dem Aufstieg der Franken. Aber muss deshalb jeder, der mit Grabbeigaben bestattet wurde, ein fränkischer Einwanderer gewesen sein? Wenn ja, dann hätten wir es mit einer Art »Völkerwanderung« zu tun, da sich die neuen Reihengräber mit ihren reichen Beigaben im gesamten nördlichen und östlichen Gallien ausbreiteten (Karte 12).[78]

Im 19. und frühen 20. Jahrhundert war man überzeugt, die Frage mit Hilfe einer Untersuchung von Schädelformen beantworten zu können. Die einheimischen Kelten, so die Argumentation, seien brachykephal (rundköpfig), die eingewanderten Germanen dolichokephal (langköpfig). Andere konzentrierten sich auf die Bestattungsbräuche. Die Verwendung von Sarkophagen hielt man für eine typisch römische Sitte, ebenso Bestattungen ohne Beigaben, die in den meisten Gräberfeldern mit Reihengräbern vorkommen. Leider führten diese Ansätze zu nichts. Es gibt keine ethnischen Unterschiede, die sich an der Schädelform ablesen lassen würden, und man fand in Sarkophagen unzweifelhaft auch Überreste fränkischer Toter. Auch die beigabenlosen Bestattungen helfen nicht weiter. Beigaben wurden in besonders großer Zahl in Gräbern am Rand der Reihengräberfelder gefunden, und moderne Grabungsmethoden haben gezeigt, dass die Anlage dieser Friedhöfe in der Mitte begann und sich immer weiter nach außen ausbreitete. Das Fehlen von Beigaben lässt sich eigentlich nur chronologisch erklären. Ab dem 7. Jahrhundert (und das zeigt sich auch bei den »langlebigeren« angelsächsischen Körperbestattungen) gab es, wahrscheinlich unter dem Einfluss des Christentums, einen deutlichen Rückgang von Grabbeigaben, bis man wieder ohne Beigaben bestattete, wie es in spätrömischer Zeit üblich gewesen war.[79]

Wenn es bis heute keine einfache und sichere Methode gibt, Römer und Franken auseinanderzuhalten, so haben wir dennoch einen absolut überzeugenden Beleg dafür, dass einige der im 6. Jahrhundert mit Waffen bestatteten

Männer einheimischer, galloromischer Herkunft waren. Eine ausgezeichnete Fallstudie ist der große, sorgfältig freigelegte Friedhof in Krefeld-Gellep am Niederrhein. Es handelt sich um eines der wenigen Gräberfelder, die von spätrömischer Zeit bis in die merowingische Epoche hinein kontinuierlich benutzt wurden. Um 500 n. Chr. wurde neben einem bereits bestehenden spätrömischen Friedhof ein zweiter Friedhof angelegt. Das erste Grab war besonders prachtvoll ausgestattet, doch auch die späteren Gräber enthielten reiche merowingische Beigaben. Die Anlage dieses zweiten Friedhofs führte jedoch nicht zur Schließung des ersten, in dem jetzt erstaunlicherweise Körperbestattungen mit Beigaben in Mode kamen. Den Männern wurden die typischen merowingischen Waffen, den Frauen Schmuck ins Grab gelegt. Der erste Ausgräber und auch spätere Kommentatoren zogen den sicherlich korrekten Schluss, dass sich im ersten Friedhof eine spät- oder nachrömische Bevölkerung den neuen kulturellen Normen anpasste, die mit dem reich ausgestatteten Grab im zweiten Friedhof etabliert wurden: ein schönes Beispiel für die Nachahmung einer Elite. Dieselbe Entwicklung wie in Krefeld-Gellep vollzog sich wahrscheinlich in Nordgallien überall da, wo spätrömische Friedhöfe vollständig durch Reihengräberfelder ersetzt wurden und sich die kulturelle Entwicklung nicht mehr nachweisen lässt. Viele dieser neuen Reihengräber waren mit Sicherheit auch für Personen galloromischer Herkunft bestimmt, die sich den neuen Normen der Merowingerzeit anpassten.[80]

Eine weitere Gruppe von Funden, die diese Entwicklung zumindest in Teilen widerzuspiegeln scheint, stammt von Friedhöfen, deren erstes Grab reiche Beigaben hatte wie das auf dem zweiten Friedhof von Krefeld-Gellep. Durch das Chronologiesystem, das dank sorgfältiger Forschungen in den vergangenen 50 Jahren für die materielle Kultur der Merowingerzeit etabliert werden konnte, lässt sich dieses Grundmuster an verschiedenen Orten feststellen: Mézières in den Ardennen, Lavoye an der Maas, Pry, Gültlingen, Chaouilley in Lothringen, Rübenach, Héruvillette und Bale Berling. Es mag verlockend sein, diese Gräber fränkischen Einwanderern zuzuschreiben, aber so einfach ist es nicht. Das zeigt sich in Frénouville im Département Calvados. Hier legt ein ungewöhnlicher genetischer Marker in Form einer Schädelnaht den Schluss nahe, dass vor und nach dem Aufkommen der Körperbestattung mit Grabbeigaben im Wesentlichen ein und dieselbe Bevölkerung hier lebte, obwohl der neue Bestattungsbrauch in einem völlig neuen merowingischen Friedhof auftaucht. Die Sitte, die Toten mit Beigaben zu bestatten, wurde offenbar von einer Oberschichtfamilie eingeführt. Bis zur Mitte des 6. Jahrhunderts hatte sie sich unter der alteingesessenen Bevölkerung ausgebreitet, die jetzt auch den neuen Friedhof benutzte.[81] Es steht daher zweifelsfrei fest, dass sich der neue Brauch der Körperbestattung mit Grabbeigaben zumindest teilweise deshalb so weit im nördlichen Gallien verbreitete, weil die alteingesessene gallorömische Bevölkerung ihn übernahm.

Aber woher kam diese Sitte, und warum wurde sie übernommen? Eine Richtung innerhalb der modernen archäologischen Forschung interpretiert Gräberfelder mit relativ reichen Beigaben als Ausdruck der sozialen Unsicherheit und des Wettbewerbs: In Zeiten, in denen sich der gesellschaftliche Rang nicht mehr von selbst ergab, versuchte man seine Mitmenschen zu beeindrucken. Das ist eine durchaus plausible Deutung. Der Aufstieg des merowingischen Königtums erzwang, wie wir gesehen haben, neue Formen der Präsentation des eigenen sozialen Status und damit einen sozialen Wettbewerb.[82] Aber das ist nicht die einzig mögliche Erklärung und in unserem Fall nicht einmal die überzeugendste. Denn südlich der Loire vollzog sich dieselbe soziale Umgestaltung, ohne dass dies zu sozialem Wettbewerb beim Bestattungsritual geführt hätte. Man könnte einwenden, dass dort die alten gesellschaftlichen Eliten überlebt hatten, deren Mechanismen der sozialen Abgrenzung weitgehend intakt blieben, so dass für sozialen Wettbewerb gar keine Notwendigkeit bestand. Aber es spricht noch mehr gegen die Theorie des sozialen Wettbewerbs. Vor allem wirken die akkurat ausgerichteten Reihengräberfelder eher wie organisierte kommunale Räume als wie Arenen eines intensiven sozialen Wettbewerbs. Die sorgfältige Anordnung der Gräber deutet darauf hin, dass die Bestattungen gewissen Regeln folgten. Das gilt auch für die Grabbeigaben: Angehörige bestimmter sozialer Gruppen – erwachsene jüngere Männer und junge Frauen im gebärfähigen Alter – wurden mit einer größeren Zahl von Beigaben bestattet. Als Grund hat man angeführt, dass der Tod junger Menschen schmerzlicher empfunden wurde. Ein anderer möglicher Grund könnte sein, dass für Personen dieses Alters das Wergeld am höchsten war, wie sich aus den überlieferten Gesetzestexten ergibt.

Allgemeiner gesagt, deuten die Rechtsquellen darauf hin, dass es in der merowingischen Gesellschaft deutlich voneinander abgegrenzte Statusgruppen gab (Freie, Freigelassene und Sklaven; dazu kamen Altersabstufungen zur individuellen Bestimmung des Wergelds), denen jeweils klare Funktionen zugeschrieben wurden. Freie und Freigelassene konnten beispielsweise zum Militärdienst herangezogen werden, Sklaven dagegen waren von prestigeträchtigeren Funktionen ausgeschlossen. Die Gesetzessammlungen enthalten Hinweise auf öffentliche Zeremonien, mit denen ein Individuum in eine höhere Statusgruppe aufgenommen wurde. Ländliche Gemeinschaften waren in der

Regel so klein, dass alle einander kannten.[83] Aus diesen Beobachtungen ergibt sich eine ganz andere Interpretation: dass nämlich männliche Bestattungen, insbesondere mit Waffen, zwar den sozialen Status des Toten demonstrierten, es aber in einer solch kleinen bäuerlichen Gesellschaft unmöglich gewesen wäre, einen Status in Anspruch zu nehmen, den nicht alle anerkannten.

Die Theorie der Statusdemonstration ist also keineswegs die einzig mögliche, vielmehr legen unsere Erkenntnisse über die Verbreitung des neuen Bestattungsbrauchs eine ganz andere Erklärung nahe, die auch den Aspekt der Statusdemonstration einschließt. Die prunkvollste merowingische Grabausstattung ist gleichzeitig die älteste: die von Childerich selbst. Auf seine Bestattung (481/482) folgten in zeitlich dichter, vielleicht sogar sehr dichter Folge eine Reihe reicher, wenngleich nicht ganz so prunkvoller Bestattungen, die Gräber der Gruppe Flonheim-Gültlingen. Keines dieser Gräber kann mit absoluter Genauigkeit datiert werden. Stilistisch ähneln die Beigaben denen im Childerich-Grab so sehr, dass sie aus derselben Zeit stammen müssen, aber die Gräber liegen außerhalb der alten römischen Provinz Belgica Inferior, des Territoriums, das Childerich der traditionellen Geschichtsschreibung zufolge an Chlodwig vererbte. Demnach wären diese Gräber frühestens nach den ersten Eroberungen Chlodwigs zu datieren, aber das könnte ein Fehlschluss sein, da sich Childerichs Territorium, wie wir gesehen haben, möglicherweise über Belgica Inferior hinaus erstreckte. Sicher ist jedenfalls, dass die Gräber aus dem letzten Viertel des 5. Jahrhunderts stammen.[84]

Die Chronologie der weiteren Ausbreitung dieses neuen Bestattungsbrauchs ist weniger umstritten. In enger zeitlicher Abfolge entstanden eine Reihe weniger prächtig, aber immer noch erstaunlich reich ausgestatteter Gräber. Rainer Christlein kennzeichnete diese Gräber mit dem Ausdruck »Qualitätsgruppe C«. Sie stellen zeitlich und qualitativ gesehen ein Bindeglied zwischen der kleinen Zahl von reich ausgestatteten Gräbern des späten 5. Jahrhunderts und einer größeren Zahl bescheidener ausgestatteter Gräber dar, wie sie für die Merowingerzeit etwa in der Zeit zwischen 525 und 550 typisch sind.[85] Unterm Strich deutet die zeitliche Progression darauf hin, dass sich der Bestattungsbrauch von oben nach unten durchsetzte, angefangen mit der prunkvollen Bestattung Childerichs und seiner unmittelbaren Verbündeten. Die neue Gepflogenheit war ein klarer Bruch mit der fränkischen Praxis, die Asche der Toten zu verstreuen, und deshalb kann es nicht überraschen, dass es fast 50 Jahre dauerte, bis sich diese Sitte allgemein durchgesetzt hatte.

Es leuchtet ein, dass sich die merowingische Körperbestattung in dem Moment durchsetzte, als breitere Bevölkerungsschichten anfingen, die Praktiken ihrer Anführer nachzuahmen. Damit ist jedoch das Phänomen nicht vollständig erklärt. Im Fall Childerichs geht die Idee einer prunkvollen Grabausstattung mit reichen Goldbeigaben wahrscheinlich auf den sogenannten Donaustil zurück, der sich in Attilas Hunnenreich entwickelte. Zwar kannte die germanische Welt bereits vor dem 5. Jahrhundert gelegentlich Bestattungen mit prunkvollen Beigaben (allerdings keine einzige auf fränkischem Territorium); aber wie wir in Kapitel 5 sahen, markierte auch hier das Hunnenreich einen Wendepunkt in der Gepflogenheit, herausragenden Toten wertvolle Beigaben ins Grab zu legen.

Die Praxis, politische Anführer mit reichen Grabbeigaben zu bestatten, verbreitete sich überall und wurde bis weit ins 6. Jahrhundert hinein beibehalten. Kein Wunder, dass auch fränkische Anführer der Generation nach Attila die Gepflogenheiten des größten Reiches übernahmen, das das nichtrömische Europa je gesehen hatte. Childerich und Chlodwig waren bemüht, der fränkischen Politik eine neue Richtung zu geben. Die Übernahme hunnischer Sitten und Gebräuche unterstrich dabei ihren Status als große fränkische Herrscher. Sozialer Wettstreit und Statusdemonstration spielten also bei Childerichs Begräbnis eine wichtige Rolle. Wenn die Flonheim-Gültlingen-Gräber aus derselben Zeit stammen und nicht etwas später entstanden, wie gewöhnlich angenommen wird, dann wäre der Prestigecharakter der Grabbeigaben noch stärker gewesen, da es sich bei den Toten durchaus um Rivalen und nicht lediglich um zweitrangige Anführer handeln könnte.

Die nachfolgende Verbreitung dieses Bestattungsbrauchs in allen sozialen Klassen ist nicht so leicht zu erklären. Ermöglicht wurde sie durch den neuen Reichtum, der dank der Eroberungen besonders unter Chlodwig in der fränkischen Gesellschaft verfügbar wurde. Diese Expansion setzte sich auch unter der Herrschaft seiner Söhne fort. Vor diesem Hintergrund kann man die späteren, aber immer noch vergleichsweise reich ausgestatteten Gräber der sogenannten Gruppe C als den wichtigsten Auslöser annehmen. Die Bestatteten waren vermutlich hochgestellte Führungspersönlichkeiten, deren Familien ihren sozialen Status dadurch zum Ausdruck zu bringen suchten, dass sie ihre Toten mit einem Pomp bestatteten, den sie ihren Königen abgeschaut hatten.

Der neue Bestattungsbrauch etablierte sich allerdings erst ab etwa 525, fast 50 Jahre nach Childerichs Tod, wodurch auch andere Einflüsse ins Spiel kommen konnten. Im angelsächsischen England zum Beispiel verschwand die Brandbestattung mit der Ankunft des Christentums. Obwohl sich das Christentum erst Anfang des 6. Jahrhunderts unter den Franken verbreitete, könnte es gleichfalls zur Etablierung der Körperbestattung beigetragen haben, auch wenn die Zurschaustellung von Wohlstand sicher nicht in seinem Sinne war.[86]

Die fortschreitende Ausbreitung des neuen Bestattungsbrauchs in allen sozialen Klassen bis Mitte des 6. Jahrhunderts verweist auf einen direkten Zusammenhang mit dem Aufstieg der fränkischen Herrschaft. Die Tatsache aber, dass bei der Ausbreitung der Bestattung mit Grabbeigaben ein starkes Element der Akkulturation so deutlich hervortritt – dass nämlich die alteingesessene gallorömische Bevölkerung die neue Sitte uneingeschränkt übernahm –, bedeutet nicht, dass es wenig oder gar keine fränkische Einwanderung nach Nordgallien gab oder dass sich die Ausbreitung des neuen Rituals unabhängig von dieser Einwanderung vollzog. Es gibt im Gegenteil Grund genug anzunehmen, dass es eine starke fränkische Einwanderung nach Nordgallien gab, die für die Verbreitung der neuen Bestattungssitte von entscheidender und unmittelbarer Bedeutung war.

Wenn es um die fränkische Einwanderung in westrheinische Gebiete geht, muss man neben dem Allgemeinen auch sorgfältig das Besondere betrachten. Wenden wir uns erneut dem Gräberfeld von Krefeld-Gellep zu. Wenn, was wahrscheinlich ist, der ursprüngliche Friedhof von der alteingesessenen Bevölkerung weiterbenutzt wurde, stellt sich die Frage, wer im zweiten Friedhof begraben wurde, von dem aus sich der neue Bestattungsbrauch auf den ersten Friedhof ausbreitete. Die Ausgräber vermuteten, dass es sich um eine Gemeinschaft von eingewanderten Franken handelte. Die reich ausgestatteten ersten Gräber in der Mitte anderer neuer Reihengräberfelder deuten gleichfalls auf eingewanderte Franken hin – eine soziale Elite, in deren Umkreis sich ländliche Gemeinschaften neu organisierten. Dadurch erklären sich auch die Neuanlage von Gräberfeldern und die Übernahme des Bestattungsbrauchs. Der archäologische Befund führt uns also auf den ersten Blick in dieselbe Sackgasse wie bei den Angelsachsen. Einerseits begann sich der neue Bestattungsbrauch mit einer neu eingewanderten fränkischen Elite von oben nach unten durchzusetzen. Andererseits wurde der Brauch von großen Teilen der einheimischen Bevölkerung übernommen. Da archäologische Belege – wie wir sie von Krefeld-Gellep oder Frénouville kennen – fehlen, lässt sich zwischen Gräbern von Personen fränkischer oder gallorömischer Herkunft nicht unterscheiden. Jeder Einzelne könnte dieser oder jener Gruppe zugehört haben – oder beiden, da sie sich vermischten.

Wenn der einzige Beleg für eine Einwanderung die Handvoll verschwenderisch ausgestatteter Gräber in der Mitte einiger der neuen Reihengräberfelder wäre, könnte man die fränkische Zuwanderung nach Nordgallien als einen

Elitetransfer, gefolgt von kultureller Nachahmung betrachten. Tatsächlich aber gibt es einen stichhaltigen Beleg dafür, dass diesem Akkulturationsprozess ein sehr viel massiverer Migrationsstrom zugrunde lag.

Betrachten wir zunächst das Muster von Kontinuität und Veränderung im Merowingerreich insgesamt. Wie bereits erwähnt, wurden auch südlich der Loire Gräber mit Beigaben freigelegt, doch der neue Brauch setzte sich hier nicht durch. Demnach wurde der neue Bestattungsbrauch nicht automatisch im gesamten fränkischen Königreich übernommen. Es reichte also nicht aus, dass ein paar Franken in Gallien heimisch wurden, damit sich alle für die großartige neue Idee begeisterten, den Toten Waffen und andere Wertgegenstände mit ins Grab zu geben.

Man könnte verschiedene Gründe anführen, warum die neue Bestattungssitte im Norden und nicht im Süden Fuß fasste, doch gibt es einen Zusammenhang zwischen den Reihengräbern und dem Umfang der fränkischen Besiedlung. Wie im angelsächsischen England sind auch hier die sprachlichen Zeugnisse von entscheidender Bedeutung. Im Zuge der fränkischen Einwanderung verschob sich die germanische Sprachgrenze vom Rhein aus 100 bis 200 Kilometer weit nach Westen (Karte 12). Dies war jedoch das Ergebnis eines komplizierten, lang andauernden Prozesses. Im Zuge der fränkischen Einwanderung entstanden zunächst einander überlappende Sprachinseln. Selbst in den Gebieten, wo sich das Germanische schließlich durchsetzte, wurde in einigen ehemals römischen Städten bis ins 9. Jahrhundert hinein Romanisch gesprochen: insbesondere in Aachen, Prüm und der alten römischen Provinzhauptstadt Trier. Ortsnamen verweisen darauf, dass sich germanischsprachige Gemeinschaften ursprünglich sehr viel weiter nach Westen ausgebreitet hatten, als es die heutige Sprachgrenze vermuten lässt. Germanische Ortsnamen finden sich ein gutes Stück nordwestlich von Paris, in der Normandie und in der Bretagne. Wie in England muss also eine germanischsprachige Elite in diesen Regionen lange genug überlebt haben, um den dauerhaften Siedlungen, die schließlich entstanden, Namen zu geben (Karte 12). In Nordgallien entstanden mehr oder weniger dauerhafte Dörfer und Landgüter früher als im angelsächsischen England – bereits im 7. und nicht erst im 8. Jahrhundert –, so dass einzelne germanische Ortsnamen nicht zwangsläufig ein Beleg dafür sind, dass sich hier das Germanische lange halten konnte: womöglich nur 100 Jahre.[87] Dennoch können, wie im angelsächsischen England, diese germanischen Sprachinseln nur von Zuwanderergruppen geschaffen worden sein, zu denen auch Frauen und Kinder gehörten.

Zwar fehlen historische Belege, wahrscheinlich ist aber, dass der Prozess, der

Die Franken und das römische Gallien | 299

diese Einwanderer über den Rhein in Richtung Westen führte, in verschiedener Hinsicht ähnlich verlief wie der Zug der Angelsachsen nach England. Nordgallien war zwar keineswegs das reichste römische Territorium, aber es war insgesamt wirtschaftlich höher entwickelt als die benachbarten nichtrömischen Gebiete östlich des Rheins. Und die politische Dominanz der Franken nach Chlodwigs Siegen bedeutete, dass man in den neu eroberten Territorien mehr Land in seinen Besitz bringen konnte, als einem in der alten Heimat zur Verfügung stand. Das heißt nicht, dass die Landschaft östlich des Rheins überbevölkert war, ebenso wenig wie die Normandie im Jahr 1065. Es bedeutet nur, dass der militärische Sieg aufregende neue Möglichkeiten des Wohlstands eröffnete und dass Chlodwigs Anhänger erwarteten, an diesem neuen Reichtum zu partizipieren. Besonders nach den dramatischen Erfolgen unter Chlodwig muss die Erwartung reicher Belohnung – nicht nur in Form von beweglichem Beutegut – unter seinen Gefolgsleuten groß gewesen sein. Sie erhofften sich die Zuteilung von Land, und dieser Forderung musste entsprochen werden. Schließlich standen stets genug Anführer bereit, an die man seine Anhänger verlor, wenn man ihre Erwartungen nicht erfüllte. Die Verbreitung reich ausgestatteter Gräber als Statussymbol in den Reihengräberfeldern Nordgalliens ist meiner Ansicht nach ein archäologischer Reflex der Zuteilung von Land an treue Gefolgsleute Chlodwigs (und seiner Nachfolger).

Wie das britische Tiefland auf die Angelsachsen übte Nordgallien auf die Franken eine geradezu magische Anziehungskraft aus. Schon seit dem 3. Jahrhundert führten fränkische Plünderungszüge über die nördliche Rheingrenze hinweg, und wenn die politischen Umstände günstig waren, versuchten ganze Gruppen, auch Territorium zu annektieren. Die Vertreibung fränkischer Gruppen in den 350er Jahren durch Kaiser Julian ist bekannt. Die Franken hatten einen römischen Bürgerkrieg zum Anlass genommen, die Stadt Köln und umliegende Gebiete zu besetzen. Einige von ihnen behaupteten, sie seien vor sächsischen Angriffen geflüchtet, so dass vielleicht auch ein politisches Motiv im Spiel war. Doch die Anziehungskraft des römischen Reichtums zieht sich wie ein roter Faden durch die lange Geschichte der Plünderungen im Grenzland.[88] Die Franken verfügten bereits über ein dichtes Netz von Informationen, die einen Migrationsstrom in Gang setzen konnten. Nordgallien war für sie also alles andere als Terra incognita.

Die Quellen vermitteln uns kein genaues Bild von der Größe dieser fränkischen Migrationsgruppen. Ausmaß und Nachhaltigkeit des sprachlichen Wandels deuten jedoch darauf hin, dass Frauen und vermutlich auch Kinder dazugehörten. Und wenn man die politische Belohnung als treibende Kraft der

Migration betrachtet, so bestanden diese Migrationseinheiten vermutlich aus Kriegern, ihren Familien und anderen Personen, die von ihnen abhängig waren. Das spätere Beispiel des von den Wikingern besiedelten Danelag zeigt, dass diese Einheiten mehr als nur eine Kernfamilie umfassten; es siedelten sich ganze Kriegerverbände mit ihrem Anführer an. Genauso könnte es bei den Franken gewesen sein. Aus den Rechtstexten beispielsweise geht hervor, dass Freigelassene in dauerhafter Abhängigkeit von bestimmten Freien standen, so dass sich ein Freier und die von ihm abhängigen Halbfreien als Gruppe aufmachten. Dasselbe galt vielleicht auch für Grundherren und ihre Gefolgschaft.

Die Sprachinseln entstanden vermutlich mit der Ansiedlung der Zuwanderergruppen. Handelte es sich um große Gruppen, war ein tiefgreifender sprachlicher Wandel die Folge. Der sprachliche Einfluss kleinerer Gruppen ist heute lediglich in germanischen Ortsnamen nachweisbar. Doch in diesem Fall scheint die fränkische – anders als die angelsächsische – Migration erst nach dem endgültigen militärischen Sieg begonnen zu haben, und es gibt keinen Hinweis darauf, dass ihnen irgendein galloromischer Ambrosius Aurelianus großen Widerstand entgegensetzte. Fränkische Migrationseinheiten könnten also durchaus auch kleiner gewesen sein. Hier zeigt sich wieder einmal der Einfluss politischer Strukturen auf den Verlauf der Migration. Parallelen zur normannischen Eroberung weisen außerdem darauf hin, dass die Landnahme wohl nicht vollständig vom König kontrolliert wurde. Ingesamt können wir das fränkische Eindringen nach Nordgallien als planvoll durchgeführte »wave of advance« betrachten, bei der die Invasoren nach einem schönen Stück gallorömischen Landes Ausschau hielten, das sie in Besitz nehmen konnten.[89]

Das verfügbare Material lässt viele Fragen offen, aber dass es eine fränkische Migration in großem Stil (wenn auch in kleinen Einheiten) gab, ist unbestreitbar. Entscheidend ist, dass wir über ausreichend Belege verfügen, die auf einen Zusammenhang zwischen der Migration und der Etablierung von Bestattungsbräuchen hindeuten. Den Anstoß zur Übernahme der Bestattung mit Grabbeigaben bildeten vielerorts die reich ausgestatteten Gräber von Führungsfiguren. Wo es keine Migration gab wie südlich der Loire, entstanden auch keine Reihengräberfelder. Der Zusammenhang zwischen den Reihengräberfeldern und der fränkischen Migration widerspricht jedoch keineswegs dem Befund, der neue Bestattungsbrauch habe der Statusdemonstration gedient, sondern präzisiert ihn vielmehr: Ziel der Migration war es, sich neue Reichtümer zu erschließen, doch für die Franken spielte dabei auch die Statusdemonstration eine Rolle, und zwar auf mindestens zwei Ebenen.

Die fränkischen Gefolgsleute Chlodwigs und seiner Söhne stritten erbittert um den größten Anteil an der Beute (wie Wilhelms Gefolgsleute nach 1066 auch). Dies brachte große Unsicherheit für alle Beteiligten mit sich. Vielleicht erklärt sich daraus der Wunsch, den neuen Reichtum zur Schau zu stellen, indem man den Toten reiche Beigaben ins Grab legte. Die alteingesessene Bevölkerung wiederum wurde von dieser neuen Elite bedrängt und einem Reich eingegliedert, dessen Dreiklassengesellschaft ihr neue Pflichten auferlegte. Sie musste zusehen, dass sie in diesem Spiel, für das die Karten ganz neu gemischt wurden, mithalten konnte. Dazu war es vorteilhaft, sich mit den Angehörigen der neuen fränkischen Elite gutzustellen, falls sich diese in der Nachbarschaft niederließen; ein Beispiel dafür ist Frénouville. Oder sie versuchte, sich einen möglichst hohen sozialen Status zu sichern. So oder so war es ein mühseliger Prozess, und es ist nur zu klar, dass sie sich bemühte, die kulturellen und sozialen Normen der Franken zu übernehmen.

Die Quellen, so problematisch sie sind, zeigen, dass an der Bildung des Fränkischen Reiches Migration auf zwei oder vielmehr drei Ebenen beteiligt war. Südlich der Loire war das Ausmaß der Migration sehr gering. Es wurden nur wenige Garnisonen errichtet, und da die alteingesessene Elite den Erfordernissen der Neuankömmlinge entgegenkam, waren die kulturellen und sozioökonomischen Verwerfungen dort zunächst gering. Nördlich der Loire bot sich ein völlig anderes Bild, auch wenn sprachliche Zeugnisse eine Differenzierung notwendig machen: Zwischen dem Rhein und der neuen germanisch-romanischen Sprachgrenze war das Ausmaß der Migration bedeutend größer als weiter westlich, wo sich nur wenige Ortsnamen änderten. Dennoch vollzog sich in beiden Teilen Nordgalliens ein tiefgreifender Wandel. Er bestand nicht in einem Elitetransfer, sondern, wie bei der angelsächsischen Landnahme des römischen Britannien, in einer Neudefinition des Elitestatus und der damit verbundenen sozialen Normen und Werte. Dass einige hochrangige Führungsfiguren wahrscheinlich von alteingesessenen Bewohnern abstammten, ändert nichts an dem umwälzenden Charakter dieses Wandels und kann auch nicht vergessen machen, dass es sich um eine erfolgreiche fränkische Eroberung handelte, verknüpft mit einer Migration großen Ausmaßes.

MASSENMIGRATION UND STATUSDEMONSTRATION

Weder die fränkische Expansion ins nordöstliche Gallien noch die angelsächsische Landnahme im britischen Tiefland war eine »Völkerwanderung« im eigentlichen Sinn. Es gab keine »Völker«, die irgendwohin wanderten. Und im Unterschied zu älteren Vorstellungen dieses Prozesses als einer Art ethnischer Säuberung, die, wie man glaubte, mit Sicherheit in Britannien, aber auch in einigen Gebieten nördlich der Loire stattfand, gingen viele alteingesessene romano-britische und gallorömische Bevölkerungsgruppen in einen neuen ethnischen Mix ein, der in den ehemals römischen Provinzen bis zum Jahr 600 n. Chr. entstand. Dennoch vollzog sich in den beiden Jahrhunderten zuvor in beiden Regionen eine Migration größeren Ausmaßes, die – ungeachtet der genauen Zahl der Migranten – große Veränderungen auf politischer, sozioökonomischer, administrativer und kultureller Ebene nach sich zog.

Ein Vergleich angelsächsischer und fränkischer Fallstudien verdeutlicht die Grenzen und Gefahren einer Überstrapazierung des Konzepts eines Elitetransfers. Es ist wenig sinnvoll, die normannische Eroberung Englands, wo die eingewanderte Elite die bestehenden sozioökonomischen Strukturen übernahm, mit anderen Phänomenen in einen Topf zu werfen, bei denen die Zahl der Zuwanderer, die Belohnung für ihre Loyalität einforderten, eine Größe erreichte, die eine umfassende Umgestaltung der sozialen und wirtschaftlichen Ordnung nach sich zog. Die Tatsache, dass die Einwanderer nördlich und südlich der Loire sowie südlich des Hadrianswalls nur eine Minderheit bildeten, bleibt dabei unerheblich. Angelsachsen und Franken waren jeweils für einen tiefgreifenden Wandel verantwortlich, der weit über einen simplen Elitetransfer analog zur normannischen Eroberung hinausging.

Dabei stellt sich das Problem der begrifflichen Definition der jeweiligen Phänomene. Man sollte den Terminus »Elitetransfer« auf die Fälle beschränken, in denen die Herrschaft der neuen Einwanderer keine tiefgreifende sozioökonomische Umgestaltung zur Folge hatte, wie etwa bei der normannischen Eroberung Englands. In den anderen Fällen ist der Begriff der »Massenmigration« angebracht. Da heute niemand mehr davon ausgeht, dass eine Bevölkerung komplett durch eine andere ersetzt wurde (das entspräche der alten Invasionshypothese), ist der Begriff der »Masse« gar nicht oder nur ungenau definiert. Der Begriff der Massenmigration hat auch den Vorteil, dass er einer qualitativen Definition von Migration, wie sie in vergleichenden Migrationsstudien verwendet wird, nicht widerspricht. Eine tiefgreifende soziale und wirtschaftliche Umgestaltung ist immer ein Schock, in welchem kulturellen Kontext auch immer und unabhängig davon, wie viele Migranten beteiligt sind.

Sehr viel wichtiger als die begriffliche Definition ist jedoch die Schlussfolgerung, dass im Fall der Franken und Angelsachsen die Migration als Erklärung für den umfassenden kulturellen Wandel eine Statusdemonstration nicht ausschließt. Man kann von reich ausgestatteten Gräbern nicht immer auf Statusdemonstration schließen; jeder Einzelfall muss genau betrachtet werden.

Weder eine einzelne Bestattung mit Grabbeigaben innerhalb eines beigabenlosen Gräberfelds noch die grundsätzlich mit Beigaben ausgestatteten Gräber der Reihengräberfelder erwecken den Anschein, als seien sie Ausdruck einer Statusdemonstration. Viele fränkische Gräberfelder wurden erst in jüngerer Zeit freigelegt – ein Vorteil gegenüber den angelsächsischen Gräberfeldern, da durch die modernen Grabungsmethoden genauere Ergebnisse möglich sind (auch wenn einige in jüngerer Zeit freigelegte angelsächsische Gräberfelder denselben Befund zeigen). Anhand dieser Ausgrabungen lässt sich der Beginn jenes Entwicklungsprozesses, die Toten mit relativ reichen Beigaben zu bestatten, genauer nachvollziehen, wodurch verständlich wird, warum Statusdemonstration und Migration Hand in Hand gehen. Aus der Erkenntnis, dass das Auftauchen eines reichen Zuwanderers in einer Gemeinschaft die Alteingesessenen veranlasste, ihre Toten in einem ganz neuen Friedhof und gemäß den Bräuchen des Zuwanderers zu bestatten, kann man nur den Schluss ziehen, dass sie sich den Sitten einer neuen Elite anpassten.

Das ist freilich nur ein Modell, und nicht überall verlief die Entwicklung in gleicher Weise. In Krefeld-Gellep hatten Einwanderer und Einheimische getrennte Friedhöfe, dennoch war auch hier der kulturelle Anpassungsdruck stark. Auch die Tatsache, dass die fränkische Besiedlung erst nach der Eroberung erfolgte, während bei den Angelsachsen beide Prozesse gleichzeitig verliefen, könnte eine Erklärung für lokale Unterschiede sein. Anhaltende Konflikte mit anderen einheimischen Gruppen könnten der von den Angelsachsen eroberten Bevölkerung eine erfolgreiche Anpassung schwerer gemacht haben als der von den Franken eroberten Bevölkerung. Und die sprachlichen Zeugnisse legen den Schluss nahe, dass die landbesitzende Elite des britischen Tieflands um 600 zum überwiegenden Teil aus Einwanderern bestand.

Davon abgesehen nimmt die fränkische und die angelsächsische Migration die Grundthemen dieses Buches auf. Die Transportlogistik (die Angelsachsen liefern ein frühes Beispiel für eine Migration auf dem Seeweg) und ein weitgespanntes Netz von Informationen war in beiden Fällen von grundlegender Bedeutung. Das Entscheidende jedoch war vielleicht auch hier das Zusammenspiel von Migration und wirtschaftlicher Entwicklung sowie den bestehenden politischen Strukturen. Im Zuge der fränkischen wie der angelsächsischen Migration wurden ungleiche Entwicklungen erneut zur Disposition gestellt. Zwar wurde in der Zeit der Römerherrschaft auch das nichtrömische Westeuropa umgestaltet, aber das Wohlstandsgefälle zum Römischen Reich war immens, und die Sogwirkung des Reichtums entsprechend groß. Wer am Rand des Römischen Reiches lebte, konnte sich nur durch regelmäßige Raubzüge Zugang zu diesen Reichtümern verschaffen. Eine Karriere in der römischen Armee stand nur wenigen offen. Solange die römische Imperialmacht bestand, wurde dieser Reichtum durch Armeen und Befestigungen geschützt. Als sie sich im 5. Jahrhundert aus dem britischen Tiefland und dem nordöstlichen Gallien zurückzog, wurde aus Plünderungen allmählich eine Migration mit dem Ziel, sich Beute und Land anzueignen.

Die Ungleichheit der wirtschaftlichen Entwicklung war also letztlich der Auslöser für beide Migrationsströme. Doch sowohl die fränkische als auch die angelsächsische Migration war Folge und nicht Ursache des Zusammenbruchs der römischen Zentralmacht und spielte für das Verschwinden der bei der Ankunft dieser Gruppen in Nordgallien wie auch Britannien noch intakten lokalen Strukturen des römischen Provinzlebens eine entscheidende Rolle. Hier wie dort wurde die Begehrlichkeit der Einwanderer geweckt, weil die römische Imperialmacht einen Teil ihrer Truppen von der Peripherie abzog.

Wenn wir das Weströmische Reich als Ganzes betrachten – welche Rolle spielte die Migration für seinen Zusammenbruch? Und wenn Migration und wirtschaftliche Entwicklung so eng aneinander gekoppelt sind – wie wirkte sich der Zusammenbruch des Römischen Reiches auf das Wohlstandsgefälle aus, das vor dem Auftauchen der Hunnen zwischen dem Römischen Reich und seinen Nachbarn bestand?

KAPITEL 7
EIN NEUES EUROPA

476 n. Chr., hundert Jahre, nachdem die Goten den oströmischen Kaiser um Aufnahme gebeten hatten, war das Oströmische Reich mit großen Teilen des Balkans und Kleinasiens, dem Nahen Osten, Ägypten und der Kyrenaika immer noch ein einheitlicher Staat. Nach dem Zusammenbruch des Hunnenreichs drangen einige Migranten auf den römischen Balkan vor, die meisten jedoch wurden zu den üblichen Bedingungen ins Römische Reich eingegliedert. Nachdem die amalischen Goten im Jahr 488 nach Italien abgezogen waren, wurden die zurückgebliebenen Goten so in das Militärsystem Roms auf dem Balkan eingebunden, dass sie keine politische oder militärische Bedrohung darstellten, behielten aber eine gewisse Autonomie.

Anders in der weströmischen Reichshälfte. Noch im 4. Jahrhundert übte Rom die Kontrolle vom Hadrianswall bis zum nordafrikanischen Atlasgebirge aus wie eh und je. Um 500 existierte diese alte Einheit nicht mehr. Gestützt auf eine Streitmacht aus Kriegern, deren Ahnen vor 376 jenseits der römischen Grenzen gelebt hatten (mit Ausnahme der westlichen Britischen Inseln), waren mehrere Nachfolgereiche auf dem Gebiet des Römischen Reiches entstanden. Vandalen und Alanen gründeten ein Reich in den reichsten Provinzen des ehemals römischen Nordafrika, die Sueben beherrschten Nordwestspanien, die Westgoten das südwestliche Gallien und das restliche Spanien, die Franken Nordgallien, die Burgunder Südostgallien, die Angelsachsen Britannien und die amalischen Ostgoten Italien.

Dieses Buch handelt von Migration und Entwicklung, es erforscht nicht die Ursachen für den Zusammenbruch des Weströmischen Reiches und analysiert auch nicht die innere Entwicklung des römischen Staates in den 500 Jahren seines Bestehens. In diesem Kapitel soll nun Bilanz gezogen und untersucht werden, in welcher Weise die bisher betrachteten Migrationsphänomene zu einer der größten Umwälzungen in der europäischen Geschichte beigetragen haben. Traditionell betrachtete man diese Gruppen und ihre Königreiche als »Völker«, als kulturell homogene Gemeinschaften aus Männern und Frauen aller Altersstufen und mit einer ausgeprägten Gruppenidentität, die hauptsächlich untereinander heirateten und nur wenig neue Mitglieder aufnahmen. Eine romantisch verklärte Sicht verlieh den Ereignissen oft einen stark nationalistischen Zug. Die meisten dieser Gruppen waren germanischsprachig, und wenn man Fünfe gerade sein ließ, konnte man die Geschehnisse des 5. Jahrhunderts als den Höhepunkt eines 400-jährigen germanischen Widerstands gegen die Unterdrückung durch die römische Zentralmacht betrachten, der mit Arminius' Sieg über Varus und seine Legionen im Jahr 9 n. Chr. begonnen hatte.

Neuere revisionistische Ansätze widersprechen diesen Deutungen in entscheidenden Punkten. Erstens seien die Gruppen, die neue Reiche bildeten, keine »Völker« gewesen, sondern improvisierte Koalitionen militärisch potenter Gruppen, die weder kulturell homogen waren noch über ein ausgeprägtes Identitätsgefühl verfügten. Zweitens bezogen sie ihre Stärke allein aus ihrer militärischen Schlagkraft. Trotz der – spärlichen – Beteiligung von Frauen müsse man daher eher von Heeren als von Völkern sprechen. Radikalere Revisionisten behaupteten sogar, die römischen Quellen seien von einem Migrationstopos infiziert, der alle Gruppen, die auf römisches Territorium drängten, zu »Völkern« machte. Für weniger radikale Vertreter gab es zwar durchaus Barbaren, die sich gemeinsam auf den Weg machten, doch deren Zusammenhalt wurde nicht durch eine ausgeprägte Gruppenidentität, sondern durch neue Anführer garantiert, die im Lauf der Wanderung immer mehr Krieger um sich scharten. Und drittens habe es zwischen den Römern und diesen Gruppen keine direkten Feindseligkeiten gegeben. Es wurde sogar die Ansicht vertreten, der Fall des Weströmischen Reiches sei ein »überraschend friedlicher« Prozess gewesen, da die Römer bereit gewesen seien, sich mit den hereindrängenden Gruppen zu arrangieren, die gar nicht die Absicht gehabt hätten, den römischen Staat zu zerstören. Das Römische Reich sei also nicht im Zuge einer gewaltsamen Katastrophe untergegangen, wie traditionell angenommen wird, sondern durch eine Mischung aus Zufall und Konsens, nachdem man die Barbaren quasi ins Reich eingeladen hatte und sich einige größere römische Landbesitzer mit ihnen zu arrangieren begannen, statt ihrem Staat weiterhin die Steuern zu zahlen, die er zum Unterhalt seiner Truppen benötigte.[1]

Wie also muss man sich die Migrationen des späten 4. und 5. Jahrhunderts im Licht der traditionellen bzw. revisionistischen Konzepte vom Untergang des Weströmischen Reiches vorstellen? Und welche Rolle spielte der Zusammenbruch des Römischen Reiches für die politischen und wirtschaftlichen Transformationsprozesse, mit anderen Worten, für die Entwicklung Europas?

DAS IMPERIUM FÄLLT

Einige der revisionistischen Argumente sind nicht ganz von der Hand zu weisen. Es gab keine Verschwörung der Barbaren, die das römische Weltreich zu Fall brachte. Die meisten Einwanderer, mit denen wir uns bisher beschäftigt haben, überschritten nicht mit dieser erklärten Absicht nach langen Märschen die Grenze. Auch agierten die Migranten selten gemeinsam, sondern bekämpften einander ebenso hartnäckig wie das Römische Reich. Die Westgoten fochten in den 410er Jahren an der Seite der Römer gegen die Vandalen, Alanen und Sueben in Spanien, und in den 420er Jahren kämpften die Vandalen und Alanen gegen ihre ehemaligen suebischen Verbündeten. Später traten die Franken gegen die Westgoten an, und bei ihrer Eroberung Italiens kämpften die Ostgoten unter Führung der Amaler gegen die Flüchtlinge, die nach dem Zusammenbruch von Attilas Reich in Odoakers Heer eingegliedert worden waren. Noch im Jahr 465 ahnten die meisten Gruppen südlich des Ärmelkanals nicht, dass der Untergang des Weströmischen Reiches bevorstand. Sie waren zu diesem Zeitpunkt immer noch bestrebt, sich mit dem weströmischen Rumpfstaat nutzbringend zu verbünden, während sie gleichzeitig andere Gruppen daran hinderten, dasselbe zu tun.[2] Es gibt auch Beispiele dafür, dass die Zuwanderer mit den römischen Eliten neue politische Bündnisse eingingen, über die alten Gräben zwischen Römern und Barbaren hinweg. Schon in den 410er Jahren bemühte sich Alarichs Nachfolger Athaulf an der Spitze der westgotischen Koalition um römische Unterstützung in Gallien, und an der Eroberung Nordafrikas durch die Vandalen waren Hispano-Römer beteiligt. Diese Allianzen setzten sich bis zur Absetzung des letzten weströmischen Kaisers im Jahr 476 fort und fanden ihren vielleicht charakteristischsten Ausdruck im Versuch gotischer, burgundischer und galloromischer Adliger Mitte der 450er Jahre, unter Führung von Eparchius Avitus eine eigene Imperialmacht aufzubauen.[3] Andere der revisionistischen Argumente sind weniger überzeugend.

Frieden in unserer Zeit?

Dass der Übergang des römischen Westens von einem einheitlichen, zentral regierten Reich zu vielen einzelnen Nachfolgereichen ein weitgehend friedlicher Prozess war – diese Ansicht hält den Quellen nicht stand. Die Annahme, Gruppen von außen seien zum Grenzübertritt regelrecht aufgefordert worden, entbehrt jeder Grundlage. Es gibt nicht den Hauch eines Belegs dafür, dass irgendein römischer Funktionsträger Radagaisus' Goten, die Rheininvasoren (Vandalen, Alanen und Sueben), die Burgunder oder den Hunnen Uldin zu einem solchen Schritt aufgefordert hätte. Im Gegenteil, jeder Eindringling, der an der Krise von 405-408 beteiligt war, wurde als ungebetener Gast betrachtet, dem man sich mit allem Nachdruck entgegenstellte. Das Gleiche gilt für die kleineren Gruppen der Krise von 375-380 - die Taifalen, Farnobius' Goten, die Sarmaten sowie die Hunnen und Alanen, die sich im Herbst 377 mit den aufständischen Goten verbündeten - sowie für eine jener beiden großen gotischen Gruppen, die im Spätsommer oder Frühherbst 376 die Donau überschritten: die Greutungen unter Alatheus und Safrax. Sie wurden zunächst gewaltsam zurückgedrängt, nutzten aber die wachsenden Spannungen zwischen dem römischen Staat und den gotischen Terwingen, um über den Fluss zu setzen.

Die einzigen von außen kommenden Gruppen in dieser ganzen Folge von Ereignissen, die die Reichsgrenze mit römischer Erlaubnis überschritten, waren die Terwingen, wobei man sagen muss, dass Kaiser Valens in diesem Fall wohl schlichtweg keine andere Wahl hatte. Im Sommer 376, als die Goten an der Donau auftauchten und um Aufnahme baten, führte der Kaiser Krieg gegen Persien. Er kann nicht so naiv gewesen sein, sich darüber zu freuen, dass eine wichtige Grenze überrannt wurde, während er gleichzeitig mit einem Großteil seines Heeres an einer anderen Grenze Krieg führte. Eine Quelle berichtet, die Entscheidung, den Terwingen Aufnahme ins Römische Reich zu gewähren, sei erst nach einer erbitterten Debatte gefallen. Man scheint also um Schadensbegrenzung bemüht gewesen zu sein. Der Kaiser hatte nicht genügend Truppen, um beide, die Terwingen und die Greutungen, in Schach zu halten, und versuchte daher, einen Mittelweg zu finden, indem er die einen hereinließ und die anderen ausschloss. Das bestätigen auch die verschiedenen Notfallpläne, mit denen eine potenzielle militärische Bedrohung durch die Terwingen eingedämmt werden sollte. Dazu zählten insbesondere die strategische Kontrolle von Lebensmittelnachschub und der Befehl, im Falle von Unruhen die Führung der Terwingen anzugreifen. Zwar setzten die römischen Kaiser im 4. Jahrhundert (und auch schon vorher) regelmäßig Kontingente ihrer gotischen und anderen Klientelkönigreiche in ihren Kriegen ein, auch in ihren Bürgerkriegen. Aber das war kein Grund, große Gruppen bewaffneter Männer dauerhaft auf römischem Boden zu dulden. Das wäre sehr viel gefährlicher gewesen, als bewaffnete Verbände von jenseits der Grenze zu holen und sie nach Beendigung des militärischen Einsatzes wieder nach Hause zu schicken.[4]

Es ist also nachweislich falsch, dass die Barbaren im späten 4. und 5. Jahrhundert auf Einladung der Römer die Reichsgrenzen überschritten. Mit Bezug auf die Krise 405–408 wurde allerdings eine differenziertere These vorgetragen. Ihr zufolge hätte Rom quasi eine implizite Einladung ausgesprochen, indem es die Kontrolle der Grenzregionen lockerte. Als Auslöser für die Barbareninvasion der Jahre 405–408 wurde der Rückzug der römischen Militärmacht aus der Grenzregion in Nordgallien und die Einstellung oder empfindliche Kürzung der Subsidienzahlungen an die Klienten in der Grenzregion genannt. Das Problem dabei ist jedoch, dass die Invasionen von 405–408 größtenteils nicht von den Bewohnern der unmittelbaren Grenzregion geführt wurden, die ja die Hauptempfänger der Subsidien waren, sondern von Gruppen außerhalb, die manchmal, wie die Alanen, von weither kamen. In Britannien und Nordgallien gab es außerdem genügend römische Streitkräfte, mit deren Hilfe es dem Usurpator Konstantin um die Jahreswende 409/410 fast gelungen wäre, die gesamte westliche Reichshälfte unter seine Kontrolle zu bringen. Und der erste Angriff, von Radagaisus geführt, zielte nicht auf die vermutlich halbgeräumten Gebiete. Kurzum, es gibt keinen Grund zu der Annahme, dass die beispiellosen Wellen barbarischer Invasionen mit einer expliziten oder impliziten Einladung Roms in Zusammenhang standen. Die Gruppen von außerhalb betraten das römische Territorium auf eigene Faust.[5]

Dasselbe gilt für die Ereignisse nach den ersten Invasionen. In den hundert Jahren zwischen dem Auftauchen der Goten an der Donau 376 und der Absetzung von Romulus Augustulus 476 vollzogen sich viele verschiedene politische Prozesse, deren Ziel ganz gewiss nicht die Zerstörung des Römischen Reiches war. Allerdings kam es immer wieder zu äußerst gewalttätigen Auseinandersetzungen zwischen den Eindringlingen und dem römischen Staat.

Die Politik der Einwanderer lässt sich in diesem Zeitraum in zwei Phasen unterteilen. Zum einen ging es ihnen darum, sich von Anfang an gegen die Zerstörung ihrer Gruppenidentität durch die römischen Behörden zu wehren, was den Terwingen und Greutungen zwischen 376 und 382 auch gelang. Jene Gruppen, die anno 406 den Rhein überschritten, bewahrten sich trotz vieler Zusammenstöße mit den römischen (und westgotischen) Streitkräften in Spanien ihre militärische Stärke und konnten sich später selbständig nach Nordafrika absetzen. Die Burgunder dagegen wurden in den 430er Jahren weiter im Innern des römischen Territoriums angesiedelt, offenkundig im gegenseitigen Einverständnis, allerdings erst, nachdem sie von den Hunnen vernichtend geschlagen worden waren, wobei der römische General Aëtius seine Hand im Spiel hatte.

Viele andere Gruppen überstanden die ersten Zusammenstöße mit der römischen Staatsmacht nicht. Zwischen 376 und 382 wurden mehrere gotische

Untergruppen zerschlagen. Radagaisus' Streitmacht wurde im Jahr 405 besiegt, viele seiner Gefolgsleute in die Sklaverei verkauft. Einige Überlebende schlossen sich später Alarich an. Auch die Rheininvasoren erlitten zwischen 416 und 418 so schwere Verluste, dass sich drei zuvor getrennte Gruppen – die Asdingen-Vandalen, die Silingen-Vandalen und die Alanen – zusammenschlossen. Die Konfrontation mit dem römischen Staat war kein Zuckerschlecken. Nach meiner Zählung kämpften die Goten, die sich zu der neuen Großgruppe der Westgoten zusammenschlossen, zwischen 376 und ihrer Ansiedlung in Gallien 418 in elf großen und zahlreichen kleineren Gefechten.[6]

Das Ausmaß der Gewalt in dieser ersten Phase der Migration kann einerseits erklären, warum die Einwanderergruppen so oft zu neuen Zielen aufbrachen. Die fortgesetzte Wanderung war Teil ihrer Überlebensstrategie bei der Suche nach einem Arrangement mit dem römischen Staat (wie die Züge von Alarichs Goten vom Balkan über Italien nach Gallien) oder nach einem sichereren und gedeihlicheren Ort, an dem sie dem Römischen Reich standhalten konnten (der Zug der Vandalen nach Nordafrika). Andererseits lässt sich ohne einen anhaltenden schweren Konflikt unmöglich erklären, warum so viele verschiedene Einwanderergruppen in einer kleinen Zahl größerer Bündnisse gemeinsam operierten. Die neuen politischen Zusammenschlüsse, die auf römischem Boden entstanden – die Westgoten, die Koalition aus Vandalen und Alanen, die Ostgoten – waren allesamt Großverbände, die in der Lage waren, sich der Militärmacht des römischen Staates entgegenzustellen, um das Überleben ihrer Gruppe zu sichern und günstigere Bedingungen für sich auszuhandeln.[7]

Gewalt größeren Ausmaßes war auch für die zweite Phase der politischen Aktivitäten der Migranten von zentraler Bedeutung: die Festigung ihrer Position, nachdem sie ihr Überleben gesichert hatten. In Phase zwei etablierten sich diplomatische Beziehungen zwischen den Barbaren und den Römern, so dass eine Vernichtung dieser Einwanderergruppen nunmehr ausgeschlossen war. Alarichs Westgoten erreichten diese Phase irgendwann zwischen 395 und 418. Ab 418 ging es in den diplomatischen Verhandlungen nur noch darum, wie viel Territorium die Westgoten erhalten sollten und zu welchen Bedingungen, nicht mehr darum, ob ihr Verbleib auf römischem Boden geduldet werden sollte oder nicht. Dennoch war auch die zweite Phase von militärischen Auseinandersetzungen geprägt. Die südgallische Regionalhauptstadt Arles stellte in den 420er und 430er Jahren für die Goten ein verlockendes Ziel dar, und Ende der 460er und 470er Jahre gründeten sie in dem weiträumigen Gebiet zwischen der Loire und Gibraltar unter Eurich (467–484) ein großes unabhängiges Reich. Die Koalition aus Vandalen und Alanen dagegen erreichte die zweite Phase erst Mitte der 440er Jahre, als sich das Weströmische Reich gezwungen sah, ihre nordafrikanischen Eroberungen anzuerkennen; allerdings gewannen sie nie einen so sicheren Status wie die Westgoten: Noch im Endstadium seines Bestehens unternahm das Weströmische Reich in den Jahren 461 und 468 zwei ernsthafte Versuche, das Vandalenreich zurückzuerobern. Franken und Angelsachsen wiederum standen nie in direkter Auseinandersetzung mit dem römischen Staat und traten in gewisser Weise sofort in die zweite Phase ein. Dennoch verfolgten sie ihre Ziele mit einer Mischung aus Eroberung und Enteignung.[8]

Aus Sicht des römischen Staates stand die Gewalt der Einwanderer mit dem Kollaps des Weströmischen Reiches in einem engen Zusammenhang. Die Steuern aus der vergleichsweise hochentwickelten Agrarwirtschaft sicherten den Fortbestand der römischen Armee und anderer Einrichtungen. Dieser wichtigste Wirtschaftssektor generierte nicht weniger als 80 Prozent von Roms Bruttoinlandsprodukt; manche Forscher würden diesen Anteil noch höher ansetzen. Jeder Gebietsverlust, beispielsweise die Abtretung der spanischen Provinzen an die Rheininvasoren in den 410er Jahren, bedeutete den Verlust eines Steuerstandorts und damit Einbußen für die römische Staatskasse. Auch von Kämpfen betroffene Provinzen waren nicht mehr in der Lage, regelmäßig Steuern zu zahlen. Noch fast ein Jahrzehnt nach der zweijährigen Besetzung durch Alarichs Goten wurden die kampanischen Provinzen mit nur einem Siebtel des normalen Steuersatzes veranschlagt. Einen ähnlichen Steuernachlass erhielten zwei nordafrikanische Provinzen, die zwar nicht zum Reich der Vandalen und Alanen der 440er Jahre gehörten, von diesen Gruppen aber Mitte der 430er Jahre drei Jahre lang besetzt gewesen waren. Vermutlich wurde verwüsteten Provinzen generell ein Steuernachlass von sechs Siebteln gewährt.[9]

Der Aspekt der Steuereinnahmen verdeutlicht, wie problematisch der Verlust und die Verwüstung der römischen Provinzen für das Weströmische Reich waren. Bereits im Jahr 420 war Britannien für die römische Zentralmacht endgültig verloren, ebenso das Tal der Garonne, das den Westgoten überlassen werden musste. Ein Großteil Spaniens wurde von den Rheininvasoren in Besitz genommen, und die Westgoten hatten zwischen 408 und 410 weite Teile Mittel- und Süditaliens verwüstet. Der damit verbundene Verlust an Steuereinnahmen spiegelt sich in der *Notitia Dignitatum,* die unter anderem die Armeen des Weströmischen Reiches Anfang der 420er Jahre auflistet. In einem Zeitraum von 25 Jahren war die Hälfte der Regimenter des Jahres 395 vernichtet worden. Mehr als die Hälfte der neu aufgenommenen Ersatzeinheiten – 62 von 97 – waren ehemalige Garnisonstruppen, die nominell in die Feldarmee befördert wurden. Nicht nur waren die Verluste der Feldarmee ohne gleichwertigem Ersatz geblieben; es gibt auch keinen Hinweis darauf, dass die Lücken der im Rang aufgestiegenen Garnisonstruppen gefüllt worden wären. So hatten die sinkenden Steuereinnahmen einen unmittelbaren quantitativen und qualitativen Verlust der militärischen Schlagkraft Roms zur Folge.[10]

Und es sollte noch schlimmer kommen: Bis 445 waren die reichsten Provinzen des Weströmischen Reiches – Numidia, Byzacena und Proconsularis in Nordafrika – den Vandalen in die Hände gefallen. Einen Teil Pannoniens (das heutige Ungarn) beherrschten die Hunnen, und einer anderen Gruppe der Alanen waren bereits Mitte der 430er Jahre kleinere Gebiete Galliens zugefallen. Die Steuereinnahmen Westroms waren um nahezu 50 Prozent geschrumpft, dem Staat ging allmählich das Geld aus. In weströmischen Gesetzestexten jener Zeit finden sich, wenig überraschend, Klagen über die mangelnde Bereitschaft von Grundeigentümern, ihre Steuern zu bezahlen, sowie das Bemühen, bereits gewährte Steuernachlässe zurückzunehmen. Aber es wäre ein Trugschluss zu meinen, der Unwille der Begüterten, ihre Steuern zu bezahlen, sei für den Zusammenbruch des Weströmischen Reiches in maßgeblicher Weise verantwortlich gewesen. Steuerprivilegien für die Begüterten und Einflussreichen waren schon immer Teil der römischen Politik gewesen; schließlich galt auch hier der Grundsatz: Eine Hand wäscht die andere. Kritisch wurde diese Situation in den 440er Jahren erst dadurch, dass so viele Provinzen als Steuerstandorte verloren gingen oder durch Krieg verwüstet wurden.[11]

Der Verlust des römischen Staates an militärischer und politischer Effizienz erleichterte es den Einwanderern, weitere Gebiete unter ihre Kontrolle zu bringen. Diese Situation spitzte sich ab Mitte der 460er Jahre in dramatischer Weise zu. Das weströmische Heer war nur noch ein Schatten seiner selbst – unfähig, sich den Westgoten, den Vandalen und vor allem den Franken erfolgreich entgegenzustellen, die bereits Stützpunkte auf ehemals weströmischem Territorium aufbauten.

Vor diesem Hintergrund ist die zunehmende Tendenz der lokalen römischen Aristokratie im Lauf des 5. Jahrhunderts, sich mit den Einwanderern zu arrangieren, nur von nachrangiger Bedeutung. Erneut gilt es, den größeren Kontext zu betrachten. Die lokale Aristokratie bestand weitgehend aus Grundbesitzern, deren Ländereien meist an einem Ort konzentriert waren. Fiel dieser Ort in den Einflussbereich einer Einwanderergruppe, blieb den Grundeigentümern kaum eine Wahl: Entweder einigten sie sich gütlich mit den Zuwanderern, oder sie liefen Gefahr, ihren Landbesitz und damit ihren sozialen Status zu verlieren. Solche Einigungen gelangen aber nicht immer, im britischen Tiefland etwa überlebte die alte, landbesitzende römische Elite die Ankunft der Angelsachsen nicht.[12]

Versuche, das Ende des Weströmischen Reiches als einen weitgehend friedlich verlaufenen Prozess darzustellen, der durch den Rückzug der lokalen Eliten aus den zentralstaatlichen Einrichtungen bedingt war, können folglich nicht überzeugen. Vielmehr spielte bei allen politischen Prozessen des 5. Jahrhunderts Gewalt eine wichtige Rolle. Den lokalen Eliten blieb kaum etwas anderes übrig, als sich mit den neuen Machthabern zu arrangieren. In manchen Argumentationen vermisst man die Unterscheidung zwischen dem römischen Zentralstaat und den lokalen römischen Landbesitzern. Für das gütliche Einvernehmen der römischen Landbesitzer mit den Migranten gibt es viele Beispiele. Doch eine solche Einigung wurde erst möglich, als Einwanderergruppen die Grenze zum Weströmischen Reich überschritten, den Römern die Grundlage für die Erhebung von Steuern entzogen und sie damit jener Einkünfte beraubt hatten, die zur Aufstellung einer schlagkräftigen, die Grundeigentümer in den Provinzen schützenden Feldarmee nötig waren.

Kenne deine Barbaren

Wenn es um die Einwanderer des späten 4. und 5. Jahrhunderts geht, kann man einigen revisionistischen Ansätzen eine gewisse Überzeugungskraft nicht absprechen. Die meisten dieser Gruppen waren neue politische Gebilde, keine »Völker«. Ostgoten und Westgoten, Chlodwigs Franken, das Bündnis der Vandalen und Alanen und die Sueben Spaniens – sie alle schlossen sich unterwegs zu neuen Gemeinschaften zusammen. Auch unter den Angelsachsen entstand im Zuge der Landnahme in Britannien eine neue politische Ordnung. Von allen Gruppen, die Nachfolgereiche des Weströmischen Reiches gründeten, fehlen nur bei den Burgundern explizite Belege für eine umfassendere politische und soziale Umgestaltung im Zuge der Wanderung. Aus diesem Informationsdefizit kann man jedoch nicht auf eine nahtlose Fortsetzung ihrer Geschichte im 5. Jahrhundert schließen, die vielmehr recht turbulent verlief.[13]

Die Migrantengruppen waren zwar keine »Völker«, aber auch keine irrlichternden, historisch bedeutungslosen Einheiten. Viele Gruppen waren sogar ziemlich groß. Die wenigen zuverlässigen Zahlen, die uns zur Verfügung stehen und die durch die große Durchsetzungskraft dieser Gruppen gegenüber römischen Feldarmeen bestätigt werden, deuten darauf hin, dass die größten über eine Streitmacht von 10 000 bis manchmal mehr als 20 000 Mann verfügten, insbesondere nach den Amalgamierungsprozessen des 5. Jahrhunderts. Die

Gruppenidentität dieser Großverbände war nicht so unkompliziert, wie es sich die alte nationalistische Tradition vorstellte. Nicht einmal alle Krieger hatten denselben sozialen Status. Zumindest in den größeren Bündnissen gab es zwei Statusgruppen, wahrscheinlich sogar noch eine dritte: die der nichtbewaffneten Sklaven. Wie viele Sklaven beteiligt waren, wissen wir nicht, aber wir können nicht einfach davon ausgehen, dass es nur wenige waren. Einige der Gruppen, die Nachfolgereiche des Römischen Reiches gründeten, waren Zusammenschlüsse über kulturelle Grenzen hinweg. Ein klassisches Beispiel ist die Allianz zwischen germanischen Vandalen und ursprünglich iranischsprachigen, nomadischen Alanen. Was genau geschah, als sich im Vorfeld des 31. Dezember 406 Vandalen und Alanen an der mittleren Donau begegneten, kann man sich nur ausmalen.[14]

Aber aus den unbestreitbaren Tatsachen zu schließen, dass die neuen Gruppenidentitäten bedeutungslos waren, ist schlichtweg falsch. Nicht alle Mitglieder der Gruppe erhielten die gleichen sozialen Rechte, wie die Existenz einer rangniedrigeren Kriegerklasse sowie einer Sklavenklasse zeigt. Keine dieser beiden Klassen hatte so viel in die Gruppenidentität investiert wie die sozial höher stehenden Krieger. Die volle Partizipation war jedoch auch nicht das Privileg einiger weniger. Die Herrscherfamilien wechselten viel zu schnell, als dass man Gruppenidentität auch nur als zeitlich begrenzte Loyalität gegenüber einer bestimmten Dynastie definieren könnte. Die Ostgoten wahrten ihre Identität auch dann noch, als sie ihren letzten Amalerherrscher abgesetzt hatten. Vermutlich waren die vorrangigen Träger und gleichzeitig Nutznießer der sich immer wieder neu konstituierenden Gruppenidentitäten die hochrangigen Kriegerklassen. Einiges deutet darauf hin, dass sie ein Fünftel bis ein Drittel aller Bewaffneten ausmachten. Und auch wenn sich ihre – im Wesentlichen eher politisch als kulturell geprägte – Gruppenidentität immer wieder neu konstituierte, deutet nichts darauf hin, dass sie instabil war. Von den größeren Gruppen verschwanden die Ostgoten nicht, wie in jüngerer Zeit behauptet wurde, nach 493 einfach spurlos in Italien. Und von den kleineren Gruppen zeigten die Heruler und die Rugier auch nach schweren Niederlagen eine erstaunliche Überlebensfähigkeit.[15]

Die Soziologie ging früher davon aus, dass sich Bevölkerungsgruppen im Zuge einer physischen Trennung politisch und kulturell differenzieren. Nach dem Zweiten Weltkrieg jedoch wuchs die Einsicht, dass sich aktive Gruppenidentitäten ganz im Gegenteil aus intensivem Kontakt in Form eines Konkurrenzkampfs herausbilden.

Eine Gruppenidentität entwickelt sich oft als Zugehörigkeitsgefühl zu einer

Gemeinschaft, die stark genug ist, eigene Interessen durchzusetzen. Und im späten 4. und im 5. Jahrhundert war Gewalt – als Merkmal rivalisierender Kontakte – der Anlass für die Bildung neuer Allianzen unter den Barbaren. Einige der hieraus entstehenden neuen Identitäten (besonders die der Westgoten und der Koalition zwischen Vandalen und Alanen) bildeten sich bei Migranten aus, die sich nur durch den Zusammenschluss zu größeren Verbänden ihre Unabhängigkeit gegenüber der römischen Politik der Zerschlagung eindringender Gruppen bewahren konnten. Andere Identitäten entstanden nach dem Zusammenbruch von Attilas Reich, in den erbitterten Konkurrenzkämpfen zwischen den zahlreichen bewaffneten Gruppen, die die Hunnen an der mittleren Donau zusammengezogen hatten. Wieder andere Identitäten bildeten sich bei den Gruppen heraus, die bestrebt waren, sich Territorien des untergehenden Weströmischen Reiches anzueignen. Die Westgoten sowie die Koalition der Vandalen und Alanen, die sich zusammengeschlossen hatten, um ihr Überleben zu sichern, waren für diesen Kampf gut gerüstet. Doch formierten sich neue Gruppen – insbesondere die Ostgoten, Franken und Langobarden –, um gleichfalls Land in Besitz zu nehmen. Auch die ins britische Tiefland ziehenden Angelsachsen gehören letztlich in diese Kategorie.

Alle diese neuen Gruppenidentitäten entstanden im Zuge gewalttätiger Auseinandersetzungen. Und selbst wenn sie sich gerade neu konstituiert hatten, waren es relativ stabile Gemeinschaften mit einem starken Zusammenhalt besonders innerhalb der Gruppe der Krieger von hohem Status, die von den angestrebten Zielen am meisten profitierten. Das bedeutet freilich nicht, dass alle Mitglieder der Gruppe, auch die hochrangigen Krieger, dieser neuen Identität bedingungslos verpflichtet oder dass diese Identitäten unzerstörbar waren. Dasselbe gilt ja auch für moderne Gruppenidentitäten. Die Identitäten des späten 4. und des 5. Jahrhundert allerdings waren politisch folgenreich und keine ideologischen oder dynastischen Hirngespinste.[16]

Viele Gruppen legten auf ihren Wanderungen beträchtliche Entfernungen zurück. Wie wir gesehen haben, gibt es gewichtige historische Belege für den Aufbruch großer, gemischter Bevölkerungsgruppen mit riesigen Wagentrecks. Besonders Ammians sachkundige Beschreibung der Goten des Jahres 376 kann nicht einfach als Migrationstopos abgetan werden. Wie neuere Untersuchungen über Gruppenidentität nahelegen, wanderten die Bevölkerungen, die die Nachfolgereiche des Römischen Reiches gründeten, nicht einfach von Punkt A nach Punkt B, ohne sich unterwegs zu verändern. Sie rekrutierten vielmehr neue waffenfähige Männer, denen sie innerhalb ihrer Gruppe bestimmte Positionen zuwiesen. In germanisch dominierten Gruppen war dies entweder der höhere Status eines freien Kriegers, der rangniedrigere Status eines freigelassenen Kriegers oder der eines nichtbewaffneten Sklaven. Doch das gibt uns nicht das Recht, sie als relativ kleine Gruppen abzutun. In Anbetracht des geringen Entwicklungsniveaus der nichtrömischen Gesellschaft und angesichts der Ziele der Migranten muss man vielmehr von großen gemischten Bevölkerungsgruppen ausgehen.

Aus den schriftlichen Quellen ergeben sich drei Typen von Migration: Der erste waren jene gemischten Verbände, deren Siedlungsgebiete durch die Hunnen mittelbar oder unmittelbar bedroht waren und die deshalb die Grenzen des Römischen Reiches überschritten. Hierzu zählen die Terwingen und Greutungen von 376, die Goten unter Radagaisus, die 405/406 in Italien einfielen, und die Vandalen, Alanen und Sueben, die kurz danach über den Rhein setzten. Die vielen verschiedenen Strömungen innerhalb dieser beiden Migrationswellen schlossen sich schließlich zu den großen Konföderationen der Westgoten bzw. der Vandalen und Alanen zusammen. Sie hatten jeweils eine Größenordnung von 10000 bis 20000 Kriegern, dazu Frauen und Kinder, aber auch Sklaven. Der Aufbruch dieser Gruppen war im Wesentlichen politisch und damit negativ motiviert (Angst vor den Hunnen), aber sie rechneten sich auch aus, was es sie kosten würde, innerhalb des römischen Staatsgebiets eine profitable Nische zu besetzen. Die Gruppen der westgotischen Allianz, die von der Ukraine über den Balkan und Italien nach Südfrankreich zogen bzw. von Mitteleuropa (oder, im Fall der Alanen, sehr viel weiter östlich) über Spanien nach Nordafrika, sind die spektakulärsten Beispiele für Bevölkerungsbewegungen über große Entfernungen hinweg. Ihre Trecks verliefen in einzelnen Phasen mit großen Pausen dazwischen und nicht in einer einzigen kontinuierlichen Bewegung, war ihre Migration doch Teil einer sich sukzessiv entwickelnden Überlebensstrategie. Vor jedem erneuten Aufbruch mussten erst Informationen über neue Optionen eingeholt werden. Als die Vandalen aus dem Gebiet des heutigen Ungarn loszogen, ahnten sich sicher nicht, dass sie einmal bis Spanien und von dort aus nach Nordafrika gelangen würden.[17]

Den zweiten Typus der Migration bildeten jene Gruppen, viele erneut in Begleitung von Frauen und Kindern, die sich vom Kernland des Hunnenreichs an der mittleren Donau in den Wirren nach Attilas Tod auf den Weg machten. Einige dieser Gruppen waren gleichfalls von beträchtlicher Größe. Die amalischen Goten aus Pannonien brachten über 10000 bewaffnete Männer auf, dazu kamen Frauen und Kinder. Die Sueben, Heruler und Rugier, die in die Italienarmee aufgenommen wurden bzw. sich dem Zug der Amaler anschlossen, verfügten jeweils über mehrere tausend Krieger, und zumindest die Heruler und

Rugier waren in Begleitung ihrer Frauen und Kinder unterwegs.[18] Auch der Aufbruch dieser Gruppen war politisch und damit negativ motiviert: durch die Angst vor anderen Gruppen, die nach dem Zusammenbruch des Hunnenreichs um die Vorherrschaft kämpften. Gleichzeitig spielte stets auch die Erwartung größeren Wohlstands eine Rolle. Die amalischen Goten entschieden sich gezielt für den Übertritt auf oströmisches Territorium und nach dem Zusammenschluss mit den thrakischen Goten für den Zug nach Italien. In beiden Fällen waren nicht nur die Beschränkungen und Schwierigkeiten ihrer jeweiligen Lebensumstände, sondern mindestens ebenso sehr der am Zielort zu erwartende größere Wohlstand ausschlaggebend. Der lange Marsch von Theoderichs Goten aus Ungarn nach Thessaloniki, Konstantinopel, Albanien und dann nach Italien ist zwar beeindruckend, erreichte aber nicht ganz dieselbe Dimension wie der legendäre Treck der Vandalen oder die entbehrungsreichen Züge der Westgoten.

Die fränkische und die angelsächsische Migration ins nordöstliche Gallien bzw. nach Britannien bildet den dritten Typus, auch wenn es zwischen beiden bedeutende Unterschiede gab. Die Wegstrecken waren kürzer und die Gruppen kleiner. Archäologische Funde lassen den Schluss zu, dass sich die intensivste fränkische Besiedlung im römischen Gallien in einem Radius von nur hundert Kilometern von den alten Wohnsitzen entfernt vollzog. Angelsächsische Gruppen mussten natürlich den Ärmelkanal oder die Nordsee überqueren, aber auch dies waren keine extremen Entfernungen. Auch die Motive für den Aufbruch waren weniger politische oder wirtschaftliche als vielmehr klimatische: der Anstieg des Meeresspiegel an der Nordsee, wodurch viel Ackerland verlorenging.

Die fränkische und die angelsächsische Besiedlung war allerdings zum größten Teil positiv motiviert und gewinnorientiert, und sie erfolgte überall dort, wo die militärische Präsenz Roms zuvor lediglich Plünderungen erlaubt hatte. Beide Migrationsströme füllten ein Machtvakuum in benachbarten Landschaftsräumen, und der relative Wohlstand aufgrund der höher entwickelten Wirtschaft im Zielgebiet sowie der leichtere Zugang zu fruchtbarem Ackerland übten eine starke Anziehungskraft aus. Franken und Angelsachsen mussten daher nicht in so großen Verbänden operieren wie andere Migranten, auch wenn die angelsächsischen Zuwanderergruppen wahrscheinlich größer waren als die fränkischen, da in Britannien Eroberung und Besiedlung Hand in Hand gingen. Beide Migrantenströme umfassten neben Kriegern auch Frauen und Kinder. Diese positiv motivierten Expansionen zumeist kleinerer Einheiten über kürzere Entfernungen stehen in deutlichem Gegensatz zu den spektakuläreren Zügen großer Menschenmassen über weitere Entfernungen hinweg, deren Motivlage stärker gemischt war.[19]

Schöne neue Welten

Alle diese Migranten bildeten in den von ihnen geschaffenen Nachfolgereichen des Römischen Reiches nur eine Minderheit, in den Reichen, die sie nach einer langen Wanderung gründeten, sogar eine verschwindend kleine Minderheit. Die Ostgoten waren mehrere zehntausend, aber wohl nie mehr als 100 000 Personen stark, sofern man nicht noch eine größere Zahl Sklaven hinzurechnen muss.[20] Die Bevölkerung des spätrömischen Italien wird gewöhnlich auf ein paar Millionen geschätzt. Wenn wir von fünf Millionen ausgehen, dann hätten die eingewanderten Ostgoten nicht mehr als zwei Prozent der Gesamtbevölkerung ausgemacht. Fest steht: Durch die ostgotischen Einwanderer erhöhte sich die Gesamtzahl der Bevölkerung im nachrömischen Italien nicht wesentlich. Dasselbe gilt für die Koalition der Vandalen und Alanen sowie für die Burgunder, die, verglichen mit den Ostgoten, politisch von nachgeordneter Bedeutung waren. Aus Sicht der italienischen, nordafrikanischen und gallischen Bevölkerung handelte es sich bei diesen Migrationen allenfalls um eine partielle Verdrängung der bestehenden Elite. In den neuen Königreichen behielten die bisherigen Landbesitzer römischer Herkunft ihre alte Position bei und konnten ihre römische Kultur, ja sogar römische Verwaltungseinrichtungen weitgehend erhalten. Die westgotischen Reiche in Gallien und Spanien fallen gleichfalls in diese Kategorie, auch wenn sie einen anderen Ursprung haben. Als die Goten 418 im Tal der Garonne angesiedelt wurden, bildeten sie wohl einen größeren Anteil an der alteingesessenen Bevölkerung, waren aber gleichwohl eine Minderheit. In dem größeren, im Lauf von Eurichs Feldzügen gegründeten Reich zwischen der Loire und Gibraltar stellten gotische Einwanderer eine noch kleinere Minderheit dar als die amalischen Goten in Italien.

Die Franken im nördlichen und besonders nordöstlichen Gallien sowie die Angelsachsen im späteren England bildeten einen höheren Anteil an der Gesamtbevölkerung, aber wohl kaum mehr als zehn Prozent, mancherorts sehr viel weniger. Zu der neuen landbesitzenden Elite, die hier in der zweiten Hälfte des 6. Jahrhunderts entstanden war, gehörten, besonders in Gallien, auch Nachkommen der alteingesessenen galloromischen und romano-britischen Bevölkerungen. Dennoch ist das nordöstliche Gallien und das britische Tiefland ein ganz anderer Fall als Italien, Nordafrika, Spanien und das übrige Gallien. Im alten römischen Nordwesten formierte sich die soziale Elite mit ihren kulturellen Normen zwischen 400 und 600 n. Chr. grundlegend neu, und der Landbesitz, auf den sich ihr Elitestatus gründete, wurde komplett neu verteilt. Während die Goten, Vandalen und Burgunder am Zielort lediglich als Zuwanderer wahrgenommen wurden, die relativ bruchlos einen Teil der alten Elite ersetzten, war der Zug der Franken ins nordöstliche Gallien und der Zug der Angelsachsen ins britische Tiefland eine Massenmigration mit erheblichen sozialen, politischen und kulturellen Folgen. Nimmt man die normannische Eroberung hinzu, bei der die alte Elite komplett verdrängt wurde, so ergeben sich drei Grundmuster: die partielle Verdrängung einer Elite, die Verdrängung einer Elite unter Wahrung der alten sozioökonomischen Strukturen und die Massenmigration der Franken und Angelsachsen.

Aber auch wenn wir lediglich die partielle Verdrängung einer Elite betrachten, gibt es zwischen dem späten 4. und dem frühen 6. Jahrhundert Bevölkerungsbewegungen, die man im Einzelnen und in ihrer Gesamtheit als Massenmigrationen betrachten muss. Da ist zunächst die Tatsache, dass die Zuwanderer die überkommenen Strukturen des Römischen – oder zumindest Weströmischen – Reiches zerstörten. Ein Grundproblem des Römischen Reiches war schon immer gewesen, dass seine wirtschaftlichen, politischen und administrativen Strukturen mit seiner Ausdehnung nicht mithalten konnten. Nichts deutet jedoch darauf hin, dass es ohne die neuen zentrifugalen Kräfte, die mit der Ankunft großer, bewaffneter Gruppen an den Reichsgrenzen entfesselt wurden, im 5. Jahrhundert so ohne weiteres kollabiert wäre. Es waren die Einwanderer, die der römischen Welt oder zumindest dem römischen Zentralstaat einen gewaltigen politischen Schock versetzten, auch wenn sich einige römische Landbesitzer halten konnten und einige lokale und regionale Institutionen intakt blieben. Der mächtige Organismus des römischen Staates hatte 500 Jahre lang auf allen Ebenen, von Kultur und Religion bis zu Gerichtsbarkeit und Grundbesitz, das Leben bestimmt. Dieser Aspekt wird leicht übersehen, weil das Römische Reich ein riesiges wackeliges Gebilde war und über wenig entwickelte Verkehrs-, Kommunikations- und Verwaltungstechniken verfügte, was eine umfassende Kontrolle aller Gebiete unmöglich machte. Dennoch waren diese Strukturen ein Rahmen, innerhalb dessen sich für lange Zeit soziale, wirtschaftliche und kulturelle Muster entwickeln konnten. Das wäre Stoff genug für ein eigenes Buch. Die Pax Romana und die vom römischen Staat ausgebaute und unterhaltene Verkehrsinfrastruktur bildeten die Grundlage des wirtschaftlichen Austauschs, die staatliche Rechtsordnung definierte den Besitz von Land und damit den sozialen Status, und auch die Aufstiegsmöglichkeiten einer gebildeten Elite waren genau geregelt. Selbst religiöse Einrichtungen wurden weitgehend vom Staat kontrolliert. Mit dem Aufstieg des Christentums zur Massenreligion im 4. und 5. Jahrhundert verknüpften sich dessen Autoritätsstrukturen mit denen des Römischen Reiches. Der Untergang des Römischen Reiches hatte für Westeuropa also zwangsläufig tiefgreifende soziale und kulturelle Konsequenzen.[21] Vor diesem Hintergrund kann man die Migration der Hunnenzeit im qualitativen Sinn der modernen Migrationsforschung uneingeschränkt als Massenmigration bezeichnen.

Auch die Einwanderung der Franken nach Nordgallien und der Angelsachsen ins britische Tiefland muss als eine – wenngleich lokal begrenzte – Massenmigration im qualitativen Sinn eingeordnet werden. Die Neuverteilung des Landbesitzes unter den eindringenden Eliten führte zu weiteren kulturellen, wirtschaftlichen und politischen Umwälzungen, was gleichfalls für eine Definition als »Massenmigration« spricht. In den anderen Nachfolgereichen des Römischen Reiches, wo es nur zu einer partiellen Verdrängung der Elite kam, war zwar der Schock geringer, aber auch hier wurden die Vermögenswerte teilweise neu verteilt. In der älteren Forschung herrschte weitgehend Konsens darüber, dass – wie im Fall von Britannien und Nordgallien – dieser Landbesitz von den ehemaligen römischen Eigentümern zumindest auf einige Einwanderer überging. Im Lauf der letzten Forschergeneration vollzog sich hier eine Neubewertung im Einklang mit einer Tendenz, die Bedeutung des Untergangs des Weströmischen Reiches herunterzuspielen. Das Argument lautete, dass zumindest am Anfang die zuströmenden Barbaren nicht mit den Ländereien der römischen Eigentümer, sondern mit Steuereinnahmen aus diesen Besitzungen belohnt wurden, was zunächst zu viel geringeren Spannungen geführt habe.[22] Aus Platzgründen verbietet sich hier eine detaillierte Erörterung, doch meiner Ansicht nach ist das Argument nicht stichhaltig. Es gab wichtige lokale Unterschiede, und manchmal wurden die Steuern und Abgaben neu festgelegt. Dennoch glaube ich, dass die nunmehr dominierenden Einwanderer vorrangig durch Landbesitz belohnt wurden, was auch von der jüngeren Forschung eingeräumt wird, die den historischen Ablauf neu bewertet.

Das heißt nicht, dass alle Mitglieder der Einwanderergruppen eine gleich große oder überhaupt irgendeine Belohnung erhielten. Das *Doomsday Book* – erneut bietet sich die Analogie zu der wesentlich besser dokumentierten normannischen Eroberung an – belegt, dass Wilhelms wichtigste Gefolgsleute sehr viel größere Ländereien erhielten als andere Standesgenossen von gleichem Rang und dass viele einfache normannische Soldaten leer ausgingen. Die Einwanderer wurden also in der Regel entsprechend ihrer Bedeutung innerhalb der Gruppe belohnt. Die größten Landzuweisungen erhielt zunächst nur der höhere Adel, der jedoch seinerseits seine wichtigsten Gefolgsleute belohnen musste. Unter den Einwanderergruppen des späten 4. und des 5. Jahrhunderts wurde wohl lediglich den führenden Mitgliedern der höherrangigen (freien?) Kriegerklasse Landbesitz zugesprochen. Die übrigen Mitglieder der höherrangigen Kriegerklasse und vielleicht sogar einige oder alle Krieger der unteren sozialen Klasse erhielten wahrscheinlich – analog zur normannischen Eroberung – eine Belohnung von den höherrangigen Kriegern, denen sie zugeordnet waren.[23] Die Quellen deuten auch darauf hin, dass die Übertragung von Grundbesitz auf bestimmte Orte beschränkt war.

Die Inbesitznahme der reichsten Provinzen des römischen Nordafrika (Proconsularis, Byzacena und Numidia) durch die Vandalen und Alanen erschütterte die politische Ordnung der gesamten Region. Der sozioökonomische Schock blieb hingegen geographisch sehr viel enger begrenzt. Nach der Eroberung vertrieb Geiserich einige der größeren römischen Landbesitzer und belohnte seine wichtigen Gefolgsleute mit deren Gütern. Dieser Bruch auf lokaler Ebene war jedoch auf die Provinz Proconsularis beschränkt. In Byzacena und Numidia scheinen einheimische Grundbesitzer ihre alten Positionen behalten zu haben. Ein Großteil des Landbesitzes in Proconsularis lag in den Händen des ohnehin nicht vor Ort lebenden italorömischen Senatorenadels. Hier führte also die Inbesitznahme von Land nicht zu direkten politischen Feindseligkeiten. Zudem lag Proconsularis Sizilien und Italien zugewandt, so dass ein eventueller römischer Gegenangriff frühzeitig abzusehen war.[24]

Die Eroberung Italiens durch die amalischen Ostgoten löste ebenso große politische Erschütterungen aus wie die Eroberung Nordafrikas durch Vandalen und Alanen. Die sozialen Verwerfungen hielten sich aber auch hier eher in Grenzen, da Theoderich eine insgesamt versöhnliche Politik gegenüber den römischen Landbesitzern seines neuen Reiches betrieb. Vor der Eroberung drohte er zwar den Römern, die ihn nicht unterstützten, mit dem Verlust ihrer Ländereien. Danach aber war er um gute Beziehungen bemüht, und viele konnten sich ihren Elitestatus bewahren. Wie Geiserich, so belohnte auch Theoderich seine wichtigsten Gefolgsleute mit großen Landbesitzungen, verbunden mit dem Recht auf jährliche Sonderzahlungen, sogenannte *donativa*, aber Enteignungen wie in Proconsularis scheint es nicht gegeben zu haben.

Die gotische Besiedlung konzentrierte sich auf drei Gebiete der italienischen Halbinsel: auf Picenum und Samnium an der Adriaküste und zwischen Ravenna und Rom, auf Ligurien nordwestlich der Poebene und auf Venetien im Osten. Hauptsächlich wurde Grundeigentum übertragen, und zwar gleichermaßen aus öffentlichen wie aus privaten Quellen. Die Pächter, die bisher die

Arbeit verrichtet hatten, blieben vor Ort, und soweit wir wissen, verursachten diese Transfers keine größeren sozioökonomischen Verwerfungen. Theoderichs italienisches Reich war womöglich groß genug, um genügend übertragbare Güter zu finden. Dennoch bildete die eingewanderte gotische Militärelite eine neue, politisch dominante Macht. Auch wenn einige römische Elitegruppen an der Politik der neuen Machthaber partizipierten, so blieben schriftlichen Quellen zufolge die eingewanderten Goten in zentralen Bereichen wie der Thronfolge und der Kriegsführung dominierend. Die sozioökonomischen Folgen der ostgotischen Eroberung Italiens waren also weniger gravierend als die politischen.[25]

Das Westgotische und das Burgundische Reich unterschieden sich trotz zahlreicher Ähnlichkeiten in einer Hinsicht wesentlich. Rechtsnormen der Burgunder zeigen, dass römische Grundeigentümer zwei Drittel ihrer Besitzungen abtreten mussten, im Westgotischen Reich war es nur ein Drittel; die Quelle erfordert allerdings eine sorgfältige Bewertung. Entscheidend aber ist, dass das Westgotische Reich zur Zeit seiner größten Ausdehnung Mitte der 470er Jahre von der Loire bis zur Straße von Gibraltar reichte und damit um ein Vielfaches größer war als das Burgunderreich im Rhônetal. Es kann kaum überraschen, dass in kleineren Reichen mehr Enteignungen notwendig wurden, um die Ansprüche der Neuankömmlinge zu befriedigen. Dennoch deutet vieles darauf hin, dass hier wie dort ähnliche Grundmuster vorherrschten. In allen Nachfolgereichen des Römischen Reiches, die durch die partielle Verdrängung einer Elite entstanden, kam es im Zuge der Einwanderung zu dramatischen politischen Veränderungen. Die einheimische Bevölkerung jedoch erlebte die Einwanderung nur dort als eine »Massenmigration«, wo große Landgüter den Besitzer wechselten: in Proconsularis und in den drei Siedlungsschwerpunkten des Ostgotenreichs. Über die am dichtesten besiedelten Gebiete des Westgotischen und des Burgunderreichs können wir auf der Basis von Ortsnamen und archäologischen Funden nur spekulieren.[26]

Aus Sicht der Einwanderer verfehlen euphemistische Begriffe wie »Elitetransfer« das Wesentliche, ganz gleich, ob »partiell« oder nicht. Auch wenn sie letztlich einen Siedlungsplatz fanden, war die Migration mit vielerlei Entbehrungen und Verlusten verbunden. Zwischen 406 und 439 stieß die Koalition der Vandalen und Alanen in zwei Etappen vor: zuerst von der Großen Ungarischen Tiefebene ins südliche Spanien (2500 Kilometer) und dann weitere 1800 Kilometer nach Süden und Westen, bevor sie über die Straße von Gibraltar setzte und Karthago einnahm. Bei ihrem Aufbruch vom östlichen Ufer des Don nach Westen in die Große Ungarische Tiefebene zwischen ca. 370 und 406 legten die Alanen 2000 Kilometer zurück, eine gewaltige Strecke und eine Strapaze nicht nur für die schwächeren Mitglieder der Gruppe – Alte, Kinder und Kranke –, vor allem da man weite Strecken am Stück zurücklegte: vom Don nach Ungarn, von Ungarn nach Spanien und von Spanien nach Nordafrika. Diese Wanderungen veränderten auch das Altersprofil der Gruppe, da unverhältnismäßig viele Alte und Kinder starben. Für heutige politische Migranten, die große Entfernungen zurücklegen müssen, werden Entkräftung und Krankheiten in überfüllten Lagern zu einer tödlichen Gefahr. Die meisten Migranten des 1. Jahrtausends unternahmen kalkuliertere Wanderungen und waren wahrscheinlich besser gerüstet.

Eine weitere Gefahr waren die kriegerischen Konflikte mit dem römischen Staat. Die Rheinüberquerung zum Beispiel forderte wahrscheinlich mehr Opfer unter der alteingesessenen Bevölkerung Galliens und Spaniens als unter den Migranten. Doch wie wir gesehen haben, wurde bei dem römischen Gegenangriff in den späten 410er Jahren eine der beiden Vandalengruppen (die Silingen) als autonomer Verband vernichtet und die Alanen, bis dahin die mächtigste Invasorengruppe, so stark dezimiert, dass sie sich den Asdingen unterwarf. Bei der Eroberung Nordafrikas durch die Vandalen und Alanen gab es, den spärlichen Quellen nach zu urteilen, keine so hohen Verluste, wohl aber schwere Kämpfe, zumindest in der Anfangsphase.[27] Die gewaltigen Entfernungen und die militärischen Auseinandersetzungen waren für die Einwanderer traumatische Erfahrungen, auch wenn sie sich schließlich in der reichsten Provinz des römischen Nordafrika als neue Elite etablieren konnten.

Ähnlich war es bei den Ostgoten, Westgoten und Burgundern. Mit der Eroberung Italiens stand den Ostgoten der ganze Reichtum der Region zur Verfügung. Auf den ersten Blick scheint ihre Migration weniger traumatisch verlaufen zu sein, doch zwischen 473 und 489 mussten sie (oder zumindest die ursprüngliche pannonische Gruppe unter Führung der Amaler) in südliche Richtung von Ungarn nach Thessalien fast 1000 Kilometer zurücklegen. Im Jahr 476 brachten sie auf dem Weg nach Nordosten bis zur Donau weitere 500 Kilometer hinter sich. In den Jahren 478 und 479 legten sie weitere 1200 Kilometer zurück, zuerst südlich nach Konstantinopel, dann westlich (vorbei an Thessaloniki) nach Dyrrhachium an der Adria. Im Zuge eines Abkommens mit dem Oströmischen Reich 482/483 wurden sie offenkundig 600 Kilometer weiter nordöstlich am Donauufer angesiedelt. Mitte der 480er Jahre kämpfte ein gotisches Kontingent für Kaiser Zenon gegen den Usurpator Illus in Kleinasien (weitere 1100 Kilometer hin und ebenso viele zurück), bevor die ganze Gruppe zuerst Konstantinopel belagerte (400 Kilometer von der Donau entfernt) und dann 1500 Kilometer weit nach Italien zog. Glaubt man Jordanes, so ging diesen Wanderungen Mitte der 450er Jahre die Kleinigkeit von 700 Kilometern voraus: mit der Wanderung vom östlichen in den westlichen Karpatenraum.

Die Gruppe erlitt zwar keine so verheerende Niederlage wie die Koalition der Vandalen und Alanen in Spanien, aber die amalischen Goten kämpften gegen Ostrom, gegen die thrakischen Goten (anfangs) und gegen den Usurpator Illus: 473/474, 476/478, 478–482 (479 verloren sie einen Versorgungstross), 484, 486/487 und 489–491.

Ähnlich große Strecken legten die Westgoten zurück (vom Gebiet östlich der Karpaten ins südwestliche Gallien), und auch sie erlitten schwere Verluste. Demgegenüber nahmen sich die Wanderungen der Burgunder bescheiden aus. Sie zogen von Süddeutschland an den Rhein, dann zum Genfer See und noch weiter südlich. Allerdings fügten ihnen in den 430er Jahren die Hunnen schwere Verluste zu. Für die Migranten bedeutete die Wanderung einen radikalen Bruch mit ihren alten Lebensgewohnheiten, und wie auch immer es die Römer sahen, man muss auch hier von einer Massenmigration sprechen.[28]

Migration und Entwicklung

Zwischen der Migration und den wirtschaftlichen Entwicklungsmustern zur Zeit des Zusammenbruchs des Römischen Reiches gibt es vielfältige und weitreichende Zusammenhänge. Der wirtschaftliche Wohlstand der römischen Provinzen übte auf die Franken und Angelsachsen – Migrantengruppen, die keine allzu großen Entfernungen zurücklegten – eine starke Anziehungskraft aus. Die Befestigungen, die die Römer im 4. Jahrhundert zur Abwehr dieser Gruppen errichteten, deuten darauf hin, dass sie sich von jenseits des Rheins und von der Nordsee schon seit geraumer Zeit bedroht fühlten.

Das starke Wohlstandsgefälle erklärt teilweise auch die Entscheidung der Migranten, derart weite Entfernungen auf sich zu nehmen. Ihre Motive waren oft komplex und besaßen eine stark negative Komponente, denn sie zogen regelmäßig in Territorien, über die sie wenig direkte Informationen besaßen und in denen der römische Staat immer noch Macht ausübte, so dass sie sich einer großen militärischen Gefahr aussetzten. Ohne die dramatischen Entwicklungen, die sich um den Aufstieg und Fall des Hunnenreichs ranken, wäre dies nie geschehen. Die ersten beiden großen Migrationswellen der Jahre 375–380 bzw. 405–408 waren politisch motiviert und von dem Wunsch bestimmt, nicht unter die Herrschaft der Hunnen zu geraten. Auch nach dem Zerfall des Hunnenreichs waren die Migrationen politisch motiviert, obwohl jetzt positive

Komponenten hinzukamen. In den 470er Jahren zogen die amalischen Goten, etwas später auch langobardische Gruppen, in Richtung römisches Territorium, um sich an dem dort verfügbaren Reichtum einen größeren Anteil zu sichern. Aber bereits auf die Migranten von 375–380 und 405–408 übte der Wohlstand des Römischen Reiches eine gewisse Sogwirkung aus. Die hunnischen Angriffe mögen für sie den Ausschlag gegeben haben, ihre angestammten Wohnsitze zu verlassen, aber sie hätten sich auch außerhalb des Römischen Reiches eine neue Heimat suchen können. Die Tatsache, dass sich die meisten Gruppen für das Römische Reich entschieden, ist ein weiterer Beleg für dessen hohe Attraktivität.[29]

Das Wohlstandsgefälle bietet auch die Erklärung für den speziellen Charakter dieser Migrationseinheiten, die teils von weit herkamen. Da nichtrömische Gesellschaften in Europa militärische Gefolgschaften nur in einer Größenordnung von ein paar hundert Mann aufbieten konnten, nahmen an den Wanderungen der Gruppen, die die Konfrontation mit dem römischen Staat suchten, zwangsläufig auch Frauen und Kinder teil. Wie wir bereits in Bezug auf frühere Epochen festgestellt haben, mussten für solche ehrgeizigen Unternehmungen bewaffnete Krieger aus einem breiteren sozialen Spektrum mobilisiert werden, die ihre Familien nicht zurücklassen konnten. Die Teilnahme von Familien wiederum wurde durch eine andere Besonderheit der wirtschaftlichen Entwicklung im barbarischen Europa erleichtert. Die östlich der Oder (in den Gebieten der Przeworsk- und der Tschernjachow-Kultur) betriebene Art der Landwirtschaft bedingte ohnehin einen regelmäßigen Wechsel der Siedlungsstätten. Und die Suche nach fruchtbarerem Ackerland und neuen Siedlungsplätzen in jeder neuen Generation war eine völlig andere Wanderung als die der großen Trecks im 4. und 5. Jahrhundert. Vergleichende Migrationsstudien haben gezeigt, dass solche Gruppen in hohem Maß bereit waren, an strategisch geplanten Expeditionen teilzunehmen, wie man sie unternehmen musste, um sich mit einiger Aussicht auf Erfolg auf römisch kontrolliertem Territorium anzusiedeln.

Und noch auf einer weiteren Ebene bestimmte das Ineinandergreifen von Migration und wirtschaftlicher Entwicklung den Ablauf der Ereignisse. Was einigen der frühen Migranten, die 375–380 und 405–408 aus weiter Ferne kamen, letztlich die Ansiedlung auf römischem Territorium erleichterte, war eine gewisse Flexibilität ihrer Gruppenidentität. Dadurch waren sie in der Lage, sich zu Gruppen zusammenzuschließen, die groß genug waren, um vom römischen Staat nicht einfach zerschlagen werden zu können. Die Terwingen und Greutungen, die im Sommer 376 an der Donau auftauchten, waren solche große Gruppen, und in der Schlacht von Adrianopel zwei Jahre später schlugen sie das oströmische Heer. Keine andere militärische Auseinandersetzung jener Zeit führte zu einem so klaren Ergebnis. Die Teilautonomie, die den Goten im Vertrag von 382 zugebilligt wurde, verschaffte ihnen eine Verschnaufpause. Zu diesem Zeitpunkt hoffte Rom noch, diese Vertragsbedingungen eines Tages mit Hilfe seiner Legionen revidieren und die beiden Gruppen auf den Platz der anderen Einwanderer verweisen zu können. Dass es nicht so weit kam, verdankt sich Alarichs Einigung der ursprünglichen gotischen Gruppen von 376 mit den Resten von Radagaisus' geschlagenem Italienheer – eine Einigung, aus der die Westgoten hervorgingen. In dem 418 mit dieser größeren Gruppe ausgehandelten Vertrag musste der römische Staat seine Hoffnungen begraben, sie als geeinte, autonome Gruppe auf der römischen Seite der Grenze zu zerschlagen. Ähnliche Einigungsprozesse sicherten auch der Koalition aus Vandalen und Alanen sowie den amalischen Ostgoten ihr Überleben und brachten ihnen eine Blütezeit. Nur wenn sich die Migranten zu Einheiten aus 10 000 bis 20 000 Kriegern zusammenschlossen, hatten sie eine Überlebenschance.[30]

Der in Kapitel 2 untersuchte Wandel der germanischen Gesellschaft war also für die Migrationsprozesse des 4. und 5. Jahrhunderts von grundlegender Bedeutung. Wären die Hunnen im 1. statt im 4. Jahrhundert aufgetaucht und hätten die germanischen Gruppen in ihrer damals existierenden Form Richtung römische Grenze gedrängt, wäre die Sache ganz anders ausgegangen. Die politischen Gemeinschaften der germanischen Welt des 1. Jahrhunderts waren sehr viel kleiner, und zu viele dieser Gruppen hätten einen komplizierten Prozess der politischen Neuorientierung vollziehen müssen, um sich zu Großgruppen zu formieren, die über 20 000 und mehr Krieger verfügten. Die Gruppen des 5. Jahrhunderts, die Nachfolgereiche des Römischen Reiches gründeten, konstituierten sich aus nicht mehr als einem halben Dutzend, manchmal sogar nur aus drei oder vier Gruppen. Nun deutlich größer, konnten sie mühelos jene 20 000 und mehr Krieger aufbieten. Um im 1. Jahrhundert eine so große Zahl germanischer Krieger zu mobilisieren, hätten sich ein Dutzend der damals existierenden kleineren, stark rivalisierenden Einheiten zusammenschließen müssen – mit entsprechend großen politischen Problemen.

Doch auch die politischen Einigungsprozesse der Einwanderer im späten 4. und im 5. Jahrhundert verliefen alles andere als reibungslos. Alle diese Großgruppen, die Nachfolgereiche des Römischen Reiches gründeten, konstituierten sich aus vier bis fünf Einheiten unter jeweils einer eigenen Führung, und die potentiellen Anführer mussten irgendwie ausgeschaltet werden. Für eine breite Akzeptanz solcher Konföderationen spielte die Bedrohung durch die römische Militärmacht eine wesentliche Rolle, weshalb einige Bewerber um die Führung der neuen Großgruppe offenbar bereit waren, auf ihre Ansprüche zu verzichten. Unter den Ostgoten war Gesimund (oder Gensemund), Sohn des Hunimund, der Anführer eines unabhängigen gotischen Kriegerverbands, der die Amaler-Dynastie unterstützte und auf einen Führungsanspruch verzichtete. Weniger kompromissbereite Anführer mussten mit Gewalt verdrängt werden – einige Mitglieder der Hunimund-Dynastie zum Beispiel, die ihre Ansprüche mit Nachdruck durchzusetzen versuchten. Und die Amaler-Dynastie musste sich gegen den Gotenführer Vinitharius behaupten, bevor die Gruppe 472/473 oströmisches Hoheitsgebiet betrat. Später musste sie auch noch die rivalisierende Triarius-Dynastie an der Spitze der thrakischen Goten zerschlagen. Bei der Vereinigung der Franken musste Chlodwig mindestens sieben rivalisierende Kronprätendenten ausschalten. Bei anderen neu entstandenen Konföderationen haben wir keine Belege für Führungskämpfe, die aber mit Sicherheit stattfanden.[31]

Die Machtkämpfe zwischen den neuen Großgruppen standen in engem Zusammenhang mit den wirtschaftlichen Entwicklungen, waren doch auch diese Gruppen nicht minder vom Reichtum der römischen Welt abhängig. Dass die politischen Gemeinschaften der Barbaren jenseits der römischen Grenze kleiner waren, ist kein Zufall, sondern strukturell bedingt: Ihre Größe entsprach den Mitteln, die ihr König verteilen konnte, um sich die Loyalität seiner Anhänger zu sichern; und ein Großteil selbst dieses Reichtums stammte, wie wir gesehen haben, aus römischen Quellen. Doch der größere Reichtum, der auf römischem Territorium verfügbar war, ob man ihn sich nun direkt oder indirekt aneignete, veränderte die politischen Parameter und ermöglichte es den Anführern der Barbaren, sehr viel größere Gruppen miteinander zu versöhnen und hinter sich zu bringen. Selbst das scheinbar einzige Gegenbeispiel passt bei genauerer Betrachtung in dieses Bild: Auch das Hunnenreich, das sich unter Attila im 5. Jahrhundert als überregionale Macht im nichtrömischen Europa konstituierte, war von den Zuflüssen der römischen Welt (in Form von Plünderungen und Tributzahlungen) abhängig und brach zusammen, als diese Quellen versiegten. Für den Aufbau politischer Strukturen, die die Gründung eines Nachfolgereichs auf römischem Boden ermöglichten, reichten nichtrömische Wirtschaftsressourcen allein nicht aus.[32]

Ungleichheiten der Entwicklung gaben also die Richtung der Migrantenströme nach Westen und Süden vor, nachdem die Hunnen bzw. der Auflösungsprozess des Weströmischen Reiches das Signal für den Aufbruch gegeben hatten, und sie bestimmten auch maßgeblich die Zusammensetzung der Gruppen. All dies ist nach den Ergebnissen moderner Migrationsstudien zu erwarten. Migrationsmuster bilden sich an einem bestehenden Entwicklungsgefälle aus. Die Migrationsprozesse des späten 4. und des 5. Jahrhunderts waren jedoch nicht nur Ausdruck wirtschaftlich unterschiedlicher Entwicklungen in den verschiedenen Gebieten Europas, sie führten gleichzeitig zu einer grundlegenden Umgestaltung dieser Regionen.

DIE NEUE ORDNUNG

Um 510 schrieb Theoderich, der ostgotische König Italiens, an den oströmischen Kaiser Anastasios:

> Ihr [Anastasios] seid ja die herrlichste Zierde aller Reiche, der heilbringende Schutz der ganzen Welt; mit Recht blicken zu Euch alle übrigen Fürsten auf, weil sie in Euch etwas ganz Einzigartiges erkennen, am meisten aber wir [Theoderich], die wir mit Gottes Hilfe in Eurem Staate gelernt haben, wie wir in Recht und Gerechtigkeit unsere Herrschaft über die Römer führen können. Unsere Regierung will nur ein Abbild der Euren sein, die das Vorbild für jedes gute Wollen, das Muster hervorragendster Staatskunst ist.

Das ist nicht bloß Schmeichelei. In den Jahren 507/508 hatte Anastasios' Flotte die ostitalienische Küste überfallen, und auch die fränkischen Angriffe gegen den westgotischen König Alarich II., einen Hauptverbündeten Theoderichs, hatte der Kaiser diplomatisch unterstützt. Vor diesem Hintergrund erweist sich die wahre Bedeutung des Briefes in den folgenden Zeilen:

> Soweit uns hierin die Nachahmung von Euch gelingt, soweit werden wir den übrigen Völkern voraus sein [...]. Ferner könnt Ihr nach unserer Meinung nicht dulden, dass zwischen den beiden Staaten, die unter den früheren Kaisern immer als ein Körper betrachtet wurden, irgendeine Unstimmigkeit fortdauere. Diese beiden Reiche sollen doch nicht bloß in tatenlosem Wohlwollen freundschaftlich verbunden sein, sondern sich auch mit gemeinsamen Kräften gegenseitig fördern. Das Römische Imperium soll nur einen Willen, eine Meinung haben.

Hinter Theoderichs beschwörenden Worten steckt also eine sorgfältig aufgebaute Argumentation, eine diplomatische Aufforderung, die sich folgendermaßen zusammenfassen lässt: Das Oströmische Reich ist das Modell einer von Gott verfügten Rechtschaffenheit, und ich eifere diesem Modell voll und ganz nach. Deshalb bin ich auch der einzige andere legitimierte römische Herrscher der Welt und – wie Ihr selbst – allen anderen Königen der Nachfolgereiche überlegen. Ihr solltet euch daher mit mir verbünden und nicht mit den Franken. Ein Anspruch, der keineswegs überzogen war. Aus der Krise 507/508 ging Theoderich gestärkt hervor. Die Franken hatten im Jahr 507 das Westgotische Reich in der Schlacht bei Vouillé vernichtet, und Theoderich gelang es trotz oströmischer Überfälle vom Meer aus, die Reste zu sammeln. Ab 511 war er der alleinige Herrscher des West- und des Ostgotischen Reiches in Italien, Spanien und Südgallien. Er beherrschte auch einen Großteil des einst römischen Balkan, übte die diplomatische Hegemonie über das Burgunder- und das Vandalenreich aus und hatte ein Bündnisgeflecht aufgebaut, das bis nach Thüringen reichte. Auf dem Gipfel seiner Macht beherrschte er das gesamte westliche Mittelmeer und damit ein Drittel bis die Hälfte des alten Weströmischen Reiches. Sein Herrschaftsstil war durch und durch römisch, wie der oben zitierte Brief belegt. Er ließ Paläste im römischen Stil erbauen und orientierte sich am römischen Zeremoniell. Er behielt die Tradition der Zirkusspiele zur Unterhaltung der Bevölkerung Roms bei und förderte die lateinische Sprache und Literatur. Diese Signale waren leicht zu deuten. Einer seiner Untertanen, der aus dem Senatorenadel stammte, feierte ihn in einer Inschrift als »Augustus« – der Ehrentitel eines römischen Kaisers schlechthin.[33]

Angesichts von Theoderich mit all seinem herrschaftlichen Prunk könnte man die Frage stellen, ob sich mit der Übernahme des Weströmischen Reiches durch Militärmächte von jenseits der Grenze überhaupt irgendetwas änderte. Noch im zweiten Jahrzehnt des 6. Jahrhunderts, 40 Jahre nach der Absetzung von Romulus Augustulus, wurde Westeuropa von einer Imperialmacht beherrscht, deren Schwerpunkt im Mittelmeerraum lag. Dass an deren Spitze eine neue Führung stand, erscheint dabei unerheblich. Doch der Schein trügt. Theoderichs Versuch einer Wiederbelebung des Weströmischen Reiches mit seinem mediterranen Zentrum war nur eine Übergangsphase. In der zweiten Hälfte des Jahrtausends verschob sich das Zentrum dieser Imperialmacht sehr viel weiter nach Norden.

Fränkische Reiche

Auf den ersten Blick sieht es so aus, als hätten die Franken Rom nur durch eine Reihe von Zufällen geerbt. Das gotische Mittelmeerreich überdauerte die Krise nach Theoderichs Tod im Jahr 526 nicht. Entgegen dem Wunsch des Königs wurde das Reich erneut in eine ost- und eine westgotische Hälfte geteilt und von seinen Enkeln regiert. In 20 Jahren Krieg zerschlug sich die Hoffnung, ein künftiger Nachfolger werde mit gotischem Rückhalt die Flamme des Weströmischen Reiches neu entzünden. Dieser Krieg begann im Jahr 536, als das

Oströmische Reich unter Justinian das Ostgotenreich vernichtete – wie wenige Jahre zuvor schon das Vandalenreich. Auch Justinians Entscheidung für diese Feldzüge war stark vom Zufall bestimmt. Nach einer Niederlage gegen Persien brauchte er dringend einen Sieg, um sein schwindendes Ansehen zu stärken. Doch bei genauerer Betrachtung spiegelt der Niedergang von Theoderichs Reich sehr viel grundlegendere Veränderungen des gesamteuropäischen Kräftegleichgewichts wider.

Wie bereits mehrfach erwähnt, gab es Ende des 4. Jahrhunderts n. Chr., noch vor der großen Zeit der Migrationen, in Europa ein massives Wohlstandsgefälle. Die Territorien des Römischen Reiches südlich der Donau und westlich des Rheins mit der größten Bevölkerungsdichte Europas verfügten über ein dichtes Handelsnetz, das auch Städte versorgen konnte, es gab eine relativ kleine und relativ reiche landbesitzende Elite und gut funktionierende staatliche und bürokratische Strukturen, die die Mittel mobilisieren konnten, um ein Berufsheer zu finanzieren und große Bauprojekte zu realisieren. An der inneren Peripherie des Römischen Reiches lagen halbunterworfene Klientelkönigreiche, die von Handelsprivilegien und Subsidien profitierten, aber mit politischer Einmischung zu rechnen hatten und Rom zu militärischen und wirtschaftlichen Hilfsdiensten verpflichtet waren.

Diese Klientelstaaten waren Teil des größeren imperialen Gefüges, aber ihr Verhältnis zum Römischen Reich war nie ganz unproblematisch. Mit Gewalt oder der Androhung von Gewalt versuchten sie, sich die finanziellen Vorteile einer engen Beziehung zum römischen Staat zu sichern und sich gleichzeitig möglichst wenig ausbeuten zu lassen. Wie wir gesehen haben, führte das Römische Reich regelmäßig Feldzüge, um ihre Ansprüche zurückzustufen. Der neue Reichtum an der Peripherie spielte für den politischen Wandel gleichfalls eine wichtige Rolle. Herrscher, die sich den gesamten neuen Reichtum aus diesen Grenzregionen aneignen wollten, mussten eine entsprechend starke Militärmacht aufbauen, und das gelang ihnen nur, wenn sie die zusätzlichen Ressourcen in ihren Besitz brachten. Die Anhänger dieser neuen, stärkeren Führer verknüpften damit die Hoffnung, die Einmischungen Roms in Zukunft erfolgreich abwehren zu können. Alle diese Prozesse führten im 3. Jahrhundert zur Herausbildung größerer und mächtigerer Gemeinschaften an der inneren Peripherie und zur Entstehung neuer Konföderationen entlang der gesamten europäischen Grenzen Roms.

Die Bevölkerungsgruppen der äußeren Peripherie standen in der Regel zwar nur in indirekter Beziehung zum Römischen Reich, aber aus ihren Territorien gelangten Rohstoffe und andere Ressourcen über die innere Peripherie ins

Reich. Damit profitierten auch sie von den Reichtümern, die im Lauf von 500 Jahren Austausch mit Rom ins barbarische Europa flossen. Die äußere Peripherie partizipierte teilweise am politischen Wandel, der sich in der inneren Peripherie vollzog, nicht zuletzt durch ihre Versuche, sich den in Grenznähe vorhandenen größeren Reichtum anzueignen. Dies geschah zunächst in Form von Plünderungen im 1. Jahrhundert n. Chr., dann aber auch im massiven Transfer militärisch organisierter Bevölkerungsgruppen von der äußeren zur inneren Peripherie im Zuge der sogenannten Markomannenkriege des 2. Jahrhunderts und vor allem im Zuge der Expansion der Goten und anderer Gruppen von der äußeren Peripherie in Richtung römische Grenze im 3. Jahrhundert.

Die Grenze zwischen der inneren und der äußeren Peripherie lässt sich nicht genau bestimmen, der Übergang war wahrscheinlich fließend. So wie es ständig Eindringlinge gab, die von der äußeren in die innere Peripherie drängten, reichten umgekehrt die diplomatischen Beziehungen Roms weit über den inneren Ring hinaus. So wissen wir, dass das Römische Reich im 4. Jahrhundert zeitweilig diplomatische Beziehungen mit den Burgundern im Maintal unterhielt – ein Gebiet, das noch »hinter« den Alamannen an der südlichen Rheingrenze des Imperiums lag. Die Grenze der äußeren Peripherie dagegen ist vergleichsweise einfach zu bestimmen. Sie liegt da, wo archäologische Funde keinen Hinweis auf einen direkten oder indirekten Austausch mit der römischen Welt mehr liefern, also östlich der Weichsel und nördlich der Waldsteppe im südlichen Russland (Karte 2). Bis in spätrömische Zeit behielt ein Großteil der Bevölkerung dieses riesigen Territoriums den schlichten eisenzeitlichen Lebensstil aus der Zeit vor Christi Geburt bei.

Der Verlauf der wirtschaftlichen Entwicklung hatte in Europa seit den ersten Kontakten mit dem Römischen Reich vier Zonen geschaffen – im Unterschied zu dem Europa der drei Geschwindigkeiten, wie es zu Beginn des 1. Jahrtausends existierte. Damals war das römische bzw. keltische Europa westlich des Rheins und südlich der Donau wirtschaftlich höher entwickelt als das germanische Europa bis zur Weichsel, das wiederum höher entwickelt war als die Regionen weiter im Osten. Im 4. Jahrhundert hatte die intensivere Entwicklung durch den Kontakt mit dem Römischen Reich die alte mittlere Zone des germanischen Europa in jene innere und äußere Peripherie unterteilt, von der gerade die Rede war.[34] Die Migrationen im Zuge des Zerfallsprozesses des Weströmischen Reiches spiegelten nicht nur die vier Zonen der ungleichen Entwicklung Europas, sie veränderten diese Zonen auch sehr stark. Wie weit dies ging, soll das Beispiel des merowingischen Frankenreichs nördlich der

Alpen und Pyrenäen zeigen. Dies liefert auch die Antwort auf die Frage, warum dieses Reich nach dem Zusammenbruch von Theoderichs Reich als einzige überregionale Macht bestehen blieb.

Wie im vorigen Kapitel gezeigt, beschleunigte sich unter Chlodwig der Aufstieg der Franken zur Großmacht. Chlodwig einte nicht nur zuvor getrennte fränkische Kriegerverbände, sondern nutzte seine Machtbasis auch, um große Gebiete im heutigen Frankreich und Westdeutschland zu erobern. Nach dem Untergang von Theoderichs Gotenreich war der Weg frei für die fränkische Expansion. Mit Beginn der 530er Jahre dehnten Chlodwigs Söhne und Enkel ihre Hegemonie auf ein sehr viel größeres Territorium aus. An Selbstbewusstsein standen sie Theoderich in nichts nach. In einem Brief an Justinian aus dem Jahr 540 erklärte Chlodwigs Enkel Theudebert, er sei der Herrscher über viele Völker, unter ihnen Westgoten, Thüringer, Sachsen und Jüten, und er sei der Herr über das Frankenreich, Pannonien und die oberitalienischen Küstengebiete. Theudebert unterstrich seine imperialen Ansprüche, etwa indem er eigene Goldmünzen prägte, ein Privileg der römischen Kaiser aus der Zeit, als viele römische Städte eine eigene Münzprägestätte hatten, das sich über das Jahr 476 hinaus erhielt. Viele von Theudeberts merowingischen Nachfolgern taten es ihm nach.[35]

Wollte man den Aufstieg der fränkischen Imperialmacht allein mit Einzelereignissen wie der Zerstörung des Ostgotenreichs durch Justinian erklären, würde man seine wahre Bedeutung verkennen. Schon der ruhmreiche Theoderich hatte sich mächtig anstrengen müssen, um die anbrandende fränkische Flut einzudämmen – darauf war seine gesamte Bündnispolitik der 510er Jahre ausgerichtet gewesen. Sie stand allerdings auf den wackligen Beinen des geeinten West- und Ostgotischen Reiches – ein Konstrukt, das trotz Theoderichs Bemühungen nicht über seinen Tod hinaus Bestand hatte. Als im Jahr 526 dieser große, jedoch brüchige gotische Machtblock in seine Einzelteile zerfiel, bekam die fränkische Expansion neuen Schwung, und zwar lange vor Justinians Militärkampagne gegen das ostgotische Italien. Anfang der 530er Jahre fielen das Burgundische und das Thüringische Reich, jetzt ohne gotische Unterstützung, rasch unter die Herrschaft der Merowinger, noch bevor die ersten oströmischen Truppen italienischen Boden betraten.[36] Justinians Feldzüge verhinderten, dass sich im westlichen Mittelmeerraum jemals wieder ein gotisches Gegengewicht zu den Franken etablieren konnte – was aber ohnehin unwahrscheinlich war. Entscheidend ist, dass in nachrömischer Zeit das Zentrum einer überregionalen Macht zur Beherrschung Westeuropas nicht mehr im Mittelmeerraum, sondern nördlich der Alpen und der Pyrenäen lag.

Die neue Ordnung | 333

Mit dem Rückzug der römischen Zentralgewalt und dem schwindenden Einfluss der Goten nördlich der Alpen brachten Childerich, Chlodwig und ihre Nachkommen die linksrheinischen römischen Gebiete und große Teile der alten äußeren und inneren Peripherie rechts des Rheins in ihren Besitz. Rechts des Rheins wurden die ripuarischen Franken (oder Rheinfranken) rasch in das neue Gefüge eingegliedert. Die Alamannen waren schon zu Chlodwigs Lebzeiten hinzugekommen, nachdem sie 505/506 eine schwere Niederlage erlitten hatten. In den nachfolgenden Generationen brachten die Merowinger als Eroberer und Hegemonialmacht ihre Nachbarn weiter im Osten unter ihre Kontrolle: Friesen, Sachsen, Thüringer und Bajuwaren. Selbst in Teilen des angelsächsischen England scheint die fränkische Überlegenheit akzeptiert worden zu sein. Diese neue überregionale Macht beherrschte ein Gebiet vom Atlantik im Westen bis etwa zur Elbe im Osten (Karte 13).[37]

In der Antike hatte es im Mittelmeerraum überregionale Mächte unterschiedlicher Art und Größe gegeben, und in diesem Sinn waren die von Migranten wie Theoderichs Ostgoten geschaffenen Nachfolgereiche des Römischen Reiches nur die Variation eines altbekannten Themas. Doch jetzt tauchte ein wirklich neues Phänomen in Europa auf. Die fränkische Großmacht war Ausdruck des Wandels, der sich im Lauf von 500 Jahren durch den diplomatischen und wirtschaftlichen Austausch mit dem römischen Staat im Norden Europas vollzogen hatte. Ohne die sozioökonomische und politische Entwicklung, die der römische Staat an seiner inneren und äußeren Peripherie östlich des Rheins und nördlich der Donau in Gang gesetzt hatte, hätte in diesen Gebieten niemals ein solches Reich entstehen können. Vom 6. Jahrhundert an wurde diese neue Großmacht ein entscheidender Faktor für die weitere Entwicklung Europas.

Doch die Expansion des Reiches nördlich der Alpen verlief in der zweiten Jahrtausendhälfte keineswegs so reibungslos wie für dessen Vorläufer im Mittelmeerraum in der ersten Jahrtausendhälfte. Römische Kaiser kamen und gingen, und bereits im 3. Jahrhundert waren einige Territorien an der Peripherie verloren gegangen. Auch die Verwaltungsstrukturen des Römischen Reiches veränderten sich im Lauf der Zeit. Aber dies war ein weitgehend organisch verlaufender, innerer Entwicklungsprozess, zumindest bis ins 3. Jahrhundert. Das Römische Reich blieb im Großen und Ganzen ein und derselbe Staat, der 500 Jahre lang mehr oder weniger dieselben Territorien beherrschte.[38] Das kann man vom westeuropäischen Reich in der zweiten Hälfte des 1. Jahrtausends nicht sagen. Die Merowinger erlebten ihre größte Machtfülle im 6. Jahrhundert, doch schon ab Mitte des 7. Jahrhunderts war ein Großteil der realen

Macht regionalen Eliten zugefallen, so in Neustrien, Austrasien und Burgund (Karte 13). Dadurch konnten weitere Gebiete an der Peripherie ihre Unabhängigkeit zurückgewinnen. Die Thüringer scheinen nach Radulfs Aufstand im Jahr 639 unabhängig geworden zu sein, die Sachsen und Bajuwaren kurz nach 650. Selbst die längst unterworfenen Alamannen gewannen Anfang des 8. Jahrhunderts ihre Eigenständigkeit zurück.[39]

Nach seiner politischen Zersplitterung unter den Merowingern erholte sich das Frankenreich im selben Jahrhundert unter einer zweiten fränkischen Dynastie, den Karolingern. Ihr Geschlecht besaß Land zwischen Köln und Metz, etwa im Gebiet des heutigen Belgien. Sie waren ursprünglich loyale Anhänger der Merowinger gewesen, die aus derselben Region stammten. Auf die Geschichte der Karolinger braucht hier nicht ausführlich eingegangen zu werden. Im späten 7. Jahrhundert wurde Pippin, das erste wirklich bedeutende Mitglied der Dynastie, zum Herrscher über das Nordfränkische Reich, nachdem er 687 in der Schlacht von Tertry die Herrscher Austrasiens und Neustriens besiegt hatte. Pippin regierte zunächst mittels eines merowingischen Strohmanns, doch in der nachfolgenden Generation vereinte Pippins Sohn Karl Martell erneut das fränkische Kernland im Norden mit den alten Territorien Galliens, die die Merowinger auf dem Höhepunkt ihrer Macht kontrolliert hatten. Im Jahr 733 führte er seine Anhänger nach Burgund und festigte seine Herrschaft im Südosten, und nach langen Kämpfen eroberte er im Jahr 735 Aquitanien im Südwesten. Nach Feldzügen östlich des Rheins machte Karl Martell die Friesen und 738 die Sachsen erneut tributpflichtig.[40]

Diese Dynamik setzte sich unter seinen Söhnen und Enkeln fort. Zuerst machten sie mit den Merowingern kurzen Prozess. Nach Festigung seiner Macht setzte Karl Martells Sohn Pippin der Jüngere den letzten Merowingerkönig, Childerich III., ab und ließ sich 752 zum König krönen. Von nun an brachten die Karolinger immer mehr Gebiete unter ihre Kontrolle, und in der zweiten Hälfte des 8. Jahrhunderts kam es zu einem wahren Eroberungsrausch, zunächst unter Pippin, vor allem aber unter seinem Sohn und Erben Karl, besser bekannt als Karl der Große, Karolus Magnus (768–814). Östlich des Rheins kamen jetzt erstmals auch Völker unter fränkische Herrschaft, die zwar zeitweilig den Merowingern unterworfen gewesen waren, sich aber teilweise ihre Unabhängigkeit bewahrt hatten. Im Jahr 780 waren selbstbewusste Herzogsgeschlechter in Alamannien, Thüringen und Baiern von der Bildfläche verschwunden, Friesland im Norden unterworfen. Anfang des 9. Jahrhunderts, nach zwei Jahrzehnten von Strafexpeditionen mit Zwangstaufen, Deportationen und Massakern, wurde auch Sachsen erobert. Mitte der 770er Jahre vernichtete Karl der Große das unabhängige Königreich der Langobarden, und 796, nach mehreren Feldzügen, das Reich der Awaren, deren berühmten Schatz er erbeutete.[41]

Mit seinen Eroberungen einte Karl der Große also Gallien, das Territorium zwischen Rhein und Elbe, dazu Oberitalien und einen Großteil des Gebiets an der mittleren Donau sowie einen schmalen Streifen Nordspaniens zu einem einzigen großen Reich (Karte 13). Auch die Merowinger hatten schon Einfluss auf große Teile dieses Territoriums ausgeübt, aber nicht überall in Form von direkter Herrschaft, die nie bis nach Italien oder an die mittlere Donau gereicht hatte. Karl der Große sah sich auch sehr selbstbewusst als Gründer eines Reiches. Ab 790 priesen die Gelehrten an seinem Hof seinen Erfolg und seine Frömmigkeit, indem sie ihn als einen (oder gar »den«) wahren christlichen Kaiser bezeichneten. Die Kaiserkrönung Karls des Großen am Weihnachtstag des Jahres 800 in der Peterskirche zu Rom war ein wohlinszeniertes Spektakel (Abb. 17). 324 Jahre nach der Absetzung von Romulus Augustulus war damit im Westen das Imperium wiedergeboren.[42]

Trotz seiner Größe und trotz der nachhaltigen Bedeutung seines kulturellen Erbes war das Reich der Karolinger jedoch genauso fragil wie das der Merowinger. Im späten 9. Jahrhundert herrschten zwar immer noch karolingische Könige, aber ihre faktische Macht war mehr oder weniger auf das Pariser Becken beschränkt. Im restlichen Westfrankreich hatten erneut lokale Fürsten die Kontrolle übernommen, die nun die Rechtsprechung, die Münzprägung und die Ernennung von Kirchenfürsten wieder selbst in die Hand nahmen – Privilegien, die Karl der Große zuvor für das gesamte Reich ausgeübt hatte. Manchmal wurden ihnen diese Rechte formell gewährt, oft aber fragten sie nicht lange. Wie es der zeitgenössische Geschichtsschreiber Regino von Prüm nach dem Tod Karls des Kahlen, eines Enkels Karls des Großen, drastisch ausdrückte, schickte sich jedes Gebiet an, sich einen König »aus seinen eigenen Eingeweiden« (»de suis visceribus«) herauszupressen. Im Westen löste sich das Karolingerreich binnen eines Jahrhunderts nach der Krönung Karls des Großen auf.[43]

Im Ostfränkischen Reich jenseits des Rheins war der Zusammenhalt stärker, und hier entstand schließlich das dritte große Reich der zweiten Jahrtausendhälfte. Ludwig dem Deutschen, einem weiteren Enkel Karls des Großen, gelang es während seiner ungewöhnlich langen Regierungszeit, dem Ostfränkischen Reich mit den Herzogtümern Sachsen, Thüringen, Franken, Schwaben und Baiern einen stärkeren politischen Zusammenhalt zu geben und Lothringen und das Elsass hinzuzugewinnen (Karte 14). Das Ostfränkische Reich konnte sich auch nach Erlöschen der Linie von Ludwig dem Deutschen an der Wende zum 10. Jahrhundert seine Einheit bewahren, und Konrad (ursprünglich Herzog von Franken und 911-918 König des Ostfränkischen Reiches) konnte den Zusammenhalt der Region weiter festigen. Dies gelang auch Heinrich, dem Sohn Ottos, der ab 912 Herzog von Sachsen und von 919 bis zu seinem Tod im Jahr 936 König der Ostfranken war. Drei Jahre nach seiner Thronbesteigung zwang Heinrich die Schwaben und Bajuwaren, ihn als ostfränkischen König anzuerkennen. Er führte Krieg gegen die heidnischen magyarischen Nomaden, die um 900 von der westlichen Steppe an die mittlere Donau gezogen waren. Sie stiegen rasch zum Staatsfeind Nummer eins auf, führten Plünderungszüge in Oberitalien und Südfrankreich und besiegten zwischen 907 und 910 drei große ostfränkische Armeen. Gestützt auf ein sorgfältig konzipiertes militärisches Reformprogramm, konnte Heinrich im Jahr 933 die Magyaren in der Schlacht bei Riade an der Unstrut in Nordthüringen schlagen. Dieser Sieg festigte seine Position als König, doch es war sein Sohn Otto I., der den Herrschaftsanspruch der Dynastie auf eine neue Stufe stellte.

Das war allerdings gar nicht so einfach. Erst 950 gelang es Otto, alle aufständischen Herzöge und Geschlechter seiner Kontrolle zu unterwerfen. Auch eine andere politische Strategie seines Vaters führte er erfolgreich fort: die Expansion nach Osten. Im Jahr 951 unternahm er dann einen großen Italienfeldzug und gewann die Kontrolle über die meisten ober- und mittelitalienischen Regionen. Damit wurde Otto zum mächtigsten Herrscher der lateinischen Christenheit – was er mit dem vernichtenden Sieg über die immer noch heidnischen Magyaren in der Schlacht auf dem Lechfeld 955 bekräftigte. Dies gab ihm den Nimbus gottgewollter Macht, hatte er doch die Heiden vernichtet, eine Aufgabe, an der so viele andere christliche Herrscher gescheitert waren. Derart ideologisch gerüstet, setzte Otto den Papst unter Druck, ihn zum Kaiser zu krönen, was 962 auch geschah. Damit war das dritte große Reich der zweiten Jahrtausendhälfte geboren. Es basierte zwar letztlich auf Ottos ererbter Position in Sachsen, doch das Ottonenreich war ganz klar aus dem Karolingerreich hervorgegangen, ein direktes Nachfolgereich des Ostfränkischen Reiches des 9. Jahrhunderts.[44]

Zwischen 500 und 1000 n. Chr. beherrschten damit mehrere aufeinanderfolgende fränkische Reiche, die ihre Machtbasis in Nordeuropa hatten, große Teile West- und Westmitteleuropas. Aufgrund ihrer schwächeren staatlichen Strukturen erreichten sie allerdings nie die Stabilität des Römischen Reiches, und die Ausübung der imperialen Macht wurde von zwei Phasen politischer Wirren 650-720 bzw. 850-920 unterbrochen. Im Römischen Reich übten lokale Gemeinschaften die Kontrolle der Verwaltung aus, die Zentralbehörden hielten hauptsächlich die Schlüsselpositionen der Macht. Sie hatten das Recht, den wichtigsten ökonomischen Sektor, die Landwirtschaft, systematisch zu besteuern und beträchtliche jährliche Einkünfte abzuschöpfen. Damit wurden ein großes stehendes Heer, der Beamtenapparat und ein staatliches Rechtswesen finanziert. Bei allen Unzulänglichkeiten hielt damit das Römische Reich ein relativ großes staatliches Gefüge zusammen. Zwischen den drei fränkischen Reichen der zweiten Hälfte des Jahrtausends gab es im Einzelnen zwar große Unterschiede, aber keines besteuerte systematisch die landwirtschaftliche Produktion, um eine große Berufsarmee zu finanzieren. Sie alle rekrutierten ihre Streitkräfte aus der Schicht der waffenfähigen Grundbesitzer in den von ihnen kontrollierten Gebieten – manchmal unter Ausübung von Zwang, in der Regel jedoch durch die Aussicht auf Belohnung. Und da die fränkischen Herrscher ihre Kassen nicht durch eine umfassende Besteuerung auffüllten, floss der Reichtum tendenziell vom Zentrum des Reiches zu den lokalen landbesitzenden Eliten.

Die drei fränkischen Reiche des späteren 1. Jahrtausends entstanden in einer Situation, die eine expansionistische, auf Beutegewinn gerichtete kriegerische Politik begünstigte. Die aus diesen Unternehmungen gewonnenen Reichtümer erlaubten es Merowingern, Karolingern und Ottonen, ihre Gefolgsleute zu belohnen, ohne selbst zu verarmen. Mit dem Ende der Expansion kam es rasch wieder zur politischen Zersplitterung, als die Zuwendungen von einem wiederum begrenzten Ressourcenpotential abflossen.[45] Wie wir sehen werden, spielte dieser Aspekt für die weitere Umgestaltung des barbarischen Europa eine wichtige Rolle und liefert eine Erklärung für den stockenden Verlauf der fränkischen Eroberungspolitik. Dennoch bietet sich – von außen gesehen – in der zweiten Jahrtausendhälfte das Bild einer westeuropäischen Macht, deren Einfluss sich auf große Teile des Kontinents erstreckte. Und es ist dieser Blick von außen – aus der Perspektive der Barbaren im restlichen Europa –, der uns in den folgenden Kapiteln beschäftigen wird. Bevor wir jedoch untersuchen, wie die restlichen europäischen Gesellschaften auf die Impulse dieser neuen nordeuropäischen Macht reagierten, müssen wir zwei weitere große Transformationen der antiken Weltordnung in den Blick nehmen.

Das seltsame Sterben des germanischen Europa

Die erste Veränderung vollzog sich etwa zur selben Zeit wie der Aufstieg der fränkischen Herrscherdynastie der Merowinger. Ihr Reich erstreckte sich vom

Atlantik bis zur Elbe, und wenn man die Entwicklung dieses Territoriums mit den sonst im 6. Jahrhundert in Europa vorherrschenden Entwicklungsmustern vergleicht, wird schnell klar, dass das Gebiet östlich des Rheins mit dem Territorium der alten – inneren und äußeren – römischen Peripherie weitgehend identisch ist, wo sich während des Zusammenbruchs des Römischen Reiches die germanisch geprägte materielle Kultur und soziopolitische Organisation weitgehend gehalten hatten. Das ist ein häufig übersehener, wichtiger Punkt, da dieses Gebiet in historischen Quellen kaum dokumentiert ist. Seine Bedeutung erschließt sich jedoch schon bei einem kurzen Blick auf die archäologischen Zeugnisse.

In spätrömischer Zeit umspannte die weitgehend germanisch dominierte innere und äußere Peripherie des Römischen Reiches große Teile des Territoriums, das sich im Norden über rund 1000 Kilometer vom östlichen Ufer des Rheins bis jenseits der Weichsel und im Süden mehr als 1300 Kilometer von der Eisernen Pforte an der Donau bis zum Westufer des Don erstreckte (Karte 15). Innerhalb dieses relativ dicht besiedelten Territoriums, dessen Bevölkerung ständig wuchs, lebten Menschen mit einer relativ gut entwickelten Landwirtschaft, die Beziehungen zum Römischen Reich pflegten und deren materielle Kultur eine Vielzahl sorgfältig gearbeiteter Metallwaren und Keramik aufweist. Das 6. Jahrhundert brachte fast überall in diesem Gebiet einen kulturellen Niedergang. In der Ukraine und in Südpolen geschah dies kurz nach 400 n. Chr., als die Tschernjachow- und die südliche Przeworsk-Kultur verfielen. Der Zusammenbruch in Mittelpolen kann auf etwa 500 datiert werden, in Pommern auf 500–525. In der Elbe-Saale-Region erfolgte der Kollaps am Ende des 6. Jahrhunderts. Zwischen Elbe und Oder gibt es keine Anzeichen für eine germanische Kontinuität bis ins 7. Jahrhundert. Weiter südlich, in Böhmen und Mähren, werden germanisch geprägte Artefakte im 5. und 6. Jahrhundert spärlicher, zwischen der Mitte des 6. und dem Beginn des 7. Jahrhunderts verschwinden sie ganz. Um 700 n. Chr. waren damit die typischen Stile der traditionellen, germanisch geprägten materiellen Kultur auf das Gebiet westlich der Elbe beschränkt (Karte 15).[46]

Dass die Merowinger in keines der vom germanischen Kulturkollaps betroffenen Gebiete expandierten, war kein Zufall. Wie die römische erfolgte auch die fränkische Expansion durch militärische Annexion, deren Vorteile stets gegen die hohen Kosten aufgerechnet wurden. Viele schwere Schlachten mussten gekämpft werden, auch wenn die historischen Zeugnisse darüber selten detailliert Auskunft geben. Manchmal hat man aber auch Glück: So können wir die fränkische Übernahme des alamannischen Königreichs anhand der Zerstörung der Höhensiedlungen (siehe Kapitel 2) rekonstruieren, die in spätrömischer Zeit die Machtzentren der Könige bildeten. Um 500, als historischen Quellen zufolge Chlodwig seinen großen Sieg errang, wurden diese Siedlungen – oder jedenfalls alle, die untersucht wurden – im Sturm genommen. Im selben Zeitraum kam es auch im gesamten alamannischen Gebiet zu einem abrupten Ende der materiellen Kultur. Nicht nur die Höhensiedlungen wurden aufgegeben, in den Friedhöfen tauchten jetzt neue Bestattungsbräuche auf, und an einigen Orten kamen ganz neue Friedhöfe in Gebrauch. Zu einer derart aggressiven Übernahme mit einem derart großen Aufwand an Menschen und Material entschloss man sich nur, wenn der zu erwartende Gewinn entsprechend hoch war.[47]

Der Zusammenbruch der mitteleuropäischen, größtenteils germanisch geprägten materiellen Kultur im 5. und 6. Jahrhundert bedeutete, dass es östlich der Elbe keine ähnlich kohärenten politischen Strukturen gab und auch keine relativ hochentwickelte Wirtschaft mit beweglichen Reichtümern, die man plündern konnte. In den Jahrhunderten vor und nach Christus war das Römische Reich genau bis dahin expandiert, wo der Kriegseinsatz noch profitabel war. Die Merowinger im 6. Jahrhundert verfuhren nach demselben Prinzip. Das einzige Gebiet im germanischen Europa, das seine alten kulturellen Muster beibehielt und nicht unter fränkische Herrschaft fiel, war das südliche Skandinavien: die Halbinsel Jütland, die südwestlichen Ostseeinseln und die Südküste des heutigen Norwegen und Schweden. Im benachbarten Sachsen waren die Merowinger lediglich eine Hegemonialmacht, wodurch Skandinavien von weiterreichenden fränkischen Eroberungsbestrebungen verschont blieb. Doch diese Ausnahme bestätigt nur die Regel: Lediglich die innere und die äußere Peripherie Roms mit ihrer kontinuierlichen wirtschaftlichen Entwicklung lohnte die Mühe einer fränkischen Eroberung. Somit spielte die wirtschaftliche Entwicklung der spätrömischen Zeit bei der Bestimmung der Grenzen der neuen überregionalen Macht in nachrömischer Zeit eine wichtige Rolle.[48] Aber wodurch war es in den anderen Teilen Germaniens zu einer so abrupten Unterbrechung der bisherigen materiellen Kultur gekommen?

Wie besonders der polnische Archäologe Kazimierz Godłowski zeigen konnte, ging der kulturelle Kollaps im 5. und 6. Jahrhundert mit dem Verschwinden traditioneller, vielfach noch bis vor die Zeitenwende zurückreichender Muster der materiellen Kultur in weiten Teilen Mitteleuropas einher. Dieser Bruch manifestierte sich in allen Lebensbereichen, angefangen mit den Handelsbeziehungen zur mediterranen Welt, durch die römische Importe nach Mitteleuropa kamen, bis zu den Techniken der Keramikherstellung und

Metallbearbeitung. Die Töpferscheibe kam wieder außer Gebrauch; die Vielfalt der Gefäßformen und die Quantität der produzierten Keramik ging zurück, ebenso die Vielfalt des Dekors von Metallarbeiten. Auch die Siedlungen wurden kleiner.[49] Was aber war der Grund für diese auffälligen archäologischen Diskontinuitäten?

Nach Godłowski verschwanden die traditionellen kulturellen Muster mit deren Trägern. Einschlägige literarische Quellen zeigen, dass der Kollaps der materiellen Kultur zeitlich und räumlich mit der Bewegung germanischsprachiger Gruppen Richtung römisches Territorium zusammenfiel. Die Tschernjachow- und Przeworsk-Kulturen kollabierten zur selben Zeit, als Goten, Vandalen und andere Bevölkerungsgruppen, die sich ihnen anschlossen, durch den Aufstieg der Hunnen in Mitteleuropa verdrängt wurden. Der Niedergang der materiellen germanischen Kultur an der Elbe im 5. Jahrhundert wird in der Forschung schon länger mit der Wanderung der Angeln und Sachsen nach Britannien und mit dem Zug langobardischer Gruppen in den mittleren Donauraum in Verbindung gebracht. Diese Migrationsströme setzten sich im 6. Jahrhundert fort, nicht zuletzt infolge der Expansion der fränkischen Imperialmacht Richtung Osten, in deren Verlauf sich viele Sachsen dem Treck der Langobarden nach Italien anschlossen.[50]

Zeitlich liegen diese Ereignisse viel zu nahe beieinander, als dass man hier von einem Zufall sprechen könnte. Der massive Aufbruch germanischer Gruppen ist nicht nur die einzig mögliche, sondern auch die einzig wahrscheinliche Erklärung für dieses ungewöhnliche Phänomen. Da archäologische Kulturen als Systeme verstanden werden müssen, kann das Verschwinden etablierter kultureller Muster unterschiedliche Ursachen haben. In diesem Fall verschwanden ornamentale Metallarbeiten und scheibengedrehte Keramik, die größtenteils für eine germanische Elite produziert worden waren. Das Verschwinden dieser Produkte aus archäologischen Fundstätten könnte daher auf das Verschwinden der politischen und militärischen Führungsschicht hindeuten, während eine große, vielleicht sogar sehr große bäuerliche Klasse mit einer sehr viel schlichteren materiellen Kultur zurückblieb, die keine archäologischen Spuren hinterließ.[51] Theoretisch reichen die Erklärungsmöglichkeiten für den Zusammenbruch einer Kultur von der vollständigen Räumung eines Gebiets einerseits bis zum Aufbruch der Elite andererseits. Worauf deuten die Befunde in unserem Fall hin?

Im folgenden Kapitel über die slawischen Bevölkerungsgruppen, die diese »entgermanisierten« Gebiete Mittel- und Osteuropas in Besitz nahmen, werden wir die Quellenlage genauer untersuchen. Vorerst sollen ein paar allgemeine Beobachtungen genügen. Erstens: Der germanische Kulturkollaps spiegelt mit Sicherheit nicht die vollständige Räumung eines Gebiets wider. Wie wir am Beispiel der Goten nördlich des Schwarzen Meeres gesehen haben, gibt es Grund zu der Annahme, dass viele alteingesessene Gruppen, die im 3. Jahrhundert von den gotischen Eindringlingen unterworfen wurden, nicht Teil der gotischen Gruppen waren, die ab 376 ins Römische Reich eindrangen. Und auch die germanischen Migrantengruppen, die in spätrömischer Zeit ins römische Imperium aufbrachen, waren wohl nicht so groß, dass riesige Landschaftsräume entvölkert wurden.

Es lässt sich unmöglich genau sagen, wie viele Menschen von der Migration erfasst wurden, die durch den Aufstieg und Fall des Hunnenreichs und den Zusammenbruch der römischen Grenzsicherung in Gang kam. Doch die Frage, wie viele Migranten aus den Gebieten stammten, in denen der Kulturkollaps stattfand, lohnt eine genauere Untersuchung. So können wir davon ausgehen, dass West- und Ostgoten jeweils rund 20000 Krieger aufbrachten. Die Streitmacht der Vandalen, Alanen und Sueben war insgesamt wohl genauso groß, ganz bestimmt im Jahr 406, bevor sie in Spanien erheblich dezimiert wurde. Das burgundische Heer war sicher kleiner, wenn auch nicht unbedeutend. Wir wissen nicht, wie viele Flüchtlinge aus dem mittleren Donauraum in das römische Heer in Italien oder in das oströmische militärische Establishment auf dem Balkan aufgenommen wurden. Geht man aber von den Angaben aus, die wir über die Heruler haben, müssen die vielen verschiedenen Gruppen mindestens weitere 10000 Krieger stark gewesen sein, wahrscheinlich waren es doppelt so viele. Die Zahl der angelsächsischen Migranten wird am kontroversesten diskutiert, die Schätzungen reichen hier von 20000 bis 200000.[52]

Wenn wir vorerst von einer hohen Schätzung ausgehen, brachen um die 100000, sicher aber nicht 200000 germanische Krieger aus den vom Kulturkollaps betroffenen Gebieten auf. Diese Zahl ist nicht zu hoch gegriffen, denn nur ein militärisches Aufgebot dieser Größenordnung kann erklären, dass diese Einwanderer es schafften, das Weströmische Reich zu Fall zu bringen, das sich entschlossen zur Wehr setzte. Meiner Ansicht nach sind 100000 Mann immer noch zu niedrig angesetzt, wenn man davon ausgeht, dass im Verlauf der Kampfhandlungen zahlreiche Krieger starben. Wie viele Menschen insgesamt unterwegs waren, hängt von der Zahl der Frauen und Kinder und der ausgesprochen unsicheren Anzahl der Sklaven ab, die die Krieger begleiteten. Auch hier sprechen viele Belege dafür, dass die meisten größeren Gruppen Männer, Frauen und Kinder aller Altersstufen umfassten. Traditionell wurde die Zahl der kämpfenden Männer mit dem Faktor fünf multipliziert, um die

Größe der gemischten Gruppen zu errechnen; eine Multiplikation mit dem Faktor vier ist aber wohl korrekter. Andererseits sind Sklaven hier gar nicht berücksichtigt. Man kann also davon ausgehen, dass insgesamt rund eine halbe Million Menschen die vom Kulturkollaps betroffenen Gebiete verließen.[53]

Hintergrund all dieser Berechnungen ist, dass wir zumindest die Größe des betroffenen Territoriums kennen. Vom germanischen Kulturkollaps wurde ein Gebiet erfasst, das im Norden von Elbe und Weichsel und im Süden vom Eisernen Tor und vom Unterlauf des Don begrenzt war: grob geschätzt eine Fläche von fast einer Million Quadratkilometer. Wenn die Migration in spätrömischer Zeit eine halbe Million Menschen erfasste und damit ein Gebiet dieser Größe völlig entvölkerte, kann die Bevölkerungsdichte nur 0,5 Personen pro Quadratkilometer betragen haben – eine unrealistisch niedrige Zahl. Selbst wenn man von einer extensiven Landwirtschaft ausgeht, kann der Aufbruch von einer halben Million Menschen ein so riesiges Gebiet nicht entvölkern. Die Zahlen sind natürlich Schätzwerte, doch einer neueren Untersuchung zufolge war die Pontus-Donau-Region (Karte 15) im Altertum von schätzungsweise drei bis vier Millionen Menschen bewohnt, und die Bevölkerung allein der Großen Ungarischen Tiefebene im frühen Mittelalter wird auf etwa 300 000 geschätzt. Auch wenn die bisher genannten Zahlen nur Näherungswerte sind, können wir ausschließen, dass der Kulturkollaps in Mittel- und Südosteuropa durch die komplette Abwanderung der dort ansässigen Bevölkerung verursacht wurde.[54]

Der germanische Kulturkollaps hat also, allgemein gesprochen, seinen Grund darin, dass bestimmte Elitegruppen aus den betroffenen Gebieten abwanderten. Diese Schlussfolgerung gilt jedoch nur mit zwei Einschränkungen. Aufgrund des vielfältigen Wandels in den vorausgehenden Jahrhunderten wurden die germanischen Gesellschaften des 4. Jahrhundert nicht bloß von einer schmalen Elite dominiert. Zwar wurde zwischen dem 1. und dem 4. Jahrhundert die soziale Macht neu verteilt, aber die Elite der germanischen Welt bildete nach wie vor einen größeren Anteil an der Bevölkerung als die winzige landbesitzende Klasse der römischen Welt. Wie wir in Kapitel 2 sahen und wie es durch die Ereignisse im Zuge der sogenannten Völkerwanderung bestätigt wird, müssen wir in Kategorien der sozialen und politischen Macht (und der Gruppenidentitäten) denken. Diese Macht teilte sich eine recht breite oligarchische Schicht von Freien, die ein Fünftel bis ein Drittel der Kriegerklasse bildete. Auch war die Migration, jedenfalls bei größeren Gruppen wie den Goten und den Langobarden, nicht auf die herrschende Oligarchie beschränkt. Mindestens zwei Klassen von Kriegern – vermutlich gleichzusetzen mit den in frühmittelalterlichen Rechtssammlungen bezeugten Klassen der Freien und Freigelassenen – (und damit nicht nur Elitesoldaten) nahmen an diesen Invasionen teil, und sie führten manchmal Sklaven mit, ganz zu schweigen von ihren Familien.[55] Was da an Elite wegzog, war also eine ziemlich große Gruppe.

Zweitens weisen die Quellen darauf hin, dass die Bevölkerungsdichte mancherorts dramatisch abnahm; im folgenden Kapitel werden wir dies genauer betrachten. Auch das spricht dafür, dass die germanische Migration unter demographischem Aspekt keineswegs zu vernachlässigen war. Da die germanischen Eliten nicht besonders klein waren und bei ihrem Aufbruch die von ihnen abhängigen sozialen Gruppen der Sklaven und Freigelassenen mitnahmen, könnten einzelne Gebiete tatsächlich mehr oder weniger entvölkert worden sein.[56]

Die bestehenden Entwicklungsmuster diktierten also nicht nur den Verlauf der Migrationsprozesse im späten 4. und im 5. Jahrhundert – die Migrationen beeinflussten umgekehrt auch die Entwicklungsmuster. Eine wichtige Folge dieser Wechselwirkung war das Entstehen eines neuen Typs imperialer Macht im westlichen Eurasien, der sich auf den wirtschaftlichen Reichtum Nordeuropas stützte. Im Zuge des Untergangs des Römischen Reiches siedelten sich große bewaffnete und gut organisierte Gruppen von der Peripherie in den ehemals römischen Territorien an, was nicht ohne Auswirkungen auf die Peripherie bleiben konnte. Der kulturelle Kollaps, der durch den Aufbruch einer breiten sozialen Elite bewirkt wurde, veränderte die sozioökonomische und damit auch die politische Ordnung der alten Peripherie des Römischen Reiches grundlegend und markierte einen weiteren tiefen Bruch mit der antiken Weltordnung – einen Bruch, der nicht weniger folgenschwer war als der Aufstieg der Franken in Nordeuropa. Eine dieser Konsequenzen war das Auftauchen der Slawen in Europa, wie wir in Kapitel 8 sehen werden. Es gab jedoch noch einen dritten Faktor, der in der Mitte des 1. Jahrtausends für eine grundlegende Umgestaltung der alten Weltordnung verantwortlich war.

Aus Arabien

Bis etwa 600 n. Chr. war die oströmische Reichshälfte mit der Hauptstadt Konstantinopel die beherrschende Macht im Mittelmeerraum. So stark seine Position in den 510er Jahren auch war, verzichtete der Ostgotenkönig Theoderich der Große doch darauf, seinen imperialen Machtanspruch offen zu formulieren, um die Herrscher in Konstantinopel nicht zu provozieren. In der nachfolgenden Generation sollte sich zeigen, wie klug diese Bescheidenheit war. Justinian trug ab 536 mit seinen jahrzehntelangen Eroberungsfeldzügen erheblich zur Zerstörung des Ostgotischen Reiches in Italien und zum Aufstieg einer neuen Imperialmacht nördlich der Alpen bei. Diesem militärischen Abenteuer ging die erstaunlich erfolgreiche Eroberung des nordafrikanischen Königreichs der Vandalen 532 – 534 voraus. Anfang der 550er Jahre, in den späteren Jahren von Justinians Herrschaft, errichtete das Oströmische Reich einen Brückenkopf im südlichen Spanien. Damit war Konstantinopel innerhalb von 20 Jahren zur Herrscherin des Mittelmeers geworden.

Das Ende der glanzvollen Herrschaft des Oströmischen Reiches im 7. Jahrhundert verlief nicht weniger dramatisch als der Niedergang des Weströmischen Reiches im 5. Jahrhundert. Anfang der 610er Jahre schien es, als würde es von seinem Erzfeind, dem sassanidischen Persien, erobert, das mit Syrien, Palästina und Ägypten die wirtschaftlich einträglichsten Gebiete Ostroms unter seine Kontrolle gebracht hatte. 626 stand ein persisches Heer sogar südlich des Bosporus, und die mit Persien verbündeten nomadischen Awaren belagerten Konstantinopel. Erstaunlicherweise hielt Konstantinopel der Belagerung stand, und Kaiser Herakleios führte von Armenien aus mehrere Feldzüge gegen Mesopotamien, die im Herbst 628 Persien an den Rand des Untergangs brachten. Der Sassanidenherrscher Chosrau II., der den Krieg begonnen hatte, wurde entmachtet, und die meisten von ihm eroberten Territorien kamen wieder unter Herakleios' Herrschaft.

Kurz darauf brach aus einem wenig beachteten Winkel des Nahen Ostens ein neuer Feind hervor: arabische Stämme, die erst ein Jahrzehnt vorher durch Mohammed unter dem neuen muslimischen Glauben geeint worden waren und alles niedermachten, was sich in ihnen in den Weg stellte. Herakleios' Sieg wurde schnell Makulatur, als Syrien, Palästina und Ägypten erneut verloren gingen und Kleinasien verwüstet wurde. Bis 652 eroberten arabische Heere das gesamte Perserreich, und zwei Generationen später erstreckte sich das neue islamische Herrschaftsgebiet von Indien bis zum Atlantik.[57]

Die Details dieser welthistorischen Revolution können hier nicht genauer untersucht werden. Für den Zusammenbruch des Oströmischen Reiches wurden jedenfalls fast ebenso viele Gründe genannt wie für das Ende des Weströmischen Reiches. In der Vergangenheit wurde oft auf Justinians Eroberungen im westlichen Mittelmeerraum verwiesen, die viel zu ehrgeizig und für seine Nachfolger ein belastendes Erbe gewesen seien. Doch Justinian starb Mitte der 560er Jahre, die arabischen Eroberungen erfolgten 70 Jahre bzw. ganze drei Generationen später. Die Ereignisse stehen also in keinem direkten Zusammenhang. In jüngerer Zeit konzentriert man sich auf die inneren Ursachen des

Niedergangs von Konstantinopel: die ab 540 regelmäßig wiederkehrenden Seuchen in der mediterranen Welt und die Anzeichen für einen wirtschaftlichen Niedergang im römischen Nahen Osten im späten 6. Jahrhundert.

Aber auch äußere Ursachen müssen in Betracht gezogen werden, nicht zuletzt der 25 Jahre dauernde, verheerende Krieg zwischen Konstantinopel und den Persern unmittelbar vor den arabischen Eroberungen. Persien und Ostrom lagen während des 6. Jahrhunderts im Dauerclinch, die meiste Zeit jedoch fand der Kampf an peripheren Schauplätzen in der Kaukasusregion statt oder bestand in der Belagerung irgendeiner strategisch wichtigen Festung. Anfang des 7. Jahrhunderts kam es zur direkten Konfrontation. Als schon alles verloren schien, gelang Herakleios zwar ein triumphaler Sieg, doch die Bedingungen des Friedensvertrags von 628 zeigen, dass es keinen Sieger gab; beide Seiten waren ausgeblutet. Konstantinopel konnte nicht alle seit 602 verlorenen Gebiete zurückgewinnen. Hier liegt ein Teil der Erklärung für die raschen Siege der Araber über das Oströmische und das Persische Reich.[58]

Wir müssen aber auch die arabische Welt betrachten, insbesondere den mobilisierenden Effekt des Islams und die durch die neue Religion bewirkte Einheit einer zersplitterten Bevölkerung. Doch wie bei den neuen Konföderationen, die im späten 4. und im 5. Jahrhundert von der Peripherie des Weströmischen Reiches aus Nachfolgereiche gründeten, gibt es auch hier bedeutsame Ereignisse im Hintergrund. Die Quellen belegen ein stetiges Anwachsen der Größe und Macht arabischer Klientelstaaten an den Rändern des Oströmischen und des Persischen Reiches zwischen dem 4. und dem 6. Jahrhundert, ähnlich wie an der Peripherie des Weströmischen Reiches zwischen dem 1. und dem 4. Jahrhundert.[59] Was uns hier jedoch interessiert, sind die Auswirkungen dieser Revolution des 7. Jahrhunderts auf die europäischen Machtstrukturen, und zwar in zweierlei Hinsicht.

Zum einen bedeutete der Aufstieg des Islams das Ende Ostroms als einer überregionalen Imperialmacht. Aus den in Konstantinopel nach der Katastrophe entstandenen Texten geht dies nicht unmittelbar hervor, und die Stadt selbst fiel erst 1453 unter islamische Herrschaft, als die Kanonenkugeln Mehmets des Eroberers die große Theodosianische Mauer unweit des heutigen Busbahnhofs Topkapı durchschlugen. In den 700 Jahren zuvor hatten sich die Herrscher der Stadt »Rhomaioi« (Römer) genannt (auch wenn sie Griechisch schrieben) und an der alten römischen Ideologie der Suprematie festgehalten: Sie fühlten sich als von Gott berufene Kaiser mit der Mission, der gesamten Menschheit die rechte Ordnung zu bringen.

Mit der islamischen Eroberung verlor Konstantinopel seine reichsten Provinzen. Die großen Städte der Antike, die noch existierten, waren keine dicht bevölkerten Zentren der handwerklichen Produktion und des Handels mehr, sondern militärische Befestigungen und Kommandoposten. Auch Münzen wurden kaum mehr geprägt, und alles deutet auf einen wirtschaftlichen Niedergang hin. Bis dahin war das Oströmische Reich ähnlich »in Form« wie das Osmanische Reich des 16. Jahrhunderts, für das es aufschlussreiche Steueraufzeichnungen gibt. Sie können dazu herangezogen werden, den mutmaßlichen Verlust staatlicher Einnahmen Konstantinopels in jener früheren Epoche abzuschätzen: Mit dem Aufstieg des Islams verlor Konstantinopel zwischen zwei Drittel und drei Viertel seiner Einnahmen – und damit zwei Drittel bis drei Viertel seiner Handlungsfähigkeit.[60]

Die Folgen dieses Niedergangs werden im Gesamtbild der europäischen Geschichte nach 600 deutlich. Mit Beginn des 7. Jahrhunderts hatte Konstantinopel seine Rolle als beherrschende Macht am Mittelmeer und als Hauptakteur auf der größeren europäischen Bühne eingebüßt. Im östlichen Mittelmeer nach wie vor bedeutend, wurde es in vieler Hinsicht wider Willen zu einem Satellitenstaat der islamischen Welt. Die nachfolgenden Phasen von Prosperität und Niedergang sind mit der Geschichte des neuen islamischen Machtblocks eng verknüpft. Die politische Einigung durch den Islam bedeutete für Konstantinopel das Todesurteil. Nur wenn die islamische Welt selbst in eine Krise geriet, konnte sich Konstantinopel kurzfristig erholen. Kurzum, die Beschwörung der imperialen Größe Roms durch Konstantinopels Herrscher nach dem 7. Jahrhundert ist ein Trugbild. Aus diesem Grund würde ich für die Zeit ab Mitte des 7. Jahrhunderts nicht mehr von »oströmisch«, sondern von »byzantinisch« sprechen.[61]

Des Weiteren – und das ist die Kehrseite der Medaille – entstand mit der islamischen Expansion am südöstlichen Rand Europas eine neue Großmacht. Sie schloss nicht nur einen Großteil des Oströmischen Reiches ein, darunter dessen reichste Provinzen, sondern auch Ostroms alten sassanidischen Sparringspartner. Als sich Anfang des 8. Jahrhunderts der Staub ein wenig gelegt hatte, war ein gewaltiges Reich entstanden, das sich von Spanien bis nach Nordindien erstreckte. Die Herrschaft über ein so riesiges Territorium in einer Zeit ohne adäquate Verkehrsmittel war ein logistischer Albtraum. Zudem herrschte große ideologische Uneinigkeit darüber, wie und von wem das islamische Reich regiert werden sollte. Innenpolitisch neigte es zu Instabilität. Doch trotz der stets ein wenig brüchigen politischen Kontrolle, die mit zunehmender Entfernung von den jeweiligen Hauptstädten abnahm, stellten sowohl das omayyadische Kalifat in Damaskus zwischen den 660er Jahren und der Mitte des 8. Jahrhunderts als auch das abbasidische Kalifat in Bagdad zwischen dem späten 8. und dem frühen 10. Jahrhundert gewaltige Konzentrationen an Reichtum und Macht dar, vor denen selbst die Glanzzeiten des Römischen Reiches verblassten.[62] Diese Großmacht am nahöstlichen Rand der europäischen Landmasse war zwar zu weit entfernt, um direkt auf die Geschichte der Migration und Entwicklung im barbarischen Europa Einfluss zu nehmen, aber die indirekten Auswirkungen waren enorm. Nicht nur tilgte sie das Oströmische Reich als Akteur der europäischen Geschichte von der Landkarte, sie streckte ihre diplomatischen und wirtschaftlichen Fühler durch den Kaukasus in die westliche Steppe und weiter nach Ost- und sogar nach Nordeuropa aus.

SYSTEMKOLLAPS UND DIE GEBURT EUROPAS

Der Untergang der westlichen (und übrigens auch der östlichen) Reichshälfte muss nicht zuletzt als eine Folge jener Entwicklungsprozesse verstanden werden, die sich in der ersten Hälfte des 1. Jahrtausends vollzogen. Die meisten neuen strategischen Muster, die die politische Landschaft Europas seit etwa 500 n. Chr. prägten, waren durch eine neue überregionale Macht in Nordeuropa bestimmt. Die Franken, die im späten 5. Jahrhundert an der inneren Peripherie des ehemaligen Römischen Reiches auftauchten, erweiterten ihr ursprüngliches Siedlungsgebiet um ehemals römische Territorien westlich des Rheins und um andere Teile der inneren und äußeren Peripherie Roms. Das Römische Reich legte also, wenn man so will, langfristig selbst den Keim zu seiner Zerstörung. Durch sein wirtschaftliches, militärisches und diplomatisches Gefüge veränderten sich die Bevölkerungen an seinen Grenzen, bis diese so weit waren, dieses Reich zu Fall zu bringen.

Doch auch der Zufall spielte eine gewisse Rolle. Betrachtet man die Grundmuster jener Transformation, so wäre zu erwarten, dass die Ränder des römischen Territoriums immer ehrgeizigeren und aggressiveren Dynasten in den Grenzgebieten in die Hände fielen, die durch den wirtschaftlichen und politischen Wandel zunehmend erstarkten und den Machtvorteil des Römischen Reiches langsam unterminierten. Im 3. Jahrhundert musste das Römische Reich das transsylvanische Dakien und Gebiete zwischen den Karpaten und der Donau an die Goten und an andere aufstrebende Mächte an der osteuropäischen Peripherie abtreten, während im Westen die Alamannen die geräumten *Agri Decumates* in Besitz nahmen. Im 4. Jahrhundert konnte ein so aggressiver alamannischer König wie Chnodomarius seine Kontrolle auf das westliche Rheintal ausdehnen, und die salischen Franken zogen auf Gebiete westlich der niederrheinischen Grenze Roms. Zu dem Zeitpunkt war die römische Imperialmacht noch stark genug, solche Vorstöße in Schach zu halten, aber die Tendenz ist deutlich.

Dieses Szenario setzte sich jedoch nicht fort. Der Aufstieg und Niedergang der Hunnen setzte eine so beispiellose politisch motivierte Migration in Gang, dass militärisch starke Gruppen von der inneren und äußeren Peripherie Roms sich plötzlich auf römischem Territorium ansiedelten. Im Zuge der ersten Krise von 375–380 betraten Goten, Sarmaten und Taifalen von der inneren Peripherie jenseits der Grenzregion an der unteren Donau römisches Staatsgebiet, 405–408 kamen weitere Gruppen von der mittleren und oberen Donau hinzu: die Sueben (falls es sich bei ihnen um Markomannen und Quaden handelte) und die Burgunder. Zu den Gruppen von der äußeren Peripherie, die von diesen Ereignisse mitgerissen wurden, zählten auch die Alanen, von denen verschiedene Gruppen 375–380 bzw. 405–408 auf römisches Reichsgebiet vordrangen und die sich später mit den Asdingen- und den Silingen-Vandalen zusammenschlossen. Deren Territorien lagen zwar nicht allzu weit von der Grenze entfernt, aber über diplomatische Beziehungen zwischen ihnen und dem Römischen Reich vor den Wirren der Hunnenzeit wissen wir nichts.[63] Durch diese Migrationen verlor das Weströmische Reich wichtige Steuereinkünfte aus seinen Kerngebieten, wodurch das militärische und politische Gefüge rasch kollabierte.

Es handelte sich also nicht um den allmählichen Aufstieg einer neuen überregionalen Macht in Nordeuropa, als sich rivalisierende Dynasten immer mehr Gebiete des römischen Imperiums aneigneten und ihre Rivalen jenseits der Grenze einschüchterten. Vielmehr veränderte sich mit dem Auftauchen der Hunnen sowohl der zeitliche Verlauf als auch der Grundcharakter dieses Prozesses auf dramatische Weise. Im 4. Jahrhundert verlief die Grenze von Roms äußerer Peripherie, die von größtenteils germanischsprachigen Gruppen mit einer ausgeprägten materiellen Kultur beherrscht wurden, über ein weites Gebiet. Im 6. Jahrhundert, nach den Migrationen der Hunnenzeit und dem damit einhergehenden Zusammenbruch der Przeworsk-, Wielbark- und Tschernjachow-Kultur, verschwanden östlich der Elbe und jenseits des mittleren Donaubeckens die alten Muster dieser materiellen Kultur. Historische Quellen geben keine Auskunft über die politischen Strukturen, die hier vorher existiert hatten. Der Auflösungsprozess des Weströmischen Reiches bedeutete eine starke Reduzierung des von Germanen beherrschten Europa und eine Einigung des Restes unter fränkischer Oberhoheit. Sowohl die Geschwindigkeit des Zusammenbruchs der römischen Imperialmacht als auch das dramatische Schrumpfen des germanischen Europa war eine Folge der von den Hunnen ausgelösten Migrationen. Für die europäische Geschichte begann damit eine neue Ära.

Betrachtet man, welche Folgen der Untergang des Römischen Reiches für die Grundmuster der Entwicklung Europas hatte, gelangen wir zu paradoxen Ergebnissen. Erstens förderte bis etwa 350 n. Chr. der Austausch mit dem Römischen Reich in weiten Teilen Europas den Aufbau politischer Strukturen und komplexerer wirtschaftlicher Beziehungen. Ob dies für die Menschheitsgeschichte »gut« oder »schlecht« war, vermag ich nicht zu sagen. Der Zivilisationsfortschritt ist alles andere als einfach zu messen. Von der enormen Bedeutung dieser Entwicklung bin ich aber fest überzeugt. Zweitens schrumpfte mit dem Untergang des Römischen Reiches der geographische Raum jenes höher entwickelten Europa, als bewaffnete und politisch organisierte Gruppen nach Süden und nach Westen zogen, teils um sich zu bereichern, teils aus politischer Notwendigkeit. Die Tatsache, dass die neue fränkische Großmacht ein schwächeres Staatsgebilde war, verringerte in gewisser Hinsicht das alte Gefälle zwischen dem entwickelten und dem nichtentwickelten Europa. Trotzdem war im 6. Jahrhundert das wirtschaftlich und kulturell höher entwickelte Europa – sowohl römisches Territorium als auch dessen Peripherie – infolge des Dominoeffekts des imperialen Kollapses auf ein geographisch kleineres Gebiet begrenzt.

Langfristig jedoch sollte sich dieser zweite Faktor als weniger folgenschwer erweisen als das Ende der Herrschaft des Mittelmeerraums über das westliche Eurasien. Diese Entwicklung begann mit dem Aufstieg der Franken zur ersten Imperialmacht in Nordeuropa. Sie kam zum Abschluss mit dem Aufstieg des Islams, der Ostrom zum Satelliten Byzanz degradierte und die politische und letztlich auch kulturelle Einheit des Mittelmeerraums zerstörte. Dadurch wurde Nordeuropa von jener politischen Einmischung befreit, wie sie die antike Weltordnung gekennzeichnet hatte. Die Untergangsphase des Römischen Reiches ist gleichbedeutend mit den Geburtswehen Europas. Am Ende des 1. Jahrtausends reichten das entwickelte Europa und der Club der christlichen Monarchien nicht mehr nur bis zur Elbe wie im Jahr 500 n. Chr., sondern bis an die Wolga. Das Zusammenspiel von Migration und Entwicklung, das diese neue und erstaunliche Transformation Europas bewirkte, ist Gegenstand der folgenden Kapitel.

KAPITEL 8
DIE ENTSTEHUNG DES SLAWISCHEN EUROPA

Rund 270 Millionen Menschen sprechen heute in Europa eine slawische Sprache, und die Staaten mit einer slawischen Hauptsprache nehmen zusammen etwa die Hälfte der Fläche Europas ein. Letzteres war Ende des 1. nachchristlichen Jahrtausends schon so. Bereits im Jahr 900 dominierten slawischsprachige Bevölkerungsgruppen große Teile Europas östlich der Elbe und einige kleinere Gebiete westlich davon im Böhmischen Becken und an der Saale. Wie weit nach Osten die slawische Herrschaft damals reichte, ist unklar, aber sicherlich umfasste sie einen Großteil des europäischen Russland und erstreckte sich im Osten bis zur Wolga und im Norden bis zum Ilmensee. Auch in weiten Teilen der Balkanhalbinsel dominierten slawischsprachige Bevölkerungsgruppen (Karte 16).

Doch dieses großflächige slawische Europa gab es um 900 noch nicht lange. Zur Zeit der Römerherrschaft war Europa von germanischsprachigen Gruppen beherrscht gewesen. Ihr Siedlungsraum hatte bis zur Weichsel gereicht, fast 500 Kilometer östlich der späteren Westgrenze des slawisch dominierten Territoriums. Auf dem Balkan – damals noch in römischer Hand – hatten ethnisch unterschiedliche Gemeinschaften gelebt, deren Sprachen von Latein über Griechisch bis hin zu vielerlei lokalen Dialekten reichten. Außerdem lassen bestimmte Flussnamen (Hydronyme) darauf schließen, dass in einem Großteil des europäischen Russland einmal baltisch- und nicht slawischsprachige Gruppen das Sagen gehabt hatten, während die nördlichen Zonen Russlands von finnischen Gruppen besiedelt gewesen waren (Karte 16). Erstaunlicherweise ist bis zur Absetzung des letzten weströmischen Kaisers Romulus Augustulus anno 476 in keiner römischen Quelle, weder auf Griechisch noch auf Lateinisch, von »Slawen« die Rede ist, obwohl römische Geographen schon damals gute Kenntnisse von Nord- und Osteuropa hatten. Die Entstehung des slawischen Europa gehört zu den großen Rätseln des 1. Jahrtausends. Wie kam es dazu und welche Rolle spielte die Migration dabei?

AUF DER SUCHE NACH DEN SLAWEN

So bedeutsam die Entstehung des slawischen Europa ist, so überaus schwierig ist die Rekonstruktion dieses Prozesses. Dafür gibt es einige auf der Hand liegende und einige eher exotische Gründe. Erstens verfügen wir über keinerlei zeitgenössische Zeugnisse eines slawischen Autors. Lesen und Schreiben lernten die Slawen erst mit der Christianisierung. Mitte des 9. Jahrhunderts verschriftlichten die byzantinischen Missionare Kyrill und Method in Mähren für ihre Bibelübersetzung erstmals eine slawische Sprache. In den Jahrhunderten danach blieben Latein und Griechisch weitgehend auf religiöse Zwecke beschränkt, und erst im frühen 12. Jahrhundert begannen Slawen, eigene Geschichtswerke zu verfassen: die *Chronik der Böhmen* des Cosmas von Prag (entstanden ab ca. 1120), die *Chronik* des Gallus Anonymus in Polen (ca. 1115) und die *Nestorchronik* in Kiew (1116). Nahezu ein halbes Jahrtausend trennt diese ersten slawischen Historiographien von der Zeit, als in weiten Teilen Europas die Slawen zu dominieren begannen. Daher lag ihr Schwerpunkt auch eher auf der Geschichte der Länder, in denen sie entstanden, und ihrer Herrscherdynastien; auf die weiter zurückliegende Vergangenheit wurde nur beiläufig Bezug genommen. So stammen sämtliche mehr oder weniger zeitgenössischen Informationen über den Aufstieg der Slawen von oströmischen oder byzantinischen Autoren im Osten und nachrömischen (hauptsächlich fränkischen und italienischen) Autoren im Westen. All diesen Texten lagen griechisch-römische Vorstellungen des »Barbarentums« zugrunde. Es ist daher fraglich, wie weit man sich auf solche Berichte verlassen kann oder ob sie ein ideologisch gefärbtes Konstrukt sind, in das die Vorurteile der Verfasser und die Erwartungen des Publikums einflossen.

Allerdings gibt es ein noch viel größeres Problem: Die nichtslawischen Autoren schrieben nicht sehr ausführlich über die Slawen. Aus oströmischen Quellen erfahren wir ein wenig über die Slawisierung des Balkans im 6. und 7. Jahrhundert, die westlichen Quellen fügen Fragmente über die Ausbreitung der Slawen im Westen entlang der Karpaten und am Fuß der Alpen hinzu, und Quellen aus der Wikingerzeit vermitteln einen bescheidenen Einblick in den finalen Vorstoß slawischer Gruppen nordostwärts Richtung Ilmensee. Über die Slawisierung großer Gebiete Nordeuropas zwischen Elbe und Wolga gibt es jedoch keinerlei historische Dokumente. Der Bestand an schriftlichen Zeugnissen ist so spärlich, dass man die Entstehung des slawischen Europa wie eine prähistorische Epoche fast nur mit Mitteln der Archäologie erforschen kann.

Stolz und Vorurteil

Wieder einmal sind wir den beiden Generationen von Wissenschaftlern zu Dank verpflichtet, die nach dem Zweiten Weltkrieg die archäologische Forschung in den Ostblockländern tatkräftig vorantrieben. Bei meinem ersten Besuch in Polen gab es allein am Archäologischen Institut in Warschau rund 2000 Studenten, von denen jeder für seinen Hochschulabschluss an drei Grabungen teilnehmen musste. Dabei war das Warschauer Institut keineswegs die einzige archäologische Forschungsstätte des Landes. In den übrigen Staaten des Warschauer Pakts bot sich ein ähnliches Bild. Infolgedessen wurden enorme Mengen Material zum Studium des prähistorischen Europa erschlossen, nicht zuletzt aus der Zeit zwischen dem 6. und dem 8. Jahrhundert, der für den Aufstieg der Slawen entscheidenden Epoche. Vor allem mittel- und osteuropäischen Archäologen ist die Entdeckung und Auswertung einer materiellen Kultur zu verdanken, deren Fundorte und Datierung sich zumindest mit einigen slawischen Gruppen der fraglichen Zeit plausibel in Verbindung bringen lassen. Diese Relikte des »Korčak«-Typs – und die nahe verwandten »Penkowka«-Materialien – bestehen aus einfachen Keramiken in Form von zumeist handgedrehten Kochgefäßen (Abb. 19). Die Siedlungen, aus denen sie stammen, umfassen in der Regel nicht mehr als zehn, teils in den Boden eingetiefte Hütten, die häufig mit einem steinernen Herdofen in einer Ecke ausgestattet waren. Gelegentlich fand man in der Nähe der Siedlungen kleine Gräberfelder mit schlichten handgeformten Urnen. All das weist auf kleine bäuerliche Gemeinschaften hin, die auf Subsistenzniveau Ackerbau und Viehhaltung betrieben und über Eisenwerkzeuge verfügten. Wie zu erwarten, wurden solche Siedlungen hauptsächlich in Gegenden mit fruchtbaren Böden entdeckt, auf flachem Gelände am Rand der Überschwemmungszonen von Flüssen. Auffällig an der Korčak-Kultur ist zudem, dass ihre Relikte so gut wie keine importierten Objekte und kunstvollen Metallarbeiten beinhalten.[1]

Zwar scheint eine enge Verbindung zwischen den Korčak-Relikten und frühslawischen Bevölkerungsgruppen zu bestehen, aber die Funde selbst geben viele Rätsel auf. Eines davon betrifft die Datierung. Unter den Korčak-Relikten fand man keine Metallarbeiten oder aufwendigere Keramiken, bei denen stilistische Entwicklungen eine zeitliche Einordnung erlauben würden. Germanische Relikte aus der ersten Jahrtausendhälfte lassen sich gewöhnlich auf einen Zeitraum von 25 Jahren eingrenzen, Funde des Korčak-Typs hingegen nur auf eine Spanne von 200 Jahren zwischen ca. 500 und 700 v. Chr. Methoden wie die Dendrochronologie und die Radiokarbondatierung ermöglichen präzisere

Bestimmungen, sofern geeignete Holzfunde oder organisches Material vorhanden sind, aber diese teuren Verfahren wurden bisher nur bei relativ wenigen Funden angewandt.

Noch wichtiger ist die Frage, in welchem Zusammenhang die Korčak-Relikte mit den frühen Slawen stehen. Lebten alle slawischsprachigen Gemeinschaften um 500 n. Chr. so, wie es sich aus den Funden erschließen lässt? Und stammen Relikte des Korčak-Typs ausschließlich von slawischsprachigen Gruppen? Gewiss pflegten manche Slawen die Korčak-Kultur, aber das bedeutet nicht zwangsläufig, dass es alle taten. Umgekehrt gibt es keinen Grund zu der Annahme, dass die einfachen bäuerlichen Korčak-Gemeinschaften nicht eine Vielzahl von Sprachen gesprochen hätten.[2]

Darüber hinaus wird die Erforschung der frühslawischen Geschichte durch den Streit über die Herkunft der Slawen erschwert. Seit rund hundert Jahren wurden immer wieder neue und sehr unterschiedliche Ursprungsgebiete identifiziert (Karte 17), von Böhmen im Westen bis zum Don im fernen Osten. Hinter dieser Diskussion steckte oft nationales Konkurrenzdenken – die Forscher neigten dazu, ihr jeweiliges Heimatland als die alleinige Wiege der Slawen anzusehen. So vermutete der Tscheche Borkovský den Ursprung der Slawen in Böhmen, während der Pole Kostrzewski für Polen plädierte. Der Jugoslawe Korošec hingegen machte sich für Pannonien stark (der Norden des ehemaligen Jugoslawien umschloss einen Teil des alten römischen Pannonien); die Sowjetbürger Tretjakow und Rybakow schließlich lokalisierten die Urheimat der Slawen noch weiter im Osten. Natürlich gab es auch Ausnahmen. Der Pole Kazimierz Godłowski favorisierte nach eingehender Analyse der seit dem Zweiten Weltkrieg hinzugekommenen archäologischen Zeugnisse den äußeren Rand der Karpaten als Ursprungsregion. Und ich glaube nicht, dass Florin Curta deswegen für das Gebiet zwischen Karpaten und Donau eintritt, weil er rumänischer Abstammung ist.

Die Rivalitäten hielten ungebrochen zwei ideologisch unterschiedlich geprägte Epochen lang an. Wie nicht anders zu erwarten, herrschte in der nationalistischen Ära des späten 19. und frühen 20. Jahrhunderts auch zwischen den Slawen heftige Konkurrenz. Slawische Intellektuelle versuchten Einfluss und Ansehen zu gewinnen, indem sie nach Beweisen für den Ursprung aller Slawen in ihrem jeweiligen Heimatland fahndeten. Besonders heikel war dieses Thema für das Verhältnis zwischen Polen und Russen angesichts der Unterdrückung Polens innerhalb des Zarenreichs bis zum Ende des Ersten Weltkriegs. Erstaunlicherweise hielten sich die alten Rivalitäten bis in die Sowjetzeit. Nach klassisch-marxistischer Lehre ist jedes andere als das Klassenbewusstsein erklärtermaßen »falsch« und nur ein ideologisches Konstrukt der Elite zur Beherrschung der Massen. Daher hätte man nicht erwartet, dass sich das intellektuelle Establishment der Sowjetunion den Kopf zerbrechen würde, woher das somit »falsche« ethnische Bewusstsein der Slawen nun genau stammte. Aber zu den vielen Paradoxien der Sowjetunion gehörte auch, Marxismus und Nationalismus nahtlos zusammenzufügen. Die zu jener Zeit anscheinend unbestreitbare Tatsache, dass das Schicksal die Slawen dazu auserkoren hatte, die neue marxistische Weltordnung zu verwirklichen, gab dem nationalistischen Konkurrenzdenken neue Nahrung. Dessen Folgen waren zuweilen brutal. Bis 1980 riskierten polnische Wissenschaftler einiges, wenn sie anzweifelten, dass das Territorium zwischen Oder und Weichsel – polnisches Staatsgebiet seit dem Ende des Zweiten Weltkriegs – seit jeher von Slawen besiedelt war.[3]

Manchmal dienten die konkurrierenden Theorien zur slawischen Geschichte auch der Abwehr externer Ansprüche. So versuchte Gustaf Kossinna, wie in Kapitel 1 geschildert, mit einer angeblichen germanischen Besiedlung deutsche Gebietsansprüche zu rechtfertigen. Józef Kostrzewski, der Kossinnas Methodik studiert hatte, zahlte es ihm mit gleicher Münze heim. Er behauptete nämlich, das Kernland des neuen polnischen Staates, wie er nach dem Ersten Weltkrieg wiederhergestellt worden war, sei von jeher von Slawen besiedelt gewesen. Das richtete sich nicht nur gegen russische Territorialforderungen, sondern auch gegen Kossinna. Um dieser These Schlagkraft zu verleihen, waren einige intellektuelle Kniffe nötig. In Tacitus' *Germania* heißt es, germanischsprachige Gruppen – insbesondere die historisch herausragenden Goten – hätten im 1. nachchristlichen Jahrhundert das Gebiet nach Osten bis zur Weichsel besiedelt. Das war natürlich nicht ohne Weiteres mit der These zu vereinbaren, wonach in genau diesem Gebiet schon seit jeher Slawen gelebt hätten. Daher behauptete Kostrzewski, die Goten und andere germanischsprachige Bevölkerungsgruppen hätten lediglich eine dünne Schicht über einer »latenten« slawischsprachigen Mehrheit gebildet. Um das zu belegen, versuchte Kostrzewski die Geschichte dieser Mehrheit vom Frühmittelalter über die Römerzeit (anhand der Przeworsk-Kultur) bis ca. 1000 v. Chr. (anhand der sogenannten Pommerschen und Lausitzer Kultur) zurückzuverfolgen.[4]

Den nationalistischen Konkurrenzkampf befeuerte auch die Neigung slawischer Historiker, die frühen Slawen mit den »besten« – das heißt, den technisch am weitesten entwickelten vor- und frühgeschichtlichen Relikten in Zusammenhang zu bringen. Viele Forscher wollten ihre vermeintlichen Vorfahren mit etwas Präsentablerem als schlichten Keramikscherben in Zusammenhang sehen. Rybakow beispielsweise lokalisierte die slawische Urheimat in der Ukraine, indem er die Slawen mit der Tschernjachow-Kultur in Verbindung brachte, deren eisenzeitliche Hinterlassenschaften zu den reichhaltigsten in Osteuropa zählen. Die Tschernjachow-Kultur zeichnete sich durch beachtliche Siedlungen, eiserne Waffen und Werkzeuge, scheibengedrehte Keramik in vielerlei Varianten und kunstvolle Schmuckstücke aus und bot alles in allem ein ansehnlicheres Bild als die Vorstellung, die slawischen Ahnen hätten in morschen Hütten gehaust und nichts Besseres besessen als handgemachte Keramik eintöniger Machart. Ähnlich argumentierte auch Kostrzewski: Technisch gesehen sei die Przeworsk-Kultur eine der »besten« der mitteleuropäischen Eisenzeit gewesen.

Vor dem Hintergrund des Nationalsozialismus und seiner Folgen erscheint uns Kostrzewskis Konter sympathischer als Kossinnas ursprüngliche These, aber im Grunde ließen sich beide für politische Zwecke vereinnahmen. Das gilt auch für viele Studien zur slawischen Geschichte, die bis etwa 1970 vorgelegt wurden. Die politische Maßgabe lautete stets, die Frühgeschichte Mittel- und Osteuropas im bestmöglichen Licht erscheinen zu lassen. Seit ungefähr einer Forschergeneration jedoch und besonders seit dem Zerfall des Ostblocks verloren solche politischen Denkschablonen an Kraft. In den 1970er Jahren wies Mark Shchukin für die nördliche Schwarzmeerregion einen engen zeitlichen Zusammenhang zwischen Aufstieg und Untergang sowohl der Goten als auch der Tschernjachow-Kultur nach. Das ließ nur den Schluss zu, dass die Tschernjachow-Kultur von den Goten dominiert war. Gut möglich, dass in dieser Region auch eine slawischsprachige Bevölkerung lebte, aber es waren die militärisch starken Goten, die dort das Sagen hatten. Auch was Polen betrifft, wurde Kostrzewskis These einer kontinuierlichen slawischen Besiedlung fragwürdig, als man herausfand, dass zwischen der prähistorischen Lausitzer und der Pommerschen Kultur im 1. Jahrtausend v. Chr. einerseits und der Wielbark- und der Przeworsk-Kultur im selben Gebiet während der Römerzeit andererseits eine tiefe zeitliche Lücke klafft.[5] Die Theorie, derzufolge das Gebiet zwischen Oder und Weichsel seit mindestens 1000 v. Chr. durchgängig slawisch besiedelt war, hat inzwischen stark an Plausibilität verloren.

Nachdem man endlich das ideologische Korsett losgeworden ist, stellt sich die Frage: Was wissen wir wirklich über die Slawisierung Europas?

Urslawen

Am besten beginnt man bei dem ersten durch Quellen belegten Auftauchen der Slawen in der europäischen Geschichte. Von Slawen – eigentlich Sklawenen – ist erstmals in der ersten Hälfte des 6. Jahrhunderts die Rede, als sie nördlich der oströmischen Reichsgrenze an der unteren Donau in Erscheinung treten. Um das Jahr 550 berichtet der oströmische Geschichtsschreiber Prokop von zahlreichen Überfällen, die die Sklawenen und die Anten, die er als ihre nahen Verwandten bezeichnet, über die Donau hinweg auf die Balkanprovinzen des Oströmischen Reiches verübten. Diese Angriffe – oder die der Anten, um genau zu sein – beginnen unter der Herrschaft Justins I. (518–527); allerdings wurden die Anten später Verbündete Ostroms. In den 530er und 540er Jahren stellten jedoch die Sklawenen das größere Problem dar, und aus Prokops Schilderungen geht hervor, dass ihre Überfälle an Häufigkeit und Intensität stetig zunahmen. Die Namen der Anführer lassen darauf schließen, dass beide Gruppen slawischsprachig waren, und es besteht kein Grund, Prokops Bericht in diesem Punkt anzuzweifeln.[6] Demnach finden wir um das Jahr 500 erstmals slawischsprachige Gruppen, die in der heutigen Walachei und im südlichen Moldawien, dem Gebiet zwischen Karpaten und Donau, aktiv waren.

In dieser Region fand man Relikte des Korčak-Typs aus der besagten Epoche. Zwar lassen sich Korčak-Relikte nicht exakt datieren, aber unter den Fundstücken aus der Walachei und aus Südmoldawien befinden sich einige datierbare Importe. Bei Dragosloveni in der Walachei kam in einem typischen eingetieften Korčak-Haus, einem sogenannten Grubenhaus (Abb. 20), unter Keramikresten eine Gewandnadel aus dem späten 5. Jahrhundert zum Vorschein. Ebenfalls in der Walachei liegt der berühmte Friedhof von Sărata Monteoru, dessen Gräber Gewandnadeln und Gürtelschnallen aus dem späten 4. und frühen 5. Jahrhundert enthalten. Auch an verschiedenen Orten in Moldawien entdeckte man neben importierter scheibengedrehter Keramik aus dem 5. oder frühen 6. Jahrhundert typische Korčak-Materialien. Und bei Chişinău enthält ein Fund von Korčak-Relikten einen typisch hunnischen Spiegel aus der Mitte des 5. Jahrhunderts. Natürlich weiß man nicht, wie lange ein solcher Gegenstand in Gebrauch war, bevor er als Grabbeigabe verwendet wurde. Aber unter den Korčak-Materialien aus diesem Gebiet befanden sich genügend Objekte aus der Mitte oder dem späten 5. Jahrhundert, um sagen zu können, dass sie im späten 5. und frühen 6. Jahrhundert in ganz Moldawien und in der Walachei verbreitet waren – genau zu jener Zeit, in der vor allem Prokop, aber auch andere oströmische Quellen erstmals das Auftauchen von Slawen in der besagten Region vermelden.[7] Darüber herrscht allgemein Konsens. Aber war die slawische Präsenz südlich der Karpaten die Folge einer Zuwanderung, oder hatten hier schon von jeher slawische Gruppen gelebt?

Die traditionelle Antwort lautete stets: Zuwanderung. Zum einen umfasst die südkarpatische Region Landstriche, die im 2. und 3. Jahrhundert zum Römischen Reich gehörten, und lag so nahe an der römischen Grenze, dass ihre Geschichte in den ersten 500 Jahren n. Chr. relativ gut dokumentiert ist. Es ist also nicht so, dass sich die Quellen – wie so oft – über eine eventuelle Präsenz von Slawen in diesem Gebiet vor dem Jahr 500 ausschwiegen. Zuvor siedelten hier andere, nichtslawischsprachige Gruppen. Auch gibt es keine Belege, dass in Attilas Hunnenreich, dessen Herrschaftsgebiet diese Region einschloss, Slawen um die Mitte des 5. Jahrhunderts eine Rolle gespielt hätten. In den Berichten über Aufstieg und Fall des Hunnenreichs werden viele unterworfene Völker erwähnt, doch nie irgendwelche Slawen. Das beste Argument, das für die Präsenz von Slawen in Attilas Reich vorgebracht wurde, ist die These, wonach das Wort *strava* – laut Jordanes der von den Hunnen verwendete Begriff für Grabreden auf ihren toten Führer – aus dem Slawischen stamme. Das ist nicht auszuschließen, aber wir wissen nichts über die Sprache der Hunnen, so dass *strava* durchaus auch hunnischen Ursprungs sein kann. Ohnehin wäre es ein sehr kühnes Unterfangen, damit den Nachweis erbringen zu wollen, dass die ansonsten mit keiner Silbe erwähnten Slawen in Attilas Reich eine bedeutende Rolle spielten.

Für die Zuwanderung der Slawen spricht noch mehr. Jordanes, der in Konstantinopel etwa zur selben Zeit wie Prokop tätig war, weiß über die Slawen Mitte des 6. Jahrhunderts Folgendes zu berichten:

> Weiter nach innen zu liegt Dacien, das von steilen Gebirgen, die wie ein Kranz dasselbe umgeben, geschützt ist. Links von diesen, wo die Grenze nordwärts geht, von den Quellen der Vistula [Weichsel] ab über ungeheure Strecken hin sitzt das zahlreiche Volk der Veneder. Mögen auch ihre Benennungen wechseln nach ihren verschiedenen Stämmen und Wohnsitzen, die hauptsächlichen Namen sind doch die der Sclavenen und Anten. Die Sclavenen haben das Land von der Stadt Novietunum [...] bis zum Danaster [Dnjestr] und im Norden bis zur Vistula [Weichsel] [...]. Die Anten dagegen, die tapfersten unter ihnen, wohnen an der Krümmung des Pontus vom Danaster bis zum Danaper [Dnjepr], die viele Tagereisen voneinander entfernt sind.

Vieles davon stimmt mit Prokops Schilderungen überein. Außerdem erklärt Jordanes, die Sklawenen und die Anten würden von einer früheren Bevölkerungsgruppe namens Veneder abstammen. Das ist möglicherweise von großer Bedeutung, da die Veneder im Unterschied zu den Slawen in römischen Quellen erwähnt werden. Tacitus lokalisiert sie östlich der Weichsel in einem breiten Gebietsstreifen zwischen den Fennen (Finnen) des arktischen Nordens und den Karpaten. Ein wenig früher hatte auch Plinius von den *Venedae* gehört, wie er sie nennt, aber nichts weiter über sie berichtet. Der Geograph Ptolemäus aus dem 2. Jahrhundert erwähnt die Veneder ebenfalls, nennt aber lediglich einige ihrer Gruppennamen. Somit besteht kein Zweifel, dass es die Veneder gab und dass sie in der ersten Hälfte des Jahrtausends in Osteuropa lebten; mehr wussten die Römer aber nicht über sie. Dieser Teil Europas war ihnen kaum weniger rätselhaft als das, was sie jenseits davon vermuteten. Vergleicht man die früheren Berichte mit Jordanes' Schilderungen, drängt sich die Vermutung auf, dass das Auftauchen von Slawen venedischer Herkunft in der südkarpatischen Region um das Jahr 500 oder kurz danach die Folge einer Zuwanderung aus dem Norden war.[8]

Jordanes' Ausführungen stimmen teilweise auch mit einer der berühmtesten sprachwissenschaftlichen Theorien zur frühslawischen Geschichte und mit soliden archäologischen Zeugnissen überein. Alle heutigen slawischen Sprachen verwenden für die Buche einen altslawischen Begriff, während die slawischen Bezeichnungen für Lärche und Eibe germanische Lehnwörter sind. Zu Beginn des 20. Jahrhunderts glaubte man, dass in der »slawischen Urheimat« die Buche der vorherrschende Baum gewesen sei. Die einzige Region, auf die dieses Merkmal zutrifft, sind die Pripjetsümpfe in Polesien rund 350 Kilometer nördlich der Karpaten (Karte 17). Dort wurden in den 1950er und 1960er Jahren umfangreiche Ausgrabungen durchgeführt, mit dem Ergebnis, dass die Archäologin Irina Rusanova den Fund der allerfrühesten Korčak-Relikte verkünden konnte. Die Fundstelle veranlasste Rusanova, die ursprünglich von Borkovský als »Prager Kultur« bezeichnete charakteristische Kombination von eingetieften Grubenhäusern und handgemachten Kochgefäßen aufgrund ihrer vermuteten Vorzeitigkeit in »Korčak-Kultur« umzubenennen.[9]

Diese einst als gesichert geltende Theorie zur frühslawischen Geschichte wurde jedoch kürzlich von Florin Curta in Frage gestellt, der meint, die historischen Slawen seien genau dort aufgetaucht, wo sie erstmals erwähnt werden: an den südöstlichen Ausläufern der Karpaten. Curta stützt seine Argumentation auf eine Kombination schriftlicher und archäologischer Zeugnisse. Zum einen bestreitet er Jordanes' Behauptung, die Slawen würden von den Venedern abstammen. Jordanes lehnte sich in bestimmten Punkten offenkundig an Tacitus' *Germania* an. Daher hält Curta die Verknüpfung der Veneder mit den Slawen für eine Erfindung des Jordanes; es sei nur ein weiteres Beispiel für die notorische Neigung römischer Autoren, nie von »neuen Barbaren« zu sprechen, sondern immer nur die alten unter neuen Namen zu sehen. Zum anderen widerspricht Curta auch Rusanovas Schlussfolgerungen und hält dagegen, dass die Korčak-Funde im Süden der Karpaten älter seien als die aus Polesien und folglich nicht von diesen abgeleitet werden können. Den Schwerpunkt seiner Forschungen legt Curta jedoch auf die umfangreichen historischen und archäologischen Belege, aus denen hervorgeht, dass jene Slawen des 6. Jahrhunderts, die mit der oströmischen Welt in Kontakt standen, sich in einem dynamischen soziopolitischen und ökonomischen Wandlungsprozess befanden. Dieser Prozess habe, so Curta, die »ersten« oder Urslawen »hervorgebracht«.[10]

Viele Argumente Curtas sind sehr plausibel und seine Einwände gegen Rusanovas Datierungen hieb- und stichfest. Die Korčak-Funde aus Polesien sind zweifelsfrei jünger als ihre südkarpatischen Gegenstücke. Auch liegt der Ursprungsort zumindest jener Slawen, die im 6. Jahrhundert dem Oströmischen Reich einverleibt wurden, sehr wahrscheinlich in der Karpatenregion. Curta selbst verortet ihren Ursprung in den südöstlichen Ausläufern der Karpaten. Einer neueren Theorie zufolge, die von Wladimir Baran aufgestellt und von polnischen Archäologen der sogenannten Krakauer Schule weiterentwickelt wurde, liegt ihr Ursprung jedoch weiter nordöstlich. Dort, im heutigen Podolien, wurden große Mengen Korčak-Relikte ausgegraben, die noch viel früheren Datums sind als jene aus dem weiter nordöstlich gelegenen Polesien. Das grundsätzliche Datierungsproblem der Korčak-Funde ist zwar noch nicht gelöst, aber in Podolien scheint es mehr und ältere datierbare Importe zu geben als in der von Curta favorisierten Region im Südosten. Auch entstanden die von Curta zitierten südkarpatischen Korčak-Siedlungen erst, als diese Region bereits ein Jahrhundert lang ansatzweise besiedelt war. Daher hatten die ersten Slawen, die explizit in historischen Quellen erwähnt werden, ihren unmittelbaren Ursprung vermutlich in einer Bevölkerungsgruppe im Nordosten der Karpaten. Sollte das zutreffen, haben sie sich rasch verbreitet. Die Korčak-Funde aus Podolien können allenfalls eine Generation (rund 25 Jahre) oder zwei jünger sein als jene aus der Walachei und Moldawien.[11]

Curtas abschätzige Bewertung von Jordanes überzeugt mich ebenfalls nicht. Da wir Jordanes' Arbeitsmethoden nicht kennen und seine Aussagen nicht überprüfen können, ist die Behauptung, er habe die Verknüpfung mit den Venedern in Anlehnung an Tacitus frei erfunden, nichts weiter als eine Hypothese. Beweisen lässt sie sich nicht, doch spricht manches gegen sie. Jordanes war Sekretär eines hochrangigen oströmischen Generals, der genau zu jener Zeit an der Donaugrenze stationiert war, als sich die slawischen Angriffe dort mehrten. Er liefert – vermutlich, denn auch hier kann man sich nur auf seine Aussagen verlassen – präzise Angaben über die Umsiedlung verschiedener Bevölkerungsgruppen aus den Trümmern von Attilas Hunnenreich in Gebiete südlich der Grenze an der unteren Donau. Das verdeutlicht seine genaue Kenntnis der Region und lässt vermuten, dass er Informationen aus erster Hand darüber hatte, wo die dortigen Slawen selbst ihren Ursprung sahen. Wahrscheinlich lieferte Jordanes sogar mit einer beiläufigen Erwähnung eines Feldzugs des Gotenkönigs Vinitharius gegen die Anten den historisch frühesten Beleg für eine slawische Gruppe auf Kriegszug. Allerdings bringt er hier die Chronologie durcheinander. Er datiert Vinitharius ins späte 4. Jahrhundert, tatsächlich war Vinitharius aber Anführer eines jener Kriegerverbände, die Valamer besiegte, um die Ostgoten unter der Amaler-Dynastie zusammenzuschließen, was vermutlich nach dem Tod Attilas erfolgte. Jordanes datiert diesen Krieg in die Zeit, bevor die amalischen Goten westlich der Karpaten in die Große Ungarische Tiefebene zogen, was gut mit dem Bild der slawischsprachigen Anten zusammenpasst, die sich im 5. Jahrhundert am Ostrand der Karpaten aufhielten.

Außerdem verwendeten in Westeuropa viele frühmittelalterliche Bevölkerungsgruppen ab dem 7. Jahrhundert den Begriff »Wenden« – abgeleitet von der altrömischen Bezeichnung *Venedae* – für ihre neuen slawischen Nachbarn. Und wie wir noch sehen werden, zählte vom 6. Jahrhundert an die Migration zu den charakteristischen Kennzeichen der dokumentarisch belegten slawischsprachigen Gruppen. Vom frühen 7. Jahrhundert an wanderte ein Großteil der Sklawenen und Anten aus Moldawien und der Walachei in die Balkanregion, und bereits für das 6. Jahrhundert gibt es Belege, dass Slawen westwärts durch das mitteleuropäische Bergland zogen. Angesichts der Tatsache, dass – wie wir an vielen Beispielen gesehen haben – bestimmte Gruppen eine regelrechte Migrationsgewohnheit entwickelten, liegt die Vermutung nahe, dass die ersten slawischen Gruppen, die im frühen 6. Jahrhundert nördlich der Grenze an der unteren Donau auftauchten, erst kurz zuvor dort eingetroffen waren. All das lässt Curtas Einwände gegen Jordanes wenig plausibel erscheinen. Meiner Ansicht nach deutet vieles darauf hin, dass Jordanes genau wusste, wovon er sprach.[12]

Aber es gibt noch einen wichtigeren Punkt: Etwa ab 500 entfaltete sich ein gewaltiger Expansionsprozess, der in weiten Teilen des Gebiets zwischen Elbe und Wolga slawischsprachige Gruppen zur vorherrschenden Kraft werden ließ. Dieser Vorgang ist nicht sehr gut dokumentiert, aber es erscheint mir unvorstellbar, dass er allein auf eine ursprüngliche, auf Moldawien und die Walachei begrenzte Bevölkerung zurückgeführt werden kann. Selbst wenn man ablehnt, was Jordanes über die Veneder sagt, und akzeptiert, dass Sklawenen und Anten dort ihren Ursprung hatten, wo sie erstmals erwähnt werden, steht man immer noch vor der Frage, wie die weiträumige Slawisierung zu erklären ist. Auch hierfür gibt uns die Sprachforschung zwei wichtige Anhaltspunkte.

Erstens ist auffällig, wie eng die heutigen slawischen Sprachen immer noch miteinander verwandt sind – so eng, dass sich ihre Sprecher gegenseitig verstehen können. Alles weist darauf hin, dass diese enge Verwandtschaft nicht von einem Prozess der sprachlichen Annäherung in neuerer Zeit herrührt, sondern aus der Tatsache, dass sich die heutigen Sprachen erst verhältnismäßig spät voneinander abgespalten haben. Zweitens sind die slawischen Sprachen insgesamt sehr eng mit jenen baltischen Sprachen verwandt, deren Gewässernamen in Osteuropa früher viel weiter verbreitet waren als heute (Karte 16). Wie wir bei den Angelsachsen in England gesehen haben, scheinen die Namen großer Flüsse die Fähigkeit zu haben, selbst große kulturelle Transformationen zu überdauern. Nicht lange vor der Aufspaltung der slawischen Sprachen in ihre verschiedenen Zweige muss demnach eine Aufspaltung zwischen der slawisch- und der baltischsprachigen Bevölkerung stattgefunden haben. Beide hatten zuvor eine Variante der noch älteren, eng miteinander verwandten indoeuropäischen Dialekte gesprochen. Die archäologischen Zeugnisse ergeben ein ähnliches Bild. Die einzigen möglichen Vorläufer der noch um 500 äußerst schlichten bäuerlichen Lebensweise, die aus den Korčak-Funden und eng mit ihnen verwandten Relikten spricht, sind die in der Römerzeit auf Subsistenzniveau wirtschaftenden Gemeinschaften östlich der Weichsel und nördlich der Karpaten. Daher muss die slawischsprachige Bevölkerung aus einer nichtgermanischsprachigen Bevölkerung in Osteuropa hervorgegangen sein. Selbst wenn Jordanes die Verknüpfung zwischen den Sklawenen und den Anten erfunden haben sollte (was ich sehr bezweifle), hatte er wahrscheinlich Recht.

DIE SLAWISIERUNG EUROPAS

Bei der zeitlichen Einordnung hingegen hilft uns die Sprachforschung wenig weiter. Wir wissen, dass sich die slawische Sprachenfamilie verhältnismäßig spät gebildet hat, aber was heißt das? Einigen Experten zufolge begann die Trennung von den Baltischsprachigen erst um 500 n. Chr., also zu dem Zeitpunkt, als slawischsprachige Gruppen erstmals in den Quellen erwähnt werden. Andere setzen diesen Zeitpunkt tausend Jahre und mehr früher an. Diese unterschiedlichen Einschätzungen spielen für das Verständnis der Slawisierung Europas nach 500 n. Chr. eine wichtige Rolle. Nimmt man an, dass es um 500 nur sehr wenige slawischsprachige Menschen gegeben habe, weil die Sprachentrennung zu dieser Zeit erst ihren Anfang nahm, so dass sich die slawischsprachige Gesamtbevölkerung Europas auf die Sklawenen und die Anten des Korčak- und Penkowka-Typs beschränkte, müsste die große slawische Dominanz in Europa um 900 n. Chr. auf eine äußerst schmale demographische Basis zurückgeführt werden. Wenn jedoch die slawische Sprachenfamilie schon viel früher entstand, könnten die Sklawenen und die Anten lediglich zwei spezifische Untergruppen einer weit größeren slawischsprachigen Bevölkerung gewesen sein. Darüber ist keine verlässliche Aussage möglich, aber die meisten Historiker datieren die Entstehung der slawischen Sprachenfamilie auf einen viel früheren Zeitpunkt als 500 n. Chr. Und die Funde, die die slawische Expansion belegen, lassen sich weitaus sinnvoller erklären, wenn man davon ausgeht, dass die slawischsprachige Bevölkerung zu dieser Zeit nicht auf Moldawien und die Walachei beschränkt war.[13] Dennoch sollte man beide Möglichkeiten im Auge behalten, wenn man die sich explosionsartig ausbreitende slawische Vorherrschaft entlang ihrer drei Hauptlinien untersucht: nach Süden in den Balkan, nach Westen und Norden an die Elbe und ins Baltikum und nach Osten und Norden an die Wolga und an die Ränder der arktischen Tundra.

Der Balkan

Über die slawische Expansion auf den Balkan gibt es relativ viele, weitgehend zeitgenössische oströmische und byzantinische Zeugnisse. Bis zu den jüngsten archäologischen Funden stellten sie die ältesten überhaupt brauchbaren Quellen zur frühslawischen Geschichte dar. Wie immer, wenn zu viele kluge Köpfe über eine begrenzte Informationsmenge brüten, glich dieses Thema bald einem Schachspiel, bei dem jeder Zug mit einem gut überlegten Gegenzug gekontert wird. Zum Glück muss man sich auf dieses Spiel nicht näher einlassen, da die slawische Expansion auf den Balkan in ihren Grundzügen weitgehend geklärt ist.

Die slawischen Überfälle auf den Balkan nahmen zur Mitte des 6. Jahrhunderts hin an Umfang und Intensität zu. In den Jahren 547/548 zog ein großer Stoßtrupp von der Donau aus südwestlich durch Illyrien bis zu dem bedeutenden Adriahafen Epidamnos (Dyrrhachium). Prokop berichtet, dass die Plünderer viele befestigte Orte einnahmen, ein unerhörter Vorgang. Ihr Erfolg ermutigte zu weiteren Angriffen. Im Jahr darauf überquerten 3000 Slawen die Donau und rückten zum Fluss Hebrus vor. Dort besiegten sie die örtlichen römischen Streitkräfte und eroberten die wichtige Siedlung Topirus, indem sie die Besatzung der Garnison in einen Hinterhalt lockten. Bei der anschließenden Plünderung der Stadt sollen rund 13 000 männliche Bewohner getötet und viele Frauen und Kinder gefangen genommen worden sein. Im Jahr 550 zog eine beispiellos große Streitmacht südwärts Richtung Naissus mit dem höchst ehrgeizigen Ziel, Thessaloniki zu erobern, die stark befestigte Regionalhauptstadt des westlichen Balkan. Schließlich schwenkten die Plünderer ab und zogen über die Berge nach Dalmatien, wo sie sich angesichts des großen Römerheers zerstreuten, das auf dem Weg nach Norden war, um die Eroberung des ostgotischen Italien abzuschließen. Als das Heer weitergezogen war, kehrten die Plünderer in den westlichen Balkan zurück und schlugen bei Adrianopel eine eilends aufgestellte römische Streitmacht. Nach diesem Sieg verteilten sie sich über ein Gebiet, das nur einen Tagesmarsch von der kaiserlichen Hauptstadt Konstantinopel entfernt lag.[14]

Es gibt jedoch keine stichhaltigen Belege dafür, dass die Slawen sich damals dauerhaft oder auch nur vorübergehend innerhalb der Grenzen des Römischen Reiches ansiedelten. Die Anten erhielten 540 per Vertrag die alte römische Festung Turris, die jedoch nördlich der Donau lag. Das Abkommen hatte nur den Zweck, weitere Überfälle durch die Sklawenen zu verhindern. Prokop erwähnt im Zusammenhang mit Festungen auf dem Balkan, die von Kaiser Justinian wiederhergestellt oder erbaut worden waren, einige slawisch klingende Ortsnamen. Falls sie tatsächlich slawischen Ursprungs sind, werden sie vielleicht deshalb im Zusammenhang mit Festungen erwähnt, weil es sich dabei um autorisierte Siedlungen slawischer Rekruten der römischen Armee handelte, aber nicht um das Ergebnis einer eigentlichen Migration. Jedenfalls traten die Slawen jener Zeit nicht in ausreichender Stärke auf, um einen Teil des Balkans regelrecht erobern oder städtische Zentren wie Thessaloniki einnehmen zu können.[15] Die Gesamtsituation änderte sich erst von etwa 570 an mit dem Aufstieg des Awarenreichs.

Nach den Hunnen bildeten die Awaren die nächste Welle ursprünglich nomadischer Reiterkrieger, die aus der Großen Eurasischen Steppe einfielen und in Mitteleuropa ein Reich errichteten. Über sie wissen wir zum Glück weit mehr als über die Hunnen. Die Awaren sprachen eine Turksprache und waren zuvor die dominierende Macht innerhalb einer großen nomadischen Konföderation an den Rändern Chinas gewesen. Zu Beginn des 6. Jahrhunderts verloren sie diese Position an die konkurrierenden Göktürken und tauchten schließlich als politische Flüchtlinge an der Peripherie Europas auf. Im Jahr 558 kündigten sie sich bei Kaiser Justinian mit einem Botschafter an. Justinian betrachtete sie als willkommene neue Figuren für sein großes diplomatisches Spiel des »Teile und herrsche«, durch das er die Probleme an seiner unruhigen

Nordostgrenze im Zaum zu halten versuchte. Damit verschätzte er sich jedoch gründlich. Unzufrieden mit der Rolle, die ihnen zugedacht war, schufen die Awaren rasch einen eigenen Machtblock, der sich zu einer echten Bedrohung auswuchs. Sie nahmen bulgarische Nomaden in ihre Reihen auf und übersiedelten 570 in die Große Ungarische Tiefebene, früher Attilas Revier, wo sie ihrer wachsenden Liste eroberter Völker die Gepiden hinzufügten. Ihre Ankunft veranlasste die Langobarden, sich auf die weniger gefährdeten italienischen Gebiete jenseits der Alpen zurückzuziehen.[16] Das Auftauchen der Awaren bildete auch einen Wendepunkt in der slawischen Geschichte.

Bald wurden die Slawen der Karpatenregion zur Zielscheibe der awarischen Eroberungsgelüste, so wie viele ihrer Nachbarn an der mittleren und unteren Donau. Vor allem die Anten hatten unter ihnen zu leiden. Bei einer Strafaktion im Jahr 604 büßten sie ihre politische Unabhängigkeit ein. Der Aufstieg der Awaren hatte zur Folge, dass einige slawische Gruppen jetzt dauerhaft in das Gebiet südlich der Donau umzusiedeln suchten. In diesem Gebiet eröffneten die massiven awarischen Angriffe auf das Oströmische Reich, die besonders in den 570er, den 580er und erneut in den 610er Jahren auf breiter Front erfolgten, den slawischen Gruppen viel größere Möglichkeiten, ihr Vorhaben umzusetzen, ohne römische Gegenangriffe fürchten zu müssen. Denn gerade zu dieser Zeit mussten die Machthaber in Konstantinopel ihre Territorien in Syrien, Palästina und Ägypten gegen Angriffe der Perser und der Araber verteidigen. Die Gebiete im Osten waren eine viel lukrativere Quelle für Steuereinnahmen als der kriegsgebeutelte Balkan und hatten daher Priorität.

In den 580er Jahren kündigte sich eine neue Ära an. Kaiser Maurikios (582-602) führte im Nahen Osten Krieg gegen die Perser. Daher wurde der größte Teil der mobilen römischen Streitkräfte aus dem Balkan abgezogen, was wiederum den Awaren eine Reihe schwerer und breit angelegter Angriffe in Thrakien erlaubte. Gleichzeitig unternahmen die Sklawenen in Thrakien und Illyrien mehrere zerstörerische Feldzüge; 586 kam es zum ersten wirklich bedrohlichen Angriff auf die illyrische Regionalhauptstadt Thessaloniki. Im selben Jahr, dem »fünften Jahr des Kaisers Maurikios«, berichtet die berühmte *Chronik von Monemvasia*, nahmen die Slawen sogar fast die gesamten Peloponnes ein. Nur ein kleiner Küstenstreifen im Osten blieb in oströmischer Hand. Der *Chronik* zufolge führte dies zur Flucht »sämtlicher Griechen« aus den besetzten Zonen; die Einwohner von Patras flohen nach Regium im süditalienischen Kalabrien, die Bewohner von Argos auf die Insel Orobe, die Korinther nach Aegina und die Spartaner nach Sizilien und Monemvasia, eine felsige, leicht zu verteidigende Halbinsel auf der südlichen Peloponnes.

Die endgültige Slawisierung der Peloponnes ließ jedoch auf sich warten. Die *Chronik von Monemvasia* ist ein später entstandener Text, der zwar authentische Informationen enthält, den Prozess der slawischen Besiedlung aber nur bruchstückhaft abhandelt. In den 590er Jahren konnte Maurikios, der den Krieg gegen Persien inzwischen gewonnen hatte, auf dem Balkan zum Gegenangriff übergehen. Er bezahlte die Anten dafür, dass sie die plündernden Sklawenen angriffen, während seine eigenen Armeen der Hauptstreitmacht der Awaren in den Jahren 593–595 und ein weiteres Mal 599 schwere Niederlagen zufügten. 602 führten Maurikios' Truppen sogar nördlich der unteren Donau eine Reihe von Präventivschlägen, durch die einige slawische Gruppen vollständig ausgelöscht wurden. Aus Briefen Papst Gregors I. geht hervor, dass in dieser Zeit in Illyrien generell und insbesondere auf der Peloponnes die kirchlichen Strukturen wiederhergestellt wurden. Die Ansätze zu slawischen Siedlungen, die in den 580er Jahren entstanden waren, wurden somit durch Maurikios' Gegenangriffe wieder beseitigt.[17]

Aber das war noch nicht das Ende vom Lied. Von 604 an wiederholte sich das aus den 580er Jahren bekannte Muster: Maurikios' Nachfolger Phokas und Herakleios führten Krieg gegen Persien, der in den 610er Jahren zum Desaster geriet, als große Teile Ägyptens, Palästinas und Syriens verloren gingen. Sämtliche verfügbaren militärischen Kräfte mussten nach Osten abgezogen werden, was für Awaren und Slawen die Möglichkeit zu weiteren Angriffen beispiellosen Ausmaßes eröffnete. Im Jahr 614 entging Thessaloniki nur um Haaresbreite der Eroberung. Salona hingegen, die größte römische Stadt an der dalmatischen Küste, fiel in die Hand der Awaren und Slawen, ebenso viele weitere, für das Reich entscheidende Städte auf dem nördlichen Balkan wie Naissus und Serdica. Die Kriegshandlungen breiteten sich südwärts bis auf die Peloponnes aus, wo slawische Plünderer unter anderem mit riesigen Flotillen aus Einbäumen die Küstengewässer unsicher machten. Selbst Konstantinopel drohte zu fallen, als die Awaren die Stadt im Jahr 626 wochenlang belagerten. Neben dem militärischen Vormarsch kam die slawische Besiedlung immer mehr in Schwung.[18]

Herakleios gewann schließlich den Krieg gegen Persien, sah sich aber unmittelbar darauf mit der Bedrohung durch den kriegerischen arabischen Islam konfrontiert. Anders als in den 590er Jahren war es auf dem Balkan nun nicht mehr möglich, römische Verhältnisse wiederherzustellen. Folglich markieren die Katastrophen von 614 den endgültigen Zusammenbruch der Donaugrenze des alten Oströmischen Reiches und ebneten der slawischen Besiedlung weiter Teile Südosteuropas den Weg: von der Dobrudscha im Nordosten bis zur Peloponnes im Südwesten. Was Makedonien und den nördlichen Balkan betrifft, berichten die *Wunder des heiligen Dimitrios*, dass bis Mitte des 7. Jahrhunderts in der Region um Thessaloniki entlang der Struma eine massive slawische Besiedlung stattfand. Wie aus dem Werk hervorgeht, siedelten sich um etwa 670 slawische Gruppen in der Nachbarschaft der Stadt an, was durch spätere Ereignisse bestätigt wird. Ende der 680er Jahre gelang es dem byzantinischen Kaiser Justinian II. zeitweilig, in Makedonien wieder in die Offensive zu gehen, wenn auch ohne dauerhaften Erfolg. Er bezwang die slawischen Stämme dieser Region und stellte die imperiale Herrschaft wieder her. Im Zuge dieser Maßnahmen ließ er, wie berichtet wird, 30000 Slawen nach Kleinasien umsiedeln. Archäologische Funde bestätigen dies: Im Makedonien des 7. Jahrhunderts und in den angrenzenden Gebieten im Norden konnte eine umfassende Verbreitung voll ausgeprägter kultureller Systeme des Korčak-Typs nicht nachgewiesen werden; dagegen gab es in Begräbnisstätten und anderen Fundorten in Serbien und Kroatien viele Einzelfunde von Korčak-Materialien, so in Bakar Muntjac, Osijek, Stinjevac und Vinkovci.[19]

Im weiter östlich gelegenen Thrakien ist die slawische Besiedlung ebenfalls gut dokumentiert. Als um 680 nördlich des Balkangebirges das erste bulgarische Reich entstand, waren dort bereits sieben slawische Stämme ansässig. Sie wurden im Hochland rund um das Gebiet umgesiedelt, das zum bulgarischen Kernland in der Donauebene wurde. Hier unterscheidet sich das Muster der archäologischen Relikte von demjenigen in Makedonien. In Gräberfeldern und ländlichen Gebieten aus dem 6. Jahrhundert fand man bei einigen Festungen der Grenzregion, insbesondere in Durostorum und Bononia, vereinzelt slawische Keramik, vermischt mit solcher der alteingesessenen Bevölkerung. Ausgrabungen im nördlichen Bulgarien, z.B. bei Popina, förderten auch Materialien des Korčak-Typs zutage, die nicht mit Importen vermischt waren. Diese und andere Fundstätten wurden früher in das 6. Jahrhundert datiert, inzwischen steht aber fest, dass sie aus der Zeit nach dem endgültigen Zusammenbruch der Donaugrenze im Jahr 614 stammen, der zweifelsfrei den Beginn einer groß angelegten slawischen Besiedlung in diesem Teil des Balkans markiert. Archäologisch wie historisch änderte sich die Situation mit der Ankunft der ursprünglich nomadischen turksprachigen Bulgaren, aber diese weiteren Entwicklungen fanden vor dem Hintergrund einer massiven früheren slawischen Besiedlung statt.[20]

Schriftliche und archäologische Zeugnisse bestätigen auch eine deutliche slawische Präsenz weiter südlich im heutigen Griechenland und auf der Peloponnes. Die *Wunder des heiligen Dimitrios* erwähnen beiläufig weitere Slawen, die

Belegeziten in Thessalien bei Demetrias. In späteren Texten ist insbesondere von Slawen auf der Peloponnes die Rede, nicht zuletzt von den Milingen und Ezeriten in der Nachbarschaft von Patras. Sie revoltierten im 9. Jahrhundert gegen die Tributzahlungen, die ihnen das (vorübergehend) wieder auflebende Byzantinische Reich abverlangte. Die archäologischen Relikte dieser Slawen ähneln mehr denen aus Makedonien auf dem nordwestlichen Balkan als denen aus Thrakien im Nordosten. Es wurden nur wenige und relativ isolierte Korčak-Funde gemacht, aus diesen geht nicht hervor, dass die zugewanderten Slawen ein vollständiges materiell-kulturelles System importiert hätten. Außerdem sind manche Materialien, die ihnen üblicherweise zugeschrieben wurden, wahrscheinlich ohnehin anderen Ursprungs. Bei Olympia beispielsweise wurden zwölf Brandgräber mit Waffenbeigaben und Graburnen des Korčak-Typs entdeckt. Die darin Bestatteten waren aller Wahrscheinlichkeit nach oströmische Soldaten, möglicherweise slawischer Herkunft, aber keine unabhängig eingewanderten Slawen. Aussagekräftigere slawische Keramik fand man bei Argos, Messina und Demetrias. In ganz Griechenland wie auf dem übrigen Balkan tauchten *fibulae* des »Fingerstils« auf, die im Frühmittelalter oft, aber nicht ausschließlich von Slawen getragen wurden. Es gibt weitere mögliche Erklärungen für den relativen Mangel an slawischen Relikten. In erster Linie sind daran die Archäologen schuld, die Ende des 19. und Anfang des 20. Jahrhunderts die bedeutenden griechischen Fundstätten plünderten. Da sie keinerlei Interesse an mittelalterlichen Relikten hatten, warfen sie einfach alles weg, was aus nachklassischer Zeit stammte. Dennoch kann man davon ausgehen, dass der Vormarsch slawischer Gruppen nach Griechenland nicht zur Bildung materiell-kultureller Systeme des Korčak-Typs führte.[21]

Bis Mitte des 7. Jahrhunderts war bereits der gesamte Balkan mehr oder weniger von Slawen besiedelt, aber das ist vielleicht immer noch nicht das Ende der Geschichte. Es gibt eine Quelle, die eine weitere Welle slawischer Besiedlung des nordwestlichen Balkan schildert, die Schrift *De Administrando Imperio* des Kaisers Konstantinos Porphyrogennetos. Aus ihr geht hervor, dass eine erste Welle von Slawen ursprünglich in dem Gebiet siedelte, das heute weitgehend zwischen Kroatien, Serbien, Montenegro und Makedonien aufgeteilt ist. Diese Slawen waren Untertanen der Awaren zu einer Zeit, als sich in Mitteleuropa die awarische Herrschaft etablierte (ab ca. 560). Ihnen folgten ein wenig später, aber immer noch zur Zeit des Kaisers Herakleios (610–641), zwei weitere, besser organisierte slawische Gruppierungen, die Serben und die Kroaten. Sie wanderten aus dem Norden ein, vertrieben einen Großteil der Awaren aus der Region, unterwarfen die restlichen und errichteten in Serbien bzw.

Dalmatien ihre eigene Herrschaft. Zu den Kroaten hat *De Administrando Imperio* zwei Versionen zu bieten, eine aus byzantinischer und eine aus kroatischer Sicht. Sie unterscheiden sich erwartungsgemäß in der Frage, ob die Kroaten auf den Balkan gerufen wurden oder aus eigenem Antrieb kamen und ob sie bereit waren, die byzantinische Oberhoheit als Bedingung ihrer Ansiedlung zu akzeptieren.

Man wird nicht recht schlau aus diesen Schilderungen. Serbische und kroatische Nationalisten haben sie lange als Ursprungserzählungen ihrer »Völker« gefeiert und als Beleg dafür genommen, dass sie als vollständig entwickelte politische Einheiten auf dem Balkan eintrafen. Die Probleme, die diese Beschreibungen aufwerfen, liegen auf der Hand. Da sie singulär sind, werden sie nicht durch andere Quellen untermauert, und sie entstanden verhältnismäßig spät, stammt doch *De Administrando Imperio* aus der Mitte des 10. Jahrhunderts. Zudem haftet ihnen unverkennbar etwas Legendenhaftes an: Die Kroaten sollen von fünf Brüdern nach Süden geführt worden sein. Kein Wunder also, dass man diese Geschichten oft verworfen hat. Allerdings bestätigen arabische Quellen aus dem 10. Jahrhundert die Existenz von Serben und Kroaten nördlich der Karpaten zu ebenjener Zeit, und die beschriebene Wanderungsbewegung wäre an sich nicht unmöglich gewesen. Unter der Voraussetzung, dass die Geschichten einen wahren Kern besitzen, könnte man sie so verstehen, dass besser organisierte slawische Gruppen ihre Unabhängigkeit von der awarischen Herrschaft behaupteten, indem sie nach Süden auf den Balkan zogen und vor dem Tod des Herakleios eine Art Beziehung mit dem Byzantinischen Reich aufnahmen. Tatsächlich schüttelten die nördlichen Serben (oder Sorben) um 630 die awarische Herrschaft – wenn auch nur vorübergehend – durch ein Bündnis mit dem ehemals fränkischen Kaufmann Samo ab, also genau zur Zeit des Herakleios. Gerade zu jener Zeit steckte das Awarenreich in einer tiefen Krise, nachdem es bei der Belagerung Konstantinopels im Jahr 626 eine schwere Niederlage hatte hinnehmen müssen, was für den herrschenden Khagan einen herben Prestigeverlust bedeutete. Zudem entzog sich eine große Zahl seiner bulgarischen Untertanen der awarischen Herrschaft, indem sie sich nach Italien absetzten. Die Vorstellung, dass andere slawische Gruppen es ihnen gleichtaten, ob mit oder ohne Einladung von Byzanz, ist durchaus plausibel.[22]

Dessen ungeachtet waren die Serben und die Kroaten des 7. Jahrhunderts keineswegs voll ausgeprägte »Völker« und in der Lage, diese Teile des Balkans komplett neu zu bevölkern. Wie wir an besser dokumentierten Beispielen von Migrationsbewegungen im 1. Jahrtausend gesehen haben, fand niemals ein vollständiger Bevölkerungsaustausch statt: Teile der indigenen Bevölkerung blieben stets ansässig. Und die Geschichte hat noch einen Haken, denn die Bezeichnungen »Serben« und »Kroaten« sowie die Namen einiger ihrer Anführer klingen so, als würden sie eher aus der iranischen als aus der slawischen Sprachenfamilie stammen. Das gab der These Nahrung, beide Gruppen seien möglicherweise ursprünglich von einem Kern iranischer Nomaden dominiert gewesen.[23] Das ist nicht auszuschließen. Slawische Gruppen nördlich des Schwarzen Meeres könnten beispielsweise Teil einer militärischen Konföderation unter der Führung iranischer Nomaden geworden sein. Es gibt in den Quellen zwar keinerlei Hinweise, die diese Vermutung stützen könnten, aber Nomaden wie etwa die Hunnen gingen an den Rändern Europas genau auf diese Weise vor. Wahrscheinlich entzogen sich die Serben und die Kroaten den Awaren, indem sie sich um 630, zu einem Zeitpunkt, als das Awarenreich in der Krise steckte, der Herrschaft des Herakleios unterstellten. Die Byzantiner benutzten diese Gruppen vermutlich als Teil ihrer Strategie zur Eindämmung der awarischen Macht auf dem Balkan. Vollkommen unklar ist dagegen, ob man sie zu dieser Zeit bereits als rundherum slawisch bezeichnen kann oder ob sie nicht vielmehr eine gegliederte Konföderation mit Kerngruppen iranischsprachiger Nomaden waren. Unklar ist auch, ob ihr Auftauchen eine weitere große slawische Einwanderungswelle auf dem nordwestlichen Balkan darstellte oder ob sie im Grunde nur ein Sammelbecken slawischer Gruppen bildeten, die dort schon als ehemalige Untertanen der Awaren ansässig waren. Falls Letzteres zutrifft, wären sie mit den Bulgaren des östlichen Balkan vergleichbar.[24]

Mitteleuropa

Die slawische Expansion nach Mitteleuropa in das Gebiet zwischen Elbe und Weichsel war nicht minder konsequent. Das bezeugt ein knappes, unprätentiöses Dokument von überragendem historischem Wert, der sogenannte *Bayerische Geograph*. Der Text stammt aus den 820er Jahren und wurde von einem anonymen Geographen in Baiern verfasst. Er listete die Namen der Nachbarn des Frankenreichs zwischen Elbe und Oder auf und versuchte sich sogar an einer Einschätzung ihrer Stärke, die er an der Zahl der »Städte« *(civitates)* auf ihrem jeweiligen Territorium bemaß (Karte 18). Wie diese Städte ausgesehen haben mögen, ist in Kapitel 1 nachzulesen. Der springende Punkt ist, dass sämtliche genannten Gruppen slawische Namen tragen. Aus anderen Quellen wissen wir, dass schon vor dem Aufstieg der Karolinger einige slawischsprachige Gruppen nach Westen bis über die Elbe vordrangen. Diese Zuwanderer waren jedoch nie zahlreich genug, um die Dominanz der germanischsprachigen Sachsen und Thüringer zu gefährden. Der *Bayerische Geograph* bezieht sich im Wesentlichen auf das Gebiet bis zur Oder. Kenntnisse über die Regionen weiter östlich waren vermutlich im karolingischen Europa des frühen 9. Jahrhunderts nur sehr begrenzt vorhanden.[25]

Ein genaueres Bild der slawischen Dominanz in Mitteleuropa gewinnt man erst in ottonischer Zeit im 10. Jahrhundert, als die dritte der fränkischen Reichsdynastien ihren Herrschaftsbereich nach Osten über die Elbe hinweg auszudehnen begann. Anno 962 sind in den historischen Aufzeichnungen Anfänge eines polnisches Reiches zu erkennen, was die slawische Vorherrschaft in den Gebieten zwischen Oder und Weichsel zweifelsfrei belegt. Arabische Quellen bestätigen das. Spätestens von Mitte des 10. Jahrhunderts an stand das gesamte nördliche Mitteleuropa zwischen Elbe und Weichsel unter slawischer Herrschaft. Dass die slawische Landnahme östlich der Oder erst im 10. Jahrhundert historisch dokumentiert ist, sollte nicht zu dem Schluss verleiten, Polen wäre später als Böhmen oder Mähren slawisiert worden. Die Erwähnung in Dokumenten zeigt nur, ab wann sich der Kontakt zwischen den kaiserlichen Mächten in Westeuropa und diesen Regionen intensivierte, nicht aber, wann sie von Slawen besetzt wurden. Dass die slawische Expansion eine völlige Umwälzung in Nordmitteleuropa herbeiführte, liegt auf der Hand. Schließlich war in der ersten Jahrtausendhälfte das gesamte Territorium zwischen Elbe und Weichsel noch von germanischsprachigen Gruppen beherrscht gewesen.[26]

Die karolingischen und arabischen Quellen dokumentieren zwar die vollständige Slawisierung Mitteleuropas um das Jahr 900, verraten aber wenig über die Natur und den zeitlichen Verlauf dieses Prozesses. Mit dem Ende des Weströmischen Reiches im Jahr 476 versiegen die historischen Quellen über das nördliche Mitteleuropa, die auch zu seiner Blütezeit allenfalls sporadisch gesprudelt hatten, für drei Jahrhunderte nahezu vollständig. Nur noch schlaglichtartig erhellen schriftliche Zeugnisse gelegentlich die Expansion der Slawen im gesamten mitteleuropäischen Bergland: von den Karpaten westwärts bis zu den Alpen. Eine dieser Quellen berichtet von Ereignissen anno 512, als die unglückseligen Heruler ihren langen Marsch nach Skandinavien antraten. Laut Prokop kamen sie zuerst »durch das Land der Slawen«. Vermutlich zogen die Heruler aus der mittleren Donauregion durch das Tal der March ab, der natürlichen Hauptroute aus der Großen Ungarischen Tiefebene Richtung Norden. Falls das zutrifft, waren schon damals in der heutigen Slowakei Slawen ansässig. Diese Vermutung wird durch einen zweiten Vorfall 543 untermauert. In jenem Jahr griff ein Langobardenfürst namens Hildegesius eine oströmische Streitmacht an. Hildegesius hatte 6000 Krieger, die meisten davon Slawen. Da die

Langobarden zu diesem Zeitpunkt noch an der mittleren Donau lebten, rekrutierte Hildegesius seine Slawen wahrscheinlich von den Rändern dieser Region – aus dem Marchtal oder aus Gebieten in dessen Nähe. Und der dritte Beleg verweist auf das ausgehende 6. Jahrhundert, als bajuwarische Milizionäre in den Jahren 593 und 595 slawische Angriffe abwehrten. So sind ein halbes Jahrhundert nach dem Vorfall mit Hildegesius slawische Gruppen 250 Kilometer weiter westlich an den Rändern Baierns bezeugt.

Ein ähnliches Bild der slawischen Westexpansion im frühen 7. Jahrhundert ergibt sich aus den Berichten über die Abenteuer des Samo, des bereits erwähnten fränkischen Kaufmanns, der zum Slawenfürsten aufstieg. In der Zeit seiner Herrschaft, in deren Verlauf es ihm neben vielen anderen Heldentaten auch gelang, mit seinen 12 slawischen Gemahlinnen 22 Söhne und 15 Töchter zu zeugen, siedelten sich um 630 im thüringischen Grenzland slawische Sorben an.[27] Das bedeutet, dass sie in der südlichen Elbregion ansässig waren. Dem fränkischen Chronisten Fredegar zufolge unterhielten sie zu dieser Zeit bereits eine »lang anhaltende Beziehung« zu ihren thüringischen Nachbarn, weshalb die Besetzung dieses Landstrichs durch die Sorben spätestens um das Jahr 600 zu datieren ist. Schon diese wenigen Belege verdeutlichen, wie die Slawen im Lauf des 6. Jahrhunderts westwärts nach Mitteleuropa vorrückten, grob gesagt entlang einer Linie, die vom nördlichen Hinterland der Karpaten bis zu den Alpen reicht (Karte 18). Aber das ist auch schon alles, was die Quellen hergeben; über die Situation in der mitteleuropäischen Tiefebene und an den Küsten des Baltikums schweigen sie sich aus.

Die archäologischen Funde bestätigen dieses Bild weitgehend. Materialien des Korčak-Typs häufen sich vermutlich erstmals im späten 5. Jahrhundert am äußeren Karpatenbogen. Danach verbreiten sie sich über weite Gebiete, westwärts über die Ausläufer der Karpaten und das mitteleuropäische Bergland bis nach Böhmen und in die angrenzende südliche Elbregion. Auch im Nordwesten, in Mecklenburg und in der Lausitz, kam es zu einer Ansammlung von Korčak-Relikten (Karte 18). Das archäologische Muster unterscheidet sich deutlich von den Funden auf dem Balkan: Während dort nur vereinzelt Keramiken oder Bestattungen des Korčak-Typs entdeckt wurden, kamen im mitteleuropäischen Bergland ganze Komplexe zum Vorschein, aus denen sich ein vollständiger Lebensstil – einschließlich der agrarischen Produktionsmethoden und des Soziallebens – rekonstruieren ließ.

Die Korčak-Funde aus Böhmen und Mähren wurden zunächst in die Mitte des 5. Jahrhunderts datiert. Inzwischen ist jedoch klar, dass sie frühestens aus der zweiten Hälfte des 6. Jahrhunderts stammen, da die Relikte aus Brzezno, der bisher ältesten Fundstätte in Böhmen, nicht vor dem Jahr 550 entstanden sein können. Das deckt sich mit der Neudatierung von Funden etwas weiter östlich in Mähren, wo ebenfalls nachgewiesen werden konnte, dass die Korčak-Relikte frühestens aus der Zeit um 550 stammen. Auch bei den Fundstätten in der Elbe-Saale-Region westlich von Böhmen musste die Datierung korrigiert werden. Dendrochronologische Analysen ergaben, dass die dortigen Relikte nicht, wie zunächst angenommen, aus dem späten 5. oder frühen 6. Jahrhundert, sondern frühestens aus der Zeit nach 660 stammen.[28]

Die geographische Verbreitung von Korčak-Materialien im südlichen Mitteleuropa erweitert somit das Bild der slawischen Expansion, das vereinzelte historische Zeugnisse zeichnen. Die Neudatierungen haben zudem ältere Theorien widerlegt, wonach einem ursprünglichen slawischen Vorstoß in die Elbregion im späten 5. oder 6. Jahrhundert eine zweite Migrationswelle im 7. Jahrhundert gefolgt sei. Diese Hypothese orientierte sich an einer möglichen Parallele zu den Serben und Kroaten auf dem Balkan. Sie stützte sich zudem auf das Erscheinen völlig neuer Keramiktypen in der Elbregion, die eher auf einer langsam drehenden Töpferscheibe als ausschließlich per Hand geformt wurden. Die geographische Verteilung von Subtypen dieser Keramik stimmt weitgehend mit den wichtigsten Stammesbündnissen der karolingischen und ottonischen Zeit überein (Karte 18): den Wilzen (Feldberg-Keramik), den Lusitzi (Tornow-Keramik) und den Sorben (Leipzig-Keramik). Daher vermutete man, dass das Auftauchen der neuen Keramiktypen auch die Ankunft dieser Stammesgruppen in der Region markiert. Dendrochronologische Untersuchungen haben jedoch gezeigt, dass die Fundstätten der scheibengedrehten Keramik nicht in das späte 6. und 7. Jahrhundert datieren, sondern in das späte 8. und das 9. Jahrhundert. Für diesen Zeitraum gibt es aber genug schriftliche karolingische Zeugnisse, um eine weitere Massenmigration in die Region auszuschließen. Die neuen Keramiktypen belegen daher lediglich, dass sich unter den Slawen, die bereits in der Elbregion ansässig waren, neue Techniken der Keramikproduktion verbreiteten. Die spätere Datierung macht auch verständlich, warum einige dieser Tonwaren der karolingischen Keramik aus dem 8. Jahrhundert ähneln: sie sind schlicht von ihr beeinflusst.[29]

Die Funde belegen zweifelsfrei, dass sich um 500 die slawische Besiedlung vom nördlichen Hinterland der Karpaten westwärts bis zum Nordrand der Slowakei erstreckte. Etwa 50 Jahre später drang eine Kultur des Korčak-Typs in die Flusstäler der mittleren Donau vor und von dort westwärts nach Böhmen. Wiederum 50 Jahre später bedrohten slawische Gruppen die Ränder Baierns und setzten sich in der Elbe-Saale-Region fest.

Aber wir sind noch nicht bis zum Kern der slawischen Übernahme Mitteleuropas gelangt. Wie gesagt, belegen Quellen aus dem 9. und 10. Jahrhundert, dass in dieser Zeit slawischsprachige Gruppen die gesamte Nordeuropäische Tiefebene zwischen Elbe und Weichsel bis zur Ostsee beherrschten. Das ist jedoch ein viel größeres Gebiet als unser »schmales« Band von Korčak-Siedlungen, das sich über das mitteleuropäische Bergland hinweg und teilweise auch die Elbe hinauf zieht. Entsprechende historische Zeugnisse tauchten jedoch erst auf, als sich die Slawen dort bereits niedergelassen hatten. Was aber verraten die archäologischen Materialien über den Prozess der Slawisierung des nördlichen Mitteleuropa?

Die erste Phase scheint sich durch die sogenannte Mogilany-Gruppe von Fundstätten in der Region Krakau im südöstlichen Polen erschließen zu lassen. Dabei handelt es sich vermutlich um lokale Varianten des Korčak-Typs, wie er in den nahen Karpaten gefunden wurde, dem sie in Bezug auf die Keramik und die eingetieften Grubenhäusern mit ihren steinernen Herden stark ähneln. Der einzige Grund, warum der Mogilany-Typ bislang eine eigene Bezeichnung trägt, liegt darin, dass bei Mogilany-Siedlungen keine Gräberfelder entdeckt wurden. Da dendrochronologische Informationen fehlen, muss man sich bei ihrer Datierung bis auf Weiteres auf eine ältere Methode verlassen. Sie stützt sich auf die Tatsache, dass im größten Teil Mitteleuropas die weitgehend undatierbaren Korčak-Relikte den reichhaltigeren und daher für eine Zeitbestimmung aufschlussreicheren Materialien der germanischsprachigen Gruppen nachfolgten, bevor deren Kultur zusammenbrach. Das Enddatum der Kulturen germanischen Typs in einem bestimmten Gebiet kann daher als frühestmögliches Datum für den Beginn der slawischen Besiedlung angesehen werden, sofern zwei Bedingungen erfüllt sind: Erstens dürften die zugewanderten Slawen dort nicht gleichzeitig mit den germanischsprachigen Gruppen gelebt haben, und zweitens dürfte kein allzu langer zeitlicher Abstand zwischen dem Erlöschen der germanischen Kultur und dem Eintreffen der Slawen gelegen haben.

Beide Bedingungen haben ihre eigenen Probleme, aber die Methode bringt durchaus brauchbare Ergebnisse, wie die Gegenprobe mittels dendrochronologischer Bestimmungen aus dem Süden zeigt. Es gibt beispielsweise keinen Beleg, dass die ehemals dominanten germanischen Kulturen in der nördlichen und östlichen Slowakei sowie im nordöstlichen Mähren über das Jahr 500 hinaus existierten. Allerdings wurden in der südlichen Slowakei und in Südmähren sowie in Österreich nördlich der Donau genügend spätere germanische Materialien gefunden, um daraus zu schließen, dass sie dort bis ca. 550 weiterhin in Gebrauch waren. Auch in Böhmen entdeckte man Kulturen germanischen Typs, die bis etwa in dieselbe Zeit bestanden.[30] Die zeitlichen Einordnungen stimmen im Großen und Ganzen mit den neuen wissenschaftlichen Erkenntnissen über die früheste slawische Besiedlung in diesen Regionen überein. Daher ist es durchaus sinnvoll, die ältere Methode auch auf Regionen anzuwenden, für die mit modernen wissenschaftlichen Mitteln gewonnene Daten bisher fehlen.

Zur Zeit der Römerherrschaft gehörte Krakau, die Heimat der Mogilany-Gruppe, zum Südrand der alten Przeworsk-Kultur. Deren Untergang fiel, wie in Kapitel 5 geschildert, mit dem Aufstieg der Hunnen in der ersten Hälfte des 5. Jahrhunderts zusammen. Eine importierte *fibula* aus der Mogilany-Fundstätte von Radziejow Kujawski kann auf das späte 5. oder frühe 6. Jahrhundert datiert werden. Um das Jahr 600 begann eine zweite, deutlich unterscheidbare kulturelle Phase innerhalb der Gruppe, die durch das Auftauchen von Metallarbeiten geprägt ist. Es ist daher sehr wahrscheinlich, dass slawischsprachige Gruppen des Korčak-Typs in das Machtvakuum eindrangen, das durch den Zusammenbruch der Przeworsk-Kultur im südöstlichen Polen Ende des 5. oder zu Beginn des 6. Jahrhunderts entstanden war, also bald nachdem sie erstmals in der Karpatenregion auftauchten.[31]

Im frühen Mittelalter war diese Region, die größtenteils mit dem heutigen Polen identisch ist, jedoch nicht allein durch die weitflächige Verteilung von Überresten des Korčak-Typs gekennzeichnet. Im Gebiet nördlich von Lublin bis zur Elbe im Westen entwickelte sich eine andere, regional eigenständige Kultur, die Sukow-Dziedzice-Kultur (Karte 18). Nach bisherigen Erkenntnissen besteht eine klare Grenze zwischen dieser zweiten Ansammlung von Fundstätten und jenen des Mogilany-Typs. Zwar sind in beiden Gruppen einige der kleineren Keramiktypen identisch, aber in der größeren Keramik unterscheiden sie sich deutlich. Außerdem verfügt die Sukow-Dziedzice-Keramik über ein erheblich breiteres Formenrepertoire als die Keramik, die unmittelbarer in der Korčak-Tradition steht. Manche Gefäße sehen sogar wie handgemachte Nachbildungen jener Stücke aus, die in dem Gebiet während der germanisch dominierten Przeworsk-Kultur in Mode waren. Die eingetieften Grubenhäuser, ein typisches Kennzeichen der Korčak-Regionen, waren in den Sukow-Dziedzice-Gebieten nicht allgemein verbreitet. Abgesehen von einer Einzelgruppe auf den fruchtbaren Lössböden von Masowien, Kujawien und Chełmno herrschte ein anderer Haustyp vor: die ebenerdig errichtete Holzhütte. Diese Unterschiede waren eines der Hauptargumente für die Theorie, wonach Polen einen vollkommen anderen Weg der Slawisierung genommen habe als Mähren, Böhmen und die südliche Elbregion. Manche Historiker sahen zwischen der Sukow-Dziedzice-Kultur und der Korčak-Kultur so große Unterschiede, dass sie Erstere einer gänzlich anderen slawischsprachigen Bevölkerung zuschrieben. Bei dieser soll es sich entweder um eine alteingesessene, aber lange im Schatten einer germanischen Elite stehende oder um eine Bevölkerung gehandelt haben, die nicht aus den Karpaten gekommen sei, sondern aus einer zweiten »slawischen Urheimat« außerhalb der Korčak-dominierten Gebiete, möglicherweise aus Weißrussland. Beiden Ansichten zufolge geht die Slawisierung Mitteleuropas, die in den karolingischen Quellen eindeutig belegt ist, auf zwei gleichzeitige, aber voneinander unabhängige slawische Expansionswellen zurück: zum einen auf Gruppen des Korčak-Typs aus den Karpaten, zum anderen auf Gruppen des Sukow-Dziedzice-Typs aus Weißrussland oder aus Polen selbst.[32]

Die Entschlossenheit, mit der Polen ein Sonderweg zum Slawentum zugeschrieben wird, lässt altes nationalistisches Denken durchscheinen. Dabei wurde erst kürzlich durch Ausgrabungen die Vorstellung widerlegt, man könne allein anhand von Haustypen Bevölkerungsgruppen eindeutig voneinander unterscheiden. So wurden Grubenhäuser in drei Regionen entdeckt, wo sie bisher unbekannt waren: bei Wyszogród, Szeligi und Zmijewo. Zudem tauchten bei Wyszogród neben den eingetieften Grubenhäusern auch ebenerdig errichtete Hütten aus derselben Zeit auf. Warum sollten weitere Forschungen nicht ergeben, dass die Grubenhäuser des Korčak-Typs in den Sukow-Dziedzice-Territorien weiter verbreitet waren als bisher angenommen? Damit wäre die bislang geltende, angeblich klare Unterscheidung hinfällig.[33] Angesichts der Ungewissheit der Sprachgrenzen ist es dennoch sehr wahrscheinlich, dass sich im späten 5. Jahrhundert slawischsprachige Gruppen nördlich der Karpaten und östlich der Weichsel über ein größeres Siedlungsgebiet verteilten und dass die Korčak-Podolen nur eine ihrer Untergruppen waren. Durchaus wahrscheinlich ist auch, dass diese größere slawischsprachige Bevölkerung, so es sie gegeben hat, später an der umfassenden Slawisierung von Gebieten wie Polen beteiligt war. Die viel größere Vielfalt von Gefäßformen in den Sukow-Dziedzice-Gebieten legt den Schluss nahe, dass der Sukow-Dziedzice-Typ im Unterschied zur Mogilany-Gruppe mehr war als nur eine der lokalen polnischen Korčak-Varianten. Der Grund hierfür könnte sein, dass die Slawen unterschiedliche Ursprünge hatten. Aber wie wir gleich sehen werden, hat es vielleicht noch mehr mit den Bedingungen zu tun, auf die die Einwanderer stießen, als sie in Polen eintrafen.

Wie rasch sich die neue Kultur des Sukow-Dziedzice-Typs zwischen Weichsel und Elbe ausbreitete, ist schwer zu sagen, da ihre Chronologie bisher unerforscht ist. Der Zusammenbruch der germanischen Kulturen in den weiter nördlich gelegenen Przeworsk- und Wielbark-Gebieten fand um 500 oder kurz danach statt, wie aus einer beiläufigen Bemerkung im Werk des oströmischen Geschichtsschreibers Theophylactus Simocatta hervorgeht, die man so interpretieren kann, dass in den 590er Jahren Slawen an der Ostsee auftauchten; sie könnte aber auch rein gar nichts bedeuten. Allerdings sprechen die Sukow-Dziedzice-Fundstätten in der Lausitz für ein deutlich späteres Datum. Skandinavische Metallarbeiten, die man zusammen mit Relikten des Sukow-Dziedzice-Typs bei Rostow Karkow fand, erlauben eine sichere Datierung für diese Siedlung in die Zeit kurz nach 700. Dendrochronologische Untersuchungen der Siedlungsstätte Sukow-Dziedzice selbst und etlicher Brunnenschächte in derselben Region führten ebenfalls zu einer Datierung ins 8. Jahrhundert. Diese zeitlichen Einordnungen gelten aber nur für die am westlichsten gelegenen Sukow-Dziedzice-Gebiete und stehen damit nicht im Widerspruch zu einer Datierung polnischer Materialien ins 6. Jahrhundert, da die Ausbreitung der Slawen aller Wahrscheinlichkeit nach von Ost nach West erfolgte.[34]

Grob skizziert, scheint die Ausbreitung der slawischen Vorherrschaft in Nordmitteleuropa, wie sie in karolingischer Zeit dokumentiert wurde, über zwei Marschrouten erfolgt zu sein, die an der Elbe zusammenliefen. Sie müssen nicht zwangsläufig verschiedene Ausgangspunkte gehabt haben. Die eine Vorstoßlinie ist das Band der Prag-Korčak-Siedlungen über das mitteleuropäische Bergland hinweg nach Böhmen und mancherorts noch weiter bis westlich der Elbe. Dieser Vormarsch dauerte rund hundert Jahre und fand ungefähr zwischen 500 und 600 statt. Die zweite Vorstoßlinie ist an der Verbreitung der Sukow-Dziedzice-Kultur in der Nordeuropäischen Tiefebene zu erkennen. Sie verlief, wenngleich langsamer als früher vermutet, westwärts bis zur Elbe, die um 700 erreicht wurde. Vieles bleibt im Dunklen, aber in ihren Grundzügen lässt sich die ursprüngliche Slawisierung Europas westlich der Weichsel mit Hilfe der schriftlichen und archäologischen Zeugnisse durchaus nachvollziehen.

Mütterchen Russland

Zur Slawisierung des europäischen Teils Russlands bis zur Wolga gibt es zwei Hauptquellen. Zum einen die historischen Zeugnisse: Dank islamischer Geographen des 10. Jahrhunderts wissen wir, dass Gebiete östlich der Weichsel, die heute zu Weißrussland und Wolhynien gehören, zu jener Zeit unter der Herrschaft sogenannter Ostslawen standen. Den umfassendsten Bericht über diese Region gegen Ende des Frühmittelalters liefert jedoch eine noch spätere Quelle, die *Nestorchronik*, deren uns überlieferte Fassung aus dem frühen 12. Jahrhundert stammt. Dieser Chronik zufolge besetzten um das Jahr 900 einige voneinander unabhängige slawischsprachige Gruppen ein wahrhaft riesiges Gebiet in Osteuropa. Der Text behandelt ausführlich die Poljanen, eine slawischsprachige Gruppe rund um Kiew, wo die *Nestorchronik* verfasst wurde; beiläufig werden noch viele weitere Gruppen und ihre ungefähren Siedlungsorte erwähnt. Die *Nestorchronik* ist zwar aus der Rückschau geschrieben, scheint aber die Ausbreitung der slawischsprachigen Bevölkerung über die Osteuropäische Tiefebene um die Jahrtausendwende im Großen und Ganzen korrekt wiederzugeben. Byzantinische Quellen, vor allem *De Administrando Imperio* (die diesmal weniger problematische, da zeitgenössische Informationen liefert), bestätigen die Chronik in ihren Grundzügen. Ende des 1. Jahrtausends dominierten slawischsprachige Gruppen einen gewaltigen Teil der Osteuropäischen Tiefebene, nach Osten bis zum Dnjepr und im Fall der Slowenen nach Norden bis zum Ilmensee (Karte 19).[35]

Aus heutiger Sicht überrascht es nicht, slawischsprachige Gruppen so weit über Russland hinweg verbreitet zu finden. Unsere zweite Hauptquelle zeigt, dass dies nicht schon immer so war. Alle Namen der großen Flüsse in dem weiträumigen Gebiet zwischen Weichsel und Wolga nördlich des Zusammenflusses von Pripjet und Dnjepr sind eher baltischen als slawischen Ursprungs. Das führt unausweichlich zu dem Schluss, dass irgendwann baltischsprachige Gruppen diese Gebiete beherrscht haben müssen. Wenn dort im 10. Jahrhundert jedoch slawischsprachige Gruppen fast vollständig die Kontrolle innehatten, kann das nur durch eine slawische Expansion zustande gekommen sein. Das führt direkt zum großen Rätsel der russischen Frühgeschichte.[36] Da hierzu keine historische Zeugnisse vorhanden sind, stellt sich die Frage: Welche der aufeinanderfolgenden archäologischen Kulturen des 1. Jahrtausends, die im russischen Raum entdeckt wurden, repräsentiert das erste Eindringen slawischsprachiger Gruppen in die ursprünglich baltisch besiedelten Gebiete?

Auch bei diesem Thema hat die Forschung von den vielfältigen archäologischen Unternehmungen im kommunistischen Europa nach 1945 enorm profitiert. Und auch hierbei haben sich viele Theorien aus der Sowjetzeit als überholt erwiesen, so dass sich nunmehr ein recht klares Bild ergibt. Unser Ausgangspunkt ist wiederum die slawischsprachige Welt der Korčak-Karpaten um 500 n. Chr. Von dort verbreiteten sich bis Mitte des 6. Jahrhunderts Materialien des Korčak-Typs nicht nur nach Westen und Süden, sondern auch nach Osten bis in die Ukraine. Zu dieser Zeit wurde auch Korčak selbst, die namengebende Fundstelle am Fluss Teteriw bei Schytomyr, erstmals besiedelt. Weiter nördlich, in den Pripjetsümpfen in Polesien, wurde Korčak-Material aus dem 7. Jahrhundert entdeckt. Etwa gleichzeitig entstand eine für unsere Geschichte zweite bedeutsame Kulturzone, die sogenannte Penkowka-Kultur, die zwischen 550 und 650 große Teile der Waldsteppenzone der Ukraine umfasste.

In vieler Hinsicht sind Penkowka-Materialien von denen des Korčak-Typs nicht zu unterscheiden. Beide Kulturen zeichnen sich durch kleine Ansammlungen von Häusern auf Flussterrassen aus, die sich für eine agrarische Subsistenzwirtschaft eignen. Penkowka-Häuser sind ebenfalls teilweise in den Boden eingetieft und mit steinernen Herden ausgestattet. Das Einzige, worin sich die Penkowka-Relikte unterscheiden, ist die bikonische Gestalt größerer Keramikgefäße, die größere Vielfalt an Eisenwerkzeugen und die dekorativen Metallarbeiten. Für Laien, aber auch für viele Fachleute, überwiegen die Ähnlichkeiten gegenüber den Unterschieden so sehr, dass auch die meisten Forscher überzeugt sind: Wenn Materialien des Korčak-Typs von slawischsprachigen Bevölkerungsgruppen stammen, muss das auch bei Penkowka-Materialien der Fall sein. Tatsächlich wurde, ausgehend von Jordanes' Bericht über die geographische Verteilung der Sklawenen und Anten, oft angenommen, dass die Penkowka-Kultur den Anten und die Korčak-Kultur den Sklawenen zuzuschreiben sei. Derart eindeutige Zuordnungen sind jedoch fragwürdig. Aufgrund der Ähnlichkeiten beider Kulturen und der geographischen Übereinstimmung ihrer Verbreitung mit der nachweislichen Präsenz slawischsprachiger Gruppen im 6. Jahrhundert darf man aber annehmen, dass die Penkowka-Kultur genauso slawisch dominiert war wie die Korčak-Kultur.[37]

Das späte 7. Jahrhundert war eine Zeit tiefer Umbrüche. In den früheren Korčak-Regionen, einem Großteil der Penkowka-Zone und einem beträchtlichen Gebiet nördlich davon zu beiden Seiten des Dnjepr, das ehemals jenseits der Grenzen beider Kulturen lag, entstand zwischen 650 und 750 eine neue Kultur: Luka Raikowezkaja. Der Hauptunterschied zwischen ihr und den Vorgängerkulturen besteht darin, dass ein Großteil ihrer Keramik auf einer langsam drehenden Töpferscheibe gefertigt wurde. Entsprechendes findet man zur selben Zeit bei den westlichen Ausläufern des Slawentums (den Tornow-, Feldberg- und Leipzig-Kulturen). Somit weist alles darauf hin, dass Luka Raikowezkaja die Wiedergeburt der Korčak- und Penkowka-Kulturen in einer Ära technischen Fortschritts darstellte. Allerdings herrscht nach wie vor Dissens darüber, ob man diese Kultur überhaupt als ein einheitliches System betrachten kann, oder ob man sie besser in lokale Varianten untergliedern sollte.

Zur selben Zeit vollzog sich in einigen der östlichsten Penkowka-Gebiete

Die Slawisierung Europas | 379

ein weiterer markanter Entwicklungsprozess. Hier und in einigen anderen Landstrichen, die zuvor außerhalb der Penkowka-Kultur gelegen hatten, entwickelte sich die sogenannte Wolynzewo-Kultur. Von Luka Raikowezkaja unterscheidet sie sich – abgesehen von geringfügig anderer Keramik – durch eine deutlich größere Menge an Metallgegenständen und durch befestigte Siedlungsplätze. Ihre Geschichte beginnt ebenfalls im 7. Jahrhundert, und sie breitete sich kontinuierlich bis ins 8. Jahrhundert hinein aus; von da an trägt sie einen neuen Namen, Romny-Borschewo. Die Keramiken dieser Kultur stehen in direktem Zusammenhang mit denen von Wolynzewo, sind aber über ein viel größeres Gebiet verbreitet (was der Hauptgrund für den Namenswechsel ist) und finden sich vor allem in den Becken des oberen Don und der Oka. Ihre Siedlungsstätten sind häufig noch stärker befestigt. Nach ihrer Formierung verbreiteten sich Luka Raikowezkaja und Romny-Borschewo in kontinuierlichen Entwicklungsschritten über ein immer größeres Gebiet. Im 10. Jahrhundert umfassten sie die Regionen, in denen die meisten der in der *Nestorchronik* genannten slawischen Gruppen siedelten (Karte 19). Daher besteht kein Zweifel, dass eine direkte Verbindung zwischen den slawischsprachigen Gruppen des 10. Jahrhunderts und diesen beiden archäologischen Kulturen besteht.[38] So lassen sich mit einiger Gewissheit Korčak und Penkowka den bekannten slawischsprachigen Gruppen des 6. Jahrhunderts und Luka Raikowezkaja, Wolynzewo und Romny-Borschewo den bekannten slawischsprachigen Gruppen des 10. Jahrhunderts zuordnen. Doch die Entwicklung der Keramikherstellung reicht zur Erklärung der umfassenderen historischen Prozesse von Staatenbildung und Migration nicht aus.

Zwei Fragen drängen sich auf: Erstens erschwert die Einführung scheibengedrehter Keramik eine genaue Bestimmung der Entwicklungslinie von Korčak- und Penkowka-Gruppen zu Gruppen der Luka-Raikowezkaja- und Wolynzewo-Kulturen. Entstanden die neuen Kulturen nur deshalb, weil Korčak- und Penkowka-Töpfer sich eine neue Produktionstechnik aneigneten? Wenn dies zuträfe und man davon ausgeht, dass Korčak und Penkowka von slawischsprachigen Gruppen dominiert waren, dann war dies bei Luka Raikowezkaja und Wolynzewo vermutlich auch der Fall. Das ist die gängige Annahme. Hinter den Veränderungen in der Keramik könnte sich aber auch eine weit komplexere Geschichte verbergen, und die verbesserte Technik der Keramikherstellung – scheibengedrehte Keramik ist qualitativ hochwertiger als handgemachte – könnte auch von Nichtslawen übernommen worden sein. Zweitens: Welche Geschichte steckt hinter der darauffolgenden Verbreitung der Kulturen von Luka Raikowezkaja und Wolynzewo weiter nördlich und östlich vom 8. bis zum 10. Jahrhundert? Haben hier tatsächlich Menschen ihr Siedlungsgebiet erweitert, oder war es nur eine Verbreitung neuer Techniken und Gewohnheiten unter bereits bestehenden Populationen? Auf diese beiden Fragen werden wir noch zurückkommen.

Ihnen liegt jedoch ein noch größeres Problem zugrunde, das aus den Widersprüchen zwischen Archäologie und Sprachforschung erwächst. Stellt die Ausbreitung der Korčak- und Penkowka-Kulturen nach Norden und Osten – die sich mit ihren Nachfolgern Luka Raikowezkaja und Wolynzewo weiter fortsetzte – die ursprüngliche Slawisierung Russlands und der Ukraine und die vollständige Herauslösung dieser Gebiete aus dem baltischsprachigen Kulturraum dar? Das wäre durchaus möglich. Wie wir gesehen haben, datieren manche Linguisten die Trennung der slawischen und baltischen Sprachfamilien in die Mitte des 1. Jahrtausends, womit es nur logisch wäre, das Auftauchen der Kulturen des Korčak-Typs am Rand der Karpaten mit diesem Zeitpunkt der sprachlichen Trennung gleichzusetzen. Falls dies so war, würde die nachfolgende Ausbreitung von vermutlich verwandten archäologischen Kulturen nach Norden und Osten aller Wahrscheinlichkeit nach die ursprüngliche Slawisierung Russlands darstellen.

Andere Linguisten hingegen datieren die slawisch-baltische Aufspaltung wesentlich früher, teilweise ins 2. Jahrtausend v. Chr. Und manche Archäologen halten die Übereinstimmungen zwischen bestimmten baltischen und slawischen kulturellen Systemen – vor allem zwischen der sogenannten Kolochin- und der Korčak-Kultur – für so groß, dass sie keinen Grund sehen, weshalb die eine slawisch dominiert gewesen sein soll, die andere aber nicht. Auch diese Überlegungen sind in sich schlüssig. Folgt man ihnen, würde die Ausbreitung der Korčak-Kultur die Fähigkeit einer besonders erfolgreichen slawischsprachigen Gruppe darstellen, ihre Dominanz über eine bereits weitgehend slawisch geprägte Landschaft auszuweiten. Das erste Modell – wonach die politische Dominanz slawischsprachiger Gruppen und die Eigenständigkeit der Sprache Hand in Hand gehen – entspricht dem allgemeinen Verbreitungsmuster auf dem Balkan und in Mitteleuropa. Aber die weniger dramatische Möglichkeit – dass ein Großteil Russlands und der Ukraine schon vor dem 1. Jahrtausend slawischsprachig wurde – kann nicht ausgeschlossen werden.[39]

DIE MIGRATION UND DIE SLAWEN

Ab dem späten 5. Jahrhundert wanderten slawische Gruppen von den nördlichen Ausläufern der Karpaten entschlossen Richtung Süden. Nach einer

Phase aggressiver Raubzüge, die fast das ganze 6. Jahrhundert lang anhielten, verteilten sie sich im 7. Jahrhundert über den Balkan. Gleichzeitig breiteten sich andere slawischsprachige Gruppen in Südpolen (die Mogilany-Gruppe des frühen 6. Jahrhunderts) und westwärts entlang der nördlichen Ausläufer der Karpaten aus, worauf sie in der ersten Hälfte des 6. Jahrhunderts Mähren erreichten, Böhmen in der zweiten Hälfte und den Zusammenfluss von Havel, Saale und Elbe zu Beginn des 7. Jahrhunderts. Vermutlich nur wenig später erreichte ein zweiter Migrationsstrom ebenfalls die Elbe, nachdem diese Gruppen von der Weichsel aus nach Norden und Westen vorgedrungen waren. Aber wie wir gesehen haben, bleibt die Chronologie der Sukow-Dziedzice-Kultur vage. Die rasante slawische Expansion Richtung Westen erfasste im 6. Jahrhundert auf der anderen Seite der Karpaten die Ukraine, wo in dieser Zeit die Korčak- und die mit ihr eng verwandte Penkowka-Kultur vorherrschten. Doch selbst diese Expansion erklärt nicht die Dominanz slawischsprachiger Gruppen über große Teile der zuvor baltischsprachigen Regionen im 10. Jahrhundert. Vielleicht war ihr eigentlicher Grund die darauffolgende Ausbreitung der Kulturen von Luka Raikowezkaja und Wolynzewo in die Korčak- und Penkowka-Gebiete und über sie hinaus. Doch könnte dieser Prozess auch viel komplizierter gewesen sein, als die simple lineare Entwicklung materieller Kulturen vermuten lässt.

Ohne historische Zeugnisse ist nicht zu sagen, wie weit sich slawischsprachige Gruppen um das Jahr 500 bereits über Osteuropa verteilt hatten. Ihr geographischer Aktionsradius und die vielfältigen Formen ihres Auftretens lassen jedoch vermuten, dass es zu diesem Zeitpunkt wesentlich mehr slawischsprachige Gruppen gab als nur Sklawenen und Anten in Moldawien und der Walachei. Aber auch das bringt noch nicht sehr viel Licht in die slawische Expansion, vor allem was den europäischen Teil Russlands betrifft. Die Ausbreitung der Penkowka-, Luka Raikowezkaja- und Wolynzewo-Kulturen über Teile der Osteuropäischen Tiefebene könnte die ursprüngliche Slawisierung dieser Territorien, aber ebenso gut der Triumph einer bestimmten slawischsprachigen Gruppe über andere Slawen gewesen sein.

Wie gelang es slawischsprachigen Gruppen, ihre Vorherrschaft über einen so großen Teil Europas zu etablieren, und was verursachte diese fundamentale Umwälzung in der europäischen Geschichte?

Die Geschichte hinter der Entstehung des slawischen Europa zu begreifen ist aus zwei Gründen noch schwieriger, als den Migrationsprozess der germanischen Gruppen im Zusammenhang mit dem Untergang des römischen Imperiums zu rekonstruieren. Das liegt erstens und vor allem daran, dass die historischen Quellen hierüber noch lückenhafter sind als im Fall der Germanen. Und selbst wenn es mehr schriftliche Zeugnisse gäbe, würde der zweite Grund greifen: Das Erscheinen der Sklawenen und der Anten südlich der Karpaten um 500 n. Chr. bedeutete an sich schon eine gewaltige Umwälzung, da bis zu diesem Zeitpunkt keine slawischsprachigen Gruppen in dem Gebiet nachgewiesen sind. Von da an verbreiteten sich slawischsprachige Gruppen über einen langen Zeitraum und ein riesiges Territorium, bis Ende des 1. Jahrtausends ein slawisches Europa entstanden war: Mähren, Böhmen und die Ukraine im 6. Jahrhundert, der Balkan im 7. Jahrhundert, die russische Waldzone im 8. und 9. Jahrhundert und das nördliche Mitteleuropa irgendwann dazwischen. Ein zeitlich und räumlich so umfassender Expansionsprozess kann sich unmöglich nur auf eine Art vollzogen haben.

Migrationsströme

Ohne aussagekräftige historische Quellen ist insbesondere die Größe der an der slawischen Migration beteiligten Bevölkerungseinheiten schwer abzuschätzen. Verlässlich scheinende Angaben gibt es nur zu den Plündererhorden des 6. Jahrhunderts, die regelmäßig in Gruppen von einigen tausend auftraten. Einmal drang eine aus Hunnen, Anten und Sklawenen bestehende Gruppe von 1600 Personen in oströmisches Territorium ein. Bei einer anderen Gelegenheit mussten 3000 slawische Plünderer den Gepiden jeweils ein Goldstück bezahlen, damit diese sie per Boot auf sicheren Boden zurückbrachten. Hildegesius' Kriegerverband aus Gepiden und Slawen zählte 6000 Mann, und eine angebliche »Elitetruppe« von 5000 Slawen versuchte anno 598 in einem Überraschungsangriff Thessaloniki einzunehmen.[40] Diese Zahlen sind durchaus plausibel, aber sie betreffen andere Aktivitäten als die expansive Migration, die im 7. Jahrhundert auf dem Balkan und im 6. Jahrhundert an den Karpaten und im mitteleuropäischen Bergland stattfand. Es ist unwahrscheinlich, dass an beidem dieselben sozialen Gruppen beteiligt waren.

Angesichts der großen geographischen Verteilung – von Mitteleuropa im 6. bis zum Ilmensee im 9. Jahrhundert – ist davon auszugehen, dass bei der Entstehung des slawischen Europa viele unterschiedliche Prozesse eine Rolle spielten. Man sollte daher die Diskussion zunächst auf Mitteleuropa und den Balkan im 6. und 7. Jahrhundert begrenzen, über die es aus dieser Zeit wenigstens historische Dokumente gibt. Aber selbst wenn man sich auf diese beiden Gebiete beschränkt, konfrontiert uns die Archäologie mit zwei vollkommen unterschiedlichen Ergebnissen. In einigen Regionen – vor allem an den Ausläufern der Karpaten, in Mähren, Böhmen, der Elbe-Saale-Region und der westlichen und südlichen Ukraine im 6. Jahrhundert sowie in Teilen Thrakiens kurz nach 600 – fand ein mehr oder weniger kompletter Wechsel zu einer neuen materiellen Kultur des Korčak-Typs auf allen Ebenen statt, von der Lebensweise über die Technik bis zu den sozialen Mustern. Die einzigen Unterschiede innerhalb dieser Gebiete bestehen in bestimmten Keramikformen. Ganz anders der archäologische Befund in vielen anderen slawisch dominierten Gebieten, wo die Relikte insgesamt zwar weitaus vielfältiger sind, jedoch nur vereinzelt Korčak-Elemente enthalten. Das gilt vor allem für einen Großteil des ehemals römischen Balkan und die Nordeuropäische Tiefebene westlich der Weichsel im 7. Jahrhundert, wo nur vereinzelt Keramik des Korčak-Typs gefunden wurde und somit kein kompletter Kulturtransfer stattgefunden haben kann. Diesen Unterschied muss jede Rekonstruktion der slawischen Expansion erklären können.

Auch wenn die historischen Quellen hierüber nichts preisgeben, ist anzunehmen, dass der Transfer eines kompletten sozioökonomischen Systems des Korčak-Typs in ein neues Siedlungsgebiet eine spezifische Form der Migration darstellt. Die in diesen Gebieten üblichen Siedlungen – und daher vermutlich auch die sozioökonomischen Einheiten – waren klein. Typische Korčak-Dörfer bestehen aus nicht mehr als zehn bis zwanzig kleinen Hütten für jeweils eine Kleinfamilie. Das erlaubt Rückschlüsse auf die Maximalgröße jener Migrationsgruppen, die in Gebieten mit »reinen« Korčak-Kulturen siedelten. Das Korčak-geprägte Europa entstand zweifellos durch die Verbreitung von Einheiten, die von den Ausläufern der Karpaten losgezogen waren – entweder als bereits vollständige Gemeinschaften oder auch in kleineren Gruppen, die erst am Zielort zusammenfanden. Die Grubenhäuser boten Platz für etwa fünf Personen, so dass die Migrationseinheiten vermutlich aus nicht mehr als 50 bis 100 Menschen bestanden. Im Vergleich mit den Migrationsformen, denen wir bisher begegnet sind, haben wir es hier wahrscheinlich mit einer »wave of advance« zu tun (siehe S. 38 f.). Im Lauf von rund 150 Jahren verbreiteten sich, wie gesagt, Korčak-Relikte von den Rändern der Karpaten bis zur unteren Elbe, ohne dabei ihre Form wesentlich zu verändern. Diese Beständigkeit zeigt, dass diese Slawen konservativer waren, als man früher dachte. Ältere Chronologien begrenzten die Korčak-Siedlungen auf das 5. und frühere 6. Jahrhundert, aber inzwischen wissen wir, dass manche Gruppen ihren Lebensstil zwei Jahrhunderte oder länger beibehielten und sich in kleinen Einheiten allmählich über ganz Europa verteilten.[41]

Das alles gilt mit einem Vorbehalt: Nach allgemeiner Auffassung beschreibt das »wave of advance«-Modell eine nicht zielgerichtete Bewegung, die sich daraus ergibt, dass der Bevölkerungsdruck an einem Siedlungspunkt Untergruppen dazu veranlasst, in der Folgegeneration zum nächsten verfügbaren und geeigneten Landstrich weiterzuziehen. Auf die frühen europäischen Ackerbauern angewendet, ergibt sich daraus rein rechnerisch eine Ausbreitung mit einer Geschwindigkeit von etwa einem Kilometer pro Jahr. Die Korčak-Slawen legten jedoch die Strecke vom Rand der Karpaten bis zur Elbe-Saale-Region – rund 900 Kilometer – in nur 150 Jahren zurück. Daher ist anzunehmen, dass manche Prämissen des »wave od advance«-Modells auf sie nicht zutreffen. Eine mögliche Erklärung für ihr hohes Tempo könnte sein, dass die slawische Migration nicht aufs Geratewohl erfolgte, wie dies auch bei der Expansion fränkischer Siedler in Nordgallien der Fall war. In einer byzantinischen militärischen Abhandlung, dem *Strategikon des Maurikios*, wird berichtet, dass manche Slawen bewaldetes Hochland offenen Ebenen vorzogen, was durch das Band der Korčak-Siedlungen über das mitteleuropäische Bergland hinweg in gewisser Weise bestätigt wird. Demnach war für jede neue Generation die Wahl des Siedlungsorts auf bestimmte Umgebungen beschränkt. Das erscheint durchaus plausibel, da die meisten offenen Ebenen Europas von politischen Großmächten (den Byzantinern, Franken und Awaren) beherrscht waren. Wollte man unabhängig in kleinen Gemeinschaften leben, wie es für die Korčak-Welt typisch war, stellte das Flachland somit keine Option dar. In einer sehr wahrscheinlich durch Bevölkerungswachstum geprägten Zeit war Migration für die Slawen eine Möglichkeit, sich ihren traditionellen Lebensstil mit einem sehr geringen Maß an sozialer Organisation zu bewahren.[42]

Im Gegensatz dazu wurde die slawische Besiedlung des Balkans im 7. Jahrhundert von beträchtlich größeren Einheiten unternommen – von »Stämmen«, wenn man so will. Rund um Thessaloniki, im Tal der Struma, siedelten bereits Mitte des 7. Jahrhunderts einige größere, namentlich dokumentierte slawische Gruppen. Unsere Quelle hierzu, die *Wunder des heiligen Dimitrios*, berichtet zudem, dass sich weiter südlich die schon erwähnte slawische Gruppe der Belegeziten niedergelassen hatte. Noch weiter im Süden auf der Peloponnes siedelten im frühen 9. Jahrhundert ebenfalls namentlich bekannte slawische Gruppen, die Milinger und Ezeriten. Dasselbe Muster findet man auch im slawischen Böhmen des 9. Jahrhunderts sowie in den vom *Bayerischen Geographen* erwähnten Regionen. In Mitteleuropa und möglicherweise auch auf der Peloponnes hatten sich diese Gruppen wahrscheinlich erst in der Zielregion aus eher zersplitterten »wave of advance«-Einheiten gebildet. Zumindest Böhmen wurde ursprünglich von slawischen Einwanderern des »reinen« Korčak-Typs besiedelt, deren höherer Organisationsgrad im 9. Jahrhundert offensichtlich das Ergebnis einer späteren Entwicklung war. Die Zahl und der Organisationsgrad der Belegeziten des 7. Jahrhunderts und anderer bei Thessaloniki siedelnden Gruppen lassen sich jedoch nicht als das Produkt eines Prozesses erklären, der erst nach Abschluss der Migration stattfand, denn aus diesen Regionen gibt es keine Belege für einen ursprünglichen Korčak-Typ, und die historischen Zeugnisse für die Existenz der Stämme datieren aus der Zeit kurz nach ihrer Zuwanderung. Die *Wunder des heiligen Dimitrios* berichten über ein Ereignis, das um 670 stattfand, zu dem der Autor also zeitlich wie räumlich einen direkten Bezug hatte. Die Besiedlung kann aber, wie wir gesehen haben, nicht vor den 610er Jahren stattgefunden haben. Der zeitliche Abstand von kaum zwei Generationen dürfte zu gering gewesen sein, als dass sich aus einem Zustrom erweiterter Familienverbände eine völlig neue soziopolitische Ordnung herausgebildet haben könnte.[43]

Wie sollen wir uns diese größeren Gruppen vorstellen? In historischen Quellen werden die frühen Slawen durchweg als kleine soziopolitische Einheiten beschrieben. Doch wie klein waren sie tatsächlich? Die Gruppen der Korčak-Kultur im 6. und 7. Jahrhundert bestanden wahrscheinlich aus jeweils unter 100 Personen. Aus einer neueren Studie geht jedoch hervor, dass andere Teile der slawischsprachigen Welt im 6. Jahrhundert eine tiefgreifende soziopolitische Umwälzung erlebten. In den langen Passagen, die der oströmische Geschichtsschreiber Prokop den vielfältigen slawischen Unternehmungen zwischen 530 und 560 widmet, wird nirgends ein slawischer Anführer namentlich erwähnt. Doch im letzten Viertel des 6. Jahrhunderts herrscht plötzlich ein ganz anderer Ton. Verschiedene oströmische Quellen schildern slawische Führer so detailgenau, dass es sich um bedeutende politische Gestalten gehandelt haben muss. Beispielsweise sei das von einem gewissen Musocius beherrschte Gebiet so groß gewesen, dass seine Durchquerung drei Tage erforderte, es hatte also eine Ausdehnung von 100 bis 150 Kilometer. Die Herrschaft des Ardagastes soll immerhin fast ein Jahrzehnt gedauert haben, von 585 bis 593. Ein gewisser Perigastes wiederum habe über genügend Streitkräfte verfügt, um tausend oströmische Soldaten niederzumetzeln. Und Dabritas vertraute angeblich so sehr auf seine militärische Schlagkraft, dass er die Abgesandten des awarischen Khagan töten ließ, wobei er sich in zeittypischer Manier seiner Überlegenheit brüstete: »Welcher Mann auf Erden, welcher Mann unter der Sonne vermag uns untertan zu machen? Nicht andere erobern unser Land, wir erobern ihres.«

Territorien, die sich über mehr als hundert Kilometer erstreckten, lassen selbst bei relativ dünner Besiedlung auf soziale Einheiten von mehreren tausend Personen schließen. Das bestätigt auch die einzige plausible Zahlenangabe, die uns überliefert ist. Nach dem siegreichen oströmischen Angriff auf das Herrschaftsgebiet des Ardagastes brach zwischen den Römern und den Awaren ein Streit darüber aus, wem die Gefangenen zufallen sollten. Schließlich setzten sich die Awaren durch, und die Römer überstellten ihnen die mehr als 5000 Gefangenen. Diese Zahl passt zur Größe der Populationen, über die die neuen slawischen Könige des späten 6. Jahrhunderts herrschten. Es waren Gruppen mit nicht viel mehr als 10000 Personen – nicht besonders groß, aber um ein Vielfaches größer als die der Korčak-Kultur weiter im Norden. Und wenn wir auf der Basis der Ardagastes-Episode eine grobe Schätzung jener größeren slawischen Gruppen vornehmen wollen, die um 600 am Rand des oströmischen Territoriums miteinander verschmolzen, so dürften die vier in der Region siedelnden Gruppen mehrere zehntausend slawische Zuwanderer umfasst haben. Meiner Ansicht nach deckt sich diese Schätzung mit den byzantinischen Berichten, wonach die spätere Befriedung des Gebiets in den 680er Jahren die Umsiedlung von 30000 Slawen nach Kleinasien zur Folge hatte.[44]

Serben und Kroaten könnten in der slawischen Diaspora des 6. und 7. Jahrhunderts einen dritten Typus von Migrantengruppen gebildet haben. Die von Konstantinos Porphyrogennetos im 10. Jahrhundert nacherzählte Geschichte enthält bekanntlich viele Fehler. Wenn man ihr überhaupt Glauben schenken darf, dann vielleicht in dem Punkt, dass sich Serben und Kroaten vom Awarenreich losgesagt hatten, das diese Gruppen für seine kriegerischen Zwecke ausgebeutet hatte. Zwischen 570 und 620 führten die Awaren zahlreiche Feldzüge. Das könnte den in die awarische Kriegsmaschine eingebundenen Slawen die Möglichkeit eröffnet haben, sich in Mitteleuropa zu etablieren und den dritten Typus slawischer Migrantengruppen hervorzubringen, der entweder groß genug oder militärisch schlagkräftig genug war, um die awarische Herrschaft abzuschütteln. Vielleicht handelte es sich dabei sogar um jene Streitmacht der 5000 slawischen »Elite«-Soldaten, die einen Überraschungsangriff gegen Thessaloniki führten. Dann wäre die Migration von Serben und Kroaten der Elitetransfer einer militärisch effizienten Truppe, die aus dem Awarenreich ausbrach und sich auf dem Balkan ihre eigene Nische suchte.[45] Auch wenn das nur Spekulation ist, liegt es doch im Bereich des Möglichen, vor allem, da zeitgenössische Quellen berichten, dass die slawische Gesellschaft nun auch Berufskrieger hervorbrachte. Zumindest wird daraus ersichtlich, wie vielfältig die Migrationsprozesse waren, die in der Rückschau unter dem Etikett der »Slawisierung Europas« zusammengefasst werden.

Ein Vergleich der historischen und archäologischen Zeugnisse führt somit zu einem scheinbaren Paradox. In jenen europäischen Regionen, die den kompletten Transfer eines materiell-kulturellen Systems des Korčak-Typs erlebten, vollzog sich der slawische Migrationsprozess nur in sehr kleinen sozialen Einheiten. Wo jedoch in den historischen Quellen von weit größeren sozialen Einheiten umherziehender Slawen (ob »Stämme« oder Berufskrieger) die Rede ist, betrifft das Gebiete, in denen die Archäologen keinen groß angelegten Transfer von »kompletten« sozioökonomischen Systemen des Korčak-Typs feststellen konnten. Das ist auf den ersten Blick überraschend. Je größer die Migrationseinheit, so möchte man vermuten, desto größer das Vermögen, ihre unverwechselbare Lebensart zu importieren und zu erhalten. Doch die größeren sozialen Einheiten waren relativ junge Gebilde, hervorgegangen aus einer rapiden soziopolitischen und ökonomischen Entwicklung bei jenen Slawen, die der römischen Grenze am nächsten waren oder im Einflussbereich des Awarenreichs lebten; wir werden in Kapitel 10 darauf zurückkommen. Es gibt Grund zu der Annahme, dass die Dynamik dieser Entwicklungen sich dem Kontakt und Austausch zwischen den beteiligten Gruppen sowie den Chancen und Gefahren verdankte, die durch die neue Nachbarschaft zu den größeren, wohlhabenderen Reichen der Oströmer und der Awaren entstanden. Anders gesagt: In stärkerem Maß als die kleinen Gemeinschaften der Ackerbauern waren die größeren slawischen Gruppen offen für Einflüsse und Prozesse, die ihre materielle Kultur von den überkommenen Normen der Korčak-Welt befreiten.

Was lässt sich daraus über die slawischen Migrationseinheiten in jenen Gebieten und Jahrhunderten sagen, für die es keine historischen Belege gibt: Nordmitteleuropa im 7. und 8. Jahrhundert und der europäische Teil Russlands im 9. und 10. Jahrhundert? In der Region zwischen Weichsel und Elbe entdeckten Archäologen einen dritten Typus. Die Sukow-Dziedzice-Kultur zeigt, dass zugewanderte Slawen manche Muster der einheimischen materiellen Kultur übernahmen, vor allem in der Keramik. Doch die Mogilany-Kultur, mit der die Slawisierung einsetzte, ist eine echte Korčak-Variante, und selbst die Sukow-Dziedzice-Kultur wich in ihren ersten Phasen nicht stark von diesen Normen ab. Die ersten »Siedlungsinseln« (Karte 18) waren kleine, nicht umfriedete Dörfer, die in ihrer Größe der Korčak-Norm ähnelten. Die Häuser waren jedoch in der Regel nicht eingetieft. Obwohl die ursprünglichen slawischen Migrationseinheiten mehr von der einheimischen Kultur aufnahmen als anderswo, unterschieden sie sich größenmäßig wahrscheinlich nicht sehr von jenen, die das Korčak-Europa schufen. Warum sie sich dann so weit von den Korčak-Normen entfernten, ist eine Frage, auf die wir gleich zurückkommen werden.

Für den Migrationsprozess im europäischen Teil Russlands verfügen wir wiederum nur über archäologische und damit lediglich über indirekte Zeugnisse. Aber die Siedlungsmuster sind nicht weniger aufschlussreich als jene des Korčak-Europa und verraten einiges über den Typus der sozialen Einheit, der an der Expansion beteiligt war. Nehmen wir zum Beispiel die Höhensiedlung Nowotrojzkoje aus der Borschewo-Zeit im Psel-Tal in der nördlichen Ukraine, wo die steilen Hänge einen natürlichen Schutz boten. Die Archäologen fanden dort eine Ansammlung von rund 50 Grubenhäusern aus dem 8. und 9. Jahrhundert. Somit kann die Bevölkerung dieser Siedlung aus nicht mehr als einigen hundert Menschen bestanden haben. Lage und Art der Siedlung lassen darauf schließen, dass es in dieser Region nicht besonders friedlich zuging, wie auch das Ende der ersten Siedlungsphase beweist: Das Dorf wurde vermutlich von Plünderern zerstört. Nowotrojzkoje ist kein Einzelfall. Auch Romny-Borschewo-Siedlungen wurden gewöhnlich an leicht zu verteidigenden Orten auf Erhebungen oder in Sumpfgebieten angelegt, waren oft umfriedet und wiesen im Allgemeinen eine ähnliche Bevölkerungsdichte auf.

Das führt zu zwei Schlussfolgerungen: Erstens ging die slawische Besiedlung dieser Region nicht kampflos vor sich. Die Mühe, eine befestigte Siedlung zu errichten, nimmt eine Gemeinschaft nicht grundlos auf sich, und ihr Schicksal macht deutlich, dass es solche Gründe gab. Zweitens zogen in diese Region vermutlich nur slawische Gruppen, die groß genug waren, um derartige Siedlungen überhaupt errichten und erhalten zu können. Siedlungsraum, der erst erobert werden musste, kam für Kleingruppen nicht in Frage.

Auch wenn sie in historischen Beschreibungen keinen Niederschlag gefunden haben, scheinen somit die Migrationseinheiten, die vom 8. Jahrhundert an im nordwestlichen Russland auftraten, beträchtlich größer gewesen zu sein als jene, die früher die Korčak-Kultur und ihre Varianten über das mitteleuropäische Bergland und östlich der Karpaten über Südrussland und die Ukraine verbreitet hatten. Ihre befestigten Siedlungen stehen in deutlichem Kontrast zu den kleinen, unbefestigten Siedlungen der Korčak-, Penkowka- und selbst der Kolochin-Kultur im 6. und 7. Jahrhundert. Sie sind der Beweis dafür, dass in späteren Jahrhunderten eine neue Ära der slawischen Expansion einsetzte. Sie folgte allerdings zu Beginn mehr dem Modell einer »wave of advance« als dem der schlagartigen Besetzung einer ganzen Landschaft. Im Lauf der Zeit wurde sie immer stärker, bis schließlich größere soziale Einheiten auch in umkämpfte Gebiete vorrückten. Alles in allem mag die slawische Expansion in den europäischen Teil Russlands in einer Form stattgefunden haben, die wir schon in anderen – antiken wie neuzeitlichen – Zusammenhängen kennengelernt haben:

Ein Strom kleiner sozialer Einheiten gewinnt an Dynamik und wird schließlich durch entschlossenen Widerstand zur Neuorganisation in größeren Gruppen gezwungen. Das war bei den Goten und anderen Verbänden des 3. Jahrhunderts nicht anders als bei den Wikingern des 9. und bei den Buren des 19. Jahrhunderts.[46]

Unsere Quellen liefern alles andere als optimale Informationen über Art und Umfang der slawischen Migrationsströme. Aber immerhin zeigen sie, dass die slawische Expansion in einer großen Vielfalt stattfand, was allein schon die breite Palette von Schauplätzen vermuten lässt, auf denen sie sich abspielte. Am einen Ende des Spektrums haben wir den Transfer von Siedlungen des Korčak-Typs von den Ausläufern der Karpaten über weite Teile Mittel- und Osteuropas in einem Bogen, der sich von der Elbe bis zur Ukraine spannt. Im Unterschied dazu waren in der Romny-Borschewo-Zeit weiter nördlich und östlich dauerhaftere Siedlungen die Norm, erbaut von slawischen Bevölkerungsgruppen, die mehrere hundert Personen zählten. Und schließlich gab es den Zug ganzer »Stämme« in den zuvor römischen Balkan im 7. Jahrhundert – von Gruppen in einer Größe von bis zu 10000 Personen, falls es sich dabei um Einheiten ähnlich denjenigen handelte, die Ardagastes und Perigastes anführten. Festzuhalten bleibt, dass die Slawisierung Europas eine Fülle von Migrationsaktivitäten umfasste und die Größe der Migrationseinheiten von Familiengruppen bis hin zu sozialen Verbänden von mehreren tausend Personen reichte.

Einwanderer und Einheimische

Das um das Jahr 600 entstandene Militärhandbuch, das dem oströmischen Kaiser Maurikios zugeschrieben wird, enthält einen interessanten Kommentar zum Umgang früher slawischer Gruppen mit ihren Gefangenen:

> Die Gefangenen halten sie nicht wie die anderen Völker unbegrenzte Zeit in Knechtschaft, sondern setzen ihnen eine verabredete Zeit fest und stellen ihnen frei, ob sie gegen Zahlung nach Hause zurückkehren oder als freie Freunde dort bleiben wollen.[47]

Das führt direkt zu einem Problem, das sich angesichts des erstaunlichen Aufstiegs der Slawen zwischen Elbe und Wolga im Frühmittelalter stellt. Einerseits behauptet niemand, dass dieser Aufstieg ohne Migration möglich gewesen wäre, andererseits sind die alten kulturhistorischen, quasi-nationalistischen Theorien überholt, wonach sich die Slawen als »Volk« von einem bestimmten geographischen Punkt aus über weite Teile Europas verbreitet hätten. Und selbst wenn die früheren, hauptsächlich germanischen Migrationen zwischen dem 4. und 6. Jahrhundert beträchtliche Bevölkerungsbewegungen darstellten, waren sie sicherlich nicht so groß, dass nach dem Zusammenbruch der germanischen Kultur riesige Landstriche Europas vollkommen entvölkert gewesen wären. Die meisten dieser Gebiete, nunmehr unter slawischer Herrschaft, begegnen uns in karolingischen Quellen wieder. Offenbar standen die ursprünglichen slawischen Einwanderer in Kontakt mit der alteingesessenen Bevölkerung. Es sind daher zwei entscheidende Fragen zu klären: Wie bedeutend war die slawische Migration in demographischer Hinsicht? Und in welcher Beziehung standen die eingewanderten Slawen zur alteingesessenen Bevölkerung an den verschiedenen Zielorten?

Trotz fehlender Informationen können wir davon ausgehen, dass die Slawen in den ehemals germanisch geprägten Gebieten auf eine weitgehend dezimierte Bevölkerung und teilweise auch auf gänzlich verlassene Landstriche stießen. Für einige wenige Regionen liegen allgemeine Beobachtungen zur Siedlungsdichte vor. So scheint es in Böhmen in spätrömischer Zeit zu einem erheblichen Bevölkerungsschwund gekommen zu sein. Während es aus der Zeit der ersten Kontakte mit dem Römischen Reich 24 große Fundorte (zumeist Gräberfelder) gibt, sind aus der Spätantike nurmehr 14 bekannt. Die nach Böhmen ziehenden Slawen stießen demnach zwar nicht in ein völlig leeres Gebiet vor, trafen aber offenbar auf eine reduzierte autochthone Bevölkerung. Pollendiagramme geben weitere Aufschlüsse. Landen Pollen auf stehendem Gewässer, sinken sie auf den Grund. Mittels Bodenproben von Seen lassen sich zeitliche Veränderungen in der Zusammensetzung der Pollen feststellen. Hat eine alteingesessene Bevölkerung kontinuierlich Ackerbau betrieben, so schlägt sich das in einer durchgängigen Abfolge der immer gleichen Getreidepollen nieder, ohne dass sie zwischenzeitlich völlig von Baum- oder Gräserpollen verdrängt werden. Zwar gibt es nur wenige solche Pollendiagramme für Osteuropa, aber wo sie verfügbar sind, zeigen sie eindeutig, dass die alteingesessene vorslawische Bevölkerung nicht verschwand. Proben von der Insel Rügen und aus dem Saaleland belegen eine weitgehende Kontinuität von der Römer- bis zur Slawenzeit, obwohl beide Gebiete bereits vor dem Jahr 800 unter slawische Herrschaft gerieten. In großen Teilen Mecklenburgs hingegen weisen die Pollendiagramme aus derselben Zeit auf eine lange Unterbrechung des Ackerbaus hin. Zumindest dort scheinen die slawischen Einwanderer den Ackerbau erst wieder eingeführt zu haben. Ähnliche Belege für eine Siedlungsunterbrechung und Neubewaldung gibt es auch aus Biskupin im heutigen Polen.[48]

Wo keine Pollendiagramme zur Verfügung stehen, sind wir gezwungen, auf

Indizien allgemeinerer Art zurückzugreifen. Auch sie geben teilweise Anlass, die demographische Komponente der Slawisierung nicht zu unterschätzen. Prokop zufolge zogen die unglückseligen Heruler nach ihrer Vertreibung von der mittleren Donau anno 512 (siehe Kapitel 5) zuerst durch slawisches Territorium und dann in »leere Landstriche«, bevor sie sich schließlich nach Skandinavien aufmachten. Die menschenleere Region müsste das nördliche Mitteleuropa gewesen sein, irgendwo jenseits der Mährischen Pforte. Das scheint auf einen starken Bevölkerungsrückgang hinzuweisen, da bis zum Untergang des Weströmischen Reiches alles Land zwischen der Mährischen Pforte und Skandinavien stark bevölkert war. Auch spricht einiges dafür, dass die Migration zu einem beträchtlichen Wachstum der einwandernden Slawen führte. Ein ausschlaggebender Faktor für Bevölkerungswachstum ist die Ernährungslage. Gibt es mehr zu essen, dann ist die Kindersterblichkeit geringer, die Widerstandskraft gegen Krankheiten erhöht sich, und Paare können früher heiraten. So ermöglicht ein Nahrungsmittelüberschuss eine rasche Bevölkerungszunahme. Zwar verfügen wir über keine konkreten Zahlen, aber es gibt reichlich Grund zu der Annahme, dass die Slawen ein starkes demographisches Wachstum erlebten. Denn zum einen wanderten sie aus der russischen Waldzone in mitteleuropäische Gebiete, die generell bessere Böden aufwiesen, und zum anderen übernahmen die Korčak- und Penkowka-Ackerbauern rasch die effizienteren Pflüge, die um 400 in der römischen und römisch beeinflussten Welt verwendet wurden, und gaben ihre alten Hakenpflüge auf. Die neuen Pflüge erlaubten ihnen, die Scholle zu wenden, so dass das Unkraut seine Nährstoffe an den Boden zurückgeben konnte. Das steigerte die Fruchtbarkeit der Böden und erhielt sie länger, womit höhere Erträge erzielt wurden. Wir dürfen also davon ausgehen, dass die Migration den slawischsprachigen Gruppen ein beträchtliches Bevölkerungswachstum ermöglichte und dadurch in einer Art Kettenreaktion ihre Fähigkeit erhöhte, neue Regionen in Mitteleuropa zu kolonisieren.[49]

Durch weitere Indizien werden die Pollendiagramme von Rügen und aus dem Saaleland bestätigt. Die Sukow-Dziedzice-Kultur, die einen Großteil des heutigen Polen umfasste, produzierte Keramik des üblichen Korčak-Typs, aber wie wir gesehen haben, zeichnete sich diese Keramik durch eine erstaunlich breite Palette an Gefäßtypen aus. In Siedlungen der Sukow-Dziedzice-Kultur findet man gewöhnlich neben den üblichen Korčak-Kochtöpfen eine Vielfalt von schlichten Gefäßen mittlerer Größe sowie kugel- und becherförmige Schüsseln. Ein Großteil der Keramik, die nicht dem Korčak-Typ entspricht, erinnert an handgeformte Versionen der scheibengedrehten Keramik, die in derselben Region von Przeworsk-Töpfern ungefähr im letzten Jahrhundert der germanischen Vorherrschaft angefertigt wurde. Diese Ähnlichkeiten könnten darauf zurückzuführen sein, dass Korčak-Töpfer in verlassenen Siedlungen auf Przeworsk-Keramik gestoßen sind; solche Nachahmungen sind jedoch nicht überall bezeugt. Wahrscheinlicher ist daher, dass es sich dabei um das Ergebnis eines Austauschs zwischen Korčak-Slawen und der alteingesessenen Bevölkerung nach dem Ende der Przeworsk-Kultur handelte.[50]

Die Bandbreite der verfügbaren Nachweise verdeutlicht, dass sich der demographische Effekt des Zusammenbruchs der germanischen Kultur und der slawischen Einwanderung nicht so einfach berechnen lässt. Zumindest in Teilen des alten germanischen Europa blieb trotz der Bevölkerungsverschiebungen zwischen dem 4. und dem 6. Jahrhundert eine große Bevölkerung von Ackerbauern erhalten. Die Zeugnisse aus Böhmen lassen indes darauf schließen, dass wir von einer allgemeinen Ausdünnung der alteingesessenen Bevölkerung ausgehen müssen, die, wie Pollenanalysen zeigen, mancherorts zur völligen Aufgabe des Ackerbaus führen konnte – ein häufiges Phänomen an den Rändern des Römischen Reiches nach dessen Zusammenbruch.[51] Berücksichtigt man zudem, dass die am Migrationsprozess beteiligten slawischsprachigen Populationen anwuchsen, als sie die höher entwickelten Agrartechniken auf besseren Böden anwandten, dann muss die slawische Einwanderung als ein bedeutendes demographisches Ereignis angesehen werden, selbst wenn sie nicht immer und überall in Form einer Rekolonisierung verlassener Landstriche stattfand.

In gewissen Forscherkreisen herrscht die unerschütterliche Überzeugung, die Migrationsbewegungen des 1. Jahrtausends hätten nie ein Ausmaß erreicht, um wirklich bedeutsame demographische (im Unterschied zu politischen und kulturellen) Auswirkungen zu haben. Es lohnt sich daher, dieser Frage nachzugehen. Im Hinblick auf hierarchisch geprägte Gesellschaften ist es gewiss richtig, dass ein kultureller Kollaps in Form des Untergangs einer sozialen Elite nicht zwangsläufig einen Bevölkerungsexodus nach sich ziehen muss. Wie wir gesehen haben, führte das Eintreffen der Slawen auf der Peloponnes laut der *Chronik von Monemvasia* zur vollständigen Verdrängung der ursprünglichen griechischen Bevölkerung. Doch als zu Beginn des 9. Jahrhunderts die Slawen bei Patras revoltierten, existierte neben ihnen eine indigene griechische Bevölkerung. Unwahrscheinlich, aber nicht ausgeschlossen ist, dass in der Zwischenzeit sämtliche griechischsprachigen Gruppen aus Kalabrien zurückgekehrt waren. Schon rein logistisch ist die Räumung einer ganzen Region per Schiff kaum vorstellbar. Bei ähnlichen Ereignissen im Westen hatten lediglich Angehörige der landbesitzenden Klasse, die über transportable Reichtümer verfügten, die Flucht ergriffen.

Dass es sich auf der Peloponnes ebenso verhielt, auch wenn die *Chronik von Monemvasia* das Gegenteil besagt, lässt sich aus den Reaktionen erschließen, die andernorts auf dem Balkan auf den zunehmenden Druck durch die Slawen erfolgten. Einer anderen Chronik zufolge, die zwar aus späterer Zeit stammt, aber sich nach allgemeiner Ansicht auf frühere Informationen stützt, fiel Salona im Nordwesten den Slawen in die Hände, als in der Stadt Panik ausbrach, nachdem sich herumgesprochen hatte, dass die Reichen ihre Besitztümer auf Schiffe bringen ließen. Zudem berichtet Konstantinos Porphyrogennetos über die Einwohner von Ragusa (Dubrovnik), sie könnten sich noch gut erinnern, dass die Gründer ihrer Stadt Flüchtlinge aus Epidauros gewesen seien. Und er zählt sie namentlich auf: Gregorius, Asclepius, Victorinus, Vitalius, Valentinian der Erzdiakon sowie Valentinian, Vater eines als *protospatharios* bezeichneten Stephanus. Ein *protospatharios* und ein Erzdiakon sind hochrangige Würdenträger, daher ist zu vermuten, dass es sich eher um den Exodus einer kleinen Gruppe von Honoratioren als um die Massenflucht der gesamten Bevölkerung handelte.[52] Wenn römische Quellen von einem kulturellen Zusammenbruch und der Flucht einer Elite berichten, kann man davon ausgehen, dass sich nur ein kleiner Prozentsatz der Bevölkerung absetzte. Folglich lebten die auf den Balkan eingewanderten Slawen wahrscheinlich stets in enger Nachbarschaft mit einer großen alteingesessenen Bevölkerung.

Im germanischen Europa der spätrömischen Zeit hingegen herrschten ganz andere sozioökonomische Muster vor. Die hierarchische Struktur der spätrömischen und frühbyzantinischen Gesellschaft hatte sich trotz der großen Umwälzungen der vorangegangenen Jahrhunderte erhalten. Zwar bildeten sich zwischen dem 1. und dem 4. Jahrhundert neue germanische Eliten, aber sie stellten einen viel größeren Prozentsatz der Gesamtbevölkerung dar als die dünne landbesitzende Oberschicht der römischen Welt. Wie wir in Kapitel 2 gesehen haben, weist alles darauf hin, dass die soziale und politische Macht von einer eher breit aufgestellten Oligarchie von Freien und nicht von einer schmalen Adelsschicht ausgeübt wurde. Und die Teilnahme an der »Völkerwanderung« war nicht auf die herrschende Oligarchie beschränkt. Manche der vordringenden Gruppen bestanden aus mindestens zwei sozialen Klassen von Kriegern nebst einer unbekannten Zahl von Sklaven und bildeten mitunter Kampfverbände von mehr als 10 000 Kriegern; hinzu kamen Frauen und Kinder.[53] Vom Exodus einer sozialen Elite dieser Art mit ihrem großen Anhang wären ganz andere Auswirkungen auf eine Region zu erwarten als von dem einiger weniger römischer Honoratioren und ihrer Haushalte. Beides schließt jedoch nicht aus, dass zur Zeit der slawischen Expansion in einem Großteil Nordmitteleuropas nach wie vor autochthone Populationen lebten.

Wie sollen wir uns die Beziehungen zwischen der alteingesessenen Bevölkerung und den slawischen Einwanderern in Mitteleuropa, auf dem Balkan und im europäischen Teil Russlands vorstellen?

Eine Studie zu diesem Thema verknüpft die bereits zitierte Schilderung aus dem *Strategikon* mit allgemeinen Beobachtungen zu den materiell-kulturellen Auswirkungen des slawischen Aufstiegs in Mittel- und Osteuropa. Deren deutlichster Effekt sei die Ersetzung (zumindest in den vom Zusammenbruch der germanischen Kultur betroffenen Gebieten) des Größeren und Komplexeren durch das Kleinere und Einfachere in nahezu allen Bereichen des Lebens, von der Keramikherstellung bis zur Siedlungsgröße. Diese Vereinfachung sei nicht bloß eine marginale Folge der Einwanderung von Menschen gewesen, die aus den Wäldern Osteuropas einen schlichten Lebensstil mitbrachten, sondern ein Hauptgrund für ihre erfolgreiche Übernahme weiter Landstriche. Dieser These zufolge handelte es sich also nicht um eine Art Machtergreifung durch slawische Bevölkerungsgruppen, sondern um die Verbreitung eines attraktiven kulturellen Modells, dem die wenig kriegerisch gesinnte bäuerliche Bevölkerung Mitteleuropas tatkräftig nacheiferte, nachdem sich ihre alten Eliten Richtung Süden und Westen auf römisches Territorium davongemacht hatten. In gewissem Sinn waren die Slawen wirklich Verfechter eines alternativen Lebensstils: Prokop zufolge hingen sie einer ausgesprochen egalitären und eingängigen, um nicht zu sagen primitiven Ideologie an. Bei den Bauern, die so lange für die Kriegerelaten der Germanen geschuftet hatten, stießen sie damit auf offene Ohren.[54] Folgt man dieser Theorie, wäre die Slawisierung im Grunde eine Art »Nichtelitetransfer« und ein Prozess des kulturellen Nacheiferns gewesen, in dessen Verlauf sich einige wenige Zuwanderer, vor allem aber ein bestimmter Lebensstil, der von der zahlenmäßig starken einheimischen Bevölkerung übernommen wurde, über weite Teile Mitteleuropas ausbreitete. Doch wie passt diese Theorie mit den verfügbaren Daten zusammen?

Zumindest mancherorts behandelten die Slawen die indigene Bevölkerung einigermaßen großzügig, jedenfalls verglichen mit dem Verhalten der Skandinavier gegenüber den Angelsachsen in England. Auch gab es eine gewisse Assimilation. Aus dem *Strategikon* geht hervor, dass manche frühslawischen Gruppen eine sehr »offene« Identität besaßen und, wie bereits erwähnt, teilweise sogar Gefangene als gleichwertige Mitglieder ihrer Gesellschaft akzeptierten. Das ist außergewöhnlich. Viele Gesellschaften sind bereit, Außenstehende aufzunehmen, aber im Regelfall haben diese zumindest anfangs relativ geringe soziale Positionen zu akzeptieren. Eine völlige Gleichstellung kam beispielsweise für die germanischen Gruppen der »Migrationsperiode« eindeutig nicht in Frage. Der Migrationsprozess änderte nichts an ihrem fest verwurzelten Rangunterschied zwischen den beiden Klassen von Kriegern und den Sklaven – der Spitzenstatus blieb den vielen Neulingen, die sie während ihres Zuges in ihre Reihen aufnahmen, verwehrt. Anders bei einigen frühslawischen Gruppen: Da sie keine soziale Hierarchie zu verteidigen hatten, scheint bei ihnen die Bereitschaft zur Aufnahme von Neulingen größer gewesen zu sein. Außer dem *Strategikon* gibt es keine schriftlichen Zeugnisse, die das bestätigen könnten, aber in gewissem Sinne ist die Geschichte des fränkischen Kaufmanns Samo hierfür ein Beleg: Er war zwar ein Fremder, überzeugte aber durch seine Fähigkeiten und wurde schließlich unter den Sorben und anderen Slawen der awarisch-fränkischen Grenzregion als Führungsgestalt anerkannt.[55]

Die Aufnahme Außenstehender erfolgte auch auf weniger hohem Sozialniveau. Der durch die verbesserten Anbaumethoden bewirkte Bevölkerungszuwachs dürfte nicht einmal annähernd für die Besiedlung der großräumigen Gebiete ausgereicht haben, die ab etwa 800 von Slawen dominiert wurden. Das gilt selbst dann, wenn man davon ausgeht, dass sich die slawische Sprachenfamilie schon vor der Mitte des 1. nachchristlichen Jahrtausends entwickelt hatte und folglich slawischsprachige Gruppen bereits weiter verbreitet waren, als die Korčak-Relikte vermuten lassen. Die Entstehung eines fast gänzlich slawischen Europa von der Elbe bis zur Wolga scheint daher ohne die Aufnahme Fremder nicht möglich gewesen zu sein. Das würde auch die Übernahme der fortschrittlicheren Ackerbautechniken der Slawen von ihren neuen Nachbarn und das höher entwickelte Keramikrepertoire der Sukow-Dziedzice-Kultur erklären.[56] Damit möchte ich aber nicht für die Rückkehr zur alten nationalistischen Vorstellung von alteingesessenen »latenten Slawen« plädieren, die zwischen Oder und Weichsel die germanische Vorherrschaft abschüttelten. Ganz im Gegenteil: Wir wissen nicht im Mindesten, welche sprachliche und kulturelle Identität die nach dem Zusammenbruch der germanischen Kultur in der Region verbliebene Bauernschaft besaß. Vermutlich war es die germanische, da sie jahrhundertelang unter germanischer Vorherrschaft gestanden hatten. Doch ihr langfristiger Entwicklungsweg lief auf Absorption in die sich entwickelnde slawische Kultur hinaus. Eine solche umfassende Absorption steht in Einklang mit heutigen Studien zur Ethnizität, nach denen Gruppen ihre Zugangsbarrieren den Umständen anpassen. Die frühen Slawen – oder zumindest einige von ihnen – wären ein Beispiel für eine Gruppe, die eine sehr durchlässige Grenze zwischen sich und Außenstehenden zog. Das lässt sich aus dem *Strategikon des Maurikios* schließen, das Berichtcharakter hat und keinen Topos reproduziert, den römische Autoren stets auftischten, wenn sie über Barbaren schrieben.

Aus all dem darf man jedoch nicht den Schluss ziehen, die Slawen hätten weite Teile Europas mehr oder weniger friedlich übernommen. In der DDR wurde aus ideologischen Gründen das Bild eines friedlichen Zusammenlebens von Slawen und alteingesessener germanischsprachiger Bevölkerung gefördert. Die Belege dafür trimmte man entsprechend zurecht. An einer Reihe von Ausgrabungsstätten wurde gezielt nach Hinweisen für die friedliche Koexistenz von Germanen und Slawen gesucht. Zwei dieser Fundstätten liegen in Berlin (in Marzahn und Hellersdorf), die übrigen sind breit gestreut; zu den bekanntesten gehören Dessau-Mosigkau und Tornow.

Nach dem Fall der Berliner Mauer kam es zu einer Neubewertung: Zwar enthielten die Fundstätten zweifellos spätgermanische und frühslawische Relikte, aber die erneute Überprüfung ergab, dass Germanen und Slawen dort gar nicht zur selben Zeit gelebt hatten. In Berlin-Hellersdorf sind die germanische und die slawische Besiedlungszeit durch eine Sedimentschicht voneinander getrennt. Die These von der friedlichen Koexistenz von Slawen und Germanen ist damit hinfällig, was nach 1989 vorgenommene Radiokarbondatierungen bestätigen. Ähnlich in Berlin-Marzahn: Radiokarbondatierungen ergaben, dass die Materialien der germanischen Phase aus der Zeit von 240 bis 400 stammten, die der slawischen Phase jedoch aus der Zeit von 660 bis 780. In diesem Fall bestätigten die Radiokarbondatierungen lediglich frühere dendrochronologische Analysen von Holzresten aus der slawischen Periode, die in das 8. Jahrhundert datiert wurden. In ihrem Bemühen, eine friedliche Koexistenz nachzuweisen, hatten die DDR-Forscher die dendrochronologische Datierung als »unwahrscheinlich« qualifiziert und gar nicht erst publiziert.[57] Auch die spätere slawische Expansion in das nordwestliche Russland verlief, wie wir gesehen haben, vermutlich nicht ohne Konflikte zwischen Einwanderern und Einheimischen. Man muss nicht gleich alle Hinweise für friedliche Kontakte in Frage stellen, aber dass die historischen Zeugnisse ausschließlich ein friedliches Zusammenleben belegen, trifft nicht zu.

Auf lange Sicht wurden die slawischsprachigen Gruppen eine dominierende Kraft in diesen Regionen, wie sich am kulturellen und sprachlichen Wandel zeigt, der sich in der zweiten Jahrtausendhälfte in Mittel- und Osteuropa vollzog. Die slawische Gesellschaft mag Außenstehenden gegenüber offen gewesen sein, aber nur gegenüber solchen, die bereit waren, sich in sie einzufügen und in jeder Hinsicht slawisch zu werden. Dass Einwanderer und Einheimische in gegenseitiger Akzeptanz ihre unterschiedlichen Lebensstile weiterpflegten, ist nirgends zu erkennen. Im Gegenteil, es entstand eine einheitliche Kultur, die wesentlich slawisch geprägt war. Die Slawen fügten sich nicht einfach in die in Mitteleuropa bestehende Gesellschaft ein und setzten sich an die Spitze bereits bestehender Strukturen; wir haben es hier nicht mit einem Elitetransfer wie bei der Eroberung Englands durch die Wikinger zu tun. Vielmehr definierten die Slawen die sozialen Normen entsprechend ihren eigenen Vorstellungen neu. Anders gesagt, war die langfristige Slawisierung etwa so wie die Romanisierung: Sie schuf eine umfassend neue sozioökonomische und politische Ordnung mit starken kulturellen Akzenten. Die betroffene Bevölkerung hatte gar keine Wahl, und so wurde das Slawische in allen Teilen diesen riesigen Gebiets die vorherrschende Sprache.

Zu fragen ist auch, wie lange slawische Gesellschaften Außenstehenden gegenüber so offen blieben und sie als Gleichgestellte aufnahmen. Etwa vom 9. Jahrhundert an bildeten sich in manchen der neuen Gesellschaften, wie wir in Kapitel 10 genauer sehen werden, nicht nur deutlichere soziale Schichtungen heraus, sondern auch eine ausgesprochen ausbeuterische Haltung gegenüber Gefangenen. Ab dieser Zeit wurden Gefangene nicht mehr als Gleichgestellte aufgenommen, sondern dem hochprofitablen Sklavenhandel zugeführt. Da aus der Zeit vor dem 9. Jahrhundert keine Relikte einer materiellen Kultur gefunden wurden, die auf die Existenz einer Elite schließen lassen, könnte der Gedanke naheliegen, die slawische Gesellschaft habe sich erst relativ spät gegenüber Außenstehen verschlossen. Doch kann es Eliten auch ohne entsprechende Konsumgüter geben. Über Abhängige zu gebieten, die die Plackerei auf den Äckern verrichten, mehr zu essen zu haben als andere und mehr Muße zu genießen, kann einen Elitestatus definieren, selbst wenn man keine Luxusgüter besitzt.

Auch wenn die ersten historisch dokumentierten Slawen nur in kleinen oder sehr kleinen sozialen Gruppen auftraten, heißt das nicht, dass sie deshalb besonders friedfertig waren. Kleine Slawengruppen verübten von Mitte des 6. Jahrhunderts an fast kontinuierlich Überfälle auf den römischen Balkan und erwarben sich rasch einen kriegerischen Ruf. Manche der Gefangenen, die ihnen in die Hände fielen, wurden ausgesprochen unbarmherzig behandelt. Die 15 000 römischen Gefangenen, die im Jahr 549 vor den Toren der Stadt Topirus gepfählt wurden, oder jene, die 594 umkamen, als ihre slawischen Geiselnehmer eingekreist wurden, hätten die Schilderungen im *Strategikon* über die Großzügigkeit der Slawen gewiss nicht sehr überzeugend gefunden.[58] Die besser organisierten Serben und Kroaten waren, wenn man *De Administrando Impe-*

rio glauben will, noch schlagkräftiger, schafften sie es doch immerhin, die awarische Vorherrschaft abzuschütteln. Man darf nicht vergessen, dass sich die slawische Expansion zu einer Zeit vollzog, als sich die slawische Gesellschaft selbst bereits in einem schmerzhaften Umbruch befand. Eine Folge waren schlagkräftige bewaffnete Gruppen, und es ist äußerst unwahrscheinlich, dass im Operationsgebiet dieser Gruppen die Slawisierung allein durch friedliche Aufnahme erreicht wurde.

Selbst wenn die Schilderung der ethnischen Aufgeschlossenheit aus dem *Strategikon* zumindest teilweise zutreffend ist, besteht für eine übertrieben romantische Sicht auf die frühen Slawen kein Anlass. Die slawische Expansion wurde von Gruppen sehr unterschiedlicher Art und Motivation getragen, und vermutlich reagierten sie auf die Einheimischen, auf die sie stießen, auf ebenso unterschiedliche Weise. In manchen Teilen Nordmitteleuropas führte die slawische Einwanderung zu einer Neubesiedlung von Landstrichen, die von den Germanen in der Zeit der »Völkerwanderung« aufgegeben worden waren. In anderen Teilen führte sie zur erstmaligen landwirtschaftlichen Nutzung von geeigneten bewaldeten Bergregionen, die bis dahin unattraktiv erschienen waren. Wo hingegen noch eine alteingesessene Bevölkerung vorhanden war, die keine staatlichen Strukturen ausgebildet hatte, führte die slawische Zuwanderung vermutlich zur Herausbildung einer neuen Elite, etwa so wie im frühen angelsächsischen England und im nordöstlichen Gallien, wo sich Einwanderer und Einheimische schließlich vermischten.

Es besteht kein Zweifel, dass nach den qualitativen Kriterien der vergleichenden Migrationsforschung die slawische Expansion ein Beispiel für Massenmigration war. Die Migrationsströme lösten an den Zielpunkten einen politischen und kulturellen Schock aus. Der größte Teil der Balkanhalbinsel, Mitteleuropa westlich bis zur Elbe, weite Teile der Ukraine und ein riesiges Gebiet in Westrussland gerieten in den drei oder vier Jahrhunderten nach 500 unter slawische Herrschaft. Das war ein neues Phänomen. Viele dieser Regionen waren zuvor von germanisch- oder baltischsprachigen Gruppen dominiert oder Teil des Oströmischen Reiches gewesen. Angesichts der lückenhaften Belege könnte man einwenden, dass die slawische Expansion eher ein langsamer Prozess als ein echter »Schock« gewesen sei. Das lässt sich nicht ganz von der Hand weisen. Der Zusammenbruch der germanischen Kultur dürfte in manchen der von der slawischen Expansion betroffenen Gebiete schon vor dem Eintreffen der Slawen wie ein Schock gewirkt haben. Selbst unter günstigsten Umständen war das Verschwinden einer soziopolitischen Elite und einer mehrhundertjährigen kontinuierlichen Tradition der materiellen Kultur kein unbedeutendes Ereignis und ebnete der slawischen Expansion in Form von sehr kleinen Migrationseinheiten den Weg. Andernorts jedoch kam es zu einem abrupten und gewaltsamen Machtwechsel. Bis in die 610er Jahre war es den oströmischen Streitkräften gelungen, die Donaugrenze gegen slawische Eindringlinge zu verteidigen und zu verhindern, dass sich die Plünderer auf römischem Territorium ansiedelten. Doch auf den Grenzkollaps folgte eine rasche Besiedlung. Und wie die befestigten Siedlungen der Romny-Borschewo-Ära zeigen, gibt es keinen Grund zu der Annahme, dass die slawische Expansion nur auf dem Balkan gewaltsam verlief und daher größere und aggressivere Migrationseinheiten erforderte.

Der Migrationsprozess bewirkte auch für einige Slawen einen wirtschaftlichen und soziopolitischen Schock. Unsere Kenntnisse über die Slawen vor der Zeit ihrer Diaspora sind begrenzt, wir wissen nur, dass sie aus einem Gebiet am Ostrand der Europäischen Tiefebene stammen. Der allgemeine Charakter der Korčak-Gruppen zeigt, dass die betreffenden slawischen Populationen eine sehr schlichte Form von Ackerbau und Viehhaltung betrieben und über wenig materielle Besitztümer verfügten. Das stimmt weitgehend mit Beschreibungen der frühslawischen Gesellschaft in oströmischen Quellen überein, die ihre Armut, Schlichtheit und relativ egalitäre Lebensform hervorheben. Durch die Migration änderte sich all das, wenngleich für die verschiedenen slawischsprachigen Gruppen in unterschiedlichem Tempo. Sehr früh davon betroffen war die Klasse der spezialisierten Krieger, die schon bald an den Ausläufern der Karpaten entstand, um die Möglichkeiten für Raubzüge zu nutzen, die sich durch die neue direkte Nachbarschaft zu den Balkanprovinzen des Römischen Reiches boten. Über lange Sicht verbreiteten sich diese Veränderungen überall in den slawisch dominierten Landstrichen.[59] Wenn also kein Zweifel besteht, dass die slawische Expansion als eine Massenmigration betrachtet werden muss, warum fand sie dann überhaupt statt, und warum verlief sie auf diese Weise?

Migration, Entwicklung und die Slawen

Da die slawische Expansion so viele verschiedene Typen von Migrationseinheiten umfasste und auf so unterschiedliche Weise stattfand, sollte es nicht überraschen, dass sie auf einer breiten Palette von Motiven beruhte. Manche Slawen machten sich weitgehend freiwillig und aus wirtschaftlichen Gründen auf die Wanderung. Das gilt insbesondere für die slawischen Plünderer auf dem römischen Balkan im 6. Jahrhundert, die sich darauf konzentrierten, an den dort verfügbaren Reichtümern zu partizipieren. Zu dieser Zeit gab es aber auch slawische Hilfstruppen in römischen Diensten – eine andere Methode, am Reichtum der Römer teilzuhaben. Vor allem die Anten scheinen davon profitiert zu haben, dass sie von den 530er Jahren an offiziell Verbündete der Römer waren. Die Wanderungen der Sklawenen und der Anten nach Moldawien und in die Walachei hatte sie nah genug an das Oströmische Reich herangeführt, dass diese Art des Erwerbs von Reichtum möglich wurde. Es gibt keinen Grund, dieses Motiv der ursprünglichen Migration auszuschließen.

Der materielle Nutzen, den zumindest bestimmte Teile der slawischen Welt aus den Migrationsaktivitäten vom 5. bis zum 8. Jahrhundert zogen, zeigt sich auch im Vergleich der materiellen Kultur der Slawen zu Beginn und am Ende dieses Zeitraums. Von den kunstvolleren Metallarbeiten, teilweise aus Edelmetall, der größeren Vielfalt materieller Güter und neuen Formen des Hausbaus profitierten vor allem die Klassen der Krieger, die die größere Nähe zum höher entwickelten Europa zu nutzen verstanden. Die Motive für die Migration erschließen sich in diesem Fall nicht aus unmittelbaren Zeugnissen, sondern indirekt aus den Folgen entsprechenden Handelns.[60] Demnach entsprach die slawische Migration oder ein Teil davon einem Muster, das wir bereits kennen: Gruppen aus einer weniger entwickelten Peripherie ziehen an die Grenze des römischen Europa oder in sein unmittelbares Hinterland, wo sich vielfältige Möglichkeiten des Erwerbs von Reichtümern eröffnen. Damit trifft auch in diesem Fall eine grundlegende Erkenntnis der modernen Migrationsforschung zu: Ein Wohlstands- und Entwicklungsgefälle ist immer eine elementare Antriebskraft für Migration.

Mit der slawischen Expansion intensivierte sich der Prozess der Annäherung der äußersten Peripherie an die politische Welt Europas. Die Slawen gehörten ursprünglich einer Welt an, die noch nie in engeren Kontakt mit dem Römischen Reich gekommen war. Das wirft eine wichtige Frage auf: Wenn die Slawen die Peripherie verlassen wollten, um stärker am Wohlstand zu partizipieren, warum begann dieser Prozess erst Ende des 5. und Anfang des 6. Jahrhunderts und nicht schon früher? In den Jahrhunderten zuvor hätte es zahllose Möglichkeiten dazu gegeben, die die Slawen nicht ergriffen.

Dass die Migration ausgerechnet zu diesem Zeitpunkt erfolgte, hat zwei Gründe. Der erste und naheliegendste führt uns zurück zu den Umwälzungen im Zusammenhang mit dem Aufstieg und Fall der Hunnen am Rand des Römischen Reiches. Auch wenn sich die Historiker über das Ausmaß der germanischen Migration uneins sind, so bestreitet heute niemand die politische Wirkung dieser Migration auf die bis dahin germanisch dominierte Peripherie der römischen Welt. Die Invasionswellen der Jahre 376–380 und 405–408 sowie die Kettenreaktionen auf den Kampf um die Kontrolle der mittleren Donauregion nach Attilas Tod führten zu einem dramatischen Verfall der germanischen Macht in Mittel- und Osteuropa. Der Kollaps der germanischen Kultur hatte nicht nur demographische Folgen, sondern war auch Ausdruck des Verschwindens militärisch effizienter politischer Strukturen in Mittel- und Osteuropa. Dies wiederum war eine entscheidende Voraussetzung für die nachfolgende slawische Expansion in die römische Peripherie, da nun viele der dazwischen liegenden germanischen Mächte ausgeschaltet waren, die zuvor die profitablen Positionen unmittelbar an der Grenze zum Römischen Reich besetzt hatten. Die Slawen konnten in jene Peripherie vorrücken, weil ihnen keine organisierten bewaffneten Gruppen mehr den Zutritt verwehrten.

Um aus dieser größeren Nähe zur römischen Grenze Nutzen zu ziehen, mussten sich die slawischen Gruppen besser organisieren, vor allem militärisch. Das war selbstverständlich kein einseitiger Prozess, da die aus dem einstigen Römischen Reich stammenden Reichtümer den neuen slawischen Führern des späten 6. Jahrhunderts die Mittel und Möglichkeiten verschafften, um überhaupt erfolgreich agieren zu können. Während der Römerzeit hätten eindringende Slawen mit den bereits gut organisierten, weitgehend germanischen Klientelstaaten konkurrieren müssen, die damals das römische Grenzgebiet besetzt hatten. Eine solche Reorganisation der Slawen wäre daher nicht nur an sich viel schwieriger gewesen, sie hätte auch bereits in den Waldgebieten am Ostrand der Europäischen Tiefebene stattfinden müssen, weitab von der profitablen Peripherie. Es ist kaum vorstellbar, dass ein slawischer Führer unter solchen Umständen in der ersten Jahrtausendhälfte die Mittel aufgebracht haben könnte, um genügend Gefolgsleute für eine aussichtsreiche Kampfansage um sich zu scharen. Doch der Zerfall des Hunnenreichs hinterließ nördlich der römischen Reichsgrenze am Unterlauf der Donau ein Machtvakuum, das auch kleineren bewaffneten Slawengruppen das Eindringen ermöglichte.

Der zweite Grund ist eher hypothetischer Natur, ergibt sich aber aus dem ersten. Wenn die ursprüngliche Kristallisationszone jener Slawen, die im 6. Jahrhundert mit dem römischen Balkan in Kontakt kamen, tatsächlich Polesien war (bzw. die Ausläufer der Karpaten im 4. Jahrhundert), so lag dieses Gebiet innerhalb der Grenzen der weitgehend gotisch dominierten Tschernjachow-Kultur (Kapitel 3). Und damit wäre die Reorganisation der Slawen im 6. Jahrhundert eine Reaktion auf die gotische Vorherrschaft und ein Versuch, sich daraus zu befreien oder zumindest ihre schlimmsten Folgen abzuwehren. Die Tschernjachow-Kultur verlangte von ihren indigenen Untertanen wirtschaftliche Unterstützung in Form von Naturalabgaben und möglicherweise auch Kriegsdienst;

darin unterschied sie sich nicht vom Hunnen- oder Awarenreich. Es ist vielleicht bezeichnend, dass eine slawischsprachige Gruppe in einer spätantiken Quelle erstmals im Zusammenhang eines Konflikts mit den Goten erwähnt wird. Laut Jordanes errang der Gotenführer Vinitharius Mitte des 5. Jahrhunderts einen großen Sieg über die Anten:

> Beim Angriff auf dieselben [die Anten] jedoch unterlag er [Vinitharius] im ersten Kampf. Nun aber handelte er als muthiger Mann; ihren König mit Namen Boz, dessen Söhne und siebenzig Vornehme ließ er zum abschreckenden Beispiel ans Kreuz schlagen, damit die dahängenden Leichen die Furcht bei den Unterworfenen verdoppelten.[61]

Ein Einzelbeispiel ist noch kein Beweis für einen ganzen Prozess, aber das Muster ist aufschlussreich. Auch in diesem Fall hat eine auf den ersten Blick wirtschaftlich begründete Migration weitreichende politische Dimensionen. Ohne die von den Hunnen bewirkten politischen Veränderungen hätten es auch die neuen, militärisch besser organisierten slawischsprachigen Gemeinschaften schwer gehabt, sich die wirtschaftlichen Chancen einer Grenzposition zunutze zu machen.

In der zweiten Hälfte des 6. Jahrhunderts traten anstelle wirtschaftlicher zunehmend politische Motive der slawischen Migranten in den Vordergrund. Die Ausbreitung des Korčak-Typs in Form von erweiterten Siedlungen von Familienverbänden im mitteleuropäischen Bergland lässt sich teilweise mit dem Bevölkerungswachstum erklären, das nicht nur durch die Aufnahme von Außenseitern, sondern auch durch die bessere Verfügbarkeit von Nahrungsmitteln bewirkt wurde. Aber selbst die Expansion der Korčak-Kultur hatte vermutlich politische Dimensionen. Zum einen muss diese Expansion durch die Kämpfe erleichtert worden sein, in deren Verlauf Goten, Heruler, Sueben, Rugier und andere von der mittleren Donau vertrieben und die Langobarden aus Böhmen dorthin gelockt wurden (Kapitel 5). Diese Kämpfe fanden im späten 5. und frühen 6. Jahrhundert statt, als sich die Korčak-Slawen von den Karpaten in Richtung Westen ausbreiteten, und erleichterten ihnen die Übernahme von Mähren und Böhmen. Bei den Korčak-Gruppen könnte sogar noch eine zweite politische Dimension im Spiel gewesen sein: Wie wir gesehen haben, müssen diese Migranten, die als kleine bäuerliche Gemeinschaften wanderten, von den größeren und besser gerüsteten slawischen Einheiten unterschieden werden, die sich zur gleichen Zeit weiter östlich und südlich durch direkten Kontakt mit dem Oströmischen Reich herausbildeten. Somit könnten sich die Migranten des Korčak-Typs auch deshalb auf den Weg gemacht haben, um nicht in den Einflussbereich der neuen und mächtigeren slawischen Gemeinwesen zu geraten. Dass Slawen verwandte Sprachen sprechen, bedeutet nicht zwangsläufig eine starke Verbundenheit zwischen ihnen. Mit ihrer Entschlossenheit, am römischen Reichtum zu partizipieren, trafen die Migranten des Korčak-Typs eine grundlegend andere Entscheidung als andere Mitglieder ihrer Sprachfamilie. Ein Motiv dieser Entscheidung könnte der Wunsch gewesen sein, sich der Aufmerksamkeit anderer, räuberischer slawischer Gruppen zu entziehen.

Der Aufstieg der Awaren verlieh dem slawischen Migrationsprozess zusätzliche Impulse. Die Macht des Awarenreichs hing in ähnlicher Weise wie die seines hunnischen Vorgängers von der militärischen und wirtschaftlichen Unterstützung durch untergeordnete Verbündete ab. Kurz gesagt, die Awaren waren eine Hegemonialmacht, die sich auf Eroberungen und Einschüchterung gründete. In oströmischen Quellen finden sich zahlreiche Beispiele dafür, dass awarische Khagane auch in der Niederlage das Gesicht zu wahren versuchten, da jedes Anzeichen von Schwäche von ihren unfreiwilligen Untertanen als Signal zur Rebellion verstanden werden konnte. Der Geschichtsschreiber Menander gibt eine besonders schöne Anekdote wieder: Nachdem ein awarischer Anführer Singidunum (das heutige Belgrad) erfolglos belagert hatte, erbat er vom Stadtkommandanten ein großzügiges Geschenk, um ohne Ehrverlust den Rückzug antreten zu können. Dramatischer ging es anno 626 zu, als der Plan der Awaren zur Einnahme Konstantinopels scheiterte: Als die slawischen Fußsoldaten davonzulaufen begannen, wurden sie von den Awaren kurzerhand getötet.[62]

Die militärisch hochgerüsteten Slawen der Karpatenregion waren somit für die Awaren potentiell nützliche Untertanen, weshalb sie auch einige von ihnen rasch eingliederten. Daher waren die Awaren in den frühen 570er und 580er Jahren auch bereit, sich vom römischen Staat engagieren zu lassen, um slawische Gruppen zu bekämpfen. Einmal wurden sie sogar auf römischen Schiffen die Donau hinuntergeschafft, um Slawen zu attackieren, die an der Grenze (wahrscheinlich im Banat und in der Walachei) südwestlich und südlich der Karpaten Schwierigkeiten machten. Slawische Gruppen wurden nicht generell durch freundliche Verhandlungen in dieses neue Nomadenreich gebeten. Die Beziehung zu ihren awarischen Herren war zumindest ambivalent. Einerseits schlug die awarische Kriegsmaschinerie (mit persischer und arabischer Unterstützung) eine Bresche in die oströmische Verteidigungslinie auf dem Balkan und ermöglichte dadurch eine groß angelegte slawische Besiedlung im 7. Jahrhundert, andererseits mussten die slawischen Gruppen aufpassen, nicht unter awarische Vorherrschaft zu geraten, oder diese Herrschaft abschütteln. Dies taten die auf dem Balkan siedelnden Serben und Kroaten, und ebenso weiter westlich die Sorben unter Führung von Samo. Fredegar schildert, was zum Aufstand gegen die Awaren führen konnte:

> [...] so dass die Hunnen [Awaren], wenn sie mit Heeresmacht gegen irgendein Volk in den Krieg zogen, ihr Heer in voller Schlachtordnung vor ihrem Lager aufstellten, die Wenden [Slawen] aber kämpften. [...] Jedes Jahr kamen die Hunnen [Awaren] zu den Slawen, um bei ihnen zu überwintern, und schliefen mit den Frauen und Töchtern der Slawen; die Slawen erduldeten auch andere Niederträchtigkeiten und leisteten den Hunnen obendrein Tribute.[63]

Die awarische Vorherrschaft lieferte den slawischen Gruppen noch weitere Gründe, die Karpatenregion und das Gebiet an der mittleren Donau zu verlassen. Zwar hatte die ursprüngliche Ausbreitung der Gemeinschaften des Korčak-Typs bereits begonnen, bevor die Awaren überhaupt ins Spiel kamen, aber ihre weitere Ausbreitung von Böhmen in Richtung Saale und über die Elbe hinweg nach der Mitte des 6. Jahrhunderts wurde zusätzlich durch den Wunsch motiviert, nicht in die Fänge des Awarenreichs zu geraten. Das mag auch den Zug slawischsprachiger Gruppen nordwärts nach Polen in etwa derselben Zeit ausgelöst haben.[64] Zudem waren die Awaren für die Ausbreitung der größeren slawischen »Stammesgemeinschaften« auf dem Balkan nach 610 verantwortlich, indem sie überhaupt erst die römische Grenze durchlässig gemacht hatten. Es handelte sich dabei um dieselben Slawen, die 50 Jahre lang die Awaren abwechselnd bekämpft oder ihnen gedient hatten. Sie hatten also alle Gründe, sich sowie ihre Frauen und Töchter dem Zugriff der Awaren zu entziehen. Und schließlich siedelten die Awaren, abermals ähnlich den Hunnen, einige der unterworfenen Völker im Umkreis ihres Kernlands in der Großen Ungarischen Tiefebene an. Historische Dokumente belegen, dass von solchen Zwangsumsiedlungen unter anderem die Bulgaren und die Gepiden betroffen waren sowie Gemeinschaften von römischen Gefangenen aus dem Balkan. Die archäologischen Zeugnisse lassen darauf schließen, dass dasselbe Schicksal auch jenen slawischen Gruppen widerfuhr, die unter besonders strenger awarischer Herrschaft standen.[65]

Motivation und das Umfeld erklären somit die Vielfalt der slawischen Migrationsprozesse. Dass die slawische Expansion manchmal von größeren und manchmal von kleineren Gruppen vorangetrieben wurde, dass sie manchmal friedlich und manchmal aggressiv verlief, sollte uns nicht stören. Zuweilen war das Hauptmotiv politischer, zuweilen wirtschaftlicher Natur. Was bei der Expansion in Richtung der Osteuropäischen Tiefebene seit dem 7. Jahrhundert eine Rolle spielte, lässt sich unmöglich sagen, da historische Berichte fehlen. Die Gruppen, die in späterer Zeit ostwärts über den Dnjepr zogen, schlugen rasch Profit aus dem Pelz- und Sklavenhandel, der sich in dieser Region seit dem 8. Jahrhundert entwickelte, wie wir in Kapitel 10 sehen werden. Aber ob das der Grund war, der sie in diesen Landstrich führte, oder ob ihre Wanderung nur zufällig dorthin führte, ist nicht zu klären.

MIGRATION UND DAS SLAWISCHE EUROPA

Die slawischen Migrationsströme des späten 5. Jahrhunderts waren eine Reaktion auf ein Wohlstands- und Entwicklungsgefälle. Das komplexe Zusammenspiel wirtschaftlicher und politischer Motive hatte großen Einfluss auf die politischen Strukturen ihrer Lebenswelt. In allen diesen Punkten sind diese Migrationsströme mit solchen der Gegenwart vergleichbar. Manche Migrationseinheiten bestanden aus »vollständigen« Bevölkerungsgruppen von Männern, Frauen und Kindern jeden Alters, wie wir ihnen bereits in der germanischen Welt begegnet sind. In solchen Einheiten spiegeln sich natürlich Besonderheiten der im 1. Jahrtausend herrschenden Bedingungen wider, die so in der modernen Welt nicht anzutreffen sind. Es gibt jedoch genügend Übereinstimmungen, die einen Vergleich ermöglichen. Und in manchen speziellen Aspekten ähnelt die slawische Migration den besser dokumentierten Bevölkerungsbewegungen der jüngeren Vergangenheit sogar sehr.

Im Allgemeinen sind es einige wenige Einzelpersonen, meist jüngeren Alters und männlichen Geschlechts, die als Erste in ein neues Gebiet ziehen. Durch sie verbreiten sich Informationen über die neuen Möglichkeiten allmählich innerhalb der restlichen Bevölkerung. Die slawischen Überfälle auf den Balkan im 6. Jahrhundert, die der vollständigen Besiedlung nach 610 vorausgingen, stellen in gewisser Weise einen solchen Fall dar. Die jungen Männer, die diese Überfälle verübten, sammelten durch (zuweilen bittere) Erfahrung Wissen über die Wege und Möglichkeiten der Region, und dieses Wissen ermöglichte die großen Migrationsbewegungen des 7. Jahrhunderts. Die neue und besser fundierte Chronologie der westlichen Ausbreitung der Korčak-Migranten im mitteleuropäischen Bergland zeigt zudem, dass dieser Migrationsprozess sehr viel länger dauerte, als man früher dachte. Die beteiligten Gruppen hatten also reichlich Zeit, sich zwischen den einzelnen Wanderungsphasen Kenntnisse über ihr nächstes Ziel anzueignen. Auch heute spielen Informationen über den Zielort (auch wenn sie nicht immer zutreffend sind) eine ausschlaggebende Rolle für die Entstehung und Richtung von Migrationsströmen. So erklärt sich das Verlaufsmuster vieler germanischer Migrationsbewegungen im 5. Jahrhundert, die insgesamt über weite Entfernungen, aber in kürzeren Etappen erfolgten, teilweise aus der Notwendigkeit der Informationsbeschaffung. Gleiches kann man für die slawischen Gruppen des 6. und 7. Jahrhunderts annehmen.[66]

Mit modernen Migrationsströmen stimmt auch überein, dass die slawischen Bevölkerungsgruppen offenbar nicht nur an einem, sondern an mehreren Migrationszügen teilnahmen, verteilt über einige Generationen. Wie wir aus heutigen Untersuchungen wissen, baut sich Migrationsbereitschaft in einer Bevölkerung schrittweise auf. Sind einmal Freunde und Verwandte ausgewandert, erhöht sich die Wahrscheinlichkeit, dass andere aus ihrem Umfeld Migration als Lebensstrategie wählen. Das slawische Migrationsprofil passt perfekt in dieses Muster. Der – wahrscheinlich – ersten Wanderung nach Moldawien und in die Walachei im späten 5. und frühen 6. Jahrhundert folgte zwei, drei Generationen später eine Wanderung zahlreicher Gruppenmitglieder der ursprünglichen Migranten in den oströmischen Balkan. Unterdessen waren weitere Slawen ost- und westwärts in die Ukraine und ins mitteleuropäische Bergland und von dort aus weiter Richtung Norden gezogen. Diese Entwicklung vollzog sich über mehrere Generationen hinweg. Migration war für viele slawische Bevölkerungsgruppen zu einer erprobten Lebensstrategie geworden, so dass bei wachsender Kenntnis der jeweils angrenzenden Gebiete der Entschluss zur Migration rasch gefasst war. Vorangegangene erfolgreiche Migrationen verliehen dieser Migrationsbereitschaft zusätzliche Impulse.

Die Bereitschaft der ersten slawischen Migranten des späten 5. Jahrhunderts, Auswanderung als Lebensstrategie zu begreifen, war vermutlich durch ihre eingeschränkten landwirtschaftlichen Techniken vorprogrammiert. Wir wissen zumindest, dass die ersten Slawen aus einem Gebiet nördlich der Karpaten und östlich der Weichsel stammten. Da diese Bevölkerungsgruppen Landwirtschaft betrieben und keine Nomaden waren, aber vor dem 6. Jahrhundert nicht über Techniken verfügten, die Fruchtbarkeit ihrer Äcker über längere Zeit zu erhalten, musste praktisch jede Generation ihre Siedlungen verlagern; das lässt sich bis zum Beginn des 12. Jahrhunderts nachweisen. Neuere Ausgrabungen rund um das frühslawische Dorf Dulcinea in der Walachei haben gezeigt, dass diese Siedlung, die aus zehn bis fünfzehn Häusern bestand, mehrmals ihren Standort wechselte, um neue fruchtbare Böden zu erschließen. Ähnlich den Germanen, bei denen sich aus Mikromobilität größere Migrationsströme entwickelten, waren jene slawischen Bauern nicht an ihre Scholle gebunden, weshalb sie bereitwillig die neuen Möglichkeiten ergriffen, die sich aus dem Zusammenbruch der alten, weitgehend germanisch dominierten Peripherie des Römischen Reiches eröffneten.⁶⁷ Nun galt es, in viel größerem Maßstab in eine neue Richtung zu ziehen, wofür diese bereits mobilen Gesellschaften gut gerüstet waren.

Ob auf die slawische Expansion auch eine nennenswerte Rückwanderung erfolgte, ein bei heutigen Migrationsbewegungen geläufiges Phänomen, ist indes unklar. Abgesehen von Plünderern, die nach erfolgreichen Überfällen nach Hause zurückkehrten, ist in keiner Quelle von einer Rückwanderung die Rede. Andererseits könnten die archäologischen Zeugnisse für die Korčak-Expansion von den Karpaten nord- und ostwärts nach Russland und in die nördliche Ukraine im 7. Jahrhundert und danach auf einen derartigen Prozess schließen lassen, falls der ursprüngliche Anstoß zur slawischen Migration aus dieser Richtung gekommen war. Rückwanderung erfolgt meist, wenn die emotionalen und sonstigen Kosten einer Umsiedlung in ein anderes Umfeld als zu hoch empfunden werden oder wenn am Zielort der erhoffte Erfolg ausbleibt. In diesem Fall könnten der Aufstieg der Awaren und ihre Ansprüche an die ihnen unterlegene slawische Bevölkerung sowie eine innere Verbundenheit der Slawen mit den osteuropäischen Waldgebieten die Korčak-Migranten veranlasst haben, die Richtung zu wechseln. Doch das ist sehr spekulativ, der Richtungswechsel ließe sich auch anders erklären. Fortschrittlichere Ackerbautechniken und eine größere militärische Schlagkraft könnten den slawischen Gruppen, die als Erste in die Region südlich der Karpaten gekommen waren, einen strategischen Vorteil gegenüber den Gruppen in ihrer alten Heimat verschafft haben.

Die Transportlogistik hingegen scheint bei der slawischen Migration keine große Rolle gespielt zu haben. Im Unterschied zu den Angelsachsen mussten sie kein Meer überqueren, auch wenn bei den Überfällen auf den römischen Balkan große Flüsse wie Donau oder Save durchaus Hindernisse darstellten. Bekanntlich zahlten 3000 slawische Plünderer in den Jahren 550/551 den Gepiden je ein Goldstück dafür, dass sie sie per Boot aus dem römischen Territorium herausbrachten, aber das war wohl eher eine Notsituation und zeugt nicht von ihrer grundsätzlichen Unfähigkeit, Gewässer zu überwinden. In den frühen 610er Jahren benutzten Slawen mit großen Erfolg Einbäume, um die Küstenregionen Griechenlands unsicher zu machen, und eine Flotte ähnlicher Boote kam, wenngleich nicht zu militärischen Zwecken, während der Belagerung Konstantinopels anno 626 durch die Awaren zum Einsatz. Die großen europäischen Flüsse stellten daher für die wandernden Slawen wahrscheinlich kein großes Problem dar, zumal sie nur wenige Besitztümer mit sich führten und daher auch nicht einen solchen Tross benötigten wie die germanischen Gruppen des 5. Jahrhunderts. Zumindest wird in keiner einzigen Quelle erwähnt, dass Slawen Fuhrwerke benutzt hätten. Die slawischen Plünderer hatten sicherlich keine, denn sie bewegten sich auf dem Balkan unabhängig vom römischen Straßennetz, was die Goten unter Theoderich oder Alarich nicht vermocht hatten. Ob auch die größeren slawischen Einheiten, die sich in der Nähe von Thessaloniki niederließen, ohne Wagen kamen, ist unklar. Jedenfalls wäre für die Korčak-Gruppen bei ihrem Zug in Richtung Westen durch das mitteleuropäische Bergland ein Wagentross sehr hinderlich gewesen.[68]

Es ist durchaus möglich, die Häufung von Korčak-Relikten insgesamt als Migrationsstrategie zu sehen. Die charakteristische Kombination aus Grubenhäusern und einfacher Keramik wurde zumeist nur unter dem Aspekt ihrer technischen Schlichtheit und im weiteren Sinn als Ausdruck der relativen Rückständigkeit der ersten dokumentierten slawischsprachigen Gruppen gesehen. In jüngerer Zeit wurde jedoch auf die hochwertige und sehr zweckmäßige Verarbeitung dieser Objekte verwiesen. Neuerdings wird sogar diskutiert, ob es sich bei den Korčak-Relikten nicht um die bewusst vereinfachte Version der slawischen materiellen Kultur handeln könnte, speziell darauf zugeschnitten, Wanderungen zu erleichtern. Der Feststellung, dass die Korčak-Kultur die Lebensbedürfnisse ihrer Träger gut erfüllte, kann man nur zustimmen. Vor dem Hintergrund des Lebensstils der Bevölkerung im europäischen Teil Russlands, aus dem die Slawen hervorgingen, gibt es aber vielleicht doch eine einfachere Erklärung für die Schlichtheit der Korčak-Kultur: dass sie den Ausgangspunkt für die nachfolgende Komplexität der slawischen materiellen Kultur darstellte, nicht eine auf die Migration zugeschnittene Sonderform dieser Kultur. Aber vielleicht steht die Entdeckung mit der Korčak-Kultur verwandter und zur gleichen Zeit entstandener slawischer Siedlungsstätten von größerer Komplexität noch aus. Dann wäre es an der Zeit, diese These ernsthaft in Erwägung ziehen.[69]

Die sich seit dem späten 5. Jahrhundert entfaltenden Prozesse, die schließlich zur Ausbreitung namentlich bekannter slawischer Gruppen über den europäischen Teil Russlands am Ende des Jahrtausends führten, sind uns nach wie vor weitgehend unbekannt. Vieles von dem, was sich weiter westlich abspielte, liegt ebenfalls im Dunkeln, vor allem die Vorgänge, die zur Ausbreitung der Sukow-Dziedzice-Kultur nördlich und westlich von Zentralpolen führten. Selbst die slawische Besetzung des Balkans, obwohl vergleichsweise gut dokumentiert, birgt viele Rätsel. Wie schüttelten die Serben und Kroaten die awarische Herrschaft ab, und woher stammten diese Gruppen? In einigen Punkten können wir auf weitere Aufklärung hoffen. Unwahrscheinlich ist zwar, dass neue schriftliche Quellen entdeckt werden, aber weiteres archäologisches Material wird sicherlich auftauchen, das man mit verfeinerten Methoden deuten kann. So werden wir gewiss noch eine klarere Vorstellung vom Ausmaß der slawischen Migration in dünn besiedelte und politisch zersplitterte Gebiete erhalten und mehr über die Größe der sich dort haltenden germanisch- oder anderssprachigen indigenen Bevölkerung gewinnen. Insbesondere ist zu erwarten, dass sich für die Sukow-Dziedzice-Kultur eine genauere Chronologie erarbeiten lässt.

Fürs Erste sollte die Komplexität der slawischen Migration in ihrer Gesamtheit festgehalten werden: Sie fand in einer Vielzahl von Formen zu verschiedenen Zeiten und an verschiedenen Orten statt. Die Bewegungsmuster mancher kleiner Bevölkerungseinheiten erinnern an das »wave of advance«-Modell, auch wenn die Korčak-Wanderung durch das mitteleuropäische Bergland vielleicht nicht ganz so planlos verlief. In anderen Fällen scheint dieselbe Art des ursprünglichen Migrationsstroms durch Widerstand an Schwungkraft gewonnen zu haben, da sich die Migranten zur Neuorganisation und zur Bildung größerer Gruppen gezwungen sahen. Darauf lassen zumindest die größeren befestigten Siedlungen schließen, die für die slawische Ausbreitung in die nordöstlichen Ausläufer der Europäischen Tiefebene charakteristisch sind. Andernorts scheinen sich noch größere Einheiten von mehreren tausend Menschen nach dem Schema einer modifizierten Invasionshypothese zusammengeschlossen zu haben, wie wir es schon bei den germanischen Migranten beobachten konnten, wenn auch nicht in gleicher Stärke. Das zeigt sich vor allem auf dem Balkan, wo im 7. Jahrhundert Gruppen, die sich im 6. Jahrhundert in den Randgebieten der oströmischen Grenze formiert hatten, Land zu annektieren begannen. Bei den Varianten, die dem »wave of advance«-Modell ähneln, scheinen freiwillige, wirtschaftlich motivierte Ortsveränderungen eine größere Rolle gespielt zu haben, obwohl auch hier der politische Kontext stets von entscheidender Bedeutung für den Erfolg war. Die Wanderungen der zahlenmäßig größeren »Stämme« hingegen waren vermutlich weniger freiwillig und eher politisch motiviert.

Und noch etwas ist wichtig: Wie groß die jeweiligen Migrationseinheiten auch gewesen sein mögen, die slawischsprachigen Migranten wurden in großen Teilen Mittel- und Osteuropas eine dominierende kulturelle Kraft. Wie die Größe des slawischen Europa verdeutlicht, gingen die slawischen Migranten bei der Errichtung ihrer Vorherrschaft äußerst effektiv vor und verfügten bereits im 6. Jahrhundert über eine erhebliche militärische Schlagkraft. Die Slawisierung vollzog sich teilweise auch freiwillig, zumindest in den Frühphasen, da sich manche slawische Gruppen gegenüber der alteingesessenen Bevölkerung offen zeigten und auch selbst bereitwillig neue kulturelle Einflüsse aufnahmen. Aber man sollte sich davor hüten, sich die frühen Slawen als eine Art Flower-Power-Bewegung vorzustellen. Sie kannten zwar nicht den Zirkus, die Toga, die Zentralheizung und die Versdichtung, errichteten aber – wie einst die Römer im Westen und Süden – in Mittel- und Osteuropa mit großem Erfolg eine neue soziale Ordnung. Ihre militärische Stärke macht es äußerst unwahrscheinlich, dass ihnen dies allein deshalb gelang, weil die Einheimischen sich danach sehnten, endlich slawisch zu werden.

Nach meiner Ansicht weist vieles darauf hin, dass die frühen Slawen keineswegs immer so friedlich waren. Dagegen sprechen die ersten slawischen Reiche, die schließlich im 9. und 10. Jahrhundert entstanden, ebenso wie die Zwischenstufen, aus denen sie hervorgingen. Die Expansion zwischen dem 6. und dem 9. Jahrhundert ist im Großen und Ganzen Teil dieser Geschichte, so dass man sagen kann, dass die ursprünglichen slawischen Wanderungsbewegungen und die spätere slawische Staatenbildung von ein und denselben Kräften vorangetrieben wurden. Die Staatenbildung kann aber nur als Teil eines viel breiter angelegten Wandlungsprozesses im nördlichen und östlichen Europa verstanden werden, der auch in der skandinavischen Expansion während der Wikingerzeit zutage trat. Bevor wir uns dem Prozess der slawischen Staatenbildung zuwenden, ist es daher nötig, diesen letzten großen Migrationsimpuls des 1. Jahrtausends zu betrachten. Da die skandinavische Expansion mit der slawischen Staatenbildung eng verknüpft ist, wird unser Schwerpunkt auf der Ausbreitung Richtung Süden und Osten über das Baltikum hinaus liegen. Wir werden aber auch die Eroberung Englands und des Atlantiks nicht vernachlässigen, da zum richtigen Verständnis der Vorgänge ein Gesamtbild der skandinavischen Diaspora unerlässlich ist.

KAPITEL 9
DIE WIKINGER IN DER DIASPORA

Nach Grönland kommt man so: Auf halber Höhe von Norwegen links abbiegen, dann so weit nördlich der Shetlands bleiben, dass sie bei sehr guter Sicht gerade noch auszumachen sind, und so weit südlich der Färöer, dass die Berge halb im Meer zu liegen scheinen. Anschließend so weit südlich an Island vorbei, dass nur die dortigen Vogelschwärme und Wale zu sehen sind.

So lauteten kurz gefasst die haarsträubenden Navigationsanweisungen eines isländischen Handbuchs im Mittelalter.[1] Wie könnte man mit einer derart detaillierten Streckenbeschreibung sein Ziel verfehlen? Hauptsache, die Sichtverhältnisse um die Shetlands sind gerade ausgezeichnet, und wenn nicht (wie meistens), peilt man eben über den Daumen, wo die Inseln liegen, segelt instinktiv auf der richtigen Höhe südlich der Färöer vorbei und hält mit Hilfe der Sterne Kurs. Wenn man jetzt noch ein wenig Erfahrung mit der Meeresfauna rund um Island hat, die notorisch rauhen Atlantikwinde das Boot nicht vom Kurs abbringen (oder man geschickt genug ist, ihn wiederzufinden, falls es doch passiert), ist man bald da. Und all das in einem kleinen offenen Holzboot mit einem Segel, aber ohne Funk – wozu auch, es wären sowieso keine Seenotrettungskreuzer zu erreichen. Unter diesen Umständen überrascht es nicht sonderlich, dass jene Wikinger, die es an die Ostküste Nordamerikas verschlug, eigentlich auf dem Weg nach Grönland waren. Im Nordatlantik des späten 1. Jahrtausends waren tapfere, sturmerprobte Skandinavier, die vom Kurs abgekommen waren und dabei eine Entdeckung machten, an der Tagesordnung.

Sämtlichen Widrigkeiten zum Trotz nahmen die Skandinavier zwischen 800 und 1000 n. Chr. mit Begeisterung Wasser jeder Tiefe unter den Kiel. Neben ihren weithin bekannten Entdeckungsfahrten im Nordatlantik erkundeten sie zu den verschiedensten Zwecken mit Booten jeder Größe und Bauart auch die Flussläufe West- und Mitteleuropas sowie des europäischen Teils von Russland. In diesen beiden Jahrhunderten tauchten die Wikinger urplötzlich aus ihrer baltischen Heimat auf, um von den Säulen des Herkules bis zum Ural Handel zu treiben, zu plündern und Siedlungen zu gründen. Die Gesellschaften, auf die sie im Verlauf ihrer Reisen trafen, wurden in diesem Prozess völlig umgekrempelt – ihre eigene nicht minder. Aufgabe dieses Kapitels ist es daher nicht, die Wikingerzeit generell darzustellen, sondern das Ausmaß der skandinavischen Migration in ihren verschiedenen Phasen nachzuzeichnen und ihre Erscheinungsformen, Motive und Folgen mit Parallelen aus der jüngeren Vergangenheit und Fallbeispielen des frühen Mittelalters zu vergleichen, die in diesem Buch bereits untersucht wurden.

DIE WIKINGER UND DER WESTEN[2]

Die Wikingerüberfälle in Westeuropa begannen im 8. Jahrhundert mit einem Paukenschlag. Am 8. Juni 793 gelang den Wikingern ihr erster wirklich spektakulärer Überfall, der dem Kloster Lindisfarne auf einer britischen Insel vor der northumbrischen Küste galt. Zwei Jahre später hatten sich die Angreifer um die Nordküste Schottlands vorgearbeitet und plünderten das irische Kloster auf der Insel Rathlin. Die Überfälle wurden hauptsächlich von Norwegern durchgeführt, die günstige Winde und Strömungen nutzten, um zu den Britischen Inseln zu gelangen. Mit den im Frühjahr vorherrschenden Ostwinden kamen sie über die Nordsee zu den Shetlands, nach Orkney und in den Nordosten Schottlands. Dazu mussten sie die offene See zwischen Norwegen und den Shetland-Inseln überwinden, was bedeutete, dass sie zeitweise keinen Sichtkontakt zum Land hatten – ein gewagtes, aber nicht unmögliches Unterfangen. Von Bergen in Westnorwegen aus zu den Shetlands zu segeln dauerte nicht länger, als an der Küste entlang die Südspitze Skandinaviens zu umrunden und durch den Skagerrak in die Ostsee zu gelangen. Hatte man einmal die Shetlands erreicht, bestand für den Rest der Fahrt wieder Sichtkontakt zum Land, und Schottland lag in Reichweite. Zurück ging es bequem mit den im Herbst in der Nordsee vorherrschenden Westwinden – sofern man sich nicht entschloss, länger zu bleiben.[3]

Zur selben Zeit, als sich im nördlichen Britannien und in Irland die Überfälle zu häufen begannen, kam es auch entlang der Küsten des Ärmelkanals zu erheblicher Unruhe. Irgendwann zwischen 786 und 802 (das Datierungssystem der *Angelsächsischen Chronik* lässt keine exakte Bestimmung der Jahreszahl zu) fand auch dort der erste urkundlich belegte Überfall der Wikingerzeit statt: Drei Schiffe mit Nordmännern aus Horthaland in Norwegen landeten in Portland an der Südküste Britanniens. Den Vertreter der Krone vor Ort, der sie für Händler gehalten haben soll und sie zum König bringen wollte, erschlugen sie kurzerhand. Bereits 792 hatte Offa, König von Mercia und Herrscher über

England südlich des Humber, einem an der Küste von Kent gelegenen Kloster erlaubt, weiter landeinwärts eine Zuflucht innerhalb der noch erhaltenen römischen Wälle der Stadt Canterbury zu errichten. Anno 800 ließ Kaiser Karl der Große die Verteidigungsanlagen an der Seinemündung ausbauen. Die Wikinger waren inzwischen weiter vorgedrungen. Im Jahr zuvor hatten sie die Küste der Bretagne umsegelt, um das Kloster auf der Insel Noirmoutier nahe der Loiremündung zu überfallen. Zehn Jahre später stationierte der Kaiser je eine Flotte in Gent und Boulogne, um gegen die Seeattacken der Wikinger gerüstet zu sein.[4]

Am Portland-Überfall waren, ähnlich wie in Lindisfarne, Wikinger aus Norwegen beteiligt. Meist waren es im 9. Jahrhundert aber Dänen, die an der südlichen Front angriffen. Das ist der geographischen Situation geschuldet, denn für dänische Seefahrer waren die Ostküste Englands und die gesamte Kanalzone leicht erreichbar. Allerdings gilt dies nur tendenziell und war keinesfalls eine feste Regel. Bezeichnungen wie »Norweger«, »Däne« oder »Schwede« sind im Zusammenhang mit der Wikingerzeit ohnehin Anachronismen. Zu Beginn dieser Ära existierte keines dieser drei politischen Gebilde, und Führer von Rang rekrutierten ihre Mannschaft aus dem gesamten Baltikum.

Plünderungen

Einige Aspekte der zwar durchaus gewaltsamen, aber im Umfang noch begrenzten Angriffe der ersten Wikinger-Welle in Westeuropa sind besser dokumentiert als andere. Im Norden Britanniens hatten die Nordmänner schon sehr früh dramatische Auftritte. Die Shetlands, die Orkney-Inseln und die Hebriden waren Mitte des 9. Jahrhunderts nicht nur wiederholt Ziel von Plünderungen, sondern wurden auch schon sehr intensiv kolonisiert. Dieser Teil der Geschichte bleibt in den Quellen zwar weitgehend unerwähnt, Tatsache ist aber, dass auf den westbritischen Inseln schon um 850 nordische Führer das Regiment übernahmen, und auf den nordbritischen Inseln sprechen Ortsnamen und archäologische Funde für sich. Auf den Shetlands und den Orkney-Inseln sind die älteren Namensschichten so vollständig verschwunden, dass sich auch noch der letzte Ortsname aus dem Altnordischen herleitet. Die archäologischen Befunde bestätigen die komplette Übernahme: Piktische Siedlungsformen wurden ganz und gar von skandinavischen verdrängt. Auf allen nord- und westbritischen Inseln verschwanden die alten, auf kreisförmigem oder in Form einer Acht angelegtem Grundriss erbauten Häuser der keltischen und piktischen Ursprungsbevölkerung und machten den rechtwinkligen skandinavischen Häusern Platz.

Auch auf den Hebriden sind nordische Namen reichlich, wenn auch nicht ganz so dominant vertreten, und mit den archäologischen Befunden verhält es sich ähnlich. Plünderungen und erste Siedlungen gab es zu jener Zeit auch auf der Isle of Man und wahrscheinlich an der Westküste von Wales.[5]

Für die Gebiete weiter im Süden, also England, Irland und den Kontinent, lässt sich mit Hilfe der historischen Quellen ein deutlicheres Bild zeichnen. Bereits in den ersten Jahrzehnten des 9. Jahrhunderts sind in kontinentalen und britischen Quellen einzelne Hinweise auf Überfälle aus Skandinavien zu finden, die sich bald dramatisch verdichten. Für Irland werden Mitte des 9. Jahrhunderts in der *Irischen Chronik* Wikingerführer zum ersten Mal namentlich genannt. Das lässt auf intensivere Kontakte schließen, was die Quellen auch bestätigen. In Irland wurden Klöster, und nicht nur solche, die direkt an der Küste lagen, erstmals im Jahr 836 überfallen. Dazu waren die Wikinger in das Fluss- und Seensystem der Insel vorgedrungen, ein Hinweis darauf, dass sie über größere Kenntnisse ihrer Expeditionsziele verfügten. Um dieselbe Zeit hatten wiederholt auch die am Ärmelkanal gelegenen Häfen zu leiden. Dorestad in Friesland wurde gleich in drei aufeinanderfolgenden Jahren – 835, 836 und 837 – angegriffen, Sheppey in Kent 835, Wessex 836. Zur selben Zeit sahen sich die Mönche von Noirmoutier durch die wiederholten Überfälle gezwungen, ihr Kloster für längere Zeit aufzugeben und auf dem Festland Unterschlupf zu suchen. In den beiden darauffolgenden Jahrzehnten wagten sich die Wikinger gelegentlich noch weiter vor: Im Jahr 844 segelte eine Gruppe durch den Golf von Biskaya und überfiel das christlich-spanische Königreich Galicien an der nordwestlichen Ecke der Iberischen Halbinsel, bevor sie weiter Richtung Süden nach Al-Andalus segelten, dem reichen muslimischen Teil Spaniens. Der vielleicht spektakulärste Raubzug fand 858 statt, als die Wikinger Spanien umrundeten, durch die Straße von Gibraltar ins Mittelmeer vordrangen und die Küste Italiens unsicher machten. Nachdem sie am Mittelmeer überwintert hatten, unternahm diese Gruppe im folgenden Jahr 859 noch eine Plünderungstour die Rhône hinauf und entführte den König von Pamplona, der sich auf dem Heimweg nach Nordspanien befand. Er brachte ihnen ein Lösegeld von 60 000 Goldstücken ein.[6]

Angriffe auf solch weit entfernte Ziele blieben jedoch die Ausnahme. Die Dauerattacken reichten nicht weiter als bis in den Südwesten Frankreichs und das Flusssystem der Garonne in Aquitanien. Die Herrscher der betroffenen Regionen – Karl der Kahle, der Enkel Karls des Großen, und sein Neffe Pippin – stemmten sich schließlich diesen Angriffen entgegen. Doch auch Aquitanien war nur ein Nebenschauplatz verglichen mit den zunehmend intensiver werdenden Überfällen, die sich weiter nördlich beidseits des Ärmelkanals abspielten. Der erhöhte Druck der Wikinger äußerte sich in dreifacher Hinsicht: in einem Anstieg der Zahl der Wikingergruppen, in der vermehrten Häufigkeit und Dauer der einzelnen Angriffe, und, das gilt zumindest für Irland, in der Ausweitung der Überfälle von der Küste ins Binnenland entlang der Flussläufe. Das wohlhabende Kloster St. Wandrille wurde im Jahr 841 ausgeraubt, der Hafen von Quentovic im Jahr 842 und die Stadt Nantes im Jahr 843. Zwei Jahre später wagte sich ein Wikingerführer namens Reginharius mit seinen Mannen die Seine hinauf bis nach Paris, wo ihm das damals wahrscheinlich reichste Kloster Westeuropas in die Hände fiel: St. Germain. Doch die Mönche waren vorgewarnt. Die Reliquien – darunter die des heiligen Germanus von Paris – waren zusammen mit den sonstigen Klosterschätzen seineaufwärts in Sicherheit gebracht worden. Als die Mönche sechs Wochen später wiederkehrten, fanden sie ihre Kirche fast unversehrt vor, nur ein paar Wirtschaftsgebäude waren abgebrannt worden. Den Hauptschaden trug der Weinkeller davon, der den Wikingern nicht verborgen geblieben war. Der Rest von Paris kam nicht so glimpflich davon. Reginharius konnte die Heimreise mit 3000 Kilo Gold und Silber antreten, eine Kombination aus Beutegut und erpressten Schutz- und Lösegeldern.

Ab 850 nahmen die Überfälle an Intensität zu. Nun begannen die Wikinger, in Westeuropa zu überwintern, was die jährliche Atempause von November bis März – die Monate, in denen das Wetter die Nordsee für die damaligen Schiffe zu gefährlich machte – erheblich reduzierte. Die Angreifer agierten zunehmend unabhängiger vom skandinavischen Mutterland: Wikingertrupps besetzten in den Wintern 850/851 und 854/855 die Inseln Thanet und Sheppey im Osten von Kent. In Nordfrankreich wurde die Region an der Seine zwischen 856 und 866 praktisch pausenlos von Wikingern heimgesucht. Sie wurden zu einem festen Faktor des politischen Lebens und in internen Auseinandersetzungen sogar als Söldner angeheuert. Im Jahr 862 leisteten sich sowohl Salomon, Herzog der Bretagne, als auch sein großer Widersacher Robert d'Anjou Wikinger als Hilfstruppen. Es kam sogar vor, dass man Wikinger dafür bezahlte, andere Wikinger zu bekämpfen. Im Jahr 860 warb Karl der Kahle einen Wikingerführer namens Weland an, um andere Wikinger zu vertreiben, die entlang der Seine Unruhe stifteten. Die Aktion verzögerte sich, weil man sich nicht über den Preis einigen konnte, aber 861 tauchte Weland dann tatsächlich mit 200 Schiffen auf. Im allgemeinen Wirrwarr jener Jahre gelang es Weland, sich von den Wikingern, die ihm als Opfer zugedacht waren, noch einmal bezahlen zu lassen, damit er sie in Ruhe ließ. Immerhin lösten sie sich im folgenden Winter 861/862 in kleinere, weniger bedrohliche Gruppen auf. Karls Vater Ludwig der Fromme hatte in den 820er Jahren den Dänenkönig Harald zu Hilfe gerufen, und Karl selbst hatte es mit Reginharius versucht, der ein paar Jahre später seinen so erfolgreichen Ausflug auf der Seine nach Paris unternehmen sollte.[7]

Auch in Irland hatte der Druck zugenommen. Zwischen 830 und 845 verzeichnet die *Irische Chronik* punktuelle Angriffe auf ungefähr 50 Klöster und neun weiträumige Plünderungsaktionen gegen Bewohner und Kirchen in den Gebieten von Leinster und im Königreich der Uí Néill. In den großen Klosterkomplexen von Armagh, Kildare und Clonmacnoise konzentrierten sich Mitte des 9. Jahrhunderts Reichtum und Menschen, dementsprechend waren sie ein bevorzugtes Ziel der Wikinger. Die Könige von Irland reagierten allerdings entschlossen auf diese Attacken. Im Jahr 848 besiegte Máel Sechnaill, Hochkönig von Irland in Tara, eine Gruppe Wikinger im County Meath. Mehr als 700 Eindringlinge fanden bei dieser Schlacht den Tod. Im selben Jahr errangen die Könige von Munster und Leinster sogar noch größere Siege im County Kildare. Der Wikingerführer Tomrair blieb mit 1200 seiner Mannen auf dem Schlachtfeld. Die Nachricht vom Sieg der Iren erreichte rasch den Hof der fränkischen Könige, doch man triumphierte zu früh. Schon 849 zeichnete sich neues Unheil ab. Zum ersten Mal hielt die *Irische Chronik* die Ankunft eines Wikingerführers fest, der den Anspruch erhob, ein »König« zu sein. Er gebot über 120 Schiffe, verlangte von den Wikingern, die sich bereits vor Ort befanden, Gehorsam und von den gebeutelten Iren weitere Tributzahlungen. Ein paar Jahre später, 853, operierten bereits zwei nordische »Könige« in irischen Gewässern, laut einigen Quellen Brüder. Bald sicherten sie sich die Gefolgschaft sämtlicher Wikinger, die sich bis dahin in Irland angesiedelt hatten. Sie blieben bis Mitte der 860er Jahre in der Region.

Es ist viel gerätselt worden, wer diese beiden Könige waren. Wahrscheinlich handelte es sich tatsächlich um Brüder: Ivar den Knochenlosen und Olaf den Weißen. Sie warfen ab 866 ein Auge auf England, wo sie vermutlich mit Hilfe eines dritten Bruders namens Halvdan die Attacken der Wikinger auf ein ganz neues, gefährliches Niveau hoben. Wahrscheinlich kamen sie in den 850er Jahren direkt aus Skandinavien zu den Britischen Inseln, obwohl gelegentlich gemutmaßt wird, sie könnten aus Schottland oder den Hebriden stammen. Weitere Legenden, allerdings aus Quellen, die erst 200 Jahre nach den Ereignissen entstanden, wollen wissen, dass alle drei Söhne von Ragnar Lodbrok waren, der den Beinamen »Fellhose« trug. Angeblich fand er nach einer beispiellosen Zerstörungsorgie, in deren Verlauf er die italienische Stadt Luni plünderte, die er fälschlich für Rom hielt, den Tod in der Schlangengrube des Königs Aelle von Northumbria, was der Auslöser für die Eroberung Englands durch die Wikinger gewesen sein soll. Nichts davon scheint wahr zu sein. Vielleicht hat der sagenumwobene König Ragnar jenen Reginharius zum Vorbild, der Paris überfallen hat. Bei der Rolle, die Ivar, Olaf und Halvdan einnahmen, müssen sie aus einer sehr hochstehenden Familie stammen. Sie können also gut Reginharius' Söhne gewesen sein. Allerdings starb der historische Reginharius nicht in König Aelles Schlangengrube, er fand sein Ende am Hof des Königs Horik von Dänemark, wo ihn der heilige Germanus von Paris aus Rache für die Plünderung seines Klosters erschlagen haben soll.[8] Sollte dem so gewesen sein, so wäre damit natürlich das Rachemotiv hinfällig, das der Sage nach den Überfall der Brüder auf Northumbria erklärt. Doch letztlich ist die familiäre Herkunft von Ivar, Olaf und Halvdan nicht entscheidend – viel wichtiger ist, dass mit ihrer Ankunft auf der britischen Hauptinsel eine neue Ära der Wikingerzüge begann.

Micel Here

Die verstärkten Angriffe gipfelten schließlich in der Eroberung ganzer angelsächsischer Königreiche. Die Wikinger, meist dänischen Ursprungs, boten dazu »Große Heere« auf (*micel here* im Angelsächsischen). Das erste dieser Großen Heere sammelte sich im Winter 866/867 im Königreich East Anglia; Pferde und Proviant requirierte man von der einheimischen Bevölkerung. 867 griff es Northumbria an, das gerade durch einen Thronfolgestreit geschwächt war, weswegen sich seine Soldaten zwischen den beiden Kontrahenten Osbert und Aelle aufgeteilt hatten. Als die beiden Könige schließlich ihre Kräfte vereinigten, war es zu spät. Die Wikinger fielen in die Stadt York ein und töteten beide. Beflügelt durch diesen Erfolg, wandte sich das Große Heer nach Mercia, wurde aber durch das vereinte Heer von Mercia und Wessex zurückgeschlagen. Dieser Misserfolg verhinderte die Eroberung von East Anglia im Jahr 870 nicht. Ihr folgten langwierige Kampagnen, an deren Ende anno 874 auch der Sieg über Mercia stand.

Das nächste Ziel war Wessex unter König Alfred. Der Kampf dauerte vier Jahre, doch am Ende errang Alfred im Jahr 878 bei Edington einen knappen, aber entscheidenden Sieg, der ihm seine Unabhängigkeit sicherte. Der Augenblick der Entscheidung war gekommen, als die Wikinger im Winter 877/878 überraschend ins Zentrum von Alfreds Königreich vorstießen. Alfred floh über den Winter auf die Insel Athelney. Im Frühjahr kehrte er zurück und besiegte die Wikinger in der berühmten Schlacht von Edington. Der Wikinger-

418 | *Die Wikinger in der Diaspora*

führer Guthrum ließ sich daraufhin taufen und zog sich nach East Anglia zurück. Alfreds Sieg hatte zur Folge, dass die von den Dänen eroberten Gebiete nun klar begrenzt waren, blieb aber ohne Einfluss auf die Territorien, die die Wikinger schon bei früheren Siegen unter sich aufgeteilt hatten. Doch auch nach der Schlacht von Edington nahmen sich verschiedene Wikingergruppen Land in Britannien. 876 hatten sie Teile Northumbrias okkupiert, 877 Teile Mercias. 880 taten Guthrums Leute es ihnen in East Anglia gleich – der Danelag war geboren.[9]

Entscheidend zu Alfreds Sieg hatte beigetragen, dass die Wikinger-Streitmacht sich als Letztes nach Wessex wandte. Sämtliche sogenannten Großen Heere bestanden aus Koalitionen – genau das machte sie »groß«. Das erste Große Heer im Jahr 865 war ein Bündnis jener drei Könige, die Söhne von Ragnar gewesen sein sollen. Ihnen schlossen sich weitere Truppen an, einige von beträchtlicher Größe und unter dem Kommando unabhängiger Anführer geringeren Ranges, sogenannten Jarls (die nordische Entsprechung zu »Earl«). Im Jahr 878, beim Angriff auf Wessex, waren einige bereits wieder aus diesem Bündnis ausgeschert oder machten nur halbherzig mit, da sie bei den Eroberungszügen gegen Northumbria 876 und Mercia 877 auf dem Landweg gekommen waren – und damit natürlich etwas zu verlieren hatten. Doch die Schlacht von Edington hatte bloß die erste Runde der Ära der Großen Heere eingeläutet. Einige der am ersten Großen Heer beteiligten Gruppen waren bei der Landverteilung offenbar übergangen worden. Angelockt durch den Erfolg, stießen bald weitere Wikinger hinzu. Die *Angelsächsische Chronik* verzeichnet die Ankunft einer besonders starken Streitmacht, die im Winter 879/880 in Fulham an der Themse überwinterte, damals natürlich noch außerhalb Londons gelegen.

Nachdem Wessex unter König Alfred wieder an Stärke gewonnen hatte, boten sich in England keine großen Möglichkeiten mehr. Viel Land war bereits verteilt worden, und nach der Schlacht von Edington war auch Guthrum um Frieden bemüht. So überrascht es kaum, dass sich viele Wikinger andernorts umzusehen begannen – die fränkischen Quellen verzeichnen einen erneuten Anstieg groß angelegter skandinavischer Aktionen auf dem Kontinent ab dem Frühjahr 880.

Die Neuankömmlinge von Fulham setzten in diesem Jahr auf den Kontinent über, wo die politische Situation besonders vielversprechend schien. Das Fränkische Reich Karls des Großen war in drei Königreiche zerfallen, die von seinen Enkeln regiert wurden: Das westliche Königreich von Karl dem Kahlen, das mittlere von Lothar I. (Lotharingien) und das östliche von Ludwig dem

Deutschen. Der Sohn Lothars I. starb kinderlos, woraufsich Karl der Kahle und Ludwig der Deutsche um das führungslose Mittelreich stritten. Mit wachem Blick für günstige Gelegenheiten konzentrierten sich die Wikinger nun auf die Küstengebiete des nördlichen Lotharingien (des heutigen Belgien und der Niederlande) und die Grenzgebiete des östlichen und des westlichen Königreichs. Im Jahr 880 war das Kriegsglück zunächst auf der Seite der Franken. An der Schelde verloren die Wikinger in einer Schlacht gegen Ludwig den Deutschen mehr als 5000 Mann. Eine andere Wikingergruppe, die in Sachsen operierte, war erfolgreicher, sie tötete neben zwei Bischöfen und zwölf Grafen zahlreiche Soldaten. Doch die größten Erfolge hatten die Wikinger in den folgenden Jahren in den Niederlanden, dem alten Kerngebiet Lotharingiens.

Anno 881 plünderte das Große Heer trotz einer Niederlage, bei der 9000 Wikinger den Tod fanden, Cambrai, Utrecht und die Kaiserpfalz in Aachen. Zudem brannten sie Köln und Bonn nieder. Auch dies war wieder eine Koalitionsstreitmacht, an der sich drei skandinavische Könige beteiligten: Gottfried, Sigfried und Gorm. Der bereits betagte Ludwig der Deutsche war zu krank, um einzugreifen, er starb 882. Sein Sohn Karl der Dicke sammelte im gleichen Jahr die fränkischen Truppen. Er nahm sich die Politik Alfreds von Wessex zum Vorbild und schloss einen Vertrag mit Gottfried, der auch dessen Taufe vorsah. Er erhoffte sich davon, die Wikinger nach dem Prinzip *divide et impera* klein halten zu können. Diese Politik war drei Jahre lang erfolgreich, wenn man von einigen Wikingerattacken an der Schelde im Jahr 883 und an der Somme bei Amiens im Jahr 884 absieht. Doch dann kam der Herrscher des Westfränkischen Reiches bei einem Jagdunfall ums Leben. Das ermutigte die Wikinger, in größerer Zahl anzugreifen, und 885 brach Gottfried seinen Vertrag, worauf er ermordet wurde. Weiter im Westen errangen die Wikinger große Erfolge. Sie zogen in großer Zahl landeinwärts und drangen via Paris 886 und 887 bis nach Reims vor. Uneinigkeit im fränkischen Königreich verhinderte eine entschlossene Gegenwehr, bis 891 Arnulf, der illegitime Enkel Ludwigs des Deutschen und König des Ostfränkischen Reiches (der seinem abgesetzten Onkel Karl dem Dicken 887 auf den Thron folgte) eine große dänische Streitmacht in ihrem befestigten Lager an der Dyle nahe Louvain im heutigen Belgien stellte. Die Franken stürmten die Befestigungen und brachten dem Feind eine empfindliche Niederlage bei. Sie töteten zwei Könige und erbeuteten 16 königliche Standarten.[10]

Der entschlossene Widerstand der Franken hatte auf die Wikinger dieselbe Wirkung wie Alfreds Erfolg ein Jahrzehnt zuvor: Als sie merkten, dass auf dem Kontinent keine leichte Beute mehr zu machen war, wandten sie sich wieder

England zu. Dort waren die 880er Jahre, abgesehen von einem fehlgeschlagenen Angriff auf Rochester im Jahr 886, relativ ruhig verlaufen. Alfred jedoch wusste nur zu gut, dass er die Wikinger nur vorläufig zurückgedrängt, aber nicht besiegt hatte. Die *Angelsächsische Chronik* berichtet das gesamte Jahrzehnt über von Operationen der Wikingerarmee, ein deutliches Zeichen, dass man jede ihrer Aktionen argwöhnisch verfolgte. In großer Eile ließ Alfred nun Ortschaften befestigen und zu sogenannten *burhs* ausbauen. Er organisierte auch ihre Verteidigung und reformierte sein Heer. In den 860er und 870er Jahren hatte sich das Große Heer nahezu ungehindert in zügigen Märschen über die britische Insel bewegen können. Das verhinderten nun die neuen Befestigungen: Sie waren schwer einzunehmen, konnten aber auch nicht einfach umgangen werden, weil die Wikinger dann deren Garnison im Rücken hatten. Alfreds Plan bestand darin, angreifende Wikinger festzunageln und zu zermürben, bevor seine neu strukturierte Armee sie zu einem von ihm gewählten Zeitpunkt in einer offenen Feldschlacht stellte.

Diese Strategie hatte durchschlagenden Erfolg. Wie bereits in den 860er und den 870er Jahren, kamen die Wikinger auch diesmal wieder in mehreren Gruppen. Eine Streitmacht landete mit über 200 Schiffen östlich von Kent und verschanzte sich in einem befestigten Lager bei Appledore, eine zweite kam über die Themsemündung und setzte sich in Milton Royal bei Sittingbourne fest. Obwohl einige Dänen des Danelag gemeinsame Sache mit den Neuankömmlingen machten, gelang es ihnen in einer dreijährigen Kampagne nicht, Fuß zu fassen. Der Erfolg des ersten Großen Heeres wollte sich nicht wiederholen. Waren die Wikinger im Winter 877/878 bis ins Zentrum des Königreichs Wessex vorgestoßen, ohne auf großen Widerstand zu stoßen, verloren sie nun die Schlachten gegen Alfreds neu organisierte Armee. Plünderungsversuche wurden durch Gegenangriffe vereitelt oder mussten nach erfolgloser Belagerung abgebrochen werden. So blieben die Operationen der Wikinger, die bald schon Mangel an Verpflegung und Material litten, auf das Grenzgebiet von Wessex, also auf Teile von Kent und Essex, beschränkt. Die *Angelsächsische Chronik* berichtet: »Später, im Sommer des Jahres [896], teilte sich die dänische Armee, ein Teil wandte sich nach East Anglia, ein anderer nach Northumbria; und jene, die kein Geld hatten, besorgten sich Schiffe und zogen Richtung Süden über das Meer an die Seine.«[11]

Die Wikinger verlagerten ihre Aktivitäten wieder auf den Kontinent, wo jene, die nicht genug erbeutet hatten, um sich in England anzusiedeln, weitere Verstärkung erhielten. In Irland hatten sich die Wikinger im späten 9. Jahrhundert in einigen befestigten Küstenorten festgesetzt, darunter Limerick, Wexford, Waterford, vor allem aber Dublin. Im letzten Jahrzehnt dieses Jahrhunderts schlossen sich die irischen Könige gegen die partielle Besetzung ihrer Insel zusammen. Eine nach der anderen besiegten sie die Wikinger-Enklaven, zuletzt wurden die Wikinger im Jahr 902 auch aus Dublin vertrieben. Einige flüchteten auf die Isle of Man und an die Westküste der Britischen Inseln, hauptsächlich nach Cumbria und Wales. Viele der aus Irland vertriebenen Wikinger dürften auch an den Ereignissen beteiligt gewesen sein, die sich anschließend in Nordfrankreich abspielten.[12]

Leider ergeben die kontinentalen Quellen aus dieser Zeit nur ein bruchstückhaftes Bild der Ereignisse. Annalen wie die *Angelsächsische Chronik* neigen dazu, Großtaten von Königen zu preisen und für die Ewigkeit festzuhalten. Das Westfränkische Reich war im 10. Jahrhundert politisch zersplittert. Die Nachkommen Karls des Großen verloren ihre Macht an eine ganze Reihe örtlicher Fürsten. Unter diesen Umständen gab es niemanden, der es auf sich genommen hätte, eine zusammenhängende Geschichte der Ereignisse niederzuschreiben.

Wir wissen jedoch, dass die Wikinger sehr aktiv blieben. Das unabhängige Königreich der Bretagne erlebte in den Jahren nach 910 unzählige Überfälle; ein Teil seiner politischen Führer suchte schließlich Schutz am Hof von Wessex. So konnten die Wikinger für zwei Jahrzehnte die Kontrolle über die Bretagne übernehmen, bis es 936 der alten Herrscherdynastie unter Alan II. gelang, die Macht zurückzuerobern. Das Zwischenspiel der Wikinger fand keinen Niederschlag in den Ortsnamen, hat aber das wunderbare heidnische Schiffsgrab auf der Île de Groix hinterlassen. Der fränkische König reagierte mit einer altbewährten Taktik auf diesen Druck am nördlichen und westlichen Rand seines Reiches: Im Jahr 911 übertrug er einem Wikingerführer namens Rollo den Hafen von Rouen und umliegendes Land an der Seinemündung als Lehen. Rollo wurde damit zum Begründer des Geschlechts der Herzöge der Normandie. Eine zweite Wikingeransiedlung erfolgte im Jahr 921 in Nantes an der Loiremündung, hatte allerdings nur 16 Jahre lang Bestand. Der Versuch, gemäßigte Wikingerführer zu etablieren, um dadurch die allgemeine Bedrohung durch die Wikinger zu bändigen, gelang nur teilweise – eben um diese Zeit ergriffen Wikinger Besitz von der Halbinsel Cotentin und ließen sich um Bayeux im Norden der Normandie nieder. Was wir nicht wissen und wahrscheinlich auch nie erfahren werden, ist, welche Wikingergruppen aus England und Irland sich an den Siedlungen in Rouen und Nantes beteiligten und ob um diese Zeit noch mehr Wikinger direkt aus Skandinavien kamen.

Doch sind dies im Grunde nebensächliche Details. Wichtig ist, dass in den ersten beiden Jahrzehnten des 10. Jahrhunderts eine Kombination aus Eroberung und freiwilliger Landabtretung die bewaffneten Scharen, die Ende des 9. Jahrhunderts aus Skandinavien eingefallen waren, zur Ruhe kommen ließ.[13]

Die Gebiete, in denen die Wikinger ihre Überfälle durchgeführt und wo ihre Großen Heere operiert hatten, wurden so zu einer großen skandinavischen Diaspora. Die nord- und westbritischen Inseln, darunter wahrscheinlich auch die Isle of Man, wurden bereits Anfang des 9. Jahrhunderts besiedelt. Die Färöer im Nordwesten kamen als Nächstes – das ist allerdings nicht dokumentiert. Spätestens Mitte des 9. Jahrhunderts hatten die Skandinavier jedoch von ihnen Besitz ergriffen. In der Ära der Großen Heere erfolgten weitere Koloniegründungen. Weithin bekannt ist, dass die Skandinavier in der Generation vor der Wende zum 10. Jahrhundert in großer Zahl nach Island zogen. Die »offizielle« Geschichte dieser Besiedlung, im 12. Jahrhundert von den Isländern selbst erzählt, besagt, es sei die zunehmende Zentralisierung der Königsmacht in Norwegen gewesen, die etliche Norweger und einige der frühen Siedler der nord- und westbritischen Inseln zum Wegzug veranlasste. Dies ist allerdings mit hoher Wahrscheinlichkeit ein anachronistischer Erklärungsversuch, der die Expansion der norwegischen Könige des 12. Jahrhunderts Richtung Norden vor Augen hat. Nichts spricht dafür, dass die Macht ihrer Vorgänger im 9. Jahrhundert ähnlich weit reichte. Allerdings bildete sich im späten 9. Jahrhundert (zwischen 860 und 880) eine weitere zentrale Macht auf den nördlichen und westlichen Inseln heraus: der Jarl von Møre auf Orkney. Die Herrschaftsansprüche dieses neuen Machtzentrums bewogen viele skandinavische Siedler, nach Island zu ziehen. Und von Island aus war es dann Mitte des 10. Jahrhunderts nur noch ein Katzensprung nach Grönland. Die Jarls von Møre scheinen auch die Feldzüge auf dem schottischen Festland organisiert zu haben, die es weiteren Skandinaviern ermöglichten, nach Caithness an die Nordostspitze Schottlands zu ziehen, das man den Pikten abgerungen hatte.[14]

Die letzte Siedlungsaktion des Großen Heeres war letztlich eine Wiederbesiedlung. Die Zerstörung der Stützpunkte der Nordmänner, die in ihrer Vertreibung aus Dublin anno 902 gipfelte, hatte zu einer verstärkten Besiedlung der Isle of Man und Westbritanniens durch die Wikinger geführt. Im Jahr 914 ging eine große skandinavische Flotte, aus der Bretagne eintreffend, bei Waterford vor Anker. Drei Jahre später stieß ein gewisser König Sithric hinzu, ein Nachfahre König Ivars und damit Abkömmling jener Dynastie, die in Dublin von der Mitte des 9. Jahrhunderts bis 902 geherrscht hatte. Sithric segelte mit der Flotte nach Dublin, um es zurückzuerobern. Zur selben Zeit ließ sich sein Bruder Ragnall zum König der Wikinger von York ausrufen, und nach seinem

Tod im Jahr 921 herrschte Sithric über das vereinigte Königreich von Dublin und York. Diesem merkwürdigen Gebilde sollte eine dreißigjährige, höchst wechselvolle Geschichte beschieden sein, deren Einzelheiten uns hier nicht zu interessieren brauchen. Im Jahr 954 zerbrach der Bund durch die Niederlage von Erik Blutaxt, und die beiden Wikingerzentren gingen wieder getrennte Wege: York wurde Teil des vereinigten angelsächsischen England, und Dublin übernahm eine spannende Nebenrolle in der irischen Politik.[15] Doch die gesamte Diaspora im Westen war nur Teil eines größeren Phänomens. Zur selben Zeit, als die Überfälle der Wikinger und ihres Großen Heeres zu Umwälzungen in weiten Teilen Westeuropas führten, erkundeten andere Skandinavier die Flusslandschaft Westrusslands.

RUSSLANDS WIKINGER

Es war ein großer Prestigeerfolg für die muslimische Welt, als die Wolgabulgaren Anfang des 10. Jahrhunderts offiziell den Islam annahmen. Zwischen den Bulgaren und dem Zentrum der damaligen islamischen Welt, dem Kalifenreich, lebten die Chasaren, die seit dem 7. Jahrhundert an der unteren Wolga zwischen dem Schwarzen und dem Kaspischen Meer siedelten. Sie unterhielten schon lange beste Beziehungen zum Kalifenreich, mit dem sie eifrig Handel trieben. Im 8. Jahrhundert gehörten auch die Bulgaren zu diesem politisch stabilen Zirkel, der zum allseitigen Vorteil auf regen Austausch setzte. Ihr Übertritt war das logische Ergebnis ihrer blühenden Beziehung zur islamischen Welt und Ausdruck kultureller Verbundenheit. Der frühmittelalterliche Islam hatte einen Höhepunkt an Wohlstand und politischer Einigung erreicht, märchenhafter Reichtum ermöglichte ein luxuriöses Hofleben. Islamische Gelehrte hielten den Forschergeist der römischen und griechischen Traditionen lebendig, vor allem in den Naturwissenschaften und der Geographie, Wissensbereiche, die im Christentum fast in Vergessenheit geraten waren.

Als nun die Region an der Wolga in diese Welt eintrat, zog es nicht nur Gesandte des Kalifen, sondern auch Händler, Reisende und Gelehrte in den Norden. Sie trieb die Neugier auf die Menschen und die Bräuche in diesen – aus ihrer Sicht abgelegenen – Winkel der Welt. Im Land der Bulgaren und ihrem Handelsplatz, dem Emporium Bolgar, einem der großen Warenumschlagsplätze der frühmittelalterlichen Welt, trafen sie auf viele interessante Menschen. Die wichtigsten, so stellten sie rasch fest, waren die Rus. Als erfahrene Ethnographen begnügten sie sich nicht mit dem, was sie bloß vom Hörensagen oder aus den wenigen Begegnungen mit Rus auf den bulgarischen Märkten in Erfahrung bringen konnten. Sie reisten in den Westen und Norden, um deren Lebensraum kennenzulernen. Dort fanden sie ein Mittelding zwischen einem Staat und einem Zusammenschluss von Händlerfürsten vor. Die Rus hatten einen König, der auf einer befestigten Insel wohnte. Er unterhielt eine beträchtliche Streitmacht, die er über eine zehnprozentige Abgabe auf die Gewinne der Kaufleute finanzierte. Es gab auch eine Priesterkaste, aber die höchste soziale Stellung hatten die Händler inne. Sie bestimmten die Regeln des Zusammenlebens, wer einen der Ihren beleidigte, büßte mit seinem Leben oder mit der Hälfte seines Besitzes.[16]

Wer waren diese Rus, und woher waren sie gekommen?

Die Rus

Die Herkunft der Rus war lange Zeit umstritten. Runde eins der Meinungsschlacht wurde wie so oft unter dem Vorzeichen des Nationalismus ausgefochten, der das späte 19. Jahrhundert prägte. Skandinavische Wissenschaftler argumentierten, das Wort »Rus« leite sich von dem finnischen Namen für die Schweden ab, und setzten die Rus daher mit skandinavischen Wikingern gleich. Die Kiewer Rus, das mittelalterliche Reich, dessen Zentrum Kiew bildete, sei eine Schöpfung der Skandinavier. Eine solche Behauptung konnte Ende des 19. Jahrhunderts nicht unwidersprochen bleiben. Dass zumindest einige Skandinavier beteiligt waren, ließ sich nicht leugnen. Eine byzantinische Quelle, der wir bereits in Kapitel 8 begegnet sind, *De Administrando Imperio*, verzeichnet die altnordischen Namen für die Stromschnellen am Unterlauf des Dnjepr, der in der Sowjetära durch Staudämme gezähmt wurde. Außerdem enthält die früheste russische Chronik zwei im 10. Jahrhundert mit Ostrom geschlossene Handelsverträge, bei denen auf Seiten der Rus etliche unverkennbar skandinavische Namen auftauchen. Die Forscher, die den slawophilen Gegenschlag führten, ließen sich davon nicht beeindrucken. Das Wort »Rus«, so ihr Argument, leite sich von einem kleinen Fluss der nördlichen Schwarzmeerregion ab, der Ros. Im Übrigen seien die besagten Skandinavier nur in kleiner Zahl als Händler und Söldner beteiligt gewesen – womit bewiesen sei, dass das mittelalterliche Russland eine Schöpfung der Slawen sei.

Im 20. Jahrhundert gab die Oktoberrevolution der slawophilen These einen besonderen Dreh. Nationalismus war jetzt selbstverständlich verpönt – als treibende Kraft der Geschichte galten jetzt sozioökonomische Umwälzungen. Jede historische Gesellschaftsform mit ihrer spezifischen ökonomischen Produktionsweise – die antike Sklavenhaltergesellschaft, der Feudalismus, die kapitalistische Bourgeoisie – entwickelt sich dem Marxismus zufolge aus den inneren Widersprüchen der vorangegangen Epoche, im marxistischen Jargon also aus dem Klassenkampf. Demnach hätte mit der Kiewer Rus in den Wäldern Russlands der Feudalismus Einzug gehalten. Das führte jedoch zu Ungereimtheiten. Zum einen gab es keinerlei Hinweise auf eine Sklavenhaltergesellschaft, die dem Kiewer Feudalismus hätte vorangehen müssen. Und zum anderen zeichnete sich nach marxistischer Auffassung die feudalistische Produktionsweise durch große Güter im Besitz einer kleinen, stark militarisierten Klasse von Grundherren aus. Zwar gab es im 10. Jahrhundert in gewissem Sinne tatsächlich ein Kiewer Reich, aber die Existenz großer Güter ist erst für das 11. Jahrhundert nachgewiesen. Das eine Problem löste man durch das Konstrukt eines »Staatsfeudalismus«, demzufolge staatliche Strukturen die Rolle übernehmen, die sonst von der landbesitzenden Klasse ausgeübt wird. Die Sklavenfrage hingegen kehrte man stillschweigend unter den Teppich. Hier zeigte sich einer der vielen Widersprüche, in die sich der Sowjetstaat verstrickte, der sich den internationalistischen Anspruch des Marxismus auf die Fahnen schrieb, aber gleichzeitig ungehemmt nationalistische Thesen verfocht. So verbanden sich nationalistisches Denken und Marxismus, um mit vereinten Kräften zu bestreiten, dass ein Haufen skandinavischer Abenteurer etwas mit der Entstehung des ersten russischen Reiches zu tun haben könnte.[17]

Seit dem Fall der Berliner Mauer und dem Zusammenbruch des Sowjetsystems ist die Diskussion über die russische Vergangenheit weitgehend vom Ballast derart durchsichtiger Interessen befreit. Inzwischen herrscht in dieser Frage überwiegend Konsens; die meisten Historiker erkennen an, dass der Name »Rus« sich von der finnischen Bezeichnung für die Schweden ableitet und die Skandinavier bei der Entstehung des ersten russischen Reiches eine entscheidende Rolle spielten. Als im Jahr 839 eine Abordnung der Rus von Konstantinopel kommend am Hof Ludwigs des Frommen, des Sohnes von Karl dem Großen, eintraf, wurden ihre Mitglieder von den Franken zweifelsfrei als Skandinavier identifiziert. Auch andere Quellen – etwa die Namen in Handelsverträgen des 10. Jahrhunderts – lassen keinen anderen Schluss zu. Zudem geht aus Berichten muslimischer Reisender klar hervor, dass die Rus nordischer Herkunft waren. Eine der berühmtesten Schilderungen stammt von Ibn Fadlan, der im Land der Bulgaren Zeuge einer Schiffsbestattung der Rus wurde, die stark an die Riten der Wikinger erinnert. In vielen schaurigen Einzelheiten beschreibt Ibn Fadlan, wie der Leichnam zusammen mit Tier- und sogar Menschenopfern sowie vielen weiteren Beigaben in einem Boot verstaut wurde, das man an Land zog und in Flammen setzte. Die Brandreste wurden mit einem Erdhügel bedeckt, auf dessen Kuppe ein Holzpfahl gesetzt wurde.[18]

Die Rus im nördlichen Russland und ihr Insel-König waren demnach Skandinavier. Aber was taten sie hier, und welche Rolle spielten sie bei der Entstehung des ersten russischen Reiches?

Es gibt keine zeitgenössischen Berichte über den Vormarsch der Skandinavier über die Flüsse Osteuropas. Das südöstliche Hinterland des Baltikums war zu weit von allen europäischen (und erst recht muslimischen) Zentren der Gelehrsamkeit des 8. Jahrhunderts entfernt, als dass diese Ereignisse in zeitgenössischen Kommentaren ihren Niederschlag gefunden hätten. In skandinavischen Sagen aus späterer Zeit finden sich Hinweise auf Aktivitäten von Wikingern in Russland. Den ausführlichsten Bericht über die Vorgeschichte des mittelalterlichen Russland liefert jedoch die sogenannte *Nestorchronik*. Die frühesten erhaltenen Handschriften dieser Chronik stammen aus dem 14. Jahrhundert, der Text selbst wurde Anfang des 11. Jahrhunderts verfasst. Archäologisches Material belegt, dass die Skandinavier spätestens ab der zweiten Hälfte des 8. Jahrhunderts in die Wälder des europäischen Teils von Russland vordrangen. Somit blickte schon der ursprüngliche Autor der *Nestorchronik* auf 350 Jahre Geschichte zurück, deren Ereignisse größtenteils stattgefunden hatten, bevor die Schriftkultur in die russische Welt Einzug hielt. Der Verfasser arbeitete wahrscheinlich in einem der Klöster von Kiew in der Ukraine, der Hauptstadt Russlands im 12. Jahrhundert. Skandinavier sind jedoch erst relativ spät südlich von Kiew anzutreffen, und wie wir noch sehen werden, war die nordisch-russische Dnjepr-Achse bei weitem nicht so wichtig wie die Wolga-Verbindung.

Ein großer Teil der Vorgeschichte jenes Russland spielte sich daher weitab im Norden und Osten des Gebiets ab, das für uns von zentralem Interesse ist. Der Autor der *Nestorchronik* war sich dessen im Großen und Ganzen bewusst und verfolgte die Spur des späteren Herrschergeschlechts der Rurikiden von Kiew bis hinauf ins nördliche Russland. Dorthin wurde der Begründer dieses Herrschergeschlechts, der Skandinavier Rurik, von fünf Stämmen eingeladen, die lange miteinander im Krieg gelegen hatten: die Tschuden, die Merja und die Wessen, allesamt finno-ugrischer Herkunft, sowie die slawischen Kriwitschen und die Slowenen (Karte 19). Rurik sorgte, angeblich unterstützt von seinen beiden Brüdern Sineus und Truwor, kurzerhand für Ordnung. Entscheidend dabei ist, dass die literarische Überlieferung wenig über die Frühgeschichte der Rus zu berichten weiß.[19] Umso wichtiger sind daher die archäologischen Befunde.

Wir haben bereits gesehen, wie heikel es ist, einen historischen Ablauf allein aus archäologischem Material zu rekonstruieren. Ähnlich wie bei der Slawisierung Europas kam dank des intensiven Interesses der Sowjetunion an der russischen Frühgeschichte nach 1945 eine Fülle neuen Materials ans Licht. Diesen Funden verdanken wir unter anderem die Erkenntnis, dass Mitte des 8. Jahrhunderts, eine oder zwei Generationen vor den Überfällen im Westen, skandinavische Abenteurer von der Ostsee aus Richtung Süden und Osten ins europäische Russland vordrangen. Die Ostsee stellte im 1. Jahrtausend kein Hindernis dar. An ihrer westlichen Südküste, dem heutigen Pommern, siedelten im 5. und 6. Jahrhundert nachweislich Skandinavier, doch im 7. Jahrhundert verliert sich ihre Spur. Entweder gingen diese Gruppen in slawischen Zuwanderern auf, oder sie kehrten in ihr Heimatland zurück. Nach kurzer Unterbrechung Mitte des 7. Jahrhunderts jedoch tauchen erneut skandinavische Relikte auf, diesmal weiter östlich in baltisch und estnisch dominierten Gebieten, mit den Ortschaften Elbląg und Grobiņa als Ausgangspunkten. Im 8. Jahrhundert siedelten Skandinavier bei Janów im Weichseldelta, und etwa zur gleichen Zeit erkundeten sie die in den Finnischen Meerbusen mündenden Flüsse, was zur Gründung einer kleinen, aber dauerhaften Kolonie am Wolchow unweit des Ladogasees führte. Dank der Dendrochronologie wissen wir, wann sie gegründet wurde: Das Holz für die ersten Häuser wurde im Jahr 737 geschlagen.[20]

Aus späteren historischen Belegen geht hervor, was die Skandinavier in die nördlichen Wälder lockte. Auf dem großen Emporium von Bolgar deckten sich islamische Händler mit den Waren ein, die ihnen die Rus zu bieten hatten: vor allem Sklaven und Pelze, aber auch Bernstein, Honig und Wachs. Diese Güter waren im 10. Jahrhundert auch bei den Byzantinern begehrt, daher liegt die Vermutung nahe, dass die Skandinavier auf der Suche nach dieser Handelsware zunächst die Wälder im Norden, südlich und östlich der Ostsee, durchstreiften. Sieht man von den Sklaven ab, ist das ein klassisches Beispiel dafür, was im Frühmittelalter den Fernhandel trotz hoher Kosten und mühseligem Transport profitabel machte. Die besondere Leistung der Skandinavier bestand darin, begehrte Güter aus der einen Ökozone – dem subarktischen Norden, wo sich die Tiere mit einem dichten Pelz vor der strengen Kälte schützen – in eine andere zu befördern, um sie dort zu Höchstpreisen zu verkaufen.

Zeitgenössische Zeugnisse, wie die skandinavischen Händler des 8. Jahrhunderts sich diese Güter beschafften, liegen nicht vor, doch spätere Belege bringen Licht ins Dunkel. Arabische Geographen berichten, dass die Rus regelmäßig die baltischsprachigen Stämme der Prußen im Ostbaltikum überfielen und die weniger starken Slawen im Osten in ständiger Furcht vor ihren mächtigen slawischen Nachbarn im Westen lebten.[21] Dass diese Furcht in direktem Zusammenhang mit dem Sklavenhandel stand, wird durch die Tatsache nahegelegt, dass arabische Silbermünzen ausschließlich bei den Slawen westlich der Weichsel gefunden wurden. Zwischen dem Gebiet, in dem die Rus agierten, und dem Siedlungsraum der westlichen Slawen klafft ein weißer Fleck (Karte 20). Aus diesem Gebiet stammte wohl die Mehrzahl der Unglücklichen, die auf den muslimischen Sklavenmärkten feilgeboten wurden.

Die Häute und Pelze aus den Wäldern des Nordens, mit denen die Skandinavier handelten, werden in den Quellen oft als »Tribut« bezeichnet. Das lässt auf eine gewisse Unfreiwilligkeit schließen, was die Quellen bestätigen. Aufschlussreich ist eine Anekdote in der aus dem 9. Jahrhundert stammenden Schrift *Leben des heiligen Ansgar (Vita Sancti Anscharii)*. In dieser Lebensbeschreibung des Missionsbischofs für Skandinavien wird ein Angriff der Schweden auf die Kuren, die ihre Tributzahlungen eingestellt hatten, im südlichen Baltikum beschrieben. Dass die Skandinavier in Russland den slawischen Gruppen, die in ihren politischen Wirkungskreis gerieten, Tributzahlungen abverlangten, wissen wir auch aus anderen frühen Aufzeichnungen. Tribute gab es auch auf mikroökonomischer Ebene. In einem Anhang zur angelsächsischen Übersetzung der *Historiae adversum paganos (Geschichte gegen die Heiden)* des Orosius, die am Hof Alfreds des Großen entstand und möglicherweise sogar von ihm selbst stammt, wird von einem Gespräch des Königs mit einem norwegischen Händler namens Ottar (Othere) berichtet. Ottar und seine Leute segelten regelmäßig die Westküste Norwegens hinauf und erhielten von den Lappländern jenseits des Polarkreises Pelze, Vogelfedern, Walknochen, Schiffstaue aus Walrosshäuten und Seehundfelle als Tribut. Ottars Wirkungsbereich lag zwar im nördlichen Norwegen und nicht im nördlichen Russland, aber es gibt guten Grund zu der Annahme, dass die skandinavischen Händler auch in dieser Region zu rabiaten Methoden griffen.[22]

Die historischen Quellen sagen jedoch nicht, dass die Beziehungen zwischen skandinavischen Händlern und einheimischen Produzenten ausschließlich auf Zwang gründeten. Zum einen musste selbst Ottar sich einen Teil seiner Handelswaren aus eigener Kraft beschaffen. So schilderte er König Alfred, wie er einmal zusammen mit fünf Mitstreitern 60 Wale in zwei Tagen erlegt hatte. Und zum anderen operierten die skandinavischen Händler nur in kleinen Gruppen und waren zur Beschaffung der Handelswaren auf die Hilfe der ihnen zahlenmäßig weit überlegenen einheimischen Bevölkerung angewiesen. Die Fallenstellerei beispielsweise ist eine hohe Kunst und ohne genaue Kenntnis der Wildwechsel nicht zu bewerkstelligen. Skandinavier, die nur gelegentlich in die ihnen fremden Gebiete kamen, hätten kaum erfolgreich Pelztieren nachstellen können – das Jagdgeschäft wird vermutlich die ortsansässige Bevölkerung für sie erledigt haben.[23]

Diese Praxis galt bis weit ins 10. Jahrhundert. In *De Administrando Imperio* wird die Rundreise ausführlich beschrieben, die Kaufleute der Rus im Winter zu ihren slawischen Untertanen unternahmen, um sich für das nächste Jahr mit Handelsware einzudecken. Die Verbindung zwischen den einzelnen russischen Waldgebieten, aus denen die Güter kamen, und den an den Flüssen gelegenen Handelsposten wurde von relativ kleinen, unabhängig agierenden Gruppen von Skandinaviern gehalten. Das geht aus den Berichten der Muslime über den König des Nordens hervor, der sich einen Anteil an den Gewinnen der unabhängigen Kaufleute sicherte. Die Muslime schilderten auch manche Einzelheiten aus der Kaufmannspraxis. So beschreibt Ibn Fadlan, wie die Kaufleute ihren Göttern des Handels Opfer darboten und dabei folgendes Gebet sprachen:

»Ich wünsche, dass du mir einen Kaufmann besorgst, der viel Dinare und Dirhems hat und der von mir [um den Preis] kauft, den ich wünsche, und der mir in keinem [Worte], was ich sagen werde, widerspricht.« Dann geht er weg. Wenn ihm sein Handel Schwierigkeiten macht und die Tage seines [Aufenthalts] sich in die Länge ziehen, dann macht er ein zweites und drittes Geschenk.[24]

Die Kaufleute kamen in Gruppen, aber sie machten ihre Geschäfte als Einzelpersonen. Diesen Punkt bestätigen die Handelsverträge, die die Rus im 10. Jahrhundert mit Byzanz schlossen. Aus den Dokumenten geht hervor, dass es neben dem mächtigen Großfürsten von Kiew weitere skandinavische Fürsten niedrigeren Ranges gab, die in Handelsstationen entlang der Flussläufe residierten. Sie schickten eigene Vertreter zu Verhandlungen und wurden in den Verträgen eigens erwähnt.[25]

Die skandinavischen Händler durchstreiften ihre Waldreviere in relativ kleinen und weitgehend separaten Gruppen. Wären ihre Beziehungen zur einheimischen Bevölkerung hauptsächlich feindseliger Natur gewesen, hätten sie sich damit großer Gefahr ausgesetzt. Angesichts dessen ist es erstaunlich, dass die Hortfunde an muslimischen Silbermünzen, mit denen sie sich ihre Waren bezahlen ließen, weiträumig über die russischen Wälder verstreut sind (Karte 20). Das könnte bedeuten, dass die skandinavischen Händler mit ihren slawischen oder sonstigen Produzenten im Einvernehmen standen und ihnen einen – vermutlich geringen – Teil ihrer Gewinne abtraten. Die Slawen verstanden es auch in anderer Weise, von dem Handelsnetzwerk zu profitieren. In *De Administrando Imperio* ist beispielsweise zu lesen, dass die Rus zum Transport ihrer Waren über den Dnjepr und das Schwarze Meer nach Konstantinopel Boote der slawischen Kriwitschen und Lenzaninen benutzten. Die Slawen stellten diese Boote während der Wintermonate her und verkauften sie an die Skandinavier.[26] Die Lieferung geeigneter Flussboote wurde also nicht einfach befohlen, was ein weiterer Hinweis darauf ist, dass die skandinavisch-slawischen Beziehungen nicht allzu unfreundlich gewesen sein können. Wir müssen uns die skandinavische Ausbeutung der Nordwälder in der Form kleiner Handelskompanien vorstellen, die über bestimmte Rechte und eigene Territorien verfügten. Die Einheimischen lieferten die Handelsware oder zumindest einen großen Teil davon, die Skandinavier übernahmen die Organisation und sorgten für den Transport zu den entfernten Märkten, wo satte Gewinne winkten. Angesichts dieser natürlichen Symbiose vor Ort wird deutlich, wie unfruchtbar der sogenannte Normannenstreit war. Im 9. und 10. Jahrhundert standen sich nicht Slawen und Skandinavier gegenüber, sondern kleine, wirtschaftlich miteinander konkurrierende Produzenten. Diese einzelnen Handelsunternehmungen, bestehend aus Skandinaviern und der einheimischen Bevölkerung (Finnen, Balten oder Slawen), boten alle auf ein und demselben Markt die gleichen Produkte an.

Der König des Nordens

Das Absatzgebiet für die Waren, die in Staraja Ladoga zusammenkamen, lag ursprünglich im Westen. Die Gründung der Kolonie fällt in die Periode, in der sich ein Netz von Handelsstützpunkten über das Baltikum und die Nordseeregion zu spannen begann, lag aber noch lange vor der Zeit, als der Kontakt zwischen Nordrussland und der islamischen Welt geknüpft wurde. Die Pelze und die anderen Produkte, die an den Ufern des Ladogasees eintrafen, nahmen zunächst ausschließlich den Weg nach Westen, wo sie an die Eliten der lateinischen Christenheit verkauft wurden. Mitte des 8. Jahrhunderts herrschte dort die Dynastie der Karolinger; ein großer Teil der Pelzwaren dürfte für diesen Markt bestimmt gewesen sein. Die abenteuerlustigen skandinavischen Händler entdeckten schon bald eine der wichtigsten geographischen Besonderheiten Osteuropas: Während die einen Flüsse des europäischen Russland nach Norden in die Ostsee fließen, nehmen die anderen die Richtung nach Süden und münden ins Schwarze und ins Kaspische Meer. Aufgrund der flachen Topographie liegen die Oberläufe beider Flusssysteme äußerst dicht beieinander. Folgte man dem Lauf des Wolchow vom Ladogasee südwärts, ergaben sich neue und interessante Möglichkeiten. Die vielen Nebenflüsse, vor allem die von West nach Ost führende Oka, eröffneten in Verbindung mit sorgfältig erkundeten Landpassagen, auf denen die Schiffe zumeist auf Gleitrollen von einem Flusssystem in ein anderes gezogen wurden, den Zugang sowohl zum Schwarzen als auch zum Kaspischen Meer. Dafür boten sich zwei Hauptrouten an, der Dnjepr und die Wolga.

Die Wolga erschien den Skandinaviern attraktiver, auch wenn in den überlieferten Texten, ob sie nun aus Kiew oder aus Byzanz stammen, viel öfter von der Dnjepr-Route die Rede ist, an der schließlich auch Kiew gegründet wurde. Aber keine der skandinavischen Relikte, die am Mittellauf des Dnjepr gefunden wurden, können auf einen früheren Zeitpunkt als das Ende des 9. Jahrhunderts datiert werden. Dagegen beweisen die islamischen Silbermünzen, die die Kaufleute der Rus für ihre Waren erhielten, zweifelsfrei, dass die Wolga-Route schon lange vorher genutzt wurde. Die Münzen wurden zu Tausenden in Nordwestrussland und im Baltikum gefunden. Für die Datierung sind Hortfunde von größerem Wert als Einzelfunde. Die jüngste Münze in einem Hortfund zeigt an, wann vermutlich der gesamte Hort deponiert wurde. Je mehr Münzen ein Hort enthält, desto größer ist die Chance, dass die Zeitspanne zwischen der Prägung der Münzen und ihrer Deponierung nicht allzu groß ist. Die »jüngste älteste« Münze, die man bisher in den Wäldern Nordwestrusslands fand, stammt aus dem Jahr 787. Das lässt darauf schließen, dass der Hort um das Jahr 800 angelegt wurde. Auch in Skandinavien und im Baltikum wurden Münzen aus dieser Zeit gefunden. Demnach floss spätestens ab dem Jahr 800 muslimisches Silber in den Norden, vielleicht auch schon etwas früher, aber jedenfalls eine oder zwei Generationen, bevor die Dnjepr-Route genutzt wurde.[27]

Das ergibt ein schlüssiges Bild. Die Wolga-Route führte direkt zum Kaspischen Meer und in die wirtschaftlich florierende Welt der Kalifen, deren Zentrum zu dieser Zeit die Abbasiden-Hauptstadt Bagdad war. Dort entfaltete der Hofstaat mit den Steuern seines Riesenreichs, das sich vom Atlantik bis nach Indien erstreckte, eine märchenhafte Pracht – genau die richtige Kundschaft für Händler mit Luxuswaren. Die südliche Wolga, auf der die Chasaren schon seit langem Pelzhandel betrieben, war zudem bereits gut kartiert. Die Dnjepr-Route hingegen mit ihren unpassierbaren Stromschnellen, an denen die Boote über Land transportiert werden mussten, war viel schwieriger zu befahren und mündete außerdem unweit der Krim ins Schwarze und nicht ins Kaspische Meer. Zwar ließ sich auch von dort aus die islamische Welt erreichen, wenn man ostwärts segelte, aber es war kein direkter Weg; es hätte nähergelegen, Konstantinopel anzusteuern. Doch das Byzantinische Reich war nur noch ein Schatten seiner unter Justinian erreichten Macht und Größe. Die Kalifen und ihr Hofstaat boten einen viel kaufkräftigeren Markt für die Luxusartikel der

Skandinavier. Ob die skandinavischen Händler selbst jemals bis ans Kaspische Meer kamen, ist schwer zu sagen. Einige werden die lange und beschwerliche Reise gewagt haben, aber nicht unwahrscheinlich ist, dass es eine ganze Reihe Zwischenhändler gab. In der zweiten Hälfte des 8. Jahrhunderts zumindest war die Zahl der an solchen Unternehmungen beteiligten Skandinavier beschränkt. Neben Staraja Ladoga gibt es nur noch einen Grabungsort im Nordwesten Russlands, Zarskoje Gorodischtsche (»Gorodischtsche« bedeutet »Festung«), wo man sowohl Silbermünzen als auch skandinavisches Material fand, das sich auf etwa 800 datieren lässt.[28]

Mangels historischer Quellen lässt sich die Zeit danach nicht en detail rekonstruieren, doch es ist anzunehmen, dass sich die Kontakte der Skandinavier mit dem Osten nach einem ähnlichen Muster entwickelten wie zuvor im Westen. Ein Anzeichen dafür ist der im 9. Jahrhundert langsam, aber stetig wachsende Zustrom arabischer Silbermünzen nach Skandinavien und ins Baltikum. Im weiteren Verlauf des Jahrhunderts nutzte eine immer größer werdende Zahl von Glücksrittern aus dem Norden die Wasserwege, um Waren auf den islamischen Markt zu bringen. Dazu hätten sich nicht mehr Skandinavier als bisher im Süden des Baltikums ansiedeln müssen, aber es gibt Belege, dass ihre Zahl zunahm.

Wie bereits erwähnt, suchten im Jahr 839 schwedische Wikinger den Hof des Karolinger-Kaisers Ludwig des Frommen auf. Aus Konstantinopel kommend, hatten sie eine mühevolle und gefährliche Reise hinter sich, die sie durch das Gebiet kriegerischer Stämme geführt hatte. Für den Rückweg planten sie daher eine andere Route. Wenn sie, wie zu vermuten ist, den Dnjepr hinunterfuhren, mussten sie ihre Boote an den Stromschnellen an Land hieven. Natürlich wussten die Bewohner der Region solche Stellen für Überfälle zu nutzen. Im Jahr 972 verlor Swjatoslaw I., Fürst von Kiew, an einer dieser Stromschnellen sein Leben – und seinen Kopf. (Der Khagan der Petschenegen, die ihn töteten, ließ sich aus seinem Schädel eine Trinkschale anfertigen.)[29] Wie die Gesandtschaft dem Kaiser berichtete, waren die Wikinger bereits so weit organisiert, dass sie einen eigenen Herrscher hatten, den sie als Khagan bezeichneten. In seinem Auftrag hatten sie versucht, mit Konstantinopel freundschaftliche Beziehungen zu knüpfen. Wahrscheinlich verliefen die politischen Entwicklungen aber nicht immer geradlinig, wie ja auch im Westen etwa zur gleichen Zeit, um 850, bereits im Ansatz vorhandene politische Strukturen der Wikinger durch die Ankunft mächtigerer »Könige« auf den Hebriden und in Irland wieder zerschlagen wurden.

Der erste Angriff, den die Wikinger aus Russland heraus gegen Konstantinopel führten, erfolgte vermutlich im Jahr 860. Mit angeblich 200 Booten segelten sie über das Schwarze Meer und verwüsteten die Randgebiete der Stadt. Die Byzantiner schrieben es der Jungfrau Maria zu, dass sie so glimpflich davonkamen. Unabhängig von der Frage, ob die Zahlenangabe zu den Booten glaubwürdig ist, handelte es sich um einen Großangriff.[30] Ihm folgten intensive diplomatische Bemühungen, die weitere Überfälle verhindern sollten. Dazu gehörte auch die Entsendung christlicher Missionare in die russischen Wälder. Doch nachdem der Patriarch in Byzanz 867 schon von Erfolg gesprochen hatte, verschwand die Missionsstation spurlos. Mehr als eine Generation lang ist von diplomatischen Kontakten mit dem Norden nichts mehr zu hören. Dies lässt vermuten, dass das politische Gemeinwesen, in das die Missionare entsandt wurden, nicht lange Bestand hatte, was für die meisten Monarchien der Wikingerzeit gilt. Es gibt noch weitere Hinweise auf Probleme. Ungefähr zur gleichen Zeit wurde die Siedlung am Ladogasee vorsätzlich niedergebrannt. Dendrochronologische Untersuchungen datieren das Ereignis zwischen 863 und 871. Die ursprüngliche Siedlung bestand aus einzeln stehenden Blockhütten, die alle gleichzeitig niederbrannten. Es ist äußerst unwahrscheinlich, dass ein versehentlich ausgebrochenes Feuer die ganze Siedlung hätte zerstören können. Etwa um dieselbe Zeit berichtet ein persischer Historiker von einem Angriff der Rus auf den Hafen von Abaskos an der Südostküste des Kaspischen Meeres; allerdings lässt sich dieses Ereignis nur ungefähr auf den Zeitraum zwischen 864 und 883 datieren.[31]

Die Dürftigkeit der historischen Quellen macht es schwierig, die vorhandenen Informationen zu einem Bild zusammensetzen. Der Brand von Staraja Ladoga und die Angriffe auf Abaskos und Konstantinopel liefern jedoch Hinweise darauf, dass neue skandinavische Kräfte auf der Bühne erschienen. Auffälligerweise geschah das genau zu der Zeit, als die Wikinger im Westen die Großen Heere um sich sammelten. Die zeitgleich stattfindenden Unruhen an den nordrussischen Wasserstraßen und das plötzliche Auftauchen einer Macht, die einen Angriff auf Konstantinopel wagen konnte, sind meiner Ansicht nach deutliche Anzeichen für das Vordringen besser organisierter und vermutlich auch größerer skandinavischer Kräfte in die Operationsgebiete der Wikinger im Osten wie im Westen. Hier wie dort trachteten diese mächtigeren Neuankömmlinge danach, die vorhandenen profitablen Einkommensquellen an sich zu reißen und noch stärker auszuschöpfen.

In Russland wurde der Wettbewerb noch durch einen anderen Faktor verschärft. Den Münzfunden nach zu schließen, nahm der Zustrom arabischen Silbers in den Norden zwischen ungefähr 870 und 900 stark ab. Dieser Rückgang fällt genau in die Zeit politischer Unruhen im Kalifat, der sogenannten Anarchie von Samarra, die von 861 bis 870 dauerte. Eine derart schwere Krise kann nicht ohne Auswirkungen auf die Nachfrage nach Luxusgütern am Hof des Kalifen geblieben sein und wird die Konkurrenz zwischen den Gruppen der skandinavischen Pelz- und Sklavenhändler im nördlichen Russland angeheizt haben. Das könnte den Machtkampf um den Handel von Luxuswaren (soweit es ihn noch gab) im Norden erklären, und auch, warum Byzanz keine diplomatischen Fühler mehr ausstreckte. Schließlich kehrte aber sowohl in der islamischen Welt als auch im Norden wieder halbwegs Ruhe ein, wie sich mangels historischer Zeugnisse aus archäologischen Belegen ergibt.[32]

Zum einen wurde Staraja Ladoga wiederaufgebaut, wahrscheinlich Anfang des 10. Jahrhunderts, diesmal mit Steinhäusern. Zum anderen entdeckte man auch an etlichen weiteren Fundstätten im Norden skandinavische Relikte aus der Zeit um 900: in Gorodischtsche (dem späteren Nowgorod), Timerewo, Michailowskoje, Petrowskoje, Pskow, Jaroslawl und Murom. Alle diese Siedlungen waren von der Haupthandelsroute an der Wolga nicht weit entfernt und versprachen daher hohen Profit (Karte 20). An allen diesen Fundorten entdeckte man größere Mengen skandinavischer Hinterlassenschaften als an irgendeinem entsprechenden Ort aus dem 10. Jahrhundert. Unter den Fundstücken befindet sich auch Frauenschmuck, was den Schluss zulässt, dass sich inzwischen eine gemischte Einwandererpopulation gebildet hatte und zumindest einige der Siedlungen nicht mehr ausschließlich von nordischen Kriegern bewohnt waren.

Gleichzeitig mit diesem neuerlichen Migrantenstrom aus Skandinavien floss auch wieder mehr Silber aus der islamischen Welt und erreichte von etwa 900 an ein beispielloses Ausmaß. Den Münzfunden nach zu schließen, stammte etwa 80 Prozent des islamischen Silbers, das zwischen 750 und 1030 ins nördliche Russland und nach Skandinavien kam, aus der Zeit nach 900. Es gelangte nun auch auf einem anderen Weg dorthin: In den 920er Jahren hatten die Wolgabulgaren die Kontrolle am Mittellauf der Wolga übernommen und waren zum Islam übergetreten. Islamische Reisende berichten, dass die meisten skandinavischen Rus zu dieser Zeit nicht mehr in direktem Handelskontakt mit der islamischen Welt standen. Der größte Teil des Handels zwischen Muslimen und Wikingern wurde jetzt auf dem Gebiet der Wolgabulgaren abgewickelt. Das spiegelt sich in der Herkunft der Münzen des 10. Jahrhunderts wider. Während die Münzen aus dem 8. und 9. Jahrhundert hauptsächlich in den großen Zentren der alten islamischen Welt geprägt worden waren – im Gebiet des heutigen Irak und Iran –, stammen die Münzen des 10. Jahrhunderts hauptsächlich aus dem Herrschaftsgebiet der Samaniden im heutigen Ostiran, die kurz zuvor an die Macht gekommen waren. Die Silberminen von Chorasan, die von den Samaniden kontrolliert wurden, erreichten damals mit geschätzten 120 bis 150 Tonnen Silber im Jahr ihren höchsten Ausstoß. Daraus konnten sage und schreibe 45 Millionen Münzen geschlagen werden. Da überrascht es nicht, dass das Samaniden-Reich auf alle, die etwas zu verkaufen hatten, wie ein Magnet wirkte, zumal altbekannte Handelswege in ihre östlich der mittleren Wolga gelegenen Gebiete führten. Dieser riesige neue Markt lockte mehr Skandinavier als je zuvor in die Wälder Russlands.[33]

Das war das Umfeld, in dem die Rus mit ihrem isländischen König gegenüber den islamischen Händlern bedeutend selbstbewusster auftraten. Alles, was wir über diesen König wissen und über die Strukturen, innerhalb derer er seine Macht ausübte, lässt vermuten, dass es sich bei ihm um eine Art Boss der Bosse handelte. Er verlangte 10 Prozent von sämtlichen Transaktionen und verfügte über ein bewaffnetes Gefolge von 400 Mann, um diesen Anspruch durchzusetzen. Laut der *Nestorchronik* war Rurik der erste dieser Könige und Begründer der Dynastie. Doch das ist alles andere als sicher; man weiß nur, dass er höchstwahrscheinlich in Gorodischtsche residierte. Die skandinavische Besetzung begann hier im späten 9. Jahrhundert, und nach den Beschreibungen der muslimischen Reisenden handelte es sich um eine strategisch günstig gelegene Insel an der Stelle, an der der Wolchow aus dem Ilmensee fließt (Karte 20). Im Unterschied zu anderen skandinavischen Siedlungen dieser Zeit war sie von einer Mauer umgeben – ein weiteres Indiz, dass es sich um einen Herrschersitz handelte. Wer es wagte, sich den Befehlen des Königs zu widersetzen, dem drohte es wie den Einwohnern von Staraja Ladoga zu ergehen, deren Häuser in den 860er Jahren in Flammen aufgegangen waren.[34]

Politische Strukturen dieser Art konnten kaum von Dauer sein, und bei allem Reichtum, der im frühen 10. Jahrhundert durch das nördliche Russland floss, war es keineswegs ein Gebiet, in dem man in Frieden seinen Wohlstand genießen konnte. Zum einen machte der Sklavenhandel, eine von Natur aus gewalttätige Angelegenheit, einen Großteil des Geschäfts aus. Und immer wieder gab es Überfälle, bei denen es teils um Beute, teils um die Erpressung günstiger Handelsbedingungen ging. Auf zwei derartige Handelsverträge mit Byzanz, die durch militärisches Muskelspiel beeinflusst waren, sind wir bereits an anderer Stelle eingegangen. In islamischen Quellen ist zudem von Plünderungen im Gebiet des Kaspischen Meeres anno 912 die Rede. Die Turbulenzen in der Region hatten noch eine weitere, innere Ursache. Wie wir gesehen haben, wurde die merkantile Kolonisierung des europäischen Russland von selbständigen skandinavischen Gruppen vorangetrieben und nicht von einer übergeordneten Autorität. So darf man als sicher annehmen, dass die Händler zumindest anfangs dem König im Norden nicht freiwillig zehn Prozent ihres Gewinns aushändigten. Unabhängig davon beschworen solche Regelungen die Gefahr herauf, dass der herrschende *capo* Rivalen bekam.

Der König von Gorodischtsche konnte sich schließlich durchsetzen. Allerdings geriet seine Herrschaft gerade zu der Zeit ins Wanken, als die muslimischen Reisenden über ihn berichteten, da sich weiter südlich an einer Furt des Dnjepr mit Kiew ein zweites skandinavisches Machtzentrum bildete. Laut der *Nestorchronik* wurde Kiew gegründet, als zwei Gefolgsleute Ruriks mit Namen Askold und Dir im Jahr 862 die Erlaubnis erbaten, von Nowgorod (Gorodischtsche) nach Konstantinopel zu reisen. Die beiden machten am Dnjepr Zwischenstation und beschlossen, sich dort niederzulassen. Zwischen 863 und 866 unternahmen Askold und Dir von dort aus einen Angriff auf Konstantinopel mit 200 Booten. Ungefähr 20 Jahre später machte sich Ruriks Nachfolger Oleg, der als Vormund von Ruriks kleinem Sohn Igor herrschte, mit einer aus Skandinaviern, Finnen und Slawen zusammengesetzten Armee auf den Weg in den Süden. Askold und Dir wurden überlistet und getötet, Kiew erhielt eine Festung, und die umliegenden Slawen mussten fortan Tribut entrichten. Damit hatte Oleg das Nord- und das Südreich geeint. Diese Ereignisse, die sich zwischen 880 bis 882 abspielten, gelten als die Geburtsstunde des russischen Reiches.

Die Geschichte scheint in den Grundzügen korrekt zu sein. Kiew, zunächst Nebenschauplatz der skandinavischen Aktivitäten in Westrussland, stieg später zum Hauptzentrum auf. Der Handelsplatz gehört zu den Orten an der Dnjepr-Route, an denen skandinavisches Material gefunden wurde, allerdings erst etwa ab 900. Der Schlüssel zu allen weiteren Entwicklungen am Unterlauf des Dnjepr war die Siedlung Gnezdowo, die die Passage vom Ilmensee zum Oberlauf des Dnjepr kontrollierte und die es den Wikingern ermöglichte, von der Ladoga-Region im Norden bis hinunter zum Schwarzen Meer zu fahren. Die Skandinavier wurden erst Ende des 9. Jahrhunderts in Gnezdowo ansässig, danach in Kiew und in weiteren Zentren im Umkreis: Schestowitsa und Gorodischtsche in der Nähe von Jaroslawl, wo sich ihre Anwesenheit durch archäologische Funde nachweisen lässt, und andere wie Ljubetsch und Tschernihiw, die in den Quellen erwähnt werden. Die bisherigen Ausgrabungen lassen vermuten, dass die Wikinger hier in geringerer Zahl präsent waren als im Norden, wo die in diese Zeit datierbaren Funde viel reichhaltiger sind.[35] Die

Nestorchronik gibt also den Ablauf der Ereignisse im Großen und Ganzen korrekt wieder, auch wenn man sie in Teilaspekten anzweifeln muss.

Vor allem sind die in ihr genannten Daten der Versuch einer späteren Zeit, mündliche Überlieferungen in eine sinnvolle Reihenfolge zu bringen. Vom Angriff auf Konstantinopel war hier bereits die Rede. Dieses Datum entstammt der byzantinischen *Chronik (Ecloga chronographica)* Georgs des Mönchs, der jedoch keine Namen der Wikinger-Anführer nennt. Trotz umfangreicher Ausgrabungen im Kiewer Stadtteil Podol konnten keine skandinavischen Relikte aus der Zeit vor 880 entdeckt werden. Daher ist zu vermuten, dass der dokumentierte Überfall auf Konstantinopel in den 860er Jahren seinen Ausgangspunkt weiter im Norden hatte.

Die Geschichte, wie sie die *Nestorchronik* erzählt, wirft weitere Probleme auf. Ihre Kompilatoren waren sich auch unsicher über Olegs Verhältnis zu Rurik. Die Kiewer Fassung sieht ihn in einem nicht näher bestimmten Verwandtschaftsverhältnis zu Rurik. In einer wahrscheinlich aus Nowgorod stammenden Version hingegen wird er als Ruriks Heerführer und nicht als sein Verwandter bezeichnet. Zweifelhaft ist auch, ob Askold und Dir tatsächlich Ruriks Erlaubnis einholten, bevor sie in den Süden aufbrachen.[36] Wie wir gesehen haben, war der Großfürst der Rus im 9. und frühen 10. Jahrhundert kaum mehr als ein *primus inter pares*. Die Expansionsbestrebungen der Skandinavier bestanden aus zahlreichen Einzelinitiativen; erst später trat der *capo* auf den Plan und verlangte seinen Anteil. Es gibt keinen Grund zur Annahme, dass die Gründung Kiews nach einem anderen Schema verlief. Über all dem steht die noch viel größere Frage, warum im Russland der Wikinger schließlich das später gegründete, im Süden gelegene Nebenzentrum Kiew die Oberhand über Nowgorod im Norden gewann, zumal Kiew an der viel weniger einträglichen Handelsachse des Dnjepr nach Byzanz lag, wo auch weniger Skandinavier siedelten. Diese Rätsel sollen dem nächsten Kapitel vorbehalten bleiben. Zunächst gilt es, die Diaspora der Wikinger im Osten wie im Westen unter dem Aspekt des Migrationsstroms zu betrachten.

MIGRATIONSSTRÖME

In welcher Größenordnung die Gruppen aufgetreten sind, gehört zu den umstrittensten Fragen der Wikingerforschung. Frühere Historiker neigten dazu, das Zeitalter der Wikinger gemäß dem traditionellen Modell der germanischen »Völkerwanderung« zu interpretieren: Zehntausende, wenn nicht Hunderttausende Menschen, getrieben von Mangel, die in einer beispiellosen Gewaltorgie über Westeuropa hereinbrechen. In alten Schulbüchern kann man noch das berühmte angelsächsische Gebet »Befreie uns, o Herr, vom Zorn der Normannen« (A furore Normannorum libera nos, Domine) lesen, Ähnliches findet sich selbst in gelehrten Werken. In einem Lehrbuch zur lateinischen Grammatik, das um 845 in Irland kopiert und schließlich in die Bibliothek des Klosters St. Gallen aufgenommen wurde, ist am Rand jenes kleine Gedicht auf Altirisch notiert:

> Wild weht der Wind zur Nacht
> Er zaust der See das weiße Haar
> Den wilden Nordmann fürcht' ich nicht
> Das Ruder fest in ruhiger Hand.[37]

In den 1960er Jahren schaltete sich Peter Sawyer, in der anglophonen Welt der prominenteste Wikinger-Experte, mit einem Paukenschlag in die Diskussion ein, indem er die bisherigen Annahmen über die Größe der Wikingergruppen als maßlos übertrieben bezeichnete. Die Chronisten, die von den Gewalttaten der Wikinger berichteten, waren zumeist Kleriker oder Mönche, und gerade Kirchen und Klöster boten den Wikingern ebenso reiche wie leichte Beute. Daher wohne diesen Quellen, so Sawyer, die Tendenz inne, die Brutalität der Wikinger besonders stark hervorzuheben, und das vor dem Hintergrund des ziemlich gewalttätigen Mittelalters. Das einzig Neue sei aber womöglich die Erfahrung gewesen, dass die heidnischen Wikinger die christlichen Einrichtungen mit größter Hemmungslosigkeit überfielen. Auch hätten die klösterlichen Chronisten andere wichtige Betätigungsfelder der Wikinger völlig ausgeblendet, beispielsweise den Handel, der mehr oder weniger gewaltlos verlief. Zudem sei die Zahl der Wikinger stark übertrieben worden. Nach Sawyers Ansicht weisen die archäologischen Zeugnisse auf wesentlich kleinere Streitmächte hin: Wenn bei jenem ersten Überfall auf Portland drei Schiffe beteiligt waren, könne es sich nur um 90 bis 100 Krieger gehandelt haben. Auch gebe es kaum Hinweise auf die Teilnahme von Frauen und Kindern. Die Wikinger seien demnach nicht als »komplette« Völkerschaften aufgetreten, sondern als Kriegerverbände, die bestenfalls aus einigen hundert Mann bestanden.[38]

Sawyers Thesen waren ein notwendiges Korrektiv und sind, was die Frühphasen der Wikingeraktivität im 9. Jahrhundert betrifft, inzwischen allgemein anerkannt. Dass in der Wikingerzeit hauptsächlich, wenngleich nicht ausschließlich, Kriegertrupps in Erscheinung traten, scheint weitgehend korrekt. Aber als sich die Aktivitäten der Wikinger von den 830er Jahren an im Westen verstärkten, traten vermutlich größere Streitkräfte auf den Plan, als sie Sawyer ursprünglich im Sinn hatte. Die *Irische Chronik* verzeichnet in den 830er Jahren zwei Wikingerflotten von je 60 Schiffen, die gleichzeitig die irischen Gewässer unsicher machten. Das Gokstad-Schiff aus dem 9. Jahrhundert, das 1880 in Vestfold ausgegraben wurde und nun in Oslo zu sehen ist, hätte problemlos 30 Mann oder mehr befördern können (Abb. 24). Bei mindestens 30 Mann Besatzung pro Schiff hätten beide Flotten aus mehr als 1000 Mann bestanden, was von der Größenordnung zu den Angaben derselben Quelle über die Zahl der Gefallenen passt. Im Jahr 848 schlugen irische Könige drei Schlachten gegen verschiedene Wikingergruppen, die dabei 700, 1200 bzw. 500 Mann verloren. Und als die Flotten der skandinavischen Könige um 850 die Gewässer Westeuropas heimsuchten, berichten irische, englische und kontinentale Quellen übereinstimmend von 100 bis 200 Schiffen. Das entspricht einer Streitmacht von einigen tausend Mann.[39]

Die Zeugnisse aus der Zeit der Großen Heere bekräftigen diese Schätzungen. Diese Heere waren ein Zusammenschluss verschiedener Einheiten unabhängiger skandinavischer Könige und Jarls. Das erste Große Heer, das sich im Winter 866/867 in East Anglia sammelte, bestand wahrscheinlich unter anderem aus den Männern von Ivar und Olaf sowie aus den Wikingern, die schon fast ein Jahrzehnt lang das Frankenreich entlang der Seine unsicher machten. (Olafs Spur verliert sich zwischen 863 und 871 in irischen Gewässern, während es sich bei Ivar vermutlich um den »Ingvar« der *Angelsächsischen Chronik* handelt.) Die kontinentalen Quellen berichten für die Jahre von 866 bis 880, dem Zeitraum der ersten Operationsphase des Großen Heeres in England, nur von wenigen Wikingerüberfällen. Der Rückzug der Nordmänner aus fränkischen Gewässern wurde dadurch beschleunigt, dass Karl der Kahle befestigte Brücken über die Seine schlagen ließ, die es den Wikingern erschwerten, flussaufwärts vorzudringen. Neben Ivar erwähnt die *Angelsächsische Chronik* zwei weitere Könige, Halvdan und Bagsecg, sowie fünf Jarls (zwei mit Namen Sidroc, ein älterer und ein jüngerer, Osbearn, Fraena und Harald). Diese Könige und Jarls kommandierten unabhängige Kontingente innerhalb der Koalitionsarmee. Anno 875 erhielten sie Verstärkung durch drei weitere Könige – Guthrum, Oscetel und Anwend –, womit die Wikinger mit elf verschiedenen Kontingenten in England vertreten waren. Und einige Jahre später kam ein weiterer Trupp hinzu, der 879/880 bei Fulham überwinterte. Die späteren Großen Heere setzten sich in ähnlicher Weise aus einer Vielzahl kleinerer Einheiten zusammen.

Doch sie operierten nicht ständig als Teil einer großen Streitmacht, sondern kamen und gingen, je nachdem, wo sie gerade einen Vorteil für sich sahen.

Fünf Könige und mindestens fünf Jarls konnten, unterstützt von weiteren Truppen, jedoch eine beachtliche Streitmacht aufbieten. Im Jahr 878 fiel Halvdan in einer Schlacht bei Devon zusammen mit 840 seiner Krieger (einer anderen Quelle zufolge 860), was darauf schließen lässt, dass ein König über etwa 1000 Kämpfer gebot. Die *Angelsächsische Chronik* vermerkt, dass sie in 23 Schiffen gekommen waren, was rund 36 Mann pro Schiff ausmacht und mit der Transportkapazität eines Gefährts vom Gokstad-Typ übereinstimmt. Dass die Hauptkontingente der Großen Heere jeweils an die 1000 Krieger umfassten, zeigt sich auch an jenen Streitmächten, die nach 830 in Irland operierten. Demnach müssen die Großen Heere, die sämtlich aus einem halben Dutzend Kontingenten oder mehr bestanden, jeweils mehrere tausend Krieger aufgeboten haben, wobei die Obergrenze wahrscheinlich bei 10000 Mann lag. Mit einem solchen Aufgebot ließ sich ein angelsächsisches Königreich ohne weiteres erobern.[40] England wurde, wie gesagt, zweimal von einem Großen Heer angegriffen, einmal zwischen 865 und 878, das andere Mal von 892 bis 896. Außerdem gab es noch zwei weitere Heere (deren Krieger teilweise aus den beiden ersten stammten), die in den 880er Jahren die Nordküste des Kontinents unsicher machten, sowie Streitkräfte, die im letzten Jahrzehnt des 9. und in den ersten beiden Jahrzehnten des 10. Jahrhunderts in der Normandie und der Bretagne operierten und zwischen diesen Regionen und Irland pendelten. Selbst wenn man Überschneidungen zwischen den verschiedenen Heeren berücksichtigt, muss es mindestens 20000 Wikinger-Krieger gegeben haben.

Das ist für die Größenordnung der Wikinger-Migration insgesamt von unmittelbarer Bedeutung, da auf die Siege der Großen Heere im östlichen England und im nördlichen Frankenreich die Ansiedlung folgte. Ob dies von Anfang an so geplant war, wissen wir nicht. Jedenfalls vernichtete das erste Große Heer im 9. Jahrhundert drei der vier unabhängigen angelsächsischen Königreiche und teilte das eroberte Land weitgehend unter sich auf. So entstanden in den 870er Jahren die ersten Wikingersiedlungen, denen die nachfolgenden Großen Heere weiteren Zulauf brachten. Eine der Siedlungen wird 896 ausdrücklich erwähnt, und gewiss gab es noch weitere. Auf dem Kontinent führten die Aktionen des Großen Heeres zu Siedlungen in der Normandie und in der Bretagne – die einen mit Zustimmung der lokalen Machthaber, die anderen nicht. Wie hoch der Prozentsatz der skandinavischen Krieger war, die sich schließlich im Westen niederließen, lässt sich nicht sagen, aber aus der großen Zahl von Siedlungen kann man schließen, dass es weit über 10000 Personen gewesen sein können – auch wenn man davon ausgehen muss, dass einige mit ihrer Beute ins Baltikum zurückkehrten. Das ist eine durchaus bedeutende, aber keine massive Zuwanderung, wenn man bedenkt, dass die Gesamtbevölkerung in diesen Gebieten allenfalls eine Million gezählt haben dürfte, wahrscheinlich weniger.[41]

Die Besiedlung durch die Großen Heere erfolgte in einer besonderen Form. Sehr aufschlussreich hierzu ist der Eintrag der *Angelsächsischen Chronik* für das Jahr 896, der die Auflösung des zweiten Großen Heeres in England schildert: »In diesem Jahr zerstreuten sich die Heerscharen teils nach East Anglia, teils nach Northumbria, und jene, die nicht genug Vermögen hatten, besorgten sich Schiffe und segelten übers Meer zur Seine.« Hier stellt sich sogleich die Frage: Mussten die Wikinger im Danelag etwa Land kaufen, statt es einfach in Besitz zu nehmen? Das bezweifle ich sehr. Allerdings stellt der Eintrag eine deutliche Beziehung zwischen der Teilnahme am Großen Heer, der Anhäufung von Vermögen und der anschließenden Besiedlung her. Die Wikinger zogen nicht übers weite Meer und stürzten sich fern der Heimat in gefahrvolle Kämpfe, um sich dann als mittellose Bauern niederzulassen. Diese Mühen nahmen sie nur auf sich, um sich die Mittel für ein Leben in einer komfortablen sozioökonomischen Nische zu beschaffen. Hätte ihnen ein Bauerndasein genügt, so hätten sie sich das Kämpfen sparen können: Die angelsächsischen Gutsbesitzer konnten Arbeitskräfte immer gut gebrauchen.[42]

Wie sich die Verhältnisse innerhalb eines Truppenkontingents des Großen Heeres in der Landverteilung widerspiegeln, kann man exemplarisch an den skandinavischen Siedlungen im Danelag-County Lincolnshire sehen, die gut dokumentiert sind. Lincoln war eine der fünf Gemeinden im Kerngebiet des Danelag, die eine gewisse politische Unabhängigkeit besaßen; zwar gab es nach 878 Könige im Danelag, aber niemals einen *König des Danelag*. Auch in Lincoln selbst, das sich im späten 9. und im 10. Jahrhundert beträchtlich ausgeweitet haben dürfte, lebten vermutlich einige Wikinger. Außerhalb des Ortes gab es zwei Arten von Wikingersiedlungen. Einige der größeren Güter wurden so, wie man sie vorgefunden hatte, von führenden Wikingern übernommen. Man erkennt sie heute an Ortsnamen vom Grimston-Mischtyp, bei dem ein altnordischer Personennamen (beispielsweise *Grim-*) mit einem angelsächsischen Suffix für Ort oder Gehöft (*-tun*) kombiniert ist. Solche Ortsnamen finden sich in der Regel dort, wo es im Danelag das beste Land gab. Andere schon vorhandene Güter wurden aufgeteilt und an einzelne freie Wikinger von niedrigerem Rang vergeben. Das gilt für die Orte mit einem altnordischen Namen (die typischerweise auf *-by* oder *-thorp* enden und sehr oft mit nordischen Personennamen kombiniert sind), für die in den offiziellen Urkunden von Lincolnshire kleinere Gutsbesitzer von ungewöhnlich hohem Status verzeichnet sind, die sogenannten *sokemen* (Freibauern). Die Urkunden wurden erstellt, nachdem das im 10. Jahrhundert entstandene angelsächsische Königreich das County in sein Territorium eingegliedert hatte. Die *sokemen* bewahrten sich bis weit ins 10. Jahrhundert ihren nordischen Stil in der Verzierung von Alltagsgegenständen aus Metall.

Falls Lincolnshire kein Ausnahmefall ist – und nichts spricht dafür –, dann haben die Krieger des Großen Heeres, als sie zu Grundherren wurden, ihre Sozialstruktur in einem gewissen Grad bewahrt: Das Land wurde von den Führern unter jenen verteilt, die bereits genug Beute angehäuft hatten, um ein kleines Landgut zu bewirtschaften, wie es auch bei den Normannen üblich war. Wer noch nicht genug Beute hatte, schloss sich mit dem, was er besaß, vermutlich einem neuen Anführer an. Alles Siedlungsland war von den Angelsachsen konfisziert worden. Manche der bisherigen Grundbesitzer wurden getötet oder vertrieben, dennoch scheint die Klasse der angelsächsischen Landbesitzer im Danelag nicht vollständig ausgelöscht worden zu sein. Auch der Kirche, der im 9. Jahrhundert bis zu einem Viertel des Grund und Bodens in England gehörte, wurden viele Ländereien geraubt.[43]

Nimmt man Lincolnshire als typisches Beispiel, ergibt sich für den Danelag und das nördliche Frankenreich folgendes: Die Grundeinheit der Migration waren die einzelnen Kontingente des Großen Heeres, nicht das Heer als Ganzes. Sie umfassten jeweils etwa 1000 Mann, etwas mehr, wenn sie von Königen, etwas weniger, wenn sie von Jarls geführt wurden, und ihre Anführer organisierten die Landverteilung an jene, die die Voraussetzungen für die Ansiedlung erfüllten. Eine der wichtigen Fragen – wer welches Land in welcher Größe bekommen sollte – wurde vermutlich bereits bei den Verhandlungen geklärt, die der Bildung der Großen Heere vorausgingen. Die Form der Besiedlung ähnelt dem teilweisen Eliteaustausch, dem wir bereits bei der Ansiedlung von Germanen in vormals römischen Provinzen in Europa im 5. Jahrhundert begegnet sind. Der Unterschied besteht darin, dass die *sokemen* auf ihren -*bys* und -*thorps* eine Art neue »bäuerliche Elite« mit vergleichsweise geringem Landbesitz darstellten. Das ergibt sich aus den Einträgen über die Größe ihrer Güter im *Doomsday Book* – sofern sich ihre Nachkommen bis 1066 gehalten hatten – und daraus, dass die *sokemen* einen stärkeren sprachlichen und sonstigen kulturellen Wandel bewirkten als irgendwo sonst im nachrömischen Westen.

Zumindest im nördlichen Danelag wurde Nordisch die vorherrschende Sprache, während germanische Sprachen nur im angelsächsischen England, wo die Elite mehr oder weniger vollständig ausgetauscht worden war, das Lateinische und seine Dialekte verdrängten. Zur Erklärung des sprachlichen Wandels und der vielen skandinavischen Ortsnamen wurde die These aufgestellt, dass auf die Besiedlung durch die Kontingente des Großen Heeres weitere – undokumentierte – Besiedlungen durch skandinavische Bauern erfolgt sein müssen. Diese Annahme ist jedoch nicht zwingend. 10000 und möglicherweise sogar beträchtlich mehr Wikinger, die Land zugeteilt bekamen, reichten aus, um eine nordisch geprägte Gutsbesitzerklasse zu schaffen, die eine kulturelle Veränderung bewirkte. Zum Vergleich: Die normannische Eroberung brachte nur rund 5000 neue Gutsherren hervor, die sich in ganz England und nicht bloß in einem Teilgebiet niederließen. Schon daran sieht man, dass die neue herrschende nordische Klasse viel enger mit ihren angelsächsischen Landarbeitern zusammenlebte als später die Normannen.

Die Kontingente des Großen Heeres sorgten jedoch nur für einen Teil der nordischen Migration in den Westen. In Irland fand die Ansiedlung in anderer Form statt. Dort gelang es den Skandinaviern nicht, ganze Königreiche zu zerschlagen und den Landbesitz in großem Stil umzuverteilen. Die Ansiedlung beschränkte sich auf einige Küstenstädte, darunter vor allem Dublin. Die Siedlungen waren recht groß und von erheblicher wirtschaftlicher Bedeutung. Nach der Rückeroberung im 10. Jahrhundert rivalisierten die irischen Könige um die Vorherrschaft über das reiche Dublin. Obwohl auch hier die Migrationseinheiten aus organisierten Kriegertrupps bestanden, kann die dauerhafte nordische Besiedlung Irlands bestenfalls einige tausend Personen umfasst haben.[44]

Auf den nord- und westbritischen Inseln und im Westen Schottlands folgte die Besiedlung mehr dem Muster des Danelag. Auch hier übernahmen die skandinavischen Eindringlinge die Kontrolle über einen großen Teil des Grundeigentums. Zahlen hierzu sind ebenso wenig überliefert wie historische Zeugnisse über die Besiedlung, aber deren Folgen spiegeln sich auch hier in den Ortsnamen wider. Auf den nordbritischen Inseln – den Shetlands und Orkney – blieben überhaupt keine präskandinavischen Ortsnamen erhalten. Sämtliche älteren Namen fielen dem kulturellen Umbruch durch die Wikinger-Besiedlung zum Opfer. Auf den westbritischen Inseln und in den betreffenden Gebieten des schottischen Festlands verschwanden die alten Ortsbezeichnungen zwar nicht vollständig, aber auch hier gibt es eine große Dichte skandinavischer Namen. Wie intensiv muss die Besiedlung im 9. Jahrhundert gewesen sein, wenn sie zu solchen Ergebnissen führte?

Als man die Besiedlungsgeschichte erstmals anhand der Ortsnamen zu rekonstruieren versuchte, ging man davon aus, dass das Verschwinden sämtlicher älterer Namen nichts anderes als die vollständige Auslöschung der ursprünglich dort ansässigen, vermutlich keltischsprachigen Bevölkerung bedeuten könne – ein frühmittelalterlicher Fall von ethnischer Säuberung. Jüngere Studien haben jedoch gezeigt, dass die weite Verbreitung nordischer Namen das Ergebnis der jahrhundertelangen nordischsprachigen Dominanz und nicht eines apokalyptischen Moments der Eroberung ist. Die Nordmänner müssen der ansässigen Bevölkerung mindestens ebenso intensiv ihren Stempel aufgedrückt haben wie die *sokemen* im Danelag. Eine ethnische Säuberung war dazu nicht erforderlich; jüngere archäologische Funde bestätigen, dass es eine solche nicht gegeben hat. Selbst dort, wo typisch nordische Häuser die früheren Bauformen der Pikten ersetzt haben, wie zum Beispiel in Buckquoy, wurden bei Ausgrabungen zahlreiche Objekte aus einheimischer Produktion zutage gefördert. Die ursprüngliche Bevölkerung lebte also weiter im Umfeld der nordischen Siedler, wenngleich in untergeordneter Stellung.[45]

Für die westbritischen Inseln und das schottische Festland galt von jeher, dass die indigene Bevölkerung fortbestand, da die dortigen Ortsnamen einen gemischten kulturellen Ursprung verraten. Darüber hinaus verzeichnen irische Annalen von den 850er Jahren an Aktivitäten der sogenannten *Gallgoidil*, »skandinavisierter Iren«, über die viel gerätselt wurde. Offenbar geht der Name der schottischen Region Galloway auf sie zurück, nach allgemeiner Ansicht waren sie auf den Hebriden ansässig. Es könnte sich demnach um Kelten handeln, die sich rasch mit den nordischen Siedlern arrangierten.[46] DNA-Untersuchungen bestätigen diese These. Bei 40 Prozent der heutigen Bevölkerung Shetlands verweist das DNA-Profil auf nordische Vorfahren. Auf Orkney beträgt der Anteil 35 Prozent, in Schottland und auf den westbritischen Inseln ungefähr 10 Prozent.[47] Wie wir bereits bei den Angelsachsen gesehen haben, muss man sich jedoch davor hüten, DNA-Muster wie fossile Befunde einer Siedlungsgeschichte zu lesen. Im Lauf der Jahrhunderte können zahllose Ereignisse dazu geführt haben, dass sich eine bestimmte DNA-Linie bevorzugt verbreitete. Aber immerhin hat man damit den Nachweis erbracht, dass selbst der starke Zustrom nordischer Migranten in diese Gebiete keine ethnische Säuberung zur Folge hatte. Präzisere Hinweise auf die Art der Migrationseinheiten, die dort in Erscheinung traten, geben uns historische Zeugnisse aus dem letzten Siedlungsgebiet, das die nordischen Siedler ins Visier nahmen: die Inseln im Nordatlantik.

Über die skandinavische Kolonisierung der Färöer gibt es keine Dokumente, da aber die Besiedlung Islands in den 870er Jahren einsetzte und die Färöer auf dem Weg dorthin liegen, darf man annehmen, dass sie von der Mitte des 9. Jahrhunderts an stattfand. Für Island selbst ist die Informationslage besser.

Die dortigen Wikingergemeinden sind die einzigen, die schon im frühen 12. Jahrhundert ihre Geschichte aufzuzeichnen begannen, wohl um Besitzrechte zu dokumentieren. Um das Jahr 1100 führten die isländischen Nordmänner ihre Besiedlung auf 400 Kolonisten zurück, die die Anfang des 12. Jahrhunderts bestehenden großen Landgüter gegründet hatten. Diese 400 Güter waren Zentren größerer landwirtschaftlicher Netzwerke. Man schätzt, dass es zu dieser Zeit etwa 4000 Einzelgehöfte unterschiedlicher Größe gab. Jedes unterhielt eine Familie und die zugehörigen Landarbeiter, so dass wir für Island um 1100 eine Bevölkerungszahl von einigen zehntausend annehmen dürfen. Die isländische Literatur verrät auch einiges über die Migrationseinheiten. Da die Überfahrt von Skandinavien (oder von England als Zwischenstation) nach Island enorm kostspielig war, konnten nur reiche Skandinavier die Kolonisten anführen. Nur sie waren in der Lage, Schiffe für den Transport und die Ausrüstung zu bezahlen, die man für eine erfolgreiche Ansiedlung benötigte. Wer wenig oder kein Geld hatte, konnte nur darauf hoffen, in den Tross eines dieser reichen Herren aufgenommen zu werden. Demnach handelte es sich vermutlich eher um einen zeitlich ausgedehnten Migrationsstrom und nicht um eine punktuelle Landnahme wie in England und im Frankenreich, wenn sich ein Kontingent des Großen Heeres ansiedelte. Wie groß die Flotten waren, die die skandinavischen Adligen nach Island sandten, wissen wir nicht. Näheres ist nur von einer solchen Flotte bekannt, die in etwas späterer Zeit nach Grönland aufbrach. Sie bestand aus 25 Schiffen, von denen 13 die Überfahrt nicht schafften.[48]

In Island musste man nicht erst eine einheimische Bevölkerung unterwerfen, so konnten die Siedler bequem auch in kleinen Gruppen kommen. Das galt vermutlich auch für die Inseln im Norden und Westen Englands. Zwar gab es hier einheimische Grundbesitzer, die unterworfen werden mussten, doch waren dort die politischen Strukturen so schwach ausgeprägt, dass keine große Streitmacht benötigt wurde. Aber da schriftliche Zeugnisse fehlen, bleibt vieles reine Spekulation. Allerdings wissen wir, dass sich auf den nord- und westbritischen Inseln ein größeres politische Gebilde, das Jarltum Orkney, erst Ende des 9. Jahrhunderts herausbildete, also lange nachdem die ursprüngliche Kolonisierung durch die Wikinger abgeschlossen war. Der Machtanspruch dieses Jarltums gab etlichen Nordmännern Anlass, nach Island auszuwandern, um ihre Unabhängigkeit zu bewahren. Das stützt die These, wonach der Migrationsstrom nach Island und Grönland jenem ähnelte, der im frühen 9. Jahrhundert zur nordischen Herrschaft über die Inseln im Westen und Norden Englands geführt hatte.

Trotz der lückenhaften Quellen lassen sich gewisse Schlüsse über die skandinavischen Migrationsströme im 9. und frühen 10. Jahrhundert Richtung Westen ziehen: Es gab zwei sehr unterschiedliche Typen von Migrationseinheiten, die jeweils auf ein bestimmtes Zielgebiet zugeschnitten waren. Wo als Voraussetzung zur Besiedlung große politische Gebilde der einheimischen Bevölkerung bezwungen werden mussten, bestand die typische Einheit aus einem mächtigen Kriegertrupp, dem bis zu 1000 Kämpfer angehörten, zuweilen auch einige mehr. Die Kriegertrupps schlossen sich gelegentlich zusammen, um Großgegner wie die angelsächsischen Königreiche anzugreifen. Dort, wo es keinen einheimischen Widerstand gab oder wo die indigene Bevölkerung nur aus kleinen soziopolitischen Einheiten bestand, konnten viel kleinere, von Vornehmen geführte Migrationseinheiten ausreichend Dominanz gewinnen. An den verschiedenen Migrationsströmen war eine beachtliche Zahl von Personen beteiligt. Weit über 10000 nordische Krieger – vielleicht sogar doppelt so viele – siedelten nach den Feldzügen des Großen Heeres in England und auf dem europäischen Festland. Einige weitere tausend ließen sich in Irland nieder, und noch mehr siedelten in Schottland und auf den Atlantikinseln.

Eine wichtige Frage blieb bislang außer Acht: Wie viele Krieger brachten ihre Frauen und Kinder aus Skandinavien mit? Üblicherweise rechnet man mit vier bis fünf Angehörigen pro Krieger. Hätten alle Krieger ihre Familien dabei gehabt, würde somit die Gesamtzahl der am Migrationsstrom Beteiligten nicht bei einigen zehntausend, sondern bei über hunderttausend Personen liegen. Darüber gibt es überraschenderweise genauere Informationen. Ein Teil des zweiten Großen Heeres, das in den 890er Jahren in England einfiel, ließ seine Frauen und Kinder im sicheren Danelag zurück. Wie viele Krieger Angehörige bei sich hatten, ist ebenso wenig zu klären wie die Frage, woher diese kamen. Stammten sie ebenfalls aus Skandinavien, oder wurden sie erst unterwegs auf einer Zwischenstation mitgenommen?

Gewisse Aufschlüsse erbrachten DNA-Untersuchungen, die vor kurzem in Island durchgeführt wurden. In Island gab es seit der Wikingerzeit kaum Zu- und Abwanderung, weshalb die DNA-Struktur der heutigen Bewohner jener der ursprünglichen Siedler sehr nahe kommt. Es wurden sowohl Y-Chromosom-Muster untersucht, die nur über die männliche Linie vererbt werden, als auch mitochondriale DNA, die nur über die weibliche Linie weitergegeben wird. Hierbei stellte man erstaunliche Unterschiede fest. 75 Prozent der Männer besitzen Y-Chromosomen, deren Besonderheiten auf eine skandinavische Herkunft hindeuten, nur 25 Prozent solche, deren Ursprung die Britischen Inseln vermuten lässt. Auf der mitochondrialen Seite hingegen stammen 36 Prozent der heutigen Isländerinnen von nordischen Frauen ab, während 62 Prozent Urahninnen auf den Britischen Inseln gehabt haben dürften. Etwa ein Drittel der weiblichen Siedler war demnach aus Skandinavien mitgekommen, zwei Drittel hatten die Wikinger-Krieger erst während ihrer Wanderzüge nachgeholt.

Ähnliches gilt auch für die Färöer. In dem von den Wikingern beherrschten Schottland und auf den nord- und westbritischen Inseln ergibt sich wiederum ein anderes Bild. In diesen Regionen unterscheiden sich Männer und Frauen nicht signifikant in ihren jeweiligen Anteilen an nordischer DNA. Das lässt darauf schließen, dass in diesen Zonen der frühesten nordischen Besiedlung die Grundeinheit der Migration die Familie war, mit einer ungefähr gleichen Anzahl von Männern und Frauen, die alle aus Skandinavien kamen. Als sich jedoch die Besiedlung auf die Färöer und auf Island ausweitete, taten sich die Wikinger vermehrt mit Frauen aus der Bevölkerung der Britischen Inseln zusammen. Welches proportionale Verhältnis zwischen einheimischen und skandinavischen Frauen innerhalb des weiblichen Anhangs des Großen Heeres bestand, lässt sich nicht sagen. Die DNA-Analysen aus Schottland und von den nord- und westbritischen Inseln zeigen jedoch, dass es dort auch Skandinavierinnen gab. Wir sollten also bei unserer Schätzung der Gesamtzahl aller Siedler die skandinavischen Männer nicht mit dem Faktor vier oder fünf multiplizieren, sondern eher mit dem Faktor zwei oder drei.

Völlig andere Formen nahm die Migration der Wikinger nach Osteuropa an. Die nordische Diaspora in Russland entstand ohne Eroberungen durch Große Heere, und es gab nur wenige Grundherren von niederem Adel auf unabhängigen Gehöften. Die archäologischen Befunde lassen zwei Hauptphasen der nordischen Invasion erkennen. Bedeutsame Spuren der ersten, die im späten 8. und frühen 9. Jahrhundert stattfand, wurden hauptsächlich an zwei Orten entdeckt: In den ältesten Schichten von Staraja Ladoga und bei den Befestigungsanlagen von Zarskoje Gorodischtsche an der oberen Wolga. Bislang wurde nur ein halber Hektar von Staraja Ladoga freigelegt, daher liegen keine zuverlässigen Angaben über die einstige Größe der Siedlung vor. Über die skandinavische Bevölkerung von Zarskoje Gorodischtsche lassen sich nicht einmal Schätzungen anstellen. Diese dürftige Datenlage könnte zu der Annahme verleiten, dass zu dieser Zeit lediglich eine Handvoll skandinavischer Händler damit begonnen hatte, die Wasserwege im europäischen Russland zu erkunden, gäbe es nicht ein nordisch dominiertes Khaganat im nördlichen Russland, von dem bereits im Jahr 839 berichtet wird.[49]

Der Migrationsstrom nahm im Osten wie im Westen in der zweiten Hälfte des 9. und im frühen 10. Jahrhundert erheblich zu. Zu dieser Zeit konzentrierte sich die skandinavische Migration auf drei Gebiete (Karte 20). Das erste lag entlang des Wolchow zwischen dem Ladogasee und dem Ilmensee. Sein nördliches Ende bildete das wiedererbaute Staraja Ladoga, das eine maximale Ausdehnung von zehn Hektar erreichte. Weiter südlich lag Gorodischtsche (das Holmgard der nordischen Sagen und das heutige Nowgorod), das uns schon als das größte Machtzentrum der Region begegnet ist – ein stark befestigter Ort, umgeben von drei Meter hohen und drei Meter dicken Steinmauern. Das dritte bekannte Zentrum der Skandinavier war Isborsk-Pskow. Die Gräberfelder dieser drei Zentren enthalten genügend nordische Funde, um den Schluss zuzulassen, dass es sich um gut funktionierende skandinavische Gemeinschaften von Männern und Frauen handelte, die sich ihren traditionellen Lebensstil weitgehend erhalten hatten. Im umliegenden Land – der Priladoschje – wurde genügend skandinavisches Material entdeckt, um davon auszugehen, dass dort skandinavische Bauern und Händler lebten.[50]

Eine zweite Konzentration von Skandinaviern ist am Oberlauf der Wolga festzustellen. Im 19. Jahrhundert in Jaroslawl, Pereslawl und Susdal-Vladimir durchgeführte Ausgrabungen förderten nordische Relikte zutage. Allerdings ging man bei den Grabungen so ungeschickt vor, dass ihre Ergebnisse wenig aussagekräftig sind. Neuere, sorgfältiger durchgeführte Untersuchungen an anderen Stätten bestätigen jedoch einen starken skandinavischen Einfluss. Eine Siedlung bei Timerewo, deren Blütezeit Ende des 9. bis Anfang des 10. Jahrhunderts lag, erreichte eine Größe von zehn Hektar. Es wurden mehr als 50 Wohnstätten und ein Gräberfeld entdeckt. Die Nordmänner kamen nachweislich zuerst, aber auch Finnen und Slawen lebten dort zusammen mit den Skandinaviern. Bei Petrowskoje hatten die Skandinavier ebenfalls zwei Siedlungen, und bei Michailowskoje wurde ein Friedhof des 10. Jahrhunderts mit 400 Gräbern endeckt, 63 Prozent davon Brandbestattungen.

Die dritte Siedlungszone lag am Dnjepr. Aber vielleicht sollte man hier besser von zwei Zonen sprechen, da man vom Oberlauf des Dnjepr aus guten Zugang zur Wolga-Route hatte, während die Wege vom Mittellauf des Dnjepr natürlicherweise ans Schwarze Meer und nach Byzanz führen. Die größte bislang entdeckte skandinavische Siedlung ist Gnezdowo am Oberlauf des Dnjepr (wahrscheinlich das Smaleski – Smolensk – der Sagen). Das heute teilweise zerstörte Gräberfeld zählte mindestens 3000 Gräber, vielleicht sogar doppelt so viele. Die erste sowjetische Bestandsaufnahme wollte nur 1000 davon als skandinavisch anerkennen, was jedoch viel zu wenig war. Gnezdowo war eine von Skandinaviern gegründete und dominierte Siedlung, die in den 920er Jahren stark erweitert und befestigt wurde; danach zählte sie ungefähr 1000 Einwohner. Auch in Kiew, weiter südlich am Mittellauf des Dnjepr gelegen, wurden skandinavische Funde gemacht. Vom frühen 10. Jahrhundert an waren dort drei in Flussnähe gelegene Hügel von Skandinaviern besiedelt. Deutlich mehr skandinavisches Material entdeckte man 100 Kilometer weiter nördlich bei Tschernihiw und Schestowitsa, zwei bedeutenden Ausgrabungsstätten für das 10. Jahrhundert.[51]

Die Ballungen skandinavischer Siedlungen erklären sich durch die Aktivitäten der Nordmänner. Diejenige am Wolchow kontrollierte die wichtigste Handelsroute ins Baltikum. Jene an der oberen Wolga und am unteren Dnjepr erleichterten den Händlern den Zugang zu den Routen, die in die islamische Welt führten, und vom Mittellauf des Dnjepr aus führte der Weg nach Konstantinopel. Die skandinavischen Siedlungen konzentrierten sich somit an den Haupthandelsrouten, und alle dürften Handelszentren gewesen sein, von denen aus die Kaufleute ihre Kontakte zu den Fallenstellern in den umliegenden Wäldern pflegten, um dann im Frühjahr nach Bolgar oder Konstantinopel aufzubrechen.

So klar all dies vor uns liegt, ist es dennoch nicht möglich, daraus die Zahl der am Migrationsstrom in den Osten beteiligten Skandinavier zu erschließen. Das liegt zum einen daran, dass sämtliche Hinterlassenschaften aus Handelszentren stammen. Aber gab es auch skandinavische Bauern in ländlichen Siedlungen, wie sie auf Island und den nord- und westbritischen Inseln vorherrschten? Vereinzelte Funde in der Wolchow-Region lassen das zumindest für dieses Gebiet vermuten. War das der Fall, so muss die Zahl der Migranten beträchtlich höher gewesen sein. Wahrscheinlich sind auch noch längst nicht alle skandinavischen Siedlungen in Russland identifiziert worden. Staraja Ladoga und Gorodischtsche hätten allein nicht ausgereicht, um den Fortbestand des erwähnten Khaganats zu sichern; trotzdem sind sie die einzigen bislang bekannten skandinavischen Orte, die schon für das Jahr 839 belegt sind. Und ich bezweifle sehr, dass die etwa 14 derzeit bekannten skandinavischen Siedlungen aus dem 10. Jahrhundert die einzigen waren. Unklar ist auch das Verhältnis von Frauen zu Männern unter den Migranten, obwohl sich mit Ausnahme der Siedlungen am Mittellauf des Dnjepr überall auch die Anwesenheit skandinavischer Frauen nachweisen lässt. Zu viele unbekannte Faktoren machen selbst eine Schätzung schwierig, aber immerhin lässt sich sagen: Die Zahl der männlichen Zuwanderer lag im 10. Jahrhundert sicher über 10000, war aber wahrscheinlich bedeutend höher.

Die historischen Quellen verraten nicht, welche Form die skandinavischen

Migrationseinheiten in Russland hatten. Zumindest wissen wir, dass einige aus kleinen Trupps wagemutiger Händler bestanden. Ein Beispiel dafür sind Ottar und seine Gefährten: Sie besaßen entweder ein eigenes Boot oder teilten sich eines – ein Geschäftsmodell, das uns durch mindestens einen Runenstein bezeugt ist. In Svinnegarn (Uppland) steht eine der berühmtesten Gruppen von Runensteinen. Sie stammt aus der Mitte des 11. Jahrhunderts und berichtet vom Schicksal einer Handelsexpedition, die von einem gewissen Ingvar geführt wurde und nicht zurückkehrte.[52] Zwar fand diese Begebenheit später statt, und es handelte sich auch um eine größere Gruppe, aber Männer wie Ottar und seine Gefährten sah man bestimmt öfter in Booten auf russischen Flüssen. Zur selben Zeit, spätestens ab Beginn des 9. Jahrhunderts, war auch mit größeren und besser organisierten Gruppen von Eindringlingen zu rechnen: Jarls und Könige mit einem Gefolge, das in die Hunderte ging. Eine Gruppe dieser Größenordnung gründete vermutlich bereits im 9. Jahrhundert ein erstes Khaganat. Und tatsächlich tauchten zur gleichen Zeit, als im Westen das Große Heer operierte, auf den russischen Flüssen wesentlich größere skandinavische Verbände auf.

Die skandinavische Migration nach Russland war vermutlich eine Mischung aus einem stetigen Zustrom kleiner Händler, von denen sich einige schließlich ansiedelten, und aus sporadischen Einfällen größerer bewaffneter Gruppen. Teilweise brachten auch diese Nordmänner ihre Frauen mit, wir wissen jedoch nicht, wie häufig das der Fall war. Ihrer Gesamtwirkung nach unterschieden sich die beiden Migrationsströme im Osten und im Westen jedoch stark voneinander. Da die Skandinavier nach Russland als Händler und nicht als Plünderer kamen, gibt es in Russland keine Anzeichen für einen auch nur teilweisen Eliteaustausch. Hier bildeten die Nordmänner eine neue Art von Elite, die ihr Heil darin suchte, die Verbindung zwischen Gebieten mit begehrten Rohstoffen und den Zentren des Konsums im Westen und im muslimischen Osten herzustellen.

Konkrete Zahlen fehlen zwar, doch für die Zahl der Migranten im Verhältnis zur einheimischen Bevölkerung hilft eine qualitative Analyse weiter. Der Migrationsstrom trat in verschiedenen Formen auf: Die Landnahme im Nordwesten wurde von kleinen Gruppen örtlicher Eliten geführt, die sich Schiffe und ein bewaffnetes Gefolge leisten konnten, der Danelag und das nördliche Frankenreich wurden von Königen und Jarls besiedelt, die bedeutend größere Truppen anführten, während eine Mischung aus abenteuerlustigen Kaufleuten, Königen und Jarls die skandinavische Diaspora im europäischen Russland in ihren verschiedenen Erscheinungsweisen prägte. Selbst dort, wo man sich Land aneignete, waren die Aktionen nirgends mit denen der Hunnen im 4. und 5. Jahrhundert zu vergleichen. Die Migration der Wikinger nahm vielmehr die Form eines stetigen Zustroms an, der sich teilweise über anderthalb Jahrhunderte erstreckte. Es gab keine einzelnen, stoßartigen Wellen der Massenmigration. Am ehesten lässt sich die Migration der Wikinger mit der Ausbreitung nordgermanischer Gruppen im Süden und Osten des Schwarzen Meeres im 2. und 3. Jahrhundert vergleichen. Und besonders im Westen veränderte sich der Migrationsstrom in seiner Form und gewann an Stärke, als sich dort die wirtschaftlichen Möglichkeiten für die Skandinavier erhöhten.

Bei aller Unterschiedlichkeit bewirkte die Wikinger-Migration in allen betroffenen Gebieten einen erheblichen politischen und oft auch kulturellen Schock. Auf den nord- und westbritischen Inseln, im Danelag und in der Normandie wurden die bestehenden politischen und sozioökonomischen Verhältnisse vollständig umgekrempelt. Die einheimischen Eliten verloren ganz oder teilweise die Kontrolle über die Ländereien, Königreiche gingen unter, und neue politische Strukturen entstanden. Dass es dabei gewaltsam zuging, steht außer Frage. Auffallend ist, dass von den alten Königreichen Northumbria und Mercia, die zum Danelag der Wikinger wurden, praktisch keine Urkunden aus der Zeit vor dem 9. Jahrhundert erhalten sind. Zwar sind Urkunden aus dieser Zeit auch anderswo rar, im Danelag jedoch wurden sämtliche Klöster niedergebrannt. In Northumbria, der Heimat von Beda Venerabilis, hatte im 7. und 8. Jahrhundert ein reges christliches Geistesleben bestanden. Der bedeutendste Gelehrte des frühen Mittelalters, Alkuin, war ebenfalls ein northumbrischer Kleriker. Er hinterließ eine detailreiche Schilderung des Bestands der Bibliothek von York, doch die Wikinger zerstörten sämtliche Bücher mitsamt den Institutionen, die sie beherbergten. Sogar Bistümer wurden ausgelöscht: Drei alte englische Bischofssitze sind nach der Wikingerzeit nicht wiedererstanden.[53]

Einige Siedlungen aus der Zeit des Großen Heeres blieben nicht lange als politische Einheiten bestehen. Im frühen 10. Jahrhundert unterwarf Wessex den Danelag, was als die Geburtsstunde des englischen Königreichs gilt. Doch auch dieses Ereignis ist letztlich ein Ergebnis des politischen Schocks, den die nordische Migration auslöste. Das Königreich Wessex hätte niemals so stark werden können, hätten die Wikinger nicht zuvor Mercia und Northumbria ausgeschaltet, seine beiden Hauptrivalen. Bemerkenswert ist auch, dass die Eroberung des Danelag durch Wessex nur in geringem Umfang zur Rückübertragung der einst geraubten Ländereien an ihre früheren Besitzer führte: Die *sokemen* saßen auch im Jahr 1066 noch auf ihren Gehöften. Dasselbe lässt sich für Schottland feststellen, wo die Entstehung eines vereinigten Königreichs anstelle dreier zuvor unabhängiger politischer Gebilde – Dalriada, das Königreich der Scoten; das Gebiet der Pikten und Strathclyde – sich zu einem großen Teil der Tatsache verdankt, dass die beiden letzteren durch die Wikingerangriffe geschwächt waren.[54]

Anderswo waren die politischen Früchte der Wikinger-Diaspora langlebiger. Viel Wasser sollte noch die Seine hinunterfließen, aber schließlich entwickelte sich aus der Wikingersiedlung bei Rouen das Herzogtum Normandie. Die nord- und westbritischen Inseln wurden zusammen mit Nordschottland und den Atlantikinseln Teil eines langlebigen skandinavischen »Commonwealth«. Und aus den Wechselbeziehungen der vielen verschiedenen skandinavischen Kaufleute und der Könige, die kamen, um ihren Anteil vom Wohlstand abzuschöpfen, entstand schließlich das erste russische Reich. Wir werden darauf im nächsten Kapitel zurückkommen. Seine wechselvolle Geschichte sollte bis zum Mongolensturm andauern. Von allen Angriffszielen der Wikinger blieben nur Wales und Irland von einer völligen Umwälzung verschont, obwohl auch hier die politische Entwicklung unter dem Einfluss der Nordmänner eine neue Richtung nahm.[55] Qualitativ betrachtet ist der Umbruch, den alle Gesellschaften erlitten, die – zumeist unfreiwillig – die skandinavischen Migranten aufnahmen, nicht zu verkennen. Wir haben es wieder mit einer Reihe von Migrationsströmen zu tun, die man als Massenmigration bezeichnen muss. Aber das ist nur ein Aspekt des skandinavischen Migrationsprozesses und lässt eine große Frage offen: Warum entwickelte sich gerade zu diesem Zeitpunkt eine skandinavische Diaspora, und warum nahm sie so viele verschiedene Formen an?

DIE SKANDINAVISCHE EXPANSION

Die Ursachen für die skandinavischen Migrationsströme im 9. und 10. Jahrhundert lagen zumindest anfangs hauptsächlich im positiv-wirtschaftlichen und nicht im negativ-politischen Bereich der Motivationsmatrix. In der ersten Hälfte des 20. Jahrhunderts hätte eine solche Behauptung unter Historikern heftigen Widerspruch erregt. Nach damals herrschender Meinung hatte eine Übervölkerung den Exodus aus Skandinavien ausgelöst. Man dachte, die Goten seien ursprünglich aus Skandinavien gekommen, diesem »Schoß der Völker«, um einen Ausdruck von Jordanes aufzugreifen. Auch in jüngerer Zeit, im späten 19. und frühen 20. Jahrhundert, wanderten noch viele Skandinavier aus, vor allem in die USA. Vor diesem Hintergrund schien es eine naheliegende Schlussfolgerung, dass die Diaspora der Wikinger nur einer von vielen Migrationsschüben war, die immer dann erfolgten, wenn der Bevölkerungsdruck in Skandinavien zu groß wurde.

Eingehende Untersuchungen zu Landschaft und Bevölkerung, wie sie die moderne Archäologie ermöglicht, ergaben jedoch zweifelsfrei, dass einige Schlüsselregionen der Ostsee – Rogaland, Öland und Gotland – im 6. Jahrhundert dichter besiedelt waren als im 9. Jahrhundert. Und im 11. Jahrhundert – nach dem Ende der Wikingerzeit – wurde in Dänemark in großem Umfang durch Rodungen Land urbar gemacht. Wenn Übervölkerung im 9. Jahrhundert ein Problem darstellte, warum wurde nicht schon in dieser Zeit neues Ackerland gewonnen? Bleibt die Möglichkeit, dass im 9. Jahrhundert die natürlichen Ressourcen im Westen Norwegens, dessen Fjorde und Berge der Landwirtschaft von jeher nur begrenzten Raum boten, knapp wurden. Das könnte erklären, warum einigermaßen wohlhabende norwegische Bauern und ihr Anhang die Speerspitze der frühen skandinavischen Besiedlung auf den nord- und westbritischen Inseln bildeten. Doch wenn überhaupt, lässt sich das nur für Norwegen, nicht für ganz Skandinavien sagen. Übervölkerung ist also keine Erklärung für die Wikinger-Diaspora.[56]

Bevor die Skandinavier sich in einem Landstrich niederließen, wurde er oft längere Zeit systematisch geplündert. Eine Zeitlang schaffte man die so zusammengetragenen Reichtümer nach Skandinavien. Weder im Westen noch im Osten dachten die neuen Eigentümer zunächst daran, sie zur Gründung von Kolonien zu verwenden. Mit Ausnahme der nord- und westbritischen Inseln gab es vor den 860er Jahren nur eine geringe skandinavische Migration, dafür aber eine entschlossene Jagd nach Gold und Geld. Die abenteuerlustigen Kaufleute im Osten hatten das Silber der Muslime im Blick. Aus Hortfunden im Baltikum und Nordrussland sind insgesamt weit über 200 000 silberne Dirham ans Tageslicht gekommen – und das sind nur jene Depots, die über die Jahrhunderte unentdeckt blieben. Mancher Dirham wird vielfach umgeschmolzen und als Schmuckstück oder als Sakralgegenstand wiedererstanden sein. Der Handel mit dem Osten, in späterer Zeit wirtschaftlich der bedeutendere, entwickelte sich zeitlich erst nach dem Handel mit dem Westen. Der Handel mit dem Westen brachte genug ein, um die Gründung weiterer Handelsstützpunkte zu veranlassen.

Neben oder auch in Kombination mit dem Handel waren sowohl im Osten wie im Westen Plünderungen ein überaus lohnendes Geschäft, um Beute aller Art zu machen, darunter auch Sklaven. Wie wir im nächsten Kapitel sehen werden, nahmen die Wikinger im internationalen Sklavenhandel jener Jahrhunderte zweifellos eine Schlüsselrolle ein. Angesichts dessen erscheinen Versuche aus jüngerer Zeit, die Gewalttätigkeit der Wikinger dadurch herunterzuspielen, dass man sie als reine Handelsleute darstellt, geradezu albern. Wer Menschenhandel betreibt, wendet Gewalt an. Überfälle brachten Gefangene von Rang, für die man Lösegeld fordern konnte. Oder man begnügte sich mit Schutzgelderpressung. Alles in allem eröffneten Überfälle eine vielfältige Einnahmequelle und brachten hohe Summen ein. Aus den historischen Zeugnissen – die gewiss nur einen Bruchteil des Geschehens widerspiegeln – geht hervor, dass die Wikinger im 9. Jahrhundert im Frankenreich 340 Kilo Gold und 20 Tonnen Silber erbeuteten.[57]

Auch die Siedlungstätigkeit der Wikinger wurde zumindest zum Teil durch positive wirtschaftliche Anreize ausgelöst. Da es keine Anhaltspunkte für eine Landverknappung im Skandinavien der Wikingerzeit gibt, kann die Landnahme anderswo nur den Grund gehabt haben, dass dort mehr und besserer Siedlungsraum zur Verfügung stand oder bessere Bedingungen für Landbesitzer herrschten. Dies wird im Großen und Ganzen durch die detailreichen Befunde belegt. Im Westen bildeten die nordischen Migranten die Herrscherschicht der Landbesitzer. Die größten Landzuteilungen erhielten Jarls und Godars (Priesterhäuptlinge), deren Besitzungen im Danelag an den Ortsnamen vom Grimston-Mischtyp erkennbar sind. Doch auch die sozial niedrigere Schicht der *sokemen* verfügte über nicht unerheblichen Landbesitz. Die Bewirtschaftung erfolgte wahrscheinlich mit angeheuerten Arbeitskräften. Die *sokemen* verfügten über politische Rechte und einen höheren sozialen Status und standen damit sicherlich besser da als in ihrer ursprünglichen Heimat. Im Osten gruppierten sich die Siedlungen hauptsächlich um die Handelsstützpunkte. Die Skandinavier gingen nach Russland, um Handelsbeziehungen mit den einheimischen Pelzjägern anzuknüpfen oder sich in strategisch günstiger Position an einer der Wasserstraßen niederzulassen, über die der Warenverkehr abgewickelt wurde. Am Wolchow und in einigen anderen Gebieten ließen sie sich auf urbarem Land nieder, das noch nicht von Slawen besiedelt war. Hier kann es Landgüter wie im Westen gegeben haben. Die skandinavische Migration – mit Ausnahme vielleicht jener auf den nord- und westbritischen Inseln – entwickelte sich also stets aus vorangegangen Aktionen, die neue Wohlstandsquellen erschließen sollten.

Es gibt noch einen weiteren Grund, warum die Migration den Handelsaktivitäten und Raubzügen nachgeordnet war. Erst durch den Handel und die Plünderungen verschafften sich die Skandinavier umfangreiche Kenntnisse über die Verhältnisse im Osten und Westen, ohne die eine Ansiedlung gar nicht möglich gewesen wäre. Dabei war der skandinavische Norden nie völlig isoliert vom

Rest Europas. Zur Zeit des Römischen Reiches hatte die Bernsteinstraße von der Ostsee durch Mitteleuropa bis zum Schwarzen Meer den Kontakt zwischen dem Norden und Süden hergestellt. Teile der jütländischen Bevölkerung waren bereits an der angelsächsischen Eroberung des römischen Britannien beteiligt gewesen, die Herrscherdynastie von East Anglia hielt Verbindungen nach Norwegen, und die besiegten Heruler waren Anfang des 6. Jahrhunderts von der mittleren Donauregion nach Norden gezogen. Und schließlich kamen im späten 8. und frühen 9. Jahrhundert mehr Skandinavier denn zuvor als Händler und Plünderer in engen Kontakt mit der Bevölkerung im Westen Europas und im europäischen Russland. Sie sammelten und gaben die Informationen über die geographischen, wirtschaftlichen und politischen Verhältnisse weiter, die eine Besiedlung erst ermöglichten.[58]

Am wichtigsten waren die geographischen Kenntnisse. Die Route über die Nordsee und den Nordatlantik musste durch wagemutige Seemänner erschlossen werden, die den Sprung von Norwegen zu den Orkneys wagten und sich von dort um die Nordküste der Britischen Inseln herumtasteten, um schließlich den Atlantik anzusteuern und den Seeweg zu den Färöern, nach Island, Grönland und schließlich sogar nach Nordamerika zu finden. Gut möglich, dass die Iren den Skandinaviern bereits einiges über die Färöer und Island zu erzählen wussten, das ihre Neugier entfachte. Berichte, nach denen die Nordmänner auf Island irische Mönche vorgefunden hätten, konnten indes archäologisch nicht bestätigt werden.[59] Andere Skandinavier begaben sich währenddessen auf die vielleicht etwas weniger gefährlichen, aber ebenso bedeutsamen Entdeckungsfahrten auf den britischen, irischen und kontinentaleuropäischen Flüssen.

Auch die russischen Wasserläufe mussten mühsam erkundet werden. Noch Mitte des 8. Jahrhunderts beschränkten sich die Nordmänner darauf, die in die Ostsee mündenden Flüsse hinaufzufahren, um neue Waldgebiete zu suchen, in denen sich die Pelztierjagd lohnte. Von da war es ein gewaltiger Sprung, die Nebenflüsse und weiteren Verbindungsmöglichkeiten zu erforschen und schließlich den Weg bis nach Bagdad zu finden. Man musste Stromschnellen, Untiefen und Sandbänke auskundschaften und die Passagen zwischen den verschiedenen Flusssystemen überwinden. All das erforderte umfangreiche Information und Organisation, vom notwendigen Wechsel der Boote ganz zu schweigen. Bei Ladoga wurde von seetauglichen Schiffen auf Flussboote umgeladen, auf deren Bau sich einige Einwohner spezialisiert hatten, wie Funde bestätigen. Andernorts waren die unvermeidlichen Landpassagen die größte Herausforderung. In einer Urkunde aus dem Jahr 1150 wird zum ersten Mal erwähnt, dass die Einwohner von Smolensk solche Transportdienste für die russischen Könige verrichten mussten. Da es sich um die älteste erhaltene Urkunde aus dieser Region handelt, darf man annehmen, dass sie eine schon lange bestehende Praxis dokumentiert. Wenn man sich vor Augen hält, welche Menge an Informationen für all dies zusammengetragen werden musste, wundert man sich nicht, dass es zwei Generationen dauerte, ehe man nach der Gründung von Staraja Ladoga, die ja ursprünglich im Hinblick auf die Märkte im Westen erfolgte, erste Kontakte mit dem muslimischen Süden anknüpfte. Das Wissen, das die skandinavischen Abenteurer aus allen Winkeln zusammentrugen, fand Eingang in die geographischen Texte des skandinavischen Mittelalters. Sie stecken voller klassischer und biblischer Anspielungen, wie von einer durch Mönche geprägten Gelehrtentradition nicht anders zu erwarten, kombinieren dies aber mit detailreichen und präzisen Informationen, die sich über Jahrhunderte in Forschungsfahrten aufgebaut hatten.[60]

Nicht weniger wichtig waren Informationen über die wirtschaftlichen Verhältnisse. Ohne ein genaues Verständnis der Märkte und der nahezu unersättlichen Nachfrage nach den Gütern der nordischen Wälder in der muslimischen Welt hätte der Handel über die russischen Wasserwege nie zu einer solchen Blüte kommen können. Eine ganz andere Art von Erkenntnissen erschlossen sich die Marodeure im Westen: dass es in Klöstern Edelmetalle zu holen gab und manchmal auch, besonders in Irland, einträgliche Geiseln. Von ebenso großer wirtschaftlicher Bedeutung war die wachsende Erkenntnis des Wertes der Ländereien in verschiedenen Regionen, die direkt in den späteren Siedlungsprozess einfloss.

Nicht minder wichtig war ein Verständnis der politischen Verhältnisse. Die skandinavischen Migranten, die gesellschaftlich aufsteigen wollten, mussten die bestehenden soziopolitischen Strukturen in ihrem potentiellen Siedlungsgebiet kennen. Es war wichtig, sich vor dem Aufbruch ein Bild davon zu machen, ob es überhaupt gelingen konnte, die einheimische Elite zu verdrängen – entweder ganz aus eigener Kraft, oder indem man Gefolgsleute gewann, wie das auf den nord- und westbritischen Inseln der Fall gewesen zu sein scheint. Wo dies nicht ohne weiteres möglich war, also in Gebieten, in denen es einen stärkeren sozialen und politischen Zusammenhalt gab – im angelsächsischen England und im nördlichen Frankenreich –, mussten sie abschätzen, mit welchem Aufwand sie zu dem gewünschten Resultat kommen konnten, und ein entsprechendes Heer ausrüsten. Inwieweit sie solche Ziele von Anfang an verfolgten, ist unklar. Tatsache aber ist, dass die Großen Heere stark genug waren, die militärische und politische Macht der attackierten angelsächsischen Königreiche zu brechen – Voraussetzung für eine Neuverteilung des Landes. Manchmal kamen auch politische Informationen ins Spiel. Natürlich wandte sich das Große Heer, nachdem es sich in East Anglia versammelt hatte, nicht rein zufällig nach Norden: Seine Führer wussten, dass in Northumbria ein interner Machtkampf tobte. Aus ähnlichen Gründen pendelten die Truppen der Wikinger in den Jahrzehnten um 900 mehrfach zwischen England, Irland und dem europäischen Kontinent hin und her, je nachdem, wo sich eine Möglichkeit eröffnete oder verschloss.

Wir sind der Notwendigkeit zielgerichteter Informationsbeschaffung noch bei jedem neuen Migrationsschub im 1. Jahrtausend begegnet. Während der Wikingerära war diese Aufgabe noch komplexer und dauerte länger als bei anderen Migrationsströmen, da enorme Distanzen überwunden und eine Vielzahl von Regionen erfasst werden mussten. Von Reykjavík bis Bagdad sind es mehr als 5000 Kilometer Luftlinie – voller gefährlicher Gewässer, tückischer Küsten und unsicherer Flussläufe. Aus diesem Grund hatten die Wikinger in der Diaspora auch viel kompliziertere logistische Probleme zu bewältigen als sämtliche anderen Migranten, denen wir bislang begegnet sind.[61]

Neben dem Hauptinteresse, der Beschaffung von Reichtum, war das Kennzeichen der Wikinger in der Diaspora, dass sie all ihre Aktionen auf dem Wasserweg abwickelten – und Schiffe waren nicht billig. Seepassagen waren eine teure Angelegenheit, die sich die Nichtbegüterten jener Tage nicht leisten konnten. Das erklärt, warum in Sagen und sonstigen isländischen Texten die Kolonisten stets von Adligen angeführt werden: Sie allein konnten die Mittel für die Schiffe aufbringen. Allerdings brachten sie stets weniger wohlhabende Gefolgsleute mit, um Pikten, Scoten oder wen auch immer zu bezwingen oder auf den Färöern oder Island Land zu roden und Gehöfte zu errichten. Die Könige, die erst später in den westlichen Gewässern auftauchten, rüsteten ganze Flotten aus oder nahmen Schiffsführer in ihre Dienste. Ein ehemaliger schwedischer König kehrte, so wird berichtet, mit elf eigenen und elf gemieteten Schiffen nach Birka zurück. Sich dem Gefolge eines Königs oder Jarls anzuschließen, der sich eine ganze Flotte leisten konnte, bot auch weniger betuchten Männern eine Möglichkeit, übers Meer zu gelangen. Manch ein *sokeman* des Danelag wird diesen Weg gewählt haben.

Wer nicht eigentlich wohlhabend, aber auch nicht eben arm war, konnte sich mit anderen den Kauf eines Schiffes teilen. Ein Runenstein in Aarhus verzeichnet einen gewissen Asser Saxe, dem ein Teil eines Handelsschiffs gehörte. Derselbe Stein verrät uns, dass er ein *lithsman* war, also zur Mannschaft eines Kriegsschiffs gehörte – denkbar also, dass auch einige Schiffe, die zu Raubzügen aufbrachen, über Anteilseigner finanziert wurden. Eine fränkische Quelle nennt die Wikingerbesatzungen, die 861/862 auf der Seine überwinterten, *sodalitates,* »Bruderschaften«. Vielleicht soll damit angedeutet werden, dass jedes Schiff gemeinschaftlicher Besitz einer Genossenschaft von Räubern war. Eine ähnliche Schlussfolgerung legen die Runensteine nahe, die in Südschweden an die Verschollenen von Ingvars Russlandexpedition erinnern. Dass ihre Familien sich die Errichtung solcher Steine leisten konnten, spricht dafür, dass sie nicht zur ärmsten Bevölkerungsschicht gehörten.[62]

Das Schlüsselproblem waren also Schiffe jeglicher Bauart. Der Held der *Egils Saga* wird uns teils als Händler, teils als Plünderer vorgestellt. Asser Saxe, durch seinen Runenstein nicht minder berühmt, bestätigt den Kern der Sage, die allerdings erst nach der Wikingerzeit verfasst wurde: Auch die Händler waren bewaffnet. Seine erste Dänemarkreise unternahm der heilige Ansgar auf einem Handelsschiff, dessen Besatzung sich gegen Piratenangriffe erfolgreich zu wehren wusste. Für den Handel und für Raubzüge benötigte man aber jeweils einen spezifischen Schiffstyp. Während Kriegsschiffe über eine größere Besatzung zum Rudern und Kämpfen verfügten und sich durch einen geringeren Tiefgang auszeichneten, der das Befahren von Flüssen erleichterte, waren Handelsschiffe breiter, um mehr Ladung aufnehmen zu können. An bestimmten Stellen musste man die Waren von Seeschiffen auf Flussboote umladen. Auf dem Dnjepr nutzte man Einbäume, auf deren Bau sich die Slawen spezialisiert hatten.[63]

Die skandinavische Migration der Wikingerzeit stand somit in engem Zusammenhang mit der Transportlogistik. Die vergleichsweise kleinen Migrationseinheiten der Skandinavier sind hauptsächlich auf die hohen Kosten zurückzuführen. Der Wasserweg erlaubte zwar ein schnelleres Vorankommen, war aber auch bedeutend teurer als der Landweg, so dass ärmere Skandinavier von den vielversprechenden und gewinnträchtigen neuen Möglichkeiten ausgeschlossen blieben. Auch deshalb halte ich es für unwahrscheinlich, dass auf die Ansiedlung des Großen Heeres im Danelag eine größere Migration skandinavischer Bauern folgte. Warum hätte ihnen jemand die Überfahrt bezahlen sollen, wo doch genügend unterworfene Angelsachsen als praktisch kostenlose Arbeitskräfte zur Verfügung standen? Die Transportkosten spielten sicherlich auch eine Rolle bei der Frage, wie viele Frauen und sonstiger Anhang die Krieger in den Westen begleiteten. Die Tatsache, dass die Männer auch vor Ort Frauen finden konnten, dürfte angesichts der Transportkosten dazu geführt haben, dass die Zahl der mitreisenden skandinavischen Frauen sehr begrenzt blieb.

Bei der für die Wikinger-Diaspora so entscheidenden Schifffahrtstechnik ist aber noch ein zweiter wichtiger Punkt zu berücksichtigen: Sie war nicht nur teuer, sondern auch neu. Seetüchtige Schiffe hatte es im Mittelmeer und selbst im Ärmelkanal und in der Nordsee schon viele Jahrhunderte zuvor gegeben. Im Ostseeraum beherrschte man zwar bereits seit langem den Bau kunstvoller Boote, mit denen man in Küstennähe fahren konnte, aber hochseetaugliche Schiffe gab es erst seit Beginn der Wikingerzeit. Ein typisches Wasserfahrzeug der spätrömischen Zeit ist das berühmte Nydam-Boot. Dieses kriegstaugliche Ruderboot, angetrieben von 14 Paar Riemen, wurde zwischen 310 und 320 gebaut. Man fand es Mitte des 19. Jahrhunderts. Es war, zusammen mit der Ausrüstung seiner Besatzung, in einem jener Moore rituell geopfert worden, denen wir so viele Erkenntnisse verdanken (siehe Kapitel 2). Seine ehemaligen Besitzer hatten wahrscheinlich einen Überfall zuviel riskiert. Was uns hier vor allem interessiert, ist die Tatsache, dass es nur für Küstengewässer verwendbar ist. Es besitzt keine Segel, seine Reichweite war also begrenzt, und die Bauart seines Rumpfes hätte es nicht erlaubt, die offene See anzusteuern. Bis zum 8. Jahrhundert war dies der Standard im nordischen Bootsbau. Unterwasserarchäologen fanden kein einziges Wrack eines für das offene Meer ausgelegten skandinavischen Schiffes, das sich vor das Jahr 700 datieren ließe. Eine zweite berühmte Quelle bestätigt diesen Punkt. Neben vielen anderen Schätzen beherbergt die Insel Gotland eine Reihe von Bildsteinen, von denen einige auch baltische Schiffe zeigen. Auf keinem einzigen dieser Steine, die vor Beginn des 8. Jahrhunderts entstanden sind, ist ein Segel zu sehen (Abb. 23).

Ab ca. 700 dokumentieren Bildwerke, gelegentliche Prachtbegräbnisse wie das Gokstad-Schiff und geborgene Wracks, nicht zuletzt die fünf Skuldelev-Schiffe, die man im Roskildefjord versenkt hatte, eine Revolution im Schiffsbau. Die neue Bauweise brachte entscheidende Veränderungen: einen verstärkten Rumpf, um der offenen See zu widerstehen, in Klinkerbauweise verarbeitete Planken, einen aus einem einzigen Holzstück bestehenden Kiel, einen erhöhten Bug und ein erhöhtes Heck, um mehr Freibord zu gewinnen, und dies alles zugleich fest und biegsam genug, um auch durch Ozeanwellen zu pflügen, ohne Wasser zu fassen oder zerschmettert zu werden. Die andere große Neuerung war das Segel. Dazu musste man nicht nur die Herstellung und Handhabung der Segel erlernen, sondern auch Methoden finden, einen Mast mit dem Schiffsrumpf zu verbinden. Anfang des 8. Jahrhunderts war es so weit: Hochseetaugliche Schiffe lösten die Küstenboote ab. Ohne diese technische Revolution wäre die Entwicklung der skandinavischen Diaspora gar nicht möglich gewesen.[64]

Damit sind wir bei der Antwort auf die Frage, was nun eigentlich den skandinavischen Migrationsstrom im späten 1. Jahrtausend auslöste. Sein Beginn ist auch der Anfang der Wikingerära; beides wäre ohne die Entwicklung im Schiffsbau nicht möglich gewesen. Warum aber kam diese seit Jahrhunderten bekannte Technik im Baltikum erst um das Jahr 700 zum Einsatz?

Leider hat kein Schiffszimmermann sein Arbeitstagebuch hinterlassen, aber es gibt genügend andere Anhaltspunkte, die ein ziemlich gutes Bild vermitteln. Der Zusammenbruch des Weströmischen Reiches im 5. Jahrhundert hatte eine weitgehende Auflösung der überregionalen Handelsstrukturen in Nordeuropa zur Folge. Im 7. Jahrhundert war der Handel wieder so in Schwung gekommen, dass die Könige neue Handelszentren einrichteten. Die Gründe dafür liegen auf der Hand: Indem ein König sich zum Schutzherrn über die Handelsaktivitäten auf seinem Markt erklärte, konnte er als Gegenleistung von den Kaufleuten Zölle und Abgaben erheben. Archäologen graben entlang des Ärmelkanals und der Nordseeküste immer neue derartige Zentren aus, die in der Forschungsliteratur Emporien genannt werden. Der erste entdeckte Handelsplatz war Dorestad, etwas versteckt an der Rheinmündung gelegen (Karte 21) und bereits durch dort geprägte Münzen bekannt. Das Holz, das für seine Kais geschlagen wurde, zeigt, dass hier bereits um 650 reger Betrieb herrschte. Dorestad war nur einer von vielen bedeutenden Handelsplätzen an der Nordseeküste des europäischen Festlands. Weitere waren Quentovic in der Nähe des heutigen Boulogne und das Emporium auf der niederländischen Insel Walcheren. Auf der britischen Kanalseite wurde etwas später als in Dorestad, ab 675, in Hamwih – dem späteren Southampton –, Handel getrieben; daneben gab es Londonwic, den in Middlesex gelegenen Handelshafen stromaufwärts des alten römischen Londinium. Das neue Handelsnetzwerk breitete sich von der Kanalzone und der Nordseeküste rasch nach Jütland und von da weiter ins Baltikum aus. In Ribe, einem Emporium an der Westküste Jütlands, wurde schon um 700 kräftig gehandelt, und im 8. Jahrhundert eröffneten nach und nach weitere Handelsplätze: Birka und Reric, etwas später Haithabu. Die Gründung von Staraja Ladoga erfolgte bewusst mit Hinblick auf die steigende Nachfrage dieser großen Umschlagplätze.[65]

Man mag den zeitlichen Zusammenhang für Zufall halten – ich bin nicht dieser Ansicht. Die technische Entwicklung macht immer dann einen Sprung, wenn es einen entsprechenden Bedarf gibt. Mit größter Wahrscheinlichkeit entwickelten die Skandinavier hochseetaugliche Schiffe, weil sie an dem Wohlstand partizipieren wollten, den das blühende europäische Handelsnetz hervorbrachte.

Aus überlieferten Texten geht hervor, dass dieser Handelsverkehr ursprünglich zum großen Teil von den Friesen dominiert war, die jedoch auf längere Sicht gegenüber ihren skandinavischen Rivalen ins Hintertreffen gerieten. Wie stets machten auch hier die Mittler, nicht die Produzenten, den größten Gewinn. Der Umschwung setzte ein, als die skandinavischen Händler sich Schiffe zu beschaffen begannen, mit denen sie Fertigwaren zu den Märkten transportieren und nicht bloß als Lieferanten Rohmaterialien heranschaffen konnten. Dies leitete eine völlige Neuausrichtung des bisherigen Handels ein. Die nordischen Marodeure und Kaufleute der Wikingerzeit nahmen jetzt nicht nur selbst den Warenverkehr in die Hand, sie begannen auch, ihn über ihre eigenen Handelszentren zu leiten. Im 10. Jahrhundert standen schließlich alle noch aktiven Handelsplätze, darunter Rouen, York und Dublin, unter skandinavischer Kontrolle. Ob tatsächlich von Anfang an ein Plan bestand, die konkurrierenden Handelszentren der Nichtwikinger zu beseitigen, ist nicht nachzuweisen, aber das Ergebnis spricht für sich.[66] So muss die gesamte Wikinger-Diaspora des 9. und 10. Jahrhunderts als Folge des Emporien-Netzwerks des 7. und 8. Jahrhunderts angesehen werden. Der mächtige Anreiz der neuen Reichtümer, die über die Gewässer des Nordens transportiert wurden, führte bei den skandinavischen Schiffsbauern zu einer ungeahnten Steigerung ihrer Fertigkeiten und lockte die skandinavischen Kaufleute und Abenteurer weit über die Küstengewässer der Ostsee hinaus.

MIGRATION UND ENTWICKLUNG

Zahlreiche Belege sprechen für eine »positive«, also ökonomische Motivation, die die Wikinger in der Diaspora zu Raub, Handel oder Ansiedlung veranlassten. Sie bestätigen das klassische Muster, wonach ein großes Wohlstandsgefälle stets ein mächtiger Antrieb zum Ortswechsel ist. »Positiv« ist hier natürlich im Sinne der modernen Migrationsforschung gemeint und gibt die Sicht der Wikinger wieder. Jene, denen ihr Land geraubt wurde oder die man in die Fremde verschleppte, sahen die Sache naturgemäß ganz anders. Doch selbst aus Sicht der an der Migration beteiligten Skandinavier lag manchen Aktivitäten eine deutlich negative, politische Motivation zugrunde, oft neben positiven Anreizen, wie es auch bei modernen Migrationsströmen der Fall ist.

Ein gutes Beispiel hierfür ist die Besiedlung Islands. Schon in den frühen isländischen Berichten ist davon die Rede, dass die Siedler, die dort ab etwa 870 eintrafen, sich dem Zugriff der mächtiger gewordenen norwegischen Monarchie entziehen wollten. Schuld daran waren vermutlich die Verhältnisse auf den

Orkneys, wo ein Jarl aus Møre herrschte. Es gibt gute Gründe für die Annahme, dass solche negativen politischen Motivationen in der Wikingerzeit sehr verbreitet waren, wenigstens nach 850. Vor einigen Jahren vertrat Patrick Wormald die These, der bewaffnete Exodus aus Skandinavien lasse sich als Zeichen einer schweren politischen Krise in der Region deuten. Die Belege dafür sind überzeugend. Die Ursprünge der Krise liegen zwar trotz aller Fortschritte, die die Forschung in den letzten Jahren machte, nach wie vor im Dunkeln, fest steht jedoch, dass sich im südlichen Jütland und auf einigen benachbarten Inseln eine mächtige »dänische« Monarchie etabliert hatte. Ab Mitte des 8. Jahrhunderts verfügte sie über die Autorität, große Bauvorhaben durchzuführen, beispielsweise einen großen Graben und Erdwälle an ihrer Südgrenze – das sogenannte Danewerk –, und einen Kanal quer durch die Insel Samsø anzulegen. In karolingischen Texten aus der Zeit um 800 wird von einem der dortigen Könige, Gudfred, berichtet, der Schiffe zu Hunderten und Krieger zu Tausenden aufbieten konnte und der – vermutlich der Abgaben wegen – Händler aus den benachbarten slawischen Territorien durch die Zerstörung ihrer Handelsorte zwang, ihre Geschäfte in sein neu errichtetes Emporium Haithabu zu verlagern.

Man sollte jedoch die politische Stabilität eines solchen Gebildes nicht überschätzen. Nach der Ermordung von Gudfred verzeichnen die fränkischen Annalen für die erste Hälfte des 9. Jahrhunderts eine ziemlich unruhige, von Machtkämpfen geprägte Zeit. Mitte des 9. Jahrhunderts eskalierte die Gewalt. Bei seiner zweiten Skandinavienreise musste der Missionar Ansgar feststellen, dass König Horik II. und alle anderen, die er bei seinem ersten Besuch am Hof kennengelernt hatte, nicht mehr lebten. Zwischen etwa 850 und 950 gibt es keine Anzeichen für ein einheitliches dänisches Königtum. Es wurde gelegentlich argumentiert, dies sei ein falscher Eindruck, der sich aus dem Schweigen der fränkischen Quellen ergebe. Doch erst Mitte des 10. Jahrhunderts taucht in Jütland und auf seinen Inseln wieder eine wirklich mächtige Figur auf: Harald Blauzahn aus der Jelling-Dynastie. Zu seinen Hinterlassenschaften gehört ein Runenstein, auf dem er die Vereinigung der Jütland-Territorien unter seiner Herrschaft als seine politische Leistung darstellt (Abb. 29). Ich sehe keinen Grund, dies anzuzweifeln, zumal Haralds Anspruch mit allen sonstigen Zeugnissen übereinstimmt. Nach einem Jahrhundert – von ca. 750 bis 850 –, das beeindruckend gut dokumentiert ist, ging die zentralisierte dänische Monarchie unter. Laut Patrick Wormald fällt dies zeitlich ziemlich genau mit dem sprunghaften Anstieg der Zahl mächtiger Anführer und ihrer Gefolgschaften außerhalb Skandinaviens zusammen, im Osten wie im Westen, eine Entwicklung, die schließlich zur Ära der Großen Heere führte. Es kann kein Zufall sein, dass gleichzeitig in Skandinavien die politischen Strukturen kollabierten.[67]

Auch dieser Migrationsstrom blieb, wie alle anderen des 1. Jahrtausends, nicht unbeeinflusst von äußeren politischen Strukturen. Die Aussicht auf größeren Wohlstand lockte die Nordmänner aus dem Ostseeraum, aber die politischen Strukturen an den Zielorten gaben die Mittel und Methoden zur Erlangung dieses Wohlstands vor. So hing, wie gesagt, die Größe der nordischen Migrationseinheiten von den lokalen politischen Strukturen ab. Waren diese kleinteilig, mussten die Siedler nicht in kompakter Masse auftreten, wie sich im Fall der nord- und westbritischen Inseln und der Siedlungsziele im Nordatlantik zeigt. Das Gleiche hätte auch für Nordrussland gegolten, wenn man dort versucht hätte, Land zu besetzen. Wo jedoch großräumige und stabile politische Strukturen bestanden, mussten sich die Skandinavier die örtlichen Reichtümer entweder durch weniger direkte Methoden erschließen – zum Beispiel durch den Handel mit der islamischen Welt –, oder wie in Irland eine symbiotische Beziehung mit den lokalen Herrschern suchen. Die andere Möglichkeit war, in ausreichend großer Zahl aufzutreten, um den offenen Kampf wagen zu können, wie die Skandinavier es mit den Großen Heeren bevorzugt in England und im nördlichen Frankenreich taten. Dort war eine Ansiedlung nach den Vorstellungen der Wikinger ohne die Zerschlagung der herrschenden politischen Strukturen nicht möglich, und die Großen Heere waren das Instrument hierzu. Auch eher kurzfristige politische Faktoren spielten bei der Vorgehensweise eine Rolle. So fiel das Große Heer deshalb erstmals in Northumbria ein, weil das Königreich durch interne Machtkämpfe gelähmt war. Im Lauf der folgenden drei Jahrzehnte kam es immer wieder zu mehr oder wenigen heftigen Militäraktionen über den Ärmelkanal hinweg, je nachdem, ob man nun gerade bei der angelsächsischen oder bei der fränkischen Monarchie eine Schwäche vermutete.

Migration und politische Entwicklung waren in der Wikingerzeit jedoch noch auf einer anderen Ebene miteinander verwoben. Um auf Patrick Wormald zurückzukommen: Was verursachte die folgenreiche politische Krise Mitte des 9. Jahrhunderts in Skandinavien? Zeitgenössische skandinavische Berichte darüber liegen nicht vor, und die fränkischen Chronisten waren zu weit vom Geschehen entfernt. Es ist daher hilfreich, sich die allgemeine Entwicklung in Skandinavien während des halben Jahrhunderts vor der Ermordung Horiks II. vor Augen zu führen. Wie gesagt, brachte die effektive Mischung aus Raub und Handel einen enormen Zuwachs an Wohlstand aus neuen Quellen – muslimisches Silber, Edelmetall aus dem Westen und die Gewinne aus dem Sklaven- und Pelzhandel im Osten und Westen flossen in die Region. Dieser neue Reichtum stand jedoch nicht unter direkter Kontrolle der jütländischen Könige. Als die Karolinger die Piraterie eindämmen wollten, mussten sie sich der Hilfe der dänischen Könige versichern. Noch folgenreicher war, dass mit dem in der Ferne erworbenen Reichtum oft politische Ambitionen in der Heimat verfolgt wurden. Die Lebensbeschreibung des heiligen Ansgar – *Vita Sancti Anscharii* – berichtet über den aufschlussreichen Fall des Königs Anoundas, der von der Insel Birka vertrieben worden war, jedoch im Westen zu genügend Geld kam, um eine Streitmacht auszurüsten und sich die Macht zurückzuholen. In einer fränkischen Quelle ist davon die Rede, dass Reginharius, der Plünderer von St. Denis, sein Ende am Hof von Horik fand – möglicherweise wurde er auf Verlangen der Karolinger getötet. Falls dies zutrifft, wird Horik gewiss auch eigene Beweggründe gehabt haben, ihn zu beseitigen. Das führt uns direkt zu einem Aspekt, um den ich Wormalds Thesen ergänzen möchte:[68] Meiner Ansicht nach verursachten die enormen Reichtümer, die in den ersten 50 Jahren der Wikinger-Diaspora nach Skandinavien strömten, eine politische Krise, die die dänische Monarchie zerstörte und viele hochrangige skandinavische Führungsgestalten veranlasste, sich westwärts zu wenden. Die Begebenheit mit Anoundas zeigt, dass im Ostseeraum des 9. Jahrhunderts Geld Macht bedeutete: Mit Gold und Silber konnte man eine militärische Gefolgschaft finanzieren. Die dänische Monarchie um 800 war jedoch ein Konstrukt aus der Zeit vor der Wikingerzeit. Obwohl auch sie vom Wirtschaftsaufschwung profitierte – nicht zuletzt durch das Handelsnetzwerk der Emporien, wie Haithabu zeigt –, hatte sie weder eine direkte Kontrolle über den neuen Reichtum, der durch die Wikinger ins Land floss, noch war sie der Hauptnutznießer. Im Gegenteil, der große Reichtum, der anderen zugute kam, stellte für die dänische Monarchie eine unmittelbare Bedrohung dar. Wollte sie ihre Macht erhalten, musste sie sich der Loyalität einer großen Zahl von Kriegern versichern. Das war aber nur möglich, wenn sie die finanziell stärkste Institution in der Region war. Horik muss das bewusst gewesen sein, und vielleicht ließ er Reginharius beseitigen, weil dieser entsprechende Ambitionen hatte. Doch der Zufluss an Gold und Silber war so groß, dass die alten Machtstrukturen, die sich lediglich auf skandinavische Wohlstandsquellen stützten, sich nicht halten konnten. Zudem war in der Wikingerzeit auf einmal so viel Geld und Gold im Spiel, dass es unter den skandinavischen Anführern zwangsläufig zum Machtkampf kommen musste.

So betrachtet, war es der Reichtum, der den Ostseeraum in eine politische Krise stürzte. Und die Vielzahl der skandinavischen Führer, die in der Ära der

Großen Heere ihr Glück woanders suchten, hängt mit der großen Konkurrenz in der Heimat zusammen. Es gab einfach zu viele Möchtegern-Horiks, die ohne weiteres Krieger anheuern konnten, so dass die Position des Herrschers über Jütland rasch unattraktiv wurde. Dies bedeutet nicht nur, dass der Besiedlung Islands auch eine negative politische Motivation zugrunde lag, sondern man kann auch mit gutem Grund annehmen, dass die gesamte Ära der Großen Heere das Ergebnis einer vielschichtigen Verbindung ökonomischer und politischer Motive war. Sicherlich waren die skandinavischen Anführer Richtung Westen aufgebrochen, um reich zu werden. Aber wenn sie nun lieber dort blieben als nach Skandinavien zurückzukehren – wie ihre Ansiedlungen im Danelag und nördlichen Frankenreich dokumentieren –, so lag das an der erstarkten politischen Konkurrenz in der Heimat. Es erschien ihnen attraktiver, sich im Westen (oder auch im Norden Russlands) eine eigene Nische zu suchen.

Allerdings fanden in der Wikingerzeit weniger direkte Umsiedlungen großer, gemischter Bevölkerungsgruppen in die reicheren Regionen statt als bei analogen Migrationen, etwa als Gruppen von der äußeren Peripherie des Römischen Reiches zur wohlhabenderen inneren Peripherie strömten. Zumindest zu Beginn der Wikinger-Diaspora gab es eine Bewegung in beide Richtungen: Im gleichen Maß, wie Reichtümer zurück nach Skandinavien transportiert wurden, eigneten sich die Eroberer vor Ort fremde Besitztümer an.

Die Wikinger-Diaspora hing vollständig von der Schifffahrt ab. Selbst dort, wo es zu Migrationsbewegungen kam, konnten sie nicht in Form großer gemischter Gruppen stattfinden wie bei manchen Wanderungszügen im 4. und 5. Jahrhundert, an denen sich bis zu 100 000 Männer, Frauen und Kinder beteiligten. Im 9. und 10. Jahrhundert nahmen die skandinavischen Könige lediglich ihre Kriegergefolgschaft, Vornehme niederen Ranges samt ihrem Anhang und einige bäuerliche Hilfskräfte mit auf die Reise, während Männer niederen Standes sich zusammentaten, um gemeinsam ein Schiff für Beutezüge und/oder den Handel zu kaufen. Aber nicht jedem stand die Möglichkeit einer Schiffspassage und somit der Beteiligung an einem Migrationszug offen.

Wir haben es hier mit einer Frühphase der europäischen Integration zu tun. Auf dem Landweg konnte eine Bevölkerungsgruppe im Frühmittelalter pro Tag bestenfalls 40 Kilometer zurücklegen. Die Segelschiffe der Wikinger hingegen schafften in 24 Stunden mindestens das Vierfache dieser Strecke. Anders gesagt, rückte Skandinavien im 8. Jahrhundert mit seinen neuen hochseetauglichen Schiffen viermal näher an das übrige Europa heran als zuvor. Auf heutige Zeit übertragen wäre das so, als würde man einen Flughafen oder eine ICE-Trasse bauen. Nachdem die neuen Transportmöglichkeiten zur Verfügung standen, brauchten die Skandinavier nicht lange, um festzustellen, dass in vielen Gegenden Europas mehr verlockende Gelegenheiten auf sie warteten als in ihrer unmittelbaren Umgebung.

Im Zuge der nordischen Migration bildeten sich in Mittel- und Osteuropa die kulturellen Muster heraus, die um die Wende zum 2. Jahrtausend deutlicher in Erscheinung traten. Im Vergleich zur Römerzeit war das germanische (oder genauer: das von Germanen beherrschte) Europa in der zweiten Hälfte des 1. Jahrtausends beträchtlich geschrumpft und von einer massiven slawisch dominierten Peripherie verdrängt worden. Deren Größe blieb durch die nordische Expansion ins westliche Russland nahezu unberührt, denn nichts weist darauf hin, dass die skandinavischen Einwanderer den Wunsch verspürt hätten, die einheimischen Slawen und andere Gruppen in ihre Kultur zu integrieren. Mit der Herausbildung neuer kultureller Muster begann in Mittel- und Osteuropa eine neue Phase, die noch genauer zu untersuchen ist. Um das Jahr 1000 war die Region zwar von slawischsprachigen Gruppen dominiert, unter denen sich vereinzelt Menschen nordischen Ursprungs befanden, aber sie brachte auch mächtige staatsähnliche Gebilde hervor, die an die Stelle der sehr kleinteiligen, für die Römerzeit typischen Gesellschaften traten. Welcher Art waren diese Gebilde, und warum umfassten sie so weiträumige Gebiete, in denen zuvor hauptsächlich Kleingruppen von wenigen hundert Personen operiert hatten?

KAPITEL 10
DIE ERSTE EUROPÄISCHE UNION

Im Winter des Jahres 999 reiste der Heilige Römische Kaiser Otto III. aus Rom ab. Eigentlich war er ein Sachse und kein Römer, und besonders heilig war er auch nicht. Aber sich gelegentlich in der alten Hauptstadt des Römischen Reiches blicken zu lassen war gut fürs Prestige, und außerdem hatte er die Gelegenheit genutzt, eine Synode abzuhalten und einen unbotmäßigen Erzbischof abzukanzeln. Interessanter ist für uns Ottos nächstes Ziel. Normalerweise vergnügte sich ein Kaiser im Winter auf der Jagd, hielt die eine oder andere Synode oder auch mal ein Konzil ab und beging die christlichen Feiertage in der Runde hoher Kleriker und Adliger. Doch in diesem Jahr hatte der Kaiser andere Pläne. Am Grab des Missionsbischofs Adalbert, der vor noch nicht langer Zeit den Märtyrertod erlitten hatte, sollten sich Wunder zugetragen haben, und Otto hatte beschlossen, den Schrein aufzusuchen (Abb. 25). Auch das nichts Besonderes, mag man denken: Die Kaiser des 1. Jahrtausends, ob Römer oder nicht, waren fest davon überzeugt, von Gott auserwählt zu sein; dass sie Interesse an Manifestationen göttlicher Macht hatten, war nur natürlich. Doch genau hier wird es für uns spannend.

Bevor Adalbert sich auf eine Missionsreise begab, die so rasch und dramatisch mit seinem Tod enden sollte, war er Bischof von Prag. Doch Otto reiste weder nach Prag noch nach Böhmen, sondern nach Polen. Hier hatte der frisch gekürte Vertreter der dort herrschenden Piasten-Dynastie, Bolesław I. Chrobry (der Tapfere), sich Adalberts Leichnam zu beschaffen gewusst und in Gnesen für ihn eine prächtige Grabkirche errichten lassen. Bischof Thietmar von Merseburg, ein zeitgenössischer Chronist, berichtet Folgendes:

> [Otto] wurde [...] in die Kirche geleitet; hier bat er unter Tränen den Märtyrer Christi um seine Fürbitte [...]. Dann errichtete er unverzüglich dort ein Erzbistum [...]; er vertraute es Radim, dem Bruder des Märtyrers, an und setzte ihn über Reinbern, den Bischof der Kolberger Kirche, Poppo von Krakau und Johannes von Breslau [...]. Auch ließ er dort einen Altar errichten und feierlich in ihm heilige Reliquien bergen.

Nach Regelung aller Fragen ehrte der Herzog [von Polen] den Kaiser durch reiche Geschenke und – das erfreute ihn am meisten – 300 gepanzerte Krieger. Auf der Rückreise geleitete ihn Boleslaw mit erlesenem Gefolge bis Magdeburg, wo man das Palmsonntagsfest feierlich beging.[1]

Zu Beginn des 1. Jahrtausends waren die Gebiete Polens und Böhmens von Germanisch sprechenden Bewohnern geprägt gewesen, die in kleinen, über die Wälder verstreuten Siedlungen in Holzhütten lebten. Auch am Ende des Jahrtausends war der Wald noch nicht überall gerodet, doch die Herrscherdynastien Böhmens und Polens – die Přemysliden und Piasten – sprachen slawisch. Anstatt der Holzhütten sah man jetzt Burgen und große Kirchen und »gepanzerte Krieger«, die in Mittel- und Osteuropa nun das entscheidende Machtinstrument der Herrschenden waren. Aber vor allem: Polen war inzwischen auch für einen Kaiser eine Reise wert, und es war zur selbständigen Kirchenprovinz aufgestiegen, samt eigenem Erzbischof, kurz: Polen war in den Kreis der europäischen Christenheit aufgenommen worden.

Aber nicht nur Polen, auch Prag hatte, wie schon erwähnt, einen Bischof. Böhmen war noch kein Erzbistum, aber Burgen, Kathedralen und Ritter gab es auch dort. Kein Geringerer als der später heilig gesprochene Wenzel von Böhmen hatte in den 920er Jahren für das Přemyslidengeschlecht das Christentum angenommen. Die Angehörigen seiner Dynastie standen in der Folgezeit mal mehr, mal weniger in der Gunst der ottonischen Kaiser, aber das war mit den Fürsten in Polen nicht anders und stellte die Mitgliedschaft dieser slawischen Herrscherlinien im europäischen Club nicht in Frage. Das erste slawische Land, das um Aufnahme in diesen erlauchten Kreis ersucht und sie auch erhalten hatte, war Großmähren gewesen, das Mitte des 9. Jahrhunderts aus den Trümmern des Awarenreichs hervorgegangen war. Hier wirkten unter anderem in den 860er Jahren die später heilig gesprochenen Missionare Kyrill und Method, auch als Slawenapostel bekannt. Um den frisch Bekehrten das Wort Gottes verkünden zu können, brachten sie die erste slawische Sprache in eine Schriftform.[2]

In Skandinavien ging die Entwicklung nach dem unruhigen Jahrhundert der Wikinger in eine ähnliche Richtung. Mitte des 10. Jahrhunderts trat dort ein mächtiges Königreich hervor, dessen Zentrum auf Jütland und den dänischen Inseln lag. Die Herrscher gehörten zur Jelling-Dynastie, benannt nach ihrem Heimatort. Ursprünglich Heiden, traten auch sie mit Harald Blauzahn zum Christentum über. Sie unterhielten eine große Flotte, bauten bald ebenfalls Burgen und Kathedralen und schlugen und vertrugen sich nicht weniger als ihre slawischen Kollegen mit den wechselnden Kaisern des Heiligen Römischen Reiches. Bald verband sich die dänische mit den slawischen Dynastien (besonders der polnischen) auch durch Heirat. Man fühlte sich als Teil einer politischen Welt, als Mitglied eines gemeinsamen Kulturkreises.[3]

Im vorherigen Kapitel wurde die Expansion der Skandinavier Richtung Osten und Westen beschrieben. Eines ihrer Hauptergebnisse war das Reich der Rus mit seinem Zentrum Kiew unter der Herrschaft der Rurikiden. Diese Dynastie blieb den heidnischen Vorstellungen ihrer Vorfahren ein wenig länger treu. Aufgrund der besonderen Umstände ihrer Entstehung ließ man sich dort nicht nur mit dem Bau von Kirchen, sondern auch mit dem von Burgen mehr Zeit. Fürst Wladimir führte sein Land in den späten 980er Jahren endgültig in den Schoß der Christenheit, und kurz nach der Wende zum 2. Jahrtausend ließ er in Kiew die berühmte, der Muttergottes gewidmete Zehntkirche bauen (Abb. 26, 27). Aus Ziegeln und Steinen errichtet, maß ihre Grundfläche 27 mal 18 Meter; ein Bauwerk dieser Größe, mit drei Schiffen, drei Apsiden und einer hohen Kuppel hatte man bis dahin im Nordosten Europas noch nicht gesehen.[4]

So traten in den letzten beiden Jahrhunderten des 1. Jahrtausends in Mittel- und Osteuropa neue politische Mächte auf den Plan, also in Regionen, die bis dahin zu den am wenigsten entwickelten im westlichen Eurasien gehört hatten. Mit ihrer Entstehung nahm Europa langsam die Gestalt an, die es bis heute im Großen und Ganzen bewahrt hat: ein Netzwerk einander in vieler Hinsicht ähnlicher, kulturell miteinander verbundener politischer Einheiten. Was aber zeichnete diese neuen Gebilde aus, und wie waren sie entstanden? In welchem Verhältnis standen sie zum Prozess der slawischen und skandinavischen Expansion, die wir in den beiden vorangegangenen Kapiteln betrachtet haben? Bedeutete dies einfach, dass ein Teil des einstigen Europa der Barbaren nun von Slawen, ein anderer von Skandinaviern beherrscht war, und spielte auch die Migration eine Rolle in diesem Prozess der Staatenbildung?

POLITIK UND ENTWICKLUNG

Wie so oft, wenn es um das 1. Jahrtausend geht, ist es wieder einmal einfacher, Fragen zu stellen, als sie zu beantworten. Immerhin ist gegen Ende dieser Zeitspanne die Quellenlage deutlich besser als in der Ära der slawischen Expansion. Mit der Christianisierung Mährens Mitte des 9. Jahrhunderts begann auch die Alphabetisierung der slawischen Welt. Es sollte zwar noch dauern, bis die slawische Schriftsprache auch für weltliche Belange benutzt wurde, auch das Lateinische und das Griechische blieben um die Jahrtausendwende weitgehend dem religiösen Bereich vorbehalten. Erst im frühen 12. Jahrhundert begannen Chronisten an den Höfen der neuen Dynastien eigene Schilderungen der Vergangenheit niederzuschreiben: Cosmas von Prag in Böhmen, Gallus Anonymus in Polen und der Verfasser der *Nestorchronik* im russischen Kiew. Diese Texte enthalten viele wertvolle Information, auch wenn sie die unverkennbare Tendenz haben, den jeweiligen Herrscher und seine Dynastie zu loben und zu preisen, und ihre Darstellung der Ereignisse des 9. und 10. Jahrhunderts sich oft ins Reich der Legende verirrt.[5]

Wieder einmal müssen wir notgedrungen auf Texte zurückgreifen, die weitab vom Geschehen entstanden, im Westen und Süden Europas. Bei solchem Material stellt sich wie immer die Frage nach der Verlässlichkeit, wenn auch nicht mit derselben Dringlichkeit wie bei den römischen Autoren. Vor allem gibt es nun viel mehr Detailinformationen. Die Revolution, die die Wikinger im Transportwesen einläuteten, hatte Skandinavien bedeutend näher an das alphabetisierte Europa gerückt. Mähren, Polen und Böhmen waren nun praktisch seine unmittelbaren Nachbarn. Und es wurde mittlerweile einfach viel mehr geschrieben in Europa. Die karolingische Renaissance des 9. Jahrhunderts räumte der Bildung einen ganz neuen Stellenwert ein. Karl der Große förderte mit Entschiedenheit die Verbreitung des Lesens und Schreibens als Teil einer umfassenden Kirchenreform. Die Alphabetisierung machte auch über den Zusammenbruch des Karolingerreichs hinaus Fortschritte. Wichtige Informationen steuern zudem islamische Autoren bei.[6]

Ein weiterer Punkt ist, dass binnen kurzem alle neuen slawischen Reiche zum Christentum übertraten. Dies heißt nicht, dass ihr Verhältnis zu dem bereits weiter entwickelten Europa von nun an konfliktfrei war. Die Bewohner dieser Länder waren nun auch Christen und wurden nicht länger mit jener Unerbittlichkeit, die antike Autoren gegenüber allen Nichtrömern bewiesen hatten, als außerhalb der Menschheit stehende »Barbaren« betrachtet. Als Otto III. im Jahr 1002, wenige Jahre nach seiner Polenreise, starb, folgte ihm sein Vetter Heinrich auf den Thron (zunächst als ostfränkischer König, ab 1014 als Kaiser Heinrich II.). Er führte fast 15 Jahre lang Krieg gegen Polen. Über diese Feldzüge sind wir durch Bischof Thietmar von Merseburg gut informiert. Auffällig an seinen Berichten ist, dass sie trotz der erbittert geführten Kämpfe die Polen nicht dämonisieren, schließlich waren die Polen inzwischen Christen. Deshalb tadelte Thietmar Heinrich ausdrücklich dafür, dass er in diesem Kampf die nach wie vor heidnischen Elbslawen zu seinen Verbündeten machte.[7]

Zu unseren guten Kenntnissen über diese Zeit trägt auch bei, dass die neuen skandinavisch-slawischen Reiche zu den Gebieten gehören, die nach dem Zweiten Weltkrieg vom Boom der Ostblock-Archäologie profitierten. Zwar richteten sich die Forschungsergebnisse anfangs an ideologisch gefärbten Erwartungen aus, unterm Strich brachte der Grabungseifer der kommunistischen Ära aber eine Fülle von Details ans Tageslicht. Wir haben also nicht nur eine gute Textlage, sondern auch zahlreiche archäologische Funde, die viel über die neu entstandenen politischen Strukturen verraten. Welche Rückschlüsse auf die Funktionsweise der neuen Staatsgebilde erlauben all diese Materialien?

»Staat« und Peripherie

Die neuen Gebilde entsprechen schwerlich unseren modernen Vorstellungen von einem Staat. Darin unterscheiden sie sich nicht von ihren Vorläufern an den Rändern des Römischen Reiches im 4. Jahrhundert. Die hauptsächlich von Germanen dominierten Gebilde im römischen Grenzgebiet verfügten nur über eine sehr begrenzte Fähigkeit zu zentral gesteuertem Handeln. Ihre politische Grundstruktur war die Konföderation, ihre obersten Herrscher mussten sich stets mit weiteren »Königen« arrangieren, die auf lokaler Ebene das Sagen hatten. Bescheiden waren auch die personellen und wirtschaftlichen Mittel, die sie für zentral gesteuerte Zwecke einsetzen konnten. Die unmittelbare Gefolgschaft eines Königs zählte nicht mehr als einige hundert Mann, auch wenn die Gruppe als Ganze bei Bedarf ein Heer von 10 000 oder mehr Kriegern aufbieten konnte. Es spricht auch nicht viel dafür, dass sie Befestigungsanlagen oder andere größere Bauwerke errichten und unterhalten konnten. Mit Ausnahme des ausgedehnten Reiches der gotischen Terwingen, das sich von der Donau bis an den Dnjestr erstreckte, waren diese politischen Gebilde auch nicht besonders groß – wofür allerdings weitgehend die Römer sorgten. In all diesen Punkten waren die neuen politischen Einheiten, die gegen Ende des 1. Jahrtausends im Norden und Osten Europas entstanden, erheblich leistungsfähiger.

Schon die geographische Ausdehnung der neuen Reiche des 9. und 10. Jahrhunderts war für die damalige Zeit enorm. Die Nord-Süd-Achse des Landes der Rus erstreckte sich von Kiew bis Nowgorod, die Ost-West-Achse vom Dnjepr bis zur Wolga. Das waren immerhin nahezu eine Million Quadratkilometer. Sämtliche anderen neuen Reiche waren erheblich größer als ihre Vorläufer in der Römerzeit. Böhmen war noch am überschaubarsten, doch es umfasste zu dieser Zeit auch Mähren und war damit bedeutend größer als jeder römische Klientelstaat. Die polnische Piasten-Dynastie herrschte über ein Gebiet, das sich von der Oder bis Wolhynien und Galizien jenseits der Weichsel erstreckte. Sogar Dänemark war damals größer, als man heute vielleicht denkt. Die Jelling-Dynastie vereinte das Land sehr rasch mit den größten Nachbarinseln (Öland, Skåland und Sjælland), dehnte ihren Einfluss aber auch über den größten Teil der fruchtbaren Gebiete im Süden Norwegens um den Oslofjord und bis in den Westen des heutigen Schweden aus. In bester Wikingertradition und entsprechend der Logistik des 1. Jahrtausends waren diese unterschiedlichen Landesteile hauptsächlich über den Wasserweg miteinander verbunden. Sie verschafften Harald Blauzahns Sohn Sven und seinem Enkel Knut eine Machtbasis, von der aus sie ab Mitte der 990er Jahre in zwanzigjährigem Kampf das volkreiche und wohlhabende angelsächsische Königreich erobern konnten.[8]

Der Unterschied zwischen diesen politischen Gebilden und den Klientelstaaten der Römerzeit zeigt sich noch deutlicher in ihrem administrativen Vermögen, ihren Machtmitteln und Institutionen. Die archäologisch prominenteste Hinterlassenschaft dieser Reiche sind die Burgen. Im Jahr 1000 hatte die Piasten-Dynastie ihren Herrschaftsbereich mit nicht weniger als 50 Kastellen bestückt. Die Přemysliden errichteten ebenfalls befestigte Garnisonen. Damit traten die Dynastien des 10. Jahrhunderts in die Fußstapfen ihrer mährischen Vorgänger des 9. Jahrhunderts. Die Festungsanlagen der Piasten und Přemysliden waren zum größten Teil aus Holz erbaut. Auch die Mähren kontrollierten das Land mit Hilfe befestigter Orte. Ihr politisches Zentrum, Nitra, umgab ein regelrechter Festungsring: Devín, Novi, Voj, Kolyka und Bratislava. Sie gingen auch früh zu steinernen Befestigungsbauten über. Warum, das können wir dem Bericht eines Chronisten entnehmen, der die Bestürzung der karolingischen Streitmacht schildert, als sie 869 unvermutet vor der »unüberwindlichen« – wahrscheinlich aus Stein erbauten – Burg des Fürsten Rastislav stand. Aus früheren Kriegen waren die Karolinger daran gewöhnt, solche Hindernisse einfach niederzubrennen.

Ähnlich waren die Ortschaften im Kiewer Russland befestigt. Aber die Rurikiden-Herrscher haben uns ein noch eindrucksvolleres Zeugnis ihrer Macht hinterlassen. Südöstlich von Kiew erstrecken sich über mehr als 100 Kilometer die sogenannten Schlangenwälle, ursprünglich dreieinhalb Meter hoch und an der Außenseite von einem zwölf Meter breiten Graben gesäumt. Sie wurden im frühen 11. Jahrhundert angelegt, um die Petschenegen abzuwehren, die letzten noch unbesiegten Nomaden in der angrenzenden Steppe nördlich des Schwarzen Meeres. Die neuen slawischen Dynastien waren sicher die Meister des Festungsbaus ihrer Zeit, doch ein wenig färbte ihre Kunst auch auf die Skandinavier ab. Zu den spektakulärsten Funden der Nachkriegszeit in Dänemark gehört eine Reihe von Ringburgen, die sich mit Hilfe der Dendrochronologie der Herrschaftzeit von Harald Blauzahn zuordnen ließen. Nach der ersten, die man ausgrub, der *Trelleborg*, werden sie als »Trelleburgen« bezeichnet. Innerhalb einer perfekten Kreisanlage fand man eine symmetrische Anordnung von Langhäusern. Insgesamt spielte der Burgenbau während der Jelling-Dynastie aber nur eine untergeordnete Rolle, da die verschiedenen Teile des Herrschaftsgebiets hauptsächlich über Wasser- und nicht über Landwege miteinander verbunden waren. Die eindrucksvolle Liste der Bauwerke, die im späten 1. Jahrtausend entstanden, belegt die Fähigkeit der neuen Reiche, eine koordinierte Bautätigkeit zu entfalten. Der typische Klientelstaat der Römer, etwa jener der Alamannen, hatte sich mit einem schlichten Erdwall rund um einen Königshügel begnügt oder allenfalls eine von den Römern aufgegebene Befestigung ausgebessert.[9]

Beeindruckend war auch die Fähigkeit der neuen Reiche, Truppen auszuheben und zu unterhalten – die vielen Burgen mussten schließlich bemannt werden. So wenig Genaues wir in dieser Hinsicht wissen, das Scheitern der wiederholten Bemühungen der Karolinger, Mähren unter Kontrolle zu bekommen, legt beredtes Zeugnis für dessen militärische Stärke ab. Über Polen weiß ein arabischer Geograph zu berichten, dass der Piastenkönig über ein bewaffnetes Gefolge von 3000 »gepanzerten« Rittern gebot, dessen Unterhalt er aus seiner Privatschatulle bestritt. Ob es tatsächlich so viele waren, mag man anzweifeln, aber nicht die Art dieser Streitmacht, hatte doch Bolesław I. Chrobry dem Kaiser als Gegenleistung für das Erzbistum im Jahr 1000 zugesagt, ihm jederzeit mit 300 »gepanzerten Kriegern« zur Seite zu stehen.

Das lateinische Schlüsselwort lautet *loricati*, abgeleitet von *lorica*, was den »Brustpanzer« bezeichnet. Dass Soldaten nun so aufwendig ausgerüstet wurden – ein Brustpanzer war sehr teuer –, kam einer militärtechnischen Revolution gleich. Das Gefolge der Piasten war somit eine für die damalige Zeit hochmoderne Streitmacht. Und die Zusage, bei Bedarf 300 Mann bereitzustellen, passt von der Größenordnung her zum Bericht von Ibn Fadlan. Schließlich würde kein Herrscher seine gesamte Streitmacht in einen fremden Krieg schicken. Dabei darf man nicht vergessen, dass dieses Gefolge nur ein Teil der Kriegsmaschinerie der Piasten war, denn zumindest Teilen der Bevölkerung wurden Kriegsdienste auferlegt. Die Quellen des frühen 11. Jahrhunderts geben uns kein vollständiges Bild. Aber im Krieg gegen Heinrich sehen wir ein Piastenheer von vielen tausend Kriegern, das in der Lage war, in getrennten Armeen zu operieren – so geschehen im Jahr 1003, als eine Streitmacht von 3000 Mann, die nur eine von vier polnischen Armeen darstellte, sich Heinrichs

Truppen entgegenstellte. Dies muss enorme Summen verschlungen haben. Das Gefolge germanischer Fürsten in spätrömischer Zeit hatte stets nur aus einigen hundert Mann bestanden, und über Brustpanzer hatte lediglich eine kleine Elite verfügt. Die Piasten hingegen leisteten sich ein zehnmal so großes Kriegergefolge und konnten es noch dazu mit einer hochmodernen Ausrüstung versehen. Aus späterer Zeit wissen wir, dass die Piasten ihre Gebiete von Burgen aus kontrollierten. Von allen Abgaben ging ein Drittel an den Burgherrn, der diese Einnahmen sicherlich zum Teil für den Unterhalt der Garnison verwendete, zwei Drittel standen dem König zu. Daneben gab es andere, vielleicht größere Einnahmequellen. Wahrscheinlich war ein System dieser Art bereits um die Wende zum 2. Jahrtausend etabliert.[10]

Dass andere Heere ähnlich organisiert waren, ist allein schon deshalb zu erwarten, weil sich Piasten, Přemysliden und Rurikiden ständig in den Haaren lagen. Je nachdem, welcher der Kontrahenten gerade durch interne Machtkämpfe geschwächt war, neigte sich das Kriegsglück mal mehr dem einen, mal mehr dem anderen zu. Dass sich dennoch über längere Zeit ein halbwegs stabiles Gleichgewicht hielt, erklärt sich daraus, dass alle drei Länder ungefähr die gleiche Militärmacht aufbieten konnten. Die Kiewer Rus hatte sich vertraglich verpflichtet, dem byzantinischen Kaiser bei Bedarf mehrere tausend Soldaten zur Verfügung zu stellen. Dieses Kontingent spielte bei der Niederschlagung einer größeren Revolte gegen Kaiser Basileios II. eine entscheidende Rolle. Also muss auch die Gesamtstreitmacht der Kiewer Rus beträchtlich gewesen sein. Ihr Heer bestand ebenfalls aus einem spezialisierten Kriegergefolge, wie es in Textquellen vielfach Erwähnung findet, und aus Truppen, die man in den größeren Siedlungen des Reiches rekrutierte. Zahlen über die Größe des Gefolges fehlen, doch liefert die *Nestorchronik* einige Details über zwei der Territorialkontingente: Das eine aus Nowgorod spielte eine wichtige Rolle in einem internen Machtkampf des Jahres 1015, das andere aus Tschernihiw in einem des Jahres 1068, beide werden mit 3000 Mann beziffert. Ein bewaffnetes Herrschergefolge taucht auch in frühen böhmischen Quellen auf, von einer allgemeinen Verpflichtung zu Kriegsdiensten ist jedoch erst in späteren Zeugnissen die Rede. Allein mit ihrem Gefolge wäre es den Machthabern in Böhmen jedoch niemals gelungen, so erfolgreich auf der internationalen Bühne zu agieren.[11]

Die Jelling-Dynastie war selten in Erbfolgestreitigkeiten verwickelt, musste dafür aber die Begehrlichkeiten diverser Kaiser abwehren und führte zudem unter Sven I. Gabelbart und Knut dem Großen einen ausgedehnten Krieg (986/987–1014) gegen das angelsächsische Königreich. Wie sie die dafür nötigen Truppen rekrutierten, ist unklar. Setzten sie ihr Gefolge und Söldner oder auch Soldaten ein, die sie mittels einer Art Wehrpflicht aushoben? Im 13. Jahrhundert wird diese Pflichtleistung im Kriegsfall *Leidang* genannt. Auf seiner Grundlage wurden in diesem Jahrhundert 1000 Schiffe gebaut, bemannt mit je 40 Kriegern. Umstritten ist, ob Sven und Knut zusätzlich zu den Söldnern *(lithsmen)*, deren Dienste sie mit Sicherheit in Anspruch nahmen, schon einen Vorläufer der Leidangspflicht nutzen konnten. Ich halte das für sehr wahrscheinlich. Die Jelling-Dynastie hätte kaum zu solcher Macht aufsteigen können, wenn sie nicht zumindest in einigen ihrer Territorien die Untertanen zum Militärdienst hätte verpflichten können. Dies legen auch einige Quellen nahe, so das ungefähr aus dieser Zeit stammende *Encomium Emmae Reginae* – Emmas Lobrede –, in Auftrag gegeben von Emma von der Normandie, die zunächst mit Æthelred dem Unberatenen und in zweiter Ehe mit Sven Gabelbarts Sohn Knut dem Großen verheiratet war. Darin wird berichtet, dass Sven bei der Aufstellung seiner Invasionsarmee für England befahl, sie solle »keinen Sklaven, keinen Freigelassenen, niemanden niederer Herkunft« enthalten. Das klingt nach einer Generalmobilmachung. Fest steht jedenfalls, dass die Skandinavier, die sich während der Wikingerzeit außerhalb Skandinaviens – beispielsweise auf den schottischen Inseln – angesiedelt hatten, einen Wehrdienst kannten.[12]

Die Macht der zentralen politischen Strukturen war nicht auf die Kriegsführung beschränkt. Ein Bauwerk wie Wladimirs Zehntkirche versetzte damals die Menschen in weitem Umkreis in Erstaunen. Die Kirche war Teil eines größeren Palastkomplexes, den Wladimir auf einem Kiewer Hügel errichten ließ. Hohe Saalbauten, jeder über vierzig Meter lang, erstreckten sich im Süden, Westen und möglicherweise auch im Nordwesten der Kirche. Die Böden waren mit glasierten Fliesen ausgelegt, die den Adler, eines der ältesten Herrschaftssymbole, zeigten, die Wände mit Mosaiken und Fresken geschmückt. Anderswo hatte man nicht weniger zu bieten. Die prachtvollste christliche Basilika, die man in Großmähren entdeckte, stand im mährischen Mikulčice. Sie wurde im 9. Jahrhundert über einer Grundfläche von 400 Quadratmetern errichtet und erreichte damit in etwa die Ausmaße der Zehntkirche. Über ihre Ausschmückung ist allerdings wenig bekannt. Wir wissen jedoch, dass es nur eine von 25 steinernen Kirchen war, die im 9. Jahrhundert in Mähren errichtet wurden – die Zahl der Holzbauten dürfte weit größer gewesen sein. Auch in Dänemark und in Böhmen entstanden in rascher Folge eindrucksvolle Gotteshäuser, darunter vor allem die Kathedralen in Roskilde und Prag. Die Piasten, die schon früh ihr eigenes Erzbistum erhielten, verstanden sich darauf, ihre Rivalen im religiösen Wettrüsten auszustechen. Die Kathedrale von Posen war eine gewaltige dreischiffige Basilika mit einer Grundfläche von nicht weniger als 1000 Quadratmetern. Das Grab des heiligen Adalbert in Gnesen wurde von Bolesław I. Chrobry mit einem massiven Goldkreuz geschmückt, das angeblich dreimal so schwer wie der Spender war. Schätzungen zufolge entstanden bis zu Bolesławs Tod im Jahr 1025 weitere 30 bis 40 Kirchen im großpolnischen Kernland der Piasten.[13]

Auch im Bau von neuen Verkehrsverbindungen bewies sich das Organisationstalent der neuen Mächte. So erwähnt die *Nestorchronik* verschiedentlich den Bau von Brücken und Straßen. Wie schon aus den frühesten Klosterhandschriften Polens und Böhmens hervorgeht, behielt sich der König bei Landschenkungen an die Kirche ausdrücklich das Recht vor, die Untertanen weiterhin zu Arbeitsdiensten für den Bau von Brücken und Straßen heranzuziehen. Was dabei geleistet wurde, haben dänische Archäologen ans Tageslicht gefördert: Zu den größten Grabungsprojekten der Nachkriegszeit gehört die Ravning-Brücke, die mit Hilfe der Dendrochronologie der Regierungszeit von Harald Blauzahn zugeordnet werden kann. Es handelt sich um einen Damm, streckenweise als Brücke ausgeführt, der sich einen Kilometer lang durch ein Sumpfgebiet im Herzen Jütlands erstreckt. Die Konstruktion bestand aus 400 einzelnen Segmenten, für die 1700 Pfähle in die Erde getrieben wurden – ein eindrucksvolles Monument einer Zeit, in der man sich bemühte, auch die Sumpfregionen der nordeuropäischen Ebene für den Landtransport zu erschließen.[14]

Diese Beispiele zeigen, wie leistungsfähig die neuen Reiche im Norden und Osten Europas waren und wie gut die Machthaber die Bevölkerung im Griff hatten. Die Elite verpflichtete man zu Kriegsdiensten, die einfacheren Untertanen zog man zum Bau von Straßen, Palästen, Kirchen und Befestigungsanlagen heran. Die Wirtschaft war leistungsfähig genug, um die Herrscher und ihr umfangreiches Gefolge zu versorgen, ganz abgesehen von der christlichen Priesterkaste, die unter dem Schutz der Fürsten rasch anwuchs. Doch es gab auch Defizite.

Vor allem verfügten diese neuen Mächte kaum über Verwaltungsstrukturen und über keinerlei Art von schriftlicher Dokumentation. Nur zwischenstaatliche Verträge wurden gelegentlich schriftlich fixiert. Die *Nestorchronik* enthält zwei Handelsverträge, die 911 und 944 zwischen den Herrschern von Kiew und dem byzantinischen Kaiserreich geschlossen wurden. Obwohl es sich um authentische Texte zu handeln scheint, muss man in Rechnung stellen, dass die *Nestorchronik* erst 200 Jahre später zusammengestellt wurde. In den päpstlichen Archiven findet sich ein kurzer, sehr interessanter Text, der als *Dagome Iudex* bekannt ist und den Inhalt einer Urkunde zusammenfasst, die sich allerdings nicht, wie der Verfasser dachte, auf Sardinien bezieht. Denn dieses Regest, das um 1080 unter Papst Gregor VII. angefertigt wurde, ist wohl die einzige erhaltene Spur eines diplomatischen Manövers des späten 1. Jahrtausends, mit dem der Piastenherrscher Mieszko I. (der Vater von Bolesław I. Chrobry) dem Papst gewisse Hoheitsrechte über sein Königreich einräumte, um Fürsprache beim Kaiser zu erhalten.[15]

Schenkungsurkunden aus Böhmen gibt es etwa ab dem Jahr 1000. Sie behandeln königliche Zueignungen an Klöster und vermitteln einen Einblick, wie sich die Könige bestehende Rechte an der Arbeitskraft der Bewohner der religiösen Neugründungen sicherten. Aber selbst in Böhmen sind solche Texte rar, und in den anderen neuen Reichen sollte es bis zum späten 11. Jahrhundert dauern, ehe die ersten Schenkungsurkunden ausgestellt wurden, im Kiewer Russland sogar bis ins 12. Jahrhundert. Doch neben den erhaltenen Bauten weisen auch die frühen Dokumente darauf hin, dass die Herrscher feste Rechte auf Ernteerträge und Dienstleistungen hatten. Die Reiche verstanden sich nicht weniger als das frühe angelsächsische England darauf, das Wirtschaftspotential ihres Landes auszuschöpfen. Auf irgendeine Art müssen sie die Erfüllung dieser Verpflichtungen festgehalten haben, auch wenn Papier dabei offensichtlich noch kaum eine Rolle spielte.

In kirchlichem Kontext finden wir vor der Wende zum 2. Jahrtausend schriftlich fixierte Regeln und Vorschriften, so zwei byzantinische Texte zum Kirchenrecht, die Kyrill und Method in eine slawische Sprache übersetzten: den *Nomokanon*. In Böhmen stammen die ersten erhaltenen Beispiele kanonischer Gesetzestexte aus der zweiten Hälfte des 10. Jahrhunderts. Wir haben also vereinzelte königliche Edikte, die in Chroniken überliefert wurden, sowie materielle Nachweise, dass die Herrscher über die Macht verfügten, sie ausführen zu lassen. Ansonsten gibt es keine schriftlichen Aufzeichnungen über königliche Befehle. In Polen und Russland stammen die ersten weltlichen Gesetzessammlungen aus dem 13. Jahrhundert, aber sie stellen eher Kodifizierungen bestehender Rechtsbräuche dar, als dass sie die gesetzgeberische Macht der Könige manifestieren. In der Praxis scheint zu diesem Zeitpunkt noch ein großer Teil der Rechtsprechung in den Händen lokaler Autoritäten verblieben zu sein. Auch hier hilft ein Vergleich mit Westeuropa, die Verhältnisse in die richtige Perspektive zu rücken. Kirchliche Rechtstexte kamen zu Beginn des 7. Jahrhunderts mit den Missionaren ins angelsächsische England, doch erst im 10. Jahrhundert nahm auch die königliche Gesetzgebung durchgängig Schriftform an, und erst im späten 12. und 13. Jahrhundert schuf die englische Monarchie eine komplexe Rechtsbürokratie samt Archivierung, die es ermöglichte, Rechtsstreitigkeiten vor ein zentralistisch organisiertes Gericht zu bringen.[16]

Eine unterentwickelte Bürokratie ist jedoch nicht der Hauptgrund, warum die staatliche Organisation dieser neuen Gebilde sich nur beschränkt entfaltete. Betrachtet man ihre Geschichte in der Zeit zwischen 950 und 1050, so fällt auf, mit welcher Leichtigkeit, quasi per Handschlag, sie einander große Landstriche abtraten. Nehmen wir das historische Mähren, dessen Gebiet in etwa der heutigen Slowakischen Republik entspricht. Es stand zur Zeit von Boleslaw I., auch Boleslaw der Grausame genannt (er herrschte ab 935 und starb vermutlich 972, möglicherweise auch 967), unter der Herrschaft der böhmischen Přemysliden, fiel im Jahr 1003 an den polnischen Bolesław I. Chrobry, ging 1013 an die Přemysliden zurück, geriet 1018 an die Piasten und war schon zwei Jahre später wieder in den Händen der Přemysliden. Damit wechselte Mähren zwar auch für damalige Verhältnisse besonders schnell den Besitzer, aber anderen Regionen erging es ähnlich. Schlesien und Breslau wurden Mitte des 10. Jahrhunderts von den Přemysliden kontrolliert, fielen 989/990 an den Piastenfürsten Mieszko I. und kamen 1038 an die Přemysliden zurück, die sie 1054 gegen eine jährliche Zahlung von 230 Kilo Silber und 14 Kilo Gold endgültig an die Piasten abtraten. Das südpolnische Krakau reichten sich diese beiden Dynastien ähnlich oft hin und her. In der heutigen südostpolnischen Region vom Oberlauf des Bug bis zu den Karpaten wechselte die Herrschaft nicht weniger oft: 981 gehörte das Land unter Wladimir I. den Rurikiden, fiel 1018 an die Piasten, um in den 1030er Jahren mit Jaroslaw dem Weisen wieder unter die Herrschaft der Rurikiden zu kommen.

Ähnliches lässt sich für die Randgebiete der Jelling-Territorien sagen. Das südliche Norwegen rund um den Oslofjord war schon seit jeher ein Zankapfel rivalisierender Herrscher, die weiter westlich residierten: In den 990er Jahren gebot hier Olaf I. Tryggvason, dann kam die Region in die Hände der Dynastie von Olaf II. Haraldsson, von dem sich alle mittelalterlichen Könige Norwegens herleiten. Die Westküste des heutigen Schweden wurde den Jelling-Herrschern von weiter östlich lebenden Schweden in ähnlicher Weise entrissen.[17] Die Beispiele dürften genügen, um zu zeigen, wie anachronistisch es ist, sich Staatsgebilde mit einer fest umrissenen Grenze vorzustellen. In weiten Teilen Mittel- und Osteuropas hing es von vielerlei Zufällen ab, welche Dynastie gerade wo herrschte.

Allerdings besaßen alle Dynastien ein Kernland, das weit stärker unter ihrer Kontrolle stand als der Rest und kaum jemals den Besitzer wechselte. Das Kerngebiet der Piasten war Großpolen zwischen den Flüssen Oder, Warthe und Weichsel mit Gnesen im Zentrum, also jenes Gebiet, das Otto III. im Jahr 1000 besuchte. Seine Ausdehnung lässt sich anhand der Piasten-Burgen aus dem

10. Jahrhundert klar erkennen (Karte 20). Die Herrschaft der Přemysliden in Böhmen hatte die Gegend um Prag als Zentrum, auch sie durch Befestigungsanlagen markiert. Die Kiewer Rus verfügte über zwei Zentren: Nowgorod im Norden, der Mittellauf des Dnjepr um Kiew im Süden. Selbst im bedeutend kleineren Dänemark hatte die Jelling-Dynastie Jütland und die größeren Inseln in der Nähe viel fester im Griff als die weiter entfernten Regionen, die zu verschiedenen Zeiten Teil des Ostseereichs von Knut dem Großen waren. Zur Zeit der schwersten Thronkämpfe der Přemysliden in den Jahren 1003/1004 drangen Truppen der polnischen Piasten kurzfristig bis nach Prag vor. Die böhmische Besetzung von Gnesen im Jahr 1038 war nur von kurzer Dauer. Ansonsten hatten die Herrscherdynastien ihre Zentren stets fest in der Hand. Wir können diese neuen Reiche also durch ein »Kerngebiet« und eine »Peripherie« beschreiben: Ein innerer Teil, der stets unter Kontrolle blieb, und ein äußerer, der in den Wechselfällen der Geschichte mal der einen, mal der anderen Dynastie zufallen konnte.

Diese Struktur ist typisch für mittelalterliche Staatsgebilde, die ihren Zusammenhalt weniger auf Verwaltung als auf die Macht und das Charisma eines Monarchen stützten. Ihren klassischen Ausdruck fand sie in den regelmäßigen Rundreisen, die Könige durch ihr Herrschaftsgebiet unternahmen. Dabei nahmen sie für sich und ihren Tross Naturalabgaben entgegen und hörten sich die Sorgen und Nöte der lokalen Fürsten an. Diese sehr persönliche Regierungsweise war besonders für kleinere Königreiche geeignet, hatte aber in Ländern von größerer Ausdehnung automatisch die Entstehung eines Kerngebiets und einer Peripherie zur Folge. So kann man als Faustregel festhalten, dass ein mittelalterlicher König nur dort wirklich herrschte, wohin er regelmäßig reiste. Dieses Reisekönigtum war der Schlüsselmechanismus der neuen Königsherrschaft in Nord- und Osteuropa. Das wichtigste wirtschaftliche Privileg eines Herrschers, das in den frühesten böhmischen und polnischen Texten erwähnt wird, waren Lebensmittelabgaben – so war die Versorgung eines Königs und seiner Entourage auf Reisen gesichert. Aus logistischen Gründen wurden solche Abgaben stets unweit des Erzeugungsorts verbraucht und nicht erst zu einem zentralen Königssitz transportiert. Die größeren Burgen der Piasten und Přemysliden dienten unter anderem auch als Sammelstellen für Naturalien.[18]

Bei den Kiewer Rus, deren Staatsgebilde andere Ursprünge hatte, spielten solche Rundreisen eine geringere Rolle. Die Winterfahrten dienten dem Zweck, Pelze, Sklaven und andere Handelswaren einzusammeln. Doch auch hier bildete sich im 10. Jahrhundert eine gewisse Reisetätigkeit des Königs aus, und auch sonst ähnelte die Herrschaftsausübung mehr und mehr dem im mittelalterlichen Europa üblichen Muster. Wann die dazu nötige logistische Struktur entstand, ist unklar. Aus der *Nestorchronik* erfahren wir, dass Igors Witwe Olga (ca. 890–969, Regentschaft 945 bis ca. 963) sich für den Tod ihres Mannes nicht nur grausam an den Drewljanen rächte, sondern auch Städte, Handelsposten und Jagdgründe anlegen ließ. Dabei konzentrierte sie sich stärker auf den Norden rund um Nowgorod als auf die Gebiete am Dnjepr und an seinem Nebenfluss, der Desna. Die Jagd war das Hauptvergnügen der Könige und die Hauptbeschäftigung des königlichen Gefolges. Im Testament des Kiewer Großfürsten Wladimir Monomach wird erwähnt, dass er hundert Mal im Jahr auf die Jagd ging. So bizarr es anmutet, die Einrichtung königlicher Jagdreviere war ein wichtiger Schritt auf dem Weg zur Etablierung der Königsmacht. Vermutlich erweiterte Olga die Herrschaftsstrukturen, die bereits in engerem Umkreis um den Regierungssitz Kiew existierten, auf ein viel größeres Territorium.[19]

Auch die dänischen Könige der Jelling-Dynastie begaben sich schließlich häufiger auf Rundreise. Die Ravning-Brücke sollte die Reise über Land erleichtern – durchaus möglich, dass man bei ihrem Bau auch die königlichen Rundreisen im Auge hatte. Ihnen dienten wohl auch die Trelleburgen, jedenfalls ist schwer vorstellbar, zu welchem anderen Zweck sie erbaut worden sein könnten. Bei ihrer Entdeckung hielt man sie zunächst für Heerlager, errichtet von Sven I. Gabelbart und Knut dem Großen zur Vorbereitung der Invasion Englands. Das passt jedoch nicht zu ihrer Entstehungszeit, die schon in die Regentschaft von Svens Vater Harald Blauzahn fällt. Auch lässt sich ihre streng symmetrische Bauweise schwerlich auf militärische Erfordernisse zurückführen. Bei genauerer Untersuchung fand man heraus, dass die zunächst identisch erscheinenden inneren Bauten ganz unterschiedlichen Aufgaben dienten: Einige waren durch Feuerstätten als Residenzen oder Festsäle ausgewiesen, andere dienten als Wirtschaftsgebäude. Es gab eine Schmiede und sogar einen Arbeitsplatz für einen Goldschmied.[20] Am wahrscheinlichsten ist meiner Ansicht nach, dass Harald Blauzahn sie auf seinen Rundreisen nutzte. Sie markieren damit den Moment, in dem die Jelling-Dynastie ihre Herrschaft in die Fläche ausdehnte.

Die neuen Reiche im Norden und Osten Europas stellen uns damit gewissermaßen vor ein Paradox. Einerseits bewiesen sie in ihrem Handeln eine beeindruckende Regierungsfähigkeit und vermochten sehr effektive Machtstrukturen zu entwickeln, andererseits waren sie auch äußerst fragile Gebilde. Ihre Verwaltung war unterentwickelt, und ihre volle Macht konnten sie nur über relativ kleine Gebiete ausüben. Die Peripherie dieser Länder war stets in Gefahr, an Rivalen verlorenzugehen, insbesondere in Zeiten interner Machtkämpfe. Die Institution des Reisekönigtums erklärt, wie sie trotzdem funktionieren konnten. Dennoch bleiben wichtige Fragen offen. Woher waren diese Dynastien gekommen, und wie hatten sie ihre Machtbasis errichtet?

Dynastien

Wir schreiben das Jahr 995 und befinden uns in Ostböhmen in Libice, nahe der Mündung der Cidlina in die Elbe am Morgen des St.-Wenzel-Tags, dem 28. September. Eine Gruppe Männer versammelt sich schweigend vor der hölzernen Burg der mächtigen Slavnikiden, deren Oberhaupt zur Zeit Soběslav, der Sohn von Slavník ist. Vier seiner sieben Brüder halten sich in der Burg auf, er selbst befindet sich gerade im Ottonischen Reich beim Kaiser. Plötzlich zerreißen Lärm und laute Schreie die Stille. Boleslaw II., gegenwärtig Oberhaupt der anderen einflussreichen Dynastie Böhmens, der Přemysliden, ein Neffe Wenzels von Böhmen, schlägt rasch und entschlossen zu. Wenig später steht die Burg in Flammen, die Slavník-Brüder und ihre Getreuen sind tot. Die Macht der Slavnikiden ist ein für allemal gebrochen.[21]

Das Massaker vom St.-Wenzel-Tag ist mehr als nur Stoff für einen spannenden Krimi, es ist der Höhepunkt des politischen Prozesses, der die Přemysliden in Böhmen an die Macht brachte. Für Böhmen ist die Dynastiebildung, die sich um die Jahrtausendwende vollzog, am besten dokumentiert. Das liegt an seiner direkten Nachbarschaft zum Frankenreich und der in Böhmen früh einsetzenden literarischen Tradition, der wir bereits aus dem 10. Jahrhundert mehrere Schriften verdanken, die sich mit Wenzel von Böhmen in den 930er Jahren und mit Adalbert von Prag gegen Ende des Jahrhunderts beschäftigen. Bei allen Besonderheiten kann uns Böhmen als Modellfall für das neue politische Spiel der Herrscherdynastien dienen, das zu dieser Zeit in Mittel- und Osteuropa begann.

Als Böhmen kurz nach 800 aus der Zerschlagung des Awarenreichs durch Karl den Großen hervorging, bestand es aus einer Vielzahl politischer Gebilde, die alle ihren eigenen Herrscher hatten, in fränkischen Quellen *duces* (Führer) genannt. Die episodenhaften Einblicke, die Quellen des 9. und 10. Jahrhunderts in die damalige politische Lage gewähren, lassen erkennen, dass sich die Přemysliden in einem erbitterten Konkurrenzkampf aus den insgesamt 14 Herrscherlinien als Sieger herausschälten.

Der erste Schnappschuss stammt von Ostern 845, als sich 14 *duces* aus Böhmen am Hof des Frankenkönigs Ludwigs des Deutschen einfanden, um sich taufen zu lassen. Bei 14 »Führern« kann jeder nur über ein relativ kleines Territorium geherrscht haben. Doch die Zahl der *duces* nahm rasch ab. Im Jahr 872 erschienen nur noch fünf böhmische Fürsten am Hof Ludwigs, und 895 waren es nur noch zwei. Dies mag zum Teil auf das Konto unaufmerksamer Geschichtsschreiber gehen. So zweifle ich daran, dass tatsächlich bereits im Jahr 895 nur noch zwei *duces* übrig waren. Dies würde nämlich bedeuten, dass Přemysliden und Slavnikiden vor dem großen Zweikampf ein ganzes Jahrhundert eine Koexistenz gelang, was nicht sehr wahrscheinlich ist. Doch im Kern ist die Schilderung zutreffend. Die Staatenbildung in Böhmen war das Ergebnis eines politischen Prozesses, der mit der Zerstörung des Awarenreichs durch Karl den Großen einsetzte und fast 200 Jahre dauerte. In seinem Verlauf beseitigte ein Fürstengeschlecht das andere im Bemühen, den eigenen Herrschaftsbereich auszudehnen. Dabei muss es nicht immer so brutal zugegangen sein wie beim Massaker am St.-Wenzel-Tag. Einige der ursprünglich gleichrangigen Fürstenfamilien begnügten sich vielleicht mit einer bescheideneren Rolle und entgingen damit ihrer Vernichtung. Trotzdem kann man mit gutem Grund annehmen, dass es immer wieder auch zu Gewalttakten kam.[22]

Vergleichbare dynastische Kämpfe begleiteten die Entstehung Großmährens und Polens, die ebenfalls aus den Trümmern des Awarenreichs hervorgingen. Großmähren taucht erstmals in den mittleren Dekaden des 9. Jahrhunderts in der Geschichte auf. Karolingische Quellen aus den beiden ersten Jahrzehnten des 9. Jahrhunderts erwähnen vor dem Hintergrund des zerfallenden Awarenreichs beiläufig eine ganze Reihe kleiner Regionalfürsten. Einer mit Namen Vojnomir unterstützte die Franken gegen die Awaren, auch ein gewisser Manomir taucht kurz auf, während Ljudevit eine größere Revolte gegen die karolingische Herrschaft anzettelte. Das Quellenmaterial reicht nicht aus, um im Einzelnen nachzuvollziehen, wie sich diese Dynastien miteinander verbündeten oder einander bekämpften, bis sich schließlich das schon bedeutend mächtigere Großmähren herausschälte. Der erste wirklich herausragende mährische Herrscher, vielleicht derjenige, der dem dynastischen Denken zum Durchbruch verhalf, war Mojmír I. Karolingische Quellen halten den bedeutsamen Moment fest, in dem er in den 830er Jahren den rivalisierenden Fürsten Pribina aus Nitra in der Slowakei vertrieb, um ein größeres Gebiet unter seine Kontrolle zu bringen. Auf dieser Basis baute er seine Dynastie nach Kräften weiter aus. Die Karolinger hielten die nach Westen gerichteten Ambitionen der Mojmír-Dynastie über Jahrzehnte in Schach, doch als Anfang der 890er Jahre der Abstieg ihres Reiches einsetzte, errangen die Mähren auch die Hegemonie über Böhmen. Die herrschende Linie hätte sicherlich neue Ziele für ihren Ehrgeiz gefunden, wäre ihr weiterer Aufstieg nicht durch das Auftreten des Nomadenvolks der Magyaren als neue Großmacht in Mitteleuropa beendet worden.[23]

Der Aufstieg der Piasten in Polen wäre eine äußerst mysteriöse Angelegenheit, hätten wir nichts weiter als die historischen Quellen. Das Piastenreich taucht – voll ausgeprägt unter der Herrschaft Mieszkos I. – unvermittelt in den 960er Jahren in Texten aus ottonischer Zeit auf. Das Kernland Polens lag westlich der Weichsel, außerhalb der unmittelbaren Grenzregion des imperialen Nachbarn zwischen Elbe und Oder. Damit lag es zu weit abseits der Interessen des Kaisers und seiner Chronisten. Nicht einmal der *Bayerische Geograph* hatte etwas über die politische Lage derart östlich liegender Länder zu vermerken. Ausgerechnet die Dendrochronologie lieferte Belege, die zumindest die letzten Stadien des Aufstiegs der Piasten beleuchten. Da die Herrscherfamilie ihre Burgen aus Holz erbaute – wie in der ersten Hälfte des 10. Jahrhunderts noch allgemein üblich –, ist es mit Hilfe dieser Technik möglich, das Datum ihrer Errichtung genau zu bestimmen. Und die Ergebnisse sind sensationell.

Die Entstehung des ersten polnischen Reiches wurde in der Regel als Prozess einer allmählichen politischen Konsolidierung angesehen, in dessen Verlauf immer größere Gebiete unter die Kontrolle einer einzelnen Dynastie kamen. Mit Hilfe der Archäologie konnte jedoch überzeugend nachgewiesen werden, dass die letzte Phase des Aufstiegs der Piasten rasant und sehr gewaltsam verlief. Vor allem in den letzten Jahrzehnten des 10. Jahrhunderts bauten die Piasten vermehrt Befestigungsanlagen, was belegt, dass die Dynastie ihre Macht sehr rasch auf weite Gebiete Großpolens ausdehnte. Vor allem aber ersetzten die Piasten-Burgen nicht selten viel größere, häufig aus dem 8. Jahrhundert stammende Befestigungsanlagen, die kurz zuvor zerstört worden waren. Der Schluss liegt nahe, dass es bei der Entstehung des Piastenreichs zu einer Zerstörung seit langem bestehender lokaler Gemeinschaften kam, denen die Piasten mit befestigten Garnisonen ihre Herrschaft aufzwangen. Wie viele dieser lokalen Gruppen »Stämme« waren, soziale Gebilde jener Art also, die der *Bayerische Geograph* in den weiter westlich gelegenen Regionen der slawischen Welt ausmachte, ist ebenso unklar wie ihre geographische Verteilung.[24] Fest steht jedenfalls, dass bei der Gründung des polnischen Reiches, nicht anders als bei Großmähren und Böhmen, Gewalt im Spiel war und man vor der Beseitigung von Rivalen an der Spitze älterer politischer Gebilde nicht zurückschreckte.

Auch beim Aufstieg der Rurikiden liegt einiges im Dunkeln. Wie bereits im vorangegangenen Kapitel dargelegt, konzentriert sich die *Nestorchronik* auf Kiew und ist zu sehr als Rückschau auf die bereits etablierte Rurikiden-Herrschaft konzipiert, um einen klaren Blick auf die Frühgeschichte der Rus zu bieten. Auch hat die Archäologie für die Rurikiden bisher nicht so viel Material wie für das Polen der Piasten geliefert. Dennoch lassen sich das skandinavische Vordringen nach Russland und damit die entscheidenden politischen Entwicklungen, die das Rurikidenreich ermöglichten, in ihren Grundlinien nachzeichnen.

Zu den Problemen, vor die uns die *Nestorchronik* stellt, gehört die bereits erwähnte Unklarheit des Zeitpunkts und der Umstände, unter denen die politische Macht von Gorodischtsche im Norden auf Kiew im Süden übertragen wurde. Die *Nestorchronik* nennt dafür einen um eine Generation zu frühen Zeitpunkt und scheint zudem bemüht, eine dynastische Diskontinuität oder zumindest Unstimmigkeit zu vertuschen. Das merkt man ihrer ganz offensichtlich geschönten Darstellung der Beziehung zwischen Oleg, der ersten bedeutenden politischen Figur Kiews, und Igor, Ruriks Sohn und Erben, deutlich an. Die *Chronik* berichtet auch davon, dass Oleg eine Armee im Norden sammelte und die Kontrolle am Mittellauf des Dnjepr gewaltsam übernahm. Dennoch beschließt sie die Geschichte damit, dass Oleg am Ende dieser Operationen Nowgorod (Gorodischtsche) eine jährliche Tributzahlung von 100 *grivny* auferlegte. Diese Zahlungen, so die *Nestorchronik* weiter, wurden bis zum Tod des Kiewer Großfürsten Jaroslaw I. im Jahr 1054 geleistet, also immerhin so lange, dass der Verfasser der *Chronik* im frühen 12. Jahrhundert noch fast direkte Kenntnis davon haben konnte. Aus diesem Grund kann man diese Tributforderung als historisch verbürgt ansehen. Aber wieso sollte ein Herrscher, der vom Norden aus den Süden eroberte, anschließend dem Norden einen Tribut auferlegen?

Es stellen sich zwei weitere große Probleme: Erstens bestätigen die Handelsverträge mit dem Byzantinischen Reich bis weit ins 10. Jahrhundert hinein, dass nichtrurikidische Skandinavier ihre russischen Siedlungen unabhängig führten, was sich unter anderem daran zeigt, dass sie eigene Vertreter zu den Vertragsverhandlungen schickten. Zweitens liefert die *Nestorchronik* bis zum Ende des 10. Jahrhunderts nur ein sehr vereinfachtes Bild der komplizierten Geschichte der Rurikiden-Dynastie. Ab diesem Zeitpunkt ging es bei der Machtübertragung von einer Generation auf die nächste nie ohne interne Kämpfe ab. Doch für die Zeit davor erwähnt die Chronik bei jedem Thronwechsel immer nur einen Sohn und vermeldet stets einen reibungslosen Machtwechsel, obwohl wir wissen, dass die Fürsten dieser Epoche ebenso wenig wie ihre Nachfolger monogam waren.

An beiden Punkten sind daher Zweifel angebracht. Der Vertrag des Jahres 944 mit Byzanz bestätigt, dass Igor zwei Neffen hatte, also immerhin zwei Verwandte, die wichtig genug waren, um eigens erwähnt zu werden. In der gesamten *Chronik* findet sich aber kein Wort über ihr weiteres Schicksal. Es drängt sich geradezu der Eindruck auf, dass die Schilderung im Interesse der Darstellung einer sicheren und unbestrittenen Rurikiden-Herrschaft geschönt ist. Ähnlich verhält es sich mit der Geschichte von Oleg: Entstammte er einer Seitenlinie von Rurik, und hatte er vielleicht zunächst Kiew erobert und die Herrschaft im Norden errungen? Oder war er ein Außenseiter, der in die Dynastie einheiratete, um seine Herrschaft nachträglich zu legitimieren? Falls dies zutrifft, wie ging dann die Macht von ihm auf Ruriks Sohn Igor über? Schwer vorstellbar ist auch, dass Oleg keine Erben hatte – was geschah mit ihnen? Die politische Situation im Russland des frühen 10. Jahrhunderts mit all seinen unabhängigen Wikingerführern und einer selbstbewussten Dynastie, die vor nichts zurückschreckte, wenn es galt, ihr Vorankommen zu sichern, war jedenfalls komplizierter, als uns die *Nestorchronik* glauben machen will.

In diesem Stadium war die Kiewer Rus weniger ein Reich als eine große Handelskompanie mit zahlreichen Außenposten entlang der großen Flüsse. Ihr verbindendes Element war eine Art Schutzgeld, das sie an den mächtigsten Stützpunkt zahlten. Zu gemeinsamen Aktionen schlossen sie sich nur zusammen, wenn es beispielsweise galt, mittels ihrer geballten Wirtschaftskraft Byzanz günstige Handelsverträge abzutrotzen, und zweifellos gab es auch Preisabsprachen. Das Reich der Rus trat also als hierarchisch organisierter »Dachverband« für diese Kaufleute ins Leben, und dabei war anfangs sicher auch Gewalt im Spiel. Dennoch konnten sich die ursprünglich skandinavischen Händler und Abenteurer etliche Generationen lang ihre Macht und ihre Unabhängigkeit weitgehend bewahren und ihre Handelsposten noch bis 944 selbständig weiterführen.[25]

Im 11. Jahrhundert jedoch war die Schicht unabhängiger, nichtrurikidischer Herrscher, die über eigene Siedlungen geboten, verschwunden. Zu dieser Zeit versuchte man dem Blutvergießen, das bei jedem Machtwechsel innerhalb der Rurikiden-Dynastie drohte, dadurch vorzubeugen, dass jeder Anwärter ein eigenes Machtzentrum erhielt. So geschehen im Jahr 1000, als Wladimir, wie die *Nestorchronik* ausführlich schildert, zwölf Städte an zwölf seiner Söhne aus fünf seiner offizielleren Liebschaften verteilte. Wie viele andere Kinder er mit den 300 Konkubinen in Wyschhorod, den 300 in Belgorod und den 200 in Berestowo noch hatte, ist nicht überliefert. Irgendwann im 10. Jahrhundert wurde den Nachkommen der Kaufleute, die die Ansiedlungen einst begründet hatten, ihre Unabhängigkeit genommen. Die vormals autonomen Siedlungen verteilten die Kiewer Fürsten nun innerhalb ihrer Dynastie als Apanage. Dies war sicherlich ein Prozess, der sich über eine längere Zeit hinzog. Die Beseitigung von Askold und Dir durch Oleg ist ein frühes Beispiel für diese Entwicklung. Die *Nestorchronik* schildert ähnliche Vorkommnisse aus späterer Zeit. Noch während des Machtkampfs zwischen Swjatoslaws Söhnen Jaropolk und Wladimir wurden neue Handelsstützpunkte gegründet. Zwei skandinavische Führer mit Namen Rogwolod (Ragnwald) und Tury errichteten eigene Handelszentren, Polazk und Turow. Über ihr weiteres Schicksal ist nichts bekannt, aber offensichtlich verloren sie ihre Gründungen, gehörten sie doch eine Generation später zu den zwölf Städten, die Wladimir unter seinen Söhnen verteilte. Im Verlauf dieser Machtkämpfe wurde eine weitere lokale Herrscherlinie ausgelöscht, eine Familie, die bereits auf eine lange Tradition zurückblicken konnte, nämlich die von Svenald.[26] Damit war die Entwicklung einer merkantilen Besiedlung zu einer voll ausgebildeten politischen Union zum Abschluss gekommen. Die besonderen Bedingungen, unter denen sich das Reich der Rus bildete, hatten zur Folge, dass die Rurikiden anfangs gleichrangige Händlerfürsten waren – und nicht Führer regionaler Stammesgruppen, wie dies bei den Piasten und Přemysliden der Fall gewesen war. Doch auch hier setzten sich schließlich dynastische Ansprüche, die ein wesentliches Element in diesem Prozess der Staatenbildung waren, gewaltsam durch.

Das lässt sich auch über Dänemark sagen, allerdings gab es auch hier deutliche Unterschiede zur Entwicklung der Nachfolgereiche des Awarenreichs. Der kleine Ort Jelling im Herzen Jütlands besitzt eine nicht besonders große Kirche und zwei beeindruckende Erdhügel. Der nördliche misst 65 Meter im Durchmesser und ist acht Meter hoch, der südliche hat einen Durchmesser von 77 Metern und eine Höhe von elf Metern. Im nördlichen Hügel befindet sich eine mit Holz ausgekleidete Kammer, die sich dendrochronologisch auf das Jahr 958 datieren lässt. Sie war die vorletzte Ruhestätte von König Gorm. Sein Sohn und Erbe Harald Blauzahn ließ hier ursprünglich seinen Vater bestatten, dann aber in die Kirche umbetten, als er 965 zum Christentum übertrat. Bei dieser Gelegenheit wurde ein Runenstein aufgestellt mit der Inschrift: »Harald gebot, dieses Denkmal seinem Vater Gorm und seiner Mutter Thyra zu setzen, der Harald, der sich ganz Dänemark und Norwegen unterwarf und die Dänen zu Christen machte.«

Dänemark bietet ein gutes Beispiel dafür, dass man sich politische Entwicklungen nicht allzu geradlinig vorstellen darf. Schon vor der Wikingerzeit, mindestens jedoch ab Mitte des 8. Jahrhunderts, als das Danewerk errichtet wurde, gab es im südlichen Jütland eine machtvolle zentralisierte politische Struktur. Doch diese Monarchie wurde durch das viele Geld und Gold zerstört, das die

Wikinger ins Land brachten. Reichtum bedeutete Krieger, und Krieger bedeuteten Macht, daher musste der neue Überfluss irgendwann zu einer politischen Umwälzung führen. Die alte Monarchie zerbrach an der militärischen Aufrüstung der vielen Könige.[27]

Mitte des 10. Jahrhunderts gibt es weitere Anzeichen für einen Wandel: Die Zahl der Könige, die zur Zeit der Wikinger im 9. Jahrhundert noch sehr groß war, ging deutlich zurück. Neben einer alten dynastischen Linie – oder vielleicht waren es zwei: die Nachkommen Gudfreds und Haralds, die im Süden Jütlands um die Vorherrschaft stritten – regierten im 9. Jahrhundert mehrere unabhängige Könige im Vestfold westlich des Oslofjords in Norwegen und auf der Insel Bornholm. Auch Birka und Schweden, weiter im Osten, hatten eigene Könige. Eine große Zahl weiterer Könige tauchte zur Zeit des Großen Heeres ab 860 in den westlichen Gewässern auf. Von etwa einem Dutzend, die zu verschiedenen Zeiten lebten, kennen wir die Namen. Es sind nicht so viele, dass man sagen könnte, König sei ein Titel gewesen, den sich praktisch jeder zulegen konnte, zumal es die im Status niedrigeren Jarls gab. Zur Zeit Harald Blauzahns hingegen tauchen in Schweden häufiger weitere Könige auf, einige auch in Norwegen. Das lässt vermuten, dass das Wort einen Bedeutungswandel erfuhr (wie auch in anderen kulturellen Kontexten) und nicht mehr jemanden bezeichnete, der aus einer bedeutenden Familie stammte, sondern jemanden, der Herrscher über ein größeres Territorium war, was eher unserem heutigen Verständnis entspricht.[28]

Die Jelling-Dynastie baute ihre Macht aus, indem sie in den unruhigen Jahren des späten 9. Jahrhunderts Territorien unter ihre Kontrolle brachte, die zuvor eigene Herrscher gehabt hatten. Vielleicht war es der Erfolg dieser Dynastie, der den Bedeutungswandel des Wortes »König« bewirkte. Gorms Gattin Thyra wird in einer Inschrift »der Stolz Dänemarks« genannt. Aus dem damaligen Sprachgebrauch lässt sich überzeugend herleiten, dass im 9. Jahrhundert der Bestandteil »mark« in »Dänemark« so viel wie »Regionen, die an das dänische Königreich angrenzen« bedeutete – also etwas anderes als das Hauptzentrum der dänischen Monarchie, vielleicht das nördliche Jütland oder die südlichen Ostseeinseln. Trotz der erheblichen Unterschiede im kulturellen Kontext waren also auch die politischen Aktivitäten der Jelling-Dynastie im Wesentlichen darauf ausgerichtet, zuvor unabhängige Regionen zusammenzuführen. Gorm leitete diesen Prozess ein, seine Nachfolger setzten ihn fort. Durch die Schlacht am Limfjord fügte Harald Blauzahn seinem Reich Norwegen hinzu, übte die Herrschaft jedoch nur indirekt über die Jarls von Lade aus. Sven Gabelbart und Knut der Große konnten Norwegen während des größten Teils ihrer Regentschaft halten, zeitweise erstreckte sich ihre Herrschaft auch auf die Westküste des heutigen Schweden. Doch nicht alle unabhängigen Herrscher verschwanden über Nacht. Noch im 11. Jahrhundert waren Jütland und die Inseln Fünen und Sjælland teilweise eigenständig.[29]

Der Prozess der Staatenbildung verlief überall ähnlich: Stets gelang es einer dynastischen Linie, gleichrangige Rivalen in der unmittelbaren Nachbarschaft zu verdrängen oder zu eliminieren und so mehr Land unter ihre Kontrolle zu bringen. Die Unwägbarkeiten dieses Prozesses erklären die Neigung, Randgebiete zu tauschen. Da alle diese Gebiete zuvor unabhängig waren, verwundert es nicht, dass einige von ihnen sich noch lange, nachdem sie die Oberherrschaft der Dynastie akzeptiert hatten, eine gewisse Autonomie erhalten konnten, besonders in einem Umfeld, in dem die Könige durch Rundreisen und Charisma regierten und noch nicht über eine voll entwickelte Bürokratie verfügten. Doch die Geschichte der Staatenbildung im Norden und Osten am Ende des 1. Jahrtausends erschöpft sich nicht in spannenden Geschichten über große Persönlichkeiten. An ehrgeizigen Individuen, die ihre Macht vergrößern und Rivalen ausstechen wollen, herrscht in der Weltgeschichte kein Mangel. Aber nur in seltenen Fällen gehen daraus neue, mächtige Staatsgebilde hervor. Daher müssen wir auch die tieferen strukturellen Veränderungen betrachten, die es erst ermöglichten, dass der Ehrgeiz Einzelner zu so beeindruckenden Resultaten führte.

Staatenbildung

Viele der beschriebenen Veränderungen ähnelten jenen, die in der ersten Hälfte des Jahrtausends große politische Gebilde an den Rändern des Römischen Reiches entstehen ließen. Auf lange Sicht wurde der Prozess der Staatenbildung in Nord- und Osteuropa durch einen tiefgreifenden sozialen und ökonomischen Wandel vorangetrieben. Dies zeigt sich am deutlichsten in der slawischen Welt, trifft jedoch in erheblichem Umfang auch auf Skandinavien zu.

Bis zur Mitte des 1. Jahrtausends waren bei den Slawen und in den slawisch dominierten Gesellschaften soziale Ungleichheiten noch gering ausgeprägt. Woher die Slawen, die im 6. Jahrhundert plötzlich an den Rändern des Mittelmeerraums auftauchten, genau kamen, wissen wir nicht, jedenfalls aber aus den noch unentwickelten, waldreichen Regionen Osteuropas. Die Menschen dort lebten in kleinen Siedlungen – eher Weilern – und hielten sich während der Eisenzeit als Bauern knapp über dem Subsistenzniveau. Das schuf nur wenige Möglichkeiten, soziale Rangunterschiede in materieller Form auszudrücken. Dies änderte sich radikal schon im 6. Jahrhundert infolge der Migrationsprozesse, die einige Slawen in direkten Kontakt mit dem höher entwickelten Mittelmeerraum brachten. Plötzlich schuf ein Strom bis dahin ungekannten Reichtums – der etwa zu gleichen Teilen aus Raub, Söldnerlohn und vertraglich vereinbarten Subsidienzahlungen erwuchs – Ungleichheiten, die neue soziale Strukturen erzeugten. Sie manifestierten sich nach 575 im Aufstieg einer neuen Klasse von militärischen Führern, die große Gebiete mit mehreren tausend Menschen beherrschten. Korčak-Funde lassen jedoch vermuten, dass Teile der slawischen Gesellschaft an älteren, egalitären Formen des Zusammenlebens festhielten oder sogar in verschiedenen Richtungen von der oströmischen Grenze wegzogen, um ihren Lebensstil bewahren zu können.[30]

Die neuen slawischen Reiche des 9. und 10. Jahrhunderts hoben diese Ungleichheiten deutlich hervor. Das zeigt sich vor allem an den bewaffneten Gefolgen, dem klassischen Instrument sozialer und politischer Macht, das bei der Transformation der germanischen Welt eine so große Rolle gespielt hatte. Wahrscheinlich hatten auch die slawischen Führer des 6. Jahrhunderts ihre Gefolgsleute, doch ein permanentes bewaffnetes Gefolge taucht in keiner Quelle als größerer militärischer oder sozialer Machtfaktor auf. Der Gegensatz zum 9. und 10. Jahrhundert könnte größer nicht sein. Arabische Geographen berichten, Mieszko von Polen habe eine persönliche Streitmacht von 3000 Kriegern unterhalten. In Böhmen präsentierten sich die 14 *duces* bei ihrer Taufe »mit ihren Mannen«, und die frühen böhmischen Texte über Wenzel erwähnen nicht nur sein persönliches Gefolge, sondern auch das seines Bruders Boleslaw I. Fränkische Texte verweisen in ähnlicher Manier auf die »Mannen« Mojmírs I. und seines Neffen Zwentibald in Mähren, und auch in Russland spielten diese Gefolge eine große Rolle. Den arabischen Geographen zufolge gebot der herrschende Fürst der Rus im Norden um das Jahr 900 über ein Gefolge von 400 Mann, wiederholt ist in der *Nestorchronik* von solchen Gefolgen die Rede, wenn geschildert wird, wie die frühen Könige ihre Machtansprüche durchsetzten. So erhöhte Igor die Tribute, die er den Drewljanen abverlangte, allein deshalb, um die Forderungen seiner »Mannen« zu erfüllen. Er wäre besser nicht auf sie eingegangen, denn die Tributpflichtigen waren so empört, dass sie ihn erschlugen. Wie wir bei den Germanen im Einflussbereich des Römischen Reiches gesehen haben, erhöhte ein permanentes militärisches Gefolge die Fähigkeit der Herrscher erheblich, ihre dynastischen Rivalen in Schach zu halten und der Bevölkerung Verpflichtungen wie Wehr- und Arbeitsdienste aufzuerlegen. Auf diese Weise spielten die militärischen Gefolge für den Prozess der Staatenbildung eine entscheidende Rolle, nicht zuletzt dadurch, dass – wie bei den Germanen – die Macht sehr viel stärker dynastisch geprägt war.

Noch im 6. Jahrhundert hat es keinerlei Anzeichen dafür gegeben, dass Herrschaft in irgendeiner Form erblich geworden wäre, so groß die Macht Einzelner auch war.[31] Aber im 9. und 10. Jahrhundert dominierten bereits Dynastien die Politik, und die Erblichkeit der Macht wurde zur Regel.

Sowohl geschichtswissenschaftliche Studien als auch populäre Darstellungen zeichnen häufig ein egalitäres Bild der slawischen Gesellschaft um 500. Sie umgeben die Slawisierung mit einem Hauch von Flower Power und stützen sich dabei auf oströmische Quellen, laut denen die slawische Gesellschaft des 6. Jahrhunderts sozial nur gering differenziert und ungewöhnlich offen gewesen sei, Gefangene als freie und gleichberechtigte Mitglieder aufzunehmen. Doch solche Mythen sind mit Vorsicht zu genießen. Ein höherer Status musste sich nicht unbedingt in materiellem Besitz ausdrücken – es genügte, dass jene, die ihn besaßen, weniger hart arbeiten mussten, mehr zu essen hatten und ihr Wort größeres Gewicht besaß.[32]

Wie egalitär wir uns die slawische Gesellschaft um 500 auch vorstellen, bis zum 10. Jahrhundert hatte sie sich vollkommen gewandelt: Politische Macht war erblich geworden und reichte mit Hilfe der dauerhaften militärischen Gefolge weiter denn je. Zudem hatte die slawische Gesellschaft deutlich differenzierte, hierarchisch gegliederte Klassen mit vermutlich vererbbarer Zugehörigkeit ausgebildet.

In allen slawischen und skandinavischen Gesellschaften gab es am Ende des 1. Jahrtausends auch Gruppen von Unfreien. Der Sklavenhandel spielte seit dem 8. Jahrhundert überall in Mittel- und Osteuropa eine große Rolle. Daneben wurde mit der Entwicklung der neuen staatlichen Strukturen das unfreie »Frondorf« zu einem wichtigen Wirtschaftsfaktor. Aus den verfügbaren Quellen geht nicht klar hervor, ob deren Bewohner einen höheren Status genossen als Sklaven, die man einfach verkaufen konnte. Vielleicht standen sie auf derselben Stufe wie die »Freigelassenen«, denen wir in der germanischen Welt begegnet sind. Jedenfalls war im 10. Jahrhundert ein großer Teil der slawischen Bevölkerung dauerhaft sozial auf einen niedrigeren Rang herabgestuft, den ihre Kinder erbten.

Am anderen Ende der sozialen Leiter hatte sich eine Elite etabliert, in unseren Quellen oft als *optimates* bezeichnet. Von diesen Männern erfahren wir beispielsweise, dass sie 982 in Prag zusammenkamen, um ihre Zustimmung zu Adalberts Wahl zum Bischof von Prag zu bekunden. Im Russland der Rurikiden waren sie diejenigen, die in den Siedlungen das Sagen hatten. Manche waren so unabhängig, dass sie ihre eigenen Unterhändler zu Vertragsverhandlungen nach Konstantinopel schickten. Personen mit einem vergleichbar hohen

Status tauchen im frühen 11. Jahrhundert auch im Tross des Königs von Polen auf, und es waren wahrscheinlich solche Männer, die polnische und andere Könige zum Festgelage luden, wenn sie sich auf der Rundreise durch ihr Land befanden. In Mähren könnte es diese *optimates* sogar schon ein Jahrhundert früher gegeben haben, wenn man die fünf sogenannten Fürstensitze so deuten will, die auf einem 100 Hektar großen Gelände bei Mikulčice freigelegt wurden. Allerdings könnten diese auch niedrigrangigen Mitgliedern der Herrscherdynastie gehört haben. Die Zeugnisse lassen vermuten, dass sich diese soziale Gruppe aus drei Elementen rekrutierte: erstens den unmittelbaren Gefolgsleuten der neuen Dynastie, zweitens den Eliten der ursprünglich unabhängigen Gemeinschaften (ob von slawisch-skandinavischen Handelsunternehmen in Russland oder den »Stämmen« in Böhmen, Mähren und Polen), die die Oberhoheit der neuen Dynastie anerkannten, und drittens den weniger bedeutenden Angehörigen der herrschenden Linie. Polygamie war auch nach der Christianisierung nicht ungewöhnlich, weshalb es stets eine große Zahl von Prinzen gab. Mit der Zeit wuchsen diese drei Gruppen zum Adelsstand eines Königreichs zusammen.

Wie in der frühen Germanenzeit gab es auch hier eine breite Klasse von Freien, die zwischen dem Adel und den Unfreien standen. Sie tauchen in Urkunden in sämtlichen großen Königreichen auf, mit Ausnahme von Mähren, das nicht lange genug existierte, um solche Schriftstücke zu hinterlassen. Parallele Entwicklungen im übrigen Europa des späten 1. Jahrtausends lassen vermuten, dass sich aus den Freien der Großteil der Streitmacht rekrutierte, die das hochspezialisierte militärische Gefolge der Herrscher ergänzte. Die Unfreien hingegen verrichteten niedrigere Dienste, etwa die Arbeiten an den zahlreichen imposanten Bauwerken dieser Königreiche. Der Militärdienst war, obgleich gefährlich, Personen von höherem Status vorbehalten.[33]

Ob nun die slawische Gesellschaft im 6. Jahrhundert egalitär war oder nicht, fest steht, dass sie zwischen 500 und 1000 einen radikalen Wandel erlebte. Die Macht eines Führers im 6. Jahrhundert war an seine Person gebunden und konnte nicht vererbt werden. Auch gibt es in dieser Zeit keine Hinweise auf einen erblichen Adelsstand oder auf dauerhaft unfreie Bevölkerungsgruppen. Im 10. Jahrhundert hatte sich das vollständig geändert. Die Erblichkeit der Macht, die soziale und militärische Vorrangstellung der Gefolgsleute und Adligen und eine sozial geschichtete Bevölkerung, der man wichtige Leistungen wie Nahrungsbeschaffung, Arbeits- oder Militärdienste auferlegen konnte – all das waren Schlüsselelemente der neuen Strukturen, die es im 6. Jahrhundert noch nicht gegeben hatte.

Die Frage, wann sich die einzelnen Elemente herausbildeten, ist schwer zu beantworten. Einige dieser Veränderungen bahnten sich über lange Zeit an. Die Slawen in Mitteleuropa hatten bereits mächtige Fürsten, als es ihnen im Verlauf der Kriegszüge Karls des Großen in den 790er Jahren gelang, die Awarenherrschaft abzuschütteln. Die Chroniken verzeichneten schon damals etliche Fürsten – Vojnomir, Manomir und Ljudevit –, die allesamt in der Lage waren, eine starke Streitmacht zu mobilisieren. Solche Führungsqualitäten waren ihnen gewiss nicht über Nacht zugewachsen, sie hatten sich vermutlich während der Awarenzeit herausgebildet. Dafür spricht auch, dass sowohl in Mähren als auch in Böhmen bereits im 9. Jahrhundert an einzelnen Orten *duces* mit fest etablierter erblicher Macht auftraten. Andererseits handelte es sich wohl bei den meisten Hügelfestungen, die bis zum 9. Jahrhundert auf slawischem Territorium entstanden, um gemeinschaftlich von der Bevölkerung angelegte Fluchtburgen. Nichts deutet darauf hin, dass sie Elitesitze oder überhaupt dauerhaft bewohnt gewesen wären oder dass eine Person höheren Ranges sie hätte bauen lassen.[34] Auch wenn um 800 eine Klasse von Führern mit erblicher Macht entstanden war, sollte man die Reichweite ihrer Macht nicht zu hoch einschätzen.

Nicht weniger bedeutsam sind die gesellschaftlichen Veränderungen durch die Staatenbildung. Der zunehmende Reichtum der Dynastien führte zur Entstehung immer größerer und mächtigerer Gefolgschaften. Gleichzeitig bildete sich allmählich ein Adelsstand heraus. In Böhmen, Mähren und Polen wurden die alten gemeinschaftlichen Fluchtburgen auf den Hügeln geschleift und durch befestigte Sitze der neuen Dynastien ersetzt. Zugleich nahm der Sklavenhandel, der im 8. Jahrhundert begonnen hatte, im 9. und 10. Jahrhundert einen gewaltigen Aufschwung. Diese Entwicklungen waren mit ein Grund für die wachsende Zahl von Unfreien, sofern diese Klasse nicht überhaupt erst jetzt entstand. Ich vermute, dass bereits um das Jahr 800 eine Reihe von Führern mit erblicher Macht hervortraten, doch die Staatenbildung nach dem Zusammenbruch des Awarenreichs beschleunigte diese Entwicklung erheblich.

Eine andere Frage ist, in welchem Umfang sich dieses Modell des sozialen Wandels auf Dänemark übertragen lässt, wo es im Unterschied zu den slawischen und skandinavisch-slawischen Gesellschaften nicht um eine Staatenbildung im eigentlichen Sinn, sondern eher um eine Umgestaltung ging. Staatsähnliche Strukturen hatte es bereits im 8. Jahrhundert im Süden Jütlands und auf den angrenzenden Inseln gegeben, bevor sie dem Reichtum, den die Wikinger ins Land brachten, zum Opfer fielen. Das lässt vermuten – und die Quellen bestätigen es –, dass die skandinavische Gesellschaft in den beiden letzten Jahrhunderten des 1. Jahrtausends bereits stärker durch Ungleichheit gekennzeichnet war als die slawische. Schon in Quellen aus der Wikingerzeit ist von Königen, Jarls, Freien und Unfreien (Leibeigenen) die Rede. Das lag auch an der Tatsache, dass Skandinavien – oder zumindest Dänemark – zur germanischen Welt gehörte, wenn auch mehr zu ihrer äußeren als zu ihrer inneren Peripherie. Dadurch hatte Dänemark bereits in der ersten Hälfte des 1. Jahrtausends im Austausch mit dem Römischen Reich gestanden und war schon früher von soziopolitischen Transformationen erfasst worden, wie der Zustrom römischer Waren und die Waffenfunde in den Mooren zeigen. Die Herausbildung eines dänischen Reiches im späten 9. und 10. Jahrhundert bewirkte vermutlich eher eine Verschiebung innerhalb des bestehenden Machtgefüges der herrschenden Dynastien als einen grundlegenden sozialen Wandel wie bei den benachbarten Slawen.[35]

Ohne eine soziale Umwälzung, die teils Ursache, teils Folge war, wäre die Staatenbildung zumindest in den slawischen Ländern zu jener Zeit nicht möglich gewesen. Doch mit einem sozialen Wandel solchen Ausmaßes ist stets auch eine wirtschaftliche Umstrukturierung verbunden. Die ökonomischen Veränderungen gingen der Staatenbildung teilweise voraus und waren deren notwendige Bedingung; später trieben die Staaten selbst diese Entwicklungen weiter voran.

Besonders schwierig ist es, präzise Aussagen zur Entwicklung der Landwirtschaft zu machen. Das liegt nicht zuletzt an der schieren Größe des slawisch dominierten Territoriums, wo sich die Landwirtschaft nicht überall in gleicher Weise entwickelte oder entwickeln konnte. Dennoch gibt es deutliche, wenngleich eher allgemeine Anzeichen für eine enorme Steigerung der Erträge. Eine Agrarrevolution war in Gang gekommen, auch wenn sie sich nicht allerorten mit dem gleichen Tempo entfaltete. Dank besserer Produktionsmethoden konnte mehr Land bestellt und die Fruchtbarkeit der Böden länger erhalten werden. Das belegen die umfangreichen Rodungen in Mittel- und Osteuropa in der zweiten Hälfte des 1. Jahrtausends. Pollenanalysen aus Polen belegen, dass das Verhältnis von Gras- und Baumpollen zu Getreidepollen in diesen Jahrhunderten von ursprünglich 3 zu 1 auf 1 zu 1 sank, was auf eine Verdoppelung der landwirtschaftlichen Nutzfläche schließen lässt. Das gilt aber nicht für das gesamte slawische Europa; im Norden und Osten war die Veränderung sicherlich nicht so stark. Doch selbst in Russland besteht ein enger Zusammenhang zwischen der Ausbreitung der slawischen Kulturen in nördlicher und östlicher Richtung und der verstärkten landwirtschaftlichen Nutzung der Waldsteppen und der Waldzonen mit gemäßigtem Klima in der Osteuropäischen Tiefebene. An einer generellen Expansion der landwirtschaftlichen Produktion ist also nicht zu zweifeln.[36]

Auch die Verbreitung effizienterer Ackerbaumethoden lässt sich in ihren Grundzügen nachzeichnen. Durch Kontakt mit dem Mittelmeerraum lernten die Slawen leistungsfähigere Pflüge kennen, mit denen die Erde umgebrochen werden konnte, so dass Unkraut und Erntereste im Boden verrotteten und dort ihre Nährstoffe freisetzten. Das erhöhte nicht nur die Erträge, sondern hielt die Böden auch länger fruchtbar. Andere Verbesserungen hatten sich in der Anfangszeit noch nicht in vollem Umfang durchgesetzt. Die fortschrittlichste Bewirtschaftungsmethode des Mittelalters war das System der Grundherrschaft. Es handelte sich um ein autarkes, Ackerbau und Viehzucht kombinierendes Produktionssystem mit einem großen Arbeitskräftereservoir, das zentral dirigiert und höchst effektiv eingesetzt werden konnte. Dadurch ließen sich die Kosten insbesondere für Ackergerät und Zugtiere minimieren. Natürlich war es auch ein Instrument zur strengen sozialen Kontrolle, doch das steht auf einem anderen Blatt. Entscheidend ist, dass sich die Landwirtschaft in Mittel- und Osteuropa erst vom 11. Jahrhundert an vollständig zum System der Grundherrschaft wandelte, das heißt, erst nach der Staatsbildung. Diese Erkenntnis war ein schwerer Schlag für gläubige Marxisten, waren für sie doch alle diese politischen Gebilde »Feudalstaaten«, die zwangsläufig aus einer auf Grundherrschaft aufbauenden Agrargesellschaft hervorgehen. Auch wenn die Entwicklung zur Grundherrschaft im 9. und 10. Jahrhundert erst am Anfang stand, waren einige wichtige Veränderungen in dieser Richtung bereits im Gang. Insbesondere zeigen Pollenproben aus dem 10. Jahrhundert eine stetige Zunahme des Anbaus von Roggen. Eher eine Wintersaat, ist er eng mit dem Wechsel von einer Zweifelder- zu einer Dreifelderwirtschaft verknüpft, durch die sich sowohl die nutzbare Ackerfläche vergrößern (es können stets zwei Drittel und nicht bloß die Hälfte des Landes bestellt werden) als auch die Fruchtbarkeit des Bodens besser erhalten lässt. Diese Entwicklung liegt möglicherweise auch der Beobachtung arabischer Geographen zugrunde, denen zufolge die Slawen nicht bloß eine, sondern zwei Ernten pro Jahr einführen.[37] Weitere wichtige Veränderungen standen noch aus, doch um das Jahr 1000 wurde in Mittel- und Osteuropa deutlich mehr Nahrung produziert als 500 Jahre zuvor.

Das wirkte sich gleich in mehrfacher Hinsicht auf die Staatenbildung aus. Erst die Überschüsse an Nahrungsmitteln ermöglichten es den Herrschern, sich mit einem spezialisierten bewaffneten Gefolge und Funktionsträgern zu umgeben, die nicht in die landwirtschaftliche Produktion eingebunden waren. Eine soziale Ausdifferenzierung ist ohne wirtschaftliche Überschüsse nicht möglich. Das größere Nahrungsangebot führte außerdem zu Bevölkerungswachstum, ebenfalls eine Voraussetzung für die Staatenbildung in der geschilderten Form. Ohne Bevölkerungswachstum hätte es auch die für die ehrgeizigen Bauprojekte benötigten zusätzlichen Arbeitskräfte nicht gegeben. Nicht minder bedeutsam, wenn auch nicht mit konkreten Zahlen zu belegen, waren die Auswirkungen des verstärkten Wettbewerbs um die verfügbaren Ressourcen, den die zunehmende Bevölkerungsdichte in Mittel- und Osteuropa mit sich brachte. Der größere Erfolg, den die Zugehörigkeit zu einer Gruppe dem Einzelnen verspricht, war zu allen Zeiten ein starker Antrieb, sich trotz der damit verbundenen Zwänge mit anderen zusammenzutun. Dass Bauern – oder zumindest einige von ihnen – bereit waren, Naturalabgaben und Frondienste für die aufstrebenden Dynastien zu leisten, hing auch damit zusammen, dass sie als Gegenleistung militärischen Schutz für ihr Land erhielten.[38]

Doch im barbarischen Europa zwischen 500 und 1000 veränderte sich viel mehr als die Bevölkerungszahl und die Menge der verfügbaren Nahrungsmittel. Die militärischen Gefolge benötigten Waffen und Rüstungen, und die neuen Herrscher des 10. Jahrhunderts verfügten über erhebliche Mengen Edelmetall (wie das Goldkreuz zeigt, das Bolesław I. für Adalberts Grab spendete) sowie über alle anderen Ressourcen – außer Arbeitskräften –, um Prestigebauten wie Kirchen und Burganlagen, Ausdruck einer neuen Zeit, zu errichten und auszuschmücken.

Der wichtigste Wirtschaftsfaktor außer der Landwirtschaft war das internationale Handelsnetz für Pelze und Sklaven. Bereits im 7. Jahrhundert bildete es sich im Westen heraus, im 8. Jahrhundert erstreckte es sich bis in den Ostseeraum, und im frühen 9. Jahrhundert dehnte es sich über ganz Osteuropa aus. Wir haben bereits gesehen, welche Rolle die seefahrenden Skandinavier beim Weiterknüpfen dieses Netzes über große Distanzen hinweg spielten und welche zentrale Bedeutung es während der Wikingerära hatte. In dieser Zeit floss ein gewaltiger Strom an Rohstoffen aus dem Norden und Osten Europas, und entsprechende Gegenwerte nahmen die andere Richtung. Dazu zählten vermutlich große Mengen kunstvoll gearbeiteter Seidenstoffe, die Byzanz im Tausch für Importgüter zu bieten hatte. Was die Archäologen reichlich fanden, waren Silbermünzen, meist aus der muslimischen Welt, aber auch aus Westeuropa.

Natürlich schöpften die Könige ihren Anteil dieser Reichtümer in Form von Zöllen ab oder boten den Kaufleuten sichere Handelsplätze, für deren Nutzung sie Abgaben erhoben. Zu Beginn des 9. Jahrhunderts nötigte der dänische König Gudfred die Kaufleute des auf slawischem Gebiet liegenden Reric, ihre

Tätigkeit in sein neu errichtetes Handelszentrum Haithabu im Süden Jütlands zu verlegen. Diese Zwangsumsiedlung ist in historischen Quellen verzeichnet und wurde archäologisch bestätigt. Dendrochronologische Untersuchungen belegen, dass Haithabu um 810 entstand, als Gudfred auf dem Höhepunkt seiner Macht war. Auch Prag, eines der wichtigsten Zentren der Přemysliden-Dynastie Böhmens, war nach Berichten muslimischer Geographen ein bedeutender Umschlagplatz für den Sklavenhandel. Die dort erhobenen Abgaben müssen die Schatztruhen der Herrscherdynastie kräftig gefüllt haben, und Wenzel von Böhmen wurde auch deshalb ermordet, weil er den Sklavenhandel verbieten wollte (Abb. 28).

Kiew, die neue Heimat der Rurikiden im 10. Jahrhundert, war ebenfalls ein bedeutender Umschlagplatz. Byzantinische und russische Quellen berichten übereinstimmend, dass sich von hier aus seit dem frühen 10. Jahrhundert jedes Frühjahr die Handelsflotten der Rus auf den Weg nach Konstantinopel machten. Und im frühen 11. Jahrhundert, so wissen wir von Thietmar von Merseburg, konnte sich Kiew rühmen, nicht weniger als acht Märkte zu unterhalten. Über Polen fehlen schriftliche Belege für die Teilnahme an den neuen internationalen Handelsnetzen, doch das liegt sicher nur daran, dass kein entsprechender Text überdauert hat. Auf dem Gebiet der Piastenherrscher wurden muslimische Silbermünzen in solcher Menge gefunden, dass an Polens Einbindung in die Handelsnetze kein Zweifel besteht.[39] Somit gelang es allen neuen Dynastien, die neuen Reichtumsquellen erfolgreich anzuzapfen.

Gelegentlich griffen die neuen Herrscher auch aktiv in das Geschehen ein, um die Handelsnetze zur Steigerung ihrer Gewinne umzugestalten. Dies zeigt sich am deutlichsten bei den Rurikiden. Im 10. Jahrhundert griffen sie zweimal, 911 und 944, zu den Waffen, um von Konstantinopel vorteilhafte Handelsbedingungen zu erzwingen. Unter anderem verlangten sie für ihre Händler einen ganzen Monat freie Kost und Logis in der Stadt. Bedenkt man, was die Skandinavier ursprünglich nach Russland geführt hatte, überrascht es nicht, dass Angehörige der Rurikiden-Dynastie (und nicht nur ihr jeweiliges Oberhaupt) selbst aktive Kaufleute waren, wie aus den Verträgen mit Byzanz hervorgeht. Sie hatten folglich größtes Interesse daran, den Handel insgesamt und ihren Anteil daran zu steigern, aber es ist sehr wahrscheinlich, dass auch andere Herrscher versuchten, die Handelsbeziehungen in ihrem Sinne zu lenken.[40]

Gewiss nahmen alle Dynastien Einfluss auf die Wirtschaft in ihrem Kernland, wie sich aus historischen Quellen und archäologischen Befunden schließen lässt. Gut datierte Keramikfunde belegen für das 10. Jahrhundert eine erstaunlich große Bevölkerungsdichte in den Kerngebieten Polens und Böhmens.

Sie lassen vermuten, dass die dichtere Besiedlung Ergebnis planvollen Handelns war. Eine wichtige Etappe beim Aufstieg der Přemysliden- und der Piasten-Dynastie war die Zerstörung der befestigen Plätze, die zu den alten soziopolitischen Strukturen, den »Stämmen«, gehörten, und die sie im späten 9. und frühen 10. Jahrhundert durch eigene Burgen ersetzten. Dieser Prozess wurde offenbar von einer Zwangsumsiedlung eines Teils der Untertanen ins Kernland der Dynastie begleitet. Einige Umsiedlungen sind in den Quellen verzeichnet. So berichtet die *Nestorchronik*, dass Fürst Wladimir im späten 10. Jahrhundert verschiedene Bevölkerungsgruppen – Slawen, Kriwitschen, Tschuden und Wjatitschen – an Orte entlang der Desna umsiedelte. Hierbei war vermutlich mehr Überredungskunst als Gewalt im Spiel. In Polen und Böhmen haben wir dagegen nicht mehr als den archäologischen Niederschlag einer plötzlich auftretenden Bevölkerungsverdichtung, doch aus frühen Texten (allesamt Schenkungsurkunden von Klöstern) dieser beiden Königreiche (und ebenso aus Russland) geht der Zweck der Umsiedlungen klar hervor: Sie dienten der Errichtung der bereits erwähnten »Frondörfer«, deren unfreie Dorfbewohner neben den üblichen Ernteabgaben dem König besondere Dienste leisten mussten, beispielsweise als Imker oder Pferdezüchter. Dass sie Unfreie waren, ist ein starkes Indiz dafür, dass es sich um Zwangsumsiedlungen handelte.[41]

Die Könige (oder ihre Berater) besaßen genügend ökonomischen Sachverstand, um das Maximum aus ihrem Kernland herauszuholen. Die Art und Weise, wie sie das taten, lässt darauf schließen, dass von einem funktionierenden Markt für landwirtschaftliche Erzeugnisse noch nicht die Rede sein kann. Da die Herrscher die gewünschten Waren nicht einfach kaufen konnten, wiesen sie einzelnen Siedlungen spezialisierte Tätigkeiten zu. Münzfunde und die Tatsache, dass die Bauern ihre Abgaben an den König in Naturalien und nicht in Geld entrichteten, bestätigen, dass es zu dieser Zeit in Nord- und Osteuropa noch kein alltagstaugliches Münzgeld gab. Muslimische Silbermünzen waren zwar reichlich vorhanden, aber deren Wert war viel zu hoch, um damit beispielsweise einen einzelnen Laib Brot zu kaufen. Auch wenn die Könige die Abgaben lieber in Geldform erhielten, weil damit flexibler umzugehen war, konnten sie bei den Bauern nur dann Geld eintreiben, wenn diese die Möglichkeit hatten, Produktionsüberschüsse an Händler zu verkaufen.

Diese Zweiteilung in Zentrum und Peripherie war kein bloßer Nebeneffekt einer schwachen Verkehrsinfrastruktur, sondern spiegelte eine grundsätzliche Eigenschaft des entstehenden Staates. Aufgrund der Politik der herrschenden Dynastien unterschieden sich Zentrum und Peripherie auch in Bevölkerungsdichte und wirtschaftlicher Entwicklung. Im Fall des Kiewer Rurikidenreichs mit seiner besonderen Entstehungsgeschichte hatte der Prozess der Zentrumsbildung noch eine zusätzliche Bedeutung. Bis zur Mitte des 10. Jahrhunderts zeigte die Rurikiden-Dynastie eine ausgeprägte Neigung, ihr Operationszentrum immer wieder zu verlagern. Der vermutlich erste Herrschersitz war Gorodischtsche im Norden (das spätere Nowgorod), unter Oleg im späten 9. Jahrhundert dagegen das südlich gelegene Kiew am Dnjepr.

Dieser Schritt mutet zunächst merkwürdig an, da sich von Gorodischtsche aus der Warenverkehr über die Wolga in die muslimische Welt, der weit einträglicher war als jener über den Dnjepr nach Konstantinopel, hervorragend kontrollieren ließ. Doch Kiew hatte andere Vorteile. Dank seiner Lage in der Waldsteppe ließen sich von dort aus die umliegenden Regionen – die heutige Ukraine – beherrschen, in denen sich im 7. und 8. Jahrhundert slawische Bauerngemeinschaften von beträchtlicher Größe niedergelassen hatten, die über eigene politische Strukturen verfügten. Die Poljanen dominierten das Gebiet rund um Kiew, weitere Gruppen in der Nachbarschaft waren die Drewljanen, die Sewerjanen, die Radimitschen und die Dregowitschen (Karte 19). Kiew lag also vielleicht nicht an der besten Handelsroute, hatte den aufstrebenden skandinavischen Herrschern aber mehr Arbeitskräfte und andere ökonomische Ressourcen zu bieten. Schon zu Olegs Zeiten rekrutierte sich der *Nestorchronik* zufolge die Armee des Großfürsten nicht nur aus Skandinaviern, sondern auch aus Slawisch und Finnisch sprechenden Kriegern. Für den Großfürsten, der mehr als nur ein Handelsfürst sein wollte, war die Ukraine weitaus verlockender als der Norden. Dennoch kamen die Rurikidenführer nicht so schnell zur Ruhe. Swjatoslaw unternahm ausgedehnte Feldzüge, die im Osten bis zur Wolga und im Süden bis zum Kaukasus reichten. Die *Nestorchronik* berichtet, er habe kurz vor seinem Tod erwogen, die Hauptstadt der Dynastie erneut zu verlegen, und zwar an die Donau. Die Bemühungen von Swjatoslaws Sohn Wladimir um eine ökonomische Stärkung des Kernlands von Kiew entlang der Desna hatte zur Folge, dass das Rurikidenreich endgültig im Herzen der Ukraine Wurzeln schlug.[42]

Natürlich wüssten wir über den Zusammenhang zwischen Staatenbildung und wirtschaftlicher Entwicklung im späten 1. Jahrtausend gern genauer Bescheid, zum Beispiel über den Abbau von Eisenerz und seine Verarbeitung. Wie der große Metallbedarf der neuen Armeen befriedigt wurde, entzieht sich unserer Kenntnis. Viele soziale und ökonomische Veränderungen, die die Staatenbildung erst möglich machten, kamen zusammen: Eine effektivere Landwirtschaft, damit verbunden ein erheblicher Bevölkerungszuwachs, eine enorme Vermehrung transportablen Reichtums sowie eine stärkere Auspr ägung gesellschaftlicher Hierarchien, die sich aus der ungleichen Verteilung des Wohlstands ergab. Keiner dieser Prozesse war mit dem Jahr 1000 bereits abgeschlossen. Die Landwirtschaft wurde ab dem 11. Jahrhundert nach dem System der Grundherrschaft völlig neu organisiert, und die Enkel und Urenkel der Dynastiengründer holten Hunderttausende germanischer Bauern in den Osten.[43] Der ganz gewöhnliche Ehrgeiz der Herrschenden zeitigte in dieser Epoche gänzlich ungewöhnliche Ergebnisse, weil ein tiefgreifender sozialer und ökonomischer Wandel eingesetzt hatte, der dazu führte, dass sie gleichsam offene Türen einrannten.

Doch was lag jenem anfänglichen sozialen und ökonomischen Wandel, der den Dynastiengründern so großen Spielraum zur Neugestaltung der Landkarte Mittel- und Osteuropas eröffnete, eigentlich zugrunde?

DER AUFSTIEG DES STAATES

In der Sowjetära schien alles so einfach. Vom 5. Jahrhundert an breiteten sich egalitäre Slawen in Europa aus und lebten friedlich Seite an Seite mit der Ursprungsbevölkerung. Dann folgte ein langer, gemächlicher Prozess der sozialen und ökonomischen Entwicklung, der vier bis fünf Jahrhunderte andauerte. Schließlich bildeten sich in einer nach dem System der Grundherrschaft organisierten Agrarökonomie Klassen heraus, und die ersten Staaten entstanden. Sie gründeten sich auf die ungleiche Verteilung der Verfügungsgewalt über die landwirtschaftlichen Produktionsmittel. So lautet das marxistische Märchen, das mit der historischen Realität wenig zu tun hat. Jüngere Forschungen belegen, wie dramatisch sich diese Staatenbildung in Wirklichkeit vollzog. Vielerorts setzte die Slawisierung überhaupt erst 150 Jahre später ein als man früher annahm, und das System der Grundherrschaft folgte eher der Staatenbildung, als dass es ihr vorausging. Zudem lassen die Ergebnisse der Archäologie Zweifel an dieser Rekonstruktion der sozioökonomischen Entwicklung aufkommen. Es gab vermutlich eine dramatische Endphase, in der die aufstrebenden Dynastien die bestehende soziopolitische Ordnung mit militärischer Gewalt zerschlugen. Die Frage ist, warum die Dynastien im 9. und 10. Jahrhundert auf einmal mit solcher Entschlossenheit die Zügel der Macht in die Hand nehmen konnten. Eine Schlüsselrolle dürfte dabei ein dichter werdendes Netzwerk von Kontakten zwischen dem slawischen Europa und den bereits stärker entwickelten Nachbarreichen gespielt haben.

Das Ostfränkische Reich und seine Nachbarn

Die slawische Welt Mitteleuropas stand in direktem Austausch mit zwei aufeinanderfolgenden Reichen: dem der Karolinger im 8. und 9. Jahrhundert und dem der Ottonen im 10. Jahrhundert. Beide waren nicht so stabil wie ihr Vorgängerreich Rom, aber mächtig genug, dass ihre militärischen und diplomatischen Maßnahmen weit in die benachbarten slawischen und skandinavischen Gesellschaften ausstrahlen konnten. Der unmittelbarste Kontakt der Karolinger wie der Ottonen mit ihren Nachbarn bestand in imperialer Aggression, in dieser Hinsicht ähnelten sie den Römern. Sie stabilisierten ihr politisches System durch Begünstigung lokaler Eliten, die im Gegenzug in ihrem Sinne handelten und ihnen Soldaten stellten.

Doch Karolingern und Ottonen fehlten nicht nur die finanziellen Mittel, durch die die Römer die Kontrolle über den Mittelmeerraum erlangt hatten, ihnen fehlte vor allem die Macht, Steuern zu erheben. Deshalb wurden ihre lokalen Eliten häufig mit Land aus königlichem Besitz bedacht, das man naturgemäß nur einmal vergeben konnte. Zudem barg dieses Vorgehen die Gefahr der Entstehung lokaler Machtzentren und damit einer Zersplitterung des Reiches. Der einzige Ausweg aus diesem Dilemma bestand in der Expansion. Sie stellte für die Herrscher eine Alternative zu dem nachhaltigeren Instrument einer effektiven Besteuerung dar und ermöglichte es ihnen, die lokalen Eliten zu belohnen, ohne ihre eigene Machtbasis zu gefährden. Folglich war die Politik der Karolinger und Ottonen noch aggressiver als einst die römische: In den 90 Jahren zwischen dem Beginn der Herrschaft Karl Martells im Jahr 715 und dem Ende der Regentschaft seines Enkels Karls des Großen standen die Truppen der Karolinger mit Ausnahme von fünf Jahren permanent im Feld. Und in der ersten Hälfte des 10. Jahrhunderts war der »Drang nach Osten«, den die ursprünglich herrschende sächsische Fürstendynastie verspürte, ausschlaggebend dafür, dass es Heinrich I. und seinem Sohn Otto I. gelang, alle Konkurrenten auszustechen und sich als die Erben des Karolingerreichs zu etablieren.[44]

Eroberungen gingen stets mit Plünderungen einher. Gewinnträchtiger war aber die systematische, auf lange Sicht angelegte Ausbeutung, in die auch nicht vollständig unterworfene Gebiete einbezogen wurden. Seit der Zeit Heinrichs I. musste Böhmen jährlich Tribute entrichten und nach 950 den Kaiser zudem mit Soldaten unterstützen. Auch Mieszko I. war ab Mitte der 960er Jahre ungefähr ein Jahrzehnt tributpflichtig. Gebiete, die stärker unter der Kontrolle des Kaisers standen, wurden stärker ausgebeutet. Erfolgreiche Kampagnen gegen die Elbslawen (kleine Gruppen, die in der ersten Hälfte des

10. Jahrhunderts zwischen Elbe und Oder lebten, siehe Karte 14) ermöglichten es den Ottonen, östlich der Elbe neun größere Sammelstellen für Abgaben einzurichten (in den Quellen *urbes*, Städte, oder *Burgwarde* genannt). Hier wurde abgeliefert, was in den Urkunden beschönigend als die »jährlichen Geschenke« der Slawen bezeichnet wird, von denen ein nicht unbeträchtlicher Teil an die beiden favorisierten Kirchenfürsten der Ottonen floss, die Erzbischöfe von Magdeburg und Meißen. All dies wird in Urkunden dokumentiert. Aber nicht nur kirchliche Institutionen profitierten von den neuen Reichtümern. Posten in diesen Regionen – »Marken«, wie man sie nannte – boten vielfältige Möglichkeiten, sich die Taschen zu füllen, und waren dementsprechend begehrt. Die großen Familien des Reiches führten gelegentlich erbitterte Fehden um solche einträglichen Pfründe.[45]

Doch mehr als die Auswirkungen dieser Expansionspolitik auf die großen Reiche interessiert uns hier, wie die Bevölkerung reagierte, deren Land man einfach verteilte. Sie versuchte nach Kräften die Ansprüche des Reiches abzuwehren, wobei eine der erfolgreichsten Strategien darin bestand, sich mit anderen unabhängigen politischen Gebilden zu einer größeren Einheit zusammenzuschließen. So gesehen trugen die Expansionsbestrebungen der frühmittelalterlichen Kaiser erheblich zur politischen Konsolidierung Europas bei.

Das beste Beispiel liefern die Elbslawen, deren Staatsbildung allerdings scheiterte. Sie bekamen den ottonischen Imperialismus mit voller Wucht zu spüren. 983 wagten sie während einer Krise des Ottonischen Reiches eine kurzfristig erfolgreiche Rebellion. Ihre Abneigung gegen die Herrschaft ihrer imperialen Nachbarn, insbesondere gegen die kirchlichen Institutionen, die sie so schamlos ausplünderten, entlud sich in einer Reihe von Gewalttakten gegen Kirchen und Kleriker, die in großer Ausführlichkeit in christlichen Quellen beschrieben sind. Interessant an dieser Revolte ist vor allem, dass ihr Erfolg in hohem Maß auf einer politischen Neustrukturierung beruhte. Als die Elbslawen sich der ottonischen Herrschaft beugen mussten, waren sie in etliche kleine politische Einheiten zersplittert. Ihre erfolgreiche Rebellion führten sie jedoch als neu gebildete Allianz, die in den Quellen alsbald unter der Bezeichnung »Liutizen« auftaucht. Die Liutizen waren also kein neues Volk, sondern ein altbekanntes, das sich neu organisiert hatte. Bittere Erfahrungen hatten die Elbslawen gelehrt, was vor ihnen bereits die Germanen an den Rändern des Römischen Reiches erkannt hatten: dass viele gegen eine benachbarte Großmacht mehr ausrichten als wenige.[46]

Das Verhältnis zu dem großen Nachbarn besserte sich auch nicht, als dessen Expansions- und Eroberungsphase zu Ende ging. Otto III. unterhielt ausgezeichnete Beziehungen zu den Böhmen und den Polen, die ihren Höhepunkt in seiner Wallfahrt zu Adalberts Grab fanden. Nach Ottos Tod nahm die kaiserliche Politik jedoch eine dramatische Wende. Sein Vetter Heinrich begann nach der Thronbesteigung im Jahr 1003 einen 14 Jahre dauernden Krieg gegen das Piastenreich. Und dabei hatte der neue Kaiser keine Bedenken, die heidnischen Elbslawen gegen seine christlichen Glaubensbrüder einzusetzen. Denn die Bewohner der Gebiete östlich der Elbe wurden stets als Menschen zweiter Klasse angesehen, die man skrupellos benutzen und ausbeuten konnte. Dahinter steckte die menschenverachtende Ideologie der Römer, die alle »Barbaren« auf eine Stufe mit Tieren stellte. Den Polen und den Böhmen kam immerhin zugute, dass sie Christen waren. Doch selbst christianisierte slawische Reiche wurden nicht als gleichwertig betrachtet und mussten ständig Übergriffe ihres imperialen Nachbarn fürchten.[47] Schon die Diplomatie des 9. und 10. Jahrhunderts kennt zahlreiche Beispiele für eine launenhafte kaiserliche Politik gegenüber diesen Ländern, unter der Polen dann im frühen 11. Jahrhundert so viel zu leiden hatte.

So gehörten die elbslawischen Abodriten im späten 8. Jahrhundert zu den wichtigsten Verbündeten Karls des Großen, als dieser in langen und mühseligen Kämpfen Sachsen eroberte. Die Abodriten, die an der Ostgrenze Sachsens lebten, sorgten für eine zweite Front, während die Karolinger von Süden und Westen angriffen. Karl der Große, der ihnen für diese Unterstützung dankbar war, belohnte sie mit Land, direkter militärischer und diplomatischer Unterstützung sowie mit Handelsprivilegien. Als Sachsen schließlich in das Reich Karls des Großen eingegliedert und auch noch dessen Herrschaftszentrum geworden war, verloren die Abodriten jedoch ihre strategische Bedeutung. In den einstigen nützlichen Verbündeten sahen die Karolinger jetzt mögliche Untertanen. Zwar entgingen die Abodriten einer direkten Eroberung, doch der diplomatische Umgangston ihnen gegenüber wurde zunehmend aggressiv. Dies gipfelte in einem Bankett, organisiert von einem Grenzkommandanten, dem Markgrafen Gero, bei dem 30 Führer der Abodriten ermordet wurden. Im folgenden Jahrhundert bekamen auch die Führer der Mähren zu spüren, dass das Leben an der Reichsgrenze kein Honigschlecken war. Zwentibald beispielsweise kam mit Hilfe der Ostkarolinger 870 an die Macht. Nach nur drei Jahren endete seine Glückssträhne. Er wurde mehrere Monate eingekerkert, eine Behandlung, für die er sich rächte, indem er anschließend in Baiern einfiel.[48]

Es war gefährlich, in unmittelbarer Nähe eines so mächtigen Reiches zu leben. Doch interessant ist vor allem, was die kaiserlichen Übergriffe in den Grenzgebieten bewirkten. Die Revolte der Elbslawen ist nur ein besonders deutliches Beispiel, wohin berechtigter Unmut führen konnte. Bei der mährischen Dynastie äußerte sich die Ablehnung im religiösen Bereich. Auch hier entschied sich die Herrscherlinie für das Christentum. Doch statt es einfach von den Karolingern anzunehmen, holte man im Jahr 863 mit päpstlichem Segen die byzantinischen Missionare Kyrill und Method ins Land. Das zeigt, wie viel Misstrauen die Mähren gegenüber allem hegten, was aus dem Frankenreich kam. Nach Methods Tod wurden die Mähren alsbald gewaltsam auf die »richtige« religiöse Linie eingeschworen. Die Anhänger des Missionars wurden vertrieben und 885 durch fränkische Kleriker ersetzt. Doch die Mähren blieben weiterhin rebellisch, wie sich in dem bereits erwähnten Vorfall des Jahres 882 zeigte, als Zwentibald, Herzog der Mähren, und seine Männer die fränkischen Grafen Werinher und Wezilo gefangen nahmen und ihnen die Zunge, die rechte Hand und die Geschlechtsteile abschnitten.

Die Mähren wollten sich damit für die Behandlung rächen, die sie hatten erdulden müssen, als Engischalk das Kommando in der Grenzregion innegehabt hatte. Außerdem wollten sie dafür sorgen, dass Engischalks Söhne nicht an die Stelle ihres Vaters treten konnten. Natürlich kann man nicht wissen, was in den Köpfen der Mähren im 9. Jahrhundert vor sich ging, aber diese Verstümmelung war gewiss in bester Mafiamanier als Botschaft zu verstehen. Das Abschneiden der rechten Hand und der Zunge sollte zum Ausdruck bringen, dass man weder ihren Taten noch ihren Worten vertrauen konnte, während man durch die Verstümmlung der Genitalien dafür sorgte, dass die Herrscherlinie ausstarb. Hatte sich die begreifliche Ablehnung der militärisch und diplomatisch aggressiven Politik des Kaisers erst einmal zu solchen Aktionen hochgeschaukelt, wurde sie rasch ein ideologisches Pfund, mit dem Dynastien um ihre Anerkennung wuchern konnten. Sich in eine größere Einheit einzugliedern bedeutete stets auch, Verpflichtungen einzugehen. Das war akzeptabel, solange man im Gegenzug Schutz erhielt. Die Elbslawen und die Mähren sind vielleicht die krassesten Beispiele, aber wir haben allen Grund zu der Annahme, dass die anderen kaiserlichen Raubzüge über die Grenzen, also nach Polen, Böhmen und natürlich auch Dänemark, nicht weniger Unmut entfachten.

Doch das Verhältnis zwischen den neuen Dynastien und dem imperialen Nachbarn konnte sich auch positiver gestalten. War einem der Kaiser wohlgesonnen, bot sich gelegentlich Anlass zu einem Gipfeltreffen. Die Wallfahrt Ottos III. zu Adalberts Grab war ein internationales Großereignis, und Bolesław I. Chrobry wird sich sicher gern vor seinen Untertanen im Glanz des Kaisers gesonnt haben. Vielleicht war es das Kreuz aus massivem Gold über dem Grab des Heiligen, das die Berater des Kaisers auf den Gedanken brachte, ein kleiner Feldzug gegen die Piasten könnte durchaus einträglich sein. Bekanntlich wurden 14 Jahre Krieg daraus.

Nicht dass die Gewalt nur in einer Richtung ausgeübt wurde. Die neuen Dynastien mussten sich ebenso wie der Kaiser der Unterstützung ihres Hochadels versichern. Die Verteilung von Geschenken gehörte beiderseits der Elbe zum politischen Tagesgeschäft. Heiratspolitik verkomplizierte die Situation zusätzlich. Unter dem Einfluss des Christentums gab man allmählich die Polygamie auf und begnügte sich mit serieller Monogamie. Trotzdem kam es immer noch vor, dass Männer gleichzeitig mehrere Frauen ehelichten und zahlreiche Nachkommen zeugten – wenn auch vielleicht nicht mehr in dem Maß wie jener Samo des 7. Jahrhunderts, der am Ende 37 Kinder von 12 Frauen hatte. Die lockere Einstellung zur Ehe brachte es mit sich, dass Erbfolgestreitigkeiten und Machtkämpfe innerhalb der Dynastien an der Tagesordnung waren. So konnte sich Jaroslaw der Weise, der Sohn Wladimirs, im Jahr 1018 die Macht nur nach einem langen Krieg gegen seinen Halbbruder Swjatopolk sichern, in dessen Verlauf mindestens drei weitere Brüder und Halbbrüder den Tod fanden. Schon Wladimir selbst hatte sich in den 970er Jahren in ähnlich verlustreichen Kämpfen gegen seinen Halbbruder Jaropolk durchsetzen müssen. Solche Kriege konnte nur gewinnen, wem es gelang, zahlreiche Fürsten und ein großes Gefolge hinter sich zu sammeln, denen man auch etwas bieten musste. Wie schon in römischer Zeit war es üblich, dafür nicht die eigene Kasse zu strapazieren, sondern sich passende Geschenke beim Nachbarn, der reicheren und höher entwickelten kaiserlichen Großmacht, zu besorgen. Berichte über die Attacken der Elbslawen belegen ihr Talent zu blitzartigen Raubüberfällen, das auch bei den anderen Dynastien in der Grenzregion ziemlich ausgeprägt war. Immer wenn es im 9. Jahrhundert zu Auseinandersetzungen mit Mähren oder im 10. Jahrhundert mit Böhmen und Polen kam, wechselte eine gehörige Menge Eigentum den Besitzer.[49]

Der enge Kontakt mit den Karolingern und Ottonen brachte also Wohlstand und Prestige, stützte die Macht der neuen Dynastien aber auch unmittelbar. So besaßen die slawischen Reiche des 10. Jahrhunderts mit zahlreichen gepanzerten Rittern ein für die damalige Zeit modernes Militär. Im 9. Jahrhundert bestanden auch die sächsischen Kontingente innerhalb der ostfränkischen und karolingischen Armeen noch aus Infanterie und leichter Kavallerie. Die schwer bewaffnete, gepanzerte sächsische Kavallerie der ottonischen Zeit kam erst im späten 9. und frühen 10. Jahrhundert auf. Daher ist es sehr erstaunlich, dass auch die Böhmen und die Polen über gepanzerte Reiter verfügten. Über die slawische Kriegskunst vor dem Jahr 800 ist wenig bekannt, doch wenn zu dieser Zeit noch nicht einmal die Sachsen über die neueste Rüstungstechnik verfügten, dann gewiss nicht die Slawen. Woher aber bezogen sie im darauffolgenden Jahrhundert das nötige Wissen und das Material? Wahrscheinlich kam beides aus dem Frankenreich über die Elbe nach Osten. Bereits im Jahr 805 erließ Karl der Große in Thionville ein Kapitularium, eine kaiserliche Anordnung, die den Handel mit der slawischen Welt auf einige Orte entlang der Grenze beschränkte, darunter Bardowick, Magdeburg, Erfurt, Hallstadt, Forchheim, Regensburg und Lorch. Ein Grund dafür war, dass er sich um das waffentechnische Knowhow sorgte. Man kann jedoch davon ausgehen, dass Waffen weitgehend ungehindert die Grenze passierten, da das fränkische Reich kein Instrument für effektive Grenzkontrollen besaß. Bei den slawischen Gruppen, die gegen fränkische Armeen kämpften, war die moderne karolingische Ausrüstung sehr begehrt. Solche Importe hatten allerdings auch erhebliche Auswirkungen auf die Politik im Innern. Nicht umsonst wurden im frühen modernen Europa stehende Heere zum Symbol königlicher Autokratie. Eine wirkungsvolle militärische Ausrüstung half einer aufstrebenden Dynastie auch gegen interne Rivalen und bei der Ausschaltung politischer Opposition. Der Import von Militärtechnik aus dem großen Nachbarreich förderte daher in direkter Weise den Prozess der Staatenbildung an dessen Peripherie.[50]

Vor diesem Hintergrund ist auch die ökonomische Organisation in den Kerngebieten der neuen Reiche von Interesse. Wie schon gesagt, entwickelten alle ein agrarisches System aus großen Gütern und Frondörfern, die außer der Nahrungsmittelerzeugung spezielle Aufgaben übernahmen. Ganz ähnlich war im 9. Jahrhundert auch das Karolingerreich organisiert, insbesondere in seinen wirtschaftlich schwächeren Regionen östlich des Rheins. Möglicherweise bildete sich dieses System östlich der Elbe selbständig aus, da es in einer Zeit, die noch keine Marktwirtschaft kannte, eine probate Methode zur Produktion der lebensnotwendigen Güter darstellte. Aber es ist nicht undenkbar, dass auch dies ein Ergebnis des engen Kontakts zwischen dem Frankenreich und seiner Peripherie war.

Im Repertoire der Kontakte fehlte allerdings ein Element, das die Römer exzellent beherrscht hatten: die diplomatische Manipulation. Die römischen Kaiser hatten es verstanden, bestimmte Dynastien systematisch zu fördern und die politische Landschaft stets in ihrem Interesse zu gestalten, so dass zumindest mittelfristig die Grenzen sicher waren. Auch die Karolinger und Ottonen hatten ihre Favoriten, beispielsweise die Abodriten, aber es finden sich in den Quellen keine Anzeichen dafür, dass sie nachhaltigere Versuche unternahmen, in die politischen Strukturen ihrer Nachbarn einzugreifen. Allerdings wirkte in der Frühphase der hier beschriebenen Transformationsprozesse wahrscheinlich auch noch die Diplomatie eines anderen Großreichs nach. Mähren, Böhmen und in einem gewissen Maß auch Polen können als Nachfolgereiche des Awarenreichs betrachtet werden, das kurz vor 800 von Karl dem Großen zerschlagen wurde. Nach allem, was wir über den inneren Aufbau des Awarenreichs wissen, scheint es dem Hunnenreich geähnelt zu haben. Beide Reiche stellten ein Bündnis ungleicher Kräfte dar, in dem sich eine ursprünglich nomadisch lebende Gruppe mit militärischer Macht die nicht ganz freiwillige Gefolgschaft unterworfener Gruppierungen sicherte. Einzelne konnten innerhalb dieses Systems auf unterschiedlichem Niveau einen privilegierten Status erreichen. Ein interessantes Licht darauf wirft der Bericht über eine Gruppe, die hauptsächlich aus Nachfahren römischer Gefangener bestand. Ihnen wurde der Status von Freien (verstanden im Gegensatz zu Sklaven) und daher auch ein eigener Gruppenführer zugebilligt. Dies erinnert sehr an Gepflogenheiten des Hunnenreichs und lässt vermuten, dass die Awaren mangels eines komplexen Regierungsapparats ihre Herrschaft über zuverlässige, mit ihnen verbündete Fürsten ausübten. Falls dies zutrifft, stärkte die Awarenherrschaft sehr wahrscheinlich die Macht jener slawischen Führer, die um 600 in einigen Gruppen hervortraten und begannen, den über die oströmische Grenze hereinströmenden Reichtum unter ihre Kontrolle zu bringen. Dies ist meines Erachtens die wahrscheinlichste Erklärung, warum der Zusammenbruch des Awarenreichs vom plötzlichen Auftauchen einer Reihe slawischer Führer begleitet war, die bereits über beträchtliche, fest verankerte Macht verfügten.[51]

Die militärischen und diplomatischen Kontakte zwischen den neuen Reichen und dem imperialen Nachbarn nahmen somit vielfältige Gestalt an. Dieser verfolgte zumeist räuberische Absichten, was zu einer aggressiven Grundstimmung gegenüber den neuen Mächten führte. Dem entsprach, wenn die Bedingungen dafür günstig waren, eine gleichfalls starke Tendenz der neuen Dynastien, die reichen Landstriche westlich der Elbe zu überfallen. Solche Konflikte verschafften ihnen auch Argumente oder finanzielle Mittel, den Prozess der Staatenbildung voranzutreiben. Beschleunigt wurde er zudem durch den Export militärischer und anderer Technologie und die gelegentliche Förderung einer Herrscherlinie, die das Wohlwollen des Kaisers errungen hatte.

Es war also ein Doppeleffekt, der sich aus der Nähe zu einem Großreich ergab: der »negative Nutzen« auf der einen Seite – die Aggression des Nachbarn als ideologische Rechtfertigung der eigenen Staatenbildung – und der »positive Nutzen« auf der anderen Seite – die Möglichkeit, sich durch Überfälle in den Besitz von Reichtümern zu bringen. Vergleicht man unter diesem Aspekt das

Schicksal der Elbslawen mit dem der Piasten und Přemysliden, so ist festzustellen, dass die Elbslawen für den imperialen Nachbarn einen höheren Stellenwert hatten. Aufgrund ihrer unmittelbaren Nähe zum Reich waren sie in einer guten Position, Überfälle auszuführen, und machten davon auch reichlich Gebrauch. Doch konnten die kaiserlichen Truppen leicht Strafexpeditionen über die Grenze schicken. Bei einer Auseinandersetzung zwischen dem Reich und den Elbslawen stand der Sieger somit von vornherein fest. Polen war bereits deutlich weiter entfernt und damit geographisch gegen die unmittelbare Aggression des Reiches besser abgesichert, während das Böhmische Becken durch den Böhmerwald, die Ore und das Riesengebirge geschützt war. Für sich allein genommen bildeten die Möglichkeiten zum Plündern also keine Basis für eine Staatsbildung.

Doch der einigende Effekt des Überlebenskampfs – die positiven Auswirkungen gelegentlicher kaiserlicher Begünstigung, der Zustrom an geraubten Reichtümern, die Entwicklung von Militärtechnik und Verwaltungsstrukturen – half den aufstrebenden Dynastien, ihre regionale Macht auszubauen. Dieser einigende Effekt war nicht allein auf militärische und diplomatische Interaktionen beschränkt.

Globalisierung

Es versteht sich von selbst, dass die Herrscherdynastien die Zustimmung zumindest von Teilen der Bevölkerung benötigten, um den Prozess der Staatsbildung erfolgreich voranzutreiben. In Mähren, Böhmen und Polen vollzog sich der Aufstieg der neuen Dynastien zunächst innerhalb einer regional begrenzten Gruppe, ihrem »Stamm«, bevor sie – wohl aufgrund ihrer Erfolge – Zuspruch für Herrschaftsambitionen über größere Regionen erlangten. Auch nachdem bereits größere Staatsgebilde entstanden waren, mussten die Herrscher weiterhin um Konsens werben. Wichtig waren hier vor allem die *optimates* im Stammland und wahrscheinlich auch die weiter gefasste Klasse der Freien, sofern wir davon ausgehen, dass eine solche soziale Gruppe um die Jahrtausendwende eine größere Rolle in der slawischen Gesellschaft spielte. Gleichzeitig wurde die Staatsbildung auf anderen Ebenen durch nackte Gewalt vorangetrieben: durch die Zerstörung von Fluchtburgen in der näheren Umgebung und die Umsiedlung großer Teile der zugehörigen Bevölkerung ins eigene Kerngebiet. Schlüsselelement einer solchen Politik war also ein großes und gut ausgerüstetes militärisches Gefolge.

Entsprechend wichtig war es für die aufstrebenden Dynastien, sich Reichtümer zu verschaffen. Denn allein der Unterhalt eines militärischen Gefolges verschlang Unsummen: die Krieger erwarteten, dass ihnen opulente Mahlzeiten aufgetischt wurden – schließlich verbrachten sie ihre Tage damit, mit gewaltigen Schwertern auf Holzklötze einzuschlagen oder auf andere Weise Geschicklichkeit und Muskeln zu trainieren. Sie hatten also einen ziemlichen Kalorienverbrauch. Daneben mussten auch die ausgesprochen teuren Waffen und Rüstungen bezahlt werden. Folgt man dem Kapitularium von Thionville, so bezog man sie anfangs hauptsächlich von fränkischen Waffenschmugglern, später stellte man sie selbst her. Doch wie gelangten diese Dynastien an die notwendigen Mittel?

Die naheliegende Antwort für Mittel- und Osteuropa zwischen 800 und 1000 auf diese Frage ist: über den neuen internationalen Pelz- und Sklavenhandel. Wieder lassen sich Parallelen zu den Phänomenen und Prozessen ziehen, die einige Jahrhunderte zuvor zur Umwandlung der germanisch dominierten Gesellschaften an den Rändern des Römischen Reiches geführt hatten. Die stehenden römischen Heere hatten in dieser Zeit für ständige Nachfrage nach landwirtschaftlichen Produkten und Arbeitskräften jeder Art gesorgt, ob Söldner oder Sklaven. Allerdings weisen die beiden Perioden auch deutliche Unterschiede auf. Da ist zunächst und vor allem die Größe der Operationen. Der Pelz- und Sklavenhandel der späteren Zeit wurde sowohl geographisch als auch finanziell in völlig anderen Dimensionen abgewickelt als vergleichbare Handelsgeschäfte zur Römerzeit. Sklaven stellten natürlich zu allen Zeiten eine teure Ware dar, aber der Pelzhandel, den die Quellen aus der ersten Hälfte des Jahrtausends noch gar nicht erwähnen, generierte weit größere Werte, als man sie vom römischen Handel her kannte. Außerdem gibt es keine Anzeichen dafür, dass zu römischer Zeit Sklaven von so weit her aus dem Norden oder Osten herangeschafft wurden. Daher halte ich es nicht für einen Zufall, dass die Geschäfte der späteren Handelsnetze eine deutlichere Spur in den schriftlichen und archäologischen Quellen hinterlassen haben als der Handel zu römischer Zeit.

Hinzu kam, dass das Handelsnetz im späten 1. Jahrtausend mehrere Abnehmer von hochwertigen Gütern gleichzeitig beliefern musste. Die Nachfrage nach solchen Gütern scheint ursprünglich im Westen Europas entstanden zu sein, wohin ab der Mitte des 8. Jahrhunderts sogar Waren aus dem nördlichen Russland gelangten. Die Gründung der Handelsstation Staraja Ladoga erfolgte einige Generationen bevor Handelsverbindungen mit der muslimischen Welt geknüpft wurden. Die steigende Nachfrage in Westeuropa fällt mit dem Aufstieg der Karolinger zusammen. Doch schon bald erwachte auch das Interesse der Muslime. Anfang des 9. Jahrhunderts begannen muslimische Silbermünzen in großer Zahl gen Norden zu fließen. Die neuen Kunden waren die Eliten des Abbasidenreichs, des größten Reiches seiner Zeit. Ihre Nachfrage stellte die des Westens bald in den Schatten. Die Handelsbeziehungen zur muslimischen Welt rissen auch nicht ab, als das Kalifat der Abbasiden im frühen 10. Jahrhundert unterging, da mit den Samaniden im Osten des Iran ein Nachfolger bereitstand, aus dessen Silberminen märchenhafter Reichtum sprudelte. Und in der zweiten Hälfte des 9. Jahrhunderts kam Konstantinopel hinzu, zwar weniger wohlhabend als die muslimische Welt, aber immer noch ein bedeutender Abnehmer für Güter der Elite.[52]

Dank der verhältnismäßig guten Quellenlage wissen wir über die Funktionsweise dieses Handelsnetzes mehr als über jenes der Römerzeit. Wir haben bereits einige der wichtigsten Wasserwege beschrieben, die skandinavische Abenteurer im 9. Jahrhundert erschlossen: die Wolga und ihre Nebenflüsse, die in die muslimische Welt führten, sowie den Dnjepr und das Schwarze Meer als Verbindung zu Konstantinopel. Landrouten zogen sich quer durch Mitteleuropa Richtung Westen; eine wichtige Zwischenstation war Prag. Wir können auch ungefähr sagen, von wo die Sklaven stammten. Arabische Geographen berichten, dass die Rus ihre Opfer im Westen ihrer Gebiete suchten, während die »Westslawen« im Osten auf Menschenfang gingen. Dies wird durch die Verteilung der Funde von Silbermünzen bestätigt, mit denen Sklaven und Pelze bezahlt wurden. Die Münzen konzentrieren sich in bestimmten Gebieten, von denen zwei kaum überraschen: entlang der Wolga und ihrer Nebenflüsse sowie in Skandinavien. Ein drittes großes Fundgebiet liegt zwischen Oder und Weichsel, im Kernland des Piastenreichs. Auffällig ist, dass in dem riesigen Gebiet östlich der Weichsel sowie nördlich und westlich des Dnjepr überhaupt keine Münzen auftauchten. Die Regionen, in denen keine Silbermünzen ans Tageslicht kamen, sind diejenigen, aus denen die Sklaven stammten – Regionen, die gleichsam von den Rus einerseits und den Westslawen andererseits in die Zange genommen wurden.[53]

Wie schlugen die aufstrebenden Dynastien nun Profit aus den internationalen Handelsnetzen? Sämtliche neuen Herrscher erhoben Abgaben, doch manche, wie die Rurikiden, mischten beim Handel selbst kräftig mit und schufen eigenständig Märkte. Und da großenteils mit Sklaven gehandelt wurde, dürfte eine enge Verbindung zwischen der Entwicklung der neuen Handelsnetze und den eminent wichtigen militärischen Gefolgen bestanden haben. Die arabischen Geographen ließen sich genüsslich über die barbarischen Sitten der Völkerschaften im Norden aus. Insbesondere Ibn Fadlan schildert die Sklavenhändler der Rus als schmutzstarrende, abstoßende Kreaturen, die ihre weiblichen Opfer auf dem Transport über die Wolga Richtung Süden sexuell missbrauchten.

Den schriftlichen Quellen zufolge scheinen ausschließlich Frauen in die muslimische Welt verkauft worden zu sein. Das ist allerdings zu bezweifeln. Vielleicht war es einfach zu gefährlich, männliche Sklaven über so große Entfernungen zu transportieren, auf Flüssen, wo das rettende Ufer stets in Sichtweite war. Aber zweifellos ging der Sklavenhandel mit sexueller Ausbeutung einher. Woher sonst sollte Wladimir seine 300 Konkubinen in Wyschhorod, die 300 in Belgorod und die 200 in Berestowo gehabt haben?[54]

Entscheidend ist jedoch, dass ein hervorragend trainiertes, erstklassig gerüstetes militärisches Gefolge sich nicht nur vorzüglich als Werkzeug zur Staatenbildung, sondern auch zum Sklavenfang verwenden ließ. Teils lief die Sklavenbeschaffung über Mittelsmänner, aber einen Teil des schmutzigen Geschäfts erledigten die Rus selbst. Nicht anders werden es die Westslawen praktiziert haben, vermutlich mit Hilfe des Gefolges der Piasten und Přemysliden. Auch die Piasten und die Rurikiden finanzierten ihr Gefolge wohl nicht nur durch Abgaben, sondern auch durch die Beteiligung am internationalen Sklavenhandel.

Der durch die neuen Handelsnetzwerke geschaffene Reichtum wurde maximiert und in ganz bestimmte Kanäle gelenkt. Wie in unserer globalisierten Zeit gab es auch damals Gewinner und Verlierer. Die größten Profiteure waren die neuen Herrscherdynastien und ihre wichtigsten Stützen. Den Schaden hatten vor allem jene Bevölkerungsgruppen, aus denen man Sklaven verschleppte, aber auch die Nachbarn der aufstrebenden Dynastien, die ihre Unabhängigkeit verloren und in Frondörfer gezwungen wurden. Und wie bei der Globalisierung heute waren die neuen Verbindungen zwischen den höher und den geringer entwickelten Regionen nicht nur wirtschaftlicher Natur. Auch Ideen passieren Grenzen, und gerade in dieser Hinsicht setzten die neuen Kontakte große Veränderungen in Gang.

Die wichtigste brückenschlagende Idee dieser Jahrhunderte war zweifellos das Christentum. Um das Jahr 1000 hatten die meisten Herrscher in Skandinavien sowie in Mittel- und Osteuropa diese Religion offiziell angenommen. Die Piasten ließen sich in den 970er Jahren taufen, ungefähr zur selben Zeit wie die Dänen unter Harald Blauzahn. Die Přemysliden waren ihnen um eine Generation vorangegangen, die Rurikiden folgten ihnen eine halbe Generation später unter Wladimir, und die Mähren waren bereits seit der Mitte des 9. Jahrhunderts Christen. Doch ein Aspekt des Christentums blieb für die Dynastien außerhalb des kaiserlichen Europa problematisch: Mit Karl dem Großen lebte die Vorstellung wieder auf, dass ein Kaiser von Gott auserwählt sei und als sein Statthalter auf Erden allerhöchste Autorität besitze. Die Annahme des Christentums bedeutete also im Prinzip, die Rechtmäßigkeit der kaiserlichen Oberherrschaft anzuerkennen, und das ließ die neuen Herrscher naturgemäß zögern. Außerdem gab es die ganz praktische Sorge, einen Teil der im kirchlichen Bereich erzeugten Einnahmen (vor allem den Zehnten) einzubüßen, über die der Erzbischof verfügte, sofern es nicht gelang, eine eigenständige Kirchenprovinz zu werden. Auch hatte der Erzbischof zumindest nominell ein großes Mitspracherecht bei der Ernennung von Bischöfen, ein »kaiserlicher« Erzbischof konnte also die Auswahl der Bischöfe im eigenen Land mitbestimmen.

Befürchtungen dieser Art ließen die Mähren zögern, zum Christentum überzutreten. Ihr Ausweg war, sich direkt an den Papst und an Byzanz zu wenden, statt sich von ihren Nachbarn, den Franken, missionieren zu lassen. Vielleicht spielten aus denselben Gründen zu Beginn der Christianisierung Skandinaviens angelsächsische Missionare die Hauptrolle und nicht Kleriker aus dem Frankenreich. Auf lange Sicht ließ sich die kaiserliche Bevormundung jedoch kaum vermeiden. Die beste Option war, die fränkisch-ottonische Einflussnahme zu akzeptieren, sich jedoch – wie Polen – das Recht auf einen eigenen Erzbischof zu sichern und sich so vor den gröbsten Einmischungen zu schützen.[55]

Aber welchen Vorteil brachte das Christentum überhaupt? Einen nannten wir bereits: Die Religion der reichen, sich am Kaisertum orientierenden, entwickelten europäischen Länder anzunehmen war ein wichtiger Schritt auf dem Weg, das Stigma des »Barbaren« abzuschütteln. Ein weiterer Vorteil für die ambitionierten Dynastien war die effizientere staatliche Verwaltung, die in der Regel mit der Annahme des Christentums verknüpft war.

Die Vorteile der Christianisierung lassen sich grob in drei Kategorien gliedern. Erstens brachte das Christentum den Königen und sonstigen Herrschern einen ideologischen Zugewinn. Im 1. Jahrtausend war es eine allgemein akzeptierte Vorstellung, dass niemand ohne Gottes Willen Macht erringen konnte. Ein Herrscher, der sich zum Christentum bekannte, durfte folglich für sich in Anspruch nehmen, von Gott auserwählt zu sein, was ihn über seine Rivalen erhob. In einer Zeit, da sich die meisten ehrgeizigen Dynastien erst kurz zuvor, meist unter Anwendung brutaler Gewalt, gegen ebenbürtige Konkurrenten durchgesetzt hatten, war dies gewiss von Nutzen. Zweitens war das Christentum eine Religion, die sich auf die Schriftkultur gründete. Ihre wichtigsten Texte, Kommentare und die über Jahrhunderte entwickelten praktischen Regeln ihrer Ausübung waren schriftlich abgefasst. Der Klerus besaß damit unter den Eliten des frühen Mittelalters die höchste Bildung und konnte folglich seinen getauften Herrschern wertvolle Dienste leisten. Auf lange Sicht ermöglichte erst die gebildete Geistlichkeit den Aufbau einer organisierten Verwaltung, die zur Erhebung von Steuern in Form von Geld benötigt wurde. Und drittens war das Christentum eine sehr kostenintensive Religion. Kirchenbauten, Bibliotheken, ein Berufspriestertum – all das war sehr teuer. Die Einführung des Christentums hatte zwangsläufig die Erhebung neuer Steuern zur Folge, die um die Jahrtausendwende oft in Form des Zehnten erhoben wurde. Ein Teil dieser Einnahmen landete direkt oder indirekt bei den Königen. Indem sie sich das Recht vorbehielten, Bischöfe und Äbte zu ernennen, konnten die Herrscher ihre Günstlinge in Stellung bringen, die sich im Gegenzug finanziell und durch Wohlverhalten erkenntlich zeigten.[56]

Ob den Herrschenden alle diese möglichen Vorteile tatsächlich zugute kamen, ist jedoch zu bezweifeln. Wenn frisch getaufte Herrscher mit der Behauptung, sie seien von Gott erwählt, besonderen Respekt einforderten, heißt das nicht, dass er ihnen auch gezollt wurde. Getaufte Könige wurden nicht seltener bekämpft, entthront oder ermordet als ihre heidnischen Vorgänger. So wirkt es geradezu zynisch, dass Boleslaw II. die Slavnikiden ausgerechnet am St.-Wenzel-Tag ermorden ließ. Dieses Datum war sicherlich mit Bedacht gewählt. Offenbar wollten die Mörder ihrer unchristlichen Tat eine Art Legitimation verleihen, indem sie dafür den Namenstag des Schutzheiligen des Přemyslidengeschlechts wählten. Aber man kann das auch anders deuten. Schließlich war Boleslaw II. der Sohn von Boleslaw I., Wenzels Bruder, Mörder und Nachfolger. Der zweite mögliche Vorteil einer Christianisierung realisierte sich erst auf sehr lange Sicht und konnte daher in den Überlegungen der taufwilligen Herrscher keine Rolle spielen. Im gut dokumentierten Fall der Angelsachsen lagen zwischen der Christianisierung und der Entwicklung einer auf Schriftkultur beruhenden Verwaltung mehrere Jahrhunderte. Es ist daher unwahrscheinlich, dass die Herrscher aufgrund der Aussicht auf eine Umwälzung in der Staatsverwaltung zur Taufe schritten.[57]

Von den Vorteilen, die man gewöhnlich mit der Christianisierung verknüpft, scheint neben der Befreiung vom Stigma des Barbaren nur der dritte tatsächlich von Belang zu sein. Die Erhebung kirchlicher Abgaben war im kaiserlichen Europa des 9. und 10. Jahrhunderts bereits so fest verankert, dass die Übernahme dieses Systems in anderen Ländern nur ein natürlicher Schritt war, da es den Königen erheblichen Nutzen bot.[58] Diese beiden Vorteile verblassen jedoch geradezu im Vergleich zu einer anderen Begleiterscheinung der Christianisierung, die nur selten thematisiert wird. Paradoxerweise erwuchs sie aus dem aktiven Widerstand gegen die neue Religion.

Als verschriftlichte Religion hochentwickelter Reiche, versehen mit allen Gütesiegeln des Erfolgs, ging das Christentum aus den Kulturkämpfen des Frühmittelalters gewöhnlich als Sieger hervor. Selten nur stieß das Bekenntnis zum Christentum auf gewaltsame Abwehr. Ein bereits erwähntes Beispiel ist die Christenverfolgung durch die Führerschaft der gotischen Terwingen, die das Christentum mit der römischen Hegemonialmacht gleichsetzten. Weitere Fälle begegnen uns 600 Jahre später. Eine unverhohlen antichristliche Stimmung löste nach 983 die Revolte der Elbslawen gegen die Ottonen aus. Kirchen und Klöster wurden gebrandschatzt, Bischofsgräber geplündert und geschändet. Das Ausmaß des Zorns überrascht nicht angesichts der Tatsache, dass die Kirche in diesem Grenzgebiet als ausbeuterische Kolonialmacht auftrat. Eine etwas anders gefärbte, von der Führung geschürte antichristliche Stimmung kam etwa zur gleichen Zeit in Russland auf. Igors Witwe Olga hatte unter byzantinischem Einfluss das Christentum angenommen und sich möglicherweise bei einem Besuch in Konstantinopel im Jahr 957 taufen lassen. Doch ihre Söhne Swjatoslaw und Wladimir, die ihr nacheinander auf den Thron folgten, bevorzugten eine nichtchristliche Religion. Sie hatten dafür weniger praktische als kulturelle Gründe, war doch das byzantinische Kirchenwesen mit all seinen kolonialen Ansprüchen in Kiew noch gänzlich unbekannt.[59]

Interessant an diesen Beispielen einer aggressiven antichristlichen Haltung ist, dass sich die nichtchristliche Religionen selbst verändern mussten, wenn sie mit dem Christentum konkurrieren wollte. Wladimir einte die zahlreichen unterschiedlichen Bevölkerungsgruppen seines Landes, indem er einen ihrer vielen Götter, Perun, einen alten baltischen und slawischen Gebieter über Donner und Blitz, zur höchsten Gottheit erhob, die seine Untertanen – Skandinavier, verschiedene slawisch- und finnischsprachige Gruppen und etliche mehr – fortan zu verehren hatten. Damit wollte er den christlichen Glauben abwehren. Aber selbst bei den kulturell bedeutend homogeneren Elbslawen bewirkte die Gegnerschaft zum Christentum einen starken religiösen Wandel. Auch das neue Bündnis der Liutizen verbot nicht sämtliche Kulte, sondern erklärte einen – Rethra – zum höchsten und alle verbindenden. Jedermann musste den Priestern Abgaben leisten, vor jedem Feldzug wurde Rethra konsultiert, und von der gesamten Kriegsbeute erhielt das Heiligtum den Zehnten. Über die heidnischen Glaubensvorstellungen der Slawen vor der Christianisierung ist nicht viel bekannt, doch allein aus dem Bemühen, einen gemeinsamen Kult zu etablieren, um sich dem Christentum widersetzen zu können, kann man schließen, dass zuvor jede soziopolitische Gruppierung – jeder »Stamm« – ihre eigenen religiösen Riten und Praktiken hatte.[60]

Vor diesem Hintergrund bot das Christentum attraktive Möglichkeiten für Dynastien, die ihre beispiellos großen Herrschaftsgebiete einen wollten. Die Vielzahl nichtchristlicher Kulte, mit denen sie es dort zu tun hatten, waren Teil einer kulturellen Struktur, die aus der früheren traditionellen politischen Ordnung erwachsen war. Das Christentum mit seiner intoleranten Ablehnung jedes anderen Glaubens kam den neuen Herrschern sehr gelegen. Denn die Annahme des christlichen Glaubens ermöglichte es ihnen, die alten Kultpraktiken auszulöschen, selbst wenn zunächst gar nicht genügend christliche Priester zur Hand waren, um eine voll funktionsfähige christliche Kirche aufzubauen. Die Herrscher konnten auf diese Weise eine der wichtigsten kulturellen Barrieren beseitigen, die dem Aufbau einer neuen politischen Ordnung im Weg gestanden hätte. Neben anderen »positiven« Anreizen lieferte das Christentum also die Rechtfertigung, bestehende religiöse Strukturen zu zerstören, und war damit das perfekte ideologische Werkzeug im Prozess der politischen Einigung.

ZENTRUM UND PERIPHERIE

Die neuen Reiche, die sich gegen Ende des 1. Jahrtausends in Nord- und Osteuropa bildeten, waren das Ergebnis langer, vielschichtiger Entwicklungsprozesse, deren Wurzeln teilweise tief in die Geschichte zurückreichen. Die expansiven Migrationen des späten 5. und 6. Jahrhunderts führten in den slawischsprachigen Gesellschaften Europas zu einer starken sozialen Ausdifferenzierung. Das Awarenreich förderte bei den slawischen Gruppen in seinem Machtbereich eine erbliche Herrschaftsfolge, und in den neuen Reichen des 9. und 10. Jahrhunderts stiegen die Nahrungsmittelproduktion und die Bevölkerungszahlen beträchtlich an, selbst in Regionen, die im barbarischen Europa zu den am wenigsten entwickelten gezählt hatten. Zumindest einige dieser Transformationsprozesse bewirkten die Bildung größerer soziopolitischer Einheiten, die weitgehend auf Konsens gründeten. Die Belastungen, die die Zugehörigkeit zu einer größeren Gemeinschaft mit sich brachte, wurden akzeptiert, da diese Zugehörigkeit im Gegenzug wirtschaftliche und politische Sicherheit bot. Darauf deuten zumindest die Fluchtburgen hin, die bis zum Jahr 800 errichtet wurden.

Bis dahin entspricht der Prozess der Staatenbildung weitgehend den Modellen des sozialen Wandels, die man unter dem Schlagwort »peer polity interaction« kennt. Darunter versteht man in der Politikwissenschaft, dass soziopolitische Veränderungen aus einem allmählichen Prozess des Wettbewerbs zwischen sozialen Einheiten annähernd gleicher Größe und Stärke hervorgehen.⁶¹ Aufgrund etlicher dramatischer Entwicklungen, deren Katalysator zunehmend komplexer werdende Kontakte mit der Außenwelt waren, geriet jedoch dieser Prozess in den beiden letzten Jahrhunderten des 1. Jahrtausends rasch ins Hintertreffen. Erst zerschlug Karl der Große das Awarenreich, was einen Machtkampf unter dessen früheren Untertanen auslöste. Während dieser Kampf noch tobte, entstanden neue Handelsnetze, zusammengehalten durch militärische und diplomatische Bündnisse, die große Reichtümer in das östliche und nördliche Europa brachten, darunter viel Edelmetall. Durch geschickte Steuerung der Märkte gelang es den erfolgreichsten Dynastien, diesen Reichtum für eine militärische Aufrüstung in einem Maß zu nutzen, wie es sie in diesen Regionen noch nicht gegeben hatte, und ihr Herrschaftsgebiet schlagartig gewaltsam auszuweiten.

In diesem zweistufigen Prozess war es für die neuen Herrscher von entscheidender Bedeutung, sich geographisch und ökonomisch in eine Position zu bringen, in der sie aus den neuen Handelsströmen maximalen Profit schlagen konnten. Von den vier Dynastien, die in der Zeit vor der ersten Jahrtausendwende eine solch rasante Blüte erlebten, schafften es immerhin drei, sich perfekt zu positionieren: die Přemysliden, die Rurikiden und die Piasten. Dasselbe könnte auch auf die Dynastie in Mähren zutreffen, da die nach Prag führenden Routen durch ihr Gebiet verliefen, doch gibt es dafür keine expliziten Belege. Im gesamten slawischen Europa bestand also eine enge Korrelation zwischen einer Spitzenposition im Handel und der erfolgreichen Staatsbildung.

Doch Rätsel gibt uns in dieser Hinsicht die Jelling-Dynastie in Dänemark auf. Nichts weist darauf hin, dass auch sie am neuen Handelsleben beteiligt war. Die Staatsbildung in Jütland und den zugehörigen Inseln hatte tiefere Wurzeln als jene in Nord- und Osteuropa, denn es gab dort auch schon vor der Wikingerzeit eine Art Staat. Man war daher weniger darauf angewiesen, neue Reichtumsquellen anzuzapfen, um militärische Schlagkraft zu gewinnen. Aber auch das Schicksal der Jelling-Dynastie kann mit dem internationalen Handelsnetzen verknüpft werden. Als Swjatoslaw I., Großfürst der Rus, in den 960er Jahren seine Eroberungszüge Richtung Osten zur Wolga begann, unterbrach er damit den Silberfluss Richtung Skandinavien, nicht aber nach Russland. Höchstwahrscheinlich führten die Rurikiden diese Kriege auch, um an den Märkten zu partizipieren, unter anderem mit dem Ziel, die skandinavischen Händler von der Wolga-Route abzuschneiden. Doch es dauerte nicht lange, bis die skandinavischen Händler neue Handelswege in den Süden gefunden hatten und das Silber für eine weitere Dekade zu zirkulieren begann. Erst in den 980er Jahren versiegte der Silberstrom in die Ostseeregion endgültig.

Exakt zu dieser Zeit begannen die skandinavischen Seeräuber wieder, die Gewässer Westeuropas unsicher zu machen. Davon betroffen war insbesondere das wohlhabende angelsächsische Königreich von Æthelred dem Unberatenen, dem sie Silber in Form von Münzen und Barren abpressten. Die genaue Kenntnis von Æthelreds Münzprägungen verdanken wir diesen Wikingern des 10. Jahrhunderts – Zehntausende Münzen überdauerten in Skandinavien. Die Skandinavier sahen sich also vermutlich nach alternativen Geldquellen um, nachdem die Rurikiden sie vom Zustrom muslimischer Silbermünzen abgeschnitten hatten. Offenbar setzte sich die Jelling-Dynastie selbst an die Spitze dieses Unternehmens. Damit entging sie dem Schicksal der Dynastie Godfrids in der ersten Hälfte des 9. Jahrhunderts, deren Machtbasis vom Reichtum unterminiert wurde, den die Wikingerzeit in den Ostseeraum spülte. Um es auf den Punkt zu bringen: Die Tatsache, dass die Jelling-Dynastie neue Angriffe im Westen führte, zeigt, dass ihre Macht in gewisser Weise vom muslimischen Silberstrom abhängig war.[62]

Formen des Kontakts mit den Karolingern und Ottonen waren für den Erfolg der Dynastien nicht minder wichtig, wie wir gesehen haben. Wenn man nicht wie die Elbslawen allzu nahe bei den Franken siedelte, konnte die imperiale Aggression vorzüglich als inneres Bindemittel dienen und für neue Militärtechnologien, eine stärkere Wirtschaft, das Christentum sowie Reichtümer aus Plünderungsaktionen sorgen. Und natürlich können auch Phänomene wie die beginnende soziale Ausdifferenzierung im 6. Jahrhundert und die Einführung eines verbesserten Pflugs auf Kontakte dieser Art zurückgeführt werden. Somit passt ein Zentrum-Peripherie-Modell – bei dem ein Austausch unter ungleich starken Partnern stattfindet – besser zu den Daten des späten 1. Jahrtausends als das Modell der »peer polity interaction«. Zwei Kennzeichen des Zentrum-Peripherie-Modells verdienen besondere Beachtung: Erstens bedingte der Austausch vielfältige Kontakte, die sich nicht auf Handelsbeziehungen beschränkten, auch politische, ideologische und sogar technische Kontakte spielten eine Rolle. Sie alle trieben den soziopolitischen Wandel in dieselbe Richtung. Zweitens darf das nichtimperiale Europa genauso wenig wie das Germanien der ersten Jahrtausendhälfte als rein passiver Empfänger imperialer Wohltaten angesehen werden. Ganz im Gegenteil: Die Bevölkerung Nord- und Osteuropas förderte diesen Austausch aktiv und versuchte, die Vorteile zu maximieren und die Nachteile zu minimieren.[63]

Schließlich stellt sich die Frage, welche Rolle die Migration in diesem ganzen Drama spielte. Verglichen mit der Entstehung der Nachfolgereiche des Römischen Reiches im 5. Jahrhundert war die Migration in den letzten Phasen der Staatenbildunng in Nord- und Osteuropa von untergeordneter Bedeutung. Von den fünf hier untersuchten Staatsgebilden verdankt nur eines – das der Rurikiden – seine besondere Form dem Zustrom von Immigranten, der jedoch relativ klein war. Ohne das entschlossene Wirken der skandinavischen Händler mit ihrem unerschütterlichen Gewinnstreben wäre die Verknüpfung zwischen Nowgorod und Kiew, in welch loser Form auch immer, gar nicht möglich gewesen. Aber es waren nicht genug Skandinavier, um auch nur das Militär des neuen Reiches zu dominieren. Diese Situation rief Slawen, Finnen und viele andere auf den Plan. Die damit einhergehende Migration war viel geringer als jene in den Nachfolgereichen Roms, die durch partiellen Eliteaustausch entstanden. Und die Reiche der Dänen, Polen, Böhmen und Mähren wurden sämtlich von der dort ansässigen Bevölkerung ins Leben gerufen. Bei alledem scheint der Anteil der Migration sogar noch geringer gewesen zu sein als im 2. und 3. Jahrhundert, als größere germanische Mächte an den Rändern des Römischen Reiches auftauchten.

In jener ersten Umwälzungsphase unter den Barbaren im Europa der Spätantike spielte die Migration manchmal eine größere, manchmal eine kleinere Rolle, und immer war sie von sozioökonomischen und politischen Transformationen begleitet. Aber es gab in der Regel eine Art Bevölkerungstransfer, üblicherweise in Richtung der römischen Grenze, wo die Reichtum verheißenden Kontakte mit dem entwickelten Mittelmeerraum maximiert werden konnten. Die slawische Ära setzte mit einem analogen Migrationsmuster im späten 5. und im 6. Jahrhundert ein, als Slawen mit dem Oströmischen Reich in Kontakt kamen und Möglichkeiten fanden, von dieser Nähe zu profitieren. Dadurch vollzog sich ein grundlegender sozialer Wandel. Doch als sich die Staatenbildung im 9. und 10. Jahrhundert dramatisch beschleunigte, gab es ein solches Migrationsmuster nicht. Die neuen slawischen und skandinavischen Reiche bildeten sich an Ort und Stelle, und ihre Bewohner zeigten keine Abwanderungstendenz hin zum höher entwickelten imperialen Europa.

Damit stellt sich am Ende dieser Studie über das Europa der Barbaren eine letzte Frage: Warum spielte das lange gültige Migrationsmuster, das sich in den ersten beiden Dritteln des Jahrtausends so oft wiederholte, in seinen letzten Jahrhunderten keine Rolle mehr?

KAPITEL 11
DAS ENDE DER MIGRATION UND DIE GEBURT EUROPAS

Mitte der 890er Jahre stießen erneut Nomaden nach Mitteleuropa vor. Den Fußstapfen der Hunnen und Awaren folgend, verlagerten die Magyaren ihr Operationsgebiet von der nördlichen Schwarzmeerregion in die Große Ungarische Tiefebene. Ihr Auftreten entsprach im Großen und Ganzen dem, was man von kriegerischen Nomaden erwartete:

> [Die Magyaren] verwüsteten ganz Italien und töteten viele Bischöfe. Da traten die Italiener zum Kampf gegen sie an, und 20 000 Mann fielen in einer Schlacht an einem einzigen Tag. Nachdem sie einen großen Teil Pannoniens zerstört hatten, zogen sie sich auf demselben Weg zurück, auf dem sie gekommen waren. In heimtückischer Absicht sandten sie Botschafter zu den Bajuwaren, angeblich um ihnen Frieden anzubieten, in Wirklichkeit aber, um das Land auszuspionieren. Daraufhin brachen Unheil und Schrecken sondergleichen über das baierische Königreich herein. Unerwartet setzten die Magyaren mit einem großen Heer über die Enns und überzogen Baiern mit Krieg. Mit Feuer und Schwert mordeten sie und verwüsteten an einem einzigen Tag ein Gebiet von 50 Meilen Länge und 50 Meilen Breite.[1]

Die Bevölkerung in der Großen Ungarischen Tiefebene und in den angrenzenden Gebieten wie Großmähren war rasch unterworfen. Anschließend fielen die berittenen Räuberhorden der Magyaren mit einer Brutalität über Norditalien und Südfrankreich her, wie man sie seit den Tagen Attilas nicht mehr erlebt hatte. Im ersten Jahrzehnt des 10. Jahrhunderts schlugen die großen Heere der Magyaren dreimal ostfränkische Armeen.

In einem Punkt jedoch unterschieden sich die Vorstöße der Magyaren von denen früherer Nomaden. 500 Jahre zuvor hatten die Hunnen mit ihrem Zug nach Westen unter den hauptsächlich germanischsprachigen, halbunterworfenen Klienten des Römischen Reiches eine Massenflucht über die Grenze hinweg ausgelöst: in den 370er Jahren in die nördliche Schwarzmeerregion und eine Generation später in die Große Ungarische Tiefebene. Als 200 Jahre später die Awaren westlich der Karpaten aufgetaucht waren, hatten die Langobarden Richtung Italien Reißaus genommen und die slawischsprachigen Gruppen sich in alle Winde verstreut: nach Süden auf den Balkan, westwärts bis zur Elbe, nach Norden an die Ostsee und nach Osten bis ins russische Kernland. So verheerend das Auftauchen der Magyaren auch war, es löste keine Bevölkerungsbewegungen aus. Warum nicht? Die Antwort ist in dem dynamischen Verhältnis zwischen Migration und Entwicklung zu finden, das sich in den vorangegangenen 1000 Jahren herausgebildet hatte.

MIGRATION

Das Ausbleiben einer sekundären Migration nach dem Vorstoß der Magyaren scheint mir umso erklärungsbedürftiger, als ich entgegen neueren Trends in der Forschung der festen Überzeugung bin, dass die Migration eines der wichtigsten Phänomene des 1. Jahrtausends ist. Diese Forschungstendenzen verbannen zwar die Migration nicht vollständig aus der Geschichte des 1. Jahrtausends, ziehen aber ihre Bedeutung stark in Zweifel. Wo immer möglich, wird sogar der Begriff »Migration« vermieden, da er mit dem tatsächlich allzu schlichten Erklärungsmodell der »Invasionshypothese« assoziiert wird, das bis in die frühen 1960er Jahre vorherrschte. Diesem Modell zufolge bedeutet Migration das Auftauchen einer großen gemischten Gruppe – einer »kompletten« Bevölkerung aus Männern und Frauen, Alten und Jungen –, die die alteingesessene Bevölkerung vertreibt und deren Territorium übernimmt, wodurch sich dort praktisch über Nacht das Profil der materiellen Kultur ändert. Dieses Modell wurde so inflationär verwendet und lähmte mit seinem Tunnelblick auf die Migration die sich ansonsten gut entwickelnde Archäologie so sehr, dass sie jeden kreativen Gedanken erstickte. Ohnehin ließ sich mit der Invasionshypothese nie etwas erklären, da sie die Frage außer Acht lässt, warum große Bevölkerungsgruppen sich so und nicht anders verhalten haben. So lag es für eine jüngere Generation von Archäologen nahe, nach anderen Gründen für den Wandel materieller Kulturen zu suchen. Das Profil einer materiellen Kultur kann durch vieles tiefgreifend verändert werden, vom Wandel religiöser Überzeugungen über neue landwirtschaftliche Techniken bis hin zu sozialen Entwicklungen. Inzwischen wird die Invasionshypothese von manchen auf das Frühmittelalter spezialisierten Historiker so vehement abgelehnt, dass jede Quelle als verdächtig gilt, die von solchen Phänomenen berichtet.

Ein zentrales Anliegen meines Buches war eine unvoreingenommene Prüfung der Belege für Migrationen im 1. Jahrtausend und deren Bewertung nach den Kriterien der modernen Migrationsforschung. Dabei entdeckte ich, dass die Zeugnisse über Migrationsbewegungen im 1. Jahrtausend viel reichhaltiger und umfassender sind, als in den letzten Jahren zuweilen behauptet wurde. Die tief verwurzelte Abneigung gegen den Begriff Migration hat die Diskussion von entscheidenden Ereignissen des 1. Jahrtausends abgelenkt, deren plausibelste Rekonstruktion erschwert und damit den Blick auf grundlegende Entwicklungsmuster verstellt.

Die vergleichende Migrationsforschung lässt keinen Zweifel daran, dass es zum Verhaltensrepertoire des *Homo sapiens* gehört, mittels Ortsveränderung – sprich Migration – seine Lebenssituation zu verbessern. Dabei geht es nicht zuletzt um Zugang zu besseren Nahrungsquellen und allen anderen Formen von Reichtum. Die Größe einer Migrationseinheit, ihre Motivationsstruktur, ihr angestrebter Zielort und andere Aspekte können variieren. In der jüngeren Diskussion haben sich zwei Migrationsmodelle herausgeschält: Der »Eliteaustausch« bei der Migration großer Gruppen und das »wave of advance«-Modell bei kleineren Migrationseinheiten. Ihr Reiz liegt vor allem darin, dass sie die alte Invasionshypothese weit hinter sich lassen. Der Eliteaustausch geht von einer kleinen Zahl von Migranten aus, die nur begrenzte Veränderungen zur Folge hat. Was ist schon dabei, die eine Elite durch eine andere zu ersetzen? Das »wave of advance«-Modell hingegen setzt gemischte Migrationseinheiten voraus – im Wesentlichen Familien –, deren Besiedlung neuer Landstriche schrittweise, langsam, weitgehend friedlich und ungeplant vor sich ging. Doch wie viele Migrationsbewegungen des 1. Jahrtausends lassen sich mit diesen beiden Modellen überzeugend beschreiben?

Migrationsmodelle

Ein klassisches und gut dokumentiertes Beispiel für einen Eliteaustausch ist die Eroberung Englands durch die Normannen im Jahr 1066. Wie aus dem *Doomsday Book* hervorgeht, übernahm in den beiden darauffolgenden Jahrzehnten die eingewanderte, im Kern normannische Elite die landwirtschaftlichen Güter, indem sie die bisherigen Grundeigentümer gewaltsam vertrieb oder enteignete. Aber die überwältigende Mehrheit der alteingesessenen Bevölkerung blieb, wo sie schon vor der Ankunft der Normannen gelebt hatte. Auch erinnern zumindest einige Aspekte der Wielbark-Expansion im 1. und 2. nachchristlichen Jahrhundert und ihres späteren slawischen Pendants, vor allem die Ausbreitung der Korčak-Bauern im weitgehend unbesiedelten mitteleuropäischen Bergland, an das »wave of advance«-Modell. Nimmt man jedoch das 1. Jahrtausend insgesamt in den Blick, erscheinen diese Modelle viel zu vereinfacht und begrenzt, um die dokumentierten Migrationen beschreiben zu können.

Beide Modelle müssen gründlich überholt werden, denn entweder vermischen sie unterschiedliche Situationen zu einem undifferenzierten Gemenge oder sind nur eingeschränkt anwendbar und damit weitgehend nutzlos – zumindest was das 1. europäische Jahrtausend betrifft. So passt das Modell des Eliteaustauschs nicht auf die normannische Eroberung, weil sich die eindringende Elite mühelos in die bestehenden sozioökonomischen Strukturen einfügte und sie intakt ließ. Entsprechend gering waren die Folgen für die Gesamtbevölkerung, wenngleich nicht so gering, wie jene glauben, die die Bedeutung von Migrationen überhaupt herunterzuspielen versuchen.[2] Aber ein Eliteaustausch dieser Art ist nur dann möglich, wenn die neue Elite etwa genauso groß ist wie die alteingesessene. Das aber war in der Menschheitsgeschichte vermutlich nur selten der Fall.

Das 1. Jahrtausend kennt mehrere Beispiele, bei denen die eindringende Elite, obwohl eine – oft nur kleine – Minderheit immer noch zu groß war, als dass alle ihre Angehörigen bei der Neuverteilung des verfügbaren Grundbesitzes zum Zuge kommen konnten. In einem solchen Fall mussten die bestehenden Ländereien zerstückelt und die Arbeitskräfte umverteilt werden, was nicht nur eine Verschiebung des Verhältnisses zwischen Elite und Nicht-Elite zur Folge hatte, sondern auch oft einen erheblichen kulturellen und sprachlichen Wandel. Denn die alteingesessene Bevölkerung kam in engen Kontakt mit der neuen Elite, die zahlenmäßig sehr viel größer war als die alte, etwa im angelsächsischen England und im fränkischen Gallien nördlich von Paris ab dem 5. Jahrhundert oder – in vermutlich geringerem Maß – im Danelag nach 870.

Wiederum anders verhielt es sich mit dem nur teilweisen Austausch der Elite in den mediterranen Regionen des ehemals römischen Westens im 5. und 6. Jahrhundert. Auch hier gab es in gewissem Maß wirtschaftliche Umstrukturierungen zugunsten der Eindringlinge – Goten, Vandalen, Burgunder und andere –, aber beträchtliche Teile der alten landbesitzenden römischen Eliten blieben davon unberührt. Langfristig gesehen waren es hier die Einwanderer, die Mühe hatten, ihre Kultur und Sprache zu bewahren. Das heißt freilich nicht, dass diese Form der begrenzten Migration für die betroffenen Gebiete folgenlos blieb. Zunächst übernahm die eindringende Elite das politische Ruder, was einen weitreichenden strukturellen Wandel einleitete. Der mittel- bis langfristige Verzicht auf die zentrale Besteuerung der Landwirtschaft und die nachfolgende Schwächung der staatlichen Strukturen im nachrömischen Westen lässt sich noch am besten mit der Militarisierung der Elite erklären, die nach dem Aufbau neuer Strukturen durch die eindringenden neuen Eliten erfolgte.

Das »wave of advance«-Modell bedarf gleichfalls einer gründlichen Überholung. Sein Hauptmanko ist, dass es selbst in scheinbar zutreffenden Fällen wie der slawischen Korčak-Expansion im 5. und 6. Jahrhundert oder der Wielbark-Expansion im 1. und 2. Jahrhundert kaum noch unbewohnte Landstriche in Europa gab. Zur Zeit der ersten Ackerbauern 4000 Jahre früher stellte sich die Situation ganz anders dar. Um das Jahr 1000 waren zwar noch reichlich Waldgebiete vorhanden, die schon bald urbar gemacht werden sollten. Aber zu diesem Zeitpunkt hatten die Bauern bereits seit Jahrtausenden Land gerodet, so dass viele der besten Anbau- und Weideflächen längst vergeben waren. Daher war es selbst für Kleingruppen kaum möglich, sich aufs Geratewohl irgendwo anzusiedeln, ohne auf Widerstand zu stoßen. Wenn sich Familien oder Familienverbände des Korčak-Typs weitgehend konfliktlos ausbreiteten, so konnten sie das nur, weil sie sich dafür gezielt Regionen im mitteleuropäischen Bergland aussuchten, die wenig begehrt waren und eher abseits lagen. Und selbst dort lässt die anschließende vollständige Unterwerfung ganzer Landstriche unter das slawische Kulturmodell und das zuweilen aggressive Auftreten slawischer Gruppen auf einen gewissen Grad an Gewalt schließen. Dasselbe trifft vermutlich auch auf die Wielbark-Gruppen zu. Die frühe Wielbark-Expansion scheint von kleinen sozialen Gemeinschaften getragen worden zu sein, aber dann gerieten die nördlich angrenzenden Przeworsk-Gemeinschaften unter deren Einfluss. Das könnte freiwillig geschehen sein, doch vermutlich vermitteln uns die Kleingruppen-Migrationen aus der Wikingerzeit eher ein Bild davon, wie ein solcher Prozess verlief.

Etwa ab dem 9. Jahrhundert erkämpften sich kleine skandinavische Migrationseinheiten Territorien in Nordschottland und auf den nördlichen und westlichen britischen Inseln. Die logistischen Probleme des Transports per Schiff legten den Skandinaviern Beschränkungen auf, mit denen die Korčak- und Wielbark-Gruppen nicht konfrontiert waren. Daher mussten die Migrantengruppen von Jarls und Landbesitzern organisiert werden, die über genügend Mittel zur Finanzierung des Transports verfügten. Im Unterschied zu Island und Grönland waren Nordschottland und die Britischen Inseln bereits besiedelt, so dass dort die Expansion selbst kleiner skandinavischer Migrationseinheiten von Gewalt begleitet war. Entgegen früherer Annahmen gab es zwar keine ethnischen Säuberungen, aber die alteingesessene Bevölkerung wurde sozial herabgestuft und musste sich der Kultur der Invasoren anpassen. Sofern kleine Migrationseinheiten auf eine autochthone Bevölkerung ohne stabile politische Strukturen trafen, konnten sie sich erfolgreich etablieren. Das »wave of advance«-Modell, demzufolge kleinteilige Migrationen ziellos und friedlich verliefen, muss demnach um Kleingruppen-Migrationen ergänzt werden, die durchaus geplant und/oder aggressiv verliefen. Das gilt somit nicht nur für die Ausbreitung der Wielbark- und der Korčak-Kultur sowie für bestimmte Wikinger-Expansionen, sondern vielleicht auch für die Frühphasen der ostgermanischen Expansion Richtung Schwarzes Meer im 3. Jahrhundert, für den Vorstoß der Elbgermanen in die *Agri Decumates* sowie für die Migration slawischer Gruppen aus dem Norden und Osten nach Russland zwischen dem 7. und dem 9. Jahrhundert.

Zudem kann zwischen einer »wave of advance« und größeren Migrationsbewegungen keine klare Trennlinie gezogen werden. Dass eine Expansion mit kleinen Migrationseinheiten begann, heißt nicht, dass sie im weiteren Verlauf klein bleiben musste. Die Wikinger sind hierfür das beste Beispiel. Ihre ursprünglichen Beutezüge und Besiedlungen im späten 8. und frühen 9. Jahrhundert wurden von kleinen Gruppen durchgeführt. In den Quellen ist erstmals von Gewalttätigkeiten im Zusammenhang mit drei Schiffsmannschaften die Rede, deren Zahl wohl um die hundert Mann betrug, und es gibt keinen Grund zu der Annahme, dass für die Siedlungen in Schottland und auf den Britischen Inseln wesentlich größere Gruppen benötigt wurden. Doch mit wachsender Gegenwehr und steigenden Profiten wuchs der Wunsch, noch mehr fruchtbare Gebiete zu besiedeln. Diesem Bestreben standen jedoch die angelsächsischen Königreiche im Weg. So traten immer mehr skandinavische Anführer auf den Plan, und unter den Migranten bildeten sich größere Verbände. Diese Entwicklung erreichte ihren Höhepunkt in der Zeit der Großen Heere ab 865, als Bündnisse mit dem Ziel entstanden, sich Siedlungsgebiete zuerst im angelsächsischen England und dann im nördlichen Frankenreich zu erkämpfen. Während die ersten Raubzüge von Gruppen unternommen wurden, die nicht mehr als hundert Mann zählten, bestanden die Großen Heere jeweils aus fünf- bis zehntausend Kriegern. Die mit Schiffen durchgeführten Überfälle stellten die Wikinger vor logistische Probleme, die andere Migranten nicht kannten. Aber ihre Entwicklung von Plündererhorden zu Großen Heeren zeigt anschaulich, wie – dank wachsendem militärischen und finanziellen Erfolg – eine ursprünglich kleinteilige Expansion zu einem regelrechten Migrationsstrom werden konnte. Diese Dynamik lässt sich jedoch nicht nur bei den Wikingern beobachten. Auch die Züge der Goten im 2. und 3. Jahrhundert und die der Langobarden im 4. und 5. Jahrhundert begannen bescheiden, gewannen aber an Größe, bis Gruppen entstanden, die sich Schlachten mit römischen Armeen und regionalen Konkurrenten lieferten. Die angelsächsische Expansion in das frühere römische Britannien verlief teilweise ebenfalls nach diesem Muster, womöglich auch die der Alamannen im 3. Jahrhundert.

Ohne auf dieses heftig umstrittene Thema näher einzugehen, lässt sich feststellen, dass die Zeugnisse aus dem 1. Jahrtausend eine gründliche Revision der heute gängigen Migrationsmodelle nahelegen. Die Quellen aus dem 1. Jahrtausend berichten nicht nur von Kleingruppen-Migrationen, Eliteaustausch und Migrationsströmen zunehmender Stärke, sondern regelmäßig auch von großen gemischten Bevölkerungsgruppen – 10 000 Krieger und mehr in Begleitung ihrer Frauen und Kinder –, die sich auf Wanderung begaben. Solche Berichte erregen nicht nur deshalb Argwohn, weil sie die alte Invasionshypothese zu bekräftigen scheinen, sondern auch, weil dieser besondere Typ von Migrationseinheit nicht in moderne Migrationsmuster passt, wonach große gemischte Migrantengruppen nur auftreten, wenn ihre Motivation politisch-negativer Natur ist, also wenn sie – wie Anfang der 1990er Jahre in Ruanda – vor Unterdrückung, Pogromen und Massakern fliehen. Von solchen Ereignissen ist in den Quellen aus dem 1. Jahrtausend jedoch nicht die Rede, sondern von einer eher positiven Motivation und einem höheren Organisationsgrad der Gruppen, die in räuberischer Absicht in fremde Territorien eindrangen. Können wir also den Quellen glauben? Gab es unter den Migrationsbewegungen des 1. Jahrtausends auch große, gemischte und organisierte Bevölkerungsgruppen?

Invasion

Die Archäologie kann zur Beantwortung dieser Frage wenig beitragen. Selbst ihre neuesten Methoden der DNA- und Strontiumisotopenanalyse helfen kaum weiter. Es ist bislang zweifelhaft, ob aus dem feuchten und kalten Nordeuropa brauchbare DNA von menschlichen Überresten aus dem 1. Jahrtausend gewonnen werden kann. Seit dieser Zeit hat sich demographisch zu viel verändert, als dass man aus der prozentualen Verteilung heutiger DNA-Muster klare Erkenntnisse über das relative Verhältnis der Vorfahren vor 1500 Jahren gewinnen könnte, ausgenommen vielleicht den Sonderfall Island, das vor der Wikingerzeit noch nicht besiedelt war.[3] Durch Strontiumisotopenanalyse hingegen kann man nur zeigen, wo jemand als Kind lebte, bevor die Zahnbildung abgeschlossen war, so dass Kinder von Immigrantenpaaren auf diese Weise nicht von einheimischen Kindern zu unterscheiden sind. Eine Strontiumisotopenanalyse der Zähne führt somit tendenziell zu einer Unterschätzung der Kopfzahl einer Migrantengruppe. Auch die Theorien, die sich auf traditionellere Methoden der archäologischen Forschung stützen – den Transfer regionaltypischer Gegenstände oder Bräuche in neue Regionen –, sind nicht zuverlässiger.

Dafür gibt es einen einfachen Grund. Um die Zeitenwende war der größte Teil Europas bereits seit Jahrtausenden mehr oder weniger besiedelt und wurde landwirtschaftlich genutzt. Und da selbst die aggressivsten und dominantesten Einwanderer in der Regel die alteingesessene Bevölkerung zumindest als Arbeitskräfte auf ihren Äckern einsetzten, führte eine Migration meist nicht zu deren vollständiger Vertreibung. Studien der vergleichenden Migrationsforschung zeigen, dass die Ankunft von Migranten in einem bereits besiedelten Gebiet stets zu einem Austausch materieller und nichtmaterieller Kultur führte. Im materiell-kulturellen Fundus einer Gruppe gibt es nur relativ wenig Objekte, die so große Bedeutung haben, dass man an ihnen auf Gedeih und Verderb längerfristig festhält. Alles andere unterliegt dem Wandel und passt sich den neuen Gegebenheiten an, so dass kaum zu erwarten ist, dass unter normalen Bedingungen Migrationsbewegungen im 1. Jahrtausend den kompletten Transfer einer materiellen Kultur von Punkt A nach Punkt B bedeuteten. Im materiell-kulturellen Profil jeder von einer Migration betroffenen Region wird es immer auch eine gewisse Kontinuität geben, so dass man jeden beobachteten Wandel ebenso gut durch innere Entwicklungen erklären kann. Gegenstände und Ideen können sich auch ohne Migration verbreiten, und wenn die archäologischen Funde nur auf einen begrenzten Transfer von Gegenständen oder Ideen schließen lassen, braucht man nicht unbedingt Einwanderer zur Erklärung. Dass dies aber jederzeit möglich ist, heißt noch lange nicht, dass es auch richtig ist. Die allen archäologischen Funden eigene Vieldeutigkeit wird zuweilen überinterpretiert. Die vieldeutigen archäologischen Zeugnisse für ein Migrationsgeschehen beweisen also noch nicht, dass der beobachtete Wandel einer materiellen Kultur auf Migration zurückzuführen ist, aber sie widerlegen es auch nicht. Allein auf der Grundlage archäologischer Funde lässt sich diese Frage eben nicht entscheiden. Es ist wichtig, diesen Punkt im Auge zu behalten, denn in jüngeren Studien herrscht die Tendenz, vieldeutige archäologische Zeugnisse schlicht als Beweis dafür zu nehmen, dass keine Migration stattgefunden habe. Das führt uns zwangsläufig zu den historischen Quellen und zu der Frage zurück, inwieweit sie zuverlässige Aussagen über die Existenz großer, organisierter und gemischter Invasorengruppen im 1. Jahrtausend enthalten.

Auch darauf gibt es keine einfache Antwort. In einigen Fällen wird das komplexe Bild ganz offenkundig von einem Migrationstopos, einer irreführenden

Invasionserzählung, überlagert. Jordanes' Bericht über die Expansion der Goten in die nördliche Schwarzmeerregion im späten 2. und im 3. Jahrhundert ist dafür ein klassisches Beispiel, ebenso wie die Schilderungen aus karolingischer und nachkarolingischer Zeit über die Langobarden des 4. und 5. Jahrhunderts. Es gibt jedoch auch andere Berichte über Migrationsströme von mehr als 10000 Kriegern und ihren Angehörigen, die durchaus plausibel sind. Man denke nur an die Terwingen und die Greutungen, die 376 um Aufnahme ins Römische Reich baten, oder an den Zug der Ostgoten 488/489 nach Italien unter Theoderichs Führung. In beiden Fällen wurde wenig erfolgreich versucht, die Glaubwürdigkeit unserer Hauptzeugen, Ammian bzw. Prokop, zu erschüttern. Ammian beschrieb viele verschiedene Barbarengruppen auf ihren Zügen durch römisches Territorium, aber nur in diesem einen Fall spricht er von einer sehr großen gemischten Gruppe aus Männern, Frauen und Kindern. Die Vorstellung, er sei nur hier, aber nirgends sonst einem Migrationstopos aufgesessen, entbehrt jeder Grundlage. Ähnliches gilt für Prokop. Er ist nicht der Einzige, der den Marsch der Ostgoten nach Italien als Wanderung eines ganzen »Volkes« in einer Weise schildert, die an die Invasionshypothese erinnert. Ein zeitgenössischer Kommentator an Theoderichs Hof äußerte sich in ähnlicher Form über den Zug der Goten. Ein solches Zeugnis hätte vielleicht vor keinem heutigen Gericht Bestand, aber es ist nicht weniger glaubwürdig als jede andere Quelle des 1. Jahrtausends. Es aufgrund eines bloß vermuteten Migrationstopos in Frage zu stellen wäre reine Willkür.

Nicht ganz so stichhaltig, aber dennoch hinreichend plausibel sind die Schilderungen vom Eindringen der großen, organisierten Gruppen der Vandalen und Alanen auf römisches Territorium ab 406 und des Zuges der Goten unter Führung von Radagaisus im Jahr 405.[4] Der Westgotenkönig Alarich hatte seinen Aufstieg wahrscheinlich dem Umstand zu verdanken, dass er die Terwingen und die Greutungen 376 mobilisierte, ihnen 382 einen vertraglich gesicherten Siedlungsraum auf dem Balkan verschaffte und sie ab 395 bei weiteren Zügen anführte. Das alles sind Beispiele für Wanderungen großer gemischter Gruppen, die sich durchaus ins Muster der Migrationsbewegungen des 1. Jahrtausends einfügen. Daneben gibt es noch andere Beispiele, die etwas weniger gut bezeugt sind, aber dennoch nicht ignoriert werden dürfen, vor allem die Bevölkerungsbewegungen im Zusammenhang mit dem Aufstieg und Fall des Hunnenreichs. In dieser Zeit trafen in der Großen Ungarischen Tiefebene bewaffnete, größtenteils germanische Gruppen aufeinander, die schließlich abzogen, als mit dem Zusammenbruch des Hunnenreichs die Konkurrenz zwischen ihnen wuchs. Hier sind Gruppenmigrationen großen Stils entweder nur teilweise (wie im Fall der Rugier und Heruler) oder nur indirekt (wie bei den Skiren, Sueben und Alanen) nachweisbar. Auch wenn einige Migrationsbewegungen fälschlicherweise so dargestellt wurden, dass sie der Invasionshypothese entsprechen, gibt es also viele andere Beispiele, die eine solche Verfälschung keineswegs vermuten lassen. Und selbst die Wanderungen der Goten und der Langobarden sind einer genaueren Betrachtung wert.

In beiden Fällen handelt es sich um eine Schilderung, deren Perspektive durch den langen Zeitabstand zu den Geschehnissen verzerrt ist. Jordanes schrieb über Ereignisse, die sich 300 Jahre vor seiner Zeit zugetragen hatten, und die langobardischen Autoren, deren Schriften aus dem 9. Jahrhundert und teilweise sogar aus noch späterer Zeit stammen, berichteten über Migrationsbewegungen, die 400-500 Jahre zurücklagen. Kein Wunder, dass ihnen mancher Fehler unterlief. Doch in keinem der beiden Fälle war es völlig aus der Luft gegriffen, von Migrationen zu sprechen. In ihrer Gesamtheit lassen die Zeugnisse sowohl über die Goten des 2. und 3. Jahrhunderts als auch über die Langobarden des 4. und 5. Jahrhunderts sehr wohl darauf schließen, dass beträchtliche Bevölkerungsverschiebungen in diesen Jahrhunderten eine große Rolle spielten.

Was die Goten betrifft, ist die Quellenlage besser. Zeitgenössischen Berichten zufolge waren die Goten im 1. und 2. Jahrhundert im Norden Polens und seit Mitte des 3. Jahrhunderts nördlich des Schwarzen Meeres ansässig. In dieser Region kam es im 3. Jahrhundert zu einer großen Umwälzung in der materiellen Kultur, in deren Verlauf Bräuche und Objekte weite Verbreitung fanden, die dort zuvor nicht typisch gewesen waren. Einige dieser charakteristischen neuen Besonderheiten hatten zudem im Polen des 1. und 2. Jahrhunderts zum Alltagsleben gehört. Die archäologischen Indizien allein genügen zwar nicht als Beweis für eine Wanderung der Goten von der Ostsee in die Schwarzmeerregion, aber zusammen mit den zeitgenössischen Berichten spricht vieles dafür, dass sie tatsächlich stattfand. Auch wenn den Quellen zufolge diese Wanderung von vielen Einzelgruppen und nicht von einem ganzen »Volk« unternommen wurde und manche dieser Gruppen ursprünglich vielleicht sehr klein waren, muss dies nicht auf den gesamten Migrationsprozess zutreffen. Die Goten des 3. Jahrhunderts liefern ein ausgezeichnetes Beispiel für einen stetig wachsenden Migrationsstrom, der erst nachließ, als die Terwingen die Karpen als dominierende Gruppe zwischen Donau und Karpaten in den beiden Jahrzehnten vor und nach 300 abgelöst hatten. Ähnliches gilt für die Langobarden, auch wenn in ihrem Fall die Zeugnisse spärlicher sind.

Die Präsenz der Langobarden am Unterlauf der Elbe südlich von Dänemark ist im 1. und 2. Jahrhundert eindeutig belegt. Es gibt keine zeitgenössischen Hinweise auf größere Bevölkerungsverschiebungen in dieser Region während der Römerzeit, und die archäologischen Funde lassen lediglich auf einige relativ kleine Migrationen schließen. Doch in den 490er Jahren waren die Langobarden in ausreichender Zahl am Oberlauf der Elbe präsent, um in die Westhälfte der Großen Ungarischen Tiefebene zu ziehen und dort durch ihre Übermacht die Hegemonie der Heruler zu brechen. Somit fand der langobardische Vorstoß Richtung Donau ähnlich dem der Goten zum Schwarzen Meer in Form einer großen Bevölkerungsbewegung statt, unabhängig davon, wie er zu Beginn der Wanderung ausgesehen haben mochte. Die Berichte über Massenmigrationen bei Jordanes und in den langobardischen Quellen sind demnach keine freie Erfindung, selbst wenn sie manches falsch darstellen. Die nachfolgenden Züge der Goten und der Langobarden, die zwischen den ursprünglichen Wanderungen und der Abfassung unserer Quellen stattfanden, waren Massenmigrationen großer gemischter Bevölkerungsgruppen mit dem Ziel Italien: die Ostgoten trafen 488/489 dort ein, die Langobarden rund 80 Jahre später.

Bei genauerer Betrachtung geben uns daher weder Jordanes noch die langobardischen Quellen Grund zu der Annahme, dass die auch in anderen Berichten geschilderten Migrationen großer Gruppen reine Erfindung sind. Allerdings darf man nicht dem Trugschluss erliegen, die nachweislichen Beispiele für Großgruppen-Migrationen im 1. Jahrtausend würden mit dem Modell der Invasionshypothese übereinstimmen. Nicht einmal die größten Gruppen waren ganze »Völker«, die in stets gleicher Zahl von einem Ort zum anderen zogen. Unterwegs gewannen und verloren sie des öfteren Mitwanderer. Das trifft vermutlich vor allem auf anhaltende Migrationsströme wie die der Goten im 2. und 3. Jahrhundert und der Langobarden im 4. und 5. Jahrhundert zu, ist aber nur bei einigen Großgruppen-Migrationen eindeutig belegt. Bei solch großen Gruppen waren Entscheidungsprozesse naturgemäß schwierig, und es kam oft zu Abspaltungen. So ließen die Terwingen, die 376 ins Römische Reich übersiedelten, nördlich der Donau einen beträchtlichen Teil ihrer Bevölkerung zurück, die an der alten Führerschaft festhielt. Thiudimir, der Vater Theoderichs des Großen, verursachte eine weitere Abspaltung, als er 473 die Goten aus Pannonien in den römischen Balkan führte. Und Theoderich selbst ließ später Angehörige der gotischen Elite zurück, die in der politisch-militärischen Hierarchie Ostroms Aufnahme fanden. Es gab aber auch Neuzugänge. Den Langobarden schlossen sich auf dem Weg nach Italien eine gemischte Gruppe von 20000 Sachsen und Überlebende der Machtkämpfe an, die nach Attilas

Tod an der mittleren Donau getobt hatten. Theoderich fügte der gotischen Gefolgschaft, die sein Onkel und er über zwei Generationen hinweg aufgebaut hatten, eine Anzahl Rugier hinzu. Ähnlich verhielt es sich mit den beiden Vandalengruppen und den Alanen, die gemeinsam den Rhein überquerten. Angesichts des römischen Gegenangriffs in Spanien schlossen sie sich enger zusammen und bildeten bei der Invasion in Nordafrika 429 unter der Asdingen-Monarchie eine politische Einheit, die viel stabiler war als das lockere Bündnis 23 Jahre zuvor. Jüngeren Studien zufolge entsprachen diese Migrationsprozesse ebenso sehr dem Schneeball- wie dem Billardkugel-Modell.

Gegen die alte Invasionshypothese spricht auch die Tatsache, dass die Großgruppen bei genauerer Betrachtung nicht nur nach Alter und Geschlecht, sondern auch hinsichtlich der sozialen Rangunterschiede gemischt waren. In der Hochphase des Nationalismus hing man der Vorstellung an, während der germanischen »Völkerwanderung« hätten große Verbände von freien, gleichrangigen Kriegern zusammen mit ihren Familien als Invasoren fremde Territorien erobert. Es ist jedoch erwiesen, dass es in den größeren Gruppen zwei Kategorien von Kriegern mit unterschiedlichem Rang gab. Nur die höhere Kriegerklasse zählte zu den »Freien«, und da sie per definitionem der Elite angehörten, stellten sie vermutlich eine Minderheit dar. Die Entscheidung, sich auf Wanderung zu begeben oder nicht, wurde demnach nur von einer Minderheit der Beteiligten gefällt. Die Krieger niedrigeren Rangs sowie die Sklaven hatten darauf kaum Einfluss. Diese Statusunterschiede zu erkennen und zu akzeptieren bedeutet auch, dass der Freiheit, Gruppenidentitäten zu wählen oder abzulegen, enge Grenzen gesetzt waren. Daher sollten wir auch vorsichtig sein, was die Stärke des Schneeballeffekts betrifft. Ein Großteil der Bevölkerung des barbarischen Europa hatte keine Möglichkeit, sein Schicksal mitzubestimmen, da die Entscheidung über eine Beteiligung an der Migration einer großen Gruppe allein in den Händen der Elite lag.[5]

Der letzte Einwand gegen das alte Modell der Invasionshypothese richtet sich gegen die Annahme, zahlenmäßig starke Eindringlinge hätten die ansässige Bevölkerung verdrängt. Es gibt verschiedene gut belegte Beispiele für Masseninvasionen im 1. Jahrtausend, aber aus keiner Quelle geht hervor, dass ethnische Säuberungen im großen Stil stattgefunden hätten. Die autochthone Bevölkerung stand oft vor der Wahl, sich zu unterwerfen oder ihr angestammtes Territorium zu verlassen, was insbesondere den alteingesessenen Eliten schwergefallen sein dürfte, da sie durch die Ankunft der neuen Herren am meisten zu verlieren hatten. Aber es gibt keinen einzigen hinreichend dokumentierten Fall, in dem die indigene Bevölkerung einer Region komplett vertrieben worden oder geflohen wäre. Im Übrigen stellte die alteingesessene Bevölkerung ein Reservoir an landwirtschaftlichen Arbeitskräften dar, und viele Einwanderergruppen hatten ohnehin Klassen niedrigen sozialen Ranges, in die sich die unterworfenen Einheimischen leicht einfügen ließen.

Diese Einwände sind wichtig, aber sie stellen nur eine Modifizierung und nicht eine Widerlegung der Grundannahme dar, dass es im 1. Jahrtausend auch große, gemischte und organisierte Migrantengruppen gab. Dagegen gehören die nationalistischen Vorstellungen von »Völkern«, die riesige Territorien an sich rissen und alle Einheimischen vertrieben, in den Mülleimer der Geschichtswissenschaft. Die in unseren Quellen dokumentierten Gruppen waren politische Gebilde, die größer werden, sich aber auch spalten konnten, deren Mitglieder sozialen Klassen unterschiedlichen Ranges angehörten und sich in entsprechend komplexer Weise in die neue, aber bereits besiedelte Umgebung einfügten. Das geht aus den schriftlichen Zeugnissen hervor und wird durch die archäologischen Funde nicht widerlegt. Doch lässt sich diese Annahme auch angesichts der Tatsache aufrechterhalten, dass in modernen Migrationsmustern solche Phänomene nicht festzustellen sind? Die Antwort darauf ist meiner Ansicht nach von einer noch viel weiter reichenden Frage abhängig: Warum nahmen die Migrationsbewegungen ausgerechnet diese und keine anderen Formen an? Die vergleichende Migrationsforschung liefert dazu aufschlussreiche Erkenntnisse.

Wie Migration funktioniert

Es gibt viele Parallelen zwischen der Funktionsweise der Migration im 1. Jahrtausend und der besser dokumentierten Migration in jüngerer und jüngster Zeit. Zu den wichtigsten gehört die aktive Informationsbeschaffung bei der Wahl des Zieles, die im 1. Jahrtausend so entscheidend war wie heute. Die germanische Expansion ans Schwarze Meer im 3. Jahrhundert profitierte von Informationen über diese Region, die sich durch den Handel entlang der Bernsteinstraße angesammelt hatten. Die slawischen Gruppen lernten den römischen Balkan zunächst als Plünderer kennen, bevor sie die dabei erworbenen Kenntnisse nutzten, um sich dort anzusiedeln, wenn es die politischen Umstände erlaubten. Die skandinavische Expansion Richtung Westen in der Wikingerzeit nutzte Erkenntnisse, die sich durch den Austausch zwischen den Handelsstützpunkten, den Emporien, im 8. Jahrhundert angesammelt hatten, während die Skandinavier, die in den Osten aufbrachen, eine ganze Generation lang die Flussläufe Westrusslands auskundschafteten, ehe sie den Weg zu den großen islamischen Absatzmärkten fanden. All dies ist bekannt, doch ich möchte ein paar weitere Beispiele für Migration nennen. Ein Hauptgrund für das Stop-and-go-Muster der Migration einiger Gruppen, die um 400 n. Chr. auf römisches Territorium vordrangen, war das Bedürfnis, vor dem Weiterziehen genügend Informationen über mögliche Zielorte zu sammeln. Die Goten und unter ihnen insbesondere die Terwingen, die 376 ins Römische Reich kamen, kannten sich auf dem Balkan gut aus, wussten aber wenig über Italien und Gallien, wohin sie sich in der nächsten Generation auf den Weg machten. Es sollte 20 Jahre dauern, bevor sie bereit waren, den nächsten Schritt zu wagen. Ähnlich die Vandalen und Alanen, deren Ziel zunächst die Iberische Halbinsel war, die aber 20 Jahre und einige Erkundungs- und Plünderungszüge später den Fuß über die Straße von Gibraltar nach Nordafrika setzten. Die Dynamik eines Migrationsstroms hing also stark vom vorhandenen Wissen ab, insbesondere davon, ob erfolgreiche Vorstöße von Pioniergruppen in neue Regionen andere zur Nachahmung ermutigten. Dafür gibt es auch Beispiele aus der jüngeren Vergangenheit: Die Buren, die vom Kap nordwärts ziehen wollten, warben Kundschafter an, die herausfinden sollten, ob die Migration einer großen Gruppe überhaupt erfolgversprechend war. Solche Informationen verbreiteten sich oft aber auch auf informelleren Kanälen.

Untersuchungen zur modernen Migration beschäftigen sich ausgiebig mit der Schlüsselfrage, warum manche Menschen einer bestimmten Gemeinschaft sich überhaupt zur Migration entschließen, während andere unter vergleichbaren Lebensumständen bleiben, wo sie sind. Es ist nicht einfach, darauf für das 1. Jahrtausend eine Antwort zu finden. In allen gut dokumentierten Fällen der Migration großer Gruppen führte die Entscheidung zum Wegzug zur Spaltung in der einen oder anderen Form. Das gilt besonders für länger anhaltende Migrationsströme. Viele Germanen polnischen Ursprungs gelangten im 3. Jahrhundert ans Schwarze Meer, doch viele andere blieben zurück, wie sich am Fortbestand der Wielbark- und Przeworsk-Kultur zeigt. Auch wanderten im 5. und 6. Jahrhundert nicht alle Angeln und Sachsen nach England aus, und Skandinavien entvölkerte sich während der Wikingerzeit nicht. Angesichts der Tragweite des Entschlusses zur Migration, der den Menschen im 1. Jahrtausend nicht leichter gefallen sein dürfte als heute, ist es kaum verwunderlich, dass sie zu unterschiedlichen Entscheidungen kamen.

Welche Belastung die Migration darstellt, zeigt sich heute auch am Phänomen der Rückwanderung. Bei allen Migrationsströmen der jüngeren Vergangenheit kehrte eine große Zahl der Einwanderer später in ihre Heimatländer zurück. Unsere Informationen über das 1. Jahrtausend reichen nicht aus, um diesen Punkt zu vertiefen, aber einige Aspekte der Wikingerzeit legen es nahe, auch dieses Phänomen in Betracht zu ziehen. In der Anfangsphase der skandinavischen Expansion ging es allein darum, den eigenen Wohlstand zu mehren, sei es durch Plünderungen oder durch Handelsaktivitäten. Diese Reichtümer konnten auf verschiedene Weise genutzt werden. Einige entschieden sich schon früh dafür, an ihren Zielorten im Osten und Westen zu bleiben (das belegen die frühen Ansiedlungen im Norden Schottlands und auf den Britischen Inseln), andere kehrten in die Heimat zurück, wo das viele Geld und Gold die politische Welt des Ostseeraums schwer erschütterte. Daher kann ich mir (und damit bin ich nicht allein) gut vorstellen, dass auch einige Angelsachsen auf den Kontinent zurückkehrten.

Eine ausgeprägte Migrationsneigung beeinflusst aber auch die Grundmuster der Wanderung – ein Thema, das heute sehr viel genauer erforscht ist. Welche Individuen einer Gruppe sich für den Aufbruch entscheiden, wird maßgeblich davon bestimmt, ob bereits eine Tradition der Mobilität vorhanden ist oder nicht. Wer schon einmal den Wohnort gewechselt hat, ist eher geneigt, dies zu wiederholen. Weniger offensichtlich ist, dass diese Bereitschaft auch an die nächste Generation weitergegeben wird. Die Kinder und Enkel von Migranten ziehen häufiger aus ihrer Heimat weg als der Durchschnitt der Bevölkerung. Ist Mobilität Bestandteil der Familiengeschichte, so liegt auch später eine größere Bereitschaft vor, einen Aufbruch als Problemlösungsstrategie und Chance zu begreifen. Wer die Bereitschaft zur Migration verinnerlicht hat, aktiviert diese Möglichkeit bereits bei einem geringeren Anreiz als andere.

Dies lässt sich im 1. Jahrtausend auf zwei Ebenen beobachten. Erstens: Mindestens zwei größere Migrationsströme des 2. und 3. Jahrhunderts, die der Wielbark- und Przeworsk-Germanen, sowie die der frühen Slawen 300 Jahre später umfassten Gruppen, deren Ackerbautechniken die Böden bereits nach ein, zwei Generationen auslaugten. Für diese Menschen war es ganz selbstverständlich, in regelmäßigen Abständen weiterzuziehen. Es gibt guten Grund zu der Annahme, dass sich ihre anfangs eher zufällig, nach dem »wave-of-advance«-Modell verlaufende Expansion allmählich in einen stärker zielgerichteten Migrationsstrom verwandelte, der sich aus den Informationen speiste, die den Zurückgebliebenen über die Zielorte zukamen. Zweitens: Einige Gruppen des 1. Jahrtausends bildeten eine deutliche Neigung zur Umsiedlung in weit entfernte Gebiete aus. Die gotischen Terwingen des 4. Jahrhunderts etwa entschieden sich im Jahr 376 mehrheitlich dafür, im Römischen Reich Asyl zu suchen. Die im kollektiven Gedächtnis bewahrte Erinnerung an nicht allzu lang zurückliegende Migrationen wird ihnen diese Entscheidung erleichtert haben. Erst um 300 hatten diese Goten Territorien in der Walachei und in Moldawien zwischen dem Unterlauf der Donau und dem Dnjestr besetzt; eine Generation später, in den 330er Jahren, versuchten sie, als geschlossene Gruppe an die mittlere Donau zu ziehen. Die Kinder jener, die nach Moldawien und in die Walachei gezogen waren, machten sich also in den 330er Jahren erneut auf den Weg, deren Kinder und die Enkel der ersten Generation wiederum entschieden sich im Jahr 376, auf dem Territorium des Römischen Reiches ein neues Leben zu beginnen. Ähnliches lässt sich bei vielen anderen Gruppen beobachten, die in den Strudel um den Aufstieg und Fall des Hunnenreichs gerieten – sowohl für jene, die während der Krisenjahre 376–380 und 405–408 ins Römische Reich flüchteten, wie auch für jene, die, von den Hunnen angelockt oder genötigt, an den Mittellauf der Donau kamen und nach Attilas Tod von dort wieder wegzogen. Ebenso wurde die Bereitschaft vieler Skandinavier, im späten 9. Jahrhundert nach Island und Grönland zu ziehen, durch die Tatsache erleichtert, dass sie die direkten Nachfahren jener Wikinger waren, die zuvor Schottland und die Britischen Inseln besiedelt hatten. Das Beispiel der Goten und Slawen zeigt, wie Wanderungszüge, die zunächst aus einer lokalen Mobilitätstradition heraus entstanden, breitere Bewegungen auslösen können. Auch unter den Migranten, die sich im 19. Jahrhundert bereits innerhalb Europas eine neue Heimat gesucht hatten, waren viele, die sich dann dem großen Exodus nach Nordamerika anschlossen.

Neben der psychischen Belastung der Migration ging natürlich vor allem die Frage der Finanzierung in die Kalkulation der Migranten ein. Die Migration des 1. Jahrtausends erfolgte weitgehend zu Fuß und im Wagentreck. Die Transportkosten bestanden eigentlich nur aus Zugtieren und neuen Wagenrädern, so dass die Teilnahme fast allen offen stand. Die indirekten Kosten allerdings waren beträchtlich, vor allem für Nahrungsmittel, da die landwirtschaftliche Tätigkeit in der Wanderungsphase ruhte. Vor einer Migration musste also für Vorräte gesorgt werden. Daher war der Herbst die bevorzugte Jahreszeit für den Aufbruch: Die Ernte war eingefahren, und die Zugochsen und die übrigen Tiere konnten unterwegs noch Gras finden. So begannen Alarich und seine Goten ihre Italienzüge der Jahre 401 und 408 jeweils im Herbst, und auch Radagaisus' Goten machten sich 405 im Herbst auf den Weg. Die Vandalen, Alanen und Sueben, die Ende 406 den Rhein überquerten, brachen aller Wahrscheinlichkeit nach im Herbst desselben Jahres mit ihrem Treck von der mittleren Donau auf.[6]

In der Regel besitzen wir über diesen Anfangspunkt hinaus keine Informationen darüber, welche Kosten eine Migration verursachte, doch ab und zu erfahren wir etwas über die logistischen Probleme. Vor allem lange Wanderungszüge brachten die Gruppen in wirtschaftliche Bedrängnis. So konnte Flavius Constantius die Goten Alarichs – inzwischen von Athaulf und Vallia geführt – 414/415 dadurch gefügig machen, dass er sie aushungerte. Zu diesem Zeitpunkt hatten sie schon sechs oder sieben Jahre lang keine Felder mehr bestellt. Im späteren 5. Jahrhundert geben uns die Quellen auch Einblick in die Strategien, mit denen der Amalerfürst Theoderich nach dem Zusammenbruch des Hunnenreichs solche logistischen Probleme löste. Seine Goten führten in den 470er Jahren bei ihrem Migrationszug quer durch den Balkan ganze Wagenladungen Saatgetreide mit sich, und ein wichtiger Punkt seiner Verhandlungen mit den Römern war stets die Forderung nach Ackerland. Unterwegs nahm seine Gruppe Handelsbeziehungen zu den Einheimischen auf und raubte sie nicht einfach aus. Die Goten ließen also die ansässige Bevölkerung ungestört ihre Felder bestellen und einen Überschuss erwirtschaften, von dem sie selbst einen gewissen Prozentsatz abzuschöpfen verstanden. Hätten sich Theoderichs Leute dagegen aufs Plündern verlegt, dann hätten sie sich nur einmal den Bauch füllen können.

Weit größere logistische Probleme hatten Migrantengruppen zu bewältigen, die den Seeweg wählten. Die hohen Kosten einer Schiffsreise begrenzten den Kreis der Teilnehmer von vornherein. Die Wikinger sind hier das am besten dokumentierte Beispiel für das 1. Jahrtausend. Schiffe waren eine ausgesprochen teure Angelegenheit, und selbst reine Frachtschiffe konnten nur eine begrenzte Zahl von Menschen und Waren transportieren. Wer nicht so viel Geld hatte, sich aber trotzdem an den Raubzügen beteiligen wollte, konnte sich nur mit anderen zusammentun und ein Schiff kaufen oder mieten oder sich einem Führer von höherem Status anschließen. Logistische Probleme wirkten sich noch stärker aus, sobald die Siedlungsphase begann und man Arbeitskräfte mit ganz speziellen Fertigkeiten und eine Vielzahl sperriger Ackergeräte benötigte. Allein die hohen Kosten für den Schiffstransport machen Stentons These einer groß angelegten Ansiedlung skandinavischer Bauern im Danelag wenig plausibel. Wer hätte dafür bezahlen wollen, wo man doch vor Ort genügend unterworfene Angelsachsen als Arbeitskräfte zur Verfügung hatte? Auch bei der Besiedlung Islands unter Führung höherrangiger Persönlichkeiten, die für die hohen Transportkosten aufkamen, spielten logistische Fragen eine wichtige Rolle. Die spezielle Logistik des Seetransports hat wahrscheinlich auch dazu geführt, dass im Vergleich zu Migrationszügen über Land die Zahl der teilnehmenden skandinavischen Frauen beschränkt blieb. DNA-Untersuchungen bei der heutigen Bevölkerung haben ergeben, dass nur ein Drittel der nach Island eingewanderten Frauen überhaupt aus Skandinavien stammte, die übrigen wurden von den näher gelegenen Britischen Inseln geholt. Dies könnte man so deuten, dass es nur für eine Minderheit der Krieger erschwinglich war, ihre Frauen mitzunehmen. Wenn man aber bedenkt, dass es sich um polygam lebende Heiden handelte, so könnte es auch sein, dass die Frauen gegenüber den Männern von Anfang an in der Überzahl waren, weil jeder skandinavische Mann nicht nur eine Frau aus der Heimat mitbrachte, sondern auf Zwischenstationen in England oder Irland weitere Frauen mitnahm.

So beschränkt unsere Kenntnisse über die Wikingerzeit sind, über die anderen großen Migrationen, die im 1. Jahrtausend übers Meer führten – die Fahrten der Angelsachsen über die Nordsee und die Expedition der Vandalen und Alanen über die Straße von Gibraltar – wissen wir noch viel weniger. Die logistischen Schwierigkeiten müssen ähnlich groß gewesen sein. Die Vandalen und Alanen waren vermutlich in der Lage, sich in gewissem Umfang mit Gewalt Transportmöglichkeiten zu verschaffen, aber den größten Teil der Kosten werden sie selbst aufgebracht haben. Und mit gutem Grund darf man annehmen, dass sie deshalb Marokko als erste Station auf afrikanischem Boden wählten, weil sie nur eine begrenzte Anzahl von Menschen pro Überfahrt transportieren konnten. Marokko lag noch in beträchtlicher Entfernung vom gut verteidigten römischen Nordafrika, ihrem eigentlichen Ziel. Die durch die Transportlogistik bedingte Unmöglichkeit, viele Menschen auf einmal übers Meer zu schaffen, war wahrscheinlich einer der Gründe dafür, warum sich die Migration der Angelsachsen ins südliche Britannien so lange hinzog.

Trotz begrenzter Daten können also vergleichende Untersuchungen einiges Licht ins Dunkel der Migration im 1. Jahrtausend bringen. Dennoch bleiben wichtige Fragen offen, insbesondere: Können wir den Quellen glauben, die berichten, dass es im 1. Jahrtausend große organisierte Migrationszüge mit Männern, Frauen und Kindern gab? Und wenn ja, wie erklären wir dann dieses Phänomen im Kontext jener Zeit und angesichts der Tatsache, dass es sich in neueren und besser dokumentierten Epochen nicht wiederholt hat? Auch bei der Beantwortung dieser Fragen können uns Beispiele von Migrationen aus jüngerer Zeit weiterhelfen. Eine wirklich befriedigende Erklärung erhalten wir jedoch nur, wenn wir die Migrationsmuster des 1. Jahrtausends vor dem Hintergrund der viel tiefergreifenden Veränderungen betrachten, die sich zur selben Zeit im barbarischen Europa abspielten.

MIGRATION UND ENTWICKLUNG

Vergleichende Untersuchungen liefern zwei Orientierungspunkte zum Verständnis der Ursachen von Migrationsströmen. Erstens kann man davon ausgehen, dass ein größeres Wohlstandsgefälle zwischen zwei benachbarten Regionen fast immer einen Migrationsstrom von der weniger entwickelten Region in die reichere auslöst. Was »benachbart« meint, kann allerdings von Region zu Region variieren und davon abhängen, welche Transportmittel zur Verfügung stehen. Möglich ist auch, dass in einer Situation, die eigentlich zu einer »natürlichen« Wanderungsbewegung führen müsste, die Migration durch die politischen Strukturen oder durch Informationsmangel gehemmt wird. Wenn alles glatt geht, bewirkt ein Entwicklungsgefälle zusammen mit der den *Homo sapiens* auszeichnenden Neigung zum Ortswechsel als Strategie der Maximierung einen Migrationsstrom. Der zweite Punkt ist nicht weniger entscheidend. In den meisten Fällen stellt die Motivation eines einzelnen Migranten eine komplexe Mischung aus Freiwilligkeit und Zwang, aus ökonomischen und politischen Motiven dar. Normalerweise liegt eine Kombination aller vier Faktoren vor. Es gibt allerdings Ausnahmen, insbesondere dann, wenn die Flüchtlinge unmittelbar vom Tod bedroht sind. Migration muss also stets vor dem Hintergrund der bestehenden wirtschaftlichen und politischen Verhältnisse betrachtet werden. Unter diesem Blickwinkel lassen sich auch befriedigende Erklärungen für die allgemeine geographische »Form« der Migration im 1. Jahrtausend und die scheinbar merkwürdige Natur der typischen Migrationseinheiten finden.

Migration im römisch geprägten Europa

Die wirtschaftlich und politisch am höchsten entwickelte Region Europas war zu Beginn des 1. Jahrtausends der von den Römern beherrschte Mittelmeerraum, zu dem damals im Süden und Westen weitläufige Gebiete hinzugekommen waren, in denen die Latène-Kultur herrschte. Das Europa der Latène-Zeit zeichnete sich durch eine entwickelte Agrarwirtschaft aus, deren Überschüsse eine relativ hohe Bevölkerungsdichte ermöglichten. Auch in anderen Wirtschaftszweigen herrschten rege Produktion und Warenaustausch. Dass die Römer bei ihren Eroberungen Richtung Norden nicht über die Gebiete der Latène-Populationen hinaus vordrangen, hat seinen Grund: Jenseits dieser Zone spielte der zu erwartende Gewinn die Kosten nicht mehr ein. Dort lagen die Gebiete der post-Jastorf-Kultur, in denen hauptsächlich Germanisch gesprochen wurde. Hier gab es unterschiedliche ökonomische Verhältnisse, da Teile der dortigen Bevölkerung schon seit längerer Zeit in engerem Kontakt mit ihren Latène-Nachbarn standen. Die politischen Einheiten waren hier aber in der Regel kleiner als im Europa der Latène-Zeit vor dessen Eingliederung ins Römische Reich, und die landwirtschaftlichen Erträge geringer. Entsprechend niedrig war die Bevölkerungsdichte, und für nichtagrarische Produktion und Handel sowie für eine sozial ausdifferenzierte Gesellschaft (zumindest insoweit sich eine solche in der materiellen Kultur niederschlägt) fehlen jegliche Hinweise. Jenseits der Jastorf-Kultur waren die nördlichen und östlichen Ausläufer Europas dort, wo es die Umweltbedingungen ermöglichten, noch von eisenzeitlichen Bauern bewohnt, deren Produktivität noch geringer, deren Siedlungen noch kleiner und kurzlebiger waren und die nur über eine sehr schlichte materielle Kultur verfügten.

Wir haben also ein deutlich ausgeprägtes »Europa der drei Geschwindigkeiten« (siehe Karte 1). Orientiert man sich an Migrationsstudien, würde man einen Bevölkerungsstrom aus den weniger entwickelten in die höher entwickelten Regionen in südlicher und westlicher Richtung erwarten. Genau dies geschah auch in den ersten drei nachchristlichen Jahrhunderten. Die wirtschaftlichen und soziopolitischen Strukturen des höher entwickelten römischen Europa übten einen starken Sog auf die weniger entwickelten Nachbarn aus, insbesondere auf das weitgehend germanisch dominierte post-Jastorf-Europa. Viele kamen als Rekruten für die römischen Armeen ins Reich, andere unfreiwillig als Sklaven. Diese Bevölkerungsströme sind gut dokumentiert und müssen hier nicht weiter kommentiert werden. Doch auch die breiteren und stärker umstrittenen germanischen Bevölkerungsströme des 2. und 3. Jahrhunderts passen in dieses Schema, waren doch auch sie eine Migration Richtung Süden und Westen in das höher entwickelte Europa. Zum besseren Verständnis ihrer besonderen Geschichte muss man sich allerdings vor Augen halten, wie stark die vielfältigen Kontakte mit dem Römischen Reich das Europa der drei Geschwindigkeiten in der Zwischenzeit verändert hatten.

Die geographische Asymmetrie der germanischen Expansion dieser Jahre erklärt sich zunächst durch die militärischen und politischen Strukturen des Römischen Reiches. Zwar war der Expansionsdruck im gesamten von den Germanen beherrschten Europa gleich groß, aber die durch ihn verursachten Migrationsbewegungen waren im Südosten, ganz besonders aber nördlich des Schwarzen Meeres, deutlich stärker. Während die germanischen Einwanderer im Südwesten lediglich die *Agri Decumates* übernahmen, wurde die sehr viel weiter östlich gelegene Provinz Dakien von den Römern den Migranten überlassen, die politischen Strukturen nördlich des Schwarzen Meeres wurden sogar völlig umgekrempelt. Dass die in verschiedene Richtungen laufenden Migrationsströme unterschiedlich breit waren, hat seinen Grund: Die Migranten, die sich nach Süden und Osten aufmachten, trafen zunächst nur auf den Widerstand der Klienten im inneren Grenzgebiet des Römischen Reiches und nicht direkt auf dessen Militärmacht. Dadurch hatten sie viel größere Erfolgschancen als die Migranten im Südwesten, die sich unmittelbar mit römischen Legionären konfrontiert sahen.

Dass sich die erfolgreichen Führer dieser Expansionsströme meist mit einer Ansiedlung mehr oder weniger an den Rändern des Reiches zufriedengaben, statt dauerhaft die Grenze zu überschreiten, ergibt sich teilweise aus dem Langzeiteffekt der Kontakte mit der römischen Welt in den ersten zwei nachchristlichen Jahrhunderten. Der Handel – der Fernhandel mit Luxuswaren ebenso wie der lokale Handel mit landwirtschaftlichen Produkten –, die Gelegenheiten zur Plünderung reicherer römischer Territorien und die Tendenz des Römischen Reiches, seine Klienten mit Subsidienzahlungen zu unterstützen, führten dazu, dass sich an den grenznahen Höfen germanischer Könige neuer Reichtum ansammelte. Das Europa der drei Geschwindigkeiten entwickelte also noch ein viertes Tempo in Form einer inneren Zone von Klienten, deren Wohlstand den ihrer Nachbarn an der äußeren Peripherie des post-Jastorf-Europa weit übertraf. Es war für die Führer der germanischen Expansion nicht nur militärisch viel ungefährlicher, ihre Operationen auf Gebiete kurz vor der römischen Grenze zu beschränken; der seit zwei Jahrhunderten bestehende Austausch mit dem Römischen Reich und die sich daraus ergebende Akkumulation von Reichtümern hatten auch aus dem Vorland der Grenze ein attraktives Ziel für Raubzüge gemacht. Vorher wäre es für ehrgeizige germanische Kriegsfürsten wenig sinnvoll gewesen, vom Norden Mitteleuropas Richtung Süden zu ziehen oder vom Norden der Karpaten in den Südosten, da dort nicht allzu viel zu holen war.

Betrachtet man das spätere 2. und 3. Jahrhundert unter diesem Gesichtspunkt, dann erklärt sich auch der Charakter zumindest einiger Gruppen, die sich an den Migrationsströmen beteiligten. Bereits der erste dokumentierte Versuch, von der äußeren Peripherie aus von dem neuen Reichtum zu profitieren, der sich unweit der Reichsgrenze angehäuft hatte, war ein Raubzug. Als der böhmische Markomannenkönig Vannius alt und schwach geworden war, gelang es einem einst verdrängten Rivalen, einen Trupp von Kriegern aus Polen aufzustellen und rund um seinen Hof alles Wertvolle wegzuschleppen, was nicht niet- und nagelfest war. Vieles davon stammte aus Subsidienzahlungen und aus den Abgaben, die Vannius von den römischen Kaufleuten erhoben hatte. Auch wenn es sich nicht direkt beweisen lässt, bin ich mir sicher, dass dies kein Einzelfall blieb. Blitzüberfälle waren jedoch keineswegs der effektivste Weg, sich im Hinterland des Römischen Reiches etwas von dessen Wohlstand zu holen. Vom Handel und von der römischen Diplomatie profitierte man im unmittelbaren Grenzgebiet am besten, und auch Überfälle ließen sich von hier aus bequemer durchführen. Für ambitionierte Gruppen und ihre Führer aus der äußeren Peripherie lag es also nahe, ins Grenzgebiet umzusiedeln. Es ist daher kaum überraschend, dass sich aus den Plünderungsaktionen im 2. und 3. Jahrhundert ein Migrationsstrom von der äußeren Peripherie her entwickelte.

Doch schon seit dem Ende des 1. Jahrhunderts waren alle lukrativen Plätze entlang der Grenze von Kriegsfürsten besetzt, von denen keiner seine vorteilhafte Position ohne weiteres aufgeben wollte. Jede dauerhafte Umsiedlung in Richtung der römischen Grenze bedeutete daher zwangsläufig die Zerstörung existierender politischer Strukturen. Das erklärt, warum zu den Migrationsströmen im 2. und 3. Jahrhundert Bewaffnete gehörten, die nach Tausenden zählten, und nicht mehr bloß Kriegerverbände von 100 oder 200 Mann, die für einen schnellen Raubzug ausreichten.

Es lohnt sich, dieses Migrationsmuster mit jüngeren und besser dokumentierten Beispielen zu vergleichen. Raubzüge, die von Tausenden Bewaffneter unternommen werden, gibt es heute in der Regel nicht, was gelegentlich als Begründung dafür angeführt wird, dass sie auch in der Vergangenheit nicht vorgekommen sein können. Doch ähnliche Aktionen hat es in nicht allzu ferner Zeit gelegentlich durchaus gegeben, beispielsweise den Großen Treck der Buren. Die Buren konnten sich allerdings mit kleineren Trupps begnügen, da sie ihren Gegnern, den Zulu und Matabele, militärtechnisch haushoch überlegen waren. Im 2. und 3. Jahrhundert lag der technische Vorteil wahrscheinlich eher bei den Gruppen der inneren Peripherie, die sicherlich über römische Waffen verfügten. Die Angreifer von der äußeren Peripherie mussten also eine Streitmacht aufbieten, die jener der Könige im Zielgebiet mindestens ebenbürtig war.

Man muss auch bedenken, warum neuzeitliche Migrationsströme sich vor allem in Mikroeinheiten von einigen wenigen Personen bewegen, auch wenn die Gesamtstärke der Migration durchaus beachtlich ist. Die Größe der Migrationseinheit passt sich stets der Art und Weise an, in der heutige Migranten Zugang zum Reichtum der besser entwickelten Wirtschaftsregionen zu erlangen suchen. Entscheidend für den einzelnen Migranten ist es, einen vergleichsweise gut bezahlten Arbeitsplatz im Industrie- oder Dienstleistungssektor zu finden. Migrationseinheiten sind also nicht grundsätzlich eher klein, sie passen sich vielmehr den Möglichkeiten der höher entwickelten Wirtschaft an. Die gesamte Wirtschaft Europas im 1. Jahrtausend war agrarisch geprägt und technisch nicht sehr entwickelt. Daher boten sich auch in der höher entwickelten Peripherie des Römischen Reiches keine Arbeitsplätze für einzelne Migranten, wenn man davon absieht, dass einige wenige Aufnahme in das militärische Gefolge eines Grenzkönigs finden konnten. Wer an den Reichtümern dieser Welt partizipieren wollte, für den war es also keine erfolgversprechende Strategie, auf eigene Faust oder in einer kleinen Gruppe loszuziehen. Man musste schon mit einer Streitmacht aufkreuzen, jene besiegen, die bereits an Ort und Stelle Privilegien genossen, und sich dem Römischen Reich als wirtschaftlicher und politischer Partner im besetzten Grenzabschnitt andienen. Vergleichbare Migrationsgruppen gibt es in der heutigen Welt nicht, dennoch stehen sie völlig im Einklang mit der treibenden Kraft hinter allen Migrationsströmen. Großangelegte Raubüberfälle waren im 1. Jahrtausend das Mittel der Wahl zur Wohlstandsmehrung, so wie heute die individuelle Migration.

Das Wohlstandsgefälle kann auch die zweite Eigentümlichkeit der Bevölkerungsströme des 2. und 3. Jahrhunderts erklären: die Tatsache, dass so viele Krieger in Begleitung ihrer Frauen und Kinder kamen. Im germanisch dominierten Europa der ersten nachchristlichen Jahrhunderte wurde auf kleinen Bauernhöfen mit einfachster Technik ein magerer Nahrungsmittelüberschuss produziert. Diese Art des Wirtschaftens konnte keine größeren Kriegergefolge ernähren. Was die Könige im 4. Jahrhundert von ihren Untertanen an Nahrungsmittelabgaben eintrieben, reichte allenfalls für ein paar hundert Mann. Die Militäraktionen, die nötig waren, um sich eine lukrative Nische an der Römischen Grenze zu sichern, wären mit so wenigen echten Kriegern nicht durchzuführen. Deshalb rekrutierte man Kämpfer aus breiteren Schichten der Bevölkerung, von denen viele bereits Familienanhang hatten. Die Kämpfer wollten natürlich ihre Familien auf keinen Fall für längere Zeit schutzlos zurücklassen. So war es nur natürlich, dass germanische Kriegsexpeditionen von mehr als ein paar hundert Mann stets auch von zahlreichen Familienangehörigen begleitet wurden. Auch an den Kundschafterexpeditionen der Buren nahmen in geringer Zahl Frauen teil, doch die größeren Trecks waren immer gemischt, und wenn es ans Kämpfen ging, waren die Frauen mit von der Partie: Sie luden die Gewehre und schossen, wenn nötig, auch selbst. Die germanischen Frauen des 2. Jahrhunderts übernahmen ohne Zweifel ebenfalls wichtige Aufgaben, auch bei größeren Militäraktionen. So eigentümlich diese

Migrationsströme von ihrer Größe und ihrer Zusammensetzung her anmuten, im Licht der vergleichenden Forschung entsprechen sie den Grundprinzipien jedes Migrationsverhaltens.

Jenseits der »Völkerwanderung«

Die Muster von Entwicklung und Migration, die sich während der Römerherrschaft ausbildeten, gipfelten in der sogenannten Völkerwanderung. Im späten 4. und 5. Jahrhundert tauchen in der europäischen Geschichte eine ganze Reihe von Migrantengruppen auf, die 10000 oder noch mehr Krieger und einen großen Anhang umfassten und stark genug waren, die Konfrontation mit den militärischen und politischen Strukturen des Römischen Reiches zu wagen. Diese gewaltigen Migrationsschübe ereigneten sich in einem entscheidenden Augenblick am Schnittpunkt vieler Entwicklungslinien. Erstens hatten unter den Germanen Mitte bis Ende des 4. Jahrhunderts wirtschaftliche und politische Prozesse eingesetzt, die den Zusammenhalt und die Organisation solch riesiger Gruppen von Kriegern samt ihren Angehörigen überhaupt erst ermöglichten. Zweitens waren diese Strukturen während der Expansionsprozesse des 2. und 3. Jahrhunderts entstanden, die noch frisch genug im kollektiven Gedächtnis hafteten, um eine Migrationstradition auszubilden, die sich unter passenden Umständen reaktivieren ließ. Und drittens – dies hängt vielleicht mit dem vorigen Punkt zusammen – waren diese Gruppen wirtschaftlich nicht so fest im Ackerbau einer bestimmten Region verwurzelt, dass sie vor einem Ortswechsel zurückgeschreckt wären.

Sicherlich sind die Aktivitäten solcher großen Migrantengruppen vor dem Hintergrund der langfristigen Entwicklung der germanischen Welt und besonders angesichts der Krise des 3. Jahrhunderts erklärbar, wenn auch durchaus erstaunlich. Denn auch wenn sie größer waren und einen stärkeren Zusammenhalt besaßen als entsprechende Formationen im 1. Jahrhundert, war doch keine dieser Gruppen, die an der Peripherie auftauchten, für sich genommen groß genug, das Römische Reich mit einiger Aussicht auf Erfolg anzugreifen. Dass dies trotzdem gelang, war selbst wiederum die Folge des Zusammentreffens zufälliger Ereignisse und langfristiger Entwicklungen.

Erstens waren da die Hunnen, die, ohne dass es in ihrer Absicht gelegen hätte, den Anlass dafür schufen, dass sich viele weitgehend germanische Gruppen von jenseits der römischen Grenzen an Rhein und Donau in Richtung des römischen Territoriums in Marsch setzten, und dies zu einer Zeit, da der römische Staat zu schwach war, sie zurückzuschlagen. Wären diese Gruppen –

selbst wenn sie größer und kohärenter gewesen wären – nicht alle gleichzeitig auf römischem Territorium eingetroffen, wären sie letztlich vernichtet worden. Andererseits waren es aber auch viel zu viele Gruppen, als dass sie sich auf einen gemeinsamen Plan zur Vernichtung des Römischen Reiches hätten einigen können. Zweitens erreichten die Prozesse der politischen Verschmelzung, die schon lange jenseits der Grenzen begonnen hatten, auf römischem Territorium relativ rasch ihren Höhepunkt. Dieser entscheidende Aspekt wurde von der traditionell nationalistisch ausgerichteten Geschichtsschreibung gewöhnlich übersehen. Indem man die Gruppen, die die Nachfolgereiche des Römischen Reiches bildeten, als schon seit grauer Vorzeit bestehende und im Kern unwandelbare »Völker« betrachtete,[7] übersahen die Geschichtsdarstellungen, dass es sich zumeist um neue Koalitionen handelte, die sich (in der Regel aus drei oder vier vorher getrennten Gruppen) erst auf römischem Boden gebildet hatten. Die West- und die Ostgoten, die merowingischen Franken, die Koalition der Vandalen und Alanen – sie alle waren eine neue Stufe in der Organisation politischer Strukturen der Barbaren. Und erst jetzt konnten Gruppen entstehen, die mit 20000 und mehr Kriegern groß genug waren, um das Weströmische Reich zu Fall zu bringen.[8]

So unerwartet diese Entwicklung auch war, in einer Hinsicht war sie alles andere als zufällig. Die neuen und bedeutend größeren politischen Gebilde, die die Basis der Nachfolgereiche des Römischen Reiches darstellten, hätten jenseits der Grenze gar nicht entstehen können. Das Niveau der wirtschaftlichen Entwicklung an der Peripherie des Römischen Reiches im 4. Jahrhundert erzeugte nicht den nötigen Überschuss, der es einer politischen Führung ermöglicht hätte, so viele Anhänger an sich zu binden. Erst als es gelang, die wirtschaftlichen Ressourcen des Römerreichs direkt anzuzapfen, und der römische Staat einen zusätzlichen Anstoß zur Einigung lieferte, waren die Voraussetzungen für die Entstehung dieser politischen Gemeinwesen gegeben.[9]

Wenn jedoch die »Völkerwanderung« die Entwicklungsmuster des Barbaricum, wie sie sich in der Zeit der Römerherrschaft abzuzeichnen begannen, gleichsam vollendete, brachte sie im Ergebnis eine völlige Umgestaltung der Entwicklungsmuster in Europa. Die neuen Reiche, die auf ehemals römischem Territorium entstanden, machten das imperiale Europa deutlich weniger imperial. Das Machtzentrum Westeuropas verschob sich um das Jahr 500 entschieden Richtung Norden. In der zweiten Hälfte des 1. Jahrtausends gab es keine Großmacht mehr, die ihren Schwerpunkt im Mittelmeerraum hatte, sondern eine Reihe zumeist fränkischer Dynastien, deren wirtschaftliches und demographisches Zentrum nördlich der Alpen zwischen Atlantik und Elbe lag. Auch dies kann als Ergebnis von Entwicklungen gesehen werden, die sich bereits vorher anbahnten. Die Tatsache, dass die Machtbasis des neuen westeuropäischen Reiches aus einem Teilstück des ehemaligen Römischen Reiches und weiten Gebieten seiner einstigen Peripherie bestand, verdeutlicht, wie sehr sich diese Peripherie in den vorausgegangen Jahrhunderten durch den Kontakt mit dem Römischen Reich verändert hatte. Um die Zeitenwende hätte dieses Gebiet beiderseits des Rheins niemals zur Grundlage einer Imperialmacht werden können, dazu war es weder reich noch dicht besiedelt genug. In der ersten Hälfte des 1. Jahrtausends änderte sich dies von Grund auf. Gleichzeitig bildeten sich im nachrömischen, fränkisch dominierten westlichen Europa politische Strukturen aus (insbesondere mit der Militarisierung seiner landbesitzenden Eliten), die das neue Reich von seinem römischen Vorläufer unterschieden. Da dieses die Landwirtschaft nicht systematisch zu besteuern vermochte, war es ein weniger dominantes und weniger autonomes Gebilde, das sich durch Expansion die nötigen Ressourcen beschaffen musste, um die staatstragende Schicht der Landbesitzer an sich zu binden. Verhinderten die allgemeinen Umstände eine weitere Expansion, kam es rasch zur Zersplitterung, und die Macht verlagerte sich vom Zentrum in die Peripherie. Phasen einer starken, zentral gebündelten, nach außen aggressiv auftretenden Staatsgewalt – Kennzeichen einer Imperialmacht – wechselten in der zweiten Jahrtausendhälfte mit Phasen der Uneinigkeit ab. Die in der ersten Jahrtausendhälfte existierenden Ungleichheiten wurden in einem gewissen Maß von oben her eingeebnet, indem das imperiale Europa weniger imperial wurde.

Grundsätzlicher und interessanter, weil so viel seltener diskutiert, war die Auswirkung der »Völkerwanderung« auf das barbarische Europa. Im 6. Jahrhundert war das von Germanen beherrschte Europa, wie es in der Römerzeit existiert hatte, fast ganz zusammengebrochen. Während bis ins 4. Jahrhundert hinein in einem riesigen Gebiet, das vom Rhein bis an die Weichsel und den Don reichte, ähnliche sozioökonomische und politische Strukturen bestanden hatten, waren die Nachkommen der Germanen um 550 n. Chr. hauptsächlich auf das Gebiet westlich der Elbe beschränkt. Nur im Südosten zog sich ein germanisch dominierter Ausläufer bis in die Große Ungarische Tiefebene, der aber mit dem Auftauchen der Awaren bald verschwand (Karte 15). Bei dieser Umwälzung spielte die »Völkerwanderung« eine zentrale Rolle, wenngleich nicht dadurch, dass diese Landschaften durch sie entvölkert wurden. In manchen Gebieten ging zwar die Zahl der Siedlungen zurück, doch der Exodus, der vom 4. bis zum 6. Jahrhundert das germanische Mittel- und Osteuropa erfasste, beraubte diese Landstriche keineswegs ihrer gesamten Bevölkerung.

Allerdings verließen im Verlauf der »Völkerwanderung« bewaffnete und organisierte Eliten weite Teile der alten inneren und äußeren Peripherie des Römischen Reiches. Aus der Perspektive des barbarischen Europa brach jetzt nicht nur das Römische Reich zusammen, sondern auch die größeren staatsähnlichen Gebilde an dessen Peripherie, die sich im Zuge der Migration in die ehemals innere Peripherie (zwischen Rhein und Elbe und der Großen Ungarischen Tiefebene) verlagerten – und natürlich auch auf das Territorium des Weströmischen Reiches.

Diese erste wirkliche Revolution im barbarischen Europa markierte eine Zäsur in einer mehr als ein halbes Jahrtausend andauernden, größtenteils kontinuierlichen Entwicklung weiter Teile Mittel- und Osteuropas. Dadurch wurde eine zweite, nicht minder dramatische Transformation ermöglicht. Mit dem Zusammenbruch der germanischen Welt traten Bevölkerungsgruppen aus der dritten Zone Europas erstmals in einen echten politischen, wirtschaftlichen und kulturellen Austausch mit dem übrigen Europa. Die Römer hatten einige Kenntnisse über die Veneder, die in jener am wenigsten entwickelten Zone siedelten. Tacitus wusste im 1. Jahrhundert von ihrer Existenz und lokalisierte sie jenseits der Weichsel und der Karpaten. Ptolemäus konnte ein paar Generationen später einige ihrer größeren Gruppen namentlich benennen. Erstaunlicherweise gibt es jedoch keine Hinweise darauf, dass diese Populationen in die politischen Ereignisse der ersten Jahrtausendhälfte hineingezogen wurden. Es ist uns nicht ein einziger Überfall der Veneder auf die Römer überliefert, sie tauchen nirgends in den Schilderungen der Markomannenkriege des 3. Jahrhunderts auf und scheinen noch nicht einmal in Attilas Reich eingebunden gewesen zu sein, das so viele andere Gruppen Mittel- und Osteuropas umfasste. Nichts deutet darauf hin, dass die Römer von diesen Gruppen östlich der Weichsel und nördlich der Karpaten Waren bezogen oder dass diese sonst in den Handelsnetzwerken, die sich zuvor über das gesamte Barbaricum erstreckten, eine größere Rolle gespielt hätten, obwohl einige Routen auch durch ihre Gebiete verlaufen sein müssen.

Mehr oder weniger unmittelbar nach dem Zusammenbruch des germanischen Europa tauchen die slawisch sprechenden Gruppen aus der dritten, langsamen Zone jedoch zunehmend in historischen Berichten auf. Um 500 n. Chr. waren sie im Süden und Osten der Karpaten an die römische Grenze gestoßen und unternahmen dort Überfälle. Die Fähigkeit dazu erwarben sie möglicherweise in vorangegangenen Auseinandersetzungen mit den Goten und anderen besser organisierten Gruppen, die in unseren Quellen mehr oder weniger unerwähnt bleiben.[10] Wie auch immer, die neuen Kontakte mit dem Oströmischen Reich beschleunigten die Entwicklungsprozesse unter den beteiligten Slawen enorm. Hinzu kamen Subsidienzahlungen und Reichtum durch Raubgut, wie sie ihn bislang noch nicht kannten. Dadurch wurden ihre Militarisierung und die Ausbildung größerer politischer Strukturen gefördert. Dies wiederum ermöglichte es ihnen, die Vorteile zu maximieren, die sie aus der neuen Beziehung zu den Territorien Konstantinopels zogen. All das lief parallel zu weiteren Veränderungen, wie wir sie aus der Phase der frühen germanisch-römischen Kontakte kennen. Als das germanische Europa um 550 zusammenbrach, waren die Slawisch sprechenden Gruppen bereits die barbarischen »Anderen« schlechthin geworden, die der oströmischen Zivilisation im südöstlichen Europa zusetzten.

An diesem Punkt ereignete sich ein zweiter nomadischer »Unfall«, der die Entwicklung beeinflusste und zum Katalysator der weiteren Umgestaltung des barbarischen Europa wurde. Die Awaren errichteten ähnlich den Hunnen innerhalb kurzer Zeit ein mächtiges Militärbündnis in Mitteleuropa, dessen Haupteffekt darin bestand, die immer noch in großer Menge erzeugten Reichtümer des Mittelmeerraums in das nun weitgehend slawisch dominierte Mitteleuropa zu transferieren. Dies heizte natürlich den Wettbewerb um die Kontrolle dieser Reichtümer noch weiter an, der bereits vor der Ankunft der Awaren eine neue Art von militärgestütztem Königtum in der slawischen Welt hervorgebracht hatte. Auch die Awaren konnten ihre zahlreichen unterworfenen Gruppen nicht direkt regieren, sie stützten sich ähnlich den Hunnen auf Anführer, die zum Teil aus den unterworfenen Gruppen selbst stammten. Genauere Informationen haben wir nicht, aber man kann vermuten, dass sie damit die gesellschaftliche Position dieser Klasse von Anführern festigten, was letztendlich die politische Einigung ihrer slawischen Untertanen förderte.[11] Das Auftauchen der Awaren gab schließlich den Anstoß zur Entstehung einer größeren slawischen Diaspora, da einige slawische Gruppen fortzogen, um der Awarenherrschaft zu entkommen. Große slawische Ansiedlungen – im Gegensatz zu bloßen Plünderungen – im ehemals oströmischen Balkan wurden nur möglich, weil das Awarenreich Konstantinopels militärische Überlegenheit in der Region zerstörte, wozu allerdings auch Persien und die Araber beitrugen. Aber zumindest einige Slawen waren durch den Wunsch, der Herrschaft der Awaren zu entkommen, ebenso stark negativ motiviert, wie sie das positive Bedürfnis verspürten, sich auf römisches Territorium zu begeben. Anderswo fehlen die historischen Berichte, aber der Wunsch, sich der Awarenherrschaft zu entziehen, spielte bei der Ausbreitung slawischer Gruppen ab 550 sicherlich eine entscheidende Rolle. Sie zogen westwärts zur Elbe, nordwärts zur Ostsee und sogar ostwärts in das Herz Russlands und der Ukraine. Es bleibt unklar, ob man bei dieser Expansion nach Osten überhaupt von einem ersten Vordringen von Slawen in das westliche Russland sprechen kann oder ob wir es hier nicht vielmehr mit der Ausbreitung bestimmter Slawisch sprechender Gruppen zu tun haben, die durch den Austausch mit Ostrom und den Awaren politisch besser organisiert und militärisch besser gerüstet und damit in der Lage waren, andere, in dieser Hinsicht benachteiligte Slawisch sprechende Gruppen zu dominieren.

Wie dem auch sei, eng verbunden mit dem Prozess der Slawisierung sind bestimmte Migrations- und Entwicklungsprozesse. Den Gruppen, die von dem neuen Reichtum profitierten, gelang dies nur, weil sie bereits nach dem Zusammenbruch des Hunnenreichs in den Orbit des Römischen Reiches gezogen waren. Die soziopolitische Revolution, die sie dabei erlebten, bereitete den Boden für die Ausdehnung ihrer Herrschaft über weite Teile Mittel- und Osteuropas im Zuge einer Migration. Im Verlauf dieses Prozesses absorbierten sie einen Teil der gewiss immer noch zahlreichen alteingesessenen Bevölkerung dieser Regionen, die den germanischen Kulturkollaps überstanden hatte. Dies wird teilweise friedlich abgelaufen sein, wie oströmische Quellen nahelegen. Doch bei vielen slawischen Gruppen jener Zeit fand eine starke Militarisierung statt, und die Slawisierung brachte eine erstaunliche Vereinheitlichung. So kann es sein, dass einige slawische Gruppen, insbesondere solche vom Korčak-Typ, bis zum Jahr 600 oder sogar noch länger friedliche Kleinbauern blieben, bei vielen anderen jedoch vollzog sich ein rascher Transformationsprozess, in dessen Verlauf der neue Reichtum eine soziale Differenzierung und Militarisierung bewirkte. Träger der Slawisierung Europas waren die bewaffneten und aggressiven Slawen, nicht die Korčak-Bauern. Dies gilt insbesondere für jene Teile Russlands, in denen Gruppen von wenigen hundert Personen die Slawisierung vorantrieben, indem sie in feindlichem Gebiet eine befestigte Siedlung nach der anderen errichteten.

Die Geburt Europas

Der oströmische Reichtum und das awarische Zwischenspiel sind nur die Ausgangspunkte eines umfassenderen Entwicklungsprozesses, der in der zweiten Hälfte des 1. Jahrtausends das weiträumige Gebiet des slawisch dominierten Europa erfasste. Bis zum 10. Jahrhundert entstanden hier die ersten staatsähnlichen dynastischen Gebilde, deren Herrschaft allerdings noch beschränkt war und einen klaren Unterschied zwischen Zentrum und Peripherie aufwies. Eine

Regierung nach dem Muster des Reisekönigtums war nicht in der Lage, in so großen Territorien die Zügel überall gleich fest in der Hand zu haben. Dies zeigt sich an der großen Bereitschaft der neuen Reiche, ausgedehnte, an den Grenzen zwischen den Territorien liegende Landstücke untereinander zu tauschen. Dennoch waren diese in der Lage, beeindruckende zentral gesteuerte Aktivitäten zu organisieren. Sie waren nicht nur räumlich bedeutend größer als die germanischen Klientelstaaten des 4. Jahrhunderts an den Rändern des Römischen Reiches, sie waren auch sehr viel mächtiger. Ihre Bauwerke waren nicht nur monumentaler, sie unterhielten auch größere, besser ausgerüstete und professionellere Armeen und übernahmen rasch die Kultur des entwickelteren imperialen Europa, insbesondere das Christentum.

Alles deutet darauf hin, dass die Transformationsmechanismen, die diese neuen Einheiten hervorbrachten, jenen ähnelten, die die größeren germanischen Klientelstaaten der römischen Peripherie des 4. Jahrhunderts hervorgebracht hatten. In beiden Fällen hatten vielfältige neue Kontakte – durch Handel, Plünderungen, Diplomatie – in den nichtimperialen Gesellschaften zu einem bis dahin unbekannten Wohlstand geführt. Der Kampf um die Aneignung dieser Ressourcen führte zu einer Militarisierung und ließ Herrscher mit dynastischen Ansprüchen auf den Plan treten, die ihre Kontrolle über die Reichtümer zum Aufbau einer Militärmacht nutzten, mit deren Hilfe sie ihre Herrschaft institutionalisierten. Sie zerstörten oder verdrängten ältere, lokal begrenzte politische Strukturen, schalteten potentielle Rivalen aus und zentralisierten die Macht.

Wenn die zugrunde liegenden Prozesse also dieselben waren wie bei den Germanen in der ersten Jahrtausendhälfte, so vollzogen sie sich in der slawischen Welt der zweiten Jahrtausendhälfte jedoch mit erheblich größerer Geschwindigkeit. Eine Erklärung dafür ist das breitere Spektrum von Anreizen, die es nach 500 im barbarischen Europa gab. Die westlichen Gebiete der slawischen Welt pflegten einen intensiven wirtschaftlichen, militärischen und diplomatischen Austausch mit dem Fränkischen Reich unter seinen verschiedenen Herrschern. Gleichzeitig hatte die zwei Jahrhunderte währende Herrschaft, die die Awaren mitten in Europa ausübten, erheblichen Einfluss auf große Teile der Slawen. Hinzu kam der Austausch mit einer weiteren europäischen Macht von geringerem Gewicht: dem Byzantinischen Reich. Noch bedeutsamer ist vielleicht, dass die mehr am Rand liegenden Gebiete des weitgehend slawisch beherrschten Barbaricum mit einer vierten, noch größeren Macht in Kontakt standen: dem islamischen Kalifat. In der ersten Jahrtausendhälfte gab es keinen ausgedehnten Handel mit Sklaven und Pelzen aus Mittel- und Osteuropa zu den Märkten des Nahen Osten und des Mittelmeers. Der Reichtum, den diese Netzwerke nun generierten, ist mit der Zeit davor nicht zu vergleichen. Allein die vielen islamischen Silbermünzen, die man in den Kerngebieten der neuen slawischen Reiche fand, belegen, welch große Anreize dieses außereuropäische Reich für die Transformation des slawischen Europa zu bieten hatte.

Die zweite Erklärung für die beschleunigte Entwicklung des slawischen Europa ist die neue Militärtechnik, die in den letzten beiden Jahrhunderten des 1. Jahrtausends aufkam – insbesondere Ritterrüstungen und Burgen – und die es den Dynasten erleichterte, sich die Kontrolle über den neuen Reichtum zu sichern und ihre Gegner klein zu halten. Zwar hatten die neuen Reiche immer auch Peripherien, in denen die Zentralmacht weniger spürbar war, doch im Kernland setzte sie sich mit geradezu erschreckender Effizienz durch. Zu den spannendsten archäologischen Erkenntnissen der letzten Jahre zählt die anhand von Funden in Böhmen und Polen dokumentierte Brutalität, mit der die alten Stammesfestungen zerstört und durch die neuen Festungen der Herrscher ersetzt wurden. Die dynastische Macht zeigt sich auch in der Umsiedlung der unterworfenen Bevölkerung in die Kerngebiete der neuen Reiche und in ihrer wirtschaftlichen Organisation, die sich sowohl aus archäologischen Befunden wie aus frühen Schriftzeugnissen rekonstruieren lässt.

Hier zeichnet sich zum ersten Mal ein Europa als funktionierende Einheit ab. Um das 10. Jahrhundert erstreckten sich die Netzwerke des wirtschaftlichen, politischen und kulturellen Austauschs über ein Territorium, das vom Atlantik bis zur Wolga und von der Ostsee bis ans Mittelmeer reichte. Aus einer um die Zeitenwende hochgradig zersplitterten politischen Landschaft, gekennzeichnet durch ein großes Entwicklungsgefälle und weitgehende Isolation, wurde ein Gebiet des intensiven Austauschs auf den verschiedensten Ebenen. Europa ist weniger durch seine physische Geographie als durch seine Humangeographie bestimmt. Um die Wende zum 2. Jahrtausend erreichte der Austausch zwischen den Menschen vom Atlantik bis zur Wolga zum ersten Mal ein Niveau, das den Begriff »Europa« mit Bedeutung erfüllte. Im Handel, in der religiösen Kultur, in den Herschaftsformen und selbst in der Landwirtschaft: Überall zeigten sich erhebliche Gemeinsamkeiten.

Für unsere Betrachtungen sind diese Entwicklungsprozesse aber auch deshalb von Interesse, weil sie den Verhältnissen ein Ende setzten, die jene großen, auf Plünderung zielenden Migrationen ausgelöst hatten. Diese Form der Migration war geradezu das Markenzeichen Europas im 1. Jahrtausend, ob es sich nun um geballte Bevölkerungsbewegungen im Sinne von »Völkerwanderungen« handelte oder um einen langsam anschwellenden Migrationsstrom.

Unterschiede im Entwicklungsgrad des europäischen Raumes verschwanden zwar nicht völlig, wurden aber deutlich geringer. Die neuen Handelsnetzwerke und die Ausweitung der landwirtschaftlichen Produktion bedeuteten, dass die neuen Machthaber in Mittel- und Osteuropa jetzt selbst in der Lage waren, auf ihrem eigenen Territorium Wohlstand zu generieren. Die Fortschritte im Ackerbau und in anderen Wirtschaftszweigen hatten auch zur Folge, dass sie ihre Operationen nun auf fester umrissene Regionen, vor allem ihr Kernland, konzentrierten.

Die Anreize, die regelmäßige, positiv motivierte Migrationen großer Gruppen ausgelöst hatten, waren strukturell beseitigt oder zumindest in den Hintergrund getreten. Die Migration war im Europa des 1. Jahrtausend nie eine einfache oder allen offenstehende Option gewesen, sondern eher eine Strategie, die man wählte, wenn der zu erwartende Gewinn die Mühe und das Risiko lohnte, an einer Expedition in unzureichend bekannte Gebiete ohne Erfolgsgarantie teilzunehmen. Sobald es den sozialen Eliten möglich wurde, zu Reichtum zu kommen, ohne die Unwägbarkeiten einer solchen Umsiedlung auf sich zu nehmen, wählten sie diese Option erheblich seltener. Und je seltener Migration stattfand, desto unwahrscheinlicher wurde sie. Die zuvor fest verankerte Migrationsneigung verlor sich bei den Eliten und in der breiteren Bevölkerung, je stärker nachhaltigere Methoden der Bodenbewirtschaftung entwickelt wurden. Die Eliten wie auch die breitere Bevölkerung des barbarischen Europa wurden sesshafter, banden sich also stärker an bestimmte Orte und entschlossen sich deutlich seltener zur Migration. Vieles, was in früheren Zeiten einen Ortswechsel wahrscheinlich gemacht hätte, bildete nun keinen Anreiz mehr.

Dies ist in meinen Augen die Erklärung für das Problem, mit dem dieses Kapitel begann. Während die Goten und andere Germanen (wenngleich sicher nicht alle) auf die Hunnengefahr so reagierten wie die Slawen auf die Bedrohung durch die Awaren, löste das Auftauchen der nomadischen Magyaren in der Großen Ungarischen Tiefebene keine weitere Migration aus. Die Reaktion, aber letztlich auch das Schicksal des Mährischen Reiches zeigen, wo der Unterschied lag: Statt zu fliehen, stellten sich die Mähren den Magyaren entgegen, wie die Armeen des Fränkischen Reiches auch. Die Mähren verloren den Kampf (die fränkischen Armeen anfangs ebenso), aber allein die Tatsache, dass die Mähren sich nicht zur Migration entschlossen, zeigt, dass sie am Ende des 1. Jahrtausends bereits stärker Wurzeln geschlagen hatten. Zuvor hatten allein schon die unterentwickelten landwirtschaftlichen Techniken für eine größere Mobilitätsbereitschaft im barbarischen Europa gesorgt, und große Ungleichheiten im Wohlstands- und Entwicklungsniveau hatten die Abenteuerlustigen unter den Barbaren von Zeit zu Zeit dazu bewegt, sich nach einem attraktiveren Fleckchen umzuschauen – was für gewöhnlich bedeutete, näher an die Quellen des Reichtums im Römischen Reich heranzurücken. Die Mähren dagegen errichteten steinerne Burgen und Kirchen mit den Reichtümern, die ihnen die intensivere Landwirtschaft und die Ausweitung des Handels brachten. Nachdem sie so viel investiert hatten, waren sie nicht mehr so schnell zum Wegzug bereit. Dasselbe gilt für die anderen neuen Dynastien des späten 1. Jahrtausends: Sie alle waren sehr viel stärker an bestimmten Orten verankert als vergleichbare politische Gebilde aus früherer Zeit. Jetzt verschwand das massive Wohlstandsgefälle, das einst große europäische Barbarengruppen zur Migration über weite Entfernungen veranlasst hatte. Die Bevölkerungen Mittel- und Osteuropas begannen nun, sich in ihrer Lebensumwelt fest zu verwurzeln.

Was nicht heißt, dass es überhaupt keine Migration mehr gegeben hätte. Immer wieder machten sich Menschen auf den Weg, auf der Suche nach größerem Wohlstand und besseren Lebensbedingungen, und auch in und nach dem 10. Jahrhundert blieb die Migration, zeitweilig immer noch in erheblichem Ausmaß, ein prägender Faktor der europäischen Geschichte. Vom späten 1. Jahrtausend an jedoch nahm die mittelalterliche Migration zwei charakteristische Formen an: Auf der einen Seite sehen wir einen Elitetransfer der Ritterschaft, für den die normannische Eroberung Englands das beste Beispiel liefert. Viel häufiger waren aber Verbände von ein- bis zweihundert gut bewaffneten Männern, die sich ein kleines Fürstentum aufbauen wollten, wozu sie die alteingesessene Elite vertrieben und die Arbeitskraft von Untertanen ausbeuteten. Die produktive Sesshaftigkeit der Bauern und die gesteigerte Macht aufgrund der neuen Militärtechnologie gaben dieser Migration ihr charakteristisches Gepräge. Burgen und Rüstungen erlaubten es ihnen, auch bei kleinem Gefolge eine lokale Herrschaft auszuüben. Eine andere, weitverbreitete Form der Migration ergab sich daraus, dass die adligen Grundherren Bauern mit attraktiven Pachtangeboten auf ihre Ländereien lockten, ja sogar regelrechte Anwerbekampagnen durchführten. Auch hier waren die neuen Entwicklungsmuster die treibende Kraft. Die Gutsbesitzer setzten die verbesserte Agrartechnik ein, die sich im späten 1. Jahrtausend durchsetzte, und sicherten sich die Arbeitskräfte für die Maximierung ihrer Produktivität. Trotz aller Fortschritte hinkten die neuen slawischen Reiche bei der wirtschaftlichen Entwicklung dem westlichen und südlichen Europa immer noch hinterher. Ihr Bedarf an bäuerlichen Arbeitskräften war daher besonders groß. Sie wurden vor allem in den bereits besser entwickelten Gebieten Europas rekrutiert, wo aufgrund der höheren Bevölkerungsdichte das Ackerland knapp wurde. So wurden Hunderttausende Bauern aus dem westlichen Mitteleuropa in den Osten gelockt, wo ihnen Land zu weit günstigeren Bedingungen winkte. Durch den Zustrom Germanisch sprechender Bauern wurde die Slawisierung weiter Teile des alten germanischen Europa, die im Frühmittelalter eingesetzt hatte, teilweise rückgängig gemacht.[12]

DAS DRITTE NEWTONSCHE GESETZ DER IMPERIALEN HERRSCHAFT

Beide Migrationsformen des späteren Mittelalters sind durch Quellen sehr gut belegt, da sich inzwischen in weiten Teilen Europas die Schriftkultur verbreitet hatte. Ihre Bedeutung für die Entwicklung Europas kann also nicht in gleicher Weise bestritten werden wie die Migrationsphänomene des 1. Jahrtausends. Die Dominanz dieser unterschiedlichen Formen der Migration in einer späteren Epoche widerlegt jedoch keineswegs die Grundthese dieses Buches: dass die Entstehung Europas im 1. Jahrtausend hauptsächlich durch größere, sozial breiter aufgestellte und auf Plünderung angelegte Formen der Migration vorangetrieben wurde und weniger durch eine von der Ritterschaft getragene Expansion. Die großen, aggressiven Migrationsströme, die in diesem Buch betrachtet wurden – bei denen Bauern und Eliten in ein und derselben Migrationsgruppe unterwegs waren, während sie im späten Mittelalter getrennt loszogen –, entsprachen ihrem Umfeld. Kennzeichen des 1. Jahrtausends sind ein starkes Entwicklungsgefälle quer durch Europa, eine geringe Verwurzelung der Bauernschaft und eine landwirtschaftliche Produktion auf niedrigem Niveau. Die Wirtschaft im barbarischen Europa konnte nur eine geringe Zahl von Berufskriegern ernähren, so dass ehrgeizige Führer zu großen und damit zwangsläufig breit angelegten Expeditionen aufbrechen mussten, um sich eine Position am Rand des höher entwickelten Römischen Reiches zu sichern. Die Formen der Migration, die sich daraus entwickelten, unterschieden sich sowohl von denen des späteren Mittelalters wie auch von denen der heutigen Zeit. Unser Bild der Migration des 1. Jahrtausends ist nicht bloß das Ergebnis einer Verzerrung, bedingt durch kulturell bedingte Voreingenommenheit unserer Quellen – die Migration fand in einem spezifischen Umfeld statt, das sich von dem späterer Zeiten deutlich unterschied. Sie steht jedoch völlig im Einklang mit den Grundprinzipien auch der modernen Migration, deren Zielrichtung und Einheiten stets von den vorherrschenden Entwicklungsmustern diktiert werden.

Kurz, wir haben allen Grund, auf die Beschränktheiten der alten Invasionshypothese nicht einfach dadurch zu reagieren, dass wir Migration als Erklärungsfaktor für die Geschichte des 1. Jahrtausends verwerfen, sondern indem wir komplexere Migrationsmodelle heranziehen. Bei differenzierterer Betrachtung ist Migration nicht mehr nur die schlichte, allumfassende Alternative zu »komplexeren« Erklärungen, die sich stärker auf den sozialen, wirtschaftlichen und politischen Wandel stützen. Richtig verstanden – und das ist die zentrale Botschaft, die sich aus einer sorgfältigen vergleichenden Analyse ergibt – ist Migration nicht ein für sich und im Wettbewerb zu anderen bestehendes Erklärungsmodell der sozialen und ökonomischen Transformation, sondern deren Ergänzung. Migrationsmuster werden durch die herrschenden wirtschaftlichen und politischen Bedingungen diktiert, ja sie sind eine Dimension dieser Entwicklung. Sie reflektieren bestehende Ungleichheiten, und manchmal sorgen sie sogar für ihren Ausgleich. Nur so betrachtet lassen sich Migrationsphänomene wirklich verstehen. An diese Überlegung schließt sich der Gedanke an, dass Prähistoriker vielleicht nicht zu voreilig die auf Plünderung angelegte Migration als Element der Frühgeschichte Europas verwerfen sollten. Migration und Plünderung wurden im 1. nachchristlichen Jahrtausend durch ein starkes Entwicklungsgefälle zwischen benachbarten Gebieten ausgelöst und von Gesellschaften getragen, deren Bauern auch zu kämpfen verstanden, da sie nicht fest an ihre Scholle gebunden waren. Solche Bedingungen muss es auch in anderen Kontexten gegeben haben, so dass man annehmen kann, dass auch sie Raubmigrationen auslösten.

Betrachtet man die Transformation des barbarischen Europa im 1. Jahrtausend insgesamt, so ist klar, dass Entwicklung eine sehr viel größere Rolle spielte als Migration. Ältere Erzählungen betrachteten die Sache umgekehrt und stellten das Auftauchen namentlich benannter Gruppen in klar definierten Gebieten im 1. Jahrtausend in den Mittelpunkt ihrer Beschreibungen, bis alle heutigen Nationen ihren Platz auf der europäischen Landkarte gefunden hatten. Für sie waren Ortswechsel und die Ankunft in einer bestimmten Region die Schlüsselereignisse der Geschichte; was sonst noch geschah, waren Detailfragen. Das ist eine völlig verzerrte Sicht der Dinge. Viel wichtiger als jene Momente, in denen eine Gruppe irgendwo auftauchte, was oft genug zu gar nichts führte, waren der dynamische Austausch zwischen den imperialen Mächten des höher entwickelten Europa und den Barbaren an ihrer Schwelle: in der ersten Jahrtausendhälfte hauptsächlich Germanen, in der zweiten zumeist Slawen. Dieser Austausch und nicht die einzelnen Migrationsereignisse brachten letztlich neue soziale, wirtschaftliche und politische Strukturen hervor, durch die das barbarische Europa am Ende des 1. Jahrtausends seinem imperialen Ge-

genpart so viel ähnlicher wurde. Das heißt nicht, dass diese Transformationen an sich etwas Gutes waren oder dass das imperiale Europa das bessere war. Doch aus den historischen Zeugnissen lässt sich schlussfolgern, dass die enormen Entwicklungsunterschiede der Zeitenwende durch die Kontakte des barbarischen mit dem imperialen Europa eingeebnet wurden.

Dies ist im Kern mein zweites Hauptargument. Nicht ganz Europa war um das Jahr 1000 christlich, und nicht überall gab es Reiche mit Burgen, Rittern und einer produktiven Landwirtschaft. Doch Tacitus, der im 1. Jahrhundert n. Chr. den Osten Europas als einen Landstrich beschrieb, dessen Bewohner »Antlitz und Mienen von Menschen, Gestalt und Gliedmaßen dagegen von wilden Tieren« zeigten, hätte sicherlich gestaunt. Zumindest nach seinen Begriffen gab es im barbarischen Europa um das Jahr 1000 keine Barbaren mehr.[13]

Migration spielte bei der Entfaltung dieser Geschichte durchaus eine Rolle, manchmal sogar die Hauptrolle. Wenn man die Definition der Massenmigration oder der Migration großer Gruppen zugrunde legt, wie sie die vergleichende Forschung verwendet, wird deutlich, dass Migration ein zentrales Element an mehreren Wendepunkten jenes 1. Jahrtausends war. Der wichtigste von allen ist vielleicht das Auftauchen der Hunnen, jener große »Unfall« der Geschichte, der in kurzer Zeit genügend gut organisierte germanische Gruppen auf römisches Territorium führte, um die Zentralmacht Roms zu unterminieren und den Zusammenbruch der alten Machtstrukturen im barbarischen Mitteleuropa zu bewirken. Die Folge war eine große slawische Diaspora, deren kulturelle Konsequenzen – die großräumige Slawisierung Mittel- und Osteuropas – das Erscheinungsbild Europas bis heute prägen. Es handelt sich durchaus nicht um nebensächliche Phänomene. Wenn wir allerdings erklären wollen, wie sich das barbarische Europa im Verlauf dieses Jahrtausends selbst abschaffte, kommt der Migration nur der zweite Platz hinter dem sozialen, wirtschaftlichen und politischen Wandel zu. Abgesehen von so außergewöhnlichen Ereignissen wie dem Auftauchen der Hunnen und der Awaren wurden die Migrationsmuster vom Verlauf der Entwicklung bestimmt und sind diesen nachgeordnet. Nur wenn nomadische Eindringlinge eine deutlich stärker politisch motivierte Migrationswelle auslösten, kehrte sich diese Beziehung um und die Migration diktierte die Muster der Entwicklung.

Auch ohne die Hunnen hätten diese Entwicklungsprozesse letztendlich das Römische Reich unterminiert. Aus den Zeugnissen des 1. Jahrtausends ergibt sich, dass die Nachbarschaft zu einem militärisch mächtigeren, wirtschaftlich stärkeren und aggressiven Reich die Gesellschaften an seiner Peripherie verändert und Strukturen fördert, die bei der Abwehr der imperialen Aggression helfen. Im 1. Jahrtausend ließ sich dies bei zwei Gelegenheiten beobachten: einmal bei der Bildung der germanischen Klientelstaaten des Römischen Reiches im 4. Jahrhundert und zum anderen – noch machtvoller – beim Aufstieg der neuen slawischen Reiche im 9. und 10. Jahrhundert. Dass sich dieses Grundmuster wiederholte, ist meiner Ansicht nach kein Zufall, sondern ein Beleg dafür, dass Imperien eben doch nicht für die Ewigkeit geschaffen sind. Ihr Handeln – die Verbindung von wirtschaftlichem Reichtum und aggressiver Politik, die zu ihrem Wesen gehört – löst bei den Betroffenen Reaktionen aus, die auf lange Sicht die Fähigkeit dieser Imperien untergraben, sich ihren Machtvorteil zu erhalten. Nicht allen Imperien widerfährt ein ähnliches Schicksal wie dem Römischen Reich mit dem Auftauchen der Hunnen, und nicht alle zerbrechen so rasch. Im Lauf der Menschheitsgeschichte wurden viele Imperien von räuberischen Dynastien zerstört, die an ihrer Peripherie an die Macht gelangten. Als Antwort auf die Frage, warum die Herrschaft von Imperien nicht von Dauer sein kann, könnte man eine Art drittes Newtonsches Gesetz der imperialen Herrschaft formulieren: *Übt ein Imperium A auf eine Gruppe B an seiner Peripherie eine Kraft aus* (actio), *so wirkt eine gleich große, aber entgegen gerichtete Kraft von der Gruppe B auf das Imperium A* (reactio). Anders ausgedrückt: Imperiale Macht erzeugt eine Gegenmacht, die mit der Zeit die Klinge des imperialen Schwertes stumpf werden lässt. Ob man das tröstlich oder erschreckend findet, hängt vermutlich davon ab, ob man in einer imperialen oder einer peripheren Gesellschaft lebt und in welchem Stadium dieses Kräftemessens man sich gerade befindet. Dass es aber ein solches Gesetz gibt, ist eine der Lehren, die wir aus der Erforschung des Austauschs zwischen Kaisern und Barbaren im 1. Jahrtausend nach Christus ziehen können.

KARTEN

Karte 1 Das römische und das barbarische Europa um Christi Geburt .. 556

Karte 2 Germanische Bevölkerungsgruppen zur Zeit des Tacitus 558

Karte 3 Das germanische Europa um die Mitte des 4. Jh. n. Chr. 560

Karte 4 Die Markomannenkriege 561

Karte 5 Die *Agri Decumates* und das elbgermanische Dreieck 562

Karte 6 Die germanische Expansion zum Schwarzen Meer
im 3. Jh. n. Chr. 563

Karte 7 Die Krisenjahre 376–380 564

Karte 8 Die Krisenjahre 405–408 565

Karte 9 Wanderungsbewegungen der Westgoten, Vandalen
und Alanen 566

Karte 10 Attilas Untertanen 567

Karte 11 Das frühe angelsächsische England 568

Karte 12 Diskontinuität in Nordgallien 569

Karte 13 Fränkische Reiche 570

Karte 14 Das Ottonenreich 571

Karte 15 Das seltsame Sterben des germanischen Europa 572

Karte 16 Das slawische Europa um 900 n. Chr. 573

Karte 17 Von der Forschung vorgeschlagene slawische
Ursprungsgebiete 574

Karte 18 Das slawische Mitteleuropa 575

Karte 19 Slawische Stämme im westlichen Russland im 10. Jh. n. Chr. ... 576

Karte 20 Staatenbildung in Osteuropa 577

Karte 21 Die Wikinger in der Diaspora 578

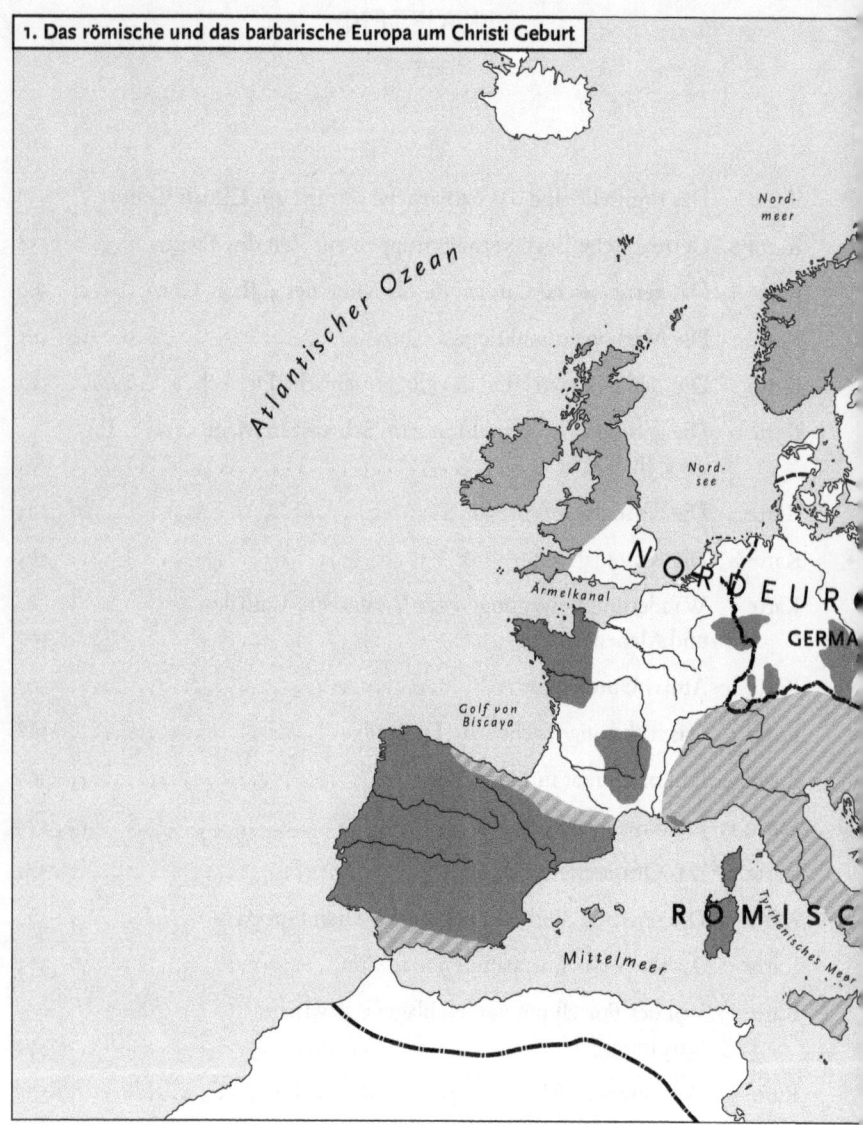

Karten | 557

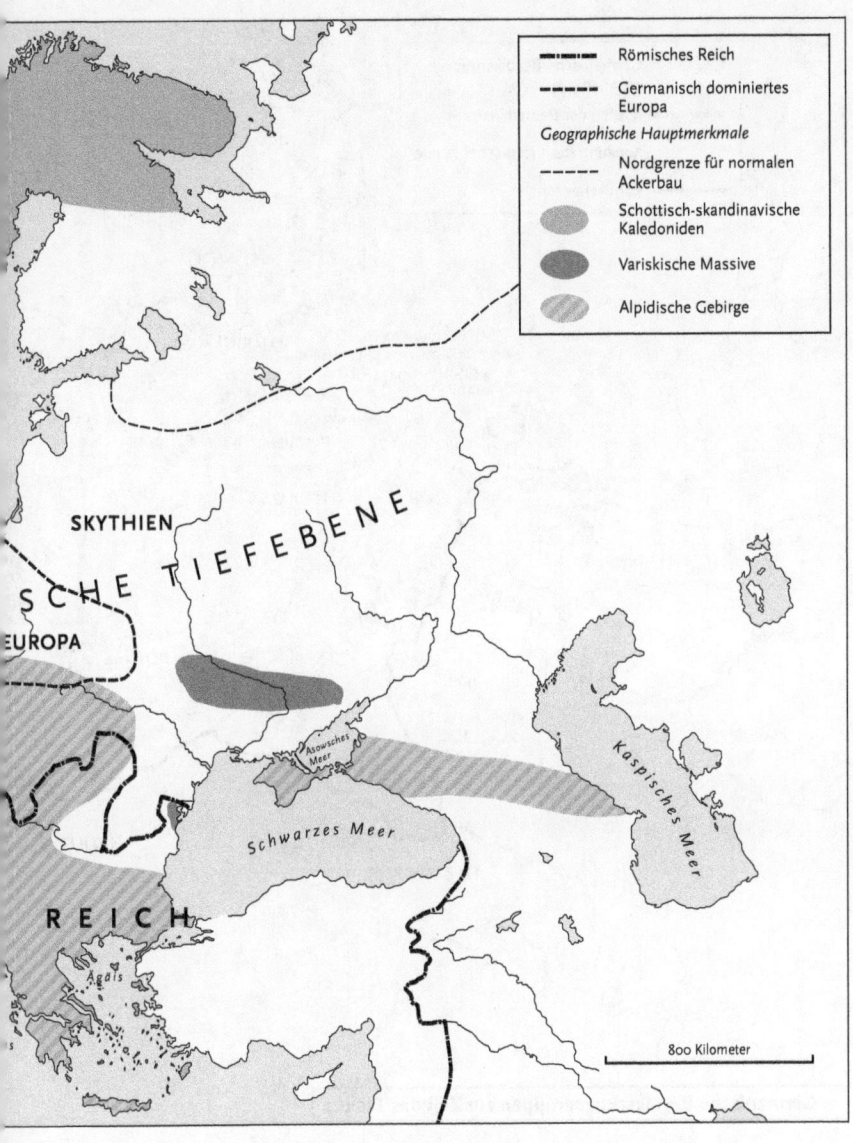

2. Germanische Bevölkerungsgruppen zur Zeit des Tacitus

Karten | 559

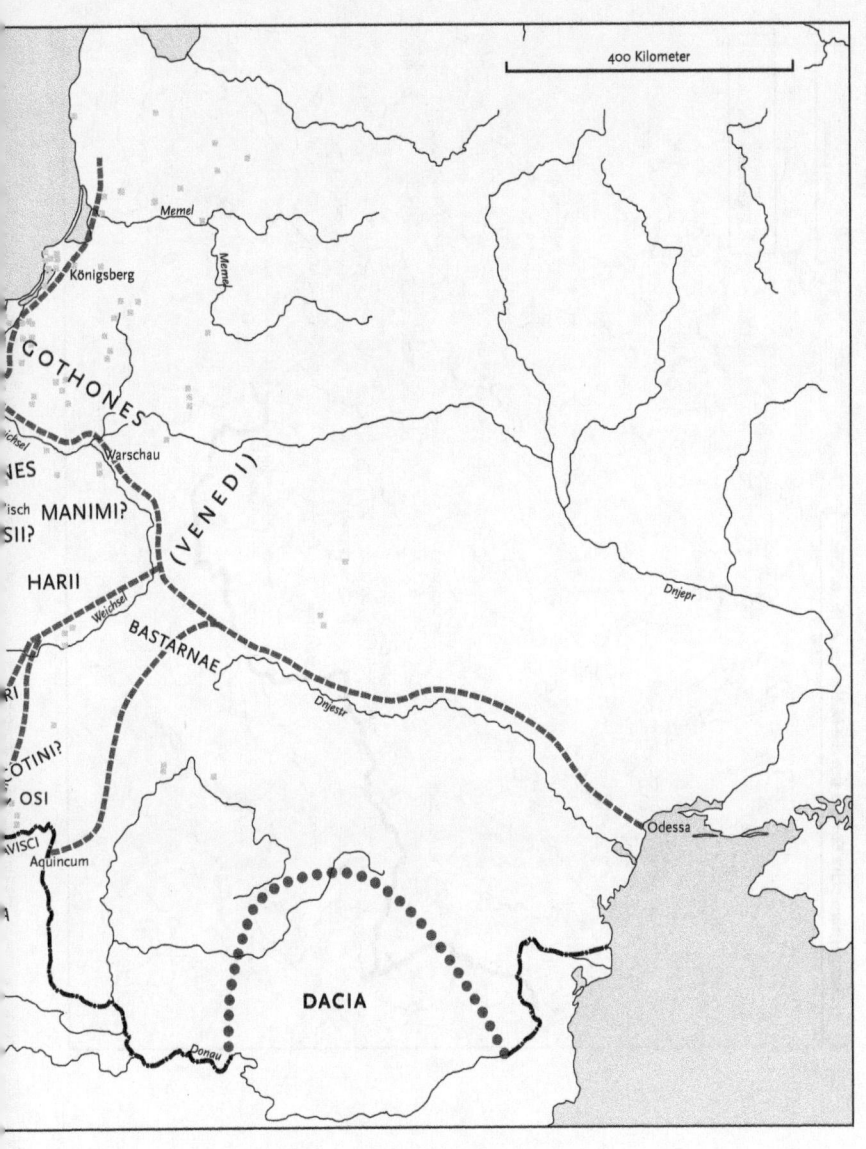

560 | Karten

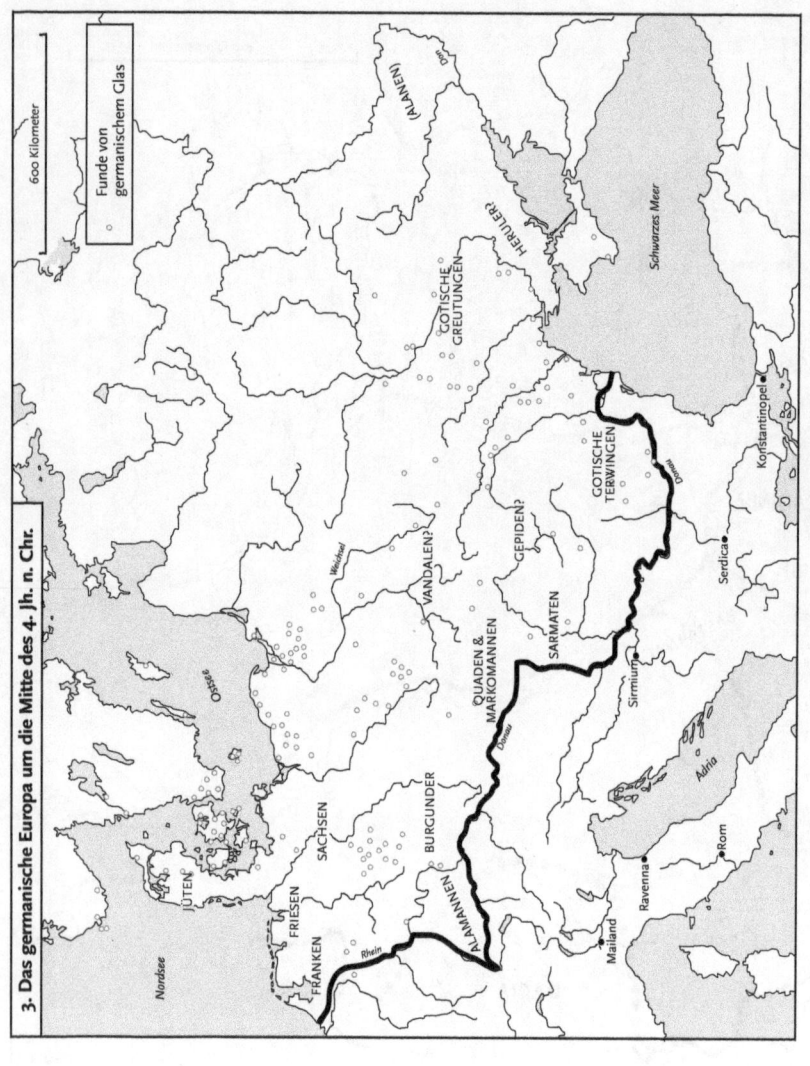

3. Das germanische Europa um die Mitte des 4. Jh. n. Chr.

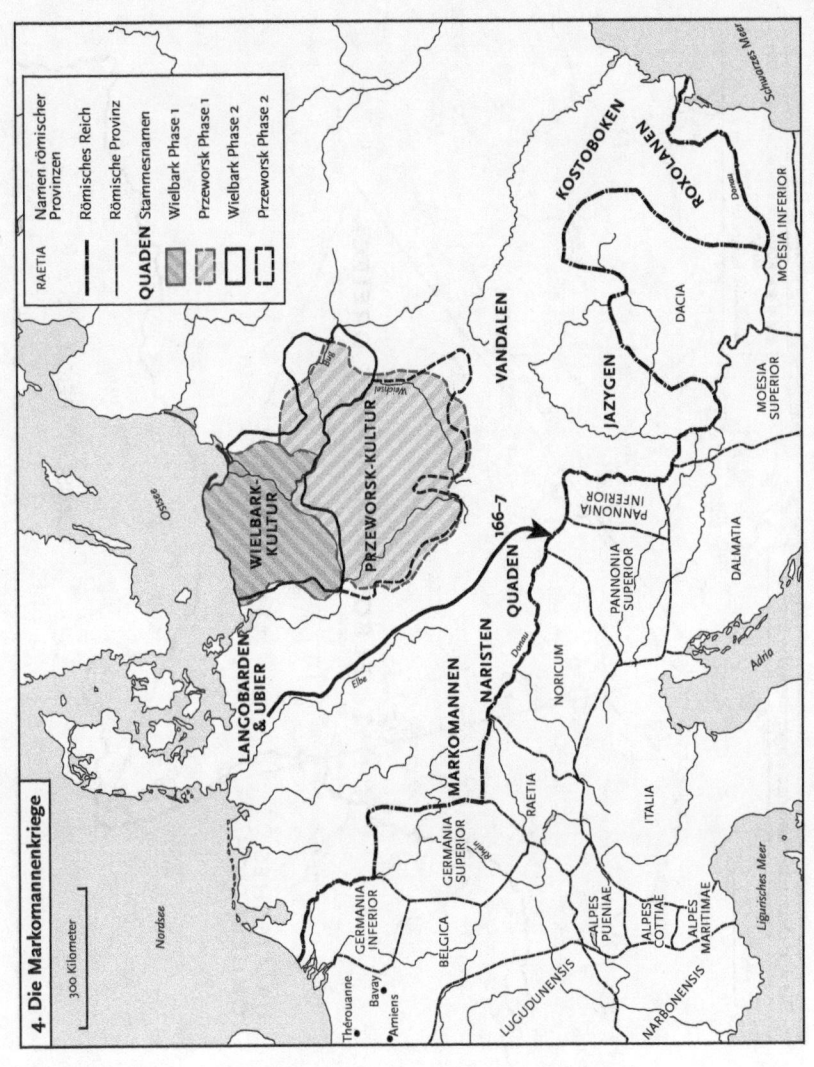

4. Die Markomannenkriege

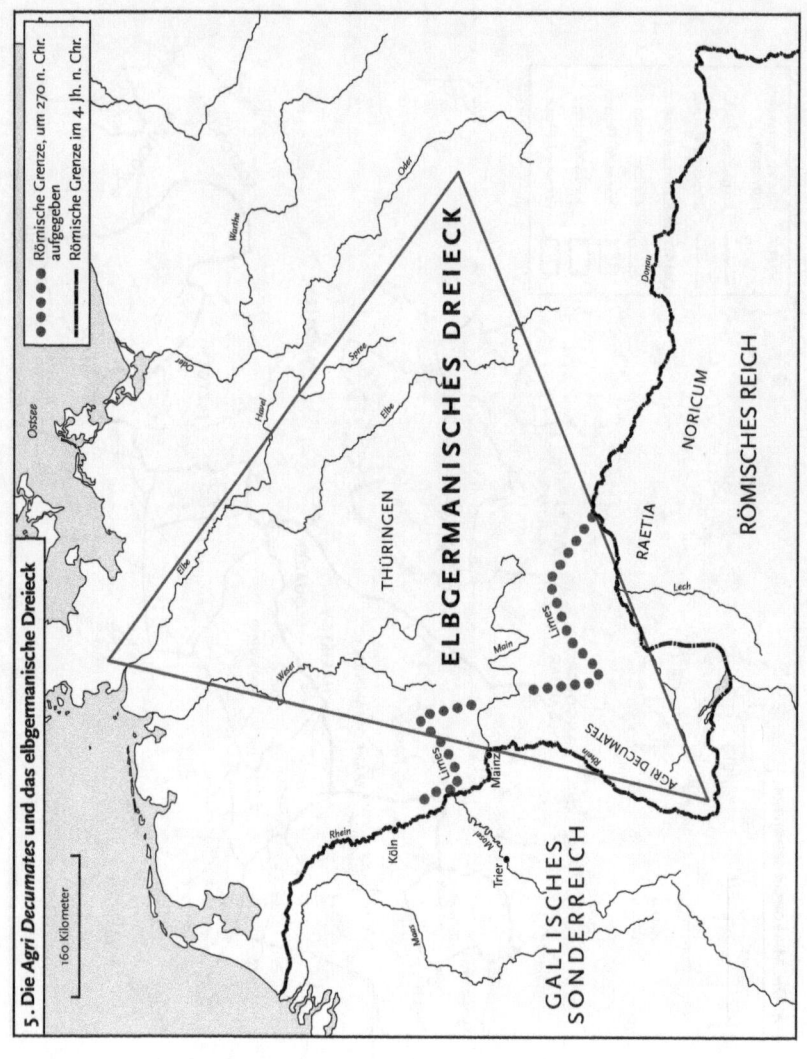

5. Die *Agri Decumates* und das elbgermanische Dreieck

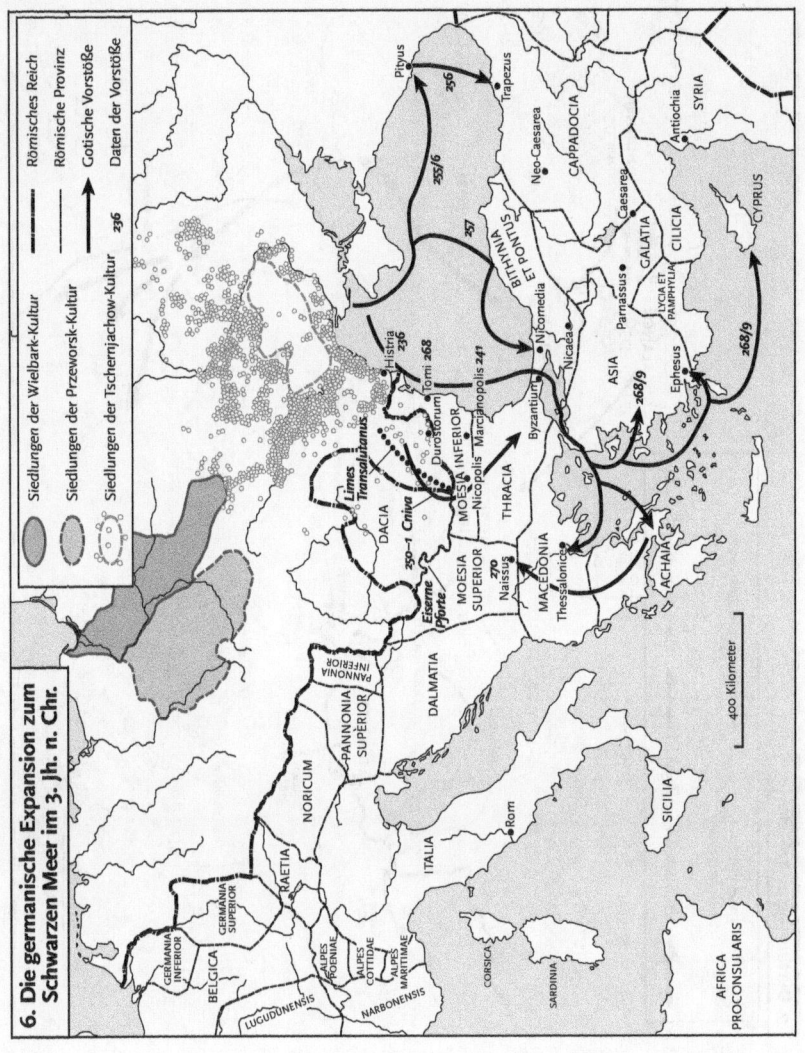

6. Die germanische Expansion zum Schwarzen Meer im 3. Jh. n. Chr.

564 | Karten

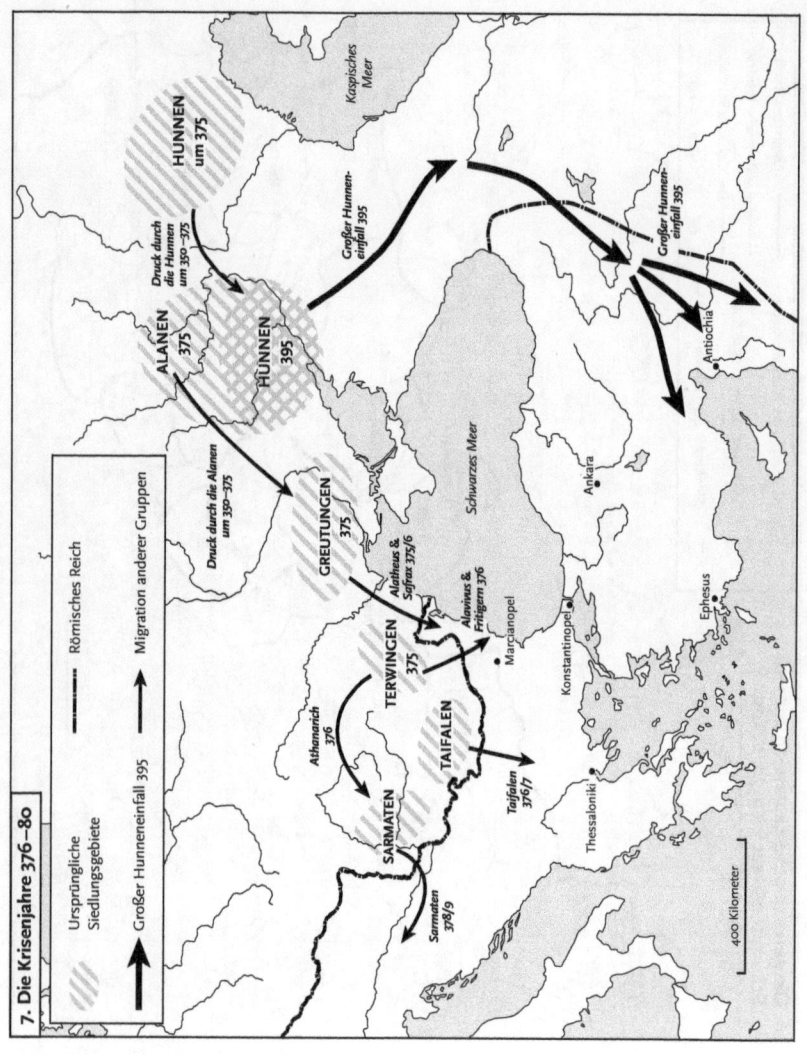

7. Die Krisenjahre 376–80

Karten | 565

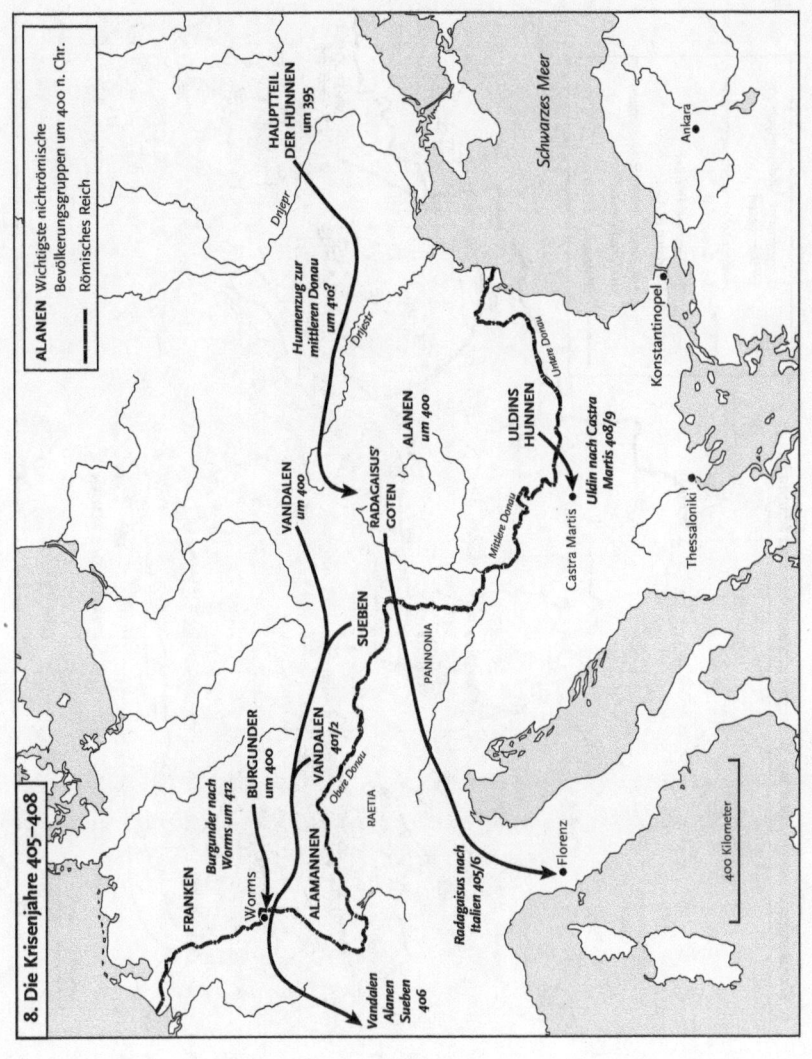

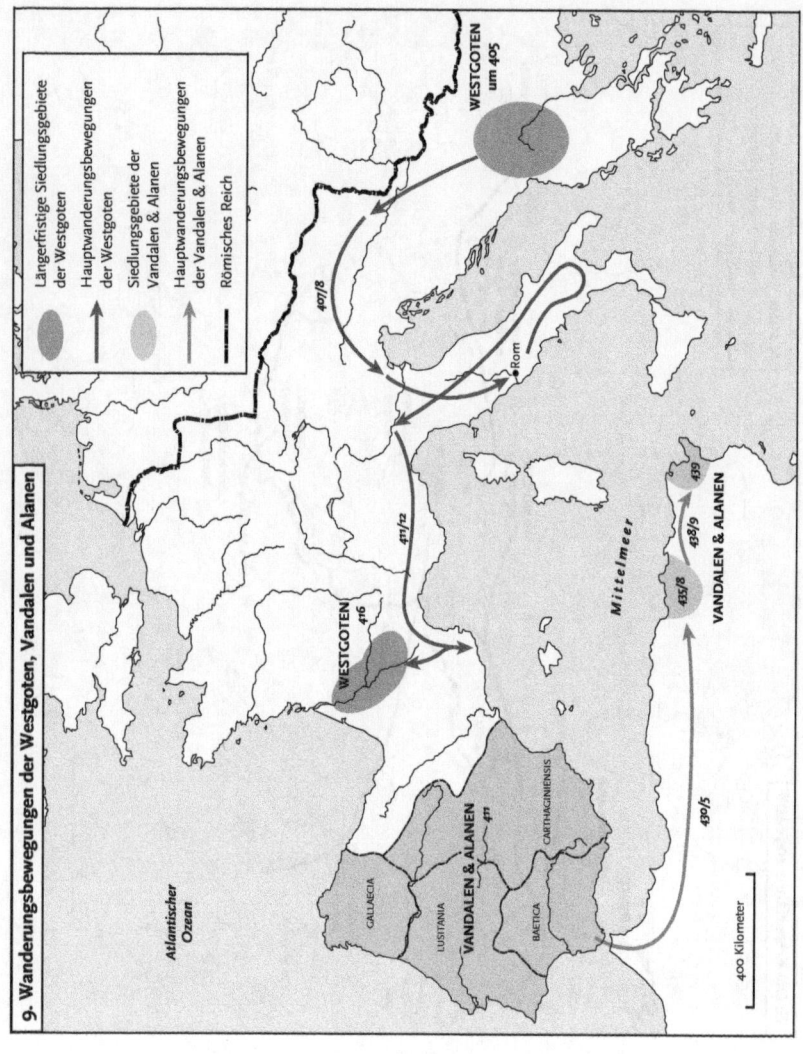

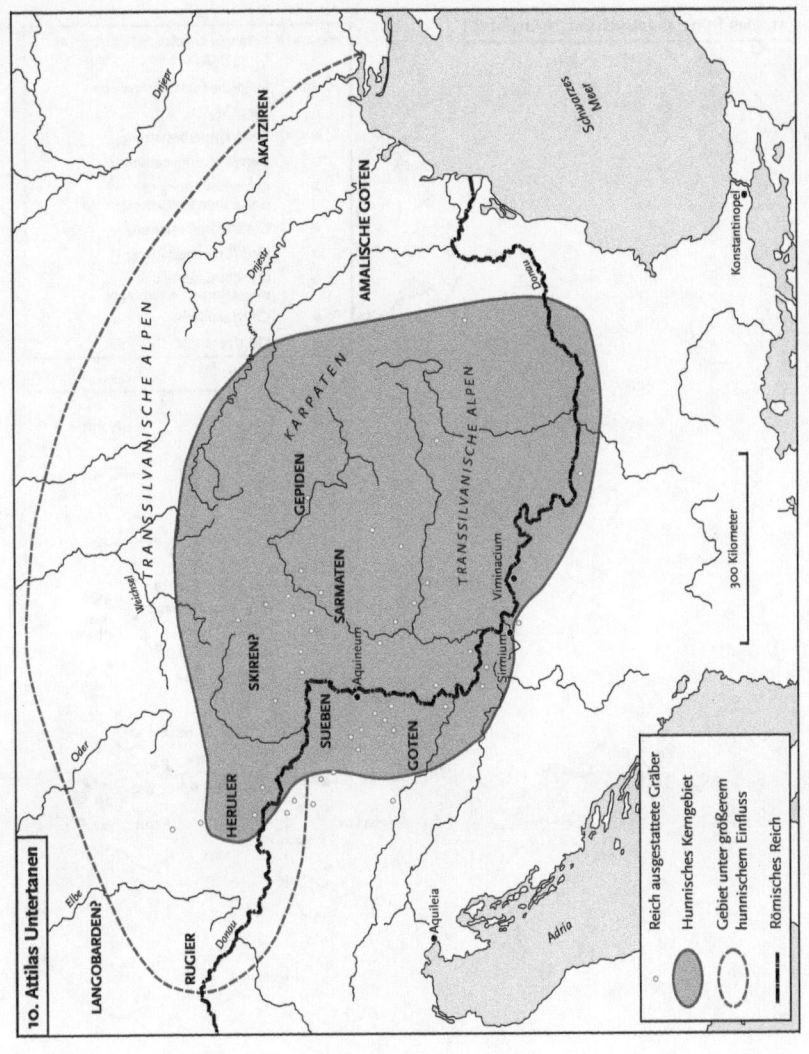

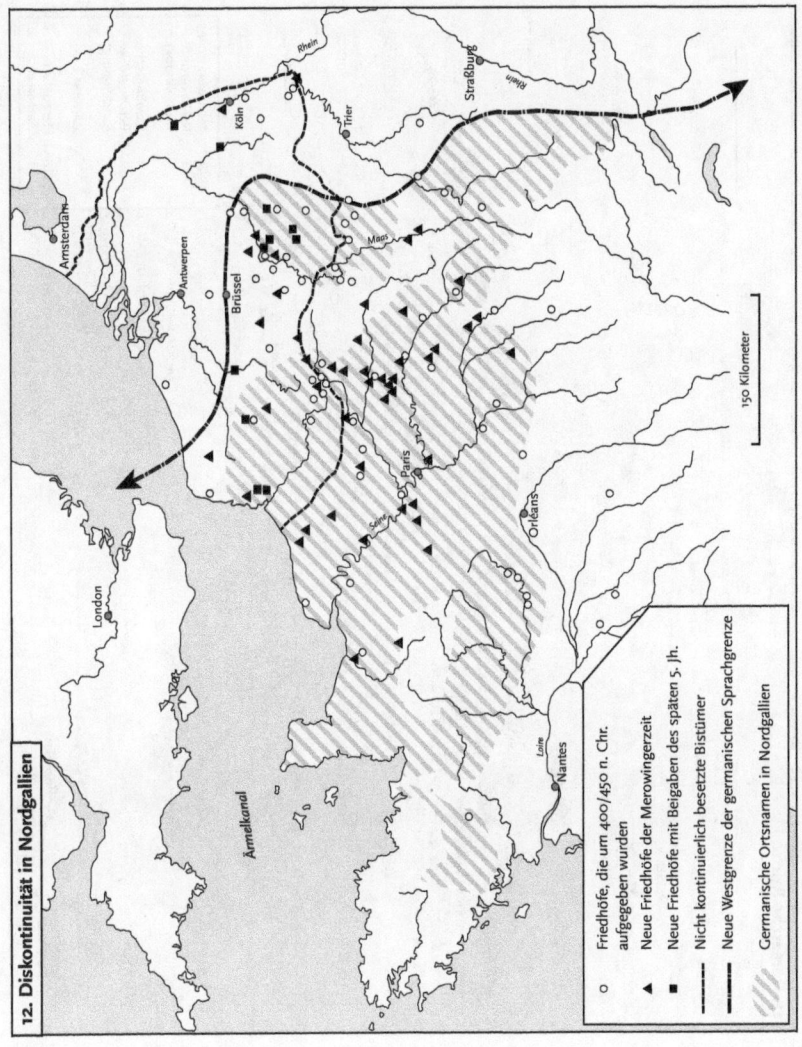

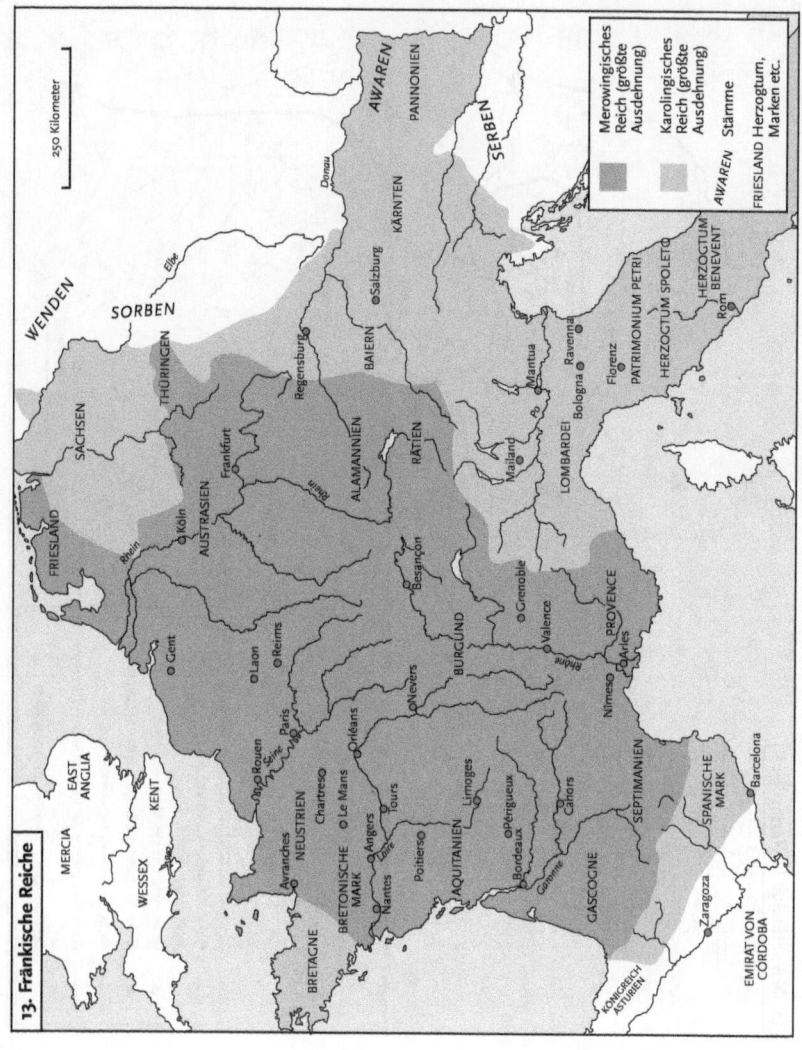

Karten | 571

14. Das Ottonenreich

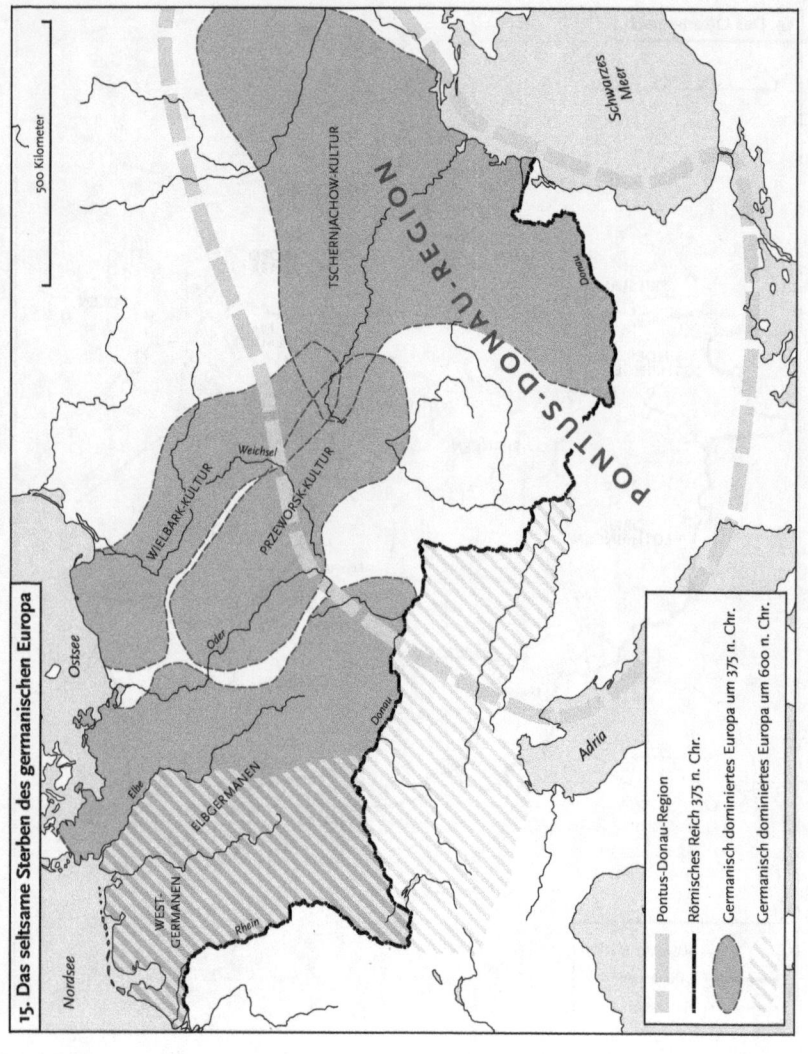
15. Das seltsame Sterben des germanischen Europa

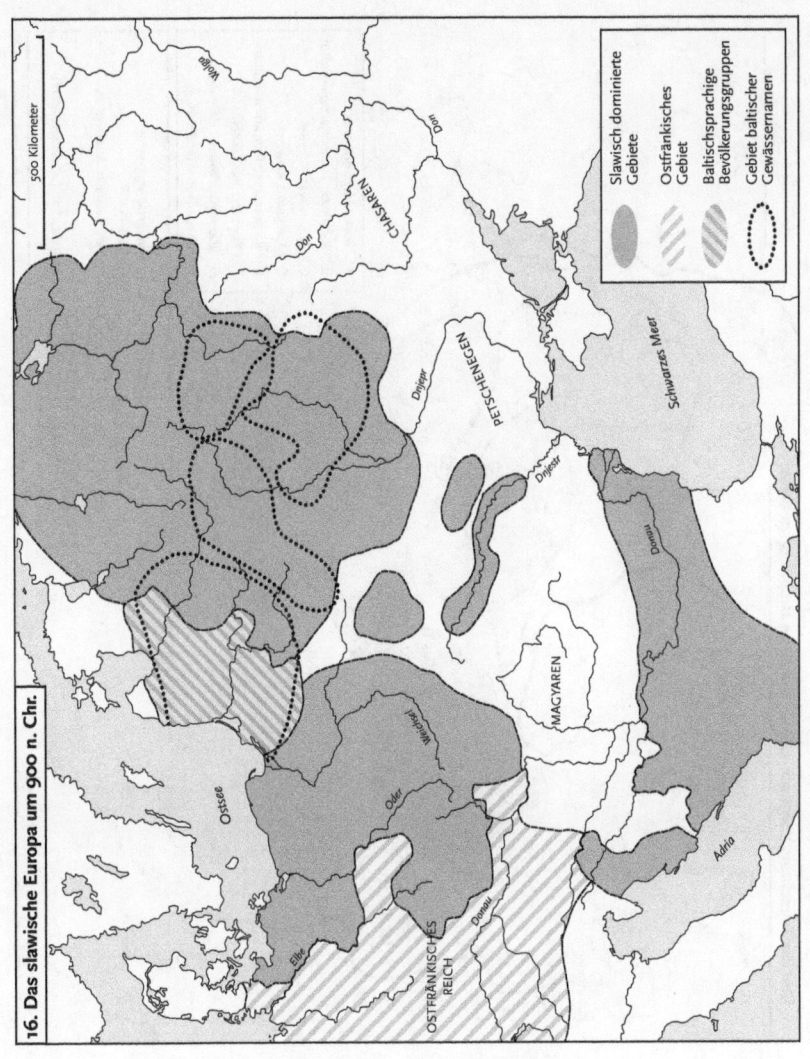

574 | Karten

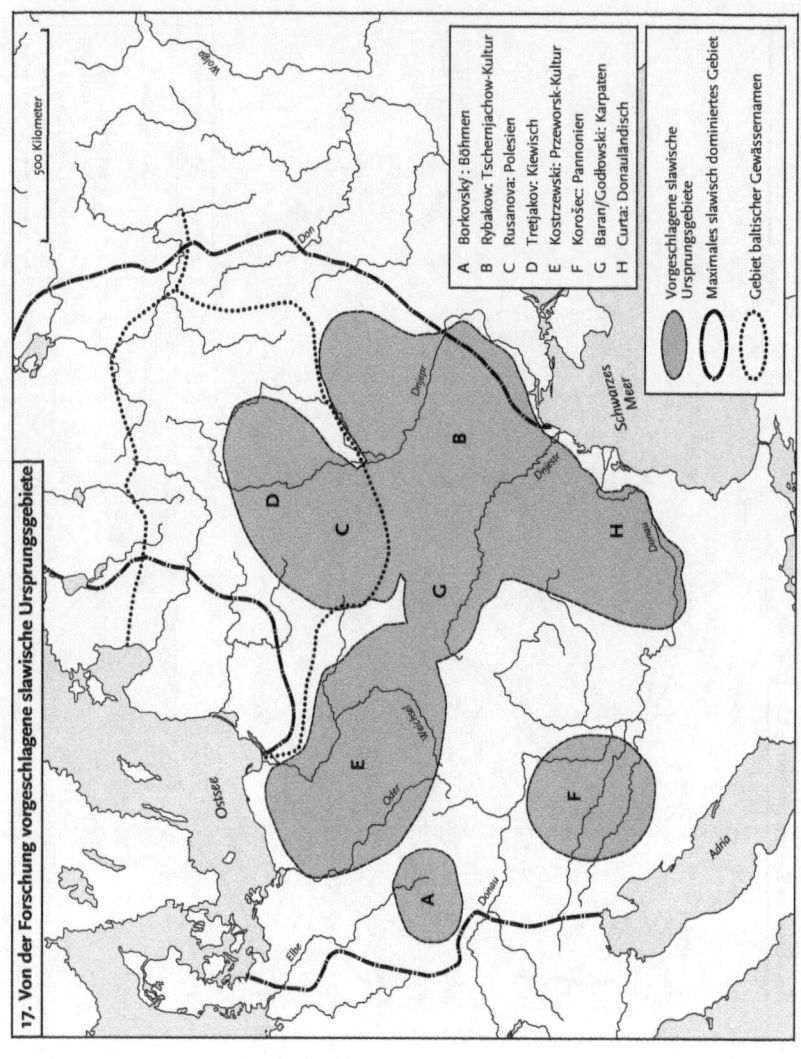

17. Von der Forschung vorgeschlagene slawische Ursprungsgebiete

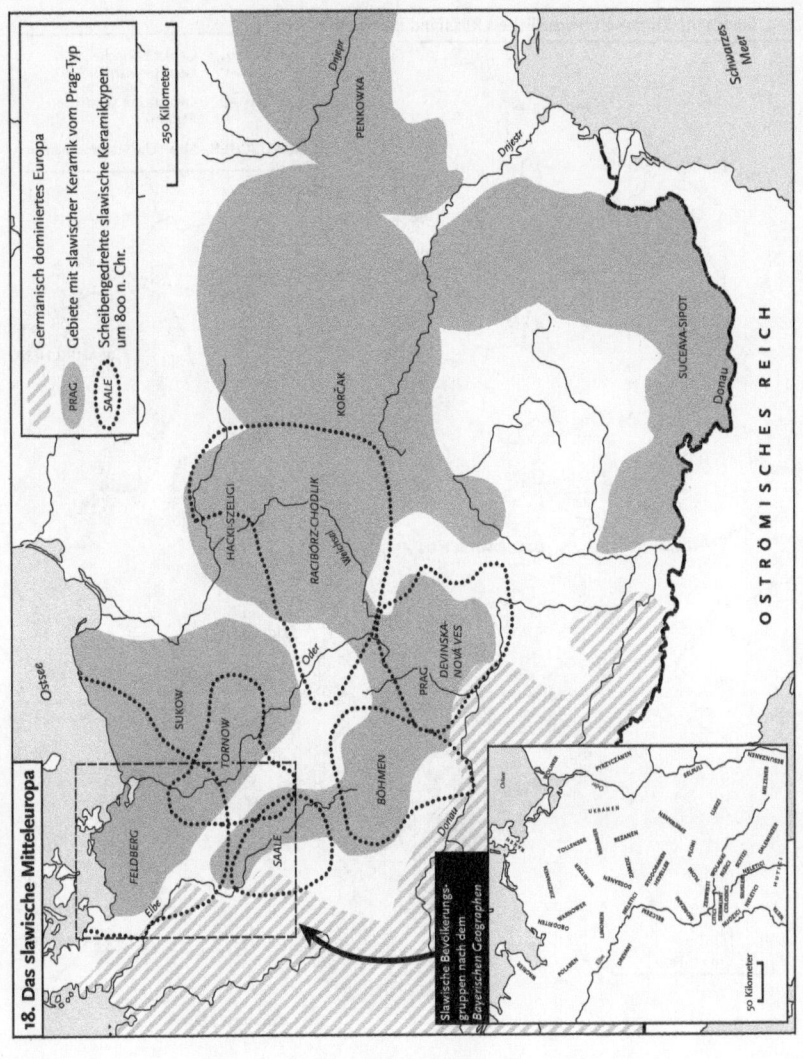

18. Das slawische Mitteleuropa

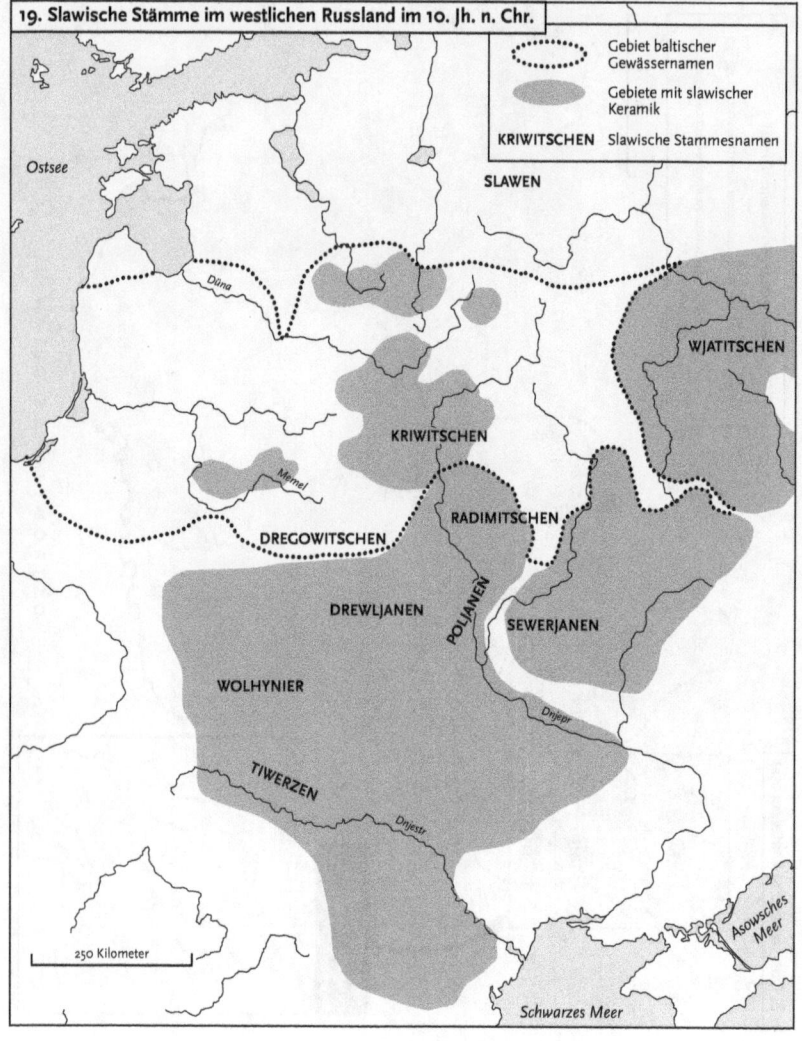

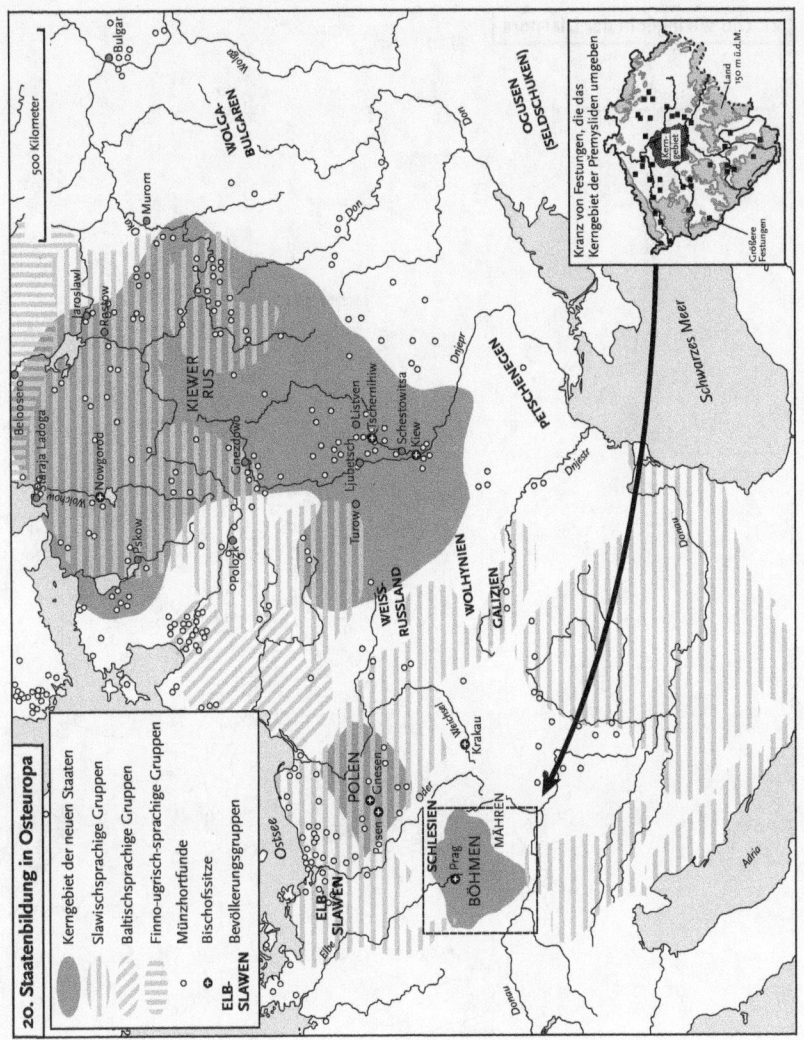

20. Staatenbildung in Osteuropa

578 | Karten

21. Die Wikinger in der Diaspora

Karten | 579

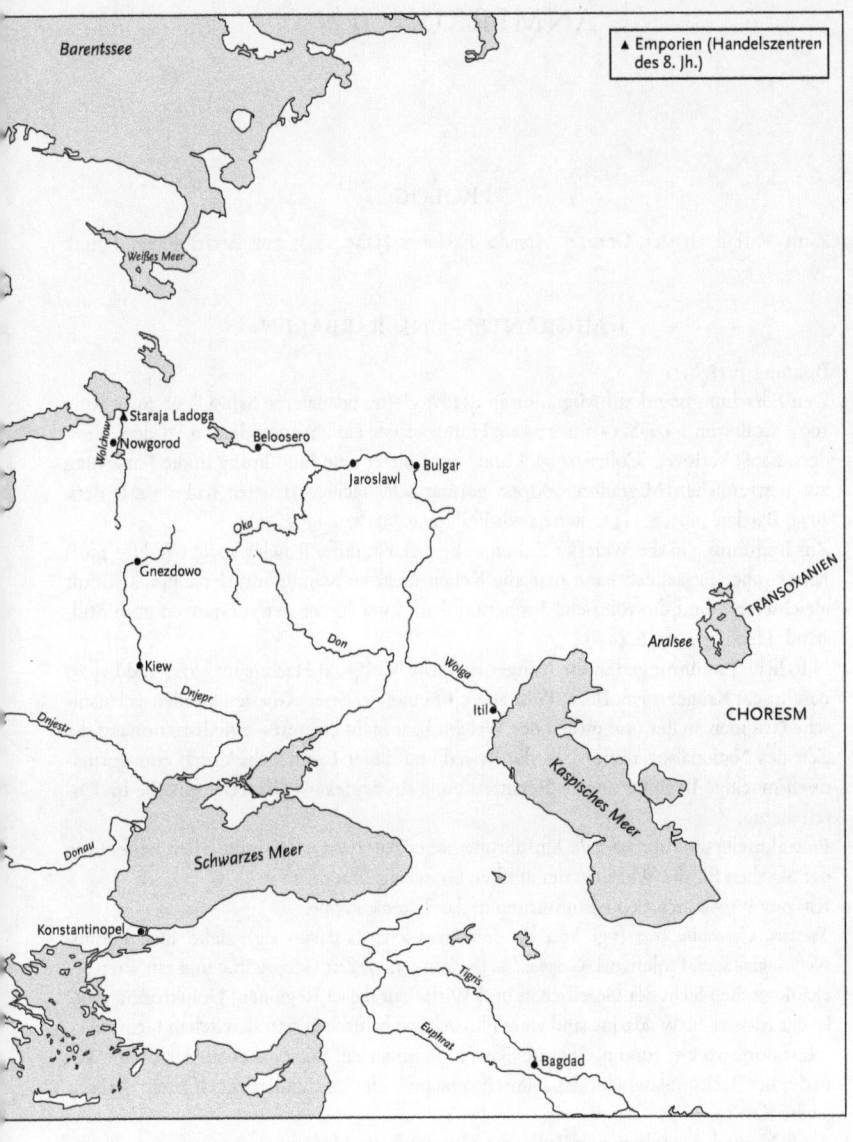

ANMERKUNGEN

PROLOG

1 Zum Vorfall an der Grenze: *Annales Fuldenses* (Jahr 882); zur Archäologie: Poulik 1986.

1 MIGRANTEN UND BARBAREN

1 Bohning 1978, S. 11.
2 Den Forschungsstand zur Migration in der Moderne bilanzieren Salt/Clout 1976; King 1993; Collinson 1994, S. 1-7 u. 27-40; Holmes 1996; Cohen 1995, ders. 1996, ders. 1997, ders. 2008; Vertovec/Cohen 1999. Canny 1994 bietet eine Einführung in die Forschung zur neuzeitlichen Migration. 200000 germanischsprachige Bauern: Kuhn 1963; ders. 1973; Bartlett 1993, S. 144 f.; siehe auch Phillips 1988; ders. 1994.
3 Zur Einführung in die Welt der Kelten siehe z. B. Cunliffe/Rowley 1976; Cunliffe 1997; James 1999. Tatsächlich kann man die Kelten nicht vollständig mit der Oppida-Kultur gleichsetzen, und die römische Eroberung kam kurz hinter deren Grenzen zum Stillstand: Heather 2005, S. 49-58.
4 Nützliche Einführungen in die frühgermanische Welt sind Hachmann 1971; Todd 1975; ders. 1992; Krüger 1976, Bd. 1; Pohl 2000. In einigen dieser Arbeiten werden germanische Gruppen an der und östlich der Weichsel gar nicht erörtert – eine Reaktion auf die Zeit des Nationalsozialismus, als die Besiedlung dieser Landstriche durch eine germanischsprachige Bevölkerung als Rechtfertigung für aggressive Gebietsansprüche im Osten diente.
5 Eine aktuelle und umfassende Einführung bietet Batty 2007. Zur kulturellen Bedeutung der Skythen für die Weltsicht der antiken Griechen: Braund 2005.
6 Khazanov 1984 bietet eine Einführung in das Thema Steppe.
7 Tacitus, *Germania* 46.2 (vgl. 46.4 zu dem, was jenseits davon lag); siehe auch Plinius, *Naturkunde* 4.97, Ptolemäus, *Geographia* 3.5.1 und 3.5.7. Zur Geographie und zur alten archäologischen Sicht der Gesellschaft und Wirtschaft dieser Regionen: Dolukhanov 1996. In der russischen Waldzone sind viele Flussnamen baltischen statt slawischen Ursprungs, selbst dort, wo um 1000 n. Chr. die Slawen dominierten. Es ist daher unklar, ob die Veneder des Tacitus Slawisch oder Baltisch sprachen oder eine andere, noch ältere Sprache (siehe Kap. 8).
8 Auch Nomaden spielten eine Rolle: die Hunnen beim Untergang des römischen Imperiums, die Awaren bei der Slawisierung Mittel- und Osteuropas sowie die Magyaren und Bulgaren bei der Gründung der politischen Gemeinwesen, auf denen das heutige Ungarn und Bulgarien historisch gründen.

9 Es gibt inzwischen zahlreiche Veröffentlichungen zur kulturellen Bedeutung des Nationalismus. Zur Einführung: Gellner 1983; Anderson 1991; Geary 2002.
10 In neuzeitlichen und modernen Darstellungen der germanischen Migration werden die Migranten durchgängig als Familienverbände gezeichnet; die eher zeitgenössischen römischen Quellen erwähnen, wenn überhaupt, manchmal auch Frauen und Kinder als Begleiter der Krieger auf ihrer Wanderung. (Ich habe hier vereinfacht; die vorliegenden Zeugnisse werden in den folgenden Kapiteln untersucht.) Zum Untergang des Römischen Reiches gibt es im Grunde zwei Auffassungen: die einen betrachten die germanischen Invasionen als Ursache, die anderen als Folge dieses Untergangs. Einen guten Überblick bieten Demandt 1984 und Ward-Perkins 2007. Ein Teil der Forscher vertritt die Auffassung, es habe seit der Bronzezeit in ganz Mittel- und Osteuropa eine sehr große, wenngleich latente slawischsprachige Bevölkerung gegeben, aber die Belege sind nicht überzeugend (siehe Kap. 8). Traditionelle Forschungsansätze zu den Wikingern erörtert Sawyer 1962, Kap. 1. Nationalistische Konflikte führten auch dazu, die sogenannte normannistische Sicht herunterzuspielen, wonach die Wikinger das erste russische Reich gegründet hätten; hierzu Melnikova 1996, Kap. 1 (und Kap. 9 dieses Buches).
11 Childe 1926; ders. 1927.
12 Siehe Anm. 9. Der Kernpunkt wird sogar von Forschern wie Smith 1986 akzeptiert, die in der vornationalistischen Vergangenheit gelegentlich relativ stabile und ausgeprägte Gruppenidentitäten erkannt haben wollen.
13 Leach 1954; Barth 1969, S. 9 (Zitat). Einen neueren Überblick bieten z. B. Bentley 1987; Kivisto 1989; Bacall 1991.
14 Diese Hypothese war bereits bei Kossinna angelegt, siehe v. a. Kossinna 1928. Noch stärker zeigt sie sich in den gleichermaßen einflussreichen Arbeiten von Gordon Childe (siehe Anm. 11), der viele Thesen Kossinnas verallgemeinerte, aber manche seiner Annahmen zur Überlegenheit der nordischen Rasse verwarf. Zu Kossinnas Erbe siehe z. B. Chapman/Dolukhanov 1993, S. 1 – 5; Renfrew/Bahn 1991.
15 Einen Überblick bieten Shennan 1989; Renfrew/Bahn 1991; Chapman/Dolukhanov 1993, S. 6 – 25 (mit unterschiedlichen Schwerpunkten der beiden Autoren); Ucko 1995. Vor allem Ian Hodder – bes. ders. 1982 und ders. 1991 – trug zur Rehabilitierung der Theorie bei, wonach Muster von Ähnlichkeiten und Unterschieden in der materiellen Kultur bisweilen wichtige Aspekte der menschlichen Organisation widerspiegeln können.
16 Clark 1966 ist entscheidend für die Abkehr von der Invasionshypothese. Zu den seither vorgetragenen Hypothesen siehe z. B. Renfrew/Bahn 1991; Preucel/Hodder 1996; Hodder/Hutson 2003.
17 Halsall 1995b, S. 61, sowie sein Kommentar: »[Die Invasionshypothese] genießt heute in Kreisen der Archäologen kaum noch Glaubwürdigkeit. Sie ist zu simplifizierend und steht auf einer Stufe mit der Annahme, der Wandel von der neoklassischen zur neogotischen Architektur oder von der klassischen zur romantischen Kunst im 19. Jahrhundert sei die Folge einer Invasion gewesen« (S. 57). Diese Betrachtungsweise der Migration aus der Perspektive von »vorher« und »nachher« ist weit verbreitet. Siehe z. B. Nicholas Higham in: Hines 1997, S. 179, der die Neuinterpretation von Funden, die eine Migration ausschlossen, als »komplexer« lobt. Zur Debatte: Hines 1984.

18 Wenskus 1961; vgl. u.a. Wolfram 1979 zu den Goten und Pohl 1988 zu den Awaren.
19 Geary 1983 und ders. 2003 bieten hierzu einführende Aufsätze, Halsall 2007 eine umfassende Studie über die Zeit vom 4. bis zum 6. Jh. Der Migrationstopos steht bei Amory 1997 und Kulikowski 2002 im Vordergrund.
20 Zum »wave of advance«-Modell: Renfrew 1987, Kap. 1–2 und 4 (in dem frühere Ansätze zusammengefasst sind) sowie Kap. 6 (das Modell selbst).
21 Eine ausführliche Fallstudie zum »Elitetransfer« siehe in Kap. 6.
22 Siehe Anm. 13. Smith 1986 untersucht historische Anwendungsmöglichkeiten dieser Auffassung einer stabileren Gruppenidentität. Bentley 1987, S. 25–55, benutzt Bourdieus Begriff des *habitus* als Basis für einen theoriegeleiteten Ansatz zur Klärung der Frage, wie ein Individuum von der Gesellschaft, in der es aufwächst, mit Identität ausgestattet wird. Wenn von den Unterschieden die Rede ist, die verhindern, dass das Individuum seine Gruppenidentität kurzerhand wechseln kann (Religion, Sprache, soziale Werte usw.), klingen die »Primordialisten« zuweilen, als seien sie mit ihren Checklisten und Abhakfeldern in der Zeit vor 1945 stehengeblieben. Doch nach primordialistischer Auffassung sind es nicht diese »Dinge« selbst, die über die Identität entscheiden, sondern die Reaktion des Individuums darauf. Fast überall in Europa spielt die Mitgliedschaft in der katholischen oder protestantischen Kirche für die Zuordnung zu einer bestimmten Gruppe keine entscheidende Rolle. Anders in Nordirland, wo sie als klares Symbol der Zugehörigkeit zu einer politisch-sozialen Gemeinschaft verstanden wird.
23 Zu den Griechen und Römern: Sherwin-White 1973. Halsall 1999 erhob Einwände gegen meine frühere Verwendung dieser Analogie, aber ihm scheint nicht einzuleuchten, dass Gastarbeiter und Migranten ohne Green Card keineswegs die vollen Bürgerrechte in den Gesellschaften genießen, in denen sie leben. Und er ignoriert wesentliche Nachweise, dass sogar im 1. Jt. Gruppenidentität bisweilen die Grundlage differenzierter Rechte in kulturell komplexen Kontexten war, siehe Kap. 5. Zudem vertritt er den meiner Ansicht nach grotesken Standpunkt, dass schlichtweg jeder einen Anteil einfordern konnte, als die barbarischen Eroberer in verschiedenen Teilen des Weströmischen Reiches wirtschaftliche Güter verteilten: Heather 2008b.
24 Vgl. Antony 1990, S. 895–899; Antony 1992 merkt an, dass dieses revidierte Verständnis viele ältere Diskussionen obsolet werden lässt, die von viel deutlicheren archäologischen Korrelaten der Migration ausgingen.
25 Härke 1998, S. 25–42, zeigt, welche gegenwärtigen archäologischen Traditionen die Migration als Triebkraft des Wandels akzeptieren und welche sie verwerfen. Der britische »Immobilismus« – die Ablehnung der Migration – hat Parallelen in der ehemaligen Sowjetunion und in Dänemark; in der deutschen Forschung zählt die Migration immer noch zu den grundlegenden Paradigmen.
26 Jerome 1926.
27 Ein kürzlich erschienenes, 500 Seiten dickes Buch über die Wanderungsbewegungen zur Zeit des Untergangs des Weströmischen Reiches beispielsweise begnügt sich mit einer Zusammenfassung der für Archäologen wichtigen Literatur, statt das Thema direkt zu erörtern: Halsall 2007, S. 417–422. Dagegen widmet er der Frage nach der Gruppenidentität ein ganzes Kapitel und präsentiert ausführlich die Fachliteratur.

28 Zu den irischen und holländischen Migranten: Bailyn 1994, S. 1 f. Zu den Grundmustern jüngerer Beispiele: Fielding 1993a; King 1993, S. 23 f.; Rystad 1996, S. 560 f. Zu den historischen Parallelen: Canny 1994, bes. S. 278–280 (mit ausführlicher Lit.).
29 Zur Kostenabwägung: Rystad 1996, S. 560 f.; Collinson 1994, S. 1–7 (beide mit weiterer Lit.). Zur Rückwanderung siehe z. B. Gould 1980 und Kuhrt 1984.
30 Zur veränderten Politik gegenüber Migranten in Westeuropa und deren Folgen: Cohen 1997; King 1993, S. 36 f.; Fielding 1993b; Collinson 1994, Kap. 4; Rystad 1996, S. 557–562; Cohen 2008. Gerade in den letzten Jahren wurde deutlich, dass die EU-Erweiterung einen starken Zuzug osteuropäischer Migranten bewirkt hat.
31 King/Oberg 1993, S. 2 (Zitat). Zur Diskussion einer qualitativen Bestimmung von Massenmigration siehe z. B. King und Oberg 1993, S. 1–4; Fielding 1993a.
32 Zur Diskussion über das Hochmittelalter: Phillips 1988; ders. 1994; Bartlett 1993, S. 144 f.
33 In den 1990er Jahren wurde darüber diskutiert, wie sich das Ende der fordistischen Techniken der Massenproduktion in der Industrie auf künftige Migrationsströme auswirken könnte: Fielding 1993a. Teilweise kennen wir jetzt die Antwort: Facharbeiter werden beispielsweise nach Westeuropa geholt, während die massenhafte Nachfrage nach ungelernten Arbeitskräften im Nahen Osten weiterhin steigt: Cohen 2008.
34 Zur spanischen Auswanderung in die Neue Welt und zur britischen Auswanderung nach Australien und Neuseeland: Sanchez-Albornoz 1994; Borrie 1994, S. 45 ff. Die Sträflingsschiffe nach Australien waren eine weitere Form unfreiwilliger, staatlich unterstützter Migration.
35 Bartlett 1993, S. 134–138.
36 Die Motive erörtern Fielding 1993a; Collinson 1994, bes. S. 1–7; Voets u. a. 1995, bes. S. 1–10; Rystad 1996; Vertovec/Cohen 1999; Cohen 2008. Fallstudien liefern u. a. die Aufsätze von Atalik/Beeley, Cavaco, Montanari/Cortese, Öberg/Boubnova in: King 1993.
37 Siehe z. B. Cohen 1996; ders. 2008.
38 Siehe z. B. Rystad 1996, S. 560 f.; Bailyn 1994, S. 4 f.

2 DIE GERMANEN UND DIE GLOBALISIERUNG

1 Ammian 16.12.23–26. Zu den Versuchen, diese frühen Gruppen zu lokalisieren: Krüger 1976–1983, Bd. 1, S. 44–55 u. 202–219. Zur Auffassung, zwischen dem 1. und dem 4. Jh. habe sich wenig verändert, siehe z. B. James 1989, S. 42, sowie zuvor Thompson 1965, S. 40.
2 Über Arminius und Marbod gibt es eine Fülle von Literatur; zur Einführung: Krüger 1976–1983, Bd. 1, S. 374–412; Pohl 2000, S. 21–24. Zu den frühen Königtümern bzw. deren Nichtvorhandensein: Green 1998, Kap. 7. Zu Marbods fehlenden Erben: Tacitus, *Germania*, 42.
3 Chnodomarius, Serapion und Mederich: Ammian 16.12.23–26; Vadomarius und Vithicabius: Ammian 27.10.3; Gundomadus: Ammian 16.12.17. *Optimates*: Ammian 16.12.23–26. Die große Mehrheit der Historiker teilt die Ansicht, dass das Gaukönigtum erblich war, siehe z. B. Pohl 2000, S. 29 f. und 102 ff.; Drinkwater 2007, S. 117 ff. (mit

ausführlicher Lit.). Einige alte Subgruppennamen der Alamannen (Brisigaven, Bucinobanten, Lentienser) sind in heutige Gebietsbezeichnungen (Breisgau, Buchengau, Linzgau) eingegangen.
4 Zu den Verbänden und Bündnissen des 1. und 2. Jh. siehe z.B. Tacitus, *Germania*, 38–40 (zu den Sueben). Einen Überblick bieten z.B. Hachmann 1971, S. 81 ff.; Krüger 1976–1983, Bd. 1, S. 374–412; Pohl 2000, S. 65 f. Am Aufstand des Julius Civilis beteiligten sich beispielsweise Bataver, Friesen, Cananefaten, Brukterer und Tenkterer (Tacitus, *Historien* 4.18; 21), aber dieses Bündnis überlebte seinen Sturz nicht.
5 Ammian 16.12.60 (Zitat); zu Julians Friedensbedingungen: Ammian 17.1; 17.6; 17.10; 18.2. Vadomarius: Ammian 21.3 f. Macrianus: Ammian 28.5; 29.4; 30.3.
6 Auch aus dem frühmittelalterlichen Irland und England gibt es hierfür mehr oder minder gute Beispiele, siehe z.B. Binchy 1970a und zur Einführung die Aufsätze in Bassett 1989. Ich beziehe hier eine Gegenposition zu der in der deutschsprachigen Fachliteratur vertretenen minimalistischen Auffassung (Humver 1998 bietet hierzu eine umfassende Einführung) und ebenso zu Drinkwater 2007, S. 121 ff. Drinkwater behauptet, für ein Bündnis der Alamannen im 4. Jh. habe es keine Notwendigkeit gegeben, obwohl er einräumt, dass im 5. Jh., als keine römischen Intervention mehr erfolgte, eine Einigung stattfand.
7 Siehe Wolfram 2001, S. 75 f., sowie Heather 1991, S. 97 ff., gegen z.B. Thompson 1966, S. 43–55; vgl. Thompson 1965, S. 29–41. Die drei Generationen sind: Ariaricus (seit 332 an der Macht), Ariaricus' namentlich ungenannter Sohn und dessen Sohn Athanarich. Zu dieser Rekonstruktion der gotisch-römischen Beziehungen, die ebenfalls im Widerspruch zu Thompson 1966 steht: Heather 1991, S. 107–121. Auch wenn man die gotisch-römischen Beziehungen anders deutet, besteht in Fachkreisen kein Zweifel, dass die Terwingen die schwere Niederlage, die ihnen Konstantin beibrachte, überlebten und dass die »Richter«-Dynastie fortbestand.
8 Bataver: Tacitus, *Historien* 4.12, und *Germania* 29. Chatten, Brukterer und Ampsivarier: Tacitus, *Annalen* 58, und *Germania* 33. Hermunduren: Tacitus, *Annalen* 13.57.
9 Zu Ejsbøl Mose: Ørsnes 1963. Über die Opferung der Waffen eines besiegten Feindes wird auch bei Caesar, *Der Gallische Krieg* 6.17, und bei Tacitus, *Annalen* 13.57, berichtet.
10 Chnodomarius: Ammian 16.12.60. Drinkwater 2007, S. 120 f., nimmt an, dass der König und seine drei Bundesgenossen jeweils 50 Gefolgsleute hatten und Chnodomarius nicht alle 200 allein für sich. Sollte das der Fall gewesen sein, ist schwer zu verstehen, wieso er König war. Terwingen: *Passio Sancti Sabae Gothi*. Zu den Gefolgschaften im Allgemeinen siehe z.B. Hedeager 1987 und Todd 1992, S. 29 ff. (mit Lit.). Der Gegensatz zu den öffentlichen Einrichtungen in der Zeit der ersten germanisch-römischen Kontakte ist sehr deutlich: Thompson 1965, S. 29 ff.
11 Siehe Green 1998, Kap. 7; vgl. Wolfram 1990, Kap. 1, und Pohl 2000, S. 66 ff. Tacitus, *Germania* 7 (Zitat: »reges ex nobilitate duces ex virtute sumunt«).
12 Siehe Kap. 6 zum Aufstieg Chlodwigs.
13 Zu Chnodomarius' Rüstung: Ammian 16.12.25. Auf diese Schwerter werden wir S. 63 zurückkommen.
14 Zu Odry: Kmiecinski 1968. In den östlichen Teilen Germaniens waren die Friedhöfe in den ersten beiden Jahrhunderten n. Chr. weitaus dauerhafter angelegt als die Sied-

lungen. Große Steinkreise umschlossen - wenn überhaupt - nur wenige Gräber. Einer plausibel erscheinenden Theorie zufolge sei daran zu erkennen, dass nicht die Siedlungen, sondern eher die Friedhöfe als Versammlungsorte der Gemeinschaft dienten.
15 Am ausführlichsten diskutiert bei Haarnagel 1979.
16 Zu Wijster: Es 1967. Allgemeineres zu diesem Thema findet man bei Krüger 1976-1983: vgl. Bd. 1, Kap. 11, und Bd. 2, Kap. 5. Siehe auch Myhre 1978; Steuer 1982, S. 258 ff.; Hedeager 1988; ders. 1992, S. 193 ff.; Todd 1992, Kap. 4. Nützliche Informationen über die Verhältnisse auf der römischen Seite der Grenze bietet Carroll 2001, Kap. 4.
17 Siehe Urbańczyk 1997b.
18 Zum Schatz von Pietroasa: Harhoiu 1977. Zur Produktion der *fibulae* am Runden Berg (siehe Anm. 24): Christlein 1978, S. 43-47 u. 171. Zur Keramik: Heather/Matthews 1991, Kap. 3 (Tschernjachow); Drinkwater 2007, S. 89-93; allgemein zu diesem Thema: Krüger 1976-1983, Bd. 2, S. 123 ff.
19 Zum Glas: Rau 1972. Zu den Kämmen: Palade 1966.
20 Die Grundlagen wurden von Steuer 1982 gelegt.
21 Zur Einführung in die Historiographie: Thompson 1965.
22 Einen Überblick bieten Thompson 1965, Kap. 1 f.; Todd 1992, Kap. 2; ausführlichere Informationen liefern Gebuhr 1974; Hedeager 1987, 1988; ders. 1992, Kap. 2-3; Hedeager/Kristiansen 1981; Steuer 1982, S. 212 ff.; Pearson 1989. Zu Odry siehe Anm. 14.
23 Zum Runden Berg: Christlein 1978 und Siegmund 1998; vgl. auch Brachmann 1993, S. 29-42, und Drinkwater 2007, S. 93-106, der darlegt, dass es im Flachland auch noch andere alamannische Eliteseidlungen gegeben haben muss, die noch unentdeckt sind. Zu Feddersen Wierde: Haarnagel 1979. Zu den gotischen Gebieten: Heather 1996, S. 70 ff. (mit Lit.). Für einen allgemeineren Überblick siehe Krüger 1976-1983, Bd. 2, S. 81-90; Hedeager 1988; ders. 1992, Kap. 4; Todd 1992, Kap. 6; Pohl 2000.
24 Die klassischen und höchst einflussreichen Ausführungen zu diesem Thema sind die entschieden marxistisch geprägte Interpretation von Fried 1967 und die optimistischere Variante von Service 1975. Die vier Bereiche, die ich hier nachzeichne, sind ein Kondensat aus den Thesen von Claessen und Skalnik 1978 und 1981; Claessen/van de Velde 1987; Skalnik 1989; Earle 1991; Claessen/Oosten 1996.
25 Dies gilt unabhängig davon, ob man (siehe vorherige Anm.) die Ansicht von Service 1975 teilt, dass ein breiter Bereich von Funktionen effizient erfüllt wird, oder Frieds weniger optimistischer marxistischer Sicht beipflichtet, wonach das Anwachsen der Bürokratie die weitere Erstarrung der Machtstrukturen nach sich zieht.
26 Es geht hier um »Reziprozität«, was bedeutet, dass Herrscher und Beherrschte etwas austauschen, das für beide Seiten einen Wert darstellt. Das wird wahrscheinlich kein Tausch gleichwertiger Güter sein, aber schon der Tausch an sich stellt einen Wert dar. Ein einseitiges Geben wäre eine erniedrigende Geste.
27 Alamannen: Ammian 16.12. Terwingen: Heather 1991, S. 109 (für die Zeit vor 376 n. Chr., basierend auf Ammian 20.8.1, 23.2.7 und 26.10.3) und S. 146. Drinkwater 2007, S. 142 ff., schätzt die Zahl der bei Straßburg versammelten Alamannen und ihrer Verbündeten auf 15 000. Er setzt die Zahlen der Alamannen durchweg sehr niedrig an, da er davon ausgeht, dass sie für die Sicherheit der römischen Grenze zu keinem

Zeitpunkt eine Bedrohung darstellten. Das ist meiner Ansicht nach ein Zirkelschluss: Heather 2008a. Aus den historischen Quellen geht klar hervor, dass diese Gesellschaften über Sklaven verfügten, die normalerweise nicht zum Kriegsdienst herangezogen wurden. Wir wissen nicht, wie hoch der Anteil der Sklaven war, aber ziemlich wahrscheinlich stellten sie einen großen Prozentsatz der Bevölkerung dar; nur die waffenfähigen Männer zu beziffern führt daher zu einer Unterschätzung der Gesamtzahl der jungen erwachsenen Männer in diesen Gesellschaften.

28 Zu den Gipfeltreffen auf den Flüssen: Ammian 27.5.9 (vgl. Themistios, *Orationes* 10) und 30.3.4–6. Zur burgundisch-alamannischen Grenze: Ammian 28.5.11.

29 Zur Einführung in die historischen Zeugnisse: Heather/Matthews 1991, Kap. 5.

30 Zu den gotischen Kontingenten siehe Anm. 28 sowie Heather 1991, S. 107ff. (zu dem entscheidenden Zusammenhang, dass der Militärdienst den Goten von den Römern auferlegt wurde). Zu den alamannischen Kontingenten: Heather 2001. Zum Lehnwort: Green 1998, Kap. 11.

31 Vannius: Tacitus, *Annalen* 12.25. Zu den römischen Importen in gotischen Elitesiedlungen: Heather 1996, S. 70ff. Zu Handel und Diplomatie: Heather 1991, S. 109. Natürlich könnte Chnodomarius statt direkter finanzieller Leistungen nur einen Teil der Kriegsbeute als Entlohnung angeboten haben.

32 Zu Athanarichs Schutzwehr: Ammian 31.3.8 und Heather 1996, S. 100, zu seiner Identifizierung. Zum Runden Berg und zu anderen Siedlungen siehe Anm. 24.

33 Quintessenz der Lektüre der in Anm. 25 genannten Literatur. Nicht einmal die notorisch faulen irischen Könige des Mittelalters ließen es sich nehmen, in Rechtsstreitigkeiten einzugreifen. Laut dem berühmten Traktat über das irische Königtum, *Crith Gablach*, war ein Tag der Woche für diese Aufgabe reserviert: Binchy 1970b; vgl. Wormald 1986.

34 Zur Einführung in das frühe angelsächsische Steuersystem: Campbell 2000 und Blair 1994. Einrichtungen dieser Art wurden auch in jenen Gebieten Britanniens gefunden, die niemals unter römischer Herrschaft standen: Barrow 1973.

35 Dass die alamannischen Könige ständig durch ihr Land reisten, ergibt sich auch indirekt aus der Schwierigkeit der Römer, sie zu entführen: Ammian 29.4.2ff. Eine ausgezeichnete Einführung in die umfangreiche Bibliographie zum Reisekönigtum bietet Charles-Edwards 1989.

36 Siehe Thompson 1966; vgl. Heather 1991, S. 177ff. (mit ausführlicher Lit.). Zu Gundomadus siehe Anm. 3. Selbst wenn man die Hypothese von Drinkwater 2007, S. 142ff., zugrunde legt, dass es 24 alamannische Gaukönige gab, kommt man auf insgesamt nicht mehr als 4800 Gefolgschaftskrieger. Zur Bandbreite der Grabbeigaben siehe z.B. Steuer 1982, Weski 1982 und Harke 1992. Zu den Gräbern ohne jegliche Beigaben siehe z.B. Heather/Matthews 1991, S. 62, mit einigen Beispielen aus gotisch beherrschten Gebieten.

37 Ein kurzer Blick in die wichtigsten Gesetzessammlungen der westgotischen, fränkischen, langobardischen, burgundischen und angelsächsischen Königreiche genügt, um die Bedeutung dieser Gruppe festzustellen, die auch in Zeugnissen »kleinerer« politischer Einheiten wie den Thüringern, Bajuwaren und Alamannen erwähnt wird.

38 Zum zahlenmäßigen Verhältnis zwischen Freien und Sklaven: Heather 1996, S. 324f.,

nach Prokop, *Kriegsgeschichte* 3.8.12 (1 Angehöriger der Elite gegenüber 4 Untergebenen in einer gotischen Streitmacht) und 8.26.12 (ein Verhältnis von fast 1 zu 1 in einer langobardischen Streitmacht). Zu dieser Kriegführung: Heather 1996, bes. Anhang I. Zu den urkundlichen Belegen: Wickham 1992; ders. 2005, Teil 3. Die nachrömische Gesellschaft fiel nicht unmittelbar unter die Herrschaft der viel kleineren Elite der Landbesitzer, die seit der karolingischen Zeit ab 800 dominant war: siehe z.B. Kap.6; allgemeinere Ausführungen bei Wickham 2005, Teil 2.

39 Die Dorfgemeinschaft versuchte schließlich sogar, die Christen in ihrer Mitte zu schützen: *Passio Sancti Sabae Gothi* 4.4; Heather/Matthews 1991, Kap.4.

40 Siehe Ammian 31.3.8.

41 Die Gesetzessammlungen zeigen, dass der soziale Rang wesentlich vom Lebensalter abhing. Auch bei Männern spielte das Alter eine Rolle. So wurden ältere Männer zwar mit Sporen, aber nicht mit Waffen bestattet, was darauf schließen lässt, dass es für den Militärdienst ein Höchstalter gab: Hedeager 1988. Ähnlich bei Kindern, die zuweilen nicht auf Friedhöfen bestattet wurden: siehe z.B. Siegmund 1998, 179 ff.

42 Zur allgemeinen Bedeutung der Festgelage als Teil der »Reziprozität« (siehe Anm. 27): Earle 1984; ders. 1991. Zu den Zeugnissen aus dem 1. Jh.: Thompson 1965. Zu den angelsächsischen Ideologien und Realitäten: Charles-Edwards 1989 und Campbell 2000, Kap.8.

43 Zur Zeit der ersten germanisch-römischen Kontakte: Thompson 1965, S.37 ff. Zur römischen Kontrolle von Versammlungen: Cassius Dio 72.19.2 und 73.2.1–4. Zu den Dorfversammlungen im 4. Jh.: *Passio Sancti Sabae Gothi*; vgl. Heather/Matthews 1991, Kap.4. Zur Entscheidung, ins Römische Reich überzusiedeln: Ammian 31.3.8: »diuque deliberans« (siehe Kap.4). Thompson 1965 und ders. 1966 betont, dass in den Quellen zum 4. Jh. (womit er im Wesentlichen Ammian meint) regelmäßige Versammlungen bei den Goten und anderen Germanen nicht erwähnt werden. Das bedeutet aber nicht, dass es keine gegeben hat.

44 Die Literatur zum sakralen Königtum ist immens, siehe z.B. Wenskus 1961 und Wolfram 1994. Die Terminologie und die Vorstellung von *heilag* ist dennoch klar: Green 1998, Kap.7, was den sprachlichen Aspekt betrifft; vgl. auch Pohl 2000 und Moisl 1981 hinsichtlich der praktischen Aspekte. Zur wahren (im Gegensatz zur erfundenen) Geschichte der Amaler-Dynastie: Heather 1991, Kap.1–2 und Teil 3; Heather 1996, Kap.6, 8 und 9.

45 Siehe Gregor von Tours, *Zehn Bücher Geschichten*, 2.9; die Chatten werden auch bei Ammian 20.10 erwähnt. Salier: Ammian 17.8; vgl. aus einer Fülle von Sekundärliteratur: James 1988, Kap.1, und die Aufsätze in Wieczorek u.a. 1997. Die politischen Prozesse hinter der Entstehung der Alamannen waren vielleicht nicht ganz unähnlich. Bis ins 4. Jh. überlebte keiner der alten Namen, aber die Konföderation scheint sich schrittweise im Lauf der Zeit gebildet zu haben. Im 3. Jh. stellten beispielsweise die Juthungen (auch sie ein neuer Name) vermutlich eine separate Gruppierung dar, doch im 4. Jh. traten sie als Teil der größeren Konföderation in Erscheinung: Drinkwater 2007, S.63 ff.

46 Zu Gargilius' Kuh: Boeles 1951, S.130, Taf.16, zit. bei Geary 2003, S.5; die Berechnung des Bedarfs der Legionäre stammt aus Elton 1996.

47 Kaiser Julians Verträge werden in Heather 2001 genauer erläutert. Zur Grenze und den dortigen Operationen: Whittaker 1994; Elton 1996; Wells 1999, Kap. 6; Carroll 2001, wobei die beiden Letzteren den Schwerpunkt auf die römische Seite des Rheins legen.
48 Zu den Lehnwörtern und zum Handel: Green 1998, S. 186 f. u. Kap. 12. Zur Eisenproduktion: Urbańczyk 1997b; vgl. allgemein Krüger 1976–1983, Bd. 2, S. 157 ff.
49 Zur Zwangsrekrutierung: Heather 2001.
50 Siehe Green 1998, Kap. 12.
51 Caesar, *Der Gallische Krieg* 4.2; Tacitus, *Germania* 5 (der jedoch anmerkt, dass germanische Gruppen abseits der Grenze den Wert römischer Silbermünzen nicht richtig einschätzten); vgl. Green 1998, Kap. 12. Zu den großen Münzfunden im 4. Jh.: Drinkwater 2007, S. 128–135; Heather/Matthews 1991, S. 91 ff.
52 Zu den Terwingen und zum Handel: Themistios, *Orationes* 10, und Heather 1991, S. 107 ff. Zu römischen Importen allgemein: Eggers 1951; Hedeager 1988; Schnurbein 1995; Wells 1999, Kap. 10; Drinkwater 2007, S. 34 ff.
53 Zu den römischen Waren und zum sozialen Status: Steuer 1982. Zu den Holzstegen im Bernsteinhandel: Urbańczyk 1997b. Zu den Zöllen: Green 1998.
54 Siehe Caesar, *Der Gallische Krieg* 6.17; Tacitus, *Annalen* 13.57. Zu den Funden im Moor: Orsnes 1963 und 1968; Ilkjaer/Lonstrup 1983; Ilkjaer 1995; allgemeinere Darstellungen z. B. bei Hedeager 1987; Steuer 1998; Müller-Wille 1999, S. 41–63.
55 Eine kluge Kritik der Bedeutung des Handels findet man bei Fulford 1985. Zu den Nutznießern im 9. und 10. Jh. siehe Kap. 10. Eine Einführung in die »agency« und ihre spezifischen Probleme bietet Wilson 2008.
56 Einen ausführlichen Bericht über diesen Fund bietet Kunzl 1993.
57 Eine ausführlichere Darstellung bietet Heather 2001 (mit Lit.).
58 Ammian 17.12 f. und Heather 2001. Zur Beseitigung potentiell gefährlicher Germanenführer: Ammian 21.4.1–5; 27.10.3; 29.4.2 ff.; 29.6.5; 30.1.18–21.
59 Zu den Geiselnahmen: Braund 1984. Zu den Subsidien: Klose 1934 für das frühe und Heather 2001 für das späte Kaiserreich.
60 Ammian 19.11 (Zitat). Für weitere Ausführungen zum Thema Umsiedlung und Ausschluss siehe Kap. 3; vgl. auch Heather 1991, Kap. 4, zur üblichen römischen Einwanderungspolitik; und Carroll 2001, S. 29 ff., zum Ausmaß der Umstrukturierung angrenzender Bevölkerungen, als Rom seine Grenzen zu Germanien zog.
61 Valentinians Kürzung von Zuwendungen: Ammian 26.5 u. 27.1. Hierzu Heather 2001 und Drinkwater 2007, Kap. 8 (der aus meiner Sicht fälschlicherweise nachzuweisen versucht, dass die Alamannen niemals eine wie auch immer geartete Bedrohung waren).
62 Zur Region zwischen Rhein und Weser: Drinkwater 2007, S. 38 f. Zur wirtschaftlichen Expansion der Alamannen im 5. Jh.: ebd., S. 344–355.
63 Siehe Wells 1999, Kap. 10–11, und Schnurbein 1995, der die Zunahme von römischen Waffenimporten nach Germanien ab der Mitte des 2. Jh. hervorhebt.
64 Athanarich: Ammian 27.5; Macrianus: Ammian 30.3. In beiden Fällen stand jedoch der jeweilige Kaiser durch Probleme andernorts unter Druck – Valentinian an der mittleren Donau, Valens in Persien: Heather/Matthews 1991, Kap. 2.

3 NICHT ALLE WEGE FÜHREN NACH ROM

1 Cassius Dio 72.8 – 10 (Zitat).
2 Zur Einführung: Birley 1968, Kap. 6 – 8 u. Anhang III; siehe auch Böhme 1975.
3 Siehe Cassius Dio 72.20.1 f. (zur Stationierung von Truppen); 72.11 f., 72.20.2, 72.21 (zu den Vorstößen der Asdingen, Quaden und Naristen); 72.15, 72.16.1 f., 72.19.2, 73.3.1 f. (zu Handelsprivilegien und neutralen Zonen); 72.19.2, 73.2.1 – 4 (zu Versammlungen).
4 *Historia Augusta: Markus Antoninus der Philosoph* 14.1 (Zitat); zur Einführung in die Problematik dieses Textes: Syme 1968; ders. 1971a; ders. 1971b. Zur römischen Aggression (sowie zu den Folgen der Pest und zu Marc Aurels Pflichtgefühl): Drinkwater 2007, S. 28 – 32.
5 Zu den Verwüstungen an der Rheingrenze: Carroll 2001, S. 138; zu den Legionen und zu Marc Aurels Selbstverherrlichung durch die Siegessäule: Birley 1968, Kap. 6 – 8 u. Anhang III. Siehe auch Kap. 2, Anm. 28.
6 Zu den Wohnsitzen der Langobarden im 1. Jh.: Tacitus, *Germania* 40. Diese 6000 Langobarden waren sicher nur eine Untergruppe, der im 5. Jh. weitere Richtung Süden folgten (siehe Kap. 5). Diese spätere Gruppe fiel von intermediären Siedlungen in Böhmen in das Gebiet an der mittleren Donau ein, unklar ist aber, ob dies auch für die Gruppe im 2. Jh. gilt. Zu dauerhaften Ortswechseln siehe Anm. 3.
7 Siehe Cassius Dio 72.3.1a.
8 Vgl. z. B. Barford 2001, Einleitung u. Kap. 1.
9 Von grundlegender Bedeutung sind hier die Arbeiten von Kazimierz Godłowski, bes. für Nordmitteleuropa: Godłowski 1970. Aufbauend auf Godłowskis bahnbrechenden Arbeiten liefert Shchukin 1990 einen guten Überblick. In Detailfragen herrscht zwar nach wie vor keine Einigkeit, aber etliche »Kulturen« und Phasen innerhalb von »Kulturen« konnten sehr viel genauer datiert werden.
10 Die Expansion vollzog sich in der römischen Eisenzeit B2 und B2/C1a. Die Argumentation in diesem Abschnitt stützt sich auf zwei wichtige Aufsatzsammlungen: *Peregrinatio Gothica* 1 und 2; siehe auch Shchukin 2005.
11 Siehe hierzu Heather 1996, S. 35 – 38. Zahlreiche bruchstückhafte Hinweise in antiken Quellen deuten darauf hin, dass gotische Gruppen nach Süden und Osten zogen: Batty 2007, S. 384 – 387.
12 Dazu gibt es eine Fülle von Einzelstudien, siehe die kurze Einführung in Heather 2007a, Kap. 2 (mit zahlreicher Lit.).
13 Siehe die ausführliche Darstellung (mit umfangreicher Lit.) bei Drinkwater 2007, Kap. 2 (und besonders seine Argumentation S. 43 – 45, dass eine Alamannen genannte Gruppe bereits in den 210er Jahren existierte). Zur Brutalität der Vorfälle: ebd. S. 78 f. (mit weiteren Beispielen); Carroll 2001, Kap. 9.
14 Zu den Ursprüngen der Alamannen: Drinkwater 2007, S. 48 f., 108 – 116 (mit umfassender Lit.).
15 Argaith und Gunderich: Jordanes, *Getica* 16.91 (siehe *Historia Augusta: Gordian* 31.1 zu »Argunt«, wahrscheinlich eine Verschmelzung aus beiden Namen). Cniva: Zosimos 1.23; Jordanes, *Getica* 18.101 – 103; Zonaras, *Chronik* 12.20.

Anmerkungen zu Kapitel 3

16 Unsere Hauptquelle ist Zosimos 1.31 – 35. Weitere Quellen und ein Kommentar bei Paschoud 1971 – 1989, Bd. 1, S. 152 ff., Anm. 59 ff.
17 Zosimos 1.42 f. u. 46; Paschoud 1971 – 1989, Bd. 1, S. 159 ff., Anm. 70 ff.
18 *Historia Augusta: Aurelianus* 22.2. Es gibt keine Belege dafür, dass Cannabaudes etwas mit jenem Cniva zu tun hatte, der eine Generation zuvor diese Gegend unsicher gemacht hatte; siehe Anm. 15. Zu den Angriffen des 3. Jh.: Batty 2007, S. 387 – 395.
19 Eutropius, *Breviarium* 8.2.
20 Zu den Goten im 1. und 2. Jh.: Tacitus, *Germania* 43 f.; Strabon, *Geographica* 7.1.3 (»Butones«); Ptolemäus, *Geographia* 3.5.8. Kulikowski 2009, Kap. 3 – 4; vgl. Jordanes, *Getica* 4.25 – 28 (zu Filimer siehe S. 122).
21 Mehr zu den Terwingen in Kap. 2. Jordanes' Anachronismen wurden erstmals von Heather 1991, Kap. 1 – 2, nachgewiesen (wo ich meine eigene Skepsis gegenüber Jordanes ausdrücke – bei allem Respekt gegenüber Kulikowski).
22 Zum 1. und 2. Jh.: Shchukin 1990; vgl. Batty 2007, S. 353 ff., zu den Bastarnern, Sarmaten und Dakern (mit ausführlicher Lit. und unter Berücksichtigung der verzerrenden politischen Absichten bei der Interpretation des Materials). Zu Wulfila und seiner Bibelübersetzung: Heather/Matthews 1991, Kap. 5 – 7.
23 Zu den Wohnsitzen der Goten im 1. und 2. Jh. siehe Anm. 20. Zu den Rugiern: Tacitus, *Germania* 44; zu den Vandalen: Courtois 1955, Kap. 1.
24 Zu den Karpen siehe Anm. 38. Zu den 330er Jahren: *Anonymus Valesianus* I.6.30.376, Kap. 4. Zu Migrationsgewohnheiten siehe S. 45 f.
25 Diese Veränderungen vollzogen sich in der B2–C1a/b-Stufe. Siehe dazu Heather 1996, S. 43 – 50, nunmehr ergänzt durch Shchukin 2005. Kulikowski 2009, S. 68 ff., lehnt die Bedeutung archäologischer Funde rundweg ab, ohne die Wielbark-Expansion zu erörtern.
26 Zur Einführung: Kazanski 1991; Shchukin 2005 und Heather 1996, S. 47 – 50 (mit ausführlicher Lit.).
27 Siehe Kazanski 1991; Heather 1996, S. 47 – 50; Shchukin 2005.
28 Jordanes, *Getica* 4.25 – 28.
29 Jordanes, *Getica* 16 – 17.90 – 100, berichtet von den Triumphen des Amalerkönigs Ostrogotha, einer rein mythischen Figur, mit der später verschiedene historische Ereignisse verknüpft wurden: Heather 1991, S. 22 f. u. 368.
30 Siehe Heather 1991, Kap. 1 u. S. 84 – 89.
31 Bataver: Tacitus, *Historien* 4.12; *Germania* 29; Chatten, Brukterer und Ampsivarier: Tacitus, *Annalen* 58, *Germania* 33.
32 Die Zersplitterung unter Filimer wird S. 122 zitiert. Berig: *Getica* 4.25 f. und 17.94 f. Goffart 1988, S. 84 ff., stellt zu Recht die oft geäußerte Vermutung in Frage, in die *Getica* seien mündliche Überlieferungen der Goten eingegangen, er lehnt diese Thesen aber etwas zu entschieden ab: Heather 1991, S. 5 f., 57 f. u. 61 f.
33 Siehe z. B. Borodzej u. a. 1989; Kokowski 1995; Shchukin 2005.
34 Siehe Drinkwater 2007, Kap. 2 u. S. 85 – 89 (mit Lit.).
35 Siehe Ionita 1976.
36 Zu den Verlusten der Heruler: Georgius Syncellus, *Chronographia* 1.717. Zu weiteren Zahlenangaben zur Ägäis-Expedition (2000 Schiffe und 320 000 Mann): *Historia*

Augusta: Claudius 8.1. Der Gotenkönig Cannabaudes soll 5000 Mann verloren haben: *Historia Augusta: Aurelianus* 22.2. Viele Angaben entstammen dem zeitgenössischen Bericht des Dexippos. Zur Größe der Gruppen: Batty 2007, S. 390 ff.

37 Langobarden: Cassius Dio 72.1.9. Quaden: Cassius Dio 72.20.2 (explizit *pandemei*, »geschlossen«).

38 Zum Protest der Karpen: Petrus Patricius, *Fragmenta* 8. Zur Abwanderung auf römischen Boden: Aurelius Victor, *Caesares* 39.43; *Consularia Constantinopolitana*, s.a. 295. Allgemein: Bichir 1976, Kap. 14. Kaiser Galerius (293-311) führte insgesamt sechs Feldzüge gegen die Karpen.

39 Naristen siehe S. 101. Limiganten siehe S. 91. Für die griechischen Städte sind nach wie vor die Arbeiten von Minns 1913 und Rostovzeff 1922 maßgeblich. Zur Einführung in die archäologischen Zeugnisse: Batty 2007, S. 284-289 (mit Lit.).

40 Drinkwater 2007, S. 43-45, weist zu Recht die neuerdings gängige Behauptung zurück, die Alamannen hätten vor den 290er Jahren gar nicht existiert, macht aber dann für alle Unternehmungen des 3. Jh., auch für die Besiedlung der *Agri Decumates*, Kriegerverbände verantwortlich.

41 Siehe Kap. 9.

42 Zu weiblichen Bestattungstrachten siehe Anm. 26. Zur gotischen Bibel: Heather/ Matthews 1991, Kap. 5-7. Der Unterschied zur ursprünglich nordischen Dynastie der Rurikiden, die sich rasch slawische Namen zulegte (siehe Kap. 10), ist frappierend. Siehe auch Kap. 6 zu sprachlichen Belegen im Zusammenhang mit der angelsächsischen Eroberung des britischen Tieflands.

43 Quaden: Cassius Dio 72.20.2. Asdingen-Vandalen: Cassius Dio 72.12.1.

44 »Vernünftigerweise«: Drinkwater 2007, S. 48. Zu burgundischen Namen und zur burgundischen Sprache: Haubrichs 2008.

45 Zur qualitativen Definition der »Massenmigration« siehe S. 46 f. Wenn der Begriff allzu sehr an die Invasionshypothese erinnert, könnte man auch »beträchtliche« Migration sagen, aber es ist mit Sicherheit sinnvoll, die Beschreibung der Migrationsphänomene des 1. Jt. mit den geltenden Normen heutiger spezialisierter Migrationsstudien in Einklang zu bringen.

46 *Panegyrici latini* 3 [11].16-18.

47 Siehe Kap. 2.

48 Zu militärischen Inschriften: Speidel 1977, S. 716-718; vgl. Batty 2007, S. 384-387. Zur Schifffahrt: Zosimos 1.32.2 f.

49 Ich bin daher der Ansicht, dass der Aspekt der »Interaktion«, der bei Untersuchungen zu den Grenzen des Römischen Reiches in den letzten Jahren so sehr im Vordergrund stand – z.B. bei Whittaker 1994 und Elton 1996 –, durch die gleichermaßen reale militärische Bedeutung der Grenze ergänzt werden muss.

50 Siehe S. 56 ff. Obwohl Drinkwater 2007, S. 48-50, die wachsende Rivalität in der germanischen Welt akzeptiert, lässt er nicht gelten, dass die logische Folge ein stärkerer Druck auf die Grenzen des Römischen Reiches war, als Gruppen der steigenden Bedrohung zu entkommen suchten. Wells 1999, Kap. 9, argumentiert ähnlich »internalistisch«, wenn er versucht, die Ursachen für die Unruhen des 3. Jh. innerhalb der Grenzzonen und besonders auf der römischen Seite der Grenze zu lokalisieren.

51 Ammian 26.5 u. 27.1; vgl. Drinkwater 2007, Kap. 8.
52 Tacitus, *Annalen* 12.25.
53 Siehe z.B. Anokhin 1980; Frolova 1983; Raev 1986.
54 Petrus Patricius, *Fragmenta* 8.
55 Vielleicht half hier das römische Grenzmanagement. Die Römer dünnten die Grenzregion regelmäßig aus, um Überbevölkerung zu vermeiden und das Gewaltpotential einzudämmen (siehe S. 91 f.). Das erleichterte es am äußeren Rand lebenden Gruppen, mit ihrer größeren Bevölkerung die dort ansässigen römischen Klienten zu verdrängen.
56 Vgl. Kap. 2, S. 104. Ich gehe davon aus, dass die Freien und die Gefolgsleute des Königs sozial nicht strikt getrennt waren.
57 Jordanes, *Getica* 55.282 (»ascitis certis ex satellitibus patris et ex populo amatores sibi clientesque consocians«).
58 Siehe dazu Anm. 10 sowie Kmiecinski 1968 zu Odry. Begriffe wie »Halbnomaden« sind meines Erachtens irreführend. Hier geht es um gemischte bäuerliche Bevölkerungsgruppen mit vielen Tieren, aber auch intensiver Landwirtschaft, denen es aber an Wissen fehlt, die Fruchtbarkeit ihrer Felder langfristig sicherzustellen.

4 MIGRATION UND GRENZKOLLAPS

1 Vor den tumultuösen Ereignissen des späten 4. Jh. lag die Westgrenze des alanischen Territoriums am Don. Damit waren die Alanen externe Klienten Roms an der unteren Donau. Mit Blick auf die Erschütterungen von 405–408 an der Grenze der mittleren Donau kann man sie nur als komplette Außenseiter betrachten.
2 Siehe Ammian 31; Eunapios, *Fragmenta* (und Zosimos 4.20.3 ff., der sich hauptsächlich auf Eunapios beruft); Sokrates Scholasticus, *Historia Ecclesiastica* 4.34; Sozomenos, *Historia Ecclesiastica* 6.37. Die Zahl von insgesamt 200000 nennt Eunapios, *Fragmenta* 42, der jedoch vage und rhetorisch bleibt: Paschoud 1971–89, Bd. 2, S. 376, Anm. 143. Diese Zahl wurde jedoch von einigen akzeptiert: Lenski 2002, S. 354f. (mit Lit.). Zu den 10000 Kriegern: Ammian 31.12.3, wobei es sich vielleicht nur um die Terwingen handelte: Heather 1991, S. 139. Zu den Wagentrecks: Ammian 31.7; 31.11.4f.; 31.12.1 ff. Zum Familienanhang siehe z.B. Ammian 31.4.1 ff.; Zosimos 4.20.6.
3 Matthews 1989 unterstreicht Ammians literarische Kunstfertigkeit, während Barnes 1998 seine mangelnde Aufrichtigkeit kritisiert. So kontrovers diese beiden neueren Studien sind, so sehr betonen beide, dass Ammian nicht eins zu eins gelesen werden darf. Siehe auch Drijvers/Hunt 1999; G. Kelly 2008.
4 Zu dem »geheimeren« Archiv: Ammian 14.9.1. Zu den Dokumenten über die Laufbahn von Heerführern: Ammian 28.1.30. Zu militärischen Depeschen: Sabbah 1978.
5 Zum Migrationstopos: Kulikowski 2002. Zur Suche nach den Ursachen: Halsall 2007, Kap. 6.
6 Zu Beispielen für den Migrationstopos siehe S. 122 u. 234. Zu Kriegerverbänden: Ammian 14.4; 17.2; 27.2; 28.5. Zu Straßburg: Ammian 16.12.7; 31.8.3.
7 Die Rekrutierung dieser zusätzlichen Söldner wird manchmal mit dem Auftauchen der Greutungen an der Seite der Terwingen verwechselt – ein schwerer Fehler: Heather 1991, S. 144f. u. Anhang B.

8 Zur Spaltung der Terwingen: Ammian 31.3.8 ff; 31.4.13. Auch die Greutungen scheinen sich geteilt zu haben, da ein Führer namens Farnobius mit seinen Anhängern bei der Donauüberquerung an der Seite der Hauptgruppe auftaucht und ein anderes Schicksal erfährt als der Rest: Ammian 31.4.12; 31.9.3 f.
9 Nur Kulikowski 2002 wagt es, Ammians Angaben als irreführend zu bezeichnen, aber auch er rudert später zurück. Obwohl Kulikowski 2009, S. 131 ff., jegliche Einheit der Goten relativiert, akzeptiert er dennoch, dass sie eine gemischte Gruppe bildeten, deren Zahl »vermutlich in die Zehntausende« ging (S. 144). Von den anderen Gegnern der Migrationstheorie geht lediglich Halsall 2007 von mehr als 10000 Kriegern und einer gemischten Gruppe von 40000 Personen aus; Goffart 1981 und ders. 2006 hat die Ereignisse von 376 nie genauer untersucht.
10 Halsall 2007, S. 170 ff., beruft sich besonders auf die Analyse von Sokrates Scholasticus' *Historia Ecclesiastica* 4.33 bei Lenski 1995.
11 Daher halte ich nach wie vor an meiner Analyse des Vergleichs zwischen Ammian und Sokrates Scholasticus fest: Heather 1986 (mit Lit.). Halsall ist so sehr bestrebt, plündernd umherziehende Völker keinesfalls als Hauptursache zuzulassen, dass er den zeitgenössischen, sehr viel detaillierteren Ammian zugunsten des späteren und weniger detaillierten Sokrates ablehnt, auf der Basis der historischen Quellen jedoch keine überzeugenden Argumente liefert.
12 Ammian 31.3.8.
13 Zosimos 4.20.4 f.
14 Ammian 31.3.2–8.
15 Zu den Angriffen im Kaukasus: Maenchen-Helfen 1978, S. 38–43, der annimmt, diese Gruppen seien von der Donau gekommen. Zu anderen Goten nördlich der Donau im Jahr 383 siehe (Arimer) Achelis 1900; (Odotheus) Zosimos 4.35.1; 4.37–39.
16 Einige Hunnenverbände operierten vor 405–408 tatsächlich weiter westlich, aber es waren eher kleine Gruppen mit nicht mehr als 400 Mann: lediglich die Söldner, die sich im Herbst 377 südlich der Donau den Goten anschlossen (siehe Anm. 7) und ein weiterer hunnisch-alanischer Kriegerverband, der in den 380er Jahren in der Nähe von Rätien auftauchte (Ambrosius, *Epistolae* 25). Uldins Streitmacht ab 400 war gewiss etwas größer, aber selbst sein Kommando verblasst gegenüber der hunnischen Streitmacht, die nach 405–408 an der mittleren Donau auftauchte, siehe Kap. 5. All dies deutet für mich darauf hin, dass die Aktion von 376 ähnlich verstanden werden sollte wie die Züge der Tenkterer und Usipeter westlich des Rheins Mitte des 1. Jh. v. Chr., die Caesar (*Der Gallische Krieg* 4.1) beschrieben hat.
17 Zur Debatte: Ammian 31.3.8. Zur Überredung: Heather 1991, S. 176 f. u. 179 f.
18 Zu Archäologie und Gruppenidentität siehe Kap. 1. Funde der Tschernjachow-Kultur, die mir für die Unterscheidung von Migrantengruppen als besonders vielversprechend erscheinen, sind Beinkämme, Gewandnadeln und nordeuropäische germanische Wohnstallhäuser. Leider wurde bisher keine geographische Karte der Objekte bzw. der Häuser erstellt.
19 Zu Wulfila: Heather/Matthews 1991, Kap. 3. Die Ansicht einer schnellen sozialen Amalgamierung scheint mir Wunschdenken zu sein – eine Reaktion auf die Schrecken der NS-Zeit und der Weigerung geschuldet, solche ungleichen Beziehungen zwischen

relativ begrenzten Gruppen von Individuen zu akzeptieren. Die Ostexpansion der Goten und anderer germanischer Gruppen in spätrömischer Zeit wurde von Hitlers Propaganda bereitwillig aufgegriffen, um die Greueltaten des Dritten Reiches zu rechtfertigen: Wolfram 1988, Kap. 1 (engl. Übers.).

20 Unterschiedliche Abstufungen von Kriegern werden zwar in der Schlacht von Adrianopel nicht eigens erwähnt, aber sie tauchen in den Quellen zu Radagaisus' gotischer Streitmacht von 405 auf (Olympiodor, *Fragmenta* 9) und zu den Ostgoten Theoderichs des Amalers (siehe Kap. 5) sowie in späteren westgotischen Rechtsquellen. Auch die eindringliche Schilderung gotischer Gruppen im 3. Jh., die mit ihren Familien und Sklaven unterwegs waren, könnte sich auf Ereignisse des 4. Jh. beziehen (*Historia Augusta, Claudius* 6.6, 8.2; vgl. Kap 3). Vermutlich verkauften die an der Donau lagernden, bedrängten Terwingen diese sozial niedrig Stehenden im Tausch gegen Nahrungsmittel in die römische Sklaverei: Ammian 31.4.11.

21 Zu den Karpo-Dakern: Zosimos 4.34.6. Zur Kontinuität der Tschernjachow-Kultur: Kazanski 1991.

22 Zu den Karpen siehe Kap. 3. Zum Zug der Sarmaten: *Anonymus Valesianus* 6.31.

23 Zu den Goten im 4. Jh. siehe Kap. 2. Der Aspekt der Information ist auch für die Minderheit unter Athanarich wichtig, die auf sarmatisches Territorium zog; die Terwingen hatten dies bereits 332 versucht, waren aber von den Römern abgedrängt worden (siehe Anm. 22).

24 Lenski 2002, S. 182 f. u. 325 f., sucht den Grund für Valens' Angriff auf Persien im Auftauchen der Goten und in der Aussicht auf zusätzliche Rekruten, die sie dem römischen Kaiser stellten. Die Argumentation finde ich nicht überzeugend, sondern meine nach wie vor, dass die gotische Krise Valens wenig Spielraum ließ: Heather 1991, S. 128 ff.

25 Kulikowski 2009, S. 131 ff., zufolge gelangten die Terwingen und Greutungen getrennt an die Donau und baten unabhängig voneinander um Aufnahme ins Römische Reich, so dass Valens zweimal eine Entscheidung zu treffen hatte; das widerspricht Ammians Darstellung (31.4.12 f.; 31.5.2 f.)

26 Ammian 31.10; eine Studie zum Konzept der Grenze ist z. B. Whittaker 1994.

27 Ammian 31.5.3 f.

28 Zum Beispiel die Goten unter Sueridas und Colias (Ammian 31.6.1); vielleicht auch die Alamannen unter Hortarius (Ammian 29.4.7).

29 Ich vermute, ohne es belegen zu können, dass dies ganz besonders für einheimische Gruppen galt, die den Goten lediglich Tribut zahlten und ansonsten weitgehend autonom lebten. Zu ähnlichen Beziehungen zwischen den Hunnen und den von ihnen unterworfenen Gruppen siehe Kap. 5.

30 Siehe *PLRE* 2, S. 934.

31 Zu den Vandalen in Rätien: Claudian, *De bello gothico* 278–281, 363–365, 400–404, 414–429. Zur Identität der Sueben: Goffart 2006, S. 82 f., der die Sueben den Markomannen und Quaden zurechnet. Die Rheinüberquerung wird mit Verweis auf Prosper, *Chronica* AP 379, auf den 31. Dezember 406 datiert; zur These, der Chronist habe den 31. Dezember 405 gemeint: Kulikowski 2000a, S. 328 f. Der Gegenargumentation von Birley 2005, S. 455–460, folgend, erscheint Kulikowski 2009, S. 200, Anm. 37, unsicher.

32 Zu Uldin: Sozomenos, *Historia Ecclesiastica* 9.25.1–7; *Codex Theodosianus* 5.6.3. Zu den Burgundern: Demougeot 1979, S. 432 u. 491–493.
33 Zu Olympiodor siehe v. a. Matthews 1970 sowie Blockley 1981 und ders. 1983.
34 Zu den Verlusten der Vandalen: Gregor von Tours 2.29. Das Verhältnis 1:5 nannte z. B. Schmidt 1933, S. 286 u. 293. Zu den Angaben für die Vandalen und Alanen: Prokop, *De bellis* 3.5.18 f.; Victor von Vita, *Historia persecutionis* 1.2. Zur Stärke der Burgunder: Orosius 7.32.11. Zu Radagaisus' Gefolgschaft siehe Anm. 30.
35 Hieronymus, *Chronik* 2389 (= 371 n. Chr.).
36 Zur *distributio* und ihrer Bedeutung: Jones 1964, Anhang III. Jones' Argument wird nicht von Kulikowski 2006b in Frage gestellt, da es vom Vergleich zwischen zwei sicher datierten Teilen der *Notitia* ausgeht: der Feldarmee im Osten ca. 395 und ihrem westlichen Pendant ca. 420. Zu den 30 *numeri*: Zosimos 5.26.4. Zu den 12 000 Anhängern des Radagaisus: Olympiodor, *Fragmenta* 9.
37 Victor von Vita, *Historia persecutionis* 1.2. Deshalb betrachte ich Victor auch optimistischer als Goffart 1980, Anhang A.
38 Nach Halsall 2007, S. 206, führte Radagaisus eine »große Streitmacht« an; die Rheinüberquerer bezeichnet er als »gewaltige Streitmacht« (S. 211). Nur Drinkwater 2007, bes. S. 323 f., erklärt die Ereignisse mit Kriegerverbänden.
39 Nach Zosimos 5.26.3 rekrutierte Radagaisus vor seinem Angriff auf Italien sehr viele Soldaten (ich vermute, dass er diesen Vorstoß mit der Rheinüberquerung verwechselt). *Codex Theodosianus* 5.6.3 legt dar, dass Uldins Gefolgschaft aus Hunnen und Skiren gemischt und deshalb ein neues, nach 376 entstandenes Bündnis war.
40 Zu Radagaisus' Gefolgschaft: Zosimos 5.35.5 f. Zu den Alanen in Gallien: Paulinus von Pella, *Eucharisticon* 377–379. Zu Vandalen und Alanen in Nordafrika: Victor von Vita, *Historia persecutionis* 1.2. Zu den Burgundern siehe Anm. 34 und 35; hinzu kommt natürlich, dass diese Gruppe bei allen Zügen ihren ostgermanischen Dialekt bewahrt hat, siehe Kap. 3. Niemand bezweifelt Ammians Bericht, dass die Goten von 376 gleichfalls mit Frauen und Kindern kamen (31.3 f.). Die von Drinkwater 1998, bes. S. 273, vorgetragene These, man müsse davon ausgehen, dass nur Krieger beteiligt waren, erscheint wenig überzeugend. Vgl. Drinkwater 2007, S. 323 f.
41 Beide Punkte – der Beginn der Krise am Mittellauf der Donau und das nachfolgende Auftauchen der Hunnen in diesem Gebiet – wurden zuerst von Heather 1995a dargelegt und sind heute weitgehend unumstritten; siehe z. B. Goffart 2006, Kap. 5; Halsall 2007, S. 206 ff. Die entscheidende Passage bei Claudian, die als Bezugnahme auf die Hunnen an der Donau missverstanden wurde, findet sich in *Gegen Rufinus* 2.26 ff., bes. 36 ff.
42 Heather 1995a.
43 Goffart 2006, Kap. 5, bes. S. 75–78 (das Auftauchen der Hunnen am Mittellauf der Donau kurz nach der Krise); S. 78–80 (Radagaisus); S. 94 f. (eine Zusammenfassung der Dominoeffekte, die der Fortbestand der Goten als mehr oder weniger intakter Verband auf römischem Boden für die Erwartungen anderer Gruppen hatte).
44 Halsall 2007, S. 195–212; vgl. Halsall 2005, bes. zu den Folgen ausbleibender Subsidienzahlungen.
45 Zu Tribigild: Heather 1988; Synesios, *De regno* 19–21.

46 Die erste konkrete Hilfe aus dem Osten waren 4000 Soldaten, die 409/410 in Ravenna ankamen: Zosimos 6.8.
47 Zu Sklaven: Orosius 7.37.13 ff.
48 Konstantin III. oder Flavius Constantius gelten gemeinhin als verantwortlich für diese Verlegung: Chastagnol 1973; vgl. Kulikowski 2000a; Halsall 2007, S. 209, meldet Zweifel an, liefert aber keine Belege.
49 Zu Konstantin III.: Zosimos 6.1, demzufolge insbesondere die britannischen, gallischen und spanischen Streitkräfte fest genug hinter dem Usurpator standen, um die Vandalen, Alanen und Sueben nach Spanien abzudrängen und ihn an den Rand Italiens zu führen: Matthews 1975, S. 312 ff. Zur Funktion der Subsidienzahlungen der römischen Diplomatie: Heather 2001.
50 Die maßgeblichen Quellen sind Ammian 17.12 f.; *Anonymus Valesianus* 6.31f. Zu den Vandalen im 4. Jh.: Goffart 2006, S. 82–87, der überzeugend schlussfolgert, dass sie in Schlesien und an der oberen Theiß anzusiedeln sind.
51 Zu den Vandalen in Rätien siehe Anm. 31. Zu ihren Wohnsitzen im 4. Jh. siehe Anm. 50.
52 Zu den Goten im 4. Jh. siehe z.B. Heather 1991, Kap. 3. Zu den Alanen: Goffart 2006, S. 89 f., und Ammian 31.3.1, der berichtet, dass die westlichste Alanengruppe um 375 Tanaïden (»das Don-Volk«) hieß.
53 Zu den Alanen im Jahr 377: Ammian 31.8.4 ff. und Heather 1991, S. 144 f. u. Anhang B; zu denen im Jahr 378: Ammian 31.11.16. Zu ihrer Eingliederung in die römische Armee: Zosimos 4.35.2.
54 Zur Identität von Uldins Gefolgsleuten: Sozomenos, *Historia Ecclesiastica* 9.25.1–7 und *Codex Theodosianus* 5.6.3.
55 Ammian 17.12 f. (Constantius' Maßnahmen im Jahr 358); 19.22.1–3 (die Rückkehr der Limiganten im Jahr 359).
56 Zu den Unterschieden zwischen zyklischen Wanderungsbewegungen in einer nomadischen Wirtschaftsweise und einer »echten« Migration siehe S. 195–199.
57 Ammian 31.4.13; ich gehe davon aus, dass es sich um die von Theodosius vor seinem Regierungsantritt besiegten Sarmaten handelt: Theodoret, *Historia Ecclesiastica* 5.5; *Panegyrici latini* 12(2).12.9 f.
58 Die nomadisch geprägte Wirtschaft der Alanen lässt von vornherein eine andere Sozialstruktur erwarten als die der Ackerbau treibenden Germanen (z.B. Vandalen oder Goten); dies impliziert auch Ammian 31.2.25.
59 Zu den Skiren: *Codex Theodosianus* 5.6.3. Das unterschiedliche Schicksal von Radagaisus' Gefolgsleuten (Aufnahme ins römische Heer bzw. Sklaverei) deutet darauf hin, dass die in die Sklaverei verkauften Skiren gar keine andere Wahl hatten, als an dem Unternehmen teilzunehmen.
60 Zu Uldins Streitmacht: Sozomenos, *Historia Ecclesiastica* 9.25.1–7, und *Codex Theodosianus* 5.6.3. Zu Radagaisus: Olympiodor, *Fragmenta* 9, die »Besten«, gegenüber Orosius 7.37.13 ff, der vom elenden Schicksal der einfachen Soldaten berichtet, die in die Sklaverei verkauft wurden. Olympiodor schreibt *optimates*, was manchmal auch mit »Adlige« übersetzt wurde; eine so große Zahl von Adligen ist jedoch unrealistisch; die Bezeichnung ist nur sinnvoll, wenn man sie auf eine hochrangige Kriegerkaste bezieht; siehe

Kap. 2. Die Elite sowohl der Rheininvasoren als auch der Burgunder, die beide nicht so massiv von den Römern angegriffen wurden wie Uldin und Radagaisus, zeigten offensichtlich keine Tendenz, sich von der Masse der Migranten zu trennen.

61 Die einzige Gruppe, die auf Einladung von Kaiser Valens 376 ins Römische Reich kam, waren die Terwingen, siehe S. 161 f.

62 Vgl. Heather 1991, Kap. 5 u. Anhang B. Ich glaube nicht, dass Kaiser Gratian im Sommer 380 mit den Greutungen einen separaten Friedensvertrag schloss. Von dieser Vereinbarung profitierten nur diese beiden Gotengruppen: Stallknecht 1969. Die Argumentation Kulikowskis 2002 und Halsalls 2007, S. 180 ff., dass 382 keine außergewöhnlichen Zugeständnisse gemacht wurden, hält einer Prüfung nicht stand: Heather 2009.

63 Gut möglich also, dass einheimische römische Grundbesitzer mit den Invasoren eine Vereinbarung schlossen, um noch schwereren Schaden von ihrem Land abzuwenden. Vgl. Hydatius, *Continuatio Chronicorum Hieronymianorum* 41 [49]: In bestimmten Provinzen siedelten sich bestimmte Invasoren an, so dass seitens der Römer möglicherweise die spanischen Provinziallandtage die Verhandlungen führten.

64 Siehe z.B. Kulikowski 2002; Halsall 2007, Kap. 7 f.

65 Claudian, *De bello gothico* 166 ff. u. 610 ff. (auf 402 datierend); Synesios, *De regno* 19–21 (auf 399 datierend) und Heather 1988. Weder Kulikowski 2002 noch Halsall 2007, S. 189–194, können die ihrer Ansicht nach verzerrende Darstellung dieser Autoren erklären.

66 Zosimos 5.5.4. Den knappen, nicht zeitgenössischen und wirren Zosimos gegenüber zeitlich näheren Quellen zu bevorzugen ist der Ansatz von Liebeschuetz 1992; Kulikowski 2002; Halsall 2007, S. 191–194 (wenngleich mit unterschiedlichen Interpretationen von Alarichs Laufbahn). Unter anderem unterscheidet Zosimos Stilichos Feldzüge gegen Alarich (395 und 397) nicht und tilgt zehn Jahre der Geschichte von Alarichs Goten, indem er seine beiden Hauptquellen Eunapios und Olympiodor (bei Zosimos 5.26.1: Heather 1991, S. 210) nahtlos ineinander übergehen lässt.

67 Gainas' Unternehmungen sind bei Synesios, *De providentia*, gut dokumentiert; vgl. Cameron/Long 1993.

68 Meiner Ansicht nach kann daher Liebeschuetz nicht recht haben, wenn er Alarich im Jahr 395 nur als den Anführer von ein oder zwei Regimentern gotischer Hilfstruppen betrachtet. Halsall 2007, S. 192 f., versucht, sich um dieses Problem zu drücken, wenn er die Überschneidung mit den Goten von 382 leugnet, gleichzeitig aber akzeptiert, dass Alarich über eine große bewaffnete Gefolgschaft mehrheitlich aus Goten vom Balkan verfügte. Die Schlussfolgerung liegt nahe, dass Alarich den gotischen Aufstand von 382 anführte. Halsall widerspricht dieser Schlussfolgerung, weil er nicht glaubt, dass die gotische Autonomie 382 durch einen Friedensvertrag besiegelt wurde; siehe dazu die folgende Anmerkung.

69 Themistios, *Orationes* 16.211. Die Kontinuität der gotischen Autonomie bis 390 und darüber hinaus ergibt sich aus Quellen, die Theodosius und seinem Vertrag wohlwollend gegenüberstehen, etwa Pacatus, *Panegyrici latini* 12.(2).22.3–5 (wo die Goten eines von mehreren fremden Völkern sind, die in Theodosius' Diensten standen), sowie auch aus anderen, eher kritischen Quellen: Synesios, *De regno* 19–21, und dem Kommentar von Heather 1988. Halsall 2007, S. 180–184, argumentiert merkwürdigerweise, dass es

keinen Beleg für eine kontinuierliche gotische Autonomie im Jahr 382 gibt. Er scheint den Schluss von Themistios' Rede nicht genau genug gelesen zu haben. Vgl. Kulikowski 2002.

70 Zur römischen Politik gegenüber Führungsfiguren: Heather 2001. Weder die ursprüngliche Führung (Athanarich, die Dynastie Ermanarichs) noch deren unmittelbare Nachfolger (Fritigern, Alatheus und Safrax) überlebten die Kämpfe von 376–382; siehe dazu detailliert Heather 1991, S. 188–192.

71 Fritigern: Ammian 31.12.8 f. und Heather 1991, S. 175 f. u. 179 f. Das beste Beispiel für das Gerangel nach 382 ist der Streit zwischen Fravittas und Eriulph. Beide waren die Anführer von Splittergruppen und hatten unterschiedliche Auffassungen über die Art und Weise der gotisch-römischen Beziehungen: Eunapios, *Fragmenta* 59, datiert durch die Zusammenfassung bei Zosimos 4.56. Siehe auch Heather 1991, S. 190 f. Zu Sarus und Sergerich: Heather 1991, S. 197 f. Meiner Ansicht nach war die Anerkennung seiner Führung durch die Römer der Sinn und Zweck des Generalsrangs, den Alarich immer wieder von römischen Regierungen einforderte. Der Generalsrang war jedoch eine Option, auf die er zugunsten einer vertraglichen Vereinbarung auch verzichten konnte: Heather 1991, Kap. 6.

72 Kulikowski 2002 und später weitgehend auch Halsall 2007, S. 187–189, bestreiten umfangreichere militärische Hilfsdienste der Goten in den Jahren zwischen dem Vertrag von 382 und Alarichs Aufstand von 395, aber dieser Argumentation fehlt es an Überzeugungskraft. *Panegyrici latini* 12.(2)32.3–5 deutet stark darauf hin, dass das größte gotische Kontingent lediglich für den Feldzug gegen Maximus rekrutiert wurde (insbesondere Pacatus' Bemerkung, dass es gefährlich gewesen wäre, die Goten zurückzulassen), während Eunapios, *Fragmenta* 55, und Zosimos 4.45.3 auf Maximus' Versuche hinweisen, die Loyalität der rekrutierten Goten zu unterminieren – was wiederum das Ungewöhnliche dieses Vorgangs unterstreicht. Mehrere Quellen berichten von der Teilnahme einer großen Zahl von Goten am Feldzug gegen Eugenius (Zosimos 4.58; Johannes von Antiochia Fr. 187; Orosius 7.37.19).

73 Zu Maximus' Revolte: Eunapios, *Fragmenta* 55; Zosimos 4.45.3, 48 f. Alarich freilich führte den Aufstand nach dem Eugenius-Feldzug. Kulikowski 2002 und Halsall 2007, S. 187–193, nehmen auf die Revolte des Usurpators Maximus keinen Bezug.

74 Orosius 7.35.19 (die Verluste werden von Zosimos 4.58 bestätigt). Weder Kulikowski 2002 noch Halsall 2007, S. 187–193, erörtern diesen Hintergrund des gotischen Aufstands.

75 Zosimos 5.5.5 ff.

76 Themistios, *Orationes* 16.211.c–d.

77 Ob sich das kurzfristig auf Alarichs Stellung im Illyricum auswirkte, ist unklar. Aufgrund seiner dortigen Position als befehlshabender General konnte er die Hebel der Macht womöglich weiter kontrollieren.

78 Siehe hierzu genauer Heather 2009.

79 Siehe Heather 1991, Kap. 6.

80 Fravittas, Sarus und Modares: *PLRE* 1, S. 605 u. 372 f. Zur Schlacht im Jahr 402: Claudian, *VI Cons. Hon.*, S. 229 ff.; vgl. Cameron 1970, S. 186 f.

81 Sie verschwindet so weit, dass in den Quellen, die über die Ereignisse von 376 berich-

ten, einzig Ammian wusste, dass es ursprünglich zwei getrennte gotische Gruppen gab. Meiner Ansicht nach wurden Terwingen und Greutungen nach dem Vertrag von 382 angesiedelt, und an Alarichs Aufstand 395 waren definitiv beide Gruppen gemeinsam beteiligt. Nach Zosimos 5.37.1 ff. kam es zum Zusammenschluss, als Alarich seinen Schwager Athaulf 408 aus Pannonien herbeirief.

82 Zosimos 5.35.5 f. Bei allem Respekt gegenüber Kulikowski 2002 ist schwer nachvollziehbar, wer dieses große Kontingent barbarischer Krieger in römischen Diensten gewesen sein soll, wenn nicht hauptsächlich die 12 000 Gefolgsleute des Radagaisus, die Stilicho angeworben hatte: Olympiodor, *Fragmenta* 9.

83 Heather 1991, S. 151 ff., versucht, die Unklarheiten bei Zosimos zu entwirren.

84 Gotische Untergruppen wurden von Frigeridus (Ammian 31.9), Sebastianus (Ammian 31.11) und Modares (Zosimos 4.25) vernichtet, und wir können nicht davon ausgehen, dass diese Liste komplett ist. Siehe hierzu Heather 1991, S. 213 f., 223 f. u. 314 ff.

85 Zosimos 5.45.3; vgl. Liebeschuetz 1990, S. 75 ff.; Kulikowski 2002.

86 Die Größe dieser gotischen Streitmacht lässt sich nur schätzen. Geht man aber davon aus, dass es im 4. Jh. etwa 10 000 waffenfähige Männer waren, dann konnten die Westgoten unter Alarich mindestens doppelt, vielleicht sogar drei- oder viermal so viele Soldaten mobilisieren.

87 Victor von Vita, *Historia persecutionis* 1.2.

88 Hydatius, *Continuatio Chronicorum Hieronymianorum* 77 [86].

89 Zur Mitte der 410er Jahre: Hydatius, *Continuatio Chronicorum Hieronymianorum* 59 f. [67 f.]; zu den 420er Jahren: ebd. 69 [77]; zu den 440er und 460er Jahren: Heather 2005, S. 289 ff. u. 390 ff.

90 Sueben: Hydatius, *Continuatio Chronicorum Hieronymianorum* 63 [71]. Alanen: siehe die hilfreiche Auflistung von Bachrach 1973.

5 DIE HUNNEN KOMMEN

1 Jordanes, *Getica* 50.261 f.

2 Uldins Hunnen und Skiren: Sozomenos, *Historia Ecclesiastica* 9.5; *Codex Theodosianus* 5.6.3. Zu den gotischen Untertanen der Hunnen im Jahr 427: Theophanes AM 5931; vgl. Prokop, *De bellis* 3.2.39 f., und Croke 1977. Den besten Überblick über die von Attila beherrschten Völker gibt Pohl 1980.

3 Siehe Maenchen-Helfen 1978, Kap. 8–9, der anmerkt, dass Führer wie Attila neben germanischen auch »richtige« hunnische Namen gehabt haben können – Attila bedeutet im Germanischen so viel wie »Väterchen«.

4 Ammian 31.2.1 f.; Zosimos 4.20.3–5 (vgl. Eunapius, *Fragmenta* 42); Jordanes, *Getica* 24.121 f.

5 Ammian 31.2.3–10.

6 Über die Alanen: Ammian 31.2; über die Sarazenen: Ammian 14.4. In der Auswertung dieser Quelle war Maenchen-Helfen 1945 bedeutend kritischer als Thompson 1995, obwohl es Maenchen-Helfen war, der die Sitte beobachtet hatte, Fleisch unter den Sattel zu legen. Zu weiteren Kommentaren und einer aktuellen Bibliographie siehe G. Kelly 2008, Kap. 2.

7 Zu Nomadenvölkern, insbesondere in der Eurasischen Steppe: Cribb 1991; Khazanov 1984; Krader 1963; Sinor 1977; ders. 1990.
8 Bury 1928.
9 Zu den Awaren: Pohl 1988, zu den Magyaren: Bakony 1999.
10 Zu allgemeinen Berichten: Thompson 1995; Maenchen-Helfen 1978; vgl. Heather 1995a über die Beziehung zu Aëtius.
11 Attilas beinahe vollkommenes Desinteresse an Gebietserweiterungen geht mit größter Deutlichkeit aus den erhaltenen Fragmenten von Priskos' Geschichte hervor.
12 Zu den Hunnen bis 376: Ammian 31.3. Hunnen und Alanen im Jahr 377: Ammian 31.8.4ff. Hunnen und Karpo-Daker: Zosimos 4.35.6.
13 Ammian 31.2.7 (Zitat). Jordanes erwähnt einen Hunnenkönig namens Balamir aus dieser Zeit, doch handelt es sich hier um die 450er Jahre, und dieser Balamir ist in Wirklichkeit der Gotenkönig Valamer: Heather 1989 und hier S. 218.
14 Zu Uldin: Sozomenos, *Historia Ecclesiastica* 9.5; vgl. auch die weiteren Kommentare und Quellenangaben bei Heather 1995a. Ähnliche Phänomene konnte man in der Wikingerzeit beobachten. Die Anführer der ersten Generation kleinerer Gruppen wurden rasch unterworfen, als sich größere Gruppen mit bedeutenden Anführern dem Migrationsstrom anschlossen: siehe Kap. 9.
15 Olympiodor, *Fragmenta* 19; vgl. Priskos, *Fragmenta* 11.2, p. 259 (zu den Akatziren).
16 Zum Hunnenbogen: Heather 2007a, S. 187ff. (mit weiterer Lit.).
17 Zu Berechnungen über den Umfang der Weidegründe in der Großen Ungarischen Tiefebene: Lindner 1981. Zu dem großen Angriff des Jahres 395: Maenchen-Helfen 1978, S. 38–43.
18 Zur dezentralen Organisation von Nomadenvölkern im Allgemeinen siehe die in Anm. 7 angeführte Literatur.
19 Siehe Heather 2007a, S. 375ff. (mit weiterer Lit.).
20 Prokop, *De bellis* 8.5, übernimmt die Geschichte indirekt von dem Zeitzeugen Eunapios, der sich wiederum an Herodot 5.9 (über die Sigynnae) orientierte.
21 Zu den Herulern im 3. Jh. siehe Kap. 3. Skiren: Zosimos 4.35.6. Rugier: Tacitus, *Germania* 43. Zu den wahrscheinlichen Siedlungsgebieten in der Region an der mittleren Donau: Pohl 1980.
22 Auf die amalischen Goten werden wir noch ausführlicher eingehen. Bigelis: Jordanes, *Romana* 336. Zu der Gruppe unter Führung von Dengizich: Priskos, *Fragmenta* 49.
23 Dengizich: *PLRE* 2, S. 354f. Hernak: Jordanes, *Getica* 50.266 und *PLRE* 2, S. 400f. Hormidak: *PLRE* 2, S. 571. Bigelis: siehe vorige Anm.
24 Jordanes, *Getica* 50.264. Pohl 1980 schlägt – als Kompromiss – vor, die amalischen Goten könnten zu dieser Zeit nur aus Transsylvanien gekommen sein. Immer wieder hat man versucht, die Beziehung zwischen den erhaltenen Teilen der Gotengeschichte von Jordanes und der Gotengeschichte von Cassiodor aufzuzeigen, die am Hof Theoderichs in Italien niedergeschrieben wurde. In meinen Augen sprechen die Textbelege dafür, dass Jordanes Cassiodors Text verwendet hat (was er auch selbst angibt); die diversen Verschwörungstheorien, die dagegen vorgebracht worden sind, überzeugen mich nicht: Heather 1991, Kap. 2, und Heather 1993. Die archäologische Beweislage für einen derart späten Zug der Goten ist dünn. Kazanski 1991 setzt das Ende der Tschern-

jachow-Kultur mit 450 sehr spät an; doch dies ist nicht die gängige Ansicht, und seine Argumentation ist ein Zirkelschluss, da sie sich auf die Angabe von Jordanes stützt, zu diesem Zeitpunkt seien noch Goten östlich der Karpaten gewesen.
25 Odoaker: *PLRE* 2, S. 791–793. Zu den Balkanabenteuern der amalischen Goten: Heather 1991, Teil 3.
26 Ausführliche Literaturangaben hierzu in *PLRE* 2, S. 457 u. 484 f.
27 Die Quelle ist Paulus Diaconus, *Historia Langobardorum (Geschichte der Langobarden)* 1.19. Zu zeitgenössischen Kommentaren siehe z. B. Christie 1995; Jarnut 2003; Pohl/Erhart 2005.
28 Prokop, *De bellis* 6.14 f. Vgl. Pohl 1980: Die archäologischen Befunde ergeben, dass die Gepiden zu dieser Zeit langsam nach Süden in Richtung Transsylvanien zogen.
29 Eine frühere Ausnahme stellen die Goten dar, die sich 427 der Herrschaft der Hunnen entziehen konnten, siehe Anm. 2. Mit einigem Recht lässt sich das auch von den thrakischen Goten sagen. Expansionsbestrebungen innerhalb der Region zeigten auch die Gepiden, siehe vorige Anm.
30 Priskos, *Fragmenta* 11.2.422–435 (Zitat) (dt.: *Excerpta de legationibus*, S. 43); Edekon: *PLRE* 2, S. 385 f.
31 Über die Tracht geben hauptsächlich die Gewandnadeln Aufschluss, meist das Einzige, was von der Kleidung erhalten ist. Für archäologische Unsichtbarkeit kann es dramatischere Gründe geben (die Toten wurden den Elementen und den wilden Tieren überlassen) oder auch ganz banale (man verbrannte die Leichen und verstreute anschließend die Asche); möglicherweise war es auch Sitte, die Toten ohne Grabbeigaben zu bestatten. Die Horizonte der Hunnenzeit an der mittleren Donau lassen sich an leichten Veränderungen der Art und Weise unterscheiden, in der großenteils identische Grabbeigaben arrangiert wurden. Die Abfolge beginnt mit dem Typ Villafontana, gefolgt vom Typ Untersiebenbrunn und vom Typ Domolospuszta/Bacsordas. Zur Einführung in diese Thematik: Bierbrauer 1980; ders. 1989; Kazanski 1991; Tejral 1999. Hervorragende Zeichnungen finden sich bei Wolfram 1985.
32 Viele germanische Gruppen in Mitteleuropa bevorzugten vom 1. bis zum 3. Jh. die Brandbestattung, doch schon vor der Ankunft der Hunnen hatte sich die Körperbestattung weitgehend durchgesetzt.
33 Die historischen Quellen liefern gelegentlich ausreichende Informationen, um in Verbindung mit archäologischen Befunden einige Gruppen identifizieren zu können.
34 Siehe dazu aus jüngerer Zeit Halsall 2007, 474 f.; zu ähnlichen Erwägungen über das Reich der Awaren siehe Pohl 1988 und ders. 2003.
35 Priskos, *Fragmenta* 14.
36 Priskos, *Fragmenta* 11.2, p. 259. Zu den Terwingen und Greutungen siehe Kap. 4; vgl. den geringeren Status und die härtere Behandlung der Skiren nach Uldins Niederlage, siehe Anm. 2.
37 Siehe Anm. 2 und S. 231.
38 Priskos, *Fragmenta* 2, p. 225 (deutsch: *Excerpta de legationibus*, S. 15).
39 Priskos, *Fragmenta* 2, p. 227 (deutsch: *Excerpta de legationibus*, S. 16 f.).
40 Priskos, *Fragmenta* 2, p. 227 (deutsch: *Excerpta de legationibus*, S. 16).
41 Priskos, *Fragmenta* 49 (deutsch: *Excerpta de legationibus*, S. 76).

42 Die Römer stellten Attila stets einen Sekretär, und ein Gefangener namens Rusticius erledigte für ihn die anfallende Korrespondenz (Priskos, *Fragmenta* 14, p. 289). Dieser kleine Regierungsapparat konnte Listen von Fürsten anlegen, die bei den Römern Unterschlupf gefunden hatten, und die Tributlieferungen von den unterworfenen Gruppen verwalten, aber kaum mehr. Zu den Akatziren: Priskos, *Fragmenta* 11.2, p. 259; zu den Goten: Priskos, *Fragmenta* 49.
43 Jordanes, *Getica* 48.246–251, siehe auch Heather 1989; ders. 1996, S. 113–117 u. 125 f.
44 Gepiden: Jordanes, *Getica* 50.260 f.
45 Franken: Priskos, *Fragmenta* 20.3; Akatziren siehe Anm. 42. Von den Untertanengruppen, die dazwischen siedelten, standen die Goten, von denen bei Priskos *(Fragmenta* 49*)* die Rede ist, unter strengster Kontrolle, die meiste Freiheit besaßen die Gepiden, die schließlich die Revolte gegen Attilas Söhne anführten (siehe vorige Anm.); irgendwo dazwischen standen Valamers pannonische Goten, siehe Anm. 43.
46 *Wunder des heiligen Dimitrios* II.5.
47 Siehe z. B. Agadshanow 1994.
48 Mehr dazu bei Heather 2007a, S. 375 ff.
49 Neuere anthropologische Befunde zeigen, dass man unter solchen Umständen manchmal nur einige wenige Gegenstände findet, die über die Gruppenidentität Aufschluss geben; was aber keineswegs heißt, dass es keine Gruppenidentität gab, siehe S. 42.
50 Während Attila jährliche Tributzahlungen einfordern konnte, die sich in Tausenden kg Gold bemaßen, kamen selbst erfolgreiche Nachfolger der Hunnen wie die amalischen Goten nur auf 300 kg: Priskos, *Fragmenta* 37.
51 Jordanes, *Getica* 50.265 f. Jordanes, lange Zeit Sekretär eines Generals, hat sicherlich gewusst, worüber er schrieb. Wann genau in den 450er und 460er Jahren diese Ansiedlungen erfolgten, ist unklar. Diejenige von Hernak fiel jedoch mit ziemlicher Sicherheit in die späten 460er Jahre, möglicherweise liegen sie sämtlich erst nach 465 und somit nach dem Zusammenbruch des Hunnenreichs, fallen also in die Zeit, als Bigelis und Hormidak auf römisches Gebiet zogen. Hernaks Bereitschaft, auf einen Teil seiner Macht zu verzichten, könnte erklären, warum er so viel freundlicher als Dengizich aufgenommen wurde (siehe Anm. 23).
52 Jordanes, *Getica* 53.272; vgl. Agathias 2.13.1 ff.
53 Paulus Diaconus, *Historia Langobardorum (Geschichte der Langobarden)* 2.26 ff; vgl. Jarnut 2003. Paulus schildert übereinstimmend mit anderen frühen langobardischen Texten, dass es üblich war, besiegte Krieger in die eigene Gruppe aufzunehmen, aber nicht immer als Gleichberechtigte; siehe z. B. *Origo gentis langobardum* 2 (dort als *aldii*, »Halbfreie«, bezeichnet): *Geschichte der Langobarden* 1.20, 1.27, 5.29.
54 Zu den Goten: Heather 1996, Anhang 1. Zu den Langobarden: ebd. und vorige Anm. Siehe auch Kap. 2.
55 Zu den Langobarden siehe z. B. Jarnut 2003, der die These vertritt, die Langobarden hätten ihre Könige nur für die Dauer bestimmter Unternehmungen gewählt. Zu den Goten: Heather 1989; ders. 1996, Kap. 8–9.
56 Zu den Rugiern, die sich 487 Theoderich anschlossen: Johannes von Antiochia, *Fragmenta* 214.7; zu ihrer Beständigkeit als Gruppe im Jahr 541: Prokop, *De bellis* 6.14 f.
57 Der Bericht über die Heruler wird von Goffart 1988, S. 84 ff., bezweifelt; der über die

Anmerkungen zu Kapitel 5 | 603

Rugier von Halsall 1999. Zur Interpretation von Gruppenidentität in der aktuellen Forschung siehe Kap. 1.

58 Der Gundilas-Papyrus ist ein zentraler Text bei Amory 1997 und dort auch ins Englische übersetzt. Siehe jedoch auch Heather 1996, Kap. 9, und ders. 2003, Anhang 1.
59 Malchus, *Fragmenta* 20, p. 446.215 ff. (die 6000 Krieger), p. 440.83 ff. (Nichtkämpfer). Vgl. Jordanes, *Getica* 55.281 f. Theoderich hatte schon einmal 6000 Mann aufgeboten, kurz nach seiner Rückkehr aus der Geiselhaft in Konstantinopel, als er sich in einem Feldzug bewies. Weitere Kommentare dazu bei Heather 1991, Kap. 7.
60 Siehe Amory 1997 und zusätzlich zu Prokop, *De bellis* 5.1.6 ff, Ennodius, *Panegyricus Theoderico regi dictus* 26 f., und *Vita Epiphanii episcopi Ticinensis* 118 f. (vgl. 111 f.).
61 Den oströmischen Soldaten fielen in einem Überraschungsangriff 2000 Wagen in die Hände (Malchus, *Fragmenta* 20), aber es wird nirgends gesagt, dass dies der ganze Tross war. Den Goten wurde »unbesiedeltes« Land angeboten, ein deutlicher Hinweis, dass sie Ackerbau betreiben wollten; die Forderung taucht in allen Verhandlungen zwischen Theoderich und den Vertretern Konstantinopels auf: Malchus, *Fragmenta* 18.3, p. 430.5 ff.; *Fragmenta* 20, p. 438.55 ff., p. 446.199 ff.; vgl. Heather 1991, S. 244 ff.
62 Eine ausführlichere Diskussion bei Heather 1991, S. 259–263 (mit weiterführender Lit.). Zu Bigelis siehe Anm. 22.
63 Zu den Rationen und dem Sold für 13 000 Mann sowie den 910 kg Gold pro Jahr: Malchus, *Fragmenta* 18.4, p. 434.12 ff., und *Fragmenta* 2, p. 408.22 ff. Eine ausführliche Diskussion und Quellenangaben bei Heather 1991, S. 253–256.
64 Zu Strabons Tod und Recitachs Ermordung: Johannes von Antiochia, *Fragmenta* 211.4 u. 214.3. Zu Theoderichs Streitkräften in Italien: Hannestad 1960. Eine ausführliche Diskussion bei Heather 1991, S. 300–303.
65 Zu Quellenangaben siehe Anm. 22 u. 23.
66 Zur Stärke der Heruler im Jahr 549: Prokop, *De bellis* 7.34.42 f. Die Versuchung liegt nahe, die Heruler für eine kleinere Gruppe zu halten als die amalischen Goten, weil Letztere aus dem Machtkampf nach Attilas Tod an der mittleren Donau als Sieger hervorgingen. Unsere einzige Quelle ist jedoch Jordanes, und es ist gut möglich, dass Theoderich seine überragende Machtstellung erst erreichte, nachdem er die thrakischen Goten in sein Gefolge eingegliedert hatte.
67 Der Migrationstopos ist ein wesentlicher Bestandteil von Paulus Diaconus' *Historia Langobardorum* (*Geschichte der Langobarden*): Die Brüder Ibor und Agio führten die Langobarden aus Skandinavien, Agilmund brachte sie nach Böhmen, Godo zog mit ihnen nach Rugiland, Tato kämpfte gegen die Heruler, und Wacho führte die Besetzung von Teilen Pannoniens an. Zu neuzeitlichen Kommentaren dieser Ereignisse siehe die in Anm. 27 angeführten Werke.
68 Siehe dazu Jarmut 2003 und die dortigen Quellenangaben, insbes. zu der These – vgl. Anm. 55 –, dass die frühen Lombardenkönige die Anführer von Feldzügen waren; vgl. Christie 1995, S. 14–20.
69 Siehe Curta 2001, S. 190–204, u. dort Abb. 18.
70 Je nach Umständen fallen Gruppen von Ostgoten, Herulern, Hunnen, Rugiern und Langobarden sämtlich in die Kategorie der Massenmigration. Die Migration der Langobarden mag anfangs ein steter Strom gewesen sein, musste sich aber zwangsläufig in

eine Massenmigration verwandeln, als es unvermeidlich wurde, sich dem Kampf gegen die Heruler zu stellen. In dieser Hinsicht ähnelt ihr Zug dem der Goten im 3. Jh., siehe dazu Kap. 3.
71 Zu Vidimer: Jordanes, *Getica* 56.283f. Prokop nennt in *De bellis* 1.8.3 unter den thrakischen Goten, die Theoderich nicht folgten, explizit Bessas und Godigisclus; zu weiteren Verweigerern: Heather 1991, S. 302.
72 Die von den Amalern geführten Goten erhielten in den 460er Jahren 136 kg Gold pro Jahr (Priskos, *Fragmenta* 37), während die thrakischen *foederati* 910 kg (siehe Anm. 63) einstreichen konnten. Zu Theoderich und dem Reichtum in Italien: Heather 1995b.
73 Zu dem von den Hunnen generierten Reichtum siehe Anm. 31. Angesichts der offenbar dezentralen politischen Strukturen der Langobarden ist es allerdings auch möglich, dass sich ihre weitere Ausbreitung südlich der Donau ins ehemalige römische Pannonien eher in kleinen Schüben als in einem einzigen großen Vorstoß vollzogen hat.
74 *Vita Sancti Severini* 6.6.
75 Quellenangaben siehe Anm. 56. Eine andere Möglichkeit ist, dass sie angesichts von Theoderichs Erfolg schließlich gar keine andere Wahl hatten.
76 Zur Frage des Zugangs zu Märkten: Priskos, *Fragmenta* 46. Zu weiteren Quellen siehe Anm. 23.
77 Zu Theoderichs Zeit als Geisel: Heather 1991, S. 264 f. Zur Erwähnung seiner Italienpläne im Jahr 479: Malchus, *Fragmenta* 20.
78 Rodwulf der Ranier: Jordanes, *Getica* 3.24.
79 Zur Route des Trecks von 473: Jordanes, *Getica* 56.285 f.

6 FRANKEN UND ANGELSACHSEN: ELITETRANSFER ODER »VÖLKERWANDERUNG«?

1 Campbell 1982, Kap. 2.
2 Der alte maximalistische Ansatz reicht von Freeman 1888 bis Stenton 1971. Er blieb zwar nie unangefochten, aber Forscher wie Higham 1992 und Halsall 2007, bes. S. 357–368, stehen für einen mit größerer Entschiedenheit vorgetragenen minimalistischen Ansatz in den letzten Jahren. Zu den jüngeren Forschern, die die These einer Migration großen Ausmaßes vertreten, zählen Campbell 1982, Härke 1992 und Welch 1992. Hills 2003 vertritt eine ultraminimalistische Position, die auch von einigen jüngeren Archäologen übernommen wurde. Eine gute Einführung in diese Debatte bietet Ward-Perkins 2000.
3 Siehe Woolf 2003.
4 H.R. Loyn, zitiert bei P. Sawyer 1978. Die beste Einführung in das spätrömische Britannien bietet nach wie vor Esmonde-Cleary 1989.
5 Zur angelsächsischen Besiedlung und zur Entstehung von Ortsnamen: Hooke 1998.
6 Siehe Heather 1994.
7 Esmonde-Cleary 1989 vertritt eine sehr ausgewogene Position zum Ende des römischen Britannien, ebenso Halsall 2007, S. 79–81 u. 357 ff. Zur Literatur über den Systemkollaps siehe u. a. Faulkner 2000; Jones 1996; Higham 1992. Dark 2002 widerspricht dieser Position.

Anmerkungen zu Kapitel 6 | 605

8 Ein jüngeres Beispiel ist Halsall 2007, S. 519 ff. (mit Hinweisen auf alternative Deutungen).
9 Zur Einführung: Dumville 1977.
10 Campbell 1982, Kap. 2, gibt eine Einführung in die *Angelsächsische Chronik*.
11 Zur Einführung: Campbell 1982, Kap. 2; Arnold 1997; Welch 1992.
12 Das wird selbst von so entschiedenen Gegnern der Migrationsthese wie Halsall 1995b und ders. 2007, S. 357 ff., anerkannt.
13 Siehe z. B. Arnold 1997, S. 21 ff.
14 *Ine's Law* (Gesetzbuch des Königs Ine von Wessex) 24.2 (vgl. 23.3); vgl. Arnold 1997, S. 26 ff. (zu Warperton).
15 Vgl. z. B. Weale u. a. 2002 sowie Thomas u. a. 2006. Die Stichprobe bestand aus Männern, die noch in der gleichen Region lebten wie ihre Vorfahren vor der industriellen Revolution.
16 Ein anderer Ansatz geht einen indirekten Weg und versucht, sogenannte epigenetische Merkmale von Skelettresten aus Körperbestattungen des 5. bis 7. Jh. zu identifizieren und zu analysieren. Solche Merkmale resultieren aus dem Einfluss ererbter Gene und nicht aus dem von Ernährung oder Umwelt. Die Studie konnte nachweisen, dass die mit Waffen bestatteten Männer merklich größer waren als die waffenlos Bestatteten. Nunmehr geht der Streit allerdings um die Frage, ob die Unterschiede in der Körpergröße tatsächlich genetisch erklärt werden können – als Hinweis darauf, dass die mit Waffen Bestatteten Invasoren waren – oder ob sie durch andere Faktoren wie unterschiedliche Ernährung bedingt sind: Härke 1989; ders. 1990.
17 Zu 446 n. Chr.: Beda, *Kirchengeschichte* 2.14 u. 5.23 f. (nach Gildas, *De Excidio Britanniae* 20). Zu 450 n. Chr.: *Chronica maiora*, annus mundi 4410; vgl. *Angelsächsische Chronik* (449 n. Chr.) zur Ankunft von Hengist und Horsa, den Gründern der Dynastie von Kent.
18 Die Ereignisse sind einigermaßen klar bis 409, als Zosimos 6.5 von einem britannischen Aufstand berichtet. Tatsächlich entzündet sich der Forscherstreit an Zosimos 6.10, demzufolge nach traditioneller Deutung Honorius die britannische Provinzverwaltung auffordert, selbst für ihren Schutz zu sorgen – obwohl der Text korrupt ist. Zur Einführung in diese Ereignisse und in die Geschichtsschreibung: Salway 2001.
19 Gildas, *De Excidio Britanniae* 23–26 (zit. nach Bühler 1922, S. 391 f.).
20 Zu den Angriffen der Sachsen um 410: *Gallische Chronik* von 452 (die jedoch die Ereignisse nicht immer auf einzelne Jahre datiert). Zu den ersten datierbaren Funden: Welch 1992, Kap. 8. Halsall 2007 versucht im Anhang, diese allgemein akzeptierte zeitliche Abfolge noch weiter zu verlängern – unter Verweis darauf, dass der bei Gildas namentlich nicht genannte Tyrann, der die angelsächsischen Söldner anwarb und gewöhnlich für eine Gestalt aus nachrömischer Zeit gehalten wird, in Wirklichkeit der Usurpator Maximus (383–387) war. Diese Deutung ist zwar nicht unmöglich, aber sie ist auch nicht besonders naheliegend; ein abschließendes Urteil steht also noch aus. Halsalls weitere Argumentation auf der Grundlage dieser ersten Hypothese ist nicht überzeugend; siehe Anm. 44 u. 46.
21 Gildas' Bericht, der »Notschrei der Britannen« an die römischen Zentralbehörden sei erfolgt, als Aëtius zum dritten Mal (im Jahr 446 oder später) Konsul war, könnte eine

weitere Bestätigung dafür sein, dass die 440er Jahre eine besonders verheerende Zeit waren. Der britannische Anführer an der Loire war Riothamus: siehe PLRE 2, S. 945.
22 Siehe z.B. Campbell 1982, Kap. 2; Higham 1994; Halsall 2007, Anhang.
23 Siehe Dumville 1977.
24 Gregor von Tours, *Zehn Bücher Geschichten* 4.42; vgl. Paulus Diaconus, *Geschichte der Langobarden* 2.6 ff.
25 Beda, *Kirchengeschichte* 1.15 (Angeln, Sachsen und Jüten); 5.9. (die anderen).
26 Higham 1992, S. 180 f.
27 Gregor von Tours, *Zehn Bücher Geschichten* 5.26, 10.9; Prokop, *De bellis* 8.20.8 – 10; vgl. bes. Woolf 2003.
28 Die vermeintlich gotische Migration aus Skandinavien soll gleichfalls mit drei Schiffen erfolgt sein: Jordanes, *Getica* 1.25, 17.95.
29 Siehe Kap. 4.
30 Zur skandinavischen DNA siehe Kap. 9. Zum sprachlichen Wandel siehe S. 273.
31 Gildas, *De Excidio Britanniae* 23 – 26.
32 Zum sächsischen Angriff auf Gallien: Ammian 28.5. Einführungen zur »Sachsenküste« sind Johnston 1977; Rudkin 1986.
33 Zur Überflutung der Küsten: Halsall 2007, S. 383 ff. Zum fränkischen Druck: Gregor von Tours, *Zehn Bücher Geschichten* 4.10, 14.
34 Carausius: PLRE 1, S. 180. Zu parallelen Phänomenen in der Wikingerzeit siehe Kap. 9.
35 Gildas, *De Excidio Britanniae* 20. Die archäologischen Zeugnisse für das Eindringen der Pikten und vor allem der Scoten (= Iren) ins westliche Britannien sind unbestreitbar, auch wenn es dazu kaum schriftliche Überlieferungen gibt. Siehe dazu Charles-Edwards 2003, Einleitung u. Kap. 1.
36 Siehe Woolf 2003, S. 345 f.
37 Zu den nautischen Belegen siehe Jones 1996, der jedoch weder die Möglichkeit römischer Schiffe noch den kontinuierlichen angelsächsischen Migrationsstrom in Betracht zieht. Zu den Goten und dem Schwarzen Meer sowie zu den Vandalen und Nordafrika siehe Kap. 4.
38 Zur Vertiefung siehe z.B. Dark 2002; Woolf 2003.
39 Siehe z.B. Higham 1992; Halsall 1995a; ders. 2007, S. 357 ff.
40 Siehe den ausgezeichneten Überblick bei Hooke 1998.
41 Einen guten Überblick geben Hooke 1998; Williams 1991. Eine ausgezeichnete Fallstudie ist Baxter 2007, Kap. 7. Zur Herabstufung der Bauern: Faith 1997, Kap. 8.
42 Zur Einführung: Hooke 1997; Powlesland 1997.
43 Siehe Esmonde-Cleary 1989, S. 144 – 154; vgl. Loseby 2000 (mit Lit.) und Halsall 2007, S. 358 f. (mit Lit.), zum Bemühen um ein urbanes Leben in nachrömischer Zeit.
44 Zur These des Bauernaufstands siehe z.B. Jones 1996; vgl. Halsall 2007, S. 360 ff.
45 Constantius, *Vita Sancti Germani (Das Leben des heiligen Germanus)* 13 – 18, 25 – 27. Zur ein vereinfachtes Lateinisch sprechenden Elite siehe Anm. 3. Auch die berühmten Llandaff-Urkunden sind Bestätigung für eine Kontinuität römischen Lebens, obwohl dies nicht unumstritten ist: Davies 1978.
46 Halsall 1995b, S. 61 (Zitat). Diese Perspektive eines Zeitpunkts »vor« und eines Zeitpunkts »nach« der Migration ist weit verbreitet. Siehe auch Highams Bemerkungen in

Hines 1997, S. 179, wo die Neuinterpretation von Funden durch Hines 1984 als »komplexer« gelobt wird, weil damit die Migration ihrer traditionellen Rolle in der Forschung entbunden wird. Auf S. 153 f. u. 181 werden zwei Beispiele genannt, wo die Absicht, die Bedeutung der Migration zu relativieren, auch Halsall dazu verleitete, bei der Interpretation der Befunde methodisch fragwürdige Entscheidungen zu treffen.

47 Es gibt viele Parallelen; einen neueren Überblick zum Niedergang des imperialen Gefüges auf dem Balkan gibt Heather 2007b.
48 Siehe den Überblick bei Woolf 2007, S. 123 ff. Woolf beruft sich u. a. auf Denison 1993 und Hall 1983, die Preussler 1956 und Proussa 1990 widersprachen, die stärkere keltische Einflüsse auf das Altenglische nachzuweisen versuchten. Zu mittelalterlichen Beispielen für den sprachlichen Wandel: Bartlett 1993, S. 111 ff.
49 Siehe Kap. 2.
50 Das belegen alle schriftlichen Quellen, angefangen mit der Kritik an einzelnen Königen in historischen Erzählungen bis hin zu den Wertesystemen in Heldenepen. Eine Einführung in die Thematik bieten Charles-Edwards 1989; Campbell 2000, Kap. 10.
51 Zu den Großmächten der Vorwikingerzeit: Campbell 1982, Kap. 3 – 4.
52 Siehe Hooke 1998, Kap. 3; Powlesland 1997; Esmonde-Cleary 1989.
53 Zu Waffengräbern: Härke 1989; ders. 1990. Zu Parallelen auf dem europäischen Festland siehe Kap. 2.
54 Ward-Perkins 2000.
55 Siehe z.B. Kapelle 1979.
56 Woolf 2007, S. 127 ff.
57 Ich glaube, dass die Inbesitznahme von Land im 5. und 6. Jh. unvergleichlich chaotischer verlief, da die zentrale Autorität unter den Angelsachsen viel schwächer ausgeprägt war als unter den Normannen des 11. Jh.; diese Landnahme erfolgte meiner Ansicht nach durch eine Abfolge vieler kleiner Siege und nicht im Anschluss an einen einzigen entscheidenden Sieg wie der Schlacht von Hastings.
58 Zu dieser Schlussfolgerung gelangt auch Woolf 2007 – wie alle, die die Bedeutung der angelsächsischen Migration nicht herunterzuspielen versuchen.
59 Julian und die Franken: Ammian 17.8.3 – 5. Dies war jedoch ein Einzelfall, daher lässt sich unmöglich sagen, ob die Franken dieselbe Bündnisstruktur hatten wie die Alamannen. Zur Einführung in die frühe fränkische Geschichte und Archäologie: Zollner 1970; Périn 1987; James 1988; Ament 1996; Reichmann 1996; R. Kaiser 1997.
60 Zu Childerichs Grab: Périn/Kazanski 1996; Halsall 2001.
61 Zu Childerichs Karriere: *PLRE* 2, S. 285 f. (mit Lit.). Für den »römischen« Chlodwig plädierte Halsall 2001; ders. 2007, S. 269 – 271 u. 303 – 306. Zu Gundobad: *PLRE* 2, S. 524 f.
62 James 1988 eröffnete die Debatte, Gegenargumente kamen von Périn 1996 und MacGeorge 2002.
63 Gregor von Tours, *Zehn Bücher Geschichten* 2.40 – 42.
64 Zur Datierung von Chlodwigs Taufe: Shanzer/Wood 2002; zu seinem politischen Werdegang allgemein: Wood 1985; Halsall 2001.
65 Zum parallelen Aufstieg Theoderichs und des amalischen Herrschergeschlechts siehe Kap. 5.

66 Siehe Halsall 2007, S. 346f. Zum Aufstieg Marseilles: Loseby 1992; ders. 1998.
67 Zur Einführung: Halsall 2007, S. 347ff. Halsall 1995a erörtert das Wiederauftauchen einer landbesitzenden Aristokratie im nördlichen Gallien im 7. Jh.
68 Zu den Inschriften in Trier: Handley 2001; ders. 2003. Zu Remigius: Castellanos 2000. Zum breiteren kulturellen Wandel, insbesondere der Sprache: Haubrichs 1996. Zur Unterbrechung kirchlicher Strukturen, besonders der Besetzung der Bistümer in Nordfrankreich: Theuws/Hiddinck 1996, S.66f.
69 Neuere Untersuchungen sind Périn/Feffer 1987, Bd.2; Wieczorek u.a. 1997.
70 Als Einführung zu ländlichen Siedlungen siehe Van Ossel 1992; Van Ossel/Ouzoulias 2000; Lewitt 1991.
71 Werner 1950; Böhme 1974. Die bedeutenderen dieser fränkischen Offiziere, die wir aus historischen Quellen kennen, sind Fraomarius, Erocus, Silvanus, Mallobaudes, Bauto und Arbogast.
72 Halsall 2007, S.152–161 (mit Lit.); siehe auch Halsall 1992. Reichmann 1996, S. 61–64, erörtert die Bestattungsbräuche fränkischer Gruppen vor dem Aufstieg der Merowinger.
73 Zu Tutulus-Fibeln: Halsall 2007, S.157–159; vgl. Böhme 1974. Halsall bemerkt zu Recht, dass Waffen als Grabbeigaben erklärungsbedürftig bleiben, auch wenn die Fibeln auf einen germanischen Ursprung verweisen; sie wären ein »neuer« Bestattungsbrauch auf römischem Territorium.
74 Siehe Kap. 5 und S. 251 f.
75 Zur Revolte der Provinz Armorica: Zosimos 6.5. Zu den 410er Jahren: Exsuperantius, PLRE 2, S. 448. Zur weiteren Geschichte: MacGeorge 2002.
76 Eine etwas andere Sicht auf die Bagaudae/Bagauden vertreten Van Dam 1985, S.16–20 u. 25f., Drinkwater 1989 und ders. 1992 sowie Minor 1996, die die alte marxistische Sicht eines Klassenkampfes aufgaben und von lokaler Eigeninitiative nach dem Zusammenbruch der römischen Zentralgewalt ausgehen.
77 Zur Politik gegenüber den alamannischen Großkönigen siehe Kap. 2.
78 Einen Überblick vermitteln die in Anm. 69 genannten Autoren.
79 Zur Historiographie dieser Untersuchung: James 1988.
80 Pirling 1966 und Pirling/Siepen 2003 fassen den aktuellen Forschungsstand zusammen.
81 James 1988, S.25–28, gibt einen Überblick über die Entwicklung der Forschung, die von Werner 1935 über Bohner 1958 zu Périn 1980 führt. Für Frénouville maßgeblich waren die Untersuchungen von Luc Buchet; siehe James 1988, S.110f. Einen guten Überblick gibt Périn 1987, S. 138ff.
82 Siehe S. 286.
83 Zur »Statusdemonstration«: Halsall 2007, S. 350ff.
84 Zur traditionellen Argumentation siehe z.B. Périn 1996 oder Wieczorek 1996; kritisch dazu: Halsall 2007, S. 269f.
85 Zu Literaturhinweisen siehe Anm. 69.
86 Zum Ende der Brandbestattung in England siehe z.B. Welch 1992.
87 Eine ausgezeichnete neuere Untersuchung ist Haubrichs 1996. Zum früheren Auftauchen fester Landgüter: Halsall 1995a.
88 Ammian 17.8.3–5.
89 Siehe Holt 1987.

7 EIN NEUES EUROPA

1 Der radikale Flügel wird angeführt von Armory 1996 und Kulikowski 2002 und ders. 2007; die deutschsprachige Literatur geht schon länger von fließenden Gruppenidentitäten aus: Wenskus 1961; Wolfram 2001. Die Ansicht, das Ende des Weströmischen Reiches sei ein überraschend friedlich verlaufener Prozess gewesen, vertritt besonders Goffart 1980; ders. 1981; ders. 2006. Halsall 2007 geht von einem Zerfall des Römischen Reiches von den Rändern her aus, verursacht durch innere Spaltungen, insbesondere durch die Teilung des Reiches in eine Ost- und eine Westhälfte; die Barbareneinfälle sind für ihn eher Folge als Ursache dieses Zusammenbruchs. Alle diese Ansätze bestimmten die Forschung der letzten 20 Jahre maßgeblich; siehe dazu Ward-Perkins 2007.
2 Die Beispiele kennen wir bereits aus Kap. 4, 5 u. 6. Dass das Weströmische Reich seinem Untergang entgegenging, erkannte der römische Westen erst nach dem fehlgeschlagenen Versuch der Eroberung Nordafrikas im Jahr 468: Heather 2005, Kap. 9.
3 Heather 2007a, S. 432–442.
4 Siehe Kap. 4.
5 Siehe Halsall 2007, Kap. 7, sowie Kap. 4 des vorliegenden Buches.
6 Diese elf Feldzüge waren: Ad Salices (377); Adrianopel (378); der Sieg über Theodosius in Makedonien (381); Frigidus (393); der Makedonienfeldzug (395); Epirus (397); Verona und Pollentia (402); Radagaisus' Niederlage (406); die Plünderung Roms (409/410); der Angriff des Flavius Constantius (413/415) und die Feldzüge gegen die Vandalen (416–418).
7 Siehe Kap. 5.
8 Dasselbe gilt, wenngleich in einem anderen zeitlichen Rahmen, auch für die kleineren Migrantengruppen der Sueben und der Burgunder. Auch in der dritten Phase, als die neuen Reiche der Zuwanderer miteinander konkurrierten, griff man zum Mittel der Gewalt. Gelegentlich kam es zu neuen Migrationen wie dem Zug der Westgoten nach Spanien (siehe Heather 1996, Kap. 9).
9 Mehr dazu bei Heather 1995. Diese Sicht vom Untergang des Römischen Reiches unterscheidet sich im Übrigen nicht wesentlich etwa von Goffart 1981, der von dem Zeitpunkt ausgeht, als sich bereits Barbarengruppen auf römischem Territorium befanden.
10 Siehe Jones 1964, Bd. 3, Anhang III.
11 Siehe dazu ausführlicher Heather 2007a, Kap. 6.
12 Zum britischen Tiefland siehe Kap. 6.
13 In den 430er Jahren wurden die Burgunder nach einer schweren Niederlage gegen die Hunnen auf römischem Boden angesiedelt; zur Einführung: Favrod 1997.
14 Zur Entstehung dieser neuen und größeren Gruppen siehe S. 178 ff.
15 Siehe Kap. 5.
16 Zum Wandel im Verständnis von Gruppenidentitäten siehe Kap. 1.
17 Für den politisch und damit negativ motivierten Aufbruch der Goten im Jahr 376 gibt es gute Belege. Die Motive der Migranten von 405–408 waren m. E. dieselben, auch wenn es an expliziten Nachweisen mangelt (siehe Kap. 5). Andere Ansichten zu dieser

Frage blieben ohne Einfluss auf meine Darstellung zum Ausmaß der Migration um 405.
18 Für die Sueben gibt es keine Zeugnisse, doch wahrscheinlich waren auch sie mit Frauen und Kindern unterwegs.
19 Siehe Kap. 6.
20 Siehe Kap. 4, Anm. 20, zur Vermutung, die Schilderung gotischer Gruppen, die mit einer großen Zahl von Sklaven unterwegs waren, in den *Kaiserbiographien* beziehe sich nicht auf Migrationen des 3. Jh., sondern auf Ereignisse nach 376.
21 Die historisch bedeutsamen Unterschiede – und Überschneidungen – zwischen dem lokalen römischen Leben und den staatlichen Strukturen werden oft nicht beachtet, etwa die Herauslösung der Kirche aus ihrem römischen Kontext, deren Folgen sich im zersplitterten abendländischen Christentum zeigen: Brown 1996 und Markus 1997.
22 Siehe Goffart 1980; Goffart 2006, Kap. 6, greift einige Kritikpunkte auf; siehe auch die lesenswerte Zusammenfassung von Halsall 2007, S. 422–447.
23 Das Schicksal von Theoderichs Ostgoten in Italien ist besser dokumentiert als das der meisten anderen eindringenden Gruppen. Hier gibt es stichhaltige Belege für die Existenz von Anführern, die zwischen dem König und ihrer persönlichen, aus einfachen Soldaten bestehenden Gefolgschaft vermittelten. Diese Anführer waren vermutlich für die Verteilung von Beute und Landbesitz zuständig: Heather 1995a.
24 Victor von Vita, *Historia persecutionis* 1.13., und Moderan 2002.
25 Hierzu und zu den Siedlungen: Heather 1996, Kap. 8. Nebenbei bemerkt, gibt es laut Goffart 2006, Kap. 6, keinen Beleg dafür, dass jemals staatliches, nichtprivates Land an Barbaren verteilt wurde. Goffart lässt dabei allerdings die *Novellae Valentiniani* 34 außer Acht, nach denen der römische Staat aus Proconsularis vertriebene Grundeigentümer mit Erträgen aus staatlichem Landbesitz entschädigte.
26 Zur burgundischen Besiedlung: Wood 1990; vgl. Halsall 2007, S. 438 ff. (zu den Westgoten).
27 Zum Konflikt in Spanien siehe S. 190 f. Zur Eroberung Nordafrikas: Heather 2007a, Kap. 6.
28 Zu den Ostgoten siehe Kap. 5. Wood 1990 beschäftigt sich mit der traumatischen Erfahrung der Burgunder.
29 Hier setzen sich Grundmuster des 3. Jh. fort, allerdings kommt der von den Hunnen ausgehende negative Impuls hinzu (siehe Kap. 3).
30 Zumindest mussten sie in der Lage sein, eine genügend große Streitmacht zu mobilisieren und weitere Wanderungen zu unternehmen, siehe S. 178 ff.
31 Zu den Ostgoten und den Franken siehe S. 231 u. 284.
32 Wie der Bericht von Priskos bezeugt, wollte Attila mit seinen Angriffen auf das Römische Reich vor allem an dessen Reichtum teilhaben.
33 Cassiodor, *Variae* 1.1 (Zitat) (zit. nach Bühler 1922, S. 276 f.); vgl. allgemein Heather 1996, Kap. 8 (mit ausführlicher Lit.).
34 Siehe Kap. 2; im Zuge der Migrationen des 3. Jh. fiel die äußere teilweise mit der inneren Peripherie zusammen.
35 Zu Theudebert: Collins 1983; zum Machtzuwachs der Merowinger allgemein: Wood 1994, Kap. 3–4.

Anmerkungen zu Kapitel 7 | 611

36 Zu Justinians Entschluss, den Westen anzugreifen: Brown 1971. Zum Zusammenbruch von Theoderichs quasi-imperialem Konstrukt: Heather 1996, S. 248 ff.; zur fränkischen Expansion: Wood 1994, Kap. 3 f.
37 Siehe Wood 1994, Kap. 4 u. 10.
38 Meiner Ansicht nach wandelte er sich von einem auf Eroberungen gerichteten Staat zu einer auf Konsens gegründeten Gemeinschaft von Provinzen: Heather 2005, Kap. 1 u. 3.
39 Siehe Wood 1994, Kap. 13 u. 15.
40 Zu Karl Martells Herrschaft und Machtstrategien: Wood 1994, Kap. 16; Fouracre 2000.
41 Berühmt ist seine Anfrage an Papst Zacharias, wer König sein solle. Die Antwort des Papstes war eindeutig: Derjenige solle König sein, der tatsächlich die Gewalt ausübe, nicht derjenige, der bloß dem Namen nach König ist. Weniger berühmt, aber vermutlich von größerer Bedeutung war die Sanktionierung des dynastischen Wechsels durch eine fränkische Versammlung. Siehe hierzu McKitterick 1983.
42 Siehe hierzu Collins 1998.
43 Siehe die ausgezeichnete Einführung von Dunbabin 2000.
44 Gute Einführungen zum Ottonenreich sind Leyser 1989 und Reuter 1991.
45 Siehe Reuter 1985; ders. 1990.
46 Dieser Kulturkollaps wurde erstmals von Kazimierz Godłowski erkannt und chronologisch präziser gefasst, siehe z.B. Godłowski 1970; ders. 1980; ders. 1983. Eine Abweichung von diesem Grundmuster ist die sogenannte Olsztyn-Gruppe. Entstanden in Masowien südöstlich der Ostsee und östlich der Weichsel, also jenseits der alten Grenzen der germanischen Vorherrschaft, sind für diese Gruppe typisch germanische Objekte sowie eine Vielzahl mediterraner Importe charakteristisch, anhand derer sie mit Sicherheit ins 6. Jh. datiert werden kann. Unklar ist allerdings, ob diese Objekte von germanischen Einwanderern stammen oder von alteingesessenen (vielleicht baltischsprachigen) Bewohnern, die eine neue materielle Kultur übernahmen. Jedenfalls war die Gruppe relativ kurzlebig, da keine Olsztyn-Relikte ins 7. Jh. datiert werden können: Barford 2001, S. 33 (mit Lit.).
47 Siehe z.B. Koch/Koch 1996; Wieczorek 1996; Hummer 1998.
48 Die Sachsen, die von den Merowingern nie vollständig unterworfen wurden, jedoch unter fränkischer Hegemonie standen, schirmten die skandinavische Welt von jeder fränkischen Einflussnahme ab.
49 Siehe Anm. 47 sowie Parczewski 1993, S. 120 ff.; ders. 1997.
50 Historische Quellen liefern auch eine Analogie zur Erklärung der Olsztyn-Gruppe. Wie wir in Kap. 5 gesehen haben, zog ein Teil der Heruler, die 508 von den Langobarden besiegt wurden, aus der mittleren Donauregion nach Norden und ließ sich in Skandinavien nieder. Es ist daher gut vorstellbar, dass sich andere germanischsprachige Gruppen, die einer ähnlichen Option folgten, weiter östlich ansiedelten.
51 Siehe z.B. Urbanczyk 1997b und ders. 2005.
52 Auch das Beispiel der fränkischen Einwanderer ins nördliche Frankreich ist bedenkenswert, obwohl unklar ist, ob sie aus Gebieten kamen, die von dem Kulturkollaps betroffen waren; ich habe sie daher nicht berücksichtigt.

53 Siehe Kap. 4.
54 Siehe Batty 2007, S. 39-42. Hinsichtlich Großpolens, das mit dem Gebiet zusammenfällt, in dem die Przeworsk- und die Wielbark-Kultur zusammenbrachen, führten Begehungen und Oberflächenuntersuchungen zu der Schlussfolgerung, dass die Bevölkerungsdichte auch nach dem Kulturkollaps eine Person pro Quadratkilometer betrug: Barford 2001, S. 89-91 (mit Lit.). Auch dies deutet darauf hin, dass der Aufbruch von einer halben Million Menschen durchaus bedeutend war; da dies aber maximal einem Drittel der Gesamtbevölkerung entsprach, wurde das Gebiet dadurch nicht entvölkert. Viele der südlicher gelegenen, vom Kulturkollaps betroffenen Gebiete waren jedoch dichter besiedelt.
55 Siehe S. 73 ff.
56 Siehe Kap. 8.
57 Eine gute neuere Darstellung ist Kennedy 2007.
58 Warum der bis dahin begrenzte Krieg zwischen den beiden Reichen derart eskalierte, wird damit zur zentralen Frage.
59 Das ergibt sich aus Sartre 1982.
60 Eine hilfreiche Einführung ist Whittow 1996; Haldon 1990.
61 Die große Expansion des 10. Jh. erfolgte, nachdem das abbasidische Kalifat als politische Einheit zerbrochen war; unter den Seldschuken im 11. Jh. kam es erneut zu einer begrenzten islamischen Einheit.
62 Zur Einführung siehe Kennedy 2004.
63 Nicht zuletzt seit dem 2. Jh., zur Zeit der Markomannenkriege, als formelle Beziehungen zwischen den Vandalen und dem Römischen Reich dokumentiert sind, siehe Kap. 2.

8 DIE ENTSTEHUNG DES SLAWISCHEN EUROPA

1 Diese Relikte wurden ursprünglich von Borkovský, der sie 1940 auf dem Gebiet der heutigen Tschechischen Republik entdeckte, als »Prager« Kultur bezeichnet.
2 Vor allem da die dritte europäische Zone jenseits von Roms äußerer Peripherie weitgehend von Menschen bewohnt war, die einen ähnlichen Lebensstil hatten. Daher ist eine automatische Zuordnung der Korčak-Relikte zu »den« Slawen, wie sie die alte Schule der kulturhistorischen Archäologie vorgenommen hätte (siehe Kap. 1), nicht plausibel.
3 Die Karte stammt von Barford 2001, S. 326. Der Fall des Eisernen Vorhangs ermöglichte es, diese Fragen mit viel größerer Offenheit zu diskutieren. Eine gute Einführung (auf Englisch) in die politisierte slawische Geschichtswissenschaft bietet z. B. Barford 2001, bes. die Einführung und Kap. 13; siehe auch Curta 2001, Kap. 1.
4 Kostrzewski 1969 bietet eine gute Zusammenfassung seiner Position; entstanden ist dieses Buch am Ende seines bewegten Lebens. Er hatte ab 1910 bei Kossinna studiert und musste sich während des Zweiten Weltkriegs vor der Gestapo verstecken, da seine Theorie eines frühen, rein slawischen Polen nicht ins Geschichtsbild der Nationalsozialisten passte.
5 Shchukin 1975 und 1977. In Polen setzten die Arbeiten von Godłowski über die Prze-

worsk-Kultur und andere frühslawische Kulturen Maßstäbe; ihre Ergebnisse sind auch für englischsprachige Leser leicht zugänglich: Godłowski 1970. Dank seiner Arbeiten und der seiner Schüler wurde erkannt, dass die Wielbark- und die Przeworsk-Kultur von germanischsprachigen Bevölkerungen dominiert waren, wobei frühere archäologische »Beweise«, wonach die Przworsk-Kultur nur sehr wenige Migranten aus Südskandinavien umschloss, verworfen wurden. Godłowski wies zudem nach, wie groß der archäologische Umbruch zwischen dem germanisch beherrschten Polen der Römerzeit und dem slawisch dominierten Polen des Frühmittelalters war.

6 Laut Prokop, *Kriegsgeschichte* 8.40.5, begannen die Angriffe zur Zeit Justins. Doch auch während Justinians Herrschaft kam es Prokop zufolge regelmäßig zu slawischen Überfällen. Eine neuere Analyse bietet Curta 2001, Kap.3.

7 Siehe Barford 2001, S.41f.; Curta 2001, S.228-246.

8 Jordanes, *Getica* 5.34-35; vgl. Tacitus, *Germania* 46.2 (zu den Venedern) und 46.4 (über die Gebiete jenseits davon). Zu weiteren Äußerungen über die Veneder siehe Plinius, *Naturkunde* 4.97; Ptolemäus, *Geographia* 3.5.1 u. 7.

9 Die »Baum-These« stammt ursprünglich von dem polnischen Botaniker Rostafiński, der sie 1908 aufstellte: Curta 2001, S.7f. Rusanova veröffentlichte ihre Arbeiten ausschließlich auf Russisch; einen Überblick bietet Curta 2001, S.230ff. (mit weiterführender Lit.).

10 Siehe Curta 1999; ders. 2001, bes. S.39-43 (Jordanes); S.230ff. (Rusanova); Kap.3 u. 6 (zur dynamischen Transformation der Slawen durch den Kontakt mit Ostrom).

11 Godłowski 1983; Parczewski 1993; ders. 1997 (eine Zusammenfassung auf Englisch); Kazanski 1999, Kap.2; vgl. Barford 2001, S.41ff. (der sich nicht festlegt).

12 Jordanes, *Getica* 48.247 (Boz und die Anten; die Chronologie stammt von Heather 1989 [siehe S.218f.]); 50.265f. (hunnische und andere Siedlungen an der Donau, siehe S.208f.).

13 Zur Einführung in die Sprachforschung siehe Birnbaum 1993; Nichols 1998.

14 Prokop, *Kriegsgeschichte* 7.29.1-3 (547 n. Chr.); 7.38 (548 n. Chr.); 7.40 (550 n. Chr.). An anderer Stelle berichtet Prokop, dass die Überfälle jährlich stattfanden: *Geheimgeschichte* 18.20; vgl. Curta 2001, S.75-89.

15 Turris: Prokop, *Kriegsgeschichte* 7.14.32-35. Zu den Festungen allgemein: Curta 2001, S.150ff.

16 Zu den Awaren siehe z.B. Pohl 1988; ders. 2003; Whitby 1988; Daim 2003 bietet eine englischsprachige Einführung in das archäologische Material.

17 Siehe Whitby 1988, bes. S. 156ff.

18 Zu den Perserkriegen siehe Kap.7. Zu den Katastrophen der 610er Jahre: Johannes von Nikiu, *Chronik* 109; *Wunder des heiligen Dimitrios* I.12.13-15; II.1.2. Über die Belagerung Konstantinopels im Jahr 626 berichtet das *Chronicon Paschale*.

19 *Wunder des heiligen Dimitrios* II.4.5. Ebd. II.4 heißt es, die Slawengruppen der Rigchinen, Strumljanen und Sagudeten hätten Thessaloniki angegriffen; ebd. II.1 kommen noch die Baiuniten und Buzeten hinzu. Zur Umsiedlung siehe Theophanes, *Chronographia* AM 6180 (687/688 n.Chr.). Später versuchte Justinian, die Slawen im Kampf gegen die Araber einzusetzen, aber bei der Schlacht von Sewastopol im Jahr 692 wechselten sie im entscheidenden Moment die Seiten: Theophanes, *Chronographia* AM 6184 (691/

692 n. Chr.), wo auch die Zahl 30000 genannt wird. Zum archäologischen Material aus dem nördlichen und westlichen Balkan: Kazanski 1999, S. 85f. und 137; Barford 2001, S. 58 – 62 u. 67ff.

20 Die sieben slawischen Stämme: Theophanes, *Chronographia* AM 6171 (678/679 n. Chr.). Zu den archäologischen Mustern: Kazanski 1999, S. 138; Barford 2001, S. 62ff. (mit Lit.). Als Einführung zu den Bulgaren siehe Gyuzelev 1979.

21 *Wunder des heiligen Dimitrios* II.4 und *De Administrando Imperio* 49f. (zu Patras). Zur Archäologie: Kazanski 1999, S. 85f. u. 137; Barford 2001, S. 67f.; und bes. den kritischen Bericht von Curta 2001, S. 233f., der u.a. auf den übertriebenen Eifer der Vergangenheit eingeht, anhand dieser Materialien die in der *Chronik von Monemvasia* behauptete frühe und massive Slawisierung der Peloponnes »beweisen« zu wollen: siehe z.B. Charanis 1950.

22 *De Administrando Imperio* 30 u. 31 (die kroatische und byzantinische Version über das Auftauchen der Kroaten); 32 (die Serben). Samo: Fredegar, *Chronik* 4.48; vgl. 4.72 (zu den Bulgaren). Für nähere Erläuterungen siehe Pohl 2003. Die Historiker sind sich uneins, wie glaubwürdig die Schilderungen in *De Administrando Imperio* sind.

23 Für weitere Erläuterungen siehe Barford 2001, S. 73 ff.; Curta 2001, S. 64ff. (mit Lit.). Auch bei den Namen mancher Anführer der Anten vermutete man einen iranischen Ursprung, aber das ist bis heute umstritten.

24 Literaturangaben siehe Anm. 21.

25 Sämtliche Forschungen zu den Slawen in Mitteleuropa im 9. Jh. stützen sich auf Informationen des *Bayerischen Geographen*, ebenso wie die Diskussion über die vorangegangenen Jahrhunderte. Die karolingische Diplomatie im 9. Jh. konzentrierte sich auf die Gruppen in diesem Gebiet: Elbslawen, Böhmen und Mähren.

26 Zum 10. Jh. siehe Kap. 10. Zur Römerzeit siehe Karte 1.

27 512 n. Chr.: Prokop, *Kriegsgeschichte* 6.15.1 – 2. Hildegesius: Prokop, *Kriegsgeschichte* 7.35.16 – 22; vgl. Curta 2001, S. 82 (mit ausführlicher Lit. zur Slowakei als wahrscheinlichem Rekrutierungsgebiet). Samo: Fredegar, *Chronik* 4.48 u. 68.

28 Einen aktuellen Überblick bieten Brachmann 1997; Parczewski 1997; Kazanski 1999, S. 83 – 96; Barford 2001, S. 39 – 44; Brather 2001. Diese Arbeiten stützen sich auf frühere Untersuchungen wie Donat/Fischer 1994; Szydlowski 1980; Brachmann 1978; Herrmann 1968, und bringen sie auf den neuesten Stand.

29 Zur neuen scheibengedrehten Keramik: Barford 2001, S. 63 ff., 76 – 79 u. 104 – 112; Brather 2001; vgl. ders. 1996. Zu den älteren Theorien einer zweiten Migration: Brachmann 1978 (mit Lit.).

30 Einen allgemeinen Überblick gibt Godłowski 1980; ders. 1983.

31 Barford 2001, S. 53f. u. 65f. (mit Lit.).

32 Zur Einführung: Kobylinski 1997; Barford 2001, S. 65ff. u. 76f. Zur Einführung in die älteren Theorien: Herrmann 1983. Da keine Gräberfelder der Sukow-Dziedzice-Kultur gefunden wurden, müssen Bestattungsriten praktiziert worden sein, die archäologisch keine Spuren hinterlassen haben, z.B. oberirdische Bestattung oder Brandbestattung ohne Grabbeigaben.

33 Siehe Kobylinski 1997.

34 Zu Literaturangaben siehe Anm. 33.

35 Zur Einführung: Franklin/Shepard 1996, S. 71 ff.; Goehrke 1992, S. 34-43.
36 Zu den sprachlichen Belegen siehe Anm. 14.
37 Zu den Nachweisen: Goehrke 1992, S. 14-19; Parczewski 1993; Kazanski 1999, S. 96-120; Barford 2001, S. 55 f., 82 ff. u. 96 f. Die Bezeichnung »slawisch dominiert« ist eine mit Bedacht gewählte Formulierung, um den Leser daran zu erinnern, dass die alten Hypothesen der kulturhistorischen Deutung auf die Slawen angewendet nicht weniger irreführend sind als bei ihren germanischen Vorgängern; siehe Kap. 1.
38 Einen Überblick und weitere Informationen bieten Goehrke 1992, S. 20-33, und Barford 2001, S. 85-89 u. 96 ff.
39 Diese beiden Möglichkeiten werden in zwei neueren Studien zur slawischen Geschichte erörtert. Kazanski 1999, bes. S. 120-142, argumentiert, die weitgehenden Ähnlichkeiten im Lebensstil zwischen der Prag-Korčak-, Penkowka- und Kolochin-Kultur ließen darauf schließen, dass nicht nur die beiden ersten, sondern alle drei slawisch waren. Seiner Ansicht nach war ein Großteil der Osteuropäischen Tiefebene – das von der Kolochin-Kultur beherrschte Gebiet – bereits um 500 n. Chr. slawischsprachig (vgl. Karte 16). Die Korčak/Penkowka-Expansion, die im 7. Jh. einsetzte, stelle eine politische, aber nicht eine sprachliche Umwälzung dar. Barford 2001 sieht in der Entstehung der Prag-Korčak-Kultur den Zeitpunkt der ursprünglichen Slawisierung, als die Balten und Slawen sich tatsächlich voneinander trennten. Für Barford repräsentiert die Ausbreitung der Prag-Korčak-Kultur nach Norden und Osten im 7. Jh., gefolgt von der Entwicklung der Traditionen von Luka Raikowezkaja, Wolynzewo- und Romny-Borschewo, nicht nur eine politische Umwälzung, sondern den Zeitpunkt, ab dem Slawen erstmals dominierten, obgleich sie dabei einen Großteil der alteingesessenen Bevölkerung assimilierten.
40 Die gemischte Gruppe von 1600 Hunnen, Anten und Sklawenen: Prokop, *Kriegsgeschichte* 5.27.1; die 3000 Slawen: Prokop, *Kriegsgeschichte* 7.38. Hildegesius: Prokop, *Kriegsgeschichte* 7.35.16-22. Die 5000 Slawen vor Thessaloniki: *Wunder des heiligen Dimitrios*, I.12.
41 Mit einem »wave of advance«-Modell vielleicht ebenfalls vereinbar ist die Tatsache, dass verschiedene slawische Gruppen, die ihre Wanderung an ganz unterschiedlichen Orten beendeten, denselben Namen trugen. Gewöhnlich wird das damit erklärt, dass ursprünglich einheitliche Gruppen sich in verschiedene Fraktionen aufgespalten haben, die dann in unterschiedliche Richtungen zogen. Das könnte auch erklären, warum man auf dem Balkan Prag-Korčak-Materialien mit Überresten der Penkowka- und sogar der Kolochin-Kultur vermischt fand (siehe Anm. 40). Es bleibt jedoch das Problem bestehen, dass die am besten dokumentierten Beispiele für mehrfach verwendete Namen v. a. bei Serben und Kroaten zu finden sind, die militärisch besonders gut organisiert waren (siehe S. 386, und weniger bei den konservativen Kleingruppen der Korčak-Kultur.
42 *Strategikon des Maurikios* 11.4. Angesichts ihrer relativ geringen Gruppengröße ist dies vermutlich Ausdruck ihres Schutzbedürfnisses und nicht einer besonderen Vorliebe für schwieriges Terrain. Zur indoeuropäischen »wave of advance«: Renfrew 1987.
43 Zu den Literaturangaben siehe Anm. 20 u. 22. Auch der politische Kontext bietet gute Gründe, weshalb die Besiedlung des Balkans vermutlich von größeren Gruppen unter-

nommen wurde. Ähnlich auf der Peloponnes, wo sich die namentlich belegten slawischen Gruppen von der einheimischen griechischsprachigen Bevölkerung unterschieden, so dass auch hier die benannten Einheiten tatsächlich slawischen Ursprungs zu sein scheinen und nicht das Ergebnis einer Reorganisation zwischen alteingesessenen und eingewanderten Bevölkerungsgruppen.

44 Musocius: Theophylactus 6.8.13–6.9.15. Ardagastes: Theophylactus 1.7.5, 6.7.1–5, 6.9.1–6. Perigastes: Theophylactus 7.4.8 ff. Dabritas: Menander *Fragment* 21. Der Streit um die Gefangenen: Theophylactus 6.11.4–21. Zur soziopolitischen Transformation der Slawen direkt an der oströmischen Grenze: Curta 2001, bes. Kap. 7. Zum Verständnis der Größenverhältnisse: Eine Population von 10 000 Menschen konnte maximal 2000 Krieger aufbieten. Manche der germanischen Migrantengruppen während der Hunnenzeit (siehe Kap. 4) zählten bis zu zehnmal mehr Köpfe.

45 Zu Literaturangaben siehe Anm. 23 u. 24. Zu den 5000 »Elite«-Slawen bei Thessaloniki siehe Anm. 41.

46 Zu Literaturangaben siehe Anm. 39. Zu Nowotrojzkoje: Liapushkin 1958.

47 Maurikios, *Strategikon* 11.4.

48 Zu Böhmen: Godja 1988; vgl. Kolendo 1997. Zu den Pollendiagrammen: Brachmann 1978, S. 31 f.; Herrmann 1983, S. 87 ff. Mit der Diskontinuität beschäftigt sich auch Henning 1991. Zum Zusammenbruch der germanischen Kultur siehe auch S. 337 ff.

49 Fredegar, *Chronik* 4.48. Zur Landwirtschaft und ihrer Expansion: Barford 2001, Kap. 8 2005 (mit ausführlicher Lit.). Gute Informationen zum Bevölkerungswachstum gibt es nur für sehr wenige Regionen. So fand man für Großpolen heraus, dass die Bevölkerungsdichte von weniger als einer Person pro Quadratkilometer im Jahr 500 auf drei Personen im Jahr 900 und auf sieben Personen im Jahr 1200 stieg: Barford 2001, S. 89 ff. (mit Lit.). Fortschritte in der Ackerbautechnik bestätigen die Zahlen: Beispielsweise kamen in den nördlicheren Ausläufern der russischen Waldzone Pflüge überhaupt erst in der zweiten Hälfte des 1. Jt. in Gebrauch, als sich dort die slawische Vorherrschaft durchsetzte, siehe Levaskova 1994.

50 Zu Literaturangaben siehe Anm. 33.

51 Siehe Halsall 2007, S. 383 ff.

52 Zur *Chronik von Monemvasia*: Charanis 1950. Zu Patras und Dubrovnik (Ragusa): *De Administrando Imperio* S. 49 f.; zur Evakuierung von Salona vgl. Whitby 1988, S. 189 f. (mit Lit.).

53 Siehe Kap. 4.

54 Urbańczyk 1997b, 2005. Es gibt keine expliziten historischen Zeugnisse, die diese Sicht einer ausgebeuteten germanischen Bauernschaft stützen würden. Allerdings setzten sich gelegentlich extrem ausgebeutete römische Bauern in »Steueroasen« jenseits der Grenze ab. Zu den verschiedenen Maßnahmen, die Kaiser Constantius anno 358 nördlich der Donau ergriff, gehörte die »Befreiung« der Bauern, die sich über die Grenze hinweg Richtung Norden davongemacht hatten, siehe Kap. 2.

55 Fredegar, *Chronik* 4.48; vgl. Urbańczyk 2002.

56 Das könnte auch erklären, warum die Slawen manche germanischen Fluss- und Ortsnamen übernahmen, etwa Rügen und Schlesien, die offenbar nach den Rugiern bzw. der Vandalengruppe der Silingen benannt sind.

57 Siehe Henning 1991, der die politisch verzerrte Sichtweise in der DDR, wie sie Herrmann 1984 und ders. 1985, S. 33 ff., vertritt, aufzeigt und korrigiert.
58 Topirus: Prokop, *Kriegsgeschichte* 7.39. Die Ereignisse von 594: Theophylactus 7.2, 1–10.
59 Siehe Kap. 10.
60 Einen guten Überblick bietet Barford 2001, Kap. 3–8.
61 Jordanes, *Getica* 48.247 (Zitat); siehe auch Anm. 12.
62 *Chronicon Paschale* (626 n. Chr.); vgl. die eher allgemeinen Schilderungen der Beziehungen zwischen Awaren und Slawen in Whitby 1988, S. 80 ff., und Curta 2001, S. 90 ff.
63 Fredegar, *Chronik* 4.48.
64 Die Gruppe der Mogilaner machte sich schon vor dem Eintreffen der Awaren auf den Weg, aber sie könnte der Entstehung des Sukow-Dziedzice-Systems zusätzlichen Schwung verliehen haben, auch wenn die Chronologie bisher noch zu unklar ist, um dies sicher behaupten zu können; zu den Literaturangaben siehe Anm. 33.
65 Gute Einführungen in die Geschichte und Archäologie des Awarenreichs bieten Pohl 2003 und Daim 2003.
66 Siehe S. 190.
67 Zu Dulcinea: Curta 2006, S. 56 f.
68 Die slawischen Einbäume: *Chronicon Paschale* (626 n. Chr.); *Wunder des heiligen Dimitrios* II.1.
69 Buko 2005, Kap. 3.

9 DIE WIKINGER IN DER DIASPORA

1 *Hauksbok*, 14. Jh., zitiert bei Bill 1997, S. 198.
2 Aus britischer Sicht besteht eine starke Tendenz, zwei Hauptphasen der Wikingerinvasion zu unterscheiden: Eine im 9. Jh. und eine andere am Ende des 10. und zu Beginn des 11. Jh. Die spätere war jedoch von völlig anderem Charakter, sie wurde von einer zentralistischen dänischen Monarchie organisiert und hatte wenig mit einer Migration zu tun; sie wird deshalb in Kap. 10 behandelt.
3 Zur Logistik des Segelns in diesen nördlichen Gewässern: Crawford 1987, Kap. 1.
4 Unter den zahllosen Werken über die Wikingerangriffe im Westen seien zur Einführung besonders empfohlen: Nelson 1997; Keynes 1997; Ó Corráin 1997; dazu die entsprechenden Kapitel bei Forte u. a. 2005 und Loyn 1995.
5 Siehe Crawford 1987, Kap. 4 (zu Ortsnamen) u. S. 136 ff. (zu Siedlungsformen). Hinweise auf das, was im Norden geschehen ist, liefern die Ereignisse in Irland (siehe folgende Anm.).
6 Siehe z. B. die *Irische Chronik* für die Jahre 807, 811, 812 und 813. Ab 821 sind fast jährlich Wikingerüberfälle verzeichnet, woraus man schließen kann, dass sie ihre Angriffe auf Irland verstärkten, bevor sie sich Britannien und dem Kontinent zuwandten. Die *Irische Chronik* bezeichnet den Wikingerführer Tomrair mit dem irischen Ausdruck *tanaise rig*, was soviel wie »Thronnachfolger« oder »zweiter Mann nach dem König« bedeutet, siehe Charles-Edwards 2006, Bd. 2, S. 11. Möglicherweise war er eher ein Earl (altnordisch *Jarl*) und kein König, siehe dazu weiter unten. Die Unternehmungen in

England und auf dem Kontinent sind bei Nelson 1997 und Keynes 1997 gut dokumentiert.

7 Zu weiteren Einzelheiten: Nelson 1997, Keynes 1997 und Coupland 1995, S. 190–197.
8 Siehe Ó Corráin 1997, dazu den ausgezeichneten Kommentar von Charles-Edwards 2006 in den Anmerkungen zu seiner Übersetzung der *Irischen Chronik*. Zu den beiden Königen siehe das bahnbrechende Werk von Smyth 1977. Mehr über die tatsächlichen Todesumstände von Reginharius berichtet die *Translatio* des heiligen Germanus, siehe dazu Nelson 1977.
9 Einen ausgezeichneten Überblick über die Ereignisse bieten Coupland 1995, S. 197–201, und Keynes 1997. Die Schilderung jener Jahre in der *Angelsächsischen Chronik* selbst ist – für frühmittelalterliche Verhältnisse – hervorragend.
10 Zu den Großen Heeren siehe bes. Brooks 1979, vgl. auch Smyth 1977. Das Hin und Her der Wikinger-Streitkräfte zwischen England und dem Kontinent ist bei Nelson 1997 und Keynes 1997 detailreich beschrieben.
11 Es gibt zahllose Studien zu Alfreds Reformen; eine sehr nützliche Einleitung bietet Brooks 1979. Weitere Details liefern z.B. Smyth 1995 und Abels 1998. Zahlreiche für diese Frage relevante Texte liegen bei Keynes und Lapidge 1983 in englischer Übersetzung vor.
12 Zu weiteren Details: Nelson 1997 und Ó Corráin 1997.
13 Zur Bretagne: J. Smith 1992, S. 196–200, und Searle 1988, S. 29–33. Einführungen in die Geschichte der Normandie bieten Bates 1982 und – dazu kontrastierend – Searle 1988, siehe dort bes. Kap. 5 u. 8.
14 Zu Orkney: Crawford 1987, S. 51 ff., dazu Rafnsson 1997 über Island und die atlantische Diaspora.
15 Ó Corráin 1997 bietet einen kurzen Überblick; eine detailliertere, wenn auch nicht unproblematische Behandlung des Themas findet sich bei Smyth 1979.
16 Verschiedene Quellen sind in mittelalterlichen Exzerpten überliefert, so von Ibn Rusta, Ibn Yaqub und Ibn Fadlan; vgl. Melnikova 1996, S. 52 ff.
17 Zur Bedeutung des Namens Rus und zu den »Stromschnellen«: *De Administrando Imperio*, Kap. 9. Zu den Handelsverträgen: *Nestorchronik* (911 und 944 n. Chr.). Zur Einführung in die Namensdebatte mit umfangreichen Quellenangaben: Franklin/Shepard 1996, S. 27–50; Melnikova 1996, S. 47 f.; Duczko 2004, S. 3 ff.
18 Ibn Fadlan beschreibt die Rus als Nordmänner wie aus dem Bilderbuch: groß, blond und von rötlicher Hautfarbe.
19 *Nestorchronik* (860–862 n. Chr.). Zur Überlieferungsgeschichte des Textes siehe die Einführung in die Übersetzung von Cross/Sherbowitz-Wetzor 1953 sowie die Anmerkungen von Franklin/Shepard 1996, S. 27 ff.; Melnikova 1996, Kap. 7–8.
20 Zur Einführung: Noonan 1997; eine umfassende Abhandlung des Themas findet sich bei Duczko 2004.
21 Ibn Fadlan, *Reisebericht*.
22 *Das Leben des heiligen Ansgar (Vita Sancti Anscharii)*, siehe Lund 1984; vgl. Melnikova 1996, S. 49–52.
23 Wie wir in Kap. 10 sehen werden, gibt es gute Gründe zu der Annahme, dass am Sklavenhandel indigene Zwischenhändler beteiligt waren.

24 Ibn Yaqub. Zur Winterrundreise der Rus in der ersten Hälfte des 10. Jh.: *De Administrando Imperio*, Kap. 9.
25 *Nestorchronik* (911 und 944 n. Chr.); ausführliche Kommentare: Franklin/Shepard 1996, S. 106 ff. und 118 ff. Ein Vergleich zeigt u. a. eine Zunahme der Zahl der Rus, die mit Konstantinopel Handel trieben.
26 *De Administrando Imperio*, Kap. 9.
27 Eine ausgezeichnete Einleitung bietet Noonan 1997.
28 Zu den archäologischen Belegen für diese früheste Phase skandinavischer Aktivität im nördlichen Russland: Duczko 2004, Kap. 2. Zum Vergleich zwischen Konstantinopel und den Kalifaten als potentiellen Märkten: ebd., Kap. 7.
29 Zu den schwedischen Wikingern: *Annalen von St. Bertin (Annales Bertiniani)* ab 839 n. Chr. Zum Tod von Swjatoslaw I.: *Nestorchronik* (972 n. Chr.).
30 Bei den Booten soll es sich um slawische Einbäume gehandelt haben, nicht um die Langschiffe, die im Westen so gefürchtet waren.
31 Zum Angriff auf Abaskos und zu den Folgen: Franklin/Shepard 1996, S. 50 ff; Duczko 2004, Kap. 1.
32 Zur »Anarchie in Samarra«: Kennedy 2004.
33 Zur räumlichen und zeitlichen Verbreitung von Münzen: Noonan 1997.
34 Zu den archäologischen Belegen für skandinavische Siedlungen aus jener Zeit: Franklin/Shepard 1996, S. 91 ff.; Duczko 2004, Kap. 3 – 5.
35 Siehe Franklin/Shepard 1996, S. 91 ff.; Duczko 2004, Kap. 3 – 5.
36 Siehe Likhachev 1970; Melnikova 1996, S. 105 – 109.
37 Zitiert bei Ó Corráin 1997, S. 94.
38 Siehe Sawyer 1962.
39 *Irische Chronik*, 848 n. Chr.
40 Halvdan: *Angelsächsische Chronik* (878 n. Chr.). Die Zahlenstärke der Großen Heere wird ausführlich bei Brooks 1979 diskutiert; vgl. Smyth 1977 zu ihrer Struktur und der Identifikation von Olaf und Ingvar. (Die Zahlen sind inzwischen auch von Sawyer anerkannt.) Ein ähnlicher Vorfall ereignete sich auf dem Kontinent, wo die Franken an der Dyle einen großen Sieg über die Wikinger errangen, zwei ihrer Könige töteten und 16 königliche Standarten erbeuteten.
41 Eintragungen über Siedlungen: *Angelsächsische Chronik* (876, 877 und 880 n. Chr.). Schätzungen auf Grundlage des *Doomsday Book* gehen davon aus, dass die Gesamtbevölkerung Englands im Jahr 1086 etwa anderthalb Millionen betrug und die Siedlungsaktivität nicht das gesamte Land erfasste.
42 *Angelsächsische Chronik* (896 n. Chr.).
43 Siehe Vince 2001; Leahy/Paterson 2001; vgl. die allgemeineren Studien von Hart 1992. Ein guter Überblick zur Frage der Ortsnamen: Fellows-Jenson 2001 (mit umfangreicher Lit.).
44 Siehe Ó Corráin 1997; ders. 1998; Smyth 1979.
45 Eine nützliche Einleitung bietet Ritchie 1993, S. 25 ff.
46 *Irische Chronik* (856, 857 und 858 n. Chr.).
47 Zu den DNA-Indizien: Helgason u. a. 2000; ders. u. a. 2001; ders. u. a. 2003; Goodacre u. a. 2005.

48 Eine nützliche Einleitung bietet Rafnsson 1997.
49 Siehe Anm. 28.
50 Auch, um die These zu stützen, dass die Nordmänner hier wirklich vor den slawischen Einwanderern kamen, siehe Anm. 34.
51 Zu Literaturhinweisen siehe Anm. 35.
52 Runensteine als Erinnerungszeichen wurden in viel größerer Zahl in der späten Wikingerzeit aufgestellt, siehe B. Sawyer 1991.
53 Siehe Wormald 1982.
54 Einleitungen zur Geschichte Englands und Schottlands in der Zeit nach den Wikingern: Campbell 1982; Broun u. a. 1998. Davies 1990 behandelt die gleiche Frage für Wales.
55 Zu Literaturhinweisen siehe Anm. 13 u. 14.
56 Siehe z. B. P. Sawyer 1982; ders. 1997a; Sawyer/Sawyer 1993, Kap. 2 (mit Lit.).
57 Zu den Dirhams: Noonan 1997, S. 145 (vgl. auch die Berichte arabischer Reisender über die enormen Silberschätze der Kaufleute der Rus, siehe Anm. 16). Zum Frankenreich: Nelson 1997, S. 37.
58 Zum Hintergrund in der Römerzeit siehe Kap. 2.
59 Gute Einführungen bieten Crawford 1987, Kap. 1; Bill 1997; Rafnsson 1997.
60 Zum Thema, wie die praktischen Informationen in der mittelalterlichen skandinavischen Geographie in gelehrtes und biblisches Material eingebettet sind, siehe Melnikova 1996, S. 3 – 18 u. 31 – 44, wo eindrucksvoll die größten russischen Wasserwege und ihre Verbindungen geschildert werden.
61 Die angelsächsische Expansion nach England bietet allerdings einige Vergleichspunkte, siehe Kap. 6.
62 Asser Saxe: Aarhus, Runenstein Nr. 6; vgl. Roesdahl 1991, S. 58. *Sodalitates*: *Annalen von St. Bertin (Annales Bertiniani)* (862 n. Chr.); vgl. Nelson 1997, S. 36.
63 Zu Asser Saxe siehe Anm. 63. Zu Schiffstypen: Bill 1997. Zu Einbäumen siehe Anm. 26; vgl. Melnikova 1996, S. 33. Aufgrund der Stromschnellen, Untiefen und Sandbänke des Wolchow mussten die Waren bei Ladoga auf Flussboote umgeladen werden.
64 Eine gute Einführung bietet Bill 1997.
65 Einen ausgezeichneten Überblick bietet Wickham 2005, S. 680 – 690 u. 809 ff. (mit umfangreicher Lit. zu den Ausgrabungen, die zum größten Teil aus jüngerer Zeit stammen).
66 Die Emporien waren Zentren, an denen sich leicht fortzuschaffender Reichtum stapelte; gut möglich also, dass sich aus einem anfänglichen Zufall eine Methode entwickelte – dies ist zumindest meine Vermutung.
67 Siehe Wormald 1982. Zur Einführung in dieses »erste« dänische Reich: Roesdahl 1982, bes. Kap. 5 u. 8; Hedeager 1992; Lund 1995, S. 202 – 212.
68 Anoundas: *Leben des heiligen Ansgar (Vita Sancti Anscharii)*, 19. Reginharius: siehe Anm. 8.

10 DIE ERSTE EUROPÄISCHE UNION

1 Thietmar, *Chronik* 4.45 – 46.
2 Das englischsprachige Standardwerk zu diesen drei Königreichen ist nach wie vor Dvornik 1949; vgl. Dvornik 1956. Die entsprechende Literatur ist mittlerweile sehr

Anmerkungen zu Kapitel 10 | 621

umfangreich, daher beschränken sich die folgenden Literaturhinweise weitgehend auf Werke, die in einer westeuropäischen Sprache geschrieben wurden. Wichtige Ergänzungen zu Dvornik liefern Werke wie Barford 2001; Curta 2006 und Aufsatzsammlungen zu verschiedenen slawischen Reichen: Manteuffel und Gieysztor 1968; Settimane 1983; Brachmann 1995; Urbańczyk 1997a; ders. 2001; Curta 2005; Garipzanov u.a. 2008. Daneben liegen auch Einzelstudien zu den Königreichen vor. Polen: Manteuffel 1982; Urbańczyk 2004. Böhmen: Wegener 1959; Graus/Ludat 1967; Turek 1974; Sasse 1982; Prinz 1984; Godja 1988; ders. 1991. Mähren: Dittrich 1962; Bosl 1966; Graus/Dostál 1966; Poulik u.a. 1986; Bowlus 1995; M. Eggers 1995. Auf diese Werke stütze ich meine Interpretation der Staatenbildung in Osteuropa im späten 1. Jt. In den übrigen Anmerkungen dieses Kapitels werde ich nur mehr auf sehr spezifische Punkte eingehen und die oben genannten Werke implizit mit einschließen.

3 Dvornik war sich dieser Tatsache wohl bewusst, auch wenn er Dänemark nicht mit derselben Ausführlichkeit behandelte wie die slawischen Königreiche. Zur skandinavischen Staatsbildung siehe die in Anm. 2 genannte Sekundärliteratur. Zusätzlich seien folgende Werke über die Frühphase der dänischen Staatsbildung nach der Wikingerzeit empfohlen: Randsborg 1980; Roesdahl 1982; Hedeager 1992; Sawyer/Sawyer 1993; Rumble 1994; Lund 1997.

4 Dvornik behandelt ausführlich die Geschichte des ersten Reiches der Rus (siehe Anm. 2 und die dort angegebene Lit.). Für weitere Informationen siehe z.B. Kaiser/Marker 1994; Franklin/Shepard 1996; Melnikova 1996; Duczko 2004; zu den Rechtsstrukturen: D. Kaiser 1980; ders. 1992.

5 Der erste dänische Historiker, der über seine Heimat schrieb, war Saxo Grammaticus. Sein Werk entstand 75 Jahre nach dem seiner slawischen Zunftkollegen.

6 Eine Einführung in die neue Kultur der Karolingerzeit und danach bietet McKitterick 1989; ders. 1994.

7 Zur Chronik des Thietmar von Merseburg: Schröder 1977. Dvornik beschäftigt sich intensiv mit der Christianisierung dieser Reiche, siehe dazu Anm. 2 und bes. Dvornik 1969. Viele der in den Anm. 2-4 genannten Werke behandeln ebenfalls die Christianisierung der Slawen. Zusätzliche Informationen hierzu finden sich z.B. bei Wolfram 1979; ders. 1995; Kantor 1990; Urbańczyk 1997b; Wood 2001.

8 Zusätzlich zu der in Anm. 3 genannten Literatur siehe Scragg 1991, Cooper 1993 sowie bes. Sawyer 1993 und Lund 1993. Siehe auch die Aufsätze von Sawyer 1994 und Lund 1994 in Rumble 1994.

9 Zu den Burgen des Fürsten Rastislav von Mähren: *Annales Fuldenses* (Jahr 869, vgl. auch Jahr 855). Zu den slawischen und dänischen Burgen siehe Anm. 2-4. Hilfreich sind hier Kurnatowska 1997a; Dulinicz 1997; Petrov 2005. Zu den Alamannen siehe Kap. 2.

10 Siehe Ibn Fadlan, *Reisebericht*, und Thietmar, *Chronik* 4.46 (zit. auf S. 467) Zu den polnischen Streitkräften im Jahr 1003: Thietmar, *Chronik* 5.36f. Weitere Quellen über das Gefolge der Herrscher siehe S. 507ff.

11 Eine byzantinische Quelle beziffert die Truppen der Rus, die Basileios II. zu Hilfe kamen, auf 6000 Mann: Franklin/Shepard 1996, S. 161-163. Zu den Territorialkontingenten: *Nestorchronik* (Jahre 1015 und 1068). Herrschergefolge tauchen regelmäßig in den von Kantor 1990 übersetzten böhmischen Quellen auf.

12 *Encomium Emmae Reginae* II.4. Lund 1986 und ders. 1993 vertritt die These, es habe sich um eine reine Söldnerarmee gehandelt, aber die Beschreibungen im *Encomium* klingen mehr nach einer gemischten Streitmacht. In diesem Zusammenhang sei darauf hingewiesen, dass die weit weniger mächtigen Jarls von Orkney ihren Untertanen bereits sehr früh genau definierte Militärdienste abverlangten: Crawford 1987, S. 86-91. Meiner Ansicht nach liegt es in der Natur des dänischen Königreichs und der slawischen Reiche, dass in dieser Frage vermutlich erhebliche Unterschiede zwischen den verschiedenen Landesteilen gemacht wurden, siehe S. 476 ff.
13 Zur Zehntkirche: Franklin/Shepard 1996, S. 164 f. Weitere Literaturangaben in den Anm. 2-4 und bei Kurnatowska 1997a; Shepard 2005; Font 2005.
14 Zur dänischen Transportinfrastruktur: Randsborg 1980, S. 75 ff; Roesdahl 1982, Kap. 3.
15 Zur Einführung: Dvornik 1949, S. 105-110 u. Anhang 5.
16 Zu Mähren und Böhmen: Jirecek 1867, zu einigen der Texte auch Friedrich 1907, dazu den Kommentar von Kantor 1983; ders. 1990. Zu Russland: D. Kaiser 1980; ders. 1992.
17 Dies kann man allerdings nur begrenzt mit Mähren vergleichen, dessen Selbständigkeit bereits in den 890er Jahren durch den Aufstieg der Magyaren verloren ging, wonach es zu einem Territorium wurde, das man hin und her reichte.
18 Eine ausführlichere englischsprachige Darstellung hierzu bei Dvornik 1949. Randsborg 1980, S. 75 ff., informiert detailreich über die Sitte des Reisekönigtums. Zu den böhmischen Dokumenten siehe Anm. 16. Zu Polen: Lowmianski 1969; Gorecki 1992.
19 *Nestorchronik* (Jahre 945-955).
20 Siehe z.B. Roesdahl 1982, S. 147-155. Ein Viertel der Gebäude von Fyrkat z.B. waren Wohngebäude, drei Viertel Lagerhäuser.
21 Soběslav starb 1004 in Prag im Kampf gegen den vertriebenen Přemysliden-Fürsten Jaromir, der mit einem polnischen Heer nach Prag zurückgekehrt war, siehe Thietmar, *Chronik* 6.12. Eine allgemeine Darstellung bietet Urbańczyk 1997c.
22 *Annales Fuldenses* (Jahre 845, 872 und 895) und die in Anm. 2 angeführte Literatur.
23 Siehe Wolfram 1995; vgl. die geographischen Rekonstruktionen von Bowlus 1995; M. Eggers 1995. Wo immer dieser politische Prozess sich entwickelte, er blieb sich in seinen Grundzügen gleich.
24 Nach traditioneller Vorstellung waren es 30 kleine »Stämme« im 7. Jh., die schließlich nach Marxschen Grundsätzen in acht größeren aufgingen. Es handelte sich dabei großenteils um Spekulationen, beruhend auf Rückschlüssen aus dem *Bayerischen Geographen*, der kein Gebiet jenseits der Oder behandelt (siehe Kap. 8), und auf Analogieschlüssen zu den Verhältnissen in Böhmen: Barford 2001, Kap. 12. Dieses Konstrukt ist von der historischen Realität vielleicht gar nicht so weit entfernt, außer dass es zu einem deutlich gewaltsameren Finale kam, siehe bes. Kurnatowska 1997a; Dulinicz 1994; ders. 1997.
25 Zum Reich der Rus: Franklin/Shepard 1996, Kap. 3.
26 *Nestorchronik* (Jahr 974: Svenald; Jahr 978: Rogwolod und Tury; Jahr 993: Konkubinen).
27 Zu einer ausführlichen Diskussion der Jelling-Dynastie siehe die Literaturhinweise in Anm. 3. Zum Schicksal Dänemarks im 9. Jh. siehe S. 464.

28 Zu den Königen im Zusammenhang mit den Großen Heeren siehe Kap. 9. Für weitere Details über die Verhältnisse im 10. Jh. siehe die in Anm. 3 genannte Literatur.
29 Zu allgemeinen Literaturhinweisen siehe Anm. 28. Zur Bedeutung von »mark« in »Dänemark«: Lund 1984, S. 21 f.; vgl. Lund 1997.
30 Siehe Kap. 8 und Curta 2001, Kap. 7.
31 Mieszko I.: Ibn Yaqub. Böhmen: *Annales Fuldenses* (Jahr 894), mit den von Kantor 1990 übersetzten Texten. Mähren: *Annales Fuldenses* (Jahr 894). Russland: Ibn Fadlan, *Reisebericht; Nestorchronik* (Jahre 945 und 946). Zu Germanien im 4. Jh. siehe Kap. 2. Slawen im 6. Jh.: Curta 2001, Kap. 7.
32 Siehe Kap. 8 u. 1 (über die frühgermanische Welt).
33 Zur weiteren Diskussion siehe die in Anm. 2-4 zitierte Literatur. Zur Germanenzeit siehe S. 73 ff.
34 Zu den Führern in der Zeit nach der Awarenherrschaft siehe die in Anm. 23 zitierte Literatur. Wiztrach und sein Sohn herrschten über ihre eigene *civitas* in Böhmen, siehe *Annales Fuldenses* (Jahr 857). Zu Mähren siehe die in Anm. 2 zitierten Werke. Zu den Veränderungen der Hügelfestungen: Godja 1981, Kap. 3; Kurnatowska 1997a (mit zahlreicher Lit.). Aus frühslawischer Zeit ist nichts bekannt, das sich mit dem Runden Berg und anderen Herrenhöfen der Alamannen-Führer des 4. Jh. vergleichen ließe, siehe Kap. 2.
35 Siehe Roesdahl 1982; Hedeager 1992; Sawyer/Sawyer 1993.
36 Zu den Pollenanalysen: Donat 1983 (mit umfangreicher Lit.); vgl. Barford 2001, S. 153-159 (mit umfangreicher Lit.).
37 Zusätzlich zu der in Anm. 2 angeführten Literatur siehe auch die jüngeren Arbeiten zur Ausweitung der Landwirtschaft von Henning 2005 und Barford 2005. Diese Studien zeigen, dass die Einführung des Systems der Grundherrschaft der Staatsbildung eher folgte als dass es ihr voranging, wie es dem orthodoxen Marxismus entsprechen würde. Die Ausweitung der Landwirtschaft nahm jedoch zwischen dem 6. und 10. Jh. andere Formen an.
38 Zu ähnlichen Prozessen unter den Germanen siehe Kap. 2.
39 Haithabu: Reichsannalen (*Annales regni Francorum*, 808) und Roesdahl 1982, S. 70-76. Prag: Ibn Rusta. Kiew: *De Administrando Imperio*, Kap. 9; vgl. Thietmar von Merseburg, *Chronik* 8.2. Polens Einbindung in diese Netzwerke ergibt sich zweifelsfrei aus der Verteilung der Funde an Silbermünzen, siehe Karte 20.
40 *Nestorchronik* (Jahre 911 und 945). Schon 808 hatte Gudfred die Kaufleute nach Haithabu umgesiedelt, weil er die Abgaben einstreichen wollte, siehe Anm. 40.
41 Zur Zerstörung der Stammesburgen siehe Anm. 24. Zu Wladimirs Umsiedlungen: *Nestorchronik* (Jahr 1000). Zu den Frondörfern und zur Organisation der Kerngebiete Polens und Böhmens: Godja 1991, Kap. 3-4; Kurnatowska 1997a.
42 Olegs Armee: *Nestorchronik* (Jahre 880-882). Swjatoslaw: *Nestorchronik* (Jahre 971 und 972). Zu Wladimir siehe die vorige Anm., weiteres bei Franklin/Shepard 1996, Kap. 4.
43 Zur Einführung: Bartlett 1993, Kap. 5. Schätzungen zufolge ließen sich bis zu 200000 germanische Bauern von den ausgezeichneten Angeboten dazu verlocken, östlich der Elbe zu siedeln.

44 Zur Expansion des Karolingerreichs und ihrer strukturellen Bedeutung: Reuter 1985, 1990.
45 Mehr zu diesen Fehden bei Leyser 1989. Zu den Burgwarden: Reuter 1991.
46 Eine Einführung zu den Elbslawen und eine Sammlung der relevanten Texte bietet Lübke 1984-1988; zur Vertiefung: Lübke 1994; ders. 1997.
47 Siehe Dvornik 1949. Zu den Litauerkreuzzügen siehe z.B. Christiansen 1980.
48 Gero: Widukind von Corvey 2.20 und Heather 1997, bes. zu den Abodriten. Zwentibald: *Annales Fuldenses* (Jahre 870-872).
49 Zur Christianisierung von Mähren siehe die Literaturhinweise in Anm. 2. Werinhars Verstümmelung: *Annales Fuldenses* (Jahr 882). Gewalt und Raub sind fester Bestandteil der Kriegsführung jener Zeit, wie sich aus Thietmars *Chronik*, der *Nestorchronik*, Adam von Bremens *Hamburgischer Kirchengeschichte* und Helmolds *Chronica Slavorum* ergibt. Die beiden letztgenannten Werke gehen ausführlich auf die Plünderungen und Kriege zwischen dem Reich und den Elbslawen ein.
50 Zur sächsischen Militärentwicklung: Leyser 1982, Aufsätze 1 u. 2. Zum Kapitularium von Thionville: Boretius 1883, 44.7.
51 *Wunder des heiligen Dimitrios* II.5; vgl. das rasche Auftauchen mächtiger Führer wie Ljudevit, Literaturhinweise siehe Anm. 23.
52 Zur weiteren Diskussion und zu Literaturhinweisen siehe Anm. 23.
53 Über die Jagd auf Sklaven bei den Rus und den Westslawen: Ibn Yaqub; vgl. McCormick 2001 über die allgemeine Bedeutung dieser neuen Verbindungen.
54 Ibn Fadlan, *Reisebericht*; vgl. *Nestorchronik* (Jahr 993) zu Wladimir. Wenn hauptsächlich Sklavinnen gehandelt wurden, mussten die Rus vermutlich ihre Boote selbst um die Stromschnellen herumtragen. Aber wahrscheinlich hatte es der Autor nur auf den Schockeffekt abgesehen. Sicherlich wurden im Westen – über Land und über das Meer – sowohl männliche wie auch weibliche Sklaven verkauft; vgl. Verlinden 1955, die Quelle der erwähnten Karte.
55 Zu einführender Literatur siehe Anm. 7. Eine ähnliche Scheu, das Christentum nicht von einem übermächtigen Nachbarn anzunehmen, zeigten die Bulgaren, die versuchten, eine Verbindung mit Byzanz zu vermeiden; siehe zur Einführung z.B. Browning 1975. Es gelang den Bulgaren nicht, sich dem Reich zu entziehen, doch wurde ihnen ebenso wie den Polen ihr eigenes Erzbistum zugestanden.
56 Bedas großartige Schilderung und die Vielzahl weiterer Quellen aus der Frühzeit der Christianisierung Englands führten dazu, dass die Christianisierung der Angelsachsen oft als Modellfall herangezogen wurde. Eine ausgezeichnete Einführung hierzu bietet Mayr-Harting 1972; vgl. dens. 1994 zum Vergleich mit Bulgarien.
57 Es gibt wenig Anzeichen, dass die Christianisierung den politischen Konkurrenzkampf unter den Slawen milderte, ebenso wenig bei den Angelsachsen, siehe den Aufsatz von Wormald 1978. Was die Verwaltung betrifft, ist zu bemerken, dass das letzte angelsächsische Königreich christianisiert wurde, als Wessex 681 die Isle of Wight eroberte. Die Anfänge eines auf Schriftkultur beruhenden Verwaltungsapparats zeigen sich meiner Ansicht nach jedoch erst zwei, drei Generationen später, und erst im 9. und 10. Jh. häufen sich entsprechende Hinweise.
58 Die Karolingerherrschaft hatte den Zehnten ab dem späten 8. Jh. allgemein durchge-

setzt, McKitterick 1977. Dies stellt die später einsetzende slawische Christianisierung auf eine andere Grundlage als die der Angelsachsen, wo die religiöse Besteuerung nicht so fest etabliert war.
59 Zu den Terwingen siehe Kap. 2. Zur Revolte des Jahres 983: Reuter 1991; Lübke 1994, der bes. die Erzählung von Thietmar, *Chronik* 3.17 ff. kommentiert. Die *Nestorchronik* ist die Hauptinformationsquelle über Russland; siehe hierzu Shepard 2005 (mit umfangreicher Lit.).
60 Wladimir: *Nestorchronik* (Jahr 978–980); dazu der Kommentar von Shepard 2005. Zu den Elbslawen siehe Literaturhinweise in Anm. 47.
61 Eine Einführung in das Modell der »peer polity interaction« und Fallstudien bieten Renfrew/Cherry 1986.
62 Zu den Verbreitungswegen der Münzen: Noonan 1997, 1998.
63 Vergleichende Fallstudien aus Antike und Neuzeit bieten Gottmann 1980; Rowlands u. a. 1987; Bilde u. a. 1993; Champion 1995. Es ist jedoch von größter Wichtigkeit, ein allgemeines Modell der »agency« einzubeziehen, vgl. Wilson 2008.

11 DAS ENDE DER MIGRATION UND DIE GEBURT EUROPAS

1 *Annales Fuldenses* (Jahr 900).
2 Siehe Faith 1997 zur Frage, wie stark die Normannen die Regeln des bäuerlichen Lebens veränderten.
3 Wie in Kap. 6 beschrieben, kann die zwischen 50 und 75 % liegende Verbreitung eines möglicherweise »angelsächsischen« Y-Chromosoms innerhalb der heutigen englischen Bevölkerung ebenso schlüssig auf eine Invasionsgruppe zurückgeführt werden, deren Anteil an der Bevölkerung des 5. und 6. Jh. zwischen 50 und 75 % lag, wie auf eine, deren Anteil nur bei 10 % lag, sofern man ihr einen nur geringfügig höheren Fortpflanzungsvorteil einräumt.
4 In diesen Fällen ist zwar nicht überzeugend belegt, dass die Gruppen tatsächlich die Grenze überschritten hatten, aber zumindest schildern verlässliche Zeitzeugen ihre daran anschließenden Wanderungen nach Spanien und Nordafrika und zu Alarich als Massenbewegungen.
5 Die hier und in früheren Kapiteln dargelegten Thesen werden in Heather 2008a ausführlicher diskutiert.
6 Herbst 376 ist, obwohl auch dies angezweifelt wurde, der wahrscheinlichste Zeitpunkt für den Zug der gotischen Terwingen, siehe Heather 2007a, S. 186.
7 Die Art und Weise, wie Jordanes den Migrationstopos einsetzte, lieferte dazu allerdings durchaus einen Anlass, siehe Kap. 3.
8 Das einzige Nachfolgereich des Römischen Reiches, das nicht aus einer in der Grenzregion gebildeten Koalition entstand, war das der Burgunder. Wir wissen wenig über die Geschichte der Burgunder im 5. Jh., aber sie verlief jedenfalls nicht sehr glücklich.
9 Die Geschichte des Hunnenreichs bestätigt diesen Punkt: Die von Attila und seinen Vorläufern geschaffene Großmacht hing in starkem Maß vom Zustrom des Reichtums aus der Mittelmeerwelt ab, siehe Kap. 5.

10 Nur ein Streiflicht auf den gotisch-slawischen Austausch hat sich erhalten: Jordanes, *Getica* 48.247; siehe auch S. 218.
11 Die Quellen lassen jedoch vermuten, dass einige slawische Gruppen durch den neuen Reichtum, der im 6. Jh. verfügbar wurde, bereits einen hohen Grad politischer und militärischer Organisation erreicht hatten, siehe Kap. 8.
12 Bartlett 1993, bes. Kap. 2 u. 5, bietet eine ausgezeichnete Einleitung zu diesen neuen Mustern.
13 Tacitus, *Germania* 46.4.

BIBLIOGRAPHIE

PRIMÄRQUELLEN

Den üblichen Konventionen folgend werden Editionen von klassischen Standardwerken nicht in der Bibliographie angeführt; Übersetzungen ins Deutsche liegen meist in der *Sammlung Tusculum* vor. Alle christlichen Autoren sind, wenn auch manchmal in veralteter Form, zugänglich in den Editionen *Patrologia Latina* oder *Patrologia Graeca*. Jüngere (manchmal konkurrierende) Ausgaben der meisten in der Enleitung und in den Anmerkungen zitierten Texte sind zu finden in GCS *(Die Griechischen Christlichen Schriftsteller der ersten Jahrhunderte)*, CSEL *(Corpus Scriptorum Ecclesiasticorum Latinorum)*, CC *(Corpus Christianorum)* und SC *(Sources Chrétiennes)*. Übersetzungen ins Deutsche bietet (zusammen mit dem originalsprachlichen Text) hier die Reihe *Fontes Christiani*, bei griechischsprachigen Autoren liegen Übersetzungen meist in der *Bibliothek der griechischen Literatur* vor. Ansonsten wurden folgende Editionen spätrömischer und frühmittelalterlicher Quellen verwendet und auf folgende Übersetzungen sei verwiesen:

Adam von Bremen, *Hamburgische Kirchengeschichte*, hg. v. Schmeidler (1917).
Agathias, *Historiae (The Histories)*, hg. v. Keydell (1967); engl. Übers. v. Frendo (1975).
Ammianus Marcellinus, *Römische Geschichte*, übers. v. W. Seyfarth (1968).
Anglo-Saxon Chronicle, hg. u. engl. Übers. v. Whitelock u.a. (1961).
Annales Fuldenses, hg. v. Pertz u. Kurze (1891); engl. Übers. v. Reuter (1992).
Annalen von St. Bertin, hg. v. Waitz (1883); dt. Übers. *Annales Bertiniani. Jahrbücher von St. Bertin*, in: *Quellen zur karolingischen Reichsgeschichte*, Teil 2, neu bearb. v. R. Rau (Freiherr vom Stein-Gedächtnisausgabe 6) (1969), S. 11–287.
Anonymus Valesianus, hg. u. engl. Übers. in: Rolfe 1935–39, Bd. 3.
Aurelius Victor, *Liber de Caesaribus*, hg. v. Pichlmayr (1911); engl. Übers. v. Bird (1994).
Bayerischer Geograph, hg. v. Bielowski (1946).
Beda der Ehrwürdige, *Kirchengeschichte des englischen Volkes*, übers. v. Spitzbart (1997).
Caesar, *Der Gallische Krieg*, übers. v. Woyte (1971).
Cassiodorus, *Variae*, hg. v. Mommsen (1894); engl. Übers. v. Hodgkin (1886); Barnish (1992).
Cassius Dio, *Römische Geschichte*, übers. v. Veh (2007).
Chronica Gallica 452 (Gallische Chronik von 452), hg. v. Mommsen (1892).
Chronicle of Ireland, engl. Übers. v. Charles-Edwards (2006).
Chronicon Paschale, hg. v. Dindorf (1832); engl. Übers. v. Whitby u. Whitby (1989).
Chronik von Monemvasia, hg. u. engl. Übers. v. Charanis (1950).
Claudian, Werke, dt. in Auszügen in: *Die Germanen in der Völkerwanderung. Auszüge aus den*

antiken Quellen über die Germanen von der Mitte des 3. Jahrhunderts bis zum Jahre 453 n. Chr., 2. Teil, hg. v. H.-W. Goetz, S. Patzold, K.-W. Welwei (2007).
Codex Theodosianus, hg. v. Mommsen u. Kreuger (1905); engl. Übers. v. Pharr (1952).
Constantius, *Vita Sancti Germani (Life of St Germanus)*, hg. v. Noble u. Head (1995).
Consularia Constantinopolitana, hg. v. Mommsen (1892).
Cosmas von Prag, *Die Chronik der Böhmen*, hg. v. Bretholz u. Weinberger (1923).
Crith Gablach, hg. v. Binchy (1970).
De Administrando Imperio, übers. v. Belke u. Soustal (1995).
Encomium Emmae Reginae, hg. u. engl. Übers. v. Campbell (1949).
Ennodius, *Werke*, hg. v. Vogel (1885).
Eugippius, *Vita Sancti Severini*, hg. v. Noll u. Vetter (1963); engl. Übers. v. Bieler (1965).
Eunapios, *Fragmenta*, hg. u. engl. Übers. v. Blockley (1981/83).
Eutropius, *Breviarium*, hg. v. Santini (1979); engl. Übers. v. Bird (1993).
Fränkische Annalen, hg. v. Kurze (1895).
Fredegar, *Chronik*, neu übertr. v. Kusternig (1982).
Gallus Anonymus, *Chronik*, hg. v. Maleczyński (1952); engl. Übers. v. Knoll u. Schaer (2003).
Gildas, *Ruin of Britain*, dt. in Auszügen in: Bühler 1922.
Gregor von Tours, *Zehn Bücher Geschichten*, hg. v. Krusch u. Levison (1951); übers. v. Giesebrecht, neu bearb. v. Buchner (1955 u. 1956).
Helmold, *Chronica Slavorum*, hg. v. Lappenberg u. Schmeidler (1909); engl. Übers. v. Tschan (1966).
Herodot, *Das Geschichtswerk*, übers. v. Braun (2001).
Hieronymus, *Chronik*, Online-Edition und engl. Übers. unter http://www.tertullian.org/fathers/jerome_chronicle_00_eintro.htm.
Historia Augusta. Römische Herrschergestalten, Bd. I, übers. v. Hohl (1976).
Hydatius, *Continuatio Chronicorum Hieronymianorum*, in: *Chronica Minora 2*, hg. v. Mommsen (1894); engl. Übers. v. Burgess (1993).
Ibn Fadlan, *Reisebericht*, übers. v. A. Zeki Validi Togan (1939).
Ibn Yaqub, hg. u. engl. Übers. v. Miquel (1966).
Ibn Rusta, hg. u. engl. Übers. v. Wiet (1957).
Johannes von Antiochia, hg. v. Mueller (1851–70); engl. Übers. v. Gordon (1966).
Johannes von Nikiu, *Chronik*, engl. Übers. v. Charles (1916).
Jordanes, *Romana und Getica*, hg. v. Mommsen (1882); *Getica (Gotengeschichte)*, übers. v. Martens (1884).
Laws of Ine, hg. v. Liebermann (1903–16); engl. Übers. v. Whitelock (1955).
Malchus, hg. u. engl. Übers. v. Blockley (1981/83).
Menander Protector, hg. u. engl. Übers. v. Blockley (1985).
Notitia Dignitatum, hg. v. Seeck (1962).
Novellae Valentiniani, hg. v. Mommsen und Kreuger (1905); engl. Übers. v. Pharr (1952).
Origo gentis langobardorum: siehe Paulus Diaconus.
Olympiodoros von Theben, hg. u. engl. Übers. v. Blockley (1981/83).
Orosius, *Historia adversum paganos*, hg. v. Arnaud-Lindet (1990–91); *Die antike Weltgeschichte in christlicher Sicht*, hg. v. Lippold u. Andresen (1985 u. 1986).

Panegyrici Latini, hg. u. engl. Übers. v. Nixon u. Rogers (1994).
Passio Sancti Sabae Gothi, hg. v. Delehaye (1912); engl. Übers. v. Heather u. Matthews (1991).
Paulus Diaconus, *Historia Langobardorum*, hg. v. Bethmann u. Waitz (1878); *Geschichte der Langobarden*, übers. v. Schwarz (2009).
Paulinus von Pella, *Eucharistikon*, hg. u. engl. Übers. v. Evelyn White (1961), Bd. 2.
Petrus Patricius, hg. v. Müller (1851–70).
Plinius der Ältere, *Naturkunde*, übers. von R. König (1973 ff.).
Priskos, hg. u. engl. Übers. v. Blockley (1982); hier zit. nach: *Byzantinische Diplomaten und östliche Barbaren. Aus den Excerpta de legationibus des Konstantinos Porphyrogennetos ausgewählte Abschnitte des Priskos und Menander Protektor*, übers., eingel. u. erklärt v. E. Doblhofer (Byzantinische Geschichtsschreiber, hg. v. Endre v. Ivánka, Bd. IV) (1955).
Prokop, *Werke*, hg. u. übers. v. Veh (1966–1977).
Prosper Tiro, *Chronik*, in: *Chronica Minora* 1, hg. v. Mommsen (1892).
Ptolemäus, *Geographia (Handbuch der Geographie)*, hg. v. Stückelberger u. Graßhoff (2006).
Nestorchronik, engl. Übers. unter dem Titel *Russian Primary Chronicle* v. Cross u. Sherbowitz-Wetzor (1953).
Saxo Grammaticus, *Gesta Danorum (History of the Danes)*, hg. v. Knabe u. a. (1931–57); engl. Übers. v. Fisher (1996) (Bücher I–IX); Christiansen (1980–81) (Bücher X–XVI).
Sokrates Scholastikus, *Historia Ecclesiastica (Kirchengeschichte)*, hg. u. übers. v. Hansen (1995).
Sozomenus, *Historia Ecclesiastica (Kirchengeschichte)*, hg. v. Bidez u. Hansen (1995); Übers. hg. v. Hansen (2004).
Strabon, *Geographica*, übers. v. Forbiger (2005).
Das Strategikon des Maurikios, hg. v. Dennis, übers. v. Gamillscheg (1981).
Synesius von Cyrene, hg. v. Garzya (1989).
Tacitus, *Annalen*, hg. v. Heller (2010).
Tacitus, *Historien*, hg. v. Borst, 5. Aufl. (1984).
Tacitus, *Germania*, hg. u. übers. v. Städele (2001).
Themistios, *Orationes*, hg. v. Schenkl u. a. (1965–74); engl. Übers. von Heather u. Matthews (1991) (*Orationes* 8 u. 10); Heather u. Moncur (2001) (*Orationes* 14–16 u. 34).
Theodoret, *Historia Ecclesiastica*, hg. v. Parmentier u. Hansen (1998); engl. Übers. in: *Nicene and Post-Nicene Fathers*, Bd. 3.
Theophanes, *Chronographia*, hg. v. Niebuhr (1839–41); engl. Übers. v. Mango u. Scott (1997).
Theophylactus Simocatta, *Historia*, hg. v. de Boor u. Wirth (1972); engl. Übers. v. Whitby u. Whitby (1986).
Thietmar von Merseburg, *Chronik*, hg. v. Holtzmann (1935); neu übertr. u. erläutert v. Trillmich (1957).
Victor von Vita, *Historia persecutionis Africana provinciae*, hg. v. Petschenig (1881); engl. Übers. v. Moorhead (1992).
Vita Sancti Anscharii (Leben des heiligen Ansgar), hg. u. übers. v. Trillmich u. a. (1978).
Widukind von Corvey, hg. v. Lohmann u. Hirsch (1935).
Wunder des heiligen Dimitrios, hg. u. franz. Übers. v. Lemerle (1979–81).
Zonaras, *Chronik*, hg. v. Weber (1897).
Zosimos, *Historia nova*, hg. v. Paschoud (1971–89); dt. Übers. *Neue Geschichte*, hg. v. Veh, durchges. u. erläutert v. Rebenich (1990).

SEKUNDÄRLITERATUR

Abels, R. (1998). *Alfred the Great: War, Kingship and Culture in Anglo-Saxon England* (London).

Achelis, H. (1900). »Der älteste deutsche Kalender«, Zeitschrift für die neutestamentliche Wissenschaft 1, S. 308–335.

Adamson, S., u. a., Hg. (1990). *Papers from the 5th International Conference on English Historical Linguistics* (Amsterdam).

Agadshanow, S. G. (1994). *Der Staat der Seldschukiden und Mittelasien im 11.–12. Jahrhundert* (Berlin).

Ament, H. (1996). »Frühe Funde und archäologische Erforschung der Franken im Rheinland«, in: *Die Franken – Wegbereiter Europas*, Bd. 1 (Mainz), S. 23–34.

Amory, P. (1997). *People and Identity in Ostrogothic Italy, 489–554* (Cambridge).

Anderson, B. (1991). *Imagined Communities: Reflections on the Origin and Spread of Nationalism* (London).

Anokhin, V. A. (1980). *The Coinage of Chersonesus* (Oxford).

Antony, D. W. (1990). »Migration in Archaeology: the Baby and the Bathwater«, American Anthropologist 92, S. 895–914.

– (1992). »The Bath Refilled: Migration in Archaeology Again«, American Anthropologist 94, S. 174–176.

Arnold, C. J. (1997). *An Archaeology of the Early Anglo-Saxon Kingdoms*, 2. Aufl. (London).

Arnold, E. (1973). *The Kingdom of the Scots: Government, Church and Society from the Eleventh to the Fourteenth Century* (London).

Bacall, A. (1991). *Ethnicity in the Social Sciences: A View and a Review of the Literature on Ethnicity* (Coventry).

Bachrach, B. S. (1973). *The Alans in the West* (Minneapolis).

Bailyn, B. (1994). »Europeans on the Move, 1500–1800«, in: Canny 1994, S. 1–5.

Bakony, K. (1999). »Hungary«, in: Reuter 1999, S. 536–552.

Barford, P. (2001). *The Early Slavs* (London).

– (2005). »Silent Centuries: The Society and Economy of the Northwestern Slavs«, in: Curta 2005, S. 60–102.

Barnes, T. D. (1998). *Ammianus Marcellinus and the Representation of Historical Reality* (Ithaca; London).

Barrett, J. C., u. a., Hg. (1989). *Barbarians and Romans in North-west Europe from the Later Republic to Late Antiquity* (Oxford).

Barrow, G. W. S. (1973). *The Kingdom of the Scots: Government, Church and Society from the Eleventh to the Fourteenth Century* (London).

Barth, F., Hg. (1969). *Ethnic Groups and Boundaries: The Social Organization of Ethnic Difference* (Boston).

Bartlett, R. (1993). *The Making of Europe: Conquest, Colonization and Cultural Change 950–1350* (London).

Bassett, S., Hg. (1989). *The Origins of Anglo-Saxon Kingdoms* (London).

Bates, D. (1982). *Normandy before 1066* (London).

Batty, R. (2007). *Rome and the Nomads: The Pontic-Danubian Realm in Antiquity* (Oxford).

Baxter, S. (2007). *The Earls of Mercia: Lordship and Power in late Anglo-Saxon England* (Oxford).
Bentley, G.C. (1987). »Ethnicity and Practice«, Comparative Studies in Society and History 29, S. 25–55.
Bichir, G. (1976). *The Archaeology and History of the Carpi* (Oxford).
Bierbrauer, V. (1980). »Zur chronologischen, soziologischen und regionalen Gliederung des ostgermanischen Fundstoffs des 5. Jahrhunderts in Südosteuropa«, in: Wolfram/Daim 1980, S. 131–142.
– (1989). »Ostgermanische Oberschichtsgräber der römischen Kaiserzeit und des frühen Mittelalters«, in: *Peregrinatio Gothica 2, Archaeologia Baltica* 8 (Lodz), S. 40–106.
Bilde, P. u.a. (1993). *Centre and Periphery in the Hellenistic World* (Aarhus).
Bill, J. (1997). »The Ships«, in: P. Sawyer 1997a, S. 182–201.
Binchy, D.A. (1970a). *Celtic and Anglo-Saxon Kingship: the O'Donnell Lectures for 1967–8 delivered in the University of Oxford on 23 and 24 May 1968* (Oxford).
– Hg. (1970b). *Crı́th gablach* (Dublin).
Birley, A.R. (1968). *Mark Aurel. Kaiser und Philosoph* (München); zuerst engl. unter dem Titel *Marcus Aurelius* (London 1966).
– (2005). *The Roman Government of Britain* (Oxford).
Birnbaum, H. (1993). »On the Ethnogenesis and Protohome of the Slavs: the Linguistic evidence«, Journal of Slavic Linguistics 1.2, S. 352–374.
Blair, J. (1994). *Anglo-Saxon Oxfordshire* (Oxford).
Blench, R., u. Spriggs, M., Hg. (1998). *Archaeology and Language II: Correlating Archaeological and Linguistic Hypotheses* (New York).
Blockley, R.C. (1981/83). *The Fragmentary Classicizing Historians of the Later Roman Empire: Eunapius, Olympiodorus, Priscus and Malchus*, 2 Bde. (Liverpool).
Boeles, P.C.J.A. (1951). *Friesland tot de elfde eeuw* (Gravenhage).
Böhme, H.W. (1974). *Germanische Grabfunde des 4. bis 5. Jahrhunderts zwischen unterer Elbe und Loire. Studien zur Chronologie und Bevölkerungsgeschichte* (München).
– (1975). »Archäologische Zeugnisse zur Geschichte der Markomannenkriege (166–180 n.Chr.)«, Jahrbuch des römisch-germanischen Zentralmuseums Mainz 22, S. 155–217.
Böhning, W.R. (1978). »International Migration and the Western World: Past, Present, Future«, International Migration 16, S. 11–22.
Bohner, K. (1958). *Die fränkischen Altertümer des Trierer Landes*, 2 Bde. (Berlin).
Boretius, A., Hg. (1883). *Capitularia regum Francorum* (Hannover).
Borodzej, T., u.a. (1989). *Période romaine tardive et début de la période des migrations des peuples (groupe de Maslomecz)* (Warschau).
Borrie, W.D. (1994). *The European Peopling of Australasia: A Demographic History, 1788–1988* (Canberra).
Bosl, K. (1966). *Das Großmährische Reich in der politischen Welt des 9. Jahrhunderts* (München).
Bowlus, C. (1995). *Franks, Moravians, and Magyars: the Struggle for the Middle Danube, 788–907* (Philadelphia).
Brachmann, H. (1978). *Slawische Stämme an Elbe und Saale. Zu ihrer Geschichte und Kultur im 6.–10. Jahrhundert* (Berlin).

- (1993). *Der frühmittelalterliche Befestigungsbau in Mitteleuropa: Untersuchungen zu seiner Entwicklung und Funktion im germanisch-deutschen Bereich* (Berlin).
- Hg. (1995). *Burg – Burgstadt – Stadt. Zur Genese mittelalterlicher nichtagrarischer Zentren in Ostmitteleuropa* (Berlin).
- (1997). »Tribal Organizations in Central Europe in the 6th–10th Centuries A.D.: Reflections on the Ethnic and Political Development in the Second Half of the First Millennium«, in: Urbańczyk 1997a, S. 23 – 38.

Brather, S. (1996). *Feldberger Keramik und frühe Slawen: Studien zur nordwestslawischen Keramik der Karolingerzeit* (Bonn).
- (2001). *Archäologie der westlichen Slawen: Siedlung, Wirtschaft und Gesellschaft im früh- und hochmittelalterlichen Ostmitteleuropa* (Berlin).

Braund, D.C. (1984). *Rome and the Friendly King: The Character of Client Kingship* (London).
- (2005). *Scythians and Greeks: Cultural Interactions in Scythia, Athens and the early Roman Empire (Sixth Century BC–First Century AD)* (Exeter).

Brooks, N. (1979). »England in the Ninth Century: The Crucible of Defeat«, Transactions of the Royal Historical Society, 5th series, 29, S. 1 – 20.

Broun, D., u.a., Hg. (1998). *Image and Identity: The Making and Re-making of Scotland through the Ages* (Edinburgh).

Brown, P. (1971). *The World of Late Antiquity: from Marcus Aurelius to Muhammad* (London).
- (1996). *The Rise of Western Christendom: Triumph and Diversity, AD 200 – 1000* (Oxford).

Browning, R. (1975). *Byzantium and Bulgaria: A Comparative Study across the Early Medieval Frontier* (London).

Bühler, J., Hg. u. Übers. (1922). *Die Germanen in der Völkerwanderung. Nach zeitgenössischen Quellen* (1922).

Buko, A. (2005). *Archeologia Polski* (Warschau).

Bury, J.B. (1928). *The Invasion of Europe by the Barbarians* (London).

Cameron, A.D.E. (1970). *Claudian: Poetry and Politics at the Court of Honorius* (Oxford).

Cameron, A.D.E., u. Long, J., mit einem Beitrag v. Sherry, L. (1993). *Barbarians and Politics at the Court of Arcadius* (Berkeley).

Campbell, J., Hg. (1982). *The Anglo-Saxons* (Oxford).
- (2000). *The Anglo-Saxon State* (London).

Canny, M., Hg. (1994). *Europeans on the Move: Studies on European Migration 1500 – 1800* (Oxford).

Carroll, M. (2001). *Romans, Celts and Germans: The German Provinces of Rome* (Stroud).

Castellanos, S. (2000). »Propriedad de la tierra y relaciones de dependencia en la Galia del siglo VI. El Testamentum Remigii«, Antiquité Tardif 8, S. 223 – 227.

Chadwick-Hawkes, S., Hg. (1989). *Weapons and Warfare in Anglo-Saxon England* (Oxford).

Champion, T.C. (1995). *Centre and Periphery: Comparative Studies in Archaeology* (London).

Champion, T.C., u. Megaw, J.V.S., Hg. (1985). *Settlements and Society: Aspects of West European Prehistory in the First Millennium BC* (Leicester).

Chapman, R., u. Dolukhanov, P., Hg. (1993). *Cultural Transformations and Interactions in Eastern Europe* (Aldershot).

Charanis, P. (1950). »The Chronicle of Monemvasia and the Question of the Slavic Settlements of Greece«, Dumbarton Oaks Papers 5, S. 141 – 166.

Charles-Edwards, T.C.E. (1989). »Early Medieval Kingships in the British Isles«, in: Bassett 1989, S. 28–39.
- Hg. (2003). *After Rome* (Oxford).
- (2006). *The Chronicle of Ireland* (Liverpool).
Chastagnol, A. (1973). »Le repli sur Arles des services administratifs gaulois en l'an 407 de notre ère«, Revue Historique 97, S. 23–40.
Childe, V.G. (1926). *The Aryans: A Study of Indo-European Origins* (London).
- (1927). *The Dawn of European Civilization* (London).
Christiansen, E. (1980). *The Northern Crusades: The Baltic and the Catholic Frontier, 1100–1525* (London).
- (2002). *The Norsemen in the Viking Age* (Oxford).
Christie, N. (1995). *The Lombards: The Ancient Longobards* (Oxford).
Christlein, R. (1978). *Die Alamannen. Archäologie eines lebendigen Volkes* (Stuttgart).
Claessen, H.J.M., u. Skalnik, P. (1978). *The Early State* (Den Haag).
- (1981). *The Study of the State* (Den Haag).
Claessen, H.J.M., u. van de Velde, P. (1987). *Early State Dynamics* (Leiden).
Claessen, H.J.M., u. Oosten, J.G. (1996). *Ideology and the Formation of Early States* (Leiden).
Clark, G. (1966). »The Invasion Hypothesis in British Archaeology«, Antiquity 40, S. 172–189.
Cohen, R., Hg. (1995). *The Cambridge Survey of World Migration* (Cambridge).
- Hg. (1996). *Theories of Migration* (Cheltenham).
- Hg. (1997). *The Politics of Migration* (Cheltenham).
- (2008). *Global Diasporas: An Introduction*, 2. Aufl. (Abingdon).
Collins, R. (1983). »Theodebert I, Rex Magnus Francorum«, in: P. Wormald, Hg., *Ideal and Reality in Frankish and Anglo-Saxon Society* (Oxford), S. 7–33.
- (1998). *Charlemagne* (Basingstoke).
Collinson, S. (1994). *Europe and International Migration*, 2. Aufl. (London).
Constantinescu, M., u.a., Hg. (1975). *Relations Between the Autochthonous Population and the Migratory Populations on the Territory of Romania* (Bukarest).
Cooper, J., Hg. (1993). *The Battle of Maldon: Fiction and Fact* (London).
Coupland, S. (1995). »The Vikings in Francia and Anglo-Saxon England«, in: McKitterick 1995, S. 190–201.
Courtois, C. (1955). *Les Vandales et l'Afrique* (Paris).
Crawford, B. (1987). *Scandinavian Scotland* (Leicester).
Cribb, R.J. (1991). *Nomads in Archaeology* (London).
Croke, B. (1977). »Evidence for the Hun Invasion of Thrace in ad 422«, Greek, Roman and Byzantine Studies 18, S. 347–367.
Cross, S.H., u. Sherbowitz-Wetzor, O.P., Hg. (1953). *The Russian Primary Chronicle: Laurentian Text* (Cambridge, MA).
Cunliffe, B. (1997). *The Ancient Celts* (Oxford).
Cunliffe, B., u. Rowley, T., Hg. (1976). *Oppida: The Beginnings of Urbanization in Barbarian Europe: Papers Presented to a Conference at Oxford, October 1975* (Oxford).
Curta, F. (1999). »Hiding behind a Piece of Tapestry: Jordanes and the Slavic Venethi«, Jahrbücher für Geschichte Osteuropas 47, S. 1–18.

– (2001). *The Making of the Slavs: History and Archaeology of the Lower Danube Region, c. 500–700* (Cambridge).
– Hg. (2005). *East Central and Eastern Europe in the Early Middle Ages* (Ann Arbor).
– (2006). *Southeastern Europe in the Middle Ages 500–1250* (Cambridge).
Daim, F. (2003). »Avars and Avar Archaeology: An Introduction«, in: Goetz u.a. 2003, S. 463–570.
Dark, K.R. (2002). *Britain and the End of the Roman Empire* (Stroud).
Davies, W. (1978). *An Early Welsh Microcosm: Studies in the Llandaff Charters* (London).
– (1990). *Patterns of Power in Early Wales* (Oxford).
Demandt, A. (1984). *Der Fall Roms: die Auflösung des römischen Reiches im Urteil der Nachwelt* (München).
Demougeot, E. (1979). *La Formation de l'Europe et les invasions barbares: II. Dès l'avènement de Dioclétien (284) à l'occupation germanique de l'Empire romain d'Occident (début du VIe siècle)* (Paris).
Denison, D. (1993). *English Historical Syntax* (Harlow).
Dittrich, Z.R. (1962). *Christianity in Great Moravia* (Groningen).
Dolukhanov, P.M. (1996). *The Early Slavs: Eastern Europe from the Initial Settlement to the Kievan Rus* (London).
Donat, P. (1983). »Die Entwicklung der wirtschaftlichen und gesellschaftlichen Verhältnisse bei den slawischen Stämmen zwischen Oder und Elbe nach archäologischen Quellen«, in: Settimane 1983, S. 127–145.
Donat, P., u. Fischer, R.E. (1994). »Die Anfänge slawischer Siedlung westlich der Oder«, Slavia Antiqua 45, S. 7–30.
Drijvers, J.W., u. Hunt, D., Hg. (1999). *The Late Roman World and its Historian: Interpreting Ammianus Marcellinus* (London).
Drinkwater, J.F. (1989). »Patronage in Roman Gaul and the Problem of the Bagaudae«, in: *Patronage in Ancient Society*, hg. v. A. Wallace-Hadrill (London), S. 189–203.
– (1992). »The Bacaudae of Fifth-Century Gaul«, in: Drinkwater/Elton 1992, S. 208–217.
– (1998). »The usurpers Constantine III (407–411) and Jovinus (411–413)«, Britannia 29, S. 269–298.
– (2007). *The Alamanni and Rome 213–496* (Oxford).
Drinkwater, J.F., u. Elton, H., Hg. (1992). *Fifth-Century Gaul: A Crisis of Identity?* (Cambridge).
Duczko, W. (2004). *Viking Rus: Studies on the Presence of Scandinavians in Eastern Europe* (Leiden).
Dulinicz, M. (1994). »The Problem of Dating of the Strongholds of the Tornow Type and Tornow-Klenica Group«, Archeologia Polski 39, S. 31–49 (engl. Zusammenfassung).
– (1997). »The First Dendrochronological Dating of the Strongholds in Northern Mazovia«, in: Urbańczyk 1997a, S. 137–142.
Dumville, D.N. (1977). »Kingship, Genealogies and Regnal Lists«, in: Sawyer/Wood 1977, S. 72–104.
Dunbabin, J. (2000). *France in the Making, 843–1180*, 2. Aufl. (Oxford).
Dvornik, F. (1949). *The Making of Central and Eastern Europe* (London).

- (1956). *The Slavs: Their Early History and Civilization* (Boston).
- (1969). *Les légendes de Constantin et de Méthode vues de Byzance*, 2. Aufl. (Hattiesburg, MS).

Earle, T. K., Hg. (1984). *On the Evolution of Complex Societies: Essays in Honor of Harry Hoijer, 1982* (Malibu).
- Hg. (1991). *Chiefdoms: Power, Economy, and Ideology* (Cambridge).

Eggers, H. J. (1951). *Der römische Import im freien Germanien* (Atlas der Urgeschichte 1) (Berlin).

Eggers, M. (1995). *Das »Großmährische Reich«: Realität oder Fiktion? Eine Neuinterpretation der Quellen zur Geschichte des mittleren Donauraumes im 9. Jahrhundert* (Stuttgart).

Elton, H. (1996). *Frontiers of the Roman Empire* (London).

Es, W. A. van (1967). *Wijster: A Native Village Beyond the Imperial Frontier 150–425 AD* (Groningen).

Esmonde-Cleary, S. (1989). *The Ending of Roman Britain* (London).

Evelyn-White, H. (1961). *The Works of Ausonius* (London).

Faith, R. (1997). *The English Peasantry and the Growth of Lordship* (Leicester).

Farrell, R. T., Hg. (1978). *Bede and Anglo-Saxon England* (Oxford).
- Hg. (1982). *The Vikings* (London).

Faulkner, N. (2000). *The Decline of Roman Britain* (Stroud).

Favrod, J. (1997). *Histoire politique du royaume bourgonde (443–534)* (Lausanne).

Fellows-Jenson, G. (2001). »In the Steps of the Vikings«, in: Graham-Campbell u. a. 2001, S. 279–288.

Fielding, A. (1993a). »Mass Migration and Economic Restructuring«, in: King 1993, S. 7–18.
- (1993b). »Migrations, Institutions and Politics: The Evolution of Emigration Policies«, in: King 1993, S. 40–62.

Font, M. (2005). »Missions, Conversions, and Power Legitimization in East Central Europe«, in: Curta 2005, S. 283–296.

Forte, A. u. a. (2005). *Viking Empires* (Cambridge).

Fouracre, P. (2000). *The Age of Charles Martel* (Harlow).
- Hg. (2005). *The New Cambridge Medieval History*, Bd. 1, *c.500–c.700* (Cambridge).

Franklin, S., u. Shepard, J. (1996). *The Emergence of Rus 750–1200* (Harlow).

Freeman, E. A. (1888). *Four Oxford Lectures 1887* (London).

Fried, M. H. (1967). *The Evolution of Political Society: An Essay in Political Anthropology* (New York).

Friedrich, G. (1907). *Codex Diplomaticus et Epistolaris Regni Bohemiae*, Bd. 1 (Prag).

Friedrichs, J. (2004). *European Approaches to International Relations Theory: A House With Many Mansions* (London).

Frolova, N. A. (1983). *The Coinage of the Kingdom of Bosporos AD 242–341/2* (Oxford).

Fulford, M. (1985). »Roman Material in Barbarian Society c. 200 BC–c. AD 400«, in: Champion/Megaw 1985, S. 91–108.

Garipzanov, I., u. a., Hg. (2008). *Franks, Northmen, and Slavs: Identities and State Formation in Early Medieval Europe* (Turnhout).

Geary, P. (1983). *Ethnic Identity as a Situational Construct in the Early Middle Ages* (Wien).
- (2002). *Europäische Völker im frühen Mittelalter. Zur Legende vom Werden der Nationen* (Frank-

furt/Main); zuerst engl. unter dem Titel *The Myth of Nations: The Medieval Origins of Europe* (Princeton 2002).
- (2003). *Die Merowinger. Europa vor Karl dem Großen* (München, aktualisierte Neuausgabe); zuerst engl. unter dem Titel *Before France and Germany: The Creation and Transformation of the Merovingian World* (New York 1988).

Gebühr, M. (1974). »Zur Definition älterkaiserzeitlicher Fürstengräber vom Lübsow-Typ«, Prähistorische Zeitschrift 49, S. 82–128.

Gellner, E. (1991). *Nationalismus und Moderne* (Berlin); zuerst engl. unter dem Titel *Nations and Nationalism* (Ithaca 1983).

Geuenich, D., Hg. (1998). *Die Franken und die Alemannen bis zur »Schlacht bei Zülpich«* (Berlin).

Gillet, A., Hg. (2002). *On Barbarian Identity: Critical Approaches to Ethnicity in the Early Middle Ages* (Turnhout).

Godja, M. (1988). *The Development of the Settlement Pattern in the Basin of the Lower Vltava (Central Bohemia) 200–1200* (Oxford).
- (1991). *The Ancient Slavs: Settlement and Society* (Edinburgh).

Godłowski, K. (1970). *The Chronology of the Late Roman and Early Migration Periods in Central Europe* (Krakau).
- (1980). »Das Aufhören der germanischen Kulturen an der mittleren Donau und das Problem des Vordringens der Slawen«, in: Wolfram/Daim 1980, S. 225–232.
- (1983). »Zur Frage der Slawensitze vor der großen Slawenwanderung im 6. Jahrhundert«, in: Settimane 1983, S. 257–302.

Godman, P., u. Collins, R., Hg. (1990). *Charlemagne's Heir* (Oxford).

Goehrke, C. (1992). *Frühzeit des Ostslaventums* (Darmstadt).

Goetz, H.-W., u. a., Hg. (2003). *Regna and Gentes: The Relationship between Late Antique and Early Medieval Peoples and Kingdoms in the Transformation of the Roman World* (Leiden).

Goffart, W. (1980). *Barbarians and Romans AD 418–584: The Techniques of Accommodation* (Princeton).
- (1981). »Rome, Constantinople, and the Barbarians in Late Antiquity«, American Historical Review 76, S. 275–306.
- (1988). *The Narrators of Barbarian History (AD 550–800): Jordanes, Gregory of Tours, Bede, and Paul the Deacon* (Princeton).
- (2006). *Barbarian Tides: The Migration Age and the Later Roman Empire* (Philadelphia).

Goodacre, S., u. a. (2005). »Genetic Evidence for a Family-Based Scandinavian Settlement of Shetland and Orkney during the Viking Periods«, Heredity 95, S. 129–135.

Gordon, D. C. (1966). *The Age of Attila* (Ann Arbor).

Gorecki, P. (1992). *Economy, Society and Lordship in Medieval Poland 1100–1250* (New York).

Gottmann, J., Hg. (1980). *Centre and Periphery: Spatial Variation in Politics* (London).

Gould, J. D. (1980). »European Inter-Continental Emigration, The Road Home: Return Migration from the USA«, Journal of European Economic History 9.1, S. 41–112.

Graham-Campbell, J., u. a., Hg. (2001). *Vikings and the Danelaw* (Oxford).

Graus, F. J., u. Dostál, A. (1966). *Das Großmährische Reich, Tagung der wissenschaftlichen Kon-*

ferenz des Archäologischen Instituts der Tschechoslowakischen Akademie der Wissenschaften, Brno-Nitra, 1.–4.10.1963 (Prag).
Graus, F., u. Ludat, H., Hg. (1967). *Siedlung und Verfassung Böhmens in der Frühzeit* (Wiesbaden).
Green, D.H. (1998). *Language and History in the Early Germanic World* (Cambridge).
Gyuzelev, V. (1979). *The Proto-Bulgarians* (Sofia).
Haarnagel, W. (1979). *Die Grabung Feddersen Wierde: Methode, Hausbau-, Siedlungs- und Wirtschaftsformen sowie Sozialstruktur* (Wiesbaden).
Hachmann, R. (1971). *The Germanic Peoples* (London).
Haldon, J.F. (1990). *Byzantium in the Seventh Century: The Transformation of a Culture* (Cambridge).
Hall, C. (1983). *Periphrastic Do: History and Hypothesis* (Ann Arbor).
Halsall, G. (1992). »The Origins of the Reihengräberzivilisation: Forty Years On«, in: Drinkwater/Elton 1992, S. 196–207.
- (1995a). *Settlement and Social Organization: The Merovingian Region of Metz* (Cambridge).
- (1995b). *Early Medieval Cemeteries: An Introduction to Burial Archaeology in the Post-Roman West* (Skelmorlie).
- (1999). »Movers and Shakers: The Barbarians and the Fall of Rome«, Early Medieval Europe 8, S. 131–145.
- (2001). »Childeric's grave, Clovis' Succession and the Origins of the Merovingian Kingdom«, in: Mathisen/Shanzer 2001, S. 116–133.
- (2005). »The Barbarian Invasions«, in: Fouracre 2005, S. 35–55.
- (2007). *Barbarian Migrations and the Roman West 376–568* (Cambridge).
Handley, M. (2001). »Beyond Hagiography: Epigraphic Commemoration and the Cult of the Saints in Late Antique Trier«, in: Mathisen/Shanzer 2001, S. 187–200.
- (2003). *Death, Society and Culture: Inscriptions and Epitaphs in Gaul and Spain, AD 300–750* (Oxford).
Hannestad, K. (1960). »Les forces militaires d'après la guerre gothique de Procope«, Classica et Mediaevalia 21, S. 136–183.
Harhoiu, R. (1977). *The Treasure from Pietroasa, Romania* (Oxford).
Härke, H. (1989). »Early Saxon Weapon Burials: Frequencies, Distributions and Weapon Combinations«, in: Chadwick-Hawkes 1989, S. 49–61.
- (1990). »,Warrior Graves?' The Background of the Anglo-Saxon Weapon Burial Rites«, Past and Present 126, S. 22–43.
- (1992). *Angelsächsische Waffengräber des 5. bis 7. Jahrhunderts* (Köln).
- (1998). »Archaeologists and Migrations: A Problem of Attitude?«, Current Anthropology 39.1, S. 19–45.
Hart, C. (1992). *The Danelaw* (London).
Haubrichs, W. (1996). »Sprache und Sprachzeugnisse der merowingischen Franken«, in: *Die Franken – Wegbereiter Europas*, Bd. 1 (Mainz), S. 559–573.
- (2003). »Remico aus Goddelau: Ostgermanen, Westgermanen und Romanen im Wormser Raum des 5./6. Jahrhunderts«, in: *Runica – Germanica – Mediaevalia*, hg. von Heizmann, W. u. van Nahl, A. (Berlin), S. 226–242.
- (2008) »Ein namhaftes Volk: Burgundische Namen und Sprache des 5. und 6. Jahrhun-

derts«, in: *Die Burgunder: Ethnogenese und Assimilation eines Volkes*, hg. von V. Gallé (Worms), S. 135–184.
Heather, P. J. (1986). »The Crossing of the Danube and the Gothic Conversion«, Greek Roman and Byzantine Studies 27, S. 289–318.
- (1988). »The Anti-Scythian Tirade of Synesius' De Regno«, Phoenix 42, S. 152–172.
- (1989). »Cassiodorus and the Rise of the Amals: Genealogy and the Goths under Hun Domination«, Journal of Roman Studies 79, S. 103–128.
- (1991). *Goths and Romans 332–489* (Oxford).
- (1993). »The Historical Culture of Ostrogothic Italy«, in: *Teoderico il grande e i Goti d'Italia, Atti del XIII Congresso internazionale di studi sull'Alto Medioevo* (Spoleto), S. 317–353.
- (1995a). »The Huns and the End of the Roman Empire in Western Europe«, English Historical Review 110, S. 4–41.
- (1995b). »Theodoric King of the Goths«, Early Medieval Europe 4.2, S. 145–173.
- (1996). *The Goths* (Oxford).
- (2001). »The Late Roman Art of Client Management and the Grand Strategy Debate«, in: Pohl/Wood 2001, S. 15–68.
- (2003). »Gens and regnum among the Ostrogoths«, in: Goetz u.a. 2003, S. 85–133.
- (2007a). *Der Untergang des Römischen Weltreichs* (Stuttgart); zuerst engl. unter dem Titel *The Fall of Rome: A New History* (London 2005).
- (2007b). »Goths in the Roman Balkans c. 350–500«, in: Poulter 2007, S. 163–190.
- (2008a). Review of John Drinkwater (2007), Nottingham Medieval Studies 52, S. 243–245.
- (2008b). »Ethnicity, Group Identity, and Social Status in the Migration Period«, in: Garipzanov u.a. 2008, S. 17–50.
- (2009). »Why Did the Barbarian Cross the Rhine?«, Journal of Late Antiquity, Bd. 2, Nr. 1, S. 3–29.
Heather, P. J., u. Matthews, J. F. (1991). *The Goths in the Fourth Century: Translated Texts for Historians* (Liverpool).
Hedeager, L. (1987). »Empire, Frontier and the Barbarian Hinterland: Rome and Northern Europe from AD 1–400«, in: Rowlands u.a. 1987, S. 125–140.
- (1988). »The Evolution of Germanic Society 1–400 AD«, in: Jones u.a. 1988, S. 129–144.
- (1992). *Iron-Age Societies: From Tribe to State in Northern Europe, 500 BC to AD 700* (Oxford).
Hedeager, L., u. Kristiansen, K. (1981). »Bendstrup – A Princely Grave from the Early Roman Iron Age: Its Social and Historical Context«, in: Kuml 1981, S. 150–162.
Helgason, A., u.a. (2000). »Estimating Scandinavian and Gaelic ancestry in the male settlers of Iceland«, American Journal of Human Genetics 67, S. 697–717.
- (2001). »mtDNA and the Islands of the North Atlantic: Estimating the Proportions of Norse and Gaelic Ancestry«, American Journal of Human Genetics 68, S. 723–737.
- (2003). »A Reassessment of Genetic Diversity in Icelanders: Strong Evidence from Multiple Loci for Relative Homogeneity caused by Genetic Drift«, Annals of Human Genetics 67, S. 281–297.
Henning, J. (1991). »Germanen-Slawen-Deutsche: Neue Untersuchungen zum frühgeschichtlichen Siedlungswesen östlich der Elbe«, Prähistorische Zeitschrift 66, S. 119–133.

- (2005). »Ways of Life in Eastern and Western Europe during the Early Middle Ages: Which Way was Normal?«, in: Curta 2005, S. 41 – 59.
Herrmann, J. (1968). Siedlung, Wirtschaft und gesellschaftliche Verhältnisse der slawischen Stämme zwischen Oder/Neiße und Elbe (Berlin).
- (1983). »Wanderungen und Landnahme im westslawischen Gebiet«, in: Settimane 1983, S. 75 – 101.
- (1984). Germanen und Slawen in Mitteleuropa (Berlin).
Hermann, J., u. a., Hg. (1985). Die Slawen in Deutschland: Geschichte und Kultur der slawischen Stämme westlich von Oder und Neiße vom 6. bis 12. Jahrhundert, 2. Aufl. (Berlin).
Higham, N. (1992). Rome, Britain and the Anglo-Saxons (London).
- (1994). The English Conquest: Gildas and Britain in the Fifth Century (Manchester).
- Hg. (2007). The Britons in Anglo-Saxon England (London).
Hills, C. (2003). The Origins of the English (London).
Hines, J. (1984). The Scandinavian Character of Anglian England in the pre-Viking Period (Oxford).
- Hg. (1997). The Anglo-Saxons from the Migration Period to the Eighth Century: An Ethnographic Perspective (Woodbridge).
Hodder, I. (1982). Symbols in Action: Ethnoarchaeological Studies of Material Culture (Cambridge).
- (1991). Reading the Past: Current Approaches to Interpretation in Archaeology, 2nd ed. (Cambridge).
Hodder, I., u. Hutson, S., Hg. (2003). Reading the Past: Current Approaches to Interpretation in Archaeology, 3rd ed. (Cambridge).
Hodges, R., u. Bowden, W., Hg. (1998). The Sixth Century: Production, Distribution, and Demand (Leiden).
Holmes, C., Hg. (1996). Migration in European History (Cheltenham).
Holt, J. C. (1987). »1086« in: ders., Hg., Doomsday Studies (Woodbridge), S. 41 – 64.
Hooke, D. (1997). »The Anglo-Saxons in England in the Seventh and Eighth Centuries: Aspects of Location in Space«, in: Hines 1997, S. 65 – 99.
- (1998). The Landscape of Anglo-Saxon England (London).
Hummer, H. J. (1998). »The Fluidity of Barbarian Identity: The Ethnogenesis of Alemanni and Suebi AD 200 – 500«, Early Medieval Europe 7, S. 2 – 26.
Ilkjaer, J. (1995). »Illerup Adal (Danemark). Un lieu de sacrifices du IIIe siècle de n.è. en Scandinavie meridionale«, in: Vallet/Kazanski 1995, S. 101 – 112.
Ilkjaer, J., u. Lonstrup, J. (1983). »Der Moorfund im Tal der Illerup-A bei Skanderborg in Ostjütland«, Germania 61, S. 95 – 126.
Ionita, I. (1975). »The Social-Economic Structure of Society During the Goths' Migration in the Carpatho-Danubean Area«, in: Constantinescu 1975, S. 77 – 89.
James, E. F. (1988). The Franks (Oxford).
- (1989). »The Origins of Barbarian Kingdoms: The Continental Evidence«, in: Bassett 1989, S. 40 – 52.
James, S. (1999). The Atlantic Celts: Ancient People or Modern Invention? (London).
Jarnut, J. (2003). »Gens, Rex, and Regna of the Lombards«, in: Goetz u. a. 2003, S. 409 – 428.
Jerome, H. (1926). Migration and Business Cycles (New York).
Jirecek, H. (1867). Codex Juris Bohemici, Bd. 1 (Prag).

Johnston, D.E., Hg. (1977). *The Saxon Shore* (London).
Jones, A.H.M. (1964). *The Later Roman Empire: A Social Economic and Administrative Survey*, 3 Bde. (Oxford).
Jones, M.E. (1996). *The End of Roman Britain* (Ithaca).
Jones, R.F.J., u.a., Hg. (1988). *First Millennium Papers: Western Europe in the First Millennium* (Oxford).
Kaiser, D.H. (1980). *The Growth of the Law in Medieval Russia* (Princeton).
– Hg. (1992). *The Laws of Rus': Tenth to Fifteenth Centuries* (Salt Lake City).
Kaiser, D.H., u. Marker, G., Hg. (1994). *Reinterpreting Russian History: Readings 860s–1860s* (Oxford).
Kaiser, R. (1997). *Die Franken: Roms Erben und Wegbereiter Europas?* (Idstein).
Kantor, M. (1983). *Medieval Slavic Lives of Saints and Princes* (Ann Arbor).
– (1990). *The Origins of Christianity in Bohemia* (Evanston).
Kapelle, W.E. (1979). *The Norman Conquest of the North: The Region and Its Transformation 1000–1135* (Chapel Hill, NC).
Kazanski, M. (1991). *Les Goths (Ier–VIIe siècle après J.-C.)* (Paris).
– (1999). *Les Slaves: les origines, Ier–VIIe siècle après J.-C.* (Paris).
Kelly, C. (2008). *Attila the Hun: Barbarian Terror and the Fall of Rome* (London).
Kelly, G. (2008). *Ammianus Marcellinus: The Allusive Historian* (Cambridge).
Kennedy, H. (2004). *The Court of the Caliphs: The Rise and Fall of Islam's Greatest Dynasty* (London).
– (2007). *The Great Arab Conquests: How the Spread of Islam Changed the World We Live In* (London).
Keydell, R., Hg. (1967). *Agathias Historiae, Corpus Fontium Historiae Byzantinae* (Berlin).
Keynes, S. (1986). »A Tale of Two Kings: Alfred the Great and Aethelred the Unready«, Transactions of the Royal Historical Society 36, S.195–217.
– (1997). »The Vikings in England, c. 790–1016«, in: Sawyer 1997a, S.48–81.
Keynes, S., u. Lapidge, M., Hg. (1983). *Alfred the Great: Asser's Life of King Alfred, and Other Contemporary Sources* (London).
Khazanov, A.M. (1984). *Nomads and the Outside World*, übers. v. J. Crookenden, mit einem Vorw. v. E. Gellner (Cambridge).
King, R., Hg. (1993). *Mass Migration in Europe: The Legacy and the Future* (London).
King, R., u. Oberg, S. (1993). »Europe and the Future of Mass Migration«, in: King 1993, S.1–4.
Kivisto, P. (1989). *The Ethnic Enigma: The Salience of Ethnicity for European-Origin Groups* (Philadelphia).
Klose, J. (1934). *Roms Klientel-Randstaaten am Rhein und an der Donau: Beiträge zu ihrer Geschichte und rechtlichen Stellung im 1. und 2. Jhdt. n. Chr.* (Breslau).
Kmieciński, J. (1968). *Odry: cmentarzysko kurhanowe z okresu rzymskiego w powiecie chojnickim* (Lodz).
Kobylinski, Z. (1997). »Settlement Structures in Central Europe at the Beginning of the Middle Ages«, in: Urbańczyk 1997a, S.97–114.
Koch, R., u. Koch, U. (1996). »Die fränkische Expansion ins Main- und Neckargebiet«, in: *Die Franken – Wegbereiter Europas*, Bd. 1 (Mainz), S.270–284.

Kokowski, A. (1995). *Schätze der Ostgoten* (Stuttgart).
Kolendo, J. (1997). »Central Europe and the Mediterranean World in the 1st–5th Centuries AD«, in: Urbańczyk 1997a, S. 5–22.
Kossinna, G. (1928). *Ursprung und Verbreitung der Germanen in vor- und frühgeschichtlicher Zeit* (Leipzig).
Kostrzewski, J. (1969). »Über den gegenwärtigen Stand der Erforschung der Ethnogenese der Slaven in archäologischer Sicht«, in: Zagiba 1969, S. 11–25.
Krader, L. (1963). *Social Organization of the Mongol-Turkic Pastoral Nomads* (Den Haag).
Kristiansen, K., u. Paludan-Müller, C., Hg. (1978). *New Directions in Scandinavian Archaeology* (Kopenhagen).
Krüger, B., u.a., Hg. (1976–83). *Die Germanen: Geschichte und Kultur der germanischen Stämme in Mitteleuropa*, 2 Bde. (Berlin).
Kuhn, W. (1963). »Die Siedlerzahlen der deutschen Ostsiedlung«, in: *Studium Sociale. Karl Valentin Müller dargebracht* (Köln), S. 131–154.
– (1973). *Vergleichende Untersuchungen zur mittelalterlichen Ostsiedlung* (Köln).
Kuhrt, D., Hg. (1984). *The Politics of Return: International Return Migration in Europe* (New York).
Kulikowski, M. (2000a). »Barbarians in Gaul, Usurpers in Britain«, Britannia 31, S. 325–345.
– (2000b). »The Notitia Dignitatum as a Historical Source«, Historia 49, S. 358–377.
– (2002). »Nation versus Army: A Necessary Contrast?«, in: Gillet 2002, S. 69–84.
– (2009). *Die Goten vor Rom* (Darmstadt); zuerst engl. unter dem Titel *Rome's Gothic Wars* (Cambridge 2007).
Kunzl, E., Hg. (1993). *Die Alamannenbeute aus dem Rhein bei Neupotz*, 4 Bde. (Mainz).
Kurnatowska, Z. (1995). »Frühstädtische Entwicklung an den Zentren der Piasten in Großpolen«, in: Brachmann 1995, S. 133–148.
– (1997a). »Territorial Structures in West Poland Prior to the Founding of the State Organization of Miesco I«, in: Urbańczyk 1997a, S. 125–136.
– (1997b). »Die Christianisierung Polens im Lichte der materiellen Quellen«, in: Urbańcyzk 1997a, S. 101–121.
Lappenberg, J.M., u. Schmeidler, B., Hg. (1909). *Helmoldi presbyteri Bozoviensis Cronica Slavorum*, 2. Aufl. (Hannover).
Leahy, K., u. Paterson, C. (2001). »New Light on the Viking presence in Lincolnshire: the Artefactual Evidence«, in: Graham-Campbell u.a. 2001, S. 181–202.
Leach, E.R. (1954). *Political Systems of Highland Burma: A Study of Kachin Social Structure* (London).
Lenski, N. (1995). »The Gothic Civil War and the Date of the Gothic Conversion«, Greek Roman and Byzantine Studies 36, S. 51–87.
– (2002). *Failure of Empire: Valens and the Roman State in the Fourth Century AD* (Berkeley).
Levaskova, V.P. (1994). »Agriculture in Rus«, in: Kaiser/Marker 1994, S. 39–44.
Lewitt, T. (1991). *Agricultural Production in the Roman Economy AD 200–400* (Oxford).
Leyser, K. (1982). *Medieval Germany and its Neighbours, 900–1250* (London).
– (1989). *Rule and Conflict in an Early Medieval Society: Ottonian Saxony* (Oxford).
Liapushkin, I.I. (1958). *Gorodishche Novotroitskoe* (Moskau).
Liebermann, F., Hg. (1903–16). *Die Gesetze der Angelsachsen* (Halle).

Liebeschuetz. J.H.W.G. (1990). *Barbarians and Bishops: Army, Church, and State in the Age of Arcadius and Chrysostom* (Oxford).
- (1992). »Alaric's Goths: Nation or Army?«, in: Drinkwater/Elton 1992, S. 75-83.
Likhachev, D.S. (1970). »The Legend of the Calling-in of the Varangians«, in: Hannestad, K., u.a., Hg., *Varangian Problems*, S. 178-185 (Kopenhagen).
Lindner, R. (1981). »Nomadism, Huns, and Horses«, Past & Present 92, S. 1-19.
Lohmann, H.-E., u. Hirsch, P., Hg. (1935). *Widukindi monachi Corbeiensis Rerum Gestarum Saxonicarum*, Monumenta Germaniae Historica: Scriptores rerum Germanicarum, 5. Aufl. (Hannover).
Loseby, S.T. (1992). »Marseille: a Late Antique Success Story?«, Journal of Roman Studies 82, S. 165-185.
- (1998). »Marseille and the Pirenne Thesis I: Gregory of Tours, the Merovingian kings and 'un grand port'«, in: Hodges/Bowden 1998, S. 203-229.
- (2000). »Urban Failures in late Antique Gaul«, in: Slater 2000, S. 72-95.
Lowmianski, H. (1960). »Economic Problems of the Early Feudal Polish State«, Acta Poloniae Historica 3, S. 7-32.
Loyn, H. (1995). *The Vikings in Britain* (Oxford).
Lübke, C. (1984-88). *Regesten zur Geschichte der Slaven an Elbe und Oder (vom Jahr 900 an)* (Berlin).
- (1994). »Zwischen Triglav und Christus: Die Anfänge der Christianisierung des Havellandes«, Wichmann-Jahrbuch des Diözesangeschichtsvereins Berlin, Neue Folge 3, Jahrgang 34f, S. 15-35.
- (1997). »Forms of Political Organization of the Polabian Slavs (until 10th c.)«, in: Urbańczyk 1997a, S. 115-124.
Lund, N. (1984). *Two Voyagers at the Court of King Alfred: Othere and Wulfstan* (York).
- (1986). »The Armies of Swein Forkbeard and Cnut: leding or lith?«, Anglo-Saxon England 15, S. 105-118.
- (1993). »Danish Military Organization«, in: Cooper 1993, S. 109-126.
- (1994). »Cnut's Danish Kingdom«, in: Rumble 1994, S. 27-42.
- (1995). »Scandinavia«, in: McKitterick 1995, S. 202-227.
- (1997). »The Danish Empire and the End of the Viking Age«, in: Sawyer 1997a, S. 156-181.
Lund Hansen, U. (1987). *Römischer Import im Norden: Warenaustausch zwischen dem Römischen Reich und dem freien Germanien während der Kaiserzeit unter besonderer Berücksichtigung Nordeuropas* (Kopenhagen).
McCormick, M. (2001). *Origins of the European Economy: Communications and Commerce, AD 300-900* (Cambridge).
MacGeorge, P. (2002). *Late Roman Warlords* (Oxford).
McKitterick, R. (1977). *The Frankish Church and the Carolingian Reforms, 789-895* (London).
- (1983). *The Frankish Kingdoms under the Carolingians, 751-987* (London).
- (1989). *The Carolingians and the Written Word* (Cambridge).
- Hg. (1994). *Carolingian Culture: Emulation and Innovation* (Cambridge).
- Hg. (1995). *The New Cambridge Medieval History*, Bd. 2, *c.700-c.900* (Cambridge).
Maenchen-Helfen, O.J. (1945). »Huns and Hsiung-nu«, Byzantion 17, S. 222-243.

- (1978). *Die Welt der Hunnen* (Wien); zuerst engl. unter dem Titel *The World of the Huns* (Berkeley 1973).
Manteuffel, T. (1982). *The Formation of the Polish State: The Period of Ducal Rule, 963–1194*, übers. u. mit einer Einf. v. A. Gorski (Detroit).
Manteuffel, T., u. Gieysztor, A., Hg. (1968). *L'Europe aux IX.–XI. siècles aux origines des états nationaux, Actes du Colloque international sur les origines des états européens aux IX.–XI. siècles, tenu à Varsovie et Poznan du 7 au 13 septembre 1965* (Warschau).
Markus, R.A. (1997). *Gregory the Great and his World* (Cambridge).
Mathisen, R.W., u. Shanzer, D., Hg. (2001). *Society and Culture in Late Roman Gaul: Revisiting the Sources* (Aldershot).
Matthews, J.F. (1970). »Olympiodorus of Thebes and the History of the West (AD 407–425)«, Journal of Roman Studies 60, S. 79–97.
- (1975). *Western Aristocracies and the Imperial Court AD 364–425* (Oxford).
- (1989). *The Roman Empire of Ammianus* (London).
Mayr-Harting, H. (1972). *The Coming of Christianity to Anglo-Saxon England* (London).
- (1994). *Two Conversions to Christianity: The Bulgarians and the Anglo-Saxons* (Reading).
Melnikova, E.A. (1996). *The Eastern World of the Vikings* (Gothenburg).
Minns, E.H. (1913). *Scythians and Greeks: A Survey of Ancient History and Archaeology of the North Coast of the Euxine From the Danube to the Caucasus* (Cambridge).
Minor, C. (1996). »Bacaudae – A Reconsideration«, Traditio 51, S. 297–307.
Miquel, A. (1966). »Ibn Jacub«, Annales 23, S. 1048–1063.
Moderan, Y. (2002). »L'établissement des Vandals en Afrique«, Antiquité Tardif 10, S. 87–122.
Moisl, H. (1981). »Anglo-Saxon Royal Genealogies and Germanic Oral Tradition«, Journal of Medieval History 7, S. 215–248.
Müller-Wille, M. (1999). *Opferkulte der Germanen und Slawen* (Darmstadt).
Myhre, B. (1978). »Agrarian Development, Settlement History and Social Organization in Southwest Norway in the Iron Age«, in: Kristiansen/Paludan-Müller 1978, S. 224–235 u. 253–265.
Nelson, J.L. (1997). »The Frankish Empire«, in: Sawyer 1997a, S. 19–47.
Nichols, J. (1998). »The Eurasian Spread Zone and the Indo-European Dispersal«, in: Blench/Spriggs 1998, S. 220–266.
Noonan, T.S. (1997). »Scandinavians in European Russia«, in: Sawyer 1997a, S. 134–155.
- (1998). *The Islamic World, Russia and the Vikings, 750–900: The Numismatic Evidence* (Aldershot).
Ó Corráin, D. (1997). »Ireland, Wales, Man, and the Hebrides«, in: Sawyer 1997a, S. 83–109.
- (1998). »The Vikings in Scotland and Ireland in the Ninth Century«, Peritia 12, S. 296–339.
Ørsnes, M. (1963). »The Weapon Find in Ejsbøl Mose at Haderlev: Preliminary Report«, Acta Archaeologica 34, S. 232–248.
- (1968). *Der Moorfund von Ejsbøl bei Hadersleben. Deutungsprobleme der großen nordgermanischen Waffenopferfunde* (Abhandlung der Akademie der Wissenschaft in Göttingen) (Göttingen).
Painter, K. (1994). »Booty from a Roman Villa found in the Rhine«, Minerva 5, S. 22–27.

Palade, V. (1966). »Atelierele pentru lucrat pieptini din os din secolul at IV-leas e.n. de la Birlad-Valea Seaca«, Arheologia Moldovei 4, S. 261-277.
Parczewski, M. (1993). *Die Anfänge der frühslawischen Kultur in Polen* (Wien).
- (1997). »Beginnings of the Slavs' Culture«, in: Urbańczyk 1997a, S. 79-90.
Paschoud, F. (1971-89). *Zosimus: Historia Nova*, 6 Bde. (Paris).
Pearson, M. P. (1989). »Beyond the Pale: Barbarian Social Dynamics in Western Europe«, in: Barrett 1989, S. 198-226.
Peregrinatio Gothica 1. (1986). Archaeologia Baltica VII (Lodz).
Peregrinatio Gothica 2. (1989). Archaeologia Baltica VIII (Lodz).
Périn, P. (1980). *La datation des tombes mérovingiennes* (Genf).
- (1987). *Les Francs à la Conquête de la Gaule* (Paris).
- (1996). »Die archäologischen Zeugnisse der fränkischen Expansion in Gallien«, in: *Die Franken – Wegbereiter Europas*, Bd. 1 (Mainz), S. 227-232.
Périn, P., u. Feffer, L. C. (1987). *Les Francs à l'Origine de la France*, 2 Bde. (Paris).
Périn, P., u. Kazanski, M. (1996). »Das Grab Childerichs I.«, in: *Die Franken – Wegbereiter Europas*, Bd. 1 (Mainz), S. 173-182.
Petrov, N. I. (2005). »Ladoga, Ryurik's Stronghold, and Novgorod: Fortifications and Power in Early Medieval Russia«, in: Curta 2005, S. 121-137.
Pharr, C. (1952). *The Theodosian Code and Novels, and the Sirmondian Constitutions* (New York).
Phillips, J. R. S. (1988). *The Medieval Expansion of Europe* (Oxford).
- (1994). »The Medieval Background«, in: Canny 1994, S. 9-25.
Pichlmayr, F., Hg. (1911). *Sexti Aurelii Victoris liber de Caesaribus* (Leipzig).
Pinder, M., Hg. (1897). *Ioannis Zonarae Epitomae historiarum libri XVIII* (Bonn).
Pirling, R. (1966). *Das römisch-fränkische Gräberfeld von Krefeld-Gellep* (Berlin).
Pirling, R., u. Siepen, M. (2003). *Das römisch-fränkische Gräberfeld von Krefeld-Gellep 1989-2000* (Stuttgart).
Platnauer, M. (1922). *The Works of Claudian* (London).
PLRE: The Prosopography of the later Roman Empire, hg. A. H. M. Jones u. a., 3 Bde. (Cambridge, 1971-92).
Pohl, W. (1980). »Die Gepiden und die Gentes an der mittleren Donau nach dem Zerfall des Attilareiches«, in: Wolfram/Daim 1980, S. 239-305.
- (1988). *Die Awaren: ein Steppenvolk im Mitteleuropa, 567-822 n. Chr.* (München).
- (2000). *Die Germanen* (München).
- (2003). »A Non-Roman Empire in Central Europe: The Avars«, in: Goetz u. a. 2003, S. 571-595.
Pohl, W., u. Erhart, P. (2005). *Die Langobarden: Herrschaft und Identität* (Wien).
Pohl, W., u. Wood, I. N., Hg. (2001) *The Transformation of Frontiers from Late Antiquity to the Carolingians, Proceedings of the Second Plenary Conference, European Science Foundation Transformation of the Roman World Project* (Leiden).
Poulik, J., u. a., Hg. (1986). *Großmähren und die Anfänge der tschechoslowakischen Staatlichkeit* (Prag).
Poulter, A., Hg. (2007). *The Transition to Late Antiquity on the Danube and Beyond* (Oxford).
Powlesland, D. (1997). »Early Anglo-Saxon Settlements: Structures, Forms, and Layout«, in: Hines 1997, S. 101-124.

Preucel, R., u. Hodder, I., Hg. (1996). *Contemporary Archaeology in Theory* (Oxford).
Preussler, W. (1956). »Keltischer Einfluss im Englischen«, Revue des Langues Vivantes 22, S. 322–350.
Prinz, F. (1984). *Böhmen im mittelalterlichen Europa* (München).
Proussa, P. (1990). »A Contact-universals Origin for Periphrastic Do, with Special Consideration of OE-Celtic Contact«, in: Adamson 1990, S. 407–434.
Raev, B. A. (1986). *Roman Imports in the Lower Don Basin* (Oxford).
Rafnsson, S. (1997). »The Atlantic Islands«, in: Sawyer 1997a, S. 110–133.
Randsborg, K. (1980). *The Viking Age in Denmark: The Formation of a State* (London).
Rau, G. (1972). »Körpergräber mit Glasbeigaben des 4. nachchristlichen Jahrhunderts im Oder-Weichsel-Raum«, Acta praehistorica et archaeologica 3, S. 109–214.
Reichmann, C. (1996). »Frühe Franken in Germanien«, in: *Die Franken – Wegbereiter Europas*, Bd. 1 (Mainz), S. 55–65.
Renfrew, C. (1987). *Archaeology and Language: The Puzzle of Indo-European Origins* (London).
Renfrew, C., u. Bahn, P. (1991). *Archaeology: Theories, Methods and Practice* (London).
Renfrew, C., u. Cherry, J. F., Hg. (1986). *Peer Polity Interaction and Socio-Political Change* (Cambridge).
Reuter, T. (1985). »Plunder and Tribute in the Carolingian Empire«, Transactions of the Royal Historical Society, S. 75–94.
– (1990). »The End of Carolingian Military Expansion«, in: Godman/Collins 1990, S. 391–407.
– (1991). *Germany in the Early Middle Ages c. 800–1056* (London).
– Hg. (1999). *The New Cambridge Medieval History*, Bd. 3, *900–1024* (Cambridge).
Ritchie, A. (1993). *Viking Scotland* (Bath).
Roesdahl, E. (1982). *Viking Age Denmark*, übers. v. S. Margeson u. K. Williams (London).
– (1991). *The Vikings*, übers. v. S. Margeson u. K. Williams (London).
Rolfe, J. C., Hg. (1935–39). *Ammianus Marcellinus* (London).
Rostovzeff, M. I. (1922). *Iranians and Greeks in South Russia* (Oxford).
Rowlands, M., u. a., Hg. (1987). *Centre and Periphery in the Ancient World* (Cambridge).
Rudkin, D. (1986). *The Saxon Shore* (London).
Rumble, A. R., Hg. (1994). *The Reign of Cnut: King of England, Denmark and Norway* (London).
Rystad, G. (1996). »Immigration Policy and the Future of International Migration«, International Migration Review 26.4, S. 555–586.
Sabbah, G. (1978). *La méthode d'Ammien Marcellin: recherches sur la construction du discours historique dans les Res Gestae* (Paris).
Salt, J., u. Clout, H., Hg. (1976). *Migration in Post-War Europe: Geographical Essays* (Oxford).
Salway, P. (2001). *A History of Roman Britain* (Oxford).
Sanchez-Albornoz, N. (1994). »The First Transatlantic Transfer: Spanish Migration to the New World«, in: Canny 1994, S. 26–36.
Santini, C., Hg. (1979). *Eutropius Breviarium ab urbe condita* (Stuttgart).
Sartre, M. (1982). *Trois études sur l'Arabie romaine et byzantine* (Brüssel).
Sasse, B. (1982). *Die Sozialgeschichte Böhmens in der Frühzeit: Historisch-archäologische Untersuchungen zum 9.–12. Jahrhundert* (Berlin).

Sawyer, B. (1991). »Viking-Age Rune-Stones as a Crisis Symptom«, Norwegian Archaeological Review 24, S. 97-112.
Sawyer, B., u. Sawyer, P.H. (1993). *Medieval Scandinavia: From Conversion to Reformation c.800-1500* (Minneapolis).
Sawyer, P.H. (1962). *The Age of the Vikings* (London).
- (1978). *From Roman Britain to Norman England* (London).
- (1982). »The Causes of the Viking Age«, in: Farrell 1982, S. 1-7.
- (1993). »The Scandinavian Background«, in: Cooper 1993, S. 33-42.
- (1994). »Cnut's Scandinavian Empire«, in: Rumble 1994, S. 10-22.
- Hg. (1997a). *The Oxford Illustrated History of the Vikings* (Oxford).
- (1997b). »The Age of the Vikings, and Before«, in: Sawyer 1997a, S. 1-18.
Sawyer, P.H., u. Wood, I.N., Hg. (1977). *Early Medieval Kingship* (Leeds).
Schmidt, L. (1933). *Geschichte der deutschen Stämme bis zum Ausgang der Völkerwanderung: Die Ostgermanen*, 2. Aufl. (München).
Schnurbein, S. von (1995). *Vom Einfluss Roms auf die Germanen* (Opladen).
Schröder, F.J. (1977). *Völker und Herrscher des östlichen Europa im Weltbild Widukinds von Korvei und Thietmars von Merseburg* (Münster).
Scragg, D. (1991). *The Battle of Maldon, AD 991* (Oxford).
Searle, E. (1988). *Predatory Kinship and the Creation of Norman Power 840-1066* (Berkeley).
Service, E.R. (1975). *Origins of the State and Civilization: The Process of Cultural Evolution* (New York).
Settimane [Centro italiano di studi sull'alto Medioevo: Settimane di studio] (1983). *Gli Slavi occidentali e meridionali nell'alto Medioevo, Atti del xxx Congresso internazionale di studi sull'alto Medioevo* (Spoleto).
Shanzer, D., u. Wood, I.N., Hg. u. übers. (2002). *Avitus of Vienne: Letters and Selected Prose* (Liverpool).
Shchukin, M. (1975). »Das Problem der Cernjachow-Kultur in der sowjetischen archäologischen Literatur«, Zeitschrift für Archäologie 9, S. 25-41.
- (1977). »Current Aspects of the Gothic Problem and the Cherniakhovo Culture«, Arkheologichesky sbornik 18, S. 79-92 (engl. Zusammenfassung).
- (1990). *Rome and the Barbarians in Central and Eastern Europe: 1st Century BC-1st Century AD* (Oxford).
- (2005). *The Gothic Way: Goths, Rome, and the Culture of the Chernjakhov/Sintana de Mures* (St. Petersburg).
Shennan, S. (1989). *Archaeological Approaches to Cultural Identity* (London).
Shepard, J. (2005). »Conversions and Regimes Compared: The Rus' and the Poles, ca. 1000«, in: Curta 2005, S. 252-282.
Sherwin-White, A.N. (1973). *The Roman Citizenship*, 2. Aufl. (Oxford).
Siegmund, F. (1998). »Social Structure and Relations«, in: Wood 1998, S. 177-198.
Sinor, D. (1977). *Inner Asia and its Contacts with Medieval Europe* (London).
- (1990). *The Cambridge History of Early Inner Asia* (Cambridge).
Skalnik, P., Hg. (1989). *Outwitting the State* (New Jersey).
Slater, T., Hg. (2000). *Towns in Decline AD 100-1600* (Aldershot).
Smith, A.D. (1986). *The Ethnic Origin of Nations* (Oxford).

Smith, J.M. (1992). *Province and Empire: Brittany and the Carolingians* (Cambridge).
Smyth, A.P. (1977). *Scandinavian Kings in the British Isles, 850–880* (Oxford).
– (1979). *Scandinavian York and Dublin: The History and Archaeology of Two Related Viking Kingdoms* (New Jersey).
– (1995). *King Alfred the Great* (Oxford).
Speidel, M.P. (1977). »The Roman Army in Arabia«, *Aufstieg und Niedergang der antiken Welt* II, S. 8.
Stallknecht, B. (1969). *Untersuchungen zur römischen Außenpolitik in der Spätantike* (Bonn).
Stenton, F. (1971). *Anglo-Saxon England* (Oxford).
Steuer, H. (1982). *Frühgeschichtliche Sozialstrukturen in Mitteleuropa. Eine Analyse der Auswertungsmethoden des archäologischen Quellenmaterials* (Göttingen).
– (1998). »Theorien zur Herkunft und Entstehung der Alemannen: Archäologische Forschungsansätze«, in: Geuenich 1998, S. 270–334.
Stockwell, S., Hg. (2008). *The British Empire: Themes and Perspectives* (Oxford).
Syme, R. (1968). *Ammianus and the Historia Augusta* (Oxford).
– (1971a). *Emperors and Biography: Studies in the Historia Augusta* (Oxford).
– (1971b). *The Historia Augusta: A Call for Clarity* (Bonn).
Szydlowski, J. (1980). »Zur Anwesenheit der Westslawen an der mittleren Donau im ausgehenden 5. und 6. Jahrhundert«, in: Wolfram/Daim 1980, S. 233–237.
Tejral, J., u.a., Hg. (1999). *L'Occident romain et l'Europe centrale au début de l'époque des Grandes Migrations* (Brno).
Theuws, F., u. Hiddink, H. (1996). »Der Kontakt zu Rom«, in: *Die Franken – Wegbereiter Europas*, Bd. 1 (Mainz), S. 66–80.
Thomas, M.G., u.a. (2006). »Evidence for an Apartheid-like Social Structure in Early Anglo-Saxon England«, Proceedings of the Royal Society 273, S. 2651–2657.
Thompson, E.A. (1965). *The Early Germans* (Oxford).
– (1966). *The Visigoths in the Time of Ulfila* (Oxford).
– (1995). *The Huns* (Oxford).
Todd, M. (1975). *The Northern Barbarians 100 BC–AD 300* (London).
– (1992). *The Early Germans* (Oxford).
Trillmich, W., u.a., Hg. (1978). *Quellen des 9. und 11. Jahrhunderts zur Geschichte der hamburgischen Kirche und des Reiches*, 5. Aufl. (Darmstadt).
Turek, R. (1974). *Böhmen im Morgengrauen der Geschichte. Von den Anfängen der slawischen Besiedlung bis zum Eintritt in die europäische Kulturgemeinschaft (6. bis Ende des 10. Jahrhunderts)* (Wiesbaden).
Ucko, P. 1995). *Theory in Archaeology: A World Perspective* (London).
Urbańczyk, P., Hg. (1997a). *Origins of Central Europe* (Warschau).
– (1997b). »Changes of Power Structure During the 1st Millennium AD in the Northern Part of Central Poland«, in: Urbańczyk 1997a, S. 39–44.
– Hg. (1997c). *Early Christianity in Central and East Europe* (Warschau).
– Hg. (2001). *Europe around the Year 1000* (Warschau).
– Hg. (2004). *Polish Lands at the Turn of the First and the Second Millennia* (Warschau).
– (2005). »Early State Formation in East Central Europe«, in: Curta 2005, S. 139–151.
Vallet, F. u.a., Hg. (1995). *La noblesse romaine et les chefs barbares du IIIe au VIIe siècle* (Paris).

Van Dam, R. (1985). *Leadership and Community in Late Antique Gaul* (Berkeley).
Van Ossel, P. (1992). *Etablissements ruraux de l'antiquité tardive dans le nord de la Gaule* (Paris).
Van Ossel, P., u. Ouzoulias, P. (2000). »Rural Settlement Economy in Northern Gaul in the Late Empire: An Overview and Assessment«, Journal of Roman Archaeology 13, S. 133 – 160.
Verlinden, C. (1955). *L'Esclavage dans l'Europe Médiévale* (Brügge).
Vertovec, S., u. Cohen, R. (1999). *Migration, Diasporas, and Transnationalism* (Cheltenham).
Vince, A. (2001). »Lincoln in the Viking Age«, in: Graham-Campbell u. a. 2001, S. 157 – 180.
Voets, S., u. a., Hg. (1995). *The Demographic Consequences of Migration* (Den Haag).
Ward-Perkins, B. (2000). »Why did the Anglo-Saxons not become more British?«, English Historical Review 115, S. 513 – 533.
– (2007). *Der Untergang des Römischen Reiches und das Ende der Zivilisation* (Darmstadt). Zuerst engl. unter dem Titel *The Fall of Rome and the End of Civilization* (Oxford 2005).
Weale, M. E., u. a. (2002). »Y Chromosome Evidence for Anglo-Saxon Mass Migration«, Molecular Biology & Evolution 19.7, S. 1008 – 1021.
Wegener, W. (1959). *Böhmen/Mähren und das Reich im Hochmittelalter* (Köln).
Welch, M. (1992). *English Heritage Book of Anglo-Saxon England* (London).
Wells, P. S. (1999). *The Barbarians Speak: How the Conquered Peoples Shaped Roman Europe* (Princeton).
Wenskus, R. (1961). *Stammesbildung und Verfassung: Das Werden der frühmittelalterlichen gentes* (Köln).
Werner, J. (1935). *Münzdatierte austrasische Grabfunde* (Berlin).
– (1950). »Zur Entstehung der Reihengräberzivilisation«, Archaeologica Geographica I, S. 23 – 32.
Weski, T. (1982). *Waffen in germanischen Gräbern der älteren römischen Kaiserzeit südlich der Ostsee* (Oxford).
Whitby, L. M. (1988). *The Emperor Maurice and his Historian: Theophylact Simocatta on Persian and Balkan Warfare* (Oxford).
Whitby, L. M., u. Whitby, J. M. (1986). *The History of Theophylact Simocatta* (Oxford).
Whitelock, D., Hg. (1955). *English Historical Documents*, Bd. 1, c. 500 – 1042 (London).
Whittaker, C. R. (1994). *Frontiers of the Roman Empire: A Social and Economic Study* (Baltimore).
Whittow, M. (1996). *The Making of Orthodox Byzantium, 600 – 1025* (London).
Wickham, C. (1992). »Problems of Comparing Rural Societies in Early Medieval Western Europe«, Transactions of the Royal Historical Society, 6th series 2, S. 221 – 246.
– (2005). *Framing the Early Middle Ages: Europe and the Mediterranean, 400 – 800* (Oxford).
Wieczorek, A. (1996). »Die Ausbreitung der fränkischen Herrschaft in den Rheinlanden vor und seit Chlodwig I.«, in: *Die Franken – Wegbereiter Europas*, Bd. 1 (Mainz), S. 241 – 260.
Wiet, G. (1957). *Les Atours Précieux* (Kairo).
Williams, A. (1991). *The English and the Norman Conquest* (Woodbridge).
Wilson, J. (2008). »Agency, Narrative, and Resistance«, in: Stockwell 2008, S. 245 – 268.
Wolfram, H. (1979). *Conversio Bagoariorum et Carantanorum: das Weißbuch der Salzburger Kirche über die erfolgreiche Mission in Karantanien und Pannonien* (Wien).
– (1979) *Die Goten. Von den Anfängen bis zur Mitte des sechsten Jahrhunderts. Entwurf einer historischen Ethnographie*, (München; 5. Aufl. 2009).

- (1985). *Treasures on the Danube: Barbarian Invaders and their Roman Inheritance* (Wien).
- (1988). *History of the Goths*, engl. Übers. v. T. J. Dunlap (Berkeley), erweiterte Übersetzung des deutschen Originaltitels *Die Goten. Von den Anfängen bis zur Mitte des sechsten Jahrhunderts. Entwurf einer historischen Ethnographie*, 5. Aufl. (München, 2009; zuerst 1979).
- (1990) *Das Reich und die Germanen. Zwischen Antike und Mittelalter* (Berlin).
- (1994). »Origo et Religio: Ethnic Traditions and Literature in Early Medieval Texts«, Early Medieval Europe 3, S. 19–38.
- (1995). *Salzburg, Bayern, Österreich: die Conversio Bagoariorum et Carantanorum und die Quellen ihrer Zeit* (Wien).

Wolfram, H., u. Daim, F., Hg. (1980). *Die Völker an der mittleren und unteren Donau im fünften und sechsten Jahrhundert* (Denkschriften der Österreichischen Akademie der Wissenschaften, phil.-hist. Kl. 145) (Wien).

Wolfram, H., u. Pohl, W., Hg. (1990). *Typen der Ethnogenese unter besonderer Berücksichtigung der Bayern* (Denkschriften der Österreichischen Akademie der Wissenschaften, phil.-hist. Kl. 193) (Wien).

Wood, I. N. (1985). »Gregory of Tours and Clovis«, Revue Belge de Philologie et d'Histoire 63, S. 249–272.
- (1990). »Ethnicity and the Ethnogenesis of the Burgundians« in: Wolfram/Pohl 1990, S. 53–69.
- (1994). *The Merovingian Kingdoms* (London).
- Hg. (1998). *Franks and Alamanni in the Merovingian Period: An Ethnographic Perspective* (Woodbridge).
- (2001). *The Missionary Life: Saints and the Evangelization of Europe, 400–1050* (Harlow).

Woolf, A. (2003). »The Britons: from Romans to Barbarians«, in: Goetz u. a. 2003, S. 345–380.
- (2007). »Apartheid and Economics in Anglo-Saxon England«, in: Higham 2007, S. 115–129.

Wormald, C. P. (1978). »Bede, Beowulf and the Conversion of the Anglo-Saxon Aristocracy«, in: Farrell 1978, S. 32–95.
- (1982). »Viking Studies: Whence and Whither«, in: Farrell 1982, S. 128–153.
- (1986). »Celtic and Anglo-Saxon Kingship«, Studies in Medieval Culture 20, S. 151–183.

Zagiba, F., Hg. (1969). *Das heidnische und christliche Slaventum*, Bd. II/1: *Das heidnische Slaventum* (Wiesbaden).

Zöllner, E. (1970). Geschichte der Franken bis zur Mitte des sechsten Jahrhunderts (München).

ABBILDUNGSNACHWEIS

akg-images: 4, 6, 10 (Gerard Degeorge), 11, 12, 17 (British Library), 18 (Suzanne Held), 26.

Bodleian Library: 14.

Bridgeman Berlin: 5 (Alinari), 7, 8 (Naqsh-e Rostam, Iran), 16 (Bibliothèque Nationale, Paris/Giraudon), 22 (Ashmolean Museum, University of Oxford), 25 (Bayerische Staatsbibliothek München).

British Museum: 13.

British Museum Press: 19, 20 (aus »The Early Slavs« von P.M. Barford, 2001, S. 333, 335.).

Corbis: 15 (© Skyscan).

Getty images: 1 (Andy Sotiriou), 2 (National Geographic/Sisse Brimberg), 3 (Roine Magnusson), 21 (Martin Ruegner), 23 (Travel Ink), 24 (Rischgitz), 28 (Time & Life Pictures) 29 (Ken Gilham).

Mary Evans Picture Library: 9.

Oxford University Press: 27 (aus : »The Oxford Illustrated History of the Vikings« von P. Wawyer (Hg.), 1997, S. 154).

REGISTER

Aachen 298, 419
Abodriten 502, 505
Abrittus, Schlacht bei (251 n. Chr.) 111
Ackerbautechniken 21, 35, 60, 81, 395, 406f., 494, 519, 532, 549
Adalbert von Prag, hl. 467, 476, 481, 490, 495, 502, 503
Adamantius 229f., 242
Adrianopel, Schlacht von (378 n. Chr.) 148, 152, 173, 179, 182, 188, 326
Adrianopel, Schlacht von (550 n. Chr.) 363
Aegidius 282–284
Aelle 417
Æthelred der Unberatene 475, 516
Aëtius 200, 217, 257, 259, 309
Agri Decumates 83, 85, 110, 113, 125, 127–129, 131, 132, 134, 347, 523, 537
Ägypten 244, 305, 344, 364f.
Akatziren 202, 212, 215, 217, 219
Alamannen 50–55, 64, 67, 68–73, 80, 88, 91, 93, 94, 109f., 124, 125, 128, 130, 136f., 152, 161, 172, 218, 284f., 333, 334
–, Migration der 110, 111, 127f., 130f., 132, 133, 347, 524
Alan II. 421
Al-Andalus 414
Alanen 152, 155, 159, 172, 175, 177, 178, 191f., 194f., 197f., 200, 201, 203, 205, 207, 219, 223, 305, 307, 308, 310f., 312, 313, 314, 315, 318, 321, 324, 326, 341, 529, 542
–, Migration der 146f., 165, 166, 167f., 171, 173–176, 179, 185, 189–192, 267, 316, 322f., 348, 526, 527, 529, 531, 533, 535
Alarich II. 328
Alarich 147, 171, 179, 180–190, 191f., 243, 326, 408, 526, 533

Alatheus 161, 308
Alaviv 146, 153, 157, 161
Alfred der Große 253, 417f., 419f., 428
Alkuin 451
Allianz *siehe* Konföderation
Amaler-Dynastie 78, 208, 225, 233, 242, 314, 327, 360
Amalische Goten (*siehe auch* Ostgoten) 218, 224, 232f., 234, 360
–, Migration der 208f., 211, 228–230, 236–238, 241f., 243f., 245, 305, 316f., 323f., 325
Ambrosius, Aurelianus 259–263, 268, 300
Amiens (Samarobriva) 104, 419
Amilzuren 216, 222
Ammian 50, 51f., 54f., 59, 68f., 71, 73f., 79, 80, 82, 89–92, 94, 148, 149, 150–157, 160, 161f., 164, 166, 196–198, 201, 206f., 230, 264, 266, 281, 315, 526
Ampsivarier 56, 79, 124, 281
Anastasios (Kaiser) 210, 328
Anchialus 112, 113
Angeln 261, 340, 531
Angelsachsen 30, 247, 248, 252, 254f., 256, 258, 260, 269, 271, 274, 275, 277, 278, 279, 280, 297, 299, 302, 303, 305, 311, 394, 442, 458, 512, 532, 534
–, Migration der 247–251, 252, 254f., 256–258, 261–263, 264f., 266–268, 269, 273f., 277–280, 303f., 313, 315, 317, 318–320, 324, 341, 535
Angelsächsische Chronik 248, 252f., 260, 412, 418, 420f., 439–441
Anoundas 464
Ansgar, hl. 428, 458, 462, 464

Anten 356f., 360f., 362, 363, 364f., 378, 381f., 400, 402
Antiochia 150, 156
Anwend 439
Aquileia 100
Aquitanien 147, 186, 286, 334, 414
Araber 198, 345, 364, 545
Araharius 90, 94
Arcadius 170
Ardagastes 385f., 389
Ardarich 194
Argaith 111, 123
Argaraganten 172
Argos 364, 367
Ariovist 53
Arles 170, 172, 286, 310
Ärmelschließen 254f.
Arminius 51f., 53, 56, 95, 148, 306
Armorica 290
Arnulf 419
Artus 259
Asdingen-Vandalen (*siehe auch* Vandalen) 100, 101, 129, 165, 166, 168, 178, 179, 191f., 310, 323, 348, 529
Askold 436f., 486
Aspar 231f., 242
Athanarich 71, 76, 95, 146, 153f., 156, 157
Athaulf 182f., 185, 307, 534
Athen 112, 179
Attila 194f., 200f., 202, 206, 209, 211, 212, 216–218, 223, 224, 225, 228, 229, 233, 235, 236, 239, 240, 242, 243, 245, 268, 296, 316, 327, 360, 401, 518, 528, 533
Augustus (Kaiser) 82
Aurelian (Kaiser) 113, 116
Austrasien 334
Awaren 199, 219, 223, 344, 363–365, 367, 369, 384, 386, 403f., 407, 482, 518f., 543, 545f., 549, 553
Awarenreich 219, 335, 363, 367–369, 386, 387, 402, 403f., 468, 481f., 486, 492, 506, 514f., 545, 547

Badon Hill, Schlacht von 259–261
Bagdad 347, 341, 455
Bagsecg 439
Baiern 334, 335, 371, 372, 502, 518
Bajuwaren 223, 333, 334, 336, 371, 518
Bale Berling 293
Balkan 111, 112f., 137, 147, 149, 152, 161, 168, 173, 179, 180, 185, 186, 189, 190, 200, 209, 210, 222, 223, 229, 230, 231, 232, 236, 237, 238, 241, 243, 305, 329, 341, 350, 363, 364, 371, 380, 526, 528, 531, 534
Ballomarius 105
Balten 430
Baltikum 362, 371, 410, 413, 426, 427, 428, 430, 431f., 440, 449, 453, 460
Baran, Wladimir 359
Bärhorst 62
Barth, Fredrick 32, 40–42, 226
Basileios II. (Kaiser) 474
Bastarner 24, 25, 115, 117
Bataver 56, 79, 124
Bath 253
Bayerischer Geograph 369f., 384, 483
Bayeux 421
Beda Venerabilis 253, 257, 259–262, 268, 451
Belegeziten 367, 384f.
Belgica Inferior 283f., 295
Belgorod 485, 510
Berestowo 485, 510
Berichus 213
Berlin-Hellersdorf 396
Berlin-Marzahn 396
Bernstein / Bernsteinhandel 82, 86, 87, 93, 96, 132, 136, 145, 427
Bernsteinstraße 82, 86, 96, 132, 133, 137, 455, 530
Bestattungsbräuche (*siehe auch* Brand-, Körperbestattung, Grabbeigaben) 33, 34, 65f., 108, 119, 121, 213f., 221, 255, 272, 273, 275, 277, 281, 286, 289f., 292–294, 295–298, 300, 339
Bigelis 208, 231, 233

Birka 457, 460, 464, 487
Birlad-Valea Seaca 64
Biskupin 390
Bittuguren-Hunnen 223
Bleda 213, 216
Böhme, Horst Wolfgang 288f.
Böhmen 502, 504
– (Land) 84, 101, 104, 210, 235, 241, 242, 338, 353, 370, 371f., 374, 375, 376, 381, 382, 383, 384, 390, 392, 402, 404, 468, 470, 471, 474, 475, 476, 477, 481f., 483, 489, 491, 492, 496f., 500, 503, 504, 506, 507, 517, 548
Boier 24
Boisker 216, 222
Bolesław I. Chrobry (Polen) 467f., 473, 476, 478, 495, 503
Bolesław I. der Grausame (Böhmen) 478, 489, 512
Bolesław II. (Böhmen) 481, 512
Bolgar 423, 427, 449
Bolia, Schlacht an der (473 n.Chr.) 209, 229
Borkovský (Forscher) 353, 358
Boulogne 413
Brandbestattung 23, 66, 106, 118, 121, 214, 235, 254, 262, 287, 288, 296, 367, 425f., 448
Breslau 478
Bretagne 248, 298, 413, 421, 422, 440
Britannien (*siehe auch* England) 249f., 257, 259–264, 266f., 269, 272–274, 277f., 289, 290, 302, 305, 311, 313, 317, 320, 340, 412, 413, 418, 422, 535
–, römisches 172, 247, 248, 250, 251f., 253, 254, 257, 258, 265f., 269–272, 280, 301, 304, 309, 422, 455, 524
Britische Inseln (*siehe auch* England, Britannien) 27, 254, 264, 305, 416, 421, 446f., 455, 522f., 532, 533, 535
Brukterer 56, 79, 124, 281
Bulgaren 223, 364, 366, 368, 369, 404, 423, 425, 434
Bulgarisches Reich 366

Buren, neuzeitliche Migration der 140f., 143, 203, 231, 234, 262, 389, 531, 539, 540
Burgund 334
Burgunder 51, 69, 110, 127, 130, 166, 168, 172, 174, 200, 284, 307, 309, 322, 331, 341
–, Migration der 110f., 130f., 133, 147f., 165f., 168, 308, 313, 318f., 324, 521
Burgunderreich 130, 147, 305, 313, 322, 329, 332, 348
Bury, J. B. 199
Byzantinisches Reich (*siehe auch* Oströmisches Reich) 349, 367–369, 384, 424, 429, 431, 432, 434, 435, 476, 484f., 496, 509, 547
Byzantium 112
Byzanz *siehe* Konstantinopel

Caesar 53, 83, 85
Cambrai 284, 419
Cananefaten 80
Cannabaudes 113, 123
Canterbury 413
Caracalla (Kaiser) 128
Carausius 266
Carnuntum 82
Cassiodor 78, 225
Cassius Dio 98f., 100, 101f., 103, 109, 126, 129
Castra Martis 147, 223
Ceawlin 260
Cemandrer 223
Ceolwulf 260
Cerdic 255
Chalcedon 112
Chamaver 281
Chaouilley 293
Chararich 284f.
Chasaren 423, 431
Chatten 56, 79, 124
Chattuarier 281
Cherusker 51, 56, 94
Childerich III. 334
Childerich 282f., 291, 295f., 333

Chlodwig 283–286, 287, 290, 291, 295, 296, 299, 313, 327, 332, 333, 339
Chnodomarius 50, 52, 53, 57, 59, 68f., 71, 73f., 76, 95, 103, 139, 152, 281, 347
Chorasan 435
Chosrau II. 344
Christentum 16, 285, 287, 292, 296f., 320, 468f., 470, 486, 503, 504, 510–514, 516, 547
Christenverfolgung 70, 76, 157, 513
Chronik von Monemvasia 364f., 392f.
Cirencester 253
Civilis, Julius 53
Claudian 168, 180f.
Claudius II. Gothicus (Kaiser) 112, 126
Cniva 111, 123, 126
Constantius II. (Kaiser) 53, 89f., 91f., 101, 127, 135, 174, 207
Constantius, Flavius 200, 534
Cornwall 248
Cosmas von Prag 351, 470
Cotentin 421
Cumbria 421
Curta, Florin 353, 358–360
Cynric 255

Dabritas 385
Dagome Iudex 476
Daker 114, 115f., 127, 129
Dakien (*siehe auch* Transsylvanien) 100f., 103, 104, 108, 113f., 115f., 127, 130, 131, 147, 156, 162, 173, 175f., 200, 207, 223, 347, 537
Dalmatien 224, 363, 367f.
Dalriada 452
Damaskus 346f.
Danelag 27, 300, 418, 420, 441–444, 446, 450f., 454, 457, 458, 465, 521, 534
Dänemark 27, 56, 84, 453, 458, 472, 475, 479, 486f., 492f., 503, 515, 527
Dänen 261, 413, 418, 420, 486, 510, 517
Danewerk 462, 486
Darfur-Konflikt 199
Decius (Kaiser) 111f., 123, 126

Demetrias 367
Dendrochronologie 86, 107, 254, 352f., 372, 373, 376, 396, 427, 433, 473, 476, 483, 486, 496
Dengizich 208, 217f., 240f.
Deorham, Schlacht von (577 n. Chr.) 253
Dessau-Mosigkau 396
Devon 248, 260
–, Schlacht bei (860 oder 878 n. Chr.) 440
Dexippos 112
Dir 436, 437, 486
DNA-Analyse 256f., 263, 444, 446f., 524, 534
Dnjepr-Route 426, 429, 431, 436, 437, 448f., 498, 509
Donau-Heruler 116
»Donaustil« 214, 236, 255, 287, 296
Doomsday Book 39, 248, 270, 275, 320, 442, 520
Dorchester 271
Dorestad 414, 460
Dregowitschen 498
Drewljanen 480, 489, 498
Dublin 421, 422f., 443, 461
Dulcinea 406
Dyle, Schlacht an der (891 n. Chr.) 419
Dyrrhachium 229f., 242, 323, 362

East Anglia 254, 261, 268, 288, 417, 418, 420, 439, 441, 455, 457
Edekon 209, 213, 214, 222
Edington, Schlacht von (878 n. Chr.) 417f.
Edward der Bekenner 248
Egils Saga 458
Eisen 16, 29, 63, 65, 81f., 86, 87, 352, 378, 498
Ejsbøl Mose 56–58, 59, 61, 63, 76, 85, 87, 125
Elbgermanen 523
Elbgermanisches Dreieck 110, 111, 133
Elbslawen 470, 500–503, 504, 507, 513, 516
Elitetransfer 39, 44, 46f., 145, 195, 237, 248, 249, 256f., 268–270, 275, 277, 280, 281, 286, 298, 301, 302, 322, 386, 394, 397, 550

Emma 475
Emporien *siehe* Handelsstützpunkte/ Handelszentren
Engischalk 14, 503
England (*siehe auch* Britannien, Britsche Inseln) 27, 39, 128, 248, 250, 254, 259, 262, 264f., 270, 275, 299, 302, 318, 361, 394, 397, 410, 414, 416f., 418, 420, 421, 439f., 441–443, 445, 446, 457, 463, 475, 480, 520, 531, 535, 550
–, angelsächsisches 72, 77, 248, 249, 253, 263, 274, 286, 296, 298, 333, 398, 423, 442, 456, 477, 521, 523
–, normannische Eroberung (1066 n. Chr.) 39, 248, 270f., 275, 277, 278, 286, 300, 302, 319, 320f., 443, 520f., 550
Ennodius 230
Eparchius Avitus 307
Ephesos, Dianatempel 112
Epidauros 393
Epirus 179
Erik Blutaxt 423
Ermanarich 155f., 201
Essex 253, 268, 420
Ethnische Säuberung 34, 37, 38, 39, 42, 45, 49, 144, 148, 249, 256f., 268, 277, 301f., 444, 522, 529
Eucherius 150
Eugenius 170, 181, 183
Eunapios 181, 182, 196
Eurich 310, 318
Eutropius 113, 171, 185, 187
Ezeriten 367, 384

Farnobius 308
Färöer-Inseln 27, 411, 422, 444, 447, 455, 457
Feddersen Wierde 61f., 66, 81, 85, 136
Feletheus 209f.
Fennen 25, 357
Fibeln *(fibulae)* (*siehe auch* Gewandnadeln) 63, 65, 83, 106, 118, 129, 138, 214, 235f., 254, 263, 282, 287, 290, 356, 367
Filimer 114, 122, 123, 124

Finnen *siehe* Fennen
Flachgräber 66
Fraena 439
Franken (*siehe auch* Karolinger, Merowinger) 36, 51, 55, 79, 166, 172, 176, 206, 219, 261, 263, 265, 281f., 283, 288–290, 291f., 296–298, 305, 307, 311, 312, 315, 324, 327, 329, 332, 333, 343, 347, 349, 384, 419, 425, 482, 511, 516, 542
–, Migration der 247f., 299–301, 302, 303f., 313, 317, 318–320
–, Herzogtum 335
Fränkisches Reich 285, 298, 301, 331f., 334–337, 369, 418f., 421, 439, 440, 442, 445, 450, 454, 456, 463, 465, 481, 503, 505, 511, 523, 547, 549
Fravittas 187
Fredegar 371, 404
Frénouville 293, 297, 301
Friesen 261, 333, 334, 461
Frigidus, Schlacht am (394 n. Chr.) 170, 183
Fritigern 146, 153, 157, 161, 182
Fünen 488
Fürstengräber 66, 74
Furtius 101

Gainas 181
Galicien 414
Galizien 471
Gallgoidil 444
Gallien 146, 147, 168, 179, 186, 189, 190, 192, 200, 247f., 258, 264, 266, 280, 281–301, 304, 305, 307, 309, 310, 312, 317, 318f., 320, 323, 324, 329, 334f., 384, 398, 521, 531
Gallienus (Kaiser) 112
Gallische Chronik 259f., 273
Gallus Anonymus 351, 470
Geiserich 167, 321
Gent 413
Georg der Mönch 437
Gepiden 116, 123f., 194, 195, 207, 208, 209f., 211, 218f., 221, 223f., 225f., 228, 233, 235f., 238, 240, 242, 364, 382, 404, 407

Germanen 17, 22, 23f., 25f., 30, 36, 50–97 *passim*, 99, 100, 103, 105, 107, 114f., 127, 135, 136, 137, 139, 142, 191, 203, 213f., 258, 277, 348, 394, 396, 398, 442, 466, 471, 489, 501, 537, 541, 543, 552
Germanen, Migration der 27, 36, 102, 109, 112, 114f., 116, 121, 122–127, 130–132, 133–135, 137, 138–140, 141, 142f., 145, 162, 245, 292, 341, 343, 390, 400, 406, 409, 531, 532, 537f., 541, 549
Germanus von Paris, hl. 272, 415, 417
Gero 502
Gesetzestexte 75, 294, 312, 477
Gesimund (Gensemund) 327
Gewandnadeln *siehe* Fibeln
Gewässernamen 249, 350, 361, 377
Gibbon, Edward 150, 196
Gildas 248, 252, 253, 257, 258–260, 261, 262, 264, 265f., 272, 278
Ginderup 62
Glasherstellung/Glasobjekte 64f., 84, 288
Gloucester 253
Gnesen 467, 476, 478f.
Gnezdowo 436, 448
Godłowski, Kazimierz 120, 339f., 353
Goffart, Walter 169f.
Gokstad-Schiff 439, 459
Göktürken 199, 363
Gold 63, 186, 220, 222, 232, 236, 238, 239, 245, 282, 296, 382, 407, 414, 415, 454, 464, 476, 478, 486, 495, 503
Gorm 419, 486, 487
Gorodischtsche (Nowgorod) 434, 435, 436, 448, 449, 484, 498
Goten (*siehe auch* amalische Goten, Ostgoten, Westgoten) 36, 64, 67, 107–129 *passim*, 154–192 *passim*, 195, 196, 203, 205, 207f., 211, 213f., 216, 217f., 219, 221, 223, 225, 226, 227, 231, 238, 305, 307f., 309, 311, 319, 326, 331, 333, 340, 341, 347, 348, 354, 355, 389, 402, 408, 452, 527, 534, 544
–, Migration der 27, 114–139 *passim*, 148–190 *passim*, 201, 203, 208, 228f., 230, 233, 234, 243, 262, 265, 267, 310, 315f., 342, 521, 523f., 526, 527, 528, 531, 533, 534, 549
Gotland 453, 459
Gottfried 419
Grabbeigaben 23, 65f., 67, 74, 85, 111, 129, 137, 214, 254, 272–274, 277, 281, 282, 286, 287, 288–290, 292–298, 300f., 303, 367, 425
Gratian (Kaiser) 173
Gregor von Tours 261, 283, 284f., 286, 292
Gregor I. (Papst) 365
Gregor VII. (Papst) 477
Greutungen 69, 117, 146f., 148f., 151, 153, 155f., 160–162, 165, 169, 171, 173, 178, 182, 187f., 201, 203, 215, 308f., 316, 325, 526
Griechenland 101, 179, 184f., 366f., 407
Grönland 411, 422, 445, 455, 533
Große Erzählung 28f., 30, 31, 32, 33, 35, 37, 38, 49, 102
Große Ungarische Tiefebene 14, 101, 115, 168f., 195, 199, 203, 204, 205, 212, 213, 221, 236, 322, 342, 360, 364, 370, 404, 518, 526, 528, 543f., 549
Großes Heer 128, 417f., 419, 420, 422f., 433, 439–443, 445, 446, 447, 450, 451, 456f., 458, 463, 465, 487, 523
Großmähren 468, 475, 482, 483, 518
Großpolen 107, 478, 483
Grubenhaus 119, 121, 356, 358, 373, 374, 375, 383, 388, 408
Gruppenidentität 17f., 30–32, 34, 36f., 39, 40–44, 54,f. 148, 151, 157f., 160, 169f., 180, 182, 184, 187f., 191f., 212–215, 219–227, 228, 231, 237, 244f., 255f., 262, 269, 277, 306, 309, 314f., 325f., 342, 394f., 529
Gudfred 462, 487, 495f.
Gudme/Lundeborg 84
Gültlingen 293
Gunderich 111, 123
Gundilas 227
Gundobad 283
Gundomadus 52, 54
Guthrum 418, 439

Hadrianswall 136, 252, 302, 305
Haithabu 460, 462, 464, 496
Haldern 67
Halsall, Guy 153f., 170f., 271–273, 289f.
Halvdan 416f., 439, 440
Handel (*siehe auch* Bernsteinhandel, Pelzhandel, Sklavenhandel) 26, 34, 63, 70f., 83–88, 91, 92, 93, 96f., 101, 108, 132, 135f., 196, 286, 330, 339, 346, 411, 423, 424, 427–430, 434–436, 438, 449f., 453f., 456, 458, 460f., 463f., 465, 476, 479f. , 484f., 495f., 502, 505, 508–510, 515, 516, 532, 534, 537, 538f., 544, 547, 548f., 550
Handelsstützpunkte/Handelszentren 84, 423, 427, 434, 436, 449, 453, 454, 460f., 462, 464, 480, 485, 486, 495f., 508, 530
Harald (dänischer König) 416
Harald Blauzahn 462, 468, 473, 476, 480, 486, 487, 510
Harald (angelsächsischer Jarl) 439
Hebriden 413f., 416, 432, 444
heilag 78
Heinrich I. (Kaiser) 500
Heinrich II. (Kaiser) 470, 473, 502
Heinrich (ostfränkischer König) 336
Hengist 248
Herakleios I. (Kaiser) 344f., 365, 367, 368, 369
Hermunduren 56
Hernak 208, 223, 240f.
Heruler 112, 116f., 123f., 126, 194f., 207, 209f., 211, 219, 221, 223f., 225f., 233f., 241, 242, 314, 402, 528
–, Migration der 116, 233, 236, 237f., 239f., 241, 242, 316f., 341, 370, 391, 455, 527
Héruvillette 293
Hildegesius 370f., 382
Hispano-Römer 307
Historia Augusta 102, 109, 129
Histria 111, 118, 126, 133, 137
Hodde 62
Höhensiedlung 66, 339, 388
Honorius (Kaiser) 170, 258, 272
Horik II. 417, 462, 463, 464

Hormidak 208, 233
Horsa 248
Horthaland 412
Hügelgräber 60, 66, 282, 426, 486
Hunnen 102, 146, 147, 148, 149, 151–157, 159, 160, 162, 163, 165, 168–170, 173, 174, 176, 185, 188, 194–246 *passim*, 267, 304, 308, 309, 312, 315, 316, 324, 326, 327, 340, 348, 349, 357, 363, 369, 374, 400, 402, 404, 533, 541, 545, 553f.
–, Migration der 194, 195, 201, 203–205, 206f., 208, 237, 239f., 241, 382, 451, 518
Hunnenreich 195, 196, 207f., 211, 213–222, 223f., 227f., 229, 231, 233, 236–238, 241, 244, 255, 287, 296, 316f., 324, 327, 357, 401, 506, 526, 533, 544, 546
Hydronyme *siehe* Gewässernamen

Iberische Halbinsel *siehe* Spanien
Ibn Fadlan 425, 429, 473, 509
Igor 436, 480, 484f., 489, 513
Île de Groix 421
Illus 323f.
Illyricum/Illyrien 169, 171, 223, 362, 364f.
Ine 255, 278
Ingvar 450, 458
Invasionshypothese 34f., 37, 38f., 46, 49, 119, 122, 123, 131, 139f., 141, 144, 149–151, 164, 234, 269, 273, 302, 409, 519f., 524, 526–529, 551f.
Irische Chronik 414, 416, 439
Irische Republik, neuzeitliche Migration 19, 45
Irland 258, 263, 266, 412, 414, 415, 416, 420f., 432, 438, 440, 443, 446, 452, 456, 457, 463, 535
Islam 345f., 349, 365, 423, 434, 547
Island 27, 42, 263f., 411, 422, 444f., 446f., 449, 455, 457, 461, 465, 524, 533, 534
Isle of Man 414, 421, 422
Isotopenanalyse 256f., 524
Italien 100, 103, 110, 146, 147, 179, 184, 186, 187, 190, 200, 201, 210, 223, 224, 225, 226, 229, 231, 232, 233, 234, 236, 237, 238, 240,

241, 242, 243, 244, 260, 272, 305, 307, 310,
311, 314, 316, 317, 318, 321f., 323, 324, 328,
329, 332, 335, 336, 340, 341, 344, 363, 364,
368, 414, 518f., 526, 528, 531, 533
Itimaren 216, 222
Ivar der Knochenlose 416f., 422, 439

Jakuszowice 84
Jaropolk 486, 504
Jaroslaw I. der Weise 484, 504
Jaroslawl 434, 436, 448, 478
Jastorf-Kultur 97, 536–538
Jazygen 100f., 115
Jelling 486
Jelling-Dynastie 462, 468, 472, 473, 474f.,
478, 479, 480, 487, 515f.
Jones, A. H. M. 167
Jordanes 78, 114f., 120, 122f., 124, 151, 196,
208, 209, 218, 223, 234, 324, 357–361, 378,
402, 452, 526, 527, 528
Jugoslawien, neuzeitliche Migration aus
(siehe auch Kososo) 19, 45
Julian Apostata (Kaiser) 53f., 71, 80f., 91,
150, 282, 299
Justin I. (Kaiser) 356
Justinian I. (Kaiser) 210f., 330, 332, 344,
363, 431
Justinian II. (Kaiser) 366
Jüten 261, 332, 455
Juthungen 124, 128
Jütland 210, 254, 267, 339, 460, 462, 465,
468, 476, 479, 486–488, 492, 515

Kablow 67
Karl der Dicke 419
Karl der Große 334f., 413, 418, 421, 425,
470, 481, 482, 492, 500, 502, 505, 506, 510,
515
Karl der Kahle 335, 414, 415f., 418f., 439
Karl Martell 334, 500
Karolinger-Dynastie 334f., 337, 369, 430,
464, 472, 473, 482, 500, 502f., 504, 508,
516
Karolingerreich 335f., 470, 500, 505

Karpen 115, 117, 119, 126f., 130f., 141, 145,
158, 527
Karpo-Daker 159, 201
Karthago 147, 167, 180, 191, 322
Kasachen 198
Kastramartena siehe Castra Martis
Kelten 16, 22, 248, 249f., 264, 292, 444
»Keltische Felder« 60
Kent 248, 253, 257, 260, 268, 413, 420
Keramik 23, 25, 26, 31, 33, 63, 64, 65, 66,
84, 106, 118f., 121, 135, 138, 190, 235, 338,
339f., 352, 355, 356, 366, 367, 371, 372, 373,
374, 378f., 383, 387, 391f., 394, 395, 408,
496
Kiew 351, 377, 424, 426, 431, 436f., 449,
469, 470, 471, 475, 479, 480, 483f., 485,
496, 498, 513, 517
–, Zehntkirche 469, 475
Kiewer Rus 27, 424f., 469, 472, 474, 477,
479, 484–486, 497f., 517
Kimbern 104
Kleinasien 112, 113, 115, 133, 171, 305, 323,
344, 366, 386
Klientelkönigtümer 89, 96, 99, 105, 136,
137, 138, 139, 145, 153, 170, 204, 308, 330,
345, 471f., 473, 547, 554
Klima 21, 99, 493
Klimawandel 199f., 207, 317
Knut der Große 472, 474f., 479, 480, 487
Köln 284, 299, 419
Kolochin-Kultur 380, 388
Komárov 64
Komparative Philologie 58
Konföderation 51, 52–55, 67, 69, 71f., 77f.,
79f., 87, 96, 102, 128, 131, 134, 146, 153,
155f., 157, 165, 167, 177, 178, 182, 191, 225,
244, 289, 307, 314f., 316, 326f., 330, 345,
363, 369, 471, 501
Konrad 336
Konstantin der Große (Kaiser) 55, 113, 154
Konstantin III. 172, 258, 272, 290, 309
Konstantinopel 208, 229, 232, 241, 243, 317,
323, 343, 345, 363, 429f., 431, 437, 448,
449, 490, 495, 496, 498, 511, 513

–, Belagerung durch die Awaren
   (626 n.Chr.) 344, 365, 368, 403, 407
–, Angriff der Rus (um 860
   n.659Chr.) 432f., 436f.
Konstantinos VII. Porphyrogennetos
   (Kaiser) 367, 386, 393
Korčak 377f.
Korčak-Kultur 352f., 356, 358f., 361, 362,
   366f., 371–376, 377–380, 381, 383–389,
   391f., 395, 399, 402f., 404, 405, 407–409,
   489, 520, 522f., 546
Korošec (Forscher) 353
Körperbestattung 106, 111, 118, 121, 214,
   235, 254f., 261, 262, 272f., 281, 287–289,
   292, 293–296
Kosovo, neuzeitliche Migration aus
   dem 19, 155
Kossinna, Gustaf 33–35, 106, 108, 354f.
Kostoboken 101, 104, 129
Kostrzewski, Józef 353–355
Krakau 374, 478
Krefeld-Gellep 293, 297, 303
Kriwitschen 426, 430, 497
Kroaten 28, 367–369, 372, 386, 397f., 404,
   408
Kujawien 374
Kulikowski, Michael 114
kuning 58
Kuren 428
Kyrill, hl. 351, 468, 477, 503

Lakringer 100
Langobarden 75, 100, 103, 125, 126, 210,
   211, 223, 225f., 233f., 235f., 244, 265, 371
Langobarden, Migration der 104, 125, 210,
   223, 224, 234f., 239, 237, 242, 340, 342,
   364, 519, 523f., 527f.
Langobardenreich 335
Lappländer 428
Latène-Kultur 81, 97, 536f.
Lausitzer Kultur 354, 355
Lavoye 293
Le Mans 284
Leach, Edmund 31f., 40

Lechfeld, Schlacht auf dem (955 n.Chr.)
   336
Leidang 475
Lenzaninen 430
Leo I. (Kaiser) 232, 238, 240, 242
Libice 481
Limerick 420
Limiganten 91f., 94, 101, 127, 172, 174
Lincolnshire 441f.
Lindisfarne 412, 413
Lindsey 268
Litus Saxonum 264–266
Liutizen 501, 513
Ljudevit 482, 492
Londonwic 460
Lothar I. 418f.
Lotharingien 418f.
Ludwig der Deutsche 335f., 418f., 481f.
Ludwig der Fromme 416, 425, 432
Luka Raikowezkaja-Kultur 378–380, 381
Lusitzi 372

Macrianus 54, 95f.
Máel Sechnaill 416
Magdeburg 468, 501, 505
Magyaren 199, 336, 483, 518f., 549
Mähren 14, 16, 472, 482, 502f., 510f., 517,
   549f.
– (Land, *siehe auch* Großmähren) 14f., 17f.,
   338, 351, 370, 371f., 373, 374f., 381, 382f.,
   402, 469f., 471, 473, 475, 478, 489, 491f.,
   504, 506, 507, 515
Mainz 110
Makedonien 101, 179, 366, 367
Malchus von Philadelphia 229
Manomir 482, 492
Marbod 51f., 53
Marc Aurel (Kaiser) 98–105, 108, 109, 126
Marcian (Kaiser) 257
Marcianopel 111, 112
Mariesminde 62
Markomannen 24, 51f., 98, 99, 100–102,
   104, 105, 129, 165, 172, 174, 175, 348
Markomannenkriege 56, 99, 100–109, 111,

117, 121, 122, 125, 126, 127, 129, 130, 133, 139, 175, 178, 331, 544
Marseille 286
Marxismus 67f., 105, 353f., 425, 494, 499
Masowien 63, 107, 374
Massenmigration 17, 18, 19, 27, 35, 38, 44, 46f., 130f., 151, 154, 155, 176, 192f., 194, 203, 206, 236, 237, 256, 257, 268, 269, 301f., 318, 320, 322, 324, 372, 393, 398f., 451f., 518, 528f., 553
Maurikios (Kaiser) 364f., 384, 389, 396
Maximus, Magnus 170
Mederich 50, 52
Meeresspiegel, Anstieg 265, 317
Menander 403
Mercia 253, 276, 417, 418, 451
Merja 426
Merovech 282
Merowinger-Dynastie 265, 281f., 287, 332–335, 337–339
Merowingerreich 290, 298
Mesopotamien 100, 344
Messina 367
Metallarbeiten / Metallbearbeitung 22, 23, 26, 33, 35, 56, 63f., 65, 84, 88, 119, 214, 252, 338, 340, 352, 374, 376, 378, 379, 400, 442
Method, hl. 351, 468, 477, 503
Mézières 293
Michailowskoje 434, 448
Mieszko I. 477, 478, 483, 489, 500
Migration mit Frauen und Kindern 28, 30, 37, 128–132, 139–142, 144f., 148f., 151, 163, 166, 168f., 189, 204, 229f., 231, 233, 234, 235, 237, 244, 263f., 274, 298, 299, 306, 316f., 325, 341, 393, 405, 438, 446f., 449, 450, 458, 465, 519, 524, 526, 534f., 540f.
Migrationsgewohnheit 117, 160, 163, 175, 184, 192, 360
Migrationsmodelle *siehe* Elitetransfer, ethnische Säuberung, Invasionshypothese, »wave of advance«-Modell
Mikulčice 15, 475, 491

Milinger 384
Militärkönigtum 56, 58f., 65, 76, 95, 96, 545
Modares 187
Mohammed 344
Mojmír I. 482, 489
Moldawien 115, 356, 359, 360, 381, 400, 406, 533
Mongolen 197f., 204, 452
Münzen / Münzfunde 73, 110, 113, 332, 495, 497, 509, 516
–, römisch 83, 85, 88, 90, 106, 251f., 254, 346
–, islamisch 428, 429, 431f., 433–435, 495, 496, 497, 508f., 516, 548
–, wikingerzeitlich 460, 516
Murom 434
Musocius 385

Naher Osten 20, 109, 220, 244, 305, 344, 345, 364, 548
Naissus 243, 363, 365
Nantes 415, 421
Naristen 101, 104, 127, 131
Nationalismus 30–32, 33, 42, 65, 105, 249, 306, 314, 353f., 368, 375, 389, 395, 424f., 529f., 542
Nationalsozialismus 30, 119, 355
Nedao, Schlacht am (454 n. Chr.) 194f., 208
Nero (Kaiser) 82
Nestorchronik 351, 377, 379, 426, 435, 436f., 470, 474, 476, 480, 483–486, 489, 497, 498
Neustrien 334
Nicaea 112
Nicomedia 112
Nitra 472, 482
Nomaden 24f., 117, 142, 165, 175, 191, 196–199, 205, 214, 219, 220, 336, 363f., 369, 406, 472, 483, 506, 518, 545, 553
Nordafrika 27, 111, 147, 167f., 173, 179, 189–191, 305, 307, 309, 311f., 316, 318, 321, 323, 529, 531, 535
Nordmänner *siehe* Skandinavier, Wikinger

Normandie, Herzogtum 27, 299, 421, 440, 451, 452
Normannen 39, 248, 442, 443, 520
Nørre Fjand 62
Northumbria 253, 276, 417, 418, 420, 441, 451, 457, 463
Norwegen 43, 255, 261, 339, 411, 412f., 422, 428, 453, 455, 472, 478, 486f.
Notitia Dignitatum 311
Nowotrojzkoje 388
Nydam-Boot 459

Odoaker 209f., 213, 223, 226, 234, 236f., 238, 240, 242, 307
Odry 60, 66, 142
Oescus 111
Offa 412
Olaf der Weiße 416f., 439
Olaf I. Tryggvason 478
Olaf II. Haraldsson 478
Öland 453, 472
Oleg 436, 437, 484f., 486, 498
Olga 480, 513
Olympia 367
Olympiodor von Theben 166, 167, 202f., 205
Onegesius 212f., 215
Orkney-Inseln 412, 413, 422, 443f., 445, 455, 462
Orosius 428
Ortsnamen 248f., 250, 298, 300, 301, 322, 363, 421, 441, 443f., 454
Osbearn 439
Osbert 417
Oscetel 439
Ostgermanen 55, 111, 132, 523
Ostgoten (*siehe auch* amalische Goten) 75, 123, 206, 210, 263, 305, 307, 310, 313, 314, 315, 318, 321f., 323, 326, 327, 341, 526, 542
Ostgotisches Reich 123, 209, 227, 240, 322, 329, 330, 332, 333, 344, 528
Oströmisches Reich/Ostrom (*siehe auch* Byzantinisches Reich) 71, 75, 165, 169–171, 181, 185, 200, 201, 202, 206, 208, 210f., 216, 218, 222, 227, 229, 231f., 233, 238f., 240f., 242, 243f., 245, 305, 317, 323f., 327, 328, 330, 343–347, 349, 356, 359, 364f., 382, 386, 387, 398, 400, 402, 409, 489, 506, 517, 528, 544f., 546
Ostslawen 376
Ottar (Othere) 428, 450
Otto I. der Große (Kaiser) 336, 500
Otto III. (Kaiser) 467, 470, 478, 501f., 503
Ottonen 337, 500f., 504, 505, 513, 516
Ottonenreich 336, 501

Palästina 205, 344, 364, 365
Pälästinenser 45
Pamplona 414
Pannonien (*siehe auch* Ungarn) 100, 103f., 125, 126, 194f., 209, 210, 216, 229, 233, 234, 235, 238, 242, 243, 312, 316, 332, 353, 518, 528
Paris 284, 415, 416, 417, 419
Paris, St. Germain 415, 417
Parther 100
Partherkriege 102
Patras 364, 367, 392
Paulus Diaconus 223
»peer polity interaction« 514f., 516
Peloponnes 179, 364f., 366f., 384, 392f.
Pelzhandel 405, 427f., 430, 431, 434, 464, 479, 495, 508, 509, 547
Penkowka-Kultur 352, 362, 378–380, 381, 388, 391
Perigastes 385, 389
Perserreich 109, 133, 134, 161, 251, 308, 330, 344, 345, 365, 545
Petrowskoje 434, 448
Petschenegen 199, 432, 472
Peukiner 25
Phokas (Kaiser) 365
Piasten-Dynastie 467f., 471, 472, 473f., 475f., 478f., 483, 484, 486, 496, 497, 504, 507, 510, 515
Pikten 258, 280, 422, 444, 452, 457
Pippin der Mittlere 334
Pippin der Jüngere. 334

Pippin I. 414
Pityus 112
Plinius d. Ä. 25, 358
Podlachien 117
Polanen 30
Polazk 486
Polen 30, 470, 502, 504, 517
– (Land) 27, 30, 82, 86, 104, 108, 114, 116, 118, 139, 163, 175, 184, 338, 351, 355, 370, 374f., 381, 404, 408, 467f., 470, 473, 476, 477, 482, 483, 491, 492, 493, 496f., 503f., 506, 507, 507, 511, 527, 538, 548
Polesien 117, 358f., 378, 401
Poljanen 377, 498
Pollenanalyse 62, 271, 390, 391f. 493, 494
Pommern 107, 117, 338, 427
Pommersche Kultur 354, 355
Pontus-Region (*siehe auch* Schwarzes Meer, Region) 113, 115, 116, 118, 122, 123, 127, 132f., 141, 143, 175, 201, 342, 357
Popina 366
Portchester 264
Portland 412, 413, 438
Posen, Kathedrale 475
Postumus (Kaiser) 110
Prag 467f., 479, 490, 496, 509, 515
–, Kathedrale 475
Prager Kultur *siehe* Korčak-Kultur
Přemysliden-Dynastie 468, 472, 474, 478, 479, 481f., 486, 496f., 507, 510, 515
Pribina 482
Primordialisten 40, 41
Priskos 206, 212, 215–217, 219, 222, 245
Prokop 224, 226f., 229f., 242, 261, 356f., 362f., 370, 385, 391, 394, 526
Prüm 298
Pry 293
Przeworsk-Kultur 105f., 107f., 126, 132, 142f., 325, 338, 340, 348, 354f., 374, 376, 392, 522, 531, 532
Pskow 434, 448
Ptolemäus 23, 25, 50, 51, 53, 104, 107, 110, 116, 123, 358, 544

Quaden 89, 98, 99, 100–102, 104f., 126, 129, 165, 172, 174, 175, 348
Quentovic 415, 460

Radagaisus 146, 165–169, 171–174, 175, 177, 187–189, 208, 307, 309f., 316, 326, 526, 533
Radim 467
Radimitschen 498
Radiokarbondatierung 86, 107, 254, 352f., 396
Radulf 334
Ragnachar 284
Ragnall 422
Ragnar Lodbrok, genannt Fellhose 416f., 418
Ragusa 393
Ranier 242
Rastislav 472
Rätien 165, 173, 185
Ravenna 192, 209f., 238
Ravning-Brücke 476, 480
Recitach 232
Regensburg 505
Reginharius 415f., 417, 464
Regino von Prüm 335
Reihengräberfelder 235, 287, 292–294, 297f., 299, 300, 303
Reims 419
Reisekönigtum 72f., 77, 479–481, 488, 491, 547
Remigius von Reims 283, 287
Reric 460, 495
Respa 112, 123
Rheinfranken 333
Rhein-Weser-Germanen 145
Riade, Schlacht bei (933 n. Chr.) 336
Ribe 460
Richar 284
Rignomer 284
Robert d'Anjou 415
Rodwulf 242
Rogaland 453
Rogwolod (Ragnwald) 486

Rollo 421
Rom, Plünderung durch die Goten (410 n. Chr.) 166, 189f.
Romano-Briten 248, 254, 257–260, 261f., 268, 269, 277
Romny-Borschewo-Kultur 379, 388, 389, 399
Romulus Augustulus (Kaiser) 309, 329, 335, 350
Roskilde, Kathedrale 475
Rostow Karkow 376
Rouen 421, 452, 461
Roxolanen 101, 115
Rua 206, 216, 220
Ruanda, neuzeitliche Migration aus 19, 45, 135, 154f., 524
Rübenach 293
Rückwanderung 48, 261, 407, 531f.
Rügen 390f.
Rugier 107, 116, 194f., 207, 209f., 211, 223, 224, 225f., 234, 240, 241, 261, 314, 402, 529
Rugier, Migration der 116–118, 207, 233, 236f., 239f., 242f., 316f., 526f.
Rugiland 234, 239
Runder Berg bei Bad Urach 66, 71
Runensteine 450, 457f., 462, 486
Rurik 426, 435, 436f., 485
Rurikiden-Dynastie 426, 469, 472, 474, 478, 483–486, 490, 496, 498, 509f., 515f.
Rus 423f., 424–429, 431, 433, 434f., 437, 471, 479f., 483, 489, 496, 509f.
Rusanova, Irina 358f.
Russland 27, 129, 331, 350, 376f., 380, 381, 387f., 394, 396, 398, 407, 408, 411, 423, 424–428, 430–437, 447, 449f., 453–455, 458, 463, 465, 466, 484f., 489, 490, 491, 493, 496, 497, 508, 513, 515, 523, 530, 546
Rybakow (Forscher) 353, 354f.

Sachsen 51, 55, 223, 250, 258–262, 264–267, 332, 333, 334, 340, 369f., 505, 528f., 531
– (Land) 334, 335, 336, 339, 419, 502

Sadagarier 223
Safrax 161, 308
Salier 79, 281
Salomon 415
Salona 365, 393
Samaniden-Dynastie 435, 509
Samo 368, 371, 395, 404, 504
Samsø, Kanal 462
Sărata Monteoru 356
Sarazenen 197f.
Sarmaten 25, 89, 91f., 100, 101, 113f., 115f., 141, 145, 146, 158, 160, 172, 176, 179, 195, 207, 219, 223, 308, 348
Sarus 182f., 187
Sawyer, Peter 438
Schapur I. 109
Schelde, Schlacht an der (880 n. Chr.) 419
Schestowitskija 436
Schiffsbestattung / Schiffsgrab 421, 425
Schlangenwälle 472
Schottland 93, 258, 263, 266, 412, 416, 422, 443f., 446, 447, 452, 522, 523, 532, 533
Schwaben 336
Schwaben, Herzogtum 335
Schwarzes Meer, Region (*siehe auch* Pontus-Region) 24f., 27, 64, 67, 82, 111–119, 121, 122, 123, 126, 129, 131, 132–134, 137, 139, 141, 142f., 144, 147, 151, 153, 156–158, 160, 162, 163f., 169, 174, 175, 184, 194f., 199, 203, 205, 206, 207, 213, 219, 234, 237, 245, 261, 267, 341, 355, 369, 423f., 429, 430f., 433, 436, 448, 451, 455, 472, 509, 518, 523, 526, 527, 528, 530f., 537f.
Schweden 424f., 428, 478
– (Land) 339, 458, 472, 478, 487, 488
Scoten 258, 280, 452, 457
Scottas 213
Segestes 51, 56
Seldschuken 220
Semnonen 104, 126, 129
Serapion 50, 52
Serben (*siehe auch* Sorben) 28, 367–369, 372, 386, 397, 404, 408
Serdica 365

Sergerich 183
Sewerjanen 498
Shchukin, Mark 120, 355
Shetland-Inseln 411, 412, 413, 443 f.
Sidroc d. Ä. 439
Sidroc d. J. 439
Sigfried 419
Sihtric 422 f.
Silber 63, 83, 88, 138, 415, 433 f., 435, 453 f., 463 f., 478, 509, 515 f.
Silingen-Vandalen (*siehe auch* Vandalen) 165, 168, 177, 179, 191 f., 310, 323, 348
Sineus 426
Sjælland 472, 488
Skåland 472
Skandinavien 261, 263 f., 339, 412, 414, 415, 416, 421, 422, 428, 431, 432, 434, 464, 465, 468, 470, 488, 492 f., 509, 510 f., 515 f.
–, gotische Migration aus 124
–, Migration aus (*siehe auch* Wikinger, Migration der) 17, 27, 410, 412, 434, 445, 446–448, 450, 452–454, 456, 458, 460, 462 f., 522 f., 530 f., 532
–, Migration der Heruler nach 210 f., 225 f., 233, 238, 242, 370, 391
–, neuzeitliche Migration aus 452
Skandinavier (*siehe auch* Wikinger) 28, 129, 234, 263, 394, 411, 422, 424–437, 440, 443, 445, 448 f., 450, 451, 454, 455, 456, 460 f., 463, 466, 472, 475, 484, 495, 496, 498, 513, 515 f., 517, 533, 534 f.
Skiren 147, 165, 168, 173 f., 195, 202, 207, 209, 211, 213, 218, 219, 222, 224, 236, 237, 239 f., 241, 242, 527
Sklavenhandel 83, 85, 86, 87, 93, 96, 136, 145, 171, 397, 405, 427 f., 434, 435, 453, 464, 479, 490, 492, 495, 496, 508, 509 f., 547
Sklawenen 356, 357, 360 f., 362, 363, 364 f., 378, 381 f., 400
Skuldelev-Schiffe 459
Skythen 22, 24, 155, 212, 216
Skythien 122, 208, 223

Slavnikiden-Dynastie 481 f., 512
Slawen (*siehe auch* Elbslawen, Ostslawen, Westslawen) 14, 17, 26, 27, 28, 120, 202, 343, 350–410 *passim*, 424, 427 f., 429 f., 436, 448, 454, 458, 466, 469, 488 f., 492, 493 f., 497, 499, 501, 505, 513, 545 f., 547, 549, 552
–, Migration der 27, 380–390, 395, 398–405, 405–410, 514, 517, 532, 533
Slowakei 14, 98, 101, 147, 173, 370, 372, 373, 482
Slowenen 28, 377, 426
Smolensk 448, 456
Soběslav 481
Sokrates Scholasticus 153 f.
Somerset 260
Sorben (*siehe auch* Serben) 368, 371, 372, 395, 404
Sorosger 216, 222
Spanien 27, 147, 167, 173, 177, 179, 186, 189, 190 f., 272, 305, 307, 309, 311, 313, 316, 318, 322 f., 324, 329, 335, 341, 344, 346, 414, 529, 531
Speyer 88, 147, 166
St. Denis 464
St. Wandrille 415
St.-Wenzel-Tag, Massaker am (995 n. Chr.) 481, 482, 512
Stalin, Josef 198
Staraja Ladoga 427, 430, 432, 433, 434, 435, 447 f., 449, 456, 460, 508
Stenton, Sir Frank 276, 534
Stilicho 167, 169, 170, 171, 173, 177, 181, 185, 187, 200
Straßburg, Schlacht von (357 n. Chr.) 50, 51–53, 57, 68, 71, 73 f., 80, 91, 139, 152
Strathclyde 452
Subsidien 91, 92 f., 95, 96, 110, 126, 135, 137 f., 172, 232, 238, 239, 309, 330, 489, 538 f., 545
Sueben 146 f., 165 f., 167 f., 171 f., 174, 175, 177 f., 179, 191 f., 195, 207, 209, 210, 219, 223, 305, 307, 308, 313, 316, 341, 348, 402, 527, 533

Suebenknoten 64
Sueven 224
Sukow-Dziedzice-Kultur 374-376, 381, 387, 391, 395, 408f.
Sussex 253
Sven I. Gabelbart 472, 474f., 480, 487
Svenald 486
Svinnegarn 450
Swjatopolk 504
Swjatoslaw I. 432, 486, 498, 513, 515
Syagrius 283f., 285
Synesios von Kyrene 171, 180f.
Syrien 99, 344, 364, 365
Szeligi 375

Tacitus 23, 25, 33, 36, 50, 51-53, 55, 56, 57f., 64, 65, 77, 104, 107, 110, 116, 123f., 142, 354, 357, 358, 359, 544, 553
Taifalen 113, 116, 123f., 146, 179, 308, 348
Tara 416
Tenkterer 51
terpen 61
Tertry, Schlacht von (687 n. Chr.) 334
Terwingen 55, 57, 68-72, 76, 77, 79, 84, 113, 114, 117, 129, 130, 131, 146f., 148f., 151-154, 156f., 159-164, 165, 169, 171, 173, 176, 178, 182f., 187f., 201, 215, 308f., 316, 325, 471, 513, 526, 527, 528, 531, 532
Teutonen 104
Themistios 182, 184
Theodahad 225
Theoderich der Große 78, 141, 209f., 223, 225-227, 229-234, 236, 238f., 240, 241-244, 285, 317, 321f., 328f., 332, 343, 408, 526, 528f., 534
Theoderich Strabon 231f.
Theoderichshafen (Sewastopol) 119
Theodosius I. (Kaiser) 170, 179, 181, 182f.
Theophylactus Simocatta 376
Thérouanne (Tarvenna) 104
Thessalien 323, 367
Thessaloniki 112, 123, 126, 229, 243, 317, 363, 364, 365, 366, 382, 384f., 386, 408
Theudebert 332

Thietmar von Merseburg 467, 470, 496
Thiudimir 209, 229, 238, 528
Thompson, Edward 73
Thrakien 101, 154, 162, 216, 231, 364, 366, 367, 383
Thrakische Goten 231f., 234, 236, 238, 241, 242, 243, 317, 324, 327
Thüringen 84, 329, 334, 335
Thüringer 213, 219, 223, 332f., 334, 370
Thüringisches Reich 332
Thuruar 112, 123
Thyra 486, 487
Timerewo 434, 448
Tomi 112
Tomrair 416
Topirus 362, 397
Tornow 396
Tournai, Grab des Childerich 282
Trajan (Kaiser) 115
Transportkosten der Migration 46, 47f., 445, 458, 522, 533-535
Transportlogistik 84f., 243, 267f., 303, 407, 458, 535
Transsylvanien (*siehe auch* Dakien) 115, 127
Trapezus 112
Trelleburgen 473, 480
Tretjakow (Forscher) 353
Tribigild 171
Trier 170, 287, 288, 298
truthin 58
Truwor 426
Tschernjachow-Kultur 62, 64, 118-121, 124f., 129, 137f., 158, 159, 325, 338, 340, 348, 355, 401
Tschuden 426, 497
Tunsuren 216, 222
Turow 486
Tury 486

Ubier 100, 103, 104, 126, 133
Uderzo 100
Uí Néill 416
Ukraine 21, 117, 233, 236, 316, 338, 355,

377f., 380, 381, 382, 383, 388f., 398, 406f., 426, 498, 546
Uldin 165, 168, 173f., 177, 189, 195, 200, 202, 205, 216, 308
Ungarn (*siehe auch* Pannonien) 236, 316, 317, 323
Usipeter 51
Utrecht 419

Valamer 209, 218, 223, 225, 228f., 232, 285
Valens (Kaiser) 69, 146f., 148, 153f., 156, 161–163, 179, 308
Valentinian I. (Kaiser) 54, 93, 94, 136f.
Valentinian II. (Kaiser) 200
Valentinian III. (Kaiser) 257
Valerian (Kaiser) 109
Vallia 534
Vandalen (*siehe auch* Asdingen-Vandalen, Silingen-Vandalen) 27, 36, 100, 104, 107, 110, 116, 130, 139, 148, 165, 166, 171, 172f., 174, 176, 177, 178, 263, 307f., 310, 312, 313f., 315, 318f., 324, 326, 340, 341, 521, 529, 542
Vandalen, Migration der 104, 146f., 165, 167f., 173, 175f., 177, 179f., 185, 189–192, 267, 310f., 316, 317, 322f., 526, 531, 533, 535
Vandalenreich 305, 311, 329, 330, 344
Vannius 71, 136, 137, 139, 538f.
Varusschlacht (9 n. Chr.) 23, 51, 94, 111, 148, 306
Veduc 112, 123
Venantius Fortunatus 285
Veneder 25f., 357f., 360, 544
Victor von Vita 167
Vidimer 155f., 201, 238
Viktohalen 113
Viktualen 100, 102
Villenwirtschaft 247, 250, 251f., 270–273, 275f., 277, 279f., 285f., 288, 291, 298, 322, 445, 454
Vinitharius 327, 360, 402
Vita Sancti Severini 240
Vithicabius 52

Vojnomir 482, 492
Vorbasse 62
Vouillé, Schlacht bei (507 n. Chr.) 329

Walachei 184, 359, 360, 362, 381, 400, 406, 533
Walcheren 460
Wales 248, 414, 421, 452
Warperton 255
Waterford 421, 422
»wave of advance«-Modell 38f., 44, 143, 145, 237, 300, 383f., 388, 409, 520, 522f., 532
Weißrussland 375
Weland 415
Wenden 360, 404
Wenskus, Reinhard 36
Wenzel, hl. 468, 481, 489, 496, 512
Wergeld 274, 278, 286, 294
Werinher 14, 503
Werner, Joachim 288
Wessen 426
Wessex 253, 255, 260, 276, 278, 414, 417f., 420, 421, 451
Westgoten 123, 200, 263, 282f., 284f., 286, 305, 307, 310f., 312, 313, 315, 316, 317, 318, 323, 324, 326, 332, 341, 542
Westgotisches Reich 123, 147, 238, 310, 318, 322, 329, 332
Westrich 84
Westslawen 509, 510
Wexford 420f.
Wezilo 14, 503
Wielbark-Kultur 105–109, 117–121, 124–126, 129, 132f., 136, 138, 142f., 207, 348, 376, 520, 522f., 531, 532
Wierden 61
Wijster 62, 81
Wikinger 300, 389, 397, 411–466 *passim*, 470, 485, 486f., 492, 533
–, Migration der 27, 202, 261, 262, 266, 437–452 *passim*, 461–466 *passim*, 522f., 532, 534f.
Wilhelm der Eroberer 270, 275, 301, 320

Willihelm 14
Wilzen 372
Wjatitschen 497
Wladimir Monomach 480
Wladimir I. 469, 475, 478, 485f., 497, 498, 504, 510, 513
Wohnstallhaus 75, 118f., 121
Wolga-Route 426, 431, 434f., 448f., 498, 509, 515
Wolynzewo-Kultur 379f., 381
Wormald, Patrick 462–464
Worms 147, 166

Wulfila 115, 129, 158f.
Wunder des heiligen Dimitrios 366, 384, 385

York 417, 422f., 451, 461

Zanticus 101
Zarskoje Gorodischtsche 432, 447
Zenon (Kaiser) 239, 244, 323
Zentrum-Peripherie-Modell 516
Zizais 90, 94
Zosimos 155, 181, 182, 196, 271
Zwentibald 14, 489, 502, 503

www.klett-cotta.de

Peter Heather
Christentum
Aufstieg und Triumph einer Religion
Aus dem Englischen von Susanne Held
800 Seiten, gebunden mit Schutzumschlag, farbiger Tafelteil, Karten und Lesebändchen
ISBN 978-3-608-98122-3

Die Geschichte einer Religion zwischen Glauben und Machtpolitik

Mit großer Erzählkunst schildert Peter Heather den langen Prozess der Entstehung des Christentums und zeigt, wie es sich über ein Jahrtausend hinweg verwandelte und zu einem machtvollen Element europäischer Politik und Kultur wurde. Sein großes episches Panorama reicht von den frühen Christenverfolgungen bis zur Etablierung des Christentums als dominierende Religion und autoritäre Institution. Eine moderne Darstellung des historischen Christentums unter dem Aspekt der Machtpolitik für unsere Zeit.

www.klett-cotta.de

Peter Heather, John Rapley
Stürzende Imperien
Rom, Amerika und die Zukunft des Westens
Aus dem Englischen von Thomas Andresen
288 Seiten, gebunden mit Schutzumschlag, mit Karten
ISBN 978-3-608-98236-7

Was wir vom Untergang Roms für die Zukunft des Westens lernen können

Der Westen befindet sich in einer Krise: Unsere Demokratie ist angeschlagen, die Deindustrialisierung bedroht den Wohlstand und Flüchtende machen sich auf in westliche Länder stehen vor den Toren. In diesem außergewöhnlichen historischen Vergleich erkunden die Autoren die unheimlichen Parallelen – und produktiven Unterschiede – zwischen dem Untergang Roms und dem Fall des Westens, um aus der antiken Geschichte neue Lehren zu ziehen. Die Ära der westlichen globalen Dominanz hat ihr Ende erreicht – doch was kommt als Nächstes?